MW01038138

Comentario Bíblico Conciso

Holman

Comentario Bíblico Conciso Holman

Un comentario claro y de lectura
amena sobre cada libro de la Biblia

¡Español!

NASHVILLE, TENNESSEE

© 2005 Broadman & Holman Publishers
Todos los derechos reservados

Publicado por Broadman & Holman Publishers
Nashville, Tennessee 37234

ISBN-10: 0-8054-2842-9
ISBN-13: 978-0-8054-2842-1

Publicado originalmente con el título *Holman Concise Bible Commentary*,
© 1998 Broadman & Holman

Traducción al español: Norma C. de Deiros
Revisión y estilo: Adriana Otero

Tipografía de la versión castellana:
A&W Publishing Electronic Services, Inc.

Clasificación Decimal Dewey: 220.7
Temas: BIBLIA–COMENTARIOS

A menos que se indique otra cosa, las citas bíblicas se han tomado de la Nueva Versión
Internacional, © 1999 por la Sociedad Bíblica Internacional. Usadas con permiso. Las
citas marcadas RVR60 se tomaron de la Versión Reina-Valera 1960, © 1960 por
Sociedades Bíblicas en América Latina. Usadas con permiso. Las citas marcadas LBLA
se tomaron de La Biblia de las Américas, © 1986, 1995, 1997 por The Lockman
Foundation. Usadas con permiso. Las citas marcadas BJ se tomaron de la Biblia de
Jerusalén Latinoamericana, © 2001 Equipo de traductores de la Biblia de Jerusalén.
© 2001 Editorial Desclée de Brouwer, S.A.

NOTA: Si bien esta obra se basa en la NVI de la Biblia, los nombres propios que figuran
en el texto de este Comentario se tomaron de la Versión Reina Valera 1960 debido a que
su uso está más difundido.

Impreso en los EE.UU.

1 2 3 4 5 09 08 07 06 05

EB

PREFACIO DEL EDITOR GENERAL

Lo decimos y lo oímos decir con tanta frecuencia que a veces pierde su fuerza: la Biblia es la Palabra de Dios.

¿Puede imaginar cómo sería que Dios le hablara directamente a usted? ¿Cuán atento estaría?

Dios ha hablado y continúa hablando a través de su Palabra escrita. Juan Calvino decía que a medida que leemos las Escrituras haríamos bien en oírlas como si Dios nos estuviera pronunciando esas palabras a nosotros. Cuando esta realidad capta nuestra atención, escuchamos cuidadosamente. Si al principio no entendemos, tomaremos medidas que nos permitirán comprender lo que Dios está diciendo, simplemente debido a quién es el orador.

La Palabra de Dios no es fácil. Fue dada originalmente en tiempos, lugares y culturas muy diferentes a las nuestras. En más de dos milenios, Dios ha dado a la iglesia hombres y mujeres dedicados a ayudar a cada generación a entender la Palabra de Dios. El *Comentario Bíblico Conciso Holman* es un excelente comentario inicial para estudios bíblicos. A medida que usted use este comentario, se pondrá en contacto con algunos de los eruditos evangélicos destacados de nuestro tiempo. Cada uno de estos escritores ama la Palabra de Dios y tiene pasión por ayudarlo a usted a crecer en la habilidad de leer, entender y aplicar las verdades de la Palabra de Dios a su vida.

Además de ser un comentario claro, el *Comentario Bíblico Conciso Holman* incluye numerosos elementos estéticamente agradables que harán del aprendizaje un placer.

Mi oración es que mientras usted estudia la Biblia, su lectura y su estudio sean guiados por el ministerio iluminador del Espíritu Santo, como en los días de Nehemías, cuando el pueblo de Dios celebró con gran gozo porque habían entendido las palabras que les habían enseñado (Neh. 8:12).

Soli Deo Gloria
David S. Dockery, Editor General

NOTA PARA LA EDICIÓN EN ESPAÑOL: Si bien esta obra se basa en la NVI de la Biblia, los nombres propios que figuran en el texto de este Comentario se tomaron de la Versión Reina Valera 1960 debido a que su uso está más difundido.

ÍNDICE

Artículos

CUADROS

Mapas

Colaboradores

Daniel L. Akin, Ph.D.
Orden de los Evangelios; relatos de la resurrección

David Allen, Ph.D.
El uso del Antiguo Testamento en el Nuevo Testamento; viejo pacto y nuevo pacto

James Blevins, Ph.D.
Himnos y credos en el Nuevo Testamento

Craig L. Blomberg, Ph.D.
El Evangelio de Mateo

Darrell L. Bock, Ph.D.
El Evangelio de Lucas

Gerald L. Borchert, Ph.D.
Seguridad de la salvación, advertencia y perseverancia

Trent C. Butler, Ph.D.
Matrimonio y familia en Israel; muerte, resurrección y vida después de la muerte en el Antiguo Testamento; profecías mesiánicas; acciones simbólicas de los profetas; literatura apocalíptica en el Antiguo Testamento

Robert B. Chisholm, Th.D.
Los profetas mayores

Christopher L. Church, Ph.D.
El Evangelio de Marcos

E. Ray Clendenen, Ph.D.
Los profetas menores; el sistema sacrificial

George B. Davis, Jr., Ph.D.
Señales y milagros en el Nuevo Testamento

Raymond Dillard, Ph.D.
El templo; David como rey y mesías

David S. Dockery, Ph.D.
Editor General; las cartas paulinas; la Cena del Señor

Walter A. Elwell, Ph.D.
El reino de Dios en los Evangelios; títulos de Cristo en los Evangelios

Duane A. Garrett, Ph.D.
Libros poéticos y sapienciales

Ron Glass, Ph.D.
La elección en el Antiguo Testamento

Stanley J. Grenz, D.Theol.
Iglesia y Estado; el valor de la vida humana

Harold W. Hoehner, Ph.D.
El juicio de Jesús

David Howard, Ph.D.
Egipto; Moisés

F. B. Huey, Jr., Ph.D.
El diluvio; números en el Antiguo Testamento; los patriarcas

Walter C. Kaiser, Jr., Ph.D
Pactos; fechas del éxodo

Dan G. Kent, Ph.D.
Las fiestas de Israel; el tabernáculo

George L. Klein, Ph.D.
Cristo en los Salmos; venganza y vindicación

Thomas D. Lea, Th.D.
Las epístolas generales

A. Boyd Luter, Jr., Th.D.
Literatura apocalíptica

D. Michael Martin, Ph.D.
El regreso de Cristo

Kenneth A. Mathews, Ph.D.
Los libros históricos

Eugene H. Merrill, Ph.D.
El pentateuco

Darold H. Morgan, Ph.D.
Las parabolas de Jesús

Robert Stan Norman, Ph.D.
Justificación por la fe

Harry L. Poe, Ph.D.
Predicación apostólica; el Espíritu Santo y Hechos

John B. Polhill, Ph.D.
*Hechos; el nacimiento de la iglesia; ciudades grecorromanas; el Nuevo
Testamento y la historia; las provincias romanas*

Kurt A. Richardson, D.Theol.
La elección en el Nuevo Testamento

Richard Rigsby, Ph.D.
La expiación

J. Julius Scott, Ph.D.
La esclavitud en el siglo I

Mark A. Seifrid, Ph.D.
La salvación en el pensamiento paulino

Robert B. Sloan, D.Theol.
Apostasía; Apocalipsis

Marsha A. Ellis Smith, Ph.D.
Diagramas y mapas

Harold S. Songer, Ph.D.
Jerusalén en tiempos del Nuevo Testamento; Pilato

Kiyne Snodgrass, Ph.D.
Gnosticismo; la ley en el Nuevo Testamento

Aida Besancon Spencer, Ph.D.
El nacimiento virginal

Willem VanGemeren, Ph.D.
Los nombres de Dios

Bruce K. Waltke, Ph.D.
Temas en Proverbios

James Emery White, Ph.D.
The Gospel of John

EL PENTATEUCO

EUGENE H. MERRILL

El término *Pentateuco* es el título más comúnmente empleado para describir los cinco primeros libros de la Biblia. Deriva del griego *pente* (cinco) y *teuchos* (rollo) y de esta manera describe la cantidad de estos escritos, no su contenido.

La palabra *Pentateuco* es una manera satisfactoria de identificar a estos libros. En virtud de casi dos mil años de uso, está profundamente arraigada en la tradición cristiana. No obstante, un término más exacto e informativo es *Torá* (del hebreo *Torá*). Este nombre está basado en el verbo *yarah*, enseñar. *Torá* es, por lo tanto, *enseñanza*. El atender cuidadosamente a esto llevará a una apreciación tanto del contenido del Pentateuco, como de su propósito fundamental: la instrucción del pueblo de Dios en lo que se refiere a Él mismo, a ellos y a los propósitos de Dios para ellos.

La enorme cantidad de material legal en el Pentateuco (la mitad de Éxodo, la mayor parte de Levítico, gran parte de Números y virtualmente todo Deuteronomio) ha llevado a la designación común de *Ley* o *Libros de la Ley*. Esta manera de ver el Pentateuco sí cuenta con la aprobación del antiguo uso judío e incluso del Nuevo Testamento y no está sin justificación. No obstante, la erudición reciente ha mostrado de manera concluyente que el Pentateuco es sobre todo un manual de instrucciones (de ahí *torá*) cuyo propósito era guiar a Israel, el pueblo del pacto, durante el camino del peregrinaje delante de su Dios. Por ejemplo, Génesis, a pesar de que contiene pocas leyes, instruye al pueblo de Dios a través de sus narraciones de la historia de los orígenes y de los patriarcas. La ley era la "constitución y las reglamentaciones" de la nación escogida. Por lo tanto, *Torá* es el título más apropiado para describir el contenido completo y el propósito de esta parte más antigua de la Biblia.

Hasta el Iluminismo (o siglo de las Luces) en los años del 1700, hubo un consenso dentro de las tradiciones judía y cristiana en cuanto a que el testimonio del Pentateuco revelaba a Moisés como su autor. Tanto el Antiguo (Deut. 1:5; 4:44; 31:9; 33:4; Jos. 8:31-34; 1 Rey. 2:3; 2 Rey. 14:6; 23:25; 2 Crón. 23:18; Esd. 3:2; Neh. 8:1; Mal. 4:4), como el Nuevo Testamento (Luc. 2:22; 24:44; Juan 1:17; 7:19; Hech. 13:39; 28:23; 1 Cor. 9:9; Heb. 10:28) sostienen la tradición de la autoría mosaica. Algunos intérpretes preiluministas hicieron preguntas incidentales acerca de las discrepancias cronológicas. Por ejemplo, notaron una referencia a los reyes de Israel en Génesis 36:31, la referencia de Moisés a sí mismo como "muy humilde, más humilde que cualquier otro sobre la tierra" (Núm. 12:3), y su autoría del relato de su propia muerte (Deut. 34:5-12). No obstante, estas cuestiones pueden explicarse ya sea como el resultado de la revelación divina del futuro o más probablemente como ejemplo de posteriores agregados al texto. Aquellos que aceptan a Moisés como un personaje histórico cuya vida y experiencia se evidencian en las Escrituras (Ex. 2:10-11; Heb. 11:23-24) deben admitir la posibilidad genuina de que haya escrito aquellos manuscritos que tradicionalmente llevan su nombre.

Muchos eruditos reafirman las contribuciones significativas de Moisés a la formación del Pentateuco, pero sostienen que la forma *final* de estos libros evidencia algún tipo de edición posterior a la época mosaica. Tales críticos de ninguna manera niegan la inspiración divina del Pentateuco o la confiabilidad de su historia. Ellos más bien afirman que después de la muerte de Moisés, Dios continuó actuando en personas de fe para elaborar esas verdades que Moisés había enseñado antes. La evidencia de tales historias que se volvieron a narrar incluye el relato de su muerte en Deuteronomio 34, especialmente 34:10-12, el cual parece reflejar una larga historia de experiencias con profetas que nunca llegaron a estar a la altura de Moisés. Evidencias adicionales son las notas históricas que parecen reflejar una época posterior a la conquista de la tierra de los cananeos por parte de Israel (Gén. 12:6; 13:7) y que aparentemente usan nombres que han sido actualizados, reflejando así los usados después de la muerte de Moisés (ver Gén. 14:14 con Jos. 19:47 y Jue. 18:29).

Algunos críticos radicales han negado la posibilidad de la intervención sobrenatural de Dios en la historia y han cuestionado la veracidad de la historia que se encuentra en el Pentateuco (ver "La crítica y el Antiguo Testamento"). Aun así, todo punto de vista adecuado sobre el Pentateuco debe reconocer la contribución real de Moisés y la confiabilidad histórica de sus tradiciones (ver el estudio del Pentateuco como historia que figura a continuación).

Deuteronomio, el último libro del Pentateuco, fue compuesto por Moisés en las planicies de Moab (Deut. 1:1-5; 4:44-46; 29:1) justo antes de su muerte (Deut. 31:2,9,24). Los primeros cuatro libros probablemente comparten este tiempo y lugar de origen. No obstante, Génesis, Éxodo y Levítico podrían haber sido escritos ya para la convocatoria en el monte Sinaí, 38 años antes. Este escenario en Moab es particularmente apropiado porque Dios ya le había informado a Moisés que él no viviría para cruzar el Jordán y

participar de la conquista y la ocupación de Canaán (Núm. 20:10-13; 27:12-14). Así que era urgente que él entregara a su pueblo el legado de la revelación divina, el Pentateuco, que el Señor le había confiado. El profeta inspirado tenía que tratar allí y en ese momento cualquier pregunta que ellos tuvieran sobre sus orígenes, propósito y destino. La fecha de la forma final del Pentateuco tal como vino de manos de Moisés es alrededor del 1400 a.C., 40 años después del éxodo de Egipto.

La descripción del Pentateuco como *torá*, "instrucción", revela inmediatamente su propósito: educar al pueblo de Israel acerca de su identidad, su historia, su papel entre las naciones de la tierra y su futuro. El Pentateuco contiene información acerca de cosas tales como la creación, el cosmos y la distribución y la dispersión de pueblos y naciones. No obstante, esta información encuentra su relevancia principalmente con relación a Israel, el pueblo a quien Moisés se dirigió en Moab.

El verdadero propósito de la literatura bíblica no puede separarse de su mensaje teológico. El Pentateuco trató de informar al pueblo de Dios sobre su identidad y su centro de atención. Aunque ambos temas por lo regular emergen especialmente en Éxodo y Deuteronomio, el texto central para estos temas es Éxodo 19:4-6. Aquí, casi al punto del encuentro del pacto del Sinaí, el Señor le habló a Israel.

> Ustedes son testigos de lo que hice con Egipto, y de que los he traído hacia mí como sobre alas de águila. Si ahora ustedes me son del todo obedientes, y cumplen mi pacto, serán mi propiedad exclusiva entre todas las naciones. Aunque toda la tierra me pertenece, ustedes serán para mí un reino de sacerdotes y una nación santa.

Aquí está entonces lo que significaba ser Israel y servir al Señor como Israel. Este texto troncal del Pentateuco presenta el tema central con el cual se relacionan todos los otros temas y las enseñanzas, y a la luz del cual esos temas y el Pentateuco entero encuentran su significado. En esta magnífica afirmación el Señor proclamó que Él había atraído a Israel a sí mismo. El texto presupone inmediatamente la liberación del éxodo, el acto redentor en el cual Dios derrotó a Egipto ("ustedes son testigos de lo que hice con Egipto") a través de una intervención milagrosa ("y de que los he traído hacia mí como sobre alas de águila"). Más aún, declara que el Dios soberano sobre todas las naciones estaba ofreciendo sólo a una nación, Israel, un pacto que le permitiría el privilegio de servir a todas las naciones de la tierra como "un reino de sacerdotes y una nación santa."

Este texto crucial mira tanto hacia atrás como hacia adelante. La referencia al éxodo naturalmente atraería la atención hacia el pasado de Israel. Israel había salido de Egipto, una tierra de esclavitud, donde había morado transitoriamente por 430 años (Ex. 12:40). La razón de su larga estadía allí había sido una hambruna que forzó a los patriarcas a huir de Canaán en busca de alivio. No obstante, otra razón fue que Jacob y sus hijos habían comenzado a perder su identidad como la familia de la promesa, por mezclarse con los cananeos y contaminarse con sus costumbres impías. Las sórdidas aventuras de Judá (Gén. 38) ilustran muy claramente esta inclinación.

Así que Moisés tuvo que buscar en la época de los ancestros de la nación, para dar cuenta de la morada transitoria en Egipto y del evento del éxodo mismo. Más allá de esto necesitaba explicar quiénes eran los patriarcas y por qué Dios los llamó. La respuesta yacía en el antiguo pacto patriarcal. Un hombre, Abraham, fue llamado a salir del paganismo sumerio para fundar una nación que sería una bendición a todas las naciones que reconocieran su peculiar

naturaleza y llamado (Gén. 12:1-3). Esa nación fue Israel, aquella descendencia de Abraham, que ahora estaba lista para asumir el papel que le había sido revelado al padre fundador un largo tiempo atrás.

El propósito del llamado de Abraham y la promesa del pacto que le fue confiada, también se expresan cuidadosamente. La raza humana, la cual Dios había creado para que fuera a su imagen y semejanza y para que señoreara sobre toda su creación (Gén. 1:26-28), había violado la confianza sagrada y había sumergido al universo entero en ruina y rebelión caóticas. Lo que se requería era un pueblo llamado a salir de esa perdición para exhibir una obediencia piadosa ante el mundo, para funcionar como mediador y como un sacerdocio redentor, y para proveer de la matriz a partir de la cual el Dios encarnado pudiera entrar al mundo y llevar a cabo sus propósitos salvadores y soberanos de re-creación. Una vez más, ese pueblo fue Israel. Seguramente ellos entendieron su llamado, pero es probable que este no había sido explicado en detalle por completo, hasta que Moisés lo hizo allí al filo de la conquista.

La forma que adoptó esta narración de la importancia de Israel fue, por supuesto, el libro de Génesis. Si el relato de estos eventos grandiosos había existido antes en forma escrita, no se puede saber con seguridad, aunque hay fuertes sugerencias de esto en el mismo libro de Génesis (2:4; 5:1; 6:9; 10:1; 11:10,27; 25:12,19; 36:1). Moisés, quien estaba por salir de escena, le dio forma al relato tal como lo tenemos ahora. Él quería proveer a Israel de una base histórica y teológica para su condición de pueblo especial (esto es, el "especial tesoro" de Dios).

El resto del Pentateuco es, en su mayor parte, una narración histórica de eventos contemporáneos a Moisés y su generación. Están registrados el texto del pacto sinaítico (Ex. 20:1–23:33), las instrucciones para la creación del tabernáculo (Ex. 25:1–27:21; 30:1-38; 35:4–39:43; Núm. 7:1–8:4), la selección y la separación de un sacerdocio (Ex. 28:1–29:46), un sistema de sacrificios y otras leyes referidas al culto (la mayor parte de Levítico), la ley y el ritual apropiado para el pueblo en el desierto (Núm. 5:1-4; 9:15–10:32), y el texto de la renovación del pacto (la mayor parte de Deuteronomio). Todas estas secciones no narrativas y las narrativas se relacionan con el tema de Israel como una comunidad de sacerdotes. El Pentateuco entonces relata de dónde vino Israel y por qué. Narra cómo entraron en el pacto con el Señor después de su redención de Egipto, qué demandas exigió de ellos este pacto, y cómo debían conducirse como pueblo que servía a un Dios santo y soberano.

Los intérpretes toman uno de tres enfoques amplios del Pentateuco como una fuente para la historia. (1) Muchos intérpretes leen el Pentateuco como una narración directa de los eventos. (2) Los críticos radicales descartan el Pentateuco como fuente histórica. Por ejemplo, Julius Wellhausen y su escuela crítica de las fuentes consideró que los relatos, especialmente los de Génesis, reflejaban la era del primer milenio en el que supuestamente fueron compuestos, y no los tiempos de Moisés y de los patriarcas (segundo milenio). El crítico de las formas Hermann Gunkel se une a este escepticismo histórico desestimando lo sobrenatural. Él vio los primeros once capítulos de Génesis principalmente como mito y leyenda, y las historias de los patriarcas como relatos folklóricos y épicos. Los críticos más radicales sólo consideraron como historia confiable lo fundamental de las tradiciones mosaicas y el evento del éxodo en sí. Incluso ese evento tenía que despojarse de todas las alusiones milagrosas, antes de poder ser aceptado como historia en un sentido estricto. El resto de las historias de Moisés fueron consideradas adornos de los eventos reales o historias inventadas para justificar la creencia y la práctica religiosa posterior. (3) Otros ven el Pentateuco sobre todo como una interpretación teológica de personas y eventos reales. Para estos intérpretes los relatos fueron escritos desde la perspectiva de un tiempo posterior. Tales eruditos difieren ampliamente sobre la posibilidad y el valor de recuperar los "meros hechos" detrás de la *interpretación* bíblica de lo que sucedió.

Muchos estudiosos toman los hallazgos de la arqueología bíblica científica como confirmación de que el Pentateuco se ubica más precisamente en el marco del segundo milenio en el cual lo colocó el Antiguo Testamento. Así es que el descubrimiento de historias sumerias y babilónicas sobre la creación y el diluvio en la biblioteca de Asurbanipal en Nínive y en otros lugares ha dado crédito a su antigüedad en la tradición israelita. Miles de documentos de Ebla, Mari, Alalakh y Nuzi confirman para algunos intérpretes que el estilo de vida, las costumbres y los hábitos de los patriarcas bíblicos se adaptan más a la Edad de Bronce Media (alrededor de 2000–1500 a.C.), que es donde los ubica la cronología bíblica. El ahora bien comprendido ambiente del Reino Nuevo de Egipto y de Amarna en Canaán (alrededor de 1570–1300 a.C.) igualmente demuestra que el relato de la historia de Israel asignado al tiempo de Moisés es compatible con ese período. En resumen, la historicidad del Pentateuco es afirmada por mucho de lo que se ha entendido y se está entendiendo con respecto a su ubicación en el mundo antiguo. A pesar de que esto tal vez no prueba (y en realidad no puede probar) la historicidad de los detalles individuales, especialmente de los episodios personales y privados y de la intervención milagrosa, la evidencia sugiere que el Pentateuco relata hechos históricos genuinos centrados en personas históricas reales.

La fundamental importancia y relevancia del Pentateuco está en su teología, no en su historicidad ni tampoco en su forma y contenido literarios. ¿Qué verdad está comunicando Dios acerca de sí mismo y de sus propósitos? ¿Qué significado tuvo esa comunicación para el Israel del Antiguo Testamento y para la iglesia del Nuevo Testamento (teología bíblica)? ¿Qué significado en realidad tiene para la teología cristiana contemporánea?

Tales preguntas están obviamente relacionadas con el tema y el propósito del Pentateuco, asuntos que han sido tratados previamente. El marco histórico, social y religioso de los escritos mosaicos señala como su propósito instruir a Israel sobre su pasado, su presente y su futuro. La nación había sido redimida a través del gran evento del éxodo, como resultado de que Yahvéh decidió escoger a Israel en cumplimiento de las promesas a los patriarcas. Israel tenía que entender el contexto de esas promesas y su inevitable cumplimiento a la luz de la salvación del éxodo y del subsiguiente pacto del Sinaí. Ahora Israel era un pueblo heredero del pacto y un siervo encargado de los propósitos de mediación y salvación de Yahvéh para con toda la tierra.

El gran tema del Pentateuco, entonces, es el tema de la reconciliación y la restauración. La creación de Dios, habiendo sido afectada por la desobediencia humana, necesitaba restauración. La humanidad, habiendo sido separada de Dios, necesitaba perdón. El plan salvador de Dios comenzó con una promesa solemne de bendecir al mundo a través de Abraham y de su descendencia (Israel). La promesa encontró expresión en un pacto que le otorgaba a Abraham descendientes y tierra, y que lo nombraba instrumento de la redención de Dios. Siglos más tarde, ese pacto con Abraham incorporó dentro de sí un pacto de otra clase. El pacto del Sinaí, un tratado entre soberano y vasallo, le ofreció a Israel el papel de mediación redentora si Israel se sometía al gobierno de Dios. La aceptación por parte de Israel de ese papel de siervo produjo todo el aparato de la ley, el ritual religioso y el sacerdocio. Estas instituciones le permitieron a la nación vivir de acuerdo a esa tarea de sierva, como un pueblo santo, y por esa santidad atraer a la humanidad perdida hacia el único Dios verdadero y viviente. En breve, esa es la teología del Pentateuco.

El cristiano es también parte de un "reino de sacerdotes" (Ex. 19:6; 1 Ped. 2:5,9; Apoc. 1:6) con privilegios y responsabilidades correspondientes a los del Israel del Antiguo Testamento. La iglesia y cada uno de los creyentes están dentro de la corriente de las promesas de gracia del pacto de Dios. Los creyentes han sido hechos "hijos de Dios" (Juan 1:12), liberados de la esclavitud del pecado por un éxodo de redención personal, colocados en el camino de los peregrinos hacia la tierra prometida, y a través del nuevo pacto provistos de todos los medios para servir como los instrumentos de la gracia reconciliadora de Dios. La teología del Pentateuco es importante para los cristianos, porque modela los propósitos eternos de Dios para la creación y la redención.

GÉNESIS

El libro de Génesis toma su nombre de la versión griega del Antiguo Testamento (la Septuaginta), la cual lo tituló *Génesis*, que significa *comienzo*. Esta es una traducción precisa de *bereshit*, la primera palabra del libro en hebreo. El título es sumamente apropiado para el contenido del libro dado que tiene que ver con el origen divino de todas las cosas, ya sean materia o energía, vivientes o inanimadas. Implica que aparte de Dios, todo se remonta a un punto de inicio cuando los propósitos y las obras de Dios se hicieron realidad. *Bereshit* indica que Dios hizo "los cielos y la tierra" como el primer acto de la creación (Gén. 1:1).

La tradición judía y la cristiana casi en forma unánime han atribuido la autoría de Génesis a Moisés (ver "El Pentateuco"). Génesis es el único libro del Pentateuco que no menciona el nombre de Moisés ni indica algo acerca de su autor. Esta omisión bien puede ser porque los últimos eventos del libro preceden en varios siglos a Moisés. Además, los libros bíblicos pocas veces designan a sus autores. No obstante, el resto del Pentateuco se construye sobre Génesis, sin el cual las alusiones constantes a los patriarcas y a otras personas y eventos no tendrían sentido. El resumen de la conclusión de Génesis (Gén. 46:8-27) en Éxodo 1:1-7 sirve como puente entre los patriarcas y la liberación del éxodo, y remarca la continuidad de la historia del Pentateuco.

Tema. El nombre *Génesis* describe lo que al menos es el tema principal del libro: los comienzos. Relata los comienzos de los cielos y la tierra, de todas las cosas creadas dentro de ellos, del pacto de la relación de Dios con la raza humana, del pecado, de la redención, de las naciones y de Israel, el pueblo escogido de Dios.

No obstante, los comienzos no es un resumen temático completamente satisfactorio porque no llega a responder la pregunta histórica y teológica fundamental: ¿por qué? Saber *qué* hizo Dios, es decir que creó todas las cosas "en el principio," es importante; pero saber *por qué* Dios actuó en la creación y para la redención es captar la esencia misma de la revelación divina.

El tema de Génesis gira en torno a la primera declaración de Dios al hombre y a la mujer registrada en el Texto Sagrado, es decir en Génesis 1:26-28.

Aquí Dios deja en claro que Él creó al hombre y a la mujer para bendecirlos y para que, de parte de Él, pudieran ejercer dominio sobre toda la creación. La desobediencia humana amenazó el propósito de Dios para la humanidad en la creación. Dios respondió llamando a Abraham, a través de quien la bendición de Dios triunfaría. Esta interpretación del tema deriva no sólo de Génesis, si es que lo hace en alguna medida, sino de una teología bíblica total. Dado que es un asunto de teología, será más productivo considerarlo luego bajo ese título.

Formas literarias. Las tres secciones principales de Génesis se caracterizan por distintos tipos literarios. Los eventos originales (Gén. 1–11) están plasmados en una forma narrativa poética para ayudar en la transmisión oral. Los relatos de los tres primeros patriarcas (Gén. 12–36; 38) son informes sobre antepasados conservados en registros familiares. El relato de José (Gén. 37; 39–50) es una historia corta que contiene tensión y resolución. No obstante, dentro de cada uno de estos tipos literarios principales hay otros tipos menores como genealogías (5:3-32; 11:10-32), narraciones en las cuales aparece

Dios (17–18; 32:22-30), palabras de parte de Dios (25:23), bendiciones (1:28; 9:1; 27:27-29) y dichos tribales (49:3-27). Génesis presenta la historia en todo el sentido del término. No obstante, Génesis presenta la historia en forma de narración que abarca una cantidad de tipos literarios para comunicar su mensaje teológico clara y efectivamente.

   I. La meta de Dios en la creación (1:1–2:25)

   II. El pecado, sus consecuencias/la gracia de Dios (3:1–11:32)

   III. Abraham: la obediencia de la fe (12:1–22:19)

   IV. Isaac: el enlace con las promesas de Dios a Abraham (22:20–25:18)

   V. La lucha de Jacob por las promesas (25:19–36:43)

   VI. La liberación a través de José (37:1–50:26)

Propósito y teología. El propósito de Génesis era dar a la nación de Israel una explicación de su existencia en el umbral de la conquista de Canaán (ver Tema). Moisés tenía a mano tradiciones orales y escritas acerca del pasado de Israel y registros concernientes a los otros grandes temas de Génesis. No obstante, él fue el primero en organizarlos, en seleccionar los que eran apropiados para los propósitos redentores divinos, y en componerlos tal como están. Su tarea como autor profético inspirado fue clarificar a su pueblo cómo y por qué Dios los había creado. También quería que supieran cuál era la misión de ellos como nación de sacerdotes del pacto y cómo la situación presente cumplía promesas antiguas.

Prestar mucha atención a los temas que unen Génesis con el resto del Pentateuco clarifica estos propósitos. Dios había revelado a Abraham que recibiría la tierra de Canaán (Gén. 12:1,5,7; 13:15), que sus descendientes partirían de esa tierra por un tiempo (15:13), pero que serían liberados de la tierra de opresión para regresar a la tierra de la promesa (15:16). Esta tierra sería de ellos para siempre (17:8) como el escenario dentro y desde el cual serían un medio de bendición para todas las naciones de la tierra (12:2-3; 27:29). José entendió esto y vio en su propia morada transitoria en Egipto la preservación divina de su pueblo (45:7-8). Dios lo había enviado allí para salvarlos de la extinción física y espiritual (50:20). Vendría el tiempo, dijo, cuando Dios recordaría su promesa a Abraham, Isaac y Jacob, y los haría regresar a Canaán (50:24).

El vínculo con Éxodo es claro en el llamado de Moisés a conducir a su pueblo desde Egipto hasta la tierra de la promesa (Ex. 3:6-10,16-17; 6:2-8). Los estatutos como nación del pacto, un "reino de sacerdotes y una nación santa" (Ex. 19:6), traen a la memoria la promesa de Dios de bendecir a las naciones a través de Abraham (Gén. 12:3; 22:18). La renovación del pacto en las llanuras de Moab repite esos mismos temas. El Señor estaba por hacer que su pueblo entrara a Canaán para que la poseyeran como herencia (Deut. 4:1; 5:33; 7:1,12-16; 8:1-10; 9:5; 11:8-12,24-25). Allí ellos lo servirían como su Redentor, un catalizador alrededor del cual las naciones se reconciliarían con Dios (Deut. 4:5-8; 28:10).

No obstante, el mensaje teológico de Génesis no se limita a Israel. Génesis en realidad provee la razón de ser de Israel, pero hace algo más: explica la condición humana que dio origen al pueblo del pacto. Es decir que despliega los grandes propósitos creadores y redentores de Dios, que encontraron su punto focal en Israel como un agente de re-creación y salvación.

Los propósitos originales y eternos de Dios se bosquejan en Génesis 1:26-28. Dios creó al hombre y a la mujer *a* su imagen para bendecirlos y de modo que ellos pudieran ejercer dominio sobre toda la creación de parte de Él. Por lo tanto, los temas clave de la teología bíblica y de Génesis son la bendición de Dios y el dominio humano bajo el reinado de Dios.

La caída en pecado de la raza humana socavó el propósito de Dios de bendición y dominio. Debía llevarse a cabo un proceso de redención de esa caída y de recuperación del mandato original de Dios. Eso se cristalizó en la elección de Abraham, a través de cuya descendencia (Israel y en última instancia el Mesías) los propósitos creadores divinos podrían cumplirse. A ese hombre y a esa nación, unidos a Yahvéh por un pacto eterno, se les encomendó la tarea de servirlo a Él y de ser el modelo de un pueblo con dominio y el vehículo a través del cual podía establecerse una relación salvadora entre Él y el resto del mundo, que estaba alienado.

Por supuesto, Israel no fue el pueblo-siervo, un fracaso ya anticipado en la Torá (Lev. 26:14-39; Deut. 28:15-68). No obstante, las metas de Dios no pueden frustrarse. De modo que de la nación se levantó un remanente, un remanente finalmente condensado en un solo descendiente de Abraham, Jesús el Cristo, quien cumplió en su vida y su muerte los propósitos en cuanto a redención y en cuanto a un reino de Dios. La iglesia ahora existe como su cuerpo, para servir, así como Israel fue escogido y redimido para hacerlo. El pueblo de Dios del Antiguo Testamento fue el modelo del reino de Dios y el medio por el cual su obra reconciliadora sobre la tierra puede llevarse a cabo a través de su pueblo del Nuevo Testamento.

La teología de Génesis entonces está entrelazada con los propósitos del reinado de Dios quien, a pesar de los fracasos humanos, no puede tener impedimentos en su objetivo último de desplegar su gloria a través de su creación y su dominio.

LA META DE DIOS EN LA CREACIÓN (1:1–2:25)

La historia de los comienzos describe los relatos de la creación, la caída, el diluvio, la torre de Babel y la distribución de la raza humana. Abarca todas aquellas facetas de la experiencia humana que llevaron al llamado de Abraham para servir al Señor dentro de un pacto.

Los dos relatos de la creación (1:1–2:3 y 2:4-25) se concibieron para demostrar toda la omnisciente y todopoderosa soberanía de Dios (primer relato) y su especial creación de la humanidad para señorear en lugar divino sobre toda otra cosa creada (segundo relato). A pesar de que las historias de la creación son fundamentalmente teológicas y no científicas, la comprensión científica moderna no las contradice en nada. Génesis insiste en que todas las formas de vida fueron creadas "según su género" (1:11-12,21,24-25, RVR60), es decir que no evolucionaron trascendiendo fronteras de especies. Más importante que esto, el hombre y la mujer fueron creados a imagen de Dios (1:27). En otras palabras, la humanidad fue creada para representar a Dios sobre la tierra y para dominar en su nombre sobre todas las cosas (1:26-27). El deseo de Dios era bendecir a la humanidad y disfrutar de una relación con ella.

LAS CONSECUENCIAS DEL PECADO/ LA GRACIA DE DIOS (3:1–11:32)

El privilegio del dominio también acarreó responsabilidad y limitación. La responsabilidad humana estuvo representada por el hecho de que Dios puso al hombre en el huerto "para que lo cultivara y lo cuidara" (2:15). El árbol en el medio del huerto del cual los humanos no debían comer representaba esas áreas de dominio reservadas sólo a Yahvéh. No obstante, el hombre y la mujer desobedecieron a Dios y comieron del árbol. Ellos "murieron" con respecto a sus privilegios del pacto (2:17) y sufrieron la acusación y el juicio de su Soberano. Esto trajo aparejado sufrimiento y dolor y una eventual muerte física. Dios había creado al hombre y a la mujer para disfrutar de compañerismo con Él y entre ellos. La desobediencia los separó de Dios y también uno del otro.

El patrón del pecado y sus consecuencias establecido en el Edén se repite a través de Génesis en los relatos de Caín, de la generación del diluvio y de los hombres de Sodoma. La caída significa que nosotros, los seres humanos, estamos predispuestos a pecar. A pesar de que Dios castiga el pecado, el pecado no obstruye el propósito divino fundamental lleno de gracia para su creación humana. Incrustado en la maldición estaba el fulgor de una promesa de que la progenie de la mujer un día conduciría al triunfo a la raza humana.

Las consecuencias del pecado se hicieron claras en la segunda generación, cuando Caín, el hijo mayor, mató a su hermano Abel. Así como sus padres habían sido expulsados de la presencia de Dios en el huerto, ahora Caín era expulsado de la sociedad humana para emprender una vida nómada en el este. Inserto en la maldición estaba el fulgor de la gracia, la "marca a Caín" que simbolizaba la protección de Dios.

Bendición y maldición (4:17–5:32). La genealogía de Caín ilustra la tensión entre la bendición de Dios y el pecado en expansión. A través de los logros de los descendientes de Caín, la humanidad comenzó a experimentar la bendición del dominio sobre la creación. No obstante, el progreso en las artes y la tecnología se equiparó con el progreso en el pecado, como lo ilustra el jactancioso cántico de muerte de Lamec. Mientras tanto, el mandato de redención de la creación de Dios continuó a través de otro hijo de Adán y Eva: Set. Su genealogía condujo directamente a Noé, a quien le fueron reafirmadas las promesas originales de la creación (6:18; 9:1-7).

Liberación (6:1–9:29). Con el paso del tiempo se hizo más y más claro que la humanidad no quería y no podía vivir de acuerdo a las responsabilidades que le habían sido confiadas. Los seres humanos otra vez violaron su propio lugar dentro del orden de Dios cuando traspasaron los límites que Dios había impuesto sobre ellos. Como resultado de la entremezcla impropia de los "hijos de Dios" (entendidos ya sea como ángeles o como gobernantes sobre la tierra) y "las hijas de los seres humanos," otra vez Dios vio la necesidad de reafirmar su señorío y hacer un nuevo comienzo que pudiera dar a la raza humana otra oportunidad de ser obediente.

La consecuencia del pecado fue el gran diluvio, una catástrofe tan enorme que pereció toda forma de vida e instituciones en la tierra. La gracia de Dios estaba todavía activa pues preservó un remanente en el arca. En respuesta a la adoración de su pueblo, Dios prometió que nunca más destruiría la tierra en tanto la historia siguiera su curso. La promesa de Dios a Noé reafirmó las promesas de la creación de bendición y dominio. A pesar de que los detalles difieren de la afirmación original de Génesis 1:26-27, el mandato central es idéntico. La nueva humanidad que surgió de Noé y de sus hijos, como imagen de Dios fue llamada a ejercer señorío sobre toda la tierra. La señal de la permanencia de ese pacto fue el arco iris.

Una vez más, y como para subrayar los efectos de la caída sobre la fidelidad humana, Noé cayó víctima de su entorno. Adán había pecado al participar de un fruto prohibido; Noé pecó al pervertir el uso de un fruto permitido. Ambos casos ilustran que sin ayuda los seres humanos nunca pueden elevarse al nivel de la responsabilidad ordenada por Dios.

Cuando Noé se enteró del abuso que había sufrido en manos de su hijo Cam, maldijo a los descendientes de Cam: los cananeos. Además bendijo a los de sus otros dos hijos. Esto desencadenó las relaciones entre la triple división de la raza humana,

EL DILUVIO

El cataclismo del diluvio descrito en Génesis 6-9 como el juicio de Dios sobre la tierra, se menciona en otras partes del Antiguo Testamento (Gén. 10:1,32; 11:10; Sal. 29:10; 104:6-9; Isa. 54:9) y del Nuevo Testamento (Mat. 24:38-39; Luc. 17:26-27; Heb. 11:7; 1 Ped. 3:20; 2 Ped. 2:5; 3:3-7). Que se dediquen al diluvio más versículos que a la creación (Gén. 1-2) o la caída (Gén. 3) sugiere la importancia del relato.

El relato del Antiguo Testamento

Debido a la gran maldad de la humanidad (Gén. 6:5,11), Dios resolvió destruir a todos los seres vivientes (6:13) con la excepción del justo Noé y de su familia (6:9,18). Dios dio instrucciones a Noé para que construyera un arca de "madera de gofer" (6:14, RVR60). Le dijo a Noé que tomara a su familia y a siete parejas de animales limpios y una pareja de los animales que no son limpios, aves, y reptiles, junto con provisiones para lo que durara el diluvio (6:18-21; 7:1-3). Las lluvias duraron 40 días y noches, y cubrieron "las montañas más altas que hay debajo de los cielos" (7:19), y destruyeron todo ser viviente que se movía sobre la tierra (7:21-23). Cuando Noé y

su familia salieron del arca después de un año y diez días, él construyó un altar y ofreció sacrificios a Dios (8:14-20). Dios bendijo a Noé y a su familia (9:1) e hizo un pacto prometiendo que nunca más destruiría la tierra con un diluvio (8:21; 9:11). Dios dio el arco iris como señal visible de ese pacto (9:12-17).

Fecha y alcance del diluvio

Es imposible determinar la fecha exacta del diluvio, ya que no se han encontrado materiales arqueológicos ni geológicos que pudieran permitir hacerlo. Las estimaciones lo han ubicado entre el 13.000 y el 3000 a.C.

El alcance del diluvio ha sido debatido. Los argumentos para un diluvio universal incluyen: (1) las palabras de Génesis 6–9, que se interpretan mejor como diluvio universal (ver 7:19-23); (2) las tradiciones del diluvio generalizadas entre muchos pueblos muy dispersos se explican mejor si todos los pueblos descienden de Noé; (3) la inusual fuente de agua (Gén. 7:11); (4) la duración de la inundación, puesto que una inundación local habría bajado en unos pocos días; (5) la creencia falsa de que toda la vida residía en un área geográfica limitada; y (6) la capacidad ilimitada de Dios para

actuar dentro de la historia.

Los argumentos en contra de un diluvio universal han persuadido a algunos eruditos a aceptar una inundación limitada. Algunos argumentos son: (1) la cantidad de agua necesaria para cubrir la montaña más alta, que sería ocho veces la cantidad de agua que hay en la tierra; (2) los problemas prácticos para dar albergue y alimentar a tantos animales durante un año; (3) la destrucción de vida de toda planta sumergida en agua salada durante un año; (4) el punto de vista de que la destrucción de la raza humana sólo requería de una inundación que cubriera la parte de la tierra habitada en ese tiempo, y (5) la falta de evidencia geológica de un cataclismo a nivel mundial.

Si bien no pueden responderse todas nuestras preguntas, la información bíblica señala en dirección de un diluvio universal.

Importancia teológica

(1) El diluvio demuestra el odio de Dios por el pecado y la certeza de su juicio. (2) Dios le dio a la gente 120 años para arrepentirse antes de que llegara el juicio, y esto demuestra su paciencia al tratar con el pecado. (3) Salvar la vida de una familia demuestra la gracia salvadora de Dios. (4) El diluvio revela el señorío de Dios sobre la naturaleza y sobre la humanidad.

que determinaría para siempre el curso de la historia. Dios engrandecería a Jafet (los gentiles), pero con el tiempo Jafet encontraría refugio en las preservadoras y protectoras tiendas de Sem (Israel). De esta

forma, los semitas serían el canal de la gracia redentora.

Bendición reafirmada (10:1-32). La lista de "las naciones de la tierra" demuestra el cumplimiento del mandato de

VIDA DE ABRAHAM

EVENTO	PASAJE DEL ANTIGUO TESTAMENTO	REFERENCIA EN EL NUEVO TESTAMENTO
El nacimiento de Abram	Gén. 11:26	
El llamado de Dios a Abram	Gén. 12:1-3	Heb. 11:8
La entrada en Canaán	Gén. 12:4-9	
Abram en Egipto	Gén. 12:10-20	
Lot se separa de Abram	Gén. 13:1-18	
Abram rescata a Lot	Gén. 14:1-17	
Abram le da diezmos a Melquisedec	Gén. 14:18-24	Heb. 7:1-10
El pacto de Dios con Abraham	Gén.15:1-21	Rom. 4:1-25 Gál.3:6-25 Heb. 6:13-20
El nacimiento de Ismael	Gén. 16:1-16	
A Abraham se le promete un hijo de Sara	Gén. 17:1-27 Gén. 18:1-15	Rom. 4:18-25 Heb. 11:11-12
Abraham intercede por Sodoma	Gén. 18:16-33	
Lot salvado y Sodoma destruida	Gén. 19:1-30	
El nacimiento de Isaac	Gén. 21:1-7	
Agar e Ismael despedidos	Gén. 21:9-21	Gál. 4:21-31
Abraham y el desafío a ofrecer a Isaac en sacrificio	Gén. 22:1-19	Heb. 11:17-19 Sant. 2:20-24
La muerte de Sara	Gén. 23:1-20	
La muerte de Abraham	Gén. 25:1-11	

Dios de ser fructíferos y llenar la tierra. La posición decisiva de los semitas centra la atención sobre Heber, por el cual le fue dado el nombre a los hebreos (*ibri*). Este ancestro de Abraham es precursor de los patriarcas judíos, quienes son el punto focal de la segunda mitad de Génesis.

Confusión en Babel (11:1-32). La historia de la torre de Babel separa la genealogía de la descendencia de Noé hasta Heber y Peleg de la genealogía que conecta a Noé con Abraham. En los días de Peleg, hijo de Heber, la tierra fue "dividida" (10:25). A través de Abraham y del pacto abrahámico algún día estaría unida una vez más. De esta forma, el relato de Babel ilustra el falso y desafiante sentido de solidaridad humana, que trató de evadir el mandato de la creación de llenar la tierra bajo el dominio de Dios. La dispersión de las naciones logró ese propósito, pero no hizo efectivo el acatamiento de la voluntad de Dios, que hacía del servicio verdadero una realidad. Esa es la razón por la cual tuvo que implementarse un nuevo pacto con aspectos redentores.

ABRAHAM (12:1–22:19)

La historia de los patriarcas está centrada y fundada sobre el pacto al cual el Señor llamó a Abraham. La historia de la raza humana, desde la caída hasta los días de Abraham, fue suficiente para mostrar que los grandes propósitos del reino de Dios no podían lograrse hasta tanto la humanidad fuera redimida y restaurada, al punto de tener la capacidad de guardar el pacto. La promesa había sido que la descendencia de la mujer algún día prevalecería sobre las fuerzas en contra de Dios. Ahora la promesa de esa progenie encontraría cumplimiento en un hombre y sus descendientes, el principal de los cuales sería el Mesías, quien haría efectiva la salvación y el dominio/señorío.

Promesas de Dios (12:1-9). Abraham fue llamado a salir del paganismo sumerio hacia la fe en el Dios viviente. Dios le concedió una serie incondicional de promesas: descendientes y bendición. Prometió conducirlo a Canaán, la escena terrenal para el desarrollo de las promesas divinas.

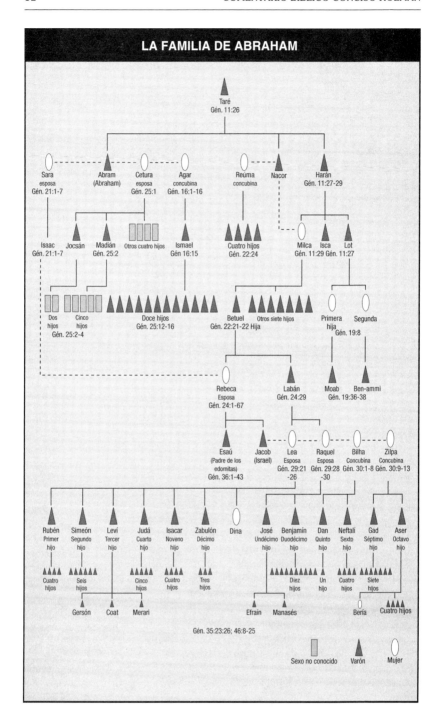

LA FAMILIA DE ABRAHAM

A la llegada a Canaán, Abraham recibió la promesa de tierra por parte de Dios.

Promesas amenazadas (12:10-20). Tan pronto como las promesas de Dios fueron dadas, su cumplimiento se vio amenazado. Al enfrentarse con el hambre, Abraham abandonó la tierra prometida y colocó a Sara, el enlace con la promesa de descendientes, en una posición potencialmente comprometida como parte del harén del faraón.

Promesas cristalizadas (13:1-18). Abraham fue precursor de la historia de sus descendientes al vivir en Canaán por poco tiempo, morar transitoriamente en Egipto (12:10-20), y salir con riquezas y honor como Israel lo hizo más tarde en el éxodo (Ex. 11:1-3; 12:35-36). Luego, en su propia "conquista" y ocupación, Abraham dividió la tierra entre él y Lot. Los territorios a través de los cuales él había viajado previamente como un nómada llegaron a ser suyos como morada permanente.

Poseer y bendecir (14:1-24). El señorío de Abraham sobre su herencia no quedaría sin disputa. La invasión y el sometimiento de las ciudades de la planicie por parte de los reyes del este representó la resistencia a los derechos que Abraham declaró tener sobre la tierra. Abraham, actuando de parte de *El Elyon*, el Dios altísimo, derrotó esta amenaza. Al rescatar a Lot y a su gente, Abraham estaba cumpliendo el encargo divino de ser bendición a otras naciones.

Los descendientes y la tierra (15:1-21). A pesar de que había heredado la tierra por una promesa, Abraham todavía no tenía la descendencia prometida, incluso después de diez años en la tierra (ver Gén. 16:3). El Señor reafirmó su promesa, extendiéndola hasta incluir una descendencia innumerable. Yahvéh prometió que la cantidad de descendientes iría a una tierra de morada temporaria, así como lo había hecho Abraham. Al fin, ellos regresarían con riquezas para llenar la tierra de la promesa.

Esfuerzos humanos (16:1-16). Sara, la esposa de Abraham, había pasado la edad para tener hijos, así que ella y su esposo, siguiendo la costumbre de ese tiempo, decidieron que la descendencia de la promesa sólo podía encontrar cumplimiento si ellos tomaban el tema en sus propias manos. Sara le presentó a Abraham a su esclava como una madre sustituta. A su tiempo nació un hijo, Ismael. Este intento de buscar un atajo para los caminos y los medios del Señor fue en vano.

Promesa de un heredero (17:1-18:15). Una vez más el Señor afirmó las intenciones de su pacto. Abraham sería el padre de naciones, pero las naciones nacerían de Sara y no de Agar. Como señal de la inmutable lealtad de la promesa divina del pacto, el Señor estableció el rito de la circuncisión.

Muy pronto el Señor apareció como el ángel de Dios y reveló a Abraham y a Sara que dentro del año ella daría a luz la progenie prometida.

Bendición a naciones vecinas (18:16-19:22). Dios le recordó a Abraham que él fue el medio elegido para bendecir a las naciones Como ilustración de lo que eso significaba, Yahvéh le reveló que Él destruiría a Sodoma y a Gomorra, ciudades cuya pecaminosidad estaba más allá de todo remedio. Abraham era consciente de que esto implicaba la muerte de su propio sobrino, Lot, quien vivía en Sodoma. Abraham ejerció su ministerio de mediación intercediendo ante el Señor para que librara a los justos y de esta forma a las ciudades donde ellos vivían. A pesar de que no pudieron encontrarse ni siquiera diez justos y por lo tanto las ciudades fueron abatidas en juicio, se puede ver claramente el papel de Abraham como aquel en quien las naciones podrían encontrar bendición.

Pactos

Un pacto es un convenio o acuerdo entre dos partes, que las obliga mutuamente con respecto a algunos deberes y beneficios acordados. Gran parte de la historia de la salvación puede delinearse notando tanto la presencia como el contenido de los pactos bíblicos. Los pactos pueden ser tanto bilaterales ("entre dos partes"), donde ambas están obligadas, o unilaterales ("una parte"), donde sólo una parte está obligada por el acuerdo.

Génesis 15:9-21 ofrece la mejor ilustración del tipo de pacto unilateral. El verbo "hacer" un pacto es literalmente "cortar" un pacto. Así, cuando uno hacía un pacto, se traían varios animales, se los cortaba por la mitad, y se ubicaban las mitades unas frente a otras. La persona o partes que hacían el pacto luego caminaban a través del pasillo formado por los cuerpos muertos de los animales y

en realidad decían: "Que me ocurra a mí lo que les ha ocurrido a estos animales muertos si no guardo todas la provisiones de este pacto." (Comparar Jer. 34:18-20.)

En un pacto bilateral ambas partes hacían el juramento. Si una no cumplía, la otra quedaba liberada de cualquier otra obligación. Pero en el caso de Génesis 15:9-21, la presencia de "una hornilla humeante y una antorcha encendida" retrata a Dios como el único que caminó entre los pedazos y así se obligó a sí mismo a cumplir las bendiciones y los beneficios del pacto abrahámico. Las bendiciones de Dios eran independientes de cualquier obra de obediencia por parte de Abraham o de cualquiera de los patriarcas que lo siguieron, los cuales también disfrutaron de los beneficios de este pacto.

El pacto del Sinaí ofrece la mejor ilustración de un pacto bilateral. El pueblo de Israel acordó aceptar las

condiciones de la relación que Dios ofreció (Ex. 19:5-6; 24:3). En su predicación, los profetas posteriores con frecuencia pusieron a Israel bajo juicio por no cumplir los compromisos impuestos por el pacto (Jer. 11:10; Ezeq. 16:59; Os. 8:1). En tiempos de avivamiento espiritual, el pueblo de Israel reafirmaría su compromiso con el pacto (Deut. 5:2-3; Jos. 24; 2 Rey. 23:3; 2 Crón. 15:12).

Las Escrituras presentan cierta cantidad de pactos. Muchos fueron instituidos por el único Dios verdadero y viviente. Los pactos divinos fundamentales incluyen los realizados con Noé (Gén. 9:9-17), Abraham (Gén. 15:18; 17:2), Moisés (Ex. 19:5-6), David (2 Sam. 23:5; ver 7:12-16), y el nuevo pacto de Jeremías 31:31-34.

El *contenido* de los pactos es más importante que su *forma*. El contenido de todos estos pactos divinos exhibe una unidad, una

Promesa amenazada (20:1-18). El encuentro de Abraham con Abimelec de Gerar, también da testimonio del papel de Abraham como mediador. Le había mentido a Abimelec en lo concerniente a Sara, sosteniendo que ella era solamente su hermana. Abimelec tomó a Sara y la introdujo en su harén, poniendo en peligro la promesa de Dios de la descendencia a través de Sara. Antes de que las cosas fueran más allá, el Señor reveló a Abimelec que Abraham era un profeta, uno cuyas oraciones eran eficaces. Luego la plaga que Yahvéh había traído sobre Abimelec debido a sus relaciones con Sara fue eliminada en respuesta a la intercesión de Abraham. Una vez más, se hace evidente la función

de Abraham como dispensador de bendición y de maldición.

Promesa cumplida (21:1-21). Finalmente nació Isaac, el hijo del pacto. A través de Ismael, Dios honró su promesa de que no sólo los hebreos sino "muchas naciones" lo llamarían a Abraham "padre" (ver 25:12-18).

Obediencia y bendición (22:1-19). A los pocos años, el Señor puso a prueba a Abraham ordenándole que ofreciera a su hijo del pacto como una ofrenda quemada (holocausto). La intención era enseñar a Abraham que la bendición del pacto requiere compromiso y obediencia total al pacto. El relato también enfatiza que la obediencia al pacto trae aparejada una continuidad y un tema conductor. La forma cambia dado que hay diferentes "señales" de un pacto (por ejemplo, un arco iris en el caso de Noé, la circuncisión en el caso de Abraham), diferentes tipos de pactos y "personas" a las cuales se refiere el pacto. Si fijamos nuestros ojos en el contenido, notaremos cómo se desplegó el plan eterno de Dios, tanto para nuestra redención como para nuestra vida victoriosa.

Una fórmula de tres partes actúa como resumen de la relación divina en el pacto: Yo seré tu Dios, tú serás mi pueblo, y yo viviré en medio de ti. La repetición de los elementos de esta fórmula como parte de muchos de estos pactos proveyó uno de sus temas unificadores: Dios estaría en medio de su pueblo y ellos serían su especial posesión. (Comparar Gén. 17:7; Ex. 6:6-7; 19:4-5.)

A pesar de su unidad estructural y temática, los principales pactos del Antiguo Testamento exhiben una diversidad de focos de interés a medida que la historia progresa. El pacto de Dios con Noé se centró en la preservación. El pacto abrahámico se centró en la tierra y los descendientes. El pacto mosaico enfatizó la obediencia a la ley de Dios, y el pacto davídico se centró en la preservación de la dinastía de David. El nuevo pacto de Jeremías 31 se centró en el perdón de Dios para su pueblo, en cuyo corazón Él escribiría la ley divina. El pacto con Abraham y David y el nuevo pacto de Jeremías anticiparon la redención a través del Mesías prometido.

Es muy difícil clarificar la relación entre el antiguo pacto (generalmente equiparado con el pacto mosaico) y el nuevo pacto. Aparentemente, Pablo colocó la promesa de los pactos de tipo abrahámico en contraste con la ley de tipo mosaica, pero el contraste paulino no fue de ninguna manera algo absoluto ni total. Pablo afirmó que el pacto de la ley no anuló el pacto de la promesa (Gál. 3:17), y que el pacto de la promesa no anuló el pacto de la ley (Rom. 3:31).

En la cima de los pactos está el nuevo pacto de Jeremías 31:31-34. La frase *nuevo pacto* se encuentra seis veces en el Nuevo Testamento (1 Cor. 11:25; 2 Cor. 3:6; Heb. 8:8; 9:15; 12:24, y posiblemente Luc. 22:20). La idea está también presente en Romanos 11:27 y en Gálatas 4:21-31. Dado que mucho del contenido del nuevo pacto repite las promesas de los pactos previos, sería mejor representar a este pacto como un "pacto renovado." Cumple las promesas de los pactos más antiguos, pero es mejor en virtud de su visión más clara de Cristo, de su más rica experiencia del Espíritu Santo, y de la mayor libertad que otorga a los creyentes.

concesión renovada de la bendición del pacto. La disposición de Abraham de entregar a su hijo garantizó aun más el cumplimiento de las promesas de Dios a él.

ISAAC (22:20–25:18; 26:1-33)

Isaac cumplió un papel de eslabón *pasivo* muy diferente que los otros patriarcas, quienes desempeñaron un papel *activo* en la cristalización de las promesas de Dios. Abraham ya había esperado el nacimiento de Isaac y estuvo dispuesto a ofrecer a Isaac en sacrificio. A continuación de la muerte y la sepultura de Sara, Abraham hizo arreglos para que Isaac tomara una esposa entre sus propios parientes de Aram. De esta manera, Abraham hizo su parte para asegurar que la

promesa de descendencia continuara en la próxima generación. Hecho esto, Abraham murió (25:7-8) y fue sepultado con su esposa por sus hijos Ismael e Isaac. Isaac raramente ocupó el centro del escenario. En los años siguientes Isaac, quien había sido el objetivo de las acciones de su padre, llegó a ser un objetivo en la lucha de su hijo Jacob por las promesas (27:1-40).

Una rara escena que se centra en Isaac, lo presenta como el eslabón a través de quien se cumplieron las promesas de Dios de recibir la tierra y de ser una fuente de bendición para las naciones. El Señor lo envió a vivir entre los filisteos de Gerar, como Abraham lo había hecho. Allí Isaac, contra su voluntad, bendijo a las naciones cavando

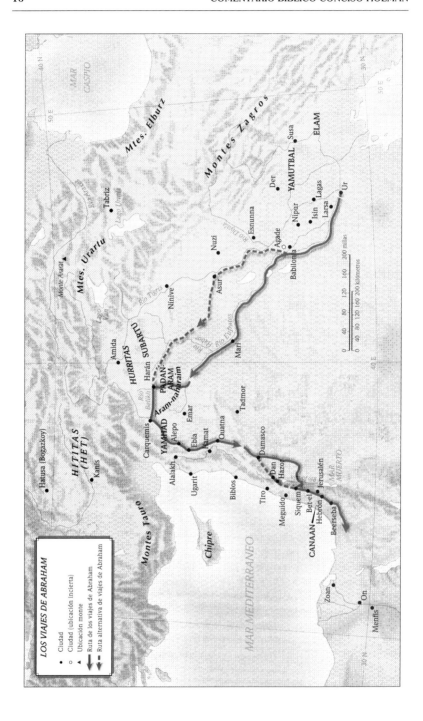

pozos de los cuales los filisteos se adueña-
ron para uso propio. Isaac y su clan probaron ser tal fuente de alimento para sus
vecinos que el rey Abimelec hizo un pacto
con él reconociendo su reclamo en la tierra
prometida.

JACOB (25:19-34; 27:1–36:43)

Isaac sirvió como un eslabón pasivo en relación con las promesas de Dios a Abraham.
En contraste, el hijo menor de Isaac, Jacob,
luchó a lo largo de su vida por lo mejor que
Dios había prometido dar.

Comienzo de la lucha (25:19-26).
Así como la esterilidad de Sara demandó que
Abraham confiara en Dios para su descendencia, la misma deficiencia en Rebeca exigió de una oración fervorosa de parte de su
esposo Isaac. Fiel a su promesa a Abraham,
Yahvéh respondió y le dio no uno sino dos
hijos: Esaú y Jacob. Que Jacob tomó el talón
de Esaú en un esfuerzo por ser el primogénito presenta el tema principal de las historias
de Jacob, que es la lucha de Jacob por
obtener bendiciones prometidas.

***La lucha por la primogenitura
(25:27-34).*** Contrariamente a las normas
de sucesión y herencia, el Señor le dio a Jacob los derechos del primogénito, a pesar
de que a nivel humano Jacob manipuló a su
hermano con el propósito de recibirlos.
Esaú, como el hijo mayor de Isaac, debiera
haber heredado la primogenitura, el derecho a ser el líder de la familia. No obstante,
lo perdió en un momento de complacencia.

***La lucha por la bendición
(26:34–28:9).*** Esaú aún retenía su posición como heredero de las promesas del
pacto en la sucesión de Abraham e Isaac,
pero cuando a través de su casamiento con
mujeres hititas, se hizo evidente que era indigno del privilegio del pacto, su madre,
Rebeca, empezó a reemplazarlo por su
hermano Jacob.

Cuando llegó el día para que Isaac de-
signara a Esaú como destinatario de la

bendición prometida por Dios, Jacob
apareció en su lugar. El ciego Isaac, engañado por la sustitución, concedió su bendición irrevocable. En el mundo antiguo,
pronunciar una bendición le daba a las
palabras una fuerza de obligatoriedad, así
como ocurre en nuestros días al firmar un
contrato. Es así que Jacob controló tanto
la primogenitura como la bendición. A
pesar de que los medios no fueron nada
honorables, el Señor había predicho el
triunfo de Jacob cuando nacieron los
mellizos (25:23).

Encolerizado por este cambio en los
eventos, Esaú tramó matar a su hermano.
Rebeca impulsó a Jacob a huir por su vida
a Padan-aram, la tierra de ella, de modo
que también pudiera conseguir una esposa entre sus parientes.

La fidelidad de Dios (28:10-22).
El cuidado vigilante de Dios se hizo eviden-
te en Bet-el, donde Jacob se encontró con
Yahvéh en un sueño. Él se le reveló como el
Dios de sus padres, el que continuaría las
promesas del pacto a través de Jacob.

La lucha continúa (29:1–31:55).
Así animado, Jacob fue a Aram, donde luchó
con su tío Labán por el derecho a casarse
con sus hijas Lea y Raquel. La promesa de
Dios de mucha descendencia comenzó a realizarse dado que Jacob fue el padre de (hasta
ese momento) once hijos y una hija en la lucha de sus esposas por tener hijos. En su lucha contra el maquinador Labán, Jacob llegó
a ser más próspero de lo que jamás esperó.
Al robar los ídolos domésticos, Raquel se
unió a Jacob en su lucha contra Labán. Con
el intento de venganza de Labán, sólo la intervención de Dios en un sueño trajo un final
pacífico a la lucha con Jacob.

***La tierra prometida (32:1–
33:17).*** Finalmente, después de 20
años, Jacob regresó a su tierra. En el camino se enteró de que Esaú estaba llegando a su encuentro. Temiendo que sus propios esfuerzos para salvaguardarse de la

PATRIARCAS

El término *patriarca* viene de una palabra griega que significa *cabeza de tribu o familia*. Usualmente, el término se refiere a los antepasados de los israelitas: Abraham (Heb. 7:4), Isaac y Jacob. En forma más amplia se usa para hablar de los doce hijos de Jacob (Hech. 7:8-9) y de David (Hech. 2:29).

Fecha e historicidad

El tiempo de los patriarcas ha sido estimado entre el 2200 y el 1300 a.C. La evidencia con que contamos sugiere una época al comienzo del segundo milenio a.C. Algunos dudan de que los patriarcas fueran personajes históricos, y los ven como figuras legendarias que explican los nombres de las tribus de Israel. No obstante, no se ha encontrado evidencia alguna para refutar la existencia de los patriarcas.

Nombres

Muchos de los nombres de personas en los relatos patriarcales aparecen en textos escritos por otros pueblos del Cercano Oriente, en la primera parte del segundo milenio a.C. Textos de Ugarit y de Asiria combinan el nombre de *Jacob* con los nombres de dioses locales (Jacob-el, Jacob-baal). El Antiguo Testamento entiende que Abram significa *padre exaltado* y Abraham, *padre de una*

multitud de naciones (Gén. 17:5). Isaac, del hebreo *reír*, produjo gozo en sus padres con su nacimiento (Gén. 21:6). Del mismo modo, Jacob proviene de la palabra *agarrar el talón*. Los patriarcas eran arameos (Deut. 26:5), pueblos semitas del noroeste de la Mesopotamia.

Historia

Los relatos sobre los patriarcas se encuentran en Génesis 12-50. Génesis 11:31 describe la migración de Abraham y su familia desde Ur de los caldeos hacia Harán en el norte de la Mesopotamia, donde Dios hizo un pacto con él (12:1-3). El pacto prometió innumerables descendientes y una tierra conocida hoy como Israel. Abraham vivió una vida típicamente seminómada. Vivía en tiendas y se trasladaba de un lugar a otro, buscando pastos para sus rebaños. Incluso antes de la muerte de su padre, Taré, Abraham viajó con su familia y sus posesiones a Canaán, donde se estableció en Siquem (12:4-6). Más tarde se reubicó cerca de Bet-el (12:8). Durante una hambruna, vivió por un tiempo en Egipto (12:10-20). Después de regresar de Egipto, él y Lot acordaron separarse y establecerse en áreas diferentes. Lot eligió el valle del Jordán cerca de Sodoma, y Abraham se estableció en Hebrón (13:2-18).

Cuando Abraham tenía 75 años y Sara, su esposa,

65, Dios les prometió un heredero. El hijo, Isaac, nació 25 años más tarde (Gén. 12:2; 17:1,17,21; 21:5). Se da poca información acerca de Isaac, excepto la elección de su esposa Rebeca (Gén. 24), y la bendición que Jacob recibió de él al hacerse pasar por Esaú (Gén. 27). Los doce hijos de Jacob, los antepasados de las doce tribus de Israel, les nacieron a Lea y a Raquel, las esposas de Jacob (Gén. 29:30; 35:16-19) y a las siervas de ellas (35:23-26). Las bendiciones del anciano Jacob sobre sus hijos escogieron a Judá como aquel de quien emergería un soberano (49:8-12).

Religión de los patriarcas

Antes de que Dios hiciera un pacto con Abraham probablemente este fuera un adorador de Sin, el dios mesopotámico de la luna. Josué 24:2,14 afirma que los antepasados patriarcales adoraron a dioses paganos en Mesopotamia. Algunos argumentan que los patriarcas adoraron a un dios sin negar la existencia de otros dioses. Si bien ellos llegaron a ser adoradores del *único* Dios viviente, sus descendientes se volvieron al politeísmo, adorando a los muchos dioses de los cultos cananeos de fertilidad (Ex. 32; Núm. 25:1-3; Jos. 24:14; Ezeq. 6:13; 20:8). Los profetas constantemente condenaron al pueblo por adorar a los dioses de los pueblos vecinos.

venganza de Esaú fueran inadecuados, Jacob le suplicó a Dios que lo librara. El Señor se apareció otra vez a Jacob, esta vez como un enemigo humano, y peleó

con el patriarca durante la noche. Impresionado con su lucha persistente, el "hombre" bendijo a Jacob con un cambio de nombre (de *Jacob* a *Israel, príncipe* de Dios). El engañador (*ya akob*) había llegado a ser apto para gobernar a través de la autoridad del Dios soberano. El encuentro que siguió con Esaú demostró ser pacífico. En realidad, Jacob vio en el perdón de Esaú un reflejo del rostro de Dios.

La amenaza de asimilación (33:18–34:31). Jacob continuó viaje hacia Canaán, y llegó primero a la ciudad de Siquem, la primera parada de su abuelo Abraham (ver 12:6). Después de comprar una propiedad allí, Jacob construyó un altar.

La violación de Dina ilustra gráficamente la moral laxa de los cananeos del lugar. La propuesta de matrimonio por parte de Siquem ilustra la amenaza de unión con un pueblo distinto. La matanza de los hombres de Siquem es un anticipo de la conquista de la tierra por parte de Israel bajo el liderazgo de Josué.

Reafirmación de las promesas (35:1–36:43). Jacob siguió viaje a Betel, otra vez siguiendo las pisadas de Abraham (ver 12:8). Allí, como lo había hecho antes, Jacob vio al Señor en una visión y recibió otra promesa más de la presencia y bendición divinas. Sería padre de naciones y de reyes, y heredaría la tierra de sus padres. La lista de sus descendientes inmediatos da testimonio del comienzo del cumplimiento de la promesa. Incluso Esaú, quien tuvo que contentarse con una bendición secundaria (27:39-40), dio origen a un pueblo poderoso.

JOSÉ (37:1–50:26)

El papel de Israel como pueblo de la promesa estaba en peligro debido a la aceptación de las laxas normas morales de los cananeos de la tierra. El incesto entre Rubén y la concubina de su padre (35:22) sugiere transigencia moral. El matrimonio de Judá con la hija de Súa el cananeo y su posterior relación con su propia nuera, Tamar,

ponen en claro el peligro. Para preservar a su pueblo, Yahvéh lo llevó de ese ambiente pecaminoso a Egipto, donde podría madurar hasta llegar a ser la nación del pacto, para lo cual Él lo estaba preparando.

Esto explica la historia de José. Sus hermanos lo vendieron a Egipto para librarse de su hermano el soñador. No obstante, Dios usó ese acto de odio como una oportunidad para salvar a Israel tanto del hambre física como de la extinción espiritual. La elevación de José a una posición de autoridad en Egipto en cumplimiento de sus sueños dados por Dios ilustra la bendición del Señor sobre su pueblo. La sabiduría de José al administrar la agricultura de Egipto otra vez cumplió la promesa de Dios, que dijo: "Bendeciré a los que te bendigan." Lo que parecía ser una serie de calumnias e injusticias en las primeras experiencias de José, resultó ser Dios que actuaba de maneras ocultas para demostrar su soberana obra del reino entre las naciones.

Nadie fue más consciente de esto que José, por lo menos en años posteriores. Después que él se hubo dado a conocer a sus hermanos, dijo: "Por eso Dios me envió delante de ustedes: para salvarles la vida de manera extraordinaria y de ese modo asegurarles descendencia sobre la tierra." Años más tarde después de la muerte de Jacob, cuando los hermanos de José temían la venganza de este, les recordó que ellos habían intentado dañarlo, "pero Dios transformó ese mal en bien, …para salvar la vida de mucha gente." La tragedia humana había llegado a ser la ocasión del triunfo divino. El deseo de José antes de morir, ser enterrado en la tierra de la promesa, pone la mira más allá de la tragedia futura de la esclavitud de Israel y anticipa el triunfo de Dios en el éxodo.

Importancia contemporánea. Una contribución obvia del libro de Génesis al mundo moderno es su explicación de los orígenes de las cosas. Tiene valor científico e histórico aun cuando ese no es su propósito principal.

Más fundamental aún, Génesis trata sobre la esencia de lo que significa ser personas humanas creadas a la imagen de Dios. ¿Quiénes somos? ¿Por qué existimos? ¿Qué debemos hacer? No apreciar el objetivo de Dios para la humanidad ha resultado en pensamientos y acciones caóticas y sin propósito. En última instancia, la vida sin un conocimiento verdadero de la naturaleza humana como la imagen de Dios y de la función humana como la de mayordomos de la creación de Dios, es una vida sin significado. Cuando uno vive la vida a la luz de Génesis, la vida se percibe como en contacto y en sintonía con el Dios del universo. El gobierno de Dios se torna una realidad en tanto los seres humanos se conforman a las metas divinas para su creación. Génesis bosqueja las intenciones del Creador.

Como pecadores no podemos hacer realidad el propósito de Dios para nuestras vidas a través de nuestros esfuerzos. Sólo la intervención de Dios trae promesa a nuestras vidas. Nuestra salvación es obra de Dios.

Valor ético. El efecto atroz del pecado es uno de los temas llamativos de Génesis. El pecado frustró los propósitos de Dios para la raza humana. Había que encarar el pecado antes que esos propósitos pudieran cumplirse. Génesis enseña lo horrendo y serio del pecado y sus trágicas repercusiones.

Además de la historia de "la caída," los relatos en Génesis muestran a la gente cómo vivir victoriosamente frente a elementos contrarios a Dios, que operan en este mundo caído y los relatos también describen lo que ocurre cuando no lo hacen. Caín, por falta de fe, deshonró a Dios y luego mató a su hermano. Lamec, con orgullo jactancioso, reveló lo absurdo de los puntos de vista humanos de la vida.

La entremezcla de elementos angélicos y humanos muestra el resultado inevitable de romper los lazos de las posiciones en la vida que han sido ordenadas por Dios. El orgullo de los constructores de la torre de Babel demuestra la arrogancia de la gente que busca renombre propio más bien que honrar el nombre del Señor.

Los modelos de fe y obediencia como los de Abel, Enoc, Noé, Abraham y José, son también instructivos. Su compromiso con la justicia y la integridad de su estilo de vida hablan con elocuencia de lo que significa ser un ciudadano del reino, trabajando fielmente para liberar los altos y santos elementos de ese llamado.

Preguntas para la reflexión

1. ¿Cómo se relaciona el significado del nombre *Génesis* con el contenido del libro?

2. ¿Por qué creó Dios a la raza humana?

3. ¿Qué enseña Génesis sobre las consecuencias del pecado? ¿Impide el pecado humano el propósito último de Dios para la humanidad?

4. ¿Cuáles fueron las metas de Dios al llamar a Abraham?

5. ¿Qué eventos parecieron amenazar el cumplimiento de las promesas de Dios a Abraham? ¿Cómo superó Dios esos obstáculos?

6. ¿Cuál fue el papel de Isaac en el relato de Génesis?

7. ¿Por qué la historia de Jacob puede llamarse "la lucha por las promesas de Dios"?

8. ¿Cómo inspira esperanza la historia de José, en momentos cuando Dios parece haberse olvidado de nosotros?

9. ¿Cómo ayudó José a hacer realidad las promesas de Dios de hacer de Abraham una bendición a las naciones, y de hacer a Abraham padre de multitudes?

10. ¿Cómo participamos los cristianos en hacer realidad las promesas de Dios a Abraham?

ÉXODO

Éxodo, con el significado de *salida*, fue el título que la Septuaginta, la traducción griega antigua, le dio al segundo libro de la Torá (ver Ex. 19:1).

Algunos intérpretes entienden que ciertas afirmaciones de Éxodo (17:14; 24:4; 34:27) significan que Moisés es el autor de la forma final del libro. Otros eruditos dicen que tales afirmaciones significan que Moisés escribió sólo porciones específicas, tales como el relato de la derrota de los amalecitas (17:8-13), el "Libro del Pacto" (caps. 21–23), y las instrucciones en Éxodo 34:10-26. Sólo los críticos más radicales le han negado a Moisés cualquier vínculo con los materiales en Éxodo.

Los intérpretes que aceptan la autoría tradicional de Éxodo sostienen que Moisés lo puso en su forma presente ya sea durante su permanencia transitoria en el Sinaí (alrededor del 1444 a.C.) o no más tarde que durante el campamento en las llanuras de Moab, justo antes de su muerte (alrededor del 1406 a.C.). A excepción de Éxodo 1:1–2:10, Moisés fue testigo ocular de virtualmente todos los incidentes del libro. La primera sección ciertamente podría haberle llegado a través de fuentes ya sea orales o escritas. El resto del libro da toda la evidencia de haber sido compuesto como un diario, registrado a medida que los varios episodios se sucedían. Entonces por *autor* se entiende que Moisés es el editor final de una colección de memorias. Otros intérpretes ven el libro de Éxodo como el producto de la reflexión inspirada de muchas generaciones del pueblo de Dios, quienes trabajaron para discernir el significado del evento del éxodo para la adoración y la práctica.

Tema. Decidir sobre un solo tema que unifique todos los variados materiales de Éxodo es difícil. Un enfoque ve la reunión en Sinaí, donde la nación redimida se encontró con Yahvéh y acordó entrar en pacto con Él, como el centro teológico. La persecución de Israel en Egipto; el nacimiento de Moisés, su exilio en Madián y su regreso a Egipto como líder de Israel; las plagas de Egipto, y el poderoso evento del éxodo en sí mismo, todo esto conduce al clímax del compromiso del pacto. De la misma manera, todo lo que hay después de esto, el establecimiento de los métodos de adoración, el sacerdocio y el tabernáculo, surgen desde el pacto y permiten ponerlo en práctica.

Un segundo enfoque ve la presencia de Yahvéh con y en medio de Israel como aspecto central. La presencia salvadora de Yahvéh con Israel resulta en la liberación del pueblo de su esclavitud en Egipto (Ex. 1–15). La presencia continua de Yahvéh con Israel demanda adoración y obediencia a los compromisos del pacto (Ex. 16–40).

Un tercer enfoque ve el señorío de Yahvéh como el tema teológico central. En Éxodo, Dios se revela como el Señor de la historia (1:1–7:7), el Señor de la naturaleza (7:8–18:27), el Señor del pueblo del pacto, Israel (19:1–24:14), y el Señor de la adoración (25:1–40:38).

Formas literarias. Éxodo abarca varios tipos y géneros literarios incluyendo poesía, textos de pactos y materiales legales. No es posible aquí examinar el libro entero e identificar la rica variedad de expresión literaria, de modo que unos pocos pasajes tendrán que ser suficientes.

Uno de los grandes poemas del Antiguo Testamento es "El cántico del mar" (Ex. 15:1-18,21). Esta pieza celebra la liberación de Israel de Egipto mediante el éxodo a través del mar Rojo (15:1a). El poema mezcla características de un himno de alabanza, de un canto de coronación, de una letanía y de un salmo de victoria. Su forma mezclada sugiere que tiene múltiples propósitos.

La presencia en el cántico de ciertos temas y términos característicos de la Mesopotamia y de mitos cananeos no sugiere que el cántico es sólo un mito ni incluso que está moldeado según un mito. Simplemente está empleando las imágenes y los estilos vívidos de la poesía mítica con el propósito de comunicar la majestad imponente de Yahvéh y su dominio sobre sus enemigos. Por otro lado, los paralelos entre este cántico y la poesía épica ugarítica de la Edad de Bronce tardía (alrededor del 1500-1200) dan crédito a su gran antigüedad y a su composición mosaica.

Incluso beneficios mayores provienen del descubrimiento que partes de Éxodo,

específicamente 20:1-23:33, se parecen en forma y contenido a ciertos textos de pactos y códigos de leyes del antiguo Cercano Oriente. Los eruditos han observado paralelos notables entre los textos y pactos hititas y los textos legales del Antiguo Testamento. Un resultado es que muchos eruditos piensan que al menos estos pasajes de Éxodo son mucho más antiguos que lo que algunos en general habían sostenido.

De acuerdo a algunos estudiosos, Éxodo 20-23 sigue el modelo de un tratado entre soberano y vasallo, en el cual un gran rey, tal como el rey hitita, inició un contrato con un rey vencido o menos poderoso. Tal contrato trajo ciertas exigencias sobre el rey más débil (ahora vasallo o agente de los hititas), y prometió ciertos compromisos de parte del rey hitita Los textos del tratado heteo, invariablemente contienen ciertas

NOMBRES DE DIOS

NOMBRE	REFERENCIA	SIGNIFICADO	EQUIVALENCIA EN NVI
NOMBRES HEBREOS			
Adonai	Sal. 2:4	Señor	Amo
El-Berith	Jue. 9:46	Dios del pacto	El Berit
El Elyon	Gén. 14:18-20	Dios altísimo/el Exaltado	Dios altísimo
El Olam	Gén. 21:33	El Dios eterno	El Dios eterno
El Shaddai	Gén. 17:1-2	Dios Todopoderoso	Dios Todopoderoso
Qedosh Yisra'el	Isa. 1:4	El Santo de Israel	El Santo de Israel
Shapat	Gén. 18:25	Juez/Gobernador	Juez
Yahvéh-jereh	Gén. 22:14	Yahvéh provee	El Señor provee
Yahvéh-seba'ot	1 Sam. 1:3	Yahvéh de los ejércitos	Señor Todopoderoso
Yahvéh-shalom	Jue. 6:24	Yahvéh es paz	El Señor es paz
Yahvéh-tsidkenu	Jer. 23:6	Yahvéh es nuestra justicia	El Señor es nuestra salvación
NOMBRES ARAMEOS			
Attiq yomin	Dan. 7:9	Anciano de días	Anciano
Illaya	Dan. 7:25	Altísimo	Altísimo

MOISÉS

Moisés fue el gran líder, legislador, profeta y juez de Israel. Dios levantó a Moisés para llevar a la nación fuera de la esclavitud egipcia hacia la tierra que siglos antes le prometiera a Abraham. Moisés también debía ser el mediador de la ley de Dios a su pueblo. Su historia se relata en los libros de Éxodo, Números y Deuteronomio; y él es tal vez la figura humana más significativa en el Antiguo Testamento.

Moisés nació como esclavo en Egipto, donde Faraón estaba persiguiendo a los israelitas. La vida de Moisés fue salvada providencialmente cuando era niño. Pasó sus primeros 40 años en la corte de la hija de Faraón, donde sin dudas aprendió muchas técnicas administrativas, literarias y legales que le serían útiles en sus años como líder y legislador de Israel.

Moisés probablemente vivió en la primera parte del período del Reino Nuevo (alrededor de 1550-1200 a.C.). Este fue el tiempo del apogeo cultural y militar de los tres mil años de la historia de Egipto. Moisés vivió a cien años de Tutankamón (alrededor de 1347-1338 a.C.), el niño-rey cuya tumba fue descubierta inalterada en 1922. Los espléndidos objetos encontrados en esa tumba son típicos del arte, la riqueza y las habilidades artesanales en medio de las cuales vivió el joven Moisés y que luego estuvieron representadas en mucho del arte del tabernáculo.

Como adulto, Moisés fue obligado a huir al desierto madianita del Sinaí. Allí encontró a su esposa y pasó los siguientes 40 años. Allí también aprendió habilidades prácticas que lo ayudarían a liderar a Israel a través del desierto. Durante este tiempo, recibió el llamado de Dios al monte Sinaí para que guiara a Israel fuera de Egipto. También recibió la revelación del nombre del Dios del pacto, *Yahvéh*. Moisés era un líder a desgano, pero obedeció. Confrontó a Faraón repetidamente hasta que este dejó ir a Israel.

La titularidad de Moisés como líder de Israel duró otros 40 años. Fueron años llenos de asombrosos milagros de Dios a través de Moisés, tal como la separación de las aguas del mar Rojo ("de los juncos"), la repetida provisión de comida y agua, y la liberación de los enemigos. El punto culminante fue el año que pasó en el monte Sinaí, al sur de la península del Sinaí, durante el cual Moisés tuvo una estrecha comunión con su Dios y recibió los Diez Mandamientos y el resto de la ley para entregar a Israel.

A Moisés se le impidió entrar en la tierra prometida de Canaán debido a su pecado en Meriba, de modo que sólo pudo verla a la distancia antes de morir.

A pesar de esto, el testimonio universal de las Escrituras es que Moisés tuvo un lugar sin igual en la historia de Israel. Teológicamente, el éxodo desde Egipto que él ayudó a efectuar y la ley que él le entregó a Israel son torres gemelas a las que las Escrituras se refieren una y otra vez como factores clave en la forma que Dios trató con la humanidad.

En lo personal, la humildad de Moisés y su vida de sumisión a la voluntad de Dios nos dejan una enseñanza indudable. Su ejemplo de fe obediente y sus papeles de libertador, legislador, escritor, profeta e incluso juez, lo ubican en el primer rango de héroes de Israel.

---

cláusulas en un orden que por lo general se mantiene inalterable.

Los textos del pacto de Éxodo 20–23, al igual que los tratados hititas, contienen tanto estipulaciones básicas como específicas. Los Diez Mandamientos (20:1-17) constituyen la así llamada sección de "estipulaciones básicas" del texto del pacto. Estas establecen principios fundamentales de conducta sin referencia a motivos o resultados.

Por otra parte, la segunda sección principal, Éxodo 21:1–23:19, se describe como "estipulaciones específicas." Su propósito es elaborar sobre los principios establecidos en los Diez Mandamientos y tratar preocupaciones particulares enfrentadas por la comunidad. La primera subdivisión de esta porción (21:1–22:17) consiste en leyes basadas en casos (jurisprudencia). Allí los estatutos dicen: "Si uno hace esto o lo otro...entonces aquí está la pena." La segunda subdivisión (22:18–23:19) es ante todo principios absolutos morales: "No debes" o "Si haces esto o lo otro... no podrás hacer esto o lo otro."

La percepción teológica importante que se obtiene de reconocer que Éxodo 20–23 en naturaleza es pacto y no solamente ley, no depende finalmente de la comparación con tratados del Cercano Oriente. Éxodo, a modo de "sandwich," contiene material legal (Ex. 20–23) entre relatos que anticipan (Ex. 19) y relacionan el compromiso de Israel con el pacto (Ex. 24). Esta estructura de "sandwich" sugiere que las porciones legales tienen su justo lugar en el contexto del pacto. En otras palabras, Éxodo no es un tratado legal "abstracto." Más bien, Éxodo es ley nacida en la situación "concreta" del compromiso del pacto de Yahvéh con la nación de Israel, a quien Él ha liberado de la esclavitud egipcia.

Estructura literaria. Descubrir la estructura literaria de Éxodo es una tarea difícil. Algunos intérpretes disciernen un bosquejo geográfico:

• Israel en Egipto (1:1–13:16)
• Israel en el desierto (13:17–18:27)
• Israel en el Sinaí (19:1–40:38)

Al bosquejar Éxodo otros se concentran en el contenido:

• Liberación de Egipto y viaje al Sinaí (1:1–18:27)
• Pacto en el Sinaí (19:1–24:18)
• Instrucciones para el tabernáculo y para la adoración (25:1–31:18)
• Ruptura y renovación del pacto (32:1–34:35)
• Construcción del tabernáculo (35:1–40:38)

Aun otros intérpretes centran la atención en un tema teológico fundamental. Por ejemplo, Éxodo se puede dividir en dos partes que se centran en el nacimiento *físico* (1:1–15:27) y *espiritual* (16:1–40:38)

de la nación de Israel. El bosquejo a continuación toma la presencia de Yahvéh como el tema central de Éxodo.

I. La presencia de Dios (1:1–13:16)
II. La guía de Dios (13:17–18:27)
III. Las demandas de Dios (19:1–24:18)
IV. Las reglas de Dios (25:1–31:18)
V. La disciplina de Dios (32:1–34:35)
VI. La presencia constante de Dios (35:1–40:38)

Propósito y teología. El libro de Éxodo es la historia de las dos partes del pacto: Dios e Israel. Éxodo declara en forma narrativa cómo Israel llegó a ser el pueblo de Yahvéh y despliega las condiciones del pacto por las cuales la nación debía vivir como pueblo de Dios.

Éxodo define el carácter del Dios fiel, poderoso, salvador y santo que estableció el pacto con Israel. El carácter divino se revela tanto a través del nombre de Dios como a través de sus acciones. El más importante de los nombres divinos es el nombre del pacto: Yahvéh, que designa a Dios como el "Yo soy" que está allí para su pueblo y actúa a su favor. (Ver artículo "Los nombres de Dios.") Otro nombre importante, "el Dios de Abraham, de Isaac y de Jacob" (3:6,15-16), describe al Señor como el único que es fiel a sus promesas a los patriarcas.

Éxodo también revela el carácter de Dios a través de sus actos. Él preservó a Israel del hambre enviando a José a Egipto (1:1-7). Los faraones van y vienen (1:8); no obstante, Dios sigue siendo el mismo y preserva a su pueblo a lo largo de la opresión de la esclavitud (1:8–2:10). El Dios de Israel rescata y salva (6:6; 14:30), guía y provee (15:13,25; 16:4,8), disciplina y perdona (32:1–34:35).

Éxodo también define el carácter del pueblo de Dios. Cierta relación con Génesis, especialmente los relatos de los patriarcas, demuestran que los propósitos del

NOMBRES DE DIOS

Los nombres que usa el Antiguo Testamento para Dios hablan de su dominio (Dios, Señor), de sus perfecciones (el Santo de Israel) y de su interés en los asuntos humanos (Yo soy, Yo soy el que soy).

Elohim

Elohim, la designación común para Dios es el Creador, el Dios de todos los dioses, el Trascendente (Gén. 1:1-2:3).

El

El era conocido por los cananeos como jefe de sus muchos dioses. Los hebreos hablaban libremente de su Dios usando el nombre *El*.

El generalmente se usa en nombres compuestos. Algunos ejemplos son: *El Elyon*, (*Dios altísimo*, Gén. 14:18-22) y *El Shaddai* (*Dios Todopoderoso*, Gén. 17:1). *El* con frecuencia se combina con un sustantivo o un verbo para formar nombres personales o de lugares tales como Elimelec (*Mi Dios es rey*), Eliezer (*Dios de ayuda*), y Elías (*Mi Dios es Yahvéh*).

El también aparece en algunas de las frases confesionales más antiguas de las Escrituras. Algunos ejemplos son: "Dios celoso" (Ex. 20:5), "Dios lo sacó de Egipto" (Núm. 24:8), "Dios grande y temible" (Deut. 7:21; Neh. 1:5), "Dios grande y fuerte" (Jer. 32:18). *El* es común en Job (48 veces) y en Salmos (69 veces).

Adonai

Adonai (Señor) es una forma especial de la palabra común *adon*, que significa *señor*. *Adonai* se usa solamente con referencia al único y verdadero Dios, nunca para referirse a humanos ni a otros dioses. Significa Dios, el ser exaltado, que es el único Señor de señores (Deut. 10:17). Él es "el Señor" de Israel (Éxodo 34:23). *Adonai* también aparece en palabras compuestas como Adonías (*Yahvéh es mi Señor*, 1 Rey. 1:5).

Yahvéh

Yahvéh, que significa YO SOY, es la forma abreviada de la respuesta de Dios al pedido de Moisés del nombre del Dios de los patriarcas (Ex. 3:13-14). El nombre completo identifica a Dios como el Dios viviente (YO SOY EL QUE SOY) o como el Dios que actúa en la creación y en la historia redentora. Debido a una extrema reverencia por el nombre de Yahvéh (Ex. 20:7), los judíos leían Adonai (o Elohim) cada vez que en el texto hebreo aparecían las cuatro letras hebreas (tetragrama) YHVH. De la misma manera, algunas versiones castellanas de la Biblia representan las cuatro consonantes YHVH (o YHWH) con la palabra "SEÑOR" o "DIOS" en mayúsculas y/o versalitas.

Yahvéh reveló su nombre en el contexto de la redención de Israel de la esclavitud egipcia. Con el nombre vino la certidumbre de que Yahvéh cumpliría todas sus promesas (Ex. 3:15; 6:2-8). El nombre del Señor es la confirmación concreta de

que Dios, el cual "es," hará que las cosas ocurran y cumplirá sus promesas.

De modo que el nombre de Yahvéh se asocia con la fidelidad de Dios, por la cual Él se liga a las promesas de su pacto. En las palabras familiares del Salmo 23:1, los hebreos leen: "Yahvéh es mi pastor." El lector de algunas versiones de la Biblia en castellano puede entrar más profundamente dentro del espíritu de cercanía y de comunión personal que existía entre Yahvéh y su pueblo al sustituir la palabra Yahvéh por "el Señor." En el uso de "yo soy" (griego *ego eimi*), que hace Jesús, Él se atribuía ser Yahvéh en la carne (Juan 8:58).

Aparecen formas abreviadas de Yahvéh en frases (Aleluya, *alabado sea Yahvéh*) y en nombres (Jonatán, *Yahvéh da*, y Adonías, *Yahvéh es mi Señor*).

Otros nombres

En la adversidad, el pueblo del pacto clamaba a Dios usando el nombre familiar "nuestro Padre" (Isa. 63:16; 64:8). Jesús invita a todos los que van a Dios a través de Él a llamar a Dios "¡Abba! ¡Padre!" (Mar. 14:36; Rom. 8:15; Gál. 4:6).

Otras designaciones para Dios incluyen "la roca" (1 Sam. 2:2; 2 Sam. 22:47), "el Santo de Israel" (Isa. 1:4; 5:19; 43:3), "el Señor Todopoderoso" (*Sabaoth*, "Todopoderoso" (NVI), Sal. 24:10; Zac. 1:3-4), "pastor" (Isa. 40:11; Jer. 31:10; Juan 10:11-14), y "Rey" (Sal. 5:2; 24:7,10).

Señor para Israel descansaban en las promesas a los ancestros. Éxodo también mira hacia el futuro, hacia la tierra de la promesa, porque la tierra era indispensable para la completa condición de Israel como nación. Éxodo entonces, está en un cruce de caminos entre las promesas del pasado y su culminación en el futuro.

Un punto teológico relevante de Éxodo aparece en 19:4-6, el cual bosqueja la verdadera naturaleza y el papel de Israel dentro del plan de Dios. Yahvéh había juzgado a los egipcios, había liberado a su propio pueblo "sobre alas de águila," y los había traído a Él mismo en Sinaí. Allí, el Señor le ofreció a Israel un pacto. Si era aceptado y cumplido, Israel sería la "propiedad exclusiva" de Dios, un "reino de sacerdotes" elegido y una "nación santa." El pueblo aceptó esas condiciones y prometieron: "Cumpliremos con todo lo que el SEÑOR nos ha ordenado" (19:8).

Que Israel fuera un "reino de sacerdotes" implicaba que el pueblo de Dios funcionara como mediador e intercesor, porque eso es lo que está en el corazón de la función sacerdotal. Israel tenía que ser el puente sobre la brecha entre un Dios santo y un mundo alienado. En otras palabras, Israel fue hecho un pueblo-siervo, un siervo de Yahvéh, cuya tarea era ser un canal de reconciliación. Esta misión ya se había anticipado en el pacto abrahámico, donde la descendencia de Abraham (Israel) estaba destinada a ser el medio por el cual todas las naciones de la tierra serían benditas (Gén. 12:1-3; 22:18; 26:4).

El llamado de Israel al pacto estuvo fundado no en su mérito, sino en la elección libre de Dios: "...los he traído hacia mí como sobre alas de águila" (Ex. 19:4). El pacto entonces no transformó a Israel en el pueblo de Yahvéh. Era el pueblo de Yahvéh pues descendía de Abraham, Isaac y Jacob, que habían recibido las promesas de Dios. Por lo tanto, tampoco el éxodo creó al pueblo de Dios. Rescató al pueblo esclavizado de Yahvéh, lo forjó en una nación y lo llevó a la posición histórica y teológica donde podía aceptar (o rechazar) voluntariamente la responsabilidad de llegar a ser el instrumento de Dios para bendición de todas las naciones (ver Sal. 114:1-2).

LAS DIEZ PLAGAS DE EGIPTO	
PLAGA	PASAJE
1. AGUA A SANGRE: Las aguas del Nilo se convirtieron en sangre.	Ex. 7:14-25
2. RANAS: Ranas infectaron la tierra de Egipto.	Ex. 8:1-15
3. MOSQUITOS (Piojos, RVR60): Pequeños insectos que picaban infectaron la tierra de Egipto.	Ex. 8:16-19
4. TÁBANOS (Moscas, RVR60): Enjambres de moscas, posiblemente una variedad que picaba, infectaron la tierra de Egipto.	Ex. 8:20-32
5. PLAGA EN EL GANADO: Una enfermedad, posiblemente antrax, infectó al ganado perteneciente a los egipcios.	Ex. 9:1-7
6. ÚLCERAS: Una enfermedad de la piel infectó a los egipcios.	Ex. 9:8-12
7. GRANIZO: Una tormenta que destruyó los campos de granos de Egipto pero se salvó la tierra de Gosén habitada por los israelitas.	Ex. 9:13-35
8. LANGOSTAS: Una plaga de langostas acabó con la vida de las plantas en la tierra de Egipto.	Ex. 10:1-20
9. TINIEBLAS: Profundas tinieblas cubrieron la tierra de Egipto por tres días.	Ex. 10:21-29
10. MUERTE DE LOS PRIMOGÉNITOS: Murieron los primogénitos de todas las familias egipcias.	Ex. 11:1-12:30

EGIPTO

La antigua historia egipcia se extiende durante un período no interrumpido de casi 3000 años, hasta llegar a la conquista romana en el 31 a.C. Abarcó alrededor de 30 dinastías y cada una consistió en varias generaciones de reyes. El pueblo egipcio moderno y su cultura presentan influencias directas de los períodos antiguos.

La historia de Egipto se desarrolló en una franja larga y angosta de tierra fértil a lo largo del río Nilo, que serpenteaba por más de 2500 km (1600 millas) a través de Egipto. El Nilo Superior (parte sur) fluye por un valle angosto que nunca es más ancho que alrededor de 19 km (12 millas). El Nilo Inferior (parte norte) se ensancha al norte de Menfis y El Cairo para formar el Delta del Nilo, y desemboca en el mar Mediterráneo. El Nilo salía de su cauce anualmente, y proveía irrigación para los cultivos en lo que, de otro modo, sería un desierto árido.

El período del Reino Antiguo (de la dinastía III a la VI, alrededor de 2700-2200 a.C.) representó un apogeo temprano de prosperidad y de logros culturales. Las grandes pirámides fueron construidas durante esta época.

Se alcanzó un segundo apogeo durante el Reino Medio (especialmente las dinastías XI y XII, alrededor de 2000-1800 a.C.). Durante este período, Egipto se expandió hacia Siria y Palestina y produjo una edad de oro de literatura clásica, especialmente historias cortas. Después de un período de dominación bajo gobernantes extranjeros (mayormente semitas) llamados "hicsos" (alrededor de 1675-1550 a.C.), surgió el Reino Nuevo. Este representó el cenit de la cultura y del poder político de Egipto (especialmente las dinastías XVIII y XIX, alrededor de 1550-1200 a.C.).

En este tiempo Egipto controlaba el territorio que se extendía por 1600 km (1000 millas), desde el río Éufrates al norte hasta el primer grupo de los rápidos del Nilo al sur. Los templos más grandes y el breve pero muy celebrado experimento con el monoteísmo bajo el faraón Amenofis IV (Akenatón), vienen de este período. Gran parte de su gran literatura también proviene de esta era cosmopolita. Después de esto, se instaló un largo período de decadencia y de relativo aislamiento. Egipto siguió aventurándose pero fue eclipsado por otros poderes, especialmente de Mesopotamia.

A través de su historia Israel había establecido contactos con Egipto. Los contactos más significativos fueron tempranos, durante los varios cientos de años entre las épocas de Abraham y de Moisés (alrededor de 2100-1400 a.C.). (La mayoría de los datos aquí son aproximados, dado que los sistemas de fechas de Egipto varían ampliamente, con frecuencia en dos o más siglos, lo mismo que los del Israel antiguo. Sincronizarlos para ambas naciones ofrece aun más dificultades.)

En los tiempos patriarcales Abraham pasó un tiempo en Egipto debido a una hambruna en Canaán (Gén. 12:10-20). José fue vendido como esclavo por sus hermanos, y terminó en Egipto. Allí llegó a un lugar de eminencia, posiblemente durante la ultima parte del Reino Medio, y ayudó a Egipto y a las tierras de alrededor a prepararse para otra hambruna (Gén. 41:50). Muchas de las costumbres que se ven en la historia de José reflejan prácticas egipcias conocidas del período en cuestión.

A continuación de los años de gloria bajo José, Israel fue sometido a la esclavitud egipcia por muchos años, hasta que Dios levantó a Moisés y liberó al pueblo (Ex. 1-15). El gran evento del éxodo (alrededor del 1446 a.C.) no se menciona en los registros egipcios. Esta omisión no es sorprendente, dado que las crónicas antiguas del Cercano Oriente tendían a registrar éxitos políticos, no fracasos.

La religión de Egipto era politeísta. Sus principales dioses nacionales eran Ra, el dios sol; Osiris, el dios de los muertos, e Isis, la esposa de Osiris. Se construían sistemas rituales elaborados en torno a los cultos asociados con Osiris. Los egipcios también adoraban a numerosos dioses menores, muchos de ellos asociados con localidades y casas específicas. Además, Faraón era considerado divino, en contraste con lo que se creía sobre los reyes en la mayor parte del antiguo Cercano Oriente.

LAS FECHAS DEL ÉXODO

El libro de Éxodo no da fechas específicas que liguen en forma definitiva los eventos bíblicos con eventos o personas específicas en Egipto. Solamente se nos habla de "otro rey" (Ex. 1:8) "que no había conocido a José," de un "faraón" anónimo (Ex. 1:11,19,22; 2:15), y de un "rey de Egipto" (Ex. 1:15; 2:23).

Esto es todo lo que sabemos: la palabra *faraón*, que significa *gran casa* y que designaba la residencia del monarca, fue usada por primera vez como un título para el rey mismo durante la dinastía XVIII. También sabemos que el faraón de la opresión murió (Ex. 2:23) y no era el faraón del éxodo (Ex. 4:19).

Los dos puntos de vista principales identifican al faraón del éxodo como el faraón de (1) la dinastía XVIII (1580-1321 a.C.), o (2) la dinastía XXI (1321-1205 a.C.). La primera se llama "fecha temprana," y la segunda "fecha tardía."

La fecha temprana del siglo XV tiene dos argumentos principales a su favor. (1) La afirmación resumida de 1 Rey. 6:1 de que habían transcurrido 480 años desde el éxodo hasta el cuarto año de Salomón (967 a.C.) da la fecha de 1447 a.C. para el éxodo (967 + 480 = 1447). (2) Jueces 11:26 indica que habían pasado 300 años desde que Israel entró en Canaán hasta el comienzo del gobierno del juez Jefté (Jefté se ubica comúnmente alrededor del 1100 a.C. (1100 + 300 = 1400).

Ambos textos ubicarían el éxodo en el 1446 a.C. y la conquista 40 años más tarde en 1410-1400 a.C. También considerarían que Tutmosis III fue el faraón de la opresión (1490-1436 a.C., tal como está fechado por algunos eruditos, o 1504-1450 a.C. tal como está fechado en la obra *Cambridge Ancient History* revisada). En este caso, Amenhotep II sería el faraón del éxodo.

Últimamente, muchos han dirigido la atención a un manuscrito griego que menciona 440 años en vez de 480, o sostienen que 480 es un número redondo que encierra 12 generaciones de 40 años cada una. La primera variable es demasiado insignificante como para tenerla en cuenta. El segundo argumento de números redondos falla porque la línea sacerdotal en 1 Crónicas 6:33-37 en realidad cuenta 18 generaciones y no las estilizadas 12 que muchos han supuesto. Más aún, los números registrados en Jueces respaldan el total dado en Jueces 11:26.

Es importante notar que la opresión en manos de los amonitas (Jue. 10:8-12:14) y la opresión en manos de los filisteos (Jue. 13:1-16:31) ocurrieron simultáneamente, una en el lado este del Jordán y la otra en el oeste. Es así que los 47 años de la opresión amonita no continúa la cronología dado que encaja en el relato de la opresión filistea descrita en el libro de Samuel.

Aun cuando se acepten los 15 a 20 años adicionales para la conquista y el establecimiento de Israel en la tierra, de todos modos sumamos 480 años desde el éxodo hasta el cuarto año de Salomón.

En contraste con la fecha temprana del éxodo a comienzos del siglo XV a.C. está la fecha tardía o del siglo XIII. La mayoría de los eruditos y los arqueólogos bíblicos concluyen que los israelitas entraron a Canaán alrededor del 1230-1220 a.C., hacia fines de la Edad de Bronce (la fecha generalmente aceptada es 1550-1200 a.C.).

Generalmente, se proponen cuatro argumentos para respaldar esta teoría.

En otras palabras, la oferta del pacto sólo suponía función. No transformó a Israel en el pueblo de Yahvéh, porque esa relación se había establecido y reconocido desde hacía un largo tiempo (ver Ex. 3:7; 4:22-23; 5:1). Lo que hizo el pacto del Sinaí fue definir la tarea del pueblo de Yahvéh.

En conclusión, la teología de Éxodo está enraizada en la condición de ser siervos. Se centra en la verdad de que un pueblo elegido, liberado de la esclavitud a un poder hostil por medio del poder de Yahvéh, fue llevado a un punto de decisión. ¿Qué haría con la oferta de Dios de convertirlos en pueblo-siervo, prometido mucho antes a Abraham? Su aceptación voluntaria de esta oferta generosa entonces lo obligaba a cumplir las condiciones, condiciones expresadas en el Libro del Pacto (Ex. 20:1-23:33) y en el resto del libro de Éxodo.

1. Las dos ciudades de almacenaje construidas por los israelitas en Egipto (Pitón y Ramesés, Ex. 1:11), fueron construidas justo antes del éxodo. Ramesés equivale a Pi-Ramesés, construida por el faraón Ramesés II, quien gobernó desde 1240-1224 a.C. Esto ubicaría el éxodo en el siglo XIII.

2. Se piensa que Transjordania, donde se dice que Israel enfrentó a varias naciones, estuvo deshabitada desde 1800-1300 a.C.

3. La evidencia arqueológica muestra muchos niveles de destrucción en las ciudades de Canaán al oeste del Jordán en la segunda mitad del siglo XIII. A pesar de que las Escrituras registran que Israel quemó las ciudades de Jericó y de Hai (Jos. 6:24; 8:19-21), los arqueólogos no han podido confirmar que estos sitios estuvieron ocupados en la Edad de Bronce tardía, la era de la conquista.

4. El argumento final para la fecha tardía nota que la capital de Egipto fue trasladada hacia el norte a Pi-Ramesés en la dinastía XIX (siglo XIII). La dinastía XVIII del siglo XV tenía su capital en el sur, en Tebas.

Los que se oponen a la fecha tardía tienen respuestas para los cuatro argumentos previos.

1. Éxodo 1:7-14 parece ubicar la construcción de estas ciudades como una de las primeras tareas que Israel llevó a cabo durante sus cuatro siglos de esclavitud. Ramesés probablemente deba identificarse con Qantir. El uso del nombre Ramesés puede simplemente ser un caso de modernización de un nombre, así como los historiadores modernos podrían decir que Julio César cruzó "el canal de la Mancha." Notar que Génesis 47:11 se refiere al área donde se estableció la familia de Jacob en Egipto como "el distrito de Ramesés." Este es ciertamente un caso de modernización de términos. Éxodo 1:11 no ofrece ninguna prueba definitiva para una fecha tardía; la arqueología no ofrece ninguna prueba para equiparar Pi-Ramesés con la Ramesés bíblica.

2. La conclusión de que Transjordania estaba desocupada en la fecha temprana del éxodo se basaba solamente en una observación de superficie de estos territorios hace 50 años. Desde ese tiempo, las excavaciones en Dibón

han demostrado ocupación en el siglo XIII. Una tumba excavada en Hesbón ha revelado un número de artefactos que datan del 1600 a.C.

3. Los supuestos niveles de incendio en ciudades tales como Laquis, Bet-el y Debir fueron probablemente causados por incursiones de los egipcios a fines del siglo XIII, y con seguridad por la invasión de los pueblos del mar en el 1200 a.C.

4. Ahora están saliendo a la luz inscripciones importantes que indican que la dinastía XVIII sí tuvo un marcado interés en la construcción en Gosén, la región del delta, donde los israelitas residieron. Algunos textos implican que estos faraones de la dinastía XVIII tenían una residencia secundaria o temporaria en la región del delta.

La evidencia más sólida para una fecha temprana sigue siendo 1 Reyes 6:1 y Jueces 11:26. Muchos conservadores, pero no todos, suelen favorecer la fecha temprana. Algunas evidencias arqueológicas respaldan esta fecha mientras que otras evidencias tienden a cuestionar esta conclusión o se la sujeta a interpretación y se considera que necesita otra confirmación.

LA PRESENCIA DE DIOS (1:1–13:16)

Con el pueblo oprimido (1:1-22). La historia de Éxodo comienza recordando el relato de Génesis cuando Jacob y sus hijos descendieron a Egipto, y su permanencia transitoria allí hasta después de la muerte de José (Gén. 46–50). La conexión con Génesis les recuerda a los lectores que Dios envió a Israel a Egipto para liberarlos del hambre. La prosperidad y el éxito

en su nueva tierra muestra que Israel recibía las bendiciones de Dios en la creación y sobre Abraham.

No obstante, la hospitalidad egipcia no duró mucho más allá de la vida de José, y en el curso de una generación o dos antes del nacimiento de Moisés se había tornado en hostilidad y opresión crueles. Israel fue puesto bajo trabajo forzado y finalmente fue sometido a la matanza de los varones recién nacidos. Incluso durante los años de opresión, Dios estuvo con Israel y lo hizo prosperar. El Señor había revelado a Abraham que su descendencia sufriría opresión, pero que su esclavitud sería levantada por un gran acto redentor. Los egipcios serían juzgados y el pueblo esclavo sería liberado para volver a su propia tierra (Gén. 15:13-16). La experiencia de esclavitud de Israel no fue un desastre que probó que su Dios era irrelevante; fue solo parte del plan redentor del Señor de la historia. En contraste con el Señor de la historia están los faraones, que fueron y vinieron (ver 2:23) y temblaron de miedo.

Con el joven Moisés (2:1-22). La presencia salvadora de Dios es clara en los comienzos de la vida de Moisés, el agente humano de la liberación por parte de Dios. Los padres levitas de Moisés lo salvaron de una muerte cruel al esconderlo en una canasta en el Nilo. Rescatado por la hija del faraón, Moisés fue criado por su madre, quien le enseñó sobre el Dios de Israel. A pesar de que Moisés más tarde disfrutó de los privilegios de la corte real egipcia, nunca se olvidó de su herencia israelita. Cuando vio que abusaban de un hermano hebreo, acudió a su rescate, pero mató en el proceso al funcionario egipcio culpable del abuso. Este acto temerario, aunque heroico, forzó a Moisés al exilio en Madián. Allí acudió al rescate de las hijas de Reuel (Jetro), un sacerdote madianita. Se casó con Séfora, una de las hijas que era pastora de ovejas.

La revelación a Moisés (2:23–4:17). La muerte del anterior rey de Egipto preparó el camino para que Moisés regresara a fin de conducir a su pueblo a la libertad. Pero primero, el Dios eterno tenía que revelarse a Moisés en un despliegue convincente de su poder y sus propósitos. Dios hizo esto en el monte Horeb (Sinaí) en la zarza ardiente que no se consumía. En esta maravillosa aparición, el Señor se identificó como el Dios de los antepasados de Israel, el que tenía conciencia del sufrimiento de su pueblo y venía ahora a cumplir su promesa de liberación y de una tierra. A pesar de que Moisés sabía sobre el Dios de sus padres y las promesas del antiguo pacto, necesitaba saber precisamente cómo su Dios se identificaría ante su pueblo. La respuesta fue que lo haría como Yahvéh, el "YO SOY," quien por ese nombre los redimiría y viviría en medio de ellos. (Ver artículo "Los nombres de Dios.")

Moisés no se sentía apto para la tarea que Dios le dio. Lo crucial no fue el "¿Y quién soy yo?" de Moisés sino el "Yo estaré contigo" de parte de Dios. Moisés dudó de que el pueblo aceptaría su liderazgo o creería en su informe acerca de la experiencia de la zarza ardiente. Por lo tanto, Yahvéh le dio a Moisés una evidencia tangible de su presencia y su bendición: tornó la vara de Moisés en serpiente e hizo que su mano se volviera leprosa. Aun sin confianza en su éxito, Moisés argumentó que no podía expresarse. Una vez más, para calmar sus objeciones, Yahvéh prometió que su hermano Aarón sería su vocero. En realidad, Dios ya había enviado a Aarón, y este iba en camino.

Moisés en Egipto (4:18–13:16). Moisés finalmente se rindió a Dios y emprendió el viaje de regreso a Egipto con este mensaje para el faraón: "Israel es mi primogénito. Ya te he dicho que dejes ir a mi hijo para que me rinda culto." En el camino Yahvéh salió al encuentro de Moisés y amenazó con matarlo porque el que estaba a punto de conducir al pueblo circunciso de Israel no había circuncidado a su propio hijo. Sólo la rápida intervención de Séfora lo salvó, porque ella apresuradamente circuncidó a su hijo en obediencia a los requisitos del pacto.

Al borde del desierto, Moisés se encontró con Aarón. Juntos entraron a Egipto para confrontar a los ancianos de Israel.

Después que Moisés hubo relatado todo lo que Dios había dicho y hecho, los ancianos y el pueblo oyeron con fe y se inclinaron delante del Señor.

La pregunta del faraón: "¿Y quién es el SEÑOR... para que yo le obedezca y deje ir a Israel?" monta el escenario para el conflicto que domina la escena hasta Éxodo 15. Antes que el drama de la redención se terminara, el faraón conocería al Señor y se rendiría a su poderosa presencia salvadora. Pero por el momento, faraón intensificó los sufrimientos de los israelitas. Esto llevó a Moisés a acusar amargamente a Yahvéh.

Yahvéh renovó su promesa de estar con Israel en la liberación, una promesa afirmada con seguridad en su mismo nombre del pacto, Yahvéh. Dios ordenó a Moisés regresar al faraón y le prometió que el monarca egipcio sabría que había una autoridad mayor. Ante el faraón, Moisés parecería como Dios mismo, y Aarón sería su profeta. Dios se daría conocer a los egipcios a través de sus poderosos actos de juicio divino.

Una y otra vez Moisés y Aarón le ordenaron al faraón que dejara ir al pueblo de Dios para que adoraran. A pesar de las señales, las maravillas y las plagas que revelaban la presencia poderosa del Señor, el rey de Egipto no cedía. En la primera ronda del conflicto, la vara de Aarón se transformó en una serpiente que se tragó a las de los magos egipcios. A continuación siguieron tres plagas. El Nilo se tornó en sangre, la tierra se llenó de ranas, y Egipto estuvo plagado de mosquitos (otras versiones dicen "piojos"). Los mismos magos del faraón pudieron duplicar las dos primeras proezas, de modo que él no se impresionó. No obstante, el faraón sí les pidió a Moisés y a Aarón: "Ruéguenle al SEÑOR que aleje las ranas de mí y de mi pueblo." El faraón se estaba familiarizando con Yahvéh, el Dios de Israel. La plaga de mosquitos (o piojos), la plaga final de la primera ronda, excedió

los poderes mágicos de los magos egipcios y los guió a confesar: "En todo esto anda la mano de Dios."

En la segunda ronda del conflicto, la plaga de tábanos (otras versiones dicen "moscas") demostró que Yahvéh estaba presente en Egipto. En la plaga de la grave enfermedad de los animales y en la de las úlceras, Dios distinguió entre los egipcios que sufrieron el juicio de Dios y los israelitas que experimentaron la protección divina.

La tercera ronda del conflicto, también consiste en tres plagas. Antes de enviar el granizo, Dios afirmó que sólo Él es el Señor de la historia. Yahvéh había levantado al faraón con el expreso propósito de demostrar su extraordinario poder y de proclamar su santo nombre. En realidad, algunos de los oficiales del faraón "temieron la palabra del SEÑOR," y el faraón confesó su pecado. La oración de Moisés para terminar con el granizo demostró que "la tierra es del SEÑOR." No obstante, el faraón otra vez endureció su corazón. La plaga de langostas y la densa oscuridad que siguieron fueron en vano.

La cuarta y decisiva ronda del conflicto consistió en una sola plaga final, la muerte del primogénito de todas las familias en Egipto. Finalmente el faraón le permitió a Israel dejar Egipto con sus rebaños y sus ganados. La estructura de Éxodo 11–13 subraya el significado teológico permanente de esta plaga. Aquí el lenguaje narrativo que relaciona los eventos salvadores de una vez y para siempre, se alterna con un lenguaje de enseñanza aplicado a la continua adoración de Israel. La celebración de la Pascua, la consagración de los primogénitos y la fiesta de los panes sin levadura sirven como recordatorios continuos de lo que Dios hizo para redimir a su pueblo. El primogénito de todas las familias de Israel pertenecía al Señor porque Él los había salvado cuando diezmó a las familias de Egipto.

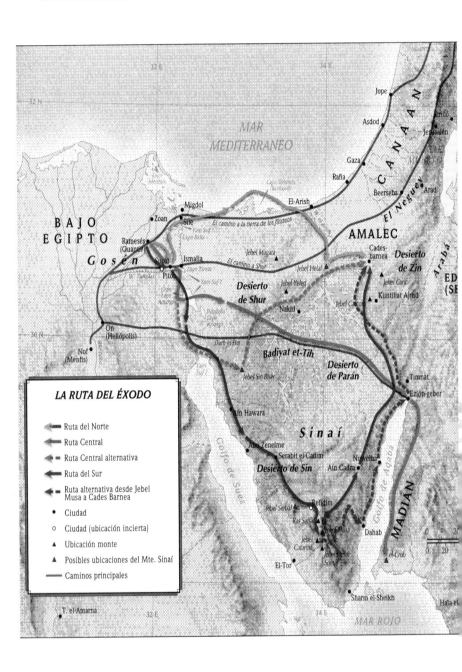

LA RUTA DEL ÉXODO

Ruta del Norte
Ruta Central
Ruta Central alternativa
Ruta del Sur
Ruta alternativa desde Jebel Musa a Cades Barnea
• Ciudad
○ Ciudad (ubicación incierta)
▲ Ubicación monte
▲ Posibles ubicaciones del Mte. Sinaí
— Caminos principales

LOS DIEZ MANDAMIENTOS

MANDAMIENTO	PASAJE	PASAJES RELACIONADOS DEL ANTIGUO TESTAMENTO	PASAJES RELACIONADOS DEL NUEVO TESTAMENTO	ENSEÑANZAS DE JESÚS
No tengas otros dioses además de mí	Ex. 20:3; Deut. 5:7	Ex. 34:14; Deut. 6:4,13-14; 2 Rey. 17:35; Sal. 81:9; Jer. 25:6; 35:15	Hech. 5:29	Mat. 4:10; 6:33; 22:37-40
No te hagas ningún ídolo	Ex. 20:4-6; Deut. 5:8-10	Ex. 20:23; 32:8; 34:17; Lev. 19:4; 26:1; Deut. 4:15-20; 7:25; 32:21; Sal. 115:4-7; Isa. 44:12-20	Hech. 17:29; 1 Cor. 8:4-10; 1 Jn. 5:21	Mat. 6:24; Luc. 16:13
No pronuncies el nombre del Señor tu Dios a la ligera	Ex. 20:7; Deut. 5:11	Ex. 22:28; Lev. 18:21; 19:12; 22:2; 24:16; Ezeq. 39:7	Rom. 2:23-24; Sant. 5:12	Mat. 5:33-37; 6:9; 23:16-22
Acuérdate del sábado, para consagrarlo	Ex. 20:8-11; Deut. 5:12-15	Gén. 2:3; Ex. 16:23-30; 31:13-16; 35:2-3; Lev. 19:30; Isa. 56:2; Jer. 17:21-27	Hech. 20:7; Heb. 10:25	Mat. 12:1-13; Mar. 2:23-27; 3:1-6; Luc. 6:1-11
Honra a tu padre y a tu madre	Ex. 20:12; Deut. 5:16	Ex. 21:17; Lev. 19:3; Deut. 21:18-21; 27:16; Prov. 6:20	Ef. 6:1-3; Col. 3:20	Mat. 15:4-6; 19:19; Mar. 7:9-13; Luc. 18:20
No mates	Ex. 20:13; Deut. 5:17	Gén. 9:6; Lev. 24:17; Núm. 35:33	Rom. 13:9-10; 1 Ped. 4:15	Mat. 5:21-24; 19:18; Mar. 10:19; Luc. 18:20
No cometas adulterio	Ex. 20:14; Deut. 5:18	Lev. 18:20; 20:10; Deut. 22:22; Núm. 5:12-31; Prov. 6:29,32	Rom. 13:9-10; 1 Cor. 6:9; Heb. 13:4; Sant. 2:11	Mat. 5:27-30; 19:18; Mar. 10:19; Luc. 18:20
No robes	Ex. 20:15; Deut. 5:19	Lev. 19:11,13; Ezeq. 18:7	Rom. 13:9-10; Ef. 4:28; Sant. 5:4	Mat. 19:18; Mar. 10:19; Luc. 18:20
No des falso testimonio	Ex. 20:16; Deut. 5:20	Ex. 23:1,7; Lev. 19:11; Sal. 15:2; 101:5; Prov. 10:18; Jer. 9:3-5; Zac. 8:16	Ef. 4:25,31; Col. 3:9; Tito 3:2	Mat. 5:37; 19:18; Mar. 10:19; Luc. 18:20
No codicies	Ex. 20:17; Deut. 5:21	Deut. 7:25; Job 31:24-28; Sal. 62:10	Rom. 7:7; 13:9; Ef. 5:3-5; Heb. 13:5; Sant. 4:1-2	Luc. 12:15-34

LA GUÍA DE DIOS (13:17–18:27)

Éxodo 1:1–13:16, que centra la atención en la poderosa presencia salvadora de Dios, se encamina resueltamente hacia su conclusión, la muerte de los primogénitos de Egipto y el éxodo de Israel. De la misma manera, Éxodo 13:17–18:27 se centra en la presencia de Dios, la cual aquí guía, guarda y protege.

A través de las columnas de nube y de fuego, el Señor condujo a Israel desde Sucot hasta el desierto de Etam, al oeste del mar Rojo (o mar de los Juncos). Allí parecía que estaban encerrados por el mar al este, los desiertos al norte y al sur, y el avance de los ejércitos egipcios hacia el oeste. Una vez más el Señor endureció el corazón del faraón de modo que a través de su derrota, Egipto supiera que Yahvéh es Dios. Durante una tensa noche la presencia del Señor guardó a Israel de los ejércitos de Egipto. Luego Yahvéh, en el más maravilloso acto redentor de la época del Antiguo Testamento, abrió el mar para que su pueblo pudiera cruzarlo a salvo, mientras sus enemigos perecieron. A partir de entonces y por generaciones, Israel conmemoró su salvación entonando los cánticos de triunfo de Moisés y de Miriam, himnos que alababan a Yahvéh como el Soberano y el Salvador.

El viaje desde el mar Rojo hasta el Sinaí estuvo lleno de milagros de provisión de agua, codornices, maná y agua una vez más. Todo esto ocurrió a pesar de la insubordinación quejosa de Israel. Del mismo modo, tribus hostiles y salvajes del desierto cayeron delante del pueblo de Dios, a medida que Él lo conducía triunfalmente hacia adelante. Cuando cargas administrativas pesadas prácticamente agobiaron a Moisés, su suegro, Jetro, lo instruyó sobre cómo se podía distribuir mejor la tarea.

LAS DEMANDAS DE DIOS (19:1–24:18)

Una y otra vez en el relato de las plagas, Moisés le dio el mensaje de Dios al faraón: "Deja a ir a mi pueblo para que me rinda culto [o me sirva]." Finalmente, llegó el momento de la adoración y el servicio, que la liberación del éxodo había hecho posible. En el Sinaí Israel debía comprometerse con Dios en un pacto. Yahvéh basó su llamado al compromiso del pacto en los poderosos actos divinos de liberación. Sólo a través de la obediencia al pacto de Dios, Israel podría cumplir su papel de "un reino de sacerdotes y una nación santa."

Ellos aceptaron las condiciones en forma unánime, de modo que Moisés se preparó para ascender al monte Sinaí a fin de formalizar el arreglo. Cuando Moisés estaba por subir, Yahvéh descendió, y visitó la montaña con el trueno y el rayo de su gloriosa presencia. Moisés advirtió al pueblo que respetara la santa (y potencialmente peligrosa) presencia de Dios en el monte.

Como ya fue sugerido, el pacto sinaítico (o mosaico) tiene la forma textual, muy bien certificada, de un tratado del Cercano Oriente entre soberano y vasallo. El tratado establecía la relación entre el Rey (Dios) y su siervo (Israel). La primera sección es un preámbulo que presenta al Hacedor del pacto, el Señor mismo. A continuación, un prólogo histórico bosqueja la relación pasada entre las partes y justifica el pacto presente. Luego sigue la división conocida como las estipulaciones generales, en este caso el Decálogo, o los Diez Mandamientos. Después de un breve interludio narrativo, el libro del pacto da las estipulaciones específicas del tratado.

Las partes contractuales con frecuencia sellaban sus acuerdos con juramentos y con una ceremonia que incluía una comida de comunión. El pacto sinaítico también tuvo su sacrificio, su sellado del juramento con sangre, y una comida del pacto. Los textos del pacto o tratado también tenían que prepararse por duplicado y preservarse en un lugar seguro para su lectura regular y periódica. Por lo tanto, Moisés bajó de la montaña las tablas de piedra para que fueran depositadas en el arca del pacto (24:12-18; 25:16).

LAS ORDENANZAS DE DIOS (25:1–31:18)

Una vez que Yahvéh y su pueblo Israel hubieron concluido el pacto, debían hacerse arreglos para que el Gran Rey viviera y reinara entre ellos. Por lo tanto, continúan instrucciones elaboradas para la construcción del tabernáculo (o tienda de adoración) y su mobiliario y para la vestimenta y la consagración de los sacerdotes. Estos, por supuesto, actuaban como los mediadores del pacto. Ofrecían sacrificios de parte de la nación y presentaban otras formas de tributo al Gran Dios y Rey.

LA DISCIPLINA DE DIOS (32:1–34:35)

No obstante, casi inmediatamente las cosas comenzaron a ir mal con la comunión del pacto. Aun antes de que Moisés pudiera descender de la montaña con las tablas de piedra y otros textos del pacto, con el consentimiento de Aarón, el pueblo violó las condiciones del pacto al hacer un ídolo de fundición de oro e inclinarse ante él. Este acto de apostasía trajo el juicio de Dios e incluso una amenaza de aniquilación (Ver artículo "Apostasía.") Sólo la intercesión de Moisés impidió la anulación del pacto con la comunidad más amplia.

El Señor estuvo atento al clamor de Moisés y no destruyó a los idólatras completamente en forma inmediata. Dios sí renovó su promesa de llevar a su pueblo a la tierra prometida. No obstante, Yahvéh declaró que Él no podía ir con Israel a menos que destruyera a la gente contumaz y rebelde. Dos relatos que acentúan la intimidad de Dios con Moisés resaltan aún más la separación entre el

Santo e Israel. El pueblo de Dios nunca llegaría a la tierra de la promesa sin la presencia de Dios. Dos veces más Moisés intercedió ante Dios a favor del rebelde Israel. Yahvéh se reveló dos veces a Moisés como un Dios de misericordia y compasión. No fue la fidelidad de Israel sino la misericordia y la compasión de Dios las que formaron la base para la renovación del pacto quebrantado. Al descender del monte con las tablas del pacto, Moisés apareció delante del pueblo con su rostro resplandeciente que reflejaba la gloria divina.

LA PRESENCIA CONSTANTE DE DIOS (35:1–40:38)

Éxodo concluye con la respuesta de Israel a la oferta de perdón por parte de Dios. Sin demora se encaminó la obra de la construcción del tabernáculo. Cuando finalmente se completó, todo de acuerdo a la instrucción explícita del Señor y a través de la sabiduría de su Espíritu, el edificio se llenó de la imponente gloria de Dios. Por nube y por fuego Dios reveló su presencia en medio del pueblo de Israel, ya sea que el tabernáculo estuviera quieto o en tránsito a su morada terrestre final en Canaán.

Importancia contemporánea. La liberación del éxodo es para el Antiguo Testamento lo que la muerte y la resurrección de Cristo son para el Nuevo Testamento: el acto central y definitivo en el cual Dios interviene para salvar a su pueblo. El Antiguo Testamento ilustra cómo los actos de redención divinos exigen una respuesta por parte del pueblo de Dios. La proclamación de los actos salvadores de Dios en el éxodo era la función central de la adoración de Israel (ver Sal. 78:11-55; 105:23-45; 106:7-33; 136:10-16). La adoración cristiana se centra en el acto salvador de Dios en Cristo. (Comparar los himnos en Fil. 2:6-11 y Apoc. 5:12.) La intervención salvadora de Dios en el éxodo formó la base tanto para el llamado profético a la obediencia (Os. 13:4) como para el anuncio de juicio sobre los que quebrantaran el pacto (Jer. 2:5-9; Os. 11:1-5; 12:9; Amós 2:10; 3:1-2). En el día de hoy el acto salvador de Dios en Cristo forma la base para el llamado a vivir una vida como la de Cristo (Rom. 6:1-14). Los actos salvadores del Señor en el pasado le dieron a Israel esperanza de que Él intervendría para salvar en el futuro (Isa. 11:16; Miq. 7:15). Del mismo modo, el acto salvador de Dios en Cristo es la base para la esperanza cristiana (Rom. 8:28-39).

La liberación del éxodo, el pacto sinaítico, la experiencia del desierto y la promesa de una tierra proveen de modelos de la vida cristiana. El creyente, habiendo ya sido adoptado incondicionalmente dentro de la familia de Dios, emprende su propio "éxodo" de la esclavitud al pecado y al mal hacia el servicio bajo el nuevo pacto. Los cristianos viven su peregrinaje del reino en el desierto de este sistema del mundo, por decirlo así, avanzando hacia y en anticipación de la eterna tierra prometida por venir.

Valor ético. Dios salvó a su antiguo pueblo Israel, hizo pacto con él y exigió de él un estilo de vida de acuerdo con ese llamado santo. Él demanda la misma adhesión a sus pautas inmutables de parte de todos los que dicen ser su pueblo. Los Diez Mandamientos son una expresión del carácter mismo de un Dios santo, fiel, glorioso y salvador. Incluso los "estatutos" y "juicios" diseñados especialmente para el Israel del Antiguo Testamento son ejemplo de estándares de santidad e integridad que son parte esencial de las expectativas de Dios para su pueblo de todos los tiempos.

También podemos aprender mucho acerca de la vida práctica y de las relaciones al examinar cuidadosamente las secciones narrativas. Nos debe impactar la fe de padres devotos quienes, frente a la persecución y el peligro, pusieron a su hijo en manos de Yahvéh para esperar ver cómo Él lo libraría. Desde su nacimiento entonces, Moisés disfrutó de los beneficios de un sano ambiente espiritual en el hogar.

Claramente, Moisés mismo nos inspira a una vida de dependencia, y así y todo de determinación obstinada. A pesar de su lentitud para responder al llamado del Señor en el desierto, siguió adelante con fe y desafió las estructuras políticas y militares de la nación más grande de la tierra. Por el poder de su Dios él superó lo insuperable y fue testigo de la intervención milagrosa una y otra vez.

Podrían citarse muchos otros ejemplos pero estos son suficientes para mostrar que Éxodo es eterno en su relevancia tanto moral como ética y teológica.

Preguntas para la reflexión

1. ¿Cuál piensa usted que es el tema central de Éxodo?

2. ¿Qué es un pacto? ¿Por qué es importante el pacto del Sinaí?

3. ¿Cómo se da a conocer la presencia de Dios en Éxodo? ¿Cómo demuestra Dios su señorío?

4. ¿Qué enseña Éxodo acerca del carácter de Dios? ¿Cuál es el significado del nombre de Dios (Yahvéh)? ¿Cuál es el significado de los hechos poderosos de Dios?

5. ¿En qué se parece Éxodo 20–23 a los tratados antiguos?

6. ¿De qué manera la historia del trato de Dios con Israel sirve de base para las exigencias de la ley?

7. ¿Qué enseña Éxodo acerca del carácter y las responsabilidades de Israel, el pueblo de Dios? ¿Cuáles son las implicaciones para la iglesia?

LEVÍTICO

El nombre *Levítico* viene de la traducción griega antigua, la Septuaginta, que tituló la composición *Leueitikon*, es decir [*El Libro de los*] *Levitas*. No obstante, los levitas no son los principales personajes de este libro. El título en realidad señala que el libro es útil para los levitas en su ministerio como líderes de adoración y maestros de moral.

El último versículo de Levítico ubica al libro en su contexto escriturario: "Estos son los mandamientos que el SEÑOR le dio a Moisés para los israelitas, en el monte Sinaí" (27:34). Una traducción ampliada aclara más contexto: "Estos son los mandamientos [las obligaciones del pacto] que el SEÑOR [Yahvéh, el Dios del pacto] le dio a Moisés [el mediador del pacto] para los israelitas [el pueblo del pacto], en el monte Sinaí [el lugar del pacto]."

Primero, Levítico no puede entenderse aparte del propósito de Dios para su pueblo del pacto. En el relato de la lucha de Moisés con el faraón en Ex. 4–12, Dios repetidamente reclamó la libertad de Israel para que lo adorara a Él (4:23; 7:16; 8:1; 9:1; 10:3; 12:31). De modo que la liberación del éxodo fue incompleta hasta que Israel comenzó a adorar a Dios en el Sinaí (Ex. 3:12), cumpliendo así el propósito de Dios para el éxodo. Israel fue liberado de la esclavitud egipcia y comprometido en una nueva relación de pacto con Dios, precisamente a fin de ser libre para adorar.

Segundo, Levítico no puede entenderse aparte del deseo de Dios de estar con su pueblo del pacto. Pero debido a que un Dios Santo no puede aprobar el pecado, el experimento idólatra de Israel con el becerro de oro (Ex. 32) le presentó a Dios un dilema. Dos veces Dios advirtió a los israelitas: "...son un pueblo terco. Si aun por un momento tuviera que acompañarlos, podría destruirlos" (Ex. 33:5; ver también 33:3). ¿Cómo podía un Dios santo continuar yendo con un pueblo desobediente y rebelde? Éxodo 34–40 y el libro de Levítico responden a esa pregunta.

Tema. El motivo general del libro de Levítico fue comunicar la imponente santidad del Dios de Israel y bosquejar los medios por los cuales el pueblo podía tener acceso a Él. Esto coincide con el gran tema central del pacto que vemos en el Pentateuco, tema que describe la relación entre el Señor e Israel como aquella entre el Gran Rey y un pueblo vasallo (siervo). Así como un siervo tenía que seguir el protocolo apropiado para acercarse al rey, también Israel tenía que reconocer su propia falta de mérito para entrar a los recintos sagrados de la morada de Dios. La brecha entre el pueblo y su Dios podía ser sorteada solamente por la confesión de su falta de mérito y su adherencia de corazón a los ritos y ceremonias prescritas por Él como condición previa para la comunión.

Formas literarias. Con excepción de unos pocos pasajes narrativos (Lev. 8–10) y una sección de bendiciones y maldiciones (Lev. 26), Levítico consiste en material legal, particularmente de naturaleza cúltica (o ceremonial). Mucho de este material legal está altamente estructurado en forma casi poética (Lev. 1–7 y en menor grado Lev. 11–15). La parte final de Levítico (caps. 17–26) es una colección menos estricta de material legal conocida como "Código de Santidad," un término apropiado dada la noción predominante de santidad que hay allí.

La forma legal de la mayor parte de Levítico (prescripciones y estatutos) sugiere que es parte del texto de un pacto. En realidad, trata de los requisitos del pacto que regulan los medios por los cuales la nación y los israelitas en forma individual podían entrar en una relación apropiada con Dios. En este sentido Levítico, como mucho de Éxodo, es un cuerpo de estipulaciones diseñado para ayudar a cerrar la brecha entre la santidad de Dios y el pecado de la humanidad.

 I. Necesidad de sacrificio (1:1–7:38)
 II. Necesidad de mediadores (8:1–10:20)
 III. Necesidad de separación (11:1–15:33)
 IV. Necesidad de expiación (16:1-34)
 V. Necesidad de una vida santa (17:1–25:55)
 VI. Bendición y maldición (26:1-46)
 VII. Ofrendas de dedicación (27:1-34)

Propósito y teología. Israel era "una nación santa," es decir una nación apartada para ser el pueblo especial de Dios. Como tal, estaba llamada a llevar a cabo una misión especial para Dios sobre la tierra, en virtud del acto salvador divino. (Ver Lev. 22:32-33: "Yo soy el Señor, que los santifica. Yo los saqué de Egipto para ser su Dios.") Al aceptar este papel dentro del pacto en Sinaí, Israel llegó a ser vasallo de Dios, el mediador de su gracia salvadora para todas las naciones de la tierra. (Ver "Propósito y teología" en el comentario de Éxodo.) No obstante, la incapacidad de Israel para vivir conforme a los requerimientos del pacto de Dios, amenazó su condición de "nación santa."

Para ser una nación santa, Israel debía tener un medio por el cual pudiera mantenerse la santidad, o condición de apartada. Israel necesitaba una serie de guías que estipularan todos los aspectos de esa relación entre la nación y su Dios. El pueblo debía aprender la relación de santidad como posición y la santidad como condición. Como posición, santidad significa apartar a una persona, objeto o institución para el uso de un dios. No tiene necesariamente un corolario ético o moral; los vecinos paganos de Israel apartaban a prostitutas "santas" para el servicio de sus dioses. Israel apartó un lugar santo (el tabernáculo), rituales (los sacrificios), personas (los sacerdotes), y momentos (el sábado o día de reposo, las fiestas, los años de jubileo y sabáticos). Lo que no ha sido designado como santo es común o profano. Como condición, la santidad encarna pureza moral y justicia. La propia santidad de Dios implica no sólo su lejanía y singularidad sino también su perfección moral. Las personas y las cosas que Él santifica y declara santas también deben exhibir rectitud moral. El Código de Santidad de Levítico 17–25 acentúa la santidad como una condición moral.

Levítico bosqueja cómo Israel podía ofrecer a Dios un homenaje apropiado para cultivar y mantener la relación originada en el compromiso mutuo con el pacto. Dado que Israel no era capaz de vivir de acuerdo con los compromisos del pacto, no podía acercarse al Dios santo. Sólo Dios podía proveer un sistema para purificar al pueblo pecador y el lugar de adoración de modo que pudiera presentarse delante del Señor y servirlo. Estos sacrificios hacían que la persona que por fe aceptaba los beneficios expiatorios resultara justa. Dios también proveyó un sistema de ofrendas para que la persona expresara comprensión apropiada y agradecimiento por los beneficios de la gracia divina. Al pueblo santo se le debía enseñar y recordar continuamente acerca de las líneas estrictas que separan lo santo de lo profano, y esto se hacía viendo ejemplos de estas diferencias en la vida diaria.

Una cosa era santa o no santa, en la medida que el Dios soberano la declaraba así, de acuerdo con su propio criterio inescrutable y su propia santidad inherente. En su soberanía, Dios hizo una lista de animales inmundos, y los separó de los que eran limpios. Describió ciertas enfermedades y ciertos hongos y otros fenómenos y los declaró inmundos. Los que entraban en contacto con lo inmundo también se tornaban inmundos. Incluso las secreciones del cuerpo eran inmundas, y su simple aparición era suficiente para marcar al individuo afectado como no santo.

La naturaleza aparentemente arbitraria de las categorías de limpio e inmundo pone en claro que la santidad es ante todo un asunto de discreción divina. El Dios soberano hizo estas distinciones con propósitos educativos. Israel, como pueblo separado de todos los otros pueblos, debía aprender de ejemplos comunes cotidianos que Dios tiene juicio soberano sobre todas las cosas. Debía aprender que sólo Él se reserva el juicio sobre si una persona, un objeto o una condición se conforma a la definición divina de santidad. Sólo de esta manera Israel podía entender su propia santidad y cómo esa santidad era esencial si es que iba a vivir según los propósitos para los cuales fue elegido y redimido.

Si Israel fue llamado a ser santo, era aun más necesario que los sacerdotes, quienes en un sentido eran los "mediadores de los mediadores," fueran santos delante de Dios. La nación con sus individuos tenía acceso al Señor pero de manera limitada. Solo a través de los sacerdotes se lograba un acceso perfecto. Claramente, los sacerdotes tenían que elevarse a estándares de santidad fuera de lo común. Por lo tanto, Levítico también trata el tema de la consagración y la instrucción de los sacerdotes.

Finalmente, el Dios soberano ordenó no sólo principios de acceso por los cuales su pueblo-siervo podía acercarse a Él, sino que también designó momentos y lugares especiales. Así es que Levítico, al igual que Éxodo, instruye a la comunidad del pacto a encontrarse con el Señor como comunidad en el tabernáculo, el santuario central que Él invistió de su gloria como señal visible de su morada en medio de ellos. No se podían acercar a Él accidental o caprichosamente. Ningún rey da audiencia a discreción de sus súbditos. Mas bien, el rey establece momentos regulares de reunión con su pueblo en los que recibe su tributo y trata sus preocupaciones. Del mismo modo, el Señor reveló un calendario ritual, un horario de acuerdo con el cual la comunidad como tal podía (y debía) presentarse delante de Él para alabarlo y para buscar su rostro en beneficio de ella. Por lo tanto, los sábados, las lunas nuevas, y los días de fiesta eran apartados para el encuentro regular de la nación con su Dios soberano. Los momentos y los lugares no eran irrelevantes, tal como lo pone en claro Levítico. En un contexto de pacto daban testimonio del reinado del Señor en medio de su pueblo y de la necesidad de ellos de acudir cuando y donde Él decretaba que lo hicieran.

NECESIDAD DE SACRIFICIO (1–7)

La primera sección principal de Levítico (caps. 1–7) trata sobre la naturaleza, el propósito y el ritual del sacrificio. La afirmación sucinta con la que concluye esta sección ubica el sistema sacrificial entero en el contexto del pacto de Dios con Israel en el monte Sinaí. Dios libró a Israel de la esclavitud egipcia de modo que el pueblo tuviera libertad para adorar. Levítico 1–7 instruyó a Israel sobre cómo adorar a Dios en forma apropiada. El Señor desea la comunión de su pueblo. No obstante, la rebelión de los israelitas hizo que las relaciones continuadas se tornaran en un problema para un Dios santo. Levítico 1–7 presenta esos sacrificios que hicieron posible la comunión renovada entre Dios y su pueblo. (Ver "Propósito y teología.")

Como una expresión de tributo y devoción hacia el Señor, el sacrificio tenía que ofrecerse con un corazón dispuesto pero también de acuerdo con prescripciones articuladas y bien entendidas. Las diferentes clases de ofrendas servían para una variedad de propósitos. Por lo tanto, era necesario un elaborado manual de procedimientos para mostrarle al pueblo de Dios cómo acercarse a Dios el Señor de manera apropiada.

Holocausto (1:1-17). El holocausto podía consistir en un animal de ganado vacuno u ovino o incluso en un ave. El "holocausto" (*olá*) sugiere que la víctima se consumía totalmente sobre el altar; es decir, todo le era dado al Señor, y no quedaba nada ni para el oferente ni para el sacerdote. El propósito era proveer expiación para el oferente. Al imponer las manos sobre la cabeza del animal, el oferente estaba reconociendo el papel sustitutivo de la víctima. En efecto, el animal estaba pagando el precio por el pecado de quien ofrecía el sacrificio. Ya fuera toro, oveja, o paloma, la muerte del animal llegaba a ser un "aroma grato" delante de Dios, un medio de hacer efectiva una relación armoniosa entre la persona y Dios.

Ofrenda de cereal (2:1-16). La ofrenda de cereal parece haber seguido

---

EL SISTEMA SACRIFICIAL

Se puede aprender mucho acerca de lo que una sociedad valora a partir de lo que expresa en sus rituales. El estudio del ritual del Antiguo Testamento, lejos de ser aburrido e incomprensible, puede revelar los fundamentos de la teología bíblica.

Significado

A todos los que entran en relación con Dios a través de la fe, Él les da mandamientos que los fieles obedecen como evidencia de su fe (Deut. 5:29; Rom. 1:5; Heb. 3:18-19; Juan 14:15). Cuando los creyentes expresan su fe en obediencia, experimentan una vida plena (Lev. 18:5; Deut. 30:15-16; Ezeq. 20:10-20).

Para el creyente del Antiguo Testamento, los mandamientos de Dios habían sido dados en la ley de Moisés. Éstos incluían instrucciones acerca de cómo debían acercarse a Dios de modo apropiado, en rituales de adoración y arrepentimiento. El rito que no surge de corazones comprometidos con Dios no tiene valor (Prov. 15:8; Isa. 1:11-17; Os. 6:6; Amós

5:21-24). Israel solía ignorar la justicia, la misericordia y la fidelidad, "los asuntos más importantes de la ley" (Mat. 23:23; ver Miq. 6:6-8), y sentirse satisfecho con el ritual. Aun así, no es cierto que la adoración auténtica se encuentra solamente en los actos espontáneos ni que los actos rituales formales necesariamente representen una farsa o una hipocresía.

Los sacrificios eran una parte secundaria pero vital de la religión de Israel. A través de ellos, Israel expresaba su fe y aprendía sobre la naturaleza de un Dios santo, la humanidad pecadora y la necesidad de expiación. También recibía perdón (Lev. 1:4; 4:20,26,31,35; 5:10,16) basado en el sacrificio final de Cristo (Rom. 3:25; Heb. 9:9-10; 10:1-4).

Las ofrendas

La ofrenda más común en Israel era el holocausto (Lev. 1). Era presentada por los sacerdotes todas las mañanas y todas las noches, y más frecuentemente en los días santos. Su principal distinción era que el animal se consumía enteramente sobre el altar. En

respuesta a la ofrenda fiel, la ira de Dios se aplacaba; el adorador era aceptado, liberado del castigo por el pago del rescate.

El sacerdote debía comer una porción de las otras ofrendas (acompañado por el adorador en la ofrenda de comunión o de paz, Lev. 3). La ofrenda por el pecado o de la purificación (Lev. 4:1-5:13) servía para purificar el santuario de modo que Dios pudiera continuar morando con un pueblo pecador. La ofrenda por la culpa o de reparación (5:14-6:7) estaba acompañada por una compensación en el caso de ciertos pecados. Las ofrendas de comunión o de paz (Lev. 3) eran únicas en el sentido de que estas ofrendas eran opcionales. Se originaban en respuesta a una bendición no esperada (una ofrenda de "acción de gracias"), un agradecimiento general (una ofrenda "voluntaria"), o una liberación pedida en oración (una ofrenda de "voto").

Finalmente, las ofrendas de cereal (Lev. 2) acompañaban a los holocaustos diarios o se presentaban en forma independiente en agradecimiento por la cosecha.

siempre al holocausto (Núm. 28:1-8) y consistía en harina y aceite. A pesar de que esta también proveía un "aroma grato," no se consumía totalmente en el fuego sino que se compartía con los sacerdotes. De este modo, su propósito no era tanto asegurar expiación. Antes bien, como lo implican su nombre (*minjá*, es decir, *regalo, tributo*) y el uso de sal, daba fe de la relación del pacto restablecida por la expiación. Es decir, la ofrenda de cereal era un tributo de la cosecha pagado al Señor soberano.

Ofrenda de paz (3:1-17, RVR60). La ofrenda de paz podía ser ganado vacuno,

ganado ovino o una cabra. El propósito, al igual que la ofrenda de cereal, no era hacer efectiva la expiación sino celebrar la unión del pacto. Producía un aroma grato, y de esa manera daba fe del placer de Dios con el oferente. Tanto era así que la ofrenda de paz en realidad se consideraba una comida común en la cual el Señor, el oferente, y los sacerdotes "se sentaban" juntos para compartir sus partes respectivas (ver también 7:15-18,28-34).

Ofrenda por el pecado (4:1–5:13, RVR60). La paz o la comunión entre un ser humano y Dios no podía lograrse mientras el

SISTEMA SACRIFICIAL

NOMBRE	REFERENCIA	ELEMENTOS	SIGNIFICADO
Holocausto	Lev. 1; 6:8-13	Novillo, carnero, macho cabrío, tórtola o pichón de paloma sin mancha. (Siempre animales machos, pero variadas especies de animales según el nivel económico individual.)	Voluntaria. Significa propiciación por el pecado y rendición, devoción y compromiso completos frente a Dios.
Ofrenda de cereal también llamada ofrenda de comida o de tributo	Lev. 2; 6:14-23	Harina, pan o cereal con aceite de oliva y sal (siempre sin levadura), o incienso.	Voluntaria. Significa acción de gracias por las primicias.
Ofrenda de comunión. También llamada ofrenda de paz. Incluye: (1) ofrenda de acción de gracias; (2) ofrenda de voto; y (3) ofrenda voluntaria	Lev. 3; 7:11-36	Cualquier animal sin mancha. (Las especies de animales variaban según el nivel económico del individuo.)	Voluntaria. Simboliza la comunión con Dios. (1) Significa agradecimiento por una bendición; (2) ofrece una expresión ritual de un voto, y (3) simboliza agradecimiento general (traída a uno de los tres servicios religiosos requeridos)
Ofrenda por el pecado	Lev. 4:1-5:13; 6:24-30; 12:6-8	Animal macho o hembra sin mancha, tal como sigue: novillo para el sumo sacerdote y para la congregación; macho cabrío para un gobernante; una hembra de cordero o de cabra para una persona común; tórtola o paloma para el que es algo pobre; dos litros de flor de harina para el muy pobre.	Obligatoria. Hecha por el que había pecado sin intención o estaba impuro, a fin de alcanzar la purificación.
Ofrenda por la culpa	Lev. 5:14-6:7; 7:1-6; 14:12-18	Carnero o cordero sin mancha	Obligatoria. Hecha por una persona que había despojado a otra de sus derechos o profanado algo santo.

pecado creara una barrera entre ellos, de modo que debía encontrarse un medio para tratar ese problema. El pecado podía ser tanto involuntario o deliberado. Los rituales de Levítico proveían expiación sólo para el pecado no intencional. A la persona que decidía pecar ("peque deliberadamente,"; en hebreo "peque con mano en alto") se la separaba del pueblo de Dios para siempre (Núm. 15:30; ver Sal. 19:13).

La remoción del pecado no intencional requería de sacrificios apropiados. Estos incluían no sólo el novillo y el cordero (aquí la hembra, 4:32) sino también el macho cabrío, la paloma o incluso harina. La naturaleza de la ofrenda dependía de la situación del oferente. Así, el pecado del sacerdote requería de un novillo, cuya sangre era rociada dentro del lugar santo del tabernáculo. La purificación de la congregación como un todo también demandaba un novillo, cuya sangre era aplicada por el sacerdote en la manera recién descrita. El pecado involuntario de un gobernante era expiado por el sacrificio de un macho cabrío, y la sangre se aplicaba al altar mayor. Una persona común presentaba una cabra, un cordero hembra o incluso, si era pobre, dos tórtolas o meramente un poco de harina. Cuando todo esto se hacía con el ritual y la intención apropiados, el pecado era perdonado.

Ofrenda por la culpa (5:14–6:7, RVR). La expiación ya sea de los pecados no premeditados (4:1-35) o de los pecados por omisión (5:1-13) debía estar seguida por una compensación apropiada para aquel contra quien se había pecado. La ofrenda por la culpa era siempre un carnero sin defecto. Si el oferente había retenido algo dedicado al santuario, tal vez una ofrenda prometida, debía agregarse a la ofrenda una pena del 20%. Si el pecado involucraba la pérdida o la destrucción de la propiedad de otro, la parte culpable debía ofrecer un carnero perfecto y hacer una restitución del 120%. Se esperaba una reparación; porque a pesar de

que el perdón viene por gracia, el pecado siempre produce consecuencias dañinas para otros seres humanos, particularmente en términos de pérdida.

Sacerdotes y ofrendas (6:8–7:38). Levítico 6:8–7:36 es un breve "manual para sacerdotes" para instruir a estos líderes de adoración en los rituales apropiados para los sacrificios y las ofrendas. El orden del contenido se ajusta ampliamente al de los sacrificios recién bosquejados.

La ley del holocausto requería que el fuego del altar se mantuviera encendido día y noche. El fuego continuo señala la necesidad continua del sacrificio para expiar los pecados del pueblo. La ley de la ofrenda de cereal y de la ofrenda por el pecado repite la instrucción anterior (caps. 2–4) pero desde la perspectiva de los sacerdotes. El papel del sacerdote en la ofrenda por la culpa y en la ofrenda de paz especifica en mayor detalle qué porción de las ofrendas le correspondía al sacerdote.

Levítico 7:37-38 resume todo el sistema de sacrificios y ubica ese sistema en el contexto del pacto mosaico en el monte Sinaí. (Ver la introducción.)

NECESIDAD DE MEDIADORES (8–10)

El papel de Moisés como mediador a favor del rebelde Israel (Ex. 32:30-32; 33:12-17; 34:8-9) señala la necesidad de mediadores ordenados por Dios para continuar el ministerio de intercesión de este hombre de Dios a través de la historia de Israel. Éxodo 28–29 especifica que estos mediadores serán los sacerdotes. La segunda parte importante de Levítico, capítulos 8–10, describe el establecimiento del sacerdocio en respuesta a esta necesidad.

Consagración de los sacerdotes (8:1-36). Moisés llamó a toda la congregación a reunirse frente al tabernáculo donde serían testigos de la consagración al sacerdocio de Aarón y de sus hijos. Su ornamentación en la vestimenta y otros atavíos les daba identidad y hablaba simbólicamente del significado y la función de su oficio (9:6-9; ver Ex. 28). En ese momento fueron ungidos, y a favor de ellos Moisés entregó una ofrenda por el pecado y una ofrenda de consagración que simbolizaba la dedicación total de Aarón y de sus hijos al ministerio sacerdotal. Luego, como con todas las ofrendas de paz, comieron del carnero de la consagración durante un período de purificación de siete días.

Función de los sacerdotes (9:1-24). Una vez que Aarón y sus hijos hubieron sido debidamente apartados, pudieron ofrecer sacrificios y así lo hicieron. De este tema se ocupa Levítico 9. El propósito de estos primeros sacrificios era hacer efectiva la unidad entre Dios y su pueblo. La gran variedad de ofrendas, tanto por los sacerdotes como por el pueblo, da fe de la importancia de este día particular. El día debía marcar la aparición del Señor en medio de ellos, una aparición que requería entrega y pureza totales.

Fracaso de los sacerdotes (10:1-20). En Levítico 10 se resalta que el ritual de la función sacerdotal y el sacrificio se debía llevar a cabo precisamente de acuerdo con la prescripción divina. No hacerlo así acarreaba un juicio severo. Dos de los hijos de Aarón, Nadab y Abiú, ofrecieron ante el Señor, sobre el altar del incienso, "un fuego que no tenían por qué ofrecer." Dicho fuego puede haber sido fuego como el usado en la adoración extranjera. Lo que es claro es que la violación del mandamiento de Dios de ser glorificado acarreó rápida retribución divina. Aarón y los dos hijos que sobrevivieron tuvieron que permanecer en el tabernáculo para completar las ofrendas descritas en el capítulo 9. El no haber comido las partes de los animales a las cuales tenían derecho causó el disgusto de Moisés. En cuanto oyó la explicación de Aarón, que tenía temor de ofender más al Señor, Moisés comprendió y cedió.

NECESIDAD DE SEPARACIÓN (11–15)

Dios había llamado a Israel a ser un pueblo separado para el servicio (Ex. 19:5-6). No obstante, Israel estaba constantemente tentado a ajustarse a las pautas de sus vecinos en Egipto y Canaán (Lev. 18:3). Las leyes sobre lo limpio y lo inmundo son testigos del "carácter de separado" de Israel y le recuerdan al pueblo de Dios que no debe transigir las pautas divinas. El Señor directamente había mandado a Aarón distinguir entre lo santo y lo profano (10:10). Levítico 11–15 provee ejemplos.

Animales limpios e inmundos (11:1-47). El primero de estos ejemplos fue en el área de la vida animal, porque no todos eran aptos para la consumición por parte de los seres humanos. Aunque indirectamente pueda haber principios higiénicos, la lección más importante para aprender aquí fue que debido a que Dios es santo, su pueblo también debía ser santo. Su santidad o condición de separado debía ilustrarse en sus hábitos distintivos de comida.

Impureza después del parto (12:1-8). El segundo ejemplo de la distinción entre limpieza ritual e impureza se ve en la impureza asociada con el parto. Al comparar esto con la legislación similar en el capítulo 15, se aclara que la impureza proviene de las secreciones del cuerpo asociadas con el nacimiento y no del acto o del hecho del nacimiento en sí. La razón por la cual las secreciones o emisiones son impuras no es tan clara. Muchos eruditos han sugerido que la pérdida de fluidos corporales, especialmente sangre, puede significar el comienzo de la muerte misma, la impureza por excelencia.

Impureza de la enfermedad (13:1-14:57). Levítico 13–14 trata sobre las manifestaciones de la "infección" y el "moho" (algunas versiones hablan de "lepra") sobre el cuerpo, la ropa, o incluso las casas de los afectados, y las considera un signo de impureza. De todas las enfermedades de la Biblia, ninguna se considera más seria o detestable que aquellas llamadas con frecuencia (aunque imprecisamente) lepras. Las muchas listas de síntomas y prescripciones para la cura indican una variedad de afecciones diferentes. La limpieza, después de ocurrida la curación, requería la ofrenda de sacrificios apropiados. De modo similar, la ropa contaminada por tales enfermedades también debía ser tratada ya sea lavándola o, si eso no resultaba, quemándola. Las casas contaminadas por la enfermedad lo manifestarían a través del moho, una condición que debía remediarse reparando las partes afectadas de la casa o incluso tirándola abajo.

Emisiones impuras (15:1-33). La última clase de impureza que trata Levítico alude a emisiones masculinas anormales por enfermedad, derrame de semen, flujo menstrual y otras clases de secreciones femeninas de sangre. Estas no eran inherentemente impuras, pero simbolizaban la impureza y por lo tanto debían limpiarse a través de un ritual y sacrifico apropiados, para que la santidad del pueblo de Dios pudiera afirmarse y mantenerse.

NECESIDAD DE EXPIACIÓN (16)

El mayor acto de purificación, que implicaba a la nación entera, era el que se lograba el día de la expiación. En este día, el sumo sacerdote ofrecía primero sacrificio para sí mismo. Luego mataba un macho cabrío como ofrenda por el pecado y soltaba otro macho cabrío (el chivo expiatorio) fuera del campamento como símbolo de la eliminación del pecado de la comunidad. A continuación de un holocausto completo, el campamento se purificaba de la sangre y de los restos de los animales a través de ceremonias de lavamiento y de incineración fuera del campamento. El escritor de Hebreos presentó imágenes del día de la expiación para acentuar la superioridad del sacerdocio de Cristo (Heb. 8:6; 9:7,11-26).

Hebreos 13:11-12 usa la figura del novillo y del macho cabrío quemados fuera del campamento como una ilustración del sufrimiento de Cristo fuera de los muros de la ciudad de Jerusalén. De acuerdo a una interpretación de 2 Corintios 5:21, al hablar de Cristo como una ofrenda por el pecado Pablo alude al ritual del día de la expiación.

NECESIDAD DE UNA VIDA SANTA (17–25)

La sección más larga de Levítico (caps. 17–25) se llama algunas veces "Código de Santidad" porque contiene una lista exhaustiva de reglamentaciones variadas sobre cómo tener y mantener la santidad en Israel. Las secciones previas de Levítico se habían ocupado principalmente de la santidad como "posición." En los capítulos 17–25 (especialmente el cap. 19) el punto focal se desplaza a la santidad como condición moral. Estas leyes misceláneas pueden clasificarse bajo ocho encabezados principales.

Sacrificio y sangre (17:1-16). Dado que la sangre equivalía a la vida misma y era el medio ordenado por Dios para efectuar la expiación, ningún animal podía sacrificarse fuera del tabernáculo. En el antiguo Cercano Oriente no había matanza regular de animales para obtener carne. Para Israel, sacrificar carne fuera del recinto del tabernáculo era derramar sangre en territorio extraño y quizás a dioses extraños. Los cristianos de Corinto enfrentaron un problema similar con referencia a la carne sacrificada en un contexto pagano (1 Cor. 8; 10:14-33).

Como símbolo de la vida, la sangre era sacrosanta y no podía comerse. Esto era pertinente no sólo a los animales ofrecidos en sacrificio, sino también a los animales de caza y a otros animales comestibles.

Relaciones sexuales (18:1-30). También debían observarse pautas estrictas de santidad en el área de las relaciones sexuales. Contrario a las prácticas del mundo pagano, el pueblo de Dios tenía que

FESTIVIDADES Y FIESTAS DE ISRAEL

Para los hebreos primitivos, la adoración pública tal vez no se centraba en las ofrendas sacrificiales que eran familiares sino en las grandes fiestas anuales. Estas festividades eran parte integral de la vida del Antiguo Testamento y son vitales para comprender gran parte del Nuevo Testamento. Todas las observancias religiosas judías anuales, excepto el día del perdón, eran ocasiones gozosas. Eran fiestas, festividades y festines.

Sábado (Lev. 23:3)

El sábado (o día de reposo) era la festividad religiosa más importante para los hebreos porque ocurría todas las semanas. El sábado conmemora no sólo el descanso de Dios después de la creación (Ex. 20:11), sino también la liberación de Israel de la esclavitud egipcia por parte de Dios (Deut. 5:15).

Pascua (Lev. 23:4-5)

El nombre "Pascua" indica liberación de la décima plaga en Egipto, la muerte de los primogénitos. Su observancia cae en la primavera boreal, al comienzo de la cosecha de la cebada. Conmemora el éxodo desde Egipto. Junto con Pentecostés y con la fiesta de las enramadas, la Pascua era una de las tres fiestas anuales de peregrinación (ver Deut. 16:16).

Panes sin levadura (Lev. 23:6-8)

Esta observancia de siete días inmediatamente después de la Pascua recuerda la partida apresurada de los israelitas desde Egipto. Las dos fiestas juntas hacían una celebración de ocho días, algo parecido a nuestra Navidad y Año Nuevo.

Primicias (Lev. 23:9-14)

Las primicias incluían la ofrenda de una gavilla de las primeras espigas cosechadas. Esto simbolizaba que todo el cultivo le pertenecía al Señor y que todo era un regalo de su mano.

Semanas (Lev. 23:15-21)

Esta fiesta tenía lugar siete semanas después de la fiesta de los panes sin levadura. Era una fiesta de la cosecha de grano (trigo). El pueblo leía el libro de Rut y recitaba los Salmos. El Nuevo Testamento llama a esta fiesta "Pentecostés," de la palabra griega para *cincuenta*.

Trompetas (Lev. 23:23-25)

El comienzo del año civil se marcaba con esta fiesta de Año Nuevo. Era un día de reposo, de reunión sagrada que se conmemoraba con toques de trompetas y de ofrendas hechas al Señor.

Día del perdón (de la expiación) (Lev. 23:26-32)

Esta observancia, en muchos aspectos la actividad anual más importante, era un ayuno solemne. Era el único día del año en que el sumo sacerdote entraba al lugar santísimo en el tabernáculo o en el templo. En este momento se enviaba un macho cabrío al desierto, cuyo significado era que se echaban afuera los pecados del pueblo (ver Lev. 16).

Tabernáculos o enramadas (Lev. 23:33-43)

Esta fiesta de la cosecha de frutos en el otoño boreal era la ocasión más gozosa del año. Duraba siete días. Algunos dicen que era el momento para renovar el pacto.

Año sabático (Lev. 25:1-7,20-22)

Cada siete años se le debía dar a la tierra un año de descanso. Los campos debían estar en barbecho. No se debían podar las viñas.

Año del jubileo (Lev. 25:8-17,23-55)

Cada cincuenta años era también una ocasión especial. Se debía devolver la propiedad a la familia que la había poseído originalmente. Los esclavos hebreos y sus familias debían ser liberados. Una vez más se debía dar descanso a la tierra.

Purim (Est. 9:20-28)

Esta fiesta, que no se menciona en la ley mosaica, se describe en el libro de Ester. Fue establecida por Mardoqueo para conmemorar la liberación de las amenazas de Amán. Era un tiempo de festejo, de felicidad y de dar regalos a los necesitados.

Januká

Esta fiesta fue establecida justo antes de los tiempos del Nuevo Testamento. Celebraba la recuperación y la purificación del templo de Jerusalén por parte de Judas Macabeo en diciembre de 164 a.C. Juan 10:22 llama a Januká la "fiesta de la dedicación." También se la llama fiesta de las luces.

FIESTAS Y FESTIVIDADES JUDÍAS

NOMBRE	MES: FECHA	REFERENCIA	SIGNIFICADO
Pascua	Nisán (mar./abr.): 14-21	Ex. 12:2-20; Lev. 23:5	Conmemora la liberación de Israel desde Egipto por parte de Dios.
Fiesta de los panes sin levadura	Nisán (mar./abr.): 15-21	Lev. 23:6-8	Conmemora la liberación de Israel desde Egipto por parte de Dios. Incluye un día de primicias por la cosecha de la cebada.
Fiesta de las semanas o de la cosecha (Pentecostés)	Siván (may./jun.): 6 (siete semanas después de la Pascua)	Ex. 23:16; 34:22; Lev. 23:15-21	Conmemora la entrega de la ley en el monte Sinaí. Incluye un día de primicias para la cosecha del trigo.
Fiesta de las trompetas (Rosh Hashaná)	Tisrí (set./oct.): 1	Lev. 23:23-25 Núm. 29:1-6	Día de hacer sonar las trompetas para señalar el comienzo del nuevo año civil.
Día del perdón (o de la expiación) (Iom Kippur)	Tisrí (set./oct.): 10	Lev. 23:26-32; Ex. 30:10	El sumo sacerdote hace expiación por el pecado de la nación. También es un día de ayuno.
Fiesta de las enramadas o los tabernáculos (Sucot)	Tisrí (set./oct.): 15-21	Lev. 23:33-43; Núm. 29:12-39; Deut. 16:13	Conmemora los cuarenta años de vagar por el desierto.
Fiesta de la dedicación o fiesta de las luces (Januká)	Quisleu (nov./dic.): 25-30; y Tébet (dic. Ene.): 1-2	Juan 10:22	Conmemora la purificación del templo por parte de Judas Macabeo en el 164 a.C.
Fiesta del Purim o de Ester	Adar (feb./mar.): 14	Est. 9	Conmemora la liberación del pueblo judío en los días de Ester.

casarse dentro su propia sociedad pero no de manera incestuosa. Así un hombre no podía casarse con su madre, su madrastra, su hermana ni su hermanastra, su nieta, su tía directa, la esposa de su tío, su nuera, su cuñada, su hijastra ni su media nieta. Del mismo modo, el adulterio, el sacrifico de niños, la homosexualidad y el bestialismo estaban estrictamente prohibidos.

Relaciones interpersonales (19:1-37). La santidad de Dios significaba que los israelitas tenían que desplegar santidad en sus relaciones interpersonales. Los ecos frecuentes de los Diez Mandamientos (adorar al único Dios, honrar a los padres, guardar el Sábado, 19:3; las prohibiciones contra el hurto, la mentira y el falso testimonio) sirven como recordatorios de que un estilo de vida de santidad era una condición del pacto de Dios con Israel. Una y otra vez al pueblo se le recordaba que la conducta moral no es opcional para los que llaman Señor a Yahvéh. La conducta que se requería del pueblo de Dios iba más allá de los asuntos rituales e incluía la provisión para los pobres, la preocupación por los de baja condición social, la práctica de la justicia, el amor por el prójimo, el respeto por los ancianos, la preocupación por los extranjeros, y la rectitud en los negocios y el comercio. La memoria de los hechos poderosos de Dios al liberar a Israel de la esclavitud egipcia debía motivar al pueblo a una vida de compasión y justicia. El aprecio por la santidad de Dios y el recuerdo de lo que Dios ha hecho por nuestra liberación, no de la esclavitud egipcia sino del pecado a través de la muerte de Cristo, continúa motivando a los cristianos a vivir en santidad. No es sorprendente entonces que los escritores del Nuevo Testamento con frecuencia repitan las enseñanzas éticas de Levítico 19 (por ejemplo, Mat. 22:39; Rom. 13:9; Gál. 5:14; Sant. 2:8).

Pecados capitales (20:1-27). Las leyes sobre pecados capitales deben entenderse contra el telón de fondo del paganismo. Los delitos capitales tendían a acentuar

las diferencias entre el pueblo santo de Dios y el mundo en general. Así es que la adoración a Moloc, el dios de los amonitas, se castigaba con la muerte. Lo mismo ocurría con otras prácticas religiosas idólatras, con maldecir a los padres, y con el incesto y otras desviaciones sexuales. Israel era un pueblo separado cuyo estilo de vida debía reflejar tal separación para el servicio a un Dios santo.

Adoración y santidad (21:1-22:33). Obviamente la santidad tenía que saturar la vida religiosa de Israel, de modo que había preceptos detallados que regulaban el sacerdocio y la ingestión de las ofrendas sacrificiales. Los sacerdotes comunes y el sumo sacerdote debían seguir indicaciones estrictas con respecto a los ritos del duelo y del matrimonio. Debían adherir a criterios estrictos de perfección física a fin de estar calificados para el servicio. Este requisito sugiere que la santidad interior debe tener una expresión física exterior.

Los sacerdotes debían estar ceremonialmente limpios antes de participar de los sacrificios. Luego ellos y sus familias podían disfrutar juntos de la comida al tomar las porciones a que tenían derecho. Todos los animales dedicados en sacrificio tenían que ser especímenes perfectos, ya que ofrecer a Yahvéh algo menos que lo mejor profanaría su santo nombre (ver Mal. 1:6-8).

Días santos (23:1-44). Para los israelitas, una vida de santidad suponía observar los días santos en forma apropiada. Estos incluían el sábado (o día de reposo), la pascua y los panes sin levadura, las primicias, y la fiesta de las semanas (o pentecostés). También se observaban las fiestas del otoño, las cuales consistían en la fiesta de las trompetas o del año nuevo, el día del perdón o Yom Kippur, y la fiesta de los tabernáculos o enramadas, como un recordatorio de la experiencia de Israel en el desierto. (Ver artículo "Festividades y fiestas de Israel.")

Consagración y profanación (24:1-23). Dios proveyó un protocolo apropiado para la administración de los asuntos del tabernáculo, pero exigió castigo cuando se violara la santidad divina, un punto claramente expresado en el relato sobre quien blasfema. Este incidente dio lugar a casos relacionados que directa o indirectamente interferían con el carácter de Dios y con los requerimientos ordenados al pueblo que se declaraba fiel al Señor.

Años sabáticos y de jubileo (25:1-55). Observar en forma apropiada los años sabáticos y de jubileo era dar testimonio de la condición de Israel como pueblo santo. La tierra, así como la gente, tenía que descansar; de modo que cada séptimo año se apartaba como un año cuando no se plantaría nada. Luego, después de siete ciclos como esos, el año número 50 también sería apartado para el rejuvenecimiento de la tierra, el perdón de hipotecas sobre ella y cosas así. El rescate de la propiedad debía recordar al pueblo que la tierra era de Yahvéh y en realidad le estaba dada en alquiler por parte de Dios. De igual modo, los que habían sido forzados a venderse a sí mismos debían ser dejados libres en el año de jubileo. Siendo que Israel había sido un pueblo esclavizado pero liberado de la esclavitud por Yahvéh, no era apropiado que tolerara la esclavitud dentro de sus propios límites. Un pueblo santo tenía que ser un pueblo libre.

BENDICIÓN Y MALDICIÓN (26)

La naturaleza esencialmente contractual de Levítico se hace clara como el agua en la afirmación sucinta de 27:34, la cual ubica el libro entero en el contexto del pacto del Sinaí. Las listas de bendiciones y de maldiciones que se incluyen en Levítico 26 refuerzan esta manera de ver Levítico como un texto contractual. Tales listas son bien conocidas a partir de textos del antiguo Cercano Oriente, textos donde se enfatiza la seriedad del compromiso del pacto. Ser obediente daba como resultado gran bendición, pero no obedecer traía aparejado juicio.

Así es que una exhortación general sirve de introducción a bendiciones y a maldiciones, que son resultado de la obediencia y la desobediencia a las condiciones del pacto. No obstante, el aguijón de las maldiciones se suaviza con una declaración de gracia. El Señor afirmó que a pesar de que su pueblo pecaría y sufriría el exilio, el arrepentimiento era posible. Luego Dios, según las antiguas promesas del pacto, los restauraría a sí mismo y a la tierra.

OFRENDAS DE DEDICACIÓN (27)

Levítico concluye con reglamentos sobre las ofrendas de dedicación (cap. 27). Al estar ubicadas aquí, estas leyes quizás sugieren maneras apropiadas de responder a la elección de estilo de vida planteada por la bendición y la maldición. Son una conclusión adecuada para Levítico, dado que la dedicación de uno mismo y de sus posesiones al servicio de Dios es el punto focal de la santidad. Estas leyes consisten en votos personales de servicio al Señor, ofrendas votivas de animales limpios e inmundos, y ofrendas de la casa o las tierras propias. Todo esto podía rescatarse o reclamarse para uso "secular" pagando al sacerdote el precio de rescate apropiado. El primogénito y el diezmo no podían ser dedicados al Señor porque ya eran posesión suya. Todo lo que fuera irrevocablemente dedicado a Dios no podía ser vendido ni reclamado para uso privado sino que debía ser destruido como ofrenda a Dios.

Importancia contemporánea. El libro de Levítico, sin dudas, es uno de los más ignorados del Antiguo Testamento, precisamente porque los cristianos modernos no ven la relevancia que tiene para la vida contemporánea. No obstante, cuando uno se da cuenta de que sus temas o ideales principales, como la santidad de Dios, el pacto con su pueblo y las exigencias para una vida de santidad son eternas e irrevocables, la pertinencia del libro inmediatamente se hace evidente.

Dios escogió a Israel para que fuera su pueblo-siervo y para representarlo a Él y a sus propósitos salvadores sobre la tierra. Este mismo Dios en Jesucristo ha redimido a un pueblo en estos días, para cumplir una función correspondiente. Los sacrificios, los rituales, las ceremonias y los días santos pueden haber perdido su carácter legal para la iglesia. Sin embargo, los principios de santidad que encarnaban y demostraban son principios que deben caracterizar al pueblo del Señor de todas las generaciones si es que va a servirlo a Él eficazmente como sal y luz.

Valor ético. Los rituales de Levítico encontraron su cumplimiento en el sacrificio de Cristo y es así que no son reglas obligatorias para la adoración cristiana. (Ver el comentario sobre Heb. 9-10). En contraste, una apreciación de la santidad de Dios y la memoria de lo que Dios ha hecho para nuestra liberación, no de la esclavitud en Egipto sino del pecado y a través de la muerte de Cristo, continúa motivando a los cristianos a vivir en santidad. De modo que no es sorprendente que los escritores del Nuevo Testamento frecuentemente repitan la enseñanza ética de textos tales como Levítico 19 (Mat. 22:39; Rom. 13:9; Gál. 5:14; Sant. 2:8). La detallada y complicada legislación de Levítico se fundamenta en los grandes principios del pacto que hallamos en los Diez Mandamientos. Estas leyes encuentran su significado último en el reconocimiento de que Dios, quien libró a Israel de la esclavitud egipcia (y nos liberó a nosotros), es absolutamente santo. La verdadera esperanza y felicidad se encuentran solamente al responder correctamente a ese Dios a través de vidas santas dedicadas al servicio. Una y otra vez Levítico argumenta que estas cosas deben hacerse porque "Yo soy Yahvéh." Es decir, la conducta humana es exitosa en la medida que reconoce el derecho del Redentor sobre nuestras vidas y lucha por imitar la santidad de Dios. No puede encontrarse una motivación mayor para la integridad personal y comunitaria que el tema rector en Levítico: "Yo soy el SEÑOR, que los sacó de la tierra de Egipto, para ser su Dios. Sean, pues, santos, porque yo soy santo" (Lev. 11:45).

Preguntas para la reflexión

1. ¿Por qué es importante el contexto de Levítico (27:34) para entender su mensaje?

2. ¿De qué manera las instrucciones para la adoración se relacionan con el propósito de Dios para el éxodo?

3. ¿Cuál era el papel de Israel como pueblo de Dios y por qué era necesaria la santidad para cumplir con este papel?

4. ¿Por qué eran necesarios los sacrificios y los sacerdotes?

5. ¿Cuáles eran los principales tipos de sacrificios y cuáles eran sus propósitos?

6. ¿Por qué a Levítico 17–25 se lo llama el "Código de santidad"? ¿Qué enseña la exigencia divina de santidad acerca de su carácter moral?

7. ¿Qué queremos decir con santidad como "posición" y como "condición"?

8. ¿De qué manera las ordenanzas para distinguir a los ritualmente limpios de los ritualmente impuros reflejan el señorío de Dios?

NÚMEROS

El nombre hebreo de este libro *(bemidbar)* significa *en el desierto*, y es entonces una manera muy apropiada de describir su contenido como un tratado cuyo escenario total es el Sinaí, el Neguev y el desierto de Transjordania. El título en español "Números" traduce la palabra *Arithmoi*, el título usado por la Septuaginta, la antigua traducción griega. El término evidentemente refleja el censo de las tribus de Israel al comienzo del libro y otras listas y totales.

El último versículo de Números resume el libro en su totalidad diciendo: "Estos son los mandamientos y ordenanzas que, por medio de Moisés, dio el SEÑOR a los israelitas en las llanuras de Moab, cerca del Jordán, a la altura de Jericó" (36:13). Moisés había guiado a los israelitas desde el monte Sinaí hasta los límites de la tierra prometida. El versículo final sugiere que Números instruye a Israel en las condiciones previas para poseer y disfrutar de la tierra prometida. (Ver "El Pentateuco" para comentarios sobre la autoría mosaica, y "Fechas del éxodo" para cuestiones de cronología.)

Tema. El libro de Números es más que un mero documental que sigue el derrotero de Israel desde el monte Sinaí hasta las llanuras de Moab. Los relatos y las leyes en Números presentan las condiciones para que Israel poseyera y disfrutara de la tierra prometida. Estas condiciones incluían un deseo resuelto de poseer la tierra que Dios prometió, respeto por los líderes ordenados por Dios y preocupación por mantener la santidad de la comunidad del pacto y de la tierra de la promesa. Del mismo modo, las amenazas frecuentes del peligro de la rebelión y la certidumbre del juicio de Dios sobre el pecado empujaron a Israel hacia adelante en dirección a la meta de la posesión de la tierra.

Números documenta que cuando el pueblo de Dios fue fiel a las condiciones del pacto, su viaje y sus vidas anduvieron bien. No obstante, cuando fueron desobedientes, pagaron el precio de la derrota, la demora y la muerte en el desierto. De modo que el libro le enseña a generaciones subsiguientes que la conformidad con el pacto trae bendición, pero el rechazo del pacto conlleva tragedia y dolor.

Números también documenta la eficaz organización de las tribus para formar una comunidad religiosa y política en preparación para la conquista y la ocupación de Canaán. Esto explica el extraordinario interés en enumerar a las tribus, su orden para viajar y acampar, y la centralización del tabernáculo y del sacerdocio como punto focal de la vida de Israel como un pueblo del pacto. Esto también explica la presentación de legislación nueva, especialmente de naturaleza cúltica o ceremonial. Los mandamientos y los estatutos apropiados para el establecimiento venidero en Canaán no podían, en todos los casos, ser relevantes para el pueblo en una situación de vida nómada y transitoria. Números anticipa y contempla la posesión de la tierra prometida y por tanto provee de instrucción especial para esos tiempos y condiciones.

Formas literarias. La mayor parte de Números describe en forma de relato, casi de un "diario", un período de alrededor de 40 años en la historia de Israel. Moisés aparentemente llevaba un diario en el cual anotaba eventos significativos que luego constituyeron sus memorias personales (ver 33:2). Números entonces es historia, pero historia narrativa de tipo individualista.

Además de materiales narrativos, Números contiene listas de censos (1:5-46; 3:14-

39; 4:34-49; 26:5-51), un manual de organización para acampar y marchar (2:1-31) y reglamentos para el orden sacerdotal y levítico (3:40–4:33; 8:5-26; 18:1-32). También contiene leyes sacrificiales y rituales (5:1–7:89; 9:1–10:10; 15:1-41; 19:1-22; 28:1–30:16), instrucciones sobre la conquista y la división de la tierra (32:33-42; 34:1–35:34), y leyes que regulan la herencia (36:1-12). Números además incluye poesía: una porción del "Libro de las guerras del Señor" (21:14-15), "La canción del pozo" (21:17-18), "La canción de Hesbón" (21:27-30) y los varios oráculos proféticos de Balaam (23:7-10,18-24; 24:3-9,15-24).

Esta rica diversidad de formas es una de las principales características de los escritos de la historia bíblica. La historia de los propósitos redentores de Dios para Israel y para todo el mundo se relata en forma de narración puntualizada e iluminada por mandamientos, exhortaciones, ilustraciones, proverbios y canciones. De este modo, Números no es meramente historia sino *Torá*, instrucción sobre vida santa. A pesar de que los tipos de literatura en Números son diversos, la meta de la posesión de la tierra prometida por Dios es un factor unificador constante.

I. Toma de posesión de la tierra prometida (1:1–10:10)
II. Rechazo de la promesa de Dios (10:11–14:45)
III. Peregrinaje (15:1–22:1)
IV. Obstáculos (22:2–25:18)
V. Preparación para la conquista (26:1–36:13)

Propósito y teología. Los diversos materiales en Números señalan en dirección de una meta común: la posesión de la tierra que Dios prometió a los patriarcas. Números comienza con un censo que revela que Dios había bendecido a Israel con la fuerza necesaria para la conquista de la tierra prometida (1:1–2:34). La organización para la adoración (3:1–4:49), las instrucciones para preservar la pureza del pueblo de Dios (5:1–6:27) y la construcción del tabernáculo (7:1–8:26), todo esto hizo posible que Dios morara con este pueblo (9:15), una condición necesaria para llegar a la tierra. A pesar de que el Señor equipó a su pueblo para la conquista (10:11-36), sus corazones repetidamente añoraron Egipto (11:1-35; 14:2-4; 20:2-5; 21:4-5). Ellos rechazaron a Moisés, el líder que Dios había nombrado para conducirlos a la tierra (12:1-15). En última instancia, Israel rechazó el regalo de la tierra por parte de Dios (12:16–14:45). Habiendo desdeñado el regalo de Dios, Israel estuvo condenado a vagar por el desierto (15:1–22:1). Una y otra vez Israel se rebeló contra los líderes escogidos por Dios y sufrió el juicio (16:1-50). Incluso Moisés fracasó al no confiar en el poder de la palabra de Dios (20:1-29), y fue excluido de la tierra prometida.

No obstante, Dios es fiel a sus promesas, y sorteó los obstáculos para que Israel poseyera la tierra, la amenaza externa de las maldiciones de Balaam (22:1–24:25) y la amenaza interna de la idolatría y la inmoralidad de Israel (25:1-18). Después de la muerte de la generación rebelde, Dios otra vez bendijo a su pueblo con una fuerza capaz de conquistar la tierra (cap. 26). El Señor recompensó a las hijas de Zelofehad quienes, a diferencia de la generación previa, deseaban de todo corazón participar de la tierra (27:1-11; 35:50–36:13). La provisión divina de Josué como sucesor de Moisés preparó a Israel para la conquista exitosa de la tierra.

Incluso los textos legales en Números contemplaron la vida en la tierra prometida. Estos textos regulaban la adoración (cap. 15) y mantenían su pureza (caps. 19; 35). El libro de Éxodo relata cómo los israelitas se colocaron bajo la soberanía de Dios, con todas las responsabilidades y los privilegios que esto implicaba, al aceptar los términos del pacto sinaítico. Llegaron a ser una nación santa (su condición) y un reino

Los números en el Antiguo Testamento

En el texto hebreo del Antiguo Testamento los números se escriben como palabras, nunca se representan con símbolos ni abreviaturas. Los números que se encuentran más frecuentemente en el Antiguo Testamento son uno, dos, diez y siete (en ese orden).

Los hebreos también usaban palabras para fracciones, tales como la décima parte (Ex. 16:36), dos décimas (Lev. 23:13, RVR60), una tercera parte (2 Sam. 18:2, RVR60) y medio (Ex. 25:10, RVR60).

Durante el período intertestamentario se desarrolló un sistema de equivalencias numéricas para las letras del alfabeto hebreo. Así *alef* representaba uno, *bet* representaba dos, y así sucesivamente, siguiendo el orden alfabético. Los números después de diez se formaban con una combinación de letras. Este sistema se usa comúnmente hoy para denotar las divisiones de capítulos y versículos en los textos impresos de la Biblia hebrea.

En el Antiguo Testamento, los números se encuentran con más frecuencia en la enumeración de la edad o en un censo. Se ha prestado mucha atención a las edades de ciertas personas que vivieron antes del diluvio. Ejemplos: Matusalén, 969 años; Adán, 930 años; Set, 912 años (Gén. 5:5-27). Los intérpretes bíblicos entienden estos números de diversas maneras. (1) Algunos explican que los números se basan en un cálculo de tiempo diferente. (2) Otros toman los números como referencia a la familia entera más que a un individuo. (3) Otros consideran que los números son una evidencia de que el pecado o la enfermedad todavía no habían infectado lo suficiente a la raza humana como para acortar la expectativa de vida, que son resultado de condiciones cosmológicas diferentes, lo cual hacía que la longevidad fuera común. (4) Otros creen que estas edades tenían una relevancia simbólica, cuyo significado se desconoce. (5) Otros aceptan las edades como hechos históricos.

Las cantidades elevadas en censos y en listas de enumeraciones (por ejemplo, Núm. 1:21-46; 1 Rey. 4:26) se han explicado como errores o como números simbólicos. (Por ejemplo, el elevado número de personas que participó del éxodo desde Egipto en Ex. 12:37 se ha explicado como símbolo del poder, la importancia y la victoria de los israelitas.) Otros insisten en que los números debieran siempre tomarse literalmente dado que los problemas aparentes se pueden explicar con un análisis cuidadoso.

Los números a veces se usan en forma literal (por ejemplo, Asa gobernó por 41 años (1 Rey. 15:10). Otros números son aproximaciones (1 Rey. 20:29; 2 Crón. 17:14-18). Otras veces los números representan un número indefinido (Jue. 5:30; 2 Rey. 9:32; Isa. 17:6).

Las cifras en el Antiguo Testamento a veces se usan para un efecto retórico o poético. Por ejemplo, pueden expresar un marcado contraste entre el juicio limitado de Dios y su gran misericordia (Ex. 20:5-6), o entre la fuerza y la debilidad militar (Lev. 26:8; 1 Sam. 18:7).

Otro ejemplo más es una secuencia de dos pequeños números consecutivos, los cuales debieran interpretarse como un número indefinido o quizás como un gran número (Amós 1:3,6,9,11,13, RVR60; Prov. 30:15,18,21,29).

Se le ha dado mucha importancia a descubrir el significado simbólico y místico en los números bíblicos. Por ejemplo, "uno" representa la unidad; "cuatro" es el mundo; "siete" representa la perfección. Sin embargo, la Biblia misma ni afirma ni niega significados ocultos, que en general se determinan por la ingeniosidad de aquel que los interpreta.

Durante el judaísmo tardío se desarrolló un sistema llamado *gematría*, el cual encontraba en los números un significado escondido. Dándole valor numérico a las letras de una palabra o frase, se descubrían los significados escondidos. Por ejemplo: 603.550 (Núm. 1:46) significa *toda la comunidad de Israel* (Núm. 1:2). A través de la gematría, la enigmática frase "venga Siloh" (Gén. 49:10, RVR60) tiene el valor numérico de 358, el valor numérico de la palabra *mesías*. La correcta interpretación de un pasaje con frecuencia dependerá de una comprensión apropiada de cómo se están usando los números.

de sacerdotes (su función). Números relata los éxitos y los fracasos de Israel para vivir de acuerdo al pacto mientras iba de camino a la tierra de la promesa. El desierto llegó a ser un campo de prueba, una arena donde el pueblo tuvo la oportunidad de exhibir su compromiso con el Dios que lo había llamado y comisionado.

Históricamente, fue la primera oportunidad que tuvo para ir más allá de la recepción del pacto y entrar en la esfera de su implementación.

La incapacidad de Israel, o por lo menos su negativa a obedecer, se hizo clara una y otra vez. Se rebelaron en Tabera y en Kibrot-hataava (11:3,34). Desafiaron la autoridad de Moisés como representante del pacto (cap. 12). Rechazaron el informe de los espías que alentaban la conquista de Canaán (14:1-10). Rechazaron el papel sacerdotal de Aarón (cap. 16). Se dieron a la idolatría y a la inmoralidad de Baal-peor (cap. 25). Cada caso de rebelión se encontró con desagrado y castigo divinos. No obstante, la constancia del Señor, la fidelidad divina en el compromiso con el pacto, permaneció inalterable. En realidad, la antigua promesa abrahámica que todos los que bendijeran a Israel serían benditos y todos los que lo maldijeran serían malditos, permaneció intacta (24:9). Aun más notable, dado que vino de los labios del vidente pagano Balaam, fue la gran revelación mesiánica de que "Una estrella saldrá de Jacob; un rey surgirá en Israel" (24:17). Esta fue una profecía que confirmó la función de Israel como fuente de redención y bendición reinante para todo el mundo (ver Gén. 49:10).

TOMA DE POSESIÓN DE LA TIERRA PROMETIDA (1:1–10:10)

El pacto con Israel se había concluido en el Sinaí y sus estipulaciones sociales, políticas y religiosas ya se habían bosquejado (Ex. 20–40; Lev.) Luego el Señor ordenó a su pueblo que dejara el monte santo y se dirigiera a la tierra de la promesa.

Organización para la guerra (1:1-2:34). El censo de los hombres en edad militar reveló una fuerza militar de 603.550, excluyendo a los levitas. Dios había cumplido su promesa a Abraham de muchos descendientes. Con tal ejército Israel estaba bien equipado para tomar la tierra prometida. Para facilitar el desplazamiento y el campamento de una fuerza tan vasta, se hicieron obligatorias ciertas instrucciones explícitas referentes a la organización de las tribus, los clanes y las familias.

El campamento israelita se organizó teniendo como centro la morada de Dios, el tabernáculo. Los levitas y los sacerdotes fueron quienes acamparon más cerca del tabernáculo, pues los sacerdotes guardaban la entrada del lado este (3:38). Las "tribus laicas" acamparon algo más lejos: Judá ocupaba la posición de liderazgo, otra vez hacia el este. Tal organización ponía énfasis en preservar la pureza del tabernáculo. Los levitas eran responsables de transportar y cuidar del tabernáculo y por eso permanecieron fuera del censo militar.

Organización para la adoración (3:1-4:49). Los levitas habían sido apartados para el servicio especial de Yahvéh, como sustitutos de los primogénitos de Israel. Moisés los organizó de acuerdo con los tres hijos de Leví: Gersón, Coat y Merari. Los gersonitas eran responsables de las cortinas, el toldo y las cubiertas del tabernáculo; los coatitas, de su mobiliario; y los meraritas de su armazón.

Preservación de la pureza (5:1-6:27). La santidad del tabernáculo, un aspecto evidente en vista de la regulación detallada con respecto a su manipuleo (caps. 3-4), dio origen a la consideración de varias ordenanzas que tenían que ver con santidad y separación. De modo que Moisés trató el tema de la impureza ritual (5:1-4), el pecado y la restitución y las pruebas que

TABERNÁCULO

El tabernáculo era un santuario portátil. Para el pueblo hebreo sirvió como centro de adoración durante los años que vagaron por el desierto, la conquista de Canaán, el establecimiento en la tierra y la monarquía temprana. La palabra castellana *tabernáculo* proviene de la Vulgata latina. Significa *tienda* o *casilla de madera*. El término hebreo traducido por "tabernáculo" significa *morar*. De manera que el tabernáculo representaba la presencia del Señor con su pueblo peregrino.

Importancia

Éxodo 25–31 indicó al pueblo cómo hacer el tabernáculo. Éxodo 35–40 informa que lo hicieron exactamente de esa manera. Trece de los cuarenta capítulos, una tercera parte del libro de Éxodo, tiene que ver con la construcción del tabernáculo. (Por supuesto, se incluyeron muchos detalles del mobiliario, del ritual y de la actividad sacerdotal, aparte de la construcción en sí.)

Plano

El tabernáculo era una tienda prefabricada más vale pequeña hecha con un armazón de madera y con elaboradas cortinas. Estaba ubicado en un atrio exterior que medía unos 45 m (150 pies) por 22,50 m (75 pies). El atrio estaba formado por un cerco de postes y cortinas.

La tienda daba al este y medía unos 13,50 m (45 pies) por 4,50 m (15 pies). La primera cámara, el lugar santo, medía unos 9 m (30 pies) por 4,50 m (15 pies). El lugar santísimo (el más santo de todos) era un cubo y medía 4,50 m (15 pies) de lado.

Mobiliario

Asociadas al tabernáculo había seis piezas de mobiliario. En el frente de la tienda, cerca del vallado exterior, estaba el enorme altar cubierto de bronce sobre el cual los sacerdotes ofrecían los sacrificios. Detrás de este había un gran cuenco para el lavado ceremonial.

Dentro del lugar santo, en la pared norte, se erigía la mesa del pan de la Presencia o "proposición". Algunos piensan que era un reconocimiento de la generosidad del Señor en la provisión de alimento para su pueblo. Sobre el lado sur del lugar santo estaba el candelabro de siete brazos.

Junto a la cortina que separaba las dos secciones del tabernáculo había un segundo altar más pequeño, el altar del incienso.

Dentro del lugar santísimo descansaba el arca del pacto. Era un cofre recubierto de oro. Su tapa era una plancha de oro puro llamada propiciatorio. Sobre éste estaban parados los querubines (o arrodillados, según la interpretación). El propiciatorio era el punto que marcaba el lugar donde el Señor se

entronizaba y donde bajaba a encontrarse con su pueblo.

Significado

En Éxodo 25:8 Dios instruye a Moisés: "Después me harán un santuario, para que yo habite entre ustedes." Algunos comentaristas encuentran un significado cristiano en cada detalle de la construcción del tabernáculo. Este enfoque no debiera exagerarse, no sea que perdamos de vista el punto principal: la presencia del Señor. El Nuevo Testamento aplica esta imagen de la presencia de Dios en el tabernáculo a la presencia de Jesús con sus primeros discípulos: "Y el Verbo se hizo hombre y habitó entre nosotros" (Juan 1:14).

El libro de Hebreos con frecuencia aplica la imagen del sacerdote en el tabernáculo a la obra redentora de Cristo (Heb. 6:19-20; 8:2; 9:24; 10:19-20). Dado que Cristo murió por nosotros y vive para interceder por nosotros, los cristianos tenemos acceso a la presencia de Dios. En el Antiguo Testamento solo los sacerdotes podían entrar al tabernáculo. Los adoradores laicos tenían que permanecer fuera del vallado exterior a menos que se les permitiera llevar sus sacrificios hasta el altar que estaba a la entrada. El tabernáculo nos ayuda a apreciar el acceso libre al Padre que Cristo nos provee (Heb. 10:19-20). (Ver "El sistema sacrificial" y "El templo.")

debían administrarse a una mujer cuyo esposo la acusaba de adulterio. Dado que el nazareo era un ejemplo clásico de alguien que se había apartado para el servicio divino, Moisés expuso largas instrucciones sobre el al voto nazareo (6:1-21).

La bendición que Moisés le enseñó a Aarón y a los sacerdotes contiene la esencia misma de lo que significaba para Israel ser el pueblo de Yahvéh, una fuente de bendición que daba a conocer la presencia clemente de Dios.

Una morada para Dios (7:1–8:26; 9:15). Los líderes de las doce tribus llevaron al tabernáculo sus propios regalos como tributos a Dios, reconociendo de esa manera la soberanía divina sobre asuntos políticos y religiosos. Día tras día las tribus llegaban una tras otra, llevando utensilios de plata y de oro y un gran número de animales para el sacrificio. No obstante, incluso más importante que estos abundantes regalos fue la entrega que Israel hizo de sí mismo al Señor. Separaron y dedicaron a los levitas para Yahvéh como especial tesoro suyo. Esto ya había sido ordenado (3:5-10), pero ahora realmente tuvo lugar.

Celebración de la Pascua (9:1–10:10). Tal como convenía, el desplazamiento de Israel desde Sinaí hacia Canaán tuvo lugar a continuación de la celebración de la Pascua, la misma festividad que precedió al éxodo desde Egipto. De igual manera, así como el éxodo tuvo la señal de la aparición de la gloria de Dios, quien los condujo a través del fuego y la nube, también el viaje por el desierto siguió el liderazgo divino de la misma forma. El desplazamiento y establecimiento de Israel estuvieron determinados por el desplazamiento y establecimiento de Yahvéh representados en los símbolos de su gloriosa presencia. La señal para ese desplazamiento y para otras ocasiones en que el Señor conduciría a su pueblo sería el sonar de trompetas de plata, un testigo audible de su presencia entre ellos.

RECHAZO DE LA PROMESA DE DIOS (10:11–14:45)

Un poco más de un año después del éxodo y después de casi un año en el Sinaí (Ex.

19:1), Israel avanzó hacia la tierra de la promesa, movilizado para la conquista. Siguiendo la indicación del movimiento de la nube de gloria, el campamento se movió de la manera previamente ordenada. Precediendo a todo el campamento estaba el arca de Dios, el símbolo de su presencia conductora y protectora.

Echan de menos a Egipto (11:1-35). No obstante, tan pronto como hubo comenzado el viaje, el pueblo empezó a quejarse y a murmurar. El resultado fue juicio por fuego, una visitación de Dios sólo impedida por la urgente intercesión de Moisés. La queja más importante parece haber sido la insatisfacción con el maná que Dios había provisto milagrosamente (Ex. 16:13-20) y el echar de menos los manjares de Egipto. Tan intensa fue la agitación que Moisés pareció aplastado bajo el peso del liderazgo. Por lo tanto, en su gracia divina, Dios le proveyó 70 líderes llenos del Espíritu quienes pudieron asistirlo en estos asuntos. A continuación, Dios proporcionó codornices que volaban bajo, las cuales ellos consumieron con una glotonería tal que el Señor una vez más les infligió juicio.

Rechazan al profeta de Dios (12:1-15). La selección de 70 ancianos de Israel para asistir a Moisés enfureció a sus hermanos, Miriam y Aarón. Ellos sintieron en esto una disminución de su propio prestigio y liderazgo. Miriam, una profetisa, había desempeñado un papel de liderazgo en el éxodo (ver Ex. 15:20-21), mientras que Aarón, por supuesto, era el gran sumo sacerdote. Con el pretexto de criticar a Moisés por haberse casado con alguien fuera del pueblo del pacto, dieron a conocer sus verdaderos sentimientos y desafiaron su autoridad profética. El resultado fue el escarmiento severo que Yahvéh les dio y el recordatorio de que Moisés, el mediador del pacto, era único entre todos los siervos de Dios: Él le habló a Moisés abiertamente, y no en visiones y sueños. La señal de esa relación especial estuvo en la misma capacidad de Moisés para restaurar a su castigada hermana y devolverle su limpieza ritual.

Rechazan el regalo de Dios (13:1–14:45). En un sitio en el norte del Neguev, cerca de Canaán, el Señor le ordenó a Moisés que enviara espías que pudieran estimar los puntos fuertes y débiles de sus habitantes y que prescribieran un curso de acción con respecto a la conquista (12:16–13:2). Los doce, incluidos Josué y Caleb, viajaron a lo largo de Canaán y regresaron con un informe dividido. La tierra era rica y fértil, dijeron, pero la mayoría argumentó que no podía ser tomada debido al poder superior de sus habitantes. A pesar de las afirmaciones de Caleb sobre la presencia y el poder de Dios, el pueblo escuchó el informe de la mayoría y se rehusó a avanzar. El pueblo rechazó el regalo de la tierra prometida que Dios le hacía.

Una vez más el liderazgo de Moisés estaba en peligro. En realidad, el pueblo exigió que él dejara su lugar a alguien que los guiara de regreso a Egipto. Es asombrosa la respuesta de Moisés al pueblo y al Señor, quien lo puso a prueba amenazando con destruir a Israel. Si el pueblo no entraba a Canaán, dijo, el mundo entero vería que Yahvéh no es confiable. Dios debía perdonar a su pueblo no tanto por ellos sino por amor de su santo nombre.

Movido por esta intercesión, el Señor cedió pero le anunció a Moisés que ellos no vivirían para ver la tierra de la promesa. En cambio, morirían en el desierto, dejando que sus hijos disfrutaran las promesas de Dios. Sólo Josué y Caleb, quienes habían confiado en Dios para la victoria y para la conquista, verían por ellos mismos la tierra que fluye leche y miel.

Habiendo rechazado la oportunidad de entrar a Canaán con el Señor, el pueblo determinó perversamente arreglárselas sin Él. Dejaron el arca en el campamento y se dirigieron hacia el norte, sólo para ser confrontados y derrotados por los amalecitas y los cananeos de la zona montañosa del sur. Así comenzaron los 40 años de vagar sin propósito por el desierto.

PEREGRINAJE (15:1–22:1)

Con notable ironía, el Señor, quien acababa de sentenciar al pueblo de Israel a morir en el desierto, bosquejó inmediatamente los principios para el sacrificio y el servicio que debían seguir sus descendientes en la tierra de Canaán. Éstos generalmente están de acuerdo con los procedimientos de Levítico 1–7, aunque hay ciertas modificaciones que son apropiadas para un pueblo ya asentado más que para una vida nómada. Se presta una atención particular a las ofrendas por el pecado, dado que este siempre sería un problema, incluso en la tierra de la promesa.

Para ilustrar este hecho, aparece el breve relato sobre alguien que quebrantó el día de reposo después de la instrucción sobre el pecado intencional. Su muerte por lapidación enfatizó la seriedad de ese pecado y dio lugar a volver a enfatizar la necesidad de Israel de recordar quiénes eran y qué demandaba el Señor de ellos.

Rechazan al sacerdote de Dios (16:1-50). Una segunda ilustración del permanente problema del pecado aparece a continuación de la historia de la rebelión de Coré contra la autoridad sacerdotal de Aarón. Coré era un levita, pero no un sacerdote. Se resintió con esta exclusión y desafió la pretensión de Aarón y de sus hijos de tener derechos exclusivos como mediadores delante de Dios. Por lo tanto, Moisés hizo arreglos para que Coré y sus seguidores se presentaran en el santuario, donde ellos y Aarón ofrecerían incienso delante del Señor. Aquel cuya ofrenda fuera aceptada, sería vindicado.

Cuando llegó el momento de la verdad, el Señor apareció en toda su gloria, y amenazó con destruir no sólo a Coré y a sus colaboradores sino a la congregación entera. Sólo la intercesión de Moisés y de Aarón lo evitó. Coré, junto con sus amigos y su familia, fue tragado por una grieta en la tierra. Así fue sofocada la rebelión de sacerdotes en competencia.

El juicio de Dios no terminó con las murmuraciones de la gente, y otra vez el Señor amenazó con aniquilarlos. Sólo la mediación fiel de Moisés los salvó una vez más, aunque varios miles murieron como resultado de la plaga.

Vindicación del sacerdote de Dios (17:1-13). La congregación otra vez cuestionó la selección de líderes hecha por Dios. Cuando la vara de Aarón (el símbolo de la tribu de Leví) retoñó y tenía flores y almendras, fue claro que la línea sacerdotal estaba únicamente en él y en su familia.

Sacerdotes, levitas y pureza (18:1–19:22). Una vez que esta crisis hubo terminado fue necesario explicar una vez más las obligaciones y los privilegios de los sacerdotes y los levitas. Esto naturalmente condujo a una discusión de otros asuntos cúlticos, especialmente la purificación. Esto requería cosas tales como matar a una novilla como ofrenda por el pecado, y se aplicaba a la impureza como resultado de tocar un cuerpo muerto y una tienda contaminada cuando alguien moría en ella.

Falta de confianza en la Palabra de Dios (20:1-13). La narración del viaje continúa con el relato de la llegada de Israel a Cades-barnea, el centro de la peregrinación de Israel por el desierto durante 38 años. En Cades, y también cerca de allí Miriam y Aarón murieron (20:1,28), y esto recalca las serias consecuencias de la rebelión de la primera generación en el desierto. Allí el pueblo otra vez se rebeló contra Moisés debido a la falta de agua. Esta vez, ardiendo de ira Moisés golpeó la roca en lugar de hablar como el Señor le había indicado. Más tarde, Números describe el pecado de Moisés como falta de respuesta a la santidad de Dios (27:14). La reacción precipitada de Moisés resultó en bendición para Israel: agua abundante, pero en maldición para Moisés: reprensión y exclusión de la tierra prometida. De acuerdo con Salmos 106:32, Moisés sufrió por el pecado del pueblo: "...a Moisés le fue mal por culpa de ellos."

Viaje hacia Moab (20:14–22:1). De todos modos fiel a su comisión Moisés hizo planes para continuar el viaje a Canaán. Primero buscó permiso del rey de Edom para pasar a través de esa tierra por el Camino del Rey, petición que le fue denegada. Luego Moisés entabló combate con los cananeos de Arad, la cual terminó en una sólida victoria israelita. Animado, Israel avanzó. A pesar de que persistieron en rebelarse de tanto en tanto, finalmente llegaron a Moab. Su llegada causó gran preocupación a los enemigos de Israel. Sehón, rey de los amorreos, trató de detener el avance del pueblo de Dios pero no tuvo éxito. Del mismo modo Og de Basán sufrió una derrota en manos de Israel. Así es que Moisés y sus seguidores se encontraron al fin en las llanuras de Moab, directamente al este de la tierra que el Señor había prometido darles.

OBSTÁCULOS (22:2–25:18)

La derrota de los amorreos y la de los de Basán sugirieron que el camino estaba libre para que Israel conquistara la tierra prometida. No obstante, antes de entrar Israel se iba a enfrentar con obstáculos para la promesa de tierra por parte de Dios. El primero fue externo, la amenaza de la maldición de Balaam; el segundo fue interno, la amenaza de transigencia con las conductas sexuales de los moabitas.

Amenaza externa (22:2–24:25). Balac, el rey de Moab, llegó a la conclusión de que su nación sería la próxima en caer ante Israel. Por lo tanto, contrató los servicios de Balaam, un famoso vidente mesopotámico, a quien Dios le advirtió que no

colaborara con Balac, porque era infructí-
fero tratar de maldecir a un pueblo al que
Dios había bendecido. Balaam fue hasta
Moab esperando satisfacer el pedido de Balac, pero sabiendo que sólo podía decir lo
que el Dios de Israel le permitiera.

Una vez en Moab, Balaam comenzó una
serie de maldiciones que el Señor transformó
en bendiciones magníficas para su pueblo.
Primero predijo las innumerables huestes de
Israel, luego la fidelidad del Señor a su pueblo, la prosperidad y el éxito de ese pueblo y
el surgimiento de un gobernante de Israel que
sometería a los países vecinos. De esta forma, el plan diabólico de Balac de maldecir a
Israel resultó exactamente en lo contrario: un
magnífico derramamiento de la bendición de
Dios sobre su pueblo y, a través de él, sobre
todo el mundo.

Amenaza interna (25:1-18). No
obstante, lo que Balaam no pudo hacer sí lo
pudieron hacer los impulsos internos básicos
de Israel. Una vez en las llanuras de Moab
descubrieron el culto licencioso de Baal-peor
y pronto se sintieron atraídos por sus seduc-
ciones. Sólo el celo de Finees, hijo del sumo
sacerdote Eleazar, impidió una apostasía colectiva. Lanza en mano, él mató a los cabeci-
llas de la rebelión. De este modo trajo expiación, pero no sin que antes miles de sus
compatriotas israelitas murieran debido a
una plaga enviada por Dios.

PREPARACIÓN PARA LA CONQUISTA (26:1–36:13)

Habiendo limpiado el camino para cruzar
el Jordán y para la conquista de Canaán, el
Señor dio las correspondientes indicaciones. Primero, ordenó un nuevo censo de
las tribus y delineó algunos principios de
herencia de la tierra para familias en las que
no había hijos varones. El deseo ferviente
de las hijas de Zelofehad de compartir el regalo de la tierra dada por Dios contrasta
agudamente con el rechazo del regalo por
parte de la generación anterior.

El sucesor de Moisés (27:1-23).
Dios reveló su voluntad sobre el sucesor de
Moisés, alguien que llegaría a ser el mediador del pacto en la tierra de Canaán, a la
que Moisés no podía entrar. Este sucesor
fue Josué, el fiel siervo del Señor, al cual le
fue otorgado el honor de Moisés.

La futura adoración (28:1–30:16).
Las condiciones de la vida sedentaria dictaban
ajustes en la vida y la práctica religiosa. Por lo
tanto, el Señor reveló nuevas reglas con respecto a los sacrificios y los días santos, y con algunos refinamientos reiteró las leyes pertinentes a hacer y cumplir votos.

*Mantener puro a Israel (31:1-
54).* También estaba el asunto inconcluso
de los madianitas. Ellos habían arrastrado a
Israel al libertinaje degradante de Baal-peor
(25:16-17), y por lo tanto tenían que sufrir
el espantoso juicio de Dios. Doce mil hombres de Israel fueron utilizados para esta misión. Luego de matar a Balaam y a todos
los reyes y los hombres de Madián, volvieron triunfantes al campamento. Dado que
la rebelión de Baal-peor tuvo que ver con
inmoralidad sexual, Moisés exigió que las
mujeres madianitas que no fueran vírgenes
también fueran matadas.

Nuevo retroceso (32:1-42). Canaán era propiamente la tierra prometida a
los patriarcas. Aun así, algunos israelitas,
como Rubén, Gad y la mitad de la tribu de
Manasés, le suplicaron a Moisés que se les
permitiera tomar su herencia en Transjordania, allí mismo donde estaban. Estas tribus, al
igual que la generación anterior, parecían estar listas para rechazar la tierra que Dios había prometido darles. A regañadientes Moisés les concedió su pedido, pero sólo con la
condición de que ayudarían a sus familiares
en la conquista de Canaán y que serían fieles
al Señor para siempre.

*Recordación y mirada al futuro
(33:1–36:13).* La narración del itinerario
de Israel desde Egipto sirve como recordatorio del cuidado de Dios a través de los años

SACERDOTES EN EL ANTIGUO TESTAMENTO
(Lista por orden alfabético)

NOMBRE	REFERENCIA	IDENTIFICACIÓN
Aarón	Ex. 28-29	Hermano mayor de Moisés; primer sacerdote de Israel.
Abiatar	1 Sam. 22:20-23; 2 Sam. 20:25	Hijo de Ahimelec que escapó de las matanzas en Nob.
Abiú	Ver Nadab y Abiú	
Ahimelec	1 Sam. 21-22	Conducía una comunidad en Nob; muerto por Saúl por hacerse amigo de David.
Amarías	2 Crón. 19:11	Sumo sacerdote durante el reinado de Josafat.
Amasías	Amós 7:10-17	Sacerdote malvado de Bet-el; confrontó a Amós el profeta.
Azarías	2 Crón. 26:16-20	Sumo sacerdote que estuvo en contra de Uzías cuando el rey comenzó a actuar como profeta.
Eleazar e Itamar	Lev. 10:6; Núm. 20:26	Hijos piadosos de Aarón; Eleazar, segundo sumo sacerdote de Israel.
Elí	1 Sam. 1-4	Descendiente de Itamar; crió a Samuel en Silo.
Eliasib	Neh. 3:1; 13:4-5	Sumo sacerdote durante el tiempo de Nehemías.
Elisama y Joram	2 Crón. 17:7-9	Sacerdotes que enseñaron durante el reinado de Josafat.
Esdras	Esd. 7-10; Neh. 8	Escriba, maestro y sacerdote durante la reconstrucción de Jerusalén después del cautiverio babilónico.
Finees	(1) Núm. 25:7-13 Ver Ofni y Finees	(1) Hijo de Eleazar; tercer sumo sacerdote cuyo celo por una adoración pura detuvo una plaga.
Hilcías	2 Rey. 22-23	Sumo sacerdote durante el reinado de Josías.
Itamar	Ver Eleazar e Itamar	
Jahaziel	2 Crón. 20:14-17	Levita que le aseguró a Josafat la liberación de un enemigo.
Joiada	2 Rey. 11-12	Sumo sacerdote que salvó a Joás de la purga de la reina Atalía.
Joram	Ver Elisama y Joram	
Josué	Hag. 1:1,12; Zac. 3	Primer sumo sacerdote después de la cautividad babilónica.
Nadab y Abiú	Lev. 10:1-2	Hijos malvados de Aarón.
Ofni y Finees	1 Sam. 2:12-36	Hijos malvados de Elí.
Pasur	Jer. 20:1-6	Sacerdote falso que persiguió al profeta Jeremías.
Sadoc	2 Sam. 15; 1 Rey. 1	Sumo sacerdote durante los reinados de David y Salomón.
Selemías	Neh. 13:13	Sacerdote durante el tiempo de Nehemías; a cargo de la administración de los almacenes.
Urías	2 Rey. 16:10-16	Sacerdote que construyó un altar para el malvado rey Acaz.

en el desierto. Las instrucciones finales de Moisés acerca de la conquista y de las ubicaciones de las tribus anticipan el cumplimiento de la promesa de la tierra por parte de Dios, promesa registrada en el libro de Josué. Las indicaciones sobre las ciudades levíticas y las ciudades de refugio eran para salvaguardar la tierra prometida de la contaminación causada por el derramamiento de sangre inocente. El relato final en Números resalta el deseo de las hijas de Zelofehad de participar de la herencia en la tierra. Dios recompensó el deseo de ellas por sus promesas divinas proveyendo leyes de herencia para aquellas familias que no tenían herederos varones. Ahora todo estaba listo para la expresión final del pacto que está encarnada en el libro de Deuteronomio y para la conquista de Canaán relatada en el libro de Josué.

Importancia contemporánea. Dios deseaba lo mejor para los antiguos israelitas; quería darles una hermosa tierra como su hogar. De la misma manera, Dios desea lo mejor para su pueblo hoy. No obstante, la gente tiene libertad para elegir: aceptar los regalos de amor de Dios o bien rechazar sus promesas. Los israelitas que dejaron Egipto rechazaron el regalo de la tierra por parte de Dios y sufrieron la muerte en el desierto. Así también, aquellos que hoy rechazan el regalo gratuito de salvación en Cristo por parte de Dios lo hacen a riesgo propio.

La historia de la peregrinación de Israel desde el Sinaí, lugar del compromiso inicial con Dios, hasta las llanuras de Moab, donde Israel estuvo listo para hacer realidad todas las promesas divinas arroja luz sobre la experiencia cristiana. Claramente Israel, al igual que los creyentes hoy, experimentó tiempos de fracaso abismal. Las frecuentes murmuraciones contra Moisés (y contra Dios) ilustran cómo el pueblo de Dios entonces y ahora no está satisfecho con lo que debiera ser nuestro placer supremo: tener la experiencia del cuidado y la guía de Dios en nuestras vidas. Israel añoraba los buenos tiempos en Egipto; esto ilustra que los placeres del pecado resultan atractivos incluso para aquellos a quienes Dios ha redimido. Entonces y ahora la rebelión contra Dios tiene consecuencias calamitosas. No obstante, el juicio no es la palabra final de Dios; aquellos que se aferran tenazmente a las promesas divinas tendrán su recompensa.

Valor ético. La respuesta de Israel al liderazgo de Moisés y de Aarón y a los requerimientos del pacto en general dictó el grado de éxito o de fracaso que caracterizó su peregrinaje por el desierto. El principio es claro: cada vez que hubo una obediencia incondicional, hubo un éxito absoluto. Cada vez que hubo una rebelión obstinada, hubo fracaso. La demanda de compromiso para con Dios no es menos real ni necesaria hoy.

El fuerte mensaje ético que se transmite a voces en Números es que Dios tiene un plan que conduce a la bendición, pero ese plan se construye en torno a principios y prácticas de conducta que no se pueden transigir ni negociar. Dios desea la bendición de los suyos, pero esa bendición está fundada sobre la sujeción al gobierno de Dios. El éxito en la vida depende no sólo de hacer la voluntad de Dios sino también de hacerla como Él lo prescribe.

Preguntas para la reflexión

1. ¿Cuáles eran las condiciones de Dios para que Israel poseyera y disfrutara de la tierra prometida?

2. ¿Qué enseña Números
   a. acerca de los peligros de la desobediencia?
   b. acerca de la gracia soberana de Dios?

3. ¿Cuál es el significado de la ubicación del tabernáculo en el centro del campamento?

4. ¿Cuáles fueron las consecuencias del rechazo por parte de Israel de
   a. los líderes designados por Dios?
   b. el regalo de la tierra por parte de Dios?

5. ¿Qué obstáculos (externos e internos) enfrentó Israel camino a la tierra prometida?

6. ¿Por qué no le fue permitido a Moisés entrar en la tierra prometida?

7. ¿De qué manera las hijas de Zelofehad sirvieron de modelos de fe para Israel?

DEUTERONOMIO

El nombre *Deuteronomio* (del griego *segunda ley*) surgió de la traducción de la Septuaginta de la frase hebrea que significa *una copia de esta ley* (Deut. 17:18). Deuteronomio no es una segunda ley sino una ampliación de la primera dada en el Sinaí. El título griego (y de ahí el español) es entonces algo confuso. El título hebreo "estas son las palabras" (tomadas de las dos primeras palabras del libro) es apropiado para estas últimas palabras de Moisés a Israel. (Para un estudio de la autoría mosaica y la fecha ver "El Pentateuco.")

En décadas recientes los eruditos han dirigido la atención a asombrosos paralelos entre el libro de Deuteronomio y los tratados hititas (1400–1200 a.C.) y luego los asirios (850–650 a.C.). A pesar de que muchos analistas están convencidos de que Deuteronomio ha sido influido por la tradición de los tratados del antiguo Cercano Oriente, es más que un tratado o un texto de un pacto. Es un tratado inserto en el discurso de despedida de Moisés a Israel (Deut. 1:1-3; 34:1-8).

Israel había completado casi 40 años de vagar por el desierto y estaba a punto de entrar y ocupar la tierra de Canaán. La generación vieja y rebelde había muerto. La nueva generación tenía que oír y responder al pacto que Dios había hecho con sus padres en el Sinaí. Moisés repitió la historia de la fidelidad de Dios y exhortó a la nueva generación a ser obediente a los mandatos del pacto. Repitió las condiciones del pacto pero con enmiendas y requisitos apropiados para la nueva situación de conquista y establecimiento que estaba por delante. Además, Moisés proveyó para que las generaciones futuras renovaran su alianza con el Dios del pacto. De este modo,

Deuteronomio es un sermón "de despedida" centrado en el pacto, un discurso que toma su forma fundamental del modelo de los pactos de la Edad de Bronce tardía.

Tema. El tema general de Deuteronomio son las relaciones del pacto. ¿Qué significaría para Israel ser el pueblo de Dios en el contexto de la conquista y el establecimiento en la tierra? ¿Qué privilegios y responsabilidades traía aparejada la condición de pueblo elegido para esa generación de Israel y para las futuras generaciones del pueblo de Dios?

En la revelación del pacto (Ex. 19:4-6), el Señor afirmó que Él había liberado de Egipto a su pueblo "sobre alas de águila" y los había hecho su propio pueblo especial, "un reino de sacerdotes y una nación santa." El llamado de Israel era ser un pueblo-siervo que mediaría la gracia salvadora de Dios a todas las naciones de la tierra. Deuteronomio continúa ese tema al enfatizar la elección divina de Israel (Deut. 7:6-11; 10:12-15). Este papel de pueblo elegido debía ser vivido dentro del marco de líneas directrices claramente definidas. Estas estipulaciones del pacto regían cada aspecto de la vida política, social y religiosa del pueblo de Dios.

Formas literarias. Hay un consenso muy extendido de que Deuteronomio está modelado siguiendo las formas de conocidos tratados del antiguo Cercano Oriente (específicamente hititas y/o asirios). A pesar de que la tradición de los tratados antiguos provee de la estructura general y el bosquejo del libro, Deuteronomio agrega exhortaciones, poesía y otras elaboraciones apropiadas para su más amplio carácter de sermón de despedida por parte de Moisés.

El estudio de tratados entre soberanos y vasallos hechos entre el gran rey de los hititas (heteos) con los gobernantes conquistados o dependientes revela ciertos componentes comunes, que Deuteronomio presenta generalmente en el mismo orden. Si seguimos al autor Peter Craigie, se pueden exponer los siguientes elementos comunes en los textos de los pactos hititas y su lugar correspondiente en Deuteronomio.

1. El preámbulo (1:1-5) provee el escenario donde el Gran Rey presenta el texto al vasallo.

2. El prólogo histórico (1:6–4:49) enumera las relaciones pasadas entre las partes del contrato.

3. Las estipulaciones generales (5:1–11:32) son los principios básicos de relación. Estos revelan los propósitos del Gran Rey y alertan al vasallo sobre los lineamientos para la implementación de esos propósitos.

4. Las estipulaciones específicas (12:1–26:15) definen aún más las estipulaciones generales a través de casos particulares. En situaciones específicas el vasallo no siempre podía deducir la aplicación apropiada del principio general sin que hubiera una guía adicional. De este modo, el Gran Rey no sólo tenía que establecer expectativas generales sino que también debía contemplar circunstancias peculiares o únicas.

5. Las bendiciones y las maldiciones (27:1–28:68) bosquejan las consecuencias de la fidelidad y de la desobediencia al pacto. La obediencia fiel a las condiciones del pacto, esto es, a las estipulaciones establecidas en Deuteronomio, aseguraría que el vasallo sería apropiadamente recompensado. Por el contrario, la desobediencia acarrearía una retribución rápida y segura por parte del Gran Rey.

6. Los testigos del tratado (30:19; 31:19; 32:1-43) testifican de su valor y de los compromisos hechos por las partes del contrato. Incluso el Gran Rey reconoce la necesidad de cumplir la promesa que Él ha jurado solemnemente.

Los elementos de los tratados del antiguo Cercano Oriente pueden verse no sólo en la estructura general de Deuteronomio sino también en la organización de unidades más pequeñas del libro. Por ejemplo, Deuteronomio 5 contiene (1) una presentación del Gran Rey ("Yo soy el SEÑOR tu Dios," 5:6); (2) un prólogo histórico ("Yo te saqué de Egipto, país donde eras esclavo," 5:6); (3) estipulaciones del pacto (5:7-21); (4) bendiciones y maldiciones ("me odian, yo castigo a sus hijos... Por el contrario, cuando me aman y cumplen mis mandamientos, les muestro mi amor por mil generaciones," 5:9-10), y (5) el registro del pacto (5:22).

I. Contexto del pacto (1:1-5)
II. Aprender de la historia (1:6–4:40)
III. Más principios del pacto (4:44–6:25)
IV. Principios auxiliares del pacto (7:1–11:32)
V. Ayudas/peligros para la adoración (12:1–16:17)
VI. El pueblo de Dios (16:18–26:19)
VII. Maldiciones y bendiciones (27:1–28:68)
VIII. Renovación del compromiso (29:1–30:20)
IX. Futuro del pacto (31:1-29)
X. Cántico de Moisés (31:30–32:43)
XI. Fin del ministerio de Moisés (32:44–34:12)

Propósito y teología. El libro de Deuteronomio primero reafirma el pacto entre Yahvéh e Israel para la generación que estaba reunida en las llanuras de Moab antes de la conquista de Canaán bajo el liderazgo de Josué. La mayor parte de la generación que había oído y aceptado el pacto en el Sinaí 38 años antes había muerto (Deut. 2:14; ver Núm. 14:34). Ahora sus hijos e hijas necesitaban oír el pacto y afirmar su lealtad a este (Deut. 4:1-2; 5:1-5). La provisión para una futura afirmación del pacto sugiere que cada generación del pueblo de Dios debe apropiarse de la historia de los hechos salvadores divinos (26: 5-9) y comprometerse con el pacto nuevamente (26:16-19; ver 5:3-4).

Segundo, en Deuteronomio la mezcla de exhortación y de prescripciones para el pacto sugiere que el libro era el registro de las palabras de Moisés de admonición, aliento y advertencia para la posteridad. Él sostenía que los que iban a entrar en la tierra de la promesa debían aprender del pasado, si es que iban a cumplir los propósitos para los cuales el Señor los había creado (Deut. 8:11-20).

La teología de Deuteronomio no puede separarse de su tema y su forma. Como documento influido por la forma textual de pacto, llega a ser el vehículo por el cual el Dios soberano expresa sus propósitos salvadores y redentores a su nación sierva, a su reino de sacerdotes a quienes Él eligió y liberó de la esclavitud en respuesta a las antiguas promesas patriarcales.

La verdad de que el Dios que liberó a Israel de la esclavitud en Egipto es el único Dios verdadero es central en la presentación del pacto en Deuteronomio. Porque hay un solo Dios, Él demanda la lealtad total de su pueblo (6:5; 10:12-13). Porque hay un solo Dios, Él es adorado en el lugar específico que elige (12:5,11; 14:23).

CONTEXTO DEL PACTO (1:1-5)

El comienzo de Deuteronomio encuentra a Moisés dirigiéndose a la asamblea de Israel en Moab, justo al este del río Jordán. Habían transcurrido cuarenta años desde el éxodo, el largo camino desde el Sinaí se había completado, los enemigos en Transjordania habían sido derrotados y todo estaba listo para la conquista de Canaán. Por lo tanto, Moisés dio un discurso de despedida, de instrucción sobre el pacto y de exhortación pastoral.

APRENDER DE LA HISTORIA (1:6–4:40)

Los tratados hititas incluían una recapitulación de las relaciones pasadas entre el gran rey y su vasallo. Del mismo modo, Moisés volvió a citar los puntos álgidos del trato de Dios con su pueblo desde el pacto en el Sinaí casi 40 años antes. Siguiendo este resumen de los fracasos y los éxitos de Israel en la ruta a la tierra prometida, Moisés exhortó al pueblo de Dios a atesorar los mandamientos divinos, a evitar la idolatría y a maravillarse ante los actos salvadores de Dios.

Fracasos y éxitos (1:6–3:29) El Señor había ordenado a Israel que dejara el Sinaí y que marchara hacia la tierra de la promesa. El camino había sido duro y había abrumado a Moisés casi hasta el límite. Pero eventualmente llegaron a Cades-barnea en los límites de la tierra prometida. Allí el pueblo se rebeló rehusándose a entrar en la tierra, y el Señor los condenó a vagar por el desierto hasta que murieran. Después de intentos vanos para invadir Canaán sin la ayuda de Dios, las tribus marcharon hacia el norte, pasando por Edom y finalmente llegaron a Moab. Desde allí pidieron permiso para pasar por el territorio amorreo pero fueron fuertemente rechazados tanto por Sehón, rey de los amorreos, como por Og, rey de Basán. El Señor entregó a estos dos en manos de Israel, de ese modo permitiendo a Israel que tomara posesión de toda la región de Transjordania. Desde allí, Moisés había pedido que le fuera permitido conducir su pueblo dentro de Canaán. No obstante, el Señor negó el pedido porque en Meriba Moisés no había confiado en Dios ni respetado su santidad (32:51; ver Núm. 20:12).

Recordatorios (4:1-40). Siguiendo este resumen histórico, Moisés le recordó

CÓDIGOS LEGALES Y PACTOS (2° milenio a.C.)		
CÓDIGO LEGAL		**PACTO***
Título	Identifica a la parte superior.	Título
Prólogo	Muestra cómo la parte superior ha cuidado de la subordinada en el pasado, y ha inspirado gratitud y obediencia en la parte subordinada.	Prólogo
Leyes	Listas de leyes dadas por la parte superior que deben ser obedecidas por la parte subordinada.	Estipulaciones/leyes
Bendiciones y maldiciones	Provee para la preservación del texto en el templo de la parte subordinada. Atestiguado y garantizado por los dioses de ambas partes. Pronuncia maldiciones sobre los que desobedecen y bendiciones sobre los que obedecen. Ratificado por un juramento y una ceremonia; las sanciones se pronuncian en contra de toda persona que rompa la relación de pacto.	Declaraciones Lectura Testigos Bendiciones y maldiciones Juramento Ceremonia Sanciones

* Los pactos también siguen el modelo de un tratado del antiguo Cercano Oriente. Ver introducción al libro de Deuteronomio.

al pueblo sus privilegios especiales como recibidores de la gracia del pacto de Yahvéh. Los alentó a recordar lo que Dios había hecho en el pasado al darse a conocer a ellos. Al Dios invisible que actúa en la historia no se lo puede representar en una roca sin vida ni en madera ni en su creación. La idolatría conduciría al castigo de destrucción y exilio por parte de Dios. El motivo de Israel para servir y adorar a Yahvéh está exclusivamente en la intervención única y singular de Yahvéh a favor de Israel, al liberarlo de la esclavitud y hacer un pacto con él.

Ciudades de refugio (4:41-43). En un breve interludio narrativo, Moisés aparta tres ciudades transjordanas como lugares de refugio en el caso de homicidio (ver 19:2-13). Tales ciudades tenían el propósito de librar a la tierra prometida de la mancha de sangre inocente.

PRINCIPIOS DEL PACTO (4:44–6:25)

Una introducción breve ubica el pacto en el contexto del éxodo desde Egipto y de la conquista del territorio al otro lado del Jordán.

Los Diez Mandamientos (5:1-21). Después de exhortar a la presente generación de israelitas a identificarse con sus padres en el Sinaí, Moisés hizo una lista de los Diez Mandamientos, el corazón mismo del pacto sinaítico. Los Diez Mandamientos comparten la forma básica de los tratados del antiguo Cercano Oriente.

El Gran Rey es presentado ("Yo soy el SEÑOR tu Dios"), y se bosqueja la historia de su trato con su pueblo-siervo. El primer mandamiento es el principio básico del pacto. Los mandamientos siguientes detallan lo que acarreaba la devoción exclusiva de Israel a Dios en sus relaciones con Dios y en las relaciones interpersonales. La forma de estos mandamientos es virtualmente idéntica a la de Éxodo 20:2-17. No obstante, el recuerdo del Sábado aquí conmemora la liberación salvadora de Egipto (Deut. 5:15) más que la creación (Ex. 20:11).

Mediador del pacto (5:22-33). La siguiente referencia a la revelación del Sinaí enfatiza al temeroso Israel el papel de Moisés como mediador del pacto. Moisés hizo un desafío a la nueva generación a "hacer lo que el SEÑOR su Dios les ha mandado" como condición para vivir prósperamente en la tierra de la promesa.

Amor por Dios (6:1-25). La naturaleza fundamental de la relación entre Yahvéh e Israel consistía en el reconocimiento de que Dios es uno y que, si su pueblo deseaba disfrutar de los beneficios de las promesas divinas a los patriarcas, debía darle a Él lealtad indivisa y obediencia inquebrantable.

MÁS PRINCIPIOS DEL PACTO (7:1–11:32)

El requerimiento básico de amor completo y exclusivo por Dios (6:5; 10:12) se elabora de varias maneras en 7:1–11:32.

Destrucción total (7:1-26). Dado que Israel debía servir solamente a Dios en la tierra de la promesa, ellos debían destruir por completo a los habitantes nativos de Canaán, quienes servían a otros dioses. También debían rehusarse a cualquier alianza que los mezclara con ellos.

Yahvéh como fuente de bendición en Canaán (8:1–9:6). Israel debía reconocer que Yahvéh, no los dioses de la fertilidad cananeos, era la fuente de todas las bendiciones en la tierra. También debía reconocer que la bendición era un producto de la gracia de Dios y no de la justicia de ellos.

El papel de Moisés (9:7–10:11). Se resalta otra vez el papel de Moisés como mediador del pacto e intercesor del desobediente pueblo de Israel. Los incidentes del becerro de oro, las murmuraciones en el desierto y el rechazo del regalo de la tierra por parte de Dios ilustran la rebelión persistente de Israel. Moisés apeló a las promesas patriarcales y al honor de Dios, y el resultado fue una renovación del pacto.

Amor (10:12-22). El carácter único y exclusivo de Yahvéh exige que Él sea amado por su pueblo con un amor que sea sinónimo de fidelidad. Pero el amor por Dios no puede separarse del amor por los demás, especialmente por los que están en desventaja. Así que el centro y la sustancia de la relación del pacto no es el legalismo sino el amor.

Obediencia (11:1-32). El amor debe ser manifiesto y en términos del pacto eso significa obediencia. Israel ya había visto lo que podía traer aparejada la desobediencia. Ahora tenían que entender de nuevo que la generosidad de la bondad de Dios era de ellos sólo en la medida en que lo amaran y guardaran sus mandamientos. Ahora, y luego cuando entraran a la tierra, Israel tendría la oportunidad de prometer fidelidad al Señor.

AYUDAS/PELIGROS PARA LA ADORACIÓN (12:1–16:17)

Habiendo expuesto los amplios principios de la relación y el compromiso del pacto (Deut. 5:1–11:32), Moisés pasó a ejemplos más específicos de su aplicación.

Santuario central (12:1-28). Los cananeos nativos adoraban a muchos dioses en numerosos santuarios locales. Para ayudar a adorar al único Dios verdadero debía haber un solo santuario en el que debía llevarse a cabo la adoración comunitaria de Israel. Dicho santuario no podía estar ubicado según el antojo del pueblo sino donde Yahvéh hiciera morar su nombre. Este santuario central fue el lugar de ubicación del tabernáculo y del arca del pacto antes de la construcción del templo de Jerusalén.

Dioses paganos/falsos profetas (12:29–13:18). Israel debía adorar no sólo donde eligiera Dios sino además como

Él eligiera. Al pueblo de Dios le estaba prohibido adoptar las prácticas de adoración de los cananeos nativos. Cuando se derramaba sangre animal, ya fuera como ofrenda o para el consumo humano de la carne, dicha sangre no podía ingerirse porque simbolizaba la vida misma y por lo tanto era sagrada. El pueblo de Dios no debía consumir sangre como lo hacían los cananeos. Más aun, a Israel se le prohibió adoptar otras prácticas de adoración cananeas tales como el sacrificio humano y la prostitución cúltica.

La religión cananea dependía de adivinos y encantadores como canales de revelación y poder. Dado que tales prácticas suponían el trato con dioses aparte de Yahvéh, obviamente estaban prohibidas para el pueblo de Israel. Cualquier profeta que aconsejara al pueblo de Dios alejarse del Señor, debía ser condenado a muerte aun cuando viniera de Israel mismo.

Animales puros e impuros (14:1-21). Otras diferencias entre Israel y las naciones paganas circundantes radicaban en la percepción y el uso del mundo animal. Israel debía demostrar su llamado y su carácter como nación santa ajustándose a las definiciones de puro e impuro dadas por el Señor, y debía comer sólo aquellos animales que no estaban prohibidos.

Ofrendas de corazones agradecidos (14:22-28). Otra expresión más de reverencia hacia el Dios soberano de Israel era la ofrenda generosa del pueblo como tributo al Señor en la forma de diezmos de todo lo que ganaban. Esto podía ser en especie o, si el santuario central estaba muy lejos, en dinero. Cada tercer año ese diezmo debía usarse para satisfacer las necesidades de los levitas, siervos especialmente elegidos por Dios, tanto como las necesidades de los pobres.

Preocupación por los pobres y los oprimidos (15:1-18). Israel también reconoció a Dios como su único Señor a través de su preocupación distintiva por los pobres y los oprimidos. Cada séptimo año era un año de absolución en que los israelitas pobres eran liberados de todos los gravámenes financieros que hubieran caído sobre ellos como resultado de haberse vendido a sus compatriotas.

Ofrendas y fiestas (15:19–16:17). Deuteronomio 15:19–16:7, al igual que 12:1-28, enfatiza la adoración al único Dios viviente por parte de Israel en el santuario central. Dado que el Señor había salvado de la décima plaga al primogénito de cada casa de Israel (Ex. 13:11-16), los israelitas fieles anualmente debían ofrecer el primogénito de sus manadas y rebaños como expresión de su devoción. Esto se hacía como parte de la celebración de la pascua y de la fiesta de los panes sin levadura que seguía inmediatamente después. Otras ocasiones para que la comunidad de fe ofreciera tributo al Gran Rey eran la fiesta de las semanas (o pentecostés), siete semanas después de la pascua, y la fiesta de los tabernáculos en el séptimo mes del año.

EL PUEBLO DE DIOS (16:18–26:19)

Funcionarios del reino (16:18–18:22). La implementación de las demandas del pacto por parte de la comunidad requería de oficiales políticos y religiosos quienes, bajo la autoridad de Dios, pudieran asegurar estabilidad y obediencia. El primer grupo consistió en "jueces y funcionarios." Su tarea era aplicar una administración de justicia equitativa sin recurrir a medios paganos. En pro de la justicia, Deuteronomio 17:2-7 provee lineamientos para lo que constituía evidencia admisible. Los asuntos demasiado difíciles de resolver a nivel local debían ser decididos por una corte suprema de sacerdotes y de jueces en el santuario central, con un castigo apropiado para el delito.

Con el tiempo, la nación desarrollaría un gobierno monárquico. El rey debía ser un israelita de nacimiento elegido por el mismo Señor. Debía adoptar un estilo de vida humilde y dependiente, contrario al de los reyes vecinos. Esto excluía la acumulación de caballos como signo de poder militar y la multiplicidad de esposas como signo de enredos en alianzas políticas internacionales. Finalmente, debía confiar en Dios y procurar vivir de acuerdo a los principios delineados en el libro del pacto, el libro de Deuteronomio.

Los funcionarios religiosos de Israel incluían a los sacerdotes y a los levitas. Sus responsabilidades como líderes en Canaán también reciben breve atención. Dado que el Señor era su herencia, no tenían ni tierra ni propiedades sino que debían vivir de las ofrendas y los diezmos del pueblo de Dios.

Los profetas también fueron importantes para darle forma al curso de la vida de Israel como pueblo de Dios. Todos los pueblos, incluyendo a los cananeos, tenían sus profetas. No obstante, estos practicantes de hechicería y encantamiento eran tan malvados delante de Dios que tanto ellos como sus técnicas demoníacas debían ser repudiados totalmente. En su lugar, Dios levantaría un orden de profetas dentro de la tradición de Moisés, voceros que hablarían la palabra verdadera del Señor. Por lo tanto, esta es una referencia colectiva a los profetas que vendrían luego. Como tal, recibió su cumplimiento último en Jesús (ver Juan 1:21,25,45; 5:46; 6:14; 7:40; Hech. 3:22-26; 7:37).

Dentro de este grupo de profetas, todo aquel que desertara de este alto y santo llamamiento profetizando falsamente tenía que morir. La prueba fundamental de su integridad sería si se cumplía o no lo que predecía.

Ley civil (19:1-21). A pesar de que Israel era por definición una comunidad religiosa, era una comunidad compuesta por individuos que debían vivir juntos en paz y orden. En otras palabras, había una dimensión social y civil en la vida como pueblo del pacto. Esto dictaba la necesidad de una legislación civil, de reglas de conducta en un contexto social (Deut. 19:1–22:4).

Las primeras tuvieron que ver con el tema del homicidio. El sexto mandamiento ya había tratado esto en principio (Deut. 5:17), pero no todo homicidio era asesinato. El hecho de matar debía ser considerado caso por caso. Si se mataba en forma puramente accidental, el perpetrador podía huir a una determinada ciudad de refugio hasta que su caso fuera juzgado (ver Núm. 35:9-34). No obstante, si la acción era intencional o hubo un pensamiento anterior de malicia, el que mataba debía ser aprehendido y matado por el vengador de la parte ofendida.

El segundo estatuto civil tuvo que ver con la remoción de las marcas de frontera. La tierra estaba en el corazón mismo de la herencia del pacto, de modo que engañar al vecino moviendo las líneas de la propiedad era infringir el regalo de Dios al prójimo. Para una ley civil equitativa era central la inocencia del acusado hasta que se probara su culpabilidad. Uno no debía ser condenado por el testimonio de un solo testigo; debía haber por lo menos dos para corroborar. Los testigos falsos debían sufrir las consecuencias de su perjurio en la misma medida que lo hubiera sufrido la parte acusada de haber sido encontrada culpable y castigada. Así se demostraba el cuidado necesario al administrar justicia.

Guerra santa (20:1–21:14). Como nación a punto de entrar en guerras de conquista con naciones cananeas, a Israel le fueron dados lineamientos para esta empresa. El pueblo de Dios debía confiar en que Él estaba con ellos y lograría la victoria (20:1-4). Esto dio lugar a muchas excepciones del servicio militar. El mero número de las tropas no determinaría el resultado sino sólo la fidelidad a las órdenes del Señor.

En las guerras en contra de naciones distantes, primero debían ofrecerse condiciones para la paz. Si eran aceptadas, se salvaría de la muerte a la población pero ésta sería reducida al servicio de Israel y su Dios. No obstante, si las ciudades estaban dedicadas al Señor como parte de la herencia de Israel en Canaán, debían ser aniquiladas para que la gente no arrastrara a Israel hacia la apostasía.

De tanto en tanto ocurrían homicidios sin testigos. El sentido de solidaridad colectiva de Israel era tal que los habitantes de la ciudad más cercana al cadáver eran considerados responsables. Debían ofrecer una becerra como expiación por toda la comunidad para la absolución de la culpa.

Como resultado de la guerra, los prisioneros con frecuencia caían bajo el control de Israel. En tales casos, las mujeres podían llegar a ser esposas de sus captores después de un período de adaptación. Si el arreglo probaba ser insatisfactorio, debían ser liberadas.

Más singularidades de la ley (21:15–22:4). A pesar de que el Señor jamás sancionó los matrimonios múltiples, sí proveyó lineamientos para lograr lo mejor en una mala situación. En la distribución de los derechos de herencia para sus respectivos hijos varones, una esposa preferida no debía tener ninguna ventaja sobre una esposa menos amada.

Los hijos varones rebeldes que no pudieran ser manejados por sus padres podían ser procesados por ellos e incluso ejecutados por autoridades civiles. No obstante, en cualquier caso capital, el cadáver no podía permanecer expuesto después de la caída el sol sino que debía ser enterrado ese mismo día (ver Juan 19:31).

El ejemplo final de la ley civil tiene que ver con la propiedad perdida. Cualquier israelita que encontraba algo que pertenecía a un compatriota debía devolvérselo o esperar que fuera a reclamarlo. Si era un animal que se había caído al costado del camino, el sentido de fraternidad ordenaba levantar y restaurar a la bestia.

La pureza del pueblo de Dios (22:5–23:18). Tal como la ley mosaica da testimonio una y otra vez, Israel era un pueblo santo y debía vivir una vida santa delante del mundo. Al igual que Levítico (ver Lev. 17–25), Deuteronomio también tiene su "código de santidad," su serie de lineamientos a través de los cuales Israel debía lograr y mantener su pureza. A pesar de que al lector moderno se le puede escapar la razón por la que se incluyeron algunas de estas leyes, en su propio tiempo y circunstancias indudablemente contribuyeron a que Israel comprendiera lo que significaba ser un pueblo peculiar para el Señor y único entre los pueblos de la tierra.

El travestismo era condenado porque hablaba de una mezcla antinatural de ropas. Las reglas sobre la protección de las aves jóvenes, la construcción de barandas en los techos, la siembra de semillas mezcladas, el arar con yuntas mezcladas, el uso de ropas de materiales mezclados y el uso de prendas con borlas hablan, ya sea positiva o negativamente, del papel de Israel como un pueblo distinto de los paganos a su alrededor.

La pureza o la impureza con frecuencia se expresan en las relaciones sexuales. Consecuentemente, un hombre que se casaba con una mujer que en su opinión resultaba no haber sido virgen, podía demandarle que probara su pureza. Si ella podía hacerlo, él era condenado; pero si no podía, debía ser apedreada hasta morir. Los adúlteros, tanto hombres como mujeres, debían morir, del mismo modo que las jóvenes comprometidas que voluntariamente hubieran tenido relaciones sexuales. Un agresor que violaba a una mujer comprometida en matrimonio tenía que pagar con su vida. El que violaba a una virgen que no estaba comprometida debía casarse con ella, pagarle a su padre un precio generoso por la novia y nunca podía divorciarse de ella. Finalmente, uno no podía tener relaciones sexuales con la esposa del padre (es decir, con su madrastra).

La santidad del pueblo de Dios también se revelaba en la exclusión de la asamblea de aquellos que habían sido castrados, los nacidos fuera del matrimonio o los de descendencia amonita o moabita. La razón era que estos últimos le negaron hospitalidad a Israel en el desierto. No obstante, los edomitas, pueblo emparentado con Israel, y los egipcios, anfitriones de Israel en tiempos de hambre, finalmente pudieron ser parte de los privilegios del pacto.

La prostitución cúltica, tanto masculina como femenina, estaba estrictamente prohibida en Israel. La ganancia que se obtenía era impía y no podía servir como ofrenda para el Señor. No obstante, un esclavo que se había fugado era bienvenido y en realidad no se lo debía forzar a volver a su amo.

Finalmente, la purificación se refería a asuntos de limpieza corporal, especialmente en el contexto de la guerra santa. Los soldados contaminados con secreciones del cuerpo debían purificarse. También debían enterrar sus excrementos. La razón era que el Señor caminaba en medio del campamento. La impureza física era una afrenta a un Dios santo y también señalaba impureza espiritual.

Relaciones interpersonales (23:19–25:19). El prestar atención a las leyes de pureza da origen a una asociación con los preceptos que gobiernan las relaciones interpersonales en general. Hay áreas de la vida societaria que, aunque no son cúlticas en naturaleza, tienen importantes implicaciones morales y éticas para la vida y la fe del pacto. Asuntos como los préstamos a hermanos israelitas y a extranjeros, las promesas al Señor, y el derecho de servirse de las uvas y el grano de un vecino al pasar por su tierra ilustran el principio de que el trato equitativo tanto con el Señor como con los demás está en un mismo nivel.

Del mismo modo, el pacto se refiere a los problemas del divorcio y de los recién casados, la garantía de los préstamos, el secuestro, las enfermedades contagiosas de la piel, el cuidado caritativo de los pobres, los débiles y los privados de sus derechos, y el principio de responsabilidad por nuestro propio pecado y el castigo que merecemos.

La justicia demandaba que el culpable sufriera un castigo apropiado, que el hermano de un israelita fallecido sin hijos le diera descendencia en nombre de él casándose con la viuda, que una mujer no deshonrara al hombre sexualmente, y que las pesas y las medidas estuvieran de acuerdo a las normas. La justicia incluso se extendía al mundo animal, ya que al buey le estaba permitido comer del grano que estaba trillando para su amo (ver 1 Cor. 9:9). En el otro extremo, la justicia de Dios demandaba que los enemigos de su pueblo escogido experimentaran el juicio. De este modo, Amalec, quien había atacado a los ancianos y a los indefensos de Israel en el viaje por el desierto (ver Ex. 17:8-16), un día fue destruido y quitado de la tierra.

Reafirmación del pacto (26:1-15). La sección de las estipulaciones específicas de Deuteronomio concluye con las leyes de la celebración y la confirmación del pacto. Cuando Israel finalmente entró en la tierra de Canaán, tuvo que reconocer la provisión fiel del Señor. Tuvieron que hacer esto ofreciéndole a Él las primicias mientras recitaban la historia del trato divino para con ellos desde los días antiguos de los patriarcas hasta el presente. Esta ceremonia parece haber sido parte de la fiesta de las semanas (o de pentecostés o de la cosecha; ver Ex. 23:16; Lev. 23:15-21). Luego de la ofrenda de las primicias de la cosecha del grano para el Señor, los agricultores israelitas debían proveer del diezmo de sus productos alimenticios a los levitas y a otros ciudadanos que dependían de ellos. De esta manera el tributo a Dios y el sostén de los necesitados se unían en un acto glorioso de adoración.

Exhortación e interludio narrativo (26:16-19). Después de haber delineado la larga sección de estipulaciones, Moisés le ordenó al pueblo que las obedecieran, no simplemente en forma superficial sino con todo su corazón y su alma. La esencia misma del pacto era la promesa que habían hecho de ser el pueblo de Dios y el compromiso recíproco por parte del Señor de ser su Dios. Era la voluntad de Dios que Israel continuara siendo su pueblo especial, una comunidad santa llamada a ser una expresión de alabanza y honra al Señor.

MALDICIONES Y BENDICIONES (27:1–28:68)

Un elemento de muchos tratados antiguos era la descripción de las recompensas por ajustarse fielmente a las condiciones y el debido castigo por la desobediencia. Las maldiciones y las bendiciones de Deuteronomio 27–28 muestran la influencia de esta forma de tratado.

Reunión en Siquem (27:1-10). La ceremonia de bendición y maldición que tendría lugar una vez que Canaán fuera ocupada, debía ocurrir en las cercanías de Siquem, el lugar de los antiguos encuentros patriarcales con Dios (ver Gén. 12:6; 35:4; Deut. 11:26-29). Allí Israel debía erigir grandes monumentos con el texto del pacto y un altar de piedra sobre el cual pudieran sacrificarse ofrendas apropiadas para la renovación del pacto.

Maldiciones por la desobediencia (27:11-26). Como pueblo de Dios, parte de Israel estaría sobre el monte Ebal y parte sobre el monte Gerizim para afirmar su compromiso con el pacto. Los representantes tribales, como un gran coro entusiasta, se ubicarían sobre el monte Gerizim para gritar "amén" a la lista de las bendiciones mientras que otros, en el monte Ebal, harían lo mismo cuando se mencionaran las maldiciones.

La primera lista de maldiciones trata de violaciones representativas del pacto, y no especifica la forma que las maldiciones pudieran tener.

Bendiciones por la obediencia (28:1-14). La sección de bendiciones promete prosperidad en forma física y material, y reafirma la intención de Dios de hacer de Israel un pueblo exaltado y santo.

Más maldiciones (28:15-68). La segunda lista de maldiciones amenaza con la pérdida de la prosperidad, con enfermedad y pestilencia, con derrota y deportación, con todo lo que esto incluiría y con una reversión de papeles entre Israel y las naciones. En lugar de ser exaltado entre ellas, Israel llegaría a ser su siervo. Todo esto resultaría en miseria y desesperanza indescriptibles. En efecto, la violación del pacto desharía el éxodo y entregaría a la nación otra vez a los dolores de la esclavitud.

RENOVACIÓN DEL COMPROMISO (29:1–30:20)

Los actos salvadores de Dios (29:1-9). Moisés repitió la forma en que Dios trató con Israel en el éxodo y en el desierto. Los exhortó a comprometerse a ser fieles al pacto como la nueva generación elegida por el Señor para representarlo a Él sobre la tierra. Su compromiso debía ser personal y genuino. De otro modo, vendría un tiempo de juicio en que las naciones cuestionarían si Israel en realidad era el pueblo de Dios.

Rebelión, juicio, gracia (29:10– 30:10). Moisés anticipó no sólo la rebelión de Israel y el juicio de Dios sino también la gracia de Dios hacia los arrepentidos. Dios visitaría a su pueblo en el día de calamidad y exilio, y una vez más lo haría reflexionar sobre los privilegios del pacto. Luego Dios pondría en ejercicio su gracia y los restauraría a una participación completa del pacto y sus bendiciones.

Elecciones (30:11-20). El compromiso de Israel de adherirse fielmente a los términos del pacto podría traer una recompensa inmediata y duradera pero la desobediencia sólo produciría juicio.

FUTURO DEL PACTO (31:1-29)

Dios, el verdadero líder (31:1- 8). A pesar de que no se menciona la ceremonia de la renovación del pacto, es claro que la nueva generación de israelitas volvió a comprometerse ante Dios. (Está implícito en 29:10-13.) Moisés reafirmó el papel de Dios como líder verdadero de su pueblo.

La Palabra de Dios (31:9-13). La provisión divina para el futuro del pacto incluía un líder (Josué) para suceder a Moisés como mediador del pacto, tanto como una ley, el texto del pacto entregado en custodia a los sacerdotes (31:9-13).

La provisión de Dios (31:14-29). Dios proveyó a Josué como sucesor de Moisés. La provisión de Dios para el futuro del pacto también incluyó un cántico, cuyo propósito era recordarle a la nación las promesas y los votos que habían hecho (ver 31:30–32:43). Finalmente, Dios proveyó un registro de la ley de modo que las generaciones futuras pudieran conocer la voluntad de Dios (31:24-29). El Señor, de acuerdo a la forma de un tratado antiguo, invocó al cielo y a la tierra como testigos de las promesas que había jurado Israel.

CÁNTICO DE MOISÉS (31:30–32:43)

Este maravilloso himno de compromiso con el pacto alaba al Dios de Israel por su grandeza y su justicia a pesar de la maldad de su pueblo. Él los había creado y los había redimido y preservado. Sin embargo, ellos se rebelaron y siguieron a otros dioses. Este curso de acción provocó el juicio de Dios en el pasado y haría lo mismo en el futuro. No obstante, al final, Dios recordaría su pacto y traería salvación a su pueblo.

Fin del ministerio de Moisés (32:44–34:12)

Interludio narrativo (32:44-52). Habiendo terminado su cántico, Moisés animó al pueblo a avenirse lo que exigía como un instrumento del pacto. Luego, en respuesta al mandato del Señor, Moisés ascendió al monte Nebo para esperar el día de su muerte. El que a un líder tan grande como Moisés no se lo librara del juicio cuando no confió en Dios ni respetó su santidad, sirvió como una dura advertencia a Israel para que evitara sus errores.

El acto final de Moisés (33:1-29). Antes de dejarlos, Moisés les ofreció a sus hermanos israelitas un testamento similar a aquel con el que Jacob había bendecido a sus hijos (ver Gén. 49:2-27). Después de alabar al Dios de la liberación y el pacto, hizo una lista de las tribus de Israel por nombre, y asignó una bendición profética a cada una. Concluyó con la alabanza al Dios de Israel y con una promesa de que los elegidos del Señor en última instancia triunfarían sobre todos sus enemigos.

La muerte de Moisés (34:1-12). Después de ascender al monte Nebo (o Pisga), Moisés vio toda la tierra de la promesa, una tierra prometida a los patriarcas pero negada a Moisés debido a su pecado (ver 32:51). Luego él murió y fue sepultado por Dios en una tumba desconocida y sin marcar. Con gran lamento el pueblo de Israel hizo duelo por su fallecimiento. A pesar de que Josué poseía el espíritu y la autoridad de Moisés, ni él ni ningún otro que vendría se podía comparar con este gigante sobre la tierra a quien Dios conoció "cara a cara" y que había sido el gran vocero de Dios.

Importancia contemporánea. Deuteronomio fue dirigido especialmente a una generación más joven de israelitas, listos para entrar a la tierra prometida. No obstante, transmite principios eternos y verdades teológicas que son apropiados para la iglesia y el mundo moderno. Esa nueva generación de israelitas sirve de modelo para el pueblo de Dios en todas las épocas. Nosotros, al igual que ellos, somos un pueblo con un pasado en el que Dios ha actuado para nuestra salvación y ha revelado su voluntad para nuestras vidas. Pero no es suficiente tener una herencia de fe gloriosa. Nosotros, al igual que ellos, somos un pueblo con un presente. Nosotros también hoy debemos comprometernos personalmente con Dios. Finalmente, nosotros, al igual que ellos, somos un pueblo con un futuro que depende de nuestra continua fidelidad a Dios.

El pacto de Deuteronomio anticipa el nuevo pacto, no escrito sobre piedra sino en corazones humanos (Jer. 31:33-34); esto se cumple finalmente en Cristo (Mat. 26:28; Mar. 14:24; Luc. 22:20). El Dios de Israel los redimió de la esclavitud y el caos y eligió identificarse con ellos en un pacto eterno. En y a través de su Hijo Jesucristo, Él por gracia ha ofrecido lo mismo a todo pueblo en todas partes.

Valor ético. El frecuente ruego de Deuteronomio para que Israel amara a Dios (6:5; 10:12; 11:1,13,22; 19:9; 30:6,16,20) muestra que el propósito de la ley del Antiguo Testamento no era legalismo sino servicio inspirado en el amor. En realidad, cuando a Jesús le preguntaron acerca del más grande mandamiento del Antiguo Testamento, Él citó Deuteronomio 6:4-5. El amor de Israel, al igual que el del cristiano (1 Juan 4:19), está fundado en una experiencia anterior con el amor redentor de Dios. El amor de Israel por Dios, al igual que el del cristiano (1 Juan 3:18; 4:20-21), es un amor verdadero en la medida que se comparta con otros (Deut. 10:19). Los Diez Mandamientos subrayan que Dios exige no simplemente respeto de las personas (5:6-15) sino respeto por otras personas (6:16-21). Mientras que los Diez Mandamientos trascienden el tiempo, son verdaderamente significativos sólo para aquellos que están comprometidos con el Dios de los Diez Mandamientos.

Preguntas para la reflexión

1. ¿Cuál es el significado del nombre *Deuteronomio*? ¿Cuán apropiado es para el contenido del libro?

2. ¿Cuáles son los elementos básicos de la forma de un antiguo tratado? ¿En qué medida Deuteronomio es como los tratados antiguos? ¿En qué es diferente?

3. ¿Por qué es importante para cada generación comprometerse de nuevo con el señorío de Dios?

4. Explique cómo el mandamiento de amar a Dios completa y exclusivamente es el fundamento de toda la ley. ¿Puede uno amar a Dios y no a los demás?

5. ¿Por qué era importante para los israelitas destruir a la población cananea y quitarla de la tierra prometida?

6. ¿Qué cualidades debían distinguir a los líderes del pueblo de Dios? ¿Qué cualidades debían distinguir al pueblo de Dios al compararlo con los cananeos?

7. ¿De qué manera la historia de Israel desde la conquista a través del exilio y hasta la restauración de Jerusalén ilustra las bendiciones y las maldiciones del pacto?

8. ¿De qué manera Dios provee para el futuro de su pueblo del pacto?

LOS LIBROS HISTÓRICOS

Kenneth A. Mathews

Los libros históricos en la Biblia en español son Josué, Jueces, Rut, 1 y 2 Samuel, 1 y 2 Reyes, 1 y 2 Crónicas, Esdras, Nehemías y Ester. Originalmente 1 y 2 Samuel eran un solo libro, como lo eran Reyes, Crónicas y Esdras-Nehemías. La Septuaginta, la antigua traducción griega, fue la primera en dividir los libros. La Vulgata latina y las versiones en español han continuado con esta práctica. (La división hebrea de estos libros no ocurrió hasta la Edad Media.) Nuestros traductores al español, otra vez siguiendo la Septuaginta, acomodan estos libros históricos en un orden cronológico sin precisión. Esta narración continua sigue la historia de Israel desde la conquista de Canaán al mando de Josué (alrededor del 1400 a.C.) hasta la restauración de los judíos durante el período persa (alrededor del 400 a.C.).

El canon hebreo ordena los libros históricos de manera diferente. Dicho canon consiste en tres divisiones (Ley, Profetas y Escritos). Josué, Jueces (no así Rut), 1 y 2 Samuel y 1 y 2 Reyes están en la segunda división, los Profetas. Dentro de esta división se los designa Profetas Anteriores (los Profetas Posteriores son Isaías, Jeremías, Ezequiel, y los doce Profetas Menores). Los libros 1 y 2 Crónicas, Esdras y Nehemías aparecen en los Escritos como los cuatro libros finales del canon hebreo. No obstante tienen un orden revertido: Esdras, Nehemías seguidos de 1 y 2 Crónicas. Los libros de Rut y Ester también aparecen en los Escritos. Junto con los Cantares de Salomón, Lamentaciones y Eclesiastés, constituyen los cinco *Megillot (rollos)* que los judíos leían en distintas fiestas.

Los Profetas Anteriores (Josué, Jueces, Samuel y Reyes) continúan el relato del Pentateuco (Génesis a Deuteronomio), que habla acerca del nacimiento de Israel y su surgimiento como nación. Deuteronomio termina con el nombramiento del sucesor de Moisés, Josué, quien finalmente hizo que Israel entrara en la tierra. Desde Josué hasta 2 Reyes se relata la ocupación de la tierra de Canaán, el surgimiento de la monarquía hebrea, y se concluye con la destrucción y el exilio de la nación en manos de los babilonios.

El encabezamiento *Profetas Anteriores* indica que los rabinos no leían estos libros como relatos históricos (en nuestro sentido moderno). A pesar de estar escritos en forma narrativa, eran *proféticos*. Al igual que los oráculos de los Profetas Posteriores, estas "historias" declaraban la palabra del Señor. No presentan un relato histórico o político exhaustivo (como lo haría la historia escrita moderna). Más bien, interpretan la historia de Israel desde la perspectiva teológica del pacto de Dios con Israel. Como escritos proféticos, presentan la evaluación y el veredicto de Dios sobre la historia de Israel. Tampoco son meramente una historia de la religión de Israel. (Los historiadores hebreos no diferenciaban entre la trayectoria política de Israel y su vida religiosa.) El relato desde Josué hasta 2 Reyes muestra que el éxito o el fracaso de Israel como nación estuvo determinado por la intervención de Dios en su historia. La bondad o el juicio de Dios eran una respuesta a la condición espiritual y moral del pueblo con respecto a la fidelidad que mostraban hacia el pacto mosaico (Ex. 20–24).

Los Profetas Anteriores en particular, especialmente 1 y 2 Reyes, se vieron influidos por la forma en que Deuteronomio entendía y presentaba el pacto. Este entendimiento enfatiza la lealtad al pacto y la adoración exclusiva de Dios, y explica cómo la historia se ve afectada por la moral de una nación.

Desconocemos quiénes fueron los autores de Josué, Jueces, Samuel y Reyes dado que las obras son anónimas. Los seis libros muestran independencia pero también tienen relación. Cada libro se puede leer como una unidad literaria, con su propio arreglo literario y su énfasis teológico. También evidencian una continuidad basada en un tema común y, en algunos casos, formas de expresión comunes. Cada uno contribuye a relatar la historia de Israel en forma consecutiva. Los libros además se superponen en otros aspectos. El reinado de David se relata principalmente en 2 Samuel pero continúa en 1 Reyes 1–2. La muerte de Josué aparece tanto en Josué (24:29-33) como en Jueces (2:8-10). El estilo de lenguaje de Deuteronomio y su enfoque básico para interpretar la historia influyeron significativamente sobre las cuatro obras.

El punto de vista tradicional enfatizaba la discontinuidad de los seis libros, y atribuía las cuatro obras a diferentes autores. No obstante, incluso los rabinos antiguos atribuyeron Jueces y los dos libros de Samuel al profeta Samuel (con 2 Samuel concluido por otros). Una reconstrucción convincente de la historia de cómo se escribieron estas cuatro obras tiene que dar cuentas tanto de sus diferencias y distinciones como de la aparente continuidad de los libros.

Algunos eruditos de la alta crítica creen que Josué se puede entender mejor como la *conclusión* del Pentateuco más que como la *introducción* a la historia de Israel en la tierra prometida. Estos eruditos usan el término *Hexateuco (unidad de seis*

libros) para resaltar la unidad desde Génesis hasta Josué. Los libros restantes, de Jueces a 2 Reyes, se consideran una composición separada. El editor de esta historia combinó extensiones de las fuentes que subyacen en el Hexateuco.

Una opinión que compite entre los eruditos trata a los libros desde Deuteronomio hasta 2 Reyes como la obra de un editor anónimo, profundamente influido por los temas de Deuteronomio. Este editor entretejió fuentes durante el exilio (alrededor del 550 a.C.). Al principio, esta historia no estaba relacionada con Tetrateuco (Génesis hasta Números) sino que era independiente. La composición de esta historia supuso procesos largos y complejos de combinación de fuentes escritas, de escritura de material nuevo y de edición de todo para formar un relato único. Los eruditos debaten los detalles de fecha y autoría; algunos sugieren un solo autor y otros proponen varios con dos o tres ediciones del trabajo. No obstante, los defensores de esto generalmente aceptan que la parte medular de Deuteronomio se escribió a mediados del siglo VII a.C. por un autor que se basó en tradiciones antiguas del tiempo de Moisés. Más tarde, un individuo o un grupo que respaldaba las reformas de Josías expandió y reelaboró esta parte medular para transformarla en el grueso de Deuteronomio hasta 2 Reyes. Esta historia expandida más tarde se presentó con agregados menores para reflejar la caída de Jerusalén en alrededor del 550 a.C.

En contraste con la opinión rabínica tradicional, estas dos teorías críticas enfatizan la continuidad de los Profetas Anteriores, pero al hacerlo crean una cantidad de problemas propios. Los eruditos, por ejemplo, no se ponen de acuerdo sobre el proceso de compilación o sobre quiénes fueron los editores anónimos (¿sacerdotes, profetas o sabios?). Los criterios usados por los críticos de las fuentes para descubrir las vertientes literarias subyacentes en los Profetas Anteriores son tan dudosos como los empleados para el Pentateuco. Lo más problemático de estas teorías de composición es que dependen de que Deuteronomio se haya escrito en el siglo séptimo. No obstante, su forma literaria ha demostrado ser más antigua que lo que se ha propuesto. En realidad, por lo general corresponde a los tratados políticos entre los hititas (alrededor del 1400–1200 a.C.).

El desafío es reconocer tanto la continuidad como la falta de unidad evidenciada en los Profetas Anteriores. Los cuatro libros probablemente alguna vez fueron obras independientes, mayormente en su forma actual. Estos pasaron por un breve período de integración editorial después de la destrucción de Jerusalén. Lo que comparten con Deuteronomio debe atribuirse a la imponente figura del profeta Moisés. Su teología de la historia, reflejada en Deuteronomio, llegó a ser un modelo teológico a través del cual Israel interpretó su historia. Los Profetas Anteriores expresan en la realidad lo que en esencia Moisés había advertido de antemano sobre las bendiciones y las maldiciones de Dios (Deut. 28).

REINAS DEL ANTIGUO TESTAMENTO (Lista por orden alfabético)		
NOMBRE	REFERENCIA	IDENTIFICACIÓN
Abi	2 Rey. 18:2	Madre del rey Ezequías de Judá
Atalía	2 Rey. 11	Hija malvada de Acab y Jezabel; madre del rey Ocozías de Judá (única mujer que gobernó en Judá por derecho propio)
Azuba	1 Rey. 22:42	Madre del rey Josafat de Judá
Betsabé	2 Sam. 11-12; 1 Rey. 1-2	Esposa de Urías, luego esposa de David y madre de Salomón
Ester	Est. 2-9	Esposa judía del Asuero de Persia
Hepsiba	2 Rey. 21:1	Madre del rey Manasés de Judá
Hamutal	2 Rey. 23:31; 24:18	Madre del rey Joacaz y del rey Sedequías de Judá
Jecolías	2 Rey. 15:2	Madre del rey Azarías de Judá
Jedida	2 Rey. 22:1	Madre del rey Josías de Judá
Jezabel	1 Rey. 16:31; 18:13,19; 19:1-2; 21:1-25; 2 Rey. 9: 30-37	Esposa malvada del rey Acab de Israel (quien promocionó la adoración de Baal, persiguió a los profetas de Dios y planeó el asesinato de Nabot)
Joadán	2 Rey. 14:2	Madre del rey Amasías de Judá
Maaca	1 Rey. 15:10; 2 Crón. 15:16	Madre del rey Abiam y abuela del rey Asa de Judá
Mesulemet	2 Rey. 21:19	Madre del rey Amón de Judá
Mical	1 Sam. 18:20-28; 25:44; 2 Sam. 3:13-16;6:20-23	Hija de Saúl y primera esposa de David
Nehusta	2 Rey. 24:8	Madre del rey Joaquín de Judá
Naama	1 Rey. 14:21,31	Madre del rey Roboam de Judá
Reina de Sabá	1 Rey. 10:1-13	Reina extranjera que visitó a Salomón
Zebuda	2 Rey. 23:36	Madre del rey Joacim de Judá

GOBERNANTES DE ISRAEL Y JUDÁ

GOBERNANTES DEL REINO UNIDO

Saúl 1 Sam. 9:1-31:13
David 1 Sam. 16:1-1 Rey. 2:11
Salomón 1 Rey. 1:1-11:43

GOBERNANTES DEL REINO DIVIDIDO

GOBERNANTES DE ISRAEL		GOBERNANTES DE JUDÁ	
Jeroboam I	1 Rey. 11:26-14:20	Roboam	1 Rey. 11:42-14:31
		Abiam	1 Rey. 14:31-15:8
Nadab	1 Rey. 15:25-28	Asa	1 Rey. 15:8-24
Baasa	1 Rey. 15:27-16:7		
Ela	1 Rey. 16:6-14		
Zimri	1 Rey. 16:9-20		
Omri	1 Rey. 16:15-28		
Acab	1 Rey. 16:28-22:40	Josafat	1 Rey. 22:41-50
Ocozías	1 Rey. 22:40-2 Rey. 1:18	Joram	2 Rey. 8:16-24
Joram	2 Rey. 1:17-9:26	Ocozías	2 Rey. 8:24-9:29
Jehú	2 Rey. 9:1-10:36	Atalía	2 Rey. 11:1-20
Joacaz	2 Rey. 13:1-9	Joás	2 Rey. 11:1-12:21
Joás	2 Rey. 13:10-14:16	Amasías	2 Rey. 14:1-20
Jeroboam II	2 Rey. 14:23-29	Azarías (Uzías)	2 Rey. 14:21; 15:1-7
Zacarías	2 Rey. 14:29-15:12		
Salum	2 Rey. 15:10-15	Jotam	2 Rey. 15:32-38
Manahem	2 Rey. 15:14-22		
Pekaía	2 Rey. 15:22-26		
Peka	2 Rey. 15:25-31	Acaz	2 Rey. 16:1-20
Oseas	2 Rey. 15:30-17:6		
		Ezequías	2 Rey. 18:1-20:21
		Manasés	2 Rey. 21:1-18
		Amón	2 Rey. 21:19-26
		Josías	2 Rey. 21:26-23:30
		Joacaz II (Salum)	2 Rey. 23:30-33
		Joacim (Eliaquim)	2 Rey. 23:34-24:5
		Joaquín (Jeconías)	2 Rey. 24:6-16; 25:27-30
		Sedequías (Matanías)	2 Rey. 24:17-25:7

Los libros 1 y 2 Crónicas y Esdras-Nehemías dan una segunda perspectiva de la historia de Israel, y complementan el relato desde Génesis hasta 2 Reyes. En 1 y 2 Crónicas se presenta un paralelo de esta primera historia desde la creación hasta la destrucción de Jerusalén. Esdras-Nehemías continúa el relato con el regreso de los exiliados desde Babilonia y la restauración de la vida religiosa de Judá (alrededor del 400 a.C.). En razón de que estos libros fueron escritos durante y después del exilio, cuando no había monarquía, hacen un enfoque en la vida religiosa del restaurado pueblo de Israel. Se enfatizan particularmente la adoración en el templo y la observancia de la ley.

Al igual que los Profetas Anteriores, los libros de Crónicas y Esdras-Nehemías se atribuyen a un solo autor o compilador. La tradición rabínica ha atribuido estos cuatro libros al escriba Esdras. Algunos eruditos modernos que han enfatizado la unidad de los libros en cuanto a lenguaje, contenido y perspectiva, siguen esta postura. Otros, que están de acuerdo en principio con la idea de un solo autor o compilador, han propuesto un autor anónimo (el "cronista"), quien recurrió a fuentes, incluyendo las memorias de Esdras y Nehemías y los libros de Samuel y Reyes. Completó su "Historia del cronista" no antes del 400 a.C.

Como variante de este enfoque, se distinguen dos puntos de vista dentro de la historia. La suma de los libros de Crónicas más Esdras 1–6 fue una edición temprana del cronista (alrededor del 515 a.C.) en conjunción con los ministerios proféticos de Hageo y Zacarías. En este tiempo, la esperanza de Israel era la monarquía davídica restaurada (1 Crón. 3:17-19; ver Esd. 1:8; 3:8; 5:1-2; 6:14; Hag. 2:6-9; 2:23; Zac. 3:1-4:14; 6:9-15). La inclusión de Esdras 7–10 (las reformas de Esdras) y el material de Nehemías llegó más tarde (alrededor del 400 a.C.). En este tiempo posterior la comunidad desplazó su énfasis de la monarquía y el papel religioso de David hacia la ley de Moisés. Por lo tanto, algunos prefieren hablar de una "escuela de cronistas" más que de una persona.

El lenguaje y el contenido similar de Crónicas y de Esdras-Nehemías apuntan a una sola obra. Ambas obras acentúan, por ejemplo, el papel del templo y las costumbres en la adoración. Otra evidencia más del vínculo es 2 Crónicas 36:1-21, que vuelve a relatar el hurto de los utensilios del templo y Esdras 1:7-11, que hace un inventario de los tesoros del templo que habían sido devueltos. Más significativa es la coincidencia al pie de la letra de los últimos versículos de 2 Crónicas (36:22-23) con el párrafo de apertura de Esdras (1:1-3a). Estos versículos relatan el decreto de Ciro que anunciaba la liberación de los judíos de la cautividad. En realidad, el último versículo de 2 Crónicas termina en la mitad de un pensamiento que se completa en la versión de Esdras (1:3b). Se arguye que esta duplicación de versículos indica que los libros en un momento estuvieron unidos como un todo consecutivo. Eruditos tanto evangélicos como de la alta crítica sostienen este punto de vista de una sola obra. La erudición conservadora sostiene unánimemente que el cronista usó fuentes confiables y no las modificó considerablemente.

Otros eruditos, tanto evangélicos como críticos, argumentan que Esdras y Nehemías fueron los autores de sus propias obras. Los defensores de esta postura señalan diferencias significativas tanto en lenguaje como en contenido entre Crónicas y Esdras-Nehemías. (Por ejemplo, Crónicas no trata el tema de los matrimonios mixtos.) Finalmente, se dice que el orden hebreo de Esdras-Nehemías seguido por 1 y 2 Crónicas evidencia que los dos *no* fueron escritos como una sola pieza. El párrafo en común compartido por ambos se puede explicar mejor como un intento muy posterior de ligar los que alguna vez fueron libros separados.

No obstante, el orden del canon hebreo no es un testigo decisivo para ninguna de las dos posturas. Este arreglo se puede explicar mejor como interés en la construcción tan particular que se creó al repetir el decreto de Ciro. En este orden, a modo de sujetalibros, Esdras comienza y 2 Crónicas termina con el decreto de Ciro. Esta proclamación de libertad encarnaba la esperanza permanente de que Dios aun otra vez reuniría a los judíos dispersos entre las naciones. Al concluir el canon hebreo con esta nota de libertad, el compilador enfatizó esta proclamación y por lo tanto animó a los judíos durante la diáspora.

En conclusión, las diferencias entre los libros advierte en contra de sacar la conclusión, sin más evidencia, de que las obras de Crónicas y Esdras-Nehemías constituyeron la historia de un cronista original.

Rut y Ester se incluyen entre los cinco *Megillot*. Estos libros, el Cantar de Salomón, Rut, Lamentaciones, Eclesiastés y Ester, se relacionan con las cinco fiestas (y ayunos) del calendario judío. Rut, enmarcado en la cosecha, se lee en la fiesta de las semanas (Pentecostés), la cual celebra la siega en la primavera boreal (mayo-junio). La historia de Ester presenta los orígenes de la fiesta del purim y se lee en esa ocasión (14 y 15 de Adar [febrero-marzo]). Purim es la única fiesta del Antiguo Testamento no legislada por la ley mosaica.

JOSUÉ

Al libro de Josué se le da el nombre de su personaje central, quien como sucesor de Moisés llevó a Israel a la tierra prometida. El título en español deriva de las traducciones griega y latina. El nombre hebreo *Josué (Yehosua)* significa *El SEÑOR es salvación.* La forma abreviada de Josué *(Yesua)* es *Jesús* en griego. Tradicionalmente, los judíos asignaron la autoría del libro a Josué. No obstante, también reconocieron la evidencia de contribuyentes posteriores (por ejemplo, el informe de la muerte de Josué en 24:29).

La paternidad literaria y la fecha se disputan dado que el libro es anónimo. Algunos intérpretes creen que el libro se completó en los siglos VII ó VI a.C., después de un largo proceso de compilación por parte de editores anónimos, como parte de una larga historia con influencia de los temas de Deuteronomio. (Ver "Los libros históricos.") Otros eruditos arguyen a favor de un punto de vista más cercano a la opinión tradicional, y fechan el libro dentro de la generación de los eventos registrados (siglo XIV a.C.).

El libro incluye fuentes que son contemporáneas a Josué (por ejemplo, 5:1,6; 6:25; 8:32; 18:9; 24:26) y también fuentes de un tiempo posterior (por ejemplo, "hasta el día de hoy," 4:9; 5:9; 7:26; 10:27; 13:13). El libro probablemente se basó en un núcleo de testimonio temprano, que fue suplementado por un autor no posterior al siglo X a.C. Hay sugerencias de que el libro provino de la monarquía temprana. (Ver, por ejemplo, el "libro de Jaser" citado en 10:13 y 2 Sam. 1:18.) El libro de Josué trata muchos de los mismos problemas que enfrentaron los reyes de Israel. Liderazgo, disputa por la tierra, ubicación y papel del tabernáculo, y cómo tratar con las poblaciones cananeas fueron problemas que también tuvieron Saúl y David.

A pesar de que el libro está constituido por diferentes fuentes, esto no significa que sean incongruentes o contradictorias. Han sido escritas y reunidas bajo la supervisión del Espíritu de Dios para presentar un mensaje unificado al pueblo de Dios.

Marco histórico. Las opiniones difieren con respecto a la fecha de la conquista. El punto de vista tradicional ha ubicado a la conquista en el siglo XV (1406 a.C.)., basándose en la fecha de la construcción del templo en 966 a.C. Este punto de vista deriva de la computación literal de 1 Reyes 6:1, la cual ubica al éxodo 480 años antes del cuarto año del reinado de Salomón. Otros eruditos han fechado la conquista en el siglo XIII (alrededor del 1250 a.C.). debido a la evidencia arqueológica de Egipto y Palestina. Según el último punto de vista, los 480 años de 1 Reyes 6:1 se explican como un número simbólico de las doce generaciones entre Salomón y el éxodo (ver artículo "Fechas del éxodo").

La disputa no puede resolverse fácilmente dado que el registro arqueológico no concuerda y es difícil de interpretar. No puede ser decisivo por sí mismo y por lo tanto, la cuestión al final se decidirá según toda la evidencia.

Más importante es que existen variados puntos de vista sobre la naturaleza de la conquista. Una escuela de pensamiento rechaza la tradición de una invasión militar por parte de Israel, y sostiene que la "conquista" fue una infiltración lenta de tribus seminómadas que migraron a Canaán desde el desierto a lo largo de cientos de años.

Estas tribus diversas llevaron consigo tradiciones variadas que en conjunto dieron forma a una herencia religiosa adoptada como la historia de Israel. Esta opinión insatisfactoria no da razones adecuadas para el testimonio bíblico de la rápida ocupación por parte de Josué. Además no explica por qué y cómo se unieron estas tribus diversas a lo largo de un período de tiempo tan extenso.

Un segundo punto de vista es que Israel emergió como resultado de una revolución social dentro de Canaán. Los cananeos se rebelaron en contra de sus reyes, rechazaron el baalismo y adoptaron la nueva religión de Yahvéh. Esta visión es insuficiente por sí misma dado que el relato bíblico no explica la conquista como una revolución política con ribetes religiosos. Por otra parte esta interpretación le impone a las tradiciones bíblicas un modelo contemporáneo de revolución social.

Tercero, la interpretación tradicional de una invasión militar tiene la ventaja del testimonio bíblico. No obstante, junto con esta invasión el relato de Josué también muestra que hubo cierta conversión interna a la religión de Yahvéh traída por los nuevos habitantes. Rahab es un ejemplo. También las cuatro ciudades de los heveos (9:17) entraron en liga con Israel. Estos ejemplos pueden reflejar un movimiento mucho más amplio dentro de Canaán. La conversión de los pueblos cananeos puede explicar la necesidad de la ceremonia de renovación del pacto en Josué 24.

Tema. Bajo el liderazgo de Josué, el pueblo de Dios entró a la tierra del descanso prometida a sus antepasados, porque el pueblo fue cuidadoso en no apartarse del "libro de la ley" de Moisés (1:8).

I. La reivindicación de la tierra (1:1–5:15)
II. La conquista de la tierra (6:1–12:24)
III. La distribución de la tierra (13:1–21:45)

IV. La vida en la tierra (22:1–24:28)
V. El descanso en la tierra (24:29-33)
Propósito y teología.

1. El libro de Josué detalla el desarrollo de la victoria del pueblo de Dios después que tomaron posesión de la tierra de Canaán. El libro continúa la historia del peregrinaje de Israel desde Egipto hacia la tierra prometida, demostrando a todas las naciones que Yahvéh es Dios y que sólo Él debe ser adorado (2:11; 4:24).

2. El libro de Josué explica que Dios actúa como el Señor soberano de la historia quien cumple las promesas a su pueblo. El Señor se presenta como el guerrero poderoso de Israel (5:14) que pelea por su pueblo y le da descanso de sus enemigos (11:20; 23:4).

3. La tierra es un motivo importante en el libro. La promesa de tierra hecha a los patriarcas encuentra cumplimiento en las tribus conquistadoras que recibieron lo que sus padres no pudieron disfrutar (1:6; 11:23; 21:43-44). La importancia de este tema se indica en la distribución detallada de la tierra (13:1–21:45).

4. No obstante, Dios sólo concede su bendición a un pueblo santo y obediente (3:5; 4:10). Dado que el Señor es santo (5:15, RVR60), Él castiga el pecado de su pueblo (23:15-16) y sólo lo restaura si se arrepiente (7:11-13).

5. La palabra de Dios dada a través de Moisés fue el patrón por el cual se midió la fidelidad de Dios y la de Israel. Dios mantiene sus promesas (21:45; 23:9). El pueblo debía ser cuidadoso en vivir de acuerdo a la ley de Moisés (1:7,16 17).

6. El Señor logra sus propósitos para Israel a través de un líder escogido. Josué siguió las pisadas de Moisés como vocero ordenado por Dios (1:5; 4:14).

7. El libro también tiene un mensaje de esperanza para las generaciones posteriores de ese pueblo hebreo que perdería la tierra a través de la dispersión y la cautividad. Las

generaciones futuras del pueblo de Dios podrían tener la esperanza de que si Dios había logrado esta victoria para el antiguo Israel, podía hacerlo otra vez.

8. El pueblo de Dios entrará en un descanso final a través de la fe en el Señor Jesucristo (Heb. 4:6-11).

LA REIVINDICACIÓN DE LA TIERRA (1:1–5:15)

La sección de apertura muestra cómo Dios le permitió a Israel entrar en la tierra. Se eligió el comandante y se inspeccionó la tierra (2:1-24). El pueblo cruzó el Jordán con la ayuda del Señor, lo cual fue conmemorado por generaciones futuras. Una vez en la tierra, el pueblo renovó su compromiso con el Señor y adoró en celebración.

La comisión de Josué (1:1-18). El Señor comisionó a Josué como sucesor de Moisés (ver Núm. 27:18; Deut. 34:9) para liderar a Israel a fin de entrar en la tierra prometida. Dios le ordenó que fuera obediente a la ley de Moisés y que fuera valiente de modo de tener éxito.

Josué les ordenó a los oficiales del campamento que prepararan al pueblo para cruzar el Jordán. Les recordó a las tribus transjordanas de Rubén, Gad y a la media tribu de Manasés que ellos se habían comprometido bajo Moisés (ver Núm. 32) a cruzar y ayudar a sus hermanos.

El pueblo estuvo de acuerdo y repitió la exhortación de Dios a Josué: "¡sé fuerte y valiente!"

La conversión de Rahab (2:1-24). Josué despachó a dos espías para descubrir la fuerza de Jericó. La ciudad estaba ubicada estratégicamente en el paso que conducía desde el valle del Jordán hacia las tierras altas del centro. Los espías entraron a la casa de la prostituta Rahab, quien los escondió del rey de Jericó.

Los eventos de la información confirmaron a los espías que los enemigos de Israel eran débiles a pesar de sus altas murallas. El necio rey de Jericó fue fácilmente engañado por la humilde ramera Rahab, al tiempo que los espías hebreos fueron inteligentes al hacer con ella un juramento. Además los espías se enteraron de que la población de la ciudad tenía terror de Israel. Otra certeza de la victoria final de Israel fue la conversión de Rahab y su afirmación de que el Señor había entregado la tierra en manos de ellos.

Rahab mostró su fe en las promesas de Dios al ayudar a los espías a escapar. Ella ató un cordón rojo a su ventana como señal de su salvación. La fe en Dios de esta mujer y su accionar en favor de los espías llegó a ser un modelo de fe y obras cristianas (Heb. 11:31; Sant. 2:25, RVR60).

El cruce del Jordán (3:1-17). Josué ordenó al pueblo que se santificara en preparación para cruzar. Los sacerdotes que llevaban el arca del pacto encabezaban la procesión. El arca simbolizaba la presencia de Dios. Por lo general descansaba en el lugar santísimo del tabernáculo donde apareció la gloria de Dios (ver Ex. 25:1-22; ver artículo "El tabernáculo").

Cuando los levitas que portaban el arca entraron al río, las aguas dejaron de fluir a la altura de Adán (Tell Damiyah) cerca de Saretán. El autor enfatiza el carácter extraordinario del cruce y explica que el río se desbordaba en ese época del año. Aun así Israel cruzó por el lecho "seco" del río.

El cruce milagroso magnificó el liderazgo de Josué porque fue un paralelo con el liderazgo de Moisés en el mar Rojo (4:14). El cruce también probó que Dios era un Dios vivo y expulsaría a los enemigos de Israel.

Piedras conmemorativas (4:1-24). Los israelitas erigieron un monumento para conmemorar su cruce. Fue construido con doce piedras, que representaban a las doce tribus de Israel. Las piedras se habían sacado del río donde se habían parado los levitas que portaban el arca.

Cuando generaciones futuras preguntaran: "¿Qué significan estas piedras?", el monumento serviría para recordarles el cruce milagroso. Debido a este milagro Josué fue exaltado a los ojos del pueblo. Otro propósito del milagro fue que todas las naciones pudieran reconocer el poder de Dios.

Disposición espiritual (5:1-15). El cruce del río aterrorizó a los cananeos. No obstante, antes que Israel pudiera proseguir, el pueblo debía prepararse espiritualmente.

Dios le ordenó a Josué que renovaran el compromiso del pacto a través de la circuncisión, la señal de que Dios había elegido a Abraham y sus descendientes (ver Gén. 17). La circuncisión se había abandonado durante el peregrinaje por el desierto debido a la desobediencia. Esta nueva generación se sometió a la circuncisión como una prueba de su lealtad al Señor. Al seguir las indicaciones de Dios, Josué en efecto inhabilitó a todo su ejército. Debido a la circuncisión, Dios le dio al lugar el nombre de Gilgal, que significa "rueda." Dios explicó que les había quitado de encima (había hecho rodar hacia afuera) la desgracia de la esclavitud en Egipto.

El pueblo celebró la nueva Pascua (ver Ex. 12; Lev. 23:4-5; Núm. 9:1-14). La fiesta de la Pascua recordaba la liberación de Israel por parte de Dios cuando el ángel de la muerte atacó a los primogénitos de Egipto. (Ver artículo "Festividades y fiestas de Israel.") Para el pueblo de Dios de la actualidad, Jesús es el Cordero de la Pascua que los libra del pecado y de la muerte (1 Cor. 5:7).

Por primera vez, el pueblo comenzó a comer comida cosechada en Canaán. En el desierto su dieta fue el maná provisto por Dios. La cesación del maná y su cosecha de la tierra eran recordatorios de las promesas de Dios en cuanto a que poseerían una tierra donde abundaba la leche y la miel (Ex. 3:8).

Dios también preparó a Josué espiritualmente apareciéndosele, pero Josué no lo reconoció hasta que Él se identificó como el comandante de los ejércitos del Señor. Al igual que Moisés, Josué pisó tierra santa debido a la presencia divina (ver Ex. 3:1-12) y se humilló quitándose las sandalias.

LA CONQUISTA DE LA TIERRA (6:1–12:24)

Josué dirigió tres campañas en Canaán. La campaña del centro incluyó Jericó, Hai y Gabaón. La campaña del sur fue en contra de una coalición de cinco reyes liderada por el rey de Jerusalén. La campaña del norte fue en contra de una coalición de ciudades-estados liderada por Hazor. A través de estas batallas el pueblo aprendió que Yahvéh peleaba por ellos y aseguraba su victoria.

Gritos que derriban Jericó (6:1-27). La ciudad de Jericó era un estorbo para que Israel poseyera la tierra. La ciudad era una de las más antiguas del mundo, pero no era particularmente grande. La Biblia la presenta como una ciudad formidable con murallas imponentes que no se podían escalar.

Josué y el pueblo marcharon en silencio alrededor de la ciudad una vez por día durante seis días. Al séptimo día dieron siete vueltas. Cuando recibieron la señal apropiada, los sacerdotes hicieron sonar sus trompetas y el pueblo dio un grito poderoso. Los muros se desplomaron y los soldados entraron directamente a la ciudad.

La organización de la marcha ubicó el arca en el centro del desfile. El arca indicaba que Dios estaba en medio de ellos como lo había estado en el cruce del Jordán. Ningún general militar podría haber aceptado tal plan, pero Josué no confiaba en el ingenio humano. El propósito de la estrategia era probar la fe y la paciencia de ellos. Por fe los muros cayeron (Heb. 11:30).

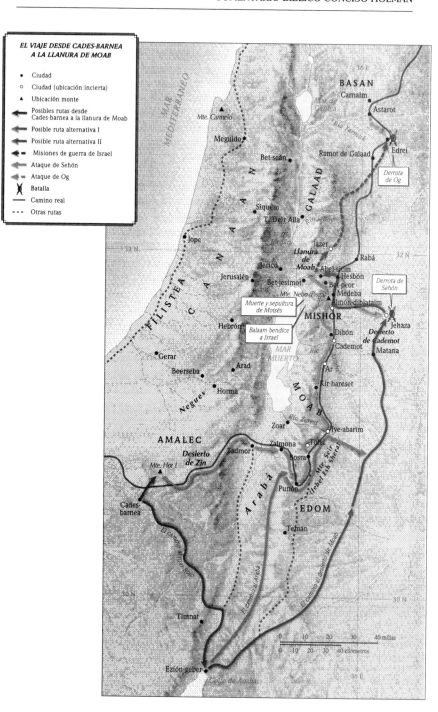

EL VIAJE DESDE CADES-BARNEA
A LA LLANURA DE MOAB

- Ciudad
- Ciudad (ubicación incierta)
- Ubicación monte
- Posibles rutas desde Cades-barnea a la llanura de Moab
- Posible ruta alternativa I
- Posible ruta alternativa II
- Misiones de guerra de Israel
- Ataque de Sehón
- Ataque de Og
- Batalla
- Camino real
- Otras rutas

Los espías rescataron a Rahab y a su familia, pero el resto de la población fue matada y la ciudad quemada. La ciudad y todo lo que había en ella fue "destinada al exterminio como ofrenda al Señor." La expresión "destinada al exterminio" *(jérem)* significaba que a Israel le estaba prohibido poseer la ciudad porque era sólo para el Señor (ver Deut. 20:16-18). La prohibición eliminó cualquier motivación económica del accionar de los israelitas. Fue una "guerra santa" porque Israel peleó conforme a las indicaciones del Señor y no recibió ningún beneficio de la destrucción de la ciudad.

Los israelitas no siempre obedecieron la prohibición, y aun cuando estuvo en efecto hubo excepciones. Las excepciones en Jericó fueron Rahab y algunos metales costosos que fueron colocados en el tesoro del Señor. Por la gracia de Dios, Rahab fue salvada de la prohibición debido a su fe (Heb. 11:31).

Dios colocó a las ciudades cananeas bajo la prohibición de modo que Israel no cayera víctima de la influencia pecaminosa de sus enemigos (Deut. 20:18). En este caso la prohibición era eterna y cualquiera que reconstruyera la ciudad sería maldito por Dios. La verdad de la palabra de Dios fue demostrada en el juicio contra Hiel, quien perdió a sus dos hijos por reconstruir la ciudad (1 Rey. 16:34).

Desobediencia y derrota (7:1-26). Los israelitas fueron culpables delante de Dios por el pecado de Acán, quien tomó de las cosas de Jericó destinadas al exterminio. El requerimiento del pacto de responsabilidad comunitaria explica por qué Israel sufrió como resultado del pecado de Acán. Dado que estaban unidos como una familia, todo el grupo sufrió por el pecado de un hombre.

El pueblo actuó presuntuosamente por no consultar al Señor antes de lanzar la ofensiva contra Hai. Se encontraron con una derrota repentina y "todo el pueblo se acobardó y se llenó de miedo" (7:5; ver 2:9).

Josué intercedió por su pueblo y cuestionó por qué Dios había llevado a Israel a este final trágico. Dios reprendió a Josué explicando que Israel sufrió debido al pecado y no porque el Señor le hubiera fallado a Josué. El pecado del pueblo significaba que Dios ya no peleaba por ellos. Josué convocó a todo el pueblo y echando suertes descubrió que Acán era el culpable.

Acán confesó diciendo: "vi ... me deslumbraron ... y me apropié" de las cosas destinadas al exterminio. Luego las escondió en su carpa. Este incidente ilustra la advertencia de Santiago sobre los malos deseos que conducen al pecado y el pecado a la muerte (Sant. 1:14-15). Acán y su familia fueron apedreados y sus posesiones fueron quemadas (Jos. 7:24-25). Debido a que la comunidad entera era responsable por la santidad del pacto, todo Israel participó en la destrucción de lo relacionado con el pecado. El lugar de la lapidación fue llamado Acor, que significa *desgracia*. El nombre es un juego de palabras sobre el nombre de Acán, porque él había traído desgracia a Israel.

Obediencia y victoria (8:1-35). Dios instruyó a Josué que atacara a Hai con todas sus tropas. Cuando Israel había atacado anteriormente, lo había hecho sin la indicación explícita del Señor y había sido presuntuoso y engreído (7:3). Ahora con su pecado ya dejado atrás, Israel eligió obedecer al Señor.

A diferencia de Jericó, donde Dios hizo un milagro, Israel logró la derrota de Hai a través de la estrategia militar que Dios le dio a Josué. A pesar de que sorprendieron a la ciudad con una emboscada, el éxito de la guerra dependió de la bendición de Dios. Mientras Josué extendió su jabalina en petición a Dios, la victoria fue de Israel. Esto es una reminiscencia de los brazos en alto de

Moisés cuando Israel derrotó a Amalec (Ex. 17:8-13).

Israel destruyó la ciudad, pero le fue permitido tomar el botín. Dado que el lugar fue condenado a ser una ruina, su nombre Hai, que significa *ruina*, era apropiado. La antigua Hai ha sido identificada con la moderna el-Tell, pero esta identificación está en disputa.

A través de la tragedia Israel había aprendido que su éxito sólo dependía de Dios. Por lo tanto, después de su victoria en Hai ellos adoraron al Señor con acción de gracias en Siquem. De acuerdo a las instrucciones de Moisés (Deut. 27:2-8), leyeron el pacto desde el monte Gerizim y desde el monte Ebal. Estos dos montes forman un anfiteatro natural. La lectura de la ley por parte de Josué reflejó el compromiso renovado del pueblo de Dios (ver 2 Rey. 23:2; Neh. 8).

El engaño de los gabaonitas (9:1-27). Moisés le dio a Israel las reglas para la guerra (Deut. 7:1-2; 20:10-18). Él requería que su pueblo destruyera a las naciones vecinas en Canaán y salvara la vida de las naciones que vivían lejos.

Los gabaonitas conspiraron para engañar a los israelitas con miras a hacer un tratado de paz, dando la apariencia de viajar desde un país lejano. Usaban ropas viejas, llevaban bolsas remendadas, y tenían comida seca y enmohecida. Actuaban como si sólo supieran de las guerras antiguas de Israel bajo Moisés y nada sobre sus victorias recientes. Repetidamente adularon a Josué y a los ancianos refiriéndose a ellos mismos como "sus siervos." Israel fracasó por no consultar al Señor antes de entrar en el pacto. La gente se quejó cuando supieron que los gabaonitas los habían engañado. Probablemente tuvieron temor de la ira de Dios como en Hai dado que les estaba prohibido jurar falsamente en el nombre del Señor (Lev. 19:12).

Cuando los gabaonitas confesaron su engaño, Josué los castigó reclutándolos a ellos y a sus descendientes para servir en el altar del tabernáculo. Este juramento fue observado hasta los días de Saúl, cuando éste quebró el tratado en forma implacable (2 Sam. 21:1-2).

A pesar de que los israelitas le fallaron a Dios, el temor de los gabaonitas fue otra certeza de que Josué tendría éxito entre las naciones.

Dios combate por Israel (10:1-43). El engaño de los gabaonitas dio lugar a que Israel luchara en contra de una coalición de reyes en el sur. Los reyes amorreos vecinos, liderados por Jerusalén, hicieron guerra contra Gabaón debido a su engaño. Con la destrucción de Jericó, de Hai y ahora la capitulación de Gabaón y de sus ciudades heveas (9:17; 11:19-20), Jerusalén estaba amenazada por todos los flancos.

Los gabaonitas apelaron a Josué para su liberación y él marchó de noche desde Gilgal a Gabaón. El conflicto se extendió a las afueras en la medida que los amorreos escaparon. Dios intervino milagrosamente como en Jericó y combatió por Israel arrojando granizo que mató aun a más personas que las que mataron las espadas de Israel.

Dado que el enemigo estaba en total confusión, Josué quiso terminar la batalla antes de que pudieran reagruparse al otro día. Oró al Señor para que el sol demorara su ocaso. La oración de Josué también se encuentra en otra fuente llamada el libro de Jaser (ver 2 Sam. 1:18). La victoria fue de Dios más que de Israel. "¡No cabe duda de que el SEÑOR estaba peleando por Israel!" El autor declaró que no hubo otro día como este.

Los reyes de la coalición fueron capturados y ejecutados por Josué y las ciudades del sur fueron destruidas de acuerdo al mandamiento del Señor. Dado que Jerusalén no estaba incluida en las ciudades capturadas, probablemente sobrevivió. De todos modos, la región fue inhabilitada por Josué.

Hazor queda frustrada (11:1-15). Una confederación de reyes liderados por Jabín, el gobernante dinástico de Hazor, hizo una campaña en contra de Israel. La fuerza militar de la alianza estaba en sus numerosos carros de guerra. Las batalla fue librada junto a las aguas de Merom cerca de Hazor.

A diferencia de los relatos anteriores, el autor no dio tantos detalles sobre la batalla y se sintió satisfecho ofreciendo un resumen teológico. Dios ordenó que Josué desjarretara los caballos capturados e incendiara los carros de guerra. Esto impidió que Israel confiara en su poderío militar. Al igual que en Jericó y en Hai, Hazor fue incendiada de acuerdo a las instrucciones de Moisés (Deut. 7:1-2; 20:16-17).

Suma de reyes (11:16–12:24). Este resumen de las tierras capturadas y de sus reyes muertos es un tributo a la fidelidad de Dios. El pasaje enfatiza que Josué tomó "toda aquella tierra." Esto incluía las tierras de los anaceos, a quienes los israelitas habían temido más inicialmente (Núm. 13:28,33; Deut. 9.2). Dios incitó a los enemigos de Israel a hacer guerra y luego Él los destruyó debido a su pecado (Jos. 11:20). Este fue el método que Dios usó para darle la tierra a Israel cumpliendo así la promesa hecha a Moisés.

La lista de los reyes comienza con Og y Sehón, a quienes Moisés derrotó (ver Núm. 21:21-35). Los reyes derrotados por Josué fueron 31. La lista de reyes incluye algunos reyes no mencionados específicamente en el relato. Este registro de las adquisiciones de Israel mostró a las futuras generaciones lo que la fe podía lograr. También fue una reprensión para aquellos que se rehusaron a tomar la tierra.

LA DISTRIBUCIÓN DE LA TIERRA (13:1–21:45)

La descripción detallada de la herencia de Israel puede ser tediosa para los lectores modernos. Para el autor probaba la fidelidad de la palabra de Dios. Los territorios dados por Moisés aparecen primeros en la lista, y luego las tierras distribuidas por Josué.

Tierras no distribuidas (13:1-7). Josué era demasiado anciano para terminar de expulsar a los enemigos de Israel. No obstante, Dios le prometió que las tierras restantes también llegarían a ser herencia para su pueblo. Estos territorios eran las ciudades filisteas, la costa fenicia y el área montañosa del Líbano. Durante los reinados de David y Salomón, Israel conquistó estas regiones (2 Sam. 8:1; 24:6-7; 1 Rey. 9:19).

Tierras transjordanas (13:8-33). Josué asignó las tierras del otro lado del Jordán, las que Moisés había prometido a Gad, Rubén y a la media tribu de Manasés. Estas tribus inicialmente habían cuestionado el liderazgo de Josué (1:17), pero este demostró su valía siguiendo el ejemplo de Moisés.

Al oeste del Jordán (14:1-5). Las tribus restantes con excepción de Leví (ver 21:1-42) recibieron de Josué sus posesiones al oeste del Jordán. Cada asignación fue determinada por un sorteo (ver Núm. 26:55).

La valentía de Caleb (14:6-15). Caleb fue el primero de Judá en reclamar su tierra. Recordó cómo 45 años antes él había llevado un informe favorable en Cades-barnea cuando animó a Israel a tomar posesión de la tierra. El testimonio de Caleb magnificó la fidelidad de Dios. Aun en su ancianidad, Caleb tenía la valentía y el vigor para seguir al Señor.

El territorio de Judá (15:1-63). Judá fue la primera tribu en recibir su herencia. Era la tribu más grande y prestigiosa (ver

Gén. 49:8-12). El territorio de Caleb estaba en Judá. Él poseyó Hebrón al expulsar a los anaceos. Otoniel, de parte de Caleb, capturó Debir y recibió en matrimonio a Acsa, la hija de Caleb. Acsa, al igual que su padre, tenía celo por las promesas de Dios. Jerusalén estaba en el territorio de Judá, pero los israelitas no pudieron desposeer a los jebuseos.

Efraín y Manasés (16:1–17:18). Las tierras pertenecientes a los dos hijos de José, Efraín y Manasés, estaban en las tierras altas del centro. Efraín recibió su parte antes que Manasés porque éste había recibido una bendición mayor de parte de Jacob (Gén. 48:17-20). Efraín no expulsó a los cananeos de Gezer, a pesar de que Josué había matado a su rey (Jos. 12:12). Efraín eligió usarlos como mano de obra forzada. La ciudad llegó a ser una posesión real bajo Salomón (1 Rey. 9:16).

Josué distribuyó tierra a las familias de Manasés al oeste del Jordán. Él honró todas las promesas de Dios, como expresa en su entrega de tierra a las hijas de Zelofehad (Núm. 27:1-7). Al igual que Efraín, Manasés también eligió coexistir con las ciudades cananeas. Más tarde estas regiones fueron sometidas por Israel (ver 1 Rey. 9:15-22). Cuando Efraín se quejó de que su parte era demasiado pequeña, Josué los desafió a aumentar su territorio expulsando a los cananeos.

Silo (18:1-10). El pueblo estableció el tabernáculo en Silo, y dio evidencia de que Israel había ganado control sobre la tierra. No obstante, siete tribus no habían hecho su reclamo y Josué las reprendió por su renuencia.

Las últimas tribus (18:11–19:48). La tierra fue repartida entre Benjamín, Simeón, Zabulón, Isacar, Aser, Neftalí y Dan. La herencia de Benjamín fue pequeña, pero estratégica; era una zona intermedia entre los estados poderosos de Judá y de Efraín. Sus ciudades de Bet-el y Jerusalén fueron las más influyentes en la

adoración de Israel. El rey Saúl y el apóstol Pablo eran benjamitas.

La herencia de Simeón fue absorbida por la tribu de Judá de acuerdo a la bendición de Jacob (Gén. 49:7). Simeón puede haber perdido su bendición como resultado del asesinato de Siquem por parte de Simeón y de Leví (Gén. 34:25).

El último territorio fue para los danitas. Era muy pequeño y los amorreos eran demasiado poderosos para ellos (ver Jue. 1:34). Aun así les fue posible tener una porción con Israel al poseer Laesem, a la cual se le dio el nombre de Dan (ver Jue. 18).

Josué el constructor (19:49-51). El valiente líder Josué fue el último en recibir su porción. El pueblo triunfantemente le dio a Josué su territorio en Efraín. Josué fue no sólo el defensor de la tierra sino también un constructor.

Ciudades de refugio (20:1-9). Las ciudades de refugio ilustraban la gracia continuada de Dios hacia Israel mientras viviera en la tierra. De acuerdo a las instrucciones de Moisés, se apartaron seis ciudades como lugares de seguridad para los homicidas no intencionales (ver Núm. 35:9-34; Deut. 4:41-43; 19:1-14).

Cuando el homicida pedía refugio en una de las ciudades designadas, los ancianos lo protegían del pariente vengador del fallecido. Si los ancianos encontraban al homicida inocente de asesinato, este permanecía en la ciudad hasta la muerte del sumo sacerdote (ver Núm. 35:25-28). No obstante, si el que habían matado era encontrado culpable de homicidio, la ciudad lo ejecutaba (ver Ex. 21:12-14; Núm. 35:29-34).

La posesión de los levitas (21:1-42). Más que recibir una parcela de tierra, la posesión de los levitas era el servicio al Señor (Deut. 10:8-9). Recibieron 48 ciudades por todo Israel de acuerdo a la promesa de Dios (Núm. 35:1-5). Esta distribución

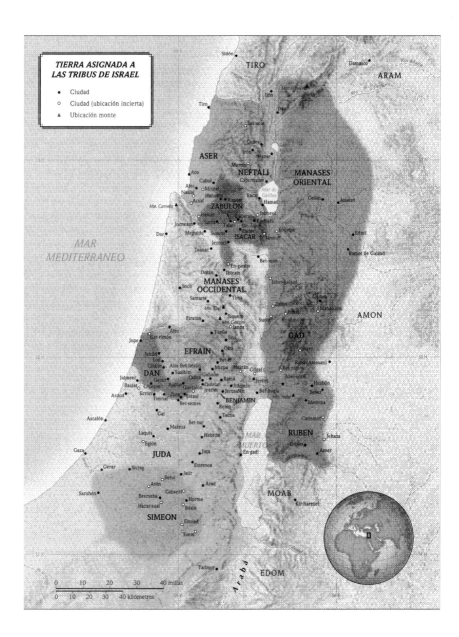

TIERRA ASIGNADA A LAS TRIBUS DE ISRAEL

- • Ciudad
- ○ Ciudad (ubicación incierta)
- ▲ Ubicación monte

Sidón

TIRO

Damasco

ARAM

Río Abaná

Río

Ijón

Mte. Hermón

Tiro

Dan

Bet-anat

Cedes

Irón

Hazor

ASER

Merom

NEFTALI

MANASES ORIENTAL

Aco

Cabul

Miseal

Capernaum

Afec

Naalal

Acsaf

Humtá

Rimón

Racat

Mar de Galilea

Golán

Astarot

Mte. Carmelo

Madon

Quisión

ZABULON

Hamat

Jocneam

Meroz

Surita

Tabor

Cades

Jabneel

Edrei

Dor

Meguido

Sunem

ISACAR

Jezreel

Jarmut

Boqueat

Ramot de Galaad

Taanac

En-ganim

Dotán

Ibleam

Bet-seán

Socó

MANASES OCCIDENTAL

Samaria

Tirsa

Jabes-Galaad

Piratón

Mte. Ebal

Siquem

Zafón

Gerasa

Mahanaim

Tapúa

Janoa

Sucot

Betil

AMON

Jope

Afec

Silo

Ofra

GAD

Gat-rimón

Jnet

Jehúd

Bet-el

Naarán

Rabá (Ammán)

Lod

Gibtón

Alto Bet-horón

Mizpa

Gilgal

Bet-nimra

EFRAIN

Saalbim

Cafra

Gabaón

Ramá

Abel-sitim

DAN

Gezer

Ajalón

Quesalón

Quirlat

Quiriat-jearim

Jericó

Hesbón

Jabneel

Baalat

Gibeón

Estaol

Addmin

Bet-hogla

Beser

Asdod

Ecrón

Timnat

Zora

Bet-semes

Jerusalén

Mte. Nebo

Medeba

Gat

BENIAMIN

Belén

Ascalón

Bet-sur

Tecoa

Cademot

Maresa

Laquis

Hebrón

RUBEN

Jehaza

Eglón

Juta

En-gadí

Dibón

Gaza

JUDA

Aroer

Gerar

Sicag

Estemoa

Jatir

Arad

Saruhén

Asán

Betul

Cabseel

MOAB

Beerseba

Horma

Kir-hareset

Hazar-sual

Baala

SIMEON

Eltolad

Esem

MAR MEDITERRANEO

MAR MUERTO

Tadmor

Arabá

EDOM

0 10 20 30 40 millas

0 10 20 30 40 kilómetros

geográfica les permitió influir sobre todas las tribus a medida que les enseñaban los preceptos divinos (Deut. 33.10).

Las promesas de Dios (21:43-45). El resumen enfatiza el principal motivo del libro: Dios peleó las batallas de Israel y cumplió sus promesas a sus padres. Ellos descansaron de sus guerras y disfrutaron de la herencia de parte del Señor.

LA VIDA EN LA TIERRA (22:1–24:28)

Esta sección muestra cómo Israel se preservó en la tierra observando cuidadosamente la palabra del Señor. Josué los exhortó a vivir en fe y el pueblo hizo un pacto de servir a Dios. Esto sirvió como ejemplo de cómo en las generaciones futuras deberían vivir comprometidos unos con otros y con el Señor.

La unidad preservada (22:1-34). Con la tierra bajo el control de Israel, Josué elogió a las tribus transjordanas y les permitió volver a sus territorios asignados.

Dichas tribus erigieron un altar en la margen oeste del Jordán como testimonio de su relación con sus hermanos. Pero Israel interpretó esto como un acto de idolatría, y se preparó para la guerra porque temían que la ira del Señor se encendería contra ellos como en Peor (Núm. 25) y en Hai (Jos. 7:6-12). Israel había aprendido a no tolerar el pecado.

Una delegación liderada por Finees fue a investigar. Las tribus transjordanas explicaron que el altar había sido construido como testimonio y no para sacrificio de animales. Se evitó entonces la guerra y el altar fue llamado "Testimonio." Este incidente muestra cómo Israel debía resolver las disputas entre tribus.

Sermón de despedida (23:1-16). Al final de su ministerio público, Josué convocó a Israel y los exhortó a no aliarse con las naciones que todavía estaban en la tierra. Dios había peleado por Israel; pero si ellos se apartaban de su amor por Dios, Él los abandonaría.

Las palabras finales de Josué les recordaron que Dios llevaría a cabo sus amenazas así como había cumplido con las bendiciones prometidas. Si ellos violaban el pacto por seguir a otros dioses, Dios entonces los expulsaría.

La renovación del pacto (24:1-28). Josué reunió a las tribus en Siquem para renovar su juramento de lealtad al pacto (ver 8:30-35). El preámbulo del pacto identificaba a Dios y a Israel como las partes de dicho pacto. El prólogo histórico repetía las acciones benévolas de Dios hacia Israel. El pacto estipulaba los requerimientos de Dios para con sus vasallos. Josué los desafió a decidir a quién servirían: "Por mi parte, mi familia y yo serviremos al Señor." Los ancianos asintieron y ratificaron el pacto.

Josué dejó registrado el pacto en el "libro de la ley de Dios." Esto implica que Josué estaba contribuyendo con las Sagradas Escrituras (ver 8:31-34; 23:6). También colocó una piedra conmemorativa bajo un árbol como testigo contra el pueblo si este le fallaba al Señor.

EL DESCANSO EN LA TIERRA (24:29-33)

El epílogo termina con la sepultura de tres héroes de la fe en la tierra prometida. Josué murió a los 110 años de edad y recibió su herencia como recompensa por su valentía en Cades-barnea (Núm. 13–14). Bajo su liderazgo Israel sirvió al Señor obedientemente.

José también creyó que Dios llevaría a su pueblo a la tierra prometida. Sus huesos fueron enterrados en Canaán tal como él lo pidiera en fe (Gén. 50:25-26). A diferencia de Aarón, quien murió en el desierto (Núm. 20:28), su hijo Eleazar entró a la tierra prometida y fue enterrado allí.

Estas tres sepulturas fueron tres sellos que dieron fe del cumplimiento de las promesas de Dios a los antepasados.

Valor teológico y ético. En primer lugar, el libro de Josué describe a Yahvéh como el Dios que actúa en la historia para cumplir su promesa a los patriarcas dándole la tierra a Israel. El que la tierra era un regalo de Dios se puso de manifiesto en que el río Jordán dejó de fluir (Jos. 4) y en la caída de los muros de Jericó (Jos. 6). La fidelidad de Dios al cumplir sus promesas en el pasado (21:43-45) asegura que Dios continuará siendo fiel. Con el tiempo toda la tierra prometida pertenecería al pueblo de Dios (ver 13:1). Con el tiempo el pueblo de Dios disfrutará del descanso prometido (Heb. 3–4).

Segundo, Yahvéh es un Dios con altas expectativas éticas, quien castiga el pecado y recompensa la fidelidad. La posesión de la tierra de la promesa dependió de que sus habitantes se conformaran a las demandas morales de Dios. Debido a sus pecados los cananeos sufrieron un juicio de aniquilación y de esclavitud en manos de Israel (ver Gén. 15:16). Cuando Acán pecó, Israel también experimentó juicio en forma de derrota (Jos. 7:1-26). Las futuras generaciones de israelitas comprenderían cuál era el costo de la desobediencia cuando los asirios y los babilonios los exiliaran de la tierra prometida. En contraste, Caleb y Josué sirven como modelos de aquellos a quienes Dios recompensa por su fidelidad (14:1-15, 19:49-51).

Preguntas para la reflexión

1. ¿Cuáles son las características del liderazgo divino?

2. ¿Qué enseña el libro de Josué acerca de Dios y su relación con la naturaleza y con la historia humana?

3. ¿Cuáles son las expectativas de Dios con respecto a su pueblo?

4. ¿Cómo debería vivir el pueblo de Dios en tiempos de prosperidad?

5. ¿Cómo debería el pueblo de Dios tratar los problemas que amenazan su unidad?

JUECES

El libro de Jueces lleva su nombre por los líderes militares y civiles que levantó Dios para liberar a Israel de sus opresores (2:16-19; Rut 1:1; Hech. 13:20). El título hebreo *Jueces* es el que utilizan las versiones antiguas y la tradición española.

Los jueces no eran árbitros entrenados en casos legales tal como es el significado de la palabra *juez* hoy en día. Eran líderes dotados por el Espíritu que fueron elegidos por Dios para tareas específicas (ver 3:9-10; 6:34; 11:29; 13:25). Como jueces funcionaron para dar justicia al oprimido pueblo de Israel. Para evitar confusión con la connotación moderna de *juzgar*, la NVI ha usado en la traducción *"gobernar"* en muchos pasajes donde era más apropiado para el contexto (4:4; 10:2-3; 12:8-11,13-14; 15:20; 16:31). El verbo *gobernar* es el más usado por el autor para describir la función de los jueces. Los jueces también "salvaron" y "liberaron" a Israel de sus enemigos (por ejemplo, 3:9,31; 4:14; 10:1; 13:5).

A dos de los líderes, Otoniel y Aod, se los describe como "libertadores" (3:9,15). Sólo Gedeón no es llamado juez ni libertador, pero se dice que salvó a Israel (6:14). En una ocasión al Señor se lo describe como "gran Juez" (11:27).

A pesar de que a los jueces se los recuerda principalmente por su destreza militar (2:16), también funcionaron como autoridades civiles (ver Débora, 4:4-5). En el caso de algunos jueces no se dice que hayan intervenido en guerras (ver Tola y Jair, 10:1-5).

El libro de Jueces es un escrito anónimo. La tradición judía de que Samuel escribió el libro no se puede corroborar. No obstante, algunos eruditos creen que Samuel es el que más se adapta a la evidencia del libro. Otros intérpretes creen que las tradiciones de los jueces provinieron de tiempos anteriores a que Israel tuviera rey, pero que el libro no se completó hasta los siglos VI o VII a.C. (ver 18:30). Estos intérpretes consideran que Jueces es parte de una larga historia influida por las ideas de Deuteronomio. (Ver "Los libros históricos.")

El libro probablemente fue compilado durante la época inicial de la monarquía. La expresión recurrente "En aquella época no había rey en Israel" (17:6; 18:1; 19:1; 21:25) indica que el libro fue escrito en un período posterior, cuando en Israel había una autoridad central.

Las fuentes del libro se coleccionaron gradualmente en varias etapas hasta llegar a un todo unificado. Las historias de los jueces individuales (3:7–16:31), con su introducción (2:6–3:6), formaron la primera parte del libro. El autor colocó estos episodios dentro de un marco interpretativo que presentaba y concluía cada mandato. (Por ejemplo, comparar el comienzo y la conclusión de la historia de Otoniel, 3:7,11.)

El apéndice de las historias sobre la migración danita (Jue. 17–18) y la violación de la concubina del levita (Jue. 19–21) fue agregada al final para ilustrar la depravación espiritual del período. La migración de los danitas en realidad ocurrió en la primera parte del período de los Jueces. Por lo tanto, el autor organizó su libro a lo largo de líneas temáticas más que estrictamente cronológicas (ver 18:1-31 con Jos. 19:40-47; también Jue. 1:34; 13:25).

El paso final fue el agregado de 1:1–2:5, lo cual sirvió como una introducción apropiada para el libro. Describía eventos durante la transición entre Josué y la siguiente generación, y contenía algunos recuerdos de los días de la conquista.

Algunos eruditos han cuestionado la integridad literaria y teológica del libro. No obstante, las varias fuentes del libro no son relatos en conflicto. Más bien tienen una unidad temática y una perspectiva teológica complementaria.

La era de los jueces incluyó los mandatos de Elí y de Samuel, los cuales están registrados en 1 Samuel (ver 1 Sam. 4:18; 7:15; 8:1-2). El período de los jueces se extendió desde la muerte de Josué hasta el reinado de Saúl (alrededor del 1050 a.C.). El comienzo de este período está en debate dado que depende de la fecha del éxodo. (Ver "Fechas del éxodo.") Si se sigue la fecha temprana, el período fue entre 1400–1050 a.C. La fecha tardía ubica al período entre 1250–1050 a.C.

Durante esta etapa, las tribus de Israel estaban más o menos unidas en torno al santuario central. Las tribus estaban ligadas por su compromiso común al pacto hecho con Dios en el Sinaí (Ex. 20; 24). No obstante, esa unidad se debilitó por las incursiones de la religión cananea. Cuando las tribus se apartaron del pacto, Dios usó a opresores extranjeros para producir arrepentimiento en Israel.

Tema. A pesar de que Israel heredó la tierra de la promesa, repetidamente dejó de lado las obligaciones del pacto haciendo "lo que le parecía mejor" (Jue. 21:25). Esta desobediencia resultó en opresión en manos de pueblos vecinos (3:7-8). Tal opresión llevó a Israel a clamar al Señor por ayuda (3:9). Dios en su misericordia respondió al arrepentimiento y a los clamores por parte de Israel enviando jueces o libertadores (3:9-10). Sin embargo, Israel volvía a la desobediencia luego de la muerte del juez (3:11-12). (Ver comentario sobre 3:7–16:31.)

I. Desobediencia espiritual (1:1–3:6)
II. Destrucción política (3:7–16:31)
III. Depravación moral (17:1–21:25)

Propósito y teología.

1. El libro de Jueces continúa desarrollando la historia de la vida de Israel en la tierra prometida a sus padres. Mientras que el libro de Josué describe la fidelidad y el éxito de Israel, Jueces retrata la apostasía del pacto por parte de Israel y la opresión resultante en manos de sus vecinos (2:6-7,10-16). El autor relata eventos en la vida del Israel antiguo para advertir a su propia generación acerca de los resultados de la desobediencia.

2. El libro explica por qué Israel sufrió de parte de sus enemigos (ver 6:13). La falta estuvo en el pecado de Israel y no en que Dios no haya cumplido las promesas del pacto. Dios fue paciente y misericordioso pues continuó levantando salvadores para liberar a su pueblo, aun cuando repetidamente ellos se olvidaban de Él y adoraban a los dioses de Canaán (2:2-3,10-14,20-21). El libro también explica que Dios dejó a las naciones en medio de Israel para poner a prueba la fidelidad de su pueblo (2:22-23; 3:4). Israel también debía aprender disciplina a través de la guerra (3:1-3).

3. El libro además demuestra que Dios hizo responsable a Israel de su conducta moral y religiosa. A pesar de que era el pueblo elegido y el destinatario de las promesas divinas, no disfrutaría de la bendición de esa posición privilegiada si continuaba en pecado (2:1-15; 9:56-57; 10:11-16).

4. El libro muestra que el Dios de la historia y de la salvación es el Señor, no las deidades cananeas. Él es el verdadero "Juez" que entregó a Israel en manos de sus enemigos y luego por su Espíritu les dio poder a sus libertadores para darles victoria sobre los opresores. A través de una intervención milagrosa en la historia y en la

naturaleza, Dios logró sus propósitos para Israel (2:16-18; 3:9-10,15; 4:15; 6:34; 7:22, 11:29; 14:6,19; 15:14).

5. Un asunto importante que enfrentó el autor fue el liderazgo de la nación. El libro de Jueces ilustra la clase de decaimiento moral que ocurrió cuando hubo ausencia de liderazgo divino. Hubo una declinación en la condición espiritual de los jueces mismos cuando cada ciclo describe al juez y su época. Sansón, el último juez del libro, fue la encarnación de la inmoralidad del período.

El libro muestra lo que le pasó a Israel cuando no hubo un rey piadoso que lo gobernara. De esta manera, Jueces aboga por la institución de la monarquía. No obstante, debía ser una monarquía caracterizada por la piedad. Sin liderazgo divino, el pueblo se alejó de la regla objetiva de la palabra de Dios y "cada uno hacía lo que le parecía mejor" (17:6; 18:1; 19:1; 21:25).

6. El libro de Jueces también muestra el poder de la fe y de la oración. El escritor a los Hebreos reconoció que los jueces lograron sus proezas a través de fe en Dios (Heb. 11:32-33).

DESOBEDIENCIA ESPIRITUAL (1:1–3:6)

La sección introductoria explica que Israel fracasó en la tierra debido a su desobediencia, su inmoralidad y sus matrimonios mixtos con los cananeos.

Obediencia incompleta (1:1–2:5). El libro de Jueces comienza mostrando la manera apropiada en que Israel debería haber desposeído a los cananeos. Judá y Simeón unieron fuerzas para derrotar al déspota cananeo Adoni-bezec. Un segundo ejemplo de éxito fue la familia de Caleb, cuya valentía preparó el camino para que los de Judá controlaran la zona montañosa. Otoniel, el sobrino de Caleb, capturó Debir, y Caleb expulsó de Hebrón a los anaceos (ver Jue. 3:7-11).

No obstante, los israelitas no siguieron el ejemplo de Caleb. Todas las tribus, incluidas Judá y Benjamín, fracasaron en el intento de expulsar completamente a los cananeos. Incluso las naciones que sojuzgaron fueron sometidas a trabajo forzado en vez de ser destruidas. Israel eligió el bienestar material por sobre la obediencia a Dios.

El Señor se presentó ante Israel apareciendo como un ángel, y lo condenó por su desobediencia. Dado que Israel desobedeció, Dios dejó a sus enemigos en la tierra a fin de hacerle "la vida imposible" a Israel y para ser una "trampa" para el pueblo. Israel "lloró" por sus pecados delante del Señor y el lugar fue llamado Boquim que significa *los que lloran*.

Idolatría (2:6–3:4). La segunda razón del fracaso de Israel fue su idolatría. Esta sección ve de antemano los siete ciclos de los jueces que se describen en la sección principal del libro, que viene a continuación (3:7–16:31). El ciclo recurrente es el pecado de Israel, su servidumbre a enemigos foráneos, sus clamores de súplica y la salvación que Dios proveyó a través de un libertador designado por Él.

La muerte de Josué y de su generación explica por qué Israel comenzó los ciclos de pecado y apostasía. La nueva generación no conocía al Señor como su Dios del pacto.

El *pecado* de Israel fue la adoración de los baales y las Astarot de los cananeos. Estos eran los dioses masculinos y femeninos de la religión cananea. La religión de Canaán era un culto de fertilidad conocido por su prostitución ritual. Por lo tanto, el autor habló de cómo los israelitas "se prostituyeron al entregarse a otros dioses y adorarlos."

El castigo del Señor fue la *servidumbre* de Israel a naciones foráneas. Dios respondió a su arrepentimiento y *súplica* de liberación otorgando *salvación* a través de jueces que Él designó. No obstante, cuando el juez moría, Israel repetía su idolatría; y el ciclo del pecado comenzaba otra vez.

El Señor dejó a otras naciones en medio de Israel para castigarlo y para probar la fe de su pueblo. Esta prueba también significó que Israel aprendería la disciplina de la guerra. Por el pecado del pueblo, la promesa de descanso y de paz en la tierra no se cristalizó (Jos. 23:1). La guerra continua llegó a ser el patrón de la existencia de Israel.

Matrimonios mixtos (3:5-6). Una tercera razón del fracaso de Israel fueron los matrimonios mixtos con los cananeos. La prohibición de casarse con los cananeos no era debido a diferencias raciales sino por "servir a otros dioses" (ver Deut. 7:3-4).

DESTRUCCIÓN POLÍTICA (3:7–16:31)

Esta sección describe los siete ciclos del pecado y la salvación de Israel relatando las historias de los jueces de Israel.

Otoniel (3:7-11). Dado que Israel buscó a los baales y las imágenes de Asera de Canaán, Dios usó al rey mesopotámico Cusan-risataim para llevar a Judá al arrepentimiento. El nombre del rey, *Cusan de doble maldad*, puede haber sido un epíteto deliberado dado por sus enemigos. El Espíritu del Señor cayó sobre Otoniel, el sobrino de Caleb (1:13; Jos. 15:18), y expulsó a Cusan de la tierra. El reinado de ocho años de Cusan fue seguido por 40 años de paz.

Aod y Samgar (3:12-31). Eglón de Moab estableció una capital provincial en la "Ciudad de las Palmeras" (Jericó) y mantuvo a Israel bajo tributo por 18 años. El benjamita Aod llevó al rey el tributo anual de Israel. Dado que Aod era zurdo, su arma no fue detectada por los guardaespaldas del rey.

Aod le dijo al rey que tenía un mensaje secreto de parte de Dios. ¡El mensaje fue la espada de Aod! Mató al rey y escapó, y reunió al pueblo para derrotar a los moabitas. Israel sojuzgó a Moab y descansó de la guerra por 80 años.

Mientras Eglón oprimía a Israel en el este, los filisteos le causaban problemas en el oeste. Samgar mantuvo a raya a los filisteos usando una vara para arrear bueyes (ver 5:6). Dicha vara era una herramienta de granja de alrededor de 2,45 m (ocho pies) de largo que tenía en la punta una hoja de metal en forma de cincel. Samgar mató a 600 filisteos durante su mandato.

Débora y Barac (4:1–5:31). Se da una descripción en prosa y otra en poesía de la victoria de Débora y Barac sobre los cananeos. Los dos relatos, aunque tienen diferencias, se interpretan mejor como suplementarios y no necesariamente como contradictorios. Un tema importante de este ciclo es el papel que las mujeres desempeñaron en la derrota de los cananeos.

Israel estaba oprimido por Jabín, rey de Hazor, quien gobernó sobre una coalición de ciudades, una de las cuales estaba gobernada por Sísara. El nombre Jabín era probablemente un título dinástico (ver Jos. 11:1). A pesar de que Josué destruyó Hazor, la ciudad había sido reconstruida en razón de su ubicación estratégica.

Debido a la superioridad de los carros de Sísara, Israel había sido oprimido por 20 años. Débora, una mujer reconocida por su autoridad civil, era una profetisa de Dios. Ella convocó a Barac para liderar a Israel en contra de Sísara. Barac era renuente a ir sin Débora y por esta razón fue una mujer la que recibió el honor de la victoria en lugar de Barac.

Con 10.000 soldados reclutados de Neftalí y Zabulón, el Señor derrotó completamente a los 900 carros de Sísara en el río Cisón. Sísara escapó a pie hacia Cedes. Le dio refugio Jael, la esposa de Heber, quien tenía relaciones amistosas con Jabín.

GOBERNANTES DE LAS NACIONES PAGANAS DEL ANTIGUO TESTAMENTO
(Lista por orden alfabético)

NOMBRE	REFERENCIA	NACIONALIDAD
Abimelec	(1) Gén. 20 (2) Gén. 26	Filistea Filistea
Adonisedec	Jos. 10:1-27	Cananea
Agag	1 Sam. 15:8-33	Amalecita
Amón rey de (sin nombre)	Jue. 11:12-28	Amonita
Aquis	1 Sam. 21:10-14; 27-29	Filistea
Artajerjes	Esd. 4:7-23; 7; 8:1; Neh. 2:1-8	Medo-persa
Asnapar	Ver Asurbanipal	
Asuero	Ver Jerjes I	
Asurbanipal (también conocido como Asnapar)	Esd. 4:10	Asiria
Balac	Núm. 22-24	Moabita
Balis	Jer. 40:14	Amonita
Belsasar	Dan. 5; 7:1	Babilonia
Ben-adad I	1 Rey. 20:1-34	Siria
Ben-adad II	2 Rey. 6:24	Siria
Bera	Gén. 14:2-24	Cananea
Ciro el Grande	2 Crón. 36:22-23; Esd. 1; Isa 44:28; 45:1; Dan. 1:21; 10:1	Medo-persa
Darío el Grande	Esd. 4-6; Neh. 12:22; Hag. 1:1; Zac. 1:1,7	Medo-persa
Darío de Media	Dan. 11:1	Medo-persa
Edom rey de (sin nombre)	Núm. 20:14-21	
Egipto faraón de (sin nombre)	(1) Gén. 12:18-20 (2) Gén. 41:38-55 (3) Ex. 1:8 (4) Ex. 2:15 (5) Ex. 3:10; 5:1 (6) 1 Rey. 3:1	
Eglón	Jue. 3:12-30	Moabita
Esar-hadón	Esd. 4:2	Asiria
Evil-merodac	2 Rey. 25:27-30; Jer. 52:31-34	Babilonia
Hanún	2 Sam. 10:1-4	Amonita
Hazael	1 Rey. 19:15; 2 Rey. 8:7-15	Siria
Hiram	1 Rey. 5:1-18	Tiria
Hofra	Jer. 44:30	Egipcia
Jabín	(1) Jos. 11:1-11 (2) Jue. 4:2	Cananea Cananea
Jericó rey de (sin nombre)	Jos. 2:2	
Jerjes I (también conocido como Asuero)	Esd. 4:6; Est.	Medo-persa
Merodac-baladán	2 Rey. 20:12; Isa. 39:1	Babilonia
Mesa	2 Rey. 3:4-27	Moabita
Nabucodonosor	2 Rey. 24-25; Dan. 1-4	Babilonia
Nahas	1 Sam. 12:12	Amonita
Necao	2 Rey. 23:29-30	Egipcia
Nergal-sarezer	Jer. 39:3,13	Babilonia
Pul	Ver Tiglat-pileser III	
Rezín	2 Rey. 15:37; 16:5-9	Siria
Salmanasar V	2 Rey. 17:1-6	Asiria
Sargón II	Isa. 20	Asiria
Senaquerib	2 Rey. 18 19; Isa. 36 37	Asiria
Sisac	1 Rey. 14:25-26; 2 Crón. 12:2-9	Egipcia
Tiglat-pileser III	2 Rey. 15:19,29; 16:7-10	Asiria
Tiro rey de (sin nombre)	Ezeq. 28:1-10	

Sísara se durmió en la carpa de Heber, donde Jael lo mató atravesándole una estaca en la sien. Para Sísara, morir en manos de una mujer en lugar de en una batalla fue una desgracia grave porque era un soldado profesional.

La canción de Débora es la versión poética de la batalla. Débora alabó a Dios por haber liberado a Israel. Ella describe cómo el comercio y la vida del pueblo fueron perturbados bajo el acoso de los cananeos. Israel estaba desarmado y dependía de alianzas foráneas. El poema honra a las tribus que respondieron al llamado de Barac y reprende a las que se rehusaron.

Mientras que la batalla comenzó cerca de Haroset-goim, el momento decisivo fue en Meguido cerca de Tanac. Atravesando el valle de Jezreel, donde están ubicadas estas dos ciudades, está el río Cisón. Evidentemente el Cisón se desbordó y arrastró los carros de Sísara. A partir de descubrimientos arqueológicos en Meguido, los eruditos han llegado a la conclusión de que la batalla tuvo lugar alrededor del 1125 a.C.

Las estrofas finales del poema de Débora repiten el tema de la muerte vergonzosa de Sísara a los pies de Jael. La canción concluye con una burla al retratar a la madre de Sísara esperando su regreso. En realidad, Sísara yacía muerto a los pies de una mujer.

Gedeón (6:1–8:32). La historia de Gedeón enfoca la atención en su lucha por superar el temor. Los madianitas, junto con otros pueblos del este, habían oprimido a Israel por 70 años. El Señor vino a Gedeón y lo desafió a liderar a Israel como un "guerrero valiente."

Gedeón pasó su primera prueba de fe destruyendo el altar de Baal que pertenecía a su padre. El Espíritu del Señor llegó a Gedeón y éste se preparó para la batalla contra los madianitas. Al colocar un vellón de lana, ideó una prueba para saber que Dios en efecto estaba con él.

Gedeón reclutó 32.000 soldados, pero Dios probó la valentía de este líder una vez más. De modo que el Señor pudiera recibir el crédito por la victoria, redujo el ejército de Gedeón a 10.000. Luego eligió a los 300 que lamieron "el agua con la lengua, como los perros." Estos 300 fueron seleccionados porque mostraron que eran más vigilantes con respecto al enemigo.

A través de un sueño en que había un hombre en el campamento madianita, el Señor le reaseguró al temeroso Gedeón que ganaría la batalla. El pan de cebada del sueño era Israel, y la tienda que este golpeaba era representativa de los madianitas que eran nómadas.

Con tres compañías de 100 hombres, Gedeón lanzó un ataque sorpresa y los madianitas cayeron presas de pánico. A pesar de un líder débil, de un ejército pequeño y de armas ridículas como trompetas y antorchas, Israel ganó ese día debido al poder del Señor.

Los efraimitas se quejaron ante Gedeón porque no fueron llamados para la batalla. Él los satisfizo alabando su parte en la guerra. Ya sin temor de la batalla, Gedeón humilló a las ciudades de Sucot y Peniel, las cuales se habían rehusado a dar ayuda al fatigado ejército. Al ejecutar a los reyes madianitas, Zeba y Zalmuna, Gedeón vengó a sus hermanos.

Agradecidos, los israelitas invitaron a Gedeón a gobernar sobre ellos, pero Gedeón se rehusó y declaró: "Sólo el Señor los gobernará." No obstante, Gedeón le falló al Señor porque hizo un efod que llegó a ser objeto de adoración en Orfa, su tierra natal. El efod era la vestidura del sumo sacerdote, y contenía los objetos sagrados que usaban para discernir la voluntad de Dios (Ex. 28:30; 39:1-26). En este caso, el medio para discernir la voluntad de Dios llegó a ser un sustituto de Dios. Gedeón tuvo éxito en traer paz a la tierra por 40 años, pero su obsesión por conocer la certeza del favor de Dios se transformó en su caída.

JUECES DEL ANTIGUO TESTAMENTO

NOMBRE	REFERENCIA	IDENTIFICACIÓN
Otoniel	Jue. 1:12-13; 3:7-11	Conquistó una ciudad cananea
Aod	Jue. 3:12-30	Mató a Eglón, rey de Moab y derrotó a los moabitas
Samgar	Jue. 3:31	Mató a 600 filisteos con una vara para arrear bueyes
Débora	Jue. 4-5	Convenció a Barac de liderar un ejército a la victoria contra las tropas de Sísara
Gedeón	Jue. 6-8	Llevó a 300 hombres a la victoria contra 135.000 madianitas
Tola	Jue. 10:1-2	Juzgó 23 años
Jair	Jue. 10:3-5	Juzgó 22 años
Jefté	Jue. 11:1-12:7	Derrotó a los amonitas después de hacer una promesa al Señor
Ibzán	Jue. 12:8-10	Juzgó 7 años
Elón	Jue. 12:11-12	Juzgó 10 años
Abdón	Jue. 12:13-15	Juzgó 8 años
Sansón	Jue. 13-16	Mató a 1000 filisteos con una quijada de asno; fue engañado por Dalila; destruyó un templo filisteo; juzgó 20 años
Samuel	1 y 2 Sam.	Fue el último de los jueces y el primero de los profetas

La carrera de Gedeón también fue estropeada por su vida polígama. Abimelec, un hijo de Gedeón de una de sus concubinas, llegó a ser un líder malvado en Israel.

Abimelec, Tola, Jair (8:33–10:5). El quinto ciclo de historias se centra en la vida traicionera de Abimelec. También incluye breves comentarios sobre los jueces Tola y Jair. El deseo del pueblo de un rey elegido por ellos los condujo al despótico Abimelec, cuya carrera llevó consigo guerra e insurrección continuas.

Abimelec, nacido de una mujer de Siquem, convenció a los habitantes de esa ciudad que lo hicieran rey y que mataran a sus hermanastros, los 70 hijos varones de Gedeón. Sólo Jotam se escapó de la matanza. Desde el monte Gerizim que está sobre Siquem, se burló de ellos relatando la fábula del "espino rey." Jotam los maldijo y predijo que serían matados por la traición de Abimelec.

Después de tres años Dios causó disensión entre los de Siquem y Abimelec. El consiguiente derramamiento de sangre y las muertes crueles de Gaal y de los de Siquem fue la venganza de Dios por asesinar a los hijos de Gedeón.

La rebelión contra Abimelec se extendió a la ciudad de Tebes. Abimelec atacó la torre de la ciudad. Desde allí una mujer arrojó una piedra de moler que le partió el cráneo. Para escapar de la vergüenza de ser matado por una mujer, le ordenó a su escudero que lo matara. Las carreras de Tola y Jair siguieron al desastre de Abimelec. Tola lideró Israel por 23 años.

Jair fue probablemente contemporáneo de Tola. Era de Galaad y gobernó Israel por 22 años. Dado que Jair tuvo 30 hijos varones, probablemente fue polígamo como Gedeón. El prestigio de la familia de Jair se refleja en los asnos (1 Sam. 25:20) y en las ciudades que sus hijos poseían.

Jefté, Ibzán, Elón, Abdón (10:6–12:15). El sexto ciclo tiene que ver con el mandato de Jefté e incluye a los jueces menores Ibzán, Elón y Abdón. Una característica importante de la historia de Jefté es la incongruencia que Israel tuvo con él. Recurrieron a Jefté rogándole liberación después de haberlo repudiado. Esto es un paralelo de cómo Israel había tratado al Señor. Un segundo tema son los juicios apresurados de Jefté.

Dado que Israel cayó en grave idolatría, Dios levantó a los filisteos para causarle problemas a Israel en el oeste, y a los amonitas para someter a Israel en el este. Los amonitas habían oprimido a Israel por 18 años cuando el Señor oyó el clamor de los de Galaad.

Jefté había sido exiliado por los de Galaad porque su madre fue prostituta. Cuando los de Galaad fueron humillados por los amonitas, le pidieron ayuda a Jefté y le prometieron hacerlo su líder.

Jefté envió una delegación diplomática a los amonitas para argumentar sobre el derecho a la tierra por parte de Israel, pero ellos rechazaron sus demandas. Luego el Espíritu del Señor le dio poder a Jefté y este avanzó contra los amonitas. Para asegurar el favor de Dios, él hizo votos de sacrificar como holocausto al primero que saliera de su propia casa para saludarlo cuando él regresara de la batalla. El Señor le dio la victoria a Jefté, pero su voto apresurado sacrificó a su linaje familiar: La primera en saludarlo fue su hija virgen, su única descendencia.

Algunos comentaristas creen que Jefté la ofreció como sacrificio humano. Otros creen que el sacrificio de Jefté fue el servicio de ella al Señor como virgen perpetua. El texto por cierto enfatiza la condición de virgen. No obstante, el voto se refiere a un "holocausto" (ver 2 Rey. 3:27). Tanto Jefté como su hija creían que el Señor esperaba que él cumpliera su voto. No obstante, Dios no requería este "holocausto." En realidad, la práctica pagana de sacrificios humanos es contraria a la voluntad expresa de Dios (Deut. 12:31; 18:10).

Como en los días de Gedeón, los efraimitas estaban enojados por no haber participado en la batalla y no haber recibido su botín. Jefté no exhibió la paciencia de Gedeón sino que peleó contra ellos. Efraín huyó hacia el otro lado del Jordán, pero Jefté controlaba los vados. Sus ejércitos identificaban a los efraimitas por pronunciar la palabra *Sibolet* en lugar de *Shibolet* (*espiga de grano*). Esta guerra entre tribus llevó a la muerte a 42.000 efraimitas. A pesar de que la carrera de Jefté duró sólo seis años, su mandato fue la encarnación de los problemas del deteriorado liderazgo de Israel.

Se mencionan tres jueces menores: Ibzán de Belén (ubicada en Zabulón, Jos. 19:15), Elón de Zabulón y Abdón de Efraín. Ibzán fue juez siete años y se lo recordó por su familia influyente. Elón juzgó por diez años, pero poco más se sabe de él. Abdón también fue polígamo y tuvo una familia prestigiosa. Gobernó ocho años. Estos jueces tal vez no hayan intervenido en ninguna misión militar.

Sansón (13:1–16:31). Los filisteos oprimieron a Israel por 40 años (13:1), tiempo que incluyó la carrera de 20 años de Sansón y el mandato de Samuel (1 Sam. 1–7). Los filisteos eran un pueblo de la región del Egeo que migraron a Canaán a mediados del siglo XIII a.C. y se establecieron en la llanura costera. Los filisteos presionaron a Dan y a Judá en el oeste infiltrando las tribus a través del comercio y de los matrimonios mixtos.

La historia de Sansón, el héroe danita, es el arquetipo del desorden espiritual y político de la nación. Hay muchos contrastes en la historia, y el autor los usó para resaltar la impotencia moral del pueblo. Sansón era físicamente fuerte pero moralmente débil. Aunque tomó malas decisiones y no pudo controlar sus emociones, Dios usó

esas faltas como ocasiones para demostrar su poder soberano.

Otro contraste sorprendente es la santidad del voto nazareo y la despreocupación que mostró por su herencia hebrea. Las victorias de Sansón fueron incompletas y no fue sino con David que los filisteos finalmente fueron sojuzgados (2 Sam. 5:17-25).

El Señor, quien apareció como el ángel del Señor (Ex. 3:1-8; Jos. 5:13-15), le anunció a la madre de Sansón que tendría un hijo y criaría al niño como un nazareo (Jue. 13:2-7). El voto nazareo incluía abstinencia de toda bebida derivada de la vid, no cortarse el cabello y evitar contacto con un cuerpo muerto (Núm. 6:1-21).

El ángel del Señor confirmó el llamado de Sansón revelándose a su madre y a Manoa, su padre. Como ocurrió con jueces anteriores, el poder del Espíritu comenzó a actuar en Sansón. La devoción de su madre, quien también hizo el voto nazareo, contrastó severamente con la vida licenciosa que Sansón elegiría.

Aunque iba contra el consejo de sus padres, Sansón quiso arreglar un matrimonio con una mujer filistea de Timnat. Cuando viajaba a la casa de ella, un león lo atacó pero el Espíritu le permitió matarlo. Más tarde, cuando regresó para casarse con la mujer, vio que el cadáver del león había llegado a ser un nido de abejas. Tomó miel del cadáver del león y la compartió con sus padres. Al hacerlo, violó su voto nazareo pues tocó al león muerto (ver Núm. 6:6-12).

A partir de su experiencia, Sansón compuso una adivinanza para su boda. Desafió a sus invitados filisteos a resolverla a cambio de 30 mudas de ropa. La adivinanza era demasiado difícil para ellos, y forzaron a la novia de Sansón a descubrir la respuesta. No obstante, el Señor usó la traición de ellos para incitar a Sansón en contra de los filisteos. En Ascalón, él mató a 30 hombres para pagar sus 30 mudas de ropa.

Cuando Sansón regresó a Timnat y supo que su novia había sido entregada a otro hombre, juró dañar más a los filisteos. Incendió la cosecha de trigo de estos soltando en los campos zorras con antorchas encendidas atadas a las colas. Los filisteos respondieron prendiendo fuego y así matando a su esposa y al padre de ella. Esto hizo que Sansón matara a muchos más.

Los filisteos se reunieron en Judá cerca de Lehi (*quijada*) para pelear contra Sansón, y los israelitas lo ataron para entregarlo a los filisteos. Cuando fue entregado a ellos, el Espíritu vino otra vez sobre Sansón y con la quijada de un asno mató a 1000 filisteos. Dios milagrosamente proveyó agua para Sansón, quien estaba muriendo de sed por la batalla.

El deseo de Sansón por una prostituta en Gaza otra vez lo condujo a problemas. Fue rodeado por el pueblo de la ciudad, pero se escapó a Hebrón arrancando las puertas de la entrada de la ciudad.

La traición final a Sansón llegó por otra mujer llamada Dalila. Esta lo sedujo para que le revelara el secreto de su fuerza. Después de varias pruebas, ella se dio cuenta de que cortarle el cabello quebrantaría su voto nazareo. Mientras Sansón dormía, un hombre le cortó el cabello trenzado. Sansón entonces cayó en manos de los filisteos, quienes lo encadenaron y lo dejaron ciego. Fue llevado a Gaza, donde lo forzaron a moler grano en la prisión como si fuera un animal. Sin embargo, su cabello comenzó a crecer otra vez. El Señor usó esta última humillación de Sansón para matar a los enemigos de Israel.

En una festividad filistea para honrar a su dios Dagón, los gobernantes se jactaban de que este dios había inutilizado a Sansón. La multitud en el templo pedía que el ciego Sansón la entretuviera. Sansón oró pidiendo fuerzas para poder vengarse. Tiró abajo las columnas centrales del templo y mató a los filisteos y a sus gobernantes. De esta manera mató a más que todos los que había matado anteriormente en toda su vida. Irónicamente, su incapacidad para controlar sus deseos significó que la muerte de este nazareo fuera de más valor para Israel que su vida.

DEPRAVACIÓN MORAL (17:1–21:25)

La sección final del libro presenta dos ilustraciones que ejemplifican el abandono moral de Israel. El primer caso tiene que ver con idolatría por parte de la tribu de Dan. El segundo caso, con guerras entre tribus, como resultado de la violación y el asesinato de la concubina de un levita por parte de los hombres de Benjamín.

El autor usó estos dos eventos para mostrarle a su propia generación la necesidad de un rey justo como David. En el siglo X a.C., la ciudad de Dan llegó a ser el centro para la adoración de Baal según lo estableció Jeroboam, el rey apóstata (1 Rey. 12:25-33). A su vez, la historia de Benjamín presenta una lamentable descripción de la tribu de Is-boset, el hijo sobreviviente de Saúl, quien rivalizó con David por el trono (ver 2 Sam. 2:10-11). Los opositores de la dinastía de David tuvieron sus raíces en el período de los jueces.

Ambas historias hablan de sacerdotes que actuaron corruptamente y de tribus que mataron por beneficio propio. Lo que se necesitaba como antídoto era un gobernante justo como David, de modo que Israel pudiera hacer lo correcto a los ojos de Dios (ver 17:6; 18:1; 19:1; 21:25).

Los dioses de Micaías (17:1–18:31). La historia de Micaías muestra cómo Israel adoptó las prácticas religiosas idólatras de sus vecinos. Micaías construyó un santuario privado a partir de plata robada, incluyendo un efod y varios ídolos. Reclutó a su hijo para actuar como sacerdote hasta que contrató a un levita errante de Belén. Neciamente Micaías creyó que tenía el favor de Dios debido a su santuario y su sacerdote personal.

Mientras tanto, los danitas despacharon cinco espías para buscar una nueva franja de tierra, porque estaban presionados en cuanto a espacio por los amorreos (ver 1:34; Jos. 19:47). En su ruta a Lais descubrieron al sacerdote y el santuario de Micaías.

Más tarde, los danitas regresaron con 600 hombres y robaron los valiosos ídolos de Micaías. El levita vio la oportunidad de mejorar su nivel sirviendo a una tribu entera. Los danitas se llevaron al levita a Lais, donde despojaron al pueblo y le dieron a la ciudad el nombre de Dan.

El levita de Micaías era un descendiente directo de Moisés. Esto mostró cuán bajo había caído el liderazgo espiritual de la nación. Mientras que Moisés había establecido la adoración apropiada en el tabernáculo, sus descendientes estaban desempeñándose en santuarios rivales.

La concubina del levita (19:1–30). La segunda historia habla de un levita cuya concubina lo dejó para irse a la casa de su padre en Belén. El levita la convenció para que regresara y juntos viajaron a Efraín. A lo largo del camino buscaron albergue y eligieron Gabaa (el hogar del futuro rey Saúl) en lugar de la ciudad jebusea de Jerusalén (la residencia del futuro rey David). La razón es que Gabaa estaba habitada por israelitas. Allí esperaron ser tratados como hermanos. Irónicamente, la pagana Jerusalén hubiera probado ser un refugio más seguro.

En Gabaa nadie les ofreció hospitalidad, excepto un hombre anciano de Efraín que había migrado a ese lugar. Esa noche los hombres de la ciudad fueron a la casa del anciano para tener relaciones sexuales con el levita.

El anciano se avergonzó tanto por esta contravención a la hospitalidad, que les ofreció a su hija virgen y a la concubina del levita. Los hombres se rehusaron y presionaron contra la puerta, de modo que el levita empujó a su concubina hacia fuera. Los hombres la ultrajaron por diversión y la dejaron como muerta. Como revancha el levita descuartizó a su concubina en doce pedazos y los envió a las tribus de Israel. Esta gran atrocidad llegó a ser un símbolo del pecado de Israel que se recordaría por mucho tiempo (ver Os. 9:9; 10:9).

La guerra con Benjamín (20:1–21:25). La ley del pacto requería que las tribus castigaran a cualquiera que fuera culpable entre ellos o todos se transformarían en objeto de la ira de Dios. Israel aprendió esa lección en los días de Josué en Hai (Jos. 7–8). Dado que Benjamín se rehusó a entregar a los ofensores, todo Israel estuvo de acuerdo en marchar contra la tribu hermana de Benjamín.

El Señor les indicó que atacaran, pero en cada ocasión los israelitas sufrían numerosas bajas. Esta fue la manera en que Dios castigó a Israel por su inmoralidad a los efectos de que hubiera arrepentimiento y verdadera adoración. En la tercera batalla, Dios les dio la victoria. Toda la tribu de Benjamín fue destruida excepto 600 sobrevivientes.

Los israelitas hicieron duelo por la tribu perdida de Benjamín y para revitalizarla tuvieron que encontrar esposas para los 600 sobrevivientes. Jabes de Galaad no había peleado en la guerra, por lo tanto Israel condujo una expedición punitiva contra ellos y tomó 400 vírgenes para Benjamín. Los benjamitas robaron 200 vírgenes más en la fiesta de Silo.

El versículo final captó el espíritu de esa época: "En aquella época no había rey en Israel; cada uno hacía lo que le parecía mejor."

Valor teológico y ético. El libro de Jueces presenta a Yahvéh como Señor de la historia. Como tal, Dios usó a pueblos foráneos para probar la lealtad de los israelitas a Dios y para castigar su idolatría. No obstante, la prueba y el castigo no eran la meta última de Dios para Israel. Cuando el pueblo se arrepintió y rogó ayuda a Dios, Él obró de acuerdo a lo que deseaba hacer: levantó libertadores para salvar a su pueblo. La salvación es la meta hacia la cual Dios estaba y está dirigiendo la historia.

Como Señor de la historia, Dios tenía la libertad de elegir a quien quisiera para actuar como libertador. Desde el punto de vista humano, las elecciones de Dios son sorprendentes: un asesino (Aod), una mujer (Débora), un cobarde de una familia insignificante (Gedeón), el hijo precipitado de una prostituta (Jefté) y un mujeriego (Sansón). Muchos de estos libertadores elegidos tenían desventajas morales obvias. Aun así, Dios los usó para salvar a su pueblo. En verdad, los cristianos están llamados a esforzarse para ser santos (Heb. 12:14), pero Dios es soberano y tiene libertad de usar a cualquiera que Él elija para llevar adelante sus propósitos salvadores.

La pecaminosidad humana necesita de gobiernos que hagan cumplir la moralidad. En los días de los jueces cuando no había rey, "cada uno hacía lo que le parecía mejor" (21:25). Los gobiernos tienen una responsabilidad dada por Dios de castigar lo incorrecto (ver Rom. 13:3-5). No obstante, la historia posterior de Israel revela que el simple hecho de tener un rey no era la respuesta al fracaso moral de Israel. En realidad, los reyes de Israel y de Judá con frecuencia condujeron al pueblo de Dios a una desobediencia aún mayor. Los que más se necesitaba no era que el pacto de Dios se hiciera cumplir desde afuera, sino que se escribiera en el corazón de su pueblo (ver Jer. 31:31-34).

Preguntas para la reflexión

1. ¿Cuáles son los efectos de la inmoralidad en la sociedad?

2. ¿De cuántas maneras diferentes responde Dios al pecado entre su pueblo?

3. ¿De qué manera obra el Espíritu divino en el mundo y con el pueblo de Dios?

4. ¿Qué se puede aprender de Jueces sobre el perdón y el carácter paciente de Dios?

5. En el libro, ¿cuáles son algunos ejemplos de liderazgo de acuerdo a los preceptos divinos?

RUT

El libro de Rut recibe el nombre de su heroína, cuya devoción a Dios y amor por la familia le han ganado el afecto de generaciones de lectores. Relata cómo Dios por su gracia recompensó la fidelidad de las viudas Rut y Noemí liberándolas a través de su pariente redentor Booz, quien se casó con Rut y mantuvo la propiedad de la familia de Noemí. La historia tiene lugar durante el tiempo de los jueces (alrededor de 1150 a.C.). Por esta razón las versiones en español y la traducción griega del Antiguo Testamento colocan este libro después del libro de Jueces.

En la Biblia hebrea, Rut aparece en la tercera sección de libros conocidos como *Hagiografa* o "Escritos." Tradicionalmente, los judíos leen Rut en la Fiesta de las Semanas (Pentecostés), que es una celebración de la cosecha.

Se desconoce quién escribió Rut. El libro lleva el nombre de su personaje principal, y no necesariamente el de su autora. Una tradición judía tardía le atribuye el libro al profeta Samuel.

La fecha de composición está en disputa y ha sido fechado tanto en la monarquía temprana (alrededor del 950 a.C.) como en el período postexílico (alrededor del 450 a.C.). Los argumentos lingüísticos no han sido decisivos, dado que pueden ser usados para fechar el libro tanto temprana como tardíamente. También los eruditos están divididos con respecto a si la historia encaja mejor a las cuestiones de la monarquía o al ambiente del período postexílico.

El asunto se complica debido a problemas sobre la relación de la historia con la genealogía de David, con la cual termina el libro (4:18-22). Es inusual que un libro termine con una genealogía. Algunos eruditos creen que la historia es ficticia y que originalmente no tenía ninguna conexión con David. Según esta perspectiva, un editor durante el período postexílico tomó la genealogía de David de 1 Crónicas 2:4-15 y la agregó como un apéndice a la historia.

No obstante, recientemente muchos eruditos bíblicos han adoptado el punto de vista tradicional sobre Rut, y han aceptado el libro como la obra confiable de un autor de alrededor del 950 a.C. Dichos estudiosos creen que la historia presupone la genealogía. Esta y la de Crónicas probablemente provinieron de una fuente común ligada al templo. Estos eruditos argumentan que es improbable que a David se lo haya vinculado con una moabita como antepasado a menos que haya sido *en realidad* descendiente de ella.

Tema. Rut es una historia de fidelidad tanto humana como divina. Noemí demostró su fidelidad al regresar a la tierra de la promesa. Rut demostró su fidelidad al acompañar a Noemí a Belén y al trabajar en los campos a fin de proveer para ella. Más aún, Rut demostró fidelidad a su esposo fallecido al desear casarse con alguien de la familia de él. Booz demostró su fidelidad al cumplir el papel que tenía dentro del pacto como familiar cercano.

Por sobre todo, Rut es una historia de la fidelidad de Dios. Dios fue fiel al preservar el linaje familiar, el cual, en el tiempo de Dios, condujo hasta el rey David y en última instancia hasta Jesús. La historia de Rut sirve como recordatorio de que nuestra fidelidad juega un papel en el cumplimiento de las promesas de Dios.

I. Elección de fe (1:1-22)
II. Desafío en fe (2:1-23)
III. Demanda por fe (3:1-18)
IV. Hijo debido a la fe (4:1-22)

Propósito y teología.

1. La historia provee de una transición entre los patriarcas y la monarquía. La genealogía al final del libro sigue la línea del linaje de Booz desde Fares, el hijo de Judá, hasta el rey David. Para muchos israelitas la palabra más importante del libro fue la última: *David.*

2. La historia de Rut muestra cómo Dios de manera soberana, aunque casi imperceptible, logra sus propósitos a través de la fidelidad de su pueblo. El libro habla de Dios indirectamente a través de las oraciones y las bendiciones de los personajes de la historia. A pesar de que refleja una fuerte creencia en el señorío divino sobre la historia, igualmente convence a los lectores de que las decisiones y las acciones humanas juegan un papel significativo.

3. El libro enseña que la voluntad de Dios a veces la lleva a cabo gente común con una fe fuera de lo común. El libro de Rut no incluye milagros ni revelaciones. No menciona a las instituciones de la religión de Israel, tales como el tabernáculo y la profecía. Contiene gente común abocada a cuestiones de todos los días.

4. El énfasis teológico de Rut puede resumirse en unas pocas palabras claves: *amor, lealtad* (jésed) y *pariente redentor* (goel). Las palabras *amor* y *lealtad* indican fidelidad al pacto y aparecen en las oraciones y las recomendaciones en boca de los personajes (1:8; 2:20; 3:10). Hay un contraste implícito entre los personajes de la historia que son justos, y los personajes de Jueces porque allí "cada uno hacía lo que le parecía mejor" (Jue. 21:25).

La historia enseña que Dios recompensa la fidelidad de su pueblo. Él realizó esto usando a Booz como el "pariente redentor" de la familia (2:20; 3:12-13; 4:1-10). La expresión *pariente redentor* se refiere a un familiar que ayudaba a una familia en problemas, de modo que esta no fuera desposeída de tierra o dejada sin heredero (Lev. 25:25-34; Deut. 25:5-10).

5. La historia corregía a los judíos cuando hacían de la adoración a Dios una prerrogativa exclusiva de Israel. A pesar de que Rut era moabita, fue bendecida por Dios.

ELECCIÓN DE FE (1:1-22)

El dilema de Rut (1:1-5). Debido al hambre, la familia de Elimelec se mudó de Belén a Moab. "En el tiempo en que los jueces gobernaban el país" describe los tiempos hostiles y pecaminosos en que transcurre la historia.

A Elimelec lo acompañaron su esposa Noemí y sus dos hijos, Mahlón y Quelión. La historia los describe como "efrateos." *Efrata* es otro nombre para Belén (Gén. 35:19; 48:7; Rut 4:11; Miq. 5:2).

Elimelec murió y dejó a Noemí y a sus hijos. Los hijos se casaron con dos mujeres moabitas: Rut y Orfa. Luego también murieron ellos, y dejaron a las viudas moabitas y a Noemí con el dilema de enfrentar la vida sin la seguridad de un esposo o de hijos. En el mundo antiguo las mujeres tenían seguridad a través de sus esposos o hijos varones.

La cercana Moab estaba al este del mar Muerto y al sur del río Arnón. Los moabitas eran descendientes de Lot (Gén. 19:30-38). Lucharon contra los israelitas durante el mandato de Aod (Jue. 3:12-30). La historia de Rut probablemente tuvo lugar durante un período de paz.

La decisión de Rut (1:6-18). Frente a muy poca esperanza, las tres viudas consideraron el grado de obligación hacia la familia. Noemí decidió regresar a Belén, su ciudad natal. Ella había oído que Dios "había acudido en ayuda de su pueblo al proveerle de alimento." Este es el primer indicio de que Dios salvaría a las viudas. Rut 1:6 y 4:13, donde Rut concibe un niño con la ayuda Dios, son los únicos pasajes en que la historia dice específicamente que Dios actuó a favor de su pueblo. Así como Dios había hecho que la tierra fructificara, Dios habría de bendecir la casa de Elimelec a través de la matriz de Rut.

Rut y Orfa insistieron en retornar a Belén, pero Noemí las animó a buscar "un nuevo hogar" en Moab. Les explicó que para ella era imposible casarse y tener hijos varones que pudieran llegar a ser nuevos esposos para ellas.

Ella se estaba refiriendo a la costumbre israelita conocida como el levirato. Un cuñado (latín *levir*) u otro pariente cercano se casaba con la esposa de su hermano fallecido y tenía un hijo en nombre del difunto (Deut. 25:5-10). Esta práctica perpetuaba la posesión de la tierra dentro de una familia y protegía a la viuda.

Orfa permaneció en Moab, pero Rut "se aferró" a Noemí y expresó la solidez de su compromiso: "Tu pueblo será mi pueblo, y tu Dios será mi Dios."

El destino de Rut (1:19-22). Cuando Noemí y Rut llegaron a Belén, las mujeres del pueblo preguntaron: "¿No es ésta Noemí?" Noemí respondió que su nombre no era más *Noemí* sino *Mara* porque el Señor la había afligido.

Dicha respuesta es un juego de palabras sobre el significado de su nombre. *Noemí* significa *agrado* y *Mara*, *amargura*. Noemí consideraba su condición como una experiencia amarga dado que ella había dejado Belén con una casa llena y feliz, y había regresado vacía y sin hijos.

Ellas regresaron a Belén en el tiempo de la cosecha. Este es otro indicio de que sus fortunas cambiarían en Belén. En medio de campos abundantes, Dios otra vez les *restauraría* la plenitud a Noemí y a Rut.

DESAFÍO EN FE (2:1-23)

Encuentro "casual" (2:1-3). Booz era pariente de Elimelec. Era un hombre de importancia y riqueza que podía actuar como pariente redentor de Rut.

De acuerdo a la ley mosaica, el pobre podía espigar en los rincones de los campos. Rut buscó trabajo y "dio la casualidad" de que llegó al campo de Booz. El texto hebreo dice literalmente "su fortuna le dio la fortuna" de trabajar en los campos de Booz. Esta expresión exagera intencionalmente la manera en que el ojo humano vio las acciones de ella. El autor hizo esto para llamar la atención hacia la realidad escondida de la intervención providencial de Dios. Esto no fue accidental sino que la obra divina estaba velada a los ojos de Rut.

El elogio a Rut (2:4-18). Booz invitó a Rut para que trabajara exclusivamente en sus campos. Rut se sorprendió por la generosidad de Booz, particularmente porque ella era moabita, una extranjera. Booz le explicó que él ya había oído un buen informe sobre su compromiso para con Noemí. Él elogió a la joven mujer por su fidelidad y oró pidiendo que Dios la bendijera.

Booz actuó conforme a su oración. Recompensó a Rut con grano tostado e instruyó a sus trabajadores que dejaran caer espigas para que ella las recogiera. Al final de su trabajo, Rut tuvo comida suficiente para Noemí. Así como Dios había usado a Booz y a Rut para alimentar a Noemí, Dios los usaría para darle a Noemí un hijo varón.

El cuidado de Rut (2:19-23). Noemí se regocijó en el Señor cuando se enteró acerca de Booz porque sabía que él era un pariente redentor. Animó a Rut a que siguiera las indicaciones de Booz porque él cuidaría de la seguridad de ella.

DEMANDA POR FE (3:1-18)

La obediencia de Rut (3:1-6). Noemí instruyó a Rut para que se preparara en forma apropiada y que se acercara a Booz durante la noche en la era. Ella siguió las instrucciones de su suegra. Irónicamente, Noemí fue la que encontraría "un nuevo hogar" ("un hogar seguro," 3:1) para Rut y no un esposo moabita.

Una era consistía en una superficie de piedra en los campos. Allí se trituraban las espigas de la cosecha y se zarandeaba el grano para separarlo del tamo.

La confianza de Rut (3:7-15). Rut se acercó a Booz secretamente. Al acostarse a sus pies, se humilló como una de sus siervas. Ella confiaba en que Dios usaría a este hombre para responder a sus necesidades y protegerla. Rut sobresaltó a Booz dado que las mujeres en general no estaban con los hombres durante la noche.

Ella hizo el pedido: "Extienda sobre mí el borde de su manto, ya que usted es un pariente que me puede redimir." Con esta expresión Rut le estaba pidiendo matrimonio a Booz (ver Ezeq. 16:8). La palabra hebrea traducida "borde" también puede traducirse "alas." Booz había orado para que Rut pudiera tener refugio bajo las "alas" de Dios. Él fue usado por Dios para proveer el refugio que él mismo había rogado por ella.

Booz elogió a Rut por su conducta recta, porque lo eligió a él en lugar de a un hombre más joven. Este fue un acto de lealtad mayor (3:10) que incluso su fidelidad inicial ("lealtad") a la familia.

Booz le dijo a Rut que había otro pariente que tenía el primer derecho de redimirla. Si él no aceptaba, entonces Booz prometía casarse con ella, y le dio a la muchacha un regalo de grano como indicación de su promesa.

La paciencia de Rut (3:16-18). Rut le informó a Noemí sobre la promesa de Booz y le dio el grano que había recibido. Esta fue otra señal de que Dios estaba contestando las oraciones de ella a través de la mano de Booz. Noemí le dijo a Rut que ella debía ser paciente hasta que el hombre cumpliera con su promesa ese día.

HIJO DEBIDO A LA FE (4:1-22)

La redención de Rut (4:1-12). Así como las viudas habían pesado sus responsabilidades, los parientes de la familia de Elimelec discutieron sus respectivos papeles. Booz le informó a un pariente de quien no se da el nombre que los campos de Noemí estaban a su disposición para que él los redimiera. El pariente estuvo de acuerdo en comprar los campos, pero Booz agregó que cualquiera que comprara la tierra debía casarse con Rut para "conservar su nombre (el del difunto) junto con su heredad." La ley mosaica no liga el papel de comprar la propiedad con la costumbre del casamiento entre parientes, de modo que el pariente podría no haber aceptado sin vergüenza alguna. El hombre explicó que el matrimonio perjudicaría su propia herencia. Con alegría, Booz anunció que él redimiría la propiedad y que además se casaría con Rut.

Técnicamente, ni a ese pariente más cercano ni a Booz se les requería por ley ayudar a la familia. Rut y Booz decidieron ir más allá de lo prescripto por la ley para cumplir los propósitos del pacto. Debido a sus acciones, la redención de la familia se pudo completar. A través de su accionar, Dios obró para redimir a Israel e hizo posible el nacimiento de David.

El contrato quedó sellado cuando el pariente más cercano le entregó su sandalia a Booz. Esto simbolizaba la transferencia de su derecho a redimir.

Los ancianos fueron testigos de esto y ofrecieron una oración de bendición. Le pidieron a Dios que le diera hijos a Booz como lo había hecho con las esposas de Jacob y con la casa de Judá a través de Tamar, quien dio a luz a Fares. Las esposas de Jacob tuvieron doce hijos varones, los progenitores de todo Israel; y Tamar tuvo mellizos a través de Judá (Gén. 38:27-30).

La bendición implicaba dos comparaciones. Primero, Rut era una moabita, mientras que Lea y Raquel eran matriarcas de Israel. No obstante, la comparación no era ofensiva para los ancianos porque Rut se había integrado a la familia de la fe.

Segundo, ni Tamar ni Rut tenían hijos. Tamar logró sus propósitos a través del engaño, pero Rut recibió a su hijo varón a través de una obediencia recta. Judá trató de evitar la responsabilidad de perpetuar la línea de la familia de su hijo. Rut y Booz, el descendiente de Judá, fueron más allá de la ley del levirato y actuaron rectamente delante del Señor. Resulta paradójico que la rectitud de una moabita, extraña al pacto de Israel, haya traído salvación a la familia de Judá.

El descanso de Rut (4:13-22).

Dios recompensó a la pareja dándoles como hijo a Obed. Las mujeres de la ciudad alabaron a Dios y reconocieron que Obed sostendría a Noemí y poseería la propiedad de Elimelec. En este sentido, Noemí fue considerada la madre del niño.

Rut fue de más valor para Noemí que siete hijos varones. Noemí había perdido dos hijos. A través de Rut, quien continuó con la familia de su esposo y proveyó a Israel de su más grande rey, Noemí ganó mucho más. Esto marca la culminación del cambio en la vida de Noemí. Ya no estaba vacía.

La genealogía ligó a David con los patriarcas a través de Fares, el hijo de Judá. Debido a la fidelidad de Rut y a la fidelidad de Dios, las promesas a los patriarcas se pudieron cristalizar a través de David y de

su hijo más grandioso, Jesucristo: "Tabla genealógica de Jesucristo, hijo de David, hijo de Abraham" (Mat. 1:1).

Significado teológico y ético. El libro de Rut muestra a Dios obrando detrás de la escena en la vida de gente común, tornando la aparente tragedia en gozo y paz. El libro de Rut muestra a Dios preocupado no sólo por el bienestar de una familia, Noemí y Rut, sino además por el bienestar de todo el pueblo de Dios que sería bendito a través de David y del Hijo de David, Jesucristo. La participación de la moabita Rut en el cumplimiento de las promesas de Dios indica que la salvación divina es para todas las naciones.

Por su fidelidad, su integridad y su amor, los personajes del libro de Rut son un espejo del carácter de Dios. Sirven como recordatorios de que la vida de la gente piadosa testifica del gran amor de Dios.

Preguntas para la reflexión

1. ¿Qué enseña el libro sobre el cuidado amoroso de Dios?

2. ¿Cómo debiera responder el pueblo de Dios a los dolores de la vida?

3. ¿Cómo debieran ser tratados aquellos que son diferentes en raza, color o nivel económico?

4. ¿De qué manera el libro anima al pueblo de Dios a ser fiel?

5. ¿Por qué debiera orar el pueblo de Dios?

1 SAMUEL

El primero y el segundo libro de Samuel llevan el nombre del personaje principal de los primeros capítulos del libro. Samuel lideró a Israel como su último juez y ungió a los dos primeros reyes: Saúl y David.

Estos libros originalmente fueron uno solo en la Biblia hebrea. La Septuaginta griega y la Vulgata latina lo dividieron en dos por primera vez. La Septuaginta tituló a Samuel y a Reyes como cuatro libros consecutivos llamados "1-4 Reinos". La Vulgata también tenía cuatro libros pero con el nombre de "Reyes." En la Biblia hebrea la división en dos libros se estableció con la primera impresión de la Biblia en hebreo (1488 d.C.). Las versiones en español siguieron el título hebreo "Samuel."

El primero y el segundo libro de Samuel son anónimos. De acuerdo a la tradición judía, basada en 1 Crónicas 29:29, los escribió Samuel y los completaron los profetas Natán y Gad. Dado que 1 Samuel 25:1 registra la muerte de Samuel y este aparece pocas veces después del ungimiento de David (1 Sam. 16:1-13), se han buscado explicaciones alternativas para la compilación de estos libros.

Como lo indica la tradición judía misma, los libros de Samuel son una obra compuesta por más de una persona. Entre los materiales usados hubo relatos de testigos oculares, materiales de archivo, narraciones independientes y poesía.

Los eruditos discrepan en cuanto a cómo y cuándo fueron escritos los libros de Samuel. Algunos creen que la obra se completó inmediatamente después de la época de David (1011–971 a.C.). Otros eruditos han fechado la obra completa alrededor del 650–550 a.C., como parte de una historia más amplia con influencia de las ideas centrales de Deuteronomio. (Ver "Los libros históricos.")

Algunos comentaristas han afirmado que 1 Samuel evidencia fuentes de puntos de vista teológicos contradictorios (por ejemplo, puntos de vista sobre el reinado). No obstante, esta diversidad ha sido explicada aduciendo diferencias en énfasis o en complementación. La variedad de fuentes del libro ha sido integrada en una obra unificada con un tema constante.

Tema. A través del ministerio profético de Samuel, Dios estableció la monarquía de Israel y eligió a David, "un hombre más de su agrado," para gobernar sobre su pueblo (13:14). El libro nos ayuda a ver que Dios es el Señor sobre la historia. Sus planes soberanos se logran a pesar del fracaso humano.

I. Liderazgo recto (1:1–7:17)
II. Saúl el desobediente (8:1–15:35)
III. David el fiel (16:1–31:13)

Propósito y teología.

1. El libro habla sobre la transición en el liderazgo desde el período de los jueces hasta el surgimiento de la monarquía. El libro continúa la historia de las guerras de Israel con los filisteos que comenzaron en el libro de Jueces (ver Sansón, Jue. 13–16). Samuel fue una figura de transición quien, como último juez, instauró al primer rey, Saúl (10:1), e inició la dinastía del rey David (16:1,13).

Durante el período de los jueces, la nación fue una teocracia. El Señor era su único rey y autoridad. Las tribus no tenían una autoridad central que las gobernara y se mantuvieron unidas debido a su compromiso común con el pacto divino.

Con el establecimiento del reino, Dios expresaría su gobierno de una nueva manera, a través del rey elegido por Él.

2. La elección por parte de Dios de un liderazgo piadoso es focal. Samuel es elogiado en contraste con los hijos de Elí: Finees y Ofni. Ellos fueron rechazados por Dios debido a sus actos perversos (2:12-36). Bajo el liderazgo de ellos los filisteos capturaron el arca del pacto en la batalla de Afec (4:1b-11); pero bajo Samuel, Israel derrotó a los filisteos en Mizpa (7:1-17). Así y todo, los hijos de Samuel también eran inadecuados (8:1-16). Así que el Señor permitió que el pueblo tuviera un rey (8:6-9,19-20; 9:17). No obstante, el rey Saúl rechazó la palabra profética de Samuel debido a razones de conveniencia política (15:26-29). Dios, quien se fija "en el corazón" (16:7), eligió a David como su siervo ungido para gobernar sobre Israel (16:1-13; 28:16-19).

3. Para que Israel prevaleciera sobre sus enemigos, Dios requería fidelidad al pacto y responsabilidad moral del parte del liderazgo israelita. El pecado de los líderes de Israel resultó en muerte para ellos y para el pueblo. La derrota ante los filisteos por parte de Israel bajo los hijos perversos de Elí (4:1-21) y bajo el malvado Saúl (31:1-13) se contrasta con las victorias de Samuel y de David (7:13; 23:1-5; 30:1-31).

4. La gracia continua de Dios es otro tema importante en el libro. A pesar de los repetidos fracasos de Israel, el Señor levantó nuevos libertadores: Samuel, Saúl y David. Dios respondió al clamor de Ana (1:9-20), llamó al niño Samuel (3:1-21), concedió el pedido de un rey (8:6-9) y salvó la vida de David para la edad de oro de Israel que estaba a las puertas (18:6-11,24-27; 19:9-10; 21:10-15).

5. El libro demuestra que Dios es Señor sobre la historia. Su dominio se ejercita sobre el surgimiento y la caída de figuras importantes así como de naciones

enteras. El tema de la profecía y su cumplimiento muestra que el Señor logra su voluntad a pesar de los planes humanos. También la presencia y el poder del Espíritu Santo en la vida de Saúl y David evidencian la soberanía de Dios (10:6,10; 11:6; 16:13). Cuando Él desaprobó a Saúl, el Espíritu se apartó (16:14).

LIDERAZGO RECTO (1:1–7:17)

En la sección inicial la vida piadosa de Samuel se distingue de los fracasos del sumo sacerdote Elí y de sus hijos, Ofni y Finees. A pesar de que Samuel y los hijos de Elí fueron criados en la misma casa, su dedicación y su destino fueron muy diferentes. Las guerras filisteas condujeron al fin de la familia de Elí, pero Samuel prevaleció sobre los filisteos y lideró a Israel como juez y como profeta.

La dedicación de Samuel (1:1–2:10). El nacimiento inusual de Samuel fue una indicación temprana de la dedicación especial al Señor que Samuel tendría a lo largo de su vida. La estéril Ana, la madre de Samuel, oró por un hijo. Prometió que criaría al niño como un nazareo (ver Núm. 6:1-21 y Jue. 13). Debido a que el Señor respondió su oración, ella dedicó a Samuel a servir en el tabernáculo bajo el cuidado de Elí.

La oración de Ana en forma de cántico celebró la justicia y la soberanía de Dios. Él derrota al altivo y exalta al humilde. Él protegerá a sus santos y fortalecerá a su rey ungido.

La corrupción de Elí (2:11-36). La corrupción del tabernáculo en Silo por parte de los hijos de Elí se contrasta con el fiel ministerio del joven Samuel. Mientras que el hijo de Ana ministraba "delante del SEÑOR," los hijos de Elí "no tomaban en cuenta al SEÑOR." Los ayudantes de Elí despreciaban las ofrendas del Señor y sus hijos incurrieron en prostitución en el templo. Aun así, el joven Samuel, tal como se diría de Jesús (Luc. 2:52), "cada vez más gozaba del favor de Dios y de toda la gente."

Un hombre de Dios profetizó la muerte de Ofni y de Finees y el nombramiento de un "sacerdote fiel." El contexto inmediato sugiere que se trata de Samuel (1 Sam. 3), aunque este no agotó esta imagen poderosa. Este sacerdote también ha sido identificado con el sumo sacerdote Sadoc (1 Rey. 2:35), o Jesucristo, el Mesías sacerdotal (Heb. 5:1-10; 7:1-28).

El ministerio de Samuel (3:1-4:1a). Debido al pecado en el santuario de Silo, "no era común oír la palabra del SEÑOR" y no se veían "visiones." No obstante, la palabra llegó a Samuel y Dios se le apareció en Silo. El ministerio de Samuel alcanzó toda esa tierra y el pueblo reconoció que era un profeta del Señor.

El juicio de "Icabod" (4:1b-22). Como en el libro de Jueces, el juicio de Dios sobre el pecado llegó en forma de opresión extranjera. Aquí el juicio de Dios cayó sobre la casa de Elí a través de la victoria filistea sobre Israel en Eben-ezer (ver 7:12). La batalla tuvo un gran impacto sobre la vida religiosa de Israel porque el arca del pacto fue capturada. La derrota de Israel y las muertes de los hijos de Elí mostraron que Dios no toleraría el pecado de ellos.

Ofni y Finees ordenaron llevar el arca al campo de batalla porque creían que les daría la victoria (ver Jos. 6). El Señor rechazó sus actos supersticiosos y murieron en combate. Cuando Elí oyó la noticia de la captura del arca, se cayó de espaldas y murió. Las muertes en la familia de Elí pusieron fin a su sacerdocio, y se cumplió la profecía del hombre de Dios. La nuera de Elí llamó a su hijo recién nacido "Icabod" (*sin gloria*) para recordar este trágico día de la pérdida del arca.

El Señor del arca (5:1-12). El dios de los filisteos era Dagón, la deidad de la vegetación. Los filisteos creían que Dagón les había dado la victoria derrotando al Señor de Israel y colocaron el arca en su templo como trofeo para su deidad victoriosa. No obstante, que Dagón no haya podido permanecer de pie delante del arca mostró que el Señor era más grande. Dios causó una plaga de tumores en los filisteos. Tal vez esta enfermedad fuera peste bubónica relacionada con una plaga de ratas (ver 6:4).

El arca y la santidad de Dios (6:1-7:1). Los filisteos tuvieron temor de Dios y lo honraron devolviendo el arca sobre una carreta nueva que portaba una ofrenda por la culpa. Los israelitas en Betsemes le dieron la bienvenida al arca, pero ellos también sufrieron la muerte porque, yendo en contra de la ley, algunos hombres miraron adentro del arca (ver Núm. 4:20). Al igual que los filisteos ellos se dieron cuenta de que el Señor era un Dios santo. Enviaron el arca a la casa de Abinadab en Quiriat-jearim, donde residió hasta los días de David.

La "Eben-ezer" de Samuel (7:2-17). A diferencia de los hijos de Elí, los cuales pecaron, Samuel fue fiel. Él alejó al pueblo de la adoración a las deidades cananeas de la fertilidad, Baal y Astarot. Como en el libro de Jueces, Dios respondió al arrepentimiento de su pueblo levantando a un juez o un libertador nacional. Dios honró la fidelidad de Samuel dándole la victoria sobre los filisteos. Samuel conmemoró la victoria erigiendo una piedra en el lugar. La llamó "Eben-ezer" (*piedra de ayuda*), diciendo: "El Señor no ha dejado de ayudarnos." Samuel pasó su vida sirviendo al Señor como juez itinerante, sacerdote y profeta.

SAÚL EL DESOBEDIENTE (8:1–15:35)

La desilusión de Israel con el sacerdocio de los hijos de Elí y el pecado de los hijos de Samuel lo condujo a una nueva forma de liderazgo. El pueblo, siguiendo el ejemplo de las naciones de alrededor, exigió un rey (1 Sam. 8). Dios concedió su deseo y Samuel a regañadientes nombró un rey. El reinado de Saúl tuvo un comienzo promisorio. No obstante, el rey Saúl probó no ser como Samuel porque no escuchó la palabra del Señor, de modo que Dios lo rechazó como lo había hecho con la casa de Elí.

Dios permite un rey (8:1-22). El pueblo pidió un rey porque la gestión de Samuel como juez había comenzado a fracasar. Era anciano y sus hijos, al igual que los hijos de Elí, eran hombres malvados que pervertían la justicia. También el pueblo quería los beneficios de una autoridad central como tenían las otras naciones. Aunque Samuel se resistió, Dios por gracia permitió que Israel tuviera un rey. Samuel advirtió al pueblo sobre los problemas de una monarquía, pero ellos persistieron. De modo que Dios concedió su deseo.

Dios revela al rey de Israel (9:1-27). Un benjamita llamado Saúl buscaba junto con su criado las burras perdidas de su padre Cis. El criado de Saúl sabía de Samuel, el profeta de Dios. Lo buscaron para inquirir de Dios dónde podían encontrar las asnas. El día anterior Dios le había informado a Samuel que conocería a un hombre de Benjamín a quien él debía ungir como rey sobre Israel. Dios se reservaba el derecho de elegir al monarca (Deut. 17:15). Saúl permaneció con Samuel para asistir a la fiesta sacrificial. Al día siguiente Samuel lo detuvo para que recibiera un mensaje de Dios.

Saúl es ungido (10:1-27). El mensaje era que Dios había elegido a Saúl para ser rey sobre Israel. Samuel lo ungió con un frasco de aceite, y esto indicaba la relación especial entre Dios y el rey (ver Deut. 17:15). Debido a esta costumbre, el rey de Israel llegó a ser conocido como "el ungido" (*Mesías*). Tres señales siguieron al ungimiento para confirmarle a Saúl que realmente Dios los había elegido. Saúl buscaba unas asnas perdidas pero encontró un reino.

Samuel volvió a ungir a Saúl pero esta vez públicamente en Mizpa. El pueblo encontró a Saúl escondido entre el equipaje y lo proclamaron rey. Ellos deseaban un rey para competir con las naciones; irónicamente, se sintieron entusiasmados con un tímido cuidador de burros.

Saúl en Jabes (11:1-15). La primera prueba del reinado de Saúl fue el ataque de los amonitas sobre Jabes de Galaad cruzando el Jordán. Como en los días en que gobernaban los jueces, el Espíritu vino sobre Saúl y él se enfureció contra los amonitas. Saúl ya no era tímido. Haciendo uso de su autoridad como rey, reunió a los israelitas. Sus fuerzas derrotaron a los amonitas. Esto confirmó al pueblo que Saúl era un rey capaz.

Advertencia final de Samuel (12:1-25). Con la instauración de Saúl, Samuel se retiró como líder cívico de Israel. Su sermón final defendió su liderazgo y repasó el favor de Dios en el pasado. Acusó al pueblo de la elección pecaminosa de un rey, porque habían dejado de lado al Señor como rey. Samuel probó su acusación pidiendo a Dios que enviara una tormenta. Esta llegó durante la estación seca del año (mayo-junio) cuando no se esperaban tormentas. Después que el pueblo confesó su pecado, Samuel les recordó que no tenían nada que temer de parte de Dios si continuaban en el camino del Señor. No obstante, si no obedecían a Dios, ellos y su rey serían quitados.

La necedad de Saúl (13:1-14:52). El hijo de Saúl, Jonatán, inició valientemente una guerra contra los filisteos. No obstante, las tropas de Israel tuvieron miedo de los numerosos filisteos reunidos en Micmas.

Saúl esperó a Samuel por siete días en Gilgal para ofrecer un sacrificio a fin de rogar la bendición del Señor. Como Samuel no llegó en el momento acordado (ver 10:8), el ejército de Saúl comenzó a desertar. Saúl

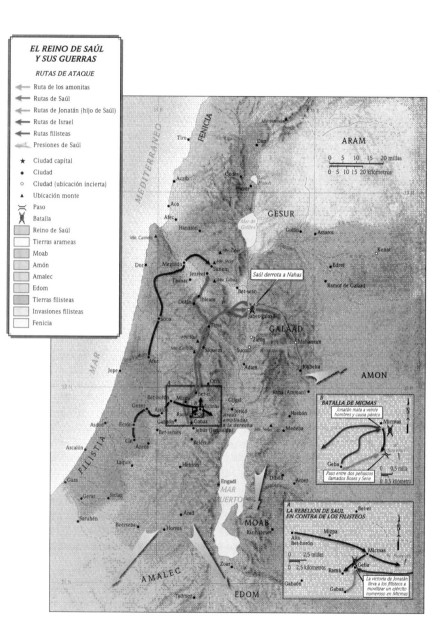

EL REINO DE SAÚL
Y SUS GUERRAS

RUTAS DE ATAQUE

Ruta de los amonitas
Rutas de Saúl
Rutas de Jonatán (hijo de Saúl)
Rutas de Israel
Rutas filisteas
Presiones de Saúl

★ Ciudad capital
• Ciudad
○ Ciudad (ubicación incierta)
▲ Ubicación monte
✕ Paso
✕ Batalla
Reino de Saúl
Tierras arameas
Moab
Amón
Amalec
Edom
Tierras filisteas
Invasiones filisteas
Fenicia

Saúl derrota a Nahas

BATALLA DE MICMAS
Jonatán mata a veinte
hombres y causa pánico

Paso entre dos peñascos
llamados Boses y Sene

LA REBELIÓN DE SAÚL
EN CONTRA DE LOS FILISTEOS

La victoria de Jonatán
lleva a los filisteos a
movilizar un ejército
numeroso en Micmas

actuó neciamente debido a su impaciencia. En la desesperación, desobedeció las indicaciones del profeta Samuel y ofreció holocaustos. Samuel llegó y reprendió a Saúl por su desobediencia. Dado que había actuado neciamente, Samuel profetizó que Saúl perdería su reinado. Dios elegiría a "un hombre más de su agrado." La reprensión de Saúl por parte de Samuel estableció un patrón para las relaciones futuras entre los líderes del pueblo de Dios: profetas y reyes. La historia futura de Israel y Judá ilustra que sus reyes desobedecieron a los profetas de Dios a riesgo propio.

A pesar de que Israel no tenía armas y los enemigos sobrepasaban en cantidad, Jonatán atacó a los filisteos valientemente mientras Saúl esperaba en Gabaa. Los filisteos se desordenaron debido a un terremoto y Saúl pidió el arca para consultar la guía del Señor. No obstante, al ver que los filisteos tenían tanto miedo, abandonó la consulta y se apuró a atacarlos. A pesar de las acciones impulsivas de Saúl, Dios les dio una gran victoria.

El orgullo de Saúl y la decisión apresurada de impedir que Israel comiera durante la batalla puso en peligro la fuerza de sus ejércitos y la vida de su hijo. Saúl construyó un altar e inquirió del Señor, pero Dios no le respondió debido a su falta de fe. Echando suertes, Saúl descubrió que Jonatán, sin saberlo, había quebrantado la prohibición de comer por parte de Saúl. Los hombres del campamento rechazaron la orden de Saúl de ejecutar a Jonatán, y lo salvaron del juramento necio de Saúl.

Debido a su desobediencia, Saúl nunca derrotó totalmente a los filisteos. A pesar de su pecado, Dios por gracia le dio victorias y una gran familia.

El rechazo de Saúl (15:1-35). El orgullo y el deseo de Saúl de ganancia económica alimentó su continua desobediencia. Saúl hasta llegó a construir un monumento para sí mismo. El Señor se "arrepintió" de

haber hecho a Saúl rey sobre Israel, e instruyó a Saúl a través del profeta Samuel que matara a los amalecitas y a todas sus posesiones debido a sus pecados pasados (ver la ley de la guerra santa, Deut. 20:16-18). No obstante, Saúl le permitió vivir a Agag, el rey amalecita y perdonó lo mejor del botín. El Señor rechazó a Saúl debido a su pecado y Samuel lloró por él.

Cuando Samuel confrontó a Saúl por sus pecados, Saúl trató de justificar sus acciones explicando que quería sacrificar el botín al Señor. Saúl no había entendido que Dios no acepta ritual sin obediencia. Samuel se rehusó a seguir apoyando a Saúl porque Dios le había arrancado su reino. Samuel mismo ejecutó a Agag de acuerdo a la orden del Señor. Samuel, como el profeta de Dios, nunca más aconsejó a Saúl (ver 19:24; 28:11).

EL FIEL DAVID (16:1–31:13)

La sección final del libro enfoca la atención sobre las personalidades de Saúl y de David. A pesar de que Saúl es rey hasta el final del libro, la trama se torna hacia el surgimiento de su sucesor. La historia de David es relatada desde el punto de vista de los continuos fracasos de Saúl. El reinado de Saúl fue caótico, estropeado por problemas personales y por la amenaza de la opresión filistea. Mientras se hacía más claro que Saúl no era apto para el liderazgo, David emergía delante de la nación como el campeón de Dios para derrotar a los filisteos y gobernar la tierra. Al final Saúl se quitaría su propia vida.

Dios unge a David (16:1-23). El Señor le indicó a Samuel que fuera a la casa de Isaí en Belén para ungir al nuevo rey de Israel. Aunque tenía temor de que Saúl lo descubriera, Samuel fue a Belén a ofrecer un sacrificio. Allí se encontró con la familia de Isaí. Samuel consideró a los siete hijos mayores de Isaí y se impresionó por su apariencia, pero Dios los rechazó y buscó a uno que tuviera un corazón fiel. David, el menor, fue llamado a la casa y Dios le indicó a Samuel que lo ungiera a él. David fue lleno de poder por el Espíritu desde ese día en adelante.

Dado que el Señor rechazó a Saúl como rey, le retiró su Espíritu; y Saúl recibió un "espíritu maligno." La identidad de este espíritu "maligno" ha sido disputada. Algunos creen que era un demonio. Otros arguyen que era un espíritu perturbador que le causaba disturbios emocionales (ver Jue. 9:23). Algunos han sugerido que el Señor permitió que Satanás afligiera a Saúl como castigo por su pecado (ver 2 Sam. 24:1 con 1 Crón. 21:1). Lo que resulta claro es que este espíritu fue enviado por Dios (ver 1 Rey. 22:20-23) para mostrar que Saúl había sido rechazado. Este espíritu hizo que Saúl experimentara ataques de ira y de desánimo. Los cristianos no tienen que temer que el Señor quite su Espíritu de ellos, dado que el Espíritu es la posesión permanente del creyente (Rom. 8:9,12-17; Ef. 1:13; 4:30).

Los asistentes de Saúl buscaron a un músico para aliviar al perturbado rey. David fue elegido para entrar en el servicio del líder real.

David vence a Goliat (17:1-58).
Los filisteos estaban en guerra con Saúl. Su más grande héroe, Goliat (quien medía casi tres metros) se burlaba de los israelitas por la cobardía de estos. En tiempos antiguos era común que los héroes de ejércitos opositores se enfrentaran en un duelo personal. Ningún hebreo tenía la valentía de enfrentar a Goliat.

Los hijos mayores de Isaí estaban en las líneas de batalla e Isaí lo envió a David con provisiones. David oyó las palabras provocadoras de Goliat, tuvo celo por defender el nombre del Señor y desafió al gigante a combatir. Con el armamento de un pastor humilde, pero armado con el poder de Dios, mató a Goliat y los filisteos se desparramaron derrotados.

La imponente victoria hizo que Saúl le preguntara a Abner, el capitán del ejército de Israel, sobre el linaje de David. Dado que David ya estaba al servicio de Saúl, la averiguación de Saúl y su discurso a David parecen fuera de lugar. Algunos eruditos han sugerido que los dos relatos de la presentación de David a Saúl provienen de fuentes separadas. Esta conclusión es razonable, pero no significa que las historias son dos relatos confusos del mismo evento. Dado que Saúl recompensaría a David dándole a su hija en matrimonio, el linaje de David llegó a ser particularmente importante. Por lo tanto, Saúl investigó de nuevo el trasfondo de David.

El temor de Saúl por David (18:1-30).
El éxito de David en la batalla y el amor de la gente por él hizo que Saúl temiera ferozmente por su reinado. Jonatán, el hijo de Saúl, amaba a David e hizo un pacto de lealtad con él. Cuando David regresó de la batalla, las mujeres de la ciudad exclamaron: "Saúl destruyó a un ejército, ¡pero David aniquiló a diez!" Saúl, en un rapto de ira, trató dos veces de matar a David con una lanza. Le tenía miedo porque se daba cuenta de que Dios estaba del lado de David.

Saúl planeó matar a David por manos filisteas. Le ofreció a su hija Mical en matrimonio si David mataba a cien filisteos. Cuando David y sus hombres mataron a doscientos, Saúl tuvo aun más miedo de David. El rey sabía que Dios favorecía a David.

El Espíritu de Dios salva a David (19:1-24).
Saúl instruyó a sus hombres para matar a David, pero intervino Jonatán. No obstante, Saúl no pudo controlar su ira y otra vez le arrojó a David una jabalina. David huyó a su casa, donde Mical le advirtió que los hombres del rey planeaban matarlo en la mañana. Ella lo ayudó a escapar y luego engañó a su padre sobre el paradero de David.

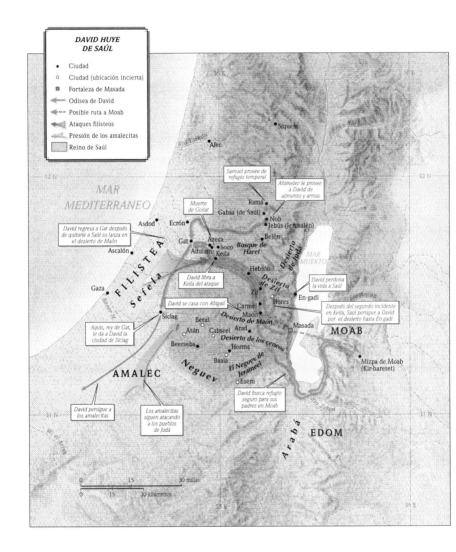

**DAVID HUYE
DE SAÚL**

- • Ciudad
- ○ Ciudad (ubicación incierta)
- ▣ Fortaleza de Masada
- ◀ Odisea de David
- ◀--- Posible ruta a Moab
- ◀ Ataques filisteos
- ◀ Presión de los amalecitas
- ▢ Reino de Saúl

MAR
MEDITERRANEO

Río Yarkón

Siquem

Afec

Samuel provee de
refugio temporal

Ahimelec le provee
a David de
alimento y armas

Muerte
de Goliat

Rama

Gabaa (de Saúl)

Asdod   Ecrón
                              Nob
David regresa a Gat después   Jebús (Jerusalén)
de quitarle a Saúl su lanza en   Belén
el desierto de Maón

Gat   Azeca
                   Soco   Bosque de
Ascalón   Adulam Keila   Haret

David libra a   Hebrón
Keila del ataque
                             Desierto
                             de Zif   David perdona
Gaza   Zif   la vida a Saúl
                             Hores   En-gadi

David se casa con Abigail   Carmel   Después del segundo incidente
                    Siclag   Maón   en Keila, Saúl persigue a David
                    Betul   Desierto de Maón   por el desierto hasta En-gadi
Aquis, rey de Gat, Asán   Cabseel   Arad
le da a David la   Desierto de los ceneos   Masada   MOAB
ciudad de Siclag   Beerseba   Horma

                             Baala
                        El Neguev de   Mizpa de Moab
                        Ierameel   (Kir-hareset)
               Neguev   Esem

AMALEC   David busca refugio
                             seguro para sus
                             padres en Moab

David persigue a   Los amalecitas   Río Zered
los amalecitas   siguen atacando
                   a los pueblos   Arabá
                   de Judá   EDOM

W. el Arish

0   15   30 millas
0   15   30 kilómetros

David se refugió con Samuel en Ramá. El Espíritu de Dios lo protegió del rey haciendo misteriosamente que Saúl y sus hombres actuaran en forma "extraña" como los profetas.

El amor desinteresado de Jonatán (20:1-42).

David se encontró con su amigo Jonatán y le pidió ayuda. Jonatán sabía que él nunca sería rey de Israel porque el Señor había elegido a David para suceder a su padre. Él amaba a David (18:1; 20:17) y ellos habían pactado juntos salvar sus vidas mutuamente. Jonatán acordó hacer una seña a David en el campo si su padre otra vez planeaba matarlo.

En la fiesta de luna nueva, la ausencia de David hizo que Saúl se enfureciera y acusara a Jonatán de traición. Trató de matar a su propio hijo, pero Jonatán escapó para advertir a su amigo David.

Los engaños de David (21:1-22:5).

Por temor de su vida, David tomó el asunto en sus manos. En Nob le mintió al sacerdote Ahimelec para salvarse, y recibió comida y la espada de Goliat. Su engaño costaría muchas vidas inocentes (ver 22:18-19).

Erróneamente, David pensó que podría encontrar refugio como un soldado mercenario en la ciudad filistea de Gat, pero Aquis el rey descubrió su identidad. Para salvarse David simuló ser un loco.

Saúl asesina a sacerdotes (22:6-23).

David se escondió en la cueva de Adulam donde se le unieron marginados sociales como él. Hizo arreglos para el cuidado de su familia en Moab y se escondió en el bosque de Haret por consejo del profeta Gad. Muy probablemente David recurrió a Moab debido a su conexión ancestral con Rut, la moabita (Rut 4:18-22), y debido al odio de Moab hacia Saúl (ver 14:47).

Saúl se enteró por Doeg, el edomita, que David había recibido ayuda de Ahimelec (ver 21:1-9). La paranoia de Saúl lo llevó pensar que Ahimelec había conspirado con David en su contra. ¡El trastornado Saúl ordenó la muerte de los sacerdotes del Señor! No obstante, sus guardias se rehusaron a obedecer porque no querían dañar a los siervos de Dios. Doeg, de descendencia edomita, no tenía ningún respeto por el Señor y llevó a cabo la orden del rey. Sólo Abiatar, el hijo de Ahimelec, escapó hacia el campamento de David. Allí encontró seguridad bajo la protección de David.

Dependencia del Señor (23:1-29).

El engaño de Ahimelec por parte de David había llevado a la muerte de los sacerdotes de Dios. De este trágico episodio David aprendió a depender de la ayuda del Señor para escapar de Saúl. Recurrió al sacerdote Abiatar, quien poseía el efod sagrado, para inquirir del Señor. Siguió la guía de Dios para salvar la ciudad de Keila de los invasores filisteos. Por inquirir del Señor se escapó de Saúl en Keila y huyó exitosamente de lugar en lugar en el desierto de Zif. El autor presenta un contraste marcado entre Saúl, que mató a los siervos de Dios, y David, que los honró.

David le perdona la vida a Saúl (24:1-22).

Saúl persiguió a David hasta la región de En-gadi. Allí entró a una de las muchas cuevas para hacer sus necesidades. David y sus hombres estaban escondidos en el fondo de la misma cueva. Sus hombres lo alentaron a matar al rey, pero David escogió confiar en la providencia de Dios. No obstante, silenciosamente cortó el borde del manto de Saúl. Aun así, más tarde David se arrepintió de hacerlo porque el borde era el símbolo de la posición de Saúl como ungido del Señor. Una vez que el rey se fue, David lo llamó y le mostró el borde del manto como evidencia de sus intenciones inocentes hacia el rey. Saúl admitió su pecado contra David abiertamente y confesó con su propia boca que Dios había elegido a David para ser rey.

David le perdona la vida a Nabal (25:1-44). La noticia de la muerte de Samuel no es incidental para el autor. Él muestra cómo el amor del pueblo por el liderazgo piadoso de Samuel continuó también para con David.

David amablemente protegió los rebaños de un hombre rico llamado Nabal (*necio*). Como resultado, ninguno de sus rebaños fue robado o perdido debido a los animales salvajes. No era ilógico, entonces, que David le pidiera a Nabal que le respondiera con amabilidad. Sin embargo este se rehusó con enojo y David amenazó con matarlo. Los pastores de Nabal, quienes se habían beneficiado con la protección de David, le rogaron a Abigail, la esposa de Nabal, que intercediera. Abigail trató de convencer a David de que el ungido del Señor no tenía necesidad de vengarse ya que Dios mismo lo haría. David, agradecido, estuvo de acuerdo y resistió el mal obrar. Luego, Dios mató a Nabal. Este evento ejemplifica la forma en que el Antiguo Testamento entiende la soberanía de Dios sobre todas las cosas. Todo ocurre como parte del desarrollo de la voluntad divina.

Este famoso incidente que incluye a Abigail llevó al autor a hacer una lista de las esposas de David. Se casó con Abigail de Carmel y con Ahinoam de Jezreel. La primera esposa de David, Mical, la hija de Saúl, fue entregada a otro hombre (ver 18:27).

David otra vez le perdona la vida a Saúl (26:1-25). Los de Zif tenían temor de David y alentaron al rey a perseguirlo en los territorios de ellos (ver 23:19-24). Cuando David supo de la llegada de Saúl, descubrió la ubicación del campamento. Abisai se unió a David para espiar el campamento de noche. Descubrieron a Saúl y a Abner que descansaba cerca del rey. A pesar de que Abisai interpretó la ocasión como la oportunidad divina para matar al rey, David lo reprendió, señalando que Saúl era el ungido del Señor. En su lugar, David tomó una lanza clavada en el suelo a la cabecera del rey, junto con una jarra de agua del monarca. David se fue sin ser detectado porque el Señor había hecho caer a Saúl en un sueño profundo.

David cruzó hacia un monte distante y llamó a Abner como para despertarlo. Lo desafió a considerar su error al no proteger al rey. Cuando el rey se dio cuenta de que David había tomado su lanza y su jarra, se arrepintió de perseguirlo injustamente. Creía que como David le había perdonado la vida al ungido del Señor, éste a cambio liberaría a David. Saúl confesó por segunda vez que David triunfaría (ver 24:20).

Algunos eruditos sostienen que este relato vuelve a narrar cómo David le perdonó la vida a Saúl en En-gadi (1 Sam. 24). Mientras que hay un número de similitudes, las respuestas diferentes de David muestran que las dos historias son incidentes distintos. Como resultado de En-gadi y del encuentro con Nabal, David se dio cuenta de que Dios cuidaría de él. David dejó Judá y se fue a vivir entre los filisteos con el propósito de evitar más contacto con Saúl.

David engaña a los filisteos (27:1-12). David temía que más encuentros con Saúl llevarían a un derramamiento de sangre. Estando al servicio del rey Aquis de Gat, él escaparía de la atención de Saúl. Las tropas de David tenían su centro de operaciones en Siclag, donde él atacó a los enemigos de Judá. Hizo pensar al rey filisteo que estaba atacando las ciudades de Judá.

Este pasaje no aprueba el engaño a Aquis por parte de David. Más vale, el autor incluye esto para mostrar cómo Dios usó a David incluso en esta situación para ayudar al pueblo del pacto. También continuó con el tema de cómo David fue más listo que los necios filisteos (ver 21:10-15).

La adivina de Endor (28:1-25). Los filisteos amenazaron con guerra en el valle de Jezreel. Debido a su temor Saúl buscó una palabra del Señor. Irónicamente, Saúl, quien una vez había despreciado la voluntad divina (14:18-19; 15:26), no la pudo descubrir ahora que la necesitaba con desesperación. Cuando Dios se rehusó a responderle a través de medios lícitos, Saúl buscó una médium espiritista.

Engañando a la adivina de Endor, Saúl la convenció de que trajera a Samuel de los muertos. Para gran sorpresa de ella la aparición fue genuina y a través de esto ella descubrió la verdadera identidad de Saúl. Dios intervino de una manera sin precedentes y realmente envió a Samuel para profetizar el juicio de Saúl (ver 15:27-29). Samuel condenó a muerte a Saúl y especificó la razón: "Tú no obedeciste al SEÑOR." Tan grande fue el desánimo de Saúl que no pudo continuar. Sus hombres y la adivina lo instaron a que comiera; él finalmente lo hizo a fin de tener fuerzas para el viaje.

El pasaje contrasta la verdadera palabra profética de Samuel con el intento de Saúl de consultar a los muertos (ver la condena de Saúl en 1 Crón. 10:13-14). La palabra profética se cumpliría y Saúl no podía esperar escaparse de eso.

Dios libra a David (29:1-11). Este episodio precede a los eventos del capítulo 28 dado que los filisteos estaban reunidos en Afec (29:1) y luego se movieron a Sunem en el valle de Jezreel (28:4; 29:11). Este arreglo literario sirve para realzar sin interrupción el éxito de David contra los enemigos del Señor (continúa en 1 Sam. 30).

Los filisteos se rehusaron a incluir a David en su batalla contra Israel. Dios usó este descontento de los filisteos para librar a David de tener que pelear contra su propio pueblo y poner en peligro, ante los ojos de ellos, su lugar como el ungido del Señor. Aquis se disculpó y envió a David a Siclag.

Dios fortalece a David (30:1-31). David y sus hombres llegaron a Siclag, donde descubrieron la ciudad incendiada y sus familias capturadas por los amalecitas. Tan afligidos estaban los hombres que amenazaron con apedrear a David, pero el Señor lo fortaleció. Conforme a la indicación de Dios a través del efod de Abiatar, David persiguió a los amalecitas.

Durante la marcha, 200 hombres quedaron atrás por estar exhaustos, pero 400 siguieron adelante. Con la ayuda de un esclavo egipcio que fue dejado atrás por los amalecitas, los hombres de David descubrieron el campamento de ellos, los tomaron y recogieron todas sus posesiones. David ganó el corazón de sus hombres y de los ancianos de Judá al compartir con ellos, y aun con los 200 que quedaron atrás, una porción del botín tomado de los amalecitas.

El vergonzoso final de Saúl (31:1-13). El capítulo final resume el relato de la guerra filistea (1 Sam. 28–29). Los israelitas fueron vencidos y muchos fueron muertos sobre el monte Gilboa. El orgulloso rey murió vergonzosamente quitándose su propia vida. Su cadáver fue profanado en forma pública por los filisteos. Tres de los hijos de Saúl también murieron en la batalla, y así se preparó el camino para que David fuera rey.

El pueblo de Jabes de Galaad recordaba cómo Saúl los había liberado de los amonitas (ver 11:1-11). Viajaron toda la noche hacia Bet-san, donde se exhibía el cadáver de Saúl. Robaron el cuerpo y enterraron honorablemente a Saúl en Jabes de Galaad, donde lamentaron su muerte.

Significado teológico y ético. Dios desea gente "más de su agrado" (13:14), "conforme a su corazón" (RVR60). Tales personas son un espejo del amor y la fidelidad de Dios. Dios rechazó a los hijos de Elí como líderes de adoración debido a su maldad. En su lugar Dios levantó a "un sacerdote fiel" quien haría lo que estaba en la mente y el corazón de Dios (2:35). Dios rechazó a Saúl como rey debido a su desobediencia. El Señor miró el corazón de David y lo eligió para liderar al pueblo de Dios (16:7).

Dios tiene libertad para elegir líderes para su pueblo (ver Deut. 17:15). Samuel no era un levita, pero Dios lo eligió para ministrar como sacerdote (1 Sam. 1:1). Saúl era de la familia menos significativa de "la tribu … más pequeña de Israel," pero Dios lo eligió para liberar a su pueblo (9:16,21). David era el menor de su familia, pero Dios lo eligió como rey (16:11-12).

Los cristianos deben respetar a los que Dios ha elegido para liderar a su pueblo. David mostró respeto hacia Saúl porque era el ungido del Señor. Los cristianos también deben recordar que Dios es el verdadero Líder de su pueblo. Ningún líder cristiano puede tomar el lugar de Dios. Él actuó duramente con los hijos de Elí, quienes no tuvieron ningún respeto por los sacrificios de Dios y se abusaron de los laicos que los miraban en busca de liderazgo religioso. Dios trató duramente con Saúl, quien dejó de lado la orden dada por Dios a través del profeta Samuel. Ningún líder cristiano está por encima de la palabra de Dios.

Preguntas para la reflexión

1. ¿Qué influencia pueden tener los padres piadosos sobre las vidas de sus hijos?

2. ¿A través de qué medios diferentes logra el Señor sus propósitos para su pueblo?

3. ¿Cuáles son las consecuencias de la desobediencia a la palabra del Señor?

4. ¿Cuáles son las maneras apropiadas en que el pueblo de Dios puede buscar la voluntad del Señor?

5. ¿Qué clase de persona elige el Señor para liderar a su pueblo?

2 SAMUEL

El primero y el segundo libro de Samuel forman una narración sin interrupciones en la Biblia hebrea (comparar con la introducción de 1 Samuel). En 2 Samuel continúa la historia de la monarquía de Israel con el relato del reinado de David, desde sus triunfos hasta sus problemas.

Tema. Dios consolidó el reino a través del reinado de David, quien unificó a la nación, conquistó a los enemigos de Israel y recibió por parte de Dios la promesa del pacto de una dinastía y un reino eterno (7:5-16). A pesar de que David pecó, la gracia de Dios demostró ser más grande que el pecado de David. A pesar de que David sufrió las consecuencias de su pecado, Dios continuó velando por él y preservando su gobierno. A través de David, Dios bendijo a Israel con su próximo rey (Salomón) y, a su tiempo, con Jesús el Mesías.

 I. Dios establece (1:1–10:19)
 II. Dios castiga (11:1–20:26)
 III. Dios preserva (21:1–24:25)

Propósito y teología.

1. El segundo libro de Samuel continúa la historia de cómo Dios estableció su reino a través del liderazgo de la monarquía de Israel. En esta segunda porción de Samuel se cristalizó la unción de David para gobernar (1 Sam. 16:12-23). David aseguró las fronteras de Israel, sojuzgó a sus enemigos y trajo prosperidad al nuevo reino.

2. El pacto davídico es el centro teológico del libro (cap. 7). Dios le prometió a David y a sus herederos un linaje eterno que gobernaría sobre un reino eterno (7:12-16). El rey davídico fue el hijo adoptivo de Dios que gobernó en el nombre del Señor y disfrutó del cuidado providencial de Dios. Esta promesa del pacto llegó a ser la esperanza mesiánica del pueblo de Dios (ver Sal. 2; 110). La expectativa mesiánica fue una fuente de gran consolación en los días más oscuros de Israel (ver Isa. 9:1-7; 11; Amós 9:11-15; Zac. 9:9-13). Esta promesa se cumple a través del más grande de los hijos de David, Jesucristo (Luc. 1:31-33).

3. El libro también muestra cómo el pacto davídico afectó la fortuna nacional de Israel. El favor de Dios le permitió a David establecer a Jerusalén como el centro político y religioso de la nación, llevando el arca a la ciudad y estableciendo su reino (2 Sam. 6; 8:15-18). David también experimentó victorias sobre los poderosos filisteos y los sirios (8:1-14; 10). La casa de David creció en prestigio internacional, y así se preparó el camino para un poderoso orden dinástico. No obstante, mientras que el pacto contenía promesa de bendición, también incluía el castigo del pecado por parte de Dios. El libro detalla las consecuencias problemáticas para la nación debido al pecado de David (caps. 12–20).

4. El segundo libro de Samuel enseña que Dios es fiel y misericordioso. Él permaneció leal a su promesa a pesar de que David por momentos no cumplió el pacto. David y Betsabé pecaron y el hijo de ellos murió como juicio a ese pecado. No obstante, Dios le dio a Betsabé su hijo Salomón, a quien Dios amó (12:24-25). Dios continuó revelando su voluntad a David a través de los profetas Natán y Gad, y de los sacerdotes Sadoc y Abiatar (12:1-14; 15:24-29; 24:11-14). Además, Él fue misericordioso salvaguardando a David durante las rebeliones de Absalón y de Seba (caps. 18; 20).

5. El relato de 2 Samuel indica que Dios espera fidelidad y rectitud. El pacto davídico tenía la provisión de castigar a David por el pecado (7:14-15). El profeta Natán pronunció una profecía divina de juicio en contra de David debido a su pecado con Betsabé (12:1-23). Dios también juzgó a David debido a su orgullo por la fuerza militar de Israel (cap. 24). A diferencia de Saúl, quien trató de excusar su pecado, David confesó sus pecados delante del Señor (12:13; 24:10).

6. En 2 Samuel se describe al Dios de Israel como el Señor de la historia (5:19b; 6:21-22; 8:14; 12:11; 23:10b; 24:25).

DIOS ESTABLECE (1:1–10:19)

Esta sección del libro recorre los triunfos del reinado de David, primero sobre la tribu de Judá y luego sobre todo Israel. El punto culminante de la carrera de David fue el pacto que el Señor hizo con él y sus descendientes. Debido a la bendición de Dios, David expandió su reino con éxito y derrotó a los enemigos de Israel.

El lamento de David (1:1-27). Dios le dio el trono a David; este no le robó el reino a Saúl. David demostró esto terminando rápidamente con el supuesto asesino de Saúl y lamentando públicamente la pérdida de Saúl y Jonatán, que lo afectaba en lo personal.

Un amalecita fue a David en Siclag y le relató cómo había matado a Saúl sobre el monte Gilboa. Muy probablemente el amalecita fabricó su historia para recibir una recompensa (ver 1 Sam. 31:3-6; 2 Sam. 18:22). El hombre se encontró con la más fuerte reprensión por parte de David. Este, quien tenía más razones que nadie para matar al rey, se había rehusado a levantar su mano contra el ungido del Señor (1 Sam. 24:6; 26:23). Sin embargo, este esclavo pagano no había respetado al ungido de Dios. Los hombres de David ejecutaron al amalecita por su supuesta acción.

David lamentó las muertes de Saúl y Jonatán. Su dolorosa y repetida frase "¡Cómo han caído los valientes!" expresó tributo a estos grandes hombres a quienes David amó y extrañó.

David ungido en Hebrón (2:1-32). David mostró su dependencia del Señor preguntando qué debía hacer en cuanto al reino de Saúl. Dios le indicó que fuera a Hebrón. Allí los ancianos de Judá lo ungieron rey. Su primer acto como rey fue elogiar con generosidad a los hombres de Jabes de Galaad, quienes habían rescatado valientemente el cadáver de Saúl (ver 1 Sam. 31:8-13).

David fue elegido por Dios. En contraste, Abner instauró a Is-boset, el hijo de Saúl que sobrevivió, como rival de David. Is-boset, que significa *hombre de vergüenza*, venía del original Es-baal (*hombre de Baal*; ver 1 Crón. 8:33; 9:39). Is-boset reinó desde Mahanaim en Transjordania durante el gobierno de David en Hebrón.

Con el estallido de la guerra, Abner confrontó a Joab, general de David, en una batalla en Gabaón. Abner fue perseguido por el hermano de Joab, Asael. Abner le advirtió que se detuviera, pero él continuó; y Abner se vio forzado a matarlo.

Dios fortalece a David (3:1-39). La casa de David creció mientras la posición de Is-boset se iba debilitando. David tenía muchos hijos varones, una señal de fuerza y bendición en la antigüedad.

Como resultado de su disputa con Is-boset, Abner se pasó del lado de David. Abner tuvo relaciones sexuales con una concubina del harén real. Is-boset interpretó esto como una amenaza a su trono (ver 16:21-22; 1 Rey. 2:22). Abner se enfureció tanto por esta acusación que secretamente se encontró con David en Hebrón. Abner hizo votos de poner a todo Israel bajo el gobierno de David. Este estuvo de acuerdo con la condición de que Abner le devolviera a su esposa Mical, quien había sido entregada por Saúl a otro hombre (1 Sam. 18:20-27). Abner se fue bajo un pacto de paz. Cuando Joab regresó a Hebrón después de la batalla, le informaron sobre el arreglo de Abner con David. Debido a la sangrienta enemistad con Abner (2:23-24), Joab conspiró para asesinar a Abner sin que David lo supiera.

David se perturbó tanto con la muerte de Abner que dio pasos específicos para no quedar asociado a la culpa de la acción malvada de Joab. Declaró un día de duelo nacional y personalmente se abstuvo de comer. El pueblo entonces se dio cuenta de que David era inocente, y aumentó en importancia ante los ojos de todos.

Venganza sobre la casa de Saúl (4:1-12). La deserción de Abner desanimó el poco respaldo que Is-boset ya tenía para entonces. Dos de sus capitanes, Baana y Recab, asesinaron y decapitaron al rey durante su descanso al mediodía. Con la muerte de Is-boset, David ya no contaba con un rival serio. Mefi-boset, el único hijo sobreviviente de Jonatán, sufría de una discapacidad que lo había dejado tullido y no era una amenaza (ver cap. 9).

Los asesinos de Is-boset le presentaron a David la cabeza del rey como símbolo de la venganza del Señor sobre la casa de Saúl. A pesar de que la muerte de Is-boset hizo avanzar el reinado de David, él aborreció la traición de ellos y ejecutó a los asesinos.

David reina (5:1-25). Después de la muerte de Is-boset las tribus del norte se unieron a Judá para hacer a David su rey. Todo Israel lo ungió en Hebrón "en presencia del Señor." David reinó por 40 años (5:4), desde 1011–971 a.C.

David marchó sobre Jerusalén para desposeer a los jebuseos de su fortaleza sobre el monte Sión. La ciudadela de Jerusalén llegó a ser conocida como la Ciudad de David, porque se transformó en su posesión real personal. Trasladarse de Hebrón a Jerusalén le dio a David una ventaja militar

y política. El lugar estaba ubicado estratégicamente, era fácil de defender, y no tenía ninguna asociación política fuerte ni con las tribus del norte ni con las del sur (ver 1 Crón. 12:23-40). El respeto que Hiram, el rey de Tiro, mostró por el reino emergente de David le aseguró a este que el Señor estaba estableciendo su trono.

Los triunfos de David no tienen una ilustración mejor que sus victorias sobre los archienemigos de Israel, los filisteos. A diferencia de Saúl, quien fracasó en contra de los filisteos, David tuvo éxito porque tuvo cuidado de seguir la palabra del Señor.

El arca de Dios (6:1-23). David quiso llevar el arca del pacto desde la casa de Abinadab, su lugar de residencia después que fue capturada por los filisteos (1 Sam. 7:1-2), hasta Jerusalén. Con el arca en Jerusalén, la vida religiosa y política de la nación podía unificarse en torno a David.

El arca fue llamada "el Nombre" (según el texto hebreo), una referencia reverente al nombre del Señor. La presencia del arca simbolizaba la presencia divina. Debido a la estrecha asociación del arca con Dios, los israelitas recibieron instrucciones de que sólo los levitas (hijos de Coat) podrían llevarla y que no debía ser tocada (ver Ex. 25:12-15; Núm. 4:15; 7:9; Deut. 10:8). Los hijos de Abinadab, Uza y Ahío, colocaron el arca sobre una carreta nueva, como lo habían hecho los filisteos (1 Sam. 6:7), y la guiaron. Cuando se movió sobre la carreta Uza sostuvo el arca con su mano. Dios lo hirió de muerte en ese mismo lugar porque mostró falta de respeto por las cosas sagradas del Señor (ver 1 Crón. 15:13).

Debido a esta demostración inusual de la santidad y la ira divina, David aprendió a temer al Señor. Rindió un homenaje especial sacrificando un holocausto después que el arca había avanzado seis pasos. El arca entró a la ciudad sin incidentes sólo cuando los sacerdotes la acarrearon en forma apropiada. Cuando David entró el arca a Jerusalén, lo

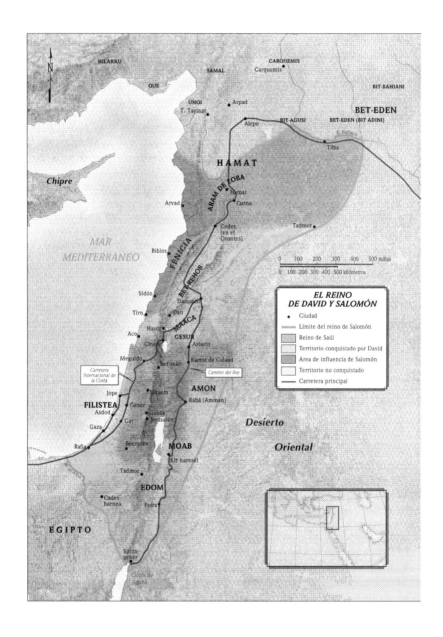

HILAKKU

CARQUEMIS
Carquemis

N

SAMAL

BIT-BAHIANI

QUE

UNOI   Arpad
T. Tayinat
                                    BET-EDEN
                Alepo   BIT-AGUSI   BET-EDEN (BIT ADINI)

Chipre   E. Eufrates

HAMAT   Tifsa

ARAM DE ZOBA

Arvad   Hamat
                Catna

Cedes
(en el   Tadmor
Orontes)

MAR   Biblos
MEDITERRÁNEO

FENICIA

BET-REHOB   0   100   200   300   400   500 millas
                          0 100 200 300 400 500 kilómetros

Sidón
                Damasco   EL REINO
Tiro   Dan   DE DAVID Y SALOMÓN
            MAACA
Aco   Hasor   •   Ciudad
            GESUR
Cineret   Astarot   Límite del reino de Salomón
Meguido   Reino de Saúl
            Bet-seán   Ramot de Galaad
                                       Territorio conquistado por David
Carretera   Camino del Rey   Área de influencia de Salomón
Internacional de
la Costa   Territorio no conquistado
Jope   Siquem AMON   Carretera principal
FILISTEA   Gezer   Rabá (Amman)
Asdod   Gabaá
Gat   Jerusalén   Desierto
Gaza
                              Oriental
Rafia   Beerseba MOAB
                Kir-hareset

Tadmor

EDOM

Cades-
barnea   Petra

EGIPTO

Ezión-
geber

Golfo de
Aqaba

celebró con danza y se vistió humildemente delante del Señor.

El pacto del Señor (7:1-29). El pacto de Dios con David siguió a su humilde despliegue delante del Señor y de las multitudes en Jerusalén. Después de asegurar su reino, David mostró su preocupación por la honra del Señor, quien había morado en el tabernáculo en el desierto y no en la estructura imponente de un templo.

No obstante, el Señor construiría una "casa" para David, no un edificio sino una dinastía. El profeta Natán instruyó a David en el pacto del Señor. El pacto davídico consistía de tres promesas eternas: un linaje dinástico, un reino y un trono. Dios sería como un padre para el hijo de David, el representante divino en la tierra. Si los descendientes de David pecaban, el Señor advirtió que los castigaría. Sin embargo, prometió nunca anular su pacto.

Este pacto dio origen a la esperanza mesiánica en el Antiguo Testamento. A pesar de que los descendientes de David fracasaron, el pueblo se aferró a la esperanza de un David más grande. El ángel Gabriel repitió las palabras del pacto de David cuando anunció el nacimiento del Rey de Israel, Jesús el Salvador (Luc. 1:32-33).

David respondió con alabanza, reconociendo la grandeza de Dios y la bendición del favor divino. Le pidió al Señor que guardara su promesa para siempre de modo que Dios pudiera ser magnificado por todas las naciones.

La victoria de David (8:1-18). Las promesas de Dios para el reino de David fueron cumplidas en primer lugar a través de los éxitos militares y administrativos de su gobierno. David sojuzgó a los filisteos en el oeste, a los moabitas en el este, a Soba y a Damasco en el norte, y a los edomitas en el sur. En realidad, "en todas sus campañas, el SEÑOR le daba la victoria."

El creciente control de estado incluía a los soldados mercenarios de los ceretos

(Creta) y de los peleteos (¿filisteos?) bajo el comando de Benaía (ver 15:18; 20:7,23). Sadoc se unió a Abiatar como sacerdote. Los consejeros civiles incluían a un cronista y a un secretario.

David y Mefi-boset (9:1-13). David no era sólo un guerrero y un administrador efectivo, sino que también era un gobernante caritativo. Él deseaba honrar la promesa que le había hecho a Jonatán y a su familia (1 Sam. 20:14-15). Preguntó y se enteró por Siba, un sirviente de la casa de Saúl, acerca de Mefi-boset, el cual era el único hijo sobreviviente de Jonatán. Mefi-boset era tullido y vivía en la oscuridad. Cuando fue traído delante de David, el rey calmó sus temores y le devolvió la propiedad de Saúl. Mefi-boset vivió en Jerusalén y comió a la mesa del rey.

Los amonitas y los sirios (10:1-19). David también deseaba ser generoso con el hijo del rey Nahas, su aliado fallecido, y envió una delegación para expresar sus condolencias. Pero la delegación de David fue acusada de espionaje y fue humillada por Hanún, el hijo de Nahas. Los amonitas contrataron mercenarios sirios y se prepararon para el avance de David. Los ejércitos de Joab y de Abisai prevalecieron por medio de una mejor estrategia, pero los sirios al mando de Hadad-ezer reunieron más tropas del otro lado del Éufrates. David los sojuzgó y expandió su reino hacia el este.

El autor también registró esta derrota de los sirios en el resumen de las victorias de David en 8:3-8. Estas dos batallas, que el autor describe en más detalle, tuvieron lugar antes de la victoria final de David sobre los sirios.

DIOS CASTIGA (11:1–20:26)

El pecado de David y Betsabé desplaza el tenor de la historia y va de los triunfos de David a sus problemas. Los eventos que siguen narran las consecuencias del pecado de ellos en

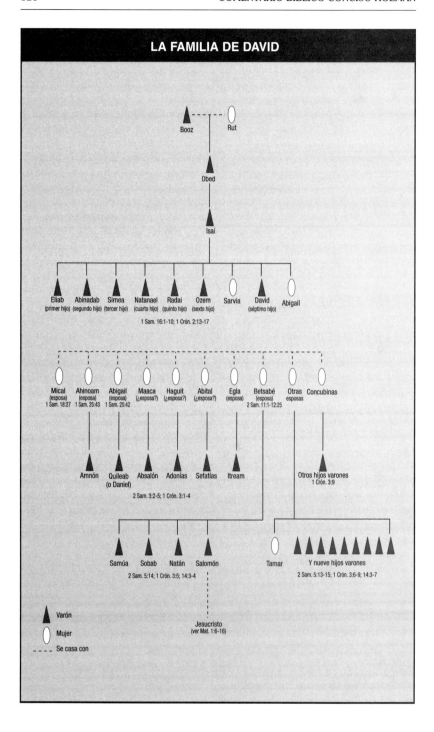

LA FAMILIA DE DAVID

Booz — Rut

Obed

Isaí

Eliab (primer hijo) · Abinadab (segundo hijo) · Simea (tercer hijo) · Natanael (cuarto hijo) · Radai (quinto hijo) · Ozem (sexto hijo) · Sarvia · David (séptimo hijo) · Abigail

1 Sam. 16:1-10; 1 Crón. 2:13-17

Mical (esposa) 1 Sam. 18:27 · Ahinoam (esposa) 1 Sam. 25:43 · Abigail (esposa) 1 Sam. 25:42 · Maaca (¿esposa?) · Haguit (¿esposa?) · Abital (¿esposa?) · Egla (esposa) · Betsabé (esposa) 2 Sam. 11:1-12:25 · Otras esposas · Concubinas

Amnón · Quileab (o Daniel) · Absalón · Adonías · Sefatías · Itream   Otros hijos varones 1 Crón. 3:9

2 Sam. 3:2-5; 1 Crón. 3:1-4

Samúa · Sobab · Natán · Salomón   Tamar · Y nueve hijos varones

2 Sam. 5:14; 1 Crón. 3:5; 14:3-4   2 Sam. 5:13-15; 1 Crón. 3:6-9; 14:3-7

Jesucristo
(ver Mat. 1:6-16)

Varón
Mujer
- - - Se casa con

DAVID COMO REY Y MESÍAS

Mesías es un término hebreo que significa *el ungido*. La palabra *Cristo* del Nuevo Testamento representa una traducción al griego de esta palabra hebrea.

En el Antiguo Testamento, el rey de Israel con frecuencia era llamado "el ungido del Señor." El acto de ungir confería simbólicamente el Espíritu de Dios sobre el rey y lo designaba como representante de Dios (1 Sam. 24:6,10).

Las características ideales para un rey en Israel tal vez se vean más claramente en Salmos. El rey de Israel debía ser un gobernante recto y universal (Sal. 2:8-12; 45:4-7). Su gobierno debía ser eterno (Sal. 21:4; 45:6). Debía ser amigo de los pobres y resistir a sus opresores (Sal. 72:2-4,12-14). Debía ser honrado como hijo de Dios (Sal. 2:7) y conducir a la nación a la victoria sobre sus enemigos (21:8-12; 89:22-23). A pesar de que ningún rey humano podía cumplir a pleno los ideales, éstos estuvieron estrechamente asociados con David. Él llegó a ser el patrón por el cual fueron medidos los reyes posteriores (1 Rey. 3:3,14; 2 Rey. 14:3).

Cuando los profetas de Israel hablaron sobre un futuro Rey ideal, este Ungido (*Mesías*) se describió en términos del ideal davídico. David fue usado como modelo, un indicador o tipo de cómo sería este futuro Rey.

Al igual que David, el Mesías sería rey de Israel, nacería en Belén (Miq. 5:2), y gobernaría en justicia (Isa. 11:1-16). Pero el Rey que venía sería más que David. Tendría un gobierno universal (Miq. 5:4). Sería "Dios con nosotros" (Emanuel, Isa. 7:14; Mat. 1:23), Príncipe de paz y Dios fuerte (Isa. 9:6-7). Sería llamado "vástago," "renuevo" y "el Señor es nuestra justicia" (Jer. 23:5; 33:15-16). Este Ungido es el siervo del Señor (Isa. 42:1-4, 49:1-6; 50:4-9; 52:13-53:12). Desde su posición ventajosa durante el exilio, cuando ningún hijo de David se sentó en el trono de Jerusalén, Ezequiel aún podía esperar a un nuevo Pastor como David (Ezeq. 34:23-24; ver 1 Sam. 17:34-35).

---

el momento en que el reino de David era conmovido por problemas políticos y morales.

El pecado de David (11:1-27). La guerra de Israel contra Amón fue el trasfondo para el pecado de David contra Dios. El autor sugiere que David debía haber estado en el frente de guerra en lugar de quedarse atrás. Tal vez sus éxitos primeros le dieron un sentido de seguridad falsa. La descripción que hace el autor sobre la tentación de David es una reminiscencia del pecado de Acán (Jos. 7): él la vio, preguntó acerca de ella y luego la tomó.

Cuando Betsabé se enteró de su embarazo, David trató de cubrir su pecado. Envió a llamar a su esposo, Urías heteo, el cual estaba en el campo de batalla. Urías se rehusó a volver a su hogar con su esposa, incluso ante la insistencia de David. Este fiel guerrero no quiso disfrutar de su esposa y de su hogar mientras el arca y los ejércitos de Dios estaban en el campo de batalla.

En desesperación, con la ayuda de Joab, David conspiró para asesinar a Urías y lo expuso a los amonitas en batalla. La conspiración tuvo éxito y David tomó a Betsabé como esposa. No obstante, el pecado no pasó desapercibido porque "lo que David había hecho le desagradó al Señor."

La profecía de Natán (12:1-31). Alrededor de un año más tarde, Dios envió a Natán para confrontar a David. Natán relató una parábola de la única ovejita de un hombre pobre que fue tomada por un hombre rico para su placer egoísta. David, el cual como rey era responsable por la justicia en la tierra, ardió de ira en contra del culpable. Con poca sabiduría, David se condenó a sí mismo. Natán acusó al rey: "¡Tú eres ese hombre!", y declaró el juicio divino. Dado que había asesinado a Urías con la espada, la casa de David también experimentaría la espada. Dado que había tomado la esposa de otro hombre, las esposas de David le serían tomadas. Y aunque

David había pecado en secreto, sería humillado públicamente delante de todo Israel (ver 15:16; 16:21-22). Estas maldiciones se cumplieron con la muerte de tres de los hijos de David (Amnón, Absalón y Adonías), y con la lucha que el reino de David experimentó hacia el final de su vida.

No obstante, para crédito de David, él no eludió la culpa como lo hizo Saúl cuando Samuel lo acusó (ver 1 Sam. 15). David confesó su culpa abiertamente y se lamentó de su impureza espiritual (ver Sal. 51). El juicio de Dios comenzó con el hijo de David y Betsabé. David oró y ayunó seriamente por la vida del niño. El rey había sentido la pesada mano del juicio de Dios, pero también conocía las misericordias divinas. Por esa razón oró, creyendo que Dios liberaría al niño. A pesar de que el niño no se salvó, David creyó que iba a ver al niño otra vez. En medio de su castigo, Dios también fue misericordioso con David y Betsabé. Les dio otro hijo, Salomón, a quien el Señor llamó Jedidías ("amado por el SEÑOR"). De su unión salió el rey que construiría el templo de Dios y gobernaría a Israel durante su edad de oro. Evidencia del perdón continuo de Dios fue la victoria de Israel sobre los amonitas, esta vez liderada por David mismo.

Absalón asesina a Amnón (13:1-39). A pesar de que Dios perdonó a David, las consecuencias de su pecado se vieron inmediatamente en su casa. Así como David había codiciado a Betsabé, Amnón, el hijo mayor del rey, deseó a su media hermana Tamar. Atrajo a Tamar hacia sus aposentos y la violó. No obstante, su culpa fue demasiado grande para su conciencia, y luego la despreció. La despidió y ella se refugió en la casa de su hermano Absalón.

David, al igual que Elí y Samuel, no tuvo control sobre sus hijos. Absalón albergó odio por Amnón por dos años hasta que surgió la ocasión para matarlo. Absalón dio una fiesta a la que asistió Amnón. A la orden del dueño de casa, sus siervos asesinaron a Amnón.

Absalón huyó a Gesur donde se refugió con su abuelo materno, Talmai, el rey de Gesur. David lloró por su hijo Amnón, quien era especial para el rey por ser el hijo mayor y el sucesor al trono. Aun así anheló ver a Absalón durante los tres años que estuvieron separados.

Absalón regresa (14:1-33). Tal vez debido a la preocupación por el estado del reino, Joab quiso que el potencial sucesor al trono de David regresara a la casa real. En forma similar a la astucia de Natán (cap. 12), Joab le envió al rey una mujer de Tecoa, quien simuló ser una mujer en duelo. Ella buscaba la misericordia del rey para con su único hijo sobreviviente, el cual había asesinado a su hermano. Cuando David ordenó que el hijo se salvara, la mujer desafió a David a reconsiderar el destierro de su propio hijo Absalón. David estuvo de acuerdo y envió a Joab a buscarlo. No obstante, David se rehusó a ver el rostro de Absalón cuando éste regresó a Jerusalén.

El golpe de Absalón (15:1-37). Cuatro años más tarde, el príncipe heredero montó una insurrección contra el rey ocupando el lugar del rey ante los ojos del pueblo. Irónicamente, el reinado de David casi colapsó por lo mal que manejaba a sus súbditos más que por las amenazas externas. Absalón comenzó a desempeñar el papel de rey. Tenía una guardia privada y actuaba como árbitro final en casos judiciales. Se ganó el corazón de la gente y trató de quitarle el reino a David. En Hebrón, donde su padre había sido declarado rey, los que conspiraron con Absalón lo aclamaron rey. Entre sus filas estaba Ahitofel, el consejero político de David.

Acompañado por un pequeño pero leal contingente de cereteos y peleteos, David huyó cruzando el arroyo de Cedrón hacia el desierto. Dejó atrás a su harén real. Itai el geteo y sus 600 soldados mercenarios (filisteos de Gat) fueron con David. Éste envió a Sadoc y a Abiatar de regreso a Jerusalén con el arca del Señor. David sabía que el arca pertenecía a la casa de Dios. Él creía que si Dios así lo deseaba, él volvería un día a ver el lugar santo del Señor. Como videntes proféticos, los dos sacerdotes pudieron ayudar a David al enterarse de los planes de Absalón e inquiriendo del Señor de parte del rey. David además contrarrestó la sabiduría de Ahitofel ordenándole a Husai el arquita que permaneciera al servicio de Absalón a los efectos de confundir la estrategia del golpe.

La angustia de David durante la huida (16:1-23). La sombra negra de Saúl otra vez cayó sobre David mientras este huía de su reino. Siba, sirviente de Saúl y administrador de las posesiones de Mefiboset, difamó a Mefi-boset maliciosamente para beneficiarse (ver 19:24-28). David le dio las tierras de Saúl a Siba. Simei, un miembro de la familia de Saúl, maldijo a David llamándolo "asesino." Esta acusación probablemente reflejó la enemistad que muchos albergaban en contra de David. Puede referirse a la entrega, por parte de David, de miembros de la familia de Saúl a los gabaonitas para ser ejecutados (cap. 21). Simei atribuyó el dolor de David a la retribución del Señor. David percibió que la maldición de Simei, aunque no del todo justa, era parte del castigo de Dios por su pecado. David repelió la ambición de Abisai de matar al pariente de Saúl. David creía que sólo la venganza o la misericordia de Dios podían decidir los destinos de él y de Simei.

Mientras tanto, Husai llegó a Jerusalén para ganarse el favor de Absalón. Absalón, no preparado todavía para confiar en Husai, recurrió a Ahitofel por consejo. Éste le sugirió anunciar su toma del poder mediante el gesto simbólico de dormir públicamente con las concubinas de David (ver 1 Rey. 2:17-25). Así, el acto incestuoso de Absalón cumplió la profecía de Natán. El narrador comparó la habilidad política de Ahitofel con la palabra de Dios revelada a los profetas.

El consejo de Ahitofel (17:1-29). La tarea de Husai fue formidable. Ahitofel aconsejó a Absalón que atacara a David mientras sus tropas estaban desordenadas. Esta vez Absalón escuchó la segunda opinión de Husai, quien argumentó que tal táctica fracasaría debido a la experiencia astuta que David tenía en la guerra. Absalón pospuso su ataque, lo cual significó que David tuvo la oportunidad de retirarse. El Señor determinó "desbaratar los planes de Ahitofel" y de esa forma condenó a Absalón (ver 15:34). El resultado de la guerra se decidió antes de asestar el primer golpe.

Jonatán y Ahimaas, hijos de Sadoc y de Abiatar, retransmitieron la estrategia de Absalón al campamento de David en los vados del río (ver 15:35-36). Mientras tanto, el malvado de Ahitofel se quitó la vida porque se dio cuenta de que el plan de Husai significaba el fin del reinado de Absalón (15:15-23).

David en el exilio estableció su base provisional en Mahanaim cruzando el Jordán (2:8). Absalón estableció su comando militar y puso a cargo del ejército a Amasa, pariente de Joab. Mientras Absalón se organizaba para la batalla, los amigos de David, Sobi, Maquir y Barzilai renovaban las fuerzas de su fatigado ejército.

La muerte de Absalón (18:1-33). La historia de la muerte de Absalón enfoca la atención en David como padre más que como rey. David permaneció detrás de las líneas de batalla siguiendo el consejo de sus tropas. Despachó a sus comandantes, indicándoles que cuidaran la vida de Absalón. Este, por otro lado, entró a la batalla cuando ésta se desarrollaba con furor en el bosque de Efraín y más allá. El terreno era tan precario que más murieron debido a los pozos y los matorrales que por la espada. Absalón mismo fue su víctima ya que quedó atrapado de su cabeza (ver 14:26) en un árbol y suspendido en el aire. Aunque Joab recordó las instrucciones de David en cuanto a perdonar la vida de Absalón, Joab mató al indefenso príncipe. La tragedia y la vergüenza de cómo murió Absalón fue aun más triste porque no tenía heredero. Sus tres hijos aparentemente también habían muerto (ver 14:27).

La descripción detallada de la historia de los dos mensajeros y las esperanzas de David hechas pedazos por sus noticias acentúa la angustia del rey. El pecado de David había presagiado desastre para su familia y había mutilado su propia alma: "¡Ay, Absalón, hijo mío! ¡Hijo mío, Absalón, hijo mío! ¡Ojalá hubiera muerto yo en tu lugar! ¡Ay, Absalón, hijo mío, hijo mío!"

David regresa (19:1-43). Joab continuó colocando el estado de la nación por sobre los sentimientos del rey. Las consecuencias de la guerra requerían una muestra más fuerte de liderazgo davídico. Joab reprendió a David por lamentar la muerte de sus enemigos en lugar de saludar a sus soldados triunfantes. David tomó su lugar a las puertas de la ciudad para recibir a sus tropas.

Las tribus de Israel urgieron a sus líderes para que reinstauraran a David como su rey. Los hombres de Judá inicialmente fueron reacios. David reemplazó a Joab por Amasa en un gesto de reconciliación. Sin dudas, la remoción de Joab también fue debido a que él mató a Absalón. El rey además extendió su generosidad perdonando la vida de Simei, escuchando hasta el final la explicación de Mefi-boset y compartiendo la herencia de Saúl con Siba a pesar de su traición. Más aún, le dio la bienvenida a su corte al hijo de Barzilai, su leal consejero.

La lucha subyacente entre Israel y Judá se hizo manifiesta cuando los hombres de Israel fueron dejados fuera del comité de bienvenida que acompañó de regreso a David. Ellos interpretaron esto como una exclusión del reino de David. La secesión de las tribus del norte respecto de Jerusalén ocurrió en el reinado del nieto de David, Roboam (ver 1 Rey. 12:16-20).

La revuelta de Seba (20:1-26). La conclusión de esta sección sobre los problemas de David termina en forma apropiada con otra rebelión. Seba, un benjamita, lideró una insurrección contra David. La tribu de Benjamín, de quien descendía el rey Saúl, tenía con David una enemistad de larga data, como ya había evidenciado Simei (16:7). Ahora, estimulado por la animosidad contra Judá, Seba aprovechó la oportunidad para reunir a los hombres de Israel a fin de que respaldaran su golpe.

La lentitud de Amasa para ocuparse de la rebelión forzó a David a nombrar a Abisai y a Joab para que se ocuparan de Seba. Cuando Amasa finalmente se unió a la campaña de Joab, este lo saludó con un beso traicionero y luego le clavó su daga en el vientre. Mientras tanto, Seba se refugió en Abel-bet-maaca, donde los de Judá sitiaron la ciudad. El pueblo de Israel seguramente fue escéptico con respecto a las chances de éxito de Seba. Una mujer de la ciudad convenció a sus habitantes de que ofrecieran a Joab la cabeza de Seba, para impedir así la masacre de la ciudad y terminar con el cisma.

El autor concluye esta sección con un breve informe sobre el gobierno de David. Esta lista final de los oficiales de David es similar a 8:15-18 con dos diferencias importantes. No hace mención al trabajo de esclavos y la administración temprana de David, y también están ausentes los hijos de David.

DIOS PRESERVA (21:1–24:25)

La última sección del libro es un apéndice de la carrera de David como el ungido del Señor. Aquí el énfasis recae sobre la alabanza por parte de David de las misericordias soberanas de Dios y de los poderosos guerreros que el Señor usó al servicio del rey. Las historias de hambre, guerra y pestilencia resultantes del pecado de Israel fueron recordatorios apropiados de que ningún rey estaba por encima de la palabra del Señor.

Dios venga (21:1-22). Una hambruna de tres años hizo que David preguntara de qué manera Israel había ofendido al Señor. Era común en el Antiguo Testamento atribuir tales catástrofes a la intervención divina. El rey Saúl había violado el antiguo pacto de Israel con los gabaonitas (ver Jos. 9:25-27). A pesar de que 1 Samuel no relata el asesinato de estos amorreos (quienes residían en tierra de Benjamín) por parte de Saúl, tal acción era congruente con las políticas de Saúl (ver 1 Sam. 22:16-19). David entregó en manos de los gabaonitas a siete descendientes de la casa de Saúl (y perdonó la vida de Mefi-boset) para que fueran ejecutados y así vengar su pérdida. David enterró honorablemente a la familia de Saúl junto con los huesos de este y los de Jonatán. La ejecución de los parientes de Saúl puede haber sido la razón por la que Simei argumentó que David era culpable de derramamiento de sangre (ver 16:7-8).

Las reiteradas guerras contra los filisteos es una demostración de los problemas continuos en el reinado de David, pero también un tributo al favor permanente de Dios ya que Israel prevaleció sobre sus enemigos.

Himno de acción de gracias (22:1-51). El aspecto central del apéndice es el tributo de David al Señor. Esta canción también fue incluida en el libro de Salmos (Sal. 18). La ocasión para la acción de gracias por parte de David fue haber sido librado del rey Saúl.

David recordó su clamor por liberación. Describió la intervención del Señor en palabras que traían reminiscencias de la aparición divina en el monte Sinaí (ver Ex. 19; Sal. 68:7-18; Hab. 3). El Señor, imponente en poder, llegó a su rescate porque David era recto y fiel. Dios fue su lámpara, su roca y su escudo de salvación, y le dio a David victoria completa

sobre todos sus enemigos. El cántico concluye con una doxología.

Oráculo (23:1-39). A pesar de que se registran otras palabras de David en posteriores libros del Antiguo Testamento (1 Rey. 2:1-9; 1 Crón. 23:27), este oráculo fue la última reflexión formal de David sobre el estado duradero de su casa real bajo el cuidado de Dios conforme al pacto. El término "oráculo" comúnmente presenta un discurso profético (Núm. 23:7; Isa. 14:28; Mal. 1.1). David declaró por el Espíritu que Dios lo había elegido entre todo Israel y había hecho un pacto eterno con su linaje. Los que se oponían a él serían desechados como espinos para el fuego. Esta descripción mesiánica se hace realidad completa en Jesucristo, quien como hijo de David establece el gobierno de Dios en la tierra.

El detalle de hombres valientes y de sus hazañas fue otro tributo a que David actuaba por el poder divino. Entre los ejércitos de David estaban dos grupos elitistas de héroes que servían como guardaespaldas del rey y como fuerza especial de lucha (ver 21:15-22; 1 Crón. 11:10-47). El primer grupo constaba de los "tres" cuyas hazañas contra los filisteos eran reconocidas (ver la cueva de Adulam, 1 Sam. 22). Abisai y Benaía fueron escogidos, aunque no eran tan grandes como los "tres," debido a que obtuvieron gran honor en los anales de las guerras de David. El segundo grupo, los "treinta," también se incluye en la lista, y esto da un total de 37 héroes (incluyendo a Joab, 23:24-39).

El orgullo de David (24:1-25). El episodio final del apéndice se refiere a la plaga que el Señor causó en Israel debido al pecado de David. Es un paralelo con la historia del comienzo del apéndice, donde Israel sufrió una hambruna debido al pecado de Saúl (21:1-14). La razón específica de la ira de Dios hacia Israel no se establece. No obstante, el Señor usó el censo de

David para castigar al pueblo con una plaga. En el pasaje paralelo (1 Crón. 21:1) el autor explica que la causa inmediata del pecado de David fue obra de Satanás.

Hacer el censo fue una indicación del orgullo y la confianza en sí mismo por parte de David. En la ley, hacer un censo requería un precio de expiación para impedir una plaga (Ex. 30:11-16). Dios instruyó al profeta Gad para que anunciara el juicio divino sobre Israel. Dios le dio a David la oportunidad de que eligiera uno de tres castigos: hambre, peste o guerra. Estas tres sanciones fueron las maldiciones que Dios amenazó sobre Israel por romper el pacto (Deut. 28). Con sabiduría David se puso a merced de Dios y no del temperamento humano. El Señor castigó a Israel con una peste devastadora. David confesó que él era culpable por guiar mal a las ovejas de Israel.

Para hacer expiación por Israel, el profeta Gad le indicó a David que construyera un altar en la parcela de Arauna. Allí David había visto al ángel vengador llevar a cabo la peste mortífera. Más tarde elegiría este lugar para construir el templo (1 Crón. 22:1).

Arauna ofreció darle la parcela al rey, pero David sabía que la expiación aceptable requería un precio. Construyó el altar, ofreció sacrificios y oró a favor de su pueblo. El Señor reconoció la intercesión de David y la peste cesó.

Significado ético y teológico. La historia de David, como la de Romanos 7:7-25, apela a la experiencia de pecado del cristiano. David era un hombre del agrado de Dios (1 Sam. 13:14). Al igual que Pablo, podría haber dicho: "Porque en lo íntimo de mi ser me deleito en la ley de Dios" (Rom. 7:22). Sin embargo, al igual que Pablo David vio "que en los miembros de [su] cuerpo [había] otra ley, … la ley del pecado… que lo [tenía] cautivo" (7:23). David codició a la esposa de Urías y "cobró vida el pecado" (7:9). Con el asesinato de Urías, el pecado de David se tornó en "extremadamente malo" (7:13).

La parábola de Natán despertó la indignación moral de David por el pecado (2 Sam. 12). Hoy las Escrituras funcionan como el relato de Natán para ayudarnos a ver cómo somos en realidad. David vio y experimentó quebranto de corazón por su pecado.

Debido a su pecado David sufrió consecuencias de corto y largo plazo. No obstante, dicho pecado no frustró el propósito salvador último de Dios para y a través de él. "Dios dispone todas las cosas para el bien de quienes lo aman" (Rom. 8:28). Dios obró a través de la vida de David y Betsabé para darle a Israel su próximo rey (Salomón) y a su tiempo, el Mesías (Mat. 1:6). Dios continúa obrando a través de las vidas de pecadores arrepentidos. "¡Gracias a Dios por medio de Jesucristo nuestro Señor!" (Rom. 7:25).

Preguntas para la reflexión

1. ¿Qué enseña 2 Samuel acerca de la guerra y la paz?

2. ¿De qué manera afecta el pecado personal a la familia y a los amigos?

3. ¿Qué responsabilidades tiene un cristiano en el liderazgo civil y en los negocios?

4. ¿Qué rasgos de su carácter hicieron de David un gran hombre de Dios?

1 REYES

El título *Reyes* refleja el contenido de 1 y 2 Reyes, libros que siguen el rastro de la historia del pueblo del pacto de Dios bajo los reyes de Israel.

Al igual que los libros de Samuel, 1 y 2 Reyes constituían un solo volumen en la tradición hebrea. La división del libro ocurrió por primera vez en la versión griega, la cual tradujo Samuel y Reyes como cuatro libros consecutivos titulados *1-4 Reinos*. La Vulgata de Jerónimo siguió la tradición griega de cuatro libros pero con el título de *Reyes*. El título en español *Reyes* deriva de la Vulgata latina. La versión en español siguió la práctica griega y latina de cuatro libros, pero con los títulos hebreos *Samuel y Reyes*. La división de Reyes no fue comúnmente aplicada en hebreo hasta la primera edición impresa en 1488.

Los libros de Reyes son anónimos. La tradición judía asigna la autoría a Jeremías. La costumbre rabínica atribuía las obras sin nombre a líderes religiosos famosos de la época. Muchos eruditos de la alta crítica creen que 1 y 2 Reyes son los últimos libros de una historia consecutiva que va desde Deuteronomio hasta Reyes. Este relato se llama "historia deuteronómica" porque muchos de los temas importantes en el libro de Deuteronomio son recurrentes en la historia más amplia. Otros eruditos que rechazan esta reconstrucción creen que la autoría de Reyes es independiente de Deuteronomio (ver "Los libros históricos").

La mayoría de los comentaristas están de acuerdo en que gran parte de Reyes se escribió antes de la destrucción de Jerusalén (586 a.C.), aunque está en disputa cuánto tiempo antes. Hay acuerdo sobre la fecha en que se concluyó la obra. La última referencia histórica en Reyes es 562 a.C., el primer año completo del reinado de Evilmerodac de Babilonia (2 Rey. 25:27). La conclusión del libro debe ser después de esta fecha, pero antes del regreso de los exiliados de Judá en 539 a.C., dado que 1 y 2 Reyes no mencionan este evento. El libro está fechado alrededor del 550 a.C., durante el exilio.

Para escribir Reyes el autor usó una variedad de fuentes, muchas de ellas tempranas. Las fuentes iban desde registros reales y del templo hasta historias acerca de los profetas. Se citan extractos específicos de tres crónicas reales: "el libro de las crónicas de Salomón" (1 Rey. 11:41), "el libro de las crónicas de los reyes de Israel" (por ejemplo, 1 Rey. 14:19), y "el libro de las crónicas de los reyes de Judá" (por ejemplo, 1 Rey. 14:29). No obstante, el autor no fue meramente un editor sino un compositor cuya obra se basó en estas fuentes.

La estructura de Reyes está construida sobre una estructura fija que tiene fórmulas introductorias y de conclusión acerca del reinado de cada rey. La estructura se desvía de este marco con la inclusión de los ciclos narrativos de Elías y de Eliseo. La "desviación" señala la fuerza de los profetas como modeladores de la historia del pueblo de Dios.

Cronología de los Reyes. Los intérpretes tienen problemas para entender cómo los cronistas calcularon las fechas para los reinados de los reyes. Los reinados se fechan comparando la fecha en que un gobernante comenzó a reinar, con la cantidad de años que su contraparte en el otro reino había reinado para ese tiempo. Se indica la duración del reinado de cada rey. No obstante, hay problemas para reconciliar las varias fechas. Además, Judá e Israel pueden haber seguido calendarios que comenzaban el año en momentos diferentes. Finalmente, pudo haber diferencias en cómo los gobernantes contaron el comienzo de sus reinados. Algunos comenzaban a contar a partir de su coronación, mientras que otros recién comenzaban a contar después de su primer año de reinado. Por lo tanto, para ayudar a explicar las fechas los eruditos han intentado reconstrucciones, incluyendo a reinados yuxtapuestos de padre e hijo.

No hay consenso entre los eruditos sobre todas las fechas de los reyes. Las diferencias no son tan notorias como para impedir que comprendamos el trasfondo histórico del período. Las fechas que se siguen aquí son las sugeridas por E. R. Thiele (*The Mysterious Numbers of the Hebrew Kings* [Grand Rapids: Eerdmans, 1965]).

Tema. Dios estableció a Salomón como sucesor de David sobre Israel; pero Salomón pecó, y Dios hizo "sufrir a la descendencia de David" (11:39) dividiendo la nación en dos reinos. Las diez tribus del reino del norte retuvieron el nombre de *Israel*. El reino del sur tomó el nombre de su tribu dominante, *Judá*.

I. Sucesión despiadada (1:1–2:46)
II. Riquezas y ruina (3:1–11:34)
III. Judá e Israel divididos (12:1–16:43)
IV. Elías y Micaías (17:1–22:53)

Propósito y teología.

1. El primero y el segundo libro de Reyes siguen el rastro de la historia de la monarquía de Israel durante cuatro siglos tumultuosos, desde el reinado de Salomón (971 a.C.) hasta el encarcelamiento de Joaquín en Babilonia (562 a.C.). Hablan del reinado de Salomón, incluyendo la construcción del templo (1 Rey. 1–11), la era del reino dividido hasta la caída de Samaria (1 Rey. 12–2 Rey. 17), y los últimos años de Judá hasta llegar al exilio babilónico (2 Rey. 18–25).

2. La historia de 1 y 2 Reyes no es meramente una historia política de la monarquía.

Es una interpretación profética de cómo cada rey afectó la decadencia espiritual de Israel y de Judá. Los reyes que tuvieron un mayor impacto religioso reciben más atención. Por ejemplo, Omri fue uno de los reyes más significativos en la historia del antiguo Cercano Oriente, pero su reinado sólo se menciona en unos pocos versículos (1 Rey. 16:23-28). Se dice mucho más de su hijo Acab. La destrucción de Israel y de Judá fue resultado de la idolatría defendida por sus reyes. Al recitar esta historia desde una perspectiva teológica, el autor advierte en contra de la idolatría y además alienta a un compromiso renovado (8:33-34; 11:6,9-13; 13:34; 14:14-16; 18:39; 19:18).

3. Los libros de Reyes explican cómo la historia está regida por la ley moral de Dios. La perspectiva teológica de Reyes es la misma que la de Deuteronomio. La fidelidad a la palabra de Dios se recompensa con bendición, pero la desobediencia recoge el juicio divino. Este principio se demuestra en la vida de los dos reinos, cuyo surgimiento y caída dependieron de la obediencia al pacto de Dios. Los reyes fueron evaluados sobre la base de su fidelidad al Señor.

Todos los reyes del reino del norte fueron condenados debido a su culto idólatra. En esto siguieron los pasos del primer rey de Israel, Jeroboam, quien introdujo la adoración de los becerros en Dan y Bet-el (por ejemplo, 15:25-26,33-34). Los reyes del reino del sur, Judá, fueron aprobados si seguían el ejemplo de su padre David (por ejemplo, 15:13). Sólo Ezequías y Josías recibieron total aprobación dado que quitaron los altares paganos y reformaron la contaminada adoración en el templo (2 Rey. 18:1-8; 22:1-2; 23:24-25).

4. Al pueblo de Dios se lo considera responsable por sus actos. Los reyes de la descendencia de David experimentaron el mismo castigo por sus pecados que los reyes malvados de Israel (1 Rey. 11.9; 14:22). Incluso hasta un profeta, el "hombre de

Dios," sufrió la muerte por su infidelidad (13:26).

5. A Dios se lo describe como el Señor soberano de la historia. Los profetas fueron los voceros que anunciaron el surgimiento y la caída de los reyes y los reinos porque Dios controla sus destinos (1 Rey. 11:29-32; 13:1-4; 16:1-7; 20:13,28; 22:13-28).

6. Dios es fiel. A pesar de que los reyes de Judá pecaron, el Señor sostuvo su promesa a David (2 Sam. 7:16) preservando su reinado y reteniendo a sus descendientes en el trono (1 Rey. 11:31-36; 15:3-5; 2 Rey. 25:27-30). Dios fue fiel a sus profetas que anunciaron el mensaje divino frente al peligro (1 Rey. 19.3-4,18; 22:24-28).

SUCESIÓN DESPIADADA (1:1–2:46)

Esta sección completa la historia de la sucesión de David que comenzó en 2 Samuel 19–20. Describe la despiadada lucha por el poder entre Adonías y Salomón cuando David estaba por morir. Sólo la providencia de Dios preservó el trono intacto.

Salomón llega a ser rey (1:1-53). En su ancianidad David necesitó el calor y el cuidado de una sierva joven llamada Abisag. La inminente muerte del rey explicaba la lucha entre los aliados más poderosos de David. Adonías, que era el hijo sobreviviente de mayor edad (2 Sam. 3:4), lideró una conspiración para hacerse rey. Joab y Abiatar se unieron a él en Rogel, donde celebraron su inminente entronización. No obstante, el profeta Natán, el sacerdote Sadoc, Benaía el capitán de la guardia del rey y Salomón fueron excluidos.

Natán sabía que si Adonías tenía éxito esto significaba destierro o muerte. El profeta alentó a Betsabé para que le pidiera al rey que cumpliera su compromiso previo de hacer rey a Salomón. Tal vez David había interpretado que el nombre especial dado por Dios a Salomón (Jedidías) era indicativo de la elección divina (ver 2 Sam. 12:24-25 y Deut. 17:15).

David ordenó el ungimiento de Salomón en Gihón. Cuando Adonías oyó a la gente gritar, "¡Viva el rey Salomón!", huyó al tabernáculo por seguridad, y allí se aferró de los cuernos del altar. Los "cuernos" eran las cuatro puntas donde se untaba la sangre del sacrificio. Salomón le perdonó la vida a Adonías, pero lo puso bajo arresto domiciliario.

El reinado de Salomón (2:1-46). Las instrucciones de David en su lecho de muerte advirtieron a Salomón que sólo la obediencia al Señor aseguraría su reinado. Le aconsejó a su hijo que ejecutara a Joab por asesinar a Abner y a Amasa (ver 2 Sam. 3:22-27; 20:4-10) y que se ocupara con rapidez de Simei por su traición (ver 2 Sam. 16:5-14). David murió después de reinar 40 años (1011–971 a.C.), pero el reino estaba seguro en manos de su sucesor.

Los enemigos de David y Salomón recibieron retribución. Adonías fue ejecutado porque pidió la mano de Abisag, integrante del harén real. Salomón interpretó este pedido como equivalente a otra pretensión al trono. Sadoc reemplazó a Abiatar como sacerdote principal porque este último se había puesto del lado de Adonías. Esta proscripción de Abiatar cumplió con el juicio de Dios sobre la casa de su antepasado Elí (1 Sam. 2:27-36). Benaía ejecutó a Joab y lo reemplazó como capitán de los ejércitos de Salomón. Simei también fue ejecutado porque dejó de lado las limitaciones de su arresto domiciliario (1 Rey. 2:36-46a). El narrador presentó en forma apropiada la conclusión de esta lucha: "Así se consolidó el reino en manos de Salomón."

RIQUEZAS Y RUINA (3:1–11:43)

La segunda sección del libro tiene que ver con el reinado de Salomón, y concentra la atención en la sabiduría que este recibió del Señor. Salomón tuvo la capacidad de reunir a una administración impresionante y encarar numerosos proyectos de construcción, en particular el templo de Jerusalén. Llegó a ser una importante figura internacional a través de la riqueza, el comercio y la política. Estos logros eran la bendición de Dios debido al pacto divino con David, pero el autor también relata cómo la apostasía de Salomón hizo que Israel perdiera todo lo que él había conseguido.

El don de sabiduría de parte de Dios (3:1-28).
Salomón se casó con la hija del faraón, lo cual da evidencias de lo que este rey significaba en la comunidad internacional (7:8; 9:24). Salomón amaba al Señor y lo obedecía como lo había hecho su padre, pero también practicaba sacrificios en santuarios locales. Esta costumbre llegaría a ser una trampa cuando se volcó a la adoración idólatra en esos altares paganos (ver Deut. 12:11-14).

En un sueño Salomón pidió la sabiduría necesaria para servir al pueblo de Dios. Dios le concedió sabiduría y aún más (1 Rey. 3:4-15). Un ejemplo de esta sabiduría fue su habilidad para resolver la disputa entre dos prostitutas. La gente se dio cuenta de que su sabiduría provenía de Dios.

La sabiduría de Salomón (4:1-34).
La lista de oficiales, los doce distritos administrativos y las provisiones necesarias para este gobierno muestran cómo Dios bendijo a Salomón en sus habilidades administrativas. Este cambio en las fronteras tribales a doce distritos, con sus pesados impuestos, enojó a las tribus del norte (ver 12:1-17).

Dios le dio a Salomón gran conocimiento. El límite de su conocimiento excedía incluso a los sabios de Egipto y de oriente. Tenía dones artísticos y también poseía un conocimiento inusual sobre las ciencias de la vida.

Preparativos para el templo (5:1-18).
Al igual que su padre, Salomón tuvo celo por la reputación del Señor. Se alió con Hiram, rey de Tiro en Fenicia, y adquirió de él materiales de construcción para el templo. Cuando Hiram fue testigo de la sabiduría de

Salomón, alabó al Dios de Israel. Los obreros de Salomón fueron reclutados de entre los israelitas. Samuel había advertido a Israel sobre tal conscripción bajo un rey (1 Sam. 8:11-12,16).

La construcción del templo (6:1-38).
La importancia de este acontecimiento en la vida de Israel está indicada por el fechado cuidadoso del evento y por la descripción elaborada del plan arquitectónico del templo. La fecha es el cuarto año del reinado de Salomón (966 a.C.). (Ver "Fechas del éxodo.") Un paralelo arquitectónico del diseño del templo de Jerusalén es un templo fenicio de alrededor del 850 a.C. recuperado en el Tell Tainat en el norte de Siria. Para el templo israelita se emplearon artesanos fenicios, que eran especialistas (1 Rey. 7:13-14; 2 Crón. 2:7,12-13). Entre la descripción de las características externas del templo y de su mobiliario lujoso, el autor enfatizó la promesa divina de bendecir a Salomón. La construcción llevó siete años y medio. (Ver "El templo.").

Mobiliario del templo (7:1-51).
El complejo del palacio llevó casi el doble de tiempo que la construcción del templo. La proximidad de la casa de Salomón a la casa del Señor reflejaba la relación estrecha entre Dios y el rey (ver Sal. 2:7). Incluido con su palacio y con el palacio de la hija del faraón estaba el costoso palacio del bosque del Líbano con sus elaborados vestíbulos (1 Rey. 7:1-12).

El autor estaba más interesado en la construcción del templo, y volvió a describir su mobiliario. Hiram de Tiro, cuya madre era hebrea, hizo el mobiliario de bronce (ver Bezaleel, Ex. 31:3; 35:31). El trabajo en bronce consistía en dos columnas (llamadas Jaquín y Boaz), sus capiteles y diseños, diez lavamanos y la fuente fundida (o mar de bronce). El trabajo en oro incluía el altar, la mesa del pan de la proposición, los candelabros, las copas y los goznes de las puertas. (Ver artículo "El templo.") Salomón colocó en el templo los

EL TEMPLO

La historia de la redención es la victoria divina sobre la brecha que el pecado causó en la relación de Dios con la humanidad. Los santuarios que Dios le ordenó construir a Israel, reiteraron la intención de Dios de ser Emanuel, Dios en medio de su pueblo (Isa. 7:14; Mat. 1:23). Sin embargo, el contacto entre un Dios santo y un pueblo pecador estaba restringido y mediado por los sacerdotes. Cada uno de los santuarios de Israel tenía zonas de santidad que iban en aumento. Las áreas exteriores estaban abiertas a todos, mientras que el atrio interno y el edificio del templo estaban restringidos a los sacerdotes. El lugar santísimo dentro del templo estaba limitado al sumo sacerdote, quien entraba allí una vez por año en el día de la expiación.

En el curso de la historia de Israel, Dios instruyó a su pueblo para construir tres santuarios. El primero fue el tabernáculo, un santuario portátil que se adecuaba a la existencia nómada de Israel durante el período del desierto (Ex. 25-40). Una vez que Israel se asentó en la tierra prometida, el tabernáculo continuó funcionando como santuario central (Deut. 12).

En base a los lugares asociados con el tabernáculo, resulta claro que permaneció como santuario portátil: por los lugares asociados con él: Silo (1 Sam. 1-4), Quiriat-jearim (1 Sam. 7:1), Gabaón (1 Crón. 21:29) y Jerusalén (1 Crón. 23:25-26).

Salomón construyó el templo en Jerusalén en la tierra que David adquirió en conexión con su desastroso censo (1 Crón. 21:1-22:1; 28:1-19; 2 Crón. 3:1). Los detalles arquitectónicos se describen en 1 Reyes 6-7 y en 2 Crónicas 3-4. Este templo fue destruido por los babilonios en el 586 a.C.

Cuando Israel regresó de la cautividad babilónica, se construyó un segundo templo en Jerusalén en el terreno del primero. Esta obra se completó en el 516 a.C. (2 Crón. 36:22-23; Esd. 1:1-6:18).

El templo de los tiempos del Antiguo Testamento era en realidad la tercera estructura. Para la época del ministerio de Jesús, este templo había estado en construcción por 46 años (Juan 2:20). Fue completado justo antes de la destrucción de Jerusalén por los romanos en el año 70 d.C.

Además de estos santuarios, durante la cautividad babilónica Dios le dio a Ezequiel una visión amplia de una nueva Jerusalén, incluyendo un templo (Ezeq. 40-48). Al igual que durante el período del desierto, las tribus estaban distribuidas alrededor del santuario, y esto gratificaba una vez más que Dios estaba en medio de ellos (Ezeq. 48; Núm. 2; 9:15-10:36).

Dios indicó su aceptación del tabernáculo, el primer templo y el templo en la visión de Ezequiel con la aparición de la columna de fuego y la nube —la gloria shekiná— que se instalaron sobre el lugar santísimo en esas estructuras (Ex. 40:34-38; 1 Rey. 8:10-13; 2 Crón. 5:13-6:2; 7:1-3; Ezeq. 43:1-12).

La columna de fuego y la nube eran una manifestación visible de la presencia divina, y decían una vez más a Israel que Dios estaba con ellos, en medio de ellos. Aunque los profetas declararon que la gloria de Dios aparecería allí (Hag. 2:1-9; Zac. 2:5,10-13), el Antiguo Testamento no narra la aparición de la columna de fuego y la nube en el segundo templo.

El Nuevo Testamento ve a Jesús como el cumplimiento del verdadero significado del templo: Dios con nosotros (Juan 2:19-22; Heb. 10:19-22; Apoc. 21:22). Dios mora en la iglesia como su templo; los creyentes disfrutan de la presencia del Espíritu de Dios que vive en ellos (1 Cor. 3:16-17; 2 Cor. 6:16; Ef. 2:21-22; 1 Ped. 2:4-5). La meta de la historia de la redención es en buena medida superar esa brecha entre Dios y la humanidad, brecha que apareció en la caída. Cuando esa relación sea restaurada por completo en la nueva ciudad de Dios, no se necesitará ningún templo (Apoc. 21:1-3,22).

regalos y botines de guerra dedicados por David (2 Sam. 8:10-12).

La dedicación del templo (8:1-66). Este evento fue el punto culminante de la carrera de Salomón, así como para

David lo fue llevar el arca a Jerusalén (2 Sam. 6). Salomón estaba logrando lo que el Señor le prometió a los descendientes de David. Después que el arca fue colocada debajo del querubín en el lugar santísimo, toda la casa se llenó con una nube. La gloria del Señor era tan grande que impedía la entrada al templo (ver Ex. 40:34-35). Esto significó que la presencia de Dios estaba en el templo. En el desierto el arca había sido trasladada de lugar en lugar, pero el templo proveyó una morada permanente para ella.

Salomón mostró en su oración que él no concebía al Señor ligado a un lugar sagrado al igual que las deidades de los cananeos. El templo no podía albergar al Dios del cielo. El "Nombre" del Señor trasciende una mera estructura física.

Salomón anticipó la cautividad de Israel. Rogó a Dios que oyera las oraciones arrepentidas de su pueblo y los llevara de vuelta a su herencia (ver Deut. 28:15-68). Salomón exhortó al pueblo a caminar fielmente delante del Señor. El servicio de dedicación concluyó con una fiesta de catorce días de adoración y celebración.

El Señor aparece otra vez (9:1-9). En respuesta a la oración de Salomón, Dios apareció como lo había hecho en Gabaón (3:4-15). Exhortó a Salomón a ser obediente y le advirtió que la desobediencia resultaría en exilio y en un rechazo del templo. En 2 Reyes se describe cómo esto le ocurrió a los dos reinos de la monarquía dividida (caps. 17; 25).

Políticas comerciales (9:10-28). La adquisición de riquezas por parte de Salomón demostró aun más el cumplimiento de la promesa de Dios a David. Adquirió oro del rey Hiram a cambio de veinte ciudades. Los inmensos proyectos de construcción de Salomón, incluyendo la fortificación de Jerusalén y de otras ciudades reales, requería que él contratara mano de obra de esclavos y que pusiera a los israelitas como supervisores.

La reina de Sabá (10:1-29). Así como Hiram de Fenicia alabó a Dios (5:7), la reina de Sabá ensalzó al Señor debido a la fama internacional de Salomón. Sabá tradicionalmente ha sido asociada con Arabia del sur, que controlaba las rutas marítimas entre la India y el Oriente. Dios usó el prestigio de Salomón para ser glorificado en todo el mundo.

El oro que poseía Salomón, el alcance de sus empresas navieras y su armamento militar lo hicieron el rey más poderoso entre las naciones. Controlaba el mercado de caballos de Coa (Cilicia) y de carros de Egipto. El autor atribuyó todo el esplendor de Salomón a la sabiduría divina que Dios le dio.

La apostasía de Salomón (11:1-43). Deuteronomio advertía sobre olvidarse de Dios en la prosperidad (Deut. 6:10-12; 8:7-20). Los problemas del reinado de Salomón pueden relacionarse con el mal uso de la bendición de Dios. Su éxito en el comercio internacional lo animó a casarse con esposas extranjeras por razones diplomáticas. Amaba al Señor, pero también "tuvo amoríos con muchas mujeres" extranjeras.

Este amor por mujeres extranjeras creció más que su amor por los mandamientos de Dios. Las esposas lo hicieron ir detrás de la idolatría. Las colinas de Jerusalén estaban salpicadas de altares consagrados a Astarot, la diosa fenicia de la fertilidad (ver Deut. 16:21; Jue. 3:7; 1 Sam. 7:3-4), al dios Moloc de los amonitas (Lev. 18:21), y a Quemos de Moab (Jue. 11:24).

El autor llegó a la conclusión que "Salomón hizo lo que ofende al SEÑOR" y no obedeció "como su padre David." A pesar de que David pecó en contra de Dios, su reinado no fue malo porque nunca cayó en la práctica despreciable de la idolatría. Esta práctica trajo el juicio de Dios, lo cual trajo aparejada la división de Israel en dos reinos. La sabiduría y las posesiones de Salomón no estuvieron sujetas al Señor. De ahí que el Señor levantó a tres antagonistas: Hadad el edomita, Rezón de Aram/Siria, y Jeroboam de la tribu de Efraín. Ahías, el profeta del Señor, incitó a Jeroboam a liderar a las diez tribus del norte para que se separaran de Jerusalén.

Salomón murió después de 40 años de gobierno (971–931 a.C.). Roboam sucedió a su padre y cosechó el torbellino del juicio de Dios.

JUDÁ E ISRAEL DIVIDIDOS (12:1–16:34)

El libro describe el período de antagonismo entre los dos reinos, Israel y Judá. La rebelión de Jeroboam cumplió el juicio de Dios sobre el reino de Salomón. La dinastía de Jeroboam fue condenada y usurpada en razón de la idolatría malvada. Israel sufrió derramamiento de sangre por guerras y por golpes políticos. En total, 10 dinastías gobernaron a Israel en sus 200 años (931–722 a.C.). El reino de Judá disfrutó la estabilidad de sólo una casa dinástica, dado que el Señor preservó el trono de David. Aun así, sus reyes también cometieron los pecados de idolatría de sus contrapartes en el norte. Los reyes de Judá experimentaron la guerra continuamente y sólo el recto Asa tuvo un gobierno largo y próspero.

Becerros de oro (12:1-33). Este capítulo trata el evento crítico de 1 Reyes. La negativa del rey Roboam de revocar el trabajo forzado opresivo y las medidas con respecto a los impuestos por parte de su padre Salomón, dividieron el reino. Las diez tribus de Israel bajo Jeroboam se separaron de Jerusalén, y cumplieron la profecía de Ahías (ver 11:29-30). Roboam trató de recuperar su reino, pero la palabra profética de Semaías se lo prohibió. El reino de Roboam reducido en gran manera llegó a ser conocido como Judá. El nombre Roboam significa *el que agranda al pueblo*, pero irónicamente él lo dividió.

El rey Jeroboam construyó su comando militar en Siquem, un lugar político y religioso importante en la historia de Israel (Jos. 24). Él sabía que su fortuna política estaba ligada a la vida religiosa de la nación. Levantó dos becerros de oro en Dan y en Betel (ver Os. 8:4-6; 10:5;

Amós 7:8-13). Impulsó santuarios locales paganos y autorizó un sacerdocio no levítico. Inició una fiesta anual en Bet-el en el octavo mes para competir con la fiesta de los tabernáculos celebrada tradicionalmente en el séptimo mes (1 Rey. 12:25-33; ver Lev. 23:33-43). Jeroboam gritó: "¡Israelitas...! Aquí están sus dioses, que los sacaron de Egipto" (1 Rey. 12:28). Estos dioses se habían moldeado según el becerro sagrado de Egipto (ver Ex. 32:4) y según el becerro adorado por los cananeos. No obstante, Jeroboam ligó la adoración de estos becerros a la liberación de Egipto por parte del Señor. Si Jeroboam tenía la intención de continuar con la adoración a Jehová Dios, los becerros sólo tenían el propósito de ser pedestales para el Dios invisible de Israel. Desde el punto de vista del escritor sagrado, estos becerros fueron signos de idolatría pagana.

Hombre de Dios (13:1-34). Un profeta del Señor de quien no se menciona el nombre dio un mensaje de juicio contra el santuario real de Jeroboam en Bet-el. Predijo que Josías destruiría el lugar de adoración de Bet-el. Esto ocurrió en el 621 a.C. cuando el rey Josías de Judá inició profundas reformas religiosas (2 Rey. 23:15-17). Cuando Jeroboam se dio cuenta de que él no podía dañar al profeta, lo sedujo para que se quedara, pero el Señor le había prohibido a este hombre comer o beber en el reino del norte.

En cuanto el hombre de Dios se fue de Bet-el, un anciano profeta que esperaba tener un momento de compañerismo con él, se encontró con dicho hombre de Dios y usando el engaño lo persuadió de quedarse. Con imprudencia este aceptó comer con él. Después que el hombre de Dios dejó a su anfitrión, un león lo mató en el camino. Cuando el profeta anciano descubrió el cuerpo, exclamó: "Ahí tienen al hombre de Dios que desafió la palabra del Señor." Irónicamente, la muerte del hombre de Dios probó que sus

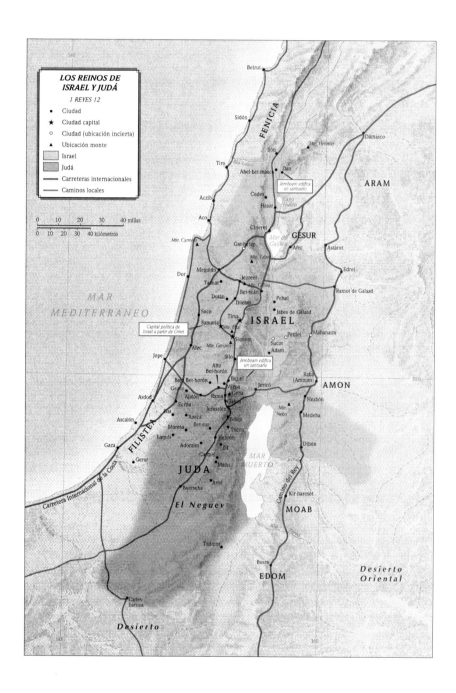

**LOS REINOS DE
ISRAEL Y JUDÁ**

1 REYES 12

- • Ciudad
- ★ Ciudad capital
- ○ Ciudad (ubicación incierta)
- ▲ Ubicación monte

Israel
Judá

Carreteras internacionales
Caminos locales

0   10   20   30   40 millas
0   10   20   30   40 kilómetros

predicciones acerca de Bet-el ciertamente se cumplirían.

El altar pecaminoso de Jeroboam fue la razón de su caída y en última instancia de la desaparición de Israel (ver 14:16; 15:29; 2 Rey. 17).

La condena de Jeroboam (14:1-20). La esposa de Jeroboam, disfrazada como otra mujer, visitó al profeta Ahías en Silo para conocer el destino de su hijo Abías que estaba enfermo. Ella no pudo engañar al profeta y este condenó la casa de su marido. Predijo que el niño moriría y que el Señor levantaría otra dinastía para eliminar a la progenie de Jeroboam (ver 15:29). El profeta también vaticinó el exilio de Israel. Jeroboam reinó 22 años (14:20, RVR60) (930–909 a.C.).

El castigo de Roboam (14:21-31). Roboam derrochó su herencia a través de la apostasía espiritual. Su reinado fue tan malvado como el de Jeroboam, con sus santuarios paganos y prostitución masculina en los templos. A pesar de que Judá fue preservado debido a la promesa hecha a David, el Señor en su enojo castigó a Roboam por su maldad. Este fue afligido por Sisac (Sesonq), el fundador de la dinastía XXII de Egipto (945–924). Un relato de sus guerras se halla inscripto en la pared del templo de Karnak. Roboam le pagó con generosidad con el oro acumulado por Salomón. Roboam reinó 17 años (930–913 a.C.).

Abiam y Asa (15:1-24). El reinado de trece años de Abiam fue malo, pero Dios sostuvo su trono como una "lámpara" en Jerusalén por amor a David.

No obstante, Asa recibió una buena evaluación de parte del historiador sagrado. Su reinado de 41 años (910–869 a.C.) incluyó reformas, aunque no eliminó los santuarios paganos. Durante el reinado de Asa, Baasa de Israel construyó una fortaleza cerca de Jerusalén en Ramá. Asa hizo un tratado con Ben-adad, rey de Siria, quien

atacó a Israel. Baasa se fue de Ramá y desmanteló la fortaleza.

Nadab de Israel (15:25-32). Nadab sucedió a su padre Jeroboam pero reinó sólo dos años (909–908 a.C.). Hizo lo malo a los ojos del Señor al igual que su padre. Baasa asesinó a Nadab y mató a toda la casa de Jeroboam, y de esta manera cumplió la predicción de Ahías (ver 14:10-11,14).

Baasa y Ela (15:33–16:14). La dinastía de Baasa se inició con asesinatos y terminó de la misma manera. El profeta Jehú condenó la maldad de Baasa y vaticinó la desaparición de su casa. Reinó 24 años (908–886 a.C.) y fue sucedido por su hijo Ela (886–885 a.C.). En el estupor de una borrachera fue asesinado por Zimri, un oficial de la corte. Zimri ejecutó a toda la familia de Baasa, tal como Jehú lo había profetizado.

Los siete días de Zimri (16:15-20). El reinado de Zimri, la tercera "dinastía," tuvo la distinción de ser el más corto en la historia de Israel. Gobernó durante siete días antes de suicidarse incendiando su palacio. Su fin fue maquinado por el general Omri, quien lideró una expedición contra Zimri por haber asesinado al rey Ela.

La casa de Omri (16:21-28). Omri derrotó a Tibni, un rival para el trono, y fundó la cuarta dinastía en Israel. Su reinado fue de sólo doce años (885–874 a.C.). Su fama fue tan grande que cien años después de su muerte la nación de Israel todavía se llamaba "casa de Omri." Omri tuvo estrechos lazos con los fenicios, incluso casó a su hijo Acab con la princesa tiria Jezabel. Omri mudó la capital de Israel de Tirsa a Samaria. Allí los reyes de Israel gobernaron hasta su destrucción por los asirios en el 722 a.C.

Acab y Jezabel (16:29-34). Acab y Jezabel reinaron 22 años (874–853 a.C.). Juntos trataron de hacer de Israel una nación pagana devota a Baal y Asera, las deidades de los sidonios. Acab erigió un ídolo de Baal en Samaria y construyó una imagen de la diosa cananea Asera. El historiador sagrado no se impresionó demasiado con los logros políticos de Acab. Dos veces evaluó el gobierno de Acab diciendo que fue peor que el de todos sus predecesores.

Durante el reinado de Acab, un hombre llamado Hiel, que era de la pecadora ciudad de Bet-el, reconstruyó la ciudad de Jericó. Sus hijos varones murieron bajo la maldición que Josué pronunció sobre cualquiera que restaurara la ciudad (Jos. 6:26). El autor incluyó este relato para mostrar que el juicio divino sobre el pecado es seguro. También Acab sufriría por sus pecados.

ELÍAS Y MICAÍAS (17:1–22:53)

El ciclo de historias sobre Elías se aparta del estereotipado informe sobre los reyes en los capítulos 12–16. Las historias del profeta Elías muestran que quienes hicieron la historia de Israel no fueron los reyes sino los profetas, que dramáticamente le dieron forma al futuro de cada casa real.

El ministerio de Elías ocurrió durante la más grande crisis religiosa de Israel bajo Acab y Ocozías (1 Rey. 22:51–2 Rey. 1:18). El reinado de Acab entró en decadencia debido a las guerras con Siria y a que robó la viña de Nabot.

Problemas para Acab (17:1-24). El tisbita Elías irrumpe en el libro como un enviado del Señor. Él le pronosticó a Acab una gran sequía que sólo terminaría cuando Elías diera la palabra (ver Sant. 5:17-18). La sequía fue para refutar el baalismo de Acab, ya que Baal tenía la reputación de ser el dios de la lluvia y de la vegetación. Esto demostró que Jehová Dios era el verdadero Señor de la naturaleza.

Durante los tres años de sequía, Elías vivió con una viuda y su hijo en Sarepta de Fenicia, la tierra nativa de Jezabel, donde se adoraba a Baal. La sequía se había extendido a Fenicia y Dios usó al profeta a fin de proveer comida para esta familia. Cuando el hijo de la mujer se enfermó y dejó de respirar, Elías oró tres veces y el Señor respondió resucitando al niño. Debido a que el Señor hizo estos milagros en Fenicia, esto demostró que el Señor era el Dios de todas las naciones y que Baal no existía.

La elección del verdadero rey (18:1-46). Durante tres años Acab y su siervo Abdías buscaron desesperadamente al escurridizo de Elías. En forma inesperada, Elías se encontró con Abdías en el camino y le prometió que iría a ver al rey. Cuando Acab se encontró con el profeta, se refirió a Elías como el que lo estaba "causando problemas a Israel." Sin embargo, era Acab el que causaba aflicción a Israel. Elías propuso una confrontación con los profetas de Baal y de Asera en el monte Carmelo.

La confrontación era para beneficio del pueblo, a fin de que se dieran cuenta de quién gobernaba a Israel en realidad: los baales de Acab y Jezabel o el Señor, el Dios de sus padres. La confrontación consistió en preparar un sacrificio y orar para que la deidad probara su existencia respondiendo con fuego del cielo. Baal tenía la reputación de ser el dios de las tormentas y por lo tanto por lo menos debería haber sido capaz de hacer caer fuego del cielo (relámpagos).

Los profetas de Baal oraron toda la mañana, pero no hubo respuesta. Elías ridiculizó su teología pagana. Luego en un frenesí extático ellos se cortaron con cuchillos frenéticamente para atraer la atención de su dios (ver Lev. 19:28; Deut. 14:1), pero no hubo respuesta. A la hora del sacrificio vespertino, fue el turno de Elías. Él volvió a construir el altar del Señor e invocó a Dios, identificándolo como "Dios de Abraham, de Isaac y de Israel." Cayó fuego y la gente exclamó: "¡El SEÑOR es Dios...!" y el pueblo ejecutó a los malvados profetas.

Dios también envió una gran lluvia para terminar con la sequía. La tormenta cayó sobre Acab mientras se apresuraba para llegar a Jezreel. La mano del Señor le dio poder a Elías para correr delante del carro de Acab hacia la ciudad.

Elías se esconde en Horeb (19:1-21). No obstante, la victoria de Elías se tornó en miedo y depresión. Sorprendentemente, Jezabel no se intimidó ante el informe de Acab sobre los hechos de Elías. Ella hizo votos de matar al profeta, quien volvió a correr pero esta vez hacia el desierto para alejarse de Jezabel. En desesperación el profeta oró pidiendo la muerte (ver Núm. 11:11-15; Job 6:8-9; Jon. 4:8). El ángel del Señor lo fortaleció con comida y así viajó 40 días y 40 noches hasta una cueva en el monte Horeb. Fue sobre el mismo monte Horeb, otro nombre para el monte Sinaí, que el Señor se había revelado a Moisés (ver Ex. 3; 19).

Elías se quejaba de que los israelitas habían abandonado a Dios y de que él era el último profeta del Señor, pero Elías estaba equivocado. Sucesivamente el Señor envió un viento fuerte, un terremoto y un fuego para devastar la montaña. Sin embargo, el profeta no oyó a Dios en estos eventos. En cambio, oyó al Señor en un suave murmullo. Por esto Elías se dio cuenta que a veces Dios obra de manera silenciosa.

En realidad 7000 personas no habían adorado a Baal. Dios envió a Elías para ungir a tres hombres quienes en última instancia destruirían la casa de Acab: Hazael de Siria, Jehú de Israel y el profeta Eliseo. El llamado de Eliseo fue el comienzo de una gran escuela de profetas (ver 2 Rey. 6:1-2).

La victoria de Acab (20:1-43). El rey sirio Ben-adad formó una coalición de 32 reyes quienes sitiaron Samaria y la tuvieron como rehén. Ante la orden de un profeta no identificado, Acab atacó secretamente a los sirios que estaban borrachos y el Señor concedió una victoria sorpresiva a los ejércitos más débiles de Acab. Con esto Dios le demostró a Acab que Él era el verdadero Señor de Israel. Al año siguiente los sirios, creyendo que Dios era sólo un dios de las colinas, atacaron la ciudad de Afec ubicada en un valle. Dios otra vez concedió la victoria para mostrar que Él regía sobre colinas y valles. A pesar de la gracia divina, el malvado Acab violó las reglas de la guerra santa y perdonó la vida de Ben-adad. Dios envió al rey otro profeta para condenar a Acab por dejar de lado la palabra del Señor. Acab confirmó la veracidad del mensaje anunciando su propio juicio.

La viña de Nabot (21:1-29). La malvada conspiración contra Nabot otra vez trajo la ira de Dios contra Acab, y se produjo la muerte de Jezabel y de su hijo Joram (1 Rey. 22:37-38; 2 Rey. 9:24-26,30-37). Debido a la ley de Moisés, Nabot rechazó el pedido del rey de adquirir su viña. La ley enseñaba que Dios era el dueño de Canaán y que el pueblo, como sus arrendatarios, no podían disponer de la tierra (Lev. 25:23; Núm. 27:1-11; 36:1-12). Acab, tal vez más respetuoso de la ley de Dios que Jezabel, sólo refunfuñó por el rechazo mientras que Jezabel tomó medidas para robar la tierra. Ella envió cartas a líderes poderosos de Jezreel para hacer caer en una trampa a Nabot con falsas acusaciones de sedición y blasfemia. Él fue ejecutado por estos delitos, y Jezabel y Acab se "tragaron" su tierra.

Sin embargo, su asesinato no pasó desapercibido. En el mismo viñedo por el cual Jezabel conspiró, Elías proclamó la denuncia de Dios. Aunque Acab era un jugador pasivo en este hecho perverso, fue considerado responsable por no haber detenido a su malvada esposa. El profeta predijo que en el lugar donde los perros lamieron la sangre de Nabot, la sangre de Acab también sería el deleite de los perros de la ciudad. Jezabel asimismo sería un manjar para los sabuesos voraces de Jezreel.

Cuando oyó la palabra del Señor Acab se arrepintió. Aunque era el hombre más malvado de Israel, Dios tuvo misericordia de él y le prolongó la vida. No obstante, este aplazamiento no significó que Dios

COMENTARIO BÍBLICO CONCISO HOLMAN

había cambiado de opinión sobre el carácter del reino de Acab (ver 22:37-38).

La profecía de Micaías y la muerte de Acab (22:1-53). Un monumento al rey asirio Salmanasar III relata cómo éste peleó contra los ejércitos unidos de Acab y Ben-adad en Qarqar sobre el río Orontes en el 853 a.C. (ver 20:34). El resultado probablemente fue un empate. Cuando los asirios se retiraron, Ben-adad renovó sus hostilidades y capturó a Ramot de Galaad cerca del límite de Israel (ver 2 Rey. 10:32-33). Josafat, el rey de Judá, se unió a Acab para pelear contra los sirios. Josafat no estaba satisfecho con los profetas de la corte de Acab e insistió en oír de parte del profeta del Señor. Micaías, traído de la prisión de Acab, predijo que Acab sería derrotado y muerto. Acab ridiculizó esa profecía, pero Micaías le dijo cómo en una visión él había visto que Dios mandaba un espíritu mentiroso para confundir a los consejeros de Acab.

Esta visión no significa que Micaías creyera que Dios era mentiroso, sino que fue una manera gráfica de explicar que, para efectuar su juicio divino, Dios había permitido que los falsos profetas confundieran a Acab.

Acab fue a la batalla disfrazado, ¡pero Dios lo encontró mediante la flecha de un arquero! El carro ensangrentado de Acab fue lavado en Samaria y su sangre fue lamida por los perros, tal como la palabra del Señor había anticipado (ver 21:19).

El reinado de Josafat de 25 años continuó las reformas religiosas de su padre Asa. Mientras tanto, Ocozías siguió los pasos de su padre Acab y adoró a Baal. Su reinado de dos años se acortó por el juicio de Dios (ver 2 Rey. 1:1-18).

Significado teológico y ético. El primer libro de Reyes, al igual que Deuteronomio, advierte contra olvidarse de Dios en tiempos de prosperidad económica. Habiendo conocido la abundancia material, muchos hoy han dejado a Dios fuera de sus vidas como lo hicieron los antiguos israelitas. Habiendo abandonado la fe, muchos han comprometido sus valores con los de una sociedad pagana. El colapso de la sociedad israelita advierte acerca de las consecuencias del pecado.

Además 1 Reyes revela el poder de la palabra de Dios para moldear la historia. La valentía de aquellos como Elías, cuyos corazones estaban cautivados por la palabra de Dios, desafía a los cristianos de hoy a permitir que se sienta su presencia. Después que el profeta Micaías hubo visto el trono de Yahvéh, no se impresionó por las amenazas del rey Acab. Aquellos que han experimentado la altura, la profundidad y la anchura del amor de Dios en Cristo Jesús deberían ser valientes y proclamar al mundo la palabra divina de juicio y de gracia.

La historia de Israel y de Judá es la historia del fracaso de un pueblo que no cumple el propósito de Dios. No obstante, Dios es fiel a pesar del fracaso humano. Aunque somos llamados a la obediencia, nuestra esperanza está en la gracia de Dios. Vemos esta gracia de manera clarísima en Jesucristo, "que según la naturaleza humana era descendiente de David" (Rom. 1:3).

Preguntas para la reflexión

1. ¿Cómo afecta la oración la vida del pueblo de Dios?

2. ¿En qué sentido es la sabiduría más valiosa que la riqueza?

3. ¿Cómo debería el pueblo de Dios usar su prosperidad?

4. ¿De qué maneras usa Dios instrumentos malvados para lograr sus propósitos?

2 REYES

El primero y el segundo libro de Reyes forman un relato que vuelve a narrar la historia de la monarquía de Israel (comparar con la introducción a "1 Reyes" para un comentario más completo).

Tema. Dios destruyó los reinos de Israel y Judá porque sus reyes condujeron al pueblo a hacer lo malo y desobedecieron el pacto del Señor (22:13).

I. Eliseo, el profeta de Dios (1:1–8:29)

II. Decadencia y destrucción (9:1–17:41)

III. Supervivencia y días finales (18:1–25:30)

Propósito y teología.

1. El segundo libro de Reyes continúa describiendo la decadencia de Israel. Uno de los objetivos de Reyes es mostrar cómo Dios tenía justificativos para destruir a su pueblo. Israel fue entregado a los asirios porque persistió en la adoración idólatra promovida por Jeroboam (17:21-22). Judá sufrió el juicio de Dios debido a los pecados de Manasés, cuyo reinado fue la encarnación de la maldad de los reyes de Judá. El reavivamiento de la adoración ortodoxa por parte del rey Josías no fue suficiente para quitar la ira de Dios (21:10-15; 23:25-27).

2. La base para el juicio de Dios fue el pacto mosaico tal como se describe en Deuteronomio. Los reyes estuvieron muy lejos del ideal divino (Deut. 12). Debido a que Israel quebrantó la ley de Moisés adorando en santuarios paganos, Dios hizo que se desencadenaran las maldiciones del pacto (2 Rey. 10:21; 17:7-13; ver Deut. 28). El tema recurrente de la retribución divina alcanza su cumbre en la última parte de 2 Reyes. (Por ejemplo: 5:26-27; 9:25-37; 13:2-3; 17:7,25; 19.27-28, 20:16-18; 21:12.)

3. El autor mostró que el Señor estaba en acción en la historia de Israel. La acción de Dios se ve en las advertencias dadas por los profetas y en el juicio llevado a cabo "según la palabra que el Señor había anunciado" (por ejemplo: 1:17; 10:17; ver 9:25-26,36-37; 10:10; 14:25; 15:12; 17:18-23). La soberanía divina está demostrada en que Dios asigna victoria o derrota a las naciones y establece o derroca reyes. (Por ejemplo: 5:1; 7:6; 10:32; 13:5; 14:27; 15:37 y 8:13; 9:6.) A través de la historia de Israel, el Señor prueba ser el único Dios verdadero (5:15; 19:19).

4. Otra evidencia de la intervención divina son los numerosos milagros de Elías. Aunque fue una hora negra en la vida de la nación, el ministerio de Elías demostró que Dios era todavía poderoso en medio de su pueblo (por ejemplo: 2:13-14; 4:34-35, 5:1-18; 13:20-21).

5. Finalmente, la gracia de Dios es en el libro una lección teológica importante (13:22-23, 14:26-27). Dios libró a Judá de Asiria y a Ezequías de una enfermedad fatal en respuesta a sus oraciones por liberación (19:14-34; 20:1-11). Este libro tenebroso de destrucción concluye con un indicio de esperanza (25:27-30). Joaquín, el descendiente de David, estaba vivo en Babilonia, y había esperanza que Dios restaurara a Israel y a su rey. El libro se dirigió a los que vivían en el exilio en Babilonia. Era deber de ellos prestar atención a las advertencias del libro y arrepentirse en preparación para el regreso a su tierra.

ELISEO (1:1–8:29)

La sección introductoria continúa con la

historia de los profetas Elías y Eliseo, quienes pronunciaron la palabra del Señor durante este período decadente en la vida de la nación. El ministerio de Elías terminó con su ascensión al cielo. Pero su sucesor, Eliseo, tomó su manto y llevó a cabo una doble porción de los maravillosos actos de Dios. A través del ministerio profético de Eliseo, el Señor guió a Israel a victorias sobre sus enemigos, los moabitas y los sirios. Dios mostró a través de Eliseo que Él es también el Señor de todas las naciones y quien da forma a sus destinos. Si bien Dios respondió a las necesidades específicas de su pueblo fiel, juzgó al siervo Giezi por su codicia.

Ocozías consulta a Baal-zebub (1:1-18). El reinado de Ocozías (853–852 a.C.) se presentó en 1 Reyes 22:51-53. Cuando este rey sufrió un accidente en su palacio, envió a un mensajero a consultar al dios fenicio Baal-zebub para saber si se recuperaría. Sin embargo, Elías interrumpió el viaje de los mensajeros de Ocozías y anunció que el rey moriría porque había buscado a Baal-zebub en lugar de buscar al Señor. Una y otra vez, 2 Reyes enfatiza que la dependencia en otros dioses es un camino que conduce a la muerte. Después de tres intentos de parte de las delegaciones de Ocozías, Elías fue personalmente a la cama del rey para repetir su mensaje. El rey murió tal como el Señor lo había dicho a través de su profeta.

El nombre Baal-zebub (*señor de las moscas*) era un juego de palabras intencional sobre el nombre original Baal Zebul, que significa *señor elevado* o *señor príncipe*. Beelzebú, la forma del Nuevo Testamento del nombre Baal-zebub, para el tiempo de Cristo llegó a ser un símbolo de Satanás (Mat. 10:25; 12:24-27).

El viaje de Elías al cielo (2:1-25). Los días finales de Elías prepararon el camino para que Eliseo siguiera sus huellas. Este lo acompañó de pueblo en pueblo

esperando la llegada del torbellino de Dios que conduciría al cielo al gran profeta. Eliseo juró que no se iría del lado de Elías hasta que recibiera su espíritu "por partida doble." Como primogénito, un hijo recibía una doble porción de la herencia de su padre (ver Deut. 21:17). Cuando el carro de fuego llegó a buscar al profeta, Eliseo exclamó: "¡Padre mío, padre mío, carro y fuerza conductora de Israel!" Elías una vez había orado pidiendo morir bajo un arbusto (1 Rey. 19:3-4), pero Dios lo llevó al cielo en un torbellino. Él y Enoc (Gén. 5:24) fueron los únicos hombres en las Escrituras que fueron trasladados al cielo.

El manto caído de Elías fue un símbolo de la herencia espiritual de Eliseo. Con el manto él repitió el milagro de Elías de cruzar el Jordán en seco. Esto probó que Eliseo había recibido su ministerio.

El grupo de profetas dudaba de las credenciales de Eliseo. Este demostró su autoridad sanando, es decir, purificando las aguas contaminadas de Jericó. También invocó una maldición divina sobre sus detractores, quienes se burlaron de él instándolo a ascender al cielo como Elías. Dos osos salvajes voraces mataron a los malvados jóvenes.

Joram de Israel (3:1-27). Durante el reinado de Joram (852–841 a.C.), Mesa, rey de Moab, se rebeló contra Israel. Joram reclutó al rey Josafat de Judá (ver 1 Rey. 22) y al rey de Edom para que ayudaran a sojuzgar a Mesa. La ausencia de agua debido a los lechos secos de las corrientes de aguas obstaculizó la campaña. Por respeto a Josafat, el descendiente de David, Eliseo acordó consultar al Señor a favor de Joram.

Dios les indicó que cavaran zanjas, las cuales Él inundó de agua. Cuando los moabitas vieron el agua, ésta parecía roja como la sangre y ellos por error interpretaron que los tres reyes habían peleado entre sí. La apariencia rojiza ha sido explicada como el reflejo en el agua de una roca colorada, conocida en esa región que lindaba con Edom y Moab. Los moabitas atacaron prematuramente y fueron vencidos. Cuando Mesa vio que la batalla estaba perdida, ofreció a su primogénito en sacrificio para calmar la ira de Quemos, la deidad moabita (ver 2 Rey. 16:3; 21:6). El sacrificio humano estaba prohibido por Dios, quien llamó a los israelitas a dar sus primogénitos como sacrificios vivos, dedicados al servicio divino (Ex. 22:29-30; 34:20; Deut. 18:10). Los ejércitos de Israel se replegaron por miedo.

La piedra moabita encontrada en Dibón, Jordania, en 1868, contiene una inscripción de Mesa, quien ofrecía una explicación diferente de sus guerras con Israel. Admitía su sometimiento a Acab, pero se jactaba de que Quemos le había dado la victoria sobre Israel.

Siervos fieles (4:1-44). La viuda de un profeta no tenía manera de pagarle a sus acreedores excepto vendiendo a sus hijos varones como esclavos. Eliseo multiplicó la poca cantidad de aceite que ella tenía y dicho aceite se vendió para pagar las deudas.

Durante su ministerio itinerante, cada vez que viajaba por Jezreel, Eliseo se quedaba en la casa de una sunamita rica. Debido al ministerio de ella hacia el profeta, el Señor le dio un hijo a ella y a su anciano esposo. Luego, cuando el niño se enfermó y murió, Dios contestó la oración de Eliseo y le devolvió la vida (ver Elías, 1 Rey. 17:17-24).

El Señor respondió a las necesidades de los profetas a través del ministerio de milagros de Eliseo. Este purificó una olla de guisado envenenado echándole harina. El Señor alimentó a cien profetas con sólo 20 panes (ver Mat. 14:13-21; 15:32-38; Juan 6:5-13).

La lepra de Naamán (5:1-27). Naamán, el general del ejército del rey de Siria, sufría de lepra, una temida enfermedad. Una muchacha cautiva israelita le habló a la esposa de Naamán sobre Eliseo, el profeta del Señor, quien podía invocar a Dios para salvar al general. Cuando Naamán llegó a la casa de Eliseo trayendo grandes sumas de dinero, un mensajero le dio instrucciones para que se bañara siete veces en el río Jordán. Debido a su orgullo Naamán se fue enojado, negándose a bañar en las aguas barrosas. Sus criados lo convencieron de que lo hiciera y el Señor lo sanó. Naamán declaró: "...no hay Dios en todo el mundo, sino sólo en Israel." Naamán se convirtió al Señor y se lamentaba que al llevar a cabo sus obligaciones oficiales tuviera que acompañar a su rey al templo del dios pagano Rimón.

Aunque Eliseo había rechazado el regalo de Naamán, Giezi, el criado de Eliseo, detuvo a Naamán para pedirle dinero. Eliseo supo sobre la codicia de Giezi y lo condenó a la lepra de Naamán.

El hacha (6:1-33). Entre las historias milagrosas acerca de Eliseo está su recuperación del hacha perdida. Los profetas experimentaban la bendición del Señor y su número en aumento requería de un nuevo alojamiento. El hacha de un profeta que estaba cortando árboles se perdió en el Jordán. Eliseo echó un palo al río y esto hizo que el hacha saliera a la superficie.

Los sirios lideraron dos campañas contra el rey de Israel. En el primer ataque el Señor habilitó a Eliseo para decirle al rey de Israel los movimientos precisos de los ejércitos sirios de modo que Israel pudiera escapar. Los ejércitos sirios trataron de matar al profeta, pero los caballos y los carros de fuego de Dios rodearon a Eliseo y a su criado. El Señor respondió la oración de Eliseo y cegó a los sirios. Luego que Dios les devolvió la vista, Eliseo los liberó para volver a su lugar de modo que pudieran advertir a su rey.

Más tarde, los sirios bajo Ben-adad ordenaron una invasión a gran escala en

Samaria. El sitio causó una hambruna en la ciudad y el rey de Israel culpó al profeta Eliseo por el sufrimiento que pasaban. Probablemente interpretó esto como un castigo del Señor. El rey envió a un mensajero para matar al profeta.

El Señor libera Samaria (7:1-20). Cuando el mensajero del rey se acercó al profeta, Eliseo profetizó que en el día serían liberados. El mensajero ridiculizó las palabras del profeta y luego pagó esto con su vida.

Esa noche Dios provocó un estruendo como de un ejército que se acercaba y los sirios se fueron del campamento, pensando que tropas mercenarias habían llegado para ayudar a Samaria. Al otro día unos leprosos descubrieron el campamento abandonado con provisiones. El pueblo entero se abalanzó sobre la entrada de la ciudad, atropelló al mensajero que se había burlado del mensaje del profeta y allí murió.

La mujer sunamita (8:1-15). El Señor trajo una gran hambruna a Israel y Eliseo aconsejó a la mujer sunamita, cuyo hijo fue vuelto a la vida (4:8-37), que residiera en el país de los filisteos. Después de la hambruna de siete años, el rey le devolvió las tierras de ella porque oyó su historia por medio de Giezi, el criado de Eliseo.

Eliseo fue a Damasco para ungir a Hazael, el comandante militar de Ben-adad, para ser rey de Siria. El profeta lloró porque sabía que Hazael oprimiría al pueblo de Dios. Ben-adad estaba enfermo y Hazael, incitado por la palabra del Señor, asesinó al rey.

Joram y Ocozías (8:16-29). El reinado de Joram incluyó una corregencia con su padre Josafat (853–841 a.C.). Este neciamente casó a Joram con Atalía, la hija de Acab. Joram se comportó como los reyes malvados de Israel, pero Dios salvó su reinado porque era de la casa de David (ver 2 Sam. 7:13-16).

El gobierno de Ocozías (841 a.C.) fue malvado como el de su padre porque estuvo influido por la familia de Acab, su familia política. Esto en última instancia significó desastre para la casa de Judá dado que su reinado fue seguido por el de Atalía, la perversa reina madre, hija de Acab. Durante el reinado de Ocozías, el rey Joram de Israel fue herido por los sirios en Ramot de Galaad. Ocozías visitó a su tío Joram en Jezreel, cuando se estaba recuperando.

DECADENCIA Y DESTRUCCIÓN DE ISRAEL (9:1–17:41)

La segunda sección describe el deterioro y eventual colapso del reino del norte, Israel, bajo el peso de su paganismo religioso y sus luchas políticas internas. La dinastía de Jehú libró a Israel de su baalismo, y así pospuso la ira de Dios. Sin embargo, el deslizamiento hacia la destrucción llegó poco después con el surgimiento y la caída de cuatro dinastías en un corto lapso de 30 años. El clímax del relato es el capítulo final de la sección, el cual explica por qué Israel no sobrevivió (17:7-41). Al dejar de lado el pacto, Israel escogió la muerte (Deut. 30:19-20).

Mientras tanto, los descendientes de David se escaparon de la aniquilación sólo por gracia de Dios. Las alianzas de Josafat con los reyes israelitas (ver 1 Rey. 22; 2 Rey. 3; 2 Crón. 20:35-37), selladas con matrimonios mixtos (2 Rey. 8:18; 2 Crón. 18:1), amenazaron la existencia misma del linaje davídico cuando Atalía se convirtió en reina madre. La salvación de Judá por medio de Joás y el éxito del reinado de Amasías fueron los únicos períodos de estabilidad en el reino del sur, que de todos modos estaba tambaleante.

La casa de Acab (9:1-37).

Jehú, el comandante del rey Joram, defendió Ramot de Galaad en contra de los sirios. Eliseo le encomendó a uno de los profetas ungir a Jehú como rey de Israel. El Señor le ordenó a Jehú vengar la sangre de sus profetas matando a los gobernantes que descendían de Acab y Jezabel.

Jehú salió furiosamente con su carro desde Ramot hacia Jezreel. Cuando los dos reyes, Joram y Ocozías, lo vieron acercarse, se encontraron con él en el campo que había pertenecido a Nabot. Cuando los reyes reconocieron sus intenciones, huyeron para salvar sus vidas. Jehú mató a Joram y tiró su cuerpo en el terreno de Nabot; así cumplió con el juicio de Dios sobre la casa de Acab (ver 1 Rey. 21:21-22,29). Ocozías también fue herido fatalmente.

Desde su residencia en Jezreel, Jezabel se burló de Jehú al compararlo con Zimri, el asesino (1 Rey. 16:9-10). Jehú llamó a los guardias del palacio para que la arrojaran por la ventana. Allí donde se estrelló, caballos la arrollaron y perros voraces masticaron su cuerpo. Su muerte cumplió la venganza divina por el asesinato de Nabot (1 Rey. 21:23).

El golpe sangriento de Jehú (10:1-36). Jehú amenazó a los oficiales de Samaria y ellos lo apaciguaron decapitando a los 70 hijos varones de Acab. Jehú hizo esto de acuerdo con la orden del Señor (2 Rey. 9:7-10), pero el golpe fue más allá de las directivas específicas de Dios: mató a 42 parientes del rey Ocozías de Judá, y aprovechó la oportunidad para debilitar el trono de su rival. El baño de sangre fue recordado por casi 100 años (ver Os. 4:1-2). También mató a todos los parientes y a los asociados de Acab.

Jehú continuó con su purga exterminando a los adoradores de Baal e incendiando su templo. Aun así Jehú pecó como sus padres porque no quitó los becerros de oro de Dan y de Bet-el. De todos modos, Dios preservó la casa de Jehú por cuatro generaciones más, hasta que llegó a alrededor de 100 años.

Durante su reinado (841–814 a.C.), el reino de Jehú perdió Transjordania a manos de Hazael de Siria. Para evitar más pérdidas, Jehú hizo una alianza con los asirios. El monumento de piedra negra que el rey

Salmanasar III erigió habla de cómo Jehú llegó a ser un vasallo asirio (841 a.C.). La piedra presenta a Jehú arrodillado delante del rey y ofreciendo regalos.

Atalía y Joás (11:1-21). Cuando murió su hijo Ocozías, Atalía se apoderó del trono y mató a los descendientes reales de David. Pero Dios, manteniendo su promesa a David, preservó a Joás, el hijo de Ocozías. Josabet, la media hermana de Ocozías y esposa del sumo sacerdote Joiada (2 Crón. 22:11), escondió al niño en el templo durante los seis años del reinado de Atalía. En conspiración con los guardias del templo, con el ejército y con los mercenarios ceretos (ver 2 Sam. 20:23), Joiada proclamó a Joás rey en el templo (11:1-12).

Atalía fue aprehendida y ejecutada por los guardias. Joiada renovó el pacto del Señor y el pueblo quitó los ídolos asociados con la adoración de Baal que había promovido Atalía. Joás fue entronizado a los siete años de edad.

Las reformas religiosas de Joás (12:1-21). El reinado de 40 años de Joás (835–796 a.C.) fue recto a los ojos de Dios debido a las reformas religiosas que él introdujo en Judá. En vista de que los sacerdotes no consiguieron levantar fondos para reparar el descuidado templo, Joiada recolectó dinero en un cofre colocado en el templo. No obstante, el gobierno de Joás se empañó cuando envió los objetos santos de Dios a Hazael, rey de Siria, como pago de tributo. El pueblo que Dios había redimido de la esclavitud egipcia debía permanecer políticamente libre, de modo que pudieran tener libertad para servir a Dios. La inestabilidad política llevó a los oficiales de gobierno a asesinar a Joás.

Joacaz y Joás (13:1-25). Joacaz (814–798 a.C.) sucedió a su padre, Jehú, pero llevó a Israel a adorar una imagen de la diosa Asera, una representación de la diosa cananea de la fertilidad. El Señor usó a los sirios para reducir el ejército de Israel.

Joás, hijo de Joacaz, gobernó Israel 16 años (792–782 a.C.) y se lo recordó por su opresión al rey Amasías de Judá (ver 14:1-14). Durante su reinado Eliseo estaba por morir de una enfermedad, y Joás llegó junto a su cama y lloró. Eliseo le indicó que golpeara el suelo con su flecha. Después que lo golpeó tres veces, Eliseo predijo que el Señor le daría tres victorias sobre los sirios. Dios le concedió dichas victorias sobre el rey sirio Ben-adad, quien sucedió a su padre Hazael.

Dios honró tanto la vida como la muerte del gran profeta Eliseo. Un hombre muerto fue vuelto a la vida cuando su cuerpo fue colocado en la tumba con los huesos de Eliseo.

Amasías (14:1-29). Amasías (796–767 a.C.) agradó al Señor durante su reinado tal como lo había hecho su padre Joás. Ejecutó a los asesinos de su padre (ver 12:20-21) y derrotó a los edomitas rebeldes. No obstante, su arrogancia le trajo aparejada la derrota ante Joás de Israel. Este derrumbó las paredes de Jerusalén, se apoderó de los tesoros del templo y tomó rehenes. Irónicamente, al igual que en el caso de su padre, el gobierno de Amasías terminó por una conspiración de asesinos en Laquis.

Jeroboam II (14:23-29). El reinado de Jeroboam le dio a Israel uno de sus períodos más notables de estabilidad política y crecimiento territorial (793–753 a.C.). El profeta Jonás defendió las políticas expansionistas de Jeroboam. A través de Jeroboam, Dios le dio a Israel una tregua de sus enemigos, pero este rey también siguió en los malvados caminos de su tocayo. El profeta Amós condenó la codicia y la decadencia moral de Israel durante el reinado de Jeroboam. (Ver "Amós.")

Azarías (15:1-17). La corregencia y el reinado de Azarías totalizaron 52 años (792–740 a.C.). Azarías, también llamado Uzías, fue contemporáneo de Jeroboam II; ambos reyes dieron a Israel y a Judá sus períodos de más grande prosperidad. Dios hirió con lepra a Azarías porque ofreció incienso en el templo (ver 2 Crón. 26:16-20). Compartió su gobierno con su hijo Jotam.

De Zacarías a Peka (15:8-31). Después de la muerte de Jeroboam el reino se deterioró rápidamente. Zacarías gobernó durante seis meses y fue muerto por Salum. Esto terminó con la dinastía de Jehú en la quinta generación como el Señor lo había predicho (10:30). Salum gobernó solo por un mes antes de ser asesinado en el cruel golpe de estado por parte de Manahem de Tirsa.

Manahem retuvo su corona durante diez años (752–742 a. C.). Pagó tributos al monarca asirio, Tiglat-pileser III (745–727 a.C.), conocido en la Biblia como "Pul," su nombre monárquico babilónico. Los anales de Tiglat registran los impuestos pesados que Manahem soportó.

Pekaías heredó de su padre la política de pacificación hacia los asirios. Después de un reinado de dos años (742–740 a.C.), Peka, el comandante de los ejércitos de Israel, ingenió un golpe anti-asirio matando al rey. (El nombre *Peka* es una forma corta de *Pekaía*.) Su reinado fue de 20 años (752–732 a.C.). Quizás durante este período Peka gobernó desde Galaad en forma independiente del régimen de Samaria hasta la muerte de Pekaía. Finalmente la política anti-asiria de Peka fracasó cuando Tiglat se anexó porciones de Israel y deportó a sus habitantes. Oseas usurpó el trono con el respaldo de Asiria (ver 17:1-6).

Jotam (15:32-38). Jotam, quien correinó con su padre Azarías, gobernó 16 años (750–732 a.C.). Su reinado agradó al Señor, excepto por el hecho de que dejó los santuarios paganos para el sacrificio. Peka de Israel y Rezín de Siria colaboraron para amenazar a Jotam al final de su gobierno.

Los profetas Oseas, Isaías y Miqueas fueron sus contemporáneos.

Acaz (16:1-20). Acaz (735–715 a.C.) fue uno de los reyes más malvados en la historia de Judá. Cometió la horrible atrocidad del sacrificio humano y promovió la práctica del sacrificio en los santuarios paganos (ver 2 Crón. 28). Acaz heredó los problemas políticos de su padre. La coalición de Rezín y Peka marchó contra Jerusalén para forzar a Judá a unirse a la guerra contra los ejércitos invasores asirios. Pero Acaz, yendo contra el consejo del profeta Isaías (ver Isa. 7:1-17), buscó la ayuda de Tiglat-pileser y compró la intervención de este con el templo y con los tesoros reales. La guerra de Asiria dio como resultado la captura de Damasco (732 a.C.), la humillación de Samaria (15:29) y el vasallaje de Acaz ante Tiglat.

Para cumplir como un vasallo obediente, Acaz reemplazó el altar de bronce del Señor en el templo con una réplica del altar asirio que Tiglat erigió en Damasco. Además eliminó otras características del templo que resultaban ofensivas para el monarca asirio.

Oseas (17:1-41). (732–722 a.C.). Las políticas pro-asirias de Oseas (15:30) habían salvado a Samaria, pero el alto costo fue el vasallaje en manos de Tiglat y de su hijo Salmanasar V (727–722 a.C.). Oseas puso a prueba la fuerza de Salmanasar y reclutó la ayuda de So, rey de Egipto. Oseas fue hecho prisionero y Samaria soportó un sitio de tres años liderado por Salmanasar y completado por su hermano Sargón II (722–705 a.C.). La destrucción de Samaria en el 722 a.C. marcó el final de Israel, el estado del norte.

Mientras la historia secular ofrece causas políticas y militares para la desaparición de la nación, el historiador inspirado ofreció razones morales para la caída de Samaria. El extenso comentario sobre los pecados de Israel exoneró a Dios pero además fue una advertencia a Judá para que no imitara a su pariente del norte.

Israel pecó contra Dios e ignoró las advertencias sobre el pacto hecho con sus padres. El pueblo fabricó los becerros de oro de Jeroboam, erigió la imagen de Asera, cometió sacrificios humanos, adoró a las estrellas y practicó hechicería. El Señor quitó de la tierra a Israel porque pecó, al igual que los cananeos a quienes el Señor había quitado de allí anteriormente.

Los asirios sojuzgaban a las naciones conquistadas por medio de una política de nuevo asentamiento. Las naciones trasplantadas a Samaria adoraron al Señor nominalmente pero también adoraron a sus propias deidades nacionales. Esta adoración mixta los separó de los judíos (Esdras 4:1-3; Juan 4:4-9,39-40).

SUPERVIVENCIA Y DÍAS FINALES DE JUDÁ (18:1–25:30)

La sección final de Reyes describe la supervivencia de Judá después del colapso de Samaria. Desde la perspectiva del escritor bíblico, los reinados de Ezequías y Josías causaron profundas reformas religiosas y morales que prolongaron la existencia de Judá por otros 100 años. No obstante, este período también contó con Manasés, el rey más malvado de Judá (cap. 21). Debido a los pecados atroces de este monarca, Jerusalén cayó bajo el juicio final de expulsión por parte de Dios.

Ezequías (18:1-37). El relato de la carrera de Ezequías también está registrado en 2 Crónicas 29–32 y en Isaías 36–39. Las tres fuentes no siempre ofrecen una secuencia cronológica de los eventos en su reinado dado que los autores hicieron una presentación temática de la vida de este rey.

Ezequías, a diferencia de su padre Acaz, confió en Dios a lo largo de su reinado (715–686 a.C.) e introdujo reformas radicales al quitar los santuarios paganos, destruir los símbolos idólatras y centralizar la adoración en Jerusalén. Aunque heredó de Acaz la condición de vasallo, Ezequías se rebeló contra Sargón (ver Isa. 20:1) y su sucesor Senaquerib. El historiador sagrado elogió en gran manera a Ezequías (2 Rey. 18:5).

El relato de la invasión de Senaquerib también se narra en Isaías 36–37. Cuando Senaquerib se convirtió en rey (705–681 a.C.), animado por Egipto Ezequías se rebeló contra Asiria. Senaquerib respondió (701 a.C.) rodeando Jerusalén. Los anales asirios reportan que tenía a Ezequías atrapado "como pájaro en una jaula." Ezequías pagó un tributo generoso, pero no apaciguó a Senaquerib por mucho tiempo.

Senaquerib envió una delegación desde su centro de operaciones en Laquis para negociar una rendición. Los asirios ridiculizaron la dependencia que Ezequías tenía de Egipto y se burlaron de su esperanza en el Señor. Se dirigieron a los representantes de Ezequías en hebreo, y se rehusaron a hablar en la lengua aramea de la diplomacia, de modo que el pueblo de Jerusalén pudiera entender sus amenazas.

Dios libra a Jerusalén (19:1-37). Cuando Ezequías oyó el informe de las amenazas asirias, consultó a Isaías para tener una palabra de parte de Dios. A través del profeta, el Señor prometió liberar a Ezequías por medio de un rumor que distraería a los asirios. Mientras tanto, la atención de Senaquerib se había desplazado a la fortaleza de Libna y a la cercanía de un ejército egipcio liderado por Tirhaca. Senaquerib envió una carta amenazando nuevamente a Ezequías que no se aliara con los egipcios.

Ezequías llevó la carta delante de Dios y oró pidiendo la liberación divina. Él sabía que sólo el Señor lo podía salvar. Isaías anunció la respuesta de Dios y profetizó la salvación de Jerusalén y el fin del reinado de Senaquerib. Esa noche el Señor mató a los ejércitos de Asiria, y Senaquerib se vio

obligado a replegarse a Nínive. Varios años más tarde, tal como Dios lo había anticipado, los hijos de Senaquerib lo asesinaron en un esfuerzo por salvar el reino que se derrumbaba.

Dios sana a Ezequías (20:1-21). Ezequías se enfermó de muerte y el Señor envió a Isaías para decirle al rey que se preparara para morir. Sin embargo Ezequías oró con sinceridad de corazón, y por medio del profeta Isaías Dios prometió prolongar la vida de Ezequías por quince años. El Señor animó al rey con una señal, haciendo que la sombra de su reloj de sol retrocediera diez grados. El himno de acción de gracias de Ezequías se preserva en Isaías 38:9-20.

Merodac-baladán, rey de Babilonia (721–710 a.C.), envió una delegación para felicitar a Ezequías por su recuperación. A este rey babilonio se lo conoce en los anales antiguos como Mardukapal-iddin II, un jefe del sur de Caldea que lideró una exitosa rebelión contra Sargón. Aunque aparece en Reyes después de la invasión de Senaquerib (cap. 19), su visita en realidad ocurrió antes.

Merodac-baladán envió mensajeros para enterarse de la fuerza militar de Judá y para atraer a Ezequías a fin de formar una alianza. Isaías condenó a Ezequías por su orgullo al desplegar abiertamente sus tesoros. El profeta continuó con un oráculo divino en el cual profetizó que los tesoros y el pueblo de Judá serían llevados a Babilonia (ver 25:21b).

Manasés y Amón (21:1-26). Resulta notable que Ezequías haya tenido un hijo (Manasés) que deshizo todo lo que él había logrado para que Judá volviera a Dios. Durante su reinado de 55 años (697–642 a.C.), el más largo en la historia de Judá, Manasés cometió toda clase de atrocidad pagana. El historiador hace notar que los de Judá "se condujeron peor que las naciones que el SEÑOR destruyó delante de ellos" y acusó a Manasés por la eventual caída de Jerusalén (21:12-15; 22:16-17;

24:3-4). A pesar de que Manasés sufrió un corto encarcelamiento en Asiria (2 Crón. 33:10-13), los registros asirios muestran que fue leal durante la mayor parte de su reinado.

Dicha maldad produjo como fruto más violencia. Amón (642–640 a.C.), el hijo de Manasés, fue asesinado por los oficiales del palacio después de sólo dos años en el trono.

Josías (22:1-20). Josías (640–609 a.C.) comenzó a reinar a la edad de ocho años, después del asesinato de su padre. En su decimoctavo año de reinado (621 a.C.), Josías inició las reparaciones del templo que Manasés y Amón habían ignorado. El sumo sacerdote Hilcías recuperó el libro de la ley de entre los escombros del templo.

Cuando el libro fue leído delante del rey, éste temió la ira divina y envió una delegación a la profetiza Hulda para preguntarle a Dios acerca del destino de Judá. Ella profetizó que el Señor destruiría a Judá por su idolatría pero que Josías no sería testigo de eso porque se había arrepentido. Los eruditos generalmente concuerdan en que este "libro" era Deuteronomio o alguna parte de este.

Las reformas y la muerte de Josías (23:1-30). Josías renovó el pacto con el Señor y celebró la Pascua de una manera sin precedentes. Quitó toda evidencia de adoración pagana y centralizó la adoración en Jerusalén. Tal como el profeta lo había predicho (1 Rey. 13:32), Josías derrumbó el santuario que Jeroboam había erigido en Bet-el tres siglos antes. El escritor bíblico le dio a Josías un elogio mayor que a todos los reyes: "Ni antes ni después de Josías hubo otro rey que, como él, se volviera al Señor de todo corazón". Jerusalén disfrutó de un avivamiento nacional bajo el liderazgo de Josías. No obstante, éste se detuvo totalmente cuando el rey murió en Meguido en manos del faraón Necao. Josías había tratado de impedir los esfuerzos de Necao para ayudar a los vacilantes asirios en la última resistencia de estos contra los ejércitos babilónicos de Nabucodonosor.

Joacaz y Joacim (23:31-37). Necao depuso a Joacaz, el hijo de Josías, después de sólo tres meses y lo hizo prisionero en Egipto. En su lugar colocó a otro hijo de Josías, el rey títere Joacim, también llamado Eliaquim (609–598 a.C.).

Joaquín y Sedequías (24:1-20). La balanza del poder se inclinó hacia los babilonios en el 605 a.C., cuando Nabucodonosor derrotó a los ejércitos combinados de Egipto y de Asiria en Carquemis, al norte de Siria. Después de tres años de vasallaje ante Nabucodonosor (605–602 a.C.), Joacim intentó una insurrección que fracasó. Joacim resistió la palabra del Señor quemando el rollo de Jeremías que predecía el sometimiento de Judá a Babilonia (Jer. 36:29). El historiador le atribuyó el servilismo continuado de Judá a la maldad de Manasés, cuyo reinado afligió al Señor.

Joaquín, el hijo de Joacim, tenía 18 años cuando ascendió al trono al morir su padre (598 a.C.). Él también se rebeló, y Nabucodonosor sitió Jerusalén. Este último destituyó al joven rey después de sólo tres meses (ver Jer. 52:31-34). En ese tiempo, el templo y el palacio fueron despojados (ver 2 Rey. 20:17) y tanto los de la casa del rey como los líderes de la ciudad fueron llevados al exilio (ver Jer. 22:24-30). Nabucodonosor instauró como rey a Matanías, tío de Joaquín, y lo llamó "Sedequías."

La destrucción de Jerusalén (25:1-30). A pesar de las advertencias de Jeremías (ver Jer. 37–39; 52), Sedequías (597–586 a.C.) lideró una rebelión final contra los babilonios en el 588 a.C. Después de un largo sitio y de la hambruna resultante, la ciudad cayó en julio del 586 a.C. Sedequías huyó pero fue capturado y llevado al centro de operaciones de Nabucodonosor en Ribla. Allí Sedequías fue testigo de la ejecución de sus hijos antes de que lo cegaran y lo llevaran a Babilonia como prisionero. Nabuzaradán, el comandante babilonio, atacó la ciudad, confiscó el mobiliario del templo e incendió Jerusalén hasta lo último (25:8-21). Gedalías fue elegido gobernador pero fue asesinado en un golpe antibabilonio. Por temor a las represalias babilónicas, muchos de los judíos huyeron a Egipto.

El párrafo final del libro indica cómo respondió el escritor sagrado a la catástrofe. En la mejoría de las condiciones del encarcelamiento de Joaquín, él vio un mensaje de esperanza. El gobernante babilónico Evil-merodac (561–560 a.C.) sacó a Joaquín de la prisión y lo colocó bajo arresto domiciliario, donde obtenía un estipendio real del tesoro babilónico (25:27-30). A pesar de que Jerusalén ya no existía, Israel todavía tenía su rey. Si Dios así lo quería, Judá podía volver a su tierra.

Significado ético y teológico. Una y otra vez 2 Reyes advierte sobre los peligros de la transigencia. Los que comprometen sus testimonios por ganancias egoístas se arriesgan al juicio de Dios. El intento de Giezi de sacar provecho financiero del ministerio de sanidad de Eliseo es una dura advertencia a los cristianos de que el evangelio no es una excusa "para obtener dinero" (1 Tes. 2:5).

En 2 Reyes la dependencia de otros dioses llevó a la muerte tanto de individuos como de naciones. Si nuestra seguridad descansa en nuestra propia riqueza o poderío militar, estamos confiando en una casa construida sobre la arena (ver Mat. 7:26). Los fracasos de los reyes de Israel y de Judá les recuerdan a los cristianos que deben fijar su confianza sólo en Dios.

Los reyes de Israel y de Judá con frecuencia procuraron preservar la seguridad nacional a expensas de sus convicciones religiosas. El pueblo de Dios liberado de la esclavitud en Egipto debería haber evitado situaciones políticas que comprometieran su libertad de adorar a Dios.

El fin trágico de las naciones de Israel y de Judá demuestra las horribles consecuencias del pecado. No obstante, ninguna catástrofe es tan grande que Dios no pueda obrar a través de ella para darle esperanza a su pueblo.

Preguntas para la reflexión

1. ¿Qué se puede aprender en 2 Reyes sobre la santidad de Dios?

2. ¿Cómo debería vivir el pueblo de Dios en una sociedad que es malvada?

3. ¿Cómo puede el pueblo de Dios tener esperanza en medio de la inestabilidad social y política?

4. ¿Qué es el avivamiento espiritual? ¿Cómo responde Dios al arrepentimiento y a las oraciones por avivamiento?

5. ¿De qué maneras usa Dios a gente o naciones malvadas para lograr sus propósitos?

1 CRÓNICAS

Al igual que Samuel y Reyes, 1 y 2 Crónicas eran originalmente un solo libro. El título hebreo se refiere a *los eventos cronológicos de la época*. La versión griega, que dividió Crónicas en dos libros, le dio el nombre de "Las cosas dejadas afuera" u "Omitidas." Dicho título refleja el concepto equivocado de que Crónicas se escribió para suplementar los eventos omitidos en Samuel y Reyes. El nombre en español deriva del título de la Vulgata latina: "La crónica de toda la historia sagrada."

Los libros de Crónicas no deben confundirse con "las crónicas de los reyes de Judá" y "las crónicas de los reyes de Israel," las cuales eran relatos reales oficiales que se usaron para escribir 1 y 2 Reyes (por ejemplo, 1 Rey. 14:19; 15:7).

Las traducciones griega y española incluyen los libros de Crónicas en la colección de libros históricos, seguidos de Esdras y Nehemías. No obstante, en la colección hebrea, Crónicas es el último libro del canon. Allí está agrupado con los Escritos y está precedido por Esdras-Nehemías.

El autor es desconocido. La tradición le atribuyó el libro a Esdras (ver 2 Crón. 36:22-23 con Esd. 1:1-2). El autor probablemente era un levita o alguien estrechamente asociado con el templo dado que Crónicas enfoca la atención en la adoración en Jerusalén. Muchos eruditos creyeron que un individuo o una escuela, con el nombre de "Cronista," produjo Crónicas y Esdras-Nehemías como una historia continua. Otros han rechazado esta idea de una "Historia del cronista," argumentando que todas las tradiciones antiguas separaban los libros y que estos tienen diferentes puntos de vista (ver "Los libros históricos" y "Esdras"). Para este último grupo, el término "cronista" se limita al autor de 1 y 2 Crónicas.

La fecha de Crónicas ronda el 400 a.C. Crónicas usó fuentes de un período anterior, particularmente las obras canónicas de Génesis, Samuel y Reyes. Otras fuentes nombradas son "el comentario sobre el libro de los reyes" (2 Crón. 24:27); "el libro de los reyes de Israel y de Judá" (27:7; 35:27), que también contenía oráculos de Isaías (32:32); el "libro de los reyes de Israel" (20:34; 33:18); "las palabras de los videntes" (33:19, RVR60); y las obras proféticas de Isaías (26:22).

Diferencias con Samuel y Reyes. Mientras Crónicas muestra una dependencia de los libros de Samuel y Reyes, hay diferencias notables en contenido y en perspectiva teológica.

1. Crónicas no se escribió para suplementar estas obras anteriores, ni fue una simple re-escritura. Estos libros ofrecen una nueva interpretación de la monarquía de Israel. Samuel y Reyes se dirigieron a la comunidad del exilio y explicaron por qué la monarquía israelita fracasó. Crónicas se dirigió a la comunidad restaurada y explicó que Dios todavía tenía un propósito para Israel. Crónicas se escribió desde una perspectiva sacerdotal, mientras que Samuel y Reyes fueron escritos desde una perspectiva profética.

2. Crónicas intenta una historia exhaustiva desde Adán, pero Samuel y Reyes están limitados al tiempo de la monarquía. En Reyes Judá todavía espera la liberación de la cautividad, pero Crónicas termina con el decreto de Ciro que anticipa el regreso de Judá.

3. Crónicas describe a David y a los reyes de Judá, y evita comentar sobre el reino del norte. Incluso el reinado de Saúl se trata

como un preámbulo a la asunción de David. Crónicas habla de las contribuciones positivas de David y de Salomón y omite los eventos no halagadores en sus reinados.

4. El palacio es el escenario central en Samuel y Reyes, pero el templo es central en Crónicas. Para el cronista, la contribución perdurable de los reyes fue religiosa. Samuel y Reyes condenan el pecado e instan al arrepentimiento, pero Crónicas alienta a los fieles a empezar de nuevo.

Tema. Dios prometió a David un trono eterno, lo eligió para fundar el verdadero centro de adoración en Jerusalén, y designó a Salomón para que construyera el templo (28:4-7).

I. El plan redentor de Dios (1:1–9:44)
II. El plan a través de David (10:1–20:8)
III. El plan de adoración (21:1–29:30)

Propósito y teología.

1. El primero y el segundo libro de Crónicas ofrecen la historia de Israel desde sus raíces ancestrales en Adán hasta el período de la restauración después del exilio babilónico. Una función importante de las genealogías con que comienza Crónicas es proveer continuidad en los planes de Dios para Israel. Volver a narrar la historia de Israel tenía como objetivo alentar a la comunidad judía enfatizando la elección de Israel por parte de Dios y sus promesas al pueblo. Crónicas muestra que el propósito perdurable de Israel era la adoración a Dios. Israel podía cobrar ánimo porque aunque no tenía rey, el templo permanecía.

2. El tema dominante es el templo y su servicio. El enfoque de Crónicas es la institución de la adoración, especialmente la música, y el papel de los levitas. El libro presta atención a las preparaciones de David para construir el templo y prácticamente excluye todo otro logro (1 Crón. 6:48-49; 22:1-26:32; 28:1–29:9).

3. El primer libro de Crónicas exhorta a Israel a ser fiel de modo que el plan redentor prometido a David pudiera cumplirse a través de ellos (17:7-15; 28:4-7). La recompensa de Dios por la fidelidad se enfatiza particularmente en la repuesta a la oración (4:9-10; 5:20-22; 16:8-36; 17:16-27; 29:10-19). El cronista explicó que la infidelidad fue la razón del fracaso de los reyes de Israel y del exilio (5:25-26; 9:1b; 10:13-14).

4. Dado que Dios es santo, su pueblo debía adorar en forma apropiada como Moisés había mandado y como David ordenó. Como consecuencia de la santidad de Dios, todo el que profanaba la santidad de la adoración o transgredía la ley experimentaba la ira divina (13:10-12; 15:11-15; 21:1-8; 27:23-24; 28:7). David cantó sobre la santidad de Dios cuando invocó a toda la creación para adorarlo (16:10,29, 35; 17:20; 29:11,16).

5. El Señor es también soberano en los asuntos del mundo, en particular el surgimiento y el éxito del reinado de David (1:1-9:44; 17:7-15; 28:4-7; 29:25). Tres veces el cronista reitera la entrega del pacto davídico (17:1-27; 22:6-13; 28:1-10). Crónicas tiende a hablar de la acción directa de Dios (14:2,10,15; 18:6-13) mientras que Samuel y Reyes incluyen causas intermedias. Los planos para el templo de Jerusalén se atribuyen a la revelación directa de Dios y no a David (28:12).

6. El liderazgo es una enseñanza relevante para el autor, quien buscó alentar a Israel cuando no tenía rey. La expectativa mesiánica todavía permanece viva para el autor, quien por lo tanto idealizó el papel de David (17:7-15; 28:5; 29:23). El cronista enfatizó el liderazgo espiritual de la nación, particularmente los levitas y los oficiales (15:2-27; 23:2–26:32; 29:1-9).

EL PLAN REDENTOR DE DIOS (1:1–9:44)

Las genealogías no son un recitado inútil de nombres. Son una afirmación significativa del lugar que ocupaba Israel en todo el accionar del plan de Dios para el mundo. Para el cronista la valoración adecuada de la historia universal radica en la fundación de Israel, el nombramiento de David y la construcción del templo, la morada de Dios en el mundo (un adelanto del verdadero Templo, Jesucristo, quien residió en el mundo como un hombre; ver Juan 12).

Desde Adán hasta David (1:1–3:24). Las genealogías desde Adán hasta Abraham, desde Jacob (Israel) hasta David, y desde David hasta sus descendientes post-exílicos muestran la continuidad del plan redentor de Dios. El plan divino, que comenzó antes de la creación, empezó a desarrollarse en la esfera de la historia en el huerto con Adán (Gén. 3:15) y continuó a través de Abraham, quien traería bendición al mundo (12:1-3). Esta promesa de bendición se haría realidad con el linaje de David (2 Sam. 7). El cronista le sigue el rastro a la genealogía de David más allá del exilio, e indica que la promesa seguía vigente. Los propósitos de Dios siempre sobrepasan a las circunstancias de las desventuras políticas de Israel.

Más descendientes (4:1–5:26). Se hace una lista de más descendientes de Judá. Entre ellos está Jabes, quien es un modelo de fe. Los descendientes de Simeón aparecen luego en la lista dado que esta tribu quedó asimilada dentro del territorio de Judá (Jos. 19:1-9). Se incluyen en la lista las familias más allá del Jordán, y se honra a Rubén como el primogénito.

Leví (6:1-81). El linaje del sumo sacerdote se describe cuidadosamente y se distingue de las otras familias levíticas dado que sólo a los hijos de Aarón les estaba permitido ofrecer sacrificio en el templo. Los levitas actuaban como músicos en el templo y allí también llevaban a cabo otras tareas.

Las tribus restantes (7:1-40). Las tribus restantes se incluyen en la lista, pero Dan y Zabulón están ausentes ya que el cronista quiso retener el número tradicional de doce tribus.

La familia de Saúl (8:1–9:44). El relato repite que Saúl era de los benjamitas que vivieron en Gabaón y no de los benjamitas de Jerusalén. El cronista reafirmó que el Señor había elegido a David y a Jerusalén, y no a Saúl de Gabaón. Aquellos que de las distintas tribus regresaron del exilio y residieron en Jerusalén fueron clasificados por las genealogías.

EL PLAN A TRAVÉS DE DAVID (10:1–20:28)

El episodio de la muerte de Saúl provee de un trasfondo para el reinado de David. El gobierno de David fue glorioso, y el pináculo de su reinado fue llevar de regreso el arca a Jerusalén. Dios honró el deseo de David de construir un templo y le concedió un trono eterno. David prosperó aun más debido a la bendición de Dios y le dedicó al Señor los botines de sus victorias.

La infidelidad de Saúl (10:1-14). Se narran la derrota y el suicidio final de Saúl (ver 1 Sam. 31). El cronista llegó a la conclusión de que la muerte de Saúl fue el juicio de Dios por la infidelidad (ver 1 Sam. 13; 15; 28).

Dios prospera a David (11:1-47). David llegó a ser rey de acuerdo a la promesa de Dios (ver 2 Sam. 5:1-3). Conquistó a los obstinados jebuseos en Jerusalén y su poder aumentó paulatinamente porque el Señor estaba con él (2 Sam. 5:6-12). La evidencia de la fuerza de David fueron las obras sorprendentes que logró su grupo de hombres valientes (ver 2 Sam. 23:8-39).

El ejército de Dios (12:1-40). Los que se unieron a David en Siclag (1 Sam. 27:1-6) eran numerosos y de muchas tribus a lo largo de Israel. Su ejército era como el ejército de Dios. Todas las tribus se regocijaron en la coronación de David cuando se convirtió en rey sobre todo Israel.

La santidad de Dios y el arca (13:1-14). Saúl no consultó al Señor durante su reinado, pero con el consentimiento de todo Israel David intentó hacer volver el arca de Dios desde la casa de Abinadab en Quiriat-jearim (2 Sam. 6:2-11).

Aunque el pueblo tenía celo por el Señor, pecaron al transportar el arca en forma impropia sobre una carreta (1 Crón. 15:13). De acuerdo a las instrucciones de Moisés, los levitas debían llevarla con unas varas sin tocarla. La pena por la desobediencia era la muerte (Ex. 25:14; Núm. 3:31; 4:15). Uza enderezó el arca cuando empezó a resbalarse de la carreta y Dios lo mató. Cuando David fue testigo de esto, temió al Señor más que nunca. El arca fue dejada al cuidado de Obed-edom, y Dios bendijo su casa debido al arca.

Dios establece a David (14:1-17). Todas las naciones comenzaron a temer a David. Hiram, rey de Tiro, envió materiales de construcción para el palacio de David. Este sabía que Dios había establecido su reino y una familia que aumentaba (2 Sam. 5:11-16). El Señor condujo a los ejércitos de David a la guerra y les entregó a los filisteos (2 Sam. 5:17-25).

El arca descansa (15:1-29). Jerusalén fue llamada la "Ciudad de David" porque David la capturó como una posesión real. Él una vez más intentó hacer volver el arca y tuvo éxito porque siguió cuidadosamente la palabra del Señor (Ex. 25:14; Núm. 4:5-6,15). Los sacerdotes y los levitas se consagraron en preparación para llevar el arca.

David, que era un músico dotado (ver 1 Sam. 16:18,23), preparó al pueblo para la adoración estableciendo una orquesta completa y designando tres coros levíticos bajo la dirección de Hemán, Asaf y Etán (Jedutún; comparar lo sobrescrito en Sal. 50; 73-83; 88-89). Cuando el arca fue llevada a Jerusalén, David ordenó que se hicieran sacrificios a Dios. La esposa de David, Mical, que era hija de Saúl, desdeñó la forma de adoración libre de David (2 Sam. 6:12-23).

La oración de David (16:1-43). Después que David adoró con sacrificio, llamó a los levitas para que ofrecieran acción de gracias, oración y alabanza.

David presentó un himno de acción de gracias. El cronista compiló extractos de conocidos salmos a fin de transmitir el significado del himno de David para la comunidad del cronista (Sal. 96; 105:1-15; 106:1,47-48). David llamó a los rectos a adorar, exaltó la gracia del Señor desde los días de Abraham, y concluyó invocando a toda la creación para adorar al Creador.

David proveyó para el sacrificio diario y nombró a Asaf para ministrar en el lugar del arca en Jerusalén y a Sadoc para servir en el tabernáculo en Gabaón.

Las promesas de Dios a David (17:1-27). Después que David llevó el arca a Jerusalén, decidió construir una "casa" (templo) para el Señor. Por un oráculo divino, el profeta Natán supo que en lugar de eso, Dios le construiría a David una "casa" dinástica. Dios le prometió a David un reino, un trono y una dinastía eterna. El hijo de David construiría la casa del Señor y gobernaría como el hijo de Dios sobre el reino del Señor. En otro sitio el cronista explicó que Dios le prohibió a David construir el templo porque la carrera de David se conoció por la guerra y el derramamiento de sangre (22:8; 28:3).

Cuando Natán transmitió el oráculo, David oró admitiendo que era indigno y maravillándose por la magnitud de la grandeza y la gracia de Dios. El cumplimiento último de la promesa divina se hace realidad en Jesucristo, el Hijo de David, que es más grande que Salomón (ver Luc. 1:32-33).

Las conquistas de David (18:1-17). La sinceridad de las promesas divinas a David se hizo evidente por las victorias inmediatas que el Señor le concedió sobre los

INSTRUMENTOS MUSICALES EN EL ANTIGUO TESTAMENTO

TIPO	NOMBRE	REFERENCIAS EN LAS ESCRITURAS	LENGUA DE ORIGEN	TRADUCCIÓN EN LA NVI
PERCUSIÓN	Gaita	Dan. 3:5,7,10,15	Arameo: sumponeyah	zampoñas
	Campanillas	(1) Ex. 28:33-34; 39:25-26 (2) Zac. 14:20	(1) Hebreo: paamon (2) Hebreo: metsillot	(1) campanilla (2) cascabeles de los caballos
	Címbalos	(1) 2 Sam. 6:5; Sal. 150:5 (2) 1 Crón. 13:8; 15:16,19; 2 Crón. 5:12-13; Esd. 3:10; Neh. 12:27	(1) Hebreo: tseltselim (2) Hebreo: metsiltayim	(1) címbalos (2) címbalos
	Sistro	2 Sam. 6:5	Hebreo: menaanim	sistros
	Pandero	Gén. 31:27; Ex. 15:20; Jue. 11:34; 1 Sam. 10:5; 18:6; 2 Sam. 6:5; 1 Crón. 13:8; Job 21:12; Sal. 81:2; 149:3; Isa. 5:12; Jer. 31:4	Hebreo: tof	tambores, pandereta, pandero, tamboril
CUERDAS	Arpa	(1) 1 Sam. 10:5; Neh. 12:27; Isa. 5:12; 14:11; Amós 5:23; 6:5 (2) Dan. 3:5,7,10,15	(1) Hebreo: nebel (2) Arameo: pesanterin	(1) liras, arpa(s), citara(s) (2) arpas
	Instrumento similar al arpa	Dan. 3:5,7,10,15	Arameo: sabbeka	liras
	Lira	(1) Gén. 4:21; 1 Sam. 10:5; 2 Sam. 6:5; Neh. 12:27 (2) Dan. 3:5,7,10,15	(1) Hebreo: kinnor (2) Arameo: quizaros, qazros	(1) arpas (2) citaras
	Citara	Sal. 33:2; 92:3; 144:9	Hebreo: nebel asor	decacordio, arpa de diez cuerdas
VIENTO	Flauta	1 Sam. 10:5; 1 Rey. 1:40; Isa. 5:12; Jer. 48:36	Hebreo: chalil	flautas
	Cuerno, Corneta	Dan. 3:5,7,10,15	Arameo: qeren	trompetas
	Flauta, Caña	Dan. 3:5,7,10,15	Arameo: mazorquiza	flautas
	Cuerno de carnero	(1) Jos. 6:4-20; Jue. 7:16-22; 2 Sam. 15:10; Sal. 47:5; 150:3; Amós 2:2 (2) Ex. 19:13	(1) Hebreo: shofar (2) Arameo: yobel	(1) cuernos de carneros, trompetas (2) trompeta
	Trompeta	(1) Núm. 10:2-10; 1 Crón. 15:24,28; 2 Crón. 15:14; 23:13; Sal. 98:6; Os. 5:8 (2) Ezeq. 7:14	(1) Hebreo: chatsotsrah (2) Hebreo: taqoa	(1) trompeta(s) (2) trompeta
	Flauta vertical	Gén. 4:21; Job 21:12; 30:31; Sal. 150:4	Hebreo: uggab	flauta(s)

filisteos, los sirios y los edomitas. David respondió con acción de gracias dándole al Señor los botines de la batalla. El cronista concluyó diciendo: "En todas las campañas de David, el SEÑOR le daba la victoria" (18:6,13). Como resultado de sus nuevos triunfos y de su reino en expansión, David aumentó su dominio (2 Sam. 8:15-18).

La derrota de los amonitas (19:1-19). El Señor permaneció fiel a David y le permitió triunfar sobre una coalición de amonitas y sirios. David envió una delegación de mensajeros para trabar amistad con Hanún, quien sucedió a su padre Nahas como rey de los amonitas. Sin embargo, Hanún despreció la oferta de paz por parte de David. Esto dio como resultado una batalla importante, y las tropas de David sobrepasaron estratégicamente al enemigo (2 Sam. 10:1-19).

Rabá y Filistea (20:1-8). Joab, el comandante militar de David, derrotó completamente a los amonitas y capturó Rabá, su ciudad capital (1 Crón. 20:1-3; 2 Sam. 12:26-31). Los héroes de David sojuzgaron a los gigantes filisteos (2 Sam. 21:15-22). Como es típico del cronista, omitió el embarazoso incidente del pecado de David con Betsabé (2 Sam. 11) e hizo a un lado el relato de la rebelión de Absalón (2 Sam. 13–19). Crónicas pasa por alto estos relatos porque no sirven a sus propósitos. El cronista miró por encima de los defectos morales y subrayó las victorias de David para centrar la atención en la soberanía de Dios en la vida del rey. Dios usó a David para cumplir los propósitos que tenía para con él. Los más grandes logros de David no fueron políticos sino espirituales: trasladar el arca a Jerusalén y hacer los preparativos para la construcción del templo.

EL PLAN DE ADORACIÓN (21:1–29:30)

La sección final presenta los preparativos que David hizo para la construcción del templo. Para el cronista esta fue la contribución más importante del rey y predominó en su relato sobre el reinado de David. El lugar del templo fue elegido divinamente. David organizó a los levitas y a los sacerdotes para el trabajo del templo, organizó al ejército e hizo una convocatoria nacional. Allí el pueblo contribuyó con regalos y David nombró rey a Salomón y sacerdote a Sadoc.

Expiación por la maldad (21:1-30). Si bien el cronista fue cuidadoso en realzar las virtudes de David, incluyó el pecado del censo porque explicaba la elección del lugar para el templo. El rey hizo un censo de sus tropas, presumiblemente debido a su orgullo (ver Ex. 30:11-16).

El relato paralelo en 2 Samuel le atribuye a Dios la tentación de David (2 Sam. 24:1), pero el cronista se la atribuyó a Satanás. La razón para esta diferencia es el propósito teológico de cada escrito. El Antiguo Testamento atribuye todas las cosas a la soberanía de Dios, lo cual indica su control divino sobre toda la creación (Isa. 45:7). No obstante, el cronista enfatizó la santidad de Dios y por lo tanto señaló a Satanás como la causa directa del pecado de David. En otro lugar del Antiguo Testamento, Satanás (*el acusador*) actúa bajo la dirección de Dios (Job 1:6; Zac. 3:1).

Aunque David confesó su pecado, sufrió las consecuencias de su mal obrar. Dios envió un ángel para castigar a Jerusalén con una plaga. Para expiar sus pecados, el rey construyó un altar de sacrificio en la parcela de Ornán. Compró el lugar a pesar de que Ornán lo ofreció como regalo, porque sabía que la verdadera expiación siempre requiere un pago. Dios consumió la ofrenda con fuego del cielo y la plaga cesó.

Encargo a Salomón (22:1-19). El encargo del rey David incluyó la eliminación de los enemigos (1 Rey. 1–2). El cronista, cuyo interés estaba en el papel de David como líder espiritual, omitió esto y sólo mencionó que se designó a Salomón para que construyera el templo.

David estableció la parcela de Ornán como el futuro lugar para el templo. En vista de que Salomón era inexperto, David reunió materiales y obreros en preparación para la construcción y le encomendó que construyera el edificio; le explicó que él estaba descalificado debido a su reputación como guerrero. Al pacífico Salomón le estaría permitido construir el templo. David ilustró este punto haciendo un juego de palabras sobre el nombre de Salomón (*shelomoh*), el cual es semejante en sonido a "paz" (*shalom*). Finalmente, David instruyó a su hijo que fuera fiel de modo de tener éxito. David juntó numerosos materiales y trabajadores para asegurar el logro de Salomón.

David le ordenó a sus oficiales que ayudaran en la tarea y que sirvieran al Señor con devoción plena. Él creía que para este propósito Dios le había concedido la victoria sobre sus enemigos.

La organización de los levitas (23:1-32). El cronista se preocupó por los detalles políticos de la asunción de Salomón (ver 1 Rey. 1–2). Presentó la transición como pacífica y ordenada.

El nombramiento de los levitas y sus tareas fueron ordenadas divinamente por medio de Moisés (Núm. 3:1–4:49). David organizó a los levitas en tres grupos por familias: gersonitas, coatitas y meraritas. Los levitas fueron asignados a ayudar con la tarea de los sacerdotes en el servicio del templo.

La organización de los sacerdotes (24:1-31). Los descendientes de Aarón tuvieron la asignación exclusiva de ministrar delante del arca (23:13-14; 24:19; Núm. 18:1-7). Los descendientes de Eleazar e Itamar fueron divididos en 24 grupos, los cuales servían en el templo en forma rotativa (ver Luc. 1:5,8-9). El orden de servicio para los demás levitas se determinaba por sorteo de la misma manera que sucedía con los sacerdotes.

Música para el Señor (25:1-31). David estableció tres agrupaciones musicales bajo su supervisión. Asaf, Hemán y Jedutún (Etán) eran levitas que David nombró para el acompañamiento musical de la adoración en el templo (ver 15:16-22). Los grupos estaban formados por integrantes de edades variadas y diferentes habilidades musicales. Estaban divididos en 24 turnos como los sacerdotes.

El servicio en la casa del Señor (26:1-32). A los levitas de las familias de Coré y de Merari les fue confiada la seguridad del templo como porteros. Fueron elegidos debido a su habilidad excepcional. Los porteros hacían guardia día y noche para proteger el templo. Los levitas también proveyeron cuidadores para los tesoros del templo. Estos incluían regalos dedicados por David, Salomón y Saúl. Los levitas recolectaban impuestos para el rey (23:29-32).

Ejército y administradores (27:1-34). Se hizo una lista de las doce divisiones del ejército y de los oficiales de las tribus de Israel. Las cifras de la población no se conservaron debido a la ira de Dios (ver 21:1-7). Se mencionan administradores sobre asuntos civiles, seguidos de miembros del gabinete real.

Planos providenciales (28:1-21). David reunió a Israel para que fuera testigo de su encargo final a Salomón. A David no le fue permitido construir el templo, pero Dios preparó providencialmente a Salomón para llevar a cabo esa tarea. El rey repitió las provisiones del pacto divino y comisionó a su hijo para que construyera el templo (ver también 17:1-27; 22:1-19).

David le entregó a Salomón los planos para el templo, que él había hecho bajo la guía de Dios. Del mismo modo en que el Señor le reveló el plano del tabernáculo a Moisés (Ex. 25:1-30:38), el Espíritu instruyó la mente de David.

Los planos incluían la estructura del templo, los tesoros, los depósitos y el mobiliario sagrado. El documento específico escrito por David no está preservado en las Escrituras, pero lo esencial probablemente se encuentra en Crónicas donde se describe el templo y el culto (1 Crón. 22:1–26:32; 2 Crón. 3:1–4:22). David le aseguró a Salomón que Dios lo ayudaría y que los hombres y los materiales estaban preparados.

Adorar por medio de dar (29:1-30). David exhortó a la asamblea a seguir su ejemplo de mayordomía. El pueblo se regocijó cuando vio a sus líderes ofrendando voluntaria y libremente. David condujo a Israel en la adoración, alabó a Dios por su grandeza y reconoció que los regalos provenían del Señor mismo. La congregación reconoció a Salomón como rey y a Sadoc como sacerdote y les prometió fidelidad. Dios exaltó a Salomón ante los ojos de Israel.

David murió después de 40 años de servicio al Señor. El cronista concluyó refiriendo al lector a las crónicas de Samuel, Natán y Gad, las cuales contienen una narración exhaustiva del reinado de David.

Significado teológico y ético. El período persa, durante el cual se compiló Crónicas, fue un tiempo de esperanzas a medio cumplir. A los judíos se les había permitido regresar del exilio babilónico, pero no tenían rey. Se les había permitido reconstruir el templo, pero el "segundo templo" no tenía comparación con el primero. El cronista reafirmó para esa generación (y para la nuestra) que a pesar de las ambigüedades de la historia Dios tiene el control y tiene participación activa en la vida de su pueblo. El primer libro de Crónicas pasa por alto las derrotas morales y resalta las victorias de David para centrar la atención sobre la soberanía de Dios sobre este rey. Dios usó a David para

cumplir los propósitos que tenía para con él. Crónicas desafía a los cristianos a examinar los puntos altos de la obra de Dios en sus propias vidas. Nuestra esperanza es que "el que comenzó tan buena obra ... la irá perfeccionando" (Fil. 1:6).

El primer libro de Crónicas ilustra un uso responsable de las Escrituras. El uso que hace el cronista del Pentateuco y de los Profetas para arrojar nueva luz sobre sus fuentes principales, los libros de Samuel y de Reyes, demuestra que las Escrituras son la mejor guía para la interpretación de las Escrituras. La necesidad de interpretar "la antigua historia" de Samuel y de Reyes para una nueva generación postexílica llevó a la redacción de 1 y 2 Crónicas. Cada generación se encuentra con la tarea de confrontar su mundo con la verdad de las Escrituras de manera que ésta hable a las necesidades distintivas de su época.

El primer libro de Crónicas reconoce que el mayor logro de la dinastía de David fue espiritual: la organización y el respaldo de la adoración en el templo. La adoración continúa siendo el centro de la vida cristiana. Le da poder a los creyentes para llevar vidas de servicio cristiano.

Preguntas para la reflexión

1. ¿Cómo pueden las raíces familiares de una persona conducir a la salvación?

2. ¿Qué enseña 1 Crónicas acerca de la naturaleza y la práctica de la adoración, particularmente del uso de la música?

3. ¿Qué espera Dios de los que lideran la adoración congregacional?

4. ¿De qué puede depender el pueblo de Dios en tiempos de desánimo?

5. ¿Qué enseña 1 Crónicas acerca de la mayordomía?

2 CRÓNICAS

El primero y el segundo libro de Crónicas son un relato continuo (comparar con el estudio de 1 Crónicas). En 2 Crónicas se describe la construcción del templo salomónico y la vida religiosa de la nación bajo el liderazgo de los reyes de Judá.

Tema. Dios mora en su santo templo y es fiel a su promesa de redimir a Israel (7:12).

I. El templo de Dios (1:1–9:31)

II. Lecciones espirituales (10:1–36:13)

III. El decreto de Ciro (36:14–23)

Propósito y teología.

1. El segundo libro de Crónicas continúa la historia del plan redentor de Dios para Israel presentado en 1 Crónicas. La separación de los libros es conveniente porque la primera mitad termina con los preparativos de David para el templo y la segunda describe la construcción y la historia del templo bajo los reyes de Judá. En 2 Crónicas se cubre un período de cuatro siglos y medio, desde el reinado de Salomón (alrededor del 971 a.C.) hasta el edicto de Ciro (539 a.C.).

2. El segundo libro de Crónicas narra el pasado de Israel desde el punto de vista de su historia religiosa. La construcción del templo es el tema central (caps. 2–7). La historia de la monarquía se relata desde la perspectiva de cómo progresó la adoración del templo bajo los reyes de Judá. Por ejemplo, al reinado de Ezequías se le da la mayor atención debido a sus reformas del templo (caps. 29–32). Tal como en 1 Crónicas, se describe el papel del personal del templo, de la música y de las fiestas (2 Crón. 5:4-14; 11:13-17; 17:8-9; 20:21; 23:2–24:16; 29:4–30:27; 31:2-19; 34:9-30; 35:1-19). En su sermón final el cronista explicó que la destrucción del templo ocurrió debido al liderazgo pecaminoso de Judá y no al olvido de Dios (36:14-19). No obstante, el libro termina con una promesa con el edicto de Ciro para reconstruir el templo (36:22-23). A pesar de que la comunidad restaurada vivía bajo la dominación persa, la reconstrucción del templo indicó la presencia de Dios así como en los días de Salomón.

3. Un tema recurrente en Crónicas es la fidelidad al pacto de Dios. En 2 Crónicas los reyes de Judá son juzgados sobre la base de su fidelidad a los mandamientos de Moisés (6:16; 7:17-18). Los reyes que fueron fieles prosperaron en sus reinados, tales como los reformadores Asa (14:4), Jotam (27:6), Ezequías (31:20-21), y Josías (34:31-33; 35:26). Los reyes que fueron infieles a la ley de Moisés se encontraron con desastre. Joram experimentó enfermedad y derrota (21:12-20), Joás fue asesinado (24:24-25), Uzías sufrió de lepra (26:16-21), Acaz fue humillado (28:19,22) y Manasés fue hecho prisionero (33:7-11). La presencia de un rey davídico por sí misma no garantizaba el favor de Dios sobre Israel. El requisito divino era la obediencia.

4. El segundo libro de Crónicas enfatiza la fidelidad de Dios, particularmente su perdón y sus promesas de restauración (6:21,25,38-39; 7:14; 30:9). El Señor aceptó las oraciones de arrepentimiento de Roboam (12:5-8), Ezequías (32:25-26) y Manasés (33:12-13). Dios también fue fiel a sus promesas a David, aunque los reyes de Judá actuaron mal (21:7).

5. Un tema importante en 2 Crónicas es la santidad de Dios, mostrada en su enojo contra los malvados. En particular los reyes que cometieron idolatría merecieron la

ira de Dios (12:5,12; 21:12-19; 25:14-15; 33:6). Los reyes Josafat (19:10), Ezequías (29:8-10; 30:8) y Josías (34:21,23-28) entendieron este principio y le rogaron a Israel que obedeciera la ley divina a fin de evitar el enojo de Dios. Incluso aquellos reyes que obtuvieron aprobación, tales como Joás (24:17-25) y Ezequías (32:25), experimentaron el enojo de Dios cuando pecaron. El cronista atribuyó la caída de Jerusalén a la ira divina (36:16).

6. En 2 Crónicas continúa el tema de la soberanía de Dios en los asuntos humanos. El edicto de Ciro es el ejemplo por excelencia de cómo Dios intervino para cambiar el curso de la fortuna de Israel (36:22-23). En los sermones y las oraciones registrados en 2 Crónicas se refleja la intervención de Dios (6:5-6; 7:17-22; 9:8; 13:5-12; 20:6-7; 32:6-8; 34:24,28). El Señor estableció reyes (17:5; 20:15; 26:5), levantó enemigos (21:16; 28:5; 33:11; 36:17) y afligió o liberó a reyes (13:15; 21:18; 32:21-22).

EL TEMPLO DE DIOS (1:1–9:31)

La sección introductoria se ocupa del templo y del papel de Salomón en la construcción. El esplendor del reinado de este rey fue evidencia para el cronista de que como hijo de David, Salomón era el receptor de las promesas del pacto de Dios.

Dios establece a Salomón (1:1-17). El cronista omitió la lucha inicial de Salomón para obtener control (1 Rey. 1–2). Desde su perspectiva el punto descollante de la carrera de Salomón fue la construcción del templo. Dios elevó a este rey ante los ojos del pueblo. Salomón adoró al Señor en el tabernáculo y en el altar sacrificial en Gabaón. Dios concedió el pedido de sabiduría que le hizo Salomón, pero también lo recompensó con la promesa de riquezas y de poder. El cronista demostró la verdad de la promesa divina haciendo una lista de las riquezas y del poder militar de Salomón.

Carta a Hiram (2:1-18). Salomón hizo un contrato con Hiram, rey de Tiro, por materiales de construcción y obreros especializados. En esta carta a Hiram, Salomón indicó que el Dios de Israel no era una deidad que podía ser albergada en un templo. Sin embargo, el Señor era merecedor de los mejores talentos y materiales. Hiram replicó confesando la grandeza del Dios de Salomón. Acordó enviar a un artesano de extracción hebrea llamado Hiram-abi y todos los materiales solicitados. Salomón reclutó a los extranjeros en su reino para formar una gran fuerza de trabajo.

Construcción del templo (3:1-17). El lugar del templo fue la parcela de Ornán (Arauna), donde David ofreció expiación por Israel (1 Crón. 21:28–22:1). El cronista identificó el lugar como el monte Moriah, donde Abraham ofreció sacrificio (ver Gén. 22:2,14). El autor enfatizó el papel del templo como el lugar de sacrificio donde se podía adorar a Dios. Se dan más detalles del lugar santísimo que del diseño del templo porque el primero era el lugar de encuentro con Dios.

Mobiliario del templo (4:1-22). Se hace una descripción del altar de bronce, la fuente de metal fundido, los lavamanos, los candelabros, las mesas y los atrios (ver artículo "El templo"). El cronista hizo una lista de los trabajos en bronce hechos exquisitamente por Hiram-abi y de los utensilios de oro que entregó Salomón.

La gloria del arca (5:1-14). Salomón llevó al santuario las cosas que había dedicado David. Luego reunió a todo Israel para acompañar al arca dentro del templo. Como es típico de su interés, el cronista hizo una descripción del papel de los levitas y de los tres grupos de música. La evidencia de la presencia de Dios fue la nube gloriosa que llenó la casa.

La fidelidad de Dios (6:1-42). Salomón ensalzó la fidelidad de Dios y aplicó a sí mismo el pacto davídico, indicando que había construido con éxito la casa de Dios que había sido prometida.

En presencia de todo Israel, Salomón se humilló arrodillándose para orar. Su oración de dedicación se centró en la fidelidad de Dios a David y le rogó a Dios que oyera las oraciones y las súplicas que serían ofrecidas en el templo. Apeló ante Dios por el perdón y la restauración de su pueblo cuando éste ofreciera oraciones de arrepentimiento (1 Rey. 8:12-52). Salomón concluyó su oración con un himno final de regocijo.

Dedicación del templo (7:1-22). El Señor respondió a la oración de Salomón con fuego del cielo (ver Elías, 1 Rey. 18:38-39). La gloria de Dios llenó el lugar de modo que impedía la entrada de los sacerdotes. El servicio de dedicación duró siete días, seguidos de los siete días de la fiesta de los Tabernáculos. La dedicación incluyó sacrificio y música levítica. La adoración alegró el corazón del pueblo.

Dios se le apareció a Salomón por segunda vez como lo había hecho en Gabaón. El mensaje del Señor alentó al pueblo pues expresó la disposición divina a escuchar las oraciones de arrepentimiento. Dios exhortó a Salomón a andar en los caminos de su padre David (ver 1 Rey. 9:1-9). Este mensaje fue un recordatorio en el tiempo del autor de que el Señor continuaba oyendo las oraciones de Judá ofrecidas en el templo.

La expansión del reino (8:1-18). El cronista mostró que Dios bendijo a Salomón (ver 2 Crón. 7:18) al describir sus muchos logros. Salomón tuvo amplios proyectos de construcción, estableció relaciones internacionales con Egipto y Fenicia, y creó una flota para el comercio (ver 1 Rey. 9:18-28). Como es típico del cronista, subrayó los avances religiosos de Salomón. Este tuvo cuidado de no profanar las cosas santas de Dios y siguió las instrucciones de David.

Fama y riqueza (9:1-31). La reina de Sabá (Arabia) visitó a Salomón y quedó impactada con su reino. Ella alabó a Dios por su amor por Israel (1 Rey. 10:1-13). La riqueza de Salomón era el cumplimiento de las promesas divinas al rey (2 Crón. 1:12). El escritor incluyó los detalles de las riquezas de Salomón y de su singular trono, indicando así que ningún rey poseyó tantas riquezas (1 Rey. 10:14-29).

El cronista identificó escritos proféticos particulares que fueron fuentes adicionales para el reinado de Salomón (1 Rey. 11:41-43). El libro de Reyes incluye los matrimonios de Salomón con extranjeras y la idolatría que hicieron deteriorar a Israel (1 Rey. 11:1-40). Crónicas omite esto porque el compilador quiso limitar su relato a las contribuciones positivas de Salomón en el cumplimiento de la redención de Dios a través de la simiente de David.

LECCIONES ESPIRITUALES (10:1–36:13)

La segunda sección del libro repasa la vida espiritual de la nación bajo los reyes de Judá durante la monarquía dividida. Después de relatar la rebelión de las tribus del norte (cap. 10), la narración alterna períodos de deterioro espiritual con reformas religiosas. Se da una consideración especial a los reformadores Asa y Josafat, Joás, Ezequías y Josías. El período final de decadencia son los últimos días de los reyes de Judá.

El egoísmo de Roboam (10:1-19). Roboam (930–913 a.C.) sucedió a su padre Salomón, y en su coronación fue confrontado por el rebelde Jeroboam. Este apeló a Roboam para que alivianara la carga impositiva que su padre había establecido (ver 1 Rey. 11:26-40). Roboam siguió el mal consejo de sus jóvenes consultores y amenazó con aumentar la recaudación. Las tribus del norte se rebelaron, y desplazaron al rey y a sus oficiales. Esto cumplió la profecía de Ahías sobre el juicio de Dios contra la casa de Salomón (1 Rey. 11:29-33). El cronista omitió la coronación de Jeroboam porque consideró que ni este ni los reyes posteriores del reino del norte fueron legítimos herederos al trono de Israel.

La fuerza de Roboam (11:1-23). Roboam quería hacer guerra contra Jeroboam, pero Dios le puso obstáculos (1 Rey. 12:21-24). Luego entonces volvió su atención hacia la fortificación de las ciudades de Judá. Oprimidos por Jeroboam, los levitas y los sacerdotes huyeron a Judá, donde fortalecieron el reino de Roboam. La fuerza de su reino también se evidenció en el creciente tamaño de su familia.

La ira de Dios (12:1-16). Sisac, rey de Egipto, invadió Judá y amenazó a la ciudad de Jerusalén (1 Rey. 14:25-28). Sisac, cuyo nombre egipcio era Sesonq I (945–924 a.C.), gobernaba desde Tanis (Zoán en la Biblia). Él era faraón cuando Jeroboam huyó a Egipto para escaparse de Salomón (1 Rey. 11:40). El relato egipcio de la invasión está registrado en las paredes del templo en Karnak (Tebas). Allí Sisac hizo una lista de 150 ciudades que capturó en Israel y en Judá. El profeta Semaías interpretó esta invasión como la ira de Dios debido al pecado de Judá. Roboam pagó un rescate oneroso que incluyó los tesoros del templo y la vasta riqueza de Salomón. Dado que Roboam y el pueblo se humillaron, el Señor salvó a Jerusalén de la destrucción total. El reinado de Roboam fue recordado por sus años de guerra con Jeroboam.

El sermón de Abías (13:1–14:1). El autor de Reyes condenó el reinado de Abías (Abiam; 913–910 a.C.; 1 Rey. 15:1-8), pero el cronista lo describió bajo una luz más positiva. Usando el relato de Iddo, incluyó el sermón que Abías pronunció antes de la batalla contra Jeroboam. Abías acusó a este de apostasía, arguyendo que Dios había hecho un contrato permanente ("pacto de sal," ver Núm. 18:19) con los descendientes de David. Defendió la adoración en Jerusalén porque estaba conducida por sacerdotes descendientes de Aarón como el Señor requería. Dios "derrotó a Jeroboam," dándole a Judá una gran victoria por confiar en Él.

Descanso en el Señor (14:2-15). Asa (910–869 a.C.) disfrutó de la bendición de Dios porque eliminó los símbolos del paganismo (1 Rey. 15:11-12). El cusita (etíope) Zera atacó Judá desde el sur, pero Asa apeló al Señor y ganó una victoria impresionante en Maresa.

Reforma religiosa (15:1-19). El profeta Azarías llamó al arrepentimiento y promovió las reformas religiosas de Asa. Este quitó los ídolos y reparó el altar del Señor y además llevó a Judá a renovar su pacto con el Señor de no seguir a otros dioses. Asa también desplazó a la reina madre Maaca, quien había erigido una imagen de Asera (ver 1 Rey. 15:13). Dios le dio a Judá paz y prosperidad.

Guerras y enfermedad (16:1-14). Baasa, rey de Israel (908–886 a.C.), construyó una fortaleza en Ramá cerca de Jerusalén. En su desesperación Asa sobornó a Ben-adad de Siria para atacar el territorio de Baasa (1 Rey. 15:17-22). El profeta Hanani condenó a Asa porque confió en Siria más que en el Señor. Asa encarceló al profeta y oprimió al pueblo. Dios castigó a Judá con guerras continuas y Asa experimentó una debilitante enfermedad de los pies. El funeral de Asa fue un espectáculo elaborado (ver 1 Rey. 15:23-24).

Josafat el recto (17:1-19). Al reinado de Josafat (872–869 a.C.) se lo recordó por su devoción al Señor. Envió levitas por todo el territorio de Judá para instruir al pueblo en el libro de la ley. Dios recompensó al rey con paz y respeto internacional. Sus fuerzas de lucha crecieron en poder.

Profecía de Micaías (18:1-34). En Reyes encontramos una narración más completa del reinado de Acab (874–853 a.C.). La historia de la muerte de Acab es el único relato que usó el cronista en cuanto a la vida de los reyes del norte.

Josafat se había aliado con Acab por medio del matrimonio, dándole su hijo Joram a Atalía, hija de Acab (2 Rey. 8:18,25-26). Fue persuadido a unirse a Israel en una campaña contra los sirios en Ramot de Galaad. En contraste con Acab, Josafat insistió en escuchar al profeta de Dios. A regañadientes, Acab llamó a Micaías, a quien había encarcelado (1 Rey. 22:1-9).

El falso profeta Sedequías había predicho una victoria para Israel, pero Micaías condenó su profecía y la atribuyó a un espíritu mentiroso. Cuando Acab lo devolvió a la cárcel, Micaías predijo la muerte de Acab (1 Rey. 22:10-28). Este se disfrazó al entrar en batalla y sólo Josafat usó su atuendo real. Cuando el enemigo por error tomó a Josafat por Acab, lo persiguieron, pero Dios salvó a Josafat. Por otra parte Acab fue herido de muerte "al azar" por un arquero (1 Rey. 22:29-36).

Josafat se arrepiente (19:1-11). El profeta Jehú reprendió a Josafat por su alianza con Acab. Declaró la inminente ira de Dios pero le recordó que anteriormente en su reinado él había actuado con rectitud (ver 17:3). El rey se arrepintió y personalmente lideró un avivamiento entre el pueblo. Nombró jueces que temieran al Señor. Éstos incluyeron levitas y sacerdotes, quienes enseñaron a Judá a amar al Señor y a temer su ira.

Dios ayuda a Josafat (20:1-37). Una coalición de amonitas, moabitas y otros pueblos marcharon contra Judá. Josafat oró, clamando a Dios que liberara a Judá sobre la base de su promesa a Abraham. Jahaziel, un levita, profetizó que la batalla era del Señor, y los levitas entonces adoraron a Dios con un salmo y con música. A medida que adoraron, el Señor respondió sus oraciones de liberación haciendo que los enemigos se volvieran unos contra otros. El lugar llegó a ser conocido como el valle de Beraca (*bendición*). Las naciones reconocieron que el Dios de Israel les había dado la victoria y temieron a Josafat de modo que Judá permaneció en paz.

Aunque Josafat actuó rectamente al eliminar objetos paganos de adoración, le falló al Señor más tarde en su reinado cuando se alió con Ocozías, el hijo de Acab (853–852 a.C.). Juntos construyeron una flota, pero ésta nunca zarpó del puerto. Dios la destruyó, como había predicho el profeta Eliezer (1 Rey. 22:41-50).

El asesino Joram (21:1-20). En cuanto sucedió a su padre como rey, Joram asesinó a sus hermanos. Estaba casado con la hija de Acab, Atalía, y era tan malvado como sus familiares políticos, los reyes de Israel. Dios usó a varios enemigos para perturbar su reinado (2 Rey. 8:16-24). El profeta Elías envió una carta de condena al rey, prediciendo derrota y enfermedad. El Señor incitó a los filisteos y a los sirios para que atacaran Judá. Éste es el único relato de la vida de Elías que el cronista incluyó en su historia. Reyes no registra este incidente.

Dios afligió al rey con una horrible enfermedad que lo llevó a la muerte. El cronista agregó que nadie lamentó el fallecimiento del rey.

Jehú mata a Ocozías (22:1-12). El hijo de Joram, Ocozías (841 a.C.), fue malvado como su padre. Su madre era Atalía, la hija de Acab. Ocozías visitó a su tío, el rey Joram de Israel, en Jezreel, donde éste se estaba recuperando de una herida recibida en la batalla contra los sirios en Ramot. Dios usó esta relación malvada para terminar con la vida de Ocozías. Jehú (841–814 a.C.), un comandante en los ejércitos de Joram, fue comisionado por el profeta de Dios para purgar a Israel del baalismo y

GOBERNANTES ASIRIOS

GOBERNANTE	FECHA DE GOBIERNO	REFERENCIA EN LAS ESCRITURAS
Assur-Uballit I	1354–1318 a.C.	
Adad-Nirari I	1318–1264 a.C.	
Salmanasar I (Shulman-asharid)	1264–1234 a.C.	
Tukulti-Ninurta I	1234–1197 a.C.	
Assur-Dan I	1179–1133 a.C.	
Tiglat-pileser I (Tukulti-apil-Esarra)	1115–1076 a.C.	
Assur-Rabi II	1012–972 a.C.	
Assur-resh-ishi II	972–967 a.C.	
Tiglat-pileser II	967–935 a.C.	
Assur-Dan II	935–912 a.C.	
Adad-Nirari II	912–889 a.C.	
Tukulti-Ninurta II	889–884 a.C.	
Asurnasirpal II (Azur-nasir-apli II)	884–858 a.C.	
Salmanasar III (Shalman-Ashar-id II)	858–824 a.C.	
Shamsi-Adad V	824–810 a.C.	
Adad-Nirari III	810–782 a.C.	
Salmanasar IV	782–773 a.C.	
Assur-Dan III	773–754 a.C.	
Assur-Nirari V	754–745 a.C.	
Tiglat-pileser III (Tukulti-apil-Esarra III)	745–727 a.C.	2 Rey. 15:19,29; 16:7-10
Salmanasar V (Ululai)	727–722 a.C.	2 Rey. 17:1-6
Sargón II	721–705 a.C.	
Senaquerib (Sin-abho-eriba)	704–681 a.C.	2 Rey. 18-19
Esar-hadón	681–669 a.C.	
Asurbanipal	669–633 a.C.	
Assur-etil-elani	633–622 a.C.	
Sin-sariskun	621–612 a.C.	
Assur-Uballit	612–608 a.C.	

tomar el trono de Acab y de su hijo Joram (2 Rey. 9:1–10:36). Jehú ejecutó a la familia de Acab y también mató a Ocozías y a sus parientes (2 Rey. 9:21-29).

Atalía (841–835 a.C.) aprovechó esta oportunidad para gobernar Judá y ejecutó a los herederos legítimos al trono. No obstante, el Señor preservó a Joás, el verdadero heredero al trono de David. Josabet, la esposa del sacerdote Joiada y hermana del rey Ocozías, lo escondió en el templo durante seis años (2 Rey. 11:1-3).

Joás se convierte en rey (23:1-21). Una conspiración liderada por el sacerdote Joiada planeó entronizar a Joás. El cronista enfatizó el heroísmo de los sacerdotes y omitió el papel de los cereteos que eran extranjeros (2 Rey. 11:4). Los levitas y los sacerdotes reunieron al pueblo e hicieron un pacto para hacer rey a Joás. Joiada ordenó a los sacerdotes que custodiaran al rey en todo momento ya que sólo ellos estaban calificados para estar en los precintos del santo templo. Todos juntos entronizaron al rey.

Los sacerdotes capturaron a Atalía y la ejecutaron tanto a ella como a Matán, el sumo sacerdote de Baal. El escritor estaba particularmente preocupado por la santidad del templo y por eso relató la historia. Los levitas reinstituyeron la adoración del Señor en el templo tal como David lo había provisto.

Restauración del templo (24:1-27).
Joás (835–796 a.C.) lanzó un importante proyecto de restauración del templo, algo que había sido ignorado durante el gobierno de Atalía. Le pidió a los levitas que recogieran del pueblo el dinero anual que debían ofrendar al templo (Ex. 30:12-16), pero los levitas no actuaron con prontitud. De modo que Joás proveyó de un cofre en el templo mismo donde el pueblo puso su impuesto para que se llevara a cabo la restauración (2 Rey. 12:1-16). El cronista mencionó el fracaso del sacerdote pero suavizó el tono del relato que aparece en Reyes.

Cuando el sacerdote Joiada murió durante el gobierno de Joás, resurgió la apostasía. El rey se rehusó a escuchar a los profetas de Dios. Zacarías, hijo de Joiada, condenó al pueblo por su infidelidad religiosa y fue apedreado hasta morir en la presencia del rey. Al morir, el sacerdote juró que habría venganza de Dios sobre Joás. El cronista explicó el final trágico del gobierno de este rey como el juicio de Dios sobre la maldad de Judá. El pueblo fue derrotado por los invasores sirios, y Joás fue asesinado en su cama (2 Rey. 12:17-21).

La carrera de Joás ilustró el tema principal del cronista: la bendición de Dios sobre la casa de David, pero también la ira de Dios cuando los reyes actuaron con maldad. El asesinato de Zacarías es el último mencionado en la Biblia hebrea dado que el orden hebreo de los libros termina con Crónicas (ver Luc. 11:51).

La idolatría de Amasías (25:1-28).
Amasías (797–767 a.C.) comenzó su carrera vengándose de los asesinos de su padre. Fueron enjuiciados de acuerdo a la ley (2 Rey. 14:1-6).

Los edomitas se rebelaron contra el joven rey y este reunió un vasto ejército de mercenarios, incluyendo a cien mil contratados de entre los israelitas. Sin embargo, un profeta no identificado lo convenció de dejar ir a los israelitas y de depender sólo del Señor para la victoria (2 Rey. 14:7). Judá aplastó a los edomitas, pero los israelitas, contrariados, al ir camino a casa saquearon las ciudades de Judá. Amasías hizo enojar a Dios porque regresó con dioses edomitas a los que adoraba. El profeta del Señor condenó al rey por resistirse a la palabra de Dios. Con la victoria sobre Edom todavía fresca en su mente, Amasías desafió a Joás de Israel, que era más fuerte (798–782 a.C.). El resultado del conflicto fue la destrucción de las defensas de Jerusalén y la captura de Amasías. El cronista atribuyó la derrota de Amasías y su muerte subsiguiente al pecado de idolatría (2 Rey. 14:8-20).

Uzías el leproso (26:1-23).
Uzías (Azarías) sucedió a su padre a la edad de 16 años. Zacarías fue el tutor de Uzías en las cosas de Dios, quien lo bendijo en todo lo que hizo. Su reinado de 52 años (792–767 a.C.; corregencia, 767–740) fue uno de los más largos y más prósperos entre los reyes de Judá (2 Rey. 14:21–15:1-3). El rey sometió a muchos pueblos, formó un gran ejército y fue pionero en armamento militar. Debido a su éxito se enorgulleció, y aunque no era un sacerdote, intentó oficiar en el altar. Dios hirió al rey con lepra y su

hijo Jotam continuó en su lugar (2 Rey. 15:5-7).

El éxito de Jotam (27:1-9). Jotam (750–732 a.C.) fue recto como su padre, pero no actuó presuntuosamente entrando al templo durante su reinado. Su conquista de los amonitas fue atribuida al favor de Dios hacia él (2 Rey. 15:32-38).

El perverso reinado de Acaz (28:1-27). Con el informe de 2 Reyes 16:1-20 como base, Crónicas enfatizó la maldad del reinado del rey Acaz (735–715 a.C.). Acaz fue recordado por su práctica de sacrificios humanos y por la adoración a Baal. El escritor interpretó que la guerra de Judá con Israel y Siria (guerra sirio-efraimita) en el 732 a.C. fue el juicio de Dios sobre Acaz (ver Isa. 7). El cronista elogió al victorioso reino del norte por obedecer al profeta Obed y dejar libres a los cautivos de Judá.

El Señor castigó aun más a Judá presionándolo con el ataque de ejércitos mercenarios edomitas y filisteos. Acaz apeló al rey asirio Tiglat-pileser III (745–727 a.C.), quien rápidamente ayudó marchando hacia el oeste, destruyendo Damasco y conquistando Samaria (732 a.C.). Acaz no pudo comprar su independencia con los tesoros reales y del templo. Se convirtió en vasallo del rey asirio y se inclinó ante los dioses de Asiria. En 2 Reyes 16:10-14 se informa que Acaz reprodujo en el templo de Jerusalén el altar pagano de Tiglat-pileser que había visto en Damasco. Finalmente Acaz cerró el templo y erigió numerosos ídolos en su reino. Si bien el cronista trató de mencionar algo positivo acerca de cada rey de Judá, no hubo nada bueno que informar sobre el depravado Acaz.

La restauración de Ezequías (29:1-36). Al reinado de Ezequías (715–686 a.C.) se le otorga una atención extraordinaria debido a la prominencia que él le dio a la música y a la adoración en el templo. Gran parte del relato del cronista (caps. 29–31) no tiene narraciones paralelas en Reyes.

La desatención del templo por parte de Acaz (28:24) llevó a Ezequías a ordenar a los levitas que se consagraran y comenzaran a reparar el santuario. Después de 16 días los levitas completaron la tarea y abrieron el templo otra vez. Después que hubieron limpiado los utensilios para la adoración, el rey guió a la congregación en la adoración a través de las ofrendas. Los grupos musicales funcionaron otra vez según lo indicado por David y ejecutaron salmos de David y de Asaf. Después que el pueblo hizo expiación por sus pecados, ofrecieron holocaustos y ofrendas de acción de gracias tan numerosas que se les solicitó a los levitas que ayudaran a los sacerdotes en la tarea. El aspecto y los sonidos del templo produjeron gran gozo en la congregación.

Celebración de la Pascua (30:1-27). El rey planeó una gran convocatoria en Jerusalén para celebrar la Pascua. Invitó a sus compatriotas del norte que habían sobrevivido al colapso de Samaria en el 722 a.C. bajo el poder asirio. Dado que el templo todavía no estaba preparado y muchos permanecían ceremonialmente impuros, la Pascua se celebró en el segundo mes y no en el primero tal como lo ordenaba la ley (ver Ex. 12; Núm. 9:10-11). Se despacharon cartas por toda la tierra, exhortando al remanente del norte a arrepentirse de su vida anterior y a unirse a Judá en adoración.

El cronista, siempre con la mira en la adoración apropiada, dio un informe de las inusuales circunstancias de esta celebración que el Señor en su gracia permitió. Dios aceptó la oración de arrepentimiento de Ezequías en favor de su pueblo. La adoración de este pueblo fue tan devota que extendieron a una segunda semana la fiesta de los panes sin levadura. El cronista comparó el gozo de Jerusalén en esa ocasión con los días del rey Salomón. Además exaltó la Pascua de Ezequías de la misma manera que el autor de Reyes alabó la de Josías (2 Rey. 23:21-23; ver también 2 Crón. 35:18).

Regalos para la obra del Señor (31:1-21). El avivamiento estimuló al pueblo a eliminar los símbolos de cualquier adoración ilícita. Ezequías reorganizó a los sacerdotes y a los levitas para servir en el templo. En ocasión de este desborde espiritual, el pueblo con alegría trajo sus diezmos y ofrendas tal como la ley lo ordenaba. Las ofrendas eran tan vastas que la sobreabundancia se distribuyó entre los sacerdotes. El Señor prosperó a Ezequías por su fidelidad (2 Rey. 18:5-7).

Dios destruye a Senaquerib (32:1-33). El cronista, interesado en las contribuciones religiosas de Ezequías, acortó el registro de la carrera política de este rey según 2 Rey. 18:13–19:37 (ver Isa. 36:2–37:38).

En el 701 a.C. y debido a la fidelidad de Ezequías, el Señor liberó a Jerusalén de los ejércitos asirios de Senaquerib (705–681 a.C.). Ezequías hizo preparativos para la guerra. El rey animó al pueblo a permanecer fiel porque Dios era más poderoso que los asirios y que sus dioses. Una delegación asiria se dirigió al pueblo de Jerusalén en su idioma hebreo nativo. Amenazaron la ciudad ridiculizando la dependencia en Dios por parte de Ezequías. El cronista se sintió herido por la burla asiria hacia el Dios de Israel cuando compararon al Señor con un ídolo fabricado "por manos humanas." En las paredes de un palacio de Senaquerib en Nínive hay un relato de la invasión. Allí Senaquerib se jacta de tener a Ezequías enjaulado como un pájaro.

Aun así, respaldado por el profeta Isaías, Ezequías resistió a sus amenazas y oró pidiendo la intervención de Dios. Él honró sus oraciones y envió a un ángel de destrucción entre los asirios. Senaquerib se replegó hacia Nínive, donde luego fue asesinado por sus propios hijos. El pueblo se regocijó en gran manera por la liberación y adoró al Señor.

Cuando Ezequías se enfermó y estaba a punto de morir, el Señor respondió las oraciones del rey dándole una señal. No obstante, el rey se enorgulleció y Dios le dio convicción de sus pecados. Su arrepentimiento evitó la ira divina. Dios bendijo los años finales de Ezequías y él prosperó en todo lo que intentó (2 Rey. 20:1-21; Isa. 37:21–38:8).

El arrepentimiento de Manasés (33:1-25). El cronista detalló las acciones despreciables de este rey, quien incurrió en todo tipo de actos perversos de idolatría, hechicería y astrología. El escritor de Reyes hizo responsable a Manasés por la destrucción de Jerusalén por parte del Señor y la deportación a Babilonia (2 Rey. 21:10-15).

El relato del cronista en cuanto al reinado de Manasés (697–687 a.C.) se aleja de la narración de 2 Reyes 21:1-18 al incluir la historia inusual del encarcelamiento de Manasés en Asiria. Durante este exilio, él se arrepintió y Dios respondió haciéndolo volver a Jerusalén (33:10-13). Muchos eruditos han cuestionado la autenticidad del relato del cronista. No obstante, su omisión en Reyes puede atribuirse al propósito del autor de denunciar la apostasía de Judá. Crónicas, por otro lado, demuestra cómo Dios perdona y restaura al humilde (ver 7:14). El cronista citó a un testigo independiente para corroborar su historia.

A su regreso Manasés reparó el templo y renovó una adoración apropiada. La referencia a su oración de arrepentimiento dio origen a especulaciones sobre su contenido en el libro apócrifo "La oración de Manasés (aprox. 200–100 a.C.).

Su sucesor fue Amón (642–640 a.C.) hacia quien el cronista no tuvo palabras de elogio (2 Rey. 21:19-24).

El libro de la ley (34:1-33). Josías reinó 31 años (640–609 a.C.) y anduvo en el camino del Señor como lo había hecho David (2 Rey. 22:1-2). Para el autor de Reyes, después de David el rey más importante fue Josías. De ahí que se le dé más atención a su reinado en Reyes que en Crónicas (1 Rey. 13:2; 2 Rey. 22:1–23:30).

Crónicas (34:3-7) indica que la reforma religiosa comenzó en el octavo año de Josías (632 a.C.), una década entera antes que se descubriera el libro de la ley (622 a.C.). La eliminación de la idolatría y de los santuarios paganos se extendió tanto a las ciudades del norte como a Judá. Esto indica que el gobierno de Josías se estaba expandiendo hacia el antiguo reino del norte sin la interferencia de Asiria.

Los levitas recibieron dinero de los gobernantes y de la gente común para redecorar el templo. Mientras los levitas trabajaban, el sumo sacerdote Hilcías encontró una copia del libro de la ley (también llamado "libro del pacto"). A partir de la respuesta de Josías, muchos eruditos han llegado a la conclusión que era una porción de Deuteronomio. Al escuchar la lectura del libro, Josías sintió remordimiento y temió la ira del Señor. La profetiza Hulda declaró que Dios destruiría a Judá pero preservaría el reinado de Josías debido a la humilde contrición del rey. Josías guió al pueblo en una ceremonia de renovación del pacto.

La Pascua de Josías (35:1-27). A las reformas de Ezequías (cap. 30) y de Josías siguieron la celebración de la Pascua y la semana de los panes sin levadura. Crónicas, debido a su interés en temas cúlticos, desarrolló los pocos versículos dedicados a esto en 2 Reyes 23:21-23.

La celebración tuvo lugar en el mes correcto, a diferencia de la renovación de la Pascua con Ezequías. Para adorar al Señor en la forma debida, los levitas y los sacerdotes se consagraron y luego prepararon sacrificios a favor del pueblo. Los levitas se desempeñaron en el orden apropiado de acuerdo al libro de Moisés. Como es típico

del cronista, también incluyó el papel de los grupos musicales que David designó. La celebración excedió a la de cualquier otra Pascua anterior desde los días de Samuel. Las reformas de Josías culminaron con la Pascua, que se observó el mismo año del hallazgo del libro de la ley.

El cronista también clarificó los eventos de la muerte de Josías en la batalla de Meguido, donde el faraón Necao lo derrotó (2 Rey. 23:26-30). Necao estaba marchando a través de Jezreel para asistir a los asirios, que estaban inmovilizados por los babilonios en Carquemis (norte de Siria). Irónicamente, Josías, cuyo reinado fue recordado por su rectitud, murió porque no siguió el mandato del Señor. El profeta Jeremías (no se lo menciona en Reyes) lamentó en forma de cántico la muerte del monarca.

Últimos días de Judá (36:1-13). El cronista presentó un breve relato de los últimos reyes de Judá (ver 2 Rey. 23:30–25:21; Jer. 52:4-27), relato centrado en el templo y en sus ministerios.

Joacaz (609 a.C.), a quien Necao instauró como rey, fue depuesto después de sólo tres meses y fue reemplazado por un segundo hijo de Josías, Joacim. Nabucodonosor obtuvo la victoria en Carquemis y sojuzgó al pequeño reino de Judá. El perverso reinado de Joacim (609–598 a.C.) terminó cuando este fue deportado por Nabucodonosor, quien invadió a la rebelde Jerusalén y saqueó el templo. El rey Joaquín (598–597 a.C.) fue rápidamente suplantado por Sedequías, que fue un rey-títere (597–586 a.C.), cuya rebelión llevó a la desaparición final de Jerusalén en el 586 a.C.

EL DECRETO DE CIRO (36:14-23)

Los comentarios finales del cronista son un sermón en el que declara que la destrucción del templo y de la ciudad se debió a que los sacerdotes y los líderes no obedecieron los mandatos del Señor. Al escribir dos siglos después que Reyes, el cronista incluyó en su historia el regreso de los exiliados, y agregó que esto había sido anticipado por Jeremías (Jer. 25:11; 29:10). El cronista comentó que la tierra tuvo el descanso sabático requerido por la ley (ver Lev. 26) durante los 70 años desde la destrucción del templo (586 a.C.) hasta su reconstrucción (516 a.C.).

Con la expulsión de los babilonios, el emperador persa Ciro, inauguró una nueva política hacia los exiliados. El edicto de Ciro, publicado en el famoso cilindro de Ciro (539 a.C.), fue citado por el cronista en su versión hebrea. Ciro permitió que los pueblos conquistados por Babilonia regresaran a sus tierras y reavivaran las tradiciones religiosas. Para los judíos él ordenó la reconstrucción del templo de Jerusalén.

A pesar de que parecía que las promesas de Dios a David habían caído en el olvido, al repasar la historia el cronista mostró que Dios permanece fiel y puede cambiar la historia para lograr sus propósitos divinos. La historia del destino de Israel no había terminado. Estos dos últimos versículos se repitieron en Esdras 1:1-3a para indicar que la historia de la obra redentora de Dios por medio del templo continuó en los relatos de Esdras y Nehemías.

Significado ético y teológico. El segundo libro de Crónicas habla de la importancia de la adoración y de la obediencia. El cronista evaluó a los reyes de Judá no por sus logros seculares sino sobre la base de su fidelidad a Dios, especialmente como se evidencia en su respaldo de la adoración en el templo. El veredicto del cronista sobre estos reyes les recuerda a los cristianos de hoy que también nuestras vidas algún día serán juzgadas. Al vivir nosotros debemos tener en mente las metas de Dios y procurar su elogio: "¡Hiciste bien, siervo bueno y fiel!" (Mat. 25:21).

GOBERNANTES BABILÓNICOS		
GOBERNANTE	FECHAS DE GOBIERNO	REFERENCIA EN LAS ESCRITURAS
Merodac-baladán II (Marduk-apal-iddin)	721–689 a.C.	2 Rey. 20:12; Isa. 39:1
Nabopolasar	625–605 a.C.	
Nabucodonosor II (Nebuchadrezzar II)	605–562 a.C.	2 Rey. 24-25; Dan. 1-4
Evil-merodac (Amel-Marduk)	562–560 a.C.	2 Rey. 25:27-30; Jer. 52: 31-34
Nergal-sarezer	560–556 a.C.	Jer. 39:3,13
Labashi-Marduk	556 a.C.	
Nabónido (Nabu-na'id)	556–539 a.C.	
Belsasar (Bel-sar-usur)	Corregente con Nabónido 556–539 a.C.	Dan. 5; 7:1

El pecado es un asunto serio. El pecado del pueblo de Dios llevó a la destrucción de Jerusalén, del templo y al exilio. Aunque Dios castiga el pecado, el juicio no es la palabra final de Dios. "Dios es bueno; su gran amor por Israel perdura para siempre" (Esd. 3:11). Al final de 2 Crónicas vemos que a los exiliados se les otorga libertad para ir a casa y reconstruir el templo. Nuestro Dios es un Dios que ofrece segundas oportunidades, un Dios quien a través de Jesús ofrece a los pecadores una nueva libertad, una chance para volver a casa a la familia de Él, y ocasiones de servicio.

Preguntas para la reflexión

1. ¿Por qué los días especiales de celebración religiosa son importantes para la vida espiritual de una comunidad religiosa?

2. ¿Qué enseña Crónicas acerca de la renovación espiritual entre el pueblo de Dios?

3. ¿De qué maneras castiga Dios a su pueblo?

4. ¿De qué manera recompensa Dios la fidelidad de su pueblo?

5. ¿Qué diferencia produce la moralidad de una nación en su vida y su destino?

ESDRAS

El libro de Esdras lleva el nombre de su personaje principal. Este escriba hizo revivir la ley de Moisés como base de la vida religiosa y social judía durante el período de restauración que siguió al exilio babilónico.

En la Biblia hebrea, Esdras-Nehemías son un solo libro, ubicado en la tercera y última sección (llamada "Escritos") y precede a Crónicas, el último libro de la Biblia hebrea. El Antiguo Testamento en español sigue a la versión latina al separar Esdras-Nehemías en dos libros. El Antiguo Testamento en español junto con el griego y el latino ubican Esdras en su secuencia cronológica apropiada, luego de 1 y 2 Crónicas, como el décimo libro histórico.

Hay un continuo debate acerca de la relación entre Crónicas y Esdras-Nehemías. Los últimos versículos de 2 Crónicas (36:22-23) son los mismos que en Esdras 1:1-3a. En realidad, Crónicas termina en el medio de una oración gramatical que sólo aparece completa en Esdras. Esta superposición puede indicar que el propósito era que los libros se leyeran juntos.

Muchos eruditos piensan que Crónicas y Esdras-Nehemías formaban un solo libro histórico, llamado "Historia del cronista," escrito por un individuo anónimo o por una escuela de historiadores. Otros estudiosos, tanto evangélicos como de la alta crítica, creen que la paternidad literaria de Esdras y Nehemías es independiente de Crónicas. Hay diferencias significativas en lenguaje y punto de vista. (Ver "Los libros históricos.")

En la tradición judía, el escriba Esdras es el autor de Crónicas y Esdras-Nehemías. (Ver la introducción a "1 Crónicas.") Si bien no se puede demostrar fehacientemente que Esdras escribió todos estos libros, es claro que por lo menos contribuyó con memorias personales en el libro que lleva su nombre y probablemente tuvo un papel significativo en la compilación de Esdras-Nehemías. El libro de Esdras pertenece a la última mitad del siglo V a.C.

Las fuentes del libro de Esdras incluyeron el relato de primera mano de Esdras (probablemente 7:1–9:15), documentos empíricos y correspondencia en arameo (4:8–6:18; 7:12-26) y registros de inmigrantes judíos (2:1-70; 8:1-14).

Cronología de Esdras y Nehemías. La fecha de escritura depende de la cronología del regreso de Esdras a Jerusalén. La opinión tradicional ubica el ministerio de Esdras en el séptimo año (458 a.C.) y el ministerio de Nehemías en el vigésimo año (445 a.C.) de Artajerjes I (Esd. 7:8; Neh. 2:1). Existen problemas con la opinión tradicional. Por ejemplo, el sumo sacerdote en el tiempo de Nehemías era Eliasib (Neh. 3:1,20-21; 13:28), pero Esdras ministró durante el sacerdocio de Johanán, el hijo de Eliasib (Esd. 10:6).

Debido a tales problemas, se han sugerido opiniones alternativas. Otro punto de vista fecha la expedición de Esdras en el séptimo año de Artajerjes II (398 a.C.) después de la época de Nehemías. Una tercera alternativa fecha Esdras en el 428 a.C. corrigiendo Esdras 7:8 para que diga "el trigésimo séptimo año" en lugar de "el séptimo año" de Artajerjes.

A pesar de que el punto de vista tradicional tiene dificultades, sus argumentos son más convincentes. Por ejemplo, los eruditos han sugerido que había más de un Eliasib y un Johanán, y que Nehemías y Esdras aluden a diferentes personas. De ahí que, siguiendo la fecha del siglo V para el ministerio de Esdras, la composición de Esdras-Nehemías tuvo lugar alrededor del 400 a.C. o poco después. Si Esdras-Nehemías fueron escritos como parte de la Historia del Cronista, se escribieron después del 400 a.C. dado que las genealogías de Crónicas exceden esta fecha (ver 1 Crón. 3:19-24; ver "Los libros históricos").

El período de restauración comenzó con la derrota de Babilonia por parte del monarca persa Ciro, quien ordenó la liberación de los judíos en el 538 a.C. La cronología de la época se puede resumir con las expediciones que regresaron de la cautividad.

1. Bajo el liderazgo del príncipe judío Sesbasar (538 a.C.) regresó el primer grupo. Más tarde el nuevo gobernador Zorobabel y el sumo sacerdote Jesúa completaron el templo (515 a.C.) con la ayuda de los profetas Zacarías y Hageo (Esd. 6:14).

2. Durante el reinado de Artajerjes I (464–424 a.C.) Esdras condujo a un segundo grupo e inició reformas religiosas (Esd. 7–10). Esta expedición ocurrió 58 años después que se terminara el templo (458 a.C.).

3. Nehemías, a quien Artajerjes I nombró gobernador, condujo a un tercer grupo y reconstruyó las murallas de Jerusalén. El primer mandato de Nehemías fue de doce años (445–433 a.C.; Neh. 1:1–13:6) y el segundo empezó poco después (430 a.C.?; Neh. 13:6-31).

Tema. Dios usó a reyes paganos y a líderes piadosos para restaurar a su pueblo reinstituyendo la adoración en el templo y restableciendo la ley de Moisés.

  I. Reconstrucción del templo (1:1–6:22)

  II. Reforma bajo la ley (7:1–10:44)

Propósito y teología.

1. El libro de Esdras relata la historia del regreso de los judíos desde Babilonia. Continúa la historia que Crónicas dejó inconclusa. La primera mitad del libro (caps. 1–6) tiene que ver con la expedición ordenada por el rey Ciro (538 a.C.) para reconstruir el templo bajo Sesbasar de Judá. El libro continúa el tema del templo y del sacerdocio comenzado en Crónicas (Esd. 3:1-6,10-11; 6:16-22). La importancia de los levitas y de los sacerdotes para la comunidad se pone en evidencia por el cuidadoso registro de los que regresaron (2:36-54,61-62). Los levitas supervisaron la reconstrucción del templo y se reorganizaron con tiempo para oficiar en la primera celebración de la Pascua (3:8-9; 6:16-20).

Los sacerdotes y los levitas tuvieron gran importancia en la administración de Esdras (caps. 7–10). Esdras fue cuidadoso en incluirlos entre los que regresaron del exilio (7:7,13,24; 8:15-20,24-34). El matrimonio pecaminoso de ellos con mujeres gentiles dio lugar a las reformas de Esdras (9:1-2). Fueron puestos bajo juramento (10:5) y los culpables fueron anotados en una lista (10:18-24).

2. El enfoque teológico de Esdras es cómo Dios cumple su voluntad a través de diferentes agentes humanos. Dios restauró a su pueblo instando a Ciro, el gobernante pagano, a dejar en libertad a Judá (1:1-2) y motivando al pueblo judío a ofrecerse voluntariamente (1:5). El cilindro de Ciro presenta el relato persa del decreto de Ciro. Explica que el dios babilonio Marduk le pidió que liberara a los exiliados para que regresaran a sus tierras. La versión hebrea de este decreto se aplicaba a los judíos (2 Crón. 36:22-23; Esd. 1:1-4). Los escritores bíblicos interpretaron el decreto como la acción divina (Isa. 45:1-3) en cumplimiento de la profecía de Jeremías (Jer. 25:11-12; 29:10). Ciro y Darío incluso suplieron las provisiones necesarias para el templo (Esd. 1:7-11; 6:8-10). A los gentiles se los consideró colaboradores en la construcción del templo judío (6:22).

El Señor también fue responsable por el éxito de la expedición de Esdras. Este fue llamado y protegido por "la mano bondadosa" de Dios (7:9; 8:18,22). Él usó al gobierno persa para permitirle a Esdras llevar a cabo su tarea (7:27-28).

Dios también cumplió sus propósitos por medio de voceros especiales. Los profetas Zacarías y Hageo dieron a conocer el mensaje de Dios, el cual motivó al pueblo para completar el templo (5:1-2; 6:14). Todos juntos, reyes paganos, líderes piadosos, gente común y profetas fueron las manos y los pies del Señor para cumplir con su orden.

3. El libro refleja el optimismo de un trono davídico restaurado, que conservaba viva la esperanza mesiánica. Sesbasar y Zorobabel, que regresaron del exilio para guiar a Judá, eran descendientes de Joaquín, rey de Judá, quien había sido llevado cautivo a Babilonia. (Ver 1:8; 1 Crón. 3:18-19 [¿Sesbasar=Senazar?]; y 2 Crón. 36:9-10). Las profecías de Zacarías y Hageo durante este período describían la era mesiánica e idealizaban a Zorobabel y a Jesúa como el nuevo David y el sumo sacerdote Sadoc (Esd. 3:8; 5:1-2; 6:14; Zac. 3:1-4,10; 6:9-15; Hag. 2:6-9,23).

4. La segunda mitad del libro (caps. 7–10) se refiere al ministerio de Esdras, el cual comenzó 58 años (458 a.C.) después de la terminación del templo (515 a.C.). En esta última parte del libro el énfasis se desplaza hacia la ley de Moisés. Fue comisionado para enseñar y establecer las costumbres de la ley judía (7:11,14,25-26). Esdras fue un escriba culto dedicado a la ley (7:6,10-12). Condujo al pueblo a un avivamiento espiritual que dio como resultado una renovación del pacto (10:3).

5. El libro también expresa la responsabilidad por el pecado humano. La gente de los días de Esdras había pecado mezclándose en matrimonio con el populacho gentil (9:1-2; 10:1-44). La intercesión de Esdras (9:6-15) y la confesión del pueblo en medio del llanto (10:1-2) llevó a una renovación del compromiso del pacto con el Señor (10:3).

La comunidad sintió la responsabilidad de aquellos que habían pecado y en forma colectiva trató con los culpables, incluyendo a sus líderes (10:16-24).

6. El antagonismo hacia los que construían el templo era común y se usaron canales oficiales para impedir el trabajo (4:1-24; 5:3–6:12). No obstante, el autor mostró que la ayuda de Dios les permitió terminar la obra bajo el ojo observador de Él a pesar de la oposición reinante (5:5).

7. El pueblo de Dios como remanente de Israel es importante para la teología del período de la restauración. Son el remanente que escapó de la ira de Dios (9:8,15). Por lo tanto ese grupo, aunque pequeño en número (cap. 2), era importante porque eran "todos los israelitas" (8:25) que fueron reunidos otra vez como "raza santa" (9:2).

RECONSTRUCCIÓN DEL TEMPLO (1:1–6:22)

La primera sección se centra en la construcción del templo. El Señor inspiró a Ciro para que permitiera el regreso de los judíos para adorar a su Dios. Se hace una lista de todos los voluntarios para la primera expedición. Se pusieron los cimientos del templo y el pueblo adoró a Dios. Sin embargo, la oposición de los enemigos detuvo la obra. A través de los profetas Zacarías y Hageo el Señor movió a la gente para completar la obra a pesar de la investigación por parte del gobernador persa. El rey Darío autorizó y solventó el proyecto, el cual se completó con gran celebración.

El decreto de Ciro (1:1-11). En el primer año del reinado de Ciro sobre Babilonia (539–530 a.C.), el monarca persa permitió que los judíos regresaran y reconstruyeran su templo a fin de adorar a Dios. Tanto Ciro como el autor del libro atribuyeron esto a la inspiración del Señor (ver 2 Crón. 36:22-23). Esdras lo interpretó como el cumplimiento de la profecía de Jeremías (Jer. 25:11-12; 29:10;

ver Isa. 44:28–45:3). El profeta Isaías identificó a Ciro como el siervo ungido del Señor. El cilindro de Ciro reporta cómo el rey toleró las religiones de muchas naciones restaurando las imágenes de sus deidades y reconstruyendo sus santuarios. La "solidaridad" de Ciro estaba motivada políticamente para estimular la lealtad de sus nuevos súbditos al ser liberados.

El Señor también instó a algunos de los exiliados de Judá para que volvieran. Ciro devolvió los objetos del templo que habían sido hurtados por Nabucodonosor (2 Rey. 25:13-15; 2 Crón. 36:18). Sesbasar, identificado como "jefe de Judá" (1:8), recibió el inventario de los artículos del templo y condujo a los exiliados hasta Jerusalén. Sesbasar tal vez sea Senazar, un hijo de Joaquín (1 Crón. 3:18). Si esta identificación es correcta, es cuestionable equiparar a Sesbasar con Zorobabel sobre la base de la comparación de Esdras 5:14,16 con Zacarías 4:9. Zorobabel era el hijo de Salatiel (3:8) o Pedaías (1 Crón. 3:19), lo que lo hacía sobrino de Sesbasar. Zorobabel era nieto del rey Joaquín (1 Crón. 3:19) y sucedió a Sesbasar como gobernador de Judá (Hag. 1:1).

Registro del remanente (2:1-70). El autor incluyó el registro del remanente para honrar a los que confiaron en el Señor y para mostrar que la profecía del retorno de Israel del exilio se cumplió. El registro incluye a los líderes, a la población en general, al personal del templo, a los descendientes de los siervos de Salomón y a aquellos de pretensiones genealógicas inciertas. El listado es solo representativo dado que el número total excede a los contados. La lista revisada se repite con revisiones en Nehemías 7:6-73.

Adoración y reconstrucción (3:1-13). La primera preocupación de la comunidad era la adoración al Señor. No se había ofrecido sacrificio por 50 años desde la caída de Jerusalén (586 a.C.). El séptimo

mes (Tisrí) era el mes más santo del calendario pues se celebraban la fiesta de las trompetas, de la expiación y de los tabernáculos (Lev. 23). Zorobabel y el sumo sacerdote Jesúa supervisaron la reconstrucción del altar y la ofrenda del sacrificio. La fiesta de los tabernáculos fue el primer día santo que se celebró.

En el segundo año del regreso (536 a.C.), se importaron materiales del Líbano. Bajo la supervisión de sacerdotes y levitas nombrados por Zorobabel y Jesúa se pusieron los cimientos del templo. Los levitas condujeron la alabanza por medio de canciones y de acompañamiento musical. La respuesta fue una mezcla de gozo por parte de los jóvenes y de llanto por parte de los mayores porque ellos habían visto la gloria del templo de Salomón. Zacarías le recordó al pueblo que no debía despreciar un pequeño trabajo hecho para el Señor (Zac. 4:9-10). Hageo declaró que la gloria de este templo excedería la del templo anterior (Hag. 2:9).

La oposición (4:1-24). Los residentes de Samaria se ofrecieron para ayudar a los repatriados porque alegaban adorar al Dios de los judíos. Zorobabel despreció su ayuda porque la religión de ellos era un culto mixto que como resultado de las políticas asirias de mezclar poblaciones extranjeras incluía elementos de paganismo (ver 2 Rey. 17:24-41). Los reyes asirios desde el tiempo de Esar-hadón (681–669 a.C.) habían exiliado a extranjeros llevándolos hacia las provincias del norte de Israel. Los samaritanos impidieron el trabajo intimidando a los constructores y sobornando a algunos de los consejeros. La obra se detuvo por 16 años (536–520 a.C.) hasta el reinado de Darío.

En un resumen parentético, hay ilustraciones de esta oposición continua en cartas a disposición del autor. Los documentos provienen de un período posterior durante los reinados de Jerjes I (486–465 a.C.) y

Artajerjes I (464–424 a.C.). Estas cartas, junto con los otros materiales en Esdras, están escritas en arameo, la lengua oficial de la corte.

Hay una carta del tiempo de Jerjes ("Asuero"; Est. 1:1) que simplemente se menciona. Pero la segunda, del período de Artajerjes, se cita en forma extensa. Los autores de la segunda carta se identificaron como descendientes de quienes fueron deportados por Asurbanipal ("Asnappar"; 668–627 a.C.). Estos recordaban la historia de la insurrección de Jerusalén y acusaban a los judíos de sedición. Artajerjes ordenó detener la obra.

Autoridad para construir (5:1-17). Los profetas Hageo y Zacarías urgieron y ayudaron a la comunidad a retomar la labor (Hag. 1:1-4,14; 2:1-4; Zac. 4:9; 6:15). Hageo criticó a la gente por vivir en buenas casas mientras el templo estaba en ruinas (Hag. 1:3-6). Zacarías develó la gloria futura que le esperaba al templo en los días del Mesías (el "Renuevo"; Zac. 3:8; 6:12-15). Tatnai, gobernador de las áreas provinciales al oeste del Éufrates, cuestionó la autoridad de ellos para construir. Sin embargo, dicha autoridad venía de Dios y era Él quien velaba por ellos.

Tatnai envió una carta al rey Darío (522–486 a.C.) donde hizo una reseña de la historia de la ciudad judía y de los repatriados. Tatnai solicitó que se buscara en los archivos reales, en procura de la autorización de Ciro para reconstruir, que los judíos alegaban tener.

Obra terminada (6:1-22). Una búsqueda que primero se llevó a cabo en Babilonia y luego en Acmeta (Media) recuperó el decreto en su versión oficial aramea (ver 1:1-4).

GOBERNANTES PERSAS		
GOBERNANTE PERSA	**FECHAS DEL GOBIERNO**	**REFERENCIA EN LAS ESCRITURAS**
CIRO	539–530 a.C.	2 Crón. 36:22-23; Esd. 1; Isa. 44:28; 45:1; Dan. 1:21; 10:1
CAMBISES	530–522 a.C.	
DARÍO I HISTASPES	522–486 a.C.	Esd. 4-6; Neh. 12:22; Hag. 1:1; Zac. 1:1,7
JERJES I (ASUERO)	486–465 a.C.	Esd. 4:16 Est.
ARTAJERJES I LONGÍMANO	464–423 a.C.	Esd. 4:7-23; 7; 8:1; Neh. 2:1-8 (Probablemente el gobernante durante el tiempo del profeta Malaquías.)
DARÍO II NOTOS	423–404 a.C.	
ARTAJERJES II MNEMON	404–359 a.C.	
ARTAJERJES III OCO	359–338 a.C.	
ARSACES	338–335 a.C.	
DARÍO III CODOMANO	335–331 a.C.	

Darío ordenó al gobernador no detener a los judíos sino pagar sus gastos del tesoro real e imponer sanciones contra todo el que se opusiera al trabajo de ellos. Aquello que había puesto en peligro la obra, bajo el cuidado de Dios terminó siendo el medio para acelerar su terminación.

La rápida respuesta de Tatnai hizo posible la terminación del templo cuatro años más tarde en el 515 a.C. (ver 6:15 con 4:24). Por medio de un plan providencial, ancianos judíos, profetas hebreos y reyes paganos, todos contribuyeron a completar la tarea. El servicio de dedicación fue celebrado con gozo y sacrificios. Los levitas y los sacerdotes fueron organizados en sus grupos tal como Moisés (Núm. 3; 18) y David (1 Crón. 24) lo habían ordenado. De los cuatro grupos que habían sobrevivido (2:36-39), se formaron 24 (ver Luc. 1:5).

En Esdras 6:19 el texto vuelve al hebreo porque describe la representación de la Pascua. Fue la primera Pascua conmemorada en el templo desde la caída de Jerusalén. Los repatriados se aseguraron de adorar al Señor con pureza ritual. Se regocijaron porque Dios había cambiado el corazón del rey asirio para bien de ellos. Se le da el nombre de "Asiria" en lugar de Persia porque Persia gobernaba lo que antes era Asiria y esta comenzó la cautividad del pueblo de Dios.

REFORMA BAJO LA LEY (7:1–10:44)

Esta última sección se refiere a las memorias de Esdras y advierte a la comunidad restaurada que no debe seguir los pecados de sus padres. Esdras, un erudito preparado en la ley, fue comisionado por Artajerjes para regresar a Jerusalén y enseñar los estatutos de la vida religiosa judía. Esdras inició reformas religiosas que llevaron al arrepentimiento y a un compromiso con el pacto.

La mano de Dios sobre Esdras (7:1-28). Las credenciales que tenía Esdras para cumplir con el llamado de Dios eran su genealogía sacerdotal (ver 2:62), su conocimiento de la ley y su compromiso con la ley como practicante y maestro. La "mano bondadosa de Dios" estuvo sobre la vida de Esdras. El rey Artajerjes reconoció la gran capacidad de Esdras y dictó un decreto escrito en arameo. El decreto decía que Esdras debía liderar un grupo de voluntarios que supervisara la vida religiosa apropiada en Jerusalén y se estableciera un sistema judicial de acuerdo con la ley de Dios. Esdras alabó a Dios por la benevolencia del rey y cobró ánimo a partir de esta señal de la mano divina sobre él (7:27-28).

Preparativos espirituales (8:1-36). Se hace una lista de sus compañeros de viaje según los jefes de familia. Esdras especialmente reclutó levitas para que lo ayudaran a enseñar la ley en Jerusalén. El escriba le atribuyó su éxito al Señor. Como líderes espirituales los levitas debían cumplir con el requisito de una herencia genealógica apropiada tal como la ley lo requería. Esdras mostró su dependencia de Dios por medio de la oración y el ayuno en preparación para el viaje. Reconoció que Dios había respondido sus peticiones.

Cargando un tesoro enorme el grupo de Esdras llegó a destino con éxito y sin incidentes. Esdras reconoció que la mano protectora de Dios lo había librado de la amenaza de los enemigos. El tesoro fue depositado y los repatriados ofrecieron sacrificio por Israel. Los gobernadores provinciales fueron notificados de la nueva administración de Esdras.

La oración de confesión de Esdras (9:1-15). Cuando Esdras llegó a Jerusalén, los líderes de la ciudad lo confrontaron con el problema de los matrimonios mixtos. Repitiendo la situación de los días de Moisés, los pecados del pueblo se asemejaban a los pecados gentiles que habían atrapado a Israel en el pasado (Ex. 34:11-12; Deut. 7:1-6). El propósito de esta segregación no era crear una raza pura sino evitar matrimonios que llevarían a infidelidad espiritual (ver Jue. 3:5-6).

La aflicción de Esdras por los pecados del pueblo lo llevaron a orar pidiendo perdón de Dios. Recordó los pecados de sus ancestros quienes sufrieron el exilio. Ofreció acción de gracias porque el Señor los había librado como remanente. Aun así temía que el pueblo hubiera repetido los pecados de sus antecesores y hubiera ignorado las advertencias de los profetas. Confesó lo culpable que era el pueblo e invocó la misericordia continua de Dios.

Arrepentimiento de los culpables (10:1-44). La oración y el ejemplo de contrición de Esdras contribuyeron a la convicción de pecado por parte de la gente. Recomendaron una renovación del pacto e instaron a Esdras que reformara la comunidad. Esdras llamó a una convocatoria de todas la tribus bajo amenaza de confiscación de la propiedad y de excomunión (ver 7:26). Esdras los castigó y les ordenó separarse de sus esposas paganas. El divorcio no era la voluntad de Dios para su pueblo (ver Mal. 2:16; Mat. 19:4-6), pero en esta situación se permitió para preservar la vida espiritual de la nación (ver Deut. 24:1-3). La práctica se había expandido tanto que le llevó tres meses a un tribunal considerar los casos.

El libro termina con una lista de los culpables. Los líderes religiosos aparecen primero en la lista. Todos los grupos cayeron en pecado y sufrieron el castigo. Esta conclusión sombría contrasta con el registro de aquellos honrados por su fe (Esd. 2). La conclusión indica que los repatriados todavía tenían mayores pasos que dar para hacer la obra de Dios.

Significado teológico y ético. Antes del exilio, las esperanzas nacionales y religiosas del pueblo de Dios iban de la mano. Después del regreso de Babilonia, se restauró la adoración en el templo y el pueblo asumió un nuevo compromiso con la ley de Moisés. Sin embargo, ya no gobernaba un rey davídico sobre una nación independiente; Judá era una provincia del imperio persa y estaba gobernada por un agente del rey persa. Los judíos sobrevivieron porque encontraron su identidad como pueblo de Dios no en sueños nacionalistas sino en un compromiso renovado con la Palabra de Dios. Los cristianos deben ser cuidadosos en no limitar a Dios al interés nacional de ningún pueblo.

El libro de Esdras enfatiza que las Escrituras son el principio que rige la vida del pueblo de Dios. Confrontados con las exigencias de la Palabra de Dios, nosotros, al igual que los de la generación de Esdras, tampoco alcanzamos los niveles de Dios. No obstante, nuestro arrepentimiento debe ir más allá del remordimiento por el fracaso moral, y llegar a la realidad de vidas cambiadas. La exigencia de Esdras en cuanto a divorciarse de esposas extranjeras demuestra que las verdaderas demandas de arrepentimiento y de obediencia a la Palabra de Dios a veces son dolorosas.

Preguntas para la reflexión

1. ¿Cuál debería ser la actitud del cristiano hacia la autoridad civil?

2. ¿Cómo deberían el pueblo de Dios y sus líderes trabajar juntos para hacer la obra del Señor más eficazmente?

3. ¿Qué prioridad debería dar el pueblo de Dios a la adoración y a la alabanza?

4. ¿De qué manera es Esdras un ejemplo para que sigan los cristianos hoy?

5. ¿Qué motiva al pueblo de Dios a actuar valientemente en situaciones peligrosas?

NEHEMÍAS

El nombre del libro de Nehemías es el de su personaje principal. En el período postexílico Nehemías volvió a fortificar Jerusalén, estableció una autoridad civil y comenzó reformas religiosas.

Hasta el siglo XV d.C. Esdras y Nehemías eran un solo libro en la Biblia hebrea. Al separarlos, las versiones en español siguen la tradición de los padres de la iglesia griega y del Antiguo Testamento en latín. En la Septuaginta, la versión griega precristiana del Antiguo Testamento, Esdras y Nehemías forman un solo libro.

La disposición de los libros del Antiguo Testamento en español sigue la tradición griega al ubicar a Nehemías en la secuencia cronológica apropiada. Aquí Nehemías sigue a Crónicas y a Esdras como el undécimo libro histórico. En las Escrituras hebreas, Nehemías aparece en la tercera y última sección conocida como los Escritos. Allí Esdras-Nehemías precede a Crónicas, con el cual termina la Biblia hebrea.

Algunos eruditos creen que Esdras-Nehemías anteriormente fue la segunda mitad de una historia más larga conocida como "Historia del cronista." Esta historia constaba de 1 y 2 Crónicas y Esdras-Nehemías. Esta reconstrucción ha sido rechazada por muchos eruditos tanto evangélicos como de la alta crítica y continúa siendo disputada (ver introducción a "Los libros históricos" y "Esdras"). El Talmud judío menciona a Esdras como autor de Crónicas, y a Esdras y a Nehemías como coautores de Esdras-Nehemías. De cualquier modo, no se conoce la identidad del compilador, quien seguramente usó una cantidad de fuentes escritas, tales como el relato de Nehemías en primera persona. Esdras-Nehemías data de la última mitad del siglo V a.C., no antes del 430 a.C.

La mayor parte del libro son memorias de Nehemías en primera persona (1:1–7:73; 12:27–13:31). El ministerio de Esdras se relata en tercera persona (Neh. 8:1–12:26). Entre las fuentes usadas había registros genealógicos (Neh. 7:6-73 y Esd. 2; Neh. 12:1-26, especialmente v. 23), un documento del pacto (9:38–10:39) y una lista de residentes (11:4-36).

La fecha en que se concluyó Esdras-Nehemías no es posterior al 400 a.C. Si se considera parte de la Historia del cronista, su fecha puede ser poco después (ver introducción a "Los libros históricos"). Algunos eruditos han fechado Nehemías (y también la Historia del cronista) no antes de la época de Alejandro Magno (alrededor del 331 a.C.) sobre la base del sumo sacerdote "Jadúa" que se menciona en Nehemías 12:11,22. El historiador judío Josefo reportó que Jadúa era sumo sacerdote cuando Alejandro entró en Jerusalén. No obstante, el resto de la evidencia indica que el Jadúa que nombró Josefo probablemente sea un descendiente del Jadúa bíblico.

La cronología del ministerio de Nehemías en Jerusalén incluye dos períodos de administración. Su primer ejercicio cubrió doce años (445–433 a.C.; Neh. 2:1). Regresó para un segundo mandato alrededor de 430 a.C. (13:6). Para una cronología del período y para la relación de los dos reformadores (Esdras y Nehemías), ver la introducción a "Esdras."

Tema. Dios cercó a su pueblo con protección por medio de las murallas que reconstruyó Nehemías y por la ley que restableció Esdras.

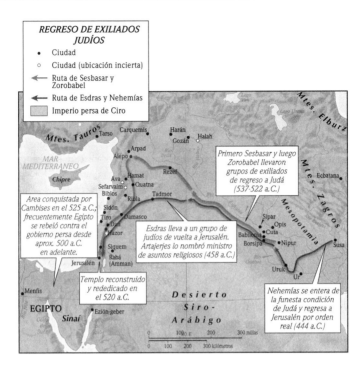

REGRESO DE EXILIADOS JUDÍOS
- Ciudad
- Ciudad (ubicación incierta)
- Ruta de Sesbasar y Zorobabel
- Ruta de Esdras y Nehemías
- Imperio persa de Ciro

Primero Sesbasar y luego Zorobabel llevaron grupos de exiliados de regreso a Judá (537-522 a.C.)

Area conquistada por Cambises en el 525 a.C., frecuentemente Egipto se rebeló contra el gobierno persa desde aprox. 500 a.C. en adelante.

Esdras lleva a un grupo de judíos de vuelta a Jerusalén. Artajerjes lo nombró ministro de asuntos religiosos (458 a.C.)

Templo reconstruido y rededicado en el 520 a.C.

Nehemías se entera de la funesta condición de Judá y regresa a Jerusalén por orden real (444 a.C.)

I. Reconstrucción de las murallas (1:1–7:73)

II. Lectura de la ley (8:1–10:39)

III. Reforma del pueblo (11:1–13:31)

Propósito y teología. Nehemías continúa la historia de la comunidad restaurada. Mientras que el libro de Esdras se centra en la restauración religiosa de Jerusalén, el de Nehemías describe su restauración política. La reconstrucción de las murallas de Jerusalén por parte de Nehemías restauró la integridad política y acalló las amenazas de intimidación por parte de los adversarios vecinos (caps. 1–7). No obstante, el libro no ignora el estatus religioso de los judíos. La esfera política y la religiosa están ligadas de modo inextricable. De ahí que otra "muralla" de protección era el conocimiento y la observancia de la ley de Dios. Esdras y Nehemías juntos regularon la vida social y religiosa de los exiliados sobre la base de la ley de Moisés (caps. 5; 8–13).

1. El libro continúa el tema de la adoración, el cual es predominante en Crónicas y Esdras. El autor dio gran importancia a los levitas y los sacerdotes, quienes fueron los primeros en comenzar a trabajar en la muralla (3:1,17,22,28) y fueron prominentes en la lista de los que repoblaron la ciudad (11:10-23; 12:1-26,29). Funcionaron en los papeles que se esperaban de ellos como maestros y oficiales del templo (8:7-8; 9:4; 12:27-36,45-46). Los levitas eran líderes de la renovación del pacto de Israel (9:38; 10:9-13,28) y ganaron la aprobación de la comunidad por su servicio (12:44,47). Aun así no escaparon a la necesidad de reforma dado que sus pecados quedaron expuestos (13:4-11,28,30).

2. Dios es el "Dios del cielo," quien como Creador del universo es imponente y grandioso (1:5; 2:4,20; 4:14; 9:6,32). La soberanía del Señor se ve claramente en la forma en que designó y protegió a

Nehemías, lo cual se logró por medio de los poderosos reyes de Persia (2:8,18). Dios era el que garantizaba el éxito de Nehemías (2:20), e incluso sus enemigos admitieron que fue algo divinamente logrado (6:16). Dios frustró las maquinaciones de los enemigos de los judíos y fue el origen del grito para cerrar filas "¡Nuestro Dios peleará por nosotros!" (4:15,20).

Sin embargo, Dios no es solo imponente en poder. También se lo describe como un Dios de firmeza en el pacto, un Dios que fue fiel con Israel por haberlo elegido como su pueblo (1:5-7; 9:7-37). Él es santo y exige un pueblo recto, un sacerdocio santificado y un lugar santo de adoración (12:30; 13:9,23-28,30).

3. La oración es el punto de apoyo que compromete a Dios a actuar en favor de Israel. Las oraciones de Nehemías aparecen a través de narración con invocaciones de bendiciones divinas (5:19; 6:9b; 13:14,22b,31b) o maldiciones sobre la oposición malvada (4:4-5; 6:14; 13:29). La oración junto con un pragmatismo equilibrado caracterizó la vida de Nehemías (2:4-5; 4:9). La confesión del pecado pasado de Israel reflejó el sentido de continuidad de la comunidad con la culpa pasada y la permanente necesidad de la intervención misericordiosa de Dios (1:4-11; 9:5b-37).

4. Las Escrituras engendraron un nuevo compromiso de los exiliados con el Señor. La ley de Moisés, en particular, fue la plomada por la que midieron el éxito de su reconstrucción espiritual. La ley se leyó, se interpretó y se aplicó para regular la vida de la comunidad (8:1-18; 9:3). La ley convenció (8:9; 9:2-3), llevó a la adoración (8:11-18) y generó reforma (13:1-3,17-22a,23-27).

5. El trabajo cooperativo del remanente fue evidente en los sacerdotes y los levitas, los gobernantes, los artesanos, los mercaderes y en sus hijos e hijas, quienes trabajaron codo a codo para volver a fortificar las murallas (3:1-32). La diligencia que mostraron tuvo paralelo con su inteligencia (4:6,16-18). La intimidación se desvió por la persistencia de la comunidad (4:14; 6:13,19), y sus adversarios tuvieron temor de lo que según ellos los judíos no pudieron haber hecho (4:1-3; 6:16).

6. El informe del libro sobre la mayordomía de la comunidad une los temas de comunidad, Escrituras y adoración. Las murallas de Jerusalén, incluso en los tiempos de Nehemías, no le hicieron sombra al templo: "De este modo nos comprometimos a no descuidar el templo de nuestro Dios" (10:39). Así es que los exiliados que volvieron juraron cumplir con sus obligaciones de servicio a la casa de Dios a través de diezmos y de ofrendas votivas de acuerdo a la ley de Moisés (10:32-39; 12:44). La santidad y la perpetuación de la vida en el templo fueron la agenda del segundo mandato de Nehemías como gobernador (13:4-13,30).

RECONSTRUCCIÓN DE LAS MURALLAS (1:1–7:73)

El libro comienza con las memorias de Nehemías, las cuales relatan el papel del gobernador en la refortificación de Jerusalén. Él informó sobre la oposición que encontró de parte de los samaritanos y mostró cómo Dios lo había capacitado para tener éxito. Según la indicación divina, Nehemías dio pasos para repoblar la ciudad pasando revista a los que habían regresado primero.

La oración de Nehemías (1:1-11). Nehemías recibió a una delegación de judíos liderados por Hanani al sudoeste de la moderna Irán, en el palacio de invierno de los reyes persas (Est. 1:2,5; Dan. 8:2). La visita se hizo en el mes de Quisleu (noviembre-diciembre) en el año veinte (445 a.C.) de Artajerjes I (464–424 a.C.; Neh. 1:1-3). Cuando Nehemías se enteró de que Jerusalén estaba desprotegida, buscó la ayuda de Dios por medio del ayuno y de la oración. Su apelación estaba basada en el pacto de Dios con Israel tal como se presenta en Deuteronomio. Allí el Señor amenazó a los infieles pero también prometió ayudar a los que se arrepintieran (ver Deut. 9:29; 28:14; 30:1-4). Como copero del rey, Nehemías terminó su petición anticipando una audiencia con Artajerjes (RVR60, "aquel varón," 1:11). La carga que Nehemías sentía por Jerusalén requería de su compromiso personal. El "copero" era un mayordomo que operaba como el catador del rey.

Preparativos de Nehemías (2:1-20). Después de cuatro meses de oración y de preparativos, Nehemías estuvo listo para responder a las preguntas del rey acerca de su semblante triste. Nehemías le temía a la respuesta del rey, pero con la ayuda de Dios peticionó valientemente ante el monarca para que este le diera autoridad a fin de reconstruir las defensas de Jerusalén. El Señor favoreció al copero de modo que el rey le concedió la petición dándole cartas de autorización y protección real. El disgusto de Sanbalat y de Tobías fue un presagio temprano de problemas (4:1-2; 6:1-7). En los papiros de Elefantina (407 a.C.), Sanbalat es llamado "gobernador de Samaria." Los papiros de Elefantina son documentos del siglo V a.C. recuperados de una colonia militar judía estacionada en la moderna Asuán en la frontera sur de Egipto.

En cuanto llegó a Jerusalén, Nehemías revisó silenciosamente la condición de la ciudad en preparación para encontrarse con los líderes judíos. La gente aceptó el desafío de reconstruir las murallas. Sanbalat y Tobías, a quienes se unió Gesem el árabe, se burlaron de ellos, y los acusaron de sedición. La misma táctica había sido efectiva contra Zorobabel (Esd. 4:4). Nehemías respondió afirmando que la verdadera autoridad para sus acciones provenía de Dios.

Restauración de puertas y murallas (3:1-32). El sumo sacerdote Eliasib (12:10,22; 13:4) lideró el trabajo y reconstruyó la puerta de las Ovejas. Siguieron la puerta del Pescado y el tramo de muralla correspondiente. Entre los trabajadores en la puerta de Jesana ("Antigua") y su tramo de muralla se incluían gobernantes, fabricantes de perfumes y mujeres. La puerta del Valle y la puerta del Basurero (o puerta del muladar), que conducían al basurero de la ciudad, fueron las siguientes. Quienes restauraron la puerta de la Fuente y su muralla incluyeron nobles y levitas. Los siervos del templo trabajaron en la puerta del Agua y su tramo de muralla, y los sacerdotes repararon la puerta de los Caballos. Los que residían cerca de la puerta oriental y su tramo de muralla, la repararon. Entre los que trabajaron en y cerca de la puerta de la Inspección (o puerta del Juicio) estuvieron un platero y comerciantes. Participaron personas de todas las ocupaciones, incluyendo familias enteras. A pesar de la oposición, todos cooperaron en su meta común de hacer la obra del Señor.

Oposición a la obra de Dios (4:1-23). La conspiración de Sanbalat incluyó provocaciones y amenazas. Nehemías oró pidiendo la intervención de Dios y la gente trabajó "con entusiasmo" (4:6). La oposición se extendió y se intensificó, pero el pueblo nuevamente respondió con oración. Los rumores debilitaron la resistencia, pero Nehemías organizó una defensa civil. Exhortó a los judíos a recordar a su Dios "grande y temible," que fue capaz de confundir a los enemigos y de pelear las batallas a favor de ellos.

Opresión económica (5:1-19). La disensión interna amenazó el proyecto de construcción tanto como lo hizo la amenaza de guerra. La falta de comida hizo que los judíos más pobres hipotecaran sus casas e incluso vendieran a sus hijos en servidumbre para pagar deudas. Se quejaban de que los acreedores que los oprimían eran hermanos judíos. Nehemías citó a una audiencia y acusó a los acreedores de usura (ver Deut. 23:19-20). Consideró que sus acciones eran reprochables a los ojos de sus enemigos gentiles dado que la comunidad ya estaba luchando para volver a comprar a los esclavos judíos de manos de los gentiles. Nehemías reconoció que él había hecho préstamos pero no de manera injusta. Los culpables acordaron devolver las posesiones confiscadas.

Este incidente llevó a Nehemías a defender su propia conducta durante los doce años de su mandato como gobernador. A diferencia de sus predecesores, no gobernó con codicia sino que colocó la construcción de la muralla por sobre sus intereses personales. Al compartir diariamente su riqueza con muchos, sentó un ejemplo para el pueblo.

Intimidación final (6:1-19). Cuando la obra estaba casi terminada, en su desesperación los enemigos de Nehemías le suplicaron que se encontrara con ellos en Ono, un lugar situado entre Judá y Samaria al extremo sur de la planicie de Sarón. Él se rehusó diciendo que la obra del Señor era más importante. Sanbalat, frustrado por las negativas de Nehemías, aumentó su intimidación y lo acusó de sedición. Nehemías respondió con oración como lo había hecho en el pasado. Sanbalat contrató a Semaías y a la profetisa Noadías para que diera consejo falso como si proviniera del Señor. Semaías le aconsejó a Nehemías que se refugiara en el templo porque esa noche podía ser asesinado. No obstante, Nehemías se dio cuenta de la conspiración. No quería que tal acto de cobardía lo desacreditara delante del pueblo. Una vez más Nehemías oró pidiendo justicia divina.

La muralla se terminó después de sólo 52 días debido a la ayuda del Señor. Irónicamente, las naciones se sintieron intimidadas por el éxito de los judíos al darse cuenta de que habían logrado una tarea imposible. No obstante, Tobías convenció a algunos

judíos a actuar traicioneramente y a presionar a Nehemías. Tobías tenía estrechos vínculos con el sumo sacerdote Eliasib (ver 13:4) y también tenía negocios financieros entre los judíos.

Protección de Jerusalén (7:1-73). Nehemías hizo responsable a Hanani de la seguridad de la ciudad porque él era capaz y piadoso. La ciudad ahora era segura para nuevos residentes (ver 11:1-36). Dios hizo que Nehemías viera la necesidad de contar con registros genealógicos. Por lo tanto, Nehemías comenzó recitando el primer registro de los repatriados bajo el mandato de Zorobabel (ver Esd. 2:1-70).

LECTURA DE LA LEY (8:1–10:39)

El relato del ministerio de Esdras se narra en tercera persona. La proclamación de la ley por parte de Esdras comenzó el primer día del séptimo mes y continuó probablemente cada mañana durante una semana. Su lectura de la ley animó a los repatriados a regocijarse y a celebrar la fiesta de las Enramadas (los tabernáculos) de la manera apropiada. Al oír la ley, el pueblo sintió convicción y en forma colectiva la nación recordó la maldad pasada. El resultado fue una renovación del pacto en que asumieron un nuevo compromiso con la ley.

Esdras lee la ley (8:1-18). La última mitad de 7:73 es la introducción al capítulo 8. El séptimo mes era el mes más importante del calendario ceremonial (ver Lev. 23). En el primer día del mes (ver Núm. 29:1) el pueblo se reunió y pidió a Esdras que leyera la ley. El propósito de la lectura era que pudieran entender la ley. Durante dicha lectura el pueblo permaneció en reverencia, la respuesta incluyó alabanza, lágrimas y gozo. Los levitas interpretaron la ley para los que no entendían su significado.

Después de oír la ley, los ancianos instaron a Esdras a que llamara a una asamblea general de todos los judíos para observar la fiesta de las Enramadas (Tabernáculos). Esta tradicionalmente se celebraba durante siete días en el tiempo de la cosecha (Ex. 34:22). Conmemoraba la provisión de Dios en el desierto cuando Israel vivió en cobertizos o enramadas temporarias (ver Lev. 23:33-43). Para estos repatriados, la fiesta era particularmente significativa porque ellos habían experimentado el segundo "éxodo" de Babilonia. Las enramadas, hechas de ramas de árboles, se construyeron en la ciudad. Desde la época de Josías no se había celebrado la fiesta de esta manera. Se obedeció cuidadosamente la ley. Los judíos apartaron el octavo día (Lev. 23:36) para una reunión especial.

Israel confiesa su pecado (9:1-38). En el vigésimo cuarto día del mes, dos días después de la fiesta, los exiliados ayunaron vestidos con ropas de contrición. Por medio de la santificación, de la lectura de la ley de Moisés y de la adoración se prepararon para la confesión.

Los levitas guiaron al pueblo en una oración de confesión, llamando a los peregrinos a levantarse. Alabaron la grandeza y la gracia de Dios. Desde el llamado de Abraham hasta la experiencia de Moisés en el Sinaí, Dios protegió a Israel y proveyó para su pueblo. En contraste con un Dios paciente Israel fue duro de cerviz y rebelde a lo largo de su historia. Aun así, el Señor permaneció misericordioso. La oración concluyó con súplicas. Ellos admitieron que Dios los había castigado justamente por medio de la opresión gentil, pero pidieron que Dios pudiera ver su aflicción económica y los rescatara de la opresión. Su oración de confesión concluyó con la nación que hizo un juramento de obedecer la ley de Moisés.

La firma del pacto (10:1-39). El capítulo hace una lista de los que firmaron el pacto, comenzando por el gobernador.

También se mencionaron sacerdotes, levitas y gobernantes. Las cláusulas del pacto incluían (1) sumisión a la ley, (2) separación de matrimonios con extranjeros, (3) la observancia del sábado como señal del pacto mosaico, y (4) el servicio a Dios a través de diezmos y ofrendas. Acordaron cumplir con lo que la ley requería de ellos. Pagarían el impuesto del templo (Ex. 30:11-16) y contribuirían con madera para los holocaustos continuos (Lev. 6:12). Dedicarían sus primicias y sus primogénitos (Ex. 23:19a; Núm. 18:17-19) y pagarían diezmos para los levitas y los sacerdotes (Lev. 27:30-33; Núm. 18:21-32; Deut. 12:5-18; 14:22-29).

REFORMA DEL PUEBLO (11:1–13:31)

La sección final completa los temas ya comenzados en los capítulos 1–10. El tema de la repoblación que comenzó en el capítulo 7 continúa con la lista de nuevos residentes en Jerusalén para mostrar continuidad con su fe ancestral y su esperanza en un nuevo Israel. Las ceremonias de dedicación de las murallas le recuerdan al lector la oposición que los judíos soportaron pero también el éxito que disfrutaron debido al favor divino. Finalmente, la variedad de reformas iniciadas por Nehemías le dio vigor a las cláusulas del pacto que había contraído la comunidad.

Establecimiento de las ciudades (11:1-36). Los exiliados organizaron su sociedad por heredades y por medio de voluntarios que migraron a la ciudad santa. Mientras que descendientes de todas las tribus de Israel regresaron a Judá, Jerusalén estuvo formada particularmente por aquellos cuyos ancestros habían poblado la ciudad en los días de David: Judá, Benjamín y Leví.

Dedicación de las murallas (12:1-47). Las memorias de Nehemías se empalman con la continuación del relato sobre los muros. Las festividades elaboradas que se planearon incluyeron cantores levitas con orquesta. El pueblo, conciente de que estaba delante de Dios, se limpió a fin de prepararse para la celebración. Esdras y Nehemías condujeron las dos marchas en procesión. Después de marchar alrededor de la ciudad sobre la muralla, las dos formaciones se reunieron en el templo para ofrecer a Dios acción de gracias. Se restauraron las provisiones para los sacerdotes y los levitas, y se restablecieron los coros que David había ordenado.

Renovación del pueblo (13:1-31). Otra línea de defensa que edificó Nehemías fue la vida espiritual de la comunidad. La base de las reformas que puso en vigor fue la ley de Moisés. Trató de reflejar el ideal

mosaico que la lectura de la ley por parte de Esdras había puesto ante el pueblo (caps. 8–10). Este se separó de influencias extranjeras que podían poner en peligro su consagración espiritual (ver Deut. 23:3-5).

No obstante, el sumo sacerdote Eliasib (Neh. 3:1,20; 12:22; Esd. 10:6) ya había comprometido la santidad del templo de Dios. Acondicionó los almacenes para que los ocupara Tobías el amonita (Neh. 6:18). Nehemías explicó que él estaba en Persia cuando Tobías ocupó el templo. En cuanto regresó, inmediatamente expulsó a Tobías, y purificó y restauró las habitaciones para el servicio. Reinstituyó las ofrendas levíticas que habían cesado durante su ausencia y acusó al pueblo de quebrantar su juramento

EL REGRESO DEL EXILIO

FASE	FECHA	REFERENCIA EN LAS ESCRITURAS	LÍDER JUDÍO	GOBERNANTE PERSA	LÍMITES DEL REGRESO	EVENTOS DEL REGRESO
PRIMERA	538 a.C.	Esdras 1-6	Zorobabel Jesúa	Ciro	(1) Cualquiera que quería regresar podía irse. (2) El templo en Jerusalén debía reconstruirse. (3) El tesoro real proveyó recursos para la reconstrucción del templo. (4) Los artículos de adoración del templo de oro y de plata tomados por Nabucodonosor fueron devueltos.	(1) Se hicieron holocaustos. (2) Se celebró la fiesta de las enramadas. (3) Se comenzó la reconstrucción del templo. (4) Gobernante persa ordenó que cesara la reconstrucción. (5) Darío, rey de Persia, ordenó que la construcción se reanudara en 520 a.C. (6) El templo fue terminado y dedicado en 516 a.C.
SEGUNDA	458 a.C.	Esdras 7-10	Esdras	Artajerjes Longímano	(1) Cualquiera que quería regresar podía irse. (2) El tesoro real proveyó los recursos. (3) Se permitieron magistrados civiles y jueces judíos.	Los hombres de Israel se casaron con mujeres extranjeras
TERCERA	444 a.C.	Nehemías 1-13	Nehemías	Artajerjes Longímano	Se permitió la reconstrucción de Jerusalén.	(1) La reconstrucción de la muralla de Jerusalén fue resistida por Sanbalat el horonita, Tobías el amonita y Gesem el árabe. (2) La reconstrucción de la muralla se completó en 52 días. (3) Las murallas se dedicaron. (4) Esdras leyó el libro de la ley al pueblo. (5) Nehemías inició reformas.

(13:10-14; 10:39; ver Mal. 2:8-12). Tomó otras medidas contra los comerciantes que violaron el sábado vendiéndoles mercancías a los judíos. Acusó a los judíos de repetir los pecados de sus padres y amenazó de muerte a los mercaderes.

La acción final de Nehemías trató el problema continuado de los matrimonios mixtos (ver Esd. 9:1–10:44). Para Nehemías, las lenguas diferentes que oía hablar entre los niños de Judá indicaban que los judíos estaban perdiendo su identidad distintiva como pueblo de Dios. El problema era la religión de los extranjeros, no su etnicidad. Él argumentó que los judíos estaban reavivando los pecados de Salomón, cuya infidelidad hizo que Israel pecara y sufriera el juicio de Dios. Nehemías tomó una acción drástica debido a la severa amenaza que se cernía sobre ellos. Castigó físicamente a los casados con extranjeras y los obligó a abstenerse de tales matrimonios. Tan sórdida era la situación que incluso la hija de Sanbalat (2:10,19) se había casado con alguien de linaje sacerdotal.

Nehemías concluyó sus reformas ocupándose de las necesidades del sacerdocio. Él era consciente de que estaba llevando a cabo los mandatos de Dios y no los suyos propios. Con cada reforma él oró pidiendo la bendición de Dios sobre su fiel servicio.

Significado teológico y ético. El libro de Nehemías ilustra cuánto puede hacer un laico que se compromete a una vida de oración, a la Palabra de Dios y a una obediencia activa. Nehemías sirve como recordatorio de que se necesitan cristianos en puestos de liderazgo no sólo dentro de la iglesia sino también en el gobierno civil. Los que intentan moldear la sociedad sobre principios escriturales indudablemente van a experimentar oposición como Nehemías. La oración, el arma más potente de Nehemías, continúa sirviendo a los cristianos en su lucha por hacer la voluntad de Dios a pesar de la oposición.

El llamado de Nehemías a divorciarse de esposas extranjeras no es un apoyo al divorcio ni al racismo sino un mandato desesperado para un momento desesperado. (Ver Mal. 2:10-16; 2 Cor. 6:14–7:1). La supervivencia de los judíos como pueblo comprometido con Dios exigía la *exclusión* de los gentiles *por un tiempo*. La supervivencia de la iglesia exige la *inclusión* de *todos* los que oigan el evangelio y entreguen su vida a Cristo.

Preguntas para la reflexión

1. ¿Cómo debería trabajar unido el pueblo de Dios para lograr el propósito divino?

2. ¿Qué enseña la vida de Nehemías acerca de la devoción de un laico a Dios?

3. ¿Cuál es el papel de las Escrituras en la vida de la iglesia?

4. ¿Cómo deberían responder los cristianos a la oposición al reino de Dios?

5. ¿Qué enseña la Biblia acerca de matrimonios interraciales y sobre matrimonios con inconversos?

ESTER

El libro de Ester lleva el nombre de su heroína. Ester usó su posición prominente como reina de Persia para salvar de la destrucción al pueblo judío. "Ester" probablemente deriva de la palabra persa *stara*, que significa *estrella*. Algunos eruditos relacionan la palabra con "Ishtar," la diosa acadia asociada con el planeta Venus. El nombre hebreo de Ester era "Hadasa," que significa *mirto* (Est. 2:7).

En las versiones en griego y en español, Ester es el último libro de la colección de los libros históricos. En la disposición hebrea del Antiguo Testamento, Ester es uno de los cinco *Megillot* (rollos o pergaminos) que aparecen en la tercera y última sección (los *Ketubim* o Escritos) de la Biblia hebrea. El argumento del libro incluye los orígenes de la fiesta judía del Purim. Tradicionalmente se lee Ester en esa celebración anual (Adar 14 y 15).

La traducción griega tiene cinco agregados al texto hebreo (y al texto en español). Estos agregados a Ester suplementan la narración y hacen que el libro tenga un tono más religioso (ver más abajo). La Vulgata latina de Jerónimo eliminó los agregados y los ubicó al final del libro. Lutero también separó los agregados y los ubicó con los libros apócrifos.

Se desconoce quién escribió el libro. El autor probablemente usó fuentes disponibles del período. El relato menciona el uso de archivos reales (2:23; 6:1; 10:2). Y se dice que Mardoqueo, una figura clave en la historia, registró algunos eventos (9:20,23,29-32). Algunos intérpretes han especulado diciendo que el autor fue un judío persa.

Es difícil determinar la fecha en que se escribió. La historia tiene lugar en el siglo V a.C. en el reinado del rey persa Asuero (1:1), a quien se identifica comúnmente como Jerjes I (485– 464 a.C.). Los eruditos han sugerido fechas para la autoría que van desde tan temprano como el siglo V a.C. hasta tan tardíamente como el período macabeo (del siglo II al I a.C.). Una fecha de alrededor del 400 a.C. coincide con la evidencia lingüística y con el excelente conocimiento de la vida persa por parte del autor.

Historia y género literario. Se ha cuestionado la confiabilidad del libro de Ester como testigo histórico. En años más recientes muchos eruditos han reconocido que tiene un núcleo histórico. Algunos de estos mismos eruditos creen que el género literario de Ester es una novela histórica o un romance histórico. El libro de Ester, a medida que se desarrolla el argumento, tiene propiedades de leyenda y de ficción. Peculiaridades internas incluyen la edad de Mardoqueo (por lo menos 124 años, si es que en realidad fue deportado por Nabucodonosor; ver 2:6; 3:7) y otras exageraciones cuestionables (por ejemplo, 1:4; 2:12; 5:14; 9:16). Se argumenta que los protagonistas de la historia y los incidentes relatados no se pueden corroborar independientemente de la Biblia. Es más, el historiador griego Herodoto (*Historia* VII.114) identificó a la reina de Jerjes como Amestria y no Vasti ni Ester.

No obstante, los estudiosos que consideran al libro como un testigo histórico confiable han respondido que éste muestra un conocimiento exacto y detallado de la vida, la ley y las costumbres persas. La información arqueológica acerca de la arquitectura del palacio y el reinado de Jerjes armoniza con las descripciones de la historia. La ocasión del banquete en el tercer año (1:3) se corresponde con los comentarios del historiador griego Herodoto (*Historia*, VII.8), que Jerjes reunió a sus hombres principales aquel año para planear una campaña contra Grecia. Además el nombre de un oficial de la corte, *Marduka* (¿Mardoqueo?), ha sido atestiguado en tablillas persas de esa época. Si bien no es posible identificar con seguridad a esta figura con Mardoqueo, el nombre le da a la historia un halo de autenticidad.

Con respecto a las incongruencias, los evangélicos responden con explicaciones alternativas. Por ejemplo, el texto hebreo puede interpretarse que significa que Cis, antepasado de Mardoqueo, fue deportado por Nabucodonosor (2:6). En cuanto a Amestria, algunos han intentado equiparar los nombres Ester y Amestria sobre una base lingüística, pero esto se ha cuestionado. Otros han dado cuenta de la discrepancia sugiriendo que Jerjes tenía más de una reina o que Amestria fue reina durante los cuatro años entre la remoción de Vasti y el casamiento con Ester (1:22; 2:16).

Si es posible demostrar que el autor tuvo la intención de que el libro se leyera como ficción literaria, entonces debería ser convenientemente interpretado como si fuese una parábola o una alegoría sin dudar de su inspiración. No obstante, si el autor lo concibió como material históricamente verificable, los intérpretes deberían tratarlo como un relato confiable sobre los judíos persas. El autor indica que el libro se debe leer como material histórico porque invita a sus lectores a verificar la narración consultando las crónicas persas, donde se pueden encontrar los eventos de la historia (10:2), y aun más. Esta es la misma clase de invitación que hallamos en las historias de Reyes y Crónicas. Por otra parte, a menos que haya una evidencia precisa, la confiabilidad del relato debiera ser la guía del intérprete.

Ester sin "Dios." Ester es el único libro en la Biblia hebrea que no menciona el nombre de Dios. También está ausente cualquier referencia a la ley, el sacrificio judío, la oración y la revelación. Es el único libro del Antiguo Testamento ausente en los rollos del mar Muerto. La opinión sobre el valor religioso del libro ha variado. Lutero consideró que no tenía valor. El famoso erudito judío Maimónides (siglo XII d.C.) lo colocó junto a la Torá en importancia. Tanto judíos como cristianos han debatido el estatus canónico del libro.

Una explicación de la naturaleza "secular" del libro es que un autor judío tomó la historia textualmente de un registro persa oficial que omitía el nombre de Dios. Otros han sugerido que el autor estaba más preocupado por el pueblo judío como nación que por sus prácticas religiosas. No obstante, se sabe que los registros oficiales (por ejemplo, el cilindro de Ciro y la piedra moabita) no tuvieron reservas en invocar o referirse a las deidades. No hay razón por la que el nombre del Dios de Israel hubiera sido ofensivo a la religión persa. Cuando describe eventos históricos la literatura del Antiguo Testamento no hace la dicotomía moderna entre asuntos seculares y religiosos.

Una mejor explicación es que la ausencia de lenguaje religioso se ajustaba mejor a los propósitos teológicos del autor. Este expresó su teología a través del vehículo de la historia, acomodando los eventos y el diálogo para acentuar esa teología. Omitió las particularidades religiosas de Israel porque quiso velar la presencia de Dios. Creía en la soberanía de Dios, pero entendía que la intervención divina se expresa a través de la instrumentación humana.

El autor no habló directamente de la participación de Dios, sino que solo sugirió la presencia divina. Hizo esto por medio de personajes que reconocían la intervención de Dios en sus vidas (4:15-16b). La mención del ayuno y del uso de cilicio y cenizas (RVR60, 4:1-3; 4:16; 9:31) implica que los judíos adoraban dado que en el Antiguo

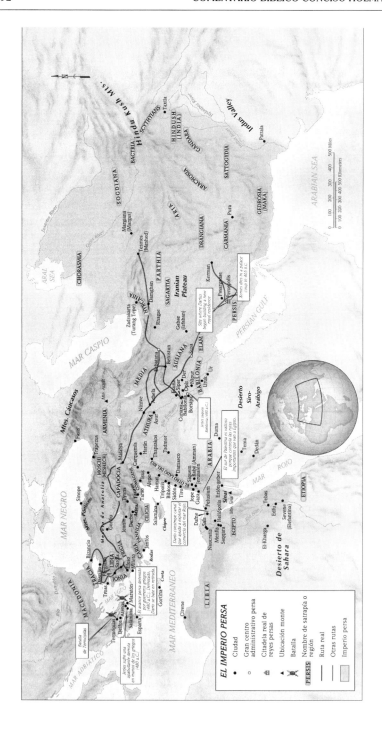

Testamento la oración comúnmente tenía lugar con el ayuno. El autor percibió que Dios orquestó la salvación de los judíos de manera eficaz, pero no quiso que las acciones divinas fueran obvias.

Otra manera en que la historia muestra la mano de Dios es revirtiendo el resultado esperado de los eventos. La intriga humana, la manipulación y la simple coincidencia son las explicaciones evidentes para los rotundos cambios en la conclusión de la historia, mientras Dios está en acción en forma encubierta. La estructura de la historia realza aun más el tema de los cambios totales que narra el autor. Al omitir referencias a las actividades religiosas, el autor comentó sobre la condición espiritual de los judíos que vivían en la diáspora. Estos judíos eran los que no se ofrecieron para volver a Jerusalén como parte del "remanente" a través del cual Dios volvería a obrar (Esd. 1:4; 9:8-9). A pesar de que la fe de ellos era frágil, Dios los preservó y así permaneció fiel a su pacto.

Tema. Dios obró detrás de la escena para salvar a los judíos de la destrucción exaltando a Ester como reina de Persia y dando vuelta el tablero sobre sus enemigos (4:14; 9:1).

I. La destitución de Vasti (1:1-22)

II. El edicto del rey (2:1–3:15)

III. Amán amenaza a Mardoqueo (4:1–5:14)

IV. Mardoqueo derrota a Amán (6:1–7:10)

V. El edicto del rey (8:1–9:32)

VI. El engrandecimiento de Mardoqueo (10:1-3)

Propósito y teología.

1. El propósito teológico primario del libro es la sutil providencia de Dios en la vida de su pueblo. Mientras por un lado Esdras-Nehemías relata cómo le fue a los repatriados en Jerusalén, la historia de Ester informa qué les ocurrió a quienes se quedaron atrás. A través de cambios inesperados en las vidas de los personajes el autor mostró cómo Dios "supervisó" la liberación de los judíos. El tema de los cambios radicales se ilustra claramente en lo sucedido a Amán y a Mardoqueo (7:10–8:2) y en el triunfo de los judíos en lugar de su exterminación (9:1).

2. El libro también explica los orígenes de la fiesta del Purim (*suerte*) que los judíos celebraban anualmente los días catorce y quince de Adar (3:7; 9:26). Mientras echar suertes pareció sellar su destino, las suertes llegaron a ser su razón de celebración (9:23-26). En la tradición judía el ayuno de Ester precede al Purim para conmemorar el ayuno que precipitó la victoria de ellos.

3. La idea de riqueza y de poder es persistente en la historia y tiene su enfoque en la corte persa (1:1-9; 3:1-2; 10:1). No obstante, el poder de Ester (5:1-3; 7:7) y de Mardoqueo (6:11; 9:4; 10:2), adquirido debido a su lealtad al rey, triunfó sobre los enemigos persas. Mientras que los judíos fueron impotentes y estaban indefensos ante sus señores gentiles, al final los magistrados temieron y honraron a los judíos (8:17; 9:2).

La moraleja es que el poder debe usarse para propósitos rectos y no para una gratificación personal. Mardoqueo, por ejemplo, reconoció que el poder de Ester fue un don que había que usar para la liberación de su pueblo (4:14). El poder abusivo llegó a ser el lazo de Amán (5:11-14; 7:10), mientras que Mardoqueo usó la autoridad para ayudar a su pueblo (8:7-8; 10:3).

Finalmente, el libro es una parodia sobre la dominación de los gentiles. El poderoso Jerjes, cubierto de esplendor real, es descrito como un monarca débil, fácil de manipular, mal informado acerca de los eventos de su propio reino. La prerrogativa de autoridad gentil, la ley irrevocable de los medos y los persas, atrapó al rey y finalmente derrumbó la autoridad gentil (de la cual Amán era la personificación). El verdadero poder se encuentra en las virtudes de lealtad, honestidad y en el ayuno en adoración a Dios.

4. Dios recompensa la lealtad. La deslealtad de Vasti se contrasta con la lealtad de Ester hacia el rey y hacia su pueblo. Otro contraste es el incompetente Amán, quien fue ahorcado por su conspiración (7:1-10), mientras que Mardoqueo fue honrado por salvar al rey de sus asesinos (2:21-23). Mardoqueo, en particular, ejemplifica la lealtad a la tradición judía. Él funcionaba como la conciencia judía de Ester (4:12-14), y como "judío" (3:3) se rehusó a rendir homenaje a Amán, el descendiente de Agag (3:1-2; 5:9). Mardoqueo intentó esconder la identidad judía, pero supo al final que cuando Ester reveló que era judía, eso les dio una ventaja (2:10,20). La historia muestra que los de la diáspora podían ser fieles a su herencia mientras vivían como honorables ciudadanos de un estado gentil.

5. Otro tema recurrente es el contraste entre fiesta y ayuno. La historia comienza con la elaborada fiesta de siete días de Jerjes, la cual en última instancia dio como resultado el nombramiento de Ester como reina. Luego, las dos fiestas de Ester resultaron en la muerte de Amán, el archienemigo de los judíos. Finalmente, Mardoqueo estableció la fiesta del Purim, que disfrutarían judíos y gentiles desde esa generación en adelante (8:15,17; 9:17,19,26-28).

El complemento de estos festejos es el ayuno judío, que fue la manera en que el autor expresó el compromiso de este pueblo con su herencia religiosa (4:1-3,16). El ayuno precedió a la fiesta cuando Ester decidió presentarse ante el rey (4:16), y así es que también se celebró un ayuno como parte de Purim (9:31). El ayuno de ellos, la expresión externa de su confianza en Dios, precipitó la victoria y la celebración.

6. Por último, la historia trata el problema de la intolerancia social y religiosa. El antisemitismo de Amán se expresó terriblemente cuando él juró que no iba a descansar hasta liberarse de "ese judío Mardoqueo" (5:13). En esta historia se les advierte a los judíos que no deben renunciar a su herencia. En realidad, su herencia espiritual los preservó como pueblo.

LA DESTITUCIÓN DE VASTI (1:1-22)

Al rey persa Hsayarsa se lo conocía como Asuero en hebreo y Jerjes en griego. Por lo general se lo indentifica como Jerjes I (485-464 a.C.), a quien se recuerda por su devastadora pérdida naval frente a los griegos en Salamina en el 481 a.C. El historiador griego Herodoto describió su reino diciendo que constaba de 20 satrapías y se extendía desde la India hasta Etiopía.

En su tercer año (483 a.C.) el rey convocó a una recepción real en Susa de Elam (el sudoeste de lo que hoy es Irán), el lugar de vacaciones de invierno de los reyes persas (Neh. 1:1; Dan. 8:2). El trabajo arqueológico ha descubierto el elaborado palacio real de la ciudad.

La reunión convocada por Jerjes duró 180 días, durante los cuales él desplegó el esplendor de su riqueza. Culminó en un banquete de siete días de lujosa comida y de borrachera. Se describe la opulencia de la corte persa para indicar los vastos recursos y el poder del rey.

En el estupor de su borrachera, el rey llamó a la reina Vasti para "exhibir su belleza" delante de sus invitados. La negativa de Vasti, probablemente por pudor, puso en juego la reputación del rey. Por consejo de Memucán, el rey la depuso como reina. La acción de Jerjes es una parodia del poder persa, dado que el poderoso rey ni siquiera podía darle órdenes a su propia esposa.

EL EDICTO DEL REY (2:1-3:15)

La segunda sección de la historia tiene que ver con la exaltación de Ester y el plan malvado de Amán para exterminar a los judíos. El papel de Mardoqueo como pariente de

Ester y enemigo odiado por Amán liga los dos episodios.

El surgimiento de la reina Ester (2:1-23). Por consejo de sus asistentes, Jerjes ordenó buscar una sucesora para Vasti. El narrador reveló la nacionalidad de Ester al comienzo identificando el linaje de Mardoqueo como un benjamita de la familia de Cis. Mardoqueo era el padre adoptivo de Ester y su primo mayor. Ester ("Jadasá," su nombre hebreo) estaba entre las mujeres llevadas al palacio del rey por su belleza excepcional. Por consejo de Mardoqueo, ella ocultó su nacionalidad, un factor de peso en su ventaja sobre Amán.

Se requería un año de purificación para una audiencia con el rey. Ester fue recibida por Jerjes cuatro años después de la deposición de Vasti (479 a.C.; 2:16; 1:3). Ella obtuvo su aprobación y llegó a ser reina. La expedición occidental contra los griegos con los barcos persas de Jerjes terminó en un desastre en Salamina en el 481 a.C. La elección de Ester ocurrió después de este desastre.

Mardoqueo, quien puede haber estado al servicio del rey como portero, descubrió una conspiración para matar a Jerjes (tal vez debido al desafecto causado por las pérdidas en Salamina). Los dos culpables fueron empalados en una estaca y se registró el heroísmo de Mardoqueo. A partir de este incidente Mardoqueo se enteró del nuevo poder de Ester en la corte. El ocultamiento de la identidad de ella y el registro de la acción de Mardoqueo desembocarían en la destrucción de Amán (6:1-2; 7:3-6). El empalamiento de los traidores anticipó la propia muerte de Amán por el mismo crimen de traición (7:10).

El plan de Amán (3:1-15). El tema del poder se continúa con la presentación de Amán como segundo en importancia después del rey. Este incidente tuvo lugar alrededor de cinco años después de la instauración de la reina Ester (2:16; 3:7). A Amán se lo identifica como descendiente de Agag, el rey amalecita a quien Saúl derrotó pero no dio muerte (1 Sam. 15). Israel y Amalec eran enemigos desde el tiempo de Moisés (Ex. 17:8-16). Para el autor, la contienda entre Amán y Mardoqueo, un descendiente de Cis (como también lo fue Saúl), tipificó la enemistad entre Israel y los gentiles. No obstante, este descendiente de Agag no se salvaría de la muerte.

Mientras otros se inclinaban ante Amán, Mardoqueo se negó a adorarlo debido a su propia fe judía, tal como Daniel se rehusó a adorar a Darío (Dan. 6). Amán fue el cerebro de una conspiración para exterminar a todos los judíos. El día y el mes divinamente elegidos se determinaron echando el *pur*, es decir la *suerte* (acadio). El rey fue persuadido de permitir el asesinato en masa por edicto oficial y esto fue certificado por el anillo de sello del propio rey (ver 8:2,8). Mensajeros recorrieron todo el imperio para dar a conocer el edicto de que en el día trece de Adar, alrededor de once meses después, los judíos debían ser destruidos. La gente común de Susa se conmovió con el edicto de sangre fría, en contraste con los conspiradores, que mientras tanto celebraban confiadamente.

LA AMENAZA DE AMÁN (4:1–5:14)

La posición de Ester la habilitaba para salvar a los judíos, si es que estaba dispuesta a arriesgar su propia posición. Después de volver a relatar sobre el voto de devoción de Ester, el autor narró cómo ella tomó la delantera y diseñó su propia estratagema para superar a Amán. Irónicamente, Amán preparó su propio fin.

La súplica de Mardoqueo (4:1-17). Cuando Mardoqueo se enteró de la conspiración asesina, él y todos los judíos se unieron en lamento, ayuno y en el uso de cilicio y cenizas. Este acto espontáneo de dolor evidenció la solidaridad de los judíos. La costumbre del cilicio y las cenizas incluía oraciones de confesión y adoración (1 Rey. 21:27-29; Neh. 9:1-3; Dan. 9:3). Ester se enteró del edicto por su mensajero Hatac, quien transmitió la súplica de Mardoqueo solicitando ayuda de parte de ella. Ester explicó que no podía acercarse al rey porque la ley persa condenaba a muerte a cualquiera que entrara sin recibir invitación. Mardoqueo respondió advirtiéndole que como judía su propia vida estaba en peligro y que si ella fracasaba Dios podía salvar a su pueblo de otra forma. Él creía que la exaltación de la joven en el palacio tenía un propósito santo. La confianza de Ester en Dios fue el aspecto crucial. Ella pidió un ayuno comunitario de parte de todos los judíos mientras al mismo tiempo oraban a Dios (Esd. 8:21-23; ver Hech. 13:3; 14:23). Le contestó a Mardoqueo con valentía y confianza en la voluntad divina: "¡Y si perezco, que perezca!" (ver Dan. 3:16-18).

El banquete de Ester (5:1-14). Las oraciones del pueblo de Dios fueron contestadas porque Jerjes recibió a Ester sin problemas. Ella invitó al rey y a Amán a un banquete en ocasión del cual haría conocer su pedido. Una vez que los invitados se hubieron saciado, Ester sabiamente demoró su pedido para otro día de fiesta, sin duda para aumentar el interés del rey en la petición de ella.

Amán se retiró de buen humor, pero se llenó de ira al ver al "judío Mardoqueo." El funcionario persa hizo alarde de su autoridad, pero ese alarde se tornaría más tarde en lágrimas de humillación (6:12-13a; 7:7-8a). Los amigos y la familia de Amán recibirían la paga con sus propias vidas en el mismo medio de ejecución que habían recomendado para Mardoqueo (7:10; 9:14).

MARDOQUEO DERROTA A AMÁN (6:1–7:10)

Esta sección presenta el cambio clave en los destinos de Amán y de Mardoqueo. Este fue honrado por el rey, para gran humillación del primero. La indignidad final del necio Amán fue su patético esfuerzo para salvarse de la estaca (otras versiones hablan de la horca).

Mardoqueo honrado por Amán (6:1-14). La razón no declarada del insomnio del rey fue la providencia de Dios. Para pasar la noche en vela, los siervos le llevaron las crónicas reales donde figuraba la acción de Mardoqueo para salvar al rey (ver 2:19-23). Amán fue consultado pero irónicamente su egoísmo hizo que sin querer honrara a Mardoqueo. La descripción de este vestido con ropas reales y conducido a caballo por Amán anticipa los papeles invertidos que vendrían. Incluso los amigos y la esposa del funcionario persa mencionan la proposición teológica del libro: Mardoqueo es invencible porque es judío.

Amán es ejecutado (7:1-10). Por un lado Mardoqueo recibió honra de Amán, y por otro Ester superó en astucia al persa. Al día siguiente, Ester reunió a sus invitados para el segundo banquete, durante el cual ella reveló su súplica (ver 5:7-8). La mención quíntuple de la "reina Ester" en este capítulo repitió la súplica de Mardoqueo, quien dijo que ella había llegado al poder para este momento (4:14). Aludiendo al soborno de Amán (3:9), se describió a sí misma y a los judíos como vendidos "para exterminio." Ella identificó a Amán como el adversario.

Amán, fiel a su carácter de necio empedernido, rogó la misericordia de la reina, rompiendo así el protocolo con el harén del rey. Él magnificó su necedad inclinándose sobre el diván de ella; así creó la apariencia de comportamiento impropio y por lo tanto selló su propio destino con el airado rey. La estaca (otras versiones hablan de horca), cuyas menciones sobresalen en la mayor parte del relato (2:23; 5:14; 7:9-10; 8:7; 9:13,25), le brindó a los judíos vindicación a través de la ejecución de Amán.

EL EDICTO DEL REY (8:1–9:32)

Este edicto real que compuso Mardoqueo respondió al decreto perverso de Amán (ver 3:8-11). Este paralelismo continúa con el tema del cambio de roles, ya que el edicto habilitó a los judíos para tomar la ofensiva en contra de sus enemigos. Debido a la conquista de los judíos el trece de Adar, el día planeado para la destrucción de este pueblo, se transformó en celebración de dos días del Purim.

El plan de Mardoqueo (8:1-17). Antes que las pertenencias de los judíos cayeran en manos de Amán (3:13b), las pertenencias y la autoridad de Amán les fueron entregadas a Ester y a Mardoqueo. Sin embargo, la conspiración artera de Amán permaneció vigente, y Ester suplicó con éxito la ayuda del rey para evitar el desastre. El edicto que Mardoqueo escribió les dio a los judíos el derecho de defenderse.

Mardoqueo ocupó el lugar de Amán como segundo después del rey (8:15). Si bien la ciudad de Susa se vio perturbada por el edicto de Amán (3:15), el edicto de Mardoqueo alegró sus corazones y convirtió a algunos a la fe judía.

Fiesta de la victoria (9:1-32). El autor repitió las fechas del edicto y la subsiguiente victoria de los judíos porque establecieron el calendario tradicional para la fiesta de Purim. El día trece de Adar (febrero-marzo), el día elegido para la conspiración de Amán, los judíos derrotaron a sus enemigos. Las naciones temieron a los judíos y los magistrados locales recibieron influencia favorable por la posición de Mardoqueo en la corte de Jerjes. El rey concedió un segundo día de venganza (el catorce de Adar). En Susa fueron muertos 800 y los hijos de Amán fueron ejecutados. Entre todas las provincias, los judíos mataron a 75.000.

Esto explica por qué el Purim se celebró en la ciudad el trece y el catorce, y en las provincias el catorce y el quince de Adar. No obstante, el autor reiteró que los judíos no saquearon a sus enemigos. La motivación para la purga no fue económica sino venganza por los crímenes cometidos contra los judíos.

Mardoqueo emitió el decreto oficial estableciendo el Purim. La fiesta recibió ese nombre debido al *pur* ("suerte") echado por Amán. El propósito de la fiesta fue una conmemoración del plan perverso de Amán, que recayó "sobre su propia cabeza." Para promocionar la fiesta, Ester agregó su autoridad a una carta conjunta distribuida por Mardoqueo.

EL ENGRANDECIMIENTO DE MARDOQUEO (10:1-3)

La historia concluye de la manera en que comenzó: describiendo el poder y la influencia del reino de Jerjes. El autor refiere a los lectores a los registros oficiales del imperio, donde se podía examinar un relato completo del reino y el papel que desempeñó Mardoqueo (ver 1 Rey. 14:19; 15:7). Este contribuyó a la prosperidad del imperio y veló por el bienestar de los judíos. La grandeza de Mardoqueo vindicó a los judíos como pueblo. La herencia de ellos no fue una amenaza para los gentiles, sino que a través de Mardoqueo y de los judíos el imperio disfrutó de paz.

Significado teológico y ético. Nuestra experiencia moderna de Dios es más como la del libro de Ester que como la de muchos libros del Antiguo Testamento. En Ester, Dios obró "entre bastidores" para otorgar liberación a su pueblo. No lo hizo por medio de plagas espectaculares ni de un milagro en el mar como en el éxodo. Más bien, Dios obró a través de un hombre valiente que se negó a abandonar sus principios, y de una mujer valiente que valoró la vida de su pueblo más que su propia vida. Si queremos saber lo que Dios está haciendo para dar liberación en nuestro propio mundo el libro de Ester nos llama a mirar las vidas de las personas comprometidas con Dios.

Durante una buena porción del libro de Ester el panorama para Mardoqueo y los judíos parecía poco prometedor. Hoy nosotros tal vez sintamos que Dios nos ha abandonado o que no es provechoso estar del lado del Señor. El último capítulo de Ester presenta un cambio radical de las circunstancias como resultado de la intervención divina. Deberíamos vivir considerando cómo va a terminar nuestra historia. Llegará el día en que toda rodilla se doble "y toda lengua confiese que Jesucristo es el Señor" (Fil. 2:10-11). En la fiesta celestial olvidaremos el motivo que ocasionó el ayuno y la oración ansiosa (ver Rom. 8:18).

Como cristianos, nuestro poder y nuestra influencia deben usarse para propósitos rectos y no para gratificación personal. El poder es un regalo de Dios para ser usado en beneficio de su pueblo y de la creación. La ciudadanía cristiana demanda compromiso en los asuntos del estado. El antisemitismo y otras formas de intolerancia racial y religiosa conducen con facilidad a peligrosos abusos de poder. Los cristianos de hoy, al igual que Ester, deben ser valientes y oponerse a tales abusos.

Preguntas para la reflexión

1. ¿Cuál es la relación apropiada entre religión y política?

2. ¿Qué enseña la historia de Ester acerca de la maldad y el sufrimiento?

3. ¿Qué características piadosas ejemplificó Mardoqueo?

4. ¿Cuál es el propósito del ayuno?

5. ¿Qué enseña esta historia acerca del cuidado de Dios hacia su pueblo?

LOS LIBROS POÉTICOS Y DE SABIDURÍA

DUANE A. GARRETT

La Biblia no es un manual de enseñanzas religiosas. Es la Palabra de Dios tal como nos ha llegado a través de las experiencias del pueblo de Dios. Expresa todas las emociones de la vida de fe y trata con muchas áreas de experiencia que podrían parecer prosaicas y no espirituales.

Esto se hace evidente en su literatura poética y sapiencial. Los Salmos expresan todas las emociones que el creyente encuentra en la vida, ya sea de alabanza y amor hacia Dios, enojo hacia los que practican violencia y engaño, dolor y confusión personal o aprecio por la verdad de Dios. Proverbios no sólo examina asuntos morales, sino que también nos ayuda a tratar con las cuestiones cotidianas de la vida, tales como el endeudamiento y los hábitos de trabajo. Cantar de los Cantares celebra el gozo del amor entre un hombre y una mujer. Job y Eclesiastés nos hacen enfrentar con profundas cuestiones y por eso nos llevan a una fe en Dios más genuina. En suma, todos estos libros hablan de la vida real.

Tradicionalmente, hablamos de Salmos y de Cantar de los Cantares como de libros de poesía bíblica y de Job, Proverbios y Eclesiastés como de sabiduría bíblica. Estos libros serán el enfoque de esta sección. No obstante, otros libros del Antiguo Testamento comparten muchas de las características de los libros poéticos y sapienciales. Lamentaciones es esencialmente una colección de salmos de lamento. También se encuentran

salmos en los profetas (por ejemplo, Jon. 2; Hab. 3). Rut, Ester y Daniel tienen mucho más en común con la literatura de sabiduría que lo que el lector casual pueda advertir. En los libros apócrifos, Eclesiástico y la Sabiduría de Salomón imitan las características de sus contrapartes bíblicas. Incluso el Nuevo Testamento tiene unos pocos salmos y proverbios (Luc. 1:46-55,68-79; Hech. 20:35; 1 Cor. 15:33).

Aun así, los cinco libros de Job, Salmos, Proverbios, Eclesiastés y Cantar de los Cantares ofrecen los mejores ejemplos de cómo deben leerse los himnos, las canciones, los proverbios y las reflexiones bíblicas. Esto, a su vez, nos permite ver cómo la sabiduría y la poesía han afectado al resto de la Biblia.

¿Qué dio origen a la amplia variedad de canciones, proverbios y reflexiones teológicas que vemos en esta literatura? El Antiguo Testamento no fue escrito en un vacío cultural o literario. Muchos de los motivos y rasgos de la literatura egipcia, cananea y mesopotámica también se encuentran en el Antiguo Testamento, especialmente en los pasajes poéticos y de sabiduría. Algunos de los más comunes son los siguientes:

El paralelismo es una figura en la cual a una línea de poesía la sigue una segunda que de alguna manera reitera o refuerza la primera. Hay varios tipos de paralelismo. En el *paralelismo sinónimo* la segunda línea dice lo mismo en el mismo orden de palabras que la primera línea. Sólo difiere el vocabulario. Por ejemplo: "El testigo falso no quedará sin castigo; el que esparce mentiras no saldrá bien librado" (Prov. 19:5). Ver también Salmo 114:8: "¡Él convirtió la roca en un estanque, el pedernal en manantiales de agua!" En el *paralelismo antitético* la segunda línea con frecuencia refuerza la primera expresando el mismo pensamiento desde una perspectiva negativa. Por ejemplo: "El Señor es rey eterno; los paganos serán borrados de su tierra" (Sal. 10:16). También: "La respuesta amable calma el enojo, pero la agresiva echa leña al fuego" (Prov. 15:1). En el *paralelismo sintético* la segunda línea no es realmente un paralelo de la primera, pero refuerza la idea expresada agregando una razón o explicación. Por ejemplo: "Instruye al niño en el camino correcto, y aun en su vejez no lo abandonará" (Prov. 22:6); "Mantente a distancia del necio, pues en sus labios no hallarás conocimiento" (Prov. 14:7).

En el *quiasmo* la segunda línea refuerza la primera dando vuelta la secuencia de palabras o frases. Por ejemplo, en Proverbios 2:4 en el orden hebreo se lee: "si buscas [la sabiduría] (A) como a la plata (B), como a un tesoro escondido (B´) busca [la sabiduría] (A´)" (traducción del autor). El orden de las palabras de la segunda línea (B´-A´) es el reverso de la primera (A-B). El paralelismo y el quiasmo también ocurren en mucha mayor escala. Se pueden escribir capítulos o incluso libros enteros en estilo de paralelos o quiasmos, donde bloques enteros de texto son paralelos unos de otros.

También se encuentran otros patrones literarios. Los *proverbios numéricos* enumeran una cantidad de asuntos o de cosas que comparten una característica común. Por ejemplo: "Hay seis cosas que el Señor aborrece, y siete que le son detestables: Los ojos que se enaltecen, la lengua que miente" (Prov. 6:16-19).

En un *poema acróstico* cada línea o sección comienza con una letra sucesiva del alfabeto hebreo. La primera comienza con *alef*, la segunda con *bet*, la tercera con *gimel* y así sucesivamente. Las 22 estrofas del Salmo 119, el acróstico más grande de la Biblia, tienen ocho versos para cada letra hebrea consecutiva.

También se encuentran *mecanismos retóricos*. El lenguaje de la poesía y sabiduría bíblica tienen como propósito hacerlas entretenidas y fáciles de recordar. El texto hebreo contiene rima, aliteración (repetición de los sonidos iniciales) e incluso juegos de palabras. El símil, una comparación que usa *como*, también ocurre frecuentemente (Sal. 131:2; Prov. 25:25). Uno también puede encontrar humor sarcástico (Prov. 11:22; 19:24) al igual que paradoja, una afirmación contraria al sentido común que de todos modos es verdadera (Prov. 25:15).

La poesía y la sabiduría bíblica son al mismo tiempo una gran literatura y la eterna Palabra de Dios. Nos intriga y nos deleita así como nos reprende e instruye. Para el lector que les presta una atención adecuada, estas canciones y lecciones "Adornarán (su) cabeza como una diadema; adornarán (su) cuello como un collar" (Prov. 1:9).

ORACIONES BÍBLICAS

Tipo de oración	Significado	Ejemplo en el Antiguo Testamento	Ejemplo en el Nuevo Testamento	Enseñanza de Jesús
Confesión	Reconocer el pecado y la impotencia, y buscar la misericordia de Dios	Sal. 51	Luc. 18:13	Luc. 15:11-24; 18:10-24
Alabanza	Adorar a Dios por lo que Él es	1 Crón. 29: 10-13	Luc. 1:46-55	Mat. 6:9
Acción de gracias	Expresar gratitud a Dios por lo que ha hecho	Sal. 105:1-7	1 Tes. 5:16-18	Luc. 17:11-19
Petición	Hacer una petición personal a Dios	Gén. 24:12-14	Hech. 1:24-26	Mat. 7:7-12
Intercesión	Hacer un pedido a Dios en favor de otro	Ex. 32:11-13, 31-32	Fil. 1:9-11	Juan 17:9,20-21
Compromiso	Expresar lealtad a Dios y a su obra	1 Rey. 8:56-61	Hech. 4:24-30	Mat. 6:10; Mar. 14:32-42; Luc. 6:46-49
Perdón	Buscar misericordia por el pecado personal o por el pecado de otros	Dan. 9:4-19	Hech. 7:60	Mat. 6:12,14-15; Luc. 6:27-36; 23:33-34
Confianza	Afirmar la omnipotencia de Dios y la seguridad del creyente en su amor	Sal. 23	Luc. 2:29-32	Mat. 6:5-15; 7:11; Juan 11:41-42
Bendición	Pedir la bendición de Dios	Núm. 6:24-26	Jud. 24	Luc. 11:11-13; 24:50-51

JOB

El libro de Job habla acerca de un hombre justo (Job) a quien Dios, a instancias de Satanás, afligió como prueba de su fidelidad e integridad. Tres amigos (Elifaz, Bildad y Zofar) acudieron a consolarlo, pero se horrorizaron de su enojo hacia Dios. Trataron sin éxito de persuadirlo de que se arrepintiera de algún pecado. Job concluyó este diálogo con un monólogo en el cual se lamentaba de su destino, pero continuaba protestando por su inocencia.

Un quinto interlocutor, Eliú, trató de traer sensatez a la situación y de señalar el error de Job. Finalmente, Dios confrontó a Job, quien entonces pudo postrarse y arrepentirse. Dios restauró la buenaventura de Job y lo declaró más justo que sus amigos.

¿Qué puede significar todo esto? Muchos dicen que Job responde a la pregunta de por qué los rectos sufren. Pero a fin de entender el significado del libro deberíamos primero mirar su trasfondo.

TRASFONDO LITERARIO Y PARALELOS

Fuera de la Biblia. Los sabios antiguos escribieron mucho acerca del sufrimiento humano. El mito mesopotámico de Atrahasis habla sobre la aflicción humana en razón de la ira aparentemente ciega de los dioses. La literatura cananea de Ugarit describe las pruebas del rey Keret quien, al igual que Job, perdió siete hijos varones. En un himno babilónico a Marduk, el que sufre llora sus pérdidas con tanto patetismo como Job. Un trabajo sumerio todavía más antiguo modela las quejas que uno debiera elevar a los dioses cuando la calamidad golpea. *Protests of the Eloquent Peasant* [Protestas del campesino elocuente], de origen egipcio, desafía la injusticia social y tiene una estructura parecida a la de Job.

La literatura antigua de lamentación ciertamente influyó en Job, particularmente en la manera en que Job expresó sus quejas, pero no existe ningún paralelo exacto de Job fuera de la Biblia. El libro de Job hace más que afligirse por el dolor humano. El dolor de Job plantea cuestiones nunca antes consideradas en otra literatura antigua. Además, su estructura literaria no tiene un paralelo exacto.

Dentro de la Biblia. Job es en muchos aspectos como otros escritos de la Biblia y aun así, es único en su clase. Algunos de los tipos de materiales bíblicos que se encuentran en Job son los siguientes:

Lamentos. Job repetidamente se lamentó por lo que había caído sobre él, como en 3:1-26; 6:2-7; 10:1-12. Ver Salmos 22:1-18; 102:1-11; Lamentaciones 3:1-20.

Himnos de alabanza. Job con frecuencia alabó a Dios por su poder y justicia, como en 5:9-16 y 26:5-14. Ver Salmos 94 y 97.

Proverbios. Afirmaciones medulares de sabiduría y metáfora aparecen en Job 5:2 y 6:5-6. Ver estos respectivamente con Proverbios 14:30 e Isaías 1:3. Notar también los dichos de sabiduría en Job 28:28 y Proverbios 1:7.

Palabra profética. Los amigos algunas veces afirmaron haber tenido experiencias proféticas y predicaban como lo hacían los profetas. Ver Job 4:12-14; 22:13-20; 32:8.

Poemas de sabiduría. Job tiene varios poemas largos sobre el valor de la sabiduría y de la conducta recta. Ver Job 28 con Proverbios 30:2-4 y Job 8:11-22 con el Salmo 1.

Dichos numéricos. Ver Job 5:19 con Proverbios 30:21.

Cuestionamiento reflexivo. Job algunas veces desafía a la sabiduría convencional en forma tajante. Ver Job 21:17-19 con Eclesiastés 9:2-3.

Elementos apocalípticos. Job tiene algunas características en común con libros como Daniel y Apocalipsis. La lucha terrenal es parte de un conflicto celestial entre Dios y Satanás (Job 12). Los enemigos humanos tientan al creyente a abandonar su perseverancia (la esposa de Job y sus amigos). Pero la persistencia fiel lleva al triunfo y las bendiciones (Job 42).

El libro de Job se vale de muchos tipos de literatura para transmitir su mensaje, pero no pertenece a ninguna de estas categorías. Debe interpretarse como único tanto en su tipo literario como en su mensaje. Job no es un libro convencional.

Fecha y autoría. Nadie sabe cuándo ni quién escribió Job. Algunos han sugerido que fue escrito en el exilio babilónico, pero el libro no hace alusión a eso ni a ningún evento de la historia de Israel. Lo que sí hace es alusiones frecuentes a otros pasajes bíblicos, especialmente Génesis 1-3 y a ciertos salmos de David (ver Job 7:17-21 con el Salmo 8). Esto implica que fue escrito después de David. Una buena posibilidad es que el libro haya aparecido durante el reinado de Salomón o de Ezequías, ya que ambos alentaron el estudio de la literatura de sabiduría.

  I. Prólogo (1:1–2:13)
 II. Diálogo con tres amigos
      (3:1–31:40)
III. Discursos de Eliú (32:1–37:24)
 IV. Discursos de Dios (38:1–41:34)
  V. Epílogo: Job se arrepiente y es
      restaurado (42:1-17)

Unidad e integridad. Algunos eruditos afirman que ciertas porciones del libro son adiciones posteriores, es decir, que no fueron escritas por el autor original y que no son fieles a sus intenciones. Al prólogo, al epílogo y los discursos de Eliú, con frecuencia se los considera de esa manera. Muchos alegan que el autor de los discursos de Eliú era un israelita piadoso que se sintió ofendido

por mucho de lo que Job dijo, y sintió la necesidad de corregirlo, pero el libro no tiene sentido si se eliminan el prólogo y el epílogo. Los discursos de Eliú son esenciales para el plan del libro. No podemos interpretar a Job omitiendo los capítulos difíciles o inusuales.

Problema central. El libro de Job confunde a los lectores modernos. Frecuentemente se dice que se refiere al problema de por qué los justos sufren, pero en realidad, nunca resuelve ese problema. Con seguridad, algunos lectores creen que el prólogo resuelve el problema: el sufrimiento es una prueba para la humanidad en un juicio cósmico delante de Dios y de Satanás. Este concepto está presente en Job y tiene validez.

Sin embargo, esto apenas explica la totalidad del libro. Si este es el mensaje de Job, entonces la disputa entre Job y sus amigos, el corazón mismo del libro, no tiene propósito. También, a pesar de que Dios nunca dijo que Satanás era la razón del dolor de Job, éste quedó satisfecho con la respuesta de Dios. Esto implica que el prólogo no es la respuesta total.

En realidad, Job dice extraordinariamente poco para explicar el problema del dolor. En cambio, los oradores se lanzaron unos a otros discursos largos y poéticos, en los que en forma alternada insistían o negaban que el malvado sufriera retribución por sus acciones. A diferencia de los teólogos cristianos modernos, apenas si consideraron otras explicaciones para el dolor y la maldad. Incluso Dios, en sus largos discursos, no dijo ni una palabra para explicar por qué había sufrido Job. El cristiano que lee Job en busca de una explicación de las pruebas y del sufrimiento en la vida, puede quedarse más perplejo que consolado.

No obstante, el problema no está en Job sino en nosotros. A pesar de que el sufrimiento es un factor importante en el libro, la cuestión central no es por qué los justos sufren, sino por qué una persona debiera servir a Dios. O, para usar las palabras de Satanás, el primero que plantea la pregunta: "¿Acaso teme Job a Dios de balde?" (1:9; RVR60).

¿Y por qué una persona debería temer a Dios? Para los amigos de Job la respuesta era simple: porque hacerlo nos brinda seguridad. La maldad insta a la furia de un Dios airado, pero la rectitud trae consigo prosperidad. Más aún, este razonamiento domina no sólo a los amigos sino también a Job mismo al principio (1:5). Él era uno de ellos. Pero el dolor inmerecido de su propia vida y la condena por parte de sus amigos, a modo de latigazos sucesivos, lo llevaron a enfrentar cuestiones que nunca había enfrentado.

Esa realidad, la que finalmente él proclama en el capítulo 21, era que en su experiencia los malvados con frecuencia no sufrían calamidad por sus pecados: "Pasan la vida con gran bienestar, y en paz bajan al sepulcro" (21:13). En su exasperación, Job clamó: "¿Quién es el Todopoderoso, para que le sirvamos?" (21:15), mientras les pedía a sus amigos que se taparan la boca horrorizados (21:5). No sólo su mundo había colapsado, sino también el de ellos.

¿Dónde está la respuesta para el desafío de Satanás y para el grito angustiado de Job? Se encuentra, por supuesto, en el texto mismo del libro. En los comentarios que siguen, viajaremos por el libro y buscaremos esa respuesta.

PRÓLOGO (1:1–2:13)

El prólogo es una narración tejida en forma apretada, que mezcla el quiasmo (una figura que repite ideas en un orden invertido) y el paralelismo (una figura que repite ideas en una secuencia), de la siguiente manera:

A Trasfondo de la historia (1:1-5)
B Diálogo en el cielo (1:6-12)
C Aflicción de Job (1:13-19)
D Respuesta de Job (1:20-22)
B' Diálogo en el cielo (2:1-6)
C' Aflicción de Job (2:7-8)
D' Respuesta de Job (2:9-10)
A' Trasfondo del diálogo (2:11-13)

En 1:1, a Job se lo describe como totalmente recto e intachable. Por lo tanto, en el comienzo mismo, se saca de juego la posibilidad de que sus sufrimientos pudieran ser castigo o disciplina. El texto ni siquiera considera la posibilidad de que fueran disciplinas preventivas, que se le dieron para que no fuera tentado a desviarse. Job fue precavido con respecto al peligro incluso para sus hijos. Esta declaración de la inocencia de Job le impide al lector escapar al dilema del libro asumiendo que Job tuvo que haber sido culpable de algo. No lo fue.

Satanás (que significa *adversario* o *acusador*) se presentó delante de Dios en 1:6 y cuestionó la validez de la piedad de Job. Algunos afirman que Satanás aquí era meramente un ángel leal cuya tarea era la de un fiscal, pero esto es leer mal el texto. Su hostilidad hacia Dios era transparente, así como lo era su malicia. Era perverso. No obstante, planteó la cuestión central del libro: "¿Acaso teme Job a Dios de balde?"

Job perdió toda su fortuna y sus hijos en la primera aflicción, y su salud en la segunda. El dicho de Satanás: "Piel por piel" (RVR60) significa que Job no valoraba ninguna otra cosa tanto como su propia piel, dado que sólo la piel puede equipararse a ella misma. Aun así, Job no perdió ni su fe ni su integridad, incluso después que su esposa hubo perdido la suya. Sus amigos lo visitaron para confortarlo, pero permanecieron horrorizados durante una semana antes que alguno pudiera hablar.

DIÁLOGOS CON TRES AMIGOS (3:1–31:40)

Soliloquio de apertura (3:1-26). El día del nacimiento es para el individuo lo que la creación es para el mundo entero. Job maldijo el día de su nacimiento y al hacerlo, revirtió el lenguaje de Génesis 1. Pidió que la oscuridad invadiera el día en contraste con la expresión "¡Que exista la luz!" de Génesis 1:3. Pidió que las estrellas fueran borradas (contrastar con Gén. 1:14-19). Job incluso invocó el nombre de Leviatán, un monstruo que simboliza la destrucción y el caos (ver comentarios sobre cap. 41). Job deseaba que la creación se transformara en caos (Gén. 1:2). Para él, el orden y la estructura del universo ya se habían dado vuelta y la vida ya no tenía sentido.

Primer discurso de Elifaz (4:1–5:27). Elifaz trató de persuadir a Job de que el orden moral estaba todavía estable. Dios recompensa a los rectos y castiga a los malvados. Elifaz alegaba que tanto su experiencia como una revelación privada sostenían su postura. Afirmó que los humanos son seres tan bajos y necios que, naturalmente, sus vidas están llenas de problemas. Aun así, urgió a Job a que clamara a Dios, quien lo oiría y lo ayudaría. Irónicamente, esto ocurrió, aunque no de la manera en que Elifaz supuso.

Job respondió y oró (6:1–7:21). Job argumentó que la doctrina de Elifaz, no importa cuán ortodoxa y prolija fuera, no respondió en lo más mínimo a los duros hechos de su experiencia. Los animales sólo braman cuando tienen hambre. Del mismo modo, Job tenía hambre de algunas respuestas. Clamó por sabiduría para tratar con las calamidades y las preguntas que habían llenado su vida. Pero no aceptaría respuestas baratas y falsas, como las que Elifaz acababa de darle. Eran tan inspiradas como la clara de huevo sin sal. Job lamentó sus agonías y se identificó con los sufrimientos de la gente en todas partes, especialmente de los esclavos y de los asalariados.

Job oró pidiendo misericordia. Al preguntarse cómo era posible que en él hubiera habido suficiente maldad como para merecer este trato de parte de Dios, Job revirtió el significado del Salmo 8. En lugar de preguntar: "¿Qué es el hombre?" para que Dios lo tomara en cuenta y lo exaltara (Sal. 8:4-8), él preguntó "¿Qué es el hombre?" para merecer tan intenso escrutinio y castigo. Job otra vez aludió al Leviatán, descrito aquí como un monstruo marino. ¿Era Job tal amenaza que necesitaba ser enjaulado como un animal salvaje?

Primer discurso de Bildad (8:1–22). Elifaz no acusó directamente a Job de haber hecho algo para merecer todo lo que le había ocurrido. Bildad estuvo más cerca de hacerlo primero, al alegar que los hijos de Job sí merecieron su destino y, segundo, al prometer que Job sería restaurado si era recto. El condicional "si" naturalmente implica que podía no serlo.

Bildad continuó el argumento de Elifaz de que el orden moral del mundo no estaba amenazado por lo que le había ocurrido a Job. Sostuvo que la sabiduría acumulada por generaciones respaldaba su punto de vista. Desarrolló la comparación de dos plantas en que la que prospera representa al recto y la que se seca representa al malvado (ver Sal. 1 y Jer. 17:5-8).

Job responde otra vez (9:1–10:22). En esta sección, Job primero respondió a sus amigos y luego ofreció una oración de queja a Dios. Pero su respuesta fue dirigida más a Elifaz que a Bildad. El comienzo de Job: "¿cómo puede un mortal justificarse ante Dios?" virtualmente citó a Elifaz (4:17).

A medida que Job desarrolló la idea, dio vuelta el significado de Elifaz. Este había alegado que, siendo la necedad humana lo que es, nadie tiene fundamento para desafiar el derecho de Dios de castigar como Él quiera. Job replicó que dado que el poder y la posición alta de Dios son lo que son, nadie, no importa cuán inocente sea, tiene la posibilidad de cuestionar la ira de Dios ni de hacer una apelación. Aun cuando él fuera limpio, Dios lo empujaría hacia el barro. La omnipotencia y la soberanía de Dios, normalmente objetos de alabanza, habían llegado a ser objetos de terror para Job.

La desesperación de Job lo condujo a demandar un árbitro entre él y Dios. La distancia entre la humanidad y Dios era demasiado grande para que Job pudiera atravesarla. Él no desarrolló esta idea aquí pero la adoptó más tarde.

En esta oración Job pidió misericordia por dos razones. Primero, Dios no tenía experiencia en cuanto a la mortalidad y la fragilidad humana (ver Heb. 2:14-18). Dios debía entender que no es fácil ser humano.

Segundo, Job señaló que él era una criatura de Dios y se preguntaba si el único propósito de Dios en la creación era destruir lo que había hecho. La oración de Job recordó la intercesión de Moisés por Israel (Ex. 32:12). Job otra vez aludió al relato de la creación (ver Gén. 2:7). Job había sido formado por Dios (ver Sal. 139:13). Pero en Génesis 1:31 Dios vio que todo lo que había hecho era muy bueno (*tob*). Ahora Job preguntó: "¿Es bueno (*tob*) para ti que persigas, que desdeñes, la obra de tus manos?" (traducción del autor).

Primer discurso de Zofar (11:1-20). Zofar, con una respuesta airada, fue el primero en acusar a Job de haber cometido algún pecado por el cual merecía esa suerte. Por cierto no hizo una acusación específica. Solamente estaba seguro de que Job debía de haber hecho *algo*.

La réplica de Zofar puso de relieve que no podía ser posible para Job, un simple mortal, entender los caminos de Dios. Usó cuatro dimensiones (altura, profundidad, largo y ancho) para mostrar cuán lejos de Job estaban los caminos de Dios (ver Ef. 3:18, que usa un lenguaje similar para animar a los cristianos a procurar una sabiduría más profunda, y no para probar que está fuera de su alcance).

Zofar deseaba que Dios reprendiera a Job. Estaba seguro de que Dios podía señalar los pecados de Job. Aun así, al igual que sus dos amigos, Zofar animó a Job a volverse a Dios, quien oiría su oración y restauraría lo que Job había perdido.

Para el lector, el discurso de Zofar tiene ribetes de ironía. La sabiduría divina es mucho más profunda que la de Job, y Dios le hablaría a él a tal efecto. Más tarde Dios restauraría las fortunas de Job, tal como Zofar lo predijo. Pero qué diferente sería todo de lo que Zofar esperaba, ya que no fue a Job sino a los tres amigos a quienes Dios acusó (42:8).

El proverbio en 11:12 probablemente debería traducirse: "Un hombre necio tendrá sensatez cuando un asno salvaje [tal vez una cebra] nazca domesticado". Esta metáfora de la testarudez humana significa que algunos necios realmente no tienen cura (ver Jer. 13:23). Era un reproche tenuemente velado en contra de Job, quien se había descrito a sí mismo como un asno que rebuzna. Pero en 39:5-8 Dios dijo que era Él quien le daba la libertad al asno salvaje. Lo que para Zofar era un animal sin valor, era de mucho más valor para Job y para Dios.

Segundo ciclo (12:1–14:22). Las principales divisiones de este largo discurso son las siguientes: (1) la poca profundidad de la sabiduría de los tres amigos (12:2–13:19) y (2) la tercera oración de Job (13:20–14:22).

El ataque por parte de Job en contra del consejo de sus amigos tiene dos partes. Primero, él probó que podía citar la sabiduría de generaciones anteriores tan bien como cualquier otro. Segundo, dijo que su discusión era con Dios y apeló para que sus amigos por lo menos permanecieran en silencio, si es que no podían decir nada mejor que lo que ya habían dicho.

Después de la explosión de enojo inicial, el capítulo 12 repite la enseñanza tradicional. En realidad, gran parte de ésta podría haber sido dicha por cualquiera de sus amigos. Las referencias al mundo natural y las enseñanzas de los ancianos son guías para la sabiduría. El poder de Dios es irresistible y soberano: toda vida está en sus manos y Él hace caer al altanero y al orgulloso. En efecto, Job le estaba diciendo a sus amigos: "Yo sé todo esto. Ustedes no me han dicho nada nuevo". Pero en boca de Job incluso la ortodoxia parece ser oscura y amenazante. El poder de Dios aparecía casi arbitrario y desestabilizador. Negaba todos los intentos humanos en pro de la sabiduría.

Para Job, los argumentos trillados y convencionales de sus amigos no tenían sentido. Eran médicos sin valor que siempre recetaban la medicina equivocada. Job incluso reclamó que Dios no podía estar satisfecho con la defensa hueca que habían hecho de la justicia divina, y predijo correctamente que Dios no se complacería con la renuncia de ellos a mirar con objetividad los hechos de este caso. De lejos habría sido mejor si ellos simplemente lo hubieran dejado a Job tratar su caso con Dios, dado que era Él contra quien Job tenía una queja. Job sabía que Dios, aun cuando había llegado a ser como su enemigo, seguía siendo su única esperanza.

La tercera oración de Job, al igual que la segunda, apeló para que Dios cesara de atormentarlo. No obstante, en la segunda oración Job suplicó sobre la base de que él era creación de Dios (10:8-12). Aquí enfatizó más su mortalidad y debilidad. Esto lo llevó a considerar la doctrina de la resurrección y a preguntarse si sería mejor para él morir y así descansar hasta el día en que los muertos se levanten. Incluso así, estaba torturado por su dolor y por la brevedad de la vida, y concluyó esta oración con desolado desánimo.

Para algunos, el libro de Job no puede tener un verdadero concepto de la resurrección, pero esta suposición no tiene fundamento. Job 14:14-15 comienza con una pregunta, no con una confesión de fe. Los sufrimientos de Job lo forzaron a pensar sobre los caminos de Dios a un nivel más profundo que antes. Aquí la idea de la resurrección entró en la discusión y le dio a Job razón para la esperanza. Sus amigos nunca consideraron la idea de la resurrección.

El término que la NVI traduce "relevo" podría ser interpretado como "transformación". Job aquí combinó las peticiones de sus dos oraciones: él era tanto mortal como creación de Dios. La resurrección respondería tanto a su necesidad de inmortalidad como a hacer comprensible la creación. Dios no hizo a las personas simplemente para mirarlas morir. Y Job recién había comenzado a tratar esta cuestión.

Segundo discurso de Elifaz (15:1-35). Elifaz ahora acusó directamente a Job de pecado y le devolvió en la cara las propias palabras de Job (ver 9:20). Estaba alarmado porque la actitud de Job podía minar la piedad y una vez más reclamó que Job necesitaba reconocer sus limitaciones y volver a la sabiduría tradicional.

Repitió el argumento de que dado que todas las personas son pecadoras, Dios está justificado para castigar cada vez que lo elija. Este es otro poema sobre el destino de los malos que sin duda alguna tenía el propósito de condenar a Job y persuadirlo de arrepentirse de cualquier pecado que hubiera cometido.

¿Niega el libro de Job la pecaminosidad universal de la humanidad? Textos como 15:14-16 presentan una afirmación ortodoxa aunque algo dura sobre la depravación universal. Por otra parte, este texto queda en boca de Elifaz, cuya equivocación quedaría demostrada. La caracterización de Job como "intachable" (1:1) también parece contradecir la depravación universal.

No obstante, el libro no pretende que algunas personas no tengan pecado. El prólogo no dice que Job jamás hubiera cometido pecado alguno. Solamente enfatiza que era recto y que su sufrimiento no tenía nada que ver con ninguna culpa pasada ni potencial de su parte. Job confesó haber pecado en su vida (14:16-17) aunque tenía la certidumbre de que no merecía lo que le había acontecido.

El libro no implica que todo lo que dijeron los tres amigos estaba equivocado. La mayor parte de lo que afirmaron está completamente de acuerdo con el resto de la Biblia (ver Prov. 6:12-15), pero ellos aplicaron mal las enseñanzas bíblicas. La doctrina del pecado universal los hizo cínicos con respecto a la gente e incluso con respecto a Dios, aunque no se daban cuenta. Y la doctrina de la retribución los hizo erigirse en jueces. El libro no niega que todos pecaron, pero fuerza al lector a pensar en otros términos aparte de la simple ecuación de culpa y castigo.

Job se lamenta y ora (16:1– 17:16). Job descarga su frustración sobre su dolor, su confusión acerca de lo que Dios le había hecho y su enojo por las palabras vacías de sus "consoladores". Pero el cuidadoso quiasmo (una figura que repite ideas en un orden invertido) muestra que aquí hay algo más que una explosión emocional y hay una confesión de esperanza en el centro de todo.

Esa confesión retorna al tema del Árbitro o Intercesor celestial. Job ahora estaba seguro de la realidad del Intercesor. Previamente sólo había deseado que ese Intercesor existiera (9:33-34). Job ya había sobrepasado a sus amigos en la comprensión de los caminos de Dios, y sus sufrimientos lo llevarían a una profundidad aun mayor.

Segundo discurso de Bildad (18:1- 21). Bildad replicó en forma airada y le presentó a Job otro poema más o menos convencional sobre el destino de los malvados (18:5-21). Es significativa la declaración en 18:20 de que los hombres del oriente y del occidente se asombrarán por la caída de los malvados. Con seguridad que nadie era más famoso que Job (1:3), y Bildad aquí tomó las propias palabras de Job (17:8). El significado levemente escondido de Bildad era que Job no solamente había pecado sino que además era uno de los malvados más conocidos. Los amigos de Job estaban progresando en su severidad hacia él.

Job se lamenta y tiene esperanza (19:1-29). Job otra vez se lamentó por su destino y llamó la atención sobre cómo los que antes lo habían amado, ahora lo habían abandonado. Primero habló del antagonismo de Dios hacia él y luego del desprecio que había recibido de parte de familiares, amigos

y subordinados. Suplicó piedad de parte de sus amigos y les advirtió que ellos también podían enfrentar juicio debido a su hostilidad.

En medio de este clamor en procura de amor, Job hizo su más profunda confesión de esperanza. El hebreo, algo oscuro, se puede traducir: "Yo sé que mi redentor vive y que el Redentor final se levantará del polvo. Después que hayan quitado mi piel de mi carne tendré una visión de Dios. Tendré esta visión para mí mismo; mis ojos verán que Él no es ningún extraño. ¡Este anhelo me consume las entrañas!" La expresión "Redentor final" se refiere al Redentor divino (la palabra hebrea se traduce "el último" en Isa. 44:6 y 48:12). "Quitar" traduce una palabra que se usa en otro lado para referirse a cortar la espesura del bosque (Isa. 10:34, RVR). Job asumía que su cuerpo atormentado moriría pronto y sería arrojado como basura. La frase "tendré una visión" ("veré") traduce una palabra hebrea frecuentemente usada para ver a Dios o una visión (Ex. 24:11; Isa. 1:1).

El anhelo de Job por un Intercesor y la esperanza en la resurrección se unen aquí, en medio de un profundo abatimiento, en una triunfante afirmación de fe. El "Redentor" de Job se levantaría del polvo. En otras palabras, conquistaría la mortalidad humana. De ahí que Job estuviera seguro de que él también se levantaría de los muertos y contemplaría a Dios. Al mismo tiempo, notamos que los problemas de Job no habían terminado. Todavía no entendía por qué Dios lo trataba como a un enemigo.

No tiene sentido negar que Job estaba en busca de una resurrección y de un Redentor. El libro, a través de los sufrimientos de su héroe, señala las dos necesidades humanas universales: la necesidad de un Libertador y la necesidad de liberarse de la mortalidad. Nadie es apto para presentarse ante Dios, y todos anhelan escaparse de la muerte (en ese sentido los tres amigos estaban en lo cierto en su estimación del pecado humano y del poder divino). Estas necesidades, patéticamente descriptas en Job, se satisfacen dramáticamente en el Nuevo Testamento.

Segundo discurso de Zofar (20:1-29). Cuando Zofar vuelve a argumentar sobre el destino de los malvados, es aún más claro que se trataba de Job. Este había dicho que su Redentor se levantaría del polvo (19:25); Zofar dijo que el vigor de Job yacería muerto en el polvo (20:11). Él acentuó la falta de arrepentimiento (20:12-19) y la riqueza efímera del malvado (20:20-23), que es exactamente como los amigos lo consideraban a Job.

La respuesta de Job (21:1-34). De pronto Job desafió los sermones tediosos de sus amigos sobre el destino de los malvados. ¿Con qué frecuencia, reclamó, ellos realmente habían visto alguna vez que esto era así? Las más de las veces lo contrario era cierto: los malvados prosperaban. En lugar de repetir como loros la doctrina tradicional, los amigos debieran haber estado pasmados. El caso de Job había minado los preceptos por los cuales ellos vivían. Estaba en pie la pregunta: ¿Por qué debemos servir a Dios?

Tercer discurso de Elifaz (22:1-30). Elifaz ahora golpeó a Job con un ataque frontal. Lo acusó directamente de ser un gran pecador y lo acusó de codicia y de opresión. Pero el ataque comenzó y terminó con notas irónicas, aunque Elifaz no lo sabía. En forma sarcástica le preguntó a Job si Dios lo había reprendido por su piedad, cuando en realidad esa era la precisa razón de la desgracia de Job. También le prometió a Job que si se arrepentía podría interceder por los pecadores. Y Job intercedería… por Elifaz.

Los amigos no tuvieron nada más que decir. En forma repetida señalaron la suerte de los pecadores. Sus acusaciones contra Job no pudieron ser más brutales. Ahora Job comenzó a apartarse de ellos.

Job busca justicia (23:1–24:25). Job aquí primero se lamenta por él mismo y luego por todos los oprimidos y los que sufren. Detrás de esto había una súplica para que Dios vindicara a los rectos y castigara a los pecadores. El libro presenta su expresión de lucha más profunda en el capítulo 24. Job expresó el dolor y la perplejidad de los creyentes de todas las generaciones. No obstante, él no había abandonado la fe y retornó a expresiones tradicionales de la justicia de Dios.

Tercer discurso de Bildad (25:1-6). Bildad comenzó un tercer discurso en el cual volvió a la idea de la santidad de Dios en contraposición a la bajeza humana. Su breve discurso parece haber sido cortado. Muy probablemente Job lo interrumpió.

Debido a que el discurso de Bildad fue tan corto y Zofar no habló, muchos eruditos suponen que 26:5-14 concluye el discurso de Bildad y 27:13-23 es el tercer discurso de Zofar, que falta.

Este enfoque es innecesario. Los amigos realmente no tenían nada más que decir, y Job no tenía intenciones de seguir escuchándolos. Al interrumpir a Bildad, Job en realidad habló por Bildad y Zofar. Hizo esto por dos razones. Primero, Job de manera algo sarcástica les mostró que él conocía mejor la teología de ellos que ellos mismos. Segundo, Job sugirió que en principio estaba de acuerdo con ellos pero estaba pasmado por lo que le había pasado a él. Él sabía que era inocente.

Última alocución de Job (26:1–27:23). Job interrumpió a Bildad con un sarcasmo implacable. Describió el poder de Dios y el final de los impíos, pero sostuvo de manera desafiante que él no merecía nada de lo que le había acontecido. No tenía nada más para decirles.

Himno a la sabiduría (28:1-28). Este poema se puede considerar como las propias palabras de Job o la propia transición del autor. Difiere de su contexto y no comienza con la frase "Job dijo". No obstante, el texto no sugiere que no fueron palabras de

Job. De cualquier forma la interpretación del capítulo sólo se altera levemente.

El poema contrasta la habilidad técnica humana para extraer metales preciosos y gemas de las minas con la inaccesibilidad de la sabiduría. La condición humana es en realidad lastimosa. A pesar de ser adeptos a hacer túneles en los recovecos más profundos de la tierra en busca de tesoros, los seres humanos ni desean ni pueden penetrar los misterios de la vida misma.

El poema concluye con lo que puede llamarse el corazón de la sabiduría bíblica: "Temer al Señor; ¡eso es sabiduría!" Para Job esto llegó a ser mucho más que un cliché. La calma seguridad previa de que él entendía la vida había sido hecha trizas. El antiguo orden de su vida estaba en ruinas. Ahora tenía que mirar a Dios y no a su propia sabiduría acerca de Dios.

Discurso final de Job (29:1–31:40). Este discurso es en tres partes. (1) La gloria anterior de Job, (2) la humillación presente de Job y (3) una confesión negativa.

Job recordó su gloria anterior en especial como un tiempo en el que fue respetado y amado por absolutamente todos. Ahora consideraba que su creencia anterior de que todo era seguro estaba equivocada, aunque esas palabras en realidad llegarían a ser ciertas (42:12-16).

El capítulo 29 comienza y termina con el término "luz" (RVR). En el capítulo 3 Job maldijo la luz, pero aquí recordó cuando bendecía la luz de Dios y los demás bendecían la luz de su propio rostro (ver Ex. 34:29-35 y Núm. 6:25-26).

Desde una posición del más alto renombre, Job había caído hasta una completa infamia. Una vez él había disfrutado de un respeto universal. Ahora incluso los hijos de la resaca de la sociedad se burlaban de él. Su dolor físico era más de lo que podía soportar y esperaba la muerte. Expresó otra oración de queja a Dios.

La literatura egipcia antigua preservó ejemplos de la "confesión negativa", un texto en el cual el espíritu de una persona fallecida, frente al juicio divino, declaraba no haber cometido los pecados detallados en una lista. Job 31 es similar a estos ejemplos. Aquí Job manifestó que no era lujurioso, ni adúltero, ni estafador, ni un empleador injusto. No carecía de caridad ni era codicioso ni idólatra ni vengativo ni astuto. Esta confesión negativa, que aparece al final de sus discursos, implica que Job creía que la muerte estaba cerca y que quería terminar su vida con una declaración de inocencia. No tenía nada más que decir.

DISCURSO DE ELIÚ (32:1–37:24)

Eliú, a quien no se menciona ni antes ni después de estos seis capítulos, de repente apareció y dio un discurso particularmente redundante. Algunos consideran que sus palabras son el punto culminante del libro y afirman que resolvió el dilema, pero esta interpretación es difícil de justificar.

Primero, Eliú confiaba demasiado en su sabiduría, especialmente en 36:4: "Te aseguro que no hay falsedad en mis palabras; ¡tienes ante ti la sabiduría en persona!" No obstante, en toda su fanfarronería, Eliú no dijo nada que no se hubiera dicho antes: Dios inflige dolor en las personas para prevenir que caigan en pecado; Dios es el Gobernante sabio y todopoderoso del mundo; los malvados serán destruidos pero los que se arrepientan prosperarán. Lo que Eliú dijo no era incorrecto, pero todo lo que proclamó ya había sido explorado en gran detalle.

También presupuso erróneamente que Job estaba siendo castigado por algo. Por último, y esto es más significativo, Eliú fue ignorado por todos los demás en el libro. Seguramente este no habría sido el caso si él hubiera sido la fuente de sabiduría que pretendía ser.

Algunos eruditos consideran que los discursos de Eliú son una inserción posterior de parte de un israelita piadoso que se sintió afligido por los comentarios de Job y trató de corregirlos. Este punto de vista también debe ser rechazado. Un escriba piadoso con seguridad no habría puesto sus palabras en boca de un joven tan arrogante como Eliú. Su discurso sí provee una transición hacia la respuesta de Dios a Job (ver 38:1). Más importante todavía, los discursos de Eliú cumplen una función especial para el lector.

A medida que avanzamos en el libro de Job, sentimos la misma angustia que Eliú expresó. Estamos seguros de que algo está mal en los comentarios de Job pero somos conscientes de que los tres amigos no pudieron responderle. Tratamos de encontrar una respuesta alternativa. Pensamos que Dios tal vez afligió a Job para impedir que cayera en pecado. Revolvemos las cosas para encontrar una solución como lo hizo Eliú, y sin saber repetimos viejos argumentos. Y si no tenemos cuidado, caemos en la misma certeza vana. Pensamos que somos más sabios que Job y sus amigos juntos.

Job y sus amigos estaban equivocados, cada uno a su manera, pero nosotros también. Necesitamos escuchar la voz de Dios.

DISCURSOS DE DIOS (38:1–41:34)

El discurso divino se divide en dos partes, con la primera respuesta de Job en el medio. La primera describe el dominio de Dios sobre la creación y la segunda se enfoca en Behemot y en Leviatán.

Muchos intérpretes están francamente confundidos, si no decepcionados, con el discurso de Dios. En lugar de dar una explicación profunda para los sufrimientos de Job, Dios le dio algo así como una lección de historia natural. ¿Cuál es la razón para esto? Otra vez, debemos recordar que la cuestión central del libro no es por qué los rectos sufren, sino si Job debía servir a Dios sin recibir nada a cambio (1:9-11). Tanto Job como sus amigos habían dado por sentado que la vida y la prosperidad eran los beneficios por el servicio a Dios.

El significado de la respuesta de Dios ahora comienza a aparecer. Él nunca dice que los sufrimientos de Job eran el castigo por el pecado ni incluso, como lo sugirió Eliú, una manera de impedir que Job cayera en pecado. Dios sí acusó a Job de haber atribuido injusticia a Dios, lo cual ciertamente Job hizo. Y el arrepentimiento de Job muestra que llegó a darse cuenta de que Dios no había sido injusto. ¿Qué dijo Dios que convenció tan completamente a Job de su error?

Las palabras de Dios se centran enteramente en su obra en la creación (y en que Job no estaba allí). En el capítulo 3 Job había querido hacer que la creación se derrumbara, pero Dios, en términos que con frecuencia recuerdan Génesis 1, lo desafió a Job a volver a pensar en lo que había dicho.

Repetidamente, Dios habló sobre la creación de la tierra, la mañana y las estrellas (Gén. 1:1,14-19); la separación de la luz de las tinieblas, y del mar de la tierra (Gén. 1:3,9-10) y la formación de las nubes (Gén. 1:6-8). Luego Dios llamó la atención sobre los animales salvajes como leones, cabras, águilas y avestruces (Gén. 1:20,24). Enfatizó las fuerzas poderosas y salvajes de la naturaleza.

Además, Dios mostró que Él ha puesto todas estas fuerzas en orden y que las controla a todas. Mantiene el mar en su lugar, separa el día de la noche, alimenta a los leones y provee a todos los animales lo que necesitan para sobrevivir. Los poderes que de otra manera se destruirían unos a otros y causarían caos, son mantenidos en un equilibrio ordenado.

Dios le dijo a Job que él tenía que mostrar que podía aplastar al orgulloso y al malvado si es que quería estar en pie de igualdad con Dios. Luego pasó a las criaturas llamadas Behemot y Leviatán. La primera, Behemot, puede haber sido un elefante o un hipopótamo. Esa criatura poderosa que vivía entre los lotos y los álamos, era solamente el anticipo de una criatura mucho más imponente, el Leviatán.

Leviatán a veces se interpreta como el cocodrilo pero, aun admitiendo una licencia poética, esto haría a Dios culpable de una exageración considerable. El Leviatán es invulnerable a las armas humanas, sus ojos y su nariz se iluminan y le sale fuego de su boca. Está cubierto de una armadura y es el señor de todas las criaturas. Esto es más parecido a un terrible dragón que a un cocodrilo.

La Biblia y otra literatura antigua hablan de Leviatán como de una terrible criatura sobrenatural. Los textos ugaríticos hablan de una serpiente de siete cabezas llamada "lotan", y el Salmo 74:14 dice que Dios aplastó las cabezas de Leviatán. Isaías 27:1 llama Leviatán a una serpiente y a un monstruo marino. En Job, Dios repetidamente señaló la incapacidad de Job para someter a este monstruo. ¿Cuál era esta bestia?

Los lectores con frecuencia se confunden con que, si bien Satanás es el adversario prominente de Job 1–2, aparentemente después desaparece. También notamos que aunque el libro con frecuencia habla de la creación y de la caída, hasta este momento no ha dicho nada sobre el agente de la caída, la serpiente. Una solución posible es que Satanás no ha quedado en el olvido sino que ha reaparecido al final como la serpiente Leviatán.

Job había desafiado la justicia de Dios, y Dios había respondido que sólo Él y no Job es capaz de controlar y destruir los caóticos poderes malignos. Así como Dios usa todos los poderes naturales en su propósito creativo, de la misma manera le permite al mal prosperar por un tiempo, pero siempre lo gobierna con su providencia para ocasionar la destrucción final del maligno. Por lo tanto, no estaba en Job desafiar el gobierno moral del mundo por parte de Dios. Dios sabe lo que está haciendo.

JOB ES RESTAURADO (Job 42:1-17)

Job se arrepiente (42:1-6). Frente a esta alocución por parte de Dios, no nos sorprende ver el arrepentimiento completo de Job. No obstante, es importante notar que se arrepintió de haber desafiado la

justicia de Dios en sus discursos. No hizo lo que sus amigos querían y confesó que había hecho algo para merecer sus sufrimientos.

La vindicación de Job fue completa. Dios les dijo a los amigos que ellos no habían dicho lo correcto, "a diferencia de mi siervo Job". Las palabras de Job, aunque impulsivas, fueron mucho mejores que la defensa hueca que sus amigos hicieron de su religión de recompensas y castigos. La intercesión de Job a favor de ellos y la restauración de su gloria anterior, no sólo muestran que su sufrimiento no fue un castigo sino que además tenía razón en rehusarse a hacer una confesión sin sentido de pecados que no había cometido.

Significado teológico. ¿Cuál es la respuesta al desafío de Satanás? ¿Temía Job a Dios de balde? Extraordinariamente, la respuesta es no. Job no servía a Dios por nada a cambio. Job aprendió que el beneficio real de su piedad no era su salud, su riqueza y sus hijos; *era Dios mismo*. Dios, el Creador y Juez de todo, trae aparejado el triunfo de la rectitud. Job ahora sabía que podía confiar en que Dios hiciera todas las cosas bien, incluso si le costaba a Job todo lo que tenía. Porque todavía lo tenía a Dios.

Preguntas para la reflexión

1. ¿Por qué suponemos que estamos siendo castigados por el pecado cada vez que la calamidad nos golpea?

2. ¿De qué maneras la religión estricta de los tres amigos los hace menos humanos?

3. ¿Nos preguntamos a veces por qué Dios espera tanto y parece permitirle a los pecadores quedarse sin castigo? ¿Cómo nos ayuda Job a solucionar este problema?

4. ¿Cuál es la diferencia entre servir a Dios por Dios mismo y servirlo para estar a salvo de problemas y apuros? ¿Cómo nos ayuda Job a ver la diferencia?

5. ¿De qué manera llegó Job a ver su necesidad de resurrección y de un Mediador? ¿Cómo satisfizo Dios esas necesidades en nosotros?

SALMOS

El libro de Salmos o Salterio es el himnario de la adoración israelita y el libro de la Biblia de devociones personales. En él no sólo encontramos la expresión de todas las emociones de la vida sino que también algunas de las enseñanzas más profundas de las Escrituras.

Fecha y autoría. El Salterio no fue completado hasta bastante tarde en la historia israelita (en la era postexílica), pero contiene himnos escritos durante un período de cientos de años. Muchos salmos individuales son mucho más antiguos que el libro entero.

Evidencia de lo sobrescrito. Una fuente primaria de información con referencia a la fecha y la autoría de los salmos individuales es lo que se encuentra sobrescrito en muchos salmos. De acuerdo a esto, algunos de los autores son David, los hijos de Coré, Asaf, Moisés y Salomón. Otros salmos, incluso algunos de los "cánticos graduales" (Sal. 120–134) y los salmos "Aleluya" (Sal. 146–150), son anónimos. Estos títulos, si se toma en cuenta su significado literal, fecharían muchos de los salmos en la primera parte del siglo X a.C. (salmos de David) y por lo menos uno en el siglo XV a.C. (Sal. 90).

Significado y confiabilidad de lo sobrescrito. No obstante, algunos eruditos cuestionan si lo sobrescrito tiene como propósito atribuir la autoría de los salmos. La frase *ledawid* que se usa con frecuencia en lo sobrescrito en los salmos, podría significar *de David* pero también podría significar *para David*. Pero la mayoría de los eruditos admitirían que la palabra significa *de David*. No hay ninguna razón para pensar que es alguna clase de dedicatoria.

Una pregunta más seria es si lo sobrescrito es confiable. Algunos eruditos creen que fue agregado en una fecha tardía y que no son más que conjeturas sin valor histórico real, pero hay buenas razones para creer que lo sobrescrito puede ser confiable. Mucho de lo sobrescrito en los salmos se refiere a incidentes en la vida de David acerca de los cuales Samuel y Crónicas no dicen nada. Por ejemplo, lo sobrescrito en el Salmo 60 menciona batallas contra los arameos del noroeste de Mesopotamia y de Siria central y contra los edomitas. Sería extraño que los rabinos hubieran inventado esto en el período postexílico tardío. Otro ejemplo es lo sobrescrito en el Salmo 7, que habla acerca de un cierto Cus el benjaminita (mencionado sólo aquí en el A.T.). Si lo sobrescrito fueron fabricaciones posteriores, uno esperaría que se refirieran en su mayoría a incidentes de la vida de David mencionados en Samuel.

Muchos de los títulos de los salmos contienen términos musicales técnicos cuyos significados ya se habían perdido para el momento en que el Antiguo Testamento se tradujo al griego. Por ejemplo, *lammenasseah*, "para el director del coro", se traduce erróneamente "hasta el final" en la Septuaginta, la traducción griega precristiana del Antiguo Testamento. Unos cuantos de estos términos todavía no se entienden. Entre las palabras oscuras o difíciles en lo sobrescrito se incluyen: *títulos de canciones* ("No destruyas"; "La tórtola en los robles lejanos"; "La cierva de la aurora"; "Los lirios"; "El lirio del pacto" y "Majalat"); *instrumentos musicales o términos técnicos* ("instrumentos de cuerdas" y "sheminit"); *grupos musicales o cantores* ("Asaf"; "Hijos de Coré"; "Hemán el ezraíta"; "Etán el ezraíta"), y *tipos de* salmos ("cánticos graduales", probablemente cantados por los que hacían un peregrinaje a Jerusalén; *masquil*, probablemente un salmo de instrucciones o meditativo; *mictam*; *sigaión*).

La terminología antigua y las referencias a viejos grupos y eventos pasados, todo implica que los títulos son muy antiguos. Esto respalda su confiabilidad.

Autoría davídica de los salmos. Muchos eruditos han afirmado que David no escribió los salmos que se le atribuyen. Sin embargo, no hay razones históricas por las que David no pudo haber sido autor de esos salmos. David tenía reputación de cantor y de siervo devoto del Señor y nada en su vida es incompatible con ser salmista.

Una dificultad aquí es que algunos de los salmos de David parecen referirse al templo (por ejemplo, 27:4), el cual no existía en sus días. Pero términos como "casa del SEÑOR", "Lugar Santo" y "casa de Dios" se usan regularmente con relación a la tienda de reunión y no necesitan tomarse como referencias al templo de Salomón (ver Ex. 28:43; 29:30; Jos. 6:24; Jue. 18:31). Ciertamente David pudo haber escrito los salmos que se le atribuyen. No obstante, otros salmos que mencionan al templo también se le atribuyen a David (Sal. 5; 11; 18; 27; 29; 65; 68; 138). Tal vez valga la pena notar que el Nuevo Testamento no le atribuye ninguno de estos salmos a David.

La fecha de los Salmos. Críticos anteriores fecharon muchos de los salmos en la historia tardía de Israel, algunos tan tarde como el período macabeo. No obstante, esto ya no es posible por dos razones.

Primero, los cánticos y los himnos ugaríticos muestran paralelos con muchos de los salmos. La gramática y las formas poéticas son similares. La tradición ugarítica de escritura de himnos es antigua (antes del siglo XII a.C.) e implica que muchos de los salmos pueden también ser antiguos.

Segundo, una copia fragmentada de la colección bíblica de salmos, del siglo II a.C., fue encontrada entre los rollos del mar Muerto. Esto prueba sin lugar a dudas que los salmos fueron compuestos mucho antes del siglo II a.C., dado que debe de haber tomado mucho tiempo para que los salmos escritos fueran reconocidos como Escrituras y para que el salterio se organizara.

No hay razón, por lo tanto, para fechar tardíamente a los salmos. En términos generales, pueden ser fechados en tres amplios períodos: (1) *Preexílico.* Este incluiría a aquellos salmos que son muy parecidos a los cánticos ugaríticos, los salmos reales y los que mencionan al reino del norte. (2) *Exílico.* Este incluiría los cantos fúnebres que lamentan la caída de Jerusalén y piden venganza sobre los edomitas y otros. (3) *Postexílico temprano.* Este incluiría salmos que enfatizan la ley escrita, tales como el Salmo 119.

Compilación de los salmos. Salmos se divide en cinco secciones o "libros": (1) Salmos 1–41; (2) Salmos 42–72; (3) Salmos 73–89; (4) Salmos 90–106; (5) Salmos 107–150.

No tenemos información precisa acerca de las fechas cuando fueron compilados los cinco libros de los Salmos ni de cuáles fueron los criterios de compilación. Salmo 72:20 implica que se hizo una compilación de los salmos de David poco después de su muerte. En los tiempos de Ezequías ya había colecciones de salmos de David y de Asaf, y estas pueden dar razón del tamaño de los primeros tres libros (2 Crón. 29:30). En una fecha posterior otro escriba puede haber coleccionado los restantes libros del salterio. Salmos tuvo su forma final en algún momento del período postexílico.

Cada uno de los cinco libros termina con una doxología, y el Salmo 150 es una doxología final para todo el salterio. Pero la numeración de los salmos varía. El Talmud de Jerusalén habla de 147 salmos. La

Septuaginta divide el Salmo 116 y 147 en dos salmos cada uno, pero numera Salmo 9 y 10 y Salmo 114 y 115 como un salmo en cada caso.

Tipos de salmos. Al estudiar un salmo, uno debiera formularse las siguientes preguntas: (1) ¿Era cantado por un individuo o por la congregación? (2) ¿Cuál era el propósito del salmo: alabanza, pedido de ayuda, acción de gracias, admonición? (3) ¿Menciona algunos temas especiales, tales como el rey y la casa real o Sión? Al hacer estas preguntas, los eruditos han identificado cierta variedad de salmos.

Himnos. En este tipo de salmo, toda la congregación alaba a Dios por sus obras o sus atributos (Sal. 105). Las seis subcategorías de himnos son: *cantos de victoria*, los cuales alaban a Dios por sus victorias sobre las naciones (Sal. 68); *himnos procesionales*, cantados mientras los adoradores entraban al área del templo (Sal. 24); *cantos de Sión*, los cuales alaban a Dios y específicamente se refieren a su presencia en Sión (Sal. 48); *cantos del reinado del Señor*, que comienzan con las palabras "El SEÑOR es rey" (Sal. 99); *himnos antifonales*, cantados ya sea por los sacerdotes o por el coro con la respuesta antifonal de la congregación (Sal. 136); *himnos de aleluya*, los cuales comienzan o terminan con "¡Aleluya! ¡Alabado sea el SEÑOR!" (*hallelu Yah*; Sal. 146).

Quejas comunitarias. En estos salmos toda la nación expresaba sus quejas sobre problemas que estaba enfrentando, tales como derrota en batalla, hambre o sequía (Sal. 74). Una subcategoría de esto es la *imprecación nacional*, en la que el pueblo maldecía a sus opresores (Sal. 83).

Quejas individuales. Estos salmos son como la queja comunitaria, excepto que eran oraciones hechas por una persona en lugar de la nación entera. La razón podía ser que el individuo estaba enfermo, perseguido por enemigos o en necesidad de confesión de pecado personal (Sal. 13). Este tipo de salmo puede incluir una imprecación sustancial o maldiciones en contra de enemigos personales del salmista (Sal. 5). Una subcategoría es el *salmo penitencial*, en el cual el que habla está dominado por su sentido de culpa (Sal. 51).

Cantos individuales de acción de gracias. En estos salmos un individuo alaba a Dios por algún acto salvador. Usualmente alude a un momento en que el individuo estaba enfermo o en algún otro tipo de problema (Sal. 116).

Salmos reales. Estos salmos tienen que ver con el rey y con la casa real. Las subcategorías incluyen: *cantos de boda*, entonados para el casamiento del rey (Sal. 45); *cantos de coronación* (Sal. 72); *oraciones por la victoria*, entonados cuando el rey se iba a la guerra (Sal. 20); *salmos votivos*, tal vez cantados por el rey en su coronación como un voto de ser fiel y honrado. (Sal. 101).

Salmos de la Torá. Estos salmos dan instrucción moral o religiosa (Sal. 1; 127). Las subcategorías incluyen: *cantos de testimonio*, en los que el salmista usaba su experiencia personal de la salvación de Dios para alentar al oyente (Sal. 32); *cantos de sabiduría*, en los cuales el salmista instruía al oyente no tanto en la ley sino en la sabiduría práctica similar a la de Proverbios (Sal. 49).

Salmos de oráculos. Estos salmos reportan un decreto de Dios (Sal. 82). El contenido del oráculo es con frecuencia el juicio divino y el salmo concluye con una oración para que Dios lleve a cabo su decreto. Pero ver también el Salmo 87, que es un oráculo de salvación para los gentiles.

Salmos de bendiciones. En estos salmos un sacerdote pronunciaba una bendición sobre el/los oyente/s (Sal. 128).

Cantos de provocación. Estos salmos reprochan a los ateos por su conducta vil y prometen que su condenación está cerca (Sal. 52).

Cantos de confianza. En estos salmos el salmista tal vez enfrente dificultades, pero permanece seguro de la ayuda de Dios y proclama su fe y su confianza (Sal. 11).

Al interpretar un salmo, es importante primero determinar qué clase de salmo es. De esta manera uno puede ver lo que el salmista quería que se leyera.

SALMO 1

Evitar andar, estar y sentarse con los malvados es simplemente evitar participar en su forma de vida. La palabra que a veces se traduce "corrientes de agua" en 1:3 (RVR60) se traduce mejor por "canales de irrigación". Los arroyos y las corrientes de agua de Palestina regularmente se secaban, pero los canales de irrigación que salían de los grandes ríos nunca lo hacían.

SALMO 2

El pacto de David subyace en este salmo. El rey davídico es el ungido del Señor (Mesías) y recibe todo el mundo como su dominio. Todos los pueblos de la tierra reciben la advertencia de someterse a Él. La casa real de Judá obviamente nunca gobernó el mundo entero. El cumplimiento está en el más grande Hijo de David, Cristo. Él es el Mesías de Dios, quien fue crucificado por los gobernantes de su tiempo (Hech. 4:25-26), el Hijo de Dios (Sal. 2:7; Mat. 3:17) y el Rey con puño de hierro (Sal. 2:9; Apoc. 2:27). La frase "Bésenle los pies" es inusual porque es aramea, no hebrea. En la Septuaginta se lee "Tómense de la instrucción". (Ver "Cristo en los Salmos".)

SALMO 3

La oración de David por la victoria sobre sus enemigos es más que una súplica para sí mismo. Es también una oración por su pueblo, sobre el que Dios lo había hecho rey.

SALMO 4

El salmista clamó a Dios y pidió que lo oyera, pero luego pasó a dirigirse a los que dudaban o rechazaban a Dios. Les advirtió que abandonaran a los ídolos, que tuvieran en cuenta que Dios vela por los suyos, que meditaran en silencio y sin enojo, y que adoraran y confiaran en el Señor. Luego proclamó su confianza en Dios.

SALMO 5

Los rectos se indignan por la conducta de los malvados y esperan que Dios actúe. Este salmo se desarrolla en cinco estrofas: (1) un llamado de apertura para que Dios oiga, (2) una afirmación de que Dios odia el mal, (3) una resolución de servir a Dios y una oración pidiendo ayuda, (4) una oración por la destrucción de los malvados, y (5) una oración por la protección de los rectos.

SALMO 6

David escribió este salmo cuando en razón de sus enemigos estaba en una situación desesperada. Se quejó de que sería apartado de la adoración de Israel si lo mataban. Pero concluyó con la confianza de que Dios lo ayudaría.

SALMO 7

En un momento de conflicto, David fue llevado a ver si estaba o no en falta. Sus protestas de inocencia no surgieron del orgullo ni de su renuencia a reconocer la culpa, sino de su visión de que no podía esperar que Dios lo ayudara si era tan culpable como los que se oponían a él.

SALMO 8

Dios recibe alabanza por ser el Creador y por haberle dado a la humanidad un lugar tan elevado en la creación. El v. 2 dice literalmente: "De la boca de los niños y de los que maman, fundaste la fortaleza" (RVR60). Mateo 21:16, siguiendo la Septuaginta, tiene "alabanza" en lugar de "fortaleza". En cualquiera de los dos casos, la paradoja es que Dios avergüenza a sus enemigos por medio de los niños (ver 1 Cor. 1:18-25).

LAS CARACTERÍSTICAS DE DIOS PRESENTADAS EN LOS SALMOS	
CARACTERÍSTICAS	PASAJES SELECCIONADOS
Amor	6:4; 21:7; 25:6; 47:4; 48:9; 52:8; 60:5; 62:12; 66:20; 98:3; 103:4,8,11,17; 106:1,45; 117:2; 119:41,64
Arrepentimiento	90:13; 106:45
Bueno	13:6; 25:7; 27:13; 31:19; 34:8; 73:1; 86:5,17; 100:5; 106:1; 119:65,68; 125:4; 145:7,9
Celoso	78:58; 79:5
Clemente	67:1; 86:15; 103:8; 111:4; 112:4; 116:5; 119:58; 145:8
Creador	8:3; 24:2; 78:69; 86:9; 93:1; 95:4; 96:5; 119:73,90-91; 121:2; 124:8; 136:5-9
Espíritu	51:11; 104:30; 139:7; 143:10
Fiel	40:10; 54:5; 91:4; 92:2; 94:14; 98:3; 100:5; 115:1; 119:75; 143:1
Gloria	8:1; 24:7; 26:8; 29:1; 63:2; 66:2; 79:9; 89:17; 97:6; 106:20; 113:4; 115:1; 138:5
Ira	5:6; 6:1; 27:9; 30:5; 73:20; 76:7; 89:38; 103:8; 106.29,32,40; 108:11, 145:8
Juez	7:8,11; 9:4,7-8; 50:4,6; 75:2,7; 98:9; 103:6; 110:6
Justicia, justo	4:1; 7:6; 9:8,16; 11:7; 33:5; 36:6; 50:6; 67:4; 72:1; 89:14; 96:10,13; 99:4; 101:1; 103:6; 111:3; 119:40; 129:4; 140:12
Libertador (Salvador)	7:1,10; 9:14; 24:5; 27:9; 37:39; 39:8; 71:2; 80:2; 119:41,94,123,146,174; 132:16
Majestad	8:1; 68:34; 76:4; 93:1; 96:6; 104:1; 111:3; 145:5
Misericordia, compasión	4:1; 5:7; 9:13; 26:11; 30:10; 31:9; 41:4,10; 57:1
Obrador de maravillas	40:5; 46:8; 65:5; 66:3,5; 68:7-8; 72:18; 73:28; 74:13; 78:4; 81:10; 86:8,10; 98:1; 107:8,15; 135:8-9; 136:4,10-16; 145:4

LAS CARACTERÍSTICAS DE DIOS PRESENTADAS EN LOS SALMOS

CARACTERÍSTICAS	PASAJES SELECCIONADOS
Pastor	23:1; 28:9; 74:1; 77:20; 78:52; 79:13; 80:1; 95:7; 100:3
Perdonador	25:11; 32:5; 65:3; 78:38; 79:9; 85:2; 86:5; 99:8; 103:3,12; 130:3-4
Perfecto	18:30; 92:15
Presente	16:11; 23:4; 35:22; 38:21; 48:3; 73:23; 89:15; 105:4; 110:5; 114:7; 139:7-12
Protector	3:3; 5:11; 7:10; 33:20; 66:9; 97:10; 115:9; 127:1; 145:20
Proveedor	67:6; 68:9; 78:23-29; 81:16; 85:12; 107:9,35-38; 132:15: 136:25; 144:12-15; 145:15
Redentor	19:14; 25:22; 107:2; 119:134,154; 130:8
Refugio, Roca	7:1; 14:6; 19:14: 27:1; 28:1; 42:9; 62:1,8; 73:28; 89:26; 91:2,9; 92:15; 118:8
Rey	5:2; 9:7; 11:4; 44:4; 47:2-9; 66:7; 68:16,24; 74:12; 89:14; 96:10; 97:1; 145:1,11-13
Sabiduría	104:24; 136:5; 147:5
Sanador	6:2; 30:2; 103:3; 107:20; 147:3
Santo	20:6; 22:3; 29:2; 30:4; 68:5,35; 71:22; 77:13; 78:41; 89:18,35; 99:3,5,9
Único Dios	18:31; 35:10; 73:25; 95:3; 96:4-5; 97:7; 113:5; 135:5
Universal	24:1; 50:1,12; 59:13; 65:2,5; 66:4; 68:32; 69:34; 86:9; 96:1,7; 99:2-3; 100:1; 138:4; 150:6
Vengador	9:12; 14:5; 53:5; 58:6; 59:4; 68:21-25; 72:4; 86:17; 112:8; 139:19
Viviente	18:46; 42:2; 84:2

CARACTERÍSTICAS HUMANAS PRESENTADAS EN LOS SALMOS

CARACTERÍSTICAS	PASAJES SELECCIONADOS
Afligidos, oprimidos, pobres, necesitados	12:5; 14:6; 22:26; 25:16; 34:2,6; 49:2; 68:5,10; 72:2; 74:19; 76:9; 82:3; 113:7; 136:23; 145:14
Amantes de Dios	5:11; 18:1; 69:36; 70:4; 91:14, 97:10; 116:1; 119:132; 145:20
Benditos, dichosos	1:1; 2:12; 3:8; 5:12; 24:5; 34:8; 41:1; 65:4; 84:4,12; 106:3; 119:1; 129:8; 132:15; 134:3
Confiados, confianza	3:5; 4:5,8; 9:10; 13:5; 20:7; 21:7; 22:4,9; 27:1; 28:7; 30:6; 37:3; 40:3; 41:11; 52:8; 71:5
Enemigos	3:1,7; 4:2; 6:10; 8:2; 9:3; 18:37,48; 27:2; 41:2,7; 66:3; 68:1,21; 78:53,61,66; 81:14; 108:12; 129:1; 132:18
Fieles, piadosos	4:3; 18:25; 26:1; 31:23; 37:28; 73:1; 84:11; 85:10-11; 86:2; 97:10; 101:2; 108:1; 125:4, 139:23-24
Gozo, alegría	4:7; 16:9; 20:5; 21:1; 27:6; 28:7; 34:2; 47:1; 48:11; 53:6; 63:11; 68:3; 81:1; 90:14; 98:4; 100:1; 107:22; 145:7
Humanos, mortales	22:6; 33:13; 49:7; 55:13; 56:4; 62:9; 82:5; 89:47; 115:16; 133:1; 139:16; 146:3
Ira	37:8; 124:3; 138:7; 139:21-22
Justos	5:12; 11:5; 14:5; 15:2; 17:1,15; 18:20; 23:3; 33:1; 34:15; 37:6,12,16,21,25,30; 55:22; 58:10; 68:3; 72:2; 92:12; 97:11; 106:31; 125:3; 142:7; 146:8

CARACTERÍSTICAS HUMANAS PRESENTADAS EN LOS SALMOS

CARACTERÍSTICAS	PASAJES SELECCIONADOS
Malvados	5:4; 6:8; 7:9,14; 11:2; 23:4; 26:5; 27:2; 32:10; 52:1; 53:1,4; 55:3; 58:3; 59:2; 68:2; 73:3; 82:4; 84:10; 94:3,13,16,23; 104:35; 107:34,42; 119:53,95,119,150,155; 147:6
Muerte/Seol	6:5; 16:10; 23:4; 31:17; 44:22; 49:9-20; 55:4,15,23; 68:20; 78:33,50; 82:7; 103:15; 104:29; 115:17
Naciones/Pueblos	9:5,15,19; 22:27; 44:11; 46:6; 59:5; 67:2; 68:30; 72:17; 78:55; 82:8; 99:1-2; 105:1,13; 110:6
Necios, impíos	14:1; 53:1; 74:18,22; 92:6; 94:8; 107:17
Pacto/Compañeros	25:10; 50:5,16; 74:20; 78:10,37; 89:3,28,34,39; 103:18; 105:8; 106:45; 111:5,9; 132:12
Pecado	5:10; 14:3; 19:13; 25:7; 36:1-2; 51:1,5,13; 52:2; 58:3; 66:18; 68:21; 89:32; 99:8; 103:10,12; 106:6,13-39,43; 107:11,17
Reyes de Israel/Ungidos	2:6-8; 20:6; 28:8; 45:1-9; 61:6; 63:11; 78:70; 84:9; 92:10; 122:5; 144:10
Reyes de la tierra	2:2; 33:16; 48:4; 68:12; 76:12: 94:20; 102:15; 106:41; 110:5; 119:23,46,161; 138:4; 146:3; 149:8
Sabiduría	90:12; 107:43; 111:10; 119:98
Sacrificio	4:5; 51:16,19; 107:22
Sufrientes/Afligidos	22:24; 31:7; 38:3; 41:3; 55:3; 119:50,107,153

Salmo 9

En la Septuaginta, los Salmos 9 y 10 forman un solo salmo. Dado que los dos juntos forman un acróstico, muy bien pueden haber sido originalmente uno. Probablemente fueron separados en una fecha temprana para hacer del Salmo 10 un salmo de queja individual. El Salmo 9 también tiene una protesta, pero el tono general es de acción de gracias y de seguridad de victoria. David vio en su victoria personal un tipo del triunfo de Dios en el juicio final.

Salmo 10

En todas las épocas los creyentes se desaniman por la impunidad de los violentos, de los criminales, de los viles y de los impíos. Sin embargo, Dios permanece como la esperanza de los desesperanzados. Él conoce nuestras angustias.

Salmo 11

El salmista era consciente del poder de los hombres malvados, pero rechazó toda idea de desesperación. Esperaba el juicio por parte de Dios. Sentado en su trono, Dios tiene el control de todas las cosas.

Salmo 12

La verdad es hollada bajo los pies de una sociedad corrupta, y las palabras son solamente herramientas de interés personal. Pero la palabra segura de Dios, dada en una respuesta en forma de oráculo en 12:5, contrasta con las palabras vacías de la gente.

Salmo 13

Las pruebas por las que pasó David fueron tales que él se preguntaba hasta cuándo podría resistir. Sin embargo, las pruebas producen paciencia, y el resultado es gozo y alabanza.

Salmo 14

Dios ve la necedad y el vicio de los que viven como si Él no existiera, y declara su ira hacia los que se abusan de su pueblo. Tratar a la gente como objetos de saqueo es ser un ateo en la práctica e invitar al juicio.

Salmo 15

Sólo los que son moralmente calificados pueden morar con Dios. Cualquiera que pretenda ser de Dios debe estar libre de calumnia y de codicia.

Salmo 16

La seguridad viene por confiar en el único y verdadero Dios en lugar de en los muchos falsos dioses. La expresión "sangrientas libaciones" podría referirse a las ceremonias donde se incluían sacrificios humanos o a las ceremonias donde se derramaba algo de sangre y lo demás se bebía. Pedro citó 16:8-11 y lo interpretó como una profecía de la resurrección en Hechos 2:25-31.

Salmo 17

David afirmó su inocencia como condición para orar pidiendo liberación de manos de sus enemigos. No declaró estar libre de pecado en 17:3-5, ni negó la pecaminosidad universal de la humanidad. Pero entendió que no podía esperar que Dios lo salvara de sus enemigos si abrigaba engaño o violencia en su propia vida.

Salmo 18

Como dice el sobrescrito, David dio gracias por las muchas victorias que Dios le había dado. En 18:7-15 David describió la furia del Señor en términos que recordaban la aparición en el Sinaí. Hay también un lenguaje similar en los antiguos textos cananeos de Ugarit en Siria. David vio su salvación no como personal o privada, sino que clamó para que Dios moviera cielo y tierra, a fin de que pusiera en movimiento su gran poder y lo salvara. La vindicación de David por parte de Dios se extiende a toda su dinastía y por lo tanto al Mesías.

Salmo 19

La revelación de Dios tanto por medio de la naturaleza como por medio de las Escrituras tiene su lugar. El mundo natural da una evidencia clara de la gloria y el poder de Dios (ver Rom. 1:19-20). No obstante, la ley va más allá de eso e instruye y reaviva el corazón humano.

Al caminar en esta luz, el creyente siente la necesidad de buscar el perdón y la aprobación divina.

SALMO 20

La victoria del rey dependía no de su caballería sino de su piedad y del poder de Dios. Todo su pueblo se alegraría al verlo regresar triunfante.

SALMO 21

Dado que Dios había establecido al rey davídico, el rey confiaba en Él para la victoria cuando salía a enfrentar a sus enemigos. La victoria total del rey anticipa el juicio mesiánico.

SALMO 22

Este salmo sigue el modelo de muchos salmos de queja individual, pues comienza con un clamor de ayuda y concluye en la seguridad de la liberación, con una promesa de cumplir los votos. La conclusión triunfante es inusualmente larga. La situación de David es un tipo de los sufrimientos y la resurrección de Cristo. El salmo anticipa el clamor de Cristo desde la cruz (Mat. 27:46), la burla que recibió (Luc. 23:35), su dolor y su sed (Juan 19:28), los clavos en sus manos y sus pies, y el echar suertes sobre sus ropas (Juan 19:23-24). Pero también espera su victoria y la venida de gentes de todas las naciones para rendirse a Él. (Ver "Cristo en los Salmos".)

SALMO 23

La serenidad pastoril del salmo lo ha hecho el favorito para generaciones de lectores. El v. 6 contiene una promesa implícita de vida eterna.

SALMO 24

Los adoradores pueden haber cantado este himno al entrar al templo. Los vv. 3-6 hacen una lista de las condiciones para entrar a la congregación de Dios. El himno puede haber sido antifonal: la congregación hacía las preguntas y el sacerdote o el coro cantaba el cuerpo principal del salmo.

SALMO 25

Una vez más David oró pidiendo liberación, pero aquí confesó su pecaminosidad en lugar de declarar su inocencia. Deseaba que su perdón tomara la forma concreta de salvación de manos de sus enemigos. El tono general del salmo es de una seguridad confiada en la misericordia de Dios. El salmo es un acróstico.

SALMO 26

A pesar de que este salmo tiene la forma de una "confesión negativa" (ver Job 31), no es una jactancia orgullosa de parte del salmista (como en Luc. 18:11-12). Más bien enseña la clase de vida que uno debe seguir para ser parte de la asamblea de Dios.

SALMO 27

La verdadera rectitud es por sobre todo amor a Dios y gozo en la adoración. El que ama a Dios de esta manera está seguro incluso en las tribulaciones de la vida porque es aceptado en los brazos de Dios.

SALMO 28

El salmista oró por misericordia para él mientras que a la vez pedía que Dios castigara a los malhechores. Esto no fue por egoísmo sino por un profundo sentido de lo que es correcto e incorrecto. Sería una perversión de la justicia de Dios que los que lo odian quedaran sin castigo.

SALMO 29

Una terrible tormenta despliega el poder de Dios. El trueno y las aguas (29:3), el relámpago y el viento, todo habla de su poder. Esto provoca alabanza en su pueblo.

SALMO 30

La ira de Dios contra sus hijos dura sólo un momento, pero su favor es para siempre.

VENGANZA Y VINDICACIÓN

Los lectores sensibles de los Salmos han sido atribulados durante mucho tiempo por las duras expresiones de venganza pronunciadas por los salmistas, que con frecuencia se atribuyen a David mismo. Tomen por ejemplo las afirmaciones: "¡Rómpeles el brazo al malvado y al impío! ¡Pídeles cuentas de su maldad...!" (Sal. 10:15); "Que sean avergonzados los malvados, y acallados en el sepulcro" (Sal. 31:17); "Rómpeles, oh Dios, los dientes... Se alegrará el justo al ver la venganza, al empapar sus pies en la sangre del impío" (Sal. 58:6-10). Tales afirmaciones faltas de amor hacen surgir serias preguntas éticas acerca del espíritu vengativo reflejado en ellas. Otras maldiciones prominentes se encuentran en Salmos 3:7; 5:10; 28:4; 35; 40:14-15; 55; 69; 79; 109; 137; 139:19-22; 140:9-10. Los intentos de explicar tales expresiones feroces entran dentro de varias categorías.

Primero, algunos piensan que estas maldiciones sólo reflejan la humanidad del autor que expresa sus más profundos deseos de vindicación al ser dañado por los malvados. El autor entonces reflejaba un nivel de moralidad más bajo que el que se encuentra en el Nuevo Testamento. Esta explicación no parece reflejar que los versículos en los que estas maldiciones ocurren son inspirados por el mismo Dios que inspiró la virtud de dar la otra mejilla.

También debemos reconocer que 1 Samuel describe a David bajo una luz muy diferente. A pesar de ser provocado casi más allá de la imaginación, David no respondió vengativamente sino con tolerancia y paciencia. Las ocasiones en las que David se rehusó a matar a Saúl, su enemigo a muerte, proveen un testimonio elocuente de esto. Más aún, Levítico 19:18 prohíbe cualquier intento de venganza en contra de enemigos personales, por lo tanto argumenta en contra de interpretar estas maldiciones como venganzas personales.

Segundo, otra explicación ve a estas maldiciones sólo como predicciones de la ruina del enemigo, más que como expresiones del deseo del salmista de que el enemigo encuentre un final desdichado. Pero el Salmo 59 es claramente una oración a Dios donde el salmista le pide que cause estragos sobre sus enemigos.

Una comprensión plausible de estos dichos difíciles debe tomar en cuenta el papel significativo de los enemigos en el libro de los Salmos. Su presencia va más allá del número relativamente limitado de salmos que maldice a los enemigos del salmista. Los salmistas eran frecuentemente reyes o representaban al rey de alguna manera oficial. Dios ordenó al rey de Israel que gobernara sobre el pueblo del pacto de Dios de modo de salvaguardar al pueblo y a todo lo que Dios había prometido hacer a través de él.

Así es que, cualquier amenaza al pueblo de Dios era también una amenaza a la promesa misma de Dios. En esta situación única, oponerse al rey ungido por Dios era oponerse a Dios mismo. Entonces el rey/salmista oró para que Dios juzgara a esos malhechores que intentaban impedir la obra de Dios, deseando que Dios y su obra sobre la tierra fueran vindicados.

Debido a la posición única que ocupaba el rey como ungido de Dios, él representaba la voluntad de Dios en una medida diferente a cualquiera en el día de hoy. Por esta razón los creyentes hoy no deben orar por maldiciones, dado que no están en una posición como la del rey/salmista en el antiguo Israel.

David confesó: "me levantaste" como a un balde de un pozo. David proclamó el peligro de la complacencia y el valor de la oración.

SALMO 31

David profesó su confianza en Dios y solo entonces expresó su queja. Mezcló su apelación con confianza y concluyó con alabanza y aliento para otros. Comparar 31:5 con Lucas 23:46; los sufrimientos de David tipifican los sufrimientos de Cristo. David oró pidiendo que los malvados permanecieran en silencio en la tumba de modo que no pudieran calumniarlo más. (Ver cuadro "Venganza y vindicación".)

SALMO 32

Al tema y la lección del salmo le siguen un

testimonio personal de su verdad y más aliento y exhortación. Pablo citó 32:1-2 en Romanos 4:7-8. El perdón es por la misericordia soberana de Dios, y la rectitud viene de la fe en Cristo en lugar del esfuerzo humano. Al mismo tiempo, los que confiesan genuinamente viven en verdadera obediencia en lugar de los que son más tercos que una mula.

SALMO 33

Después de comenzar con una exhortación a la alabanza, este himno se ocupa de las razones por las que Dios debiera ser alabado. El poder de Dios en la creación se incorpora a su control soberano sobre la historia humana. La seguridad nacional está en el Señor, no en el poder militar. El salmo concluye con una profesión comunitaria de confianza y con oración.

SALMO 34

Este salmo es un acróstico. Su propósito primario es enseñarle al oyente lecciones morales acerca de Dios. El testimonio personal está en 34:4-6. El resto del salmo consiste en proverbios teológicos. El tema es el cuidado continuo de Dios hacia los suyos. El salmo no dice que los rectos no tienen problemas sino que Dios los libra de sus problemas.

SALMO 35

En esta oración, David reclamó maldiciones sobre sus enemigos por su traición y su malicia. Sobre todo, David condenó la amistad falsa y la ingratitud. El ángel del Señor sólo aparece en los Salmos aquí y en 34:7. (Ver cuadro "Venganza y vindicación".)

SALMO 36

Este salmo es un "oráculo" (una palabra usada generalmente para declaraciones proféticas) sobre la naturaleza del pecado humano. Los malvados continúan amando lo malo aunque ellos también para vivir dependen de Dios, el Creador. Pero su destino es seguro.

SALMO 37

Los rectos no deberían afligirse por la aparente prosperidad de los malvados, dado que es fugaz. Este salmo, al igual que muchos pasajes en Proverbios, refuerza esta verdad a través de descripciones de la bondad de los rectos, la ferocidad de los malvados, y sus respectivos destinos. Además, usa la observación y la exhortación personales.

SALMO 38

David confesó su pecado, describió su dolor y se quejó de sus amigos falsos y de sus enemigos que sonreían con satisfacción. Las heridas y la enfermedad que mencionó eran literales y no simbólicas. Su aislamiento y su silencio fueron como los de Cristo en la pasión (ver Isa. 53:7 y Mar. 14:61). En su dolor, él vio que su única ayuda era Dios. (Ver "Cristo en los Salmos".)

SALMO 39

El silencio meditativo del hombre recto que reflexionó sobre la brevedad de la vida le da a este salmo una calidad de angustia similar a la de Job 7. Él había sido afligido por Dios y esperaba una restauración. Nunca más pudo estar seguro de sus posesiones y de su vida mortal, porque se dio cuenta de cuán transitorias eran.

SALMO 40

Este salmo, que comienza como un canto de acción de gracias individual, llega a ser un grito clamor y un pedido de ayuda en 40:9-17. David creía que Dios lo salvaría como lo había hecho antes. Hebreos 10:5-10 cita el Salmo 40:6-8 y lo interpreta como el cumplimiento y la abolición por parte de Cristo del sistema sacrificial del Antiguo Testamento. La frase hebrea "has abierto mis oídos" en 40:6 (RVR60) es difícil. El verbo "abierto" se traduce con frecuencia "perforado" al igual que en el ritual de Éxodo 21:6. Pero eso es poco probable dado que allí se usa un verbo diferente y se perforaba sólo una oreja. Probablemente la expresión *has abierto mis oídos* significa *me has hecho obediente* tal como aparece en NVI (ver Isa. 50:5; Jer. 6:10). La Septuaginta, seguida por Hebreos 10:5, tiene "me preparaste un cuerpo".

SALMO 41

La malicia y el amor hipócrita de sus enemigos continúan dominando el salmo de queja de David. Al igual que en el Salmo 38, él aquí habló de su propio pecado y enfermedad. Y otra vez el aislamiento y el sufrimiento de David, característicos en los rectos, fue profético de la aflicción del Mesías (ver Juan 13:18). (Ver "Cristo en los Salmos".)

SALMO 42

La exacta naturaleza de la aflicción del salmista no se expresa, pero lo llevó a un estado de depresión profunda. Así y todo no se centró en su problema sino en Dios y tenía sed de Dios como del agua (Mat. 5:6).

SALMO 43

Los Salmos 42 y 43 originalmente pueden haber sido un solo salmo. El pensamiento y el lenguaje de ambos son muy similares (comparar 43:5 con 42:5,11) y la métrica hebrea es la misma. Del mismo modo, el Salmo 43 no tiene sobrescrito.

SALMO 44

El presente abandono de la nación por parte de Dios contrasta con su anterior presencia poderosa en medio de ellos. Con marcada audacia, el pueblo clama a Dios para que pelee por ellos otra vez.

SALMO 45

La composición celebra la boda de un rey de la casa de David. Salmo 45:1-9 exalta al rey y 45:10-17 instruye y alaba a la princesa-novia. Durante mucho tiempo los cristianos han visto aquí una imagen de Cristo y de la iglesia (comparar 45:6-7 con Heb. 1:8). (Ver "Cristo en los Salmos".)

SALMO 46

El reino de Dios es como una fortaleza poderosa contra la cual las aguas, que aquí representan el caos y la muerte, no tienen poder. El salmo espera el reino eterno de Dios en la nueva tierra, pero celebra el presente reinado de Dios en este mundo atribulado.

SALMO 47

El salmo promete que algún día incluso las naciones gentiles vendrán y adorarán al Dios de Abraham. Esto se ha cumplido completamente en la iglesia de Cristo.

SALMO 48

El salmo alaba a Jerusalén como un tipo de manifestación visible del reino de Dios. La ciudad era gloriosa e imponente, y Dios la hizo segura. Allí el pueblo de Dios piensa en el amor de Él.

SALMO 49

Este salmo trata temas usados ampliamente en Eclesiastés. Entre ellos están la naturaleza transitoria de la vida (Ecl. 3:18-21) y las limitaciones del saber y las riquezas (Ecl. 2:15-16; 5:8-17). Salmo 49:15 es una clara promesa de la resurrección.

SALMO 50

Dios aquí juzga al mundo de una manera muy similar al juicio descrito en Mateo 25:31-46. Acepta a los rectos pero no debido a sus animales sacrificiales, de los que Dios no tiene ninguna necesidad. Luego los exhorta a una verdadera piedad. Los malvados son condenados por robo, adulterio y otros pecados.

SALMO 51

Esta súplica profunda por perdón fue escrita, de acuerdo al sobrescrito, después que David cometió adulterio con Betsabé y asesinó a su esposo. "Y en pecado me concibió mi madre" (RVR60) puede significar que así como el padre y la madre de David eran pecadores, también David lo era. O puede significar que él había sido pecador desde su nacimiento. No quiere decir que el acto de la procreación es malo en sí mismo.

SALMO 52

El salmista se mofó de un individuo impío y cruel por su conducta, y afirmó que el fin de esta persona estaba cerca. No le pidió a Dios que vengara su pérdida personal, pero demandó que la persona impía fuera destruida por su arrogancia y su mentira.

SALMO 53

Este salmo es casi idéntico al Salmo 14.

SALMO 54

La traición de los habitantes de Zif se describe en 1 Samuel 23:19-23; 26:1. Como en otros salmos, David estaba tan seguro de la ayuda de Dios que prometió una ofrenda de acción de gracias.

SALMO 55

Esta es la afirmación más rotunda en el salterio sobre la crueldad de la amistad falsa. En Salmo 11:1 el salmista rechazó el consejo de huir, pero aquí estaba tan desanimado por la traición que deseaba hacerlo.

SALMO 56

Sobre el incidente de Gat, ver 1 Samuel 21:10-15. En su estructura este salmo es quiásmico. (Ver la introducción a "Salmos".) Entre el pedido de ayuda inicial y el voto final hay dos afirmaciones de confianza en Dios. En el centro del salmo hay un clamor para ser librado del enemigo.

SALMO 57

Orar por ayuda cambia la actitud del salmista, de la desesperación a la confianza exultante. Rodeado de personas de violencia animal, el podía cantar a Dios gozosamente.

SALMO 58

Aquí se describe gráficamente la maldad de los que usan mal su poder para ganancia personal. Son malvados desde el nacimiento, serpientes venenosas y leones rapaces.

Sus muertes se lamentarán tan poco como la de una babosa al sol. La fe en Dios se vindica cuando son destruidos.

SALMO 59

Recibimos instrucción cuando Dios pone a los malvados como ejemplo. Esto ocurre no por la muerte repentina de ellos, sino por su desaparición gradual y visible. En esto resulta claro para todos su verdadero carácter de perros salvajes destinados a una muerte innoble.

SALMO 60

Este salmo es una oración por victoria en la batalla, pero hay una queja del aparente abandono del pueblo por parte de Dios. La elección divina de Israel contrasta con el rechazo divino de sus enemigos. Siquem y Sucot estaban en márgenes opuestas del Jordán, y juntos representan que todo el territorio es propiedad de Dios (es decir de Israel).

SALMO 61

Muchos buscan un santuario para las fatigas y las luchas de la vida, pero sólo se encuentra asilo en la Roca que es más alta y más fuerte que cualquier ser humano. La oración para que el rey tenga un reino eterno se cumple perfectamente en el Hijo de David, Cristo.

SALMO 62

Confiar en Dios y sólo en Él. Dios es como una fortaleza porque protege contra todos los que son hostiles. La gente falla (el texto hebreo dice: "Los seres humanos no tienen valor [como objetos de confianza]; la gente es una mentira"). Las riquezas no dan seguridad. Un dicho numérico, familiar en la literatura de sabiduría, le da conclusión al salmo (ver Prov. 30:21-23).

SALMO 63

Tan profundo era su amor por Dios, que incluso en el desierto el salmista lo anhelaba más que al agua. La adoración a Dios es

CRISTO EN LOS SALMOS

Una de las cuestiones más controversiales que enfrentan los intérpretes del libro de los Salmos es cómo entender las muchas referencias al "rey" o al "ungido" (*Mesías*). ¿Hablan estas referencias de un rey humano del antiguo Israel o señalan hacia adelante a Jesús como el Rey ideal y Mesías?

Los escritores bíblicos escribieron sobre personas y situaciones reales. El rey jugaba un papel muy prominente en la vida nacional del antiguo Israel. En los Salmos hay más de 60 referencias que remarcan el prestigio del rey. Los lectores originales de los salmos naturalmente entendían que estas referencias hablaban del rey humano, cuyo papel era tan importante en su existencia diaria. Debido a que el significado básico de cualquier texto es lo que el autor intentó que la audiencia original entendiera, "rey" en los Salmos se refiere primeramente a un rey humano del antiguo Israel.

Puede ser posible que las referencias al "rey" o al "ungido" hablen tanto de un rey humano como que también señalen al futuro, a Jesús como el Rey ideal.

El Salmo 2 es el único pasaje claro que describe a un rey humano, en su contexto del Antiguo Testamento, que luego es visto como el Rey mesiánico ideal en un texto subsiguiente. (Hebreos 1:5 trata este salmo como explícitamente mesiánico.) Así es que el rey humano en Salmo 2 funcionó como un tipo, es decir, uno que tuvo relevancia en su propio marco histórico pero que también sirvió como una anticipación divinamente ordenada de alguien que apareció en una revelación bíblica posterior.

En términos generales, las referencias al rey en Salmos hablan del rey humano en tiempos del escritor bíblico. En ocasiones, la referencia al rey se entendió originalmente como a un rey humano pero más tarde se aplicó al Mesías ideal. En un salmo (Sal. 110) el rey no puede significar ningún otro que el Rey de reyes, mesiánico e ideal.

El sobrescrito en el Salmo 110 lo describe como davídico. Sorprendentemente, el v. 1 habla del sucesor de David como su Señor. En el antiguo Israel esto era inconcebible. David era el más grande rey, el patrón con el que sus sucesores fueron medidos. Muy temprano en la historia de Israel este pasaje fue entendido como una profecía de la venida del Mesías. Jesús interpretó Salmo 110:1 de esta manera en una disputa con los fariseos (Mat. 22:41-45; Mar. 12:35-37; Luc. 20:41-44). El acertijo de Jesús: "Si David lo llama 'Señor', ¿cómo puede entonces ser su hijo?" encierra el misterio de la encarnación. Jesús es el Hijo de David pero también es más que el hijo de David (Rom. 1:3-4).

mejor que la comida más deliciosa. Por la noche pensaba en Dios en lugar de dormir (63:6). Permanecía cerca de Dios sabiendo que allí estaba a salvo.

SALMO 64

Nadie es capaz de prever ni protegerse de todas las maquinaciones de los malhechores. Sólo Dios es defensa suficiente. Él hace volver los planes de los crueles y de los criminales sobre sus propias cabezas.

SALMO 65

Esta canción tal vez se cantaba en el templo como parte de la acción de gracias por una buena cosecha. La ocasión en que se cantó puede haber sido la fiesta de los panes sin levadura al comienzo de la cosecha de la cebada, o en Pentecostés después de la cosecha general.

SALMO 66

Después de una gran alabanza a Dios y de darle gracias por la liberación de Israel en el éxodo, el salmista testificó sobre su experiencia personal de la gracia de Dios. La experiencia histórica de toda la comunidad se repetía en la vida individual del creyente.

SALMO 67

El salmo se basa en la bendición sacerdotal de Números 6:24-26.

SALMO 68

El pueblo alabó a Dios por su protección

para con Israel y por las victorias que había recibido. El triunfo de Israel sobre sus enemigos tipificó el triunfo final de Dios en Cristo sobre todos los poderes. Pablo citó 68:18 a tal efecto (Ef. 4:8).

SALMO 69

David tipificó el sufrimiento del creyente recto en manos de los impíos, pero este concepto encuentra su expresión más completa en los sufrimientos de Cristo (comparar 69:9 con Juan 2:17 y Sal. 69:21 con Mat. 27:34,48). (Ver "Cristo en los Salmos".)

SALMO 70

Comparar con Salmo 40:13-17. La brevedad de este salmo concuerda con la urgencia de su tono. Es un clamor a Dios en un momento desesperado.

SALMO 71

El salmista, consciente de que estaba envejeciendo y de que su fuerza flaqueaba, clamó a Dios para que caminara con él al entrar a este período de la vida. La experiencia anterior le decía que Dios continuaría siendo fiel.

SALMO 72

El sobrescrito del salmo debiera traducirse *Para Salomón*, dado que 72:20 implica que el salmo era de David. La canción es una oración para la coronación de Salomón. Está basada en 2 Samuel 7 y tipifica el reinado mesiánico. El rey debía exhibir rectitud, justicia y preocupación por los pobres y los oprimidos.

SALMO 73

El salmista se preguntaba cómo los malvados podían jactarse descaradamente de conocer los caminos de Dios y aun así prosperar (ver Job 21). Se preguntaba si la piedad de él había sido en vano. Pero llegó a entender que era Dios quien lo sostenía y no su propia voluntad, y que la gracia lo conduciría a la gloria eterna.

SALMO 74

El salmo probablemente se escribió poco después del comienzo del exilio babilónico. El pueblo se lamentaba por la destrucción del templo. Recordando el triunfo de Dios sobre el caos en la creación (Gén. 1:2), oraron para que Dios derrotara al enemigo que los había conquistado y restaurara el orden del templo.

SALMO 75

La determinación de Dios de juzgar a la tierra y castigar a los malvados es segura. El versículo 8 es una imagen profética familiar (ver Isa. 51:17; Jer. 25:15-19; 49:12; 51:7).

SALMO 76

La victoria sobre uno de los enemigos de Israel que se describe aquí tipifica la victoria final de Dios sobre todos los poderes terrenales.

SALMO 77

Aunque están expresados por un individuo, estos lamentos se relacionan con la nación entera y no con una persona. Comparar 77:16-19 con 74:13-17, que se refiere a la victoria de Dios sobre el caos anterior a la creación. Aquí se hace referencia al éxodo.

SALMO 78

Este salmo relata los eventos del éxodo tal como están registrados en la ley, y vincula la continua rebelión de los israelitas a la secesión del reino del norte (Efraín) de la casa de David.

SALMO 79

Al igual que el Salmo 74, éste aparentemente fue escrito en el exilio babilónico. A diferencia del lamento anterior, este salmo enfatiza la crisis del pueblo más que la destrucción del templo.

SALMO 80

Este salmo otra vez lamenta la cautividad babilónica y clama a Dios para que recuerde la elección divina. La imagen de la viña reaparece en los profetas (Isa. 5:1-7; Ezeq. 15).

SALMO 81

Este salmo comienza como un himno, pero pasa a ser un largo oráculo de exhortación de parte de Dios. Tal vez se haya cantado en la Pascua o en la fiesta de los tabernáculos. Esta última se celebraba desde el quince del mes, en luna llena.

SALMO 82

Dios acusa a los "dioses" de haber gobernado mal al mundo. La identidad de estos "dioses" es difícil de determinar. Algunos los interpretan como poderes espirituales que gobiernan al mundo, y otros como jueces humanos. Pero estas alternativas no son mutuamente excluyentes. Es probable que los poderes humanos se consideren las contrapartes terrenales de las fuerzas espirituales (ver Col. 1:16). Dios ha determinado juzgar a los poderes y a los gobernantes que mantienen un sistema mundial de opresión y de injusticia.

SALMO 83

El salmista hizo una lista de las naciones que él deseaba fueran castigadas. El salmo fue probablemente escrito en algún momento entre 900 y 600 a.C., cuando Asiria era todavía una amenaza.

El salmo no es un mero clamor por venganza. Más bien, es una súplica para que el Dios recto demuestre su soberanía defendiendo a su pueblo escogido.

SALMO 84

El cantor celebra el gozo de la adoración en la casa de Dios. El "valle de las Lágrimas" aparentemente estaba a lo largo del sendero que los adoradores tomaban camino al templo.

SALMO 85

El problema que el pueblo enfrentó no es claro. Oraron de manera optimista, seguros de la ayuda de Dios porque su amor nunca falla.

SALMO 86

El salmista basó su apelación en la bondad y el poder universal de Dios.

SALMO 87

Dios ha determinado que incluso los gentiles sean parte de su reino. "Éste nació en Sión" significa que el gentil ha sido adoptado dentro del pacto.

SALMO 88

El sabio Hemán "el ezraíta" tal vez sea el hijo de Zera en 1 Crón. 2:6 (ver 1 Rey. 4:31). Este salmo muestra paralelos asombrosos con Job, especialmente en la aflicción y el abandono personal del salmista.

SALMO 89

Etán el ezraíta era posiblemente hermano de Hemán (Sal. 88; ver 1 Rey. 4:31; 1 Crón. 2:6), pero el salmo puede haber sido escrito más tarde, incluso en el exilio. Lamenta que a pesar de que Dios había hecho un pacto eterno con la casa de David (ver 2 Sam. 7), la dinastía ahora parecía abandonada.

SALMO 90

En este salmo la comunidad clamó a Dios por misericordia, pero en la tradición de la literatura sapiencial la canción enfatiza con fuerza la brevedad de la vida humana.

SALMO 91

Dios extiende la promesa de protección a todos los que se vuelvan a Él. Contrariamente a lo que alega Satanás (Mat. 4:6), el Salmo 91:11-12 no permite una conducta imprudente.

SALMO 92

En 92:10, "me has dado las fuerzas de un toro" significa que Dios le había dado la victoria al cantor. "Me has ungido con el mejor perfume" significa que Dios había prodigado un favor abundante sobre él. La imagen de la persona recta como la de un árbol floreciente es común en la Biblia (ver Sal. 1).

SALMO 93

La permanencia del reino de Dios es la seguridad de todos los que confían en Él. El estruendo de las olas representa el poder de la muerte y de la destrucción, pero el reinado eterno de Dios controla todas las cosas. Y así como el gobierno de Dios es eterno, también lo son sus estatutos.

SALMO 94

La aflicción por los delitos de los malvados da lugar a la confianza en la justicia de Dios. El salmo demanda paciencia y tolerancia.

SALMO 95

Debido a que Dios es soberano sobre todo, nosotros debemos someternos a su exigencia de obediencia. Hebreos 3:7–4:11 expone este salmo en detalle. (Ver "Cristo en los Salmos".)

SALMO 96

El Señor Dios de Israel gobierna sobre toda la tierra, y todos sus pueblos deben inclinarse ante Él. Esta es la gran canción misionera de la Biblia.

SALMO 97

El poder del Señor es lo suficientemente imponente como para derretir incluso las montañas. Israel puede regocijarse en que su Dios es mayor que todos los ídolos y que los así llamados "dioses". Para su pueblo, la furia de Dios no provoca terror sino gozo.

SALMO 98

Este salmo es una variante del Salmo 96 y sigue con el mismo tema misionero. Todo el mundo debe someterse al Señor no solamente Israel.

SALMO 99

El Señor del cielo y de la tierra ha elegido a Israel como su pueblo, y de él ha tomado a sus sacerdotes y a sus profetas. Por lo tanto, todas las naciones deben reconocerlo como el único Dios y adorarlo en su monte.

SALMO 100

El pueblo tal vez haya cantado este salmo al entrar al templo o al comenzar la adoración.

SALMO 101

Al resolver que iba a permanecer fiel a Dios, el salmista especialmente prometió que se abstendría de asociarse con los malos y moraría con los rectos. Él sabía cuán fuerte podía ser la influencia de otros.

SALMO 102

Este salmo puede haber sido escrito en el exilio. El gemido del salmista es individual en perspectiva, pero no alude a un problema privado sino a la destrucción de Sión.

SALMO 103

El pueblo alaba a Dios por su compasión y su perdón de pecados. Los versículos 14-18 dejan implícita la vida eterna del creyente. No somos inmortales por naturaleza, pero Dios no nos abandona a la muerte.

SALMO 104

Toda la creación testifica de la bondad y el poder de Dios. Este salmo está basado en Génesis 1:3-29.

SALMO 105

Este salmo recita la historia de los israelitas desde los patriarcas hasta el éxodo como una razón para la alabanza. Notar el tono positivo de la canción. Contrariamente al Salmo 106 (el cual cubre la misma historia), los pecados de Israel no se mencionan. Estos dos salmos forman un par. El Salmo 105 termina donde comienza el Salmo 106: "¡Aleluya! ¡Alabado sea el Señor!"

SALMO 106

Este salmo alaba a Dios recitando la historia de Israel desde el éxodo hasta el tiempo de los jueces. Dios perdonó muchas rebeliones. Israel no creyó en ocasión del mar Rojo (Ex. 14:10-12). Se quejaron por la comida en el desierto (Sal. 106:13-15; Núm. 11). Datán y Abiram se rebelaron (Núm.

16). Israel adoró el becerro de oro (Ex. 32). Demostraron su cobardía en Cades-barnea (Núm. 14). Los israelitas se unieron a mujeres moabitas en pecado sexual e idolatría (Núm. 25). Israel se quejó en Meriba (Núm. 20:1-13). Aceptaron las costumbres cananeas (ver Jos. 23) y repitieron la apostasía en el tiempo de los jueces (Jue. 1:16).

SALMO 107

Los que han sufrido y luego han visto la salvación de Dios, todos tienen razón para alabar a Dios. Esto incluye a los extranjeros sin hogar, a los cautivos, a los castigados con enfermedad por su pecado y a los que han enfrentado peligros en el mar, hambre y otras aflicciones.

SALMO 108

Los versículos 1-5 son del Salmo 57:7-11 y los versículos 6-13 son del Salmo 60:5-12.

SALMO 109

La maldición masiva sobre el enemigo no está fundada sobre una venganza personal sino más bien sobre un sentido de justicia. ("Ver cuadro Venganza y vindicación".)

SALMO 110

Esta oración por el rey davídico describe tipológicamente la gloria del último Rey davídico, el Mesías. Él es Señor incluso por sobre su padre David (Mat. 22:41-46) y un sacerdote aunque no de la línea levítica (Sal. 110:4; Heb. 7:11-28). Él es vencedor sobre todos sus enemigos. (Ver "Cristo en los Salmos".)

SALMO 111

Este canto general de alabanza en forma de acróstico termina con el lema de sabiduría bíblica (ver Prov. 1:7). Aquí vemos la proclamación del amor y la gracia de Dios en el Antiguo Testamento.

SALMO 112

Este salmo en forma de acróstico desarrolla la alabanza al Señor siguiendo enteramente la línea de la literatura de sabiduría. (Comparar el destino de los justos y de los malvados en Prov. 10:3-30.)

SALMO 113

Comparar esto con el cántico de Ana en 1 Samuel 2:1-10.

SALMO 114

La congregación alababa a Dios por el éxodo y la conquista. Los mares y las montañas representan el poder terrenal aparentemente inconquistable que se oponía a Israel.

SALMO 115

Este salmo se burla de los ídolos (y de los que los adoran) en el espíritu de Isaías 40:18-20 y 44:6-20.

SALMO 116

Comparar 116:3 con Jonás 2:5; es otro cántico individual de acción de gracias.

SALMO 117

Las exhortaciones de apertura y de terminación para alabar al Señor encierran la razón por la que debe ser alabado: su amor eterno.

SALMO 118

Un individuo cantaba su agradecimiento a Dios mientras la congregación respondía con alabanza. Jesús tomó 118:22 como una profecía de su rechazo por parte de los líderes judíos (Mat. 21:42). (Ver "Cristo en los Salmos".)

SALMO 119

Este salmo masivo es un cántico en honor a la ley. Tiene 22 estrofas de 8 líneas, las cuales están organizadas en forma de acróstico. Cada línea de cada unidad comienza con la misma letra. Esto hacía que el salmo fuera más fácil para memorizar.

SALMO 120

El salmista amante de la paz estaba afligido por las calumnias pronunciadas en su contra, pero tenía la certidumbre de que Dios lo salvaría. Mesec estaba en Anatolia cerca del mar Negro, pero Cedar estaba en

Arabia. El salmista no vivió literalmente en estos lugares. Los nombres representan lejanas tierras bárbaras y paganas, y describen a sus enemigos.

SALMO 121

Los peregrinos que iban a Jerusalén pueden haber cantado esta oración para tener seguridad durante el viaje. Los peligros a lo largo del camino, como accidentes, animales salvajes, ladrones, golpes de calor, están implícitos en 121:3-6. El "sol" y la "luna" representan los peligros del día y de la noche. En 121:7-8 se promete un viaje seguro.

SALMO 122

Los peregrinos que iban a Jerusalén aquí oraban por la seguridad de la ciudad y de la casa de David. La ciudad era sagrada porque el templo de Dios estaba allí.

SALMO 123

Los adoradores en el templo oraban a favor de su nación. La conmovedora metáfora en 123:2 describe en forma vívida la dependencia de Dios por parte del pueblo.

SALMO 124

El pueblo daba gracias por haberse escapado de la conquista de mano de sus enemigos. Las dos imágenes, de la inundación y del ave atrapada, describen la impotencia que sentían.

SALMO 125

El salmista se regocijaba en la seguridad eterna de Sión y de su pueblo, pero oraba para que Dios proveyera gobernantes justos. El pueblo de Dios estaba seguro en Él, pero gemía debido a los poderes malignos entre los que vivía.

SALMO 126

Esta canción emotiva puede haber sido entonada por los que regresaron de la cautividad babilónica. Es tanto un himno de acción de gracias por la restauración de Sión como también una oración por la prosperidad restaurada.

SALMO 127

Este salmo aclama el valor de la vida familiar bajo Dios. Trabajar hasta el punto de la fatiga por la familia de uno es inútil; es mejor confiar en Dios y ser capaces de descansar en su cuidado y protección. Al vivir en el cuidado de Dios, los hijos no son una molestia o una carga, sino un regalo.

SALMO 128

Este salmo puede haber sido recitado como una bendición sobre un novio en una ceremonia de bodas. ("Tu" es masculino singular en hebreo.) La oración por hijos, por larga vida y por prosperidad es natural en tal entorno. La viña representa la fertilidad de la esposa pero también su alegría (Jue. 9:13) y la belleza femenina (Cant. 7:8).

SALMO 129

Israel había sufrido mucho bajo los egipcios, los filisteos, los asirios, los babilonios y otros; pero había sobrevivido. Sus enemigos fueron maldecidos con una oración para que llegaran a ser tan insustanciales e insignificantes como la hierba seca en los techos de las casas.

SALMO 130

El salmista no clarificó la naturaleza de sus problemas ni confesó ningún pecado en forma explícita. Pero era consciente de su pecaminosidad y de su necesidad de gracia. La conclusión podría sugerir que esta no era una queja privada sino nacional, pero muchos salmos terminan con una oración por Israel. La repetición de "más que los centinelas/vigilantes a la mañana" (RVR60) en 130:6 incrementa el sentido de anhelo.

SALMO 131

El salmista testificó de la tranquilidad del que confía en Dios y exhortó a otros a confiar también.

SALMO 132

Mientras el pueblo oraba por la casa de

David y por el templo, citaba promesas de Dios.

SALMO 133

La imagen de la unidad entre hermanos similar al aceite que desciende por la barba de Aarón es notable. La unidad es un regalo de Dios y un deber sagrado.

SALMO 134

Este salmo exhorta a los sacerdotes del templo a alabar a Dios y los bendice por su servicio.

SALMO 135

Este salmo alaba al Dios de Israel por la creación y por el éxodo y la conquista. Se burla de la necedad de los adoradores de ídolos.

SALMO 136

Aparentemente el pueblo respondía: "su gran amor perdura para siempre" cuando los sacerdotes del templo o el coro cantaban el cuerpo del salmo. El salmo vincula el tema de la creación al éxodo y a la conquista. Israel era la nueva creación de Dios, tan milagrosa como la primera creación.

SALMO 137

Después del hermoso lamento de 137:1-6, el lector es sacudido con el final sorprendente del salmo. Esta brutal bendición muestra la angustia de los judíos por lo que le había pasado a su nación. Otros judíos (Daniel, Ester) aprendieron que Dios estaba con ellos en el exilio.

SALMO 138

Los así llamados "dioses" de 138:1 pueden haber sido seres sobrenaturales que llenaban la corte celestial de Dios, o el término puede referirse a poderes y gobernantes paganos.

SALMO 139

David alabó a Dios por su omnisciencia y por su omnipresencia. Los versículos 13-15 reúnen los conceptos de que una persona se forma en el cuerpo de su madre y de que los seres humanos son creados del polvo de la tierra (Gén. 2:7). Así es que nosotros, al igual que Adán, somos creación de Dios.

SALMO 140

Los enemigos de David querían atraparlo y sobre todo usaban calumnias como herramientas.

SALMO 141

A través de su voluntad de sufrir en manos de los rectos, David mostró que estaba motivado por la integridad y por su amor a Dios más bien que por un deseo egoísta de victoria personal.

SALMO 142

Este salmo sigue el modelo normal del cántico de queja individual: una afirmación introductoria de la bondad de Dios, una queja y una apelación, una esperanza de liberación y una promesa de alabanza.

SALMO 143

Este salmo, de principio a fin, es una apelación a Dios. Como parte de su súplica por ayuda, el salmista también pidió enseñanza.

SALMO 144

El espíritu marcial de esta oración es atemperado porque el objeto de la victoria no es la conquista ni el honor militar sino la seguridad para el pueblo.

SALMO 145

Los versículos 3-7 acentúan la importancia de pasar de una generación a otra la tradición de lo que Dios ha hecho.

SALMO 146

Era deber del rey de la antigüedad ser el protector y el defensor de los desvalidos, pero muchos fracasaban en esto y en su lugar llegaban a ser opresores. Pero Dios cuida a los oprimidos, a los que sufren y a los abandonados. Comparar esto con el "Magníficat" de María (Luc. 1:46-55).

SALMO 147

El himno alterna entre la alabanza a Dios como Protector de Israel y como Creador.

SALMO 148

El cielo y la tierra y todo lo que hay en ellos son exhortados a alabar a Dios.

SALMO 149

La exuberante y gozosa alabanza del pueblo de Dios es el arma con que conquista a todos sus enemigos. El conflicto espiritual requiere armas espirituales (ver Ef. 6:10-18).

SALMO 150

El tono fuerte, gozoso y exultante de este salmo nos dice algo sobre la naturaleza de la adoración de Israel. Podía ser solemne y grandiosa, sin tedio o pompa vacía. El salmo dice dónde, por qué, cómo y por quién el Señor debe ser alabado.

Significado teológico. Los salmos ayudan a los creyentes de la actualidad a entender a Dios, a ellos mismos y a sus relaciones con Dios. Los salmos describen a Dios como el Creador, que merece alabanza y es capaz de usar su poder creativo para rescatar a su pueblo de la aflicción presente. Los salmos describen a Dios como el Juez justo de todo el mundo, quien recompensa a los rectos y se opone a los malvados. Las oraciones para que Dios maldiga a los enemigos del salmista deben entenderse en parte como afirmaciones de la justicia de Dios y como

la certidumbre de su juicio. Los salmos describen a Dios como el Amigo fiel del oprimido. Los salmos enseñan sobre la fidelidad de Dios a través de la historia de Israel y hacen énfasis en las promesas de Dios a David y a sus descendientes, promesas que no se cristalizan acabadamente hasta Cristo.

Los salmos describen la gama completa de las emociones humanas: gozo, desesperación, culpa, consuelo, amor, odio, agradecimiento e insatisfacción. Así es que los salmos nos recuerdan que toda la vida está bajo el señorío de Dios. Del mismo modo, los salmos ilustran la amplia gama de respuestas humanas a Dios: alabanza, confesión, súplicas por ayuda, acción de gracias. Los salmos entonces sirven como una fuente de referencia para la adoración cristiana, tanto pública como privada.

Preguntas para la reflexión

1. ¿Cómo podemos usar los salmos de la Torá y los de la Sabiduría para el crecimiento personal?

2. ¿De qué maneras el rey davídico en Salmos señala a Cristo?

3. ¿Cómo pueden usarse los himnos en Salmos para mejorar nuestra adoración colectiva?

4. ¿Tienen las quejas de los salmos algún lugar en nuestra vida de oración hoy? Si es así, ¿cómo deben ser usados?

PROVERBIOS

A pesar de su nombre, el libro de Proverbios es más que una colección de proverbios individuales. Los capítulos 1–9 contienen algunos discursos largos, y el libro termina con un poema de alabanza para la mujer virtuosa (31:10-31). No obstante, gran parte del libro son dichos y proverbios individuales por los cuales se lo conoce mejor.

Literatura proverbial. Todas las culturas tienen sus propios proverbios y su propia sabiduría tradicional. En realidad, el estudio de la sabiduría y de los proverbios era una actividad favorita de los antiguos escribas y maestros. Han sobrevivido escritos de Egipto, de Mesopotamia y de Grecia que preservan esta sabiduría antigua.

En la antigüedad las colecciones de sabiduría tradicional eran los libros de texto para educar a los jóvenes de origen aristocrático. Proverbios con frecuencia deja implícito que fue escrito para varones jóvenes con un propósito similar. Por ejemplo, frecuentemente se refiere al lector como "hijo mío" (2:1; 3:1,11; 4:1,10; 5:1; 6:1) y le advierte que evite a las prostitutas (5:3-6; 6:20-35). A pesar de que cualquiera puede leer Proverbios con provecho, su interpretación es más fácil si tenemos en mente la audiencia original para la que fue escrito.

Proverbios tiene otras características en común con los escritos sapienciales de otras naciones del antiguo Cercano Oriente. Al igual que ellos, es muy práctico. Más que grandes conceptos filosóficos trata temas corrientes de la vida. Del mismo modo su estructura y su organización son en muchos aspectos como las de otros escritos de sabiduría, especialmente de Egipto.

Sin embargo, la sabiduría israelita es distinta de la de otras naciones en su afirmación de que Dios es el punto de origen en la búsqueda de la verdadera sabiduría: "el temor del SEÑOR es el principio del conocimiento" (Prov. 1:7; ver 9:10; Sal. 111:10). Del principio al final, Proverbios trata con los asuntos prácticos de un individuo que conoce a Dios. Le enseña al creyente cómo vivir. En este sentido, aun cuando trata temas mundanos, Proverbios nunca es "secular".

Formas de la enseñanza sapiencial. Incluso una lectura casual de Proverbios revela las muchas maneras creativas en que el libro enseña sus lecciones. Proverbios es no sólo interesante para leer, sino que además sus enseñanzas son memorables. A continuación aparecen algunos de los principales tipos de expresiones:

Proverbio. Un proverbio es una observación (13:7) o una enseñanza (14:1) breve, ética y cuidadosamente construida.

Admonición. Una admonición es un mandato escrito ya sea como un proverbio corto (16:3) o como parte de un discurso largo (1:10-19).

Dicho numérico. El patrón numérico hace una lista de cosas que tienen algo en común después de una introducción. Por ejemplo: "Hay seis cosas que el SEÑOR aborrece, y siete que le son detestables" (ver 6:16-19).

Comparación. Una comparación sigue el modelo "A es mejor que B". Ver 21:19.

Pregunta retórica. Una pregunta retórica es aquella con una respuesta obvia que a pesar de eso lleva al lector a una reflexión más profunda. Ver Proverbios 30:4.

Poema de sabiduría. Los poemas o cantos de sabiduría enseñan una serie de lecciones morales, como en 31:10-31. Estos poemas frecuentemente son acrósticos.

Relato ejemplificador. Un relato ejemplificador en una anécdota que tiene el propósito de aplicar una lección moral (7:6-27).

Estructura de Proverbios. Proverbios es en realidad una colección de varios libros:

Los proverbios de Salomón (Prov. 1–24). Esta obra incluye un título y un prólogo (1:1-7) y un texto principal dividido en discursos (1:7–9:18), dichos proverbiales (10:1–22:16), treinta "dichos de los sabios" (22:17–24:22) y "otros dichos de los sabios" (24:23-34).

Los proverbios de Salomón copiados por los escribas de Ezequías (Prov. 25–29). Esta colección no tiene prólogo; es simplemente una variedad de proverbios individuales.

Los dichos de Agur (Prov. 30). Esta colección tiene varios dichos numéricos (30:7-9,15a,15b-16,18-19,21-23,24-28, 29-31) y varios proverbios. Los versículos 2-9 podrían ser considerados como un prólogo.

Los dichos del rey Lemuel (Prov. 31). Este libro de dos partes tiene que ver con las obligaciones de un rey (31:2-9) y con la alabanza de la mujer virtuosa (31:10-31).

I. Proverbios de Salomón (1:1–24:34)

II. La colección de Ezequías (25:1–29:27)

III. Los dichos de Agur (30:1-33)

IV. Los dichos de Lemuel (31:1-31)

Fecha y autoría. El texto dice que las cuatro obras mencionadas anteriormente son respectivamente de Salomón, de Salomón tal como la editaron los escribas de Ezequías, de Agur y de Lemuel tal como las aprendió de su madre. Esto significa que la mayor parte de Proverbios (1–29) es esencialmente de Salomón. Aun así, muchos eruditos modernos creen que estas colecciones se compilaron mucho después de Salomón. Algunos creen que Proverbios no fue escrito hasta más de 500 años después de Salomón, aunque otros fechan la colección en la monarquía tardía, alrededor de 300 años después de Salomón.

Pero no existe evidencia sólida que nos fuerce a abandonar la afirmación de la Biblia de que Salomón escribió la mayor parte del libro. Algunos han argumentado que pasajes como Proverbios 8 son demasiado avanzados en pensamiento como para haber provenido de Salomón. Sin embargo, en textos del antiguo Cercano Oriente aparecen otras obras avanzadas y complejas de la literatura de sabiduría, que son muy anteriores a los días de Salomón. Además, leemos en la Biblia que el reinado de Salomón fue algo así como el florecimiento de la sabiduría en el antiguo Israel y que Salomón estuvo a la cabeza de su estudio (1 Rey. 10:1-9). Si esto fue así, no es extraño que la más grande literatura sapiencial israelita haya venido de este período.

Agur y Lemuel pueden ser seudónimos de personas de otro modo nos resultarían familiares. Pero lo más probable es que Agur y Lemuel fueron simplemente sabios de los cuales no tenemos ninguna otra información.

Debido a que no conocemos las identidades de los escritores, no podemos saber las fechas de composición, pero no hay razón para fechar muy tarde estas secciones. Del mismo modo, aunque no podemos estar seguros de cuándo fue la compilación del actual libro de Proverbios, el reinado de Ezequías (716–687 a.C.) puede ser una conjetura razonable (25:1).

Origen de los proverbios individuales. Decir que Salomón fue el autor principal de Proverbios no es dar por sentado que acuñó cada uno de los proverbios en las secciones que les corresponden. Por el contrario, mucho de su trabajo fue coleccionar los "dichos de los sabios" (22:17; 24:23). ¿De quién provenían estos proverbios?

Ciertamente que una fuente primaria de la sabiduría israelita era la familia, donde las enseñanzas tradicionales se iban pasando de generación en generación. Proverbios frecuentemente se refiere al lector como "hijo mío" y lo alienta a adherir a las enseñanzas de su padre y de su madre (por ejemplo, 1:8).

Una segunda fuente estaba en las escuelas donde los escribas compilaban y componían la literatura de sabiduría. Muchos de tales escribas se conocen por la literatura egipcia, y la Biblia habla de escribas y de sabios en los antiguos reinos de Israel y Judá (Prov. 25:1; 1 Crón. 27:32; Jer. 18:18). Estos hombres eran no sólo la clase intelectual de sus días, sino que también eran consejeros de los reyes (Gén. 41:8). Salomón, como rey, habría tenido contacto estrecho con tales hombres con el propósito de desarrollar sus propios estudios y escritos (1 Rey. 4:31,34).

Por lo tanto, es fácil comprender por qué Proverbios contiene tal variedad de tipos de enseñanzas. Los proverbios más hogareños y humorísticos pueden haber provenido de las enseñanzas tradicionales de la familia israelita (ver 11:22 y 26:3). Las composiciones más literarias muestran la influencia de los escribas de la corte (1:20-33).

PROVERBIOS DE SALOMÓN (1:1–24:34)

Título y prólogo (1:1-7). El prólogo establece el propósito de la obra en 1:2-7. Para los israelitas la sabiduría no sólo promovía una vida de disciplina y prudencia, sino que también le permitía a las personas desenmarañar dichos inteligentes y misteriosos.

El corazón de la sabiduría israelita afirma que nadie puede comenzar a entender los caminos de Dios y los misterios de la vida sin la revelación de Dios (1:7). Todos los intentos humanos para conseguir sabiduría fracasarán. *Discursos de Salomón (1:8–9:18).* *Discurso 1 (1:8-33).* El maestro advierte al joven que no abandone las enseñanzas de su padre y de su madre para ir en busca de malas compañías. Los que aceptan tal clase de presión de sus pares van en camino a la muerte. La sabiduría misma llama a que todos aprendan de ella. Los que rechazan el llamado no tienen excusa cuando llega el desastre.

Discurso 2 (2:1-22). El beneficio mayor de la sabiduría es la protección que proporciona. Los que buscan la sabiduría se protegen de dos peligros principales: del hombre astuto y de la mujer adúltera. Esta declaración indica otra vez que el libro fue originalmente escrito para varones jóvenes.

Discurso 3 (3:1-35). La sabiduría es más que una cuestión de conocer reglas sobre lo correcto y lo incorrecto; es una cuestión de conocer a Dios. Los sabios confían en el Señor más que en su propia sabiduría. Le temen y lo honran y aceptan su disciplina. El Señor los protege, no simplemente el conocer ciertos principios.

Discurso 4 (4:1-27). Este capítulo tiene toda la urgencia de la apelación de un padre a su hijo. La súplica es que el joven aprenda a discernir lo correcto y lo incorrecto, y permanezca en el camino correcto durante toda su vida. "La sabiduría es lo primero. ¡Adquiere sabiduría! Por sobre todas las cosas, adquiere discernimiento". Es como si padre e hijo estuvieran en el mercado y el padre estuviera alentando al hijo a invertir su dinero en sabiduría más que en ninguna otra cosa. El precio es toda la vida del hijo.

Discurso 5 (5:1-23). Aquí el padre anima al hijo a evitar toda forma de promiscuidad y a ser fiel a la propia esposa. Algunos pueden considerar que el énfasis sobre los peligros del adulterio en estos capítulos de Proverbios es excesivo. Pero muchos se extravían y tuercen sus vidas precisamente aquí. Un propósito primario de la sabiduría es enseñar al lector a evitar la autodestrucción, y hay pocas cosas más peligrosas y aun tan atrayentes como la sexualidad. No obstante, la sexualidad en sí misma no es mala ni malsana. Los versículos 15-19 celebran en forma elocuente la belleza y el gozo del amor sexual en su debido contexto.

Discurso 6 (6:1-35). Nadie puede vivir en paz con caos financiero debido a una deuda excesiva. Proverbios anima a ser diligentes en el trabajo y cautos para entrar en contratos y deudas. Una vez más el libro advierte al joven que evite tanto al hombre desviado como a la mujer desenfrenada. El dicho numérico en 6:16-19 sirve como regla práctica fácil de recordar para evaluar el carácter. En tiempos modernos 6:25 se aplica tanto a la pornografía como a los actos de adulterio.

TEMAS DE PROVERBIOS

El libro de Proverbios comienza desafiando a los jóvenes simples como también a los sabios y discerniendo a través de su estudio la búsqueda de la sabiduría (1:1-7). La sabiduría antigua reconocía la orden dada por Dios que subyace a la creación (3:19-20; 8:22-30) y a la sociedad humana. Esto es debido a que la sabiduría antigua veía a Dios como un Juez justo, quien observa la conducta humana y confirma el orden moral de su mundo recompensando al recto y castigando al malvado. La mayor parte de Proverbios toma la aplicación práctica de la sabiduría. La ley del Antiguo Testamento y los profetas por lo general no trataban en forma directa qué hacer en situaciones específicas de todos los días. Estos problemas incluían cómo relacionarse con los cónyuges (12:4; 31:10-31), con los padres (23:22) y con los hijos (19:18). ¿Cómo debía uno relacionarse con los reyes (16:10-15) y con los súbditos (27:23-27), con los amigos (18:24) y con los enemigos (25:21-22), con los ricos y con los pobres (14:20-21)? ¿Cómo debía uno responder a la pobreza y a las riquezas (18:11; 30:7-9)? La literatura sapiencial ofrecía al antiguo Israel el consejo dado por Dios en tales asuntos cotidianos.

Dios inspiró las Escrituras de diferentes maneras. Dios le habló a Moisés cara a cara. Dios le habló al niño Samuel con voz audible. Dios inspiró a maestros de sabiduría a través del mundo que observaban. Salomón (1 Rey. 4:29-32; Prov. 1:1; 10:1; 25:1), Agur (30:1) y Lemuel y su madre (31:1) observaron y reflexionaron acerca del orden de la creación y de la sociedad.

Por ejemplo, viendo el lindero de piedra del perezoso que estaba en ruinas y sus campos sin trabajar con vegetación incomible, el maestro de sabiduría inspirado aprendió una lección. Aprendió que la pobreza destruirá a un individuo haragán de manera tan cierta como que un bandido invade y roba. Pero a través de la sabiduría y de la disciplina, el sabio puede superar este mal (ver 24:30-34). Aunque Dios habló a los maestros de sabiduría de una manera menos dramática que como lo hizo con Moisés y con los profetas, esos maestros fueron igualmente inspirados (Prov. 2:6). Sus palabras tenían tanta autoridad como las leyes o las profecías. Los maestros de sabiduría se referían a los proverbios como "enseñanzas" (*torah*, que también quiere decir "ley"; 1:8; 3:1) y "mandamientos" (2:1; 3:1).

Los maestros de sabiduría veían la vida a través de la lente de la fe de Israel, es decir, a través de la ley y de los profetas (29:18).

Reconocían un respeto apropiado por Dios como el fundamento de toda sabiduría. "El temor del SEÑOR" (1:7) es la cualidad espiritual esencial para los que buscan aprender la sabiduría del maestro inspirado. El temor del Señor es para la sabiduría lo que el alfabeto es para la lectura, las notas para la música y los números para la matemática.

Los sabios, motivados por un temor saludable de que Dios confirmará su orden moral revelado, aceptan las pautas de sabiduría objetivas de Dios. Los que aceptan las enseñanzas de los sabios y oran activamente y buscan la sabiduría, llegan a entender el temor del Señor (Prov. 2:1-5).

Con esta actitud espiritual el pueblo de Dios encuentra la fuerza espiritual para dominar su lengua (21:23) y a sí mismo (16:32; 25:28) y para vivir en armonía con todas las criaturas y con la creación.

El escritor inspirado estaba bien consciente de que los justos primero pueden soportar la pobreza (17:1;19:1) e incluso la muerte (1:10-19) antes de que Dios los recompense. En realidad, la persona justa puede parecer que está derribada hasta la cuenta de diez, pero se levantará (24:16). Mientras que los libros de Job y de Eclesiastés enfocan la atención en el mundo moralmente patas arriba, donde los malvados prosperan y los justos sufren, Proverbios mira hacia el fin de la cuestión. En última instancia los justos prosperarán en esta vida o en la próxima. Para los justos que temen a Dios, el sepulcro es meramente una sombra a lo largo del camino (12:28; 14:32). Sin esta clase de fe es imposible complacer a Dios (3:5; 22:19).

La fe en las promesas y en las advertencias de Dios y la obediencia a su voluntad revelada son contrarias a la naturaleza humana. La necedad está ligada al corazón del joven (22:15). En realidad, los seres humanos pecadores no pueden hablar por un período largo sin pecar (10:19). Al igual que Salomón, las personas que dejan de escuchar la instrucción, rápidamente se apartan de las palabras del saber (19:27). La sabiduría se gana a través de la disciplina. Se implanta a través de la instrucción (22:6; 4:3-4) y se poda con el castigo corporal (10:13; 13:24; 23:13-14). Por sobre todo, los sabios se comprometen en fe con Dios y oran a Él (15:8,29).

Discurso 7 (7:1-27). Este capítulo ofende a algunos lectores ya que *parece atacar a las mujeres*. La ramera, una mujer, se presenta como una persona fatal y malvada que el joven sabio debe evitar. Pero no se emite ninguna advertencia similar para beneficio de las muchachas jóvenes. No se dice nada sobre los hombres lascivos. Aun así, debemos recordar que el libro fue escrito para varones jóvenes (ver "Introducción"). Siendo ese el caso, no deberíamos esperar advertencias similares para las muchachas. El versículo 6 es el comienzo de un relato ejemplificador en el cual un joven es engañado por una ramera y va camino a su destrucción. Llega a ser como un ave en una red o un buey que va camino al matadero.

Discurso 8 (8:1-36). La sabiduría llama a los varones jóvenes a acudir a ella. Ella se compara y también se contrasta con la ramera, quien de igual modo patrulla las calles en busca de jóvenes. La diferencia es que la sabiduría conduce a los jóvenes a la vida, pero la ramera los lleva al sepulcro (comparar 7:27 con 8:35). La sabiduría es de más valor que el oro o las joyas. Más aún, estaba presente con Dios en la creación. No obstante, no se debiera interpretar en un sentido mitológico, como si fuera una diosa, ni en un sentido cristológico, como si fuera Cristo. La señora Sabiduría es una personificación, no una persona (ver también 8:12, donde la sabiduría convive con la "prudencia"; esta es también una personificación y no una segunda persona). Cuando el texto dice que la sabiduría estaba allí cuando Dios hizo los cielos y la tierra, significa que la sabiduría no es ninguna innovación reciente. Los principios de lo correcto y lo incorrecto no son invenciones humanas sino que están impresos en la tela misma del orden creado. Por lo tanto, los que rechazan la sabiduría van en contra de los principios mismos que Dios insertó en el mundo y están en camino a la autodestrucción.

Discurso 9 (9:1-18). La señora Sabiduría contrasta con la mujer necia. Una vez más estamos tratando solamente con personificaciones metafóricas. Del mismo modo que los vendedores llaman a los clientes para que vayan a sus negocios, la sabiduría y la necedad invitan al lector a elegir el camino a tomar. Es una decisión de vida o muerte.

Proverbios (10:1–22:16). *Proverbios sobre el trabajo, la prosperidad y la riqueza (10:1-32).* La riqueza sí tiene valor como seguridad contra los problemas, pero las riquezas mal habidas no protegerán. Los trabajadores diligentes se enriquecen, pero la gente ociosa irrita a todos. Por sobre todas las cosas, la integridad y la bendición del Señor proveen la seguridad más segura. En este capítulo también aparecen algunos proverbios sobre el uso de la lengua.

Proverbios que contrastan la naturaleza y el destino de los justos y de los malvados (11:1-31). Los justos siguen un sendero claro en la vida, son librados de problemas, son generosos y fortalecen sus comunidades. Los malvados acumulan dinero pero no se salvan con él, son una maldición para sus familias y comunidades, y enfrentan un castigo cierto.

Proverbios que alientan el discernimiento al tratar con otros (12:1-28). Los sabios saben cómo reconocer y qué esperar de varias clases de personas. Una buena mujer ayudará a su esposo en lugar de debilitarlo, y un buen hombre es afectuoso aun con los animales. El necio está siempre seguro de sí mismo, habla sin pensar y es destruido por sus propias mentiras. Pero el sabio escucha y también habla bien.

Proverbios sobre las realidades de la vida (13:1-25). Las cosas no son siempre lo que parecen. Los sabios deben aprender a mirar debajo de la superficie. El versículo 23 no sanciona el saqueo del pobre por parte del rico sino que muestra una tragedia común en la sociedad.

Lecciones importantes con toques de humor (14:1-35). Los bueyes requieren alimento y a nadie le gusta limpiar después que ellos pasaron. Pero su fuerza hace más fácil la labranza y conduce a una cosecha mejor. A veces debemos renunciar a algo para obtener una ganancia mayor. El versículo 15 muestra que la ingenuidad ¡no debiera ser considerada una virtud cristiana!

Proverbios sobre la enseñanza y la instrucción (15:1-33). Los sabios tratan un problema en forma delicada, conducen a la gente correctamente y ellos mismos prestan oídos a una reprimenda. Los necios cuando hablan sólo causan daño, y no escucharán una admonición.

Proverbios acerca de la soberanía de Dios sobre toda la vida (16:1-33). Todos nuestros planes dependen de Dios. El gobierno humano también debe respetarse. Nadie es verdaderamente independiente en la vida.

Proverbios acerca de la vida familiar y de las relaciones (17:1–19:29). En cualquier familia el amor es más importante que las riquezas. Los padres y los hijos están ligados unos a otros por una identidad común, aunque incluso un sirviente, si es sabio y fiel, puede tomar el lugar de un hijo deshonroso. Los conflictos familiares pueden continuar incesantemente, y los parientes malos pueden arruinar la vida. Muchos que se llaman amigos son meramente atraídos por el dinero y el poder; ellos muestran su verdadero carácter al tratar con alguien que no tiene ninguna de las dos cosas. Un amigo o familiar fiel es una protección contra los problemas, y una buena esposa es un regalo de Dios.

Advertencias contra las elecciones incorrectas (20:1–22:16). El Señor desprecia el fraude, la violencia, el corazón frío y la infidelidad. La borrachera, la pereza, las inversiones pobres y la búsqueda de placer, todo lleva a la destrucción. Todas las cosas están en las manos de Dios y por lo tanto el temor de Dios conduce a una vida que vale la pena vivir.

Treinta dichos (22:17–24:22). Proverbios 22:17–23:14 contiene notables paralelos con *Las enseñanzas de Amenemope* de origen egipcio. El libro de sabiduría egipcia parece tener más data, lo cual indica que Salomón lo conoció y lo usó. Esto no es sorprendente, dado que se ve una influencia egipcia a lo largo de sus escritos. Estos "dichos de los sabios" contienen una cantidad de proverbios acerca de la etiqueta apropiada en la presencia de los ricos y los poderosos, con la advertencia de que es necio tratar de congraciarse delante de tales hombres (23:1-8).

Proverbios 23:15–24:22 se asemeja a los discursos en el prólogo. Otra vez se refiere al lector como "hijo mío", alienta la búsqueda de la sabiduría, y advierte contra los peligros de la mujer inmoral. Esta puede haber sido la conclusión original del libro de Salomón, y tal vez 24:23-34 sea el equivalente a una arenga o apéndice.

Dichos adicionales (24:23-34). Proverbios 24:23-34 es otra colección más de dichos sabios. En 24:30-34 aparece un relato ejemplificador sobre el peligro de la pereza.

LA COLECCIÓN DE EZEQUÍAS (25:1–29:27)

Etiqueta real (25:1-15). Era esencial para un cortesano en el antiguo Israel tener una comprensión apropiada tanto del papel del rey como de la manera de comportarse en su presencia. La prudencia, la discreción y la paciencia son esenciales para cualquiera que deba tratar con autoridades del gobierno (ver Ecl. 8:2-6).

Relaciones interpersonales (25:16-27). El que visita demasiado frecuentemente la casa de un amigo corre el riesgo de llegar a ser una presencia inoportuna. El que no sabe cómo leer el humor de un amigo muy pronto lo hará enojar. Algunas veces la mejor manera de ganar un conflicto es sorprender al adversario con amabilidad.

Gente difícil (25:28–26:28). La gente problemática y difícil se reconoce por la falta de autocontrol, por confianza dogmática en sí misma y por la pereza. Provocan conflicto y son engañosos. Nunca debieran ser honrados y no se debe confiar en ellos. La aparente contradicción en 26:4-5 indica que muchos proverbios son afirmaciones generales más que reglas invariables.

EL MATRIMONIO Y LA FAMILIA EN ISRAEL

La palabra *familia* es un término emocional que provoca fuertes sentimientos. Tales sentimientos le dan color a la comprensión de la familia. Proyectamos nuestra experiencia sobre las palabras escritas que leemos. Cuando la palabra *familia* describe la vida lejos de nosotros en geografía y en tiempo, debemos considerar cuidadosamente la situación de ese lugar y de ese tiempo. Es fácil pensar que las familias bíblicas eran exactamente como las nuestras. De alguna manera eran muy diferentes.

La estructura de la familia de Israel resultó de sus experiencias tempranas de vida nómada o seminómada, y luego de la vida agrícola. Tales estilos de vida demandaban una fuerza de trabajo resistente ya sea para atender a los animales o a los cultivos. Entonces, con frecuencia una familia consistía en un hombre mayor, su esposa, su hijo o hijos varones, su nuera o nueras y sus nietos. Las abuelas viudas, las hijas, las tías, los tíos u otros parientes también podían vivir en el hogar. Si una familia tenía una riqueza suficiente, también los esclavos vivían con la familia. En algunos casos un hombre tenía múltiples esposas, pero esto no era lo usual.

El hombre mayor servía como cabeza de la familia y como anciano de la comunidad. Ejercía control y daba protección a la familia. El Cantar de los Cantares presenta el amor y el respeto mutuo que el hombre y la mujer tenían el uno por el otro. Los Diez Mandamientos muestran que tanto el padre como la madre merecen el respeto del hijo. Las leyes de divorcio muestran que Dios quería que Israel protegiera los derechos de la mujer y ofreciera orientaciones en caso de divorcio (Ex. 21:7-11; Deut. 21:14; 22:13-19,25-30; 24:1-5). La mujer urbana en especial tenía mucha libertad para comprometerse en asuntos sociales y de negocios (Prov. 31:10-31).

El nacimiento de los hijos traía gran gozo a las familias. Las madres y otras mujeres en la familia cuidaban de los niños y los entrenaban hasta la pubertad. Los varones luego fijaban la mira en el padre para que les enseñara un oficio y las responsabilidades adultas.

Los padres les enseñaban a los hijos la tradición religiosa de Israel (Ex. 10:2; 12:24-28; 13:8,14; Deut. 4:9; 6:20-25; 32:7; Jos. 4:6-7,21-24; Sal. 44:1; Joel 1:3). El hijo mayor recibía un entrenamiento especial para llegar a ser la cabeza de la familia.

El matrimonio era el fundamento de la vida de Israel. Una mujer dejaba a su familia para formar parte de la familia de un hombre donde ésta estuviera. Pero un hombre también dejaba a su familia, dándole lealtad a su esposa por sobre el padre y la madre (Gén. 2:24-25). El matrimonio forjaba una unidad emocional, física y espiritual.

La práctica normal y prescripta era un hombre y una mujer que compartían un amor mutuo (Prov. 5:15-20; Ecl. 9:9). El matrimonio, al igual que la relación de Israel con Yahvéh, su Dios, era una relación de pacto que no debía romperse (Mal. 2:14-15). Sólo esa unión podía producir una "descendencia dada por Dios". El matrimonio tenía lugar a una edad que consideraríamos relativamente joven: catorce años o un poco más tarde. Normalmente el padre elegía una novia para sus hijos, por lo menos en los primeros días de Israel (Gén. 38:6; ver también Ex. 2:21; Jos. 15:17; Rut 3:1-4).

Las familias aparentemente negociaban por la novia un precio apropiado que en hebreo se llamaba *mohar* (Gén. 34:12; Ex. 22:16; 1 Sam. 18:25). Éste aparentemente pagaba a la familia de la novia por la pérdida económica sufrida al perder un miembro valioso. En algunos casos el futuro esposo podía servir a la familia de la novia en lugar de pagar el *mohar* (Gén. 29:15-30; Jos. 15:16-17; Jue. 1:12-13; 1 Sam. 18:17-27). La práctica de las familias que intercambiaban hijas también era conocida en el Cercano Oriente. El pago del *mohar* señalaba el comienzo legal del matrimonio, aunque la ceremonia y la consumación en sí ocurrían después (2 Sam. 3:14; ver 1 Sam. 18:25).

Las bodas tenían lugar en el hogar de la novia. La novia y el novio se vestían elegantemente (Isa. 61:10) y el novio tenía un adorno especial en la cabeza (Cant. 3:11). La novia usaba un velo (Gén. 29:25; Cant. 4:1). La música y el regocijo enmarcaban el evento (Jer. 7:34), como también lo hacía la fiesta (Gén. 29:22; Jue. 14:10). Los festejos duraban una semana (Gén. 29:27; Jue. 14:12). Una vez comenzado, el matrimonio continuaba como un compromiso de amor y como un lugar para que los hijos conocieran a Dios y sus caminos, y para aprender a llegar a ser buenos ciudadanos de Israel, el pueblo de Dios.

Fidelidad y amor (27:1-27). Algunas veces el verdadero amor puede estar escondido en una reprimenda, así como el odio puede estar escondido en un beso. No hay amor donde no hay fidelidad a la esposa y a los amigos. Los verdaderos amigos pueden mejorar sus caracteres mutuamente, pero regañar sólo irrita.

Necesidad de la ley (28:1–29:27). Los poderosos y los ricos con frecuencia explotan a los pobres. Los opresores gobiernan sin beneficiar a los gobernados, no saben nada de justicia, amasan fortunas a través de un interés exorbitante e ignoran las necesidades de los pobres. La falta de ley derriba sociedades y familias, y la gente gime bajo el gobierno opresivo. Los gobiernos debieran establecer justicia a través de la ley. Pero al final, la justicia sólo viene de Dios.

DICHOS DE AGUR (30:1-33)

Título y prólogo (30:1-9). Debemos reconocer nuestra incapacidad para entender los caminos de Dios antes que podamos aceptar la revelación de parte de Dios. Comparar 30:4 con Juan 8:23. La oración de Proverbios 30:7-9 es un ejemplo claro de la piedad de los sabios.

Enseñanzas varias (30:10-33). El dicho numérico en 30:18-19 está ligado al proverbio en 30:20. Un águila en el cielo, una serpiente sobre una roca y un barco en el mar, todos tienen en común que se mueven sin dejar ningún rastro. De la misma manera, los que cometen adulterio asumen que pueden hacerlo sin dejar rastro de lo que han hecho.

DICHOS DE LEMUEL (31:1-31)

Título y prólogo (31:1-9). Aunque estos son "los dichos del rey Lemuel", en realidad provienen de su madre. Por lo tanto, este es un pasaje en las Escrituras que se le podría atribuir confiadamente a una mujer (ver Ex. 15:21; Jue. 5).

Los que están en autoridad no debieran usar su poder para su satisfacción egoísta y su depravación. En su lugar, debieran dedicarse a defender al pobre y al que no tiene poder.

La mujer virtuosa (31:10-31). Este poema es un acróstico. A pesar de que el objeto de la alabanza es la mujer virtuosa, la audiencia original de esta pieza era otra vez un hombre joven. La pregunta de apertura en 31:10 implica que el lector debe encontrar tal esposa para sí. La mujer es digna de confianza, industriosa, inteligente y amable. Ella agrega dignidad a la familia y tiene mucha previsión y prudencia. Por todo esto es muy amada en su familia y es el centro real del hogar. Por sobre todo, ella teme a Dios. El versículo final habla elocuentemente en contra de la tendencia a considerar su papel como de importancia inferior.

Significado teológico. Proverbios desafía a los creyentes, especialmente a los jóvenes, a aprender las lecciones de generaciones pasadas. Presenta las implicaciones prácticas de la confesión que Dios es el Señor de toda la vida. Los verdaderamente sabios muestran respeto por Dios y por sus pautas en todas las situaciones de la vida. La fe viva nunca puede divorciarse de la vida de fe. La fe debe ser vivida en el mundo de todos los días donde los problemas exigen una sabiduría práctica. La manera en que nos relacionamos con otros sirve como indicador de nuestra relación con Dios.

Preguntas para la reflexión

1. ¿Qué quiere decir Proverbios con "necio"? ¿Es simplemente una persona estúpida o un bufón; o el término tiene una dimensión moral más profunda?

2. Concediendo que Proverbios 7 fue originalmente dirigido a varones, ¿cómo puede su mensaje ser reorientado en la sociedad contemporánea también para la enseñanza de muchachas?

3. Describa brevemente la enseñanza de Proverbios sobre la riqueza.

4. Proverbios tiene un mensaje práctico. ¿De qué manera complementa éste las enseñanzas más "espirituales" de la Biblia?

ECLESIASTÉS

uchos lectores cristianos se sienten perturbados por Eclesiastés. Desde el principio, donde declara que todo es absurdo (1:2) parece vergonzosamente pesimista y negativo con respecto a la vida. Algunos se preguntan por qué este libro está en la Biblia. Pero si examinamos cuidadosamente su trasfondo y su mensaje, descubrimos que Eclesiastés nos confronta con Dios y nos atrae a Él de una manera en que pocos libros lo hacen.

Fecha y autoría. Eclesiastés nos dice que fue escrito por un hijo de David que fue rey de Israel en Jerusalén (1:1,12). Esto señala a Salomón dado que solamente él, después de David, gobernó sobre Israel y sobre Judá. Pero muchos creen que Salomón (quien reinó alrededor de 961–922 a.C.) no pudo haber escrito el libro y afirman que lo compuso un escriba judío desconocido entre 500 y 250 a.C.

El lenguaje de Eclesiastés. El hebreo de Eclesiastés es poco común y algunas veces casi oscuro. Estas peculiaridades han llevado a muchos eruditos a creer que Eclesiastés fue compuesto tardíamente en la historia del Antiguo Testamento. Pero el hebreo de Eclesiastés no es característicamente "tardío" ni "temprano"; es simplemente inusual. El lenguaje de Eclesiastés sí tiene mucho en común con el lenguaje de Cantar de los Cantares. Algunas palabras hebreas consideradas tardías también aparecen en Cantares. Por esta razón muchos eruditos consideran también a Cantar de los Cantares como un libro tardío. Sin embargo, es posible que también tengan mucho en común porque provienen de la misma mano, la de Salomón. (Para detalles, ver la introducción a "Cantar de los Cantares".)

Evidencia interna. Algunos argumentan que el texto mismo sugiere que Salomón no fue el autor. Por ejemplo, en 1:12 el escritor afirma que él fue rey en Jerusalén. Por supuesto, el rey Salomón nunca dejó de ser rey hasta el día en que murió. Algunos afirman que pasajes como 8:2-3, que exhortan al lector a tener tacto en la presencia del rey, no pudieron ser escritos por el rey mismo.

Estos argumentos son bastante débiles. Si tal como parece, Eclesiastés fue escrito por un hombre de edad (12:1-7), no es extraño que hablara de su reinado en tiempo pasado. Tampoco es claro por qué un rey no podía ser lo suficientemente objetivo como para dar un consejo como el que aparece en 8:2-3.

Evidencia literaria. Ciertos pasajes de Eclesiastés se parecen mucho a otra literatura del antiguo Cercano Oriente. Por ejemplo, *El cántico del arpista*, de origen egipcio, exhorta al lector a disfrutar de la vida casi en términos idénticos a los que se encuentran en Eclesiastés 3:22 y 9:7-9. *La epopeya de Gilgamesh*, un clásico mesopotámico, también tiene paralelos con Eclesiastés 9:7-9, y son demasiado precisos para ser accidentales.

Es casi imposible dar cuenta de las marcadas similitudes entre Eclesiastés y estos otros textos antiguos si asumimos que Eclesiastés fue escrito por un oscuro escriba judío entre 500 y 250 a.C. Las prácticas literarias cambiaron mucho en ese tiempo. Un escriba de un período tardío, probablemente no hubiera ni siquiera conocido y mucho menos usado la antigua literatura mesopotámica y egipcia.

No obstante, se sabe que Salomón tenía contactos con la sabiduría y el conocimiento del mundo antiguo de sus días

(1 Rey. 4:34). Sin duda él conocía obras tales como *El cántico del arpista* y *La epopeya de Gilgamesh*. Las similitudes entre
Eclesiastés y esos textos son fáciles de explicar si se da por sentada la autoría por
parte de Salomón. Por lo tanto, por todo
esto, el argumento a favor de que Salomón
haya escrito Eclesiastés es más fuerte que el
argumento en su contra.

Mensaje y propósito. Después de
haberse sacudido el choque inicial de leer
Eclesiastés, los lectores cristianos con frecuencia lo han descrito como una defensa
de la fe o incluso como una obra evangelís-
tica. Eclesiastés muestra que muchas aspi-
raciones de la vida, incluyendo la riqueza, la
educación y el poder, realmente no se cumplen. En ese sentido Eclesiastés demuestra
que la vida sin Dios no significa nada y
atrae al lector hacia la fe.

Muchos lectores han señalado que en
Eclesiastés hay mucho escepticismo puro.
Si Eclesiastés es una obra apologética, es
con seguridad diferente de cualquier otra
obra en defensa de la fe. Pero el propósito
defensivo y evangelístico de Eclesiastés es
más claro si uno toma en cuenta la audiencia original. Un estudio cuidadoso del texto
demuestra en forma concluyente que sus
primeros lectores no eran gente "común"
sino los ricos, los poderosos y los que tenían acceso a la corte real. Una y otra vez
se refiere al estudio de la sabiduría (lo cual
la gente "común y corriente" no tenía tiempo de hacer), el valor de la riqueza y los problemas que implicaba estar en la corte del
rey. Estas cosas no eran temas que se
aplicaban en la vida de la mayor parte de
las personas.

Dirigido a la élite intelectual y política de
Israel, el "pesimismo" del libro tiene sentido.
Era hablarle a las mismas personas que muy
probablemente construían sus vidas sobre el
éxito, la riqueza, el poder y sobre una reputación intelectual. Repetidamente, Eclesiastés señala la futilidad de tal estilo de vida y

alienta a los lectores a enfrentar su necesidad
de Dios. En ese sentido, Eclesiastés es efectivamente evangelístico y por cierto puede ser
leído provechosamente por cualquiera.

Eclesiastés no debería catalogarse de pesimista ni cínico, pero es brutalmente realista. En particular, Eclesiastés hace que el
lector confronte el completo y temible significado de la muerte. La mayoría de las personas, sean religiosas o no, se niega a enfrentar
lo que la muerte es en realidad: una calamidad que anula los logros de la vida humana.
Eclesiastés nos desnuda de los mitos que usamos para escudarnos de este duro hecho.

Al señalar el espanto de la muerte, Eclesiastés nos ayuda a ver cuán profunda es
nuestra necesidad de resurrección. Más simplemente, Eclesiastés nos atrae hacia Cristo.
El Nuevo Testamento comparte esta perspectiva; la muerte no es una amiga, ni siquiera una entrada, es una enemiga terrible. No
obstante, será una enemiga conquistada
(1 Cor. 15:26,54-55; Apoc. 20:14).

Estructura. Para el lector moderno,
Eclesiastés al principio parece no tener estructura alguna. El libro no sigue las normas
modernas de presentar los tópicos siguiendo una jerarquía. Pero una lectura detallada
muestra que se mueve cuidadosamente
dentro de un grupo de temas seleccionados. Estos incluyen la riqueza, la política, la
sabiduría, la muerte y el envejecimiento. A
medida que el libro va tratando estos y
otros tópicos una y otra vez, gradualmente
emerge una afirmación completa.

   I. Introducción (1:1-2)
  II. Sobre el tiempo (1:3-11; 3:1-15a;
     11:7–12:7)
 III. Sobre la sabiduría (1:12-18;
     2:12-17; 6:10–7:6; 7:11-29)
 IV. Sobre la riqueza (2:1-11,18-26;
     4:4-8; 5:10–6:9; 7:11-14;
     10:18-20; 11:1-6)
  V. Sobre la política (3:15b-17;
     4:1-3,13-16; 5:8-9; 7:7-10;
     8:1–9:6; 9:13–10:20)

INTRODUCCIÓN (1:1-2)

El versículo 1 presenta el título del libro y el versículo 2 presenta su tema. La palabra *vanidad* o *absurdo* traduce la palabra hebrea *hebel*, la cual originalmente significaba *hálito*. De *hálito* viene la idea de *lo que es insustancial, transitorio y de valor fugaz*. Para Eclesiastés, lo que no tiene valor eterno, no tiene valor real. Todo en este mundo es fugaz y por lo tanto sin propósito, en el análisis final.

SOBRE EL TIEMPO Y SOBRE EL MUNDO (1:3-11)

La naturaleza toda está en movimiento constante y así y todo no va a ninguna parte. Esta es una parábola de la vida humana; es un frenesí de actividad que no logra nada permanente. No sólo eso, sino que no hay nada nuevo en este mundo. "Nuevo" no significa meramente *no familiar o novedoso* sino *algo fresco que irrumpe en el ciclo de la vida y da significado y valor*. Las necesidades desesperantes de la humanidad descritas aquí reciben respuesta en Cristo, en quien tenemos un nuevo pacto, un nuevo nacimiento, un nuevo mandamiento y una nueva vida. Mientras tanto, nosotros y esta creación fatigada (Rom. 8:19-22) esperamos la gloria de la resurrección: nuevos cuerpos para nosotros y un nuevo cielo y una nueva tierra.

SOBRE LA SABIDURÍA (1:12-18)

La educación y la búsqueda intelectual no satisfacen nuestras necesidades más profundas. La tarea del intelectual, la búsqueda por entender la vida, es en sí misma un emprendimiento sin esperanza. El proverbio en 1:15 indica: "No se puede enderezar lo torcido", es decir, nadie puede resolver un problema insoluble; "no se puede contar lo que falta", es decir, nadie puede sumar sumas desconocidas. No podemos entender la vida porque el problema es demasiado complejo y hay mucho que no sabemos. Sólo el de allá arriba (Juan 8:23) puede satisfacer nuestras necesidades más profundas.

SOBRE LA RIQUEZA (2:1-11)

Eclesiastés ahora considera si el placer y el lujo pueden darle significado a la vida. Salomón experimentó el placer pero con la guía de su mente. En otras palabras, no se corrompió sino que permaneció en control de sí mismo. No solamente lo decepcionaron los placeres ilícitos, sino que incluso las actividades y cosas moralmente aceptables hechas con moderación lo dejaron vacío. (Sobre los edificios, los jardines y los viñedos de Salomón, ver 1 Rey. 7; 9:1; 10:21; 2 Crón. 8:3-6; Cant. 1:14; 8:11.)

SOBRE LA SABIDURÍA (2:12-17)

En 1:12-18 Salomón había hablado sobre la incapacidad humana para resolver los acertijos de la vida. La búsqueda de sabiduría no tenía esperanza. Ahora él demostró que incluso la sabiduría que uno adquiere no es de valor real porque no altera el destino de uno. El hombre sabio, al igual que el necio, está condenado. Por supuesto, el sabio pasa por la vida con una mejor comprensión de lo que está por delante que los necios, pero ninguno escapa a la muerte. Intentar lograr inmortalidad a través de la fama y de los logros no tiene sentido.

SOBRE LA RIQUEZA (2:18-26)

En 2:1-11 Eclesiastés señala que gastar la riqueza en placeres personales finalmente llega a ser fastidioso. Ahora el libro expone la necedad de la vida dedicada a ganar dinero. Muchas personas se dedican a una labor

LA MUERTE, LA RESURRECCIÓN Y LA VIDA DESPUÉS DE LA MUERTE EN EL ANTIGUO TESTAMENTO

La muerte, la resurrección y la vida después de la muerte en el Antiguo Testamento representan un tema que nos deja a oscuras. La muerte representaba una partida después de la cual el individuo dejaba de "existir" (Sal. 39:13; Job 14:10). La muerte era descrita como la "partida sin regreso", "la tierra de la penumbra y de las sombras", y el "país de la más profunda de las noches, (el) país de las sombras y del caos donde aun la luz se asemeja a las tinieblas" (Job 10:20-22). La muerte también se describe como un lugar de sueño y de descanso separado de los problemas del mundo (Job 3:13).

Morir es reunirse con el vasto número de ancestros que ya se han ido por ese camino (Gén. 47:30; 49:29). Después de la muerte venía el entierro, generalmente en una tumba de la familia donde se podían hacer sepulturas múltiples (2 Sam. 17:23). Para los ancianos tal muerte era normal, cuando el individuo era "viejo y lleno de días" (Job 42:17, RVR60), y había completado los logros normales de la vida. Pero no todos tienen esa experiencia normal; algunos mueren en castigo antes de estar llenos de días (Núm. 16:29-30).

La muerte reunía a la familia y a la comunidad para hacer duelo (1 Sam. 25:1). El duelo incluía lágrimas (Gén. 23:2) y conducía a la recuperación (38:12) y al consuelo (2 Sam. 13:39). Los ritos de duelo paganos tales como la laceración de la propia piel le estaban prohibidos a Israel (Deut. 14:1). Incluso tocar a un cadáver estaba prohibido (Lev. 11:31).

La muerte es más que un evento físico. El pecado conduce a la muerte (Gén. 2:17; Ezeq. 18), pero los seres humanos pueden escoger la vida (Deut. 30:15-20). La relación entre el pecado y la muerte es individual, pero los que entienden la relación tienen la responsabilidad de advertir a otros (Ezeq. 3:17-21).

¿Qué pasó con los muertos? Se fueron a través de "las puertas de la muerte/del sepulcro" (Sal. 9:13; Isa. 38:10), al "reino de la muerte" (Prov. 7:27). Se enredaron en "los lazos de la muerte" (Sal. 18:4), fueron abrumados por "los torrentes destructores" (Sal. 18:4), y quedaron atrapados en "las trampas de la muerte" (Sal. 18:5). Incapaces de participar del árbol de la vida, los muertos retornaron al polvo (Gén. 3:19; ver Sal 90:3). Los seres humanos mueren al igual que los animales (Ecl. 3:19).

Las naciones mueren al igual que los individuos. Tal nación puede volver a vivir (Ezeq. 37). Israel por lo menos puede decir que Dios da esperanza de nueva vida a los enfermos que están por morir (Sal. 33:19; 56:13; 116:8). ¿Tenía Israel una esperanza mayor que ésta para triunfar sobre la muerte? La respuesta radica en la comprensión del concepto hebreo del Seol y de

incesante con la justificación de que lo hacen por sus hijos. Pero ésta no es ninguna excusa para desperdiciar la vida propia. Los hijos muy bien pueden derrochar lo que sus padres acumularon con luchas. Vivir con contentamiento es mejor que tratar siempre de aumentar la cuenta bancaria propia.

SOBRE EL TIEMPO (3:1-15a)

Nuestra existencia en este mundo es una mezcla de gozo y de dolor, de armonía y de conflicto, de vida y de muerte. Cada uno de estos elementos tiene su propio momento y nosotros, como criaturas del tiempo, debemos conformarnos a las limitaciones temporales que son parte integrante del ciclo de la vida. No hay nada permanente en este mundo. Esta es una gran fuente de frustración para la gente, dado que el anhelo de eternidad está plantado dentro de nosotros. No podemos estar satisfechos con lo que somos ni podemos entender el propósito de Dios en todo esto. Solo podemos aceptar humildemente lo que somos en este mundo y podemos confesar que el camino de Dios es el correcto. A la luz de este texto, es claro el significado de la resurrección de Cristo como la victoria sobre la muerte.

nuestro entendimiento de algunos versículos claves.

Sheol es un sinónimo hebreo de muerte (2 Sam. 22:6). Esto ha llevado a los traductores de la NVI a traducir *Sheol* por *muerte* en forma congruente. No obstante, muchos intérpretes ven al Seol como la morada de los muertos (ver Deut. 32:22). Todas las personas van al Seol al morir, las buenas y las malas (ver Gén. 37:35; Núm. 16:30). El Seol puede compararse con un gran animal de apetito insaciable (Isa. 5:14; ver Prov. 30:16). Se estremece ante la posibilidad de la llegada de nuevos invitados (Isa. 14:9). En contraste con el cielo, el Seol es la parte más profunda de la tierra y por eso es la que más dista de los cielos (Amós 9:2). El Seol separa a las personas de Dios y de la adoración (Isa. 38:18; Sal. 6:5) y aisla a la gente del cuidado de Dios (Sal. 88:3-5). Aun así, el Seol no es un lugar para escaparse de Dios (Amós 9:2; ver Sal. 139:8).

Hay dos pasajes cruciales para entender el Seol.

Ezequiel 32:17-32 describe las acciones de los malvados en el Seol. Estas personas hablan (v. 21). Isaías 14:9-17 describe el destino del rey de Babilonia en el Seol. Allí él fue saludado por los muertos. Estos líderes anteriores se levantaron de sus tronos. Se burlaron de él, diciendo que era tan débil como ellos. Toda la pompa se había ido.

¿Fue esta descripción poética de la muerte literalmente diseñada para burlar y degradar a Babilonia pero no para describir la vida en el Seol? ¿O acaso describe al Seol como un lugar de una existencia sombría donde todavía se reconocen los rangos y el poder terrenal pero sin que tengan sentido?

La muerte entonces no abriga esperanza para Israel. Sólo conduce al Seol, no importa qué existencia se describa allí. Pero Dios abriga esperanza para Israel (Os. 13:14). No sólo las naciones se pueden levantar. Los individuos también pueden hacerlo. Algunos pasajes del Antiguo Testamento proveen de un lenguaje del cual la

iglesia puede fácilmente obtener esperanza de resurrección (Job. 14:1-22; 19:25-27; Sal. 16:7-11; 17:15; 33:18-22; 71:20).

Hay tres pasajes del Antiguo Testamento que son cimas montañosas desde las cuales podemos ver la esperanza clara de resurrección y de vida eterna del Nuevo Testamento. Sal. 49:9-15 promete redención del Seol y presencia con Dios. Isaías 26:19 promete que la tierra devolverá sus muertos de modo que los muertos vivirán. Así los muertos podrán gritar de alegría. Daniel 12:2 declara resurrección tanto para los malvados como para los fieles, ya sea para vergüenza eterna o para vida eterna.

La resurrección de Jesucristo hizo totalmente claro lo que el Antiguo Testamento había comenzado a señalar. La vida después de la muerte es una realidad y no simplemente una esperanza. La muerte en toda su fealdad es real. La resurrección a través de Cristo es la hermosa realidad que conduce de la muerte a la vida eterna.

SOBRE LA POLÍTICA (3:15b-17)

La última línea de 3:15, generalmente traducida algo así como: "Dios hace que el pasado vuelva", es literalmente: "Dios busca a los perseguidos". Anticipa el breve comentario sobre la opresión en 3:16-17, y significa *Dios hará que los opresores rindan cuentas*. Eclesiastés expresa aflicción por la amplia corrupción en los lugares de poder político, pero afirma que algún día Dios juzgará.

SOBRE LA MUERTE (3:18-22)

Eclesiastés establece que nadie, al comparar la carcasa de un animal con un cadáver humano, puede encontrar evidencia alguna de que el humano, a diferencia del animal, es inmortal. El pensamiento de que la persona "no es superior a los animales" sorprende a muchos lectores. Pero no significa que somos iguales a los animales en todo respecto, ni contradice el resto de la Biblia. Significa que los seres humanos no podemos atribuirnos el poder de derrotar a la muerte más que los animales. Para los cristianos, esto solo debiera acercarnos más a Cristo, quien sí conquistó a la muerte en su resurrección. Nuestra confianza no está en algún poder innato propio sino en el don de Dios de vida eterna a través de Jesucristo

(Rom. 6:23). Eclesiastés fuerza al lector a ver el terror espantoso de la muerte y por lo tanto a aferrarse a Dios para salvación (ver Heb. 2:14-15).

La traducción de la NVI ("¿Quién sabe si el espíritu del hombre se remonta a las alturas, y el de los animales desciende a las profundidades de la tierra?") transmite bien el pensamiento de 3:21.

SOBRE LA POLÍTICA (4:1-3)

La afirmación de que es mejor estar muerto (y aun mejor nunca haber nacido) antes que enfrentar toda la opresión que hay en el mundo es una hipérbole. Pero esta exageración muestra cuán profundamente Eclesiastés se opone al abuso por parte del poder político.

SOBRE LA RIQUEZA (4:4-8)

Eclesiastés otra vez muestra cuán vana es la vida dedicada a la adquisición de riquezas. Los dos proverbios en 4:5-6 se colocan en oposición uno al otro con el propósito de proveer equilibrio a la vida. La pereza conduce a la pobreza y a la autodestrucción, pero es mejor estar contento con lo que uno tiene, que pasar la vida bregando por más posesiones.

SOBRE LA AMISTAD (4:9-12)

En todos los infortunios y las decepciones de la vida, pocas cosas dan una satisfacción más real y perdurable que la verdadera amistad. Un amigo es un consuelo en la necesidad y una ayuda en los problemas. El v. 11 no se refiere a las relaciones sexuales sino al calor compartido por dos compañeros de viaje en una fría noche del desierto. Al mismo tiempo, puede implicar que el mejor amigo para la vida debe ser el cónyuge.

SOBRE LA POLÍTICA (4:13-16)

El poder político y la popularidad que lo acompaña son de corta duración. Los que han estado en el poder por mucho tiempo tienden a tornarse inflexibles, y por lo tanto vulnerables. Pero toda la lucha, el juego sin fin de estar sobre la cima, no tiene sentido.

SOBRE LA RELIGIÓN (5:1-7)

Los necios dan por sentado que conocen todo acerca de Dios y que pueden complacerlo. La piedad y la sabiduría verdaderas reconocen las limitaciones tanto de nuestra comprensión de Dios como de nuestra habilidad para complacerlo con nuestros actos. La actitud de temor hacia Dios que Eclesiastés recomienda (5:7) es en realidad dependencia de la gracia de Dios y reconocimiento de que los beneficios que recibimos de Él son sólo por su misericordia.

SOBRE LA POLÍTICA (5:8-9)

La corrupción de los oficiales de gobierno es un hecho universal y no debería sorprender a nadie, pero la anarquía no es la respuesta. El v. 9 debiera traducirse: "En definitiva, esto es una ventaja para la tierra: un rey, para beneficio de los campos cultivados". A pesar de todos los problemas del gobierno, éste es necesario para una sociedad y una economía bien ordenadas.

SOBRE LA RIQUEZA (5:10–6:9)

A través de una serie de proverbios y reflexiones cortas, Eclesiastés advierte al lector que no caiga en la trampa de la búsqueda de riqueza. En lo que a estas concierne, lo suficiente nunca es suficiente. El trabajador tiene más paz y mejor sueño que el hombre acaudalado.

SOBRE LA SABIDURÍA (6:10–7:6)

Eclesiastés aquí resume su postura con respecto a la sabiduría a través de una serie de proverbios y de reflexiones. Debemos reconocer los límites de nuestra sabiduría. Hay mucho que nunca conoceremos, pero es mejor ir por la vida con sobriedad y entendimiento que buscando un placer fatuo.

SOBRE LA POLÍTICA (7:7-10)

El v. 7 es una transición del pasaje anterior. La extorsión puede destruir la integridad personal y conducir a injusticia en el gobierno. El v. 10 aconseja a los lectores a no desanimarse ni suponer que su generación es la más corrupta que haya existido. Al tratar con la injusticia, hay que ser pacientes y cuidadosos.

SOBRE LA SABIDURÍA Y LA RIQUEZA (7:11-14)

Eclesiastés ahora compara la sabiduría con la riqueza, y considera que es mejor porque no desaparece en tiempos difíciles. Los sabios entienden que tanto la prosperidad como la adversidad vienen de la mano de Dios y las aceptan a ambas.

SOBRE LA SABIDURÍA Y LA RELIGIÓN (7:15-29)

En esta compleja sección Eclesiastés discute el intento de asegurar la felicidad y la protección divinas a través de la autodisciplina y la observancia escrupulosa de la religión y la moralidad. Los versículos 15-18 al principio parecen decir que pecar un poco es aceptable mientras no sea excesivo, pero este no es el significado real. Eclesiastés aquí se dirige a los que siguen la enseñanza tradicional de la sabiduría, que dice que una vida disciplinada es próspera y segura pero una vida de indulgencia está cargada de desastre. Las autoprivaciones rigurosas por causa de la religión realmente no garantizan una vida tranquila. Nadie puede agradar a Dios a través de su rectitud, dado que todos somos pecadores. Esto debiera hacernos más perdonadores hacia los demás.

El misterio del pecado humano y cómo éste afecta nuestra conducta causa perplejidad, pero tiene una implicación clara: el pecado hace muy dolorosa la vida doméstica. Este texto, más que ningún otro, demuestra nuestra necesidad de la gracia de Dios.

Sobre la base de 7:26-29, algunos lectores piensan que el autor tenía prejuicios contra las mujeres. En realidad, esta sección reflexiona sobre el dolor que el pecado ha traído sobre el matrimonio. Mira atrás a Gén. 3:16b. Allí la mujer deseó manipular a su esposo, pero él la dominó duramente. El pecado hizo del hogar un campo de batalla.

En forma similar, Eclesiastés dice (otra vez usando una hipérbole) que el hombre puede encontrar a un varón en mil que pueda ser su verdadero amigo, pero no encontrará a ninguna mujer en quien pueda tener la misma confianza. Esto no es así porque las mujeres son en forma innata peores que los hombres. Una mujer tiene el mismo problema para encontrar a un hombre en quien pueda confiar, pero puede tener una amiga. La historia humana de la lucha y de la fidelidad doméstica vindica completamente este pasaje.

LA JUSTICIA DE DIOS (8:1–9:6)

Los sabios saben cómo comportarse con discreción y tacto en relación con los que están en el poder, pero la incertidumbre de la vida hace difícil permanecer en el sendero correcto. Muchos que tienen poder lo usan sin piedad para su propia ganancia. El que con frecuencia no reciban castigo agrava la situación. Tal vez éste sea el problema más perturbador de la vida. La muerte nivela las diferencias entre el poderoso y el que no tiene poder, pero agrava el problema en que el bueno y el malo sufren el mismo destino. No obstante, para el lector esto no debiera conducir al cinismo. En cambio, debiera provocar una fe más profunda en que sólo Dios distingue el fin del comienzo, y sólo Él puede finalmente corregir todas las cosas.

SOBRE EL CONTENTAMIENTO (9:7-12)

Este pasaje continúa con la certidumbre

de la muerte tal como se describe en 9:1-6. La vida es corta y por lo tanto no debiera vivirse con pesar. Se deben disfrutar las buenas cosas de la vida y no permitir que la ambición por el éxito arruine el tiempo que se tiene. El consejo en 9:9, "Goza de la vida con la mujer amada", parece contradecir 7:28, pero la literatura de sabiduría con frecuencia da consejos que son paradójicos o aparentemente contradictorios. La razón es que la vida misma es complicada.

SOBRE LA POLÍTICA (9:13–10:17)

La prudencia y la habilidad política son esenciales para el gobierno efectivo de una nación, pero con frecuencia son dejadas de lado o faltan. Eclesiastés presenta este concepto aquí, primero en una anécdota corta y luego en una serie de proverbios y reflexiones. Si el sabio salvó a su ciudad por la estrategia militar o por la diplomacia no es claro. Lo que es claro es que pronto fue olvidado porque no era rico ni provenía de una familia influyente. Pero el peor destino que puede sobrevenirle a una nación es tener gobernantes innobles o egoístas. Tales necios ni siquiera son capaces de dar a un extraño las indicaciones correctas para llegar a la ciudad más cercana; difícilmente se pueda confiar en ellos en asuntos de estado.

La serie de proverbios en 10:8-11 enfatiza la importancia de la prevención y del planeamiento cuidadoso. Los que practican la astucia maliciosamente con frecuencia causan su propia desaparición. Cavan un pozo para otro y ellos mismos caen en él. O son mordidos por una serpiente mientras entran a la casa de otro. Pero incluso las actividades legítimas pueden ser peligrosas. El planeamiento acabado debe preceder a cualquier empresa. En este contexto, esto significa que uno debe ejercitar un gran cuidado al tratar con las intrigas de la vida política.

SOBRE LA POLÍTICA Y LAS RIQUEZAS (10:18-20)

Tres proverbios de transición cierran la brecha entre el reino político y el económico. Primero, la diligencia es necesaria para mantener una economía, ya sea en el nivel nacional o en el hogar privado. Segundo, es esencial por lo menos un poco de dinero para disfrutar de las cosas buenas de la vida. El versículo 19 no es cínico, tal como aparenta serlo en muchas traducciones. Tercero, hay que cuidarse de los que tienen poder, ya sea político o económico.

SOBRE LA RIQUEZA (11:1-6)

Mientras que Eclesiastés desanima la búsqueda de la riqueza, favorece la inversión sabia y el trabajo diligente. Los versículos 1-2 hablan de una inversión a largo plazo, no de caridad. La expresión "comparte lo que tienes entre siete, y aun entre ocho" es, en terminología moderna, *diversificar las inversiones*. Si bien debemos cuidarnos de los peligros en el horizonte, no podemos permitirnos ser tan cautos que no hagamos nada. Es mejor reconocer que todas las cosas están en manos de Dios y proceder con nuestro trabajo con un ojo puesto en todas las contingencias posibles.

SOBRE EL CONTENTAMIENTO (11:7–12:7)

Esta sección tiene dos partes: consejos a la juventud y un poema sobre el envejecimiento y la muerte. A los jóvenes, Eclesiastés les aconseja que su corto tiempo de vigor juvenil debe ser gastado en gozo más que en ansiedad. Pero no tienen la libertad de ir en pos de la necedad y de la conducta inmoral. La conciencia del juicio divino y la naturaleza fugaz de la juventud deberían siempre gobernar sus decisiones.

El poema en 12:1-7 también tiene el propósito de ser una advertencia a los jóvenes sobre las cosas por venir. Sus imágenes son oscuras en algunos puntos, pero de todos modos son intensas y conmovedoras. El v. 2 puede referirse al día de la muerte o a una visión disminuida. El v. 3 describe la pérdida de la fuerza en los brazos ("los guardianes de la casa") y en las piernas ("los hombres de batalla"), la pérdida de los dientes ("las molenderas") y la invasión de la ceguera ("los que miran a través de las ventanas"). El v. 4 alude a la dificultad auditiva que aun así está ligada a la falta de sueño debido a la cual uno se despierta al menor sonido. El v. 5 habla de la pérdida general de valentía, de confianza y de impulso sexual. Finalmente, en 12:6-7 la muerte es descripta como la ruptura de una vasija debido a lo cual se derrama su contenido, es decir la vida.

CONCLUSIÓN (12:8-14)

El libro concluye con cuatro subsecciones. (1) El v. 8 reafirma el tema de 1:2. Estos dos versículos ponen entre paréntesis el comienzo y el final del cuerpo principal de la obra. (2) Los vv. 9-10 describen la obra de Salomón. Comparar 1 Rey. 4:32. (3) Los vv. 11-12 ofrecen una palabra final sobre la sabiduría. (4) Los vv. 13-14 concluyen con un llamado a temer a Dios.

La verdadera sabiduría viene de Dios, el único Pastor, y vale la pena adquirirla. Pero uno debiera ser cauto para evitar búsquedas académicas interminables. Eclesiastés no es antiintelectual. No obstante, nadie debería tratar de construir una vida con significado basándose en la lectura y la escritura de libros.

Algunos lectores sienten que el llamado de la conclusión a temer a Dios no surge de todo lo anterior, pero en realidad es la conclusión perfecta. Ir en pos de las riquezas, del conocimiento y del poder político es en última instancia insatisfactorio y conduce al juicio divino. La vida es corta y llena de misterio. Todos nuestros intentos para que la vida sea significativa fracasan. Por lo tanto, la respuesta sabia es aferrarse a Dios y a su gracia.

Significado teológico. Eclesiastés desafía a sus lectores a vivir en el mundo como realmente es, en lugar de vivir en un mundo de esperanzas falsas. Se dirige a los que han buscado significado a través de la riqueza, la educación o el poder político. En el caso de algunos, esta búsqueda de significado y de valor perdurables los ha dejado vacíos. Otros todavía tienen que darse cuenta de la futilidad de esta búsqueda.

Eclesiastés desafía a sus lectores a abandonar las ilusiones de importancia personal, a enfrentar la vida y la muerte directamente, y a aceptar con temor y temblor la dependencia de Dios. La fe de Salomón en la justicia de Dios y en la bondad de sus mandamientos era más fuerte que su pesimismo (8:12-13; 11:9). Aun cuando no entendía la vida ni los caminos de Dios, su respuesta fue la fe. La aparente falta de sentido de la vida en el mundo real lo atrajo a Dios, el único Dador de valor permanente. La vida es el don precioso de Dios. Los placeres fugaces deberían ser disfrutados, incluso mientras vamos en pos del gozo duradero que viene sólo de Dios.

Preguntas para la reflexión

1. ¿De qué manera nuestra mortalidad le quita "significado" a mucho de lo que hacemos en la vida?

2. ¿Cuáles son algunas formas en que la gente trata de agregar significado a sus vidas? ¿Qué dice Eclesiastés acerca de ellas?

3. ¿De qué manera Eclesiastés nos ayuda a entender la importancia de la resurrección de Cristo y de su victoria sobre la muerte?

4. ¿Cómo resumiría usted la enseñanza de Eclesiastés sobre el poder político?

CANTAR DE LOS CANTARES

El nombre completo de este libro es "El Cantar de los Cantares de Salomón". A veces se lo llama Cantares de Salomón. Si se sigue el latín, Cánticos, es mejor llamarlo Cantar de los Cantares. Pero debiéramos notar que la expresión hebrea *Cantar de los cantares* en realidad significa *el mejor canto*.

Fecha y autoría. El título probablemente implica que lo escribió Salomón, pero también puede entenderse que era simplemente una parte de la colección de Salomón y que tal vez fue escrito por un cantor de la corte. Aun así, muchos eruditos creen que Cantares fue escrito tardíamente en la historia de Israel (500–100 a.C.) y que por lo tanto no fue posible que Salomón o sus contemporáneos lo hayan escrito (961–922 a.C.). De modo que es importante ver qué evidencia hay para fechar al libro.

La mayoría de los eruditos que consideran a Cantares como una obra tardía lo hacen principalmente debido a que parte del vocabulario parece ser incompatible con una fecha más temprana. Por ejemplo, muchos arguyen que la palabra hebrea para "huerto" en 4:13, *pardes*, deriva de la palabra persa *pairidesa* o de la palabra griega *paradeisos* (comparar con el español *paraíso*). Es difícil entender cómo un hebreo pudo haber tomado una palabra del persa o del griego tan temprano como en los días de Salomón.

Algunos eruditos creen que Cantares tiene varias palabras arameas. Muchos judíos hablaban este idioma durante el período intertestamentario y del Nuevo Testamento.

Por último, Cantares frecuentemente usa el pronombre hebreo *she* (que significa *el cual, que* o *quien*) en lugar de la palabra *asher* (la cual tiene el mismo significado). El pronombre hebreo *she* es relativamente raro en la Biblia pero se hizo común en el hebreo postexílico. Por estas razones, muchos están convencidos de que Cantares tiene que haber sido compuesto en la historia judía tardía.

Estos argumentos no son tan convincentes como parecen a primera vista. La palabra *pardes* ("huerto") puede venir de una raíz sánscrita que es mucho más antigua que la persa o la griega. Además, muchas palabras de las que una vez se afirmó eran de un trasfondo arameo tardío, resultaron ser más antiguas que lo que se supuso originalmente. Del mismo modo el uso de la palabra hebrea *she* no es tan significativo como alguna vez se pensó. Se han encontrado pronombres relativos similares en algunas lenguas semíticas antiguas, tales como la acadia y la ugarítica. Esto implica que el uso de la palabra hebrea *she* no es un fenómeno exclusivamente tardío. En resumen, el vocabulario de Cantares no prueba que es una obra tardía.

Evidencia geográfica. El Cantar de los Cantares menciona lugares de toda la Palestina antigua. Estos incluyen lugares tanto en el reino del norte (Sarón, Líbano, Hermón y Carmelo) como en el territorio de Judá en el sur (Jerusalén y En-gadi). Cantares también menciona los territorios transjordanos de Hesbón y de Galaad. Esta perspectiva geográfica refleja un tiempo cuando Israel estaba unificado incluso cuando territorios transjordanos estaban bajo dominio israelita. Estas condiciones nunca prevalecieron después de la muerte de Salomón.

Cantar de los Cantares 6:4 ubica a la ciudad de Tirsa en un pie de igualdad con Jerusalén. Esto implica que cuando fue escrito, Tirsa era considerada la principal ciudad del norte y era comparable a Jerusalén en el sur. Cuando el reino se dividió, al comienzo del reinado de Roboam de Judá (931–913 a.C.), Tirsa inmediatamente llegó a ser la capital del reino del norte. Pero Omri de Israel (que reinó entre 886–874 a.C.) hizo de Samaria la capital del reino del norte y desde ese momento en adelante Tirsa nunca volvió a ser prominente. Por lo tanto, Cantar de los Cantares 6:4 implica que fue escrito antes del tiempo de Omri.

Evidencia cultural. Las imágenes poéticas de Cantar de los Cantares reflejan una época de gran prosperidad. Esto también le da fundamento a la posición de que fue escrito en los días de Salomón. Sólo entonces Jerusalén poseía las especias, los perfumes y los lujos mencionados en el libro, así como también las grandes cantidades de oro, de mármol y de joyas preciosas (Cantares 5:14-15; ver 1 Rey. 10:14-22).

Por supuesto que uno puede argumentar que éstas son sólo comparaciones y que no prueban que el escritor realmente vivió en una época cuando tales cosas eran comunes. Sin embargo, es dudoso que un escritor usara imágenes descritas con tanto detalle y que éstas estuvieran fuera de su propio marco de referencia y experiencia.

Evidencia literaria. La poesía que vemos en Cantar de los Cantares en realidad no es única en el mundo antiguo. En el período de alrededor del 1300 al 1100 a.C. vienen de Egipto una cantidad de poemas de amor que son marcadamente parecidos a Cantar de los Cantares. Muchos de los motivos y las ideas que aparecen en Cantares también se encuentran en la poesía egipcia. No obstante, fuera de este cuerpo literario antiguo, es difícil encontrar escrito alguno comparable con Cantar de los Cantares.

¿Cuál es la razón para este inusual paralelo entre un libro de la Biblia y la poesía egipcia? Salomón hizo una alianza con el faraón egipcio y se casó con su hija (1 Rey. 3:1). La corte de Salomón y la de Egipto sin duda tuvieron muchos contactos. Salomón también tuvo contacto con sabios de todo el mundo y por lo tanto con su literatura (1 Rey. 4:29-34).

Es probable que Salomón se haya familiarizado con la poesía de amor que había aparecido en Egipto tres siglos antes. Esto explicaría cómo Cantares tiene tanto en común con sus contrapartes egipcias. Después de todo, Salomón era cosmopolita en su conocimiento y en sus gustos.

Sin embargo, sería difícil de explicar por qué Cantares y la poesía de amor egipcia tenían tanto en común si Cantares fue escrito unos 650 años después de Salomón. Un oscuro escritor de canciones judío, que haya trabajado un milenio después que se produjo esta poesía de amor en Egipto, no pudo haber escrito por accidente una obra tan parecida a la poesía egipcia. Tampoco es razonable argumentar que hubiera conocido e imitado de manera deliberada una forma de arte antigua, foránea y para entonces probablemente olvidada.

La poesía de Cantar de los Cantares refleja la época de Salomón mejor que cualquier otra de la historia israelita. Así es que es mejor asumir que fue escrita en ese período.

Interpretación. Ningún otro libro de la Biblia (excepto tal vez Apocalipsis) sufre tantas interpretaciones radicalmente diferentes como Cantar de los Cantares. Los enfoques principales son:

Interpretación alegórica. Desde tiempos tempranos tanto los cristianos como los judíos han alegorizado el Cantar de los

Cantares. Los judíos lo han llevado a describir el amor entre Dios e Israel, y los cristianos lo han considerado como una canción de amor entre Cristo y la iglesia. (Los intérpretes católico-romanos tradicionales con frecuencia han identificado a la mujer con la virgen María.) El enfoque alegórico fue la norma desde el período medieval hasta la Reforma, pero hoy tiene pocos adherentes.

Algunas identificaciones alegóricas comunes son que el hombre es Cristo y la mujer la iglesia, los besos de él (1:2) son la Palabra de Dios, la piel morena de la joven (1:5) es el pecado, sus pechos (7:7) son la doctrina nutriente de la iglesia, los dos labios de ella (4:11) son la ley y el evangelio, y "las estrellas del cielo" (6:4) hablan de la iglesia como la enemiga de Satanás. Los que suscriben esta aproximación afirman que el Nuevo Testamento sostiene su postura, dado que Efesios 5:22-33 y otros textos describen a la iglesia como la esposa de Cristo.

Sin embargo, el Nuevo Testamento nunca le da a Cantares una interpretación alegórica. Los pasajes del Nuevo Testamento que sí hablan de la esposa de Cristo no se refieren a Cantar de los Cantares. El material de Cantares es inapropiado para la adoración. Es imposible imaginar a un cristiano alabando a Cristo en los términos de 1:2,16 o de 5:10-16. Es igualmente estrambótico pensar que Jesucristo describe a su iglesia en los términos de 7:1-9. Esta antigua interpretación ha sido correctamente abandonada.

Interpretación dramática. Durante los doscientos años pasados, muchos intérpretes han argumentado que Cantares es una historia dramática. Algunos dicen que es un drama de dos personajes en el cual Salomón y la joven son los actores principales. Otros lo toman como un drama de tres personajes en el cual Salomón, la muchacha y el joven pastor son los actores principales.

En la interpretación de los dos personajes, Cantares relata la historia del romance entre Salomón y la única joven a quien verdaderamente amó. La interpretación de los tres personajes es totalmente diferente. Dice que la historia narra cómo Salomón intentó seducir a una hermosa muchacha, pero fracasó debido a la fidelidad de ella a su verdadero amor, el joven pastor.

Ninguno de los enfoques es convincente. Un drama romántico de esta clase era totalmente desconocido en el antiguo Cercano Oriente. Del mismo modo, ambas interpretaciones son en muchos puntos forzadas y antinaturales. Considerando el tamaño del harén de Salomón y a la luz de 1 Rey. 11:1-6, no tiene sentido seguir la teoría de los dos personajes y afirmar que tuvo una mujer a la que estuvo dedicado exclusivamente (ver Cant. 2:2; 7:10).

La teoría de los tres personajes es igualmente artificial. De acuerdo a ese enfoque, por ejemplo, el capítulo 7 describe un intento de Salomón de seducir a la muchacha y el rechazo de sus avances por parte de ella. Esto significaría que la poesía de 7:1-9a, dicha por el hombre, no era amor genuino sino atracción barata. Más aun, al decir "Ven amado mío; vayamos a los campos" (7:11), la joven no le estaba hablando al hombre que estaba con ella sino a un enamorado ausente. Esto difícilmente pueda ser el significado que intentó el autor.

Interpretación como canción de bodas. Algunos argumentan que Cantar de los Cantares es una canción de bodas. Ciertos eruditos han estudiado las ceremonias de bodas del Cercano Oriente y han señalado similitudes entre esos rituales y la letra de Cantares. Aun así, es difícil leer Cantar de los Cantares como el orden de culto para una boda. Pero aun cuando Cantares no es el texto de una ceremonia de bodas, indica que los jóvenes enamorados se estaban por casar.

Interpretación como canción de amor. La mejor interpretación es la más simple y la más obvia. Cantar de los Cantares es una canción de amor en tres partes: un hombre, una mujer y un coro de mujeres. No tiene ninguna alegoría ni identificación secreta. No relata ninguna historia y no tiene argumento. Es una expresión lírica de amor romántico entre una pareja que está por casarse. Su lenguaje y sus imágenes, que van desde la pompa y la majestad real hasta el escenario rústico y pastoral de un prado, tienen el propósito de transmitir toda la grandiosidad y la gloria del amor, así como también su simplicidad y su belleza natural.

Significado y mensaje. Una razón para que haya surgido la interpretación alegórica de Cantares es que muchos sintieron que una simple canción de amor no tenía lugar en la Biblia y que, a menos que fuera alegorizada, no se podía encontrar en ella ningún mensaje teológico. No obstante, esta preocupación no está bien orientada. Cantar de los Cantares transmite un significado importante si se lo deja como lo que es, una canción de amor, y no se lo transforma en algo que no es.

Primero, así como la Biblia tiene el propósito de servir como guía en todos los aspectos de la vida, también Cantares trata un aspecto universal de la vida humana: el amor, el matrimonio y la sexualidad. La gente necesita dirección y enseñanza en este tema de cómo nutrir el amor por un cónyuge, así como necesita guía en todo otro asunto. Cantares enseña que esta relación de amor debe ser tanto física como verbal. Una y otra vez los enamorados hablan de su deseo y de su gozo con respecto al otro. Para muchas parejas la incapacidad de expresar amor es un problema profundo.

Segundo, aunque Cantares enseña con el ejemplo y no por decreto, su mensaje es claro. El amor que la pareja compartía era exclusivo y vinculante (7:10). Por implicación, este cuadro ideal excluye el sexo extramatrimonial así como también toda perversión o abuso sexual, tales como la promiscuidad y la homosexualidad.

Tercero, Cantar de los Cantares celebra el amor entre el hombre y la mujer como algo válido y hermoso incluso en un mundo caído y pecador. De esta manera Cantares testifica en forma significativa de la gracia de Dios. A pesar de que somos pecadores, Dios nos dice que la relación de amor es algo que debe ser apreciado y disfrutado. Si la Biblia no dijera nada en esta área más allá de prohibiciones y advertencias, podríamos suponer que toda sexualidad es innatamente mala y que debe ser suprimida por entero excepto para la procreación. Pero debido a que Cantares está en la Biblia, entendemos que no es la sexualidad sino el mal uso y el abuso del sexo lo que está mal. En Cantares vemos que el amor genuino entre el hombre y la mujer, y el afecto físico que viene a continuación son algo bueno y tierno.

Cuarto, el Cantar de los Cantares es diferente de sus contrapartes del antiguo Cercano Oriente en un aspecto significativo: no transforma la sexualidad en un ritual sagrado. En el mundo antiguo abundaban los cultos de fertilidad y la prostitución religiosa. Se pensaba que el acto sexual tenía significado religioso. No sólo eso, sino que las almas desesperadas usaban encantamientos y hechizos de amor para ganar el afecto de otra persona. En Cantar de los Cantares no hay nada de esto. El amor romántico entre el hombre y la mujer es un gozo, pero es un gozo de este mundo exclusivamente.

De esta manera la Biblia evita los dos escollos de la religión humana. Ni condena el amor sexual como innatamente malo y peligroso, como lo hacen los cultos legalistas, ni lo eleva al nivel de un acto religioso, como lo hacen los cultos y las religiones sensuales.

Por lo tanto, el Cantar de los Cantares debiera tomarse como es: una canción de amor y una afirmación del valor del vínculo entre un hombre y una mujer. De esta forma agrega mucho a nuestra apreciación de la creación de Dios.

INTRODUCCIÓN (1:1)

Este versículo es el título; la canción en realidad comienza en 1:2. En Cantares, el novio, la novia y el coro, cada uno toma su turno para cantar sus partes, pero no siguen una secuencia constante. Por momentos es difícil distinguir quién está cantando determinada línea de la letra porque el texto hebreo no delinea las partes. Pero en general es evidente quién canta.

NOVIA (1:2-4a)

Llama rey al novio, pero esto no debe tomarse literalmente. Este es el lenguaje del amor.

CORO (1:4b)

Los amigos de la novia realzan el aprecio que ella tiene por el novio al unirse en la alabanza a él.

NOVIA (1:4c-7)

La novia se avergüenza de su piel oscura. En contraste con las pautas modernas de la belleza, los antiguos consideraban que la piel clara era la más atractiva.

NOVIO (1:8-11)

El novio es un pastor rústico y aun así puede darle a su amada joyas de oro. No obstante, esto tampoco debe tomarse literalmente. Las imágenes pastoriles y la mención de joyas finas elevan el sentido del gozo en el amor.

NOVIA (1:12-14)

En el oasis de En-gadi en la costa occidental del mar Muerto había vegetación semitropical, incluyendo azahar.

NOVIO (1:15)

"¡Tus ojos son dos palomas!" significa que son tranquilos en apariencia. Esos ojos transmiten sentimientos de calma.

NOVIA (1:16)

"Una alfombra de verdor es nuestro lecho" significa que es opulento y lujoso como un árbol de follaje frondoso.

NOVIO (1:17)

Era un lujo tener una casa adornada con paneles de cedro.

NOVIA (2:1)

La flor mencionada aquí no es la moderna rosa de Sarón, sino probablemente una flor de azafrán o un narciso.

NOVIO (2:2)

Comparada con la amada del novio, todas las otras mujeres son espinas. El amor verdadero es exclusivo y no se distrae con otros.

NOVIA (2:3-13)

Él es "cual manzano", es decir, protector ("sombra") y placentero ("su fruto").

NOVIO (2:14-15)

A pesar de la montaña de interpretaciones en cuanto a 2:15, las "zorras pequeñas" probablemente no representen nada. El hombre simplemente invita a la mujer a unírsele en una persecución. Esta es la clase de juegos infantiles de los que con frecuencia participan los jóvenes enamorados.

NOVIA (2:16–3:5)

La mujer concluye la primera sección de Cantar de los Cantares en 2:16-17 y canta un solo en 3:1-5. Esta sección simboliza el anhelo que la mujer tiene por el novio y no se debe leer literalmente. El proverbio que habla de no despertar al amor hasta que quiera (3:5, RVR60; también en 2:7 y en 8:4) significa que el amor sexual debe evitarse hasta que llegue el tiempo y la persona apropiados.

CORO (3:6-11)

Las mujeres del coro llaman a las muchachas de Jerusalén para que vengan a ver el esplendor de Salomón. Esto no significa que Salomón es el que canta la parte del novio o que es un "personaje" en una historia. En cambio, aquí la figura de Salomón es más un símbolo poético contrastante. Todo joven enamorado es un "Salomón en toda su gloria". La llegada de Salomón se refiere a la llegada del novio a la ceremonia de bodas (ver Mat. 25:6). Esta es una canción acerca de una pareja recién casada. Pero los jóvenes enamorados realmente no necesitan el boato de la gloria, como Salomón lo necesitaba, dado que se tienen uno al otro (ver 8:11-12).

NOVIO (4:1-15)

Las metáforas parecen inapropiadas y antinaturales para el lector moderno porque las tomamos con un sentido demasiado literal. Lo que el poeta quiso decir era que algunos aspectos de la belleza de la mujer provocan respuestas emocionales profundas. Su cuello era como la torre de David en que ambos eran esculturales y causaban sentimientos de admiración y de maravilla. No quiso decir que su cuello era inusualmente largo. De manera similar, él describió los placeres que ella le daba en términos de frutos y de especias.

NOVIA (4:16)

Este versículo, junto con 5:1, es el punto álgido de Cantar de los Cantares. Usando la metáfora del jardín, ella invita al novio a entrar y disfrutar de su amor.

NOVIO (5:1a)

El hombre responde. La llama novia mía, lo cual otra vez indica que están recién casados. La poesía es discreta y moderada; transmite el gozo del amor sexual en forma no vulgar.

CORO (5:1b)

La invitación breve del coro ("¡Coman y beban, amigos!") quiebra la tensión de los versículos previos y abre el camino para un segundo solo similar al de 3:1-5.

NOVIA (5:2-8)

Esta sección es para ser leída simbólica y no literalmente. El punto principal del texto es describir que la mujer experimenta dolor y no sólo placer en el amor. Los centinelas que la golpearon representan esto.

CORO (5:9)

Este versículo introduce el próximo solo, en el cual ella alaba la belleza de su amado. No hay ninguna transición racional entre el segmento previo (5:1-8) y este porque, otra vez, no debe leerse como una historia.

NOVIA (5:10-16)

Su amado es como el Líbano en que ambos son majestuosos. Él no tiene el aspecto literal de un bosque. Aquí también la comparación tiene que ver más con una respuesta emocional que con una similitud real en la apariencia.

CORO (6:1)

El coro, a continuación de la respuesta de ella a 5:9, ahora pregunta dónde se ha ido él.

NOVIA (6:2-3)

Ella responde que se ha ido a "su jardín" (es decir, ha venido a ella).

NOVIO (6:4-9)

Alaba a su amada en términos similares a 4:1-15.

CORO (6:10)

El coro anuncia que la novia se acerca y describe su hermosura como la de la luna y la del sol. Ver 3:6-11.

NOVIA (6:11-12)

El v. 12 parece decir que su amor por el hombre la había arrebatado. Ella está por partir con el novio, como aparentemente era la costumbre después de la boda.

CORO (6:13a)

El coro, representando a los amigos de la novia, anhela estar con ella al darse cuenta que la están perdiendo por causa de su amado.

NOVIO (6:13b–7:9a)

El novio le responde al coro en 6:13b y luego pasa a otra canción de alabanza para la belleza de la novia.

NOVIA (7:9b–8:4)

El deseo de que su amado fuera su hermano parece extraño al lector moderno. El punto es que ella desea ser libre como para expresar su afecto en forma abierta. En el mundo antiguo hubiera sido imposible que una mujer hiciera esto con cualquier hombre, excepto con un familiar cercano.

CORO (8:5a)

Una vez más la canción del coro contiene la idea de movimiento. Ver 6:13a.

NOVIA (8:5b-7)

Al decir que su amado nació debajo del manzano, ella está aludiendo a su carácter romántico. Ver 2:3.

CORO (8:8-9)

El coro desea que su joven hermana permanezca casta hasta que llegue el tiempo apropiado para el amor. Esto puede responder al proverbio en 8:4.

NOVIA (8:10-12)

La mujer dice que ha alcanzado la madurez y ha encontrado satisfacción (8:10). Las mil monedas de plata que Salomón recibía de su viña pueden ser una referencia encubierta a las trescientas concubinas y a las setecientas esposas de Salomón (1 Rey. 11:3). El amor entre el novio y la novia es mejor que la extravagancia sexual de Salomón.

NOVIO (8:13)

Anima a todos a regocijarse con él.

NOVIA (8:14)

Llama al novio para que se vaya con ella.

Significado teológico. Los aspectos sexuales y emocionales del amor entre un hombre y una mujer son dignos de la atención de la Biblia. La sexualidad y el amor son fundamentales para la experiencia humana. Como libro destinado a enseñar a los lectores cómo vivir una vida buena y feliz, la Biblia naturalmente tiene algo que decir en esta área. El Cantar de los Cantares celebra el gozo y la pasión del amor matrimonial como regalos de Dios. El amor unido del hombre y de la mujer en Cantar de los Cantares es una nueva representación del amor entre el primer hombre y la primera mujer. Como tal es testigo del triunfo de los propósitos misericordiosos de Dios hacia la creación a pesar del pecado humano. Del mismo modo, un amor tan fiel describe hermosamente el amor de Dios por su pueblo y su compromiso con él.

Preguntas para la reflexión

1. ¿Cuáles son algunas actitudes erróneas hacia el amor y la sexualidad y cómo las corrige Cantar de los Cantares?

2. ¿De qué manera la creación de la humanidad como hombre y mujer por parte de Dios ha hecho la vida más rica?

3. ¿Qué podemos aprender en cuanto mantener una relación de amor saludable en el noviazgo y en el matrimonio a partir de la manera en que el novio y la novia expresan su amor mutuamente?

LOS PROFETAS MAYORES

ROBERT B. CHISHOLM

Los libros históricos mostraron el papel dominante que los profetas desempeñaron al dirigir e interpretar la historia de Israel. No es sorprendente, entonces, que los libros finales del Antiguo Testamento preserven los mensajes de dichos varones de Dios. Tradicionalmente los libros proféticos se dividen en Profetas Mayores y Profetas Menores, básicamente por la extensión de los libros.

Los libros de los Profetas Mayores incluyen Isaías, Jeremías, Lamentaciones, Ezequiel y Daniel. Que Isaías, Jeremías y Ezequiel deban clasificarse como profetas mayores es evidente. Los tres fueron figuras prominentes en la historia de Israel y nos han dejado grandes colecciones de mensajes proféticos y materiales biográficos. Isaías ministró en Judá desde alrededor del 742 hasta el 700 a.C. Su profecía trata cuestiones que sus contemporáneos enfrentaban, así como también la situación de la futura generación del exilio en Babilonia. Jeremías vivió en Judá durante los últimos días anteriores a la caída de Jerusalén en el 586 a.C. Después de la caída de la ciudad fue forzado a acompañar a un grupo de refugiados a Egipto. Su profecía, al tiempo que enfoca la atención en eventos contemporáneos, también anticipa un tiempo de restauración del pueblo de Dios. Ezequiel era un exiliado en Babilonia cuyo ministerio profético tuvo lugar entre el 593 y el 571 a.C. Del mismo modo que Isaías y Jeremías, él profetizó tanto juicio como restauración para el pueblo de Dios.

En la Biblia hebrea, Lamentaciones y Daniel están incluidos en los Escritos, no en los Profetas. No obstante, la Biblia en español, siguiendo la traducción griega más temprana, ubica a estos libros con los Profetas Mayores. Lamentaciones tradicionalmente se le atribuye a Jeremías y, al lamentar la trágica destrucción de la ciudad, se enfoca en un evento que ocupó gran parte de la atención de Jeremías. El libro de Daniel, por supuesto, contiene varias profecías sobre eventos futuros, aunque son presentadas en un estilo literario apocalíptico que difiere significativamente de las formas proféticas tradicionales.

LOS PROFETAS EN LA HISTORIA
(siglos V–IX a.C.)

Profeta	Fechas aproximadas (a.C.)	Ubicación/ hogar	Pasaje bíblico básico	Enseñanza central	Versículo clave
Elías	875-850	Tisbi	1 Rey. 17:1–2; 2 Rey. 2:11	Yahvéh y no Baal es Dios	1 Rey. 18:21
Micaías	856	Samaria	1 Rey. 22; 2 Crón. 18	Juicio sobre Acab; prueba de la profecía	1 Rey. 22:28
Eliseo	855-800	Abel-mehola	1 Rey. 19:15-21; 2 Rey. 2-9; 13:14:20	El poder milagroso de Dios	2 Rey. 5:15
Jonás	786-746	Gat-hefer	2 Rey. 14:25; Jonás	El interés universal de Dios	Jonás 4:11
Oseas	786-746	Israel	Oseas	El amor inextinguible de Dios	Os. 11:8-9
Amós	760-750	Tecoa	Amós	El llamado de Dios a la justicia y a la rectitud	Amós 5:24
Isaías	740-698	Jerusalén	2 Rey. 19–20; Isaías	Esperanza a través del arrepentimiento y del sufrimiento	Isa. 1:18; 53:4-6
Miqueas	735-710	Moreset Jerusalén	Jer. 26:18; Miqueas	Llamado a la humildad, a la misericordia y a la justicia	Miq. 6:8
Obed	733	Samaria	2 Crón. 28:9-11	No ir más allá del mandamiento de Dios	2 Crón. 28:9
Nahúm	686-612	Elcos	Nahúm	El celo de Dios protege a su pueblo	Nah. 1:2-3
Sofonías	640-621	?	Sofonías	Esperanza para los humildes y los justos	Sof. 2:3
Jeremías	626-584	Anatot/ Jerusalén	2 Crón. 36:12; Jeremías	Profeta fiel que señala el nuevo pacto	Jer. 31:33-34
Hulda (la profetiza)	621	Jerusalén	2 Rey. 22; 2 Crón. 34	El libro de Dios es exacto	2 Rey. 22:16
Habacuc	608-598	?	Habacuc	Dios llama a la fidelidad	Hab. 2:4
Daniel	605-538	Babilonia	Daniel	Dios reina soberano	Dan. 2:44
Ezequiel	593-571	Babilonia	Ezequiel	Esperanza futura para la nueva comunidad de adoración	Ezeq. 37:12-13
Abdías	580	Jerusalén	Abdías	Condena de Edom y restauración del reino de Dios	Abd. 21
Joel	539-531	Jerusalén	Joel	Llamado a arrepentirse y experimentar el Espíritu de Dios	Joel 2:28-29
Hageo	520	Jerusalén	Esd. 5:1; 6:14; Hageo	La prioridad de la casa de Dios	Hag. 2:8-9
Zacarías	520-514	Jerusalén	Esd. 5:1; 6:14; Zacarías	La fidelidad conducirá al gobierno universal de Dios	Zac. 14:9
Malaquías	500-450	Jerusalén	Malaquías	Honrar a Dios y esperar su justicia	Mal. 4:2

ISAÍAS

De acuerdo al encabezamiento del libro, Isaías profetizó desde alrededor del 740 hasta alrededor del 700 a.C., durante los reinados Uzías, Jotam, Acaz y Ezequías, reyes de Judá. Algunos pasajes del Nuevo Testamento parecen atribuirle el libro entero al profeta Isaías (ver, por ejemplo, Juan 12:38-41). No obstante, por varias razones los eruditos críticos modernos niegan que una gran parte del libro, que incluye los capítulos 40–66, fuera escrita por el Isaías del siglo VIII a.C. Apelando tanto a diferencias estilísticas como a la perspectiva exílica y aun postexílica de muchas secciones, estos eruditos sostienen que los mensajes del profeta han sido complementados por escritores anónimos posteriores (dos de los cuales han sido llamados Segundo y Tercer Isaías).

Ciertamente la perspectiva de los capítulos 40–66 es muy posterior al tiempo de Isaías, como lo indican las muchas referencias a las situaciones de los exiliados, la mención de Ciro de Persia, las exhortaciones para dejar Babilonia y la descripción de la Jerusalén en ruinas y deshabitada. No obstante, esto no necesariamente significa que el autor de estos capítulos vivió en este período posterior. Isaías pudo haberse proyectado hacia el futuro y tratar la situación del exilio, que él sabía que el pueblo de Dios iba a experimentar (ver 39:5-7). Tal proyección hacia el futuro sería única entre los profetas que dejaron legado escrito. No obstante, en la perspectiva propuesta por Isaías, tal proyección sería congruente con uno de lo principales temas teológicos de los últimos capítulos del libro, es decir, con la capacidad de Dios de predecir eventos mucho antes de que Él los haga ocurrir.

Trasfondo histórico. Isaías vivió en tiempos decisivos para Israel y para Judá. Ambas naciones habían experimentado prosperidad durante la primera mitad del siglo VIII a.C. Pero no mucho después de mitad del siglo, los asirios aparecieron en el horizonte como una nube de tormenta oscura y siniestra. En un esfuerzo por resistirlos, el reino del norte formó una coalición con los arameos (sirios). Cuando Judá se negó a unirse al esfuerzo, Israel y Siria atacaron.

Algunos de los primeros capítulos del libro reflejan este trasfondo (ver caps. 7–8). Los asirios derrotaron a Siria y a Israel, y redujeron al último a un estado títere. El moralmente corrupto reino del norte se dirigía de cabeza al juicio final. En el 722 a.C. los asirios conquistaron Samaria e hicieron de Israel una provincia asiria. Siguiendo las pisadas del reino del norte, Judá también se rebeló contra los mandamientos de Dios.

Isaías advirtió a sus conciudadanos que cambiaran, y el reinado de Ezequías vio un avivamiento extraordinario. Ezequías también resistió a los asirios. En el 701 a.C. el gobernante asirio Senaquerib marchó contra Judá y sitió Jerusalén. Isaías animó al rey a confiar en el Señor, quien milagrosamente liberó a la ciudad de las hordas asirias. No obstante, Isaías también vio de antemano el eventual exilio de Judá y trató la situación de esa generación futura.

Tema. El tema de la profecía de Isaías puede resumirse de la siguiente manera: el ideal de Dios para Israel, su pueblo del pacto, efectivamente se cristalizará pero sólo después que su juicio divino purifique a la comunidad del pacto de los que se rebelen contra su autoridad. Dios es el "Santo de Israel", quien controla soberanamente el destino de las naciones, pero quien también demanda lealtad de parte de su pueblo.

Forma literaria. El libro contiene una multitud de tipos literarios individuales, con frecuencia entretejidos de una manera altamente artística y retóricamente efectiva. Entre las formas más comunes están los discursos de juicio (donde el profeta acusa a la nación de obrar mal y anuncia su destino que se aproxima), la exhortación al arrepentimiento, el anuncio de salvación (que promete la intervención de Dios por su pueblo sufriente), y el oráculo de salvación (en el cual el Señor anima a su pueblo a no temer). Otras formas incluyen el discurso de disputa (donde Dios responde a una acusación o a una queja por parte de su pueblo), y el discurso procesal (donde Dios argumenta su caso con Israel o con las naciones paganas). El libro contiene mensajes proféticos, mayormente en la forma poética caracterizada por paralelismo de pensamiento e imágenes vívidas, y material biográfico acerca de Isaías.

La mayor parte de los mensajes de juicio aparece en los capítulos 1–39. La mayoría de los discursos de salvación ocurre en los capítulos 40–66. Aun así, es demasiado simplista decir que el tema de los capítulos 1–39 es el juicio y el de los capítulos 40–66 es la salvación. En cada una de las secciones principales de los capítulos 1–39, el mensaje va de juicio a salvación.

I. Juicio y restauración (1:1–12:6)
II. El reino de Dios (13:1–39:8)
III. Esperanza y restauración (40:1–66:24)

Propósito y teología. Como mensajero del Señor del pacto, Isaías advirtió que el pueblo de Dios estaba a punto de ser juzgado por romper dicho pacto. A pesar de que el castigo sería severo, Dios en última instancia también juzgaría a las naciones y volvería a establecer a su pueblo en su tierra.

En el desarrollo de este tema principal de la salvación a través del juicio de purificación, emergen varios temas conexos. Isaías tenía mucho que decir sobre Sión (Jerusalén), el lugar de la morada de Dios. Profetizó y fue testigo de la liberación milagrosa de la ciudad de manos de los asirios. El evento vaticinó y llegó a ser una garantía de la eventual vindicación y glorificación de Jerusalén delante de las naciones. No obstante, vendría un tiempo cuando Jerusalén tendría que soportar apremios extremos y su pueblo tendría que sufrir la humillación del exilio. De todos modos, Dios no abandonaría a la ciudad. Él conduciría a su pueblo fuera del exilio en un nuevo grandioso éxodo y los llevaría de vuelta a la tierra prometida. Sión sería habitada una vez más. Esta visión se cumplió sólo en forma parcial alrededor del 538 a.C. cuando Ciro, el gobernante persa, les permitió a los exiliados volver a Palestina. La restauración completa de Israel espera un tiempo futuro cuando la renovación del pacto será total (comparar Isa. 55 con Rom. 11:27).

El siervo del Señor (el punto central de los así llamados cánticos del siervo de los caps. 42–53) juega un papel prominente en la restauración de Israel. Descrito como un nuevo Moisés que media un nuevo pacto para la nación, este siervo sufre a favor del pueblo de Dios y le trae redención. Una revelación bíblica subsiguiente identifica a este siervo como Jesucristo. En los primeros capítulos de Isaías vemos una descripción más tradicional del Mesías como un gobernante davídico poderoso que conquista a los enemigos de Dios y establece justicia en Israel y entre las naciones.

El libro también enfatiza la soberanía de Dios sobre las naciones. Él levantó a Asiria y a Babilonia como instrumentos para castigar a su pueblo rebelde, pero luego las destruyó debido a su arrogancia y su crueldad. Una y otra vez Dios declaró su superioridad infinita a los dioses ídolos de las naciones. Ellos eran producto de manos humanas e inoperantes, pero Él es el Creador soberano que supervisa el universo.

JUICIO Y RESTAURACIÓN (1:1–12:6)

Advertencia divina (1:1-31). Ver la introducción a "Isaías" para una discusión sobre el título. El Señor convocó a la personificación del cielo y de la tierra, los antiguos testigos del pacto de Dios con Israel (Deut. 30:19; 31:28), para escuchar su acusación contra su pueblo rebelde. A pesar de su preocupación paternal, ellos lo habían desobedecido y lo habían rechazado. Aunque Judá ya había experimentado los horrores de la invasión militar y sólo Jerusalén se había salvado, la nación se negó a volverse a Dios. Comparando a su pueblo con los malhechores de Sodoma y de Gomorra, el Señor denunció sus actos religiosos hipócritas y exigió que promovieran la justicia social en la tierra. El Señor dio un ultimátum. La obediencia traería perdón y la restauración de las bendiciones; la desobediencia continua resultaría en destrucción.

En respuesta a la denuncia del Señor, Isaías se lamentaba de que Jerusalén, que una vez había sido fiel, ahora se había llenado de injusticia social y corrupción. El Señor tomaría la causa de los oprimidos y purificaría la ciudad de sus malhechores. Otra vez Jerusalén llegaría a ser el centro de la justicia.

Restauración (2:1–4:6). Esta sección comienza y termina con una descripción de la Jerusalén purificada y restaurada del futuro. En el medio, Isaías se refirió a la situación de su propio tiempo, advirtió sobre el juicio inminente y condenó a los orgullosos residentes de la ciudad.

Paz universal (2:1-5). A continuación del juicio purificador de Dios, Jerusalén llegaría a ser el centro de su reino universal de paz. Más que recurrir a la guerra, las naciones permitirían que el Señor arreglara sus disputas. Como anticipación de esta época de paz que venía, el profeta exhortó a su propia generación a buscar la guía divina.

El día del juicio del Señor (2:6-22). Retornando a la realidad de su propio día, Isaías denunció a Judá por sus alianzas extranjeras, por su idolatría y por su acumulación de riquezas y armamentos. Advirtió que el día del juicio del Señor era inminente. Al igual que un guerrero poderoso, Él destruiría a los orgullosos, simbolizados aquí por árboles altos, por montañas elevadas, por ciudades amuralladas y por naves impresionantes. En ese día los adoradores de ídolos abandonarían a los dioses que hubieren fabricado y huirían aterrorizados de la ira de Dios. Dado que ni siquiera el más poderoso podría soportar el juicio de Dios, el profeta urgió a sus contemporáneos a no poner más su confianza en los mortales.

La injusticia de Jerusalén (3:1–4:1). El punto focal del juicio del Señor serían los líderes arrogantes y opresivos de Jerusalén. Irónicamente, después del juicio, los hombres rechazarían los puestos antes codiciados por su poder y prestigio. Los que fueran totalmente incapaces para gobernar la sociedad serían forzados a asumir el liderazgo.

Las mujeres ricas de Jerusalén eran una personificación del orgullo de sus clases altas. Su conducta y su vestimenta eran una prueba vívida de que los ricos sacaban provecho a expensas del pobre. En el día del juicio las señales de riqueza y de orgullo serían reemplazadas por las de privación y de humillación. Las mujeres usarían ropa de luto en vez de trajes lujosos. Con sus esposos e hijos varones muertos en batalla, les rogarían a los pocos hombres sobrevivientes que se casaran con ellas.

La purificación de Jerusalén (4:2-6). A pesar de sus horrores, el juicio de Dios tenía una meta positiva de purificación. "Lavaría" la "inmundicia" de las mujeres de Jerusalén (una referencia irónica a sus hermosos trajes) y limpiaría las manchas de sangre dejadas por el trato violento hacia los pobres. Del fuego del juicio emergería un remanente de seguidores fieles, quienes al final cumplirían el ideal de Dios para una nación santa (ver Ex. 19:6). Él los bendeciría con prosperidad agrícola y los protegería de toda fuerza dañina y destructiva. Las imágenes de la "nube de humo" y del "resplandor de fuego" aluden al período del éxodo y del peregrinaje por el desierto, cuando nube y fuego eran símbolos tangibles de la presencia y de la guía protectora de Dios (Ex. 13:21-22; 14:20).

Algunos ven al "retoño del SEÑOR" como un título mesiánico (ver Jer. 23:5; 33:15; Zac. 3:8; 6:12). Pero esto no parece probable en este contexto, donde la frase corresponde a "fruto de la tierra". Ambas frases probablemente se refieren a la abundancia agrícola que el Señor le daría a su pueblo restaurado. La palabra hebrea traducida "retoño" *(semah)* puede referirse a vegetación o a crecimiento agrícola (ver Gén. 19:25, "vegetación"; Sal. 65:10, "renuevos"; Ezeq. 16:7, "planta"). Varios profetas, incluido Isaías, describieron la época de la restauración de Israel como de bendición agrícola renovada (Isa. 30:23-24; 32:20; Jer. 31:12; Ezeq. 34:26; Amós 9:13-14).

La viña del Señor (5:1-30). Isaías se valió de todas sus habilidades retóricas para enfatizar la necesidad y lo inevitable del juicio divino. Lo que comienza como una canción de amor muy pronto toma un giro amargo. El cántico habla de un agricultor (el Señor) que prepara la tierra para una viña (el pueblo de Dios). Después de hacer todos los preparativos necesarios, él esperaba que la viña diera buenas uvas. En cambio, sólo produjo malas. Del mismo modo Dios estableció a Israel para ser un modelo de justicia y de rectitud. Israel retribuyó los esfuerzos de Dios con actos violentos y con injusticia. (En el texto hebreo el juego de palabras remarca la perversión por parte de Israel del ideal de Dios. La palabra traducida "ríos de sangre" en 5:7 [*misah*] suena como la palabra para "justicia" [*mispat*], mientras que la palabra que aparece como

"gritos de angustia" [*seaqa*] suena parecida a la palabra para "rectitud" [*sedaqa*]). La única alternativa del agricultor era destruir la viña sin fruto. Así el Señor debía juzgar a su pueblo pecador.

A continuación hay una serie de discursos de juicio, cada uno de los cuales comienza con la palabra "ay". Los israelitas antiguos usaban esta palabra al hacer duelo por la muerte de un amigo o de un ser querido. Al emplear esta palabra, el profeta estaba, por así decirlo, dramatizando por adelantado el funeral de la nación y por lo tanto enfatizando lo inevitable del juicio.

En estos ayes Isaías condenó varios pecados, incluyendo la injusticia socioeconómica, la corrupción del sistema legal, la jarana de los ricos y la insensibilidad espiritual. La ironía remarca los discursos. Los que acumulaban tierras y casas a expensas de los pobres no prosperarían por sus adquisiciones. Los que se embriagaban y comían morirían de hambre y de sed en el exilio y serían devorados por el sepulcro. Los que desafiaban al Señor diciendo: "¡Que Dios se apresure!", pronto verían su instrumento de juicio, las hordas asirias, que avanzaban en forma "presta y veloz". Finalmente, los que tuvieran "las tinieblas por luz y la luz por tinieblas" en asuntos morales y éticos encontrarían su esfera de actividad pecaminosa oscurecida por las nubes del juicio.

La visión de Isaías (6:1-13). Isaías 1–5 describe cómo el pueblo de Dios rechazó al "Santo" (1:4; 5:24). En Isaías 6 el profeta habla de su encuentro cara a cara con este Santo. En el año de la muerte del rey Uzías (740 a.C.) Isaías recibió una visión del Rey verdadero, el Señor, sentado sobre su trono celestial. Serafines lo rodeaban, cantando "Santo, santo, santo es el SEÑOR Todopoderoso". Sobrecogido por el esplendor de Dios, Isaías reconoció la condición pecadora de él y de su pueblo. Después que Isaías fue purificado simbólicamente, el Señor lo

PROFECÍAS MESIÁNICAS DEL ANTIGUO TESTAMENTO

Profecía	Referencias en el AT	Cumplimiento en el NT
Simiente de la mujer	Gén. 3:15	Gál. 4:4; Heb. 2:14
A través de los hijos de Noé	Gén. 9:27	Luc. 1:26
Simiente de Abraham	Gén. 12:3	Mat. 1:1; Gál. 3:8,16
Simiente de Isaac	Gén. 17:19	Rom. 9:7; Heb. 11:18
Bendición a las naciones	Gén. 18:18	Gál. 3:8
Simiente de Isaac	Gén. 21:12	Rom. 9:7; Heb. 11:18
Bendición a los gentiles	Gén. 22:18	Gál. 3:8,16; Heb. 6:14
Bendición a los gentiles	Gén. 26:4	Gál. 3:8,16; Heb. 6:14
Bendición a través de Abraham	Gén. 28:14	Gál. 3:8,16; Heb. 6:14
De la tribu de Judá	Gén. 49:10	Apoc. 5:5
Ningún hueso quebrado	Ex. 12:46	Juan 19:36
Bendición para el primogénito	Ex. 13:2	Luc. 2:23
Ningún hueso quebrado	Núm. 9:12	Juan 19:36
La serpiente en el desierto	Núm. 21:8-9	Juan 3:14-15
Una estrella que sale de Jacob	Núm. 24:17-19	Mat. 2:2; Luc. 1:33,78; Apoc. 22:16
Como un profeta	Deut. 18:15,18-19	Juan 6:14; 7:40; Hech. 3:22-23
Maldito sobre el árbol	Deut. 21:23	Gál. 3:13
El trono de David establecido para siempre	2 Sam. 7:12-13,16,25-26; 1 Crón. 17:11-14, 23-27; 2 Crón. 21:7	Mat. 19:28; 21:4; 25:31; Mar. 12:37; Luc. 1:32; Juan 7:42; Hech. 2:29-30; 13:22-23; Rom. 1:3, 2 Tim. 2:8; Heb. 1:5,8; 8:1; 12:2; Apoc. 22:1
Un Redentor prometido	Job 19:25-27	Juan 5:28-29; Gál. 4:4; Ef. 1:7,11,14
Declarado Hijo de Dios	Sal. 2:1-12	Mat. 3:17; Mar. 1:11; Hech. 4:25-26; 13:33; Heb. 1:5; 5:5; Apoc. 2:26-27; 19:15-16
Su resurrección	Sal. 16:8-10	Hech. 2:27; 13:25; 26:23
Manos y pies traspasados	Sal. 22:1-31	Mat. 27:31,35-36
Burlado e insultado	Sal. 22:7-8	Mat. 27:39-49; Luc. 23:35
Soldados echan suertes sobre su ropa	Sal. 22:18	Mar. 15:20,24; Luc. 23:34; Juan 19:23-24
Acusado por falsos testigos	Sal. 27:12	Mat. 26:60-61
Encomienda su espíritu	Sal. 31:5	Luc. 23:46
Ningún hueso quebrado	Sal. 34:20	Juan 19:36
Acusado por falsos testigos	Sal. 35:11	Mat. 26:59-61; Mar. 14:57-58
Odiado sin razón	Sal. 35:19	Juan 15:24-25
Amigos se mantienen a distancia	Sal. 38:11	Mat. 27:55; Mar. 15:40; Luc. 23:49
"He venido, oh Dios, a hacer tu voluntad"	Sal. 40:6-8	Heb. 10:5-9
Traicionado por un amigo	Sal. 41:9	Mat. 26:14-16,47,50; Mar. 14:17-21; Luc. 22:19-23; Juan 13:18-19
Conocido como justo	Sal. 45:2,6-7	Heb. 1:8-9
Su resurrección	Sal. 49:15	Mar. 16:6
Traicionado por un amigo	Sal. 55:12-14	Juan 13:18
Su ascensión	Sal. 68:18	Ef. 4:8
Odiado sin razón	Sal. 69:4	Juan 15:25
Herido por reproches	Sal. 69:9	Juan 2:17; Rom. 15:3
Le dieron hiel y vinagre	Sal. 69:21	Mat. 27:34,48; Mar. 15:23; Luc. 23:36; Juan 19:29
Exaltado por Dios	Sal. 72:1-19	Mat. 2:2; Fil. 2:9-11; Heb. 1:8
Habla en parábolas	Sal. 78:2	Mat. 13:34-35
Simiente de David exaltada	Sal. 89:3-4, 19-20,27-29, 35-37	Luc. 1:32; Hech. 2:30; 13:23; Rom. 1:3; 2 Tim. 2:8
El Hijo del Hombre viene en gloria	Sal. 102:16	Luc. 21:24,27; Apoc. 12:5-10
"Tú permaneces"	Sal. 102:24-27	Heb. 1:10-12
Oraciones por los enemigos de Dios	Sal. 109:4	Luc. 23:34
Otro para suceder a Judas	Sal. 109:7-8	Hech. 1:16-20
Un sacerdote como Melquisedec	Sal. 110:1-7	Mat. 22:41-45; 26:64; Mar. 12:35-37; 16:19; Hech. 7:56; Ef. 1:20; Col. 1:20; Heb. 1:13; 2:8; 5:6; 6:20; 7:21; 8:1; 10:11-13; 12:2
La piedra angular	Sal. 118:22-23	Mat. 21:42; Mar. 12:10-11; Luc. 20:17; Hech. 4:11; Ef. 2:20; 1 Ped. 2:4
El Rey que viene en el nombre del Señor	Sal. 118:26	Mat. 21:9; 23:39; Mar. 11:9; Luc. 13:35; 19:38; Juan 12:13
El reinado de la simiente de David	Sal. 132:11; 2 Sam. 7:12-13,16,25-26,29	Mat. 1:1
Declarado Hijo de Dios	Prov. 30:4	Mat. 3:17; Mar. 14:61-62; Luc. 1:35; Juan 3:13; 9:35-38; 11:21; Rom. 1:2-4; 10:6-9; 2 Ped. 1:17
Arrepentimiento de las naciones	Isa. 2:2-4	Luc. 24:47
Los corazones son endurecidos	Isa. 6:9-10	Mat. 13:14-15; Juan 12:39-40; Hech. 28:25-27
Nacido de una virgen	Isa. 7:14	Mat. 1:22-23
Piedra de tropiezo	Isa. 8:14,15	Rom. 9:33; 1 Ped. 2:8
Luz en la oscuridad	Isa. 9:1-2	Mat. 4:14-16; Luc. 2:32
Dios con nosotros	Isa. 9:6-7	Mat. 1:21,23; Luc. 1:32-33; Juan 8:58; 10:30; 14:19; 2 Cor. 5:19; Col. 2:9

PROFECÍAS MESIÁNICAS DEL ANTIGUO TESTAMENTO

Profecía	Referencias en el AT	Cumplimiento en el NT
Lleno de sabiduría y de poder	Isa. 11:1-10	Mat. 3:16; Juan 3:34; Rom. 15:12; Heb. 1:9
Reino con misericordia	Isa. 16:4-5	Luc. 1:31-33
Una estaca en lugar firme	Isa. 22:21-25	Apoc. 3:7
La muerte devorada por la victoria	Isa. 25:6-12	1 Cor. 15:54
Una piedra en Sión	Isa. 28:16	Rom. 9:33; 1 Ped. 2:6
Los sordos oyen, los ciegos ven	Isa. 29:18-19	Mat. 5:3; 11:5; Juan 9:39
Rey de reyes, Señor de señores	Isa. 32:1-4	Apoc. 19:16; 20:6
Hijo del Altísimo	Isa. 33:22	Luc. 1:32; 1 Tim. 1:17; 6:15
Curación para los necesitados	Isa. 35:4-10	Mat. 9:30; 11:5; 12:22; 20:34; 21:14; Mar. 7:30; Juan 5:9
Preparen el camino del Señor	Isa. 40:3-5	Mat. 3:3; Mar. 1:3; Luc. 3:4-5; Juan 1:23
El Pastor muere por sus ovejas	Isa. 40:10-11	Juan 10:11; Heb. 13:20; 1 Ped. 2:24-25
El Siervo manso	Isa. 42:1-16	Mat. 12:17-21
Una luz a los gentiles	Isa. 49:6-12	Luc. 2:32; Hech. 13:47; 2 Cor. 6:2
Azotado y escupido	Isa. 50:6	Mat. 26:67; 27:26-30; Mar. 14:65; 15:15,19; Luc. 22:63-65; Juan 19:1
Rechazado por su pueblo	Isa. 52:13-53:12	Mat. 8:17; 27:1-2,12-14,38
Sufrió vicariamente	Isa. 53:4-5	Mar. 15:3-4,27-28; Luc. 23:1-25,32-34
En silencio cuando fue acusado	Isa. 53:7	Juan 1:29; 11:49-52; Hech. 8:28-35
Crucificado con transgresores	Isa. 53:12	Mar. 15:27; Luc. 22:37; 23:32
Enterrado con los ricos	Isa. 53:9	1 Ped. 2:21-25
Llamado a los que no eran su pueblo	Isa. 55:4-5	Juan 18:37; Rom 9:25; Apoc. 1:5
Liberación desde Sión	Isa. 59:16-20	Rom 11:26-27
Las naciones caminan en la luz	Isa. 60:1-3	Luc. 2:32
Ungido para predicar la libertad	Isa. 61:1-3	Luc. 4:17-19; Hech. 10:38
Llamado por un nuevo nombre	Isa. 62:1-2	Apoc. 3:12
El Rey que viene	Isa. 62:11	Mat. 21:5
Un vestido teñido en sangre	Isa. 63:1-3	Apoc. 19:13
Afligido con los afligidos	Isa. 63:8-9	Mat. 25:34-40
Los elegidos lo heredarán	Isa. 65:9	Rom. 11:5,7; Heb. 1:14
Un cielo nuevo y una tierra nueva	Isa. 65:17-25	2 Ped. 3:13; Apoc. 21:1
El Señor es nuestra salvación	Jer. 23:5-6	Juan 2:19-21; Rom. 1:3-4; Ef. 2:20-21; 1 Ped. 2:5
Nacido Rey	Jer. 30:9	Juan 18:37; Apoc. 1:5
Masacre de los niños	Jer. 31:15	Mat. 2:17-18
Concebido del Espíritu Santo	Jer. 31:22	Mat. 1:20; Luc. 1:35
Un nuevo pacto	Jer. 31:31-34	Mat. 26:27-29; Mar. 14:22-24; Luc. 22:15-20; 1 Cor. 11:25; Heb. 8:8-12; 10:15-17; 12:24; 13:20
Una casa espiritual	Jer. 33:15-17	Juan 2:19-21; Ef. 2:20-21; 1 Ped. 2:5
Un árbol plantado por Dios	Ezeq. 17:22-24	Mat. 13:31-32
Lo humilde será exaltado	Ezeq. 21:26-27	Luc. 1:52
El buen Pastor	Ezeq. 34:23-24	Juan 10:11
Una roca cortada sin manos	Dan. 2:34-35	Hech. 4:10-12
Su reino triunfante	Dan. 2:44-45	Luc. 1:33; 1 Cor. 15:24; Apoc. 11:15
Un dominio eterno	an. 7:13-14	Mat. 24:30; 25:31; 26:64; Mar. 14:61-62; Hech. 1:9-11; Apoc. 1:7
Un reino para los santos	Dan. 7:27	Luc. 1:33; 1 Cor. 15:24; Apoc. 11:15
El tiempo de su nacimiento	Dan. 9:24-27	Mat. 24:15-21; Luc. 3:1
Israel restaurado	Os. 3:5	Juan 18:37; Rom. 11:25-27
Huída a Egipto	Os. 11:1	Mat. 2:15
Promesa del Espíritu	Joel 2:28-32	Hech. 2:17-21; Rom. 10:13
El sol oscurecido	Amós 8:9	Mat. 24:29; Hech. 2:20; Apoc. 6:12
Restauración del tabernáculo	Amós 9:11-12	Hech. 15:16-18
Israel reunido	Miq. 2:12-13	Juan 10:14,26
El reino establecido	Miq. 4:1-8	Luc. 1:33
Nacido en Belén	Miq. 5:1-5	Mat. 2:1; Luc. 2:4,10-11
La tierra llena del conocimiento de la gloria del Señor	Hab. 2:14	Rom 11:26; Apoc. 21:23-26
El Cordero sobre el trono	Zac. 2:10-13	Apoc. 5:13; 6:16; 21:25; 22:1-5
Un sacerdocio santo	Zac. 3:8	1 Ped. 2:5
Un Sumo Sacerdote celestial	Zac. 6:12-13	Heb. 4:14; 8:1,2
Entrada triunfal	Zac. 9:9-10	Mat. 21:4-5; Mar. 11:9-10; Luc. 19:38; Juan 12:13-15
Vendido por 30 monedas de plata	Zac. 11:12-13	Mat. 26:14-15
El campo del alfarero/fundidor comprado por dinero	Zac. 11:12-13	Mat. 27:9
Su cuerpo traspasado	Zac. 12:10	Juan 19:34,37
El pastor herido, las ovejas dispersadas	Zac. 13:1,6-7	Mat. 26:31; Juan 16:32
Precedido por un precursor	Mal. 3:1	Mat. 11:10; Mar. 1:2; Luc. 7:27
Nuestros pecados purgados	Mal. 3:3	Heb. 1:3
La luz del mundo	Mal. 4:2-3	Luc. 1:78; Juan 1:9; 12:46; 2 Ped. 1:19; Apoc. 2:28; 19:11-16; 21:23-24; 22:16
La venida de Elías	Mal. 4:5-6	Mat. 11:14; 17:10-12

comisionó como mensajero a su pueblo espiritualmente insensible. Debía predicar hasta que el juicio arrasara la tierra y la gente fuera llevada al exilio, y quedara sólo un remanente.

La liberación a través del Mesías (7:1–12:6). El trasfondo para estos capítulos es la guerra siro-efraimita (735–733 a.C.), cuando Siria y el reino del norte invadieron Judá y sitiaron Jerusalén.

El descrecimiento de Acaz y los hijos de Isaías como señal (7:1–8:22). Durante la guerra siro-efraimita, Aram (Siria) y el reino del norte amenazaron con reemplazar a Acaz, el rey de Judá, por un gobernante cercano. Isaías urgió al rey a confiar en las promesas del Señor a la dinastía davídica. Mientras Acaz estaba inspeccionando el sistema de agua de la ciudad en preparación para un sitio, Isaías y su hijo, Sear-jasub, se encontraron con el rey. El nombre del profeta (Isaías significa *el SEÑOR salva*) y el de su hijo (Sear-jasub significa *un remanente regresará*) eran simbólicos, lo cual indicaba que Dios era completamente capaz de preservar a su pueblo a través de la crisis.

Isaías desafió a Acaz a pedir una señal de confirmación. Cuando Acaz se negó, Isaías anunció que el Señor le daría al rey una señal. En un futuro cercano nacería un niño y sería llamado "Emanuel" (que significa *Dios con nosotros*). El nombre sería apropiado porque sería una prueba viviente de la presencia providente de Dios con su pueblo. Antes que el niño pudiera distinguir entre el bien y el mal, el Señor liberaría a Judá de la coalición sirio-israelita, y esto demostraría su soberanía sobre el destino de Judá.

No obstante, debido al descrecimiento de Acaz, este tiempo de liberación sería de corta vida. Para castigar al rey por su falta de fe, el Señor traería sobre la tierra una crisis mucho peor que la amenaza sirio-israelita. Irónicamente, los asirios, a quienes Acaz recurrió por ayuda (2 Rey. 16:7-9),

invadirían la tierra y diezmarían su población. La cuajada con miel que comería Emanuel, que al principio pareció ser una señal de bendición divina, ahora sería testigo de la condición de desolación de la tierra.

Mateo 1:22-23 afirma que el nacimiento de Jesús cumplió la profecía de Isaías 7:14. No obstante, uno no debe sacar de esto la conclusión de que la antigua profecía de Emanuel se refiere *exclusivamente* a Jesús. Las circunstancias de la profecía demandan también un cumplimiento más inmediato. El contexto de Isaías 7:14 indica que nacería un niño en los días de Acaz y que para esa generación serviría como señal del control providencial por parte de Dios de los eventos internacionales y del destino de su pueblo. Este niño, que era señal de la presencia de Dios con su pueblo, fue un anticipo de Jesús, quien es "Dios con nosotros" en el sentido más completo posible. El uso de la profecía de Emanuel por parte de Mateo es consistente con la manera en que usó el Antiguo Testamento en otras partes de los primeros capítulos de su Evangelio. Mateo 2:14-15 se aplica a Oseas 11:1, que en su contexto habla del éxodo histórico de Israel desde Egipto, a la huida de Jesús a Egipto siendo un bebé. Mateo presentó a Jesús como un Israel nuevo o ideal, cuya experiencia en su vida temprana siguió el modelo de la nación de Israel. De acuerdo a Mateo 2:17-18, la matanza de los niños inocentes de Belén por parte de Herodes cumplió Jeremías 31:15, que en su contexto describe a las madres de Ramá (no de Belén) que lloraban mientras sus hijos eran llevados al exilio. La acción de Herodes cumplió Jeremías 31:15 en que el evento descrito por Jeremías establece un patrón que se corresponde en carácter con los actos opresivos de Herodes.

El cumplimiento inmediato de la profecía de Emanuel se describe en el capítulo 8.

Isaías hizo preparativos cuidadosos para el nacimiento del niño de la señal. Él y "la profetisa" (presumiblemente su esposa) entonces tuvieron un hijo, que fue llamado Maher-salal-hasbaz. Aunque el niño no fue llamado Emanuel, el significado especial atribuido a su nombre y a su patrón de crecimiento son un paralelo de la profecía de Emanuel. El nombre de Maher-salal-hasbaz, que significa *pronto al saqueo, presto al botín*, señaló la destrucción de los enemigos de Judá. Antes que el niño pudiera decir "papi" o "mami", Asiria saquearía tanto a los sirios como al reino del norte. Pero la profecía también tiene su lado negativo. Debido a la incredulidad de Judá, los asirios también invadirían el reino del sur y como una inundación, llegaría una extensa destrucción. Este mensaje de juicio concluye con una referencia a Emanuel, como si ya estuviera en vida. Esto se explica mejor entendiendo que los versículos precedentes describen su nacimiento.

Si en realidad Maher-salal-hasbaz y Emanuel son una sola persona, se necesita alguna explicación para la diferencia en los nombres. Quizás los nombres enfatizan aspectos diferentes de la misma profecía. Emanuel hace su enfoque en la parte que Dios tiene en la historia, mientras que Maher-salal-hasbaz, el nombre real del niño, anticipa los efectos destructivos sobre los enemigos de Judá. (De la misma manera Emanuel se aplica a Jesús, y enfatiza la intervención personal de Dios en la historia a través de la encarnación. Al mismo tiempo, el nombre Jesús, que significa *el Señor salva*, señala el propósito del acto de Dios.)

A continuación de este mensaje de juicio sobre Judá, el profeta, en un rapto de emoción repentino, cambió abruptamente su perspectiva. Desafiando a las naciones a atacar al pueblo de Dios, anunció que la presencia de Dios con su pueblo aseguraba la liberación final.

Antes de desarrollar este tema en más detalle (ver 9:1-7), Isaías registró instrucciones que recibió del Señor. Dios exhortó a Isaías a rechazar la opinión popular y a confiar en Él. Prometió ser un santuario para los fieles, pero para las infieles naciones de Israel y Judá sería como una piedra de tropiezo o una trampa. En respuesta a la acusación del Señor, Isaías declaró su confianza en Dios. También les recordó a sus oyentes que él y sus hijos eran señales divinas y los alentó a buscar guía en la palabra profética revelada por Dios y no en las prácticas paganas.

La liberación del pueblo de Dios por parte del Mesías (9:1-7). Por delante había días oscuros para el pueblo de Dios, especialmente para el reino del norte. Los asirios invadirían Palestina desde el norte y humillarían a Israel. Isaías miró más allá de este tiempo de castigo y vio una liberación brillante. Al final el Señor salvaría a su pueblo de manos de sus opresores, así como lo hizo en los días de Gedeón, a través del cual aniquiló a los opresivos madianitas (ver Jue. 6–8).

El Señor lograría esta liberación futura a través del Mesías, quien reinaría sobre el trono de David. Las palabras "Porque nos ha nacido un niño, se nos ha concedido un hijo" vinculan esta profecía mesiánica con la predicción del nacimiento de Emanuel (ver 7:14), lo cual sugiere que Emanuel/Maher-salal-hasbaz anticipó al Mesías. El hijo de Isaías fue un recordatorio de la presencia soberana de Dios; el Mesías sería una expresión mucho más perfecta de la presencia divina.

Los títulos reales del Mesías dan testimonio de su estrecha relación con Dios y lo describen como un guerrero poderoso capaz de establecer la paz en su reino. Se hace una lista de cuatro títulos, cada uno de los cuales contiene dos elementos. El primero, "Consejero admirable", en este contexto describe al Mesías como un extraordinario estratega

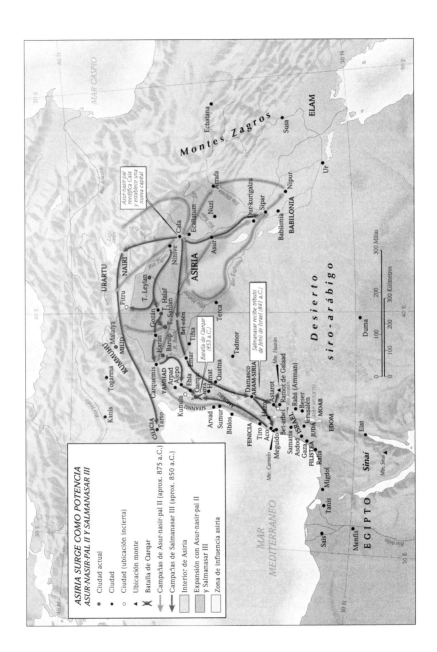

ASIRIA SURGE COMO POTENCIA
ASUR-NASIR-PAL II Y SALMANASAR III

• Ciudad actual
• Ciudad
○ Ciudad (ubicación incierta)
▲ Ubicación monte
⚔ Batalla de Qarqar
Campañas de Asur-nasir-pal II (aprox. 875 a.C.)
Campañas de Salmanasar III (aprox. 850 a.C.)
Interior de Asiria
Expansión con Asur-nasir-pal II
y Salmanasar III
Zona de influencia asiria

Asur-nasir-pal reedifica Cala y establece una nueva capital

Batalla de Qarqar (853 a.C.)

Salmanasar recibe tributo de Jehú de Israel (841 a.C.)

militar. (En algunas versiones estas dos palabras aparecen en forma independiente: Admirable, Consejero.)

El segundo, "Dios fuerte", indica que Dios le daría energía para la batalla de modo que pudiera desplegar una destreza sobrehumana contra sus enemigos. (Algunos sostienen que este segundo título señala la naturaleza divina del Mesías. Otros mantienen que la doctrina de la deidad del Mesías sólo se revela claramente en el N.T.)

El tercer título, "Padre eterno", describe al Mesías como un gobernante benéfico que demuestra preocupación paternal por su pueblo. En el siglo VIII a.C. la palabra "eterno" probablemente hubiera sido entendida como una hipérbole real (ver la atribución de vida eterna al rey en Sal. 21:4; 61:6-7; 72:5). Por supuesto, en el progreso de la revelación uno descubre que el reino eterno de Cristo cumplirá literalmente el lenguaje de la profecía. (El título de "Padre" no debe ser entendido en términos trinitarios. En este contexto es mejor tomarlo como una expresión idiomática usada comúnmente en el mundo antiguo para un oficial o gobernante justo y benévolo. Para un ejemplo bíblico de la expresión, ver Isa. 22:21.)

El cuarto título, "Príncipe de paz", indica que el reino del Mesías se caracterizaría por justicia social y prosperidad.

El juicio del reino del norte (9:8–10:4). Después de describir la gloria del Israel futuro, Isaías se refirió a la situación de su propio tiempo. El reino del norte, a pesar de experimentar la disciplina cada vez más severa de Dios, se negó a volver al Señor. Aunque sufrió los estragos de la invasión extranjera y de la guerra civil, el reino del norte con orgullo pretendió ser señor de su propio destino y enemistó con Judá, su vecina al sur. Los líderes corruptos de la nación continuaron promulgando leyes injustas que privaban a los pobres de sus derechos. Para tal nación, el juicio divino era inevitable. Las medidas punitivas tomadas por Dios en el pasado culminarían en un "día del castigo" (RVR60), caracterizado por el exilio y la matanza. Las palabras "A pesar de todo esto, la ira de Dios no se ha aplacado; ¡su mano aún sigue extendida!", que aparecen como un refrán en este discurso de juicio, describen la inexorable aproximación de este día.

Juicio sobre los asirios (10:5-34). Con la aparición del mismo refrán en 10:4 uno espera otra descripción del juicio sobre Israel. Pero otra vez el profeta repentinamente cambia su perspectiva al incluir a los asirios dentro del marco del día del juicio de Dios. Dios levantó a los asirios como su instrumento de juicio contra Israel y Judá. Obsesionados por delirios de grandeza, los asirios arrogantemente atribuyeron su éxito militar a su propia fuerza y reclamaron soberanía sobre Jerusalén, la ciudad elegida por Dios. Desde la perspectiva divina esto fue tan absurdo como una herramienta que trata de manejar al trabajador que la usa o un arma que trata de blandir al guerrero que la emplea. Airado, el Señor anunció que aniquilaría a Asiria en un solo día. Aunque los poderosos asirios se podían comparar a un bosque lleno de árboles, el Señor, como un furioso fuego, los reduciría a un número insignificante. Al igual que Egipto y que Madián, los opresores pasados del pueblo de Dios, los asirios experimentarían el duro juicio divino. Cuando ellos marcharan en forma desafiante contra Jerusalén, el Señor los cortaría en pedazos como un leñador tala un árbol alto. Esta profecía se cumplió en el 701 a.C. cuando el Señor diezmó los ejércitos de Senaquerib fuera de las murallas de Jerusalén (ver 37:36-37).

En conjunción con la desaparición de Asiria, el Señor prometió restaurar al pueblo de Israel, el cual una vez había sido numeroso pero había sido reducido a un mero remanente por los opresores asirios. En aquel día el pueblo de Dios pondría su confianza en Él y en el Mesías (comparar con "Dios Poderoso", 10:21) antes que en alianzas foráneas.

El reino de justicia del Mesías (11:1-10). El destino de Asiria estaba en contraste directo con el del trono davídico. El Señor derribaría el imperio asirio, pero haría que un nuevo gobernante, el Mesías, surgiera de la familia de Isaí. Energizado por el Espíritu del Señor, este Rey poseería sabiduría, habilidad ejecutiva y lealtad a Dios, todo lo cual es necesario para gobernar de manera justa y efectiva. Sus decisiones legales estarían basadas en la verdad y no en apariencias superficiales. Defendería a los pobres y suprimiría a los malvados. Su reino sería de justicia, de igualdad y de paz, donde los fuertes ya no hicieran presa de los débiles.

Restauración del pueblo de Dios exiliado (11:11-12:6). En la era mesiánica el pueblo de Dios también sería restaurado a su gloria anterior. Aunque exiliado por todo el mundo, Dios lo conduciría de regreso a la tierra prometida en un nuevo y grandioso éxodo. Como en los días de Moisés, Dios milagrosamente eliminaría todos los obstáculos, y haría que su pueblo una vez más declarara: "El SEÑOR es mi fuerza y mi cántico; él es mi salvación" (ver Ex. 15:2). Al igual que en el primer éxodo, el pueblo de Dios experimentaría su abundante provisión y bendición (comparar 12:3 con Ex. 15:22-27). En cuanto regresaran a la tierra, los reinos del norte y del sur, en otro tiempo hostiles, se reunirían y, como en los días del imperio davídico, subyugarían a sus enemigos. En contraste con los días de Isaías, cuando Israel había "despreciado al Santo de Israel" (ver 1:4), el Santo de Israel sería exaltado en medio de su pueblo.

EL REINO DE DIOS (13:1–39:8)

Discursos de juicio (13:1–23:18).
Antes que la visión de paz universal del profeta (ver 2:2-4; 11:1-10) pudiera hacerse

realidad, Dios tenía que someter a las naciones rebeldes del mundo. Los capítulos 13–23 contienen una serie de discursos de juicio contra varias naciones de los días de Isaías y preparan el camino para el mensaje de juicio universal de los capítulos 24–27. Estos discursos de juicio le sirven al pueblo de Dios como recordatorio de la soberanía divina absoluta sobre todas las naciones, incluyendo tanto a sus enemigos como a sus aliados. El pueblo de Dios no tenía que temer a las naciones vecinas ni descansar en la ayuda de ellas.

Juicio sobre Babilonia y sobre Asiria (13:1–14:27). El primer oráculo de juicio de Isaías comienza y termina con un enfoque universal. El discurso está específicamente dirigido a Babilonia, con un breve mensaje contra los asirios registrado en 14:24-25. Algunos entienden todo el discurso con el trasfondo del período asirio porque estos controlaron Babilonia durante una gran porción del ministerio de Isaías y devastaron la ciudad en el 689 a.C. No obstante, es más probable que en 13:17–14:23 se trate del imperio babilónico, que reemplazó a Asiria como principal potencia en el Cercano Oriente. Isaías 13:19 específicamente asocia a la ciudad con los babilonios, y el "rey de Babilonia" mencionado en 14:4 es visto más naturalmente como un babilonio (ver 39:1). Más todavía, a los medos se les menciona como los conquistadores de la ciudad.

En los días de Isaías los babilonios, en lucha con los asirios por el control de la Mesopotamia, buscaron una alianza con Judá. Pero el profeta sabía que los babilonios finalmente llegarían a ser enemigos de su pueblo y lo llevarían al exilio (ver 39:1-7). Aquí el profeta proclamó juicio contra el futuro opresor de Judá.

El discurso comienza con una descripción vívida del Señor que reúne a sus ejércitos para la guerra. Esta batalla se ubica en el trasfondo del juicio universal del día del

Señor, el cual está acompañado de perturbaciones cósmicas e incluye terror y matanza generalizados. El Señor usaría a los crueles medos como instrumentos de juicio y reduciría a Babilonia a una montaña de ruinas deshabitada.

Esta profecía parece referirse a la conquista de Babilonia por parte de los medos y de los persas bajo Ciro en el 539 a.C. No obstante, la toma de la ciudad por parte de Ciro, que fue relativamente pacífica e incluso bienvenida por muchos babilonios, no alcanza a satisfacer completamente el lenguaje de 13:17-22. Tal vez la descripción es una manera estandarizada y exagerada de enfatizar que el imperio babilónico se terminaría. Sin embargo, el escenario universal y escatológico de este discurso sugiere que también está en vista un juicio final a las potencias gentiles, juicio que fue solamente simbolizado y anticipado por la caída de la histórica Babilonia (ver Apoc. 17-18). Debido a que Babilonia era el centro de la religión mesopotámica y que en la tradición bíblica estaba asociada con la rebelión contra Dios (ver Gén. 11:1-9), llegó a ser un símbolo apto de la oposición a Dios por parte de las naciones.

La destrucción de Babilonia significaría liberación para Israel. En el capítulo 14 el pueblo de Dios, liberado de la esclavitud y restaurado a su tierra, entonó una canción de burla contra el rey de Babilonia que había caído. Lo describieron diciendo que descendió al mundo de los muertos, donde otros reyes fallecidos se levantaron para encontrarse con él. Estos reyes lo ridiculizaron, declarando que este conquistador del mundo, anteriormente orgulloso, había sido arrojado a un lecho de gusanos y de lombrices. Refiriéndose a sus propias tradiciones mitológicas, estos gobernantes paganos compararon al rey de Babilonia con el pequeño dios "lucero de la mañana, hijo de la aurora" quien había tenido la osadía de pensar que podía subir al monte de los

dioses y enfrentarse a la autoridad del sumo dios El. (En 14:13 "Dios" es una traducción del hebreo *el*, el nombre del dios más importante entre los muchos dioses cananeos. La expresión "El monte de los dioses" traduce el hebreo *sapon*, el nombre del olimpo cananeo, donde se reunían los dioses aquí llamados estrellas.)

No es sorpresa que las palabras de juicio contra Asiria estén agregadas al oráculo contra Babilonia. En la tradición bíblica, Asiria y Babilonia estaban estrechamente asociadas geográficamente, lo cual hace que se atribuya la fundación de ambas a Nimrod (ver Gén. 10:8-12). Siendo que Asiria era un poder mesopotámico opresivo que gobernaba a Babilonia en los días de Isaías, su juicio decisivo anticipó el del inminente imperio babilónico y el de todas las naciones hostiles del mundo.

Juicio sobre los filisteos (14:28-32). El juicio de Dios también caería sobre los filisteos. El oráculo, que está fechado en el año de la muerte del rey Acaz (alrededor del 715 a.C.), advierte que los filisteos se regocijarían por el aparente alivio de la opresión asiria que habían experimentado recientemente. Aunque la atención de los asirios podía desviarse a otras cuestiones problemáticas de su imperio, otra vez invadirían el oeste y sujetarían a los rebeldes filisteos. En el 712 a.C. Sargón capturó la ciudad filistea de Asdod (ver 20:1) y la transformó en provincia asiria. En el 701 a.C. Senaquerib conquistó Ascalón y Ecrón. En contraste con estas ciudades filisteas, Jerusalén experimentó la protección sobrenatural de Dios.

Juicio contra Moab (15:1–16:14). Este oráculo contra Moab no tiene fecha y por lo tanto el tiempo de su cumplimiento es incierto. Al igual que los oráculos precedentes y posteriores, probablemente anticipa una de las invasiones asirias de finales del siglo VIII a.C. Los detalles geográficos y las imágenes vívidas ponen de relieve el oráculo. Virtualmente en todas las ciudades, los que una vez fueron orgullosos moabitas se lamentarían de su derrota militar y de los efectos desastrosos sobre su tierra. Con un don especial Isaías urgió a los moabitas fugitivos a que recurrieran a Jerusalén por ayuda. Luego recitó el pedido de ayuda por parte de Moab, que incluye una afirmación de que sólo un gobernante davídico ideal podía proveer alivio del opresor.

Juicio sobre Damasco e Israel (17:1-14). Aunque dirigido contra Damasco, la capital de Siria, este discurso de juicio se refiere principalmente a su aliado, el reino del norte. El oráculo se cumplió entre el 732 y 721 a.C., cuando los asirios conquistaron tanto Siria como Israel y las transformaron en provincias. Isaías advirtió que Damasco sería reducida a un montón de escombros y que perdería su poder. El prestigio del reino del norte sería disminuido, tal como un hombre que pierde peso durante una seria enfermedad. Isaías comparó la devastación inminente con una cosecha, cuando el grano es arrancado de los campos y las aceitunas son sacudidas de los árboles. En lugar de confiar en la protección de Dios, Israel puso su esperanza en dioses y en alianzas foráneas (comparar con "vides importadas", v. 10), que probarían ser inútiles en el día de la calamidad. En ese tiempo el pueblo reconocería la futilidad de la idolatría porque Dios es absolutamente soberano.

Isaías concluyó su oráculo con un mensaje de esperanza para Jerusalén. A pesar de que las hordas asirias arrasarían Palestina como aguas caudalosas, el Señor sólo les permitiría llegar hasta allí. Cuando amenazaran Jerusalén, Él repentinamente los quitaría como paja o polvo frente a un vendaval (ver 10:28-34; 14:25; 37:36-37).

Juicio sobre Cus (18:1-7). Este oráculo es pertinente a Cus (Etiopía), ubicada al sur de Egipto. Posiblemente alude a los esfuerzos de los cusitas para lograr el apoyo de Judá en la alianza contra Asiria. El Señor no respaldaría el esfuerzo etíope, y lo haría caer en ruinas, al igual que las ramas sin fruto que son podadas. Al final los cusitas llevarían regalos de homenaje a Jerusalén en reconocimiento de la soberanía del Señor.

Juicio sobre Egipto (19:1-25). Debido a que los etíopes controlaban Egipto durante el tiempo de Isaías, este oráculo está estrechamente relacionado con el precedente. A fines del siglo VIII a.C. Judá se vio tentada a aliarse con Etiopía/Egipto en contra de los asirios. Tal alianza fue un mal consejo, porque el Señor estaba por llevar juicio sobre los egipcios. Después de un período de lucha civil y de confusión, un gobernante extranjero conquistaría Egipto. Esta profecía se cumplió en el siglo VII a.C., cuando los reyes asirios Esarjadón y Asurbanipal conquistaron Egipto. La desaparición de Egipto estaría acompañada de un desastre económico causado porque el Nilo se secaría y porque el liderazgo colapsaría completamente.

Isaías anticipó un tiempo cuando Egipto reconocería la soberanía del Señor, se sometería a su gobierno, recurriría a Él por ayuda y lo adoraría. En aquel día la paz invadiría el Cercano Oriente, destruido por la guerra. Los rivales, Asiria y Egipto, que oprimieron al pueblo de Dios, se unirían a Israel en la adoración del único Dios verdadero.

Juicio de Egipto y de Cus (20:1-6). Este breve oráculo es una conclusión apropiada para el mensaje de juicio de los dos discursos precedentes. Está fechado en el año de la conquista de Asdod por parte de Asiria (712 a.C.). Este evento demostró la inutilidad de Egipto, que había animado a Asdod a rebelarse pero que luego no ofreció ninguna ayuda contra los asirios. El mensaje dado en el 712 a.C. se encuentra en 20:3-6, mientras que 20:2

registra las palabras de Dios al profeta tres años antes. Durante este período de tres años el profeta había andado expuesto indecentemente como una lección objetiva sobre los destinos de Egipto y de Cus. En el futuro cercano los asirios conquistarían Egipto y acarrearían a los exiliados, quienes serían llevados desnudos y descalzos. El propósito de la acción del profeta y del oráculo subsiguiente es obvio. Confiar en Egipto/Cus era necio porque sólo conduciría a ruina y a vergüenza.

Juicio sobre Babilonia (21:1-10). Babilonia, llamada poéticamente "el desierto junto al mar", otra vez ocupa el centro del escenario en la visión de juicio por parte de Isaías (ver 13:1–14:23). La visión del profeta de la derrota de Babilonia en manos de Elam y de Media tuvo un efecto físico y emocional intenso sobre él. De manera dramática urgió a los desprevenidos babilonios a levantarse de sus fiestas y a prepararse para la batalla (ver Dan. 5). El drama continúa con mensajeros imaginarios que anuncian las nuevas de la destrucción de Babilonia a los centinelas que están vigilando ansiosamente. En conclusión, Isaías aseguró a su audiencia, una futura generación que experimentaría la opresión de Babilonia, que su mensaje era auténtico. El cumplimiento de la profecía llegó en el 539 a.C. cuando Ciro, cuyo ejército incluía a medos y elamitas, conquistó Babilonia (ver comentarios sobre 13:1–14:23).

Juicio sobre Duma (21:11-12). Este oráculo breve en forma de acertijo tiene que ver con Duma, un oasis en Arabia. El profeta asumió el papel de un centinela imaginario, y un interlocutor de Seir (Edom) no identificado le preguntó cuánto duraría la noche. Debido a su proximidad geográfica a Duma, Edom habría tenido un agudo interés por los acontecimientos allí. El centinela respondió que la mañana en realidad ya venía, pero sólo para estar seguida por la noche. Aparentemente la

noche aquí es un símbolo de angustia. El profeta no pudo animar a la oprimida Duma. Aun cuando llegaría algún alivio, el futuro permanecía amenazante.

Juicio sobre Arabia (21:13-17). En un oráculo relacionado, el profeta vaticinó la derrota de otros pueblos árabes. Describió dramáticamente el apremio de los fugitivos de la batalla. Luego anunció oficialmente que Cedar en el desierto árabe caería en ese año. Esta profecía probablemente se cumplió en conjunción con una de las campañas árabes de Sargón o de Senaquerib.

Juicio sobre Jerusalén (22:1-25). El capítulo 22 se refiere a Judá y a Jerusalén. Contiene dos discursos de juicio, un oráculo contra "el valle de la Visión" y un mensaje dirigido a Sebna, un oficial real. La ubicación del "valle de la Visión" es desconocida, aunque está claramente asociada con Judá y con Jerusalén. El trasfondo histórico del oráculo es incierto. Puede reflejar una de las invasiones asirias de fines del siglo VIII a.C. (ya sea la de Sargón en el 712 a.C. o la de Senaquerib una década después).

El Señor denunció al pueblo por su respuesta impropia a la crisis. En lugar de confiar en Aquel que fundó la ciudad de David, confiaron en sus propios esfuerzos, que incluyeron la fortificación de las murallas de la ciudad y la construcción de un nuevo sistema de agua. Rechazando el llamado al arrepentimiento por parte de Dios, hicieron fiesta y abandonaron fatalmente cualquier esperanza de liberación, y dejaron implícito que el Señor no tenía el control del destino de la ciudad. Para esa gente el juicio era inevitable. Mientras que el arrepentimiento de Ezequías (Isa. 37–38; Jer. 26:17-19) y la decisión de Dios de demostrar su soberanía sobre los poderosos asirios (10:5-34) pospusieron la caída de Jerusalén, el juicio divino finalmente cayó sobre la ciudad.

Sebna, un oficial real, fue la personificación de la falta de devoción del pueblo porque desplegó un orgullo desmesurado cuando construyó una gran tumba para sí mismo. El Señor anunció que Sebna moriría en una tierra extranjera y que nunca ocuparía su tumba especialmente construida. Eliaquim lo reemplazaría como administrador real. Él asumiría responsabilidad por el cuidado de la nación y ejercería autoridad de parte del rey. Por un tiempo este puesto sería firme y su familia sería honrada. No obstante, a su tiempo Eliaquim, al igual que todos los simples oficiales, perdería su autoridad. Para el tiempo en que Senaquerib sitió a Jerusalén en el 701 a.C., Eliaquim había reemplazado a Sebna como administrador y Sebna aparentemente había sido trasladado a un puesto de cronista (ver 36:3,11,22; 37:2). Más allá de esto no tenemos ningún registro sobre los resultados de estas profecías.

Juicio sobre Tiro (23:1-18). Los oráculos de Isaías contra las naciones concluyen con este discurso de juicio contra Tiro, un prominente centro comercial en la costa mediterránea al norte de Israel. A todos los que comerciaban con Tiro les fue dicho que hicieran duelo, porque el Señor estaba a punto de cortar el orgullo de la cuidad. Tiro no debía considerarse a salvo, porque incluso las grandes ciudades, tales como Babilonia, podían ser conquistadas (23:12 se refiere a la devastación de Babilonia por parte de Asiria en el 689 a.C.). Tiro experimentaría un período de 75 años de decadencia. Este número puede ser figurado, y tal vez sugiera algo completo e implique que pocos de los que vieran su decadencia vivirían para ver su resurgimiento, si es que alguno lo lograba. Finalmente la ciudad sería restaurada a su posición anterior, pero en aquel día su riqueza sería enviada como tributo al Señor.

Los detalles precisos del cumplimiento de la profecía son inciertos. Asiria puso a Tiro bajo su control, y provocó un eclipse de la prominencia de esta última. Más tarde, tanto Nabucodonosor (en el siglo VI a.C.) como Alejandro Magno (en el siglo IV a.C.) conquistaron la ciudad.

Juicio y restauración (24:1–27:13). El mensaje de Isaías de juicio contra naciones individuales culminó en esta sección. Usando un lenguaje semejante al apocalíptico describe el juicio de Dios en una escala universal y el establecimiento de su gobierno mundial.

Dios juzga a la tierra por su rebelión (24:1-23). El Señor destruiría la tierra por su rebelión contra "el pacto eterno", probablemente una referencia al mandato de Dios a Noé (ver Gén. 9:1-7). En lugar de mostrar respeto por la imagen de Dios en otros seres humanos, los habitantes de la tierra habían derramado sangre inocente (ver 26:21). En el mundo del antiguo Cercano Oriente, se agregaban maldiciones (castigos en forma de amenazas que con frecuencia incluían la pérdida de fertilidad y la muerte) a los compromisos formales. Los versículos 6-13 describen una maldición como ésta que arrasaba la tierra pecadora. Mientras el profeta oía la alabanza futura que el justo juicio de Dios provocaría en sus seguidores, expresó su desazón por la injusticia presente. Esto lo llevó una vez más a describir el inminente juicio que llegaría sobre el mundo como algo tan ineludible y severo como el diluvio de Noé (comparar 24:18b con Gén. 7:11). En aquel día el Señor derrotaría toda oposición celestial y terrenal, y establecería su gobierno desde Jerusalén.

El pueblo de Dios celebra el reinado divino (25:1–26:6). El capítulo 25 comienza con un canto de alabanza expresado por la generación futura del pueblo de Dios, que sería testigo del juicio mundial y experimentaría liberación. Celebraron la conquista de las naciones hostiles y declararon que Dios había sido su protector fiel.

En aquel día el Señor ofrecería una fiesta maravillosa en Jerusalén celebrando su reinado. Eliminaría de una vez por todas la maldición de muerte en los seres humanos y quitaría la vergüenza de su pueblo del pacto. La imagen del Dios que devora a la muerte es una ironía poderosa, en el sentido de que la muerte era vista en la Biblia (ver 5:14) y en la mitología pagana como la gran devoradora de la especie humana. En contraste con el futuro glorioso de Jerusalén, las ciudades altivas y los pueblos del mundo gentil, personificados aquí por Moab, serían humillados.

Esta sección cierra con otro canto de alabanza, en el cual una generación futura de judíos afirma su confianza en el Dios de Jerusalén, que protege a los que ponen su fe en Él y humilla al opresor altivo.

El pueblo de Dios anticipa la intervención divina (26:7-19). Estos versículos se refieren a un tiempo anterior al juicio y a la liberación anunciados en el capítulo anterior. El fiel pueblo de Dios lamentó la maldad a su alrededor, expresó su confianza y devoción a Dios, y pidió su intervención. En respuesta Dios les aseguró que restauraría a la nación, usando la figura de la resurrección del cuerpo para enfatizar el milagroso avivamiento que su pueblo experimentaría (ver Ezeq. 37:1-14).

La restauración del pueblo de Dios (26:20–27:13). El profeta urgió a los fieles a esconderse detrás de puertas cerradas hasta que pasara el juicio de Dios. El Señor castigaría al mundo pecador por sus actos sangrientos y sometería a todos los que resistieran su reinado. Estas fuerzas están simbolizadas por el Leviatán, el monstruo marino que en el mito cananeo resistió el reinado de Baal, el dios de la tormenta. A continuación de la victoria de Dios sobre sus enemigos, Él haría de Israel su "viña escogida" y la guardaría con atención incesante (contrastar con la imagen de la viña en 5:7).

Volviendo brevemente al presente, Isaías le recordó a su audiencia que el juicio purificador para el pueblo de Dios estaba

por delante. Debido a su idolatría y su falta de entendimiento espiritual, ellos soportarían la guerra y el exilio e incluso serían testigos de la desolación de Jerusalén. No obstante, llegaría un día cuando el pueblo exiliado regresaría y adoraría al Señor en la Jerusalén purificada.

Juicio y esperanza (28:1–35:10). Una gran parte de esta sección, que contiene varias oraciones de ayes (ver 28:1; 29:1,15; 30:1; 31:1; 33:1), es acusadora y amenazante, pero estos capítulos también contienen palabras de esperanza. Aunque el reino del norte y las naciones gentiles estaban incluidos como objetos de juicio divino, el punto focal fue Judá. La rebelde Judá tuvo que rechazar el ejemplo del reino del norte y tuvo que resistir la tentación de confiar en alianzas foráneas. En su lugar, las naciones deben confiar solamente en Dios como el Único que es soberano sobre el destino de su pueblo y de las naciones de alrededor.

La inminente caída de Samaria como advertencia para Judá, que confiaba en sí misma (28:1-29). El capítulo empieza con un oráculo de ayes contra Samaria, la ciudad capital de la cual se enorgullecían las clases altas del reino del norte, que vivían de fiesta en fiesta. No obstante, el Señor enviaría a los asirios en su contra, como una tormenta destructora. Samaria desaparecería tan rápidamente como un higo maduro que alguien toma con deleite y lo devora con rapidez (ver Os. 9:10; Miq. 7:1). Finalmente el juicio haría que el pueblo de Dios volviera en sí, y que se enorgullecieran de Él y no de las estructuras que hubieran hecho.

Los versículos 7-13 continúan con la descripción de los que en Samaria vivían de fiesta o bien describen al pueblo de Judá. En cualquier caso, los líderes religiosos se describen como ebrios tambaleantes que vomitan, y la gente como burlones sarcásticos del mensaje del profeta. Debido a que ellos rechazaron el ofrecimiento del Señor de verdadera paz, a condición de una vida recta, Él enviaría a los asirios en su contra. La lengua extranjera de estos serviría como la irónica respuesta de Dios al remedo sarcástico que ellos hacían del profeta.

El resto del pasaje se dirige a los líderes de Jerusalén, quienes pretendían jactanciosamente que estaban a salvo de cualquier daño porque habían hecho un pacto con la muerte (tal vez una alusión a una alianza foránea donde ponían su confianza). No obstante, el Señor, el verdadero Protector de la nación y el Gobernante soberano de todas las cosas, incluida la muerte, llevaría juicio sobre ellos. Él atacaría a su propio pueblo, como lo hizo con los filisteos en el monte Perazim (ver 2 Sam. 5:20-21) y con los amorreos en Gabaón (ver Jos. 10:10-11).

Así como un agricultor ara, planta y cosecha en los tiempos apropiados y usa los métodos propios de cada actividad, así Dios trataría con su pueblo de una manera sabia y apropiada. Aunque el juicio era necesario, el Señor no permitiría que fuera excesivo.

Advertencia a la espiritualmente insensible Ariel (29:1-24). El Señor advirtió que traería una crisis militar sobre la complaciente Jerusalén, aquí llamada Ariel (el significado y la relevancia contextual de este nombre son inciertos). La gente se caracterizaba por su insensibilidad espiritual, por su hipocresía religiosa y por una falta de voluntad para confiar su destino a Dios. La crisis en camino sería severa, pero Dios repentinamente rescataría de los ejércitos a la ciudad fuera de sus murallas. Esta profecía fue un anticipo de la liberación milagrosa de Jerusalén en el 701 a.C. Al final Dios restauraría en la tierra la conciencia espiritual, la justicia y la lealtad al pacto.

Advertencias contra alianzas foráneas (30:1-31:9). El Señor denunció a Judá por buscar una alianza con Egipto. En lugar de consultar a Dios, el pueblo rechazó la palabra profética y buscó ayuda en una nación que era incapaz de completar sus promesas. El Señor advirtió a Judá que la obstinación continuada los llevaría a la derrota y a la humillación. Les recordó que la liberación sólo podía venir a través del arrepentimiento y de la fe. Si clamaban a Dios, Él con misericordia y compasión les daría dirección espiritual renovada y devolvería a la tierra la prosperidad agrícola. Él aparecería en un esplendor glorioso y destruiría a los asirios, para que su pueblo se regocije en la desaparición de sus enemigos.

El capítulo 31 comienza con otra denuncia de la alianza con Egipto. Aunque los egipcios tenían muchos caballos y carros, su poder militar no podía impedir su derrota en manos del Dios soberano. Judá tenía que arrepentirse y confiar en el Señor, porque era Él y no Egipto el verdadero protector de Jerusalén. Dios destruiría milagrosamente a los asirios, y demostraría una vez más su poder soberano sobre simples ejércitos humanos.

La justicia y la paz restauradas en Judá y en Jerusalén (32:1-33:24). En otra de sus visiones mesiánicas Isaías anticipó un día cuando un rey justo reinaría sobre la tierra, asistido por gobernantes competentes que protegerían al pueblo en lugar de explotarlo. De esa forma, la flojedad espiritual de la generación de Isaías, resultado de la exaltación de líderes necios e injustos, desaparecería.

Por supuesto, las perspectivas para el futuro inmediato no eran tan brillantes. Urgiendo a las mujeres complacientes de la nación a que se lamentaran, Isaías advirtió que la prosperidad agrícola de la tierra pronto sería quitada y sus ciudades serían abandonadas. Quizás proclamó este mensaje justo antes de la invasión de la tierra por parte de Senaquerib en el 701 a.C. No obstante, en otro de sus abruptos cambios de perspectiva, Isaías prometió que la restauración finalmente seguiría al juicio. El

Señor otra vez derramaría su Espíritu dador de vida sobre la tierra y restauraría sus cultivos. La justicia y la seguridad genuinas entonces volverían a la tierra.

El capítulo 33 comienza con un breve oráculo de ayes en contra del "destructor" y del "traidor" (probablemente una referencia a Asiria), cuyas obras un día serían castigadas en forma apropiada.

Sigue una oración modelo, en la que el pueblo pidió la intervención clemente del Señor y expresó su confianza en la habilidad de Dios para derrotar a las naciones. Lo alabaron como el Rey soberano que restauraría Jerusalén como centro de justicia. En respaldo de su pedido, ellos lamentaron los efectos devastadores de la invasión del enemigo. En respuesta a su oración, Dios anunció que Él sería exaltado sobre sus enemigos, cuyos planes serían autodestructivos.

Desafortunadamente, no todos en Jerusalén eran tan piadosos como los que hablaron en 33:2-9. El Señor les aclaró a los pecadores de la ciudad que sólo quienes promovieran la justicia y el orden experimentarían su protección y su bendición. Los rectos podían esperar una nueva y gran era para Jerusalén. Los arrogantes y aterradores ejércitos extranjeros desaparecerían de fuera de las murallas de la ciudad. Jerusalén otra vez sería el centro religioso de la tierra, con seguridad y prosperidad bajo el gobierno de su Rey justo. Un Dios perdonador eliminaría de la ciudad el pecado y sus efectos.

El juicio de las naciones trae restauración al pueblo de Dios (34:1–35:10). El tema de la soberanía de Dios sobre las naciones hostiles (ver 29:5-8; 30:27-33; 31:4-9; 33:1,18-19) culmina en el capítulo 34 con una vívida descripción del juicio universal. El Señor daría rienda suelta a su ira sobre las naciones, que resultaría en matanza y derramamiento de sangre generalizado. Ni siquiera los cielos se escaparían. Las estrellas, tal vez como símbolo de la oposición celestial a

Dios (ver 24:21), se describen como desintegrándose y cayendo al suelo como una hoja o como un higo.

El Señor escogió a Edom como representante de las naciones (ver 63:1-6 y Abdías). El profeta comparó la matanza sangrienta de Edom con un sacrificio donde ovejas y ganado son matados en gran número. Este día de venganza y de retribución a favor de Jerusalén reduciría a Edom a un estado de desolación perpetua. Por decreto divino sus ruinas cubiertas de malezas serían pobladas solamente por criaturas del desierto como hienas y búhos.

En contraste con Edom, el debilitado y desanimado pueblo de Dios sería rejuvenecido por las poderosas obras de Él a su favor. Esta renovación se compara con la curación milagrosa de varias discapacidades físicas y el florecimiento de un desierto cálido y seco. Donde una vez hubo solamente arena y criaturas del desierto, ahora habría flores, pastos verdes, abundante agua y vegetación espesa. A través de esta tierra jardín se abriría un camino en el cual ningún hombre malvado ni bestia peligrosa podría andar. El pueblo redimido del Señor seguiría su "Camino de santidad" hacia Jerusalén, entrando por sus puertas con gozo. Las deleitantes imágenes describen de manera sorprendente las bendiciones divinas y el acceso renovado a la presencia de Dios, que seguirían a la futura purificación y restauración de su pueblo.

El reinado de Ezequías (36:1–39:8). Estos capítulos, que en muchos aspectos parecieran reproducir 2 Reyes 18–20, registran tres eventos significativos del reinado de Ezequías: (1) la liberación milagrosa de Jerusalén por parte del Señor y la destrucción de los asirios, (2) la recuperación de Ezequías de una enfermedad seria y (3) las relaciones poco sabias de Ezequías con los mensajeros de Babilonia. Isaías jugó un papel prominente en estos

PROFECÍAS MESIÁNICAS

Las profecías mesiánicas son pasajes del Antiguo Testamento que se refieren a un futuro Rey ungido que traería salvación a Israel. Los pasajes pueden ser considerados como profecías mesiánicas desde dos perspectivas diferentes.

1. Desde la perspectiva de la iglesia cristiana, muchos pasajes califican como mesiánicos desde Génesis 3:15 hasta Malaquías 4:5-6. Desde este punto de vista una lista enumera 124 pasajes, cada uno con un cumplimiento específico en el Nuevo Testamento. Este método de identificar profecías mesiánicas comienza con las citas o referencias del Nuevo Testamento que conectan el ministerio y/o el significado de la vida de Jesús con el Antiguo Testamento.

El método les permitió a los cristianos primitivos dar testimonio ante los judíos usando las Escrituras para probar que Jesús era la meta hacia la que estas señalaban. También ayudó a los cristianos a aprender más sobre Jesús y a entender su obra de salvación. Desde este punto de vista el mensaje original de los pasajes del Antiguo Testamento no es tan importante como lo es el significado contemporáneo que tiene para la iglesia. Los judíos del tiempo de Jesús usaban un método de interpretación similar para obtener el significado más completo y la mejor aplicación de las Escrituras.

2. Desde un punto de vista histórico, sólo un número limitado de pasajes califican como profecías mesiánicas. Para calificar, un pasaje debe representar la referencia original del autor a un futuro Rey de salvación. Este método comienza con el encuadre histórico del Antiguo Testamento y selecciona pasajes que señalen al futuro, que se refieran a un Rey ungido y que describan la salvación del pueblo de Dios. Este método hablaría de cumplimientos incompletos en las vidas de reyes judíos específicos como Ezequías, de un cumplimiento importante en el ministerio terrenal de Jesucristo y de un cumplimiento final en la segunda venida. Los pasajes principales en vista aquí son 2 Samuel 7; 1 Crónicas 17; Salmos 2; 72; 89; 110; 132; Isaías 2:2-5; 9:1-7; 11:1-10.

Este punto de vista se origina con la moderna comprensión de la historia y con métodos más recientes para interpretar la literatura antigua. Busca entender la conciencia que el antiguo Israel tenía de sí mismo en varios puntos de su historia. Hace preguntas como: ¿Cuándo comenzó Israel a esperar que Dios enviara un libertador? ¿Qué esperaba Israel que esta nueva clase de libertador fuera e hiciera? ¿De qué manera varios cambios en la comprensión histórica de Israel afectaron la manera de entender y de esperar al libertador mesiánico?

Pregunta: ¿De qué formas Jesús de Nazaret cumplió con las expectativas de Israel? El judío común en los días de Jesús ¿tendría que haberse dado cuenta que Jesús era el Mesías esperado? ¿Proveyó Jesús una interpretación diferente o más profunda del Mesías de lo que Israel había conocido hasta su llegada? ¿Cuáles métodos de interpretación bíblica usaron los escritores inspirados del Nuevo Testamento al interpretar a Jesús a la luz del Antiguo Testamento? ¿Cómo puede la iglesia de hoy interpretar legítimamente las Escrituras del Antiguo Testamento a la luz del cumplimiento que vemos en la persona de Jesús?

Así es que los dos puntos de vista comienzan con énfasis diferentes, con tipos de preguntas diferentes y métodos de interpretación diferentes. En última instancia, terminan con la misma pregunta: ¿De qué manera el Antiguo Testamento nos ayuda a entender la vida, el ministerio y la obra salvadora de nuestro Salvador, Jesús el Mesías?

Ambos puntos de vista ven a Jesús como el cumplimiento de la religión y de la esperanza del Antiguo Testamento. El primer punto de vista puede encontrar más textos individuales que señalen a Jesús. El segundo punto de vista puede considerar que la aplicación de algunos pasajes a Jesús es el resultado de la historia de la interpretación más que del significado del autor original.

Ambos puntos de vista afirman que los escritores del Nuevo Testamento efectivamente usaron el Antiguo Testamento para dar testimonio de Jesús de Nazaret como el Mesías de Israel y el Salvador del mundo. Al hacerlo, ellos ven que un punto de vista original se refería a un rey terrenal que gobierna sobre el trono de su antepasado David y que restaura el poder político a la nación de Israel. Este punto de vista histórico se desarrolló dentro de la historia de Israel. Ese enfoque culmina en el ministerio de Jesús, el Mesías y el Siervo sufriente, que muere en una cruz y resucita para ascender a un trono celestial a la diestra del Padre. Allí, Él reina no simplemente sobre Israel sino sobre el universo entero. Este gobierno se hará claro a todas las naciones y pueblos cuando Jesús regrese en la segunda venida, para establecer su reino sobre la tierra y el cielo.

eventos, y cada uno dio lugar a, por lo menos, un oráculo profético.

Estos capítulos no están en orden cronológico. La liberación de los asirios (caps. 36–37) siguió a los eventos registrados en los capítulos 38–39. Tal vez el capítulo 39 sea el último porque su referencia a Babilonia provee un marco para los capítulos 13–39 (ver cap. 13, que también enfoca la atención en Babilonia). De igual modo, al mostrar que incluso el piadoso Ezequías tuvo sus faltas y en última instancia no pudo prevenir la caída de Judá, este capítulo prepara el camino para los capítulos 40–66, cuyo escenario es la cautividad en Babilonia.

El Señor libera a Jerusalén de los asirios (36:1–37:38). En el 701 a.C. el poderoso ejército asirio invadió los campos de Judá y, de acuerdo a los registros asirios, conquistó 46 ciudades. El rey asirio Senaquerib envió a su comandante en jefe a Jerusalén con un mensaje para Ezequías. El pueblo miraba por sobre las murallas de la ciudad, mientras que el comandante en jefe señalaba que la dependencia de Jerusalén de sus estrategias militares y su alianza con Egipto estaban equivocadas. Incluso argumentó que el Señor no liberaría a la ciudad. Erróneamente, él razonó que la centralización de la adoración por parte de Ezequías era una afrenta al Señor. Declaró que los asirios habían sido comisionados por el Señor para invadir Judá.

Perturbados porque el comandante en jefe usó el hebreo, la lengua del pueblo, los oficiales de Ezequías le pidieron que usara el arameo, la lengua diplomática de esos días. Él se negó, y también señaló que el sitio afectaría adversamente a todos los habitantes de Jerusalén. Luego el comandante en jefe urgió al pueblo de Jerusalén a rechazar la apelación de Ezequías de confiar en Dios. Los exhortó a entregar la ciudad, y les prometió un futuro de paz y prosperidad (¡aunque en una nueva tierra!). Concluyó su discurso con la arrogante pretensión de que el Señor no podía liberar a la ciudad ya que Jerusalén no era diferente a otras ciudades, cuyos dioses no habían podido rescatar a su gente de manos de los asirios. El pueblo, en obediencia al decreto de Ezequías, no replicó al comandante en jefe.

Luego de rasgar sus vestiduras en consternación y duelo, los oficiales de Ezequías le reportaron el mensaje al rey. Ezequías también rasgó sus vestidos, fue al templo y le pidió a Isaías que orara a favor de la ciudad. Isaías devolvió al rey un oráculo de salvación, y lo instó a no temer porque el Señor estaba a punto de castigar al rey asirio por su blasfemia. Un informe alarmante lo haría volver a su propia tierra, donde sería muerto a espada.

Mientras tanto, el comandante en jefe se reunió con el ejército asirio que ahora estaba marchando para encontrarse con un ejército egipcio liderado por Tirhaca. (Aunque era sólo un príncipe en el 701 a.C., Tirhaca aquí es llamado "rey de Cus" en anticipación a su ascenso al trono una década más tarde. Isaías puede incluso haber escrito o incorporado este relato a su profecía después que Tirhaca llegó a ser rey.) Preocupado porque Ezequías pudiera sacar falsas esperanzas de esta acción, Senaquerib le envió otro mensaje a Ezequías, asegurándole que él todavía tenía intenciones de conquistar Jerusalén. Otra vez enfatizó que el Dios de Ezequías, al igual que los dioses de muchas tierras conquistadas por los asirios, no sería capaz de liberar la ciudad de sus manos.

Ni bien recibió esta carta, Ezequías fue otra vez al templo, desplegó la carta delante del Señor y derramó su corazón en oración. Ezequías reconoció que el Señor era el Gobernante soberano del universo e infinitamente superior a los dioses hechos por hombres de las naciones previamente destruidas por lo asirios. Le pidió al Señor que liberara Jerusalén de modo que toda la tierra pudiera reconocer el poder soberano de Dios.

A través del profeta Isaías, el Señor respondió positivamente al pedido de Ezequías. La primera parte de su respuesta fue en forma de cántico provocador contra Senaquerib. Dios castigó al gobernante asirio por su orgullo, le recordó que sus éxitos eran por decreto del Señor, y luego anunció que Él forzaría a los asirios a volver a su propia tierra. En la segunda parte del mensaje, Dios aseguró a Ezequías que Él preservaría Jerusalén para su propia gloria y debido a su promesa mantendría la dinastía davídica.

Los versículos finales del capítulo registran el cumplimiento de la promesa de Dios. El ángel del Señor derrotó a las hordas asirias en una noche, y forzó a Senaquerib a regresar a casa, donde dos décadas más tarde fue asesinado por dos de sus hijos varones.

La enfermedad de Ezequías que amenazó su vida (38:1-22). El evento registrado en el capítulo 38 probablemente ocurrió el año anterior a la invasión de Senaquerib. Cuando Ezequías enfermó gravemente, Isaías le anunció que iba a morir. El rey suplicó por su vida al Señor y le recordó sus actos de fe. Dios decidió darle a Ezequías quince años más de vida y también le prometió que Él protegería a Jerusalén de los asirios. Como respuesta al pedido de Ezequías de una señal de confirmación, el Señor refractó los rayos del sol de modo que se invirtió la sombra que proyectaban. (Los vv. 21-22 están mal ubicados y corresponden a 38:6-7. Ver 2 Rey. 20:6-9.) Irónicamente, la señal tuvo lugar en "la escala de Acaz", una estructura que llevaba el nombre del rey que, en contraste con su hijo, había rechazado la promesa de liberación del Señor al negarse a pedir una señal (ver 7:10-17).

En respuesta a la liberación milagrosa por parte del Señor, Ezequías ofreció un cántico de acción de gracias, en el que recordó su tiempo de necesidad, reconoció la intervención del Señor y prometió alabarlo durante todos sus días.

Este relato tiene un doble propósito. Primero, para el pueblo de Dios, Ezequías sirve como ejemplo de dependencia del Señor en medio de una crisis. Segundo, la recuperación de Ezequías fue representativa del futuro de la nación. Así como el Señor había sanado a Ezequías y le había concedido años adicionales, del mismo modo le devolvería la vitalidad a Judá y a Jerusalén removiendo milagrosamente la amenaza asiria. De todos modos, al igual que la breve extensión de la vida de Ezequías, los días de Judá y de Jerusalén también estaban contados.

Ezequías recibe a los mensajeros babilónicos (39:1-8). Los hombres piadosos también tienen momentos de fracaso. Ezequías no fue la excepción. El capítulo 39 registra un evento que ocurrió poco después de su recuperación. Los babilonios, que estaban buscando formar una alianza antiasiria, enviaron mensajeros a Ezequías. El rey con orgullo (y neciamente) les mostró las riquezas de sus tesoros. Esta actitud arrogante al final provocaría la caída de la nación. El Señor usó la ocasión para anunciar a través de Isaías que los babilonios algún día conquistarían Jerusalén y llevarían al exilio las riquezas reales e incluso a algunos descendientes del propio Ezequías. En seguida, Ezequías aceptó las palabras del profeta, en la confianza de que el resto de su reinado sería en paz. Su tono de resignación contrasta agudamente con su anterior falta de voluntad para aceptar el anuncio de su muerte inminente (ver 38:1-3). Esto puede interpretarse en forma negativa (como un reflejo de interés personal) o positiva (como una admisión de su culpa y de la gracia de Dios al no enviar un castigo inmediato).

ESPERANZA Y RESTAURACIÓN (40:1–66:24)

El escenario del mensaje de Isaías se desplaza al tiempo del exilio, que algunos pasajes anteriores del libro ya habían asumido (11:11-12,15-16; 14:1-2; 27:12-13; 35:10) y profetizado (5:13; 6:12; 27:8; 39:5-7). Esta sección final del libro comienza con una nota intensamente positiva, ya que Dios afirmó su compromiso con su pueblo y prometió la liberación del exilio en términos aparentemente incondicionales. A medida que esta sección avanza, se hace evidente que la restauración total no sería automática. Era necesaria la renovación del pacto a través de un siervo especial visto como un Israel ideal y un segundo Moisés. Como un anticipo de que algunos rechazarían la oferta de reconciliación por parte de Dios, los últimos capítulos del libro anuncian un juicio final purificador, del cual emergería una comunidad santa.

Los cuatro así llamados cánticos del siervo remarcan esta sección (ver 42:1-9; 49:1-13; 50:4-11; 52:13–53:12). Por años los eruditos han debatido la precisa identidad de este siervo. Algunos concluyen que en los cuatro cánticos el siervo es nada menos que la nación de Israel personificada. A través de los capítulos 40–48 el Señor llama a la nación, su siervo. Isaías 49:3, donde se ubica el segundo cántico, específicamente llama al siervo "Israel". Sin embargo, no es fácil llegar a una clara conclusión. Una de las principales tareas de este siervo "Israel" es restaurar a la nación

---

LA ELECCIÓN EN EL ANTIGUO TESTAMENTO

La elección es el concepto que representa al verbo hebreo *bachar* (*seleccionar*) o su participio *bachir* (*elegido o escogido*), al referirse a una selección por amplia preferencia entre varias alternativas.

La doctrina bíblica de la elección se refiere a la selección libre y soberana por parte de Dios de los que él ha señalado para cumplir sus propósitos. Se refiere particularmente a su decisión previa a la creación con respecto a los que salvará y a cómo hará que se salven.

Las Escrituras insisten en que la obra salvadora de Dios no se hace ni arbitrariamente ni fuera de su completo control. Más bien, se logra a través de su sabiduría y poder soberanos de acuerdo a su decreto eterno.

Por lo tanto, la elección difiere de la *predestinación*. La predestinación es la doctrina en la que Dios, como Gobernante omnipotente sobre su creación, ha planeado todo lo que acontece. Mientras que el concepto de elección está incluido en el de predestinación, el último es más amplio. El Nuevo Testamento específicamente usa el término *elegir o escoger* con relación a tres temas:

1. *La nación de Israel (Isa. 45:4)*. Israel tenía un papel único como elegido por Dios. Él la escogió para ser su comunidad del pacto. La escogió para revelar su soberanía y su santidad a las naciones a través de los profetas y de las Escrituras. La escogió a los efectos de ser el vehículo para la venida del Mesías.

La elección de Israel es prominente en Deuteronomio y en Romanos 9-11. No estaba basada en ninguna virtud demostrada por parte de Israel sino solamente en el amor de Dios (Deut. 7:7-8).

2. *Un grupo selecto de líderes prominentes en Israel*. Para preservar a Israel como la comunidad del pacto, Dios escogió a ciertos líderes estratégicos por sus posiciones de autoridad únicas.

Entre ellos Moisés, como intercesor de Israel, es llamado el "escogido" del Señor (Sal. 106:23). David, como el receptor del pacto davídico, se describe como el "escogido" de Dios (Sal. 89:3).

3. *El Siervo escogido (Isa. 42:1-4)*. Desde antes de la fundación del mundo, Dios ordenó que su "Siervo" escogido algún día establecería justicia sobre la tierra. El Nuevo Testamento identifica al Siervo como el Mesías de Israel, el Señor Jesucristo. Esto indica que no sólo su reino sino también su obra de redención estaba preordenada desde la eternidad (Hech. 2:23; 1 Ped. 1:20).

(ver 49:5-6,8-9) y sufrir inocentemente a favor del pecador pueblo de Dios (ver 53:5,8).

Estos textos requieren una distinción entre el siervo "Israel" y la nación exiliada. Tal vez podemos identificar al siervo como un individuo dentro de la nación, que como representante de Israel, sea mediador de un nuevo pacto entre Dios y su pueblo (ver 49:8). Este siervo cumple con el propósito original de Dios para la nación porque llega a ser un canal de bendición divina para los gentiles (ver 42:6; 49:6). Debido a que encarna el ideal de Dios para la nación, puede ser llamado "Israel". En el desarrollo de la revelación bíblica, Jesucristo emerge como este Israel ideal que restaura al pueblo del pacto de Dios y lleva su salvación a las naciones (ver Hech. 8:30-35).

Liberación de los exiliados (40:1–48:22). Dios enfatizó que Él deseaba y podía liberar a su pueblo exiliado. Gran parte de esta sección enfoca la atención en la superioridad de Dios por sobre las naciones y sus ídolos.

Consuelo para Jerusalén y para los exiliados (40:1-31). El capítulo comienza con un mensaje de ánimo para la pisoteada Jerusalén. La ciudad había sufrido demasiado y su tiempo de castigo había terminado. Debían hacerse los preparativos para el glorioso regreso del Rey. La restauración de la ciudad era cierta porque los decretos de Dios son confiables, a diferencia de las personas y sus frágiles promesas que se marchitan como el pasto ante un viento cálido. Jerusalén debía proclamar a las otras ciudades de Judá las buenas nuevas del regreso de Dios. Como un pastor que sostiene tiernamente a una oveja junto a su pecho, el Señor llevaría a los exiliados de regreso a su tierra. El mismo brazo poderoso que destruye a sus enemigos (ver 51:9-10) protegería a su pueblo.

Para los exiliados cansados y desanimados esta promesa de restauración puede haber sido una expresión de deseo. Se sentían abandonados por Dios (ver v. 27) y tal vez se preguntaban si Él poseía la capacidad para liberarlos. Quizás el Señor era una deidad local limitada a las fronteras de Judá. Para aliviar tales dudas, Dios le recordó al pueblo su soberanía y su poder. Él es el Creador del universo, quien demostró poder y sabiduría sin medida al formar los cielos y la tierra. Dios es soberano sobre el mundo, y ejerce un control absoluto sobre las naciones y sus débiles gobernantes. Es infinitamente superior a los ídolos. Las estrellas del cielo, transformadas en dioses en el pensamiento pagano (ver Jer. 19:13), son meras siervas que se reportan para trabajar cuando Dios las llama. Debido a que la autoridad, el poder y la sabiduría de Dios son ilimitados, Él es capaz de liberar a su pueblo de la esclavitud. Dios da fuerzas sobrehumanas a quienes confían en Él.

El programa redentor de Dios (41:1–42:12). Esta sección delinea en forma breve el programa de Dios para la redención de Israel. Los capítulos posteriores desarrollan este programa.

El Señor afirmó su soberanía sobre la historia y sobre las naciones. Él estaba levantando a un conquistador poderoso (Ciro el persa, ver 44:28; 45:1) que sometería a las naciones y cumpliría la voluntad de Dios. Ante su marcha implacable las naciones y sus ídolos nada podrían hacer.

Dios le recordó a su pueblo la posición especial de ellos como descendientes de Abraham, y les aseguró que eliminaría a sus enemigos. El Señor comparó la angustia de ellos al estado de un hombre sediento en el desierto, y les prometió transformar esa situación. Dios haría que el desierto rebosara de aguas abundantes y floreciera como un bosque, resultando así en un reconocimiento universal de la soberanía de Dios.

El Señor desafió a los ídolos de las naciones a presentar evidencia de su poder para predecir y para cumplir. En respuesta a su silencio, Él declaró que no eran "nada" y que eran "falsos". Como prueba de su propio poder, Dios nombró a Ciro, que vino "del norte", al cual Él estaba levantando para conquistar a las naciones.

Además de Ciro, el Señor levantaría a otro siervo, cuyo ministerio se caracterizaría por la humildad y la ternura hacia los pisoteados. Energizado por el Espíritu del Señor, Él establecería justicia en la tierra, sería mediador en un nuevo pacto con Israel y liberaría a los oprimidos. Al igual que las conquistas de Ciro, sus logros divinamente decretados demostrarían la soberanía de Dios sobre la historia y su superioridad sobre los ídolos. La respuesta apropiada a este anuncio fue una alabanza universal.

El ciego y sordo Israel convocado como testigo (42:13–44:23). Esta sección se organiza en dos paneles paralelos (42:13–43:13; 43:14–44:20), y cada uno contiene cuatro partes: (1) un anuncio de intervención divina en los eventos del mundo, (2) una exhortación a Israel, (3) un mensaje de salvación al pueblo de Dios, y (4) una declaración de la soberanía de Dios sobre las naciones y sobre sus dioses. El siguiente bosquejo refleja la estructura de la sección:

Panel A	Panel B
1. 42:13-17	43:14-21
2. 42:18-25	43:22-28
3. 43:1-7	44:1-5
4. 43:8-13	44:6-20

Esta sección concluye con una exhortación a Israel y un llamado a la alabanza.

Aunque el Señor había estado en silencio por un largo período, llegaría como un poderoso guerrero y conduciría al pueblo de regreso a su tierra, demostrando así su superioridad sobre los dioses paganos. Dios dejó claro que el espiritualmente insensible Israel había experimentado su juicio y los infortunios del exilio debido a su negativa de obedecer la ley de Dios. No obstante, como su Creador les aseguró su continua presencia y su protección sobrenatural. Dios levantaría a los persas, quienes conquistarían Egipto, pero permitiría que los israelitas se fueran de Babilonia. Finalmente todo el pueblo de Dios disperso regresaría a la tierra prometida. El Señor convocó a su pueblo como testigo de su soberanía sobre los eventos de la historia, y declaró su superioridad sobre los dioses de las naciones.

Dios les habló como el Redentor de Israel, y así como en tiempos anteriores había conducido a su pueblo fuera de la esclavitud de Egipto, ahora anunciaba un nuevo éxodo. Él liberaría a Israel de la cautividad babilónica y proveería para sus necesidades durante el viaje a casa. En el pasado, las obras pecaminosas del pueblo habían invalidado los sacrificios y habían resultado en un severo juicio (Isa. 43:28 se entiende mejor como una referencia al juicio pasado.) Pero el Señor les recordó que Él es el Dios que perdona el pecado. El Señor se dirigió a Israel por su antiguo nombre Jesurún, el cual Moisés aplicó al Israel de los primeros tiempos como receptor de las bendiciones de Dios (Deut. 32:15; 33:5,26). Al igual que esa generación anterior, el Israel exiliado experimentaría un derramamiento de la bendición divina. Una vez más el Señor llamó a su pueblo como testigo, y reafirmó su superioridad sobre todos los dioses. Ciertamente los ídolos de las naciones no se podían comparar con Él. Con gran sarcasmo, el Señor ridiculizó a los adoradores de ídolos. Después de cortar un árbol, la gente modelaba ídolos con parte de la madera y con el resto hacía fuego para cocinar su carne y para calentarse. Nunca se detenían a pensar que su dios y la madera que usaban para las tareas de todos los días estaban hechos de la misma sustancia.

En conclusión, el Señor exhortó a Israel a aferrarse a su promesa de restauración y de perdón. Como anticipo de la redención de Israel, el profeta instó al universo entero a estallar en alabanza.

Dios inicia su programa redentor a través de Ciro (44:24–45:25). Identificándose a sí mismo como el Creador soberano y el único que controla los eventos de la historia, el Señor anunció que usaría a Ciro el persa para restaurar a su pueblo a la tierra y para reconstruir las ciudades en ruina. Sigue una comisión, en la que Dios promete a Ciro éxito militar para que él, y luego todo el mundo, pudieran reconocer el carácter incomparable del Dios de Israel. La mención de Ciro por nombre es llamativa, dado que este gobernante no entró en escena hasta el siglo VI a.C., más de 100 años después que Isaías murió. No obstante, tal precisa predicción es ciertamente congruente con la capacidad de Dios para predecir y cumplir (ver 44:26).

A pesar de que Dios tenía grandes planes para su pueblo exiliado, algunos se quejaban de su condición y cuestionaban los caminos de Dios. El Señor les recordó a tales individuos que no tenían derecho de cuestionar las decisiones soberanas de su Creador. Hacerlo era tan absurdo como que una pieza de alfarería criticara al alfarero que la hizo.

Dios reiteró su plan de usar a Ciro como instrumento de redención. Israel regresaría de Babilonia y reconstruiría a Jerusalén. Los extranjeros reconocerían la posición privilegiada de Israel y cuán incomparable era el Dios de Israel.

Una vez más el Señor declara su soberanía y superioridad sobre los dioses paganos, y exhorta a todas las naciones a volverse a Él en busca de salvación. Es sabio someterse a Dios ahora, porque ha dado un decreto inmutable, en donde todos algún día se inclinarán ante Él y reconocerán su soberanía.

Exhortación a Israel a la luz de la caída de Babilonia (46:1–48:22). Aquí los anuncios de la caída de Babilonia están acompañados de exhortaciones para los exiliados.

Los ídolos de Babilonia serían llevados en cautiverio donde no podrían rescatarse a sí mismos ni tampoco a sus adoradores. Estos ídolos inútiles eran estáticos y una carga para los animales que los acarreaban. En contraste, Dios siempre había estado activo en la historia de Israel y Él había llevado a su pueblo. Dios instó a esos exiliados que permanecieron rebeldes en espíritu a recordar sus obras pasadas y a reconocer su mano soberana en acción a través de Ciro. Para los que querían confiar en las promesas de Dios, se acercaba una nueva era.

En el capítulo 47 se describe la caída de Babilonia en un cántico irónico por parte de un Dios vengativo, dirigido a la ciudad personificada como una reina orgullosa. Esta reina que una vez había sido "tierna y delicada" ahora haría el trabajo de un plebeyo o de un sirviente y sería humillada públicamente. Aunque Dios la había comisionado para castigar a su pueblo pecador, ella no había mostrado misericordia, y los había oprimido severamente incluso a los más ancianos. Como creía que su posición era segura, se jactó de que nunca experimentaría dolor. Sin embargo, el Señor anunció que de repente perdería a su esposo y a sus hijos. La reina que una vez había sido autosuficiente sería privada de todos los medios de sostén. A pesar de los intentos de sus adivinos y de sus astrólogos para impedir el desastre, el juicio de Dios tomaría la ciudad.

El Señor reconoció que muchos exiliados sólo poseían una forma externa de religión, mientras que otros eran abiertamente idólatras y rebeldes. A través de la historia de Israel Dios había anunciado sus acciones de antemano de modo que su pueblo rebelde no atribuyera los eventos a dioses falsos. Ahora anunciaba otro evento importante en la historia de la nación. Aunque Dios había castigado a Israel por su rebelión, ahora traería gloria sobre Él al liberarlo a través de Ciro. Debido a su desobediencia, el pueblo de Dios había perdido la paz y la bendición. Ahora el Señor les ofrecía una oportunidad para empezar de nuevo. Si ellos respondían en fe y se iban de Babilonia, Él cuidaría de sus necesidades, tal como lo había hecho durante el peregrinaje por el desierto que siguió al éxodo desde Egipto. Sin embargo, Dios les advirtió que los malvados no participarían en esta nueva era de paz y bendición.

Restauración de Jerusalén (49:1–55:13). Los capítulos 41–42 anuncian a Ciro (ver 41:2-3,25) y al siervo ideal del Señor (ver 42:1-9) como instrumentos importantes en el programa de Dios para la redención de Israel. Los capítulos 43–48 enfocan la atención en el papel de Ciro, mientras que los capítulos 49–55 desarrollan con más detalle la parte del siervo ideal en el drama.

La sección se organiza en tres paneles (49:1–50:3; 50:4–52:12; 52:13–54:17), en donde cada uno comienza con un cántico del siervo seguido por un mensaje alentador para la Jerusalén personificada. La sección concluye con un conmovedor llamado a renovar el pacto.

El Señor comisiona a un siervo ideal (49:1-13). El siervo ideal del Señor, presentado ya en 42:1-9, aquí vuelve a relatar su especial comisión divina. Desde antes de su nacimiento el Señor lo eligió para una tarea especial. Dios hizo de él un vocero efectivo para ser usado en un tiempo oportuno. El siervo recibió el título de "Israel" porque como representante ideal de la nación él restauraría la relación de Israel con

Dios. En el papel de un nuevo Moisés, el siervo sería mediador en un nuevo pacto para Israel y conduciría al pueblo fuera de la cautividad y de regreso a la tierra prometida. Como "Israel" el siervo también cumpliría el ideal original de Dios para la nación al ser un canal de bendición a las naciones gentiles. Aunque el siervo enfrentó rechazo y desánimo, tenía confianza en que el Señor finalmente lo vindicaría. Algún día, incluso los reyes reconocerían su grandeza.

El Señor responde a la queja de Jerusalén (49:14–50:3). La obra del siervo tendría resultados importantes para Jerusalén. Aquí la ciudad está personificada como una mujer que se queja de haber sido abandonada por su esposo (el Señor) y privada de sus hijos (los residentes exiliados de la ciudad). Dios se compara a sí mismo con una madre que amamanta, y le asegura a Jerusalén que nunca podría abandonarla. Aunque ella y sus hijos habían experimentado las duras consecuencias de su pecado, Jerusalén nuevamente sería habitada. Sus hijos exiliados regresarían en masa, escoltados por los gentiles. El Señor los rescataría de la cautividad y se vengaría de sus opresores.

El siervo ideal del Señor persevera (50:4-11). En el tercer cántico, el siervo declaró su confianza en Dios. No había retrocedido frente a la comisión del Señor, a pesar de la oposición severa y de la humillación. Él perseveró confiado en que el Señor un día lo vindicaría delante de sus enemigos. El cántico concluye con una apelación a que los seguidores fieles del siervo continúen confiando en el Señor y una advertencia de juicio a quienes rechacen la guía del Señor.

Un nuevo éxodo (51:1–52:12). Una vez más el Señor se dirigió a su pueblo con un mensaje de esperanza y aliento. Animó a los fieles a considerar el ejemplo de Abraham y de Sara. A partir de este solo individuo y de su esposa estéril, Dios formó una nación en cumplimiento de su promesa. Él haría lo mismo por la desolada Jerusalén, y transformaría sus ruinas en un nuevo paraíso lleno de alabanzas. Dios también extendería su bendición a las naciones y establecería un orden justo en el mundo.

Sobrecogido por las promesas alentadoras de Dios, el profeta clamó por su cumplimiento anticipado. Anhelaba un nuevo éxodo, en el cual Dios desplegaría el poder que destruyó a los egipcios (comparado con Rahab, el monstruo marino mítico. Ver 51:9; Sal. 87:4.) y dividió el mar Rojo.

Dios reiteró su promesa a los atemorizados exiliados al hablarles como el Consolador de su pueblo y como el Creador soberano del mundo. Él ejercería su enorme poder a favor de ellos y los liberaría de su prisión.

El Señor también levantaría a la pisoteada Jerusalén. La ciudad había sufrido humillación en manos de las naciones; ahora el tiempo de la retribución había llegado. La copa de la ira del Señor pasaría de Jerusalén a sus opresores. Nunca más la ciudad purificada sería invadida por extranjeros. Aunque su nombre había sido blasfemado entre las naciones, Dios establecería su gobierno desde Jerusalén y revelaría su poder a toda la tierra. El profeta empleó imágenes vívidas, describiendo a un mensajero que trae las buenas nuevas del advenimiento de Dios a los centinelas de las murallas de Jerusalén.

Una exhortación final insta a los sacerdotes a dejar la tierra impura del exilio, porque el sistema de adoración sería restaurado. En contraste con el éxodo desde Egipto, que fue llevado a cabo con prisa (ver Deut. 16:3), no habría necesidad de apurarse porque el opresor sería aplastado antes de la partida de ellos. Como en el primer éxodo, Dios acompañaría al pueblo como su protector.

Sufrimiento y vindicación del siervo ideal del Señor (52:13–53:12). El cuarto cántico del siervo describe en gran detalle el sufrimiento del siervo y su vindicación, temas anticipados en cánticos anteriores (ver 49:4,7; 50:6-9). Este comienza con una declaración divina en cuanto a que su siervo sería honrado grandemente. Así como muchos habían recibido el golpe de la humillación del siervo, muchas naciones e incluso reyes se sorprenderían por su exaltación gloriosa.

En la sección central del cántico, Israel confesó su anterior descreimiento y reconoció que el sufrimiento del siervo era a su favor. En respuesta al anuncio de la exaltación futura del siervo ("nuestro mensaje" en 53:1 se traduce "el informe que acabamos de oír"), Israel confesó que nunca había considerado esa posibilidad porque no había visto el poder de Dios revelado a través del siervo. Lo consideraban insignificante e interpretaron sus sufrimientos como un signo de desagrado divino. Ahora se vieron forzados a volver a evaluar su opinión anterior. Ahora se dieron cuenta que el sufrimiento del siervo era debido a los pecados de ellos y para su total beneficio. Como ovejas desviadas, todo Israel se había alejado del Señor y el siervo había llevado el castigo por su rebelión. Él era inocente de mal obrar pero sufrió en silencio un tratamiento ofensivo y una muerte humillante. El Señor había decretado que el siervo tenía que sufrir pero al final Él lo vindicaría y lo bendeciría.

El cántico termina tal como empezó, el Señor mismo declara su complacencia con el siervo. Debido a que el siervo se sometió a sufrir y se identificó con el pecado de Israel, él restauraría a muchos al Señor y sería ricamente recompensado por sus esfuerzos.

El futuro glorioso de Jerusalén (54:1-17). Con la restauración de Israel asegurada por el ministerio del siervo, el futuro de Jerusalén era brillante. Dios comparó a la ciudad en ruinas con una mujer estéril, y anunció que sería bendita con abundancia de hijos (una referencia al regreso de los desterrados). Al ubicarla en el lugar de su esposa divorciada, Él prometió una restauración del matrimonio. Nada volvería a separarlos otra vez. Dios adornaría la ciudad con belleza y la protegería de todos los asaltantes.

Un llamado a la renovación del pacto (55:1-13). Dios utilizó la imagen de una invitación a un banquete, para exhortar a su pueblo a recibir las bendiciones que Él ofrecía. El Señor deseaba hacer un pacto eterno con la nación, que sería similar a su pacto con David. Al igual que David, Israel sería el testimonio viviente de la grandeza de Dios y gobernaría sobre las naciones. Si la nación buscaba activamente al Señor y se apartaba de sus caminos malvados, Él en forma compasiva los perdonaría por sus pecados. Podían depender de esta respuesta misericordiosa porque la palabra de promesa por parte de Dios, a diferencia de los planes humanos pecadores, siempre se cumple. Así como la lluvia no revierte su curso, sino que cae sobre el suelo y hace que los cultivos del agricultor sean fructíferos, del mismo modo Dios no retrae su promesa sino que la cumple. El Señor haría llover abundantes bendiciones sobre el arrepentido Israel, lo cual sería una señal eterna de su relación renovada.

Purificación (56:1–66:24). A pesar de la promesa de Dios de una nueva era de bendición y de su invitación a la reconciliación, la realidad del espíritu rebelde de Israel permaneció. Isaías 56–66 indica que sólo los que se arrepintieran participarían en la nueva era. Quienes siguieran los caminos pecaminosos de generaciones anteriores serían excluidos. Aunque muchas promesas de los capítulos 40–55 se reiteran aquí, también es prominente el juicio purificante y exigente por parte de Dios.

Una nueva posición conferida a los extranjeros y a los eunucos (56:1-8).

Como anticipo de la era de salvación que venía de Dios, su pueblo debía promover la justicia, una de las principales características de la nueva era. Todos los que demostraran lealtad a Dios en guardar sus mandamientos, sin excepción experimentarían sus bendiciones y disfrutarían del acceso a su presencia. Incluso aquellos que estuvieron sujetos a la exclusión y a regulaciones estrictas, tales como los eunucos y los extranjeros (ver Deut. 23:1,3,7-8), entrarían libremente al templo del Señor.

Los pecadores son denunciados, los arrepentidos son alentados (56:9–57:21). Los malvados no tendrían lugar en esta nueva comunidad. Dios advirtió que el juicio era inminente para todos los líderes codiciosos y para los idólatras rebeldes que buscaban perpetuar la injusticia y el adulterio espiritual de días anteriores. La tierra prometida estaba reservada para los que confiaran en el Señor y mostraran un espíritu arrepentido.

Las demandas justas por parte de Dios y las acciones pecaminosas de la nación (58:1-14). El Señor denunció las pretensiones hipócritas de lealtad por parte del pueblo y sus vacías expresiones de arrepentimiento. Sus acciones injustas y violentas hacían que sus ayunos fueran inaceptables. Dios demandaba una vida recta y no un ritual sin significado. Debían libertar al oprimido, alimentar al hambriento, dar refugio al sin techo y vestir al desnudo. Además debían cuidar y estar atentos a las necesidades de los demás, y demostrar una verdadera devoción a Dios honrando su día sábado. Entonces ellos experimentarían la presencia protectora de Dios, disfrutarían de sus bendiciones y serían testigos de la reconstrucción de la tierra.

Acusación y confesión (59:1-15a). El Señor podía y quería restaurar a su pueblo, pero su persistencia en el pecado lo había separado de Dios. Él no podía tolerar la violencia, el engaño y la injusticia de su pueblo. Sus pensamientos malos producían acciones destructivas. En contraste con la justicia y la paz que Dios demandaba, su estilo de vida se caracterizaba por el derramamiento de sangre.

Al identificarse con la nación y representarla, el profeta reconoció la verdad de la acusación precedente. Lamentó que la justicia y la verdad hubieran desaparecido, lo que impidió que la liberación divina se hiciera realidad. Confesó los muchos pecados de la nación y admitió que se habían rebelado en contra del Señor y lo habían rechazado.

Restauración de Jerusalén (59:15b–63:6). En respuesta a la confesión del profeta en favor de la nación, ahora aparece un mensaje de salvación. Dios juzgaría a sus enemigos y regresaría para gobernar sobre su pueblo arrepentido. Establecería un nuevo pacto con ellos y, a través de su Espíritu Santo, haría posible que obedecieran sus mandamientos.

El regreso glorioso del Señor daría comienzo a una brillante nueva era para Jerusalén. La población desterrada de la ciudad regresaría y las naciones llevarían sus riquezas como tributo al Señor. Las señales de la renovada bendición de Dios estarían por todas partes. Los extranjeros reconstruirían las murallas de la ciudad. Sus puertas permanecerían abiertas para albergar al permanente desfile de visitantes llevando tributos. Los espléndidos árboles del Líbano serían usados como materiales de construcción para el templo del Señor. Los que antes oprimieron la ciudad reconocerían su posición especial. La presencia gloriosa de Dios aseguraría paz y justicia continuas. En cumplimiento de su promesa a Abraham, su pueblo poseería para siempre la tierra prometida y experimentaría un extraordinario crecimiento en la población.

El capítulo 61 comienza con un orador no identificado (¿el profeta? ¿el siervo de los caps. 40–55?), que relata su comisión de proclamar las buenas nuevas a los afligidos exiliados de la ciudad. Dios había decretado oficialmente el año de liberación de su pueblo cautivo. Ellos reconstruirían las ciudades de la tierra y servirían al Señor como una nación de sacerdotes (ver Ex. 19:6). Los extranjeros los servirían y les traerían sus riquezas. Dios quitaría la vergüenza de su pueblo y le daría una doble porción de sus bendiciones. Las naciones reconocerían la relación especial de Israel con el Señor. El receptor de las bendiciones de Dios (¿la Jerusalén personificada?) se regocijó en su salvación.

La descripción del futuro de Jerusalén continúa en el capítulo 62. La gloria restaurada de la ciudad sería evidente para todos. Aunque Jerusalén estaba desierta y desolada, algún día sería llamada Hefzi-bá (RVR60, *Mi deleite)* y Beula (RVR60, *Mi esposa),* porque el Señor renovaría su relación con ella. Con la amenaza de una invasión extranjera removida para siempre, el pueblo de Dios disfrutaría del fruto de sus labores.

El capítulo concluye con una exhortación a preparar el camino para el regreso del Señor (ver Isa. 40:3-5), quien llevaría consigo al pueblo exiliado (ver 40:10) y lo apartaría como una comunidad santa (ver Ex. 19:6).

Esta sección termina tal como empezó: se describe al Señor como un guerrero conquistador (Isa. 63:1-6; ver 59:15b-19). Viene de Edom (que aquí representa a las naciones hostiles; comparar v. 6 con 34:5-17), con su ropaje manchado de sangre. Anuncia que Él solo ha aplastado a sus enemigos, como si fueran uvas en un lagar. Y recuerda que el reino de Dios de paz y de justicia, sólo vendría después de un poderoso y airado despliegue de su juicio contra sus enemigos.

Una oración por liberación (63:7–64:12). En combinación con la confesión de 59:9-15a, esta oración forma un marco alrededor del mensaje de salvación en 59:15b–63:6. Una vez más el profeta representó a la nación y proveyó una respuesta modelo para el exiliado desobediente pueblo de Dios.

El profeta recordó las obras fieles de Dios para con su pueblo a lo largo de su historia. Los redimió de Egipto y los protegió. Cuando pecaron, Él se vio forzado a tratarlos como un enemigo, indicándoles que recordaran los días de Moisés. El profeta ahora estaba haciendo lo mismo. Anhelaba un nuevo despliegue del poder divino revelado en el mar Rojo.

El resto de la oración combina lamento por la presente situación del pueblo, confesión del pecado, afirmaciones de confianza y peticiones por la liberación por parte de Dios. Confiado en que Dios permanecía como su Padre y Redentor, el profeta pidió que Él pudiera responder en forma compasiva a la situación de ellos. Lamentó que Dios los hubiera entregado a la dureza de sus corazones y que los enemigos de Dios hubieran destruido su templo. Pidió que el Señor pudiera atravesar los cielos, juzgar a las naciones, y demostrar una vez más su capacidad para liberar a los que confiaban en Él. Reconoció que su castigo fue bien merecido, porque se habían contaminado totalmente con el pecado. Aun así el profeta, confiado en que la relación de ellos con Dios no estaba completamente rota, le pidió al Señor que cediera en su enojo. Con seguridad, la tierra y el templo en ruinas eran prueba de que su castigo era suficiente.

Separación de los justos y de los malvados (65:1–66:24). El capítulo 65 contrasta los destinos respectivos de los justos y de los malvados. A pesar de los constantes intentos del Señor de conseguir la atención de Israel, muchos lo rechazaron y abrazaron prácticas religiosas paganas. Tal testarudez demandaba un duro castigo. No obstante, el Señor trataría con un criterio selectivo en el juicio. Preservaría a los justos y les daría como recompensa la tierra prometida. Se acercaba un nuevo mundo,

en el cual la purificada Jerusalén sería el punto focal. Los problemas del pasado se olvidarían y abundarían las bendiciones de Dios. Las expectativas de vida aumentarían en forma drástica; el pueblo gozaría de los frutos de su trabajo; Dios respondería inmediatamente a sus oraciones; los peligros se eliminarían y la paz prevalecería.

El capítulo 66 comienza contrastando el carácter de los justos con el de los malvados. Los justos eran humildes, estaban arrepentidos y mostraban respeto por los mandamientos de Dios. Los malvados eran violentos, idólatras, tercos, espiritualmente insensibles y hostiles a los justos.

Venía un día de retribución, en el cual los malvados serían apartados de la comunidad del pacto y los justos serían vindicados. El juicio ardiente del Señor destruiría a los malvados junto con sus prácticas paganas. Los justos tomarían posesión de la glorificada y renovada Jerusalén, donde la paz y la prosperidad abundarían. Los gentiles irían a Jerusalén en forma regular para adorar al Señor. Como telón de fondo, las carcasas de los malvados ardiendo lentamente y pudriéndose poco a poco, servirían como un recordatorio constante de las consecuencias de la rebelión contra el Gran Rey.

El libro de Isaías comienza con una acusación del Señor a su pueblo rebelde (ver 1:2). Termina con una descripción de la horrible destrucción final y total de los rebeldes que mueve a la reflexión.

Significado teológico y ético. Para Isaías Dios es el "Santo de Israel" y el "creador de los confines de la tierra". Tal Dios demandaba pureza moral y justicia de parte de su pueblo y de todas las naciones. El pueblo de Dios, al igual que otras naciones, fracasó en cumplir con sus pautas de conducta. Así es que el Santo fue justo en castigar el pecado de ellos cuando los envía al exilio. No obstante, Dios deseaba jugar el papel de Salvador, de Redentor y de Padre para los que se volvieran a Él en arrepentimiento. Isaías llamó a Israel a esperar en Dios, el Creador que hizo orden del caos y el Redentor que rescató a Israel de la cautividad en Egipto. Tal Dios con seguridad volvería a actuar en forma creativa y redentora al conducir a su pueblo de regreso a la restaurada Jerusalén.

Isaías desafía a los cristianos a esperar en Dios, quien no ha terminado con la creación. El Israel del Antiguo Testamento se dio cuenta sólo en forma parcial de la salvación y la paz del Señor. Dios actuó en el pasado a través del Siervo sufriente Jesús para salvar a los cristianos, y actuará otra vez para llevar a la historia al fin deseado por Él: un nuevo cielo y una nueva tierra.

Preguntas para la reflexión

1. ¿Cómo describió Isaías a Dios? ¿Qué nombres y títulos divinos empleó? ¿Qué características le atribuyó a Dios? ¿Qué efecto deberían tener las enseñanzas de Isaías acerca de Dios sobre nuestro pensamiento y conducta?

2. ¿Por qué el pueblo de Dios lo disgustaba tanto en los días de Isaías? ¿Es la iglesia moderna de alguna manera parecida al antiguo Israel?

3. ¿De qué manera el juicio de Israel nos sirve como lección? ¿Qué nos enseña el juicio de Israel por parte de Dios acerca de la relación de Él con su pueblo?

4. ¿Por qué Dios permaneció comprometido con Israel? ¿De qué formas se describe e ilustra en el libro su devoción a su pueblo?

5. ¿Cómo describió Isaías el ministerio y futuro reinado de Jesucristo?

JEREMÍAS

De acuerdo al encabezamiento del libro, Jeremías era un sacerdote de Anatot cuya carrera profética comenzó en el año 13 de Josías (627–626 a.C.) y continuó hasta el exilio de Judá finalmente en el 586 a.C. Los capítulos 39–44 indican que Jeremías continuó ministrando después de la caída de Jerusalén y se vio forzado a acompañar a un grupo de desterrados a Egipto.

Trasfondo histórico. Jeremías vivió durante los días finales del reino de Judá. El avivamiento bajo el rey Josías (quien gobernó desde 640–609 a.C.) y la caída del imperio asirio (en 612–609 a.C.) aparentemente le ofrecieron alguna esperanza a Judá. No obstante, el espíritu rebelde de la nación en combinación con el surgimiento de los babilonios como el nuevo poder del Cercano Oriente, hicieron que la calamidad fuera inevitable. Cuando Jeremías denunció a los sucesores de Josías, Joacaz (609), Joacim (609–598), Joaquín (598–597) y Sedequías (597–586 a.C.), fue amenazado, encarcelado y humillado. Aunque por momentos se quejó al Señor, Jeremías continuó advirtiendo sobre el juicio inminente.

Ese juicio vino a través de los babilonios. En el 612 a.C. ellos conquistaron Nínive, la capital de Asiria. En el 609 a.C. derrotaron al último remanente del poder asirio en Harán. Para este tiempo los egipcios se habían aliado con Asiria en un intento de detener la corriente babilónica y de mantener el balance del poder. Cuando marcharon hacia el norte para ayudar a los asirios en el 609, Josías trató de detenerlos y perdió su vida. Su hijo Joacaz tomó el trono de Judá, pero tres meses después los egipcios lo llevaron al exilio y lo reemplazaron por su hermano Joacim.

En el 605 a.C. los babilonios se establecieron como el poder más importante del Cercano Oriente, cuando derrotaron a los egipcios en Carquemis. Aunque leal a Babilonia por un tiempo, Joacim finalmente se rebeló. Los babilonios sitiaron Jerusalén y en el 597 a.C. conquistaron la ciudad. Joaquín, hijo de Joacim, sólo había gobernado durante tres meses después de la muerte de su padre, pero los babilonios lo reemplazaron por su tío Sedequías. Después de permanecer leal a Babilonia por un corto tiempo, Sedequías también se rebeló.

En el 588 a.C. Nabucodonosor invadió Judá y comenzó el largo sitio de Jerusalén, que culminó con la caída de la ciudad en agosto del 586 a.C. Los babilonios los llevaron al exilio, pero a algunos sobrevivientes les fue permitido quedarse en la tierra bajo la autoridad de Gedalías, un gobernante nombrado por los babilonios. Sin embargo, en octubre del 586 a.C., una pequeña banda de disidentes asesinó a Gedalías. Entonces muchos huyeron a Egipto pues temían una represalia babilónica. Jeremías se opuso a este curso de acción e insistió que los babilonios no castigarían a la gente, pero se vio forzado a ir a Egipto con los fugitivos.

Tema. Así como otros escritos proféticos del Antiguo Testamento, Jeremías prometió que Dios finalmente cumpliría su ideal para Israel, pero sólo después del exilio y de un tiempo de juicio purificador. Dios no toleraría la infidelidad en medio de su pueblo. El juicio arrasaría con los violadores del pacto y prepararía el camino para el establecimiento de un nuevo pacto.

Forma literaria. El libro contiene variados estilos literarios. Hay mensajes proféticos escritos tanto en estilo poético como en forma de prosa y relatos biográficos del

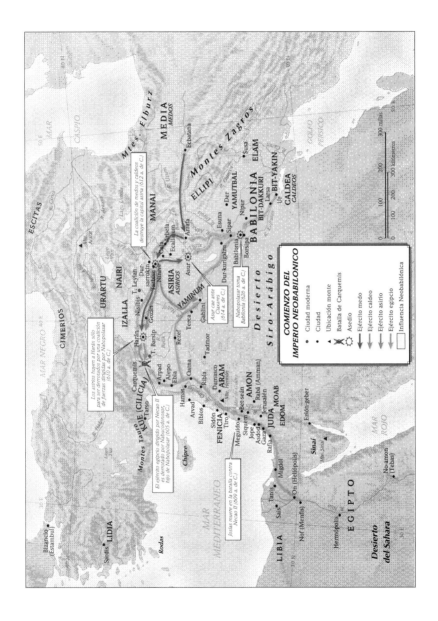

COMIENZO DEL
IMPERIO NEOBABILÓNICO

Ciudad moderna
Ciudad
Ubicación monte
Batalla de Carquemis
Asedio
Ejército medo
Ejército caldeo
Ejército asirio
Ejército egipcio
Influencia Neobabilónica

La coalición de medos y caldeos
destruye la capital asiria (612 a. de C.)

Los astros huyen a Harán solo
para ser derrotados por una coalición
de fuerzas dirigidas por Nabopolasar
(610 a. de C.)

Asur cae ante
Ciáxares
(614 a. de C.)

Nabopolasar toma
Babilonia (626 a. de C.)

El ejército egipcio dirigido por Necao II
es derrotado por Nabucodonosor,
hijo de Nabopolasar (605 a. de C.)

Josías muere en la batalla contra
Necao II (609 a. de C.)

ministerio de Jeremías. La primera mitad del libro incluye una cantidad de diálogos entre Jeremías y el Señor en donde el profeta derrama su corazón en oración. También se incluyen reportes de actos simbólicos.

Los capítulos 1–24 enfocan la atención en el pecado y el juicio inminente sobre Judá. La temática del libro se amplía en los capítulos 25–52, donde aparecen oráculos de juicio en contra de las naciones y mensajes sobre la restauración final de Judá.

Una comparación del hebreo de Jeremías con la antigua versión griega sugiere que pueden haber circulado dos versiones de las profecía de Jeremías durante el período intertestamentario. La versión griega aproximadamente un 12 ó 13% más corta que su contraparte hebrea porque omite versículos separados y secciones más extensas. La versión griega también organiza los oráculos contra las naciones (caps. 46–51 en el texto hebreo) de forma diferente y los ubica antes en el libro (como caps. 25–31).

I. Llamado de Jeremías (1:1-19)
II. Caída de Judá (2:1–24:10)
III. Juicio y restauración (25:1–51:64)
IV. Epílogo histórico (52:1-34)

Propósito y teología. Jeremías acusó a Judá de romper su pacto con el Señor. Denunció la infidelidad del pueblo de Dios, debido a su abierta idolatría y sus alianzas extranjeras. El liderazgo de la nación estaba particularmente corrompido. Los reyes descuidaban la justicia e incluso perseguían al profeta de Dios. Al mismo tiempo, falsos profetas prometían liberación y prosperidad.

Jeremías advirtió al pueblo que no escuchara a estos profetas mentirosos. Dios estaba a punto de castigar a Judá por el rompimiento del pacto y llevaría sobre la nación las maldiciones que Moisés había señalado (ver Deut. 27–28). El hambre y la espada destruirían a multitudes, mientras que otros irían al exilio. Las advertencias de Jeremías sobre esta condena segura se cumplieron en el 586 a.C., cuando Jerusalén cayó en manos babilónicas, un evento descrito en capítulos posteriores del libro.

Aunque gran parte del libro está dedicada al tema del pecado y del juicio, Jeremías sí vio una luz al final del túnel. Dios algún día juzgaría a los enemigos de Judá, incluso a los poderosos babilonios. Restauraría a su pueblo desterrado y haría un nuevo pacto con él, permitiéndole obedecer voluntariamente sus mandamientos. El Señor también restauraría el trono davídico y levantaría un rey ideal que aseguraría paz y justicia en la tierra.

LLAMADO DE JEREMÍAS (1:1-19)

Para una discusión sobre el encabezado, ver la introducción. Antes de la concepción y del nacimiento de Jeremías, el Señor lo había escogido para ser su profeta. Cuando Jeremías objetó que era muy joven para la tarea e incapaz de expresarse, Dios le aseguró su presencia protectora. Las palabras del profeta divinamente nombrado determinarían el destino de las naciones.

A través de un juego de palabras basado en una visión, el Señor le aseguró al profeta que el mensaje divino expresado a través de él se cumpliría. Cuando Jeremías identificó una rama de almendro (*saqed*), el Señor hizo un juego de palabras con su nombre, anunciando que Él estaba "alerta" (*soqed*) para asegurar el cumplimiento de la palabra profética.

A través de otra visión, una olla hirviendo inclinada hacia el sur, el Señor reveló que el mensaje de Jeremías sería de juicio inminente. La olla hirviendo simbolizaba los ejércitos extranjeros que invadirían la tierra desde el norte como instrumentos de juicio en contra del idólatra pueblo de Dios.

El Señor exhortó a Jeremías a declarar su palabra con audacia y sin temor, y le prometió protección de su audiencia hostil.

CAÍDA DE JUDÁ (2:1–24:10)

Estos capítulos contienen varios oráculos de juicio en contra del pueblo de Dios, muchas oraciones del profeta al Señor y diálogos con Dios de gran carga emocional. El tema principal de la sección es la inminente caída de la pecadora Judá, aunque también aparecen visiones momentáneas de la futura restauración.

Dios acusa a su pueblo infiel (2:1–3:5). La historia de Israel fue de apostasía. El Israel primitivo había seguido fielmente al Señor y había disfrutado de su protección. Las generaciones posteriores se volcaron a los ídolos, se olvidaron de los actos poderosos de Dios y deshonraron la tierra que el Señor en su gracia les había dado. Incluso los sacerdotes, los líderes civiles y los profetas abandonaron a Dios.

A diferencia de los paganos, que mantenían lealtad a sus dioses inútiles, Israel cambió su Dios glorioso y sus bendiciones por ídolos inútiles. Como consecuencia, sufrió humillación en manos extranjeras. Aun así, ellos buscaban alianzas protectoras con estas mismas naciones.

El Señor comparó a la rebelde e idólatra nación de Israel con una prostituta y con una vid buena que se degeneró. Su culpa era como una mancha inamovible a la vista de Dios. En su búsqueda frenética de dioses falsos eran como un asustadizo camello hembra a punto de escapar o como una burra lujuriosa en pos de su pareja. La idolatría sólo puede resultar en vergüenza. Los ídolos del pueblo probarían ser fútiles en la crisis que venía.

A pesar de su infidelidad, el pueblo se declaró inocente y acusó al Señor de un trato injusto. En respuesta, Dios señaló su descarada rebelión y sus vergonzosos actos de idolatría por toda la tierra.

Las alternativas de Judá (3:6–6:30). *Un llamado al arrepentimiento (3:6–4:4).* La idólatra Judá era incluso más corrupta que lo que había sido su hermana,

la nación del reino del norte. Aunque el Señor había arrasado al reino del norte enviándolo al exilio, Judá no había aprendido del ejemplo de su hermana del norte. El tiempo de decisión había llegado. La única esperanza para Judá era arrepentirse. Dios apeló a su pueblo infiel para que confesara sus pecados, se volviera de sus ídolos y se comprometiera con el Señor con renovada devoción. Él prometió darle líderes piadosos y hacer de Jerusalén el centro de su gobierno mundial. Las naciones viajarían a la ciudad para adorar a Dios. Judá se reuniría con el desterrado reino del norte y poseería la tierra prometida.

La invasión desde el norte (4:5-31). La alternativa al arrepentimiento era la destrucción. Si Judá persistía en su pecado, el Señor enviaría un poderoso ejército del norte para devastar la tierra. Se hace referencia a los babilonios, que atacarían con la ferocidad de un león, el poder de un torbellino y la velocidad de un águila. Las personas huirían por sus vidas y Jerusalén, abandonada a su destino por sus ídolos, clamaría en pánico. Las condiciones de la tierra en ruinas y desolada, se asemejarían a las anteriores a la creación, cuando la tierra era informe, estaba vacía y cubierta por la oscuridad.

En todo el capítulo se utilizan discursos dramáticos e imágenes vívidas para enfatizar la urgencia de la hora. Preocupación, lamentos, denuncias, provocación y apelación al arrepentimiento, se combinan con impresionantes descripciones de los invasores y de su efecto sobre la tierra.

Una sociedad pecadora condenada (5:1-31). El capítulo 5 reitera por qué el juicio era inminente. Los residentes de Jerusalén, sin excepción, habían resistido la disciplina del Señor y se habían rebelado contra sus mandamientos. La idolatría y la inmoralidad sexual prevalecían por toda la tierra. La gente creyó en el mensaje de seguridad de los falsos profetas. Hombres ricos y poderosos explotaban a otros, dejaban de lado la causa de los débiles y de los oprimidos. En lugar de arrepentirse y de reconocer a Dios como la fuente de sus bendiciones, el pueblo continuó con testarudez en su camino pecaminoso. El juicio era inevitable para una nación así. Los temibles babilonios devorarían sus cultivos y rebaños, matarían a sus hijos y destruirían sus ciudades. Debido a que el pueblo de Dios insistió en actuar como los paganos, serviría a los paganos en una tierra pagana.

Jerusalén atacada (6:1-30). La amenaza de la invasión en los capítulos 4 y 5 ahora toma proporciones más aterradoras porque describe el sitio de Jerusalén, que estaba en camino. Se oyen en sucesión el llamado de alarma del Señor a los residentes de Benjamín y de Judá, el llamado a la guerra por parte del enemigo, la convocatoria de sus ejércitos por parte del Señor, una advertencia a Jerusalén y la autorización del Señor a los extranjeros para que "busquen" a su pueblo.

Luego, el profeta interpuso una palabra. Aunque el pueblo era obstinado y rechazó su mensaje de juicio, él estaba obligado a continuar predicándolo. Dios lo animó a perseverar en la proclamación de la ira que venía porque el juicio era inevitable para una nación tan corrupta. Incluso los líderes religiosos eran codiciosos y engañosos. Le restaban importancia a la calamitosa situación de la nación y proclamaban un mensaje de falsa esperanza. El pueblo se negó a obedecer la ley de Dios y a escuchar a sus profetas. Sus sacrificios vacíos no impedirían el desastre en ciernes. El poderoso ejército del norte marcharía hacia adelante en forma implacable, causando terror y pesar en medio del pueblo. En conclusión, el Señor comparó el papel de Jeremías al de un probador de metales. Después de ver el carácter moral del pueblo, revelado en su respuesta a su ministerio, Jeremías se dio cuenta de que eran

rebeldes porque necesitaban el fuego purificador del juicio divino.

Hipocresía e idolatría (7:1–10:25). *Confianza falsa (7:1–8:3).* El pueblo de Judá creía estar a salvo porque el templo, la morada del Señor, estaba en medio de ellos. Dios denunció esta falsa confianza y señaló que solo el arrepentimiento genuino podía salvar a un pueblo tan injusto, violento e idólatra. Les recordó el ejemplo de Silo, anterior lugar de la morada de Dios, que no se había salvado de la destrucción cuando Dios juzgó a su pueblo malvado. A pesar de que el pueblo le trajo sacrificios, el Señor rechazó a Judá por su hipocresía y sus sacrificios sin sentido. Él demandaba lealtad y no un ritual vacío. Mientras el pueblo daba a Dios un servicio de labios, también preparaba ofrendas para la "reina del cielo" (la diosa babilónica Ishtar). Sacrificaban a sus hijos en el valle del hijo de Hinom al sur de la ciudad y adoraban al sol, la luna y las estrellas. El valle del hijo de Hinom podría llamarse valle de la Matanza, porque allí los cadáveres de los idólatras serían devorados por las aves de carroña. Los invasores profanarían las tumbas de la ciudad, y dejarían los huesos expuestos a la luz de los cuerpos celestiales, astros que alguna vez esos muertos adoraron en vida.

Castigo y lamentación (8:4–9:26). Aunque el pueblo pretendía ser sabio porque poseía la ley de Dios, sus acciones contradecían sus palabras. Ellos desobedecieron esa misma ley, se negaron a arrepentirse y creyeron en los líderes religiosos que prometían paz y seguridad. El Señor los despojaría de sus cultivos y enviaría a la tierra un ejército poderoso, semejante a serpientes mortíferas. En aquel día el pueblo condenado y desesperado lamentaría su destino y reconocería que su esperanza anterior estaba errada.

Jeremías se conmovió emocionalmente por este mensaje de juicio. Describió el futuro clamor de los exiliados, quienes perplejos tratarían de conciliar lo que ellos creían en cuanto a la inviolabilidad de Jerusalén con su situación real. Lamentó que no hubiera cura para la enfermedad de la nación y que no tenía suficientes lágrimas para llorar todo el tiempo. Anhelaba escaparse, porque reconocía que la maldad estaba en todas partes. Incluso las relaciones humanas más cercanas estaban contaminadas con engaño y explotación.

El tiempo de duelo y lamento había venido, porque la destrucción y el exilio estaban en camino. La muerte, encarnada en el ejército babilónico, invadiría las ciudades y las casas de la tierra, y despojaría a las mujeres de sus hijos y de sus jóvenes robustos.

En el día de juicio que venía, la sabiduría humana, la fuerza y las riquezas serían inútiles. La seguridad solo podía encontrarse en la lealtad al Señor, quien como Dios fiel y justo, busca y recompensa estas mismas cualidades en su pueblo. Los signos externos tradicionales de una relación con Dios, tales como la circuncisión, también serían inútiles, si no estaban acompañados de una devoción genuina al Señor (la circuncisión es comparada en 9:26 a la circuncisión de corazón; ver 4:4). Como el pueblo de Dios carecía de esta devoción, su circuncisión física sería tan inútil como la de los gentiles que también observaban esta práctica. La nación de Israel sería arrasada con las otras naciones en la inminente invasión del oeste por parte de Babilonia.

El Señor incomparable (10:1-16). El Señor exhortó a su pueblo a rechazar a sus dioses paganos. Estos ídolos de madera y de metal hechos por manos de hombres eran tan inactivos y sin vida como los espantapájaros. En respuesta, Jeremías alabó al Señor, cuya grandeza sobrepasa infinitamente a la de los ídolos. El Señor es el Dios verdadero, viviente y eterno que creó y controla el universo físico y determina los destinos de las naciones.

El lamento de Jeremías (10:17-25). Debido a que el pueblo de Dios había rechazado a su Rey soberano por los ídolos, el juicio era inevitable y el lamento apropiado. El profeta continúa con el tenor emocional de capítulos anteriores y lamenta la enfermedad incurable de la nación y su destino inminente. Jeremías apela a la justicia de Dios y suplica que el juicio que se acercaba no fuera excesivamente duro y que Dios al final castigara a las naciones por el maltrato dado a su pueblo.

Advertencias contra la rebelión (11:1–13:27). *Ruptura del pacto (11:1-17).* Dios le recordó a su pueblo el pacto que debía gobernar la relación entre ellos. Después que el Señor liberó a sus antepasados de Egipto, hizo un trato con ellos. Si obedecían sus mandamientos, Él sería su Dios y les daría la tierra prometida. Sin embargo, a lo largo de su historia el pueblo desobedeció la ley de Dios, trajo el castigo ("el peso de las palabras") que señalaba el pacto. La generación de Jeremías había seguido los pasos de sus antepasados adorando a Baal y a otros dioses extranjeros. Como consecuencia ellos también debían experimentar el peso de las palabras del pacto.

Oposición a Jeremías (11:18–12:6). Como mensajero del juicio del Señor, Jeremías sufrió oposición, incluso en su ciudad natal de Anatot, donde algunos hicieron un complot para quitarle la vida. Aunque el profeta no había sospechado sus intenciones hostiles, Dios le reveló sus estratagemas. Jeremías confiaba en que el Señor lo vindicaría y lo vengaría. Dios declaró que los enemigos de Jeremías serían destruidos de manera violenta y completa.

El diálogo entre el Señor y su profeta continúa en el capítulo 12. Jeremías sabía que Dios es justo, pero estaba perturbado por la prosperidad de los malvados. En la confianza de que Dios era consciente de su carácter leal, el profeta le pidió al Señor que juzgara a los malvados de modo que la tierra pudiera liberarse de la maldición que había provocado el pecado de ellos. En esta ocasión el Señor no ofreció ningún mensaje de juicio (ver 11:21-23). Pero advirtió a Jeremías que la situación se tornaría peor y que incluso los miembros de su propia familia conspirarían contra él.

El Señor los abandona y reclama su herencia (12:7-17). A pesar de que el Señor consideraba a Judá como su posesión especial, la hostilidad de ella lo forzó a abandonarla. Dios permitiría que extraños desolaran la tierra. No obstante, algún día Él castigaría a estas mismas naciones y restauraría al pueblo exiliado a su tierra. Cualquier nación que entonces se volviera al Señor sería restaurada, mientras que los que rechazaran su gobierno serían aniquilados.

Una lección objetiva y una parábola (13:1-27). El Señor instruyó a Jeremías para que comprara, usara y luego enterrara un cinturón de lino. Días más tarde, le dijo al profeta que desenterrara el cinturón ahora podrido e inútil. Así como un cinturón fino suma felicitaciones para su dueño, así también Dios había tenido la intención de glorificarse a través de su pueblo. Pero su orgullo, su testarudez y su idolatría lo hicieron inútil. En consecuencia, Dios destruiría su orgullo a través del juicio, así como el cinturón de Jeremías fue destruido por los elementos naturales.

El Señor también usó una parábola para ilustrar el juicio que venía. Jeremías debía hacer la observación de que los cántaros tenían que estar llenos de vino. Cuando el pueblo lo reprendiera por hacer un comentario tan obvio, él debía explicar el simbolismo detrás de su afirmación. Así como los cántaros debían usarse para el propósito designado, así también Dios trataría en forma apropiada con su pueblo pecador. Como cántaros llenos de vino, ellos serían llenos "de embriaguez" (RVR60), lo cual es una referencia figurativa

a los efectos tambaleantes del cabal castigo de Dios.

Así como las personas no pueden cambiar su color de piel ni un leopardo sus manchas, así el pueblo no podría cambiar su propensión al mal. La oscuridad del juicio descendería sobre la nación incorregible y el pueblo sería arrastrado al exilio como la paja por el viento.

Oraciones de Jeremías (14:1–15:21). *Hambre y espada son inevitables (14:1-18).* Jeremías lamentó que una severa sequía hubiera arrasado la tierra, confesó el pecado del pueblo y le pidió al Señor que restaurara su favor. En respuesta, Dios señaló la maldad de la nación, instruyó a Jeremías para que cese de interceder por el pueblo y anunció que no aceptaría sus sacrificios hipócritas. Jeremías acusó a los falsos profetas y a sus promesas de paz para la nación. Estos mentirosos serían destruidos con el resto del pueblo.

La intercesión profética es inútil (14:19–15:9). Una vez más Jeremías intercedió por la nación, lamentando su condición, confesando su pecado y pidiéndole al Señor que interviniera. Reconoció que el Señor era incomparable a los ídolos y que Él solo era la fuente de las bendiciones de la nación. El Señor declaró que ni siquiera Moisés ni Samuel pudieron interceder efectivamente por un pueblo tan malvado. Los pecados del rey Manasés lo habían enojado (ver 2 Rey. 21:1-18) y el pueblo no había cambiado sus caminos. Dios decretó que la muerte, el hambre y el exilio arrasarían con la nación.

El Señor vindica a su profeta (15:10-21). Jeremías una vez más lamentó la oposición que experimentaba (ver 12:1-4). Aunque era inocente de mal obrar y había declarado fielmente la palabra del Señor, sufrió reproches. Él cuestionó la confiabilidad de Dios y le pidió que tomara su causa. El Señor le aseguró protección divina y vindicación delante de sus enemigos. No obstante, el profeta tuvo que confesar su falta de fe y perseverar en su misión.

Advertencias y exhortaciones (16:1–17:27). *Las restricciones de Jeremías vaticinan el juicio (16:1–17:4).* El Señor puso varias restricciones sobre Jeremías que vaticinaron los efectos del juicio que venía. Jeremías no debía tomar esposa como forma de mostrar los efectos devastadores del juicio sobre las familias de la nación. Muchos quedarían sin hijos y sin cónyuges. Al profeta le estaba prohibido asistir a un funeral, debido a que después del inminente desastre la gente ni siquiera tendría la oportunidad de hacer duelo por los muertos. Tampoco debía asistir a una fiesta porque el juicio haría cesar por toda la tierra las celebraciones gozosas.

Una vez más Dios señaló que la idolatría del pueblo había ocasionado esta calamidad. Aunque el Señor algún día restauraría a su pueblo a la tierra por medio de un nuevo éxodo, el futuro inmediato no era otra cosa que oscuridad. Los invasores, al igual que pescadores y cazadores, perseguirían al pueblo en forma implacable. El Señor les pagaría el doble a cambio de su idolatría. Perderían su lugar en la tierra prometida y vivirían como esclavos en un lugar extranjero y distante.

Destinos contrastantes del malvado y del justo (17:5-11). El Señor se detuvo para contrastar al malvado con el justo. Los que confiaban en la fuerza humana y rechazaban al Señor estaban condenados a experimentar incomodidad extrema y finalmente la muerte. Pero quienes confiaran en Dios florecerían, incluso en tiempos de crisis. Aunque las personan pueden ser extremadamente engañosas, Dios es capaz de penetrar sus mentes y tratar con ellos de manera justa.

Oración de Jeremías (17:12-18). Apelando a este Dios justo que todo lo sabe, Jeremías afirmó su fidelidad a la comisión dada por Él y pidió ser vindicado delante de sus perseguidores.

Mandatos con respecto al sábado (17:19-27). Una vez más el Señor ofreció al pueblo otra oportunidad para mostrar actitud de arrepentimiento. Exhortó a toda la nación, incluso a su rey, a demostrar lealtad a Dios al observar sus requerimientos con respecto al día sábado. Si lo guardaban dejando de trabajar, el Señor los bendeciría y aceptaría sus ofrendas. Pero si rechazaban esta prueba de obediencia, la calamidad prometida vendría con toda su fuerza.

El alfarero (18:1–20:18). *La vasija deshecha y el profeta impopular (18:1-23).* El Señor envió a Jeremías a la casa de un alfarero, donde ilustró su control soberano sobre Judá. Mientras Jeremías observaba al alfarero modelando una vasija, el barro se estropeó. El alfarero remodeló el barro para hacer una vasija de estilo diferente. Dios explicó que su pueblo era como el barro en sus manos, y Él tiene la libertad de remodelarlo de acuerdo a sus deseos. Cuando Dios advierte que destruirá la nación pecadora, conserva su voluntad de remodelar los destinos de esa nación, si se arrepiente. Cuando planea bendecir a una nación, alterará sus propósitos si ésta es desobediente. A pesar de que una vez había bendecido a su pueblo, ahora estaba planeando destrucción debido a su idolatría y a su desobediencia. Si había arrepentimiento el Señor daría nueva forma a su destino, pero el pueblo rechazó la oferta de Dios.

La proclamación de estas verdades por parte de Jeremías no fueron bien recibidas. Los residentes de Judá y de Jerusalén armaron un complot contra el profeta, e hicieron que él protestara a favor de su inocencia y otra vez buscara vindicación de parte del Señor.

Un cántaro roto y un profeta desilusionado (19:1–20:18). El Señor instruyó a Jeremías a comprarle un cántaro a un alfarero y luego llevar a algunos líderes civiles y sacerdotes a las afueras al valle de Hinom (ver 7:31). Una vez allí, el profeta debía pronunciar un duro juicio contra Jerusalén debido a la idolatría y al sacrificio de niños que sus residentes habían llevado a cabo en ese valle. Luego debía romper el cántaro para ilustrar lo que Dios le haría a la ciudad. Este valle de idolatría llegaría a ser un cementerio para los idólatras asesinados brutalmente.

Luego de que llevó a cabo su comisión, Jeremías fue al templo e hizo otro anuncio de juicio. Pasur, uno de los principales oficiales del templo, había apresado y golpeado a Jeremías. Cuando fue liberado, Jeremías le dio a Pasur el nombre simbólico de Magor-misabib que significa "terror por todas partes" y anunció que este oficial sería testigo de la muerte de sus amigos y del exilio de la nación. Pasur moriría y sería sepultado en tierra extraña.

Avergonzado y con enojo, Jeremías derramó su corazón delante del Señor. Sus palabras reflejan la confusión de sus emociones y de su perspectiva. Acusó al Señor de engaño y se quejó de estar atrapado entre la espada y la pared. Cuando proclamaba la palabra de Dios, era insultado y abusado. Si se refrenaba de predicar el mensaje, la palabra divina lo quemaba hasta que se veía forzado a declararla. En un rapto repentino de confianza, Jeremías afirmó su dependencia del Señor. Pero con la misma rapidez volvió a hundirse en la depresión y maldijo el día de su nacimiento.

Reyes y falsos profetas (21:1–24:10). En esa sección comienzan y terminan los mensajes que corresponden al reinado de Sedequías. En el medio están los oráculos relativos al trono davídico, a los predecesores de Sedequías (Joacaz, Joacim y Joaquín) y a los falsos profetas.

Mensajes contra los últimos reyes de Judá (21:1–23:8). Sedequías envió mensajeros a Jeremías con la esperanza de que el Señor librara milagrosamente a Jerusalén de los ejércitos babilónicos. Dios declaró

que Él estaba peleando junto a los babilonios y no rescataría a la ciudad. Jerusalén sería destrozada por plagas, por hambre y por espada. Sedequías y los sobrevivientes de la ciudad serían entregados a los babilonios (ver 2 Rey. 25:5-7). Los que desearan escapar de la matanza deberían someterse inmediatamente a Nabucodonosor.

Jeremías 21:11–22:9 contiene dos exhortaciones dirigidas en general a la casa real. Ambas se refieren a la necesidad de justicia. En ese tiempo el arrepentimiento todavía era una opción y el pueblo aun se jactaba de que Jerusalén nunca podría caer. El Señor le recordó al rey su obligación de promover la justicia, y le advirtió que un fracaso en ese aspecto provocaría severas consecuencias. También amenazó con juicio a la orgullosa Jerusalén.

El próximo discurso se sitúa después de la muerte de Josías y del exilio en Egipto de su hijo Salum (Joacaz), hechos ocurridos en el 609 a.C. (ver 2 Rey. 23:29-34). El pueblo debía terminar su duelo por Josías y su lamento por Joacaz, porque el destino de este último (la muerte en el exilio) era para la nación un presagio aun mayor de lo que había sido la muerte de Josías.

El siguiente oráculo (Jer. 23:13-24) se refiere a Joacim, otro de los hijos de Josías y sucesor de Joacaz. Dios denunció las prácticas injustas usadas por Joacim al construir un palacio nuevo y hermoso. La explotación de los habitantes por parte de Joacim estuvo en completo contraste con la rectitud de su padre Josías. La preocupación de Josías por la justicia en su reino fue una prueba de que él verdaderamente reconoció la autoridad del Señor. La humillación se apoderaría del orgulloso Joacim y de su ciudad.

El futuro también era oscuro para Joaquín, hijo y sucesor de Joacim. El Señor lo rechazaría como rey y lo entregaría a Nabucodonosor. Pasaría el resto de sus días en exilio (ver 2 Rey. 24:8-17). Ninguno de sus hijos ocuparía el trono.

En el último oráculo de la sección, Dios anunció el juicio inminente sobre los "pastores" (o gobernantes) de la nación, que habían conducido mal a su pueblo en lugar de cuidarlo. Aunque el pueblo sería esparcido en el exilio, el Señor finalmente restauraría a un remanente a la tierra y le daría líderes competentes. En aquel día un rey davídico ideal reinaría en justicia y llevaría paz a la tierra.

Mensajes contra los falsos profetas (23:9-40). El juicio de Dios estaba por caer sobre los falsos profetas que fracasaron en denunciar el mal y prometieron paz y seguridad a la gente. Ninguno de estos profetas tenía acceso al consejo celestial del Señor ni recibieron revelación de parte de Él. Aun así pretendían ser sus mensajeros.

Dos canastas de higos (24:1-10). Luego del exilio de Joaquín (Jeconías) en el 597 a.C., Dios le dio a Jeremías otra lección objetiva. Le mostró al profeta dos canastas, una llena de higos muy gustosos y otra con higos que no se podían comer. Los higos buenos representaban a los que ya estaban exiliados en Babilonia. El Señor cuidaría de ellos y al final los restauraría a la tierra. Los higos malos representaban a Sedequías, sucesor de Joaquín, a sus oficiales, a los que permanecieran en Jerusalén, y a los que se hubieran ido a Egipto. Ellos experimentarían la humillación y finalmente la destrucción.

JUICIO Y RESTAURACIÓN (25:1–51:64)

Estos capítulos bosquejan en detalle el programa futuro de Dios. Desarrollan el tema del juicio sobre Judá, introducido en los capítulos 1–24. Esta sección también describe el juicio divino a escala universal y la futura restauración del pueblo de Dios.

La sección comienza (cap. 25) y termina (caps. 46–51) con el juicio universal. También hay un énfasis en la caída de Babilonia. En el medio aparecen dos subsecciones

(caps. 26–35 y caps. 36–45) que comienzan y terminan con material que data de la época del reinado de Joacim.

El juicio universal (25:1-38). Este oráculo está fechado en el año cuarto de Joacim (605 a.C.). A través de profetas fieles como Jeremías, Dios repetidamente había llamado a la nación al arrepentimiento. Esta había rechazado la oferta y había persistido en la idolatría. El día de ajustar cuentas había llegado. Los ejércitos de Nabucodonosor arrasarían desde el norte y pasarían por encima de Judá y de los estados vecinos. Estas naciones servirían a Babilonia por 70 años, después de los cuales el Señor derrotaría a su opresor. Esta profecía sobre la condena de Babilonia se cumplió en el 538 a.C. cuando los persas derrotaron al imperio caldeo y conquistaron Babilonia.

El juicio a las naciones se compara a una copa intoxicante pasada de boca en boca. Judá tomaría el primer trago, seguida por varias otras naciones. Finalmente Babilonia sería forzada a beber un sorbo de la copa del Señor. El juicio de Dios es descrito con vívidas imágenes como una tempestad ensordecedora, la matanza de carneros, la caída de un vaso precioso (RVR60) y un león furioso.

Exilio y restauración (26:1– 35:19). Esta sección comienza y termina con eventos de la época de Joacim. Estos capítulos contrastan el rechazo del profeta de Dios por parte de Judá con la devoción de los recabitas. Los capítulos del medio datan de la época de Sedequías. Los capítulos 27–29 y el 34, condenan a los corruptos líderes civiles y religiosos de la nación, y proveen un marco alrededor de los mensajes de esperanza y restauración de los capítulos 30–33.

La vida de Jeremías amenazada (26:1-24). Durante el reinado de Joacim, Jeremías dio un mensaje a los adoradores en el templo. El desastre llegaría si la gente se negaba a arrepentirse de sus caminos pecaminosos. El templo sería destruido al igual que el santuario en Silo que alguna vez había sido el lugar de la morada de Dios (ver 7:12-14).

Quienes oyeron este mensaje, incluidos los sacerdotes y los falsos profetas, prendieron a Jeremías y amenazaron con matarlo. Cuando los oficiales reales intervinieron, los sacerdotes y los profetas lo acusaron de traición. Jeremías declaró que el Señor lo había enviado, otra vez hizo un llamado al arrepentimiento y protestó a favor de su inocencia. Los oficiales y el pueblo objetaron la acusación de los líderes religiosos. Varios ancianos le recordaron a la multitud un evento en la historia de la nación de alrededor de 100 años atrás. El profeta Miqueas había anunciado que la ciudad y el templo serían destruidos (ver 26:18 con Miq. 3:12). En esa ocasión, Ezequías se arrepintió y Dios pospuso el juicio. Los ancianos advirtieron que los opositores de Jeremías estaban a punto de ocasionar un terrible desastre en la ciudad. Ahicam, un alto oficial de la corte real, también intercedió por Jeremías y fue librado.

No obstante, una nota parentética nos informa que no todos los profetas del Señor fueron tan afortunados como Jeremías. Urías, contemporáneo de Jeremías, fue forzado a huir a Egipto cuando una de sus profecías de juicio enojó al rey Joacim. Este hizo que Urías fuera extraditado y ejecutado.

Jeremías confronta a los falsos profetas (27:1–29:32). En el reinado de Sedequías Jeremías advirtió al pueblo que no creyera en los mensajes de esperanza y de paz de los falsos profetas. De acuerdo a las instrucciones de Dios, Jeremías hizo un yugo y lo colocó sobre su cuello. Luego envió mensajes a los reyes de las naciones circundantes, informándoles que Nabucodonosor sojuzgaría sus tierras. No debían creer en sus profetas ni en sus adivinos mentirosos, que abogaban por la resistencia y predecían la

liberación. La resistencia sólo traería desastre y exilio. Debían someterse a la autoridad de Nabucodonosor (simbolizada por el yugo) de modo de poder permanecer en sus tierras. El mensaje fue igual para Sedequías. Debía rechazar los mensajes de esperanza dados por los falsos profetas, quienes incluso estaban prometiendo que los utensilios del templo que habían sido llevados a Babilonia serían devueltos. Sedequías debía someterse al yugo de Nabucodonosor a los efectos de salvar a la ciudad y al templo de más sufrimiento y humillación.

En el mismo año, Hananías, uno de los falsos profetas confrontó a Jeremías en el templo (28:1). Declaró que en dos años el Señor liberaría a Judá de los babilonios, restauraría los utensilios del templo y haría volver a Joaquín y a los demás exiliados. Después de expresar su deseo personal de que Judá pudiera experimentar tales bendiciones, Jeremías le recordó a Hananías que históricamente los profetas de Dios habían sido mensajeros de juicio. Los profetas de paz sólo podían ser autenticados cuando sus predicciones se hicieran realidad. En respuesta, Hananías removió el yugo de madera del cuello de Jeremías, lo rompió y una vez más declaró que el Señor liberaría a Judá y a las naciones circundantes del yugo de Nabucodonosor. No conforme con la negativa, Jeremías anunció que el Señor colocaría un yugo irrompible de hierro sobre Judá y sobre las naciones. Luego anunció que Hananías moriría antes del final del año, profecía que se cumplió dos meses más tarde.

Durante el reinado de Sedequías, Jeremías envió una carta a los que ya habían sido llevados a Babilonia. Los animó a establecerse allí, a casarse, tener hijos, y a orar por la prosperidad de su nuevo hogar. Después de 70 años el Señor los restauraría a la tierra prometida. No debían creer en los profetas engañosos que estaban en medio de ellos y les daban falsas esperanzas de un pronto regreso. Una calamidad aun mayor estaba por caer sobre la pecadora Judá y los que todavía vivían en la tierra prometida serían esparcidos entre las naciones.

Jeremías condenó por nombre a dos de esos profetas. Debido a sus actos inmorales y a sus falsas profecías, el Señor los entregaría a los babilonios para ser ejecutados, probablemente bajo el cargo de rebelión.

Semaías, un falso profeta en Babilonia, envió varias cartas a Jerusalén, en donde informó al sacerdote Sofonías y a otros sobre el contenido de una carta de Jeremías a los exiliados. Semaías llamó loco a Jeremías e instó a Sofonías para que apresara al profeta. Cuando el sacerdote le informó a Jeremías las palabras de Semaías, el profeta envió otro mensaje a los exiliados, denunciando a Semaías como un profeta falso y proclamó que ni él ni su familia participarían en la restauración final de los exiliados.

Esperanza y restauración (30:1–33:26). Aunque los días oscuros estaban por delante, Dios no abandonaría totalmente a su pueblo. Vendría sobre la tierra llena de pecado un tiempo horrible de juicio aterrador. Abandonada por sus aliados y golpeada por Dios, la nación sería como un hombre con una herida incurable. No obstante, después de este tiempo de disciplina, Dios curaría sus heridas y llevaría a sus exiliados de vuelta a la tierra. Los exiliados del reino del norte serían reunidos con los de Judá y juntos servirían al Señor y al gobernante davídico elegido por Él. El pueblo aumentaría en número y disfrutaría de una renovada relación con Dios.

El mensaje de consuelo para los exiliados continúa en el capítulo 31. Dios le asegura al reino del norte su amor eterno, y promete libertar a los exiliados de sus captores. Como un pastor, los conduciría de regreso a casa y restauraría su prosperidad agrícola y su gozo. Ellos irían a Jerusalén

para adorar al Señor y agradecerle por sus abundantes bendiciones.

El Señor llama Raquel al reino del norte (la madre de José y abuela de Efraín y de Manasés, las dos tribus importantes del norte), y la exhorta a dejar de llorar por sus hijos exiliados, porque ellos algún día regresarían a la tierra. Comparando a Efraín con su hijo (ver v. 9), Dios declaró que Él había oído su oración de arrepentimiento. Finalmente, se dirige a Israel como a una mujer joven (ver v. 4), y la exhorta a dejar su peregrinaje y observar cuidadosamente las señales del camino que la guiaban de regreso a la tierra.

La conclusión del v. 22 en forma de acertijo, ha dejado perplejos a los intérpretes. La mujer es sin duda Israel y el hombre probablemente el Señor. Quizás se hace referencia a la recién estrenada devoción al Señor por parte de Israel o a su adoración renovada alrededor del trono del Señor en Sión (ver vv. 4-6, 11-13). En aquel día, también se renovaría la devoción de Judá al Señor. Los exiliados restaurados pronunciarían bendiciones sobre Jerusalén y prosperarían en sus emprendimientos agrícolas.

El capítulo 31 culmina con una gloriosa promesa de un nuevo pacto. En el pasado el Señor había planeado y ejecutado cuidadosamente la desaparición de Israel y de Judá. En el futuro supervisaría cuidadosamente su restauración. Perdonaría sus pecados y establecería un nuevo pacto superior al pacto mosaico que habían violado.

Ahora, Dios les daría en forma sobrenatural la capacidad de lealtad que el antiguo pacto había demandado. El Señor hizo un juramento formal en donde su pueblo nunca cesaría de ser una nación ni experimentaría su rechazo. Prometió que Jerusalén sería reconstruida, purificada y nunca más sería destruida.

Durante el sitio babilónico de Jerusalén en el 587 a.C., Sedequías, que tomó a mal los oráculos condenatorios de Jeremías, arrestó al profeta en el palacio real. Cuando Hanameel, el primo de Jeremías, fue a visitar al profeta, este por orden del Señor rescató el campo de Hanameel de acuerdo a la ley antigua de rescate de la tierra (Lev. 25:25-28).

Cuando completó la transacción, Jeremías oró al Señor. Alabó a Dios como el Creador todopoderoso y como Gobernador justo sobre todo. Recordó los hechos poderosos de Dios en la historia de Israel y reconoció que la crisis presente era resultado del pecado de la nación. Consciente de que la ciudad caería en manos de los babilonios, preguntó por qué Dios le había indicado que comprara un campo. ¿Para qué serviría un campo una vez que la tierra fuera destruida y el pueblo exiliado?

En respuesta el Señor preguntó: "¿Hay algo imposible para mí?" (Jer. 32:27). No. Les permitiría a los babilonios conquistar la ciudad debido a su idolatría pero el Señor algún día restauraría a los exiliados a la tierra, los transformaría en adoradores leales, establecería un nuevo pacto con ellos y restauraría su prosperidad. En aquel día la gente otra vez vendería y compraría campos. La compra del campo por parte de Jeremías anticipó esa futura restauración.

Mientras estuvo confinado en el palacio, Jeremías recibió otro mensaje alentador acerca de la futura restauración de la tierra. A pesar de que los babilonios reducirían a Judá a un yermo y llenarían a Jerusalén de cadáveres, el Señor algún día perdonaría los pecados de su pueblo, lo llevaría de regreso a su tierra y haría que Jerusalén prosperara. En cumplimiento de su promesa eterna a David (2 Sam. 7:12-16), el Señor levantaría a un gobernante davídico ideal que traería justicia y paz a la tierra. Fiel a su pacto irrevocable con los levitas (Núm. 25:12-13), el Señor los establecería como sus siervos.

El destino de Sedequías (34:1-22). A pesar de estas brillantes promesas de restauración, el futuro inmediato permanecía desolador. Durante el sitio babilónico, Jeremías advirtió al rey Sedequías que los babilonios conquistarían la ciudad y llevarían al rey al exilio. El profeta aseguró a Sedequías que tendría una muerte pacífica y no violenta, y recibiría un funeral honorable.

Jeremías también denunció el tratamiento injusto de los esclavos por parte del rey. Durante el sitio, Sedequías y los habitantes de Jerusalén hicieron un juramento de libertar a todos los esclavos hebreos. Aparentemente en algunos casos esto se hizo como un acto de arrepentimiento por fracasos pasados en ese aspecto (Jer. 34:13-15). No obstante, habrán estado en juego motivos ulteriores. Sin embargo, cuando los babilonios levantaron el sitio, los dueños de esclavos renegaron de su pacto y revocaron la libertad de los que recién habían sido liberados. Jeremías sarcásticamente declaró que el Señor les había conferido a estos violadores del pacto la "libertad" de sus caminos engañosos de modo que pudieran perecer. Cuando el Señor hubiere terminado con ellos, serían como un novillo cortado en dos en una ceremonia de realización de un pacto. Los babilonios regresarían a la ciudad y la destruirían.

Jeremías y los recabitas (35:1-19). Durante el reinado de Joacim, Dios instruyó a Jeremías para que invitara a la familia recabita al templo y les ofreciera algo de vino. Los recabitas eran descendientes de Jonadab, hijo de Recab (2 Rey. 10:15-23), un devoto celoso del Señor y opositor de la adoración a Baal. Jonadab había ordenado a sus descendientes que siguieran un estilo de vida nómada y ascética, lo cual incluía abstenerse totalmente del vino. Después de 200 años sus descendientes todavía observaban las regulaciones que su antecesor había establecido. Cuando Jeremías colocó el vino delante de ellos, fieles a los mandamientos de su antepasado, se rehusaron a beberlo.

Los recabitas fueron una lección objetiva para Judá y Jerusalén. Su inquebrantable devoción al antepasado marcó un duro contraste con el rechazo de los profetas del Señor por parte de la infiel Judá. El juicio caería sobre Judá, pero Dios preservaría la línea piadosa de Jonadab.

Días finales de Judá (36:1–45:5). La sección comienza y termina con un material que data del cuarto y quinto año del reinado de Joacim. Baruc, el escriba de Jeremías, juega un papel prominente en estos capítulos que enmarcan la sección. Los capítulos del medio relatan en orden cronológico varias experiencias del profeta, comenzando con su trato con el rey Sedequías y concluyendo con sus mensajes a los exiliados en Egipto luego de la caída de Jerusalén.

Joacim quema el rollo (36:1-32). Dios le indicó a Jeremías que registrara todos su mensajes proféticos en un rollo. Jeremías dictó sus mensajes al escriba Baruc. Este llevó el rollo al templo en un día oficial de ayuno y leyó las profecías a la gente allí reunida. Cuando los oficiales reales oyeron sobre la lectura del rollo, le dijeron a Baruc que ellos debían reportar su contenido al rey. Después de advertir a Jeremías y a Baruc que se escondieran, los oficiales informaron al rey sobre el rollo. A medida que este era leído, Joacim lo cortaba columna por columna y lo quemaba. Luego ordenó arrestar a Jeremías y Baruc, pero el Señor ya los había escondido. Luego Dios instruyó a Jeremías para que dictara otro rollo. También anunció que Joacim sería castigado severamente por su falta de respeto.

Sedequías encarcela a Jeremías (37:1–38:28). Durante el sitio de Jerusalén en el 588 a.C., los babilonios se replegaron momentáneamente de la ciudad para luchar contra un ejército enviado por Egipto, una de las naciones aliadas de Judá.

Jeremías advirtió a Sedequías que el alivio de la ciudad era sólo temporal. Los babilonios harían retroceder a los egipcios y luego destruirían Jerusalén. Jeremías fue arrestado como traidor, golpeado y encarcelado en un calabozo subterráneo por un largo período. Sedequías finalmente mandó llamar a Jeremías para ver si tenía alguna palabra nueva de parte del Señor. Jeremías repitió su mensaje anterior de juicio, protestó a favor de su inocencia y le pidió al rey que no lo enviara de vuelta al calabozo. Sedequías le concedió su pedido y lo envió al patio de la guardia.

Si bien las similitudes entre los capítulos 37 y 38 podrían sugerir que son relatos paralelos de los mismos eventos, las diferencias en los detalles hacen que sea más probable que el capítulo 38 registre eventos subsiguientes al capítulo 37. Mientras Jeremías estaba en el patio de la guardia, continuó proclamando su mensaje de juicio inminente. Varios oficiales reales se quejaron a Sedequías, argumentando que Jeremías debía morir como traidor. Con la aprobación del rey, ellos bajaron al profeta a una cisterna llena de barro, donde tenían la intención de dejarlo morir de hambre. Ebed-melec, un oficial del palacio, puso objeciones al rey, quien al final le permitió rescatar a Jeremías de la cisterna. Sedequías se encontró otra vez en privado con el profeta. El rey le expresó su temor de que los babilonios lo entregaran en manos del partido judío que estaba a favor de los babilonios. Jeremías aseguró al rey que si él se rendía a los babilonios su vida sería preservada. Al mismo tiempo le advirtió que la resistencia sólo resultaría en humillación y en ruina. Sedequías le indicó a Jeremías que mantuviera esa conversación en secreto y le permitió quedarse en el patio de la guardia.

Caída de Jerusalén y liberación de Jeremías (39:1–40:6). Después de un largo sitio, Jerusalén cayó ante los babilonios en el 586 a.C. Sedequías huyó por su vida, pero los babilonios lo capturaron cerca de Jericó y lo llevaron a Nabucodonosor. Delante de los ojos del rey, los babilonios ejecutaron a sus hijos varones y a los nobles de Judá. Luego le sacaron los ojos a Sedequías y lo llevaron a Babilonia. Los babilonios destruyeron Jerusalén y llevaron a la mayor parte de la población al exilio, dejando atrás sólo a los pobres.

En medio del desastre, Jeremías no fue olvidado. Por orden real, Nabuzaradán, uno de los más altos oficiales de Nabucodonosor, liberó a Jeremías del patio de la guardia y lo entregó a Gedalías.

Los detalles de la liberación del profeta siguen a continuación de un breve paréntesis que indica que Ebed-melec se salvó (ver 38:7-13). Después de su primera liberación, Jeremías de alguna manera se mezcló con los que eran llevados al exilio. Nabuzaradán lo liberó y le dio la opción de ir a Babilonia o quedarse en la tierra. Jeremías eligió esto último y regresó con Gedalías, el gobernador recientemente nombrado.

Alboroto en la tierra (40:7–41:15). Durante la invasión babilónica algunos soldados y hombres de Judá habían evitado ser capturados. Fueron a Gedalías, quien les prometió seguridad y los animó a regresar a sus emprendimientos agrícolas y a servir al rey de Babilonia. Judíos refugiados en países vecinos también regresaron y retomaron la vida en su tierra natal.

Sin embargo, no todo estaba bien. Uno de los oficiales del ejército, Johanán hijo de Carea, informó a Gedalías que el rey de los amonitas (ver 27:3; Ezeq. 21:18-32), quería ver muerto al gobernador y había enviado a otros oficiales del ejército de Judá, Ismael hijo de Netanías, para hacer el trabajo. Gedalías se negó a creer en este informe y rechazó la oferta de Johanán de matar a Ismael.

Tiempo después (41:1 señala el mes pero no el año), Ismael y diez hombres visitaron a Gedalías en Mizpa. Durante la comida, de repente se levantaron y mataron a Gedalías, y también a soldados judíos y babilonios que estaban presentes. Al día siguiente, 80 hombres pasaron de camino a Jerusalén para lamentarse por el templo y para presentar ofrendas sobre sus ruinas. Ismael los atrajo adentro de la ciudad, mató brutalmente a 70 (los 10 que se salvaron le prometieron provisiones) y arrojó sus cuerpos a una cisterna. Después tomó a los residentes de Mizpa como rehenes y salió en busca de Amón. Cuando Johanán oyó las noticias, él y sus hombres persiguieron a Ismael y lo tomaron en Gabaón. Los rehenes fueron rescatados, pero Ismael y ocho de sus hombres escaparon.

Mensaje de Jeremías a los sobrevivientes (41:16–43:7). Como temían una represalia de parte de los babilonios por la muerte de Gedalías, Johanán y la gente de Mizpa emprendieron camino a Egipto. No obstante, antes de dejar la tierra, le pidieron a Jeremías que buscara la voluntad de Dios a favor de ellos y prometieron obedecer las indicaciones de Él. Después de inquirir del Señor, Jeremías les dijo que permanecieran en la tierra y Dios haría que el rey de Babilonia los tratara con misericordia. Pero les advirtió que si desobedecían y huían a Egipto, el desastre se apoderaría de ellos. La advertencia de Jeremías cayó en oídos sordos. Johanán y los otros lo acusaron de colaborar con Baruc en un esfuerzo para entregarlos en manos de los babilonios para ser castigados. Con una escandalosa falta de consideración ante el mandato de Dios, el grupo huyó a Egipto, llevándose a Jeremías y a Baruc con ellos.

Jeremías en Egipto (43:8–44:30). El exilio de Jeremías en Egipto ciertamente no puso fin a su ministerio profético. En Tafnes, lugar de residencia real egipcia en el delta oriental, el Señor instruyó a Jeremías para que anunciara la inminente caída de Egipto frente a los babilonios. El profeta tomó algunas piedras grandes y las enterró con argamasa en el pavimento a la entrada del palacio. Luego proclamó que algún día Nabucodonosor erigiría un trono sobre las piedras. El rey de Babilonia devastaría a Egipto y sus templos. Dios probaría a los refugiados judíos que era Él y no Egipto su única fuente de fuerza y de protección.

El capítulo 44 registra otro mensaje de Jeremías en Egipto. Se dirige a todos los exiliados judíos que vivían en Egipto, y les recuerda que el juicio de Dios sobre Jerusalén se debía a la idolatría del pueblo. Su persistencia en adorar a dioses ídolos sólo los conduciría a un mayor derramamiento del airado juicio de Dios.

El pueblo respondió con hostilidad a la advertencia de Jeremías. Declaró que continuarían haciendo sacrificios a la "reina del cielo", la diosa babilónica Istar. Pensaban que el desastre había venido sobre Judá porque Josías limpió la tierra de dioses extranjeros (2 Rey. 23).

Jeremías intentó corregir el razonamiento equivocado de ellos, señalando que fue la idolatría la que había traído la ira de Dios sobre la nación. Frente a tal obstinación, Jeremías denunció que el juicio divino los alcanzaría en Egipto. Como signo del desastre que venía, él profetizó la caída del faraón Hofra. Esta profecía se cumplió unos pocos años más tarde, en el 570 a.C., cuando Hofra fue destituido por un partido egipcio rival.

Jeremías anima a Baruc (45:1-5). Este breve mensaje, que data del año cuarto de Joacim (605 a.C.) y concierne al escriba Baruc, redondea los capítulos 36–45. Estas palabras fueron dichas a Baruc después que éste registró las profecías de Jeremías en un rollo (ver 36:1-7). Jeremías dijo a Baruc que no codiciara una posición alta porque el juicio seguramente vendría sobre la tierra. Aun así, Baruc podía tener la seguridad de que Dios lo protegería durante el desastre.

Juicio sobre varias naciones (46:1–51:64). Estos oráculos de juicio desarrollan el mensaje del capítulo 25. Junto con ese capítulo forman un marco alrededor de esta sección del libro.

Juicio sobre Egipto (46:1-28). En el 605 a.C. una de las más importantes batallas de la historia antigua tuvo lugar en Carquemis, sobre el río Éufrates en Siria. Los babilonios bajo órdenes de Nabucodonosor derrotaron a Necao y su ejército, y a partir de allí se establecieron como el principal poder del Cercano Oriente. En ocasión de esta batalla, Jeremías proclamó un oráculo en contra de Egipto. En forma dramática, él imitó las órdenes de los oficiales egipcios al preparar sus tropas para la batalla. Luego describió la retirada y la caída de los egipcios. Aunque estos marcharon a la batalla con carros y armamentos, estaban condenados a la derrota, porque Dios estaba peleando a favor de los babilonios.

El capítulo 46 también incluye una profecía sobre la invasión babilónica a Egipto, que tuvo lugar en el 568-567 a.C. El ejército egipcio se dispersaría frente a los multitudinarios invasores del norte. Los egipcios serían tan inútiles como los árboles de un bosque frente a las hachas de los leñadores. El faraón y los dioses de Egipto, incluso Amón su principal deidad, no serían capaces de resistir el juicio del Señor.

El capítulo termina con un mensaje alentador para el pueblo de Dios. Una vez que su tiempo de castigo terminara, el Señor los liberaría del exilio y los restauraría a su tierra.

Juicio sobre los filisteos (47:1-7). El juicio divino también caería sobre los filisteos. La aproximación de los babilonios desde el norte causaría consternación en Filistea. El enemigo arrasaría la tierra llevando muerte y destrucción. Este oráculo se cumplió en el 604 a.C., cuando Nabucodonosor invadió Filistea y conquistó Ascalón.

Juicio sobre Moab (48:1-47). Este extenso oráculo describe la caída de Moab, que aparentemente tuvo lugar en el 582 a.C. en manos de los babilonios. En el capítulo abundan nombres de lugares moabitas e imágenes vívidas. La destrucción de su tierra haría que los moabitas lloraran amargamente y huyeran en pánico. En el pasado, Moab había estado relativamente segura, como vino al que se le permite permanecer en una sola vasija. Pero estaba a punto de cambiar. Moab sería vertida fuera de la vasija. El poder militar de Moab sería hecho añicos, y su orgullo y su gozo serían reemplazados por humillación y lamento. Su desaparición era ineludible. El pueblo y su principal dios Quemos serían llevados al exilio. Un breve comentario final le promete a Moab una restauración final.

Juicio sobre Amón (49:1-6). Amón, otro de los estados transjordanos, también experimentaría el juicio. Los amonitas estaban orgullosos de su prosperidad agrícola y de sus riquezas, pero Dios llevaría desastre sobre su tierra. Ellos y su dios Moloc (Milcom, RVR60) irían al exilio. Como en el caso de Moab (ver 48:47), se le prometió a Amón una restauración final.

Juicio sobre Edom (49:7-22). Este oráculo, que es un paralelo del libro de Abdías, amenaza a Edom con una destrucción completa y final. Edom estaba orgullosa de su sabiduría y de su segura posición. Dado que el propio pueblo de Dios no estaba inmune al castigo, entonces los edomitas seguramente no se salvarían. Al igual que Sodoma y Gomorra, Edom llegaría a ser un ejemplo por excelencia de devastación y ruina. El Señor vendría contra ellos como un león que ataca a un desvalido rebaño de ovejas.

Juicio sobre Damasco (49:23-27). Damasco, importante ciudad de Siria, también experimentaría el juicio. Arfad y Hamat, dos ciudades estados ubicadas al norte de Siria, son descritas como perturbadas por las noticias de la caída de Damasco. Los fuertes guerreros de Damasco caerían en las calles mientras la ciudad ardiera.

Juicio sobre Cedar y Hazor (49:28-33). Nabucodonosor, el instrumento de juicio de Dios contra las naciones, también atacaría a las tribus árabes ubicadas al este de Palestina, dos de las cuales se nombran específicamente aquí (se desconoce la ubicación precisa de Hazor). Esta profecía ocurrió en el 599–598 a.C.

Juicio sobre Elam (49:34-39). El Señor también juzgaría la distante tierra de Elam, ubicada al este de Babilonia. Haría trizas el poder militar de Elam y dispersaría a su pueblo entre las naciones. Como en algunos oráculos precedentes, éste concluye con una palabra de aliento (ver 46:26; 48:47; 49:6).

Juicio sobre Babilonia (50:1–51:64). A pesar de que Dios usaría a Babilonia para juzgar a muchas naciones, finalmente Él también juzgaría a este imperio poderoso. En estos dos capítulos extensos se describe en detalle la caída de Babilonia.

Una nación poderosa del norte capturaría a Babilonia. Los medo-persas conquistaron el imperio babilónico en el 539 a.C. Los dioses ídolos de los babilonios, el principal de los cuales era Merodac, serían incapaces de rescatar la ciudad.

La desaparición de Babilonia sería una buena noticia para el pueblo de Dios. Él los había enviado al exilio por sus pecados, pero ahora ellos podrían irse de Babilonia, regresar a Jerusalén y disfrutar de una renovada relación de pacto con Dios. Las posiciones de los babilonios y de los israelitas serían revertidas. Al igual que los asirios antes que ellos, los babilonios habían maltratado y oprimido al pueblo de Dios. Ahora el tiempo de ajustar cuentas había llegado. El Señor derribaría a Babilonia y volvería a juntar en su tierra a su pueblo disperso. Dios restauraría las bendiciones de Israel y perdonaría sus pecados.

La caída de Babilonia se describe vívidamente a medida que dramáticos llamados a la batalla se alternan con imágenes de la derrota de la ciudad. El Señor vindicaría a su pueblo oprimido delante de los arrogantes babilonios. Usando el invencible ejército del norte como su instrumento, el Señor destruiría todo lo que enorgulleció a Babilonia: sus líderes civiles y religiosos, sus guerreros, sus armamentos y su riqueza. La ciudad llegaría a ser como Sodoma y Gomorra. (Al igual que en Isa. 13–14, es difícil armonizar esta descripción de la caída de Babilonia con la conquista persa del 539 a.C. Ver comentarios allí.) Una vez más el Señor usa la imagen de un león que ataca a un rebaño de ovejas (ver 50:44-45 con 49:19-20), y declara que el juicio de Babilonia demostraría que Él era un Dios sin igual.

La descripción de la caída de Babilonia continúa en el capítulo 51. Una vez más la venganza del Señor es un tema importante. Dios vindicaría a su pueblo delante del opresor, y demostraría su poder soberano sobre individuos y naciones. El Señor es el Creador del universo y es infinitamente superior a los dioses ídolos.

Los babilonios serían incapaces de permanecer delante del ejército del norte levantado por Dios. Babilonia sería pisoteada como una era en el momento de la cosecha y sería reducida a ruinas. En respuesta a la oración de su pueblo por venganza, el Señor anunció que los babilonios tambalearían como borrachos y serían muertos violentamente como ovejas. Él humillaría a Babilonia y a sus ídolos, así como los babilonios habían avergonzado al pueblo y al lugar de la morada de Dios. Delante del juicio retributivo del Señor toda la sabiduría, la pompa y el poder de Babilonia probarían ser inútiles.

Luego de registrar la profecía en contra de Babilonia en un rollo, Jeremías comisionó a Seraías, un oficial del rey Sedequías que estaba por viajar a Babilonia, para que proclamara el mensaje cuando llegara allí. Instruyó a Seraías para ofrecer una breve oración y arrojar el rollo en el río Éufrates como ilustración de la caída final de Babilonia.

EPÍLOGO HISTÓRICO (52:1-34)

Este capítulo es un paralelo de 2 Reyes 24:18–25:30 (ver comentario allí). La información estadística registrada en Jeremías 52:28-30 no aparece en 2 Reyes 25 y el relato de la muerte de Gedalías (ver 2 Rey. 25:22-26) se omite en Jeremías 52. El capítulo ofrece detalles de la caída de Jerusalén frente a los babilonios. Probablemente se incluyen para autenticar el mensaje de Jeremías al mostrar que sus profecías sobre el juicio se cumplieron.

Significado teológico. Jeremías muestra la profecía en forma completa de principio a fin. Él quería identificarse con su pueblo y vivir una vida normal. En lugar de eso tuvo que predicar en contra de su pueblo, confrontar a otros profetas y luego preguntarle a Dios: "¿Por qué?" A través de la humanidad del profeta, Dios le habló a Judá y a las naciones durante la más grande crisis de Israel. Dios mostró que se complacía en la obediencia, en la justicia y en la piedad y aseguró el futuro de la nación. La tradición teológica y la adoración no aseguraban nada. Dios podía cambiarse de bando político para disciplinar a su pueblo del pacto y luego conducirlos de regreso a Él. Nabucodonosor tuvo éxito al conquistar Jerusalén, porque fue el agente del juicio de Dios sobre su pueblo pecador. No obstante, al final, las naciones en su arrogancia se enfrentarían a la ira de Dios, mientras que Israel sería el pueblo de un sincero nuevo pacto.

Jeremías afirmó que el plan último de Dios era bendecir a su pueblo (29:11). Sin embargo, los planes de Dios están condicionados a la respuesta humana (18:7-10). La rebelión persistente puede traer castigo cuando Dios promete bendición. El arrepentimiento puede evitar el desastre cuando Dios promete juicio.

Jeremías afirma la infidelidad del pueblo de Dios y su necesidad de que Él interviniera para salvarlo. Jeremías anticipó un tiempo cuando Dios escribiría un nuevo pacto sobre los corazones de su pueblo, cuando Dios sería conocido en un compañerismo íntimo, cuando Dios ya no recordaría sus pecados (31:31-34). La esperanza de Jeremías encuentra cumplimiento en la nueva relación con Dios que se hizo posible a través de la muerte de Cristo (Heb. 10:12-22).

Preguntas para la reflexión

1. ¿Cómo describió Jeremías a Dios? ¿Qué papeles y características le atribuyó el profeta a Dios?

2. ¿Por qué Dios estaba disgustado con Judá? ¿Es la iglesia moderna en alguna medida como Judá?

3. ¿De qué manera Jeremías sirve como ejemplo para el pueblo de Dios? ¿Cuáles eran sus puntos fuertes y sus debilidades?

4. ¿Cómo caracterizó Jeremías a los falsos profetas de sus días? ¿Cómo se diferenciaban estos de Jeremías? ¿Cómo pueden los cristianos modernos identificar a los falsos maestros?

LAMENTACIONES

Aunque el autor no se identifica, la tradición ha atribuido el libro de Lamentaciones a Jeremías. Al igual que el profeta, el autor del libro fue un testigo ocular de la caída de Jerusalén y desplegó gran emoción en sus oraciones a Dios. El libro fue escrito entre la destrucción de la ciudad en el 586 a.C. y la reconstrucción del templo 70 años más tarde.

Tema. El autor lamentaba la caída de Jerusalén. Si bien reconocía que la calamidad era merecida, anhelaba que Dios restaurara su favor.

Forma literaria. El libro contiene cinco poemas, que se corresponden con las divisiones de los capítulos. El poema central tiene 66 versículos, mientras que los otros contienen 22 versículos cada uno. Todos excepto el último son acrósticos, en donde la forma refleja las sucesivas letras del alfabeto hebreo. En los capítulos 1, 2 y 4 la primera letra de cada primera palabra en los 22 versículos corresponde a las letras sucesivas del alfabeto hebreo (varía el orden de las letras *ayin* y *pe*). En el capítulo 3 los versículos están organizados en bloques de 3. Los vv. 1-3 comienza cada uno con la primera letra del alfabeto (*alef*), los vv. 4-6 con la segunda letra (*bet*), y así sucesivamente.

Los lamentos siguen el patrón estándar de Salmos (Ver "Salmos"). Contienen elementos típicos de un lamento tales como queja, petición y confianza.

I. Aflicción de Jerusalén (1:1-22)
II. El juicio del Señor (2:1-22)
III. Confianza a pesar del desastre (3:1-66)
IV. Caída de Jerusalén (4:1-22)
V. Oración por restauración (5:1-22)

Propósito y teología. El autor claramente reconoció la verdad de lo que habían predicado los profetas preexílicos: el pecado de Judá condujo a su caída y a la trágica destrucción de Jerusalén y del templo. Sin embargo, a pesar de esta calamidad el autor reconoció la fidelidad y la compasión de Dios y apeló a estos atributos divinos. Anhelaba el día cuando Dios restaurara su favor y tomara venganza de las naciones que los habían atormentado.

AFLICCIÓN DE JERUSALÉN (1:1-22)

El lamento del autor (1:1-11). Jerusalén había sido una reina; ahora era una esclava. Los extranjeros habían tomado sus riquezas, contaminado su templo y llevado a su pueblo al exilio. Abandonada por sus aliados y ya no visitada por peregrinos religiosos, era como una viuda desconsolada que llora amargamente por su pérdida. Debido a su pecado, Jerusalén había sido humillada, como una mujer avergonzada públicamente por un pecado sexual.

El lamento de la ciudad (1:12-22). Jerusalén, personificada como una mujer, lamentaba que el Señor hubiera derramado su ira sobre ella. Reconocía que sus pecados habían ocasionado su caída y que Dios había causado su derrota militar. Lamentaba no tener ningún consolador, porque sus aliados estaban en su contra y el pueblo había ido al exilio o había perecido. En su desesperación confesó su pecado y le pidió a Dios que considerara su angustia. Humillada y abusada por sus enemigos, suplicó que el Señor tomara venganza de ellos.

EL JUICIO DEL SEÑOR (2:1-22)

La ira de Dios (2:1-10). El Señor atacó Jerusalén como si fuera su enemiga.

En lugar de proteger la ciudad con su poderosa diestra, Él volvió su poder contra ella y como fuego derramó su juicio airado sobre ella. Aunque Dios una vez residió en la ciudad, abandonó su templo y permitió que los extranjeros lo contaminaran. Las murallas de la ciudad fueron destruidas y sus líderes esclavizados, dejando al resto de la población (representado aquí por ancianos y mujeres jóvenes) para que hiciera un duelo amargo sobre su desaparición.

Llamado a la oración (2:11-19). El autor lamentó la situación apremiante de los niños que morían de hambre en brazos de sus madres. Dirigiéndose a la ciudad personificada, lloró por su gran aflicción y le recordó que las palabras de sus falsos profetas habían probado ser inútiles. De acuerdo a su decreto soberano, Dios había permitido que los enemigos de Jerusalén la humillaran. En conclusión, instó al pueblo a clamar misericordia al Señor.

La señora Jerusalén (2:20-22). En respuesta a la exhortación del autor, la Jerusalén personificada le suplicó a Dios que considerara su difícil situación. Las mujeres se veían forzadas a comerse a sus propios hijos para sobrevivir, los líderes religiosos habían sido muertos en el templo del Señor y las calles estaban infectadas por los cadáveres de los habitantes de la ciudad. El Señor había invitado a sus enemigos a atacar la ciudad y nadie se había escapado.

CONFIANZA A PESAR DEL DESASTRE (3:1-66)

La aflicción de Judá (3:1-20). Al hablar como un representante del pueblo sufriente, el autor lamenta el tratamiento hostil de la nación por parte de Dios. Esa hostilidad y sus efectos se comparan con una variedad de experiencias desagradables que amenazan la vida, e incluyen la enfermedad física, la lesión y el encarcelamiento en un oscuro calabozo. El autor comparó la aflicción de Judá con transitar un sendero torcido lleno de obstáculos, con ser despedazado por depredadores viciosos, con una flecha que atraviesa el corazón, con ser obligados a comer hierbas amargas, y con tener la cara refregada contra el suelo.

Confianza en la fidelidad de Dios (3:21-42). A pesar de experimentar la desaprobación del Señor, el autor conservó la esperanza. El amor, la compasión y la fidelidad de Dios habían preservado a la nación de la destrucción total. El Señor finalmente liberaría a los que confiaran en Él, aun cuando tuvieran que soportar su disciplina por un tiempo. Dios es soberano y decreta tanto calamidad como bendición. El autor instó a sus compatriotas a reconocer sus pecados y presentarse delante del Señor con un espíritu arrepentido.

Oración por vindicación (3:43-66). Luego de describir una vez más los horribles efectos del juicio del Señor, el autor oró por la venganza divina sobre los satisfechos enemigos de la nación. Durante el abandono de Judá por parte de Dios, estos enemigos se habían burlado y abusado de su pueblo. Confesando que Dios había intervenido por él en el pasado, el autor le pidió al Señor que les retribuyera a estos enemigos sus malos actos y su crueldad.

CAÍDA DE JERUSALÉN (4:1–5:22)

La gloria de Jerusalén (4:1-20). Continúa la descripción de la caída de Jerusalén dando énfasis al contraste entre su condición anterior y su humillación presente. Los niños de la ciudad, antes considerados tan preciosos como el oro, ahora eran tratados como simples vasijas de barro. Mientras lloraban de hambre y de sed, nadie se compadecía de ellos. Los príncipes, que una vez fueron robustos, se marchitaron por falta de comida. Las madres muertas de hambre que solían estar llenas de compasión, ahora comían a sus hijos.

Debido a su muerte lenta y dolorosa, el destino de Jerusalén fue aun peor que el de Sodoma, la cual había sido destruida en un instante. Muchos habían pensado que la ciudad nunca podría caer. Pero el Señor permitió que los enemigos la invadieran debido a los pecados de sus injustos y corruptos líderes religiosos. Mientras la gente esperaba en vano la ayuda de Egipto, sus enemigos los esparcieron e incluso capturaron a su rey.

Retribución sobre Edom (4:21-22). Luego de describir la conquista de la ciudad por parte de esta nación, el autor le dio una advertencia a Edom, una de las naciones que participaron y se aprovecharon de la caída de Jerusalén. Algún día el tablero se daría vuelta. El tiempo de desgracia y de exilio terminaría para Jerusalén, y Edom experimentaría la humillación en manos del Señor.

ORACIÓN POR RESTAURACIÓN (5:1-22)

Un montón de escombros (5:1-18). Después de pedirle al Señor que tomara nota de la desgracia de su pueblo, el autor describió su aflicción en detalle para motivar a Dios a responder con misericordia. Los extranjeros ahora controlaban la tierra prometida, mientras que el pueblo de Dios era tan indigente y tan desvalido como los huérfanos y las viudas. El pueblo estaba privado de lo necesario para vivir y sufría atrocidades y horrible opresión. El pecado había tornado su gozo en dolor y Jerusalén había sido reducida a un montón de escombros.

Petición final (5:19-22). En un estallido final de energía, el autor alabó a Dios como el Rey eterno, le preguntó por cuánto tiempo tendrían que sufrir el rechazo y oró para que Dios pudiera restaurar y renovar la relación con su pueblo.

Significado ético y teológico. Lamentaciones señala que ningún lugar es como el hogar, en especial cuando está perdido. Muestra el lado honesto de la oración en medio de la tragedia. Le da al pueblo de Dios la libertad de cuestionarlo y aun así experimentar su presencia. Señala que la ruta hacia la esperanza está pavimentada con honestidad y preguntas, mezcladas con alabanza. La fe crece en medio de una crisis cuando el pueblo de Dios lleva sus problemas a Él.

Preguntas para la reflexión

1. ¿Qué enseña este libro acerca de los efectos del pecado?

2. ¿Cómo debiera responder el pueblo de Dios cuando es disciplinado por sus pecados?

3. ¿Qué enseñan estos lamentos sobre el carácter de Dios?

EZEQUIEL

zequiel estuvo entre los exiliados llevados a Babilonia en el 597 a.C. Recibió su llamado profético en el 593 y profetizó entre el 593 y el 571 a.C., tal como lo indican las trece fechas específicas en el libro.

Trasfondo histórico. Para los eventos que condujeron a la caída de Jerusalén en el 586 a.C., ver la introducción a "Jeremías".

Tema. Ezequiel advirtió a sus compañeros exiliados contra cualquier ilusión en cuanto a que Jerusalén podría salvarse. Tal como se describe en las visiones de Ezequiel, la gloria del Señor se había ido de la ciudad, dejándola vulnerable a la destrucción. Judá pagaría por su rebelión contra Dios. No obstante, el Señor finalmente restauraría a su pueblo a la tierra y volvería a establecer una adoración pura en un nuevo templo.

Forma literaria. Entre las principales formas literarias que aparecen en el libro se encuentran las visiones proféticas, los informes de actos simbólicos, las parábolas y los mensajes de juicio y de salvación. Ezequiel utilizó en pocas ocasiones la forma poética en contraste con Isaías y Jeremías.

Ezequiel 1–24 enfoca la atención en la caída de Jerusalén que se aproximaba. Los capítulos 25–32 profetizan juicio sobre las naciones circundantes, mientras que los capítulos 33–48 describen la milagrosa restauración de la nación y de su sistema de adoración.

   I. Juicio sobre Judá (1:1–24:27)
  II. Juicio sobre las naciones (25:1–32:32)
 III. Restauración de Israel (33:1–48:35)

Propósito y teología. Al igual que muchos profetas que lo precedieron, Ezequiel denunció al pueblo de Dios por sus pecados y advirtió que el juicio era inminente. Como sacerdote, Ezequiel estaba particularmente interesado en el templo. En una visión, él vio que la gloria de Dios dejaba el templo contaminado y abandonaba la ciudad manchada. A través de discursos, de actos simbólicos y de parábolas, Ezequiel profetizó la caída de la ciudad frente a los babilonios y el exilio de su gente.

El juicio de Dios no se limitaría a su pueblo. También castigaría a las naciones circundantes hostiles, especialmente a las orgullosas Tiro y Egipto.

A pesar de que el pueblo de Dios fue dispersado en el exilio, Él no los había abandonado. En forma milagrosa los restauraría a su tierra, reuniría a Israel y a Judá bajo un gobernante davídico ideal, establecería un nuevo pacto de paz con ellos y aniquilaría a sus enemigos de una vez por todas. La profecía de Ezequiel termina con una visión idealizada de un templo nuevo y purificado, del cual fluye un río vivificante.

JUICIO SOBRE LA PECADORA JUDÁ (1:1–24:27)

El llamado de Ezequiel (1:1–3:27). *La visión de la gloria de Dios por parte de Ezequiel (1:1-28).* En el 593 a.C. el Señor reveló su gloria a Ezequiel a través de una visión elaborada. Ezequiel vio una nube de tormenta que venía del norte. En el medio de la tormenta aparecían cuatro criaturas con alas en llamas. Cada una combinaba características humanas y de animales (muy similares a las deidades menores que aparecen en el arte del antiguo Cercano Oriente).

Cada criatura era acompañada en todos sus movimientos por una gran rueda cuyo borde estaba lleno de ojos. Había una bóveda reluciente sobre las alas extendidas de las criaturas que producían un ruido ensordecedor cuando se movían. Por encima de la bóveda había un trono hecho de piedras preciosas. Sobre el trono estaba sentada una figura humana que brillaba como fuego y la rodeaba un esplendor radiante. Al darse cuenta de que estaba viendo una representación de la gloria de Dios, Ezequiel cayó con su rostro en tierra.

La comisión de Ezequiel (2:1–3:27). El Señor levantó a Ezequiel y lo comisionó como un mensajero a la rebelde Israel. Animó al profeta a no temer, incluso frente a la hostilidad y al peligro intenso. Ezequiel debía proclamar la palabra del Señor, no importa cuál fuera la respuesta. Para simbolizar esta comisión, Dios le indicó a Ezequiel que comiera un rollo que contenía palabras de lamentación y de juicio. Prometió darle a Ezequiel la determinación, la perseverancia y la valentía que necesitaba para hacer frente a su obstinada audiencia.

Después de este encuentro con el Señor, el Espíritu guió a Ezequiel a la comunidad exiliada en Tel-abib en Babilonia, donde permaneció en absoluto silencio durante una semana. Luego el Señor lo llamó a servir como un centinela que sería responsable de advertir a su audiencia sobre el juicio inminente de Dios. Ezequiel debía advertir tanto a los malvados, como a los justos que estaban tentados a reincidir. Si fracasaba, la sangre de ellos estaría sobre su cabeza.

Tan pronto como fue dada esa comisión, se pusieron restricciones pesadas sobre ella. Ezequiel no tendría libertad de dar mensajes de advertencia dónde y cuándo él lo deseara. Dios le indicó que entrara a su casa, donde permanecería confinado y sería incapaz de hablar. Sólo podría dejar su casa y hablar cuando el Señor lo indicara. Estas restricciones serían una lección objetiva para el pueblo de Dios como indicación de que su rebelión hacía cada vez más difícil la comunicación de Dios con ellos.

Lecciones objetivas (4:1–5:17). *Ezequiel dramatiza el sitio de Jerusalén (4:1-17).* El Señor le indicó a Ezequiel que dibujara un cuadro de Jerusalén en un ladrillo (o tal vez una tablilla de arcilla), y que pusiera en miniatura la escena de un sitio completo de la ciudad, con rampas de sitio, con campamentos enemigos y con máquinas para derribar las murallas. El profeta también debía colocar una plancha de hierro entre él y la ciudad. Esta acción quizás ilustraba la naturaleza inquebrantable del sitio o representaba la barrera entre Dios y su pueblo pecador.

El Señor también instruyó al profeta para que en forma simbólica cargara con el pecado (o tal vez con el castigo) de Israel. Debía recostarse sobre su costado izquierdo por 390 días, en correspondencia con los años del pecado (¿o del castigo?) del reino del norte. Luego debía recostarse sobre su lado derecho por 40 días, en correspondencia con los años del pecado (¿o del castigo?) de Judá. (Ezequiel 4:9-17, que describe al profeta realizando varias actividades, indica que ocasionalmente él se levantaba de su postura simbólica.) Es incierto si se simbolizaban períodos de pecado pasado o de castigo futuro. Tampoco es claro el significado de los números 390 y 40.

Siguiendo una orden de Dios, Ezequiel hizo pan de varios granos y lo guardó en un recipiente. Durante los 390 días (ver 4:5), él debía comer una porción diaria de un cuarto de kilo (ocho onzas) de pan, complementado con medio litro (poco más de 2/3 de un cuarto) de agua. Esta dieta restringida simbolizaría la racionalización de la comida que sería necesaria durante el inminente sitio de la ciudad. El Señor también le dijo a Ezequiel que cocinara su pan sobre un fuego con excremento humano como combustible. Aunque la ley del Antiguo Testamento no prohíbe esto específicamente, Deuteronomio 23:12-14 sugiere que sería considerado impuro. La acción de Ezequiel anticiparía la situación difícil de los exiliados, quienes se verían forzados a ingerir comida en una tierra extranjera impura. Cuando Ezequiel objetó que siempre se había conservado ceremonialmente puro, el Señor le permitió que usara excremento de vaca como combustible.

El cabello de Ezequiel (5:1-17). Dios también le dijo a Ezequiel que afeitara su cabeza y su rostro y que dividiera el cabello en tres partes iguales. Debía quemar una parte, cortar otro tercio con una espada y esparcir al viento el tercio que quedaba. Estas acciones debían simbolizar la destrucción que venía y el exilio de los residentes de Jerusalén. Al mismo tiempo, Ezequiel debía conservar algunos mechones de cabello atados al borde de su manto, como símbolo del remanente que sobreviviría al juicio. No obstante, para mostrar la severidad y el alcance del juicio de Dios, debía arrojar algunos de estos cabellos al fuego.

El pecado de Jerusalén sería la causa de su caída. A pesar de su posición de privilegio, el pueblo de Dios se rebeló contra los mandamientos del Señor y contaminó el templo con ídolos. El juicio de Dios sería tan severo que las personas hambrientas llegarían a comer miembros de sus propias familias. Dos tercios de la población de la ciudad perecería por el hambre y por la espada, mientras que el otro tercio iría al exilio. Las naciones vecinas levantarían a Jerusalén como objeto de burla.

Juicio inminente (6:1–7:27). *Juicio contra los lugares de culto idolátrico (6:1-14).* Por toda la tierra la gente había erigido altares para adorar a dioses paganos. El Señor estaba a punto de destruir estos altares y esparcir en los santuarios paganos los cadáveres y los huesos de los que adoraban allí. Desde el norte hasta el sur la tierra sería devastada. (La palabra "desierto" se refiere a una región árida que está al sur. "Diblat" [RVR60] probablemente debiera leerse Riblá, una ciudad en Siria). No obstante, el Señor preservaría un remanente y lo dispersaría por las naciones. Estos sobrevivientes algún día reconocerían la soberanía de Dios y confesarían su pecado de idolatría.

El día del Señor (7:1-27). El día del juicio de Judá había llegado. No habría ninguna demora debido a que la arrogancia de la nación y sus actos de sangre demandaban un castigo. El Señor retribuiría a su pueblo sus pecados y no mostraría misericordia. Su juicio sería completo e ineludible. La plaga y el hambre matarían a los que estaban en Jerusalén, mientras que las espadas enemigas acabarían con los que estaban en el campo de alrededor. Los pocos sobrevivientes huirían con terror a las montañas y harían duelo por su destino. Dejarían de lado la plata y el oro, dándose cuenta que éstos no podían salvarlos. El enemigo saquearía sus riquezas y profanaría el templo. Ni siquiera los líderes religiosos y civiles de la nación, ni el mismo rey, podrían defenderse de este día de juicio.

El templo contaminado (8:1–11:25). *Idolatría en el templo (8:1-18).* Mientras estaba sentado en su casa con algunos jefes exiliados de Judá, Ezequiel tuvo una experiencia conmovedora. Transportado en una visión al templo de Jerusalén, Ezequiel vio un ídolo en la puerta norte del atrio interno. También estaba presente la gloria de Dios, de la cual él había sido testigo dos veces (ver 1:28; 3:23). Al entrar al atrio a través de un agujero en el muro, Ezequiel vio a 70 jefes de la tierra que ofrecían incienso a las imágenes de animales impuros dibujados en las paredes. Cada

LO APOCALÍPTICO EN EL ANTIGUO TESTAMENTO

Lo apocalíptico representa la culminación de la existencia de Israel como pueblo perseguido. Lo apocalíptico probó ser una herramienta que Dios usó para transformar a Israel de un pueblo derrotado que se lamentaba de su destino en un pueblo que miraba a Dios con esperanza en busca de liberación y de misión.

El término apocalíptico es usado por los intérpretes modernos para describir un tipo de pensamiento, un cuerpo de literatura y un movimiento religioso o político. El término viene de la palabra griega *apocalipsis*, que significa *quitar el velo* y se usa como título del último libro del Nuevo Testamento.

Como un tipo de pensamiento, lo apocalíptico se refiere a una comprensión de la existencia humana como una batalla entre las fuerzas de Dios y las del mal, que conduce a una confrontación final. Como un cuerpo de literatura, lo apocalíptico incluye tanto a dos libros bíblicos, Daniel y Apocalipsis, como a partes de otros libros que con frecuencia se describen como apocalípticos (especialmente Isaías 24-27; Joel; Zacarías 9-14).

De manera similar, hay pasajes de 2 Tesalonicenses en el Nuevo Testamento que son apocalípticos.

Estos últimos libros tienen materiales de temas apocalípticos, pero no exhiben todas las características literarias de Daniel, Apocalipsis y de otra literatura apocalíptica fuera del canon bíblico. Los libros apócrifos fueron escritos antes, durante y después del ministerio de Jesús, y comprenden: 4 Esdras, 1 y 2 Enoc, Jubileos, 2 y 3 Baruc y el Apocalipsis de Sofonías. Las obras cristianas apocalípticas en su totalidad o en parte son: el Apocalipsis de Pedro, el Pastor de Hermas, el Apocalipsis de San Juan el Teólogo, el libro de Elcasar, 5 Esdras, el Apocalipsis de Pablo, el Apocalipsis de la Virgen María, y la Ascensión de Isaías.

Como movimiento religioso o político, lo apocalíptico comprendía a varios grupos con diferentes puntos de vista referidos al reino que venía. La perspectiva sobre el reino determinaba si el grupo se comprometía activamente a tratar de derrotar a los gobernantes extranjeros y restaurar el gobierno por parte de los judíos, o si el grupo se contentaba con escapar a las márgenes de la civilización para esperar que Dios actuara y trajera su reino.

Las siguientes ideas son comunes al mundo del pensamiento apocalíptico que produjo la literatura y los movimientos religiosos y políticos:

1. El orden presente del mundo es tan malo que Dios actuará para destruirlo.

2. El pueblo de Dios debe ejercitar la sabiduría para obedecer a Dios, para seguir su voluntad revelada, y para vivir vidas ética y ritualmente puras.

3. Dios ha provisto a sus líderes escogidos para las revelaciones, generalmente a través de visiones complicadas llenas de símbolos.

4. Las visiones con frecuencia describen el curso de la historia desde un momento significativo del pasado, siguiendo una serie de gobernantes terrenales, hasta el momento de la intervención de Dios para establecer su reino.

5. Se establece un fuerte contraste entre la estupidez y la naturaleza maligna de los gobernantes presentes y la sabiduría e inteligencia de los héroes del oprimido pueblo de Dios.

6. Ángeles y criaturas demoníacas juegan papeles significativos.

7. A los individuos les espera una resurrección universal que conduce a esperanza eterna o a castigo eterno.

Lo apocalíptico tuvo sus raíces tanto en los movimientos proféticos como en los de sabiduría.

Los profetas de Israel apuntaron más allá de los poderosos reinos asirio y babilónico, apuntaron hacia la restauración de un rey del trono de David en Jerusalén (Isa. 9; 11; Miq. 2; Jer. 23:5; Zac. 9:9).

Isaías 53 transformó la esperanza. El sufrimiento por parte del pueblo de Dios y por parte del agente de salvación elegido por Él era el medio que Dios usaría para salvar a su pueblo.

De igual modo, los profetas transformaron el común *día del Señor* de un evento significativo en el cual el Señor salvó a su pueblo (Amós 5:18) a un evento futuro cuando Dios juzgaría la maldad del mundo, particularmente la maldad de su propio pueblo. (Ver Isa. 2:10-22; 13:6,9; Ezeq. 30:3; Joel 2:1-11; Sof. 1:14-18.) Esto llevó a colecciones apocalípticas que consideraban el día del Señor como un día de victoria y salvación (Isa. 24-27; Zac. 9-11).

Los autores de escritos de sabiduría mostraron a Israel el estilo de vida normal que agradaba a Dios, alentando a Israel a buscar las bendiciones de Dios viviendo de acuerdo a sus sabias instrucciones. También advirtieron a Israel sobre los resultados de vivir mal, particularmente de ir detrás de atracciones sexuales. Por otro lado, los autores de sabiduría de Israel también trataron el lado oscuro de la vida (Job, Eclesiastés). La literatura apocalíptica usó esa enseñanza proverbial para caracterizar a sus héroes y usarlos como ejemplos para todo el pueblo de Dios (notar Dan. 1-6).

Lo apocalíptico combina la esperanza profética con instrucciones sabias para la vida. Describe el estilo de vida de los que pueden confiar en que Dios los guía fuera de su presente estado de persecución. Les provee de esperanza no sólo de victoria sino también de vida eterna en la resurrección (Isa. 26:19; Dan. 12:2).

uno de estos jefes también adoraba en secreto a su propio ídolo privado, pues pensaban que sus acciones se escondían de Dios. Volviendo hacia afuera a la puerta del norte, Ezequiel vio mujeres que lloraban por Tamuz, un dios mesopotámico de fertilidad, quien supuestamente había sido confinado al inframundo. Al volver al atrio interno, él observó 25 hombres que adoraban al sol a la entrada misma del templo. Tal descarada falta de respeto por el Señor demandaba castigo.

La gloria del Señor se va (9:1–11:25). Los capítulos 9–11 describen la partida gradual de la gloria de Dios del templo contaminado. El Señor convocó a seis verdugos y a un escriba y le indicó al escriba que colocara una marca sobre la frente de todas las personas fieles en la ciudad. Luego comisionó a los verdugos para matar sin misericordia a todos los que no estuvieran marcados, comenzando en el recinto del templo. Cuando Ezequiel expresó su preocupación de que toda la nación sería borrada, el Señor le recordó que el juicio era bien merecido. La tierra estaba llena de derramamiento de sangre y de injusticia, y la gente había perdido la fe en Dios.

Cuando el escriba regresó de su tarea de marcar a los justos, el Señor le dijo que juntara brasas de entre las ruedas de su carro ardiente y que las esparciera sobre la ciudad en un acto de juicio purificador. Una vez más el vehículo que soportaba el trono del Señor se describe en detalle (ver 10:9-14 con 1:4-21), y llama específicamente querubines a las criaturas del capítulo 1. Tal como en la visión anterior, una rueda seguía a cada querubín en sus movimientos. La gloria de Dios que antes se había ido del trono sobre los querubines y se había desplazado hacia el umbral del templo, ahora subió una vez más al carro de los querubines. Estos se elevaron y se detuvieron sobre la puerta oriental del templo.

En la puerta había 25 hombres, entre los cuales estaban Jaazanías y Pelatías, dos líderes del pueblo que daban malos consejos a los residentes de la ciudad y les aseguraban que no experimentarían daño alguno (11:1-2). Se compararon a sí mismos como carne en una olla que permanece sin ser tocada por las llamas del fuego que hay por debajo. El Señor le dijo a Ezequiel que profetizara en contra de ellos. Dios traería espada en su contra y los sacaría de la ciudad rumbo al exilio.

Mientras Ezequiel proclamaba el mensaje, Pelatías murió. Una vez más Ezequiel expresó su preocupación porque el remanente sería destruido (comparar 11:13 con 9:8). El Señor aseguró a su profeta que Él no había abandonado totalmente al pueblo. Estaba preservando un remanente entre los exiliados y un día los traería de regreso a la tierra. Esta comunidad restaurada rechazaría a los dioses ídolos y adoraría al Señor con verdadera devoción.

Siguiendo esta palabra de certeza, el carro que llevaba la gloria de Dios se elevó de la ciudad y se detuvo sobre el monte de los Olivos, al este de la ciudad. El Señor había abandonado su escogido lugar de morada, y lo dejó desprotegido y vulnerable a la invasión. La visión de Ezequiel terminó en este punto y la reportó a los que estaban exiliados con él.

Lecciones objetivas (12:1-28). *Ezequiel prepara su equipaje (12:1-16).* El Señor le indicó a Ezequiel que empacara sus pertenencias y que luego, a la vista de los exiliados, hiciera al anochecer un agujero a través de la pared de su casa y simulara que se estaba yendo. Debía acarrear sus pertenencias sobre su hombro y cubrirse la cara. De esa forma estaría dramatizando el destino de Sedequías, rey de Judá. Años más tarde, cuando la conquista de Jerusalén por parte de Babilonia se hiciera inevitable, Sedequías empacaría sus pertenencias y huiría de la ciudad de noche. Los babilonios lo capturarían, le quitarían los ojos y lo llevarían al exilio.

Ezequiel tiembla mientras come (12:17-20). Después el Señor le indicó a Ezequiel que temblara violentamente mientras comía y bebía. Al hacer eso estaba dramatizando el destino de los habitantes de Judá y de Jerusalén. Cuando los babilonios arrasaran la tierra, la ansiedad y la desesperación los llevaría a tal punto que ni siquiera iban a poder disfrutar de una comida.

Se corrigen percepciones equivocadas de la profecía (12:21-28). Los israelitas empleaban un dicho: "Se cumple el tiempo, pero no la visión" (12:22). El proverbio parecía reflejar el escepticismo de ellos en relación a los mensajes de los profetas de Dios. El Señor anunció que el dicho sería cambiado por: "Ya vienen los días en que se cumplirán las visiones", porque Él estaba a punto de cumplir sus decretos.

Algunos también creyeron erróneamente que el mensaje profético de Ezequiel era pertinente a un futuro distante y era irrelevante para ellos. El Señor anunció que sus profecías se cumplirían inmediatamente.

Profecía falsa (13:1-23). Había muchos falsos profetas en Israel que se atribuían ser voceros del Señor y aseguraban a la gente que todo estaría bien. Eran como los que recubren las paredes endebles para esconder sus defectos. El Señor purgaría de la comunidad del pacto a estos engañadores. Su juicio vendría como lluvia torrencial, con viento huracanado y con granizo destructivo, y golpearía las paredes recubiertas hasta hacerlas caer al suelo.

El Señor también denunció a las profetisas falsas que desviaron al pueblo con mensajes mentirosos que obtenían por adivinación. (Algunos interpretan la cebada y el pan de 13:19 como su paga, pero los elementos mencionados probablemente eran usados como parte de sus rituales.)

Sus actividades tenían un efecto debilitador sobre los justos y estas adivinas en realidad animaban a los malvados a continuar en sus malos caminos. El Señor las expondría como fraudes y liberaría al pueblo de su influencia negativa.

Líderes idólatras (14:1-11). El Señor denunció a varios jefes que vivían en el exilio debido a su hipocresía. Aunque buscaban un oráculo divino de parte de Ezequiel, abrigaban un espíritu idólatra dentro de sus corazones. El Señor les respondería directamente separándolos de la comunidad del pacto. Cualquier profeta que se atreviera a dar un oráculo a esos hipócritas sería severamente castigado.

Condena de Jerusalén (14:12-23). La presencia de un remanente justo en Jerusalén no impediría la destrucción de la ciudad. Los individuos podrían ser liberados, pero la condena de la ciudad era cierta. Para enfatizar este punto, el Señor afirmó que incluso si Noé, Daniel y Job, tres personajes famosos por su rectitud, fueran residentes de la ciudad, esto no la salvaría. Estos hombres escaparían, pero no podrían salvar a nadie más, ni siquiera a sus hijos. (La aparición de Daniel en este conjunto de tres es problemática. La forma hebrea del nombre se deletrea aquí de forma diferente que en el libro de Daniel. Más aun, Daniel era contemporáneo de Ezequiel, mientras que Noé y Job eran figuras de la antigüedad. Algunos han sugerido que aquí se tiene en vista a Danel, un gobernante justo que aparece en un relato cananeo que data del segundo milenio a.C. En este caso, los tres ejemplos serían personajes no israelitas que vivieron mucho antes del tiempo de Ezequiel. No obstante, hay quienes objetan esta identificación, argumentando que el Antiguo Testamento no menciona esta figura legendaria en ninguna parte y que el Señor no habría usado ningún adorador de los dioses cananeos como modelo de justicia.)

Los hombres y los animales serían destruidos por el juicio del Señor que llegaría en forma de espada, de hambre, de bestias salvajes y de plaga. Además de preservar a los individuos rectos que quedaran en la ciudad, el Señor también permitiría que unos pocos malvados sobrevivieran y se unieran a los exiliados en Babilonia. Cuando Ezequiel fuera testigo del grado del pecado de ellos, sabría de primera mano que el juicio de la ciudad por parte de Dios había sido necesario y perfectamente justo.

Pecado y juicio (15:1–17:24). *Jerusalén, una vid inútil (15:1-8).* El Señor extrajo una lección de la vid silvestre, pues esta para nada sirve. Generalmente se la usaba como combustible. Una vez quemada, su estado carbonizado la hacía aun más inútil. Incluso podía dejarse en el fuego hasta que se consumiera por entero. Jerusalén era comparable a tal vid. Dios ya la había sometido a su juicio ardiente. Al igual que la vid carbonizada, ahora sería totalmente consumida.

Jerusalén, la esposa infiel (16:1-63). El Señor usó una alegoría para ilustrar la ingratitud e infidelidad de los habitantes de Jerusalén. Originalmente Jerusalén era una ciudad cananea poblada por amorreos e hititas. Era como una beba no deseada, arrojada a un campo y dejada para morir a la intemperie. No obstante, el Señor preservó la vida de la niña. Más tarde, cuando ella ya había crecido y se había transformado en una joven madura y hermosa, el Señor hizo un contrato de matrimonio con ella. La vistió con ropas hermosas, le proveyó comida e hizo de ella una reina. Su fama se esparció por las naciones. Corrompida por sus riquezas y su posición, Jerusalén se volvió a otros dioses y a otras naciones. Construyó santuarios paganos, sacrificó a sus niños a los ídolos e hizo alianza con las naciones vecinas. En lugar de recibir paga de parte de sus amantes, ella les pagó a ellos.

Dios la castigaría severamente por su ingratitud y su infidelidad. La expondría públicamente y luego la ejecutaría. Las mismas naciones con las cuales había hecho alianzas se volverían contra ella y la destruirían.

El Señor desarrolla aún más la alegoría, y señala que Jerusalén no era diferente a su madre ni a sus hermanas, quienes habían sido infieles a sus esposos e hijos. Del mismo modo que los cananeos que residían en la ciudad en sus primeros días, los residentes de Jerusalén sacrificaron a sus hijos e hijas a dioses paganos. Y al igual que la gente de Samaria y Sodoma, mencionadas aquí como las hermanas de Jerusalén, ellos dejaron de lado la justicia e hicieron cosas abominables a la vista de Dios. Los pecados de Jerusalén incluso excedían a los de Samaria y Sodoma.

Aunque sería humillada por sus pecados, el Señor algún día restauraría la ciudad. El Señor renovaría su pacto con ella y haría expiación por sus pecados.

Parábola de las dos águilas (17:1-24). Dios usó otra parábola para ilustrar verdades referentes a Jerusalén. Un águila enorme llegó al Líbano, arrancó el retoño más alto de un cedro, lo transportó a una ciudad de mercaderes y lo plantó allí. Esta águila también tomó algunas semillas de la tierra de Israel y las plantó en suelo fértil, donde crecieron hasta formar una vid frondosa. No obstante, cuando otra águila gigantesca se aproximó, las raíces y las ramas de la vid crecieron hacia ella. El Señor entonces anunció que la vid sería destruida por el viento del este. De acuerdo a la interpretación de la parábola (ver 17:11-18), la primer águila representa a Nabucodonosor, quien llevó a Babilonia al rey de Jerusalén y a varios funcionarios. Se hace referencia a la deportación de Joaquín y otros en el 597 a.C. (ver 2 Rey. 24:8-16). La plantación de la vid representa la preservación de un remanente en Judá, encabezado por Sedequías, a quien Nabucodonosor nombró como su rey vasallo. La segunda águila simboliza Egipto, a quien Judá buscó en ayuda cuando decidió rebelarse contra los babilonios. La destrucción de la vid señala la desaparición de Judá, y los babilonios la castigarían severamente por su rebelión.

No obstante, el futuro no era totalmente desolador. El Señor arrancaría un retoño de lo alto de un cedro y lo plantaría en un cerro muy elevado, donde crecería hasta hacerse un árbol grande y frondoso. Dado que el retoño anterior simbolizaba al rey exiliado (comparar 17:3-4 con 17:12), el retoño mencionado aquí probablemente se refiera a un futuro rey que Dios establecería en Jerusalén (representada por el cerro).

Responsabilidad personal (18:1-32). El pueblo de Dios citaba un proverbio que sugería un sufrimiento injusto por el pecado de generaciones anteriores. El Señor corrigió ese pensamiento equivocado. Dios siempre preserva al justo y se opone al malvado, sin importar la condición moral de sus padres.

Para ilustrar este punto, el Señor describió a un hipotético hombre justo que repudia la idolatría, el adulterio y la injusticia. Ese hombre puede estar seguro de la protección divina. No obstante, si el hombre tiene un hijo idólatra, adúltero e injusto, ese hijo malvado será destruido a pesar de la rectitud de su padre. Ahora bien, si este hombre malvado tiene un hijo justo, ese hijo no será responsable de los actos malos de su padre. En cambio, como en el caso de su abuelo, su vida será preservada por el Señor. Cada hombre es juzgado en base a sus propios actos y no a los de su padre.

La lección para Israel era obvia. Si estaban experimentando el juicio divino, significaba que ellos, al igual que sus padres, eran malos. En lugar de quejarse de que Dios era injusto, debían arrepentirse y volverse de sus malos caminos, porque Dios no deseaba que murieran sino que vivieran.

Los príncipes de Israel (19:1-14). El profeta ofreció un lamento por los príncipes de Israel, que así como los mensajes previos, contiene varios elementos parabólicos. La madre de los príncipes (probablemente la nación de Judá o la ciudad de Jerusalén; ver 19:10-14) se compara a una leona que amamanta a varios cachorros. Uno de los cachorros creció y se transformó en un bravo león que destrozaba a la gente y la hacía pedazos; pero al final fue capturado y llevado a Egipto. Se hace referencia al injusto Joacaz, al cual los egipcios tomaron cautivo en el 609 a.C. (ver 2 Rey. 23:31-34). Otro de los cachorros creció fuerte y trajo terror a la tierra; pero fue atrapado, puesto en una jaula y llevado a Babilonia. Aquí se hace referencia a Joaquín o a Sedequías ya que ambos fueron llevados al exilio (ver 2 Rey. 24:8-25:7).

Desplazándose a otras imágenes, el Señor comparó a la madre de los príncipes con una vid fructífera a la que Él destruye en su ira y la planta en el desierto. Se tiene en vista la caída de la nación (o de la ciudad).

Rebelión pasada y presente (20:1-44). Cuando algunos jefes en el exilio llegaron para inquirir del Señor, Él se negó a responderles. En cambio le dijo a Ezequiel que revisara la historia rebelde de la nación. Desde el principio mismo, cuando Dios confrontó a su pueblo en Egipto, éste resistió su voluntad aferrándose a sus ídolos. Después que los liberó de la esclavitud y les dio la ley, se rebelaron en el desierto. Si bien el Señor prohibió a esa generación que entrara en la tierra prometida, Él preservó a sus hijos y les advirtió que no siguieran los pasos de sus padres. No obstante, esos hijos pecaron contra el Señor en el desierto. Cuando finalmente Dios los estableció en la tierra, ellos adoraron a los dioses cananeos en santuarios paganos. Los idólatras contemporáneos de Ezequiel no eran diferentes. Consecuentemente, el Señor los purificaría a través del juicio y del exilio. Una vez que hubiera removido a los rebeldes adoradores de ídolos, Él restauraría la nación a la tierra. El pueblo entonces repudiaría su conducta anterior y adoraría al Señor en pureza.

Fuego y espada (20:45–21:32). El juicio arrasaría con Judá así como un furioso incendio de bosques. Al enviar a los babilonios a su tierra, el Señor desenvainaría su espada afilada y lustrosa. Así como resplandece un relámpago, esta espada llevaría destrucción por toda la tierra. En su camino a Palestina, Nabucodonosor llegaría a una bifurcación en donde una rama apuntaría hacia Jerusalén y otra hacia Rabá, una ciudad amonita prominente. Para determinar su curso de acción, él usaría varios métodos de adivinación, como sacudir las saetas, consultar a sus ídolos y examinar hígados. Dios haría que todos los indicadores señalaran Jerusalén. Nabucodonosor sitiaría y conquistaría la ciudad, y llevaría a su pueblo al exilio. Mientras tanto los amonitas, aunque arrogantes y hostiles, no debían pensar que se salvarían. La espada de juicio del Señor también caería sobre ellos (ver 25:1-7).

Ciudad sanguinaria (22:1-31). La corrupción en Jerusalén hizo que su juicio fuera inevitable. Aquí se mencionan varios pecados específicos como la idolatría, el mal uso del poder, la falta de respeto por los padres, la falta de consideración por las viudas y los huérfanos, la profanación del sábado, el incesto, el soborno y la usura. La violencia llenaba la ciudad. A lo largo del capítulo se hace referencia al derramamiento de sangre inocente. Los príncipes y los oficiales civiles tomaron la iniciativa en este sentido al oprimir al pobre y a los desvalidos. Incluso los líderes religiosos eran corruptos. Los príncipes fracasaron en instruir al pueblo sobre la ley y no hacían distinción entre lo santo y lo profano. Los

falsos profetas proclamaban mentiras en el nombre de Dios. Cuando el Señor buscó a un hombre que se pusiese "en la brecha" (RVR60) e intercediera por la nación no encontró a nadie. Consecuentemente, Dios purificaría la ciudad a través del juicio y esparciría al pueblo entre las naciones.

Dos hermanas (23:1-49). Para ilustrar la infidelidad de la nación, Dios usó una alegoría en la que comparaba a Samaria y Jerusalén con dos hermanas promiscuas llamadas Ahola y Aholiba. (Ahola significa *su tienda* y Aholiba *mi tienda está en ella.* Tal vez el último nombre refleja que Dios moraba en el templo de Jerusalén.) Las hermanas habían sido prostitutas desde su juventud en Egipto. Aunque pertenecían al Señor (no es claro si como esposas o como hijas), ellas solicitaban el favor de naciones extranjeras.

Ahola (Samaria) buscó alianza con los asirios. Se describe como codiciando a los soldados asirios y prostituyéndose entre sus oficiales. Irónicamente, sus amantes la mataron y se llevaron a sus hijos.

Aholiba (Jerusalén) fue testigo del destino de su hermana, pero fracasó al no aprender de su ejemplo. Ella también codició a los asirios y más tarde volvió su atención sobre los babilonios y sobre otros. Se emplean imágenes duras y un lenguaje vívido para describir su ninfomanía. El Señor le advirtió que sus amantes se volverían contra ella. Los babilonios vendrían contra la tierra con todo su poder militar y destruirían cruelmente su población. Aholiba sería humillada públicamente y sufriría el destino de su hermana Ahola.

La olla que hierve (24:1-14). El mismo día en que los babilonios comenzaron su sitio en Jerusalén (15 de enero, 558 a.C.), Dios le dio a Ezequiel una parábola que ilustra la caída de la ciudad. Jerusalén era como una olla que hierve herrumbrada con sedimentos (su derramamiento de sangre y su idolatría). Los habitantes de

Jerusalén eran como carne y huesos coci-
nándose en la olla. El fuego que ardía debajo de la olla (el sitio babilónico) cocinaría
completamente la carne y carbonizaría los
huesos, cosas que finalmente serían removidas pedazo por pedazo (un cuadro del exilio). Luego la olla vacía sería dejada sobre el
fuego hasta que sus impurezas fueran
consumidas.

**Muerte de la esposa de Ezequiel
(24:15-27).** El Señor le anunció a Ezequiel
que su amada esposa estaba por morir repentinamente. No obstante, como una lección objetiva para Israel, Dios le ordenó al
profeta que no hiciera un duelo abierto por
su muerte, tal como era la costumbre. Ezequiel sólo podía gemir en su interior. Cuando
poco tiempo después su esposa murió, Ezequiel obedeció las instrucciones del Señor.
Cuando la gente observó su silencio, preguntaron qué significaba. Él explicó que ellos no
debían hacer duelo público por la caída de su
amada ciudad y de su templo, del mismo
modo que él se negó a lamentarse por la
muerte de su esposa.

Cuando Jerusalén finalmente cayera,
un fugitivo le llevaría la noticia a Ezequiel.
En ese momento Dios removería el silencio
de Ezequiel (ver 3:26-27; 33:21-22). Él
ahora hablaría abierta y libremente con los
sobrevivientes de la catástrofe, advirtiéndo-
les y animándolos.

JUICIO SOBRE LAS NACIONES
(25:1–32:32)

Las naciones que rodeaban Judá no escaparían al juicio de Dios. Esta sección contiene oráculos contra siete naciones específicas. Aunque todas están representadas,
Tiro (al norte) y Egipto (al sur) reciben especial atención. Los siete oráculos contra
Egipto concluyen la sección. La amplia distribución geográfica de las naciones mencionadas, tanto como el uso simbólico del
número siete, transmiten una idea de algo
completo.

Amón (25:1-7). El Señor juzgaría a
los amonitas debido a que ellos se gozaron
por la caída de Jerusalén. Los "pueblos del
oriente", ya sean los babilonios u otras tribus intrusas del desierto, saquearían a
Amón, y Rabá, su ciudad más prominente,
sería reducida a un pastizal.

Moab (25:8-11). Dios también castigaría a los moabitas, vecinos de Amón hacia el sur, porque ellos también se regocijaron por la caída de Jerusalén. Los "pueblos
del oriente" conquistarían las ciudades fortificadas que protegían la frontera norte de
Moab, abriendo la tierra para la invasión.

Edom (25:12-14). El juicio también
caería sobre Edom (ya mencionada en
25:8; comparar con "Seir"), ubicada al sur
de Moab. Cuando Judá cayó, Edom desplegó un espíritu vengativo (comparar con
Abdías). Dios también tomaría venganza de
Edom a través de su pueblo Israel.

Filistea (25:15-17). El Señor también tomaría venganza de los filisteos (aquí
también llamados quereteos), vecinos de
Judá hacia el oeste, porque durante siglos
ellos se opusieron al pueblo de Dios.

Tiro (26:1-28:19). *La caída de
Tiro (26:1-21).* Tiro, ubicada sobre la costa
mediterránea al norte de Israel, era un prominente centro comercial. A pesar de sus
riquezas y de sus defensas, sería incapaz de
soportar el juicio del Señor. Muchas naciones se lanzarían furiosas contra Tiro, como
las aguas turbulentas del mar. En el futuro
inmediato, los ejércitos de Nabucodonosor
sitiarían y conquistarían la ciudad. Tiro sería reducida a un montón de escombros y
jamás sería reconstruida. Todos los que comerciaban con Tiro a lo largo de la costa
mediterránea lamentarían su desaparición.

Armonizar esta profecía con la historia
es difícil. Nabucodonosor sitió Tiro durante
trece largos años (alrededor del 586–573
a.C.) y finalmente la hizo un estado vasallo.
No obstante, no destruyó la ciudad hasta el
punto que describe Ezequiel (incluso 29:18

reconoce esto). Muchos conquistadores subsiguientes (como Alejandro Magno en el 332 a.c.) tomaron la ciudad, pero ésta continuó existiendo dentro de la era cristiana.

Se han señalado diferentes interpretaciones, aunque ninguna es enteramente satisfactoria. Una posibilidad es que la descripción de la caída de Tiro sea estereotipada y exagerada a propósito, para enfatizar que sería sometida a los babilonios y que experimentaría una significativa declinación en su prestigio. Otra posibilidad es que la descripción de 26:12-14 se extienda más allá del tiempo de Nabucodonosor y abarque ataques posteriores sobre la ciudad. Estos ataques subsiguientes en última instancia trajeron aparejada la total caída de la ciudad. Ese oscurecimiento del futuro inmediato con eventos más distantes es típico de la literatura profética.

El lamento del profeta sobre Tiro (27:1-36). Para enfatizar la certeza del juicio de Tiro, el Señor le dijo a Ezequiel que lamentara por adelantado la condena de la ciudad. Tiro se compara a una gran nave comercial hecha con la mejor madera, adornada con hermosas velas y manejada por expertos hombres de mar. Tiro compraba y vendía toda clase de productos como metales y piedras preciosas, esclavos, animales, telas y ropas e incluso colmillos de marfil. Comerciaban con ella todas las ciudades del mundo conocido. No obstante, una tormenta (el juicio del Señor) destruiría esta gran nave. Todos sus marineros y mercaderes se hundirían en el mar, haciendo que los que comerciaban con ella miraran desde la costa para lamentar su destino.

El rey de Tiro es denunciado (28:1-19). Al escoger al rey de Tiro como representante de la ciudad, el Señor anunció que este gobernante orgulloso y su ciudad serían humillados. Debido al gran éxito y a las riquezas de la ciudad, su rey fantaseaba con ser un dios y

se enorgullecía de su sabiduría. (Aunque algunos ven al "Daniel" de 28:3 como el legendario rey cananeo Danel, la referencia a su habilidad para develar secretos sugiere que se está hablando del Daniel bíblico, un contemporáneo de Ezequiel. Comparar con los comentarios sobre 14:14,20.) Cuando llegara el día del juicio, el rey aparecería humillado delante de sus verdugos, con sus ilusiones de grandeza reemplazadas por la dolorosa realidad de su mortalidad.

Como anticipo de la caída del rey, Ezequiel pronunció un lamento provocador en su contra. Comparó al rey con un querubín sabio, hermoso y ricamente adornado que una vez vivió en el jardín del Edén y disfrutó del acceso al santo monte de Dios. Este querubín finalmente perdió su prestigiosa posición debido a su arrogancia y a sus prácticas económicas opresivas. (Aquí se alude al imperio comercial de Tiro). El Señor lo arrojó de su monte santo y lo destruyó con fuego a la vista de las naciones.

El trasfondo para las imágenes de este lamento es incierto. El monte de Dios tiene paralelos en la mitología cananea. Puede esperarse el uso de tales imágenes mitológicas en un discurso dirigido a un rey fenicio. (Ver Isa. 14:4-21, donde se usan temas e imágenes mitológicas en una burla dirigida al rey de Babilonia.) El v. 13 parece referirse al jardín del Edén bíblico, pero los únicos querubines mencionados en el relato de Génesis son puestos como guardianes a la puerta del jardín luego de la expulsión de Adán y Eva (Gén. 3:24). Tal vez Ezequiel extrajo imágenes de una tradición sobre un Edén extrabíblico.

Debido a las referencias del Edén y al orgullo y la caída del querubín, algunos eruditos han señalado una referencia velada a Satanás en 28:12-19. No obstante, la alusión al Edén no sostiene este punto de vista. Satanás no es mencionado específicamente en Génesis 2:8, ni es descrito como un querubín. Satanás está tradicionalmente asociado con la serpiente del relato del Edén. Pero aun cuando esta interpretación sea correcta, la serpiente se identifica como uno de los animales creados por Dios (ver Gén. 3:1,14), y no como un querubín disfrazado.

Sidón (28:20-26). Sidón, otra ciudad fenicia prominente, también experimentaría el juicio divino. Al igual que Tiro, había tratado al pueblo de Dios con hostilidad. El Señor destruiría a los sidonios con plaga y con espada.

Dios algún día restauraría a su pueblo a la tierra de ellos, y serían libres de las amenazas de vecinos hostiles como Sidón, Tiro, Filistea, Edom, Moab y Amón.

Egipto (29:1–32:32). *La oposición de Dios al faraón (29:1-16).* El Señor anunció que también estaba en oposición al faraón, el orgulloso gobernante de Egipto. Compara al rey con un cocodrilo en el Nilo y le advierte que Él lo sacaría a tirones del río y lo arrastraría al desierto, donde moriría y sería atacado por las aves de carroña. El Señor transformaría la tierra entera (desde Migdol en el norte hasta Sevene en el sur) en una ruina por 40 años y esparciría a los egipcios entre las naciones. Luego de los 40 años de exilio, el Señor los haría volver a su tierra, pero Egipto nunca más experimentaría su gloria anterior. El pueblo de Dios, que una vez había confiado en Egipto, ya no contaría con su ayuda. Cuándo y cómo se cumplió esta profecía es incierto. Los registros históricos no indican que Egipto experimentara desolación o exilio en el grado descrito por Ezequiel.

Botín para Nabucodonosor (29:17-21). En el 571 a.C., poco después que Nabucodonosor levantara su largo sitio a Tiro, Ezequiel recibió otro mensaje referido a Egipto. A pesar de que Nabucodonosor había salido de Tiro con relativamente poca recompensa por sus esfuerzos, el Señor le daría a Egipto, nación de la cual extraería abundante riqueza. Esta profecía probablemente se cumplió en el 568 a.C., cuando, de acuerdo a un texto babilónico, Nabucodonosor aparentemente condujo una campaña contra Egipto.

El día del Señor sobre Egipto (30:1-19). La caída de Egipto se asocia al día del Señor, una expresión usada en otras partes del Antiguo Testamento para referirse a esos tiempos cuando el Señor viene como guerrero y destruye con rapidez y en forma decisiva. Usando a Nabucodonosor como su "espada" el Señor destruiría tanto a Egipto como a sus aliados. El gran río de Egipto, el Nilo, se secaría, sus ídolos y sus príncipes terminarían siendo inútiles y todas sus ciudades famosas serían conquistadas.

El poder del faraón quebrado (30:20-26). Ezequiel recibió un mensaje referido al faraón en el 587 a.C., un año después que Nabucodonosor había derrotado al faraón Hofra en batalla, cuando este último había tratado de ayudar a la sitiada Jerusalén (ver Jer. 37:5-8). Al permitirle a Nabucodonosor que derrotara a Hofra, el Señor había quebrado el brazo del faraón, un símbolo de su fuerza militar. Sin embargo, Dios no había terminado con Egipto. Él le daría energías al rey de Babilonia para conquistar Egipto. Ambos brazos del faraón serían quebrados. Cuando los egipcios fueran conquistados y esparcidos entre las naciones, ellos reconocerían la soberanía del Dios de Israel.

Un cedro caído (31:1-18). El Señor desafió al faraón y a sus ejércitos a aprender una lección de la historia. Asiria, el imperio más poderoso del Cercano Oriente entre el 745–626 a.C., alguna vez había sido como un gran cedro del Líbano. Estaba bien nutrido y había crecido alto. Las aves anidaban en sus ramas y los animales buscaban refugio bajo su sombra. Ni siquiera los árboles del jardín del Edén podían compararse con su majestad y belleza. Pero debido a su orgullo, Dios lo entregó a una nación sin piedad (los babilonios) quienes lo cortaron. Ningún otro árbol crecería tan alto. El faraón también era como un gran árbol, pero al igual que Asiria, él y sus ejércitos caerían a tierra estrepitosamente.

Lamento por la destrucción del faraón (32:1-16). Dios le reveló a Ezequiel un lamento provocador en el cual las naciones algún día cantarían sobre el faraón caído. Aunque era como un gran león o como un cocodrilo poderoso, él sería capturado, destruido y comido por los carroñeros. La oscuridad se establecería sobre la tierra como una señal de juicio y destrucción. Babilonia invadiría Egipto, destruiría a su gente y robaría sus riquezas.

Matanza de los ejércitos egipcios (32:17-32). Los ejércitos del faraón serían matados brutalmente y descenderían a la tierra de los muertos. Se unirían a los ejércitos de otras naciones que habían esparcido terror sobre la tierra, pero finalmente todos desaparecerían. Entre estas naciones estaban Asiria, Elam (ubicada al este de la Mesopotamia), Mesec y Tubal (naciones del norte; ver 38:2), Edom y Sidón.

RESTAURACIÓN DE ISRAEL (33:1–48:35)

La comisión de Ezequiel (33:1-20). Poco después de la caída de Jerusalén, el Señor renovó la comisión de Ezequiel como el centinela espiritual de la nación (ver 3:16-21). Una de las principales responsabilidades de un centinela era advertir al pueblo sobre la proximidad de un peligro. En tanto y en cuanto el centinela cumpliera con su deber, no era responsable por los que fracasaran en tomar su advertencia con seriedad y no estuvieran preparados cuando llegara el desastre. Ezequiel estaba en una posición similar. Debía advertir tanto a los malvados como a los reincidentes de la inminente condena y llamarlos al arrepentimiento. Aun cuando la nación estaba cargada de pecado, el deseo de Dios era que se volviera de sus malos caminos y viviera.

Un verdadero profeta (33:21-33). En enero del 585 a.C., cinco meses después que el templo fuera destruido, un fugitivo le dio la noticia a Ezequiel. La noche anterior, el Señor había abierto la boca de Ezequiel, y había terminado su largo período de silencio forzado (ver 3:26; 24:26-27). Ahora que las profecías de juicio de Ezequiel se habían cumplido, su ministerio principal era alentar y sus mensajes enfocarían la atención en la futura restauración de los exiliados.

No obstante, debía dar un último discurso de juicio. Los sobrevivientes que permanecieron en Judá luego de la destrucción de Jerusalén conservaban ilusiones de grandeza creyendo que ahora la tierra era de ellos. Ezequiel corrigió sus pensamientos erróneos, señalando que su idolatría y su hipocresía les impedirían disfrutar de la tierra. Otra ola de juicio los arrasaría. En el pasado ellos no habían tomado con seriedad los mensajes de Ezequiel, pero en el día del juicio finalmente se darían cuenta que él era un verdadero profeta del Señor.

Nuevo pacto (34:1-31). Se compara a los líderes de Israel con pastores que no habían cuidado apropiadamente del rebaño de Dios. Estos líderes consumidos por el interés personal, en realidad habían oprimido y explotado al pueblo. Las ovejas ahora estaban dispersas y eran atacadas por bestias salvajes (naciones extranjeras tales como Babilonia). El Señor anunció que estos líderes incompetentes serían eliminados y Dios se haría cargo del cuidado del rebaño. El Señor reuniría otra vez en Israel a sus ovejas extraviadas y heridas, allí podrían pastar tranquilamente en ricos pastizales. Él reestablecería la justicia en medio de su pueblo y levantaría para ellos un nuevo gobernante davídico ideal. Dios haría con su pueblo "un pacto de paz", que les aseguraría protección del peligro y prosperidad agrícola.

Edom (35:1-15). Dios juzgaría a esas naciones que tradicionalmente habían buscado la destrucción de su pueblo. Como ejemplo máximo de estas naciones, Edom fue escogida como objeto de la ira de Dios. Los edomitas participaron en la caída de Jerusalén, con la esperanza de que finalmente ellos podrían adquirir la tierra de Israel como propia. Con arrogancia se burlaron del pueblo de Dios en tiempos de calamidad. Edom probaría la venganza de Dios. Él los trataría de la misma manera en que ellos habían tratado a su pueblo. Los edomitas serían matados brutalmente con espada y su tierra dejada como un montón de ruinas desoladas.

La prosperidad regresa (36:1-15). Ejércitos extranjeros habían invadido las montañas de Israel y se jactaban de sus conquistas. El Señor había jurado llevar venganza sobre esas naciones (Edom es elegida nuevamente). También restauraría al pueblo a su tierra. Una vez más los cultivos crecerían en la tierra y las ciudades serían pobladas.

Restauración (36:16-38). Israel había contaminado la tierra con sus actos pecaminosos y había traído deshonor al nombre de Dios. Cuando Israel fue al exilio, las naciones hicieron apreciaciones falsas acerca del carácter de Dios. Para vindicarse a sí mismo y recuperar su reputación entre las naciones, el Señor restauraría a los exiliados a la tierra. Limpiaría sus pecados, pondría en ellos un deseo de lealtad y renovaría sus bendiciones agrícolas. En ese tiempo tanto las naciones como Israel reconocerían su soberanía.

Resurrección (37:1-14). La visión de Ezequiel de los huesos secos describió de manera vívida la restauración milagrosa de Israel. En la visión el profeta observó un valle lleno de huesos secos y desconectados,

que representaban al pueblo de Israel disperso. De repente los huesos comenzaron a juntarse y aparecieron tendones y carne sobre ellos. El aliento de vida entró en los cuerpos y una multitud de seres vivos llenaba el valle. Del mismo modo el Señor reavivaría milagrosamente la nación de Israel. Él los liberaría del sepulcro del exilio, colocaría en ellos su Espíritu y los establecería una vez más en la tierra prometida.

Reunidos (37:15-28). El día de la restauración también sería un día de reunificación para Israel y Judá. Para ilustrar esto el Señor le dijo a Ezequiel que tomara dos varas, una representaba al reino del norte y la otra al reino del sur, y debía sostenerlas en sus manos como si fueran una sola. Del mismo modo el Señor llevaría a los exiliados tanto de Israel como de Judá de regreso a su tierra y haría de ellos otra vez un solo reino. Levantaría a un nuevo gobernante davídico ideal, establecería un nuevo pacto con ellos, y otra vez moraría en medio de ellos.

Israel invadida (38:1–39:29). Estos capítulos describen una invasión de Israel por parte de naciones distantes, lideradas por "Gog, de la tierra de Magog, príncipe soberano de Mesec y Tubal". Los intentos para identificar a Gog con una figura histórica no son convincentes. Magog, Tubal y Mesec se mencionan en Génesis 10:2 y en 1 Crónicas 1:5 como hijos de Jafet. En los días de Ezequiel sus descendientes habitaban lo que es ahora Turquía oriental. De acuerdo a 38:5-6, los aliados de Gog incluían a Persia, Cus (la moderna Etiopía), Fut (la moderna Libia), Gomer (otro hijo de Jafet cuyos descendientes residían en el extremo norte de Israel) y Togarma (de acuerdo a Gén. 10:3, Togarma era hijo de Gomer).

Ezequiel imaginó un tiempo cuando los ejércitos de estas naciones atacarían a la desprevenida Israel. El Señor intervendría con poder y milagrosamente liberaría a su pueblo. Un gran terremoto sacudiría a la tierra y los ejércitos enemigos se volverían unos contra otros en pánico. El Señor haría llover granizo y azufre sobre ellos. La matanza sería comparable a un gran sacrificio. Aves y animales salvajes devorarían la carne y la sangre de los guerreros enemigos. Incluso con la ayuda del reino animal, le tomaría siete meses al pueblo de Israel deshacerse de todos los cadáveres. Las armas del enemigo le suministrarían al pueblo de Dios una provisión de combustible que duraría siete años.

Dado que esta profecía no se corresponde con ningún evento histórico conocido, podríamos entender que todavía está aguardando su cumplimiento. Gog y sus hordas simbolizan el tiempo final de oposición al reino de Dios, y serán violentamente aplastados (ver Apoc. 20:8-9).

Restauración de la adoración pura (40:1–48:35). En esta sección el Señor le dio a Ezequiel una visión de la restaurada nación de Israel. Ezequiel observó un cuadro detallado del nuevo templo y recibió instrucciones extensas para los futuros líderes de las naciones. El libro concluye con una descripción detallada de las futuras divisiones geográficas de la tierra.

Los eruditos difieren en su interpretación de esta sección. Algunos entienden su lenguaje como simbólico y como cumpliéndose en la iglesia del Nuevo Testamento, mientras que otros interpretan la profecía como aplicada literalmente a una futura nación de Israel. Algunos consideran que estos capítulos ofrecen una descripción literal de las condiciones en el tiempo del milenio. Otros entienden que la visión es una graficación idealizada y tal vez exagerada de la futura restauración del pueblo por parte de Dios, llena de elementos simbólicos.

Un nuevo templo (40:1–43:12). Por medio de una visión, el Señor le dio a Ezequiel un adelanto del nuevo templo. El profeta hace un paseo que comienza en la puerta oriental del atrio exterior y lo conduce al atrio interior, a sus celdas internas, al pórtico del templo, al santuario exterior y finalmente al lugar santísimo. A lo largo de todo el camino, se proveen medidas y descripciones detalladas.

Lo más importante es que Dios residiría en el nuevo templo. Casi 20 años antes Ezequiel había tenido una visión de la gloria de Dios en el momento en que Dios mismo abandonaba el templo de Jerusalén (ver caps. 8-10). Después ese templo fue destruido por los babilonios. Ahora a través de otra visión el profeta es testigo del regreso de la gloria de Dios a la ciudad y de su establecimiento en el nuevo templo (ver 43:1-9).

Regulaciones para el nuevo templo (43:13–46:24). Estos capítulos contienen varias instrucciones y regulaciones para los sacerdotes y los gobernantes que cumplirían funciones en la restaurada comunidad del pacto del futuro.

La sección comienza con instrucciones para construir el altar del templo y para sus sacrificios de dedicación. Una vez que se hicieran los correspondientes sacrificios por el pecado durante siete días consecutivos, el altar sería considerado como purificado y estaría listo para ser usado. A partir del octavo día, el altar podría usarse para los holocaustos y los sacrificios de comunión, que expresaban devoción a Dios por parte de los adoradores y su comunión con Él.

Debido a que la gloria de Dios regresó al complejo del templo a través de la puerta oriental del atrio exterior, esta puerta permanecería cerrada. Sólo "el príncipe" podría sentarse del lado de adentro de este pórtico, donde comería en la presencia del Señor. Este príncipe se identifica en otra parte con el gobernante davídico ideal, o el Mesías, a quien el Señor levantaría para liderar a su pueblo (34:24; 37:24-25).

En el pasado, los israelitas rebeldes habían violado el pacto divino al permitir que los extranjeros llevaran al templo sus prácticas detestables. Estos extranjeros eran "incircuncisos de corazón y de cuerpo", lo que significaba que no tenían ni devoción por el Señor ni la señal física de ser parte de la comunidad del pacto. A tales extranjeros les estaba prohibida la entrada al nuevo templo.

Debido a que los levitas habían sido infieles al Señor serían degradados. Podrían custodiar las puertas del templo, matar animales para los sacrificios y asistir al pueblo, pero no les estaba permitido manipular los objetos sagrados o las ofrendas para el Señor.

Como recompensa por su fidelidad, el linaje de Sadoc de la familia levítica cumpliría las funciones de sacerdotes del Señor. Sadoc era un descendiente de Aarón a través de Eleazar y de Fines (ver 1 Crón. 6:3-8,50-53).

En la futura asignación de la tierra, una porción debía reservarse al Señor (y sus siervos sacerdotales) justo en el centro de la tierra. El príncipe (el gobernante davídico) poseería la tierra lindante con la porción del Señor sobre el este y sobre el oeste.

Esta mención del futuro príncipe conduce a una exhortación para los líderes civiles del pueblo de Dios en los días de Ezequiel. Ellos no debían oprimir al pueblo sino que tenían que promover la justicia y la imparcialidad en la esfera socioeconómica.

El Señor también proveyó regulaciones detalladas referidas a las ofrendas y a las fiestas, como la del Año Nuevo, la de la Pascua y la de las Enramadas o Tabernáculos. Varias regulaciones respecto al príncipe remarcan el capítulo 46. Los sábados y los días de luna nueva el príncipe conduciría al pueblo en la adoración al Señor y presentaría ofrendas en el umbral de la puerta oriental del atrio interno.

El río que fluye desde el templo (47:1-12). Ezequiel vio un río que fluía desde el templo hacia el este. El río se hacía cada vez más profundo a medida que fluía por el desierto en su camino al mar Muerto. Su agua fresca estaba llena de peces y los pescadores se alineaban con redes a lo largo de sus costas. También en sus riberas había árboles frutales de gran valor alimenticio, cuyas hojas poseían propiedades curativas. Este río vivificante que fluía desde el trono de Dios simbolizaba la restauración de la bendición divina que experimentaría la tierra.

Límites y asignaciones de la tierra (47:13-48:35). El libro de Ezequiel concluye con una descripción detallada de los límites futuros de la tierra y de la asignación de las porciones. La ciudad santa, construida como un cuadrado perfecto en el medio de la tierra, tendría doce puertas (tres en cada una de sus murallas) nombradas conforme a las tribus de Israel. La ciudad se llamaría Jehová-sama (RVR60), que significa *Aquí habita el Señor.*

Significado teológico y ético. Ezequiel fue el profeta sacerdotal del juicio y de la esperanza. Su mensaje a los exiliados en Babilonia todavía le habla a personas quebrantadas, que sufren, y que están en necesidad de recibir una segunda oportunidad de Dios. La destrucción de Jerusalén y la deportación de su pueblo a Babilonia hizo que algunos cuestionaran la capacidad de Dios para salvar y su compromiso con sus pactos. Ezequiel interpretó estos eventos a la luz del carácter de Dios.

La extraña visión al comienzo de Ezequiel describe a Dios como sin igual, perfecto en santidad y poder. Un Dios así no habitaría con un pueblo no arrepentido. Jerusalén cayó no porque Dios no podía salvarla sino porque Él abandonó a su pueblo al destino elegido por ellos.

Pero el juicio era sólo un aspecto de la descripción de Dios por parte de Ezequiel. Incluso en el exilio, lejos del hogar, Dios estuvo accesible al profeta. La fidelidad de Dios era la esperanza de Ezequiel. Dios es el

Pastor de su pueblo (Ezeq. 34). Dios es la única esperanza de nueva vida para los huesos secos de la nación de Israel (Ezeq. 37).

De Ezequiel los cristianos pueden aprender responsabilidad. Al igual que Ezequiel, los creyentes deben tener empatía con el dolor de quienes los rodean (3:15). Como Ezequiel, los cristianos deben ser "centinelas", responsables de advertir a sus prójimos sobre las consecuencias del pecado (3:16-21). Ezequiel 34 advierte a los creyentes a no buscar sus propios intereses a expensas de los demás. Más bien, los cristianos deben modelar el amor y el cuidado de Dios con sus acciones. Los creyentes deben compartir las buenas nuevas de que Dios aún es dador de nueva vida y de segundas oportunidades a aquellos que se vuelven a Él en arrepentimiento y fe.

Preguntas para la reflexión

1. ¿De qué maneras Ezequiel es ejemplo de un siervo del Señor obediente y leal?

2. ¿Cómo describe a Dios Ezequiel? ¿Qué papeles y características le atribuye Ezequiel a Dios?

3. ¿Por qué los contemporáneos de Ezequiel desagradaron a Dios? De alguna manera ¿es la iglesia moderna similar a ellos?

4. ¿Qué nos enseñan los mensajes de salvación de Ezequiel acerca de la relación de Dios con su pueblo?

DANIEL

Este libro ha sido tradicionalmente atribuido a Daniel en base a sus explícitas afirmaciones en 9:2; 10:2 y al testimonio de Cristo (Mat. 24:15). Daniel vivió en Babilonia durante el siglo VI a.C. y sirvió tanto bajo gobernantes babilonios como persas.

Los críticos modernos han negado el valor histórico del libro por varias razones. Consideran que es una combinación de leyendas de la corte y de visiones apocalípticas. Estas últimas eran características de la literatura intertestamentaria judía (ver "Forma literaria").

Sólo se pueden hacer unas pocas observaciones relacionadas con el valor histórico del libro.

1. La presencia de eventos milagrosos, no importa lo increíbles que puedan parecer (la preservación de los amigos de Daniel en el horno de fuego y de Daniel en el foso de los leones), no necesariamente ponen en cuestión el valor histórico del libro. El soberano Dios del universo en algunos momentos interviene en la historia de maneras sobrenaturales, y el ejemplo por excelencia es la resurrección de Jesucristo.

2. La descripción que se hace en el libro sobre Darío el medo, es problemática en varios aspectos pero no es indicio de que no es histórica. Algunos intérpretes han usado esto como prueba de la naturaleza novelesca del libro, señalando que Ciro y no este desconocido Darío hijo de Jerjes, llegó a ser rey después de la caída de Babilonia. Otros han propuesto que Darío puede ser otro nombre para Ciro (dentro de este punto de vista Dan. 6:28 se traduce como: "Fue así como Daniel prosperó durante el reinado de Darío, es decir el reinado de Ciro el Persa"). Aun otros sugieren

que Darío era Guabaruwa, quien sirvió como gobernador de Babilonia bajo Ciro.

3. Los estudiosos han debatido si el arameo usado en el libro refleja una fecha temprana (el tiempo de Daniel) o una fecha tardía (alrededor del 165 a.C.).

4. El capítulo 11 es una línea divisoria en el debate sobre la naturaleza de las profecías del libro. Muchos intérpretes modernos lo entienden como una "profecía" después del hecho y lo usan para indicar con precisión que la fecha del libro es 165 a.C. Los vv. 2-20 contienen un relato detallado y exacto de la historia de Palestina desde el tiempo de Ciro (alrededor del 538 a.C.) hasta el tiempo de Antíoco Epífanes (175–164 a.C.). Los vv. 21-35 reflejan con exactitud la carrera de Antíoco, pero los vv. 36-45 no lo hacen. Por ese motivo se cree que el autor escribió en el 165 a.C., después de los eventos cuidadosamente registrados en el capítulo pero antes de las predicciones no exactas referentes a Antíoco.

Otros lo consideran un ejemplo por excelencia de la profecía sobrenatural de carácter predictivo. Estos intérpretes argumentan que 11:36-45 no contiene predicciones no cumplidas acerca de Antíoco Epífanes pero sí describe la carrera de un gobernante todavía futuro que se parece a Antíoco. Tal anticipación y mezcla es típica de la profecía del Antiguo Testamento.

Trasfondo histórico. Daniel y sus amigos fueron llevados al exilio en el 605 a.C. Sirvieron al poderoso Nabucodonosor que gobernó el imperio babilónico hasta el 562 a.C. Los sucesores de Nabucodonosor fueron Evil Merodac, Nergal Sarézer, Labashi Marduk y Nabónido. Este último pasó mucho tiempo de su reinado en Tema adorando a la diosa luna. Su hijo Belsasar sirvió como su vicerregente. Aunque el libro de Daniel llama "rey" a Belsasar, sugiere que en realidad era segundo en el reino (5:7,16). Ciro el Persa conquistó Babilonia en el 539 a.C. e hizo a Gubaruwa gobernador sobre la ciudad. Daniel retuvo un alto puesto civil bajo los persas.

Tema. Daniel describe a Dios como el Gobernador soberano del universo que controla el destino de los imperios paganos como también el de su pueblo exiliado. Dios reveló su poder a los reyes de Babilonia y Persia, forzándolos a reconocer su supremacía. Le reveló a Daniel sus planes futuros para restaurar a su pueblo Israel una vez que hubiera pasado el tiempo de los gentiles.

Forma literaria. La forma en que clasificamos los relatos de Daniel depende de nuestro punto de vista sobre su valor histórico. Los que consideran que sus historias son ficción, las clasifican como leyendas de la corte. Los que aceptan su valor histórico las consideran relatos biográficos de Daniel y de sus amigos.

Las visiones de Daniel pueden catalogarse como literatura apocalíptica. Dado que ejemplos posteriores de esta literatura se atribuyen falsamente a alguna persona famosa del pasado (seudoepigráfica) y que contienen profecía posterior a los hechos, algunos aseguran que Daniel también comparte estas características. Otros reconocen algunas similitudes literarias, pero arguyen que Daniel es una profecía genuina.

La estructura del libro se puede ver de diferentes modos. Los capítulos 1–6 son en general narrativos, mientras que los capítulos 7–12 contienen visiones de eventos futuros. Por otro lado, 1:1–2:4a; 8–12 están escritos en hebreo, mientras que 2:4b–7:28 están en arameo. La explicación para la naturaleza bilingüe del libro es incierta. Algunos observan que la sección aramea enfoca la atención en gobernantes y naciones gentiles, mientras que las secciones hebreas se refieren especialmente a Israel. Otros explican que la variación es un recurso estructural. Daniel 2:4b–7:28 está separado de los pasajes del contexto porque es una unidad organizada simétricamente, que despliega una estructura en espejo (los caps. 2 y 7 se corresponden temáticamente, como los caps. 3 y 6 y los caps. 4 y 5).

I. Experiencias de Daniel y sus amigos en Babilonia (1:1–6:28)
II. Visiones y revelaciones de eventos futuros (7:1–12:13).

Propósito y teología. El Dios de Daniel es el Gobernante soberano del mundo, que levanta y derroca a gobernantes y determina de antemano el futuro de las naciones. Recompensa la fidelidad de sus siervos devotos y los protege, incluso cuando están lejos de su patria. Su soberanía es especialmente evidente en su trato con Nabucodonosor. A él Dios le reveló la historia futura, le demostró su poder para liberar a los suyos y le dio una lección vívida sobre los peligros del orgullo. Nabucodonosor se vio forzado a reconocer la soberanía del Dios de Daniel. El Señor también demostró su soberanía a los gobernantes subsiguientes. Anunció de manera dramática la caída de Belsasar por su arrogancia y su falta de respeto con los utensilios del templo. Le demostró a Darío su poder para liberar a sus siervos fieles incluso en las peores crisis.

A través de las visiones de Daniel, el Señor demuestra su soberanía sobre la historia. Los imperios se levantan y caen, pero en última instancia el Señor hace trizas la oposición de los gentiles a su programa y establece su reino sobre la tierra.

DANIEL Y SUS AMIGOS (1:1–6:28)

Fidelidad (1:1–21). *Daniel y sus amigos son elegidos para ser oficiales de la corte (1:1-7).* En el 605 a.C. los babilonios marcharon contra Judá y sitiaron Jerusalén. Tomaron utensilios del templo y los llevaron a Babilonia, y además llevaron a algunos de los más selectos jóvenes de Judá. Nabucodonosor ordenó a Aspenaz, jefe de los oficiales de la corte, que eligiera a los mejores de esos jóvenes y los entrenara para el servicio del rey. En este grupo estaban Daniel, Ananías, Misael y Azarías. Les fueron dados nombres babilonios, fueron entrenados en la lengua y la literatura babilónica y les fue dada una dieta especial.

Daniel y sus amigos rechazan la comida impura (1:8-16). Daniel consideró que la comida ofrecida por los babilonios era contaminante. La ley mosaica prohibía al pueblo de Dios comer animales impuros o carne que no hubiera sido desangrada. El vino y la carne presentados por Aspenaz podían haber sido sacrificados a los ídolos.

Daniel convenció a los babilonios para que le permitieran a él y a sus amigos seguir una dieta diferente que consistía solamente en vegetales y agua. Después de un período de prueba de diez días ellos lucían incluso más saludables que los que habían seguido la dieta prescripta por el rey. Como consecuencia, no fueron obligados a comer el plato indicado por el rey ni a beber su vino.

Dios recompensa a Daniel y a sus amigos (1:17-21). En respuesta a la fidelidad de Daniel y de sus amigos, el Señor les dio un intelecto superior y a Daniel le dio la habilidad de interpretar sueños y visiones. Cuando el rey entrevistó a los aprendices, encontró que las habilidades de Daniel y sus amigos sobrepasaban a las de los sabios y adivinos del rey, y los nombró para su servicio.

El sueño interpretado (2:1-49).
El rey busca un intérprete de sueños (2:1-16). Durante el segundo año de su reinado, Nabucodonosor tuvo un sueño perturbador. Convocó a sus sabios y adivinos y les ordenó que revelaran el contenido del sueño así como su interpretación (tal vez para asegurar su credibilidad). Si fracasaban, serían ejecutados; si tenían éxito, serían recompensados ricamente. Los adivinos, comprensiblemente estremecidos, objetaron que el pedido del rey no tenía precedentes y nadie podía saber lo que otro hombre había soñado. El rey enojado decretó que los adivinos reales fuesen ejecutados.

Daniel interpreta el sueño del rey (2:17-49). Cuando Daniel oyó lo que había ocurrido, él y sus amigos oraron a Dios por sabiduría para conocer e interpretar el sueño de modo de salvar sus vidas. Cuando el Señor le reveló el sueño a Daniel en una visión nocturna, él alabó a Dios como el gobernante soberano del universo, fuente de toda sabiduría.

Cuando Daniel se presentó delante del rey, tuvo cuidado en darle el crédito a Dios. Le dijo al rey que el Señor le había revelado el contenido y la interpretación del sueño. En su sueño Nabucodonosor había visto una gran estatua. Su cabeza era de oro, su pecho y sus brazos de plata, su vientre y sus muslos de bronce, sus piernas de hierro y sus pies de barro cocido y de hierro. Luego, una gran roca hizo pedazos los pies de la estatua, lo que provocó que se hiciera añicos. Luego, la roca se convirtió en una enorme montaña.

Daniel explicó a Nabucodonosor que el sueño se refería a la historia del mundo. La estatua representaba los sucesivos reinados del mundo, los que en última instancia serían desplazados por el reino de Dios. El imperio babilónico de Nabucodonosor era la cabeza de oro. El pecho y los brazos de plata representaban a un reino que seguiría. Así como la plata es inferior al oro, la gloria de este reino no se compararía con la de Babilonia. Las porciones de la estatua que eran de bronce simbolizaban un tercer reino mundial, mientras que las piernas de hierro representaban a un cuarto imperio, que al igual que el hierro sería especialmente poderoso. La mezcla de barro cocido y de hierro indicaba que este imperio finalmente se dividiría y llegaría a ser vulnerable a un ataque. El reino de Dios (representado por la roca convertida en montaña) conquistaría este imperio, poniendo un fin violento al gobierno humano. Al igual que una montaña, el reino de Dios no podría ser destruido y existiría para siempre.

Los eruditos difieren sobre la identificación de los tres reinos finales representados en la visión. Algunos ven las partes de plata de la estatua como la combinación de los imperios medo y persa, las partes de bronce como el imperio griego de Alejandro y las piernas de hierro como Roma. Otros ven los reinos sucesivos de Media, Persia y Grecia.

Cuando Daniel terminó, Nabucodonosor alabó al Señor como el Dios soberano que revela la sabiduría. Recompensó a Daniel y lo elevó a él y a sus amigos a posiciones prominentes en el gobierno del imperio.

Frente a la muerte (3:1-30). *Los amigos de Daniel se niegan a inclinarse ante la imagen del rey (3:1-18).* Nabucodonosor hizo una enorme imagen de oro. La imagen puede haber representado su autoridad soberana o a uno de sus dioses. El rey ordenó a todos sus súbditos que asistieran a una ceremonia de dedicación de la imagen. En un momento indicado debían inclinarse ante la imagen. Todos los que se negaran a adorar la imagen serían arrojados a un horno de fuego. Cuando los amigos de Daniel se rehusaron a inclinarse ante la imagen, el rey se llenó de ira, les dio un ultimátum y les advirtió sobre las consecuencias de la desobediencia. Ellos explicaron que su lealtad al Señor les impedía adorar imágenes. También le dijeron al rey que Dios podía liberarlos del horno de fuego si así lo deseaba.

Los amigos de Daniel liberados del horno (3:19-30). Después de ordenar que

calentaran el horno a su temperatura máxima, Nabucodonosor hizo que ataran a los amigos de Daniel y que los arrojaran dentro. El fuego estaba tan caliente que sus llamas mataron a los soldados que los arrojaron. No obstante, cuando Nabocodonosor miró adentro del horno, vio tres hombres caminando sin ataduras, acompañados por un ser angelical. Cuando el rey ordenó que los sacaran del horno, no tenían ningún daño. Nabucodonosor alabó al Señor por liberar a sus fieles siervos, decretó que cualquiera que hablara en contra de Dios fuera descuartizado y promovió a los tres hombres.

Sueño sobre un gran árbol (4:1-37). Este capítulo comienza y termina con una alabanza de Nabucodonosor al Señor (4:1-3, 34-37). En los versículos intermedios, el rey relata una experiencia personal en la que aprendió sobre los peligros del orgullo y pudo comprender que la soberanía de Dios es absoluta.

El rey reporta su sueño a Daniel (4:1-18). Mientras descansaba en su palacio, el rey tuvo un sueño aterrador. Cuando sus sabios y adivinos no pudieron interpretarlo, él convocó a Daniel. En su sueño, Nabucodonosor vio un gran árbol frutal con hermosas hojas. Los animales encontraban refugio bajo su sombra y las aves anidaban en sus ramas. Luego, un ser angelical ordenó que el árbol fuera cortado y que el tocón fuera sujetado con hierro y bronce. Después el ángel anunció que el hombre representado por el tocón sería tomado por la locura y viviría afuera como un animal durante un período específico ("siete tiempos" [RVR60], puede referirse a siete años; ver 7:25).

Daniel interpreta el sueño (4:19-27). Daniel informó a Nabucodonosor que el árbol representaba al rey mismo. Aunque grande y poderoso, el rey sería degradado. Durante un tiempo sería atacado por una especie de enfermedad mental extrema (conocida como boantropía o licantropía) y literalmente se comportaría como un animal. Una vez que hubiera sido humillado lo suficiente, Nabucodonosor sería restaurado a su trono.

El sueño se hace realidad (4:28-37). Un año después, el sueño de Nabucodonosor se cumplió. Mientras con orgullo miraba a la gran ciudad de Babilonia, una voz del cielo le anunció que estaba a punto de ser humillado. Comenzó a actuar como un animal y sus cabellos y sus uñas crecieron en forma desmedida. Finalmente, Dios restauró su cordura, haciendo que Nabucodonosor lo alabara públicamente y advirtiera a otros sobre las consecuencias del orgullo.

Babilonia cae (5:1-31). Los eventos del capítulo 5 ocurrieron en el 539 a.C., 23 años después de la muerte de Nabucodonosor. Ahora Belsasar gobernaba Babilonia en ausencia de Nabónido, su padre (ver introducción).

Un misterioso mensaje sobre la pared (5:1-12). Belsasar dio un gran banquete para todos sus nobles y sus esposas. Ordenó que el vino fuera servido en las copas de oro y de plata que años atrás Nabucodonosor había traído del templo del Señor en Jerusalén. Mientras Belsasar y sus invitados bebían de las copas, sorpresivamente apareció una mano y escribió un misterioso mensaje sobre una de las paredes del palacio. El rey atemorizado envió por sus sabios y adivinos, y decretó que cualquiera que pudiera interpretar el sueño sería el tercer señor en el reino. (Técnicamente, Nabónido todavía era el rey y Belsasar su vicerregente). Cuando los adivinos no pudieron descifrar el mensaje, la reina (o reina madre) le recordó a Belsasar sobre Daniel, que años atrás había ganado la reputación de ser un hábil intérprete de sueños y acertijos.

Daniel interpreta el mensaje (5:13-31). Cuando Daniel es convocado por el rey, acuerda interpretar la escritura pero renuncia a los regalos del rey. No obstante, antes de interpretar el mensaje, le recordó a Belsasar cómo Dios había humillado al orgulloso Nabucodonosor. También denunció al rey por su arrogancia y su falta de respeto por los utensilios del templo. Finalmente, Daniel se concentró en el mensaje enigmático que decía: "Mene, Mene, Tekel, Uparsin". Interpretó el mensaje como una sombría advertencia del inminente juicio sobre el abominable reino de Belsasar. "Mene", significa *mina* (50 siclos) y hace un juego de sonidos con una palabra que significa *contados*. Los días de Belsasar estaban contados y su reinado estaba a punto de terminar. De manera similar, "tekel", que significa *siclo*, hace un juego de sonidos con una palabra relacionada que significa *pesado*. Belsasar había sido pesado como un siclo sobre las balanzas de la justicia divina y se halló que pesaba menos de lo que debía. "Uparsin", significa *medio siclo* (en 5:28 se usa la forma singular "peres") y su sonido se relacionaba con una palabra que significa *dividido*. Incluso suena como *persa*. El reino de Belsasar se dividiría y caería en manos del imperio de medos y persas. Esta profecía de la desaparición de Belsasar se cumplió esa misma noche.

Daniel es liberado (6:1-28). *Daniel desafía el decreto del rey (6:1-15).* Daniel continuó prosperando bajo el gobierno persa. Darío el medo lo hizo uno de sus tres administradores sobre los 120 distritos dentro de su jurisdicción. Daniel tenía tanto éxito que provocó celos en otros administradores y oficiales. Como sabían que Daniel era leal a Dios, tramaron un plan por el que esperaban hacerlo ejecutar por traición. Apelaron a la vanidad del rey Darío, y lo convencieron de dar un decreto por el cual durante 30 días todo súbdito estaba obligado a adorarlo exclusivamente a él. Los que violasen el decreto serían arrojados a los leones. Cuando Daniel desafió el decreto y en forma abierta oró al Señor, los conspiradores lo reportaron al rey. Al darse cuenta de que lo habían hecho caer en una trampa, Darío trató de absolver de culpa a Daniel; pero los enemigos de Daniel le recordaron al rey que los decretos reales no se podían alterar.

Daniel en el foso de los leones (6:16-28). Darío no tuvo alternativa y arrojó a Daniel al foso de los leones. Una piedra fue colocada sobre la entrada del foso y el rey la selló con su propio anillo de modo que no pudiera ser removida. Después de una larga noche sin descanso, Darío regresó al foso en la mañana. Para su sorpresa Daniel todavía estaba vivo. Daniel explicó que el Señor lo había preservado milagrosamente cerrando la boca de los leones. El rey entonces ordenó que Daniel fuera sacado del foso y que sus acusadores fueran arrojados allí. Luego Darío dio un nuevo decreto oficial de alabar al Dios de Daniel como el Señor soberano del universo, que libra a sus siervos en forma milagrosa.

VISIONES Y REVELACIONES (7:1–12:13)

Cuatro bestias (7:1-28). La visión registrada en este capítulo ocurrió en el primer año de corregencia de Belsasar (alrededor del 556–553 a.C.), y fue previa a los eventos registrados en capítulos 5–6.

Daniel reporta la visión (7:1-14). Daniel vio cuatro bestias que emergían en forma sucesiva del mar agitado. La primera se asemejaba a un león pero también tenía alas de águila. Mientras Daniel observaba, fueron arrancadas las alas de la criatura y se paró en dos pies como un ser humano. También le fue dado un corazón humano. La segunda bestia parecía un oso con tres costillas en su boca. La tercera bestia lucía como un leopardo con cuatro alas y cuatro cabezas. La cuarta bestia, la más aterradora, tenía dientes de hierro con los que hacía pedazos a sus víctimas. También tenía diez

cuernos, tres de los cuales fueron arrancados antes que surgiera otro cuerno entre ellos. Este cuerno tenía ojos humanos y hablaba palabras arrogantes.

En esta visión Daniel observó que Dios era llamado el "Anciano de días" (RVR60), y estaba sentado sobre su trono con miles de siervos que lo atendían. Su ropa y su cabello eran blancos y su trono, una llama de fuego. Unos libros fueron abiertos cuando Dios se preparó para sentarse en juicio sobre la cuarta bestia. La bestia, junto a su pequeño e insolente cuerno, fue arrojada al fuego y destruida. Luego, apareció en las nubes una figura humana llamada "uno como un hijo de hombre" (RVR60) y se aproximó al trono divino donde le fue concedida autoridad para gobernar al mundo.

Interpretación de la visión (7:15-28). Uno de los asistentes celestiales le explicó a Daniel el significado de la visión. Las cuatro bestias, al igual que la estatua que vio Nabucodonosor en el sueño (Dan. 2), representaban los cuatro imperios sucesivos que gobernarían la tierra. Los diez cuernos de la cuarta bestia, la cual fue particularmente interesante para Daniel, representaban a diez reyes que se levantarían en el cuarto imperio. El pequeño cuerno simbolizaba a otro gobernante que suplantaría a tres de los diez. Este pequeño cuerno se opondría a Dios y perseguiría al pueblo por un período específico de tiempo (tal vez tres años y medio; comparar con "tiempo, y tiempos, y medio tiempo", 7:25, RVR60). Después el Señor destruiría a ese gobernante y establecería su reino.

Así como en el capítulo 2, los intérpretes difieren acerca de la identificación de los cuatro reinos. En analogía con el capítulo 2, el león probablemente representa a Babilonia. El oso se asocia con frecuencia al imperio medo-persa, y las tres costillas se entienden como símbolo de sus tres principales víctimas: Lidia, Babilonia y Egipto. El leopardo bien puede representar Grecia con sus cuatro cabezas que reflejan la división del reino de Alejandro en cuatro partes después de su muerte (8:8,21-22). La última bestia puede representar Roma con sus diez cuernos que simbolizan una manifestación posterior de este imperio previa a la venida del reino de Dios. En este caso, el pequeño cuerno puede equipararse con la figura del anticristo del Nuevo Testamento. No obstante, como ocurre con el capítulo 2, hay quienes identifican los reinos sucesivos como Babilonia, Media, Persia y Grecia, y el pequeño cuerno está asociado con Antíoco Epífanes (ver Dan. 8; 11).

La interpretación de "uno como un hijo de hombre" también ha ocasionado debates. Algunos lo consideran un título mesiánico. Otros entienden que la figura representa a la humanidad, al pueblo de Dios, o a seres angelicales (a veces Miguel es especificado como el ángel en cuestión).

El carnero y el macho cabrío (8:1-27). Esta visión, al igual que la del capítulo 7, tuvo lugar durante el reinado de Belsasar.

Daniel reporta la visión (8:1-14). Daniel vio a un carnero con dos cuernos desiguales, el más largo creció después que el otro. El carnero atacó hacia el norte y hacia el sur, e iba conquistando a todos los que se le oponían. Sin embargo, desde el oeste se acercó un macho cabrío con un cuerno enorme que hizo añicos los dos cuernos del carnero, lo derribó y lo pisoteó. Nadie pudo resistir al macho cabrío, pero en la cima de su poder se rompió su cuerno, y fue reemplazado por cuatro cuernos pequeños. En uno de estos cuernos creció otro que llegó a ser tan fuerte que extendió su poder hacia el sur y hacia el este, desafió a las huestes celestiales, oprimió al pueblo de Dios y eliminó los sacrificios en el templo del Señor.

Interpretación de la visión (8:15-27). El ángel Gabriel le reveló a Daniel la interpretación de la visión. El carnero con dos cuernos representaba al imperio medo-persa y el macho cabrío al imperio griego (de Alejandro). Los cuatro cuernos reflejaban la división del imperio de Alejandro en cuatro partes después de su muerte prematura. El pequeño cuerno representaba a Antíoco Epífanes, el gobernante sirio (alrededor del 175–164 a.C.) que se opuso al pueblo de Dios y profanó su templo.

Setenta semanas (9:1-27). *Oración intercesora de Daniel (9:1-19).* En el 539–538 a.C., inmediatamente después de la conquista de Babilonia por parte de Persia, Daniel oró al Señor a favor del exiliado pueblo de Israel. Daniel entendió que el período de 70 años de desolación de Judá profetizado en Jeremías 25:11-12 estaba por llegar a su fin. (La profecía está fechada en el 605 a.C. [ver Jer. 25:1], el año en que Nabucodonosor sitió Jerusalén por primera vez y llevó al primer grupo de exiliados a Babilonia. Si uno asume que el período de 70 años comenzó en el 605 a.C., entonces terminaría en el 535 a.C.)

Daniel se dirigió a Dios como el fiel Señor del pacto de Israel, confesó la condición pecadora y rebelde de la nación, y reconoció que el sufrimiento del pueblo había sido justo ya que Moisés había advertido sobre las maldiciones del pacto. Luego le pidió al Señor que perdonara los pecados de la nación y que una vez más mirara con favor a la desolada Jerusalén.

Gabriel revela e interpreta la visión (9:20-27). Mientras Daniel oraba, Gabriel se le apareció y le anunció que se habían decretado "setenta semanas" (490 años según muchos estudiosos) para Israel y Jerusalén, y para poner fin a la expiación por sus pecados. Luego explicó la cronología de estas "setenta semanas". Sesenta y nueve semanas separarían el tiempo entre el decreto para reconstruir Jerusalén y la venida del Mesías (el "príncipe elegido"). Tiempo después le sería quitada la vida a este Mesías y la ciudad sería destruida por "un futuro gobernante". Durante la semana setenta este gobernante haría un pacto con el pueblo de Dios y lo violaría promediando el período.

Es comprensible que esta visión enigmática presente varias dificultades y haya sido interpretada de diversas maneras. Algunos entienden que los números son simbólicos, mientras que otros los toman literalmente y producen elaboradas explicaciones matemáticas sobre su cumplimiento. Incluso hay quienes sostienen que la profecía señala la fecha de la crucifixión de Cristo.

La aparición de Gabriel (10:1–12:13). *La visión del ángel por parte de Daniel (10:1–11:1).* En el 536 a.C. Daniel recibió su visión final. Mientras estaba a orillas del río Tigris, vio a un ser angelical resplandeciente cuya voz era estruendosa. Sobrecogido por la visión, Daniel cayó profundamente agotado. El ángel le dijo a Daniel que se pusiera en pie y lo alentó a no temer. Luego explicó que había sido demorado por "el príncipe del reino de Persia" (RVR60), una aparente referencia a un ángel que ejercía jurisdicción sobre la nación de Persia. Después de una lucha de tres semanas, intervino Miguel y le permitió a este ángel llegar a Daniel. Pronto se iría a pelear contra el príncipe de Persia, pero antes revelaría a Daniel ciertos eventos futuros.

El ángel bosqueja eventos futuros (11:2–12:4). Daniel 11:2-35 delinea el curso de la historia de Palestina desde el tiempo de Daniel hasta el tiempo de Antíoco Epífanes. El v. 2 se refiere a los cuatro gobernantes persas que sucederían a Ciro: Cambises I (530–522 a.C.), Cambises II (522), Darío I (522–486) y Jerjes (486–465). Este versículo alude a la campaña de Jerjes contra Grecia. Luego los vv. 3-4 se refieren a Alejandro Magno (336–323) y a la división de su reino. Los vv. 5-20 bosquejan la relación

entre los seléucidas ("el rey del norte"), que gobernaban Siria y los ptolomeos ("el rey del sur"), que gobernaban Egipto durante el período 321–175 a.C. Los vv. 21-35 enfocan la atención en la carrera de Antíoco Epífanes (175–164 a.C.), y menciona entre otras cosas sus campañas egipcias y el mal trato a los judíos. Los vv. 32-35 anticipan la revolución macabea contra Antíoco.

En general los detalles que se observan en los vv. 36-45 no corresponden a la carrera de Antíoco. Por ejemplo, Antíoco murió en Persia, no en Palestina (ver v. 45). Como consecuencia, algunos eruditos consideran que estos versículos son "profecía" no cumplida y entienden a los versículos precedentes (vv. 1-35) como "profecía" después del hecho (ver introducción). Otros interpretan que hay un cambio de perspectiva desde el v. 36. La descripción se confunde con una graficación del anticristo, cuya hostilidad hacia Dios y hacia su pueblo se anticipó en la carrera de Antíoco.

Los versículos finales de esta sección (12:1-4) anticipan un tiempo de crisis para Israel en el cual Miguel, el ángel guardián de la nación, intervendría a su favor. Se hace referencia a una resurrección general de los justos y los malvados.

Visión e instrucciones finales de Daniel (12:4-13). El ángel le indicó a Daniel que sellara la revelación hasta el fin de los tiempos. Luego Daniel vio a dos seres angelicales parados junto al río, ambos vestidos de lino. Uno preguntó cuánto tiempo pasaría hasta que se cumpliera la revelación. El otro respondió que pasaría "tiempo, tiempos y la mitad de un tiempo" (RVR60) o "tres años y medio" (NVI) entre la ruptura del poder de Israel y el cumplimiento de la visión. El v. 11 aparentemente da una medición más exacta de este período (1290 días). El significado del número dado en el v. 12 (1335 días) no es claro. En conjunto con el v. 11, significa que habría un período adicional de 45 días antes del completo cumplimiento de la visión.

Significado ético y teológico. Daniel destaca la soberanía de Dios sobre la historia del mundo. La historia se desenvuelve como parte de los planes de Dios y se mueve hacia las metas predeterminadas por Dios. Los déspotas terrenales ejercen poder sólo por un corto tiempo. Dios está en control y Él ha establecido un fin para el tiempo del sufrimiento de su pueblo. Las metas de Dios para la historia humana incluyen la liberación de su pueblo de la opresión, la resurrección, el juicio y el establecimiento de su reino eterno. Así es que Daniel llama al pueblo de Dios de todos los tiempos a la perseverancia y a la esperanza. Al igual que Daniel y sus amigos, los creyentes de hoy son tentados a comprometer sus valores y adorar todo lo que no es Dios. Daniel llama a los cristianos a vivir de acuerdo a su fe en un mundo hostil, no importa cuál sea el costo.

Preguntas para la reflexión

1. ¿Qué lecciones podemos aprender de Daniel y sus amigos?

2. En el libro de Daniel ¿de qué maneras Dios demuestra su soberanía? ¿Qué relevancia tiene la doctrina de la soberanía de Dios para el cristiano moderno y para la iglesia?

3. ¿Cuál es el propósito del uso extensivo del simbolismo que el libro hace? ¿De qué maneras el simbolismo y las imágenes vívidas contribuyen al mensaje general del libro?

4. ¿De qué formas este libro ofrece consuelo y aliento para los cristianos?

LOS PROFETAS MENORES

E. RAY CLENDENEN

Los Profetas "Menores" se denominan así no por su menor importancia sino debido a su extensión. El más extenso, Oseas, ocupa alrededor de 10 páginas en una Biblia promedio en español, mientras que los Profetas "Mayores" abarcan entre 24 (Daniel) y 82 páginas (Jeremías). La extensión de los Profetas menores en conjunto es similar a la de Ezequiel. Si bien fueron escritos como libros separados en tiempos diferentes, en algún momento en el desarrollo del canon hebreo estos 12 libros fueron reunidos en el mismo rollo y en un orden que en general permaneció sin cambios. Como consecuencia, en la tradición judía llegaron a llamarse más apropiadamente "los Doce". Hay quienes sostienen que los Profetas Menores exhiben un argumento o estructura general. Paul House ha observado que los primeros seis libros, desde Oseas hasta Miqueas, enfatizan el pecado, desde Nahúm hasta Sofonías enfocan la atención en el castigo y desde Hageo hasta Malaquías en la restauración.

Como libros proféticos exhiben las mismas características de los Profetas Mayores. Primero, emplean un estilo retórico elevado, que con frecuencia toma forma de poesía (Jonás es la excepción porque es narrativo). Segundo, presentan sus mensajes como recibidos directamente de Dios. Tercero, combinan formas literarias tales como pleito, ayes y promesa. Y cuarto, debido a la función de los profetas de "hacer cumplir" el pacto de Dios, estos libros llaman a cambios de conducta de parte del desobediente pueblo del pacto. Como se explica en 2 Reyes 17:13 (ver también Neh. 9:26,30), "el SEÑOR les dio esta advertencia a Israel y a Judá por medio de todos los profetas y videntes: '¡Vuélvanse de sus malos caminos! Cumplan mis mandamientos y decretos, y obedezcan todas las leyes que ordené a sus antepasados, y que les di a conocer a ustedes por medio de mis siervos los profetas'."

Este énfasis en un cambio de conducta explica el uso de mensajes de acusación, de instrucción, de juicio y de esperanza y salvación por parte de los profetas. Los mensajes de acusación identificaban los pecados de Israel y la actitud de Dios hacia ellos. Los de instrucción explicaban qué hacer con el pecado, y los mensajes de juicio y de esperanza motivaban a los oyentes a obedecer al señalarles las consecuencias de la desobediencia (juicio) o del arrepentimiento y la fe (esperanza). Los mensajes de juicio incluyen aplicaciones específicas de las maldiciones del pacto que se encuentran en Levítico 26 y Deuteronomio 28 (ver, por ejemplo, Joel 1:4-20; Amós 4:6-11; Sof. 1:13; Hag. 1:10-11). Es decir, estos mensajes sirven como recordatorio de que el pecado tiene sus consecuencias.

En algunos casos cuando el juicio es anunciado sin una expresión explícita de esperanza, se puede asumir la posibilidad de evitar el castigo a través del arrepentimiento (por ejemplo, Jonás 3:4; Jer. 18:1-12). Pero aun cuando el juicio es decretado como inevitable debido a la continua obstinación de Israel, la función es motivar al arrepentimiento de parte de los que sobrevivan al juicio (ver Jer. 23:20). En estos casos los oráculos de juicio y de salvación se combinan de manera especial para motivar a una correcta conducta en un remanente "purificado". Nuestra perspectiva histórica nos permite comprobar que en algunos casos los anuncios de juicio o de salvación futuros se referían al futuro distante, más allá de la vida de la audiencia inmediata del profeta. (por ejemplo, Joel 3:14-21; Mal 3:1). De la misma forma que la seguridad del regreso de Cristo para los cristianos, esto debía tener un efecto motivador sin tener en cuenta el tiempo en que ocurriría (por ejemplo, 1 Tes. 4:18; 5:6-11).

Los profetas no siempre motivaron en términos del futuro. Los incentivos a obedecer (motivación positiva) podían darse en términos de (1) bendiciones pasadas (por ejemplo, Os. 2:8; 7:15; 11:1-4; 12:10; 13:4-5; Amós 2:9-11), (2) realidades presentes (por ejemplo, Os. 3:1; 14:8-9; Mal. 1:2; 2:10a, o (3) bendiciones futuras (por ejemplo, Os. 1:7,10-11; 2:14-23; 3:5; 6:1-3,11; 11:10-11; 13:14; 14:4-7; Joel 2:18-3:21; Amós 9:11-15; Sof. 3:14-20; Hag. 2:6-9). Del mismo modo, los elementos disuasivos contra la desobediencia (motivación negativa) también podían ser en términos de (1) juicio pasado (por ejemplo, ver Amós 4:6-11; Zac. 1:6), (2) circunstancias presentes (por ejemplo, Os. 1:9; 4:3; 5:11-12; 6:5; 7:9; 8:7-8; 9:7; Joel 1:2-12; Hag. 1:6,9-11), o (3) castigo futuro (por ejemplo, Os. 1:4-6; 2:3-4,6,9-13; 3:4; 4:5-7; 5:2,6-7,9-10, 14-15; Amós 2:13-16; 3:11-15; 5:16-23; 6:7-11; 8:7-14).

Reconocer la relación vital entre las palabras de acusación, de instrucción, de juicio y de esperanza en los profetas es un paso importante hacia la comprensión del mensaje. Para muchos la palabra "profecía" tiene una sola asociación: "cumplimiento". Los estudiosos de los profetas con frecuencia se centran en las "buenas nuevas" del cumplimiento profético y dejan de lado el resto del mensaje del profeta. De todas maneras la profecía cumplida y por cumplirse es tema de estudio importante y fructífero, como también lo es el desagrado divino por ciertas prácticas sociales y religiosas. Ahora bien, reconocer la naturaleza de los libros proféticos como una exhortación a la conducta tiene implicaciones importantes. En tales mensajes el elemento más prominente es el cambio de conducta que se recomienda. Los demás elementos del discurso deben relacionarse con éste. Por lo tanto, hacemos mal uso de las Escrituras si solo escuchamos uno de los elementos complementarios, como la profecía que predice el futuro, sin relacionarlo con el mensaje central del libro.

Como está escrito en Eclesiástico 49:10: "Cuanto a los doce profetas, que sus huesos reflorezcan en su tumba. Porque ellos consolaron a Jacob, y lo rescataron por la fidelidad y la esperanza" (BJ). Así y todo "los Doce" hacen más que consolar al pueblo de Dios. Su meta principal es hacernos sentir incómodos con vidas vividas fuera de la voluntad de Dios.

OSEAS

Oseas es uno de los libros proféticos más autobiográficos ya que el relato sobre su propio matrimonio y sobre su familia fue tan significativo en mensaje que es único. La palabra de gracia de parte de Dios y su llamado al arrepentimiento se describen y puntualizan en forma dramática a través del amor ridiculizado pero constante de Oseas por su esposa Gomer y de los extraños nombres de sus tres hijos. Además de esta información sobre su familia inmediata, no se conoce casi nada acerca de Oseas.

De acuerdo al v. 1, la carrera profética de Oseas abarcó al menos 40 años. Comenzó durante el reinado de Jeroboam II, que gobernó Israel, el reino del norte, como corregente con su padre Joás desde 793–782 a.C. y luego en forma independiente hasta el 753 a.C. El ministerio de Oseas terminó durante el reinado de Ezequías, que gobernó Judá desde 716–686 a.C. Su matrimonio divinamente ordenado con la prostituta Gomer, que le trajo a Oseas un gran dolor de corazón, puede haber sido el comienzo de su larga carrera. Sin embargo, en lugar de ministrar a pesar del dolor, su problemático matrimonio fue la piedra fundamental de su ministerio.

Aunque el reino del sur no es dejado de lado en la profecía de Oseas (por ejemplo, 1:7,11; 6:11; 12:2), sus mensajes están dirigidos especialmente a la nación de Israel, con frecuencia llamada "Efraín" (ver 5:1,12-14; 6:4; 7:1), o representada por la ciudad real de Samaria (7:1; 8:5,6; 10:5,7; 13:16). Es probable que Oseas haya vivido y trabajado en Samaria o sus alrededores y tal vez se haya mudado a Jerusalén para el tiempo en que Samaria cayó frente a los asirios en el 722 a.C.

El reinado de Jeroboam II, el más grande gobernante del reino del norte, según lo indica la historia, fue un tiempo de prosperidad generalizada, de poder militar y de estabilidad nacional. Había un mercado especulativo, el futuro lucía brillante y el ánimo del país era elevado y optimista, por lo menos para la clase alta (Os. 12:8; Amós 3:15; 6:4-6). Siria era un problema constante para Israel, pero Adad-Nirari III de Asiria les había traído alivio con una expedición contra Damasco en el 805 a.C. Luego, después de la muerte de Adad-Nirari en el 783, Israel y Judá se expandieron durante un período de debilidad asiria (el tiempo de Jonás). Pero después de la muerte de Jeroboam en el 753, Israel casi se sumerge en una anarquía, con 6 reyes en alrededor de 30 años, donde 4 de los cuales son asesinados (Zacarías, Salum, Pekaía y Peka). Dado que Asiria también recuperó poder durante este tiempo, Israel estaba condenado. Por supuesto, la razón real por la que Israel se desmoronó fue la determinación de Dios de juzgar a la nación por sus pecados, tal como Oseas y Amós lo dejan en claro. La mayor parte de los mensajes de Oseas probablemente fueron dados durante estos últimos 30 años de Israel como nación.

Mensaje y propósito Acusación: De acuerdo a Oseas, los pecados de Israel estaban en cuatro áreas. Primero, estaban violando requerimientos básicos del pacto de fidelidad, amor y conocimiento de Dios, y por lo tanto estaban rechazando la ley de Dios. Se habían vuelto satisfechos con ellos mismos y orgullosos, y se habían olvidado de la gracia de Dios. Incluso decían mentiras, eran insolentes y hablaban mal en contra del Señor.

Segundo, estaban incurriendo en idolatría y en cultos de prostitución. Tercero, confiaban en instrumentos humanos (reyes, príncipes, guerreros y pactos con extranjeros) en lugar de confiar en Dios. Finalmente, eran culpables de injusticia y de violencia, incluso de asesinato, robo, mentira y opresión de los indefensos.

Instrucción: A través de Oseas el Señor le dijo a Israel que terminara con la promiscuidad, la idolatría y toda su iniquidad, y que se volviera a Él en humildad y fuera fiel a la ley del pacto.

Juicio: Oseas informó a Israel que su aflicción presente era debido a que el Señor los había abandonado y esto resultaría en más castigo, como dominación extranjera, exilio, destrucción, desolación y muerte.

Esperanza: Oseas le recordó a Israel sobre la gracia y el amor de Dios al hacerlos un pueblo y al bendecirlos en el pasado con su cuidado atento, paciente y con abundantes provisiones. Los caminos de Dios eran rectos y Él era la única esperanza para el pueblo. El Señor también les aseguró que si se arrepentían, Él tendría compasión de ellos nuevamente y los redimiría; quitaría la injusticia, restauraría el pacto, traería justicia y como consecuencia, el conocimiento de Dios llenaría la tierra; Israel sería reconstruida y embellecida.

Estructura. Los primeros tres capítulos marcan un paralelo entre el Señor y Oseas. Ambos son esposos amorosos de esposas infieles. Los tres hijos de Oseas, cuyos nombres eran mensajes para Israel, sirven como una introducción para la segunda división principal del libro que presenta sus acusaciones y llama al arrepentimiento en grupos de tres. Así como el capítulo 1 (un relato en tercera persona sobre la familia de Oseas) contrasta con el capítulo 3 (un relato en primera persona), también en la última sección principal del libro se alternan anuncios del mensaje de Dios en primera persona con reportes en

tercera persona de parte del profeta. Los mensajes en esta división final tratan sobre la falsedad (8:1–10:15), sobre un hijo rebelde (11:1–13:6), sobre un llamado final al arrepentimiento (14:1-8) y terminan con una posdata final (14:9).

I. Amor divino (1:1–3:5)
II. Acusaciones y llamado al arrepentimiento (4:1–7:16)
III. Proclamaciones antifonales (8:1–14:9)

MENSAJE DE DIOS (1:1–2:23)

El ministerio profético de Oseas comenzó con instrucciones de parte de Dios que causan perplejidad. Debía encontrar una esposa entre las jóvenes promiscuas de Israel (aparentemente había gran cantidad; ver 4:14). Esto no era ni parábola ni visión sino instrucciones reales referentes a un matrimonio literal que le daría a Oseas la perspectiva de Dios sobre Israel. Oseas, al igual que el Señor, tendría una esposa rebelde y un corazón roto. Gomer le dio a Oseas tres hijos, cuyos nombres se transformaron en oráculos divinos de juicio. Estos hijos debían soportar la vergüenza de la conducta de su madre y al mismo tiempo representar la conducta vergonzosa y la condenación divina a los hijos de Israel. De ahí que fueron llamados "hijos de prostitución".

Jehú había llevado a cabo el juicio de Dios (2 Rey. 9:7) al pasar por espada a los últimos de la dinastía de Omri en Jezreel (2 Rey. 9:24–10:11), por lo cual Dios lo ensalzó (2 Rey. 10:30). El primer hijo de Oseas, Jezreel, representaba el mensaje de que la dinastía de Jehú, que había sido tan malvada como la de Omri, sufriría al igual que aquella la aniquilación en Jezreel. Zacarías, el último descendiente real de Jehú, fue asesinado por Salum en el 752 a.C., probablemente en Ibleam en Jezreel (2 Rey. 15:10).

El segundo descendiente de Oseas, una hija, se llamaría Lo-ruhama, un patético

**ACCIONES SIMBÓLICAS
DE PARTE DE LOS
PROFETAS**

La palabra profética llegó a ser una palabra viva para los profetas. Con frecuencia Dios los llamó a hacer algo más allá que predicar. Los condujo a representar el mensaje en sus propias vidas. Debían dramatizar en sus vidas el significado y los resultados de la palabra de Dios a su pueblo. Así es que sus acciones simbolizaban para el pueblo lo que Dios estaba a punto de hacer con Israel.

Al llamar a los profetas a hacer actos simbólicos, Dios les dio una tarea nada fácil. La palabra tenía que ser vivida en sus familias. Para Isaías el nacimiento y el nombre dado a los hijos llegaron a ser actos que predicaron al pueblo. A un hijo lo llamó *Un remanente volverá* y a otro *Pronto al saqueo, presto al botín* (Isa. 7:3; 8:3).

Estos nombres extraños hicieron pensar al pueblo mientras Isaías caminaba por las calles llevando a sus hijos. ¿Era *Remanente* una señal de desastre en la guerra o una esperanza de un nuevo crecimiento en el futuro? ¿Se refería *Volverá* al tiempo después de la

batalla o a un regreso y arrepentimiento espiritual? ¿Quién era rápido para saquear a quien? El pueblo de Dios tenía que escuchar al profeta predicar para determinar el significado, pero los nombres de los hijos le dieron la curiosidad suficiente como para escuchar.

Isaías todavía le dio otro nombre simbólico a un hijo más misterioso: *Emanuel, Dios con nosotros* (7:14; 8:8,10). Esto ciertamente llamó la atención de la audiencia cuando Isaías anunció el nacimiento de otro hijo significativo (9:6). Los habitantes de Jerusalén sabían que el profeta estaba haciendo algo más que actuar como un loco al vagar por las calles de la ciudad sin ropas durante tres años en los cuales señalaba las acciones de Dios contra los enemigos de Israel que estaban al sur (Isa. 20).

Oseas tuvo otra tarea familiar incluso más difícil. Tuvo que soportar un corazón partido y un matrimonio roto junto con la indignidad y la desgracia públicas (Os. 1:1-9; 2:2-9). Dios lo llamó a casarse con una prostituta y luego a llamar a sus hijos e hijas *Jezrel* (el lugar de una batalla), *Indigna de compasión* (o

Sin el amor de una madre, lo que indicaba el retiro del amor por Israel y su perdón por parte de Dios), y *Pueblo ajeno* (o *Ilegítimo*, que indicaba que Israel ya no tenía la garantía de elección y protección por parte de Dios).

Más tarde, Dios usó esos nombres para indicar su pacto renovado con su pueblo (1:10–2:1; 2:14–3:5). Israel debía prestarle atención a Oseas, aunque fuera para oír el último chisme con respecto a su familia. Al escuchar, aprendieron sobre la naturaleza del profundo e inmortal amor de Dios por su pueblo, un amor que iba más allá del amor humano, incluso el de Oseas (11:8-11). También descubrieron altos y bajos de la relación de ellos con Dios, descritas en términos de familia.

Jeremías tuvo que abstenerse de las obligaciones y los gozos de la vida en familia para predicar la palabra de Dios y mostrar el peligro inminente que el pueblo de Dios enfrentaba (Jer. 16:2). En contraste, Ezequiel sufrió cuando tuvo que enterrar a su esposa sin un lamento público (Ezeq. 24:15-27), lo que simboliza cómo tendría que

nombre que significa "Indigna de compasión" porque debido a su continua infidelidad Israel había perdido la compasión de Dios. No obstante, la esperanza de Israel estaría en la certeza de que Dios ciertamente los perdonaría.

El tercer hijo de Oseas, cuyo nombre Lo-ammi significaba "Pueblo ajeno", era una declaración de que Israel había roto completamente el pacto con el Señor (ver Ex. 6:7; Lev. 26:12). No obstante aquí se

da esperanza al aludir al pacto abrahámico ("como la arena del mar"; ver Gén. 22:17). Así es que la promesa eterna está directamente al lado del justo juicio final, y esta promesa solo puede conciliarse en el "Dios viviente" que puede traer vida cuando tendría que haber muerte. Esto es afirmado por el nombre "Jezreel", que simbolizaba no solo juicio sino también vida, ya que el nombre significa "Dios planta" (ver también Ezeq. 36:9-11). Oseas 1:11, afirma reaccionar Israel frente a las noticias de la destrucción de su templo.

Así es que el simbolismo profético llegó hasta lo último del corazón. Les dio maneras creativas de mostrarle al pueblo la voluntad de Dios, aunque con frecuencia los profetas explicaron el significado de sus acciones.

El alfarero que modelaba y volvía a modelar una vasija sobre su torno le mostró a Jeremías y a Israel cómo Dios podía cambiar el curso y las direcciones para Israel (Jer. 18). Romper el hermoso cántaro de barro del alfarero mostró cómo Dios podía destruir a su pueblo (Jer. 19). Jeremías tuvo que usar un yugo de bueyes por toda Jerusalén y convocar a embajadores extranjeros para llamarlos a someterse a Nabucodonosor. Incluso tuvo que ordenarle al rey de Judá que usara el yugo de Nabucodonosor (Jer. 27). Tal acción tuvo una respuesta rápida. Un profeta opositor rompió el yugo de Jeremías (28:10-11). Los falsos profetas también usaban actos simbólicos. Aun así, el profeta fiel siguió el llamado de Dios y continuó dramatizando la palabra de Dios (ver Jer. 32; 43:8-9).

De todos los profetas, Ezequiel es el más conocido por sus actos simbólicos. Los primeros capítulos de Ezequiel son leídos casi como ciencia ficción moderna al extremo más bizarro. Ezequiel comió un rollo (3:2). Se ató con sogas y no pudo hablar (3:24-25). Dibujó un mapa de Jerusalén sobre un ladrillo y dramatizó un sitio militar contra su dibujo (4:1-3). Se acostó sobre su lado izquierdo por 390 días y luego sobre el derecho por 40 días (4:4-7). Fue llamado a cocinar comida con excremento humano como combustible, pero le fue permitido usar excremento de vaca cuando se quejó (4:12-15). Se cortó sus cabellos y su barba y luego dividió el cabellos en tres partes para acciones separadas (5:1-4). Preparó su equipaje y se fue de la ciudad haciendo un agujero en su muro (12:3-8). Tembló y se llenó de espanto cuando comió delante de la gente (12:18).

Después del exilio Zacarías preparó una corona para simbolizar al Mesías de Dios (Zac. 6:9-15).

Las acciones de los profetas provocaron muchas preguntas en la gente. Se preguntaron acerca del estado mental de los profetas. Se preguntaron si los profetas eran magos cuyo poder aseguraba que sus actos se harían realidad en el mundo real. Miraron a otros profetas para arrojar dudas sobre el poder de los actos simbólicos. Incluso se detuvieron a preguntarse si Dios estaba en realidad hablando a través de los profetas, llamándolos a una fe en una nueva manera de interpretar el camino de Yahvéh con su pueblo.

Los profetas mismos sabían que Dios había ordenado los actos, sin importar las sospechas y las preguntas que tales actos provocaron en sus audiencias. Los profetas sabían que como humanos no tenían poder ni magia para darles a los actos significado y poder real. Más bien, los profetas dependían de Dios para tomar las acciones, cumplir el mensaje de las acciones y hacer al pueblo responsable de su repuesta a las acciones.

Los actos simbólicos eran un método vital para que Dios le hablara a su pueblo en advertencia y esperanza. De esta manera Él los cortejó para que regresaran a Dios y evitaran el juicio que sus acciones habían hecho inevitable.

que la división entre Israel y Judá era superficial y temporaria (Ezeq. 37:18-25; ver también Os. 3:5).

El capítulo 2 es una continuación del oráculo de "Lo-ammi". Los niños, que representan a la gente común de Israel, son instados a rechazar a sus madres, que representan el liderazgo de Israel. Los líderes habían conducido al pueblo a confiar y buscar a Baal antes que al Señor. Después de anunciar su castigo por la depravación (vv.

6-13), Oseas les asegura que el Señor finalmente los redimiría y los restauraría (vv. 14-23).

TESTIMONIO DE OSEAS (3:1-5)

Aun cuando Gomer, al igual que Israel, se había unido a otro amante y así había cometido adulterio, a Oseas le fue dicho que debía tomarla otra vez. Al igual que Oseas, Dios le mostraría amor a su "esposa" aun cuando ella había perdido su derecho a ese amor al tener relaciones con otros. Las Escrituras no aclaran por qué Oseas la tuvo que comprar. Tal vez ella había encontrado necesario venderse a alguien como esclava personal. Así como Oseas y Gomer se abstendrían de tener relaciones conyugales por un período después del regreso de ella, de la misma forma Israel estaría sin gobernante ni adoración durante un tiempo. Este período de prueba comenzaría con la caída de Samaria y sería un tiempo cuando el Señor esperaría que el pueblo de Israel lo buscara (ver 5:15). Terminaría en "los últimos tiempos", cuando Israel buscaría a su rey mesiánico en arrepentimiento y fe (Isa. 11:1-10; Jer. 23:5-6; 33:15-16; Mat. 1:1; 21:9; Rom. 11:23). Es aparentemente en el mismo tiempo en que la nación de Israel creyente será reunida (1:11).

ACUSACIÓN EN TRES PARTES (4:1-14)

La principal sección de acusación en 4:1–5:15 comienza con un resumen de los cargos. El Señor acusa a Israel en 4:1: (1) de no tener fidelidad, verdad ni integridad, (2) de no tener amor, compasión ni afecto y (3) de no tener conocimiento de Dios. En las relaciones personales se caracterizaban por la mentira, la crueldad y la codicia. Su comprensión de Dios era perversa, sus relaciones con Él no existían. Como resultado estaban violando los Diez Mandamientos y sufriendo las consecuencias. A la gente común y a las mujeres se las identifica como culpables, pero especialmente a los sacerdotes. Los que conducen mal al pueblo de Dios indefectiblemente son los causantes de su propio castigo.

ADVERTENCIA EN TRES PARTES (4:15–5:15)

Esta sección se divide en tres palabras de instrucción (exhortación) bien conocidas en 4:15; 5:1; y 5:8, principalmente dirigidas contra Israel. Pero a Judá también le fue advertido que estaba en peligro de seguir a

Israel en su apostasía y castigo. Debido a la idolatría, la arrogancia y la testarudez adúlteras de Israel, ellos fueron advertidos que Dios los arrastraría como un torbellino, los comería como polilla o carcoma y los haría pedazos como un león. Oseas se refiere al principal centro de adoración de Bet-el, "casa de Dios", como Bet-avén, "casa de iniquidad" (4:15; 5:8; 10:5).

LLAMADO AL ARREPENTIMIENTO (6:1–7:16)

Una exhortación al arrepentimiento en 6:1-3 es acompañada por la certeza de que todos los castigos de Dios serían revertidos, incluso la muerte. Después de un corto tiempo en el exilio, Israel sería resucitado. El Nuevo Testamento concibe como cumplimiento mesiánico ciertos eventos en la historia de Israel, de los cuales Jesús fue un paralelo o bien los completó.

El Señor era para Israel como un padre con el corazón quebrado por un hijo rebelde. Oseas 6:6, citado por Jesús en Mateo 9:13 y 12:7, no rechaza el sacrificio sino más bien los actos de adoración que no están acompañados de fidelidad ni de amor, y que tampoco tienen conocimiento de Dios (ver 4:1). Esta sección describe a una nación llena de violencia e inmoralidad. El rey y los líderes nacionales dejaron de lado la nación y se dedicaron al libertinaje y a la lucha por el poder. Como resultado, la nación se estaba desmoronando a su alrededor e iba siendo devorada por las naciones vecinas. Se buscó remedio para la crisis en cualquier lugar, menos en el Señor.

ESPERANZAS FALSAS (8:1–10:15)

Israel en forma arrogante había buscado éxito y seguridad a través de (1) la idolatría y (2) el poder militar y político (probablemente esto es lo que se entiende por "doble perversión" que aparece en 10:10). Todos sus esfuerzos producirían lo opuesto de lo que ellos deseaban. De acuerdo a 8:7, ellos eran como agricultores que tratan de plantar en el viento y la semilla se vuela. Cualquier semilla que creciera sería volada por una tormenta, lo que significaba que los extranjeros vendrían y la tomarían. Los ídolos, los templos y las fortalezas de Israel serían destruidos, y las alianzas militares los secarían, los esclavizarían y los echarían fuera. Por la maldad de ellos al confiar en el culto de fertilidad de Baal, el Señor los rechazaría y haría infértil a la gente y a su tierra.

En lugar de ser una viña productiva (Isa. 5; Juan 15) Israel había llegado a ser una viña destructiva (no "frondosa"; 10:1), que se servía sólo a sí misma. Habían cambiado las bendiciones del Señor por regalos para los ídolos de Baal con forma de becerros, mientras continuaban dando un servicio de labios en adoración al Señor. La devastación resultante sería tan terrible que muchos clamarían que las montañas los sepulten a ellos y a sus lugares de idolatría (10:8; ver Deut. 12:2; Luc. 23:30). Las alusiones a Gabaa en 9:9 y 10:9 (ver también 5:8) se refieren a la guerra civil que comenzó en ocasión de la violación y el asesinato de la concubina de un levita, que fue cortada en pedazos (Jue. 19-21). Al igual que Samaria, Gabaa era una colina con fortaleza; y fue la capital de Saúl durante su reinado, pero luego fue dejada desierta. De modo que representa tanto la depravación como el militarismo y puede haberse referido en forma figurada a Samaria.

Cerca del final de la sección hay una exhortación en 10:12 a que "siembren… justicia", "cosechen… el fruto del amor" y a "buscar al SEÑOR". Este versículo alude a la acusación en tres partes contra Israel en 4:1 y resume una vida que agrada a Dios.

REBELIÓN DE ISRAEL (11:1–13:16)

Otra vez el Señor se afligió como un padre amoroso abandonado por su hijo (ver 6:4), y vuelve a decirle a Israel que serían entregados a los asirios, y los oprimirían tal como lo había hecho Egipto (11:5; ver 7:16; 8:13; 9:3,6; 10:6). Aun así el Señor se niega a aniquilar a Israel. Promete un nuevo éxodo para un remanente creyente. Oseas 11:1 (y también 6:2) se entiende en el Nuevo Testamento como una profecía mesiánica en la que Jesús, el Hijo de Dios, al igual que Israel, fue sacado de Egipto en un contexto de odio (Mat. 2:15, ver Ex. 4:22). Mientras que Israel fue liberado de Egipto y se hizo esclavo del pecado, Jesús practicó una justicia perfecta de modo de poder morir por el pueblo como un sacrificio expiatorio sustituto.

De acuerdo a Oseas, la dependencia de alianzas foráneas significaba confiar en el engaño y en la violencia, y equivalía a jugar con fuego. Otra vez él exhorta a un arrepentimiento en tres partes. También reprende a Israel al señalarle que aunque su tocayo Jacob (cuyo nombre Dios había cambiado por Israel) había sido un tramposo, centrado en sí mismo y sin fe, él se encontró con Dios (en Bet-el) y se convirtió. Jacob llegó a ser un receptor de la gracia de Dios. Sin embargo, el pueblo de Israel se encontró con Baal en Bet-el (Bet-avén) y llegaron a ser receptores de la muerte espiritual.

La idea contemporánea de un Dios indulgente y tolerante se contradice con el cuadro del Señor que se describe en 13:7-8. Es como un león, un leopardo o un oso que despedaza, desgarra y devora. Así y todo, como en 6:1-2, aunque en ese momento Israel estaba muerto en pecado, 13:14 declara que el Señor es capaz de traer vida de la muerte. Pablo cita este versículo en 1 Corintios 15:55 y declara que el poder de Dios se extiende a la resurrección corporal del hombre y no simplemente a la renovación de la nación.

LLAMADO FINAL AL ARREPENTIMIENTO (14:1-9)

El libro concluye con la invitación final por parte del profeta al arrepentimiento (la "oración del pecador"), la seguridad de restauración y de bendiciones para un remanente creyente por parte del Señor y la exhortación de Oseas a perseverar en el estudio de su profecía con una fe humilde.

Significado teológico y ético. Nada puede apagar el amor de Dios por su pueblo. Como un compañero de matrimonio, Dios está profundamente comprometido con sus vidas y sufre por su rebeldía y su infidelidad. Dios demanda amor y lealtad de los suyos. Con frecuencia el pueblo de Dios fracasa en demostrar por Él un amor de todo corazón. Dios permanece dispuesto a perdonar y restaurar a los que se vuelvan a Él en arrepentimiento. Al comprar la libertad de Gomer, Oseas señaló hacia adelante al amor de Dios perfectamente expresado en Cristo, quien compró la libertad de su esposa, la iglesia, con su propia vida.

Preguntas para la reflexión

1. ¿En qué maneras los creyentes de hoy son infieles a Dios?

2. ¿Cómo ha demostrado Dios su amor persistente por nosotros?

3. ¿Qué demandas hace el amor de Dios sobre nosotros?

4. ¿Por qué el matrimonio es una descripción similar de la relación humana con Dios?

JOEL

Todo lo que se sabe sobre el profeta Joel es que profetizó a Judá (2:1, 15,23,32; 3:1,6,8,16-21), y que el nombre de su padre era Petuel (1:1). Con respecto a las circunstancias en las cuales el libro fue escrito, sólo sabemos que una plaga de langostas había dejado al pueblo totalmente devastado, y Joel tomó esa plaga como símbolo del juicio divino. A diferencia de la mayor parte de los libros proféticos, Joel no comienza con una nota cronológica que sincronice sus mensajes con un rey ni con ninguna persona o evento fechables. Los eruditos han usado varios argumentos para asignarle fechas al libro, que van desde el siglo IX a.C. hasta el período postexílico tardío. Es más probable la fecha postexílica después que el templo (516 a.C.) y las murallas (445 a.C.) fueron reconstruidos en Jerusalén o bien el período preexílico tardío, tal vez el siglo VII a.C.

Mensaje y propósito. Llama la atención del libro de Joel que no hay sección de acusación. La única clave para los pecados que han requerido un mensaje profético está en la exhortación al arrepentimiento de 2:12-13: "vuélvanse a mí de todo corazón" y "rásguense el corazón y no las vestiduras". El resto de los profetas (excepto Jonás, que no usa género profético) tienen por lo menos alguna indicación explícita de qué conducta debía ser cambiada. Joel se preocupa casi enteramente por la motivación, con mensajes de juicio y de esperanza.

El libro incluye varias exhortaciones, pero casi todas son formales más que éticas/morales. Son llamados a oír (1:2-3), a la guerra (2:1; 3:9-13), a la lamentación (1:5,8,11,13-14; 2:15-16; aunque algunos las entienden como llamados indirectos al arrepentimiento), a la celebración (2:21-23). Es decir, son parte de los mensajes de juicio o de esperanza. El único verdadero mensaje de instrucción, en realidad, está en 2:12-13.

La función principal de los profetas de Israel era llamar a cambios de conducta en el pueblo de Dios (ver Introducción a los Profetas Menores). Entonces, ¿por qué Joel no dejaría en claro de qué manera la conducta de Israel desagradaba a Dios y cómo quería Él que la cambiara? La respuesta es que Joel estaba confiado en que Israel conocía su tradición (como lo reflejan las Escrituras) y tenía la habilidad de establecer conexiones entre lo que él decía y su tradición. Esta estrategia, junto con las imágenes vívidas de la plaga de langostas, le dieron a la profecía de Joel un poder único. El mensaje de Joel estimularía la tradición de la enseñanza bíblica sobre el arrepentimiento.

El mensaje de Joel, en lenguaje, estilo y temas depende fuertemente de Deuteronomio. Dios, a través de Moisés, había anunciado a Israel que el fracaso en obedecer al Señor y en seguir su ley significaría privación, esterilidad, ruina, pérdida, enfermedad, sequía, derrota, desengaño, frustración, muerte, dolor, exilio, vergüenza y langostas (Deut. 28:38-42; ver también 32:22-27). Se da un fuerte énfasis en relación a que Israel sería derrotado, devastado y destruido por naciones extranjeras, y que iba a ser disperso "entre todas las naciones, de uno al otro extremo de la tierra" (Deut. 28:64). También se cita la desobediencia específica de rechazar al Señor por ídolos y de abandonar su pacto (29:18,25-26; ver 32:15-18,21). Pero también se le promete compasión, reunión, restauración y renacimiento espiritual

si es que desde el exilio Israel "[volvía] al
SEÑOR [su] Dios y le [obedecía] con todo el corazón" (Deut. 30:1-10).

Más aun, estas mismas maldiciones
caerían sobre los enemigos de Israel
(Deut. 32:39-43). Estos temas se anticipan en Deuteronomio 4:23-30, también
con referencias específicas a la idolatría
(vv. 23,25), y la promesa de restauración
si buscaban al Señor "con todo [su] corazón y con toda [su] alma" y volvían al Señor y escuchaban su voz. Inmediatamente
está el llamado a preguntar "de un extremo a otro del cielo. ¿Ha sucedido algo así
de grandioso, o se ha sabido alguna vez
de algo semejante?" (Deut. 4:32; ver también 32:7). Es notable la similitud de Joel
1:2-3 (también 2:3).

El mismo tema (es decir, el juicio sobre la idolatría de Israel seguido de la restauración si se arrepentía) se repite con
frecuencia en el A.T. como en las palabras de Samuel a Israel en 1 Samuel 7:3
("Si ustedes desean volverse al Señor de
todo corazón ..."), en la oración de Salomón delante del templo en 1 Reyes
8:46-51 (v. 48: "se vuelven a ti de todo
corazón ...") y en la alabanza del rey Josías en 2 Reyes 23:25 que como ningún
otro rey "se [volvió] al SEÑOR de todo corazón" (ver Isa. 6:10; 9:13; 31:6; 55:7;
59:20; Jer. 3:3-4:4; 24:7; Ezeq. 18:30-
32; Os. 3:5; 6:1-3; 14:1-9; Amós 4:6-
11; Hag. 2:17; Zac. 1:3-6). Entonces, el
mensaje de Joel pudo haber desatado este escrito entero de juicio, arrepentimiento y restauración haciendo innecesario
que él incluyera una cita explícita de los
pecados de Judá. Ellos eran culpables de
desobedecer la ley de Dios y de abandonarlo por otros dioses.

El mensaje de Joel se destacó principalmente por motivar al arrepentimiento al
proclamar el día del Señor, el cual es al mismo tiempo un evento y muchos eventos y
tal como señala el comentarista Garrett "se

refiere a una acción decisiva de Yahvéh
para completar sus planes para Israel". Primero, la plaga de langostas se entiende
como un juicio de parte de Dios y un heral-
do del día del Señor (Joel 1:2-20, en especial v. 15). Segundo, Joel anunció que se
acercaba un juicio peor a través de un ejército humano (2:1-11). Esto también es llamado el día del Señor (2:1,11). Joel insistió
en que la única esperanza de ellos era el
arrepentimiento (2:12-17). Le aseguró a
Judá que el arrepentimiento sería recompensado con restauración física (2:18-27) y
espiritual (2:28-32) asociada al día del Señor (2:31). Tercero, él promete un día escatológico de los tiempos finales el cual
traería juicio contra las naciones que se
hubieren opuesto al Señor y a su pueblo
(3:14).

Estructura. El uso que Joel hace de
la repetición da al libro la apariencia de una
serie de puertas plegadizas y en algunos casos puertas dentro de puertas. La estructura total equilibra la sección de la plaga de
langostas (1:1-20) con una sección sobre la
restauración física de la tierra (2:21-27). La
profecía de un ejército invasor (2:1-11) se
equilibra también con la promesa de la destrucción de ese ejército (2:20). En el centro
está el prominente llamado al arrepentimiento y la promesa de renovación
(2:12-19). Pero esta estructura se superpo-
ne con otra. La profecía de la destrucción
del ejército invasor (2:20) también se relaciona con la profecía final sobre la venganza del Señor contra todas las naciones
(3:1-21). Finalmente, la certeza de la restauración física de la tierra a través de la lluvia (2:21-27) también se relaciona con la
promesa de la restauración espiritual del
pueblo a través del derramamiento del
Espíritu de Dios (2:28-32).

    I. Plaga de langostas (1:1-20)
    II. Ejército invasor (2:1-11)
    III. Arrepentimiento y renovación
       (2:12-19)

IV. Ejército derrotado (2:20)
V. Restauración de la tierra (2:21-27)
VI. Avivamiento espiritual (2:28-32)
VII. Venganza sobre las naciones
(3:1-21)

PLAGA DE LANGOSTAS (1:1-20)

Joel escribió después de la invasión de una devastadora plaga de langostas acompañada por una sequía y una hambruna. La privación se extendió no sólo a la comida y al esparcimiento sino también a la adoración en el templo. Israel debía considerar esto como una señal de advertencia temprana de parte del Señor y debían reunirse todos en ayuno y en oración por la misericordia del Señor.

EJÉRCITO INVASOR (2:1-11)

Mientras que el capítulo 1 considera problemas pasados y presentes, el resto del libro mira hacia el futuro. Así como las ciudades antiguas tenían centinelas, Joel sirvió como centinela espiritual de Judá. Advirtió con urgencia sobre un enemigo que se aproximaba, el cual se compara con un ejército de langostas. Sería un ejército extranjero (v. 2) que serviría como el juicio de Dios contra su pueblo (v. 11). La frase "como un ejército poderoso" en el v. 5 no significa que no era un ejército. La palabra hebrea para "como" o "al igual que" puede expresar identidad (ver Joel 1:15; Neh. 7:2, que dice literalmente que Hanani era "como un hombre fiel"). La destrucción sin paralelo que causaría el ejército se describe como el día del Señor.

ARREPENTIMIENTO Y RENOVACIÓN (2:12-19)

La destrucción del día del Señor sólo podía evitarse a través de un genuino arrepentimiento nacional y con fe en la misericordia del Señor. (Sobre la naturaleza e importancia del llamado al arrepentimiento por parte de Joel, ver la introducción al libro).

EJÉRCITO DERROTADO (2:20)

El ejército invasor se identifica como "el que viene del norte" (literalmente, "el del norte"). Este término no sería apropiado para una plaga de langostas, que venía del sur o del sudoeste. La geografía de Palestina es tal que los enemigos tenían que atacar ya sea desde el norte o desde el sur, pero un enemigo es típicamente descrito como viniendo del norte (Isa. 14:31; 41:25; Jer. 1:13-15; 4:6; 6:1; 10:22; 25:9: Ezeq. 38:15; 39:2; Sof. 2:13; Zac. 2:6-7). En cuanto al hedor que dejó este ejército que murió por decisión divina, comparar con Isaías 34:2-3, donde se describe una destrucción escatológica de los enemigos de Dios.

RESTAURACIÓN DE LA TIERRA (2:21-27)

Estos versículos describen una reversión de la devastación que trajo la plaga de langostas en 1:2-20. El comentarista Garrett señaló: "El mandato de no temer es característico de los mensajes de salvación de Isaías" (Isa. 40:9-11; 41:10,13,14; 43:1,5; 44:2-3; 54:4; también Jer. 30:10; 46:27-28). En el v. 23 la frase "lluvias de otoño" también puede traducirse como "maestro de o para justicia" (ver Job 36:22; Prov. 5:13; Isa. 30:20). Puede ser una referencia o por lo menos una alusión a la semilla mesiánica de Abraham, el profeta prometido en Deuteronomio 18:15, quien llevaría justicia al remanente creyente (ver Jer. 33:14-17).

AVIVAMIENTO ESPIRITUAL (2:28-32)

Estos versículos describen eventos en relación con el retorno de Cristo, quien quitará la maldad y gobernara en justicia, y todos los creyentes tendrán los privilegios y las habilidades de los profetas (ver Jer. 31:33-34). El día de Pentecostés en Hechos 2 inauguró el gobierno de Cristo en forma incipiente. En ese momento, Dios dio su Espíritu a todos los creyentes como un adelanto de lo que vendría (Ef. 1:13-14; 2 Cor. 1:22; 5:5).

VENGANZA SOBRE LAS NACIONES (3:1-21)

En el día final del Señor, Él destruirá a todos sus enemigos y liberará y bendecirá a todos los que confíen en Dios. El pueblo de Israel convertido será reunido en su tierra y las otras naciones vendrán en su contra (ver Apoc. 16:13-16). Dios liberará a Israel y juzgará a las naciones no sólo por su falta de fe sino también por la manera en que trataron al pueblo de Dios (ver Ezeq. 38–39; Zac. 14). Después de juzgar a las naciones, el Señor bendecirá a su pueblo con su presencia, con abundancia de cosas buenas y con seguridad perpetua (ver Jer. 23:3-8; 30:7-11; 32:37- 44; 33:6-18; 46:27-28; Ezeq. 28:24-26; 34:22-31; Os. 2:14-23).

Significado teológico y ético. La ruina y la destrucción están determinadas para aquellos que no conocen al Señor ni confían en Él. Pero a todos los que pertenecen a Dios debido a su arrepentimiento y su fe se les promete presencia divina, abundancia eterna, satisfacción total y seguridad. Los creyentes que sienten que el mundo los supera y los intimida debieran sentirse alentados al saber que todos los poderes terrenales algún día se reunirán delante del Señor para recibir justicia de parte de Él. Los creyentes debiéramos considerar los tiempos de crisis como oportunidades para reflexionar sobre el carácter de nuestra vida, especialmente sobre nuestra relación con el Señor. Para los incrédulos éstas son oportunidades para reconocer su vulnerabilidad y su necesidad de una relación con el Dios viviente.

Preguntas para la reflexión

1. ¿Cómo respondemos a las crisis? ¿Nos acercan a Dios los tiempos difíciles?

2. ¿Cómo encontró cumplimiento la profecía de Joel en los eventos de Pentecostés (Hech. 2:16-17)? ¿Cómo encontró cumplimiento la profecía de Joel en una iglesia de judíos y gentiles (Rom 10:12-13)?

AMÓS

Amós profetizó antes que Oseas, durante el próspero reinado de Jeroboam II en Israel (ver introducción a Oseas) y de Uzías en Judá (792 a 767 a.C. con su padre Amasías, luego solo hasta el 740 a.C.). Dado que Amós no menciona a otros reyes en 1:1, tal vez él profetizó sólo durante sus reinados superpuestos, desde el 767 hasta el 753 a.C. Amós era de Tecoa en Judá, 3 km (5 millas) al sudoeste de Belén, pero Dios lo llamó a proclamar su palabra en Israel, el reino del norte. En realidad la profesión habitual de Amós no era la de profeta sino pastor, y recogía "higos silvestres" (RVR60), fruto que se usaba para alimentar al ganado y era comido por los pobres (1:1; 7:14). Aunque el término "pastor" *(noqed)* se aplica al rey de Moab en 2 Reyes 3:4, no tenemos seguridad de que Amós fuera un campesino próspero o simplemente un trabajador contratado (notar la expresión "me sacó de detrás del rebaño" (en 7:15).

Mensaje y propósito *Acusación:* Israel estaba oprimiendo a los pobres, negándoles justicia debido a su codicia y a su egoísmo. Era la clase de sociedad donde el éxito dependía mucho de saber cuándo callarse la boca. Esta sociedad alentaba el mal obrar y desanimaba la defensa de los principios. Cuando la gracia transforma a una persona pone en la mira este aspecto de la vida: una determinación para crear una sociedad en la cual more la justicia. Israel practicaba una religión vacía y mezclaba idolatría con adoración al Señor. Una apariencia de ley y piedad cubría una médula de injusticia que el sistema parecía aceptar.

Instrucción: A Israel le fue dicho que se deleitara en buscar sólo al Señor y como consecuencia lucharía por la justicia, lo cual, como señaló el comentarista Finley "es reparación para los defraudados, imparcialidad para los menos afortunados, y dignidad y compasión para los necesitados".

Juicio: El fracaso en responder traería destrucción, muerte y exilio.

Esperanza: Israel debía responder con gratitud a la elección, la redención y el cuidado del pueblo por parte de Dios en el pasado. El Señor también prometió preservar un remanente y restablecer la nación en la tierra con el gobernante mesiánico y traer prosperidad.

Estructura. El libro de Amós comprende tres secciones principales además de una introducción inicial (1:1-3a) y un mensaje de restauración a modo de conclusión (9:11-15). Hay ocho oráculos contra las naciones en la primera sección principal (1:3b–2:16), y cada uno comienza con: "Así dice el Señor". En la segunda sección principal (3:1–6:14) encontramos cinco sermones en donde los primeros tres son introducidos por llamados a oír y los dos últimos por expresiones de ayes. En la tercera sección principal, cada una de las cinco visiones (7:1–9:10) comienza con: "El Señor omnipotente me mostró", excepto la última que es una teofanía (aparición de Dios) y comienza con: "Vi al Señor". La tercera visión está seguida de una breve narración (7:10-17) que dramatiza su mensaje.

I. La profecía (1:1-3a)
II. Oráculos contra las naciones (1:3b–2:16)
III. Cinco sermones (3:1–6:14)
IV. Cinco visiones (7:1–9:10)
V. Profecía de restauración (9:11-15)

LA PROFECÍA (1:1-3a)

El libro trasmite las palabras de Amós, que al mismo tiempo son las palabras del Señor. Aunque no todo fue visión, todo fue "visto", en el sentido de que fue recibido del Señor y no inventado por Amós (ver 2 Ped. 1:20-21).

En Amós las palabras de juicio son más prominentes que las palabras de esperanza (ver 2:13; 4:11; 6:11; 8:8; 9:1,5). La síntesis del libro señala a Dios "rugiendo" desde Sión como una aterradora bestia de presa (1:2; ver 3:8). Recibir la palabra de Dios en fe implica creer que el Señor es un Dios imponente y santo, preparado para castigar la maldad con intenso poder. Él odia el pecado, especialmente cuando éste deshonra a su pueblo. Como señaló Motyer: "El pueblo de Dios se había quedado dormido en la comodidad de los privilegios de salvación y necesitaba ser sacudido y tomar conciencia que la única certeza segura de la posesión de esos privilegios era la evidencia sin reservas de una vida comprometida a ser santa como su Dios Salvador es santo".

El terremoto mencionado en 1:1 aparentemente coincidió con el comienzo del ministerio de Amós y tal vez proveyó la lección objetiva inicial para sus mensajes. Debe de haber sido especialmente severo, dado que se menciona con recuerdos de terror más de 200 años después en Zacarías 14:5. En excavaciones realizadas en Jazor se encontraron evidencias de un terremoto durante ese período.

ORÁCULOS CONTRA LAS NACIONES (1:3b–2:16)

El orden de estos oráculos es significativo. Los primeros cuatro forman una X con Israel en el centro, como si la nación estuviera en la encrucijada de Dios (noreste, sudoeste, noroeste, sudeste). Los últimos cuatro están relacionados con Israel: Edom, Amón y Moab como "primas", luego Judá aun más cerca

como "hermana". En Israel seguramente habrían disfrutado al oír sobre el desagrado de Dios y sus planes para juzgar a estas otras naciones. Sin embargo, cada vez que aplaudían anotaban sus nombres en su propio decreto de juicio, ajustando imperceptiblemente el lazo alrededor de sus cuellos, debido a que eran culpables de las mismas cosas.

Si estas naciones (excepto Judá), que no tenían la palabra de Dios, eran culpables delante de Dios, cuanto más lo eran Judá e Israel (ver 2:4,11-12). Nada que las naciones hubieran hecho se comparaba con poseer la revelación de Dios e ignorarla. En lugar de presumir sobre el favor de Dios, debían tener un alto nivel de rectitud. En algunos casos el secreto de la fuerza es la movilidad y la flexibilidad. Pero el secreto de la vida cristiana es nuestra conexión con Dios a través del fundamento inamovible de la verdad divina. Cuando hemos dejado eso, hemos dejado nuestra ancla y nuestro refugio por castillos en el aire, y estamos destinados a la destrucción.

Al igual que Romanos 1:18-32 y 2:14-15, estos capítulos indican que "todo el mundo está bajo la observación divina, sujeto a la evaluación divina y sometido sin refugio delante del juicio divino", según manifestó Motyer. La base para el juicio de las naciones extranjeras no son sus creencias ni sus prácticas religiosas erróneas. Más bien, están condenadas por cosas como la barbarie, el comercio de esclavos, la ruptura de promesas, el odio persistente y las atrocidades en contra de los desvalidos (ver Apoc. 20:12-13). El refrán "por tres pecados… y por el cuarto" (RVR60), implica que la paciencia de Dios se había acabado y que la pecaminosidad de ellos era completa (tres más cuatro, siete, que simboliza algo completo).

Se condenan siete pecados de Israel en 2:6-8. De acuerdo a 2:9-11, Israel estaba cometiendo los mismos pecados por los cuales Dios había removido a los amorreos de la tierra. Se habían olvidado que todo lo que tenían era por gracia de Él. Entonces debido a su rechazo del Señor por falta de fe, Dios declaró una serie de siete juicios devastadores contra ellos, que equivalían a ser aplastados.

CINCO SERMONES (3:1–6:14)

El primer sermón amenaza con un castigo inminente, y luego detalla los pecados y el castigo de Israel. Con un notable uso de la expresión "por tanto" en el v. 2, el Señor afirma su castigo a Israel por su falta de gratitud y lealtad. La ilustración en los vv. 3-6 acentúa la conexión inquebrantable entre el pecado y el castigo. El pueblo de Israel llegó a ser tan experto en la violencia y en la opresión (extorsión, robo, soborno) que eran esclavos del pecado y podían darle lecciones a los egipcios y a los filisteos. Así es que Dios los arruinaría de tal manera que sólo permanecerían fragmentos de su lujoso estilo de vida, los suficientes como para "identificar a la víctima".

El segundo sermón en 4:1-13 comprende una serie de siete oráculos de juicio (cada uno de los cuales termina con "afirma el SEÑOR", vv. 1-11), un llamado final a Israel a "encontrar[se] con [su] Dios", y una doxología (v. 13). El primer oráculo tiene que ver con la forma en que Israel trataba a los pobres (ver Ex. 23:2,6; Lev. 19:15; 25:35; Deut. 15:4-11), el segundo con la adoración apóstata e hipócrita (4:4-5), y los últimos cinco con juicios pasados que Dios en vano había enviado contra Israel. La doxología en 4:13 es la primera de tres en Amós (ver 5:8-9; 9:5-6), y algunos creen que eran fragmentos de antiguos himnos. Tal como lo explica el erudito Hasel: "la contribución teológica que hacen estas doxologías de Amós es inmensa. Ellas afirman que [el Señor] es el Creador todopoderoso que está por sobre cualquier fuerza o poder de cualquier origen, humano o de otra clase. [Él] es el solo y único

Protector". También el comentarista Waltke señaló: "Cada cosa elevada y estable se deshace debajo de Él. Los hombres se sienten seguros mientras Dios permanezca en el cielo, pero cuando Él viene a la tierra en juicio son poseídos por la terrible realidad que deben encontrarse con el Dios santo en persona. Si los hombres temblaran delante de Dios, en lugar de hacerlo unos frente a otros, no tendrían nada que temer". Amós sólo temió a Dios (ver 7:10- 17).

El tercer sermón (5:1-17), que consiste de lamento y exhortación, es el centro temático estructural de Amós. Refleja el primer mensaje de Amós. Los vv. 1-2 introducen este lamento o cántico fúnebre. Israel es como una virgen que una vez fue joven, pura, llena de vida y potencial, que murió trágicamente en lo mejor de su vida debido a su propia necedad (pero ver Jer. 31:1-6,21). El resto del sermón usa una estructura recurrente. En el v. 3 aparece un lamento por la devastación de Israel y otra vez se menciona en los vv. 16-17 ("por eso" en el v. 16 señala las acusaciones anteriores). En los vv. 4-6 hay una apelación al arrepentimiento ("Busquen al SEÑOR y vivirán"), y también en los vv. 14-15 ("Busquen el bien y no el mal, y vivirán"). El que busca al Señor, es decir, el que continuamente se esfuerza por mantener y profundizar su compañerismo con Dios, luchará por ver que el bien prevalezca sobre el mal en su vida y en la vida de otros. Buscar a Dios y buscar el bien son dos dimensiones de la religión bíblica.

En el v. 7 se despliega una acusación (Israel estaba pervirtiendo la justicia y la rectitud) y también en los vv. 10-13 (Israel se oponía a la verdad). En el centro de la estructura aparece la doxología, que alaba el poder del Señor para crear y para destruir, para tornar la bendición en desastre o viceversa (vv. 8-9; ver Jer. 10:10-13). El Dios viviente no permitiría que sus "adoradores" continúen reuniéndose en su nombre y alabándolo, para luego irse sin operar cambios en sus vidas (ver Sant. 1:22-27). Él desecha la religión que no produce cambios.

El cuarto sermón extiende el lamento en porciones. El día del Señor traería calamidad a Israel y nadie podría escapar. Amós corrigió la creencia de que el pacto de Dios la aseguraba a Israel la bendición del Señor aun cuando le fueran infieles. Dios desprecia la actividad religiosa en su nombre cuando pervierte la verdadera adoración y deja de lado la justicia. La integridad y la compasión debían ser parte de la adoración así como el canto y el sacrificio.

En el quinto sermón Amós condena la arrogancia, la decadencia, el egoísmo autocomplaciente y la perversión de la justicia por parte de Israel. Para combatir su falso sentido de seguridad, Amós proclamó la derrota, la destrucción y el completo exilio.

CINCO VISIONES (7:1–9:10)

Las primeras dos visiones (langostas y sequía, es decir "fuego") describen eventos que proclaman la paciencia y la misericordia de Dios. Las dos visiones que siguen (la plomada y la canasta de fruta) emplean juegos de palabras. Su punto es que el tiempo de la paciencia y de la misericordia de Dios había terminado; los santuarios apóstatas de Israel serían destruidos y la dinastía de Jeroboam se acabaría.

La tercera visión se dramatiza y justifica con un relato explicativo. Éste narra un encuentro entre Amós y Amasías, el sacerdote de Bet-el en donde muestra que la casa real de Israel y su sistema religioso habían rechazado la palabra de Dios. ¿Quién tenía autoridad en Bet-el: Jeroboam, Amasías, Amós o Dios? Amasías acusó a Amós de traición, sin tener en cuenta que hablaba con autoridad divina. Consideró a Amós como un enemigo personal y político tanto del estado como del sistema religioso. Aquellos que confrontan el sistema religioso con la palabra de Dios, a menudo son acusados de tener motivaciones "políticas" y de estar solamente interesados en el poder y en la ganancia personal. Amasías puede haberse sorprendido al oír la oración de Amós por Israel en 7:2,5.

La cuarta visión del fin de Israel también está seguida por una explicación en cuanto a que la falta de justicia era la razón por la que Israel estaba llegando a su fin. Ese día sería un tiempo de terror y gran dolor porque Israel sería abandonada por Dios.

En la visión final (y culminante), Amós vio al Señor de pie sobre el altar falso de la religión falsa que apoyaba el reinado falso de Jeroboam (ver 1 Rey. 12:25–13:3). En la visión el Señor sostenía una espada como lo hacía el "comandante del ejército del SEÑOR" con el que se encontró Josué (Jos. 5:13-15). Pero aquí el enemigo contra el cual Dios estaba por tomar venganza era su propio pueblo Israel, que usaba una capa de religión para esconder un malvado estilo de vida.

Al concluir esta sección, hay una última doxología y oráculo de juicio. Como en las doxologías previas (4:13; 5:8-9), ésta define más exactamente y con terror al Personaje que viene en juicio. En este último oráculo de juicio Dios dejó en claro que en un aspecto Israel no era diferente de otras naciones: Él no toleraría su injusticia.

PROFECÍA DE RESTAURACIÓN (9:11-15)

Esta profecía final de salvación recoge y combina hilos y corrientes anteriores de claves y mensajes de redención (3:12; 4:6-12; 5:3,4,6,14-15; 7:1-6; 9:8-9) hasta formar un gran río de celebración. "La choza caída de David" se refiere al reino prometido a David que había sufrido años de desobediencia y de juicio (ver 2 Sam. 7:5-16; Isa. 1:8-9; 9:6-7; 16:5; Jer. 23:5; 33:15-17; Ezeq. 34:23-24; 37:24-25; Os. 3:5; Zac. 12:8-13:1; Luc.

1:32). Se implica una reunificación de los reinos de norte y del sur.

La expresión "posean el remanente de Edom" significa que los gentiles (representados por Edom, el archienemigo de Israel) serían incluidos dentro del pueblo de Dios. Santiago entiende esto a partir de Hechos 15:7-12 (aunque cita la Septuaginta). Aplica este pasaje escatológico al presente, al mostrar que en última instancia lo que se cumpla completamente en el futuro ha comenzado a cumplirse ya entre nosotros (ver Hech. 15:13-19).

Significado teológico y ético. El libro de Amós se refiere a por lo menos cuatro asuntos principales:

1. *La relación de Dios con el mundo.* No sólo los creyentes sino también el mundo entero es responsable ante Dios. Un cristiano ¿cómo debería considerar la violencia, el odio, la codicia, la injusticia y la promiscuidad sexual sin frenos en el mundo? Ni con temor ni con ansiedad, porque conocemos la supervisión soberana de Dios. Tampoco con desdén ni con arrogancia, porque sabemos que estamos de pie sólo por gracia de Dios. No con insensibilidad ni con indiferencia porque sabemos cómo Dios desprecia lo malo.

2. *La relación de Dios con su pueblo.* Si Dios desprecia el pecado entre los no cristianos, ¿cuánto más lo odiará en su pueblo? Él odia especialmente los actos de adoración que pretenden ocultar una vida de maldad.

3. *La naturaleza de Dios.* La fe bíblica puede ser considerada, según Pfeiffer, como "la tensión entre sentimientos opuestos de temor y de anhelo; en su más alto nivel, la religión es amor acompañado por un humilde sentido de inferioridad, por una confianza reverente en una deidad inmensamente poderosa y temible, quien al mismo tiempo es justa y benévola". El Dios de Amós y de la Biblia mantiene justicia perfecta con amor perfecto. Debemos acercarnos a Él con temor y humildad, pero también con confianza y devoción.

4. *El futuro.* Dios nos ha asegurado que no solo los creyentes en Cristo, ya sean judíos o gentiles, tienen un futuro, sino que el mundo también lo tiene; en última instancia, al pecado no le será permitido destruir lo que Dios ha creado, sino que el poder redentor de Dios prevalecerá sobre el mal.

Preguntas para la reflexión

1. ¿Qué agrada a Dios realmente? ¿Nuestras prioridades religiosas son las prioridades de Dios?

2. ¿Qué enseña Amós acerca de las responsabilidades de las naciones delante de Dios? ¿De qué maneras nuestra nación es injusta? ¿Cómo podemos actuar para cambiar eso?

3. ¿Qué tan justos somos en nuestro trato diario con otros?

ABDÍAS

bdías es el libro más corto del Antiguo Testamento. Así como Nahúm está dirigido a Asiria, Abdías no está dirigido a Israel sino a Edom, un pueblo extranjero. La tierra de Edom era una pequeña área montañosa al este del mar Muerto. Sus habitantes eran descendientes de Esaú (Gén. 36).

Nada se sabe acerca del autor aparte de este libro. No hay información explícita sobre el tiempo en que fue escrito, pero la mayoría considera que Abdías 10–14 se explica mejor con el trasfondo de la caída de Jerusalén frente a los babilonios en el 586 a.C. Debido a que el libro profetiza la desolación de Edom, un evento que probablemente ocurrió tarde en el siglo VI a.C., Abdías habría sido escrito a de mediados de ese siglo.

En la Biblia Edom se caracterizó por su orgullo, su traición, su codicia y su violencia (2 Crón. 20:10,11; 25:14,20; Jer. 49:16; Amós 1:9,11; Abd. 3). El conflicto entre Israel y Edom fue anticipado por la contienda entre Jacob y Esaú, los progenitores de estos pueblos (Gén. 25:21-24; 27:34-45). El incidente que inició y alimentó el conflicto ocurrió en el viaje de Israel desde Egipto a Canaán (Núm. 20:14-21). Así es que, Edom e Israel pelearon durante la mayor parte de su historia (1 Sam. 14:47; 2 Sam. 8:14; 2 Rey. 8:20-22; 14:7). Pero los edomitas se hicieron especialmente odiosos a los judíos cuando Babilonia conquistó y saqueó Jerusalén. Cuando las fuerzas de Nabucodonosor rodearon Jerusalén y el rey de Judá intentó huir (2 Rey. 25:3-7), Edom aparentemente ayudó a capturarlo. Como recompensa, a los edomitas les fue permitido participar del saqueo de Jerusalén (Sal. 137:7; Ezeq. 25:12; 35:15; 36:5; Joel 3:19; Abd. 10-14).

En cumplimiento de la profecía (Isa. 34:5-7; Jer. 49:7-22; Lam. 4:21; Ezeq. 25:12-14; 35:1-15; Amós 1:11-12; Abdías) Dios devastó a Edom en juicio por su odio y su traición. Fueron conquistados y quitados de su tierra por los árabes nabateos. Para el tiempo de Malaquías (probablemente a comienzos del siglo V a.C.) las ciudades habían llegado a ser pueblos fantasmas solamente poblados por criaturas del desierto (Mal. 1:3-4). Más que simplemente el archienemigo de Israel, Edom llegó a ser un símbolo de aquellas naciones arrogantes que se oponen a Dios y que encontrarán la destrucción en el día de Señor (Sal. 60:8; 83:6; Isa. 34:5-7; 63:1-6; Jer. 49:17-18; Ezeq. 36:5; Mal. 1:4). En escritos judíos postbíblicos, Edom fue usada como un símbolo de Roma.

Mensaje y propósito. La interpretación de Abdías es complicada por su forma de discurso profético a Edom, aunque todos están de acuerdo en que en realidad el mensaje estaba dirigido a Israel y allí mismo fue dado. No se establece el propósito del libro pero se puede inferir de la situación histórica y canónica. La profecía fue dada de la misma manera a los sobrevivientes de la destrucción de Jerusalén. Debe de haber sido un gran aliento saber que la traición de Edom contra ellos no quedaría sin castigo. En realidad, todos los enemigos de Dios y de su pueblo recibirían justicia. Del mismo modo, lo que parecía ser el fin para el pueblo de Dios no sería el fin, después de todo.

A simple vista, Abdías ofrece una condenación del orgullo (v. 3) y de la violencia de Edom contra su hermano (vv. 10a,11). La única instrucción es la serie de ocho mandamientos negativos (prohibiciones) en los vv. 12-14, los cuales son irónicos pues incluyen acciones que ya habían ocurrido. Son una manera retórica de citar los actos de Edom como violaciones específicas de la voluntad de Dios. La mayor parte del libro se refiere al futuro juicio de Dios contra Edom y contra las naciones rebeldes que ellos representan (vv. 1-2,4-9,15-21). Ninguna esperanza hay para Edom y las otras naciones: "No quedará sobreviviente" (v. 18). Aun así se puede inferir que la liberación podía ser de ellos si buscaban refugio en el monte Sión y en la casa de Jacob (v. 17).

Estructura. La primera sección (vv. 1-9) anuncia el destino de Edom. El punto crucial se encuentra en los vv. 2-4; se explaya en los vv. 5-7 y concluye en los vv. 8-9. La segunda sección (vv. 10-14) desarrolla la acusación a Edom por parte del Señor, en especial en los vv. 12-14. La sección final (vv. 15-21) enfoca la atención en el juicio universal asociado al día del Señor.

I. Juicio de Edom (vv. 1-9)
II. Pecado de Edom (vv. 10-14)
III. Juicio de Edom (vv. 15-21)

JUICIO DE EDOM (vv. 1-9)

Abdías informa que el Señor, quien supervisa los asuntos del mundo, convoca a las naciones para atacar Edom y terminar con su orgullo. Por supuesto, la gente que respondió al llamado de Dios no se dio cuenta de que estaba sirviendo al Dios de Israel.

La confianza de Edom en la topografía de su tierra estaba mal orientada. El extremo de su devastación sería comparable a la altura de su arrogancia. Nada permanecería oculto a los invasores. Incluso los aliados de Edom y sus propios parientes los traicionarían y contribuirían a su caída; resultado de la propia traición de Edom contra Judá (v. 10). Pero su verdadero enemigo era el Señor.

PECADO DE EDOM (vv. 10-14)

Edom es acusado de violencia contra su hermano (el crimen más antiguo y uno de los más atroces; Gén. 4:1-15). El crimen era atroz porque Judá al mismo tiempo estaba siendo asaltada por extranjeros. La decencia humana, aparte de la ley mosaica, demandaba que Edom ayudara a sus parientes en lugar de recrearse y contribuir a su dolor. En los vv. 12-14 las acusaciones se expresan en forma retórica como advertencias para no hacer lo que habían hecho. Se implica el principio de retribución establecido en el v. 15 ("como hiciste, se te hará") al usar el mismo verbo hebreo en los vv. 10 ("serás *exterminado*") y 14 ("*matar* a los que huían"). "Cuando Edom miró el desastre de Judá, en realidad se estaba mirando al espejo", señaló el comentarista Smith.

JUICIO DE EDOM (vv. 15-21)

El juicio de Dios contra Edom está basado en que todas las naciones que se oponen a Dios y a su pueblo serán castigadas en el día del Señor. Luego "el pueblo de Jacob" tomará posesión de todo lo que le pertenecía (ver Amós 9:12). Esto cumplirá y extenderá la promesa de Dios a Israel antes de la conquista. No ocurrirá debido a la fidelidad de Israel sino debido a la fidelidad del Señor (Deut. 1:8,21; 2:25; 9:4-6; 30:4-7). La seguridad no se encontrará en las montañas de Edom sino en el monte Sión del Señor (ver Miq. 4:7).

Significado teológico y ético. La profecía de Abdías declara que el juicio de Dios vendrá en "el día del Señor" no sólo sobre Edom sino sobre todos los enemigos de Dios (ver Sal. 2). En ese día Dios también establecerá "un reino que jamás será destruido" (Dan. 2:44). Aquel cuya confianza está en cualquier cosa que no sea Dios nunca estará seguro. Todos los que se consideran grandes pueden tener la seguridad de que el Señor algún día los derrumbará (ver 1 Sam. 2:3-10; Prov. 16:18; Isa. 26:5; Dan. 5:19-23; Sant. 4:6; 1 Ped. 5:5). En particular, el Señor hace responsables a quienes toman ventaja de otros en su angustia.

Preguntas para la reflexión

1. ¿Cuál es nuestra respuesta cuando otros toman ventaja de nuestra desgracia? ¿Confiamos en que Dios es justo o tomamos los asuntos por nuestra cuenta?

JONÁS

Jonás hijo de Amitai era profeta de Israel en Gat-hefer, una villa cercana a Nazaret. Su libro es único entre los profetas ya que prácticamente es narrativo. Relata cómo Jonás aprendió que Dios era más grande de lo que él había pensado, en especial en cuanto al alcance de su poder y su compasión.

El poder mayor en el Cercano Oriente era Asiria, cuya capital era Nínive. Desde el siglo IX a.C. los asirios enviaban expediciones militares salvajes hacia el oeste a Siria-Palestina (ver el artículo en la sección sobre Isaías). Cuando Jonás profetizó a principios del siglo VIII a.C., Asiria se encontraba debilitada, lo que hizo posible la expansión de Jeroboam II en Samaria y de Uzías en Judá (ver introducciones a Oseas y Amós). En los comienzos del ministerio de Jonás Dios le había dado el privilegio de dar las buenas nuevas que Israel experimentaría un tiempo de seguridad y prosperidad (2 Rey. 14:25).

Jonás y todo Israel se habrían sentido felices si Asiria hubiera continuado desintegrándose. Pero recuperó poder a fines del siglo VIII, conquistó otra vez Siria-Palestina, y en el 722 a.C. conquistó Samaria y deportó a sus habitantes. A Jonás no le agradó cuando Dios le ordenó ir a Nínive y predicar el arrepentimiento. Ellos adoraban a su depravado dios Asur y a una multitud de otros dioses y diosas. Su brutalidad y su crueldad eran legendarias. Se los conocía por clavar a sus enemigos en postes frente a sus pueblos y colgar sus cabezas de los árboles en los jardines del rey. También torturaban a sus cautivos, hombres, mujeres o niños, cortándoles narices, orejas o dedos, sacándoles los ojos o arrancándoles sus labios y manos.

Hay informes que señalan que cubrían las murallas de la ciudad con las pieles de sus víctimas. Los súbditos rebeldes eran masacrados por centenares y algunas veces quemados en la hoguera. Luego sus calaveras eran colocadas en grandes pilas al costado del camino como advertencia a los demás. Jonás decidió que él renunciaría antes de predicarle a gente así.

Muchos han considerado la historia de Jonás como una parábola o una ficción didáctica, como si la historia basada en hechos estuviera excluida del arte literario o del relato de eventos milagrosos. No obstante, si este relato, cuya forma lleva por todas partes la marca de un relato histórico, fuera juzgado como no histórico sobre cualquiera de estas bases, entonces la mayor parte de la Biblia debiera ser catalogada así. No tiene sentido preguntar si Jonás realmente pudo haber sido tragado por un gran pez sin preguntarse también si Dios realmente podía comunicarse con un profeta. Todos los aspectos del encuentro del hombre con Dios son milagrosos. Jonás es claramente didáctico, pero no se presenta como ficción ni se interpreta como tal en el Nuevo Testamento (ver Mat. 12:40-41).

Mensaje y propósito. Jonás es la historia de cómo Dios enseñó una lección a un profeta pecador de mente estrecha. Cuando Jonás se negó a ir y predicar en Nínive y Dios lo recuperó y lo libró misericordiosamente, Jonás estuvo agradecido. Pero cuando Jonás predicó en Nínive y ellos se arrepintieron y fueron salvos misericordiosamente, Jonás se enojó, por lo cual Dios le enseñó una lección.

El libro de Jonás termina con una pregunta divina sobre la compasión sin respuesta, y sugiere que Jonás se arrepintió e invita al lector a hacer lo mismo. Así es que el propósito general de Jonás es despertar la compasión en el pueblo de Dios. Él está preocupado por todos los seres humanos (Juan 1:7; 1 Tim. 2:1-6; 2 Ped. 3:9) y tiene el derecho de mostrar misericordia a todo el que Él quiera (Ex. 33:19; Rom. 9:15).

Estructura. El libro ha sido llamado "una obra maestra de retórica" y "un modelo de arte literario, caracterizado por la simetría y el balance". Sus cuatro capítulos se dividen en dos mitades con mandamientos del Señor en 1:1-2 y en 3:1-2 para ir a predicar en Nínive. La primera vez, Jonás huyó (1:3), y la segunda vez obedeció (3:3). Cada mitad comienza con una introducción (1:1-3; 3:1-4) e incluye dos episodios. En el primer episodio de cada mitad, Jonás se encuentra con un grupo de paganos, los marineros (1:4-16) y los ninivitas (3:5-10). Cada grupo supera a Jonás en sensibilidad a la voluntad del Señor. En el segundo episodio de cada mitad encontramos a Jonás conversando con Dios (2:1-10; 4:1-11).

I. Desobediencia de Jonás (1:1–2:10)
II. Obediencia de Jonás (3:1–4:11)

JONÁS HUYE (1:1-16)

Para evitar su misión divina, Jonás trató de irse lo más lejos posible de Nínive. Esta ciudad estaba alrededor de 800 km (500 millas) al este, de modo que se dirigió a Tarsis, probablemente lo que ahora es España, la localidad de occidente más lejana que él conocía, alrededor de 3200 km (2000 millas). Pero Dios envió una tormenta y luego un gran pez para que Jonás volviera. Los marineros mostraron más compasión por Jonás que la que Jonás mostró por Nínive.

JONÁS ORA (1:17–2:10)

Cuando fue lanzado al agua, Jonás pensó que su vida estaba terminada. De repente se encontró vivo adentro de un gran pez. El salmo de oración que Jonás pronunció fue una expresión de gracias a Dios por salvarle la vida. Jonás estaba agradecido por su propia liberación, ahora él mostraría una actitud diferente hacia la liberación de Nínive. En vista de su rebelión en el capítulo 1, de su enojo en el capítulo 4 y de la respuesta a Dios por parte de los marineros paganos en 1:14-16, el voto de gracias de Jonás en 2:8-9 suena como alabanza de sí mismo. Del mismo modo, tampoco hay confesión de pecado ni expresión de arrepentimiento en la oración de Jonás.

Los "tres días y tres noches" de 1:17 aludían a la noción popular de ese tiempo que el viaje a la tierra de los muertos (*sheol*) tomaba eso. Así que la recuperación de Jonás del pez fue como una recuperación de la muerte (Mat. 12:39-40). Es probable que el pez haya arrojado a Jonás en Jope, donde había comenzado su viaje.

JONÁS PREDICA (3:1-10)

Quizás alrededor de un mes después, Jonás llegó a la gran ciudad de Nínive ("una ciudad grande y de mucha importancia" es literalmente "una ciudad grande para Dios"). Después que Jonás predicó un solo día en lugar de los tres días que se esperaban, la gente se arrepintió. El mensaje que Dios le dio a Jonás para predicar no llamaba explícitamente al arrepentimiento. Más bien, le dijo a los ninivitas que ellos habían hecho enojar al Dios de Jonás y que el castigo estaba en camino. Los ninivitas no pensaban que Dios podía aplacarse, pero se arrepintieron en humildad, esperando que "Tal vez Dios cambie de parecer" (3:9; ver 1:6). Y Dios lo hizo. Es claro que el mensaje de juicio por parte Dios estaba condicionado por cuanto Él envió al profeta, les dio 40 días de advertencia y pospuso la destrucción de Nínive (ver Jer. 18:7-10).

JONÁS SE ENFURECE (4:1-11)

Jonás despreciaba tanto a los ninivitas que hubiera preferido morir antes que vivir, sabiendo que los había ayudado a escapar de la destrucción. Aun así, esperaba que Dios le diera a Nínive lo que merecía. Jonás esperó y observó. A través del incidente de la planta y el gusano (enviado por Dios así como el viento y el pez en el cap. 1), el Señor reprendió a Jonás por sus dobles intenciones. Jonás estaba preocupado por la planta transitoria que le dio sombra, pero no por las 120.000 personas de Nínive que a pesar de su conocimiento limitado habían confiado en Dios.

Significado teológico y ético. Dios es soberano sobre las fuerzas de la naturaleza y las cuestiones del hombre. El favor de Dios siempre es por gracia; nunca es merecido. Depende de Él dar su misericordia y sin ella todos somos corruptos y merecidamente condenados. El gozo es la respuesta apropiada cuando Dios es abundante en gracia con los más viles pecadores que ponen su confianza en Él (ver Hech. 10:34-35). Los siervos de Dios debieran valorar a los seres humanos que Él creó y buscar su salvación. También debiéramos reconocer la autoridad de Dios para hacer lo que en su misericordia desee.

Preguntas para la reflexión

1. ¿Qué desea Dios para todos los pueblos del mundo?

2. ¿De qué manera buscamos evitar el mandamiento de Dios de compartir nuestra fe con otros?

3. ¿De qué manera el prejuicio compromete nuestro testimonio cristiano? ¿De qué manera tenemos envidia del amor de Dios por otros?

MIQUEAS

Los estudiosos de la Biblia prestan mucha atención a los significados de los nombres bíblicos. No obstante, el nombre Miqueas, que significa "¿Quién es como el Señor?" anticipa un pregunta crucial en el capítulo final (7:18): "¿Qué Dios hay como tú, que perdone la maldad y pase por alto el delito del remanente de su pueblo?"

Aun así, Miqueas es considerado un predicador de juicio (a diferencia de los falsos profetas quienes buscaron congraciarse con los ricos utilizando palabras de paz; ver 2:6-7,11; 3:5-11). Al igual que Jonás, Miqueas es mencionado como profeta en otros libros de la Biblia. Incluso tiene la distinción de ser el único profeta citado por su nombre por otro profeta (Jer. 26:18-19; citando a Miq. 3:12). Esa cita es una profecía sobre una calamidad al rey Ezequías y a toda la nación de Judá; pero sus palabras inspiraron arrepentimiento y resultaron en que Dios pospuso el juicio (ver 2 Crón. 29:5-11; 32:24-26).

Miqueas era de Moreset-gat en Judá (1:14), alrededor de 40 km (25 millas) de Jerusalén, cerca de la ciudad filistea de Gat. Contemporáneo de Isaías, profetizó durante los reinados de Jotam, Acaz y Ezequías (1:1), que gobernaron Judá desde alrededor del 740 (el rey Uzías murió en ese año, pero Jotam su hijo había correinado con él unos diez años) hasta el 686 a.C. Entre el 740 y el 700 a.C. los asirios (mencionados en Miq. 5:6 y 7:12) invadieron Palestina repetidamente. En el 734 Israel y Judá perdieron su independencia y llegaron a ser vasallos de Asiria. En el 722 a.C. Samaria fue conquistada, pasó a ser una provincia asiria y la mayor parte de su población fue enviada al exilio. Entre 716–715 Asiria sojuzgó una rebelión filistea y como castigo puso una multa a la Jerusalén de Ezequías. En el 701 a.C. los asirios sitiaron Jerusalén, y sólo cedieron a último momento, pero pusieron una multa pesada sobre la ciudad en lugar de destruirla. Esta larga historia de conflicto con Asiria que ponía en peligro la vida sirvió de trasfondo para los mensajes de Miqueas.

Mensaje y propósito. Aunque Miqueas fue un profeta de Judá, también predicó en Samaria (1:1) y usó el término "Israel" o "Jacob" para referirse a los dos reinos como uno.

Acusación: Israel era culpable de actos rebeldes de idolatría. Sus líderes, incluidos jueces, sacerdotes y falsos profetas, pervertían la justicia para hacer presa de la gente, con amenazas les quitaban sus propiedades y privaban a las mujeres y a los niños de sus hogares. Se servían a sí mismos y usaban la violencia cuando era necesaria para obtener lo que querían. Aun así, mantenían una fachada de religión a través del ritual en el nombre del Señor.

Instrucción: Así como Joel no contiene un mensaje explícito de acusación, Miqueas no contiene un mensaje explícito de instrucción. Sin embargo, se puede encontrar instrucción de dos maneras. Primero, de la misma forma que el contexto del pacto en Joel proporciona un mensaje de acusación, así también Miqueas provee un mensaje de instrucción: "vuélvanse al SEÑOR su Dios y obedézcanle con todo su corazón y toda su alma" (Deut. 30:2,10; 4:29-30; Lev. 26:40-45; 2 Crón. 7:14). Segundo, la expresión de confianza de Miqueas en 7:7 puede ser entendida como una forma de exhortación: "Pero yo he puesto mi esperanza en el SEÑOR; yo espero en el Dios de mi salvación. ¡Mi Dios me escuchará!" Después de que el juicio de Dios hubiera removido de Israel toda razón para la arrogancia, el remanente creyente debería esperar en oración la liberación de parte del Señor, confiando en sus promesas. Incluso en medio del juicio Israel no debía simplemente clamar en dolor, sino que debía confiar en la sabiduría y el poder de Dios, al igual que una mujer en trabajo de parto, y debía buscar que los propósitos de Él se cumplieran (4:9-10).

Juicio: Así como Dios hizo de Samaria "un montón de ruinas" durante el ministerio de Miqueas, también llevaría destrucción sobre Judá. Enviaría todas las maldiciones de la ley en su contra (fracaso, frustración, muerte, destrucción, burla) y finalmente su gente sería llevada al exilio en Babilonia.

Esperanza: El Señor promete reunir a su remanente como un pastor reúne a sus ovejas y las conduce a la libertad (2:12-13). Él perdonaría a su pueblo y lo vindicaría venciendo a las naciones que lo desafiaban. Luego establecería justicia, paz, seguridad y compasión en medio de su pueblo a través de un pastor/gobernante mesiánico. Él reconstruiría Sión y haría de su casa un lugar de adoración para todas las naciones.

Estructura. Los mensajes individuales, si bien fueron dados en varios momentos, han sido entretejidos para formar un todo coherente. Miqueas se divide tres partes, capítulos 1–2; 3–5 y 6–7, y cada una va de juicio a liberación. Las tres mantienen un mensaje equilibrado tanto para el reino del norte como para el del sur. La tercera parte es la más prominente. Mientras que las dos primeras comienzan con llamados a oír al profeta, la tercera comienza con un llamado a oír al Señor. La tercera también tiene bien desarrollado el mensaje de esperanza.

I. Del desastre a la liberación (1:1–2:13)
II. De los depredadores al Pastor (3:1–5:15)
III. De la oscuridad a la luz (6:1–7:20)

DEL DESASTRE A LA LIBERACIÓN (1:1–2:13)

La destrucción de Israel por parte de Dios debido a su idolatría tendría que haber sido una señal para Judá y la destrucción de ambas debería de haber sido una señal para todas las naciones de que el tiempo de la retribución estaba en camino. Miqueas se lamenta sobre la terrible calamidad que venía sobre Judá por su rebelión, un castigo que incluía el exilio extranjero de algunos habitantes. La devastación de Judá por parte de Senaquerib en el 701 a.C. fue intensa, especialmente en Laquis, donde la idolatría de Samaria obtuvo un primer asidero en Judá. Las excavaciones allí revelan un foso en el que los asirios arrojaron alrededor de 1500 cuerpos junto con restos de cerdo y otros desperdicios. La devastación alcanzó a las "puertas" de Jerusalén, pero la ciudad no fue dañada (2 Rey. 18:13-16; 19:31-37).

Miqueas 2:1-11 condena a los que tramaron y llevaron a cabo complots inescrupulosos para robar las casas y las tierras ancestrales pervirtiendo la justicia. La pena inevitable sería la calamidad, que incluía la pérdida de su tierra y, más importante aún, la exclusión de los culpables de la futura asamblea del pueblo redimido de Dios. Los que querían esconder o justificar su conducta malvada, trataron de silenciar a Miqueas y a otros profetas verdaderos. Pero los que expulsaron a los desvalidos serían expulsados por el Señor.

Miqueas 2:12-13 promete que el Rey-Pastor divino de Israel reuniría y protegería a su pueblo y luego lo conduciría a la libertad. Es probable que esto se refiera más inmediatamente a la liberación de Jerusalén de manos de Senaquerib de parte del Señor (ver 2 Rey. 19:31).

DE LOS DEPREDADORES AL PASTOR (3:1–5:15)

Esta sección comienza con denuncias contra los líderes corruptos de Israel, quienes hacían presa del pueblo de Dios. Las súplicas en pro de la ayuda de Dios no serían de utilidad para ellos. Los jueces, los sacerdotes y los profetas abandonaron sus responsabilidades con la verdad y usaron sus funciones para ganancia personal. Pero Miqueas fortalecido por el Espíritu de Dios declaró la verdad, que incluía destrucción, oscuridad y silencio total porque Dios se alejó de ellos.

Luego del mensaje de corrupción y condena del capítulo 3 nos encontramos con el mensaje de exaltación gloriosa de los capítulos 4–5. Pero esta declaración sobre la liberación en el futuro cercano o distante se alterna con las pruebas de la situación presente de Israel. Primero está la promesa de que el Señor mismo algún día enseñaría justicia y juzgaría con rectitud sobre la tierra (ver Heb. 12:22-24). Aquí hay un cuadro del templo de Sión restaurado al cual llega gente de muchas naciones para aprender los caminos del Señor y para oír su palabra (ver Sal. 86:9; Isa. 2:1-4; 56:6-8; 60; 66:18-21; Zac. 8:20-23; Juan 12:32; Apoc. 21). Este mensaje anuncia un tiempo de paz y seguridad. La promesa de reunir a los cojos, a los marginados y a los afligidos es un símbolo que indica el regreso de los desterrados (Isa. 35:6; Jer. 31:8; Sof. 3:19; Mat. 11:5; Luc. 14:21). Si bien fue maravillosa la restauración liderada por Zorobabel, Esdras y Nehemías, no se compara con la gloria que todavía debe cumplirse cuando regrese el Señor.

Antes de esta restauración la gente de Jerusalén sufriría grandemente: invasión e incluso exilio en Babilonia (4:10). Pero de la derrota y la devastación vendría la victoria y la liberación. Su "rey" y "consejero" divino (4:9) permaneció con ellos incluso en el exilio, para llevar a cabo su plan (ver Isa. 9:6; 28:29; Jer. 8:10). Él estaba usando imperios para tirar abajo y destruir la corrupción de Israel. Pero Dios también estaba usando imperios para construir su nuevo orden para su pueblo. Para que el nuevo Israel fuera creado, el viejo Israel debía morir. El juicio de Dios fue un remedio. Pero así como Dios usó el orgullo obcecado del faraón del éxodo para demostrar su gloria y al mismo tiempo traer juicio sobre Egipto, así también el propio orgullo de la nación traería aparejada la destrucción (4:11-13; ver Joel 3). Satanás también, por su orgullo y su odio hacia Dios, ejecutó su propia caída al inspirar el rechazo y la muerte del Hijo de Dios (1 Cor. 2:7-8).

Miqueas 5:1 vuelve al sitio de Jerusalén y a la humillación del rey Ezequías por parte de Senaquerib. El v. 3 se traslada al exilio babilónico e incluso hasta la venida del Mesías. Pero Dios estaba trabajando para tornar la humillación en victoria gloriosa a través de un gobernante mesiánico. Sus orígenes humanos (en cuanto a deidad, Él no tuvo origen), no venían de la orgullosa Jerusalén sino de la insignificante Belén (5:2; ver Mat. 2:4-8), y representaban la humillación de Israel. El comentarista Waltke señaló: "Belén, demasiado insignificante para ser mencionada por los cartógrafos del libro de Josué o en el catálogo de Miqueas de las ciudades de defensa de Judá.., hoy es increíblemente el centro de peregrinajes de todo el mundo y es universalmente renombrada porque Jesucristo cumplió este versículo". En realidad, es un principio bíblico que la exaltación por parte de Dios siempre se inicia con humillación (ver 1 Cor. 1:18-31; Fil. 2:5-11).

No obstante, como ciudad de David (1 Sam. 17:12; Luc. 2:4,11; Juan 7:42), Belén también representaba la promesa de Dios de un descendiente davídico cuyo trono y reino serían eternos, y sería mediador de las bendiciones de Dios a toda la humanidad (2 Sam. 7:16-19; Isa. 16:5; Jer. 33:17; Mat. 1:1; 21:9; Luc. 1:32,69; Apoc. 22:16). Este puede ser el sentido en el que los orígenes del gobernante "se remontan hasta la antigüedad" (ver Isa. 11:1). "David" llegó a ser "la imagen casi perfecta del gobernante futuro ideal de Israel", según Waltke (ver Jer. 30:9; Ezeq. 34:23-24; 37:24-25; Os. 3:5).

De acuerdo a 5:7-9 la presencia del remanente del pueblo de Dios entre las naciones llevaría salvación a unos ("como rocío" en v. 7) y juicio a otros ("como un león" en v. 8), dependiendo de cómo sería recibido su testimonio (ver 2 Cor. 2:14-16). La expresión "en aquél día" en 5:10 se hace eco de frases similares en 4:1 y 4:6, y se refiere al establecimiento del reino mesiánico por parte de Dios. De acuerdo a 5:10-15, Él limpiará y protegerá a su pueblo de la dependencia del poder militar, de la magia y de la idolatría, y del temor a las naciones.

DE LA OSCURIDAD A LA LUZ (6:1–7:20)

La sección final comienza con una acusación contra Israel en forma de querella legal (6:1-8). A Israel se lo culpa de olvidarse de los justos actos del Señor y así perder un sentido de genuina devoción a Él. Aunque trataron de comprar el favor de Dios con sacrificios rituales, la demanda primaria de Dios era justicia, misericordia y humilde obediencia (v. 8; ver Isa. 5:7; Os. 4:1; 6:6; 12:6; Amós 5:24). Israel era culpable de hacer lo opuesto. Pervirtieron los patrones de justicia y siguieron el modelo de los malvados Omri y Acab. Sus muchos delitos de fraude comercial y codicia llevaron sobre Israel las maldiciones del pacto de enfermedad, destrucción y vergüenza (ver Lev. 26; Deut. 28).

En el capítulo 7, Miqueas torna la acusación y la sentencia en lamento (vv. 1-6). Quien buscara integridad en Israel regresaría vacío. Los líderes hacían presa del pueblo de Dios, y no les importaba ni el Señor ni su pacto. Un tiempo de juicio causaría pánico, y aumentaría el carácter egoísta del pueblo, de modo que ni siquiera se podría confiar en el amigo más cercano ni en un miembro de la propia familia (ver Isa. 3:4-7; Mat. 10:34-36). Pero en el v. 7, Miqueas testifica lo que debía hacer el remanente justo en medio del juicio de Dios. Ellos debían orar y buscar con esperanza la liberación por parte del Señor, la cual sería fruto de su juicio (ver. Hab. 3:1-2).

La conclusión de Miqueas en 7:8-20 es un cántico de victoria. Está escrita desde la perspectiva de Jerusalén, la ciudad de Dios y de su pueblo al recuperarse del juicio. Celebra encontrar la luz de la presencia del Señor después de experimentar la oscuridad. También celebra la vindicación delante de las naciones que se habían opuesto orgullosamente al Señor y anticipa su sumisión a Él. Reconoce la justicia del trato de Dios con su pueblo y expresa tanto sumisión a la voluntad del Señor como confianza en su fidelidad. Finalmente, se regocija en la maravilla del perdón compasivo de Dios. El cántico de Moisés en Éxodo 15 tiene mucho en común con el cántico de victoria de Miqueas, en especial Éxodo 15:11: "¿Quién, SEÑOR, se te compara entre los dioses? ¿Quién se te compara en grandeza y santidad? Tú, hacedor de maravillas, nos impresionas con tus portentos". Así como Dios arrojó a los egipcios a las profundidades del mar (Ex. 15:4-5; Neh. 9:11), así también arroja nuestros pecados.

Significado teológico y ético. Miqueas llama la atención sobre el rechazo de Dios hacia los líderes inescrupulosos que se buscan a sí mismos y usan sus funciones para ganancias personales en lugar de servicio. Pero su mensaje principal es que debido a la fidelidad y a la misericordia de Dios la oscuridad del juicio daría lugar a la luz de la libertad y el gozo. La profecía de Miqueas llama al pueblo de Dios a confesar sus pecados, arrepentirse y recibir cualquier castigo que venga de manos de su Dios de gracia. Mientras que la disciplina del Señor dura solo un momento, su perdón y su paz son para siempre (Sal. 30:5; Isa. 54:7-8).

Preguntas para la reflexión

1. ¿Qué requiere Dios de los que están comprometidos con Él (ver Miq. 6:8)? ¿Cómo engañamos a Dios?

2. ¿Qué enseña Miqueas acerca del uso responsable del poder (ver Miq. 2:1; 3:1-3,9-12)?

3. ¿Qué enseña Miqueas acerca de las cualidades de un liderazgo piadoso (ver Miq. 3:8)?

NAHÚM

El nombre Nahúm significa "consolado" (comparar con Nehemías, "el Señor consuela"). El tema de su profecía es la destrucción de Nínive, ciudad principal de los asirios, uno de los enemigos permanentes de Israel. La desaparición de Nínive habría traído consuelo a Judá y a todas las víctimas del imperialismo implacable de Asiria (ver introducción a Jonás).

La asociación de Nahúm con la villa de Elcos (1:1) poco nos dice acerca de él ya que la ubicación de Elcos es incierta. Aunque el nombre Capernaúm puede venir del hebreo para "villa de Nahúm", 1:15 puede indicar que el profeta era de Judá, una probabilidad respaldada por la tradición. Algunos han sugerido que Nahúm era un exiliado israelita del norte que vivía en Asiria y que envió su profecía a Judá. La profecía parece haber sido dada por escrito en lugar de oralmente (ver la palabra "libro" en 1:1 y el acróstico parcial en 1:2-8), y tal vez ésta sea la razón por la que no sabemos de sus sufrimientos por sus ideas en contra de Asiria. Una tradición incluso ubica a Elcos en Asiria (la moderna el-Qus, cerca de la antigua Nínive en Iraq).

La profecía puede fecharse con seguridad antes de que Nínive cayera ante los medos y los babilonios en el 612 a.C., ya que el libro es una profecía de su destrucción. Nahúm da por sentado un imperio asirio aparentemente fuerte, que tenía a Judá asida con firmeza (ver 1:12-13). En razón de esto, el tiempo de su escritura fue antes que ese imperio comenzara a erosionarse, como lo hizo durante la última década del reinado de Asurbanipal (668–626 a.C.) y en especial después de su muerte. Quizás se pudieran haber visto señales antes, debido a que Asurbanipal

agotó los recursos asirios acabando con una revuelta sangrienta en Babilonia que comenzó en el 652 a.C.

La profecía de Nahúm también debe fecharse después que la casi invencible ciudad de Tebas (es decir, Luxor, que permaneció inviolada por mil años) fuera saqueada por los asirios en el 663 a.C. Esto le proveyó a Nahúm una lección objetiva de la propia vulnerabilidad de Nínive (3:8-10). El efecto de esa ilustración habría disminuido con el tiempo, especialmente en la medida que Tebas comenzó a restablecerse como un centro cultural en Egipto (ver Jer. 46:25; Ezeq. 30:15-16). Manasés, que gobernó Judá desde el 687 al 642 a.C. (ver 2 Rey. 21:1-18), probablemente se rindió a la soberanía asiria en ocasión de esa campaña egipcia. Después de una larga carrera como uno de los gobernantes más idólatras de Israel, Manasés se rebeló contra Asiria, tal vez durante la revuelta babilónica y fue tomado cautivo y llevado a Babilonia (posiblemente justo después que la revuelta terminó alrededor del 648 a.C.). Allí él se arrepintió de su rebeldía, no sólo contra Asurbanipal sino también contra Dios y le fue permitido regresar a Jerusalén (2 Crón. 33:10-17). Su hijo Amón (642–640 a.C.) permaneció como un fiel vasallo de Asiria pero no del Señor (2 Rey. 21:19-26). Luego del asesinato de Amón, su hijo Josías llegó a ser rey a la edad de 8 años, y a los 20 (aproximadamente cuando murió Asurbanipal), él comenzó una amplia reforma espiritual de la tierra (2 Rey. 22:1-23:30; 2 Crón. 34-35). Murió en el 609 a.C. cuando trataba de impedir que un ejército egipcio reforzara lo que quedaba del ejército asirio. Es razonable asumir que Nahúm escribió entre el 663 y el 640 a.C., durante el temible sometimiento de Judá al poder asirio.

Mensaje y propósito. Nahúm expresa juicio contra los enemigos de Dios, en especial contra Nínive. Puede contrastarse en forma útil con Jonás, que también lleva un mensaje a Nínive. Jonás enseña que la compasión de Dios no se limitaba a su pueblo del pacto sino que estaba a disposición de todos los que se humillaran delante de Él. Por otra parte, Nahúm agrega que cualquiera que se oponga a Dios, no importa quién sea, recibirá su ira.

A simple vista, el libro de Nahúm es un mensaje a Nínive en cuanto a la ira que se acercaba (así como Abdías lo es para Edom), y con frecuencia se dirige a ellos retóricamente. Sin embargo, en varias ocasiones también le habla a Judá, la audiencia verdadera, y deja en claro que, (tal como Abdías) el libro es en realidad un mensaje de esperanza para Judá (ver 1:12-13,15; 2:2). Dios liberaría a su pueblo al juzgar a sus enemigos. Es probable que la mayor parte de los hebreos pensara en los asirios como en un poder maligno sin límites e invencible. El libro de Nahúm, lo mismo que el de Daniel, ridiculiza la idea de que cualquier reino malvado pueda permanecer delante de Dios o bien que cualquier institución humana sea algo más que transitoria.

De la misma forma que Miqueas, pareciera que Nahúm carece de un mensaje de instrucción. La pregunta "¿Entonces qué?" no se responde en forma explícita. Pero puede inferirse de 1:12 y 1:15. Dios había afligido a Judá por sus pecados (descritos en otros libros proféticos), y con frecuencia usó a Asiria para amedrentarlos de modo que se volvieran de su mala senda (ver Isa. 10:5-34). El mensaje de Nahúm implica que Dios podía quitar la aflicción de ellos si se arrepentían y si los que le temían persistían en obediencia fiel mientras esperaban esa liberación. Josías pudo haber sido

influenciado por la profecía de Nahúm. Fue durante los años de la reforma de Josías que Asiria comenzó a deteriorarse y finalmente cayó. Pero el mensaje de Nahúm fue aun más allá, al indicar que cuando Judá fuera liberada de la esclavitud asiria, ellos debían celebrarlo con actos genuinos de acción de gracias y adoración al Señor (1:15). Aunque a simple vista 1:15 instruye a Judá cuando dice: "¡Celebra tus peregrinaciones..! ¡Paga tus votos!", el contexto nos lleva a interpretarlo principalmente como una forma de acentuar el mensaje de salvación de Judá por parte de Nahúm. Pero a pesar de que el punto central es que Judá otra vez tendría razones para celebrar, también puede haber una advertencia implícita acerca de cómo debían responder a la liberación cuando ésta llegara. No obstante, sabemos que después de la caída de Nínive en el 612 a.C. y de la muerte de Josías en el 609, Judá volvió a sus malos caminos (2 Rey. 23:30-37). Tiempo después, Dios levantó a Babilonia para afligir y finalmente destruir a Judá como nación (2 Rey. 24:1ss). Aunque el Señor es "protector de los que en él confían" (1:7), Él "no deja a nadie sin castigo" (1:3).

La razón por la que Asiria recibiría la ira del Señor es que eran sus enemigos (1:2,8) que se complotaron en contra de Él (1:9,11), por cuanto se opusieron y cruelmente oprimieron al pueblo del Señor (1:13,15; 2:2), e hicieron presa de todas las naciones (2:12–3:1,4,10,19). Como prostitutas y hechiceras, se enorgullecieron de su belleza y anduvieron ofreciendo corrupción por su lujuria de dinero, de poder y de placer (3:4; Ezeq. 16:15; 23:1-21; Apoc. 17:3-6). Su idolatría tampoco fue pasada por alto en su juicio (1:14).

Estructura. La mayoría de los estudiosos está de acuerdo en que el libro de Nahúm tiene una estructura básica en dos partes. La primera parte puede terminar en 1:11, 1:14, 1:15 o 2:2 y enfatiza el carácter de Dios y la liberación de su pueblo. La segunda parte también tiene una estructura doble y describe en forma vívida la caída de Nínive.

    I. Venganza y refugio de parte de Dios (1:1-15)

    II. Caída de Nínive (2:1–3:19)

VENGANZA Y REFUGIO DE PARTE DE DIOS (1:1-15)

La designación de "visión" que Nahúm le da a su profecía, impide que se la date cerca del tiempo de la caída de Nínive, como si el mensaje estuviera basado en su comprensión política y en su observación de los eventos del momento. A pesar de la alusión a Nínive en 1:1, el libro usa referencias generales a los enemigos de Dios hasta que Nínive se especifica en 2:8 (aunque la NVI incluye este nombre en 1:11,14; 2:1). Tampoco se especifica al pueblo de Dios hasta que 1:15 se dirige a Judá (otra vez la NVI agrega este nombre en v. 12). Esto sugiere una aplicación general que se extiende incluso al fin de los tiempos. Tal aplicación está respaldada por referencias al control soberano de Dios sobre la naturaleza en el canto de batalla de los vv. 2-8. El Señor se describe como un Guerrero que sojuzga a los malvados. Se pone énfasis en el carácter de Dios a medida que su venganza despliega su celo y su poder, y a medida que su protección de los fieles despliega su bondad y su compasión. El Señor es como un esposo que defiende a su esposa de los que quieren robar sus afectos.

A continuación del canto de batalla, el profeta se dirige (v. 11) a los enemigos de Dios ("tú" es plural en el hebreo), que traman mal contra el Señor (ver Sal. 2:1). En los vv. 12-13 se dirige a Judá, subrayando esto con la expresión introductoria: "Así dice el Señor". Luego se dirige (v. 14) al despreciable líder enemigo (es decir, al rey de Asiria, "tú" es singular en hebreo). En contraste con el nombre perpetuo prometido al rey David

en 2 Samuel 7, Nahúm asegura que el líder enemigo tendrá un destino sin memoria de su nombre. La primera sección concluye en el v. 15 con otro mensaje dirigido a Judá, enfatizado por un "¡Miren!" al comienzo (ver Isa. 52:7). Sobre una colina aparece un mensajero que lleva noticias de victoria sobre el enemigo y que como resultado reinará la paz. La respuesta apropiada sería una jubilosa acción de gracias y una renovada devoción al Señor. Puede ser que la seguridad dada a Judá en el v. 12 con la expresión "no volveré a afligirte", y en el v. 15 al decir "no volverán a invadirte", dé por sentado una respuesta apropiada de Judá o se refiera en el contexto sólo a la invasión asiria. Esto también puede ser interpretado más literalmente si se cree que tiene implicaciones sobre el fin de los tiempos.

CAÍDA DE NÍNIVE (2:1–3:19)

Primera descripción (2:1-13).

Esta sección abarca una visión de la caída de Nínive. Como introducción hay un llamado irónico a las armas con una explicación parentética y concluye con un cántico de burla. El profeta es transportado en una visión al atalaya de Nínive, desde donde observa a los ejércitos de Babilonia (que usaban color rojo; ver v. 3; Ezeq. 23:14) y de Media que atacan, invaden y saquean la ciudad de Nínive. No obstante, de manera muy real el "destructor" (o "devastador") es el Señor.

Nahúm describe vívidamente la confusión y el pánico de una ciudad bajo ataque. De acuerdo a un relato histórico de la antigua Grecia, Nínive cayó cuando el río Tigris se desbordó y tiró abajo las murallas de la ciudad, inundando la ciudad, evento que puede estar reflejado en el v. 6 (también en 1:8).

La burla con la que concluye, compara a Asiria con un león voraz y a Nínive con su guarida y ambas han sido destruidas. Los reyes asirios con frecuencia se comparaban a sí mismos con leones y así decoraban sus palacios. La imagen del león voraz aparece otras veces en los libros proféticos y representa a las naciones que Dios usó para castigar a Israel (ver Isa. 5:26-29; Jer. 2:15; 4:7; 5:6; 50:17; 51:38; Joel 1:6; Amós 3:12). La sección termina con la condena final de parte de Dios: "Pero ahora yo vengo contra ti" (también 3:5; ver Jer. 21:13; 50:31; 51:25).

Segunda descripción (3:1-19). Esta sección también incluye una descripción de la caída de Nínive seguida de una burla. Comienza como un lamento funerario por una merecida muerte. Varios juegos de palabras agregan efectividad a esta descripción del juicio en forma de visión. Lo que antes era un "tesoro… inagotable" (2:9) ha sido reemplazado por una "multitud" de cadáveres "amontonados". Debido a sus "muchas prostituciones" (3:4) Nínive tiene una "multitud de muertos".

El Señor promete humillación completa a la ciudad que una vez estuvo orgullosa y había confiado en sus fortificaciones. Al igual que Tebas, ahora estaba desolada. Las fortificaciones de Nínive no proveyeron refugio para el fuego de la ira de Dios. La ciudad está tan desvalida como los cultivos antes de la plaga de langostas. De igual modo, como una horda de langostas, Asiria pronto desaparecería. El capítulo termina de la misma forma que comenzó, con un lamento que se torna en celebración debido a su "constante maldad".

Significado teológico y ético. El mundo con frecuencia exhibe una perturbadora carencia de justicia. Pero tal carencia en buena medida se debe a pautas morales o culturales y deterioradas o falsas que son aplaudidas por muchos. Sin tener en cuenta los deseos de la cultura contemporánea, Nahúm enseña que hay un Dios eterno con un criterio de justicia que no cambia. Él no solo es Padre y Pastor; también es Rey, Juez y Guerrero, un Dios celoso, de venganza y de ira (ver Sal. 94:1; Isa. 63:1-6; Jer. 50:28-29; Miq. 5:15). Él ejercitará una retribución de castigo para vindicar su glorioso nombre y liberar a los que humildemente han huido hacia Él en busca de refugio (Deut. 32:43; Isa. 34:8; 35:4; 59:18; 61:2). Sin la venganza de Dios no habría ni justicia ni liberación. Su venganza es en parte resultado de su celo y su perseverancia en mantener la relación con su pueblo.

Preguntas para la reflexión

1. ¿De qué manera esperar la ira de Dios agrega significado a la vida? ¿Y qué de la alternativa?

2. ¿Qué enseña Nahúm sobre la soberanía de Dios en el mundo y en la historia?

HABACUC

La mayoría de los cristianos en algún momento han anhelado una oportunidad de dialogar con Dios e incluso quejarse ante Dios. Habacuc es uno de los pocos a quien le fue dada esta oportunidad. Al igual que Hageo y Zacarías, se identifica sólo como "el profeta". Mientras que un profeta es usualmente un vocero de Dios, y Habacuc hizo eso también, en el comienzo del libro el profeta pide un minuto para cuestionar al Director Técnico divino y quejarse ante Él fuera del campo de juego. El mensaje u "oráculo" del libro consiste básicamente en las respuestas que el profeta recibió.

Las únicas claves para la fecha de la profecía se deducen (1) de la queja de Habacuc por la gran maldad y falta de ley en Judá (1:2-4) y (2) de la profecía sobre una invasión babilónica (1:5-11). Desde el 687 a.C. hasta su arrepentimiento (tal vez en el 648 a.C.), Manasés condujo a Judá en uno de sus peores momentos de maldad (ver la introducción a Nahúm). Bajo el reinado de su hijo Amón, desde 642 hasta 640 a.C., Judá otra vez se destacó por su maldad. Esto continuó en alguna medida hasta la reforma de Josías, que comenzó alrededor del 628 a.C. Luego de la muerte de Josías en el 609 a.C. Judá abandonó rápidamente las reformas significativas de Josías y continuó con sus políticas desastrosas de apostasía en los reinados de Joacaz (609 a.C.), Joacim (609–597 a.C.), Joaquín (598–597) y Sedequías (597–587). Así que para fechar la profecía, los períodos que se ajustan mejor a la primera clave son 687–648, 642–628 y 609–587 a.C.

Excepto por tiempos periódicos de revueltas (especialmente bajo el mando del caldeo Merodac-baladán desde 721–689 a.C.), Asiria dominó a Babilonia desde el siglo IX hasta la muerte de Asurbanipal en el 626 a.C. Entre 614 y 609 a.C. Nabopolasar y los babilonios derrocaron a Asiria y tomaron su imperio. Derrotaron a los ejércitos egipcios y establecieron su autoridad sobre Palestina, incluyendo a Judá, en el 605 a.C. Continuaron con las políticas asirias de opresión bajo las órdenes del nuevo rey babilonio Nabucodonosor (605–562 a.C.), por medio del cual Babilonia alcanzó la cumbre de su poder. La rebelión de Judá resultó en la invasión babilónica en el 601 a.C., en la cual el templo fue robado (2 Rey. 24:1-4; 2 Crón. 36:6). Una segunda invasión ocurrió en el 597, cuando la familia real y otros 10.000 fueron exiliados y el templo fue robado otra vez (2 Rey. 24:10-17). La última invasión fue en 588–586 a.C. cuando las ciudades de Judá fueron saqueadas, Jerusalén fue devastada, el templo fue destruido y más habitantes fueron deportados (2 Rey. 24:18–25:21; Jer. 39:1-10). Lo que esto nos señala acerca de la fecha de Habacuc depende de cómo se entiende 1:5-11. Si lo "asombroso" (1:5) es la orquestación por parte de Dios de la subida al poder de Babilonia, entonces la profecía debe de haber sido dada antes del 626 o por lo menos en el 614 a.C. Por otro lado, si lo asombroso es que Dios convocara a una nación tan "despiadada e impetuosa" como Babilonia, según dijo el erudito Patterson, la que exiliaría a su pueblo y destruiría a su ciudad y su templo (tal como lo señaló el erudito Armerding), entonces la profecía puede haber precedido inmediatamente a las invasiones. Lo más temprano que pudo haber sido dada la profecía, quizás en el 640 a.C., está sugerido en la frase de 1:5, "en estos días", que indica que los eventos ocurrirían durante el tiempo de vida del profeta.

Mensaje y propósito. El libro de Habacuc usa las perplejidades del profeta para declarar las instrucciones de Dios a su pueblo. Habacuc está afligido por el mundo malvado. El mensaje más importante del libro se encuentra en los discursos divinos. El libro comienza con un cuestionamiento de la manera en que Dios maneja la maldad. La primera cuestión es: ¿cómo puede Él permitir que la maldad continúe en medio de su pueblo? La segunda es: ¿cómo Dios puede usar como instrumentos de castigo a naciones extranjeras más malvadas que Israel? La respuesta a la primera pregunta es que Dios no puede permitir que tal maldad quede sin castigo, sin violar su propio carácter justo. El lamento inicial del profeta (1:2-4) sirve como su *acusación* a Judá. La primera respuesta de *juicio* por parte de Dios (1:5-11) debió motivar al arrepentimiento en sus lectores. La respuesta a la segunda pregunta es que Dios también hace a las naciones extranjeras responsables por su maldad y las castigará. Al decir que Dios traerá su *juicio* contra los saqueadores arrogantes se implica una aplicación general. Pero el mensaje y la *instrucción* más importante es que quien mantiene su fe y su esperanza en Dios ("el justo") a lo largo de esta adversidad tendrá vida (2:4). A este mensaje doble de venganza y vida, el profeta responde con una confesión de fe en forma de himno (3:1-19), y demuestra así que él está entre los justos. El propósito del libro es instruir a los fieles para responder en forma apropiada al Dios de venganza y de vida.

Estructura. Habacuc se divide en dos partes como lo indican lo sobrescrito en 1:1 ("Esta es la profecía que el profeta Habacuc recibió en visión") y en 3:1 ("Oración del profeta Habacuc"). La primera sección se construye alrededor de las dos quejas del profeta. La primera en 1:2-4 está seguida de la subsiguiente respuesta de Dios en 1:5-11. Esto lleva a la queja de Habacuc que sigue a continuación en 1:12-2:1 y a la repuesta de Dios en 2:2-20. La segunda sección contiene el salmo del profeta, que expresa su confianza en la gracia de Dios (3:1-19):

   I. Diálogo con Dios (1:1-2:20)
   II. Salmo de confianza (3:1-19)

LA INEXPLICABLE SOLUCIÓN DE DIOS (1:1-11)

El libro comienza con un clamor a Dios: "¿Hasta cuando?" Este clamor se encuentra con frecuencia en las Escrituras en quejas contra los que persisten en el pecado (por ejemplo, Ex. 10:3; Núm. 14:11,27; 1 Rey. 18:21; Sal. 4:2; Os. 8:5; Hab. 2:6), y también en lamentos que demandan que Dios libere de la angustia (Sal. 6:3; 13:1-2; 35:17; 74:10; 79:5; 80:4; 89:46; 90:13; 119:84; Zac. 1:12; Apoc. 6:10). El discurso inicial lamenta la violencia feroz y la injusticia en Judá (1:1-4).

Habacuc recibió seguridad de que Dios ya estaba trabajando y que pronto vería los resultados (v. 5). La violencia y la injusticia de Judá serían retribuidas por un pueblo hábil en brutalidad. Si Judá no iba a temer a Dios, entonces muy pronto temerían al enemigo que Él enviaría en contra de ellos. A pesar de que los babilonios no reconocían ninguna ley ni poder fuera de ellos mismos y que serían considerados culpables, ellos fueron herramientas de disciplina en las manos del Señor (1:6-11; ver Amós 3:6).

RETRIBUCIÓN (1:12-2:20)

El profeta sabía que debido al pacto de Dios con Israel, su juicio con respecto a ellos sería redentor más bien que destructivo ("castigo" debiera traducirse "corrección" o "reprobación"). Pero la idea de que el Dios santo usara la maldad para castigar la maldad era intolerable. Más aún, ¿no sería la cura peor que la enfermedad? Delante de un "malvado" así, ¿no serían todas las naciones nada más que peces para ser enganchados y atrapados para alimentar el apetito insaciable de este enemigo de todo lo correcto?

Los profetas con frecuencia se comparaban a sí mismos con los centinelas de la ciudad, cuya responsabilidad era reportar sobre el peligro o los mensajeros que se acercaban (ver 2 Sam. 18:24; Isa. 21:6-9; 52:8; Jer. 6:17; Ezeq. 3:17; Os. 9:8). Su deber era estar atentos a un mensaje del Señor y darlo al pueblo. Ese papel asumido aquí por Habacuc sugiere que él no era el único que necesitaba oír las respuestas a sus preguntas. "Reclamo" en 2:1 viene de la misma raíz que "castigo/reprobación" en 1:12. Habacuc no estaba demandando una respuesta por parte de Dios sino que estaba esperando reprobación o corrección por sus comentarios audaces, puesto que sabía que los caminos de Dios siempre son correctos. Él entendía que la solución a su perplejidad sólo podía venir de Dios y sea lo que fuera que Dios dijera demandaría y merecería una respuesta de parte de Habacuc. Él da esta respuesta en 3:1-19.

La contestación de Dios a Habacuc vino en una visión que debía proclamarse a lo largo de las futuras generaciones como había ocurrido con los Diez Mandamientos (literalmente, "las tablillas"; 2:2; ver Deut. 27:8; Isa. 8:1; 30:8; Jer. 30:2). El mensaje (en 2:3-5) era para todo el pueblo de Dios angustiado por la confusión de un mundo orgulloso y malvado. Su esencia era "¡Confíen y recibirán vida!" Esta es la última respuesta para ambas quejas del profeta. Dios trataría con la maldad de su pueblo en su propio tiempo oportuno, del mismo modo en que trataría con la maldad en general (ver Gén. 3:15). Sus palabras al creyente continúan siendo las mismas que aprendió Abraham: espera con paciencia pero con esperanza lo que Dios hará. La palabra "fe" aquí significa "perseverancia en fe". Aun

cuando las apariencias y el razonamiento humano contradicen lo que Dios ha dicho, confíen en Dios. El comentarista Armerding expresa: "El hombre debe apropiarse del futuro que Dios ha revelado, y debe esperarlo con fe y esperanza anhelantes, que sobrepasen los obstáculos que aparentemente impiden su realización". Tal fe, la cual es opuesta al orgullo, es la condición de la rectitud (la posición correcta delante de Dios), y su principal expresión (ver Gén. 15:6; Rom. 1:17; Gál. 3:11; Heb. 10:38).

Las apariencias frecuentemente declaran que los inflados de orgullo y codicia son los que van a vivir. Los babilonios son ejemplo de ello. Pero Dios declara en una serie de maldiciones o ayes irónicos que la gloria de ellos hecha por mano propia era un espejismo que se tornaría en vergüenza. De la misma manera en que Dios volvería la violencia de los malvados en Israel sobre sus propias cabezas, así también tornaría a los victimarios en víctimas y saquearía a los saqueadores. El conocimiento de la gloria de Dios y no las obras de los malvados está destinado a llenar el mundo (v. 14). Esto significa que los malvados serán removidos. Toda la tierra está llamada a adorar en silencio delante de Él. ¡Cuántas veces los creyentes han dado gran testimonio del Dios viviente mientras estaban bajo los tacos de gobernantes arrogantes y tiránicos! Aquí el tirano era Nabucodonosor. En otros tiempos han sido Antíoco Epífanes, Nerón, Hitler o Stalin. Pero una cuestión sigue siendo cierta: los justos sobreviven a través de la paciencia fiel. El tirano cae inevitablemente (ver Isa. 40).

SALMO DE CONFIANZA (3:1-19)

El capítulo 3 es el salmo-oración de Habacuc. Él recuerda reverentemente los informes sobre los grandes hechos de Dios en el pasado y ora para que Dios traiga redención: "En nuestro tiempo… en tu ira, ten presente tu misericordia" (v. 2).

Habacuc 3:3-15 es una descripción poética de la salvación del pueblo de Dios en Egipto llevada a cabo por Él (ver Ex. 15). Se mezclan metáforas de los actos de Dios extraídas de pasajes de las Escrituras.

Habacuc 3:16 relata la aceptación en fe por parte del salmista que Dios estaba activo en el momento apropiado, tanto en ese tiempo como en el pasado. Él esperaría "con paciencia" la retribución de Dios contra los tiranos. Reconocía que este era un día para esperar y no para actuar. Los versículos finales anuncian su gozo en el Señor a pesar de las privaciones que debía soportar. Dios era su fuerza.

Significado teológico y ético. El libro de Habacuc representa la clase de fe que llegó a ser modelo para el judaísmo y más tarde para el cristianismo. Israel ya no tenía los medios para dar forma a su propio destino. Bajo los imperios, ellos eran receptores pasivos de cualquier bien o mal que los poderosos eligieran darles. Pero en fe ellos podían creer que Dios proveería lo necesario para que su pueblo lo sirviera. Creer y esperar llegaron a ser elementos esenciales en su estilo de vida. Debería seguir siendo así.

Preguntas para la reflexión

1. ¿Cuál fue la solución de Habacuc para las desilusiones y frustraciones de la vida?

2. ¿Qué dijo Habacuc acerca del valor de la fidelidad y la esperanza?

3. De acuerdo a Habacuc, ¿qué tenía Dios guardado para los arrogantes y los implacablemente crueles?

4. A través de la historia ¿qué enseñó Habacuc acerca de la fidelidad de Dios hacia su pueblo?

SOFONÍAS

ofonías está fechado durante el reinado del rey Josías (1:1), que llegó a ser rey de Judá a los ocho años de edad en el 640 a.C. Ocho años después, él "comenzó a buscar al Dios de su antepasado David" y cuatro años más tarde comenzó una reforma espiritual en la tierra, alrededor del 628 a.C. (2 Crón. 34:8-33). La reforma llegó a ser más ferviente en el 621 cuando el "libro de la ley" fue descubierto en el templo (2 Crón. 34:8-33). Sofonías fue probablemente una influencia importante sobre el joven rey (ver 1:4-5; ver también la introducción a Nahúm) y de ahí que preceda a las reformas. Si el "Ezequías" que aparece como antecesor de Sofonías es el rey que llevaba ese nombre, esto explicaría por qué el libro sigue el rastro de los ancestros de Sofonías hasta cuatro generaciones. Sus conexiones familiares le habrían dado acceso al rey.

Mensaje y propósito *Acusación:* Sofonías enfoca la atención sobre la ciudad de Jerusalén, la cual en 3:1 se caracteriza por la opresión, la rebelión y la contaminación. Más aun, se dice que está desprovista de toda fe en el Señor (3:2; ver 1:12). La corrupción de sus líderes recibe una atención especial en 3:3-4. Judá también practicaba una religión apóstata, tratando de mezclar elementos paganos con adoración al Señor (1:4-6).

Instrucción: Primero, Sofonías llama a sus oyentes a cesar con sus afirmaciones de fe vacías y adúlteras (1:5) y a someterse al Señor en humildad y temor silenciosos ("silencio" en 1:7). Segundo, los llama a congregarse (RVR60) humildemente en oración de arrepentimiento para "buscar al SEÑOR" (2:1-3). Tercero,

a quienes respondan en forma apropiada a las primeras dos exhortaciones, el Señor les ordena: "Espérenme" (3:8). En medio del pecado los creyentes no debían desanimarse. Debían buscar confiadamente la culminación de la obra purificadora de Dios, cuando el remanente clamaría a Él y lo serviría "de común acuerdo" (3:9).

Juicio: Para motivar a sus oyentes, el libro anuncia en 1:2-6 una devastación que se avecina, y es expresada en términos de un juicio universal. Luego, 1:8-18 señala la aproximación de un tiempo específico (notar "en aquel día" y "en aquel tiempo" en vv. 9,10,12), cuando el Señor castigaría a Judá. Ese tiempo se define como "el gran día del SEÑOR" (1:14) y como "el día de la ira del SEÑOR" (1:18; 2:2-3). Los juicios pasados que deberían de haber motivado al pueblo de Dios a temer al Señor y a "aceptar corrección" no habían tenido éxito (3:6-7).

Esperanza: En 2:4-15 se dice que "el día de la ira del SEÑOR" es contra los enemigos de Judá, lo cual es en sí mismo un mensaje de vindicación y de liberación para Judá. También significaba que después que se completara el propio juicio purificador de Judá, ellos poseerían la tierra de sus enemigos (2:6-7,9). El deseo de Dios de purificar a un remanente se expresa en 3:9-13. Esto motiva al arrepentido pueblo de Dios a esperar (3:8). Finalmente, esa generación futura es exhortada a celebrar (3:14) debido a la liberación por parte del Señor y a la paz provista por su presencia eterna (3:15-20).

Estructura. El libro se basa en tres secciones regidas por las tres exhortaciones a estar en silencio (1:7), a congregarse

(RVR60) y buscar al Señor (2:1-3) y a esperar (3:8). En la primera sección la exhortación está en medio de dos anuncios de la ira de Dios. En la segunda y la tercera sección las exhortaciones están al comienzo y son seguidas de explicaciones que empiezan con "porque" en el texto hebreo.

I. Exhortación a someterse (1:1-18)
II. Exhortación a arrepentirse (2:1–3:7)
III. Exhortación a esperar (3:8-20)

EXHORTACIÓN A SOMETERSE (1:1-18)

Aunque la expresión "la palabra del SEÑOR" aparece más de 200 veces en el Antiguo Testamento y es una designación apropiada para todas las Escrituras (2 Tim. 3:16), sólo Oseas, Joel, Miqueas, Sofonías y Malaquías la usan como título de su profecía. Dado que es la Palabra de Dios, "debe recibirse y creerse y a su tiempo tiene que ser dominada y se le debe permitir que tome control de los corazones de quienes la reciben", señaló el comentarista Patterson.

La profecía comienza en 1:2-6 con un anuncio de destrucción total para toda la "tierra" (literalmente "suelo" en 1:2-3) que también incluiría a Judá (1:1-4). Se invierte el orden en el anuncio del juicio en 1:7b-18, donde los vv. 7b-13 están directamente dirigidos contra Judá (notar la repetición de "castigaré") y los vv. 14-18 una vez más anuncian juicio contra el "hombre" (NVI, "los hombres" v. 17, refleja v. 3), contra "toda la tierra" y contra "todos los habitantes de la tierra" (v. 18). El argumento es que si viene un día de juicio universal, entonces Dios ciertamente juzgará a su pueblo. El mandato a estar en "silencio" (1:7a) se usaba con frecuencia en presencia de una persona o evento de gran importancia (Núm. 13:30; Jue. 3:19; Neh. 8:11; Hab. 2:20; Zac. 2:13). La perspectiva del horrible derramamiento de la ira divina demandaba silencio absoluto.

El lenguaje de 1:2-6 describe (hiperbólicamente) el trastrocamiento de la creación (notar el orden) y es una reminiscencia del lenguaje del diluvio (que se extiende hasta incluir a los peces; ver Gén. 6:17; 7:4,21-23). El pasaje muestra que el hombre es moralmente responsable de la condición del mundo. El "día del SEÑOR" se describe en forma figurada en los vv. 7b-13 como un día de adoración sacrificial. Los líderes y los habitantes ricos de Judá serían los animales sacrificiales; las naciones aparentemente son los "invitados" del Señor que serán matados en su altar. En el v. 12 se usa una imagen del Señor en la que registra a Jerusalén con lámparas, y significa que ningún malhechor escaparía sin castigo. Luego en los vv. 14-18, se describe "el gran día del SEÑOR" como un tiempo de devastación mundial que ocurrirá en los últimos días (ver discusión sobre el día del Señor en Joel y Abdías).

EXHORTACIÓN A ARREPENTIRSE (2:1–3:7)

Esta sección comienza con un llamamiento a "buscar al SEÑOR" antes que llegue el día del juicio. "Buscar" al Señor puede referirse tanto a desear una palabra de revelación de parte de Él (1:6) o a volverse a Él en arrepentimiento. Es lo opuesto a ser indiferentes al Señor o abandonarlo. Judá era culpable de ambas cosas y consecuentemente el Señor había vuelto su rostro (o favor) contra ella (ver 1:6; Ex. 33:7; Deut. 4:29; 2 Crón. 7:14; Jer. 29:13; Os. 3:5, 5:6,15; 7:10). Buscar genuinamente al Señor también significa buscar la justicia y la humildad, "las dos cualidades necesarias para la productividad espiritual", según señaló Patterson.

Judá debía arrepentirse no sólo debido al juicio que venía contra ella, sino también porque el Señor iba a juzgar a todos sus enemigos que la rodeaban y daría sus tierras al remanente de Judá. Se especifican cuatro pueblos representativos: Filistea al oeste, Moab y Amón al este, Etiopía (los cusitas, que gobernaron Egipto desde el 720 hasta el 654 a.C.) al sur y Asiria al norte (desde donde vinieron).

Los pecados de Judá son clasificados en 3:1-5. Se habían negado a arrepentirse a pesar de las demostraciones de juicio del Señor contra el reino del norte (3:6-7). Se da especial atención a los líderes de Judá. Los oficiales y jueces, cuyo deber era proteger la vida y la propiedad, hicieron presa del pueblo. Los profetas, en quienes se confiaba para llevar con integridad la palabra de Dios al pueblo, fueron traidores de esa responsabilidad, guiados sólo por el interés propio. Los sacerdotes, responsables de mantener el favor y la presencia de Dios, de cuidar la santidad en el templo y de enseñar la ley de Dios, profanaron la morada del Señor y violaron su ley. Dios siempre concede justicia y es lo opuesto a esos líderes (ver Deut. 32:4), sin embargo, Judá hizo lo malo en su misma presencia en forma desvergonzada.

EXHORTACIÓN A ESPERAR (3:8-20)

Frente a un cuadro tan deprimente de corrupción humana, Sofonías exhorta a los creyentes a esperar que el Señor llegue como testigo, derrame su ira contra todos los pueblos y purifique un remanente que buscará refugio en Él. Esperar al Señor significa anhelarlo (Job 3:21; Isa. 30:18) y poner la esperanza solo en Él (Sal. 33:20; Isa. 8:17; 64:4).

El propósito de Dios es perfeccionar a un pueblo entre las naciones, un pueblo que se una para adorar al Señor. Las palabras que ellos utilicen en la adoración serán purificadas de orgullo pecaminoso y de idolatría (Isa. 2:17-18; 6:5; Os. 2:17). Los términos usados en relación al remanente en el v. 13 se usan con referencia al Señor en el v. 5. El carácter del pueblo de Dios será como el suyo. Será un tiempo de justicia, de verdad y de seguridad (ver Jer. 50:19; Ezeq. 34:14; Miq. 4:4; 7:14).

El libro concluye con un himno de alabanza, una exhortación a la restaurada Jerusalén para que se regocije en la redención del Señor. Este himno describe la era mesiánica cuando el Señor, su Rey victorioso esté en medio de ellos agradándose otra vez de su pueblo amante (ver Deut. 30:9). En el último versículo el Señor promete reunir y glorificar a Israel después que termine su tiempo de castigo.

Significado teológico y ético. El libro de Sofonías enfoca la atención en el día del Señor como un tiempo de ira sobre las naciones, incluida Israel. No obstante, el propósito de la ira, por lo menos en parte, es la liberación última de Israel de manos de sus enemigos gentiles, la purificación de Israel del pecado y la redención de un pueblo entre las naciones que adore y sirva al Señor. Dios ha fijado un tiempo cuando quitará a los orgullosos, a los indiferentes y a los corruptos. Los que busquen al Señor diligentemente con una confianza humilde, anhelando el día de su redención, serán cobijados. Luego se regocijarán en la presencia amorosa de Dios.

Preguntas para la reflexión

1. Haga una lista de las cualidades de Dios que se observan en Sofonías.

2. ¿Qué es lo que determina cómo le irá a una persona en el día del Señor?

3. ¿Por qué fue necesario que Dios castigara a Judá? ¿Qué esperaba lograr Dios a través de los que sobrevivieran al juicio?

HAGEO

Cuando los babilonios destruyeron Jerusalén en el 587 a.C., Judá fue reducida a la condición de una provincia administrada desde Mizpa, a unos cuantos kilómetros al norte de Jerusalén. Probablemente, Judá fue hecha parte de la provincia de Samaria hasta que los exiliados comenzaron a regresar bajo la autoridad persa. La arqueología confirma el severo despoblamiento de Judá durante el exilio. Excepto por el Neguev y la frontera norte, aparentemente todas las ciudades fortificadas habían sido destruidas. Los edomitas comenzaron tomando el sur de Judá. Los exiliados deben de haber estado desbordantes cuando vieron que el imperio babilónico comenzó a derrumbarse después de la muerte de Nabucodonosor en el 562 a.C. Su alegría habrá sido extrema cuando Ciro, el gobernante persa, conquistó Babilonia en octubre del 539 a.C. y poco después anunció que estaban libres para volver a Judá. Él incluso prometió ayudarlos para reconstruir su templo como parte de una política general de restaurar centros de culto extranjeros.

El primer grupo en regresar, alrededor de 50.000 exiliados, fue liderado por Sesbasar, nombrado gobernador de la nueva provincia de Judá. Sanbalat, gobernador de Samaria, no se complació con la nueva situación de Judá y aprovechó toda oportunidad para oponerse a ellos. Las otras provincias vecinas tales como Amón-Galaad (gobernada por Tobías) y Arabia-Idumea (gobernada por Gesem) respaldaron a Sanbalat en esta oposición. Los judíos que regresaron también tuvieron que enfrentarse con los judíos que habían quedado en Palestina, quienes pensaban que eran el remanente de Dios y se resintieron por la toma del poder por parte de los recién llegados. Muchos de los que se atribuían adorar al Señor pero adoraban a otros dioses también (ver 2 Rey. 17:24-34) pueden haberse unido a la oposición. Ésta continuó y aumentó durante los reinados de Ciro (539–530 a.C.), de Cambises (530–522 a.C.) y de Darío (522–486 a.C.; Esd. 4:4-5).

Los cimientos del templo rápidamente fueron colocados bajo el liderazgo de Zorobabel, quien finalmente reemplazó a Sesbasar como gobernador. Este éxito inicial dio lugar no sólo a la celebración sino también a la tristeza cuando el templo fue comparado con el de Salomón (Esd. 1-3; Hag. 2:3; Zac. 4:10). Este es el primer indicio de que tal vez esta restauración no iba a satisfacer enteramente los anuncios proféticos de la gloriosa restauración de Israel. Este desánimo, junto con la oposición continua y la preocupación por asuntos personales hicieron cesar el trabajo en el templo, hasta que la predicación de Hageo y de Zacarías levantaron una vez más al pueblo para trabajar en fe (Esd. 4:24–5:2).

Mensaje y propósito Acusación: Los líderes y el pueblo de Judá habían permitido que la oposición externa, el desánimo y el interés personal les impidieran completar la tarea de reconstruir el templo del Señor (1:2-4; 2:3). De modo que sus ofrendas al Señor estaban contaminadas y desagradaban a Dios (2:14).

Instrucción: El mandato del Señor a través de Hageo fue: "reconstruyan mi casa". Esto sería para la gloria de Dios (1:8). Hacia el final, el Señor los exhortó a no temer sino que les dice: "cobrad ánimo… y trabajad" (RVR60, 2:4-5). Finalmente, mediante una

Cronología de Hageo y Zacarías	
Agosto 29, 520 a.C.	Primer mensaje de Hageo (Hag. 1:1-11)
Setiembre 21, 520	Se retoma la construcción del templo (Hag. 1:12-15)
Octubre 17, 520	Segundo mensaje de Hageo (Hag. 2:1-9)
Octubre-Noviembre, 520	Comenzó el ministerio de Zacarías (Zac. 1:1-6)
Diciembre 18, 520	Tercer y cuarto mensaje de Hageo (Hag. 2:10-23)
Febrero 15, 519	Visiones nocturnas de Zacarías (Zac. 1:7-6:8)
Diciembre 7, 518	Delegación de Bet-el (Zac. 7)
Marzo 12, 515	El templo es completado (Esd. 6:15-18)

parábola, Hageo los instruyó sobre la necesidad de dedicarse ellos mismos y su trabajo al Señor (2:11-16).

Juicio: El Señor los llamó a reconocer que la privación que habían experimentado había sido un castigo de parte de Él (1:5-6, 9-11; 2:16-17).

Esperanza: El Señor informó al pueblo que la terminación del templo le proporcionaría a Él placer y gloria (1:8). Luego les aseguró éxito a través de su presencia (1:13-14; 2:4-5). También les prometió que recompensaría su trabajo y dedicación renovados hacia Él glorificando el templo y concediéndoles paz (2:6-9) y bendición (2:18-19). Finalmente, el Señor prometió restaurar el trono davídico sobre la tierra a través de un descendiente de Zorobabel (2:20-23).

Estructura. Los cuatro sermones de Hageo (1:1-15; 2:1-9; 2:10-19; 2:20-23) tienen como introducción un enunciado de fechas. Ahora bien, la repetición que se observa entre el primer mensaje y el tercero y entre el segundo y el cuarto muestra que el libro se estructura en dos partes. Tanto el primer mensaje como el tercero se refieren a "este pueblo" (1:2; 2:14) e incluyen dos veces el mismo mandato: "reflexionen" (1:5,7; 2:15,18). El segundo y el cuarto

mensaje tienen la promesa divina: "Yo haré temblar los cielos y la tierra" (RVR60, 2:6,21) y tienen una repetición triple: "afirma el SEÑOR" (2:4,23). Más aun, el primero y el tercer mensaje se señalan con fechas completas, es decir año, mes y día, con una reversión del orden en el tercer mensaje, como en un espejo (RVR60). El enunciado de fechas que introducen el segundo y el cuarto mensaje sólo tienen el mes y el día, y aquí también el segundo se refleja en el cuarto como en un espejo (RVR60). Finalmente, al término del primer mensaje y del tercero, la fecha se repite (1:15; 2:18).

Los dos primeros mensajes tratan sobre la construcción del templo. Los últimos dos mensajes no mencionan al templo explícitamente sino que se refieren a asuntos de contaminación y restauración.

I. Reconstrucción del templo (1:1–2:9)

II. Limpieza del pueblo y restauración del reino (2:10-23)

INSTRUCCIÓN DE CONSTRUIR (1:1-15)

La cita en 1:2 muestra cómo el pueblo había estado racionalizando su falta de preocupación por los asuntos del Señor. Se presenta el oráculo del Señor y la respuesta a este.

El Señor formuló una pregunta retórica que revela el egoísmo de ellos y sus vacíos razonamientos. Mientras que la casa de Dios permanecía desolada, las casas de ellos estaban terminadas. En el contexto del pacto mosaico y de la restauración de Israel de acuerdo a la profecía divina, ellos deberían de haber podido discernir el desagrado de Dios con ellos a través de las circunstancias de prueba que estaban experimentando. Después de señalarles esto, el Señor les ordenó que construyeran su casa para su placer y su gloria.

Al aceptar la autoridad de Hageo como vocero de Dios y animados por el Señor, los líderes de Judá guiaron al "remanente" para comenzar el trabajo en el temor de Dios. El primer mensaje termina de la misma forma que comenzó: una fecha que muestra que 23 días después del mensaje de Hageo la reconstrucción estaba otra vez en camino (el orden en el texto hebreo de 1:15 –día, mes, año– es la imagen espejo de 1:1, e indica que las dos fechas son parte de la misma sección y acentúan la comparación entre los días). ¡Si los anteriores profetas de Dios hubieran recibido una respuesta positiva como ésta, el templo nunca habría sido destruido!

LA PRESENCIA, LA GLORIA Y LA PAZ DE DIOS (2:1-9)

El segundo mensaje fue dado durante la fiesta de las enramadas (ver Lev. 23:33-43), tres semanas después de que comenzara el trabajo. Al día siguiente era el aniversario de la dedicación del templo construido por Salomón en el 959 a.C. (2 Crón. 7:8-10). El mensaje se desdobla en dos partes, divididas por el anuncio de la palabra de Dios en el v. 6. El Señor formuló otra pregunta retórica que reconoce el desánimo del pueblo sobre la aparente disparidad entre la gloria del templo de Salomón y la simpleza del que estaba en construcción (v. 3; ver Esd. 3:10-13). Luego el Señor los exhortó a trabajar, y les recordó

su fidelidad en el pasado y su presencia con ellos en el presente (vv. 4-5). El mandato de Dios de cobrar ánimo, trabajar y no temer probablemente les recordó a los líderes de Judá el tiempo cuando Dios había habilitado a sus siervos para completar las tareas que Él les había dado (Deut. 31:6-7,23; Jos. 1:6-9, 18; 1 Crón. 22:13; 28:10,20; 2 Crón. 15:7; 32:7; Isa. 35:4; 41:10-14; 51:7-16; Sof. 3:16; ver Dan. 10:19; Zac. 8:9,13; Ef. 6:10).

Después de motivarlos a trabajar y señalarles eventos pasados y realidades presentes, el Señor también animó al remanente en los vv. 6-9 con promesas para el futuro. Los términos usados son típicos de teofanías, donde el Señor se describe como apareciendo sobre la tierra, usualmente en juicio contra sus enemigos (ver Jue. 5:4-5; 2 Sam. 22:7-16; Sal. 68:7-8; 77:15-20; Isa. 13:13; Jer. 10:10; Ezeq. 38:20; Joel 2:10; 3:16; Nah. 1:5; Hag. 2:21-22; ver Heb. 12:26-27). Estos versículos describen el día del Señor cuando los malvados serán removidos y las naciones serán sometidas a Él y llevarán tributos a su templo (ver Esd. 6:8-12; 7:15-20; Isa. 60:4-14). De este modo la gloria de este templo excederá a la del templo de Salomón, especialmente porque el Señor mismo estará allí. Es difícil no ver un cumplimiento preliminar de estos versículos en Jesús y en su aparición en el templo de Herodes (ver Mat. 2:11; 21:12-15; 27:51; Luc. 2:32; Juan 1:14; 2:19-21; Heb. 1:3).

LIMPIEZA Y BENDICIÓN (2:10-19)

En este mensaje el Señor anuncia su determinación de cambiar la privación de Judá en bendición porque ellos se han dedicado a Dios. La fecha registrada es tres meses después de comenzado el trabajo en el templo, justo luego de la siembra del otoño, lo cual explica por qué no hay semilla alguna en el granero. Después de la introducción se presenta un diálogo con los sacerdotes que actúa como una parábola. La esencia de la parábola es que aunque la santidad no puede transmitirse por el tacto, la contaminación sí puede. Luego la parábola se aplica en los vv. 14-19. El pueblo de Israel, originalmente apartado para el Señor, llegó a contaminarse por el pecado y el descreimiento, de modo que todo lo que ellos hacían era inaceptable para Dios, incluyendo también las ofrendas y la construcción del templo. Sólo la gracia de Dios en respuesta a la humilde dedicación por parte de ellos podía volver a limpiarlos. Él ya había hecho esto (ver Sal. 51). De ese modo les aseguró que Dios tornaría la maldición de la privación en bendición y tendrían una cosecha abundante.

DERROTA DE LOS GENTILES Y RESTAURACIÓN DAVÍDICA (2:20-23)

Aquí el Señor promete que Él destruiría los reinos del mundo y establecería un nuevo reino gobernado por un descendiente davídico, el Mesías (ver Ezeq. 39:19-23; Dan. 2:44). El siervo mesiánico es llamado David en Ezequiel 34:23-24 y 37:24 porque Él es la semilla de David, el cumplimiento del pacto davídico. El Mesías también sería un descendiente de Zorobabel (ver Mat. 1:12-13). El "anillo de sellar" es apropiado como metáfora mesiánica porque se cuidaba celosamente como un símbolo de la autoridad propia y era usado para firmar documentos oficiales (ver Est. 8:8). Así como Dios había desechado al rey Joaquín, del mismo modo había colocado a su nieto Zorobabel sobre su dedo (Jer. 22:24).

Significado teológico y ético. Se pueden dar varias razones para el significado de la reconstrucción del templo. Primero, fue una señal de las prioridades del pueblo. Segundo, mostró que Dios estaba con el remanente y que sus promesas de restauración habían comenzado a cumplirse. Tercero, declaró la gloria divina y de esa forma le produjo placer a Dios. Cuarto, sirvió para vindicar al Señor ya que la destrucción del templo había deshonrado su nombre (Ezeq. 11:23; 37:26-27). Quinto, sirvió como una promesa del nuevo pacto y de la era mesiánica (Ezeq. 37:26; Isa. 2:2-4; 44:28; 52:1-7; Miq. 4:1-4; Mal. 3:1). La restauración del templo fue una señal de que Dios no había revocado ni su pacto con Leví ni su pacto con David (ver Jer. 33:17-22; Núm. 25:11-13; Mal. 2:4). Él proveería limpieza y restauración a través de un templo glorioso y de un gobernante mesiánico. Como lo explica un erudito: "Ellos no están simplemente construyendo un edificio material; están participando en la construcción y el establecimiento del reino de Yahvéh en el que el Mesías prometido debe reinar en gloria para siempre".

Preguntas para la reflexión

1. ¿Qué trabajo nos ha llamado Dios para hacer?

2. ¿De qué manera el temor, el desánimo y el egoísmo interfieren con la obra del Señor?

3. ¿Qué nos debiera motivar a perseverar en el trabajo que Dios nos ha dado?

ZACARÍAS

Al igual que Ezequiel, Zacarías era tanto un sacerdote como un profeta. Esto es oportuno ya que el libro en términos generales tiene que ver con el templo, el sacerdocio y la purificación del pueblo. Ido, el abuelo de Zacarías, era un sacerdote que regresó con Zorobabel (Neh. 12:4), lo que hace probable que Zacarías fuera un profeta más joven que Hageo. Mientras que el punto focal de Hageo fue la reconstrucción del templo y la restitución del sistema sacrificial, el de Zacarías se centró en la transformación espiritual del pueblo.

Hay quienes están convencidos que los capítulos 9–14 fueron escritos más tarde que los capítulos 1–8 y por un autor diferente. Sin embargo, la evidencia no requiere de esta conclusión y la unidad temática del libro argumenta en su contra. Para conocer la situación histórica en la que escribió Zacarías, ver la introducción a Hageo.

Mensaje y propósito *Acusación:* Zacarías explicó que el desagrado del Señor con su pueblo era porque lo habían abandonado en el pasado. Ellos también estaban desanimados debido a la oposición y a la aparente insignificancia del proyecto de construcción. Después del tiempo de Zorobabel, Judá otra vez tendría líderes malvados que conducirían mal al pueblo. Esto resultaría nuevamente en un rechazo del Señor por parte de ellos.

Instrucción: El Señor llamó a Judá a volverse a Él y así quitar su desagrado. Exhortó al sumo sacerdote Josué y al remanente a una obediencia fiel para retener sus bendiciones. Se encuentra implícita una exhortación a completar el templo. El Señor también le recordó a Judá que Él requería que su pueblo practicara la justicia y la misericordia.

Juicio: El juicio de la generación anterior por parte del Señor tuvo el propósito de enseñarle a Israel a arrepentirse y mantener su fidelidad a Dios. El futuro rechazo del Señor por parte de ellos resultaría en una repetida oposición extranjera y en la dispersión de Israel.

Esperanza: Dios prometió volverse a Israel con bendiciones cuando ellos se volvieran a Él en obediencia fiel. Por su Espíritu, Él habilitaría a Zorobabel y a Josué para que terminaran el templo, lo cual preanunciaría la venida del reino mesiánico. Más aun, les aseguró que Él juzgaría a las naciones que los oprimían, pero que incluso un remanente de las naciones llegaría a adorarlo. Así como Él había preservado un remanente de Israel y lo había purificado, así el Señor enviaría al Mesías para proveer a través de su muerte perdón y paz permanente, y la erradicación total del mal. Él también enviaría a su Espíritu para traer arrepentimiento nacional.

Estructura. Zacarías tiene dos secciones extensas que rodean una sección central prominente, pero más pequeña. Las dos secciones extensas hacen su introducción con el enunciado de una fecha: 1:1–6:8 y 7:1–14:21. La sección central (6:9-15) es una narración que describe la comisión y la coronación de Josué, el sumo sacerdote. Cada una de las partes más extensas abarcan siete subsecciones menores y una introducción. En cada caso las subsecciones están organizadas con una estructura repetitiva, que gira alrededor de un apartado central y por lo tanto muy destacado. Este apartado en la primera sección (3:1-10) describe la comisión de Josué, el sumo sacerdote con un turbante y el apartado central en la segunda sección (11:1-17) es un relato que describe la comisión de Zacarías con dos varas de pastor.

I. Visiones nocturnas de Zacarías (1:1–6:8)
II. Coronación de Josué (6:9-15)
III. Dos oráculos referidos al reino que viene (7:1–14:21)

VISIONES NOCTURNAS DE ZACARÍAS (1:1–6:8)

El libro y las visiones se introducen en 1:1-6 con un llamado inicial a volverse o a arrepentirse. Fue dado en octubre/noviembre del 520 a.C., alrededor de un mes después que fuera retomado el trabajo en el templo. La gran cuestión que enfrentaba la generación de la restauración era si volvían a la fe en el Señor o repetían los pecados de sus padres.

Todas las visiones nocturnas aparentemente fueron recibidas el 15 de febrero del 519 a.C., alrededor de seis meses después que la construcción había recomenzado. Los temas más importantes de las visiones nocturnas son (1) el juicio de las naciones por parte de Dios, (2) su elección y futura bendición de Jerusalén, (3) la purificación de la tierra, (4) la reconstrucción del templo y (5) el liderazgo de Zorobabel y Josué. Las primeras tres visiones (los caballos y los arrayanes, los cuernos y los herreros, el cordel de medir) aseguran al pueblo el juicio inminente del Señor contra las naciones que habían dispersado a Israel, su amor renovado por Jerusalén, su promesa de bendecirla y el éxito de ellos en la reconstrucción del templo.

La cuarta visión y la central en 3:1-10 describe la aparición del sumo sacerdote Josué delante del ángel del Señor, quien es también el Señor mismo (vv. 1-2; ver Gén. 16:7-13; 21:17; 22:11-12,15-16;

31:11-13). Satanás aparece en su papel de acusador del pueblo de Dios (el significado de "Satanás"; ver Job 1:6-7; 1 Crón. 21:1; Apoc. 12:10). Josué, que representa al remanente (Ex. 28:29) que Dios había "rescatado del fuego" (Amós 4:11) está descalificado para adorar al Señor por sus ropas "sucias" (o cubiertas de excrementos; Deut. 23:13; Isa. 4:4), que representan la contaminación causada por los pecados pasados de Israel. El cambio de atuendo por "ropas espléndidas" y un "turbante" (ver la inscripción "CONSAGRADO AL SEÑOR" en Ex. 28:36-38) muestra la intención de Dios no sólo de purificar al sacerdocio y al pueblo sino también de bendecirlos y honrarlos con su gracia soberana (ver Isa. 61:10).

La posición privilegiada de Josué como cabeza del templo dependía de su fidelidad continua (vv. 6-7). Josué y sus sacerdotes asistentes eran señales (es decir, modelos o anticipos) del Mesías que vendría ("aquél cuyo nombre es Renuevo"; ver 6:12; Isa. 4:2; 11:1; Jer. 23:5; 33:15) y de su consejo celestial (ver Sal. 110). El templo cuya construcción estaban supervisando anticipaba el que construiría el Mesías y del cual Él sería la principal piedra del ángulo (la piedra con siete ojos; ver 4:10; Sal. 118:22; Isa. 28:16; Apoc. 5:6). Esta visión habla de un perdón futuro permanente que el Mesías lograría cuando viniera a redimir a la nación y a establecer paz, prosperidad y seguridad sobre la tierra (vv. 8-10; ver 1 Rey. 4:25; Miq. 4:1-8).

La quinta visión del candelabro y los olivos anima a Zorobabel y a Josué, representados por los dos olivos, a no confiar en los recursos financieros o militares sino en el poder del Espíritu de Dios que obra a través de ellos. En el Antiguo Testamento, con frecuencia el Espíritu de Dios está representado por aceite (ver Isa. 61:1-3). El candelabro probablemente representaba al templo que glorificaría a Dios en la tierra.

La sexta visión de un rollo que volaba y de la medida, es una visión compuesta al igual que la segunda. Habla de la purificación de Dios a su pueblo. Primero, quitaría la maldad a través de una maldición de destierro y de destrucción contra los violadores del pacto, especificando el tercero y el octavo mandamiento. Segundo, exiliaría la maldad a Babilonia la cual está personificada por una mujer (ver Ezeq. 8:1-18, donde Ezequiel es llevado de Babilonia a Jerusalén para contemplar la maldad de Judá). El cumplimiento de la restauración de Israel por parte de Dios demanda la completa erradicación de la maldad. Según dijo el comentarista Merrill, como el "paradigma de la maldad y de la hostilidad contra todos los propósitos de gracia de parte de Dios", Babilonia, la "madre de las prostitutas y de las abominables idolatrías de la tierra" (Apoc. 17:5) es el basurero apropiado para un desecho moral de este tipo.

La visión final de los carros (6:1-8) refleja la primera visión. Describe el juicio que Dios envió a toda la tierra (ver Jer. 49:36; Apoc. 6:1-8; 7:1). Debido al programa divino de juicio y redención bosquejado en las siete visiones, la superficialidad y la falsedad del descanso y la paz establecidos por las naciones en la primera visión (1:11), se transforman en un descanso divino genuino en la última visión. Las montañas de bronce representan la entrada a la morada divina (ver 14:3-5; 1 Rey. 7:15-22).

CORONACIÓN DE JOSUÉ (6:9-15)

El oráculo de este apartado central y más prominente del libro forma una bisagra entre las dos secciones extensas. Al igual que 3:1-10, éste describe un prototipo mesiánico que recibe las señales de su oficio. La introducción que señala: "La palabra del SEÑOR vino a mí" (que se observa

sólo en Jeremías y Ezequiel), también se repite en 4:8, donde introduce un oráculo que promete la terminación del templo por parte de Zorobabel. En lugar de Zorobabel, aquí sólo se menciona a Josué y al "Renuevo". Se le dice a Zacarías que haga coronas reales (en hebreo la palabra es plural) y que corone a Josué. Luego las coronas deben ser colocadas en el templo como un recordatorio de lo que Dios iba a hacer.

Pero primero, Josué recibe un mensaje divino que el "Renuevo" (dado que el mensaje era para Josué, el "Renuevo" designa a algún otro) construiría el templo, sería glorificado y gobernaría (ver 1 Crón. 29:25). Ahora la construcción del templo postexílico ya estaba asignada a Zorobabel (4:9), que como descendiente davídico prefiguraba al Mesías (Hag. 2:23). Pero el Mesías construiría el templo asociado con su reino terrenal de justicia, un templo futuro prefigurado por el de Zorobabel (4:8-10). Por lo tanto, este oráculo abarca un cumplimiento de los propósitos de Dios tanto contemporáneos como futuros. La ambigüedad del pasaje con respecto al número de coronas y al número de tronos se debe a la necesidad de Zorobabel y de Josué de anticipar al Mesías, que sería tanto rey como sacerdote. En el antiguo Israel el trono del rey así como el arca en el lugar santísimo, eran el trono del Señor (ver 1 Crón. 29:23). La expresión "entre ambos habrá armonía" en el v. 13 personifica la doble función del Mesías o tal vez describe la relación entre el Señor y su Ungido (ver Sal. 45:6-7; 110:1; Dan. 7:9-14; Heb. 1:3,13; Apoc. 5:6). Finalmente, aunque el reino futuro fue asegurado por la gracia y el poder de Dios, la señal dependía de la obediencia diligente de Zorobabel, de Josué y del remanente.

AYUNO (7:1–8:23)

Estos dos capítulos sirven para introducir los dos oráculos en los capítulos 9–14, así como 1:1-6 introduce las visiones de 1:7–6:8. En los capítulos 7–9 se introducen temas como los días ceremoniales, la santidad de la morada de Dios, la adoración universal del Señor, la reunión de los exiliados y la repoblación de Jerusalén. Luego estos temas reaparecen en los capítulos 9–14.

Después de casi dos años de las visiones nocturnas, algo más de dos años desde que comenzó la reconstrucción, llegó desde Bet-el una delegación para hablar con Zacarías. Preguntaban si el tiempo del ayuno y el lamento por Jerusalén había pasado. Para conmemorar varios aspectos de la caída de Jerusalén, los judíos habían designado días de ayuno en los meses cuatro, cinco, siete y diez (v. 5; 8:19).

La respuesta de Dios se desdobla en cuatro partes, cada una dividida por la repetición de "vino a mí la palabra del SEÑOR" (7:4,8; 8:1,18). La repetición adicional le da a las secciones una estructura de espejo en donde 7:1-13 es un paralelo de 8:20-23; luego, 7:4-7 es un paralelo de 8:18-19; también 7:8-12 es un paralelo de 8:16-17; después 7:13-14 es un paralelo de 8:7-8; y 8:1-6 es un paralelo de 8:9-15. El mensaje de Dios señalaba que el ayuno de los judíos no había sido otra cosa que un ritual hipócrita. Ya que la motivación era interés personal más que dolor genuino por el pecado o por un deseo de renovar su fidelidad a Dios.

Luego, Dios les recordó su demanda de justicia y misericordia, y que el exilio había resultado del fracaso de Israel en prestarle atención a sus demandas. La implicación es que tal cosa podía volver a ocurrir (lo cual pasó en el 70 d.C.). Pero el Señor tenía bendiciones planeadas para Israel, y eso debía motivarlos a no tener temor ni desanimarse sino a terminar el templo. Dios ya se había vuelto a ellos (v. 3 debería traducirse como "he regresado"), y prometió

morar con ellos y reunir a muchos otros de todo el mundo. Esta perspectiva podría parecerles difícil ("imposible") a ellos, pero no al "SEÑOR Todopoderoso". Además de completar el templo, la principal respuesta que el Señor buscaba para sus hechos y promesas de gracia no era el ritual sino la justicia, amar al prójimo como a uno mismo.

Tal vez lo que más querían los líderes de Bet-el era llamar la atención sobre su propia "piedad". En 8:18-23 se les informa que Dios iba a hacer algo tan maravilloso que el ayuno se tornaría en fiesta y su adoración insignificante sería eclipsada por "muchos pueblos y fuertes naciones", que vendrían a "implorar" y a "buscar" al Señor (RVR60; ver explicación sobre Miq. 4–5; también ver Mal. 1:11-14).

PRIMER ORÁCULO (9:1–11:17)

El resto del libro, probablemente escrito después que el templo fue terminado, contiene dos oráculos o mensajes divinos (caps. 9–11 y 12–14). Ambos mensajes tienen que ver con el establecimiento del reino de Dios sobre la tierra. Ambos describen eventos futuros, algunos de los cuales se cumplieron antes de la encarnación de Jesús, algunos durante el ministerio terrenal de Jesús y otros se cumplirán cuando Él regrese. Cada oráculo contiene tres secciones principales, aunque el primer oráculo concluye con una cuarta sección que actúa como bisagra entre los dos oráculos. Es la tercera ceremonia de comisión en Zacarías (ver 3:1-10; 6:9-15).

La primera y la tercera sección del primer oráculo son himnos guerreros conectados a la liberación de Israel del exilio por parte de Dios. Entre ellos hay una denuncia de falsos pastores. La primera sección describe la victoria futura del pueblo de Dios a través de un líder que vendría. El juicio de las naciones hostiles es el tema de 9:1-8, un pasaje que en parte puede relacionarse con las conquistas de Alejandro en Palestina en el siglo IV a.C.

De acuerdo a 9:9-10, "uno de los pasajes mesiánicos más significativos de toda la Biblia", señaló Merrill, el reino de Dios será establecido a través de un gobernante humano (ver también Isa. 9:6-7; Sal. 2; 45; 72, especialmente el v. 8 del salmo citado al final de Zac. 9:10). A pesar de que a veces los reyes montaban asnos (ver 1 Rey. 1:33), el contraste con el uso del caballo de guerra (ver Apoc. 19:11-16) parece sugerir humildad y paz. El cumplimiento del v. 9 por parte de Jesús en su "entrada triunfal" en Jerusalén se hace evidente en Mateo 21 y en Juan 12. A la luz de la crucifixión de Jesús unos pocos días más tarde, la paz duradera y el dominio divino universal resultantes descritos en el v. 10 sugieren una brecha no descubierta entre los versículos o bien que el cumplimiento por parte de Jesús significó un "prototipo histórico" de otro evento que vendría.

Pocos pasajes proféticos (ver Zac. 13:7-9) que describen la gloria mesiánica explican que ésta sería precedida por sufrimiento y humillación (Isa. 52:13–53:12 es la excepción más significativa). En 9:11-17 el Señor promete que el pueblo regresará a su tierra de bendición y promete guiarlos usándolos como un arma contra sus enemigos hasta la victoria. Después de la denuncia de los líderes de Judá como falsos pastores, Zacarías 10:6–11:3 promete que el Señor, su buen pastor, libraría a su rebaño del exilio.

La última ceremonia de comisión en 11:4-17 contrasta con las previas en que Zacarías no es simplemente un observador sino que juega el papel de rey-sacerdote mesiánico. Aparentemente Dios es comisionado como un buen pastor (9:16; 10:3) en una visión. Se le dan dos varas de pastor y es enviado en la misión de "cuidar de las ovejas" (v. 4; ver 9:9), que otros pastores venden para el matadero (v. 5; ver 10:1-3).

Pero el Señor anuncia que Él entregaría al rebaño a opresores extranjeros (v. 6) debido a la manera en que lo trataban a Él (vv. 7-14). Si bien Él había removido a sus pastores falsos (v. 8), había establecido paz con las naciones y había reunido al reino del norte y del sur (simbolizados por las dos varas de pastor), el rebaño lo detestaba. De modo que Él renunció a su comisión de ser pastor de ellos, al quebrar las varas de pastor. Por sus servicios le fue pagado el insultante precio de 30 piezas de plata, el precio de un esclavo, y se le indica a Zacarías que tenía que darlo al fundidor en la casa del Señor.

El significado de este escenario sólo se hace evidente cuando vemos su cumplimiento en los evangelios (ver Mat. 26:15; 27:3-10). Al concluir la visión, Zacarías debe hacer el papel del pastor falso, a quien el Señor envió para castigar al rebaño durante un tiempo, antes de su propio juicio. El mensaje es que la liberación y la gloria de Israel serían precedidas por su opresión y su sufrimiento, no sólo de parte de extranjeros sino también de parte de sus propios líderes judíos, porque ellos rechazarían al Señor como su buen pastor (ver 13:7-8).

Segundo oráculo (12:1–14:21)

El segundo oráculo enfoca la atención en la liberación de Jerusalén de sus enemigos por parte de Dios, en especial en la primera y en la última sección. Aunque Dios entregaría a su pueblo en manos de sus enemigos para castigo, no los abandonaría (ver Jer. 30:11). La primera sección describe a "todas las naciones de la tierra" que rodeaban Judá y Jerusalén. Pero ellas se destruirían a sí mismas cuando atacaran Jerusalén, la "roca inconmovible" (ver Isa. 29; Jer. 25; Ezeq. 38-39; Joel 2; Abd. 16).

La segunda sección promete un arrepentimiento nacional producido por el Espíritu de Dios (ver Ezeq. 36:24-32; Joel 2:28-32). Israel experimentaría un pesar severo y sincero debido a la manera en que habían tratado al Señor, es decir, a su Mesías (ver 11:8; 13:7-8; Isa. 53:1-9; Juan 19:37). Se sugiere que el carácter del Mesías era tanto de Dios como de hombre al referirse a Él en el v. 10 como "mí" (esto es Dios) tanto como "él" (RVR60; ver Isa. 9:6-7). Ocurre un fenómeno similar en pasajes que se refieren al ángel del Señor como el Señor y como alguien distinto del Señor (ver Gén. 16:7-13; Ex. 3:2-4; Jue. 6:11-27; Zac. 3:1-6). El Señor también promete limpiar y purificar a Israel, en especial de la idolatría y de la profecía falsa, y promete preservar y restaurar al remanente. La "fuente" (o "surgente") sugiere una limpieza continua para los que habían "traspasado" al Mesías.

El mandato del Señor en 13:7 respecto a que la espada debía herir (que quiere decir "matar") al pastor, resulta sorprendente. Después de todo, "el hombre en quien confío" (es decir, "el prójimo", "el asociado", o "el amigo" de Dios), es una referencia aparente al Mesías (ver Isa. 53:4). El primer propósito del mandato del Señor es que su rebaño fuera dispersado (ver Mat. 26:31) y castigado y, segundo, que muchos murieran. Luego, después que su pueblo fuera purgado y refinado sería revitalizado como el pueblo del pacto del Señor, limpiados por la sangre del que ellos habían matado. De este modo el Señor cumpliría el evangelio que Él proclamó en Génesis 3:15.

La sección final, que se explaya sobre la primera, describe la liberación de Jerusalén por parte de Dios en los últimos días y su coronación como Rey sobre toda la tierra. La derrota inicial de Jerusalén se tornará en victoria cuando el Señor aparezca (en la separación del monte de los Olivos, ver 14:4). El sitio de la más profunda agonía del Señor será testigo de su mayor gloria (ver Mat. 26:30-45). La oscuridad que acompaña la escena se hace eco de pasajes tales como Isa. 13:10; 60:19-20; Ezeq. 32:7-8; Joel 2:31 (ver también Mat. 24:29; Apoc. 21:23-24; 22:5). Luego se describe la restauración de Jerusalén (vv. 8-11) y la destrucción de todos los enemigos del Señor (vv. 12-15). Pero un remanente de las naciones adorará al Señor (vv. 16-19). La culminación de la obra de Dios será la perfecta santidad de su pueblo en medio del cual Él morará, y se expresa en forma figurada como extendiéndose hasta en los elementos más comunes de la tierra de Dios (vv. 20-21; ver Ex. 19:6; Jer. 2:3).

Significado teológico y ético. El pueblo de Judá se había desalentado porque no podía ver que Dios estaba obrando. Carecía de un sentido de gratitud por lo que Dios había hecho y de un entusiasmo para perseverar fielmente en el servicio. El mensaje de Zacarías fue que a pesar de que el futuro inmediato de Judá estaba en manos de ellos, Dios se ocuparía de que finalmente el pequeño comienzo del cual ellos eran testigos resultara en el gobierno mundial de Dios desde su morada en Jerusalén. Todas las promesas de Él respecto a Israel y a las naciones del mundo se cumplirían. En lugar de lamentarse por lo que ve en el presente, el pueblo de Dios debiera enfocarse en lo que Dios ha hecho en el pasado, en lo que ha prometido hacer en el futuro y en lo que nos ha indicado hacer en el presente. Nada de lo que hacemos es "pequeño" si se hace en fe y en obediencia.

Zacarías ha sido llamado "el más mesiánico, el más verdaderamente apocalíptico y escatológico de todos los escritos del A.T." Las profecías mesiánicas y las descripciones detalladas del amanecer del reino mesiánico le dan al libro la cualidad de emocionante. Zorobabel y Josué representan al Mesías en su papel real y sacerdotal. Reflexionar sobre cómo el programa soberano de Dios para la redención se desplegó en la vida y el ministerio de Jesús debería de llevar a un anticipo anhelante de la conclusión de su plan, expresado en adoración y obediencia fervorosa.

Preguntas para la reflexión

1. De acuerdo a Zacarías, ¿qué debería hacer el pueblo de Dios para experimentar sus bendiciones?

2. ¿Qué enseña el libro de Zacarías acerca de los planes de Dios para el futuro de su pueblo? ¿De qué manera cumple Jesús con estas expectativas?

MALAQUÍAS

Malaquías es el último mensaje profético de parte de Dios del período del Antiguo Testamento. Este libro provee una conclusión adecuada para el Antiguo Testamento y una transición para entender la proclamación del reino en el Nuevo Testamento. Probablemente no sea accidental que el personaje profetizado en Malaquías 3:1, que va a "preparar" el camino para la venida del Señor a su templo, sea identificado como "mi mensajero" (RVR60), una palabra idéntica en hebreo al nombre del autor del libro dado en 1:1. Puede ser que el profeta Malaquías y sus primeros lectores hayan considerado que este personaje y este libro constituyeron un cumplimiento preliminar de esta profecía.

Nada se sabe acerca del autor aparte de su nombre. El libro enfatiza el mensaje más que el mensajero. De un total de 55 versículos, 47 son discursos personales del Señor.

Aunque el libro no está fechado con referencia a un gobernante o a un evento específico, la evidencia interna y su lugar en el canon, favorecen una fecha postexílica. La referencia a un gobernante en 1:8 está a favor del período persa, cuando Judá era una provincia o subprovincia de la satrapía persa Abar Nahara, un territorio que incluía Palestina, Siria, Fenicia, Chipre y, hasta el 485 a.C., también Babilonia. El templo había sido reconstruido (515 a.C.) y la adoración establecida (1:6-11; 2:1-3; 3:1,10). Pero la conmoción y el entusiasmo, de los cuales los profetas Hageo y Zacarías fueron catalizadores, habían menguado. Los problemas sociales y religiosos que Malaquías menciona reflejan la situación descrita en Esdras 9 y 10, y en Nehemías 5 y 13, y sugieren fechas ya sea justo antes del regreso de Esdras (alrededor del 460 a.C.), o justo antes del segundo período de Nehemías como gobernante (Neh. 13:6,7; alrededor del 435 a.C.).

Mensaje y propósito *Acusación:* En términos generales, Malaquías presenta los pecados de Judá en los propios labios del pueblo, al citar sus palabras, sus pensamientos y sus actitudes (1:2,6,7,12-13; 2:14,17; 3:7,8,13-15). Malaquías enfrentó a los sacerdotes de Judá por el fracaso de ellos en servir al Señor y no enseñar al pueblo a honrar a Dios. Esta negligencia había contribuido a la indiferencia de Judá hacia la voluntad de Dios. Culpaban a Dios de ser infiel hacia ellos frente a sus problemas económicos y sociales, se trataban unos a otros con infidelidad (especialmente a sus esposas) y profanaban el templo casándose con mujeres paganas. También retenían sus diezmos para los fondos del templo.

Instrucción: Malaquías llamó al pueblo a volverse de su apatía espiritual y corregir sus actitudes incorrectas en la adoración, y los instó a que con fe genuina confiaran en Dios como su Señor viviente. Esto incluía honrar el nombre del Señor con ofrendas puras, ser fiel a los pactos hechos con otros creyentes, especialmente pactos de matrimonio, y expresar arrepentimiento con los diezmos.

Juicio: Si los sacerdotes no alteraban su conducta, el Señor los maldeciría, los avergonzaría y los removería de su servicio. Malaquías también anuncia la llegada de un día cuando el Señor de justicia venga a limpiar y perfeccionar a su pueblo. En ese tiempo, Él hará evidente la distinción entre los obedientes y los malvados, y juzgará a los malvados.

Esperanza: Malaquías también basa sus instrucciones en (1) la demostración de amor a Israel por parte del Señor (1:2); (2) la unidad espiritual y del pacto del pueblo con Dios y de unos con otros (2:10); y, (3) el día inminente cuando el Señor también bendecirá abundantemente a los que lo teman (3:1-6; 3:16–4:3).

Estructura. El mensaje de Malaquías es comunicado en tres discursos interrelacionados. Cada discurso contiene cinco secciones organizadas en espejo y repetitivas alrededor de una sección central (*abcba*). En los primeros dos discursos, el punto focal está en la sección central que contiene la instrucción del Señor (1:10; 2:15b-16). Estos discursos comienzan con una motivación o esperanza positiva (1:2-5; 2:10a) y terminan con una motivación o juicio negativo (2:1-9; 3:1-6). La segunda y la cuarta sección contienen la acusación (1:6-9 y 1:11-14 en el primer discurso; 2:10b-14 y 2:17 en el segundo). El discurso final comienza y termina con un llamado general al arrepentimiento (3:7-10a; 4:4-6). La acusación está en el centro (3:13-15). La segunda sección provee motivación o esperanza positiva (3:10b-12) y la cuarta sección combina una motivación positiva con una negativa (3:16–4:3).

I. Honrar a Yahvéh (1:2–2:9)
II. Fidelidad (2:10–3:6)
III. Volverse y recordar (3:7–4:6)

EL AMOR DEL SEÑOR (1:1-5)

A pesar de su responsabilidad bajo el pacto de Leví (ver 2:4,8) de ser los mensajeros del Señor de la Torá (2:7), los sacerdotes postexílicos deshonraban al Señor, particularmente en su actitud descuidada hacia las ofrendas. Son exhortados a terminar con la adoración vacía y comenzar a honrar al Señor con ofrendas puras y servicio fiel. Para animarlos, el Señor declara su amor por ellos (y por todo Israel) en 1:2-5. Para desafiarlos, Dios amenaza con humillarlos y quitarlos de su servicio a Él (2:1-9).

La disputa de Judá por el amor de Dios muestra que ellos habían permitido que sus dificultades les robaran su sentido de la presencia amorosa de Dios. Tal empobrecimiento resultó en el decaimiento moral que se denuncia en el segundo discurso y en la indiferencia espiritual que se critica en el tercero. A continuación de la impertinente pregunta de Judá, el Señor afirma que su amor por Judá había sido demostrado abundantemente en la historia reciente (vv. 3-5). El amor del Señor por Israel consiste en haberlos elegido entre las naciones para tener una relación íntima con Él y consiste también en la fidelidad divina hacia ellos en esa relación. El pueblo debía comprender el amor de Dios simplemente comparando sus bendiciones con los castigos de Edom.

ADORACIÓN INDIGNA (1:6-14)

La situación en el primer discurso es que los sacerdotes fallaban en honrar y temer al Señor. El altar del templo se compara con la mesa de una cena ofrecida por el Señor. Esta mesa representaba hospitalidad y relación. La actitud de una persona hacia esa mesa revelaba su actitud hacia el Señor. Cuando Judá llevaba animales manchados al altar mostraban qué poco valoraban su relación con el Señor.

El Señor deseaba corazones puros que con sacrificios apropiados manifiesten temor y honor. Pero Él prefería no recibir ritual en lugar del ritual vacío que orquestaba Judá (v. 10; ver Isa. 1:10-17; Amós 5:21-23). La "adoración" que no surge de una devoción al Señor con todo el corazón es pecado (Prov. 15:8; Isa. 1:13; Amós 4:4; ver Rom. 14:23; Heb. 11:6). El Señor no depende de las ofrendas o del servicio del hombre. Estos son medios para testificar de su grandeza y exaltar su nombre. La adoración también beneficia a los adoradores, como forma de mantener la relación con Dios individualmente y para alentarse unos a otros en la fe. Pero la actividad religiosa que se lleva a cabo sin gratitud ni amor genuinos al Señor no solo es inútil sino que resulta repulsiva a Dios porque difama su carácter.

De acuerdo a 1:11-14 si bien vendría un tiempo cuando incluso los gentiles de todo el mundo temerían al Señor, el propio pueblo de Judá, escogido por Dios y su reino de sacerdotes que debía mediar su gracia a las naciones, lo estaban profanando. Aunque el propósito de Dios de darse a conocer a las naciones y ser adorado por ellas no sería desbaratado, Él lo cumpliría más a pesar de Israel que por medio de ellos (ver Ezeq. 36:20-36; 39:7; Rom. 3:1-8; 11:11-12). Aun así, el Mesías sería un israelita (Rom. 9:5).

MALDICIÓN DEL SACERDOCIO (2:1-9)

En este tramo del discurso el "mandato" (mejor traducido como "decreto") era que si la actitud y la conducta de los sacerdotes no cambiaba, el Señor los maldeciría y los removería del servicio (ver Lev. 10:1-3; 1 Sam. 2:29-36; Ezeq. 44:6-14; Os. 4:6-8). Dios les había confiado el bienestar espiritual de Israel (ver Núm. 25:11-13; Deut. 33:8-11). Aunque Nehemías dice: "Yo los purifiqué de todo lo extranjero y asigné a los sacerdotes y levitas sus respectivas tareas" (Neh. 13:30), de acuerdo a los escritores de los evangelios, para el tiempo de Jesús el sacerdocio de Jerusalén estaba bajo la maldición de Dios (ver Mat. 16:21; 21:23-46). Sin embargo, estaba vigente la promesa de un sacerdocio levítico duradero (Mal. 3:3-4; ver también Jer. 33:17-22).

Aquí el sacerdote es llamado "mensajero del SEÑOR Todopoderoso". En otras partes los "mensajeros" del Señor son ángeles o profetas. Mientras que esos mensajeros transmitían nuevas palabras de instrucción de parte de Dios, los sacerdotes informaban al pueblo sobre las palabras de su ley reveladas previamente y aplicaban esa ley a sus vidas y circunstancias. El tiempo de Malaquías cerca del final de la profecía del Antiguo Testamento y de la conclusión del canon del Antiguo Testamento haría que el uso del término aquí fuera especialmente significativo. Que los maestros de la Palabra de Dios pudieran describirse como "mensajeros" implica la relevancia continua de las instrucciones pasadas por parte de Dios y muestra la importancia permanente del maestro bíblico (y del traductor) en medio del pueblo de Dios. Los que proclaman la Palabra escrita de Dios no son menos importantes para su plan redentor que los que previamente sirvieron como "profetas", pues ambos llevan el mensaje de Dios (ver 2 Ped. 1:19-21).

INFIDELIDAD MATRIMONIAL (2:10-16)

La audiencia del segundo discurso se ha ampliado a todo Judá. La acusación es contra la infidelidad de unos hacia otros, especialmente hacia las esposas, de las cuales muchos se divorciaban para casarse con mujeres paganas. Esa conducta implicaba traición contra aquellas mujeres que se habían unido tanto por lazos espirituales (v. 10a; ver 1 Juan 5:1), como por un pacto juramentado delante del Señor (v. 14).

En una dimensión vertical, la infidelidad de Judá está a la vista en los vv. 11-12. Al casarse con las que adoraban a otros dioses, el pueblo había cometido un acto "detestable" el cual había "profanado" el santuario del Señor. Tal infidelidad a Dios introdujo un elemento espiritualmente destructivo dentro de la comunidad del pacto (ver Ex. 34:11-16; Deut. 7:3-4; Neh. 13:26; 2 Cor. 6:14-17). El pecado se hizo más reprensible al continuar con los sacrificios al Señor como si todo estuviera bien (v. 12). Luego se quejaron porque Él no estaba honrando los sacrificios (v. 13). En dimensión horizontal, la infidelidad de Judá respecto a la ruptura de pactos de matrimonios es el punto focal en los vv. 13-15a. Sin embargo, esto tenía también una dimensión vertical porque Dios era el "testigo" de esos pactos.

La cuestión es que el v. 15a parece sugerir que el matrimonio no es sólo una unión de la carne que se puede disolver, sino también una unión por el Espíritu divino que "permaneció" manteniendo una unión que sobrevivió a los esfuerzos humanos para romperlo. El v. 15a podríamos entenderlo así: "¿Acaso Él nos os hizo uno [con vuestras esposas], (y un remanente de esa unión creada por el Espíritu [todavía] es parte de la relación)?". Es decir que a pesar de la traición de los hombres siguió habiendo un remanente del vínculo espiritual. La naturaleza o propósito de la unidad matrimonial es que "busca descendencia dada por Dios". La intención de Dios en el propósito de que un hombre dejara a su padre y a su madre y se uniera a su esposa a través de un pacto y llegaran a ser una carne (Gén. 2:24), es que fuera fructífero. Por ese medio, el pueblo del Señor debía extender el gobierno de Dios por la tierra entera, engendrando y disciplinando hijos que manifestaran la gloria divina en vidas obedientes y que continuaran el proceso hasta que la tierra estuviera llena de su gloria. Si bien ya no se les puede asegurar a las parejas que van a tener hijos (como lo deja en claro el libro de Génesis), aun así deben "buscarlos" y pueden reproducirse de otras maneras si es necesario, a través de la adopción y/o del discipulado espiritual.

La sección de instrucción (vv. 15b-16) comienza con el mandato: "cuídense ustedes" y termina con: "no sean traicioneros". En el medio hay otro pasaje difícil, cuya interpretación tradicional como una condena general al divorcio (reflejada en la NVI) parecería no coincidir con el aparente permiso del divorcio por parte de Moisés en Deuteronomio 24:1-4, con la ordenanza en Esdras 10:5,11 y con el permiso dado por Jesús en Mateo 19:9. Al comienzo del v. 16 hay una partícula que significa "en

realidad", "porque", o "si, cuando". La sintaxis está a favor de "si" (ver 2:2), y la traducción sería: "'Si él odia (y) se divorcia,' dice el Señor, Dios de Israel, 'entonces Él cubre de violencia sus vestiduras,' dice el Señor Todopoderoso". El asunto es que quien se divorcia de su esposa simplemente porque dejó de gustarle (Deut. 24:2) comete "violencia" o injusticia contra ella, es decir, "infracción a sangre fría e inescrupulosa de los derechos personales de otros, motivada por codicia y por odio" (ver Sal 73:6). Un hombre así, que priva a su esposa de las cosas que un esposo es responsable de proveer —bendiciones, bondad, protección, alabanza, paz, justicia— es condenado por Dios.

JUSTICIA DE PARTE DEL SEÑOR (2:17–3:6)

Con este párrafo concluye el segundo discurso. El pecado de deslealtad que se expandió por Judá fue un caso de injusticia que consistió en no dar a alguien lo que le debían. Aun así Judá, incapaz de reconocer su propia corrupción, calculaba que sus problemas económicos y sociales del momento (ver Hag. 1:6,9-11; 2:16-19; Neh. 9:32-37) eran señal de la deslealtad o infidelidad de Dios. La respuesta de Dios a sus quejas fue anunciar la venida de un "mensajero del pacto" mesiánico quien purgaría y purificaría al pueblo de Dios (ver Juan 2:14-17), incluidos los sacerdotes.

La naturaleza divino-humana de este mensajero indica que este ser es alguien totalmente diferenciado de Dios a la vez que un ser que se identificó totalmente con Dios (ver comentarios sobre Zac. 12:10–13:9). "Mi mensajero" no es el mismo, sino aquel que anunciaría al "mensajero del pacto" que venía (ver Heb. 9:15). El Nuevo Testamento identifica a éste con "Elías" en 4:5, y a la "voz" de Isaías 40:3 con Juan el Bautista (Mat. 3:3; 11:10; Mar. 1:2-3; Luc. 3:3-6; Juan 1:23).

La inmutabilidad de Dios en el sentido de su fidelidad a Israel expresada en 3:6 se hace eco de 1:2-5 (ver también Os. 11:9; Sal. 124; Rom. 11:26-29).

VOLVERSE Y RECORDAR LA LEY (3:7–4:6)

El discurso final comienza y termina con mandatos. La primera sección (3:7-10a) contiene dos mandatos: primero, volverse al Señor; luego, evidenciar tal regreso con los diezmos y las ofrendas que habían estado reteniendo. Dedicar al Señor la décima parte de la producción propia como representativa del todo era una expresión de fe y de reconocimiento que todas las posesiones personales eran un don de Dios. El diezmo se usaba para sostener al personal del templo y a los miembros desvalidos de la sociedad (ver Neh. 13:10; Lev. 27:30-33; Núm. 18:21-32; Deut. 12:5-18; 14:22-29; 26:12-15). Las "ofrendas" eran las porciones sacerdotales de todos los sacrificios traídos al templo (Núm. 18:8-20).

En 3:10b-12 el Señor promete bendición del cielo, de la tierra y de las naciones si Judá era fiel a Dios. Como en todas las promesas materiales del Antiguo Testamento, éstas se aplicaban a la nación y no al individuo. Aplicar tales promesas a los individuos es una interpretación errada contra la que hablan el libro de Job y más tarde Jesús (Mat. 19:23-25; Juan 9:3).

La complacencia de Judá en no servir al Señor se exhibe en el discurso de 3:13-15. Las dificultades que habían estado enfrentado, junto con la perversa perspectiva en cuanto a su propia justicia y su imperfecta comprensión de lo que significa tener una relación con Dios, los había llevado a una conclusión falsa. Habían decidido que servir a Dios no era una ventaja (ver Sal. 73:13) y que no había diferencia real entre la justicia y la maldad (ver Isa. 5:20). ¡A qué pensamientos perversos pueden conducirnos nuestras

mentes malvadas, cuando no están guiadas por la verdad de Dios!

La motivación final ofrecida para alentar al arrepentimiento es el día que viene, cuando el Señor separe a los justos de los malvados y reúna su "propiedad exclusiva" (3:16-4:3; ver Ex. 19:5; Deut. 7:6; 14:1-2; 26:18; Sal. 135:4). El mensaje alterna entre esperanza (3:16-18; 4:2) y juicio (4:1), y los combina en el último versículo. Comienza con una anécdota figurativa en donde el Señor conoce a los que le temen. El "libro de memorias" puede referirse a un libro celestial del destino mencionado en Salmos 40:7; 139:16; Isaías 34:16; Daniel 7:10 y Apocalipsis 20:12. El elemento ardiente del día que se acercaba en 4:1 recuerda imágenes similares en pasajes escatológicos tales como Joel 2:3-5 (ver Sal. 21:9; Isa. 31:9). Aquí, la palabra para "horno" también significa "hornilla" usada como una imagen divina en Génesis 15:17. El "sol de justicia" se refiere al Mesías, cuya aparición sería celebrada como el amanecer porque "en sus rayos" (es decir, en los rayos del amanecer; ver Sal. 139:9) habría salud para los que temen al Señor (ver Deut. 32:39; 2 Crón. 7:14; Isa. 6:10; 53:5; 57:18-19; 58:8; Jer. 33:6; Os. 14:4).

Como el Señor recuerda a los que le temen y honran su nombre (3:16), en la última sección Él ordena a Israel que se acuerde de la ley revelada a Moisés (4:4-6). Así como el pueblo de Israel debía usar flecos como recordatorio constante de las instrucciones del Señor (Núm. 15:38-40), así también Malaquías los estaba llamando a un estilo de vida guiado en todo momento no por la sabiduría, la ambición ni las expectativas sociales humanas, sino por la aplicación a conciencia de la Palabra de Dios. Sólo este faro divino puede guiar al pueblo de Dios para evitar la destrucción en aquel "día del SEÑOR, día grande y terrible".

El papel de Elías como aquel que proclama en forma preparatoria el tiempo de la intervención divina deriva de ser visto como el profeta del arrepentimiento por excelencia. Así como aparece con Moisés en estos versículos finales del Antiguo Testamento, así también apareció con Moisés que representaba a los profetas para testificar de Jesús como el Mesías sobre el monte de la transfiguración de Jesús (Mat. 17:3; Luc. 9:29-31). Aquí también la profecía fue cumplida en parte por Juan el Bautista (Mat. 11:14; 17:10-13; Luc. 1:15-17). Pero Jesús indicó que hay un cumplimiento adicional que espera el tiempo de su regreso (Mat. 11:14; 17:11), quizás como lo reflejan los dos testigos en Apocalipsis 11:3 (ver Deut. 19:15)

La venida de Elías antes del día del Señor resultará en un gran avivamiento de la fe en Israel, expresado aquí como padres reconciliándose con sus hijos (el mismo verbo traducido en 3:7 "vuélvanse"). Lucas 1:17 cita este versículo y describe a padres reconciliándose con sus hijos y a desobedientes guiados a la sabiduría de los justos.

Significado teológico y ético. Malaquías habla al corazón de un pueblo atribulado cuyas circunstancias de inseguridad financiera, de escepticismo religioso y de desilusiones personales son similares a las que el pueblo de Dios experimenta o enfrenta hoy. El libro contiene un mensaje que no debe ser pasado por alto por quienes desean encontrar al Señor y su reino, y conducir a otros a un encuentro similar. Su mensaje tiene que ver con el carácter amoroso y santo de Dios y con sus propósitos inmutables y gloriosos para su pueblo. Nuestro Dios llama a su pueblo a una adoración genuina, a ser fieles a Él y unos para con otros y a una fe expectante en lo que Él está haciendo y dice que hará en este mundo y para su pueblo.

El amor de Dios es supremo. En Malaquías se expresa en términos de la elección y protección de Israel por sobre todas las naciones del mundo, por parte de Dios. Dado que Dios ha servido a los intereses de Judá debido a su amor inmutable, él requiere que Judá viva de acuerdo a sus obligaciones mediante obediencia y lealtad a Él, y no por un ritualismo vacío en la adoración. Esta relación de amor entre Dios y Judá es el modelo por el cual se espera que el individuo trate a su prójimo. Estamos unidos como una comunidad creada por Dios, somos responsables unos por otros y se nos demanda que seamos fieles en todos los aspectos de la vida en nuestro trato de unos a otros.

Como una comunidad dedicada a Dios, el pueblo del Señor disfruta de su protección y su intercesión. Pero fracasar en vivir correctamente delante de Dios y de los demás significa no sólo consecuencias naturales de una sociedad malvada, sino intervención del juicio de Dios. Así es que el pueblo de Dios no puede esperar el gozo de sus bendiciones si persiste en no cumplir con los deberes hacia Dios y unos con otros. El pueblo debe arrepentirse porque el juicio de Dios es cierto.

Pero antes de hacer a Judá pasible de juicio, Dios le concedería un último llamado al arrepentimiento; un precursor precedería a ese día terrible y anunciaría la venida del reino de Dios a la tierra.

Preguntas para la reflexión

1. ¿Cómo puede un cristiano abstenerse de desarrollar una actitud que desagrade a Dios, especialmente en tiempos difíciles?

2. ¿Cómo podemos estar seguros de que nuestra adoración honra a Dios?

3. ¿Cómo podemos estar seguros de que nuestro matrimonio y nuestra familia honran a Dios?

LOS EVANGELIOS

CRAIG L. BLOMBERG, DARRELL L. BOCK
CHRISTOPHER L. CHURCH, JAMES E. WHITE

El Nuevo Testamento comienza con cuatro libros que llamamos Evangelios. Cada vez que usamos el término *Evangelios*, debemos recordar que antes de los Evangelios llegó el evangelio, las buenas nuevas de Jesucristo: su vida, su muerte por los pecados y su resurrección (ver 1 Cor. 15:3-4). Jesús predicó las buenas nuevas (el evangelio) cuando comenzó su obra (Mar. 1:1,15).

Los cuatro Evangelios (Mateo, Marcos, Lucas y Juan) narran la historia de Jesús. En algunos puntos, los cuatro libros son similares. En otros son distintos. Los tres primeros Evangelios, llamados "Sinópticos" (que deriva de una palabra griega que significa que vieron el ministerio de Jesús desde un punto de vista similar), tienen mucho material en común. Por ejemplo, más de 600 de los 661 versículos de Marcos se encuentran en Mateo. Alrededor de 380 versículos de Lucas son similares al material de Marcos. Algunos han sugerido que los tres escritores extrajeron material de una fuente común. Otros han sugerido que Mateo fue escrito primero, y que Marcos y Lucas fueron influidos por Mateo. Hay quienes sostienen que Marcos fue escrito primero y entonces a su vez influyó sobre Mateo y sobre Lucas.

En realidad no sabemos cómo surgieron los Evangelios. Lucas señaló que él hizo una investigación exhaustiva de otros relatos acerca de Jesús antes de escribir su Evangelio (ver Luc. 1:1-4). No conocemos el proceso histórico por el cual surgieron los Evangelios pero sí sabemos que los cuatro libros que hemos llamado Evangelios están inspirados por el Espíritu de Dios y nos comunican la historia de Jesús de una manera poderosa (ver el artículo "El orden de los Evangelios").

Cada Evangelio es atribuido a una persona que, o bien fue testigo de los eventos descritos u obtuvo los relatos de parte de testigos oculares. Cada uno de los Evangelios narra hechos o eventos que los otros no relatan. Cada Evangelio fue escrito por personas diferentes, en diferentes momentos, en diferentes lugares con situaciones únicas. No obstante, es probable que hayan sido escritos entre 60–75 d.C. (ver las introducciones a Mateo, Marcos, Lucas y Juan).

Cada uno de los escritores dio forma al relato de su historia para lograr propósitos particulares. Por ejemplo, Mateo enfocó la atención en Jesús como el Mesías anunciado en el Antiguo Testamento. Marcos presentó a Jesús como una persona activa, como un ministro poderoso y como un Siervo sufriente. Lucas describió a Jesús como el Salvador para todos. Juan especificó su propósito al escribir su Evangelio (ver Juan 20:31). Quería que sus lectores entendieran que Jesús es el Cristo, el Hijo del Dios viviente. Podemos estar agradecidos porque tenemos cuatro Evangelios diferentes. Nuestro conocimiento de quién es Jesús y de lo que Él ha hecho es más rico y más profundo porque tenemos más de un Evangelio.

Los varios propósitos de los Evangelios nos ayudan a entender y apreciar sus diferencias y sus características únicas. La forma o el tiempo en que se presenta un evento o una expresión de Jesús con frecuencia están moldeados conforme al propósito general del autor. Pero esto de ninguna manera arroja dudas sobre la confiabilidad o veracidad del escrito o sobre la historicidad del evento. Por el contrario, reconocemos que mientras los Evangelios pueden leerse en forma conjunta como historias complementarias en *armonía* unas con otras, también aprendemos que cada Evangelio debe ser leído y entendido en forma separada. Estos cuatro libros en conjunto nos presentan las buenas nuevas acerca de Jesucristo, el Hijo de Dios.

SECTAS JUDÍAS EN EL NUEVO TESTAMENTO

FECHAS DE EXISTENCIA	NOMBRE	ORIGEN	SEGMENTOS DE SOCIEDAD	CREENCIAS	REF. BÍBLICAS SELECCIONADAS	ACTIVIDADES
			FARISEOS			
Existieron bajo Jonatán (160–143 a.C.) Declinaron en poder bajo Juan Hircano (134–104 a.C.) Comenzaron a resurgir bajo Salomé Alejandra (76 a.C.)	Fariseos = "los separados" con tres significados posibles: (1) la separación de ellos mismos de la gente (2) la separación de ellos mismos para el estudio de la ley ("trazando" o "separando" la verdad) (3) la separación de ellos mismos de las prácticas paganas	Probablemente descendientes espirituales de los hasidim (luchadores por la libertad religiosa de tiempos de Judas Macabeo)	El más numeroso de los partidos (o sectas) judíos. Probablemente descendientes de los hasidim: escribas y abogados. Miembros de la clase media: mayormente hombres de negocios (mercaderes y comerciantes)	Monoteístas. Concebían la totalidad del Antiguo Testamento (Torá, Profetas y Escritos) como autoritativo. Creían que el estudio de la ley era verdadera adoración. Aceptaban tanto la ley escrita como oral. Eran más liberales en la interpretación de la ley que los saduceos. Muy preocupados por guardar adecuadamente el sábado, el diezmo y los rituales de purificación. Creían en la vida después de la muerte y en la resurrección del cuerpo (con retribución y recompensa divinas). Creían en la realidad de demonios y ángeles. Respetaban la humanidad y la igualdad humana. Vocación misionera en cuanto a la conversión de gentiles. Creían que los individuos eran responsables por cómo vivían.	Mat. 3:7-10; 5:20; 9:14; 16:1,6-12; 22:15-22;34-46; 23:2-36 Mar. 3:6; 7:3-5; 8:15; 12:13-17 Luc. 6:7; 7:36-39; 11:37-44; 18:9-14 Juan 3:1; 9:13-16; 11:46-47; 12:19 Hech. 23:6-10 Fil. 3:4b-6	Desarrollaron la tradición oral. Enseñaron que el camino a Dios era a través de la obediencia a la ley. Cambiaron el judaísmo de una religión de sacrificios a una religión de la ley. Pensadores progresistas en cuanto a la adaptación de la ley a situaciones. Se opusieron a Jesús porque él no aceptaba como obligatorias las enseñanzas de la ley oral. Establecieron y controlaron las sinagogas. Ejercieron gran control sobre la población general. Sirvieron como autoridades religiosas para la mayoría de los judíos. Llevaron varias ceremonias del templo al hogar. Enfatizaron la acción ética en oposición a la teológica. Legalistas y socialmente exclusivistas (discriminaban a quienes no eran fariseos como impuros). Tendían a tener una actitud autosuficiente y altiva.
			SADUCEOS			
Probablemente comenzaron alrededor del 200 a.C. Desaparecieron en el 70 d.C. (con la destrucción del templo)	Saduceos = tres posibles traducciones: (1) "los Justos", basada en las consonantes hebreas de la palabra justo (2) "los que simpatizan con Sadoc" o "saduquitas" basada en su posible relación con Sadoc, el sumo sacerdote (3) "síndicos", "jueces" o "controladores fiscales", basada en la palabra griega syndikoi	Origen desconocido. Pretendían ser descendientes de Sadoc: sumo sacerdote bajo David (ver 2 Sam. 8:17; 15:24) y Salomón (ver 1 Rey. 1:34-35; 1 Crón. 12:28) Posiblemente ligados a Aarón. Probablemente se constituyeron como grupo alrededor del 200 a.C. como el partido del sumo sacerdote.	Aristocracia: descendientes ricos de la línea del sumo sacerdote (sin embargo, no todos los sacerdotes eran saduceos) Posibles descendientes del sacerdocio hasmoneo. Probablemente no tan refinados como sugiere su posición económica en la vida	Aceptaban sólo la Torá (Génesis hasta Deuteronomio: la ley escrita de Moisés) como autoritativa. Practicaban la interpretación literal de la ley. Rígidamente conservadores hacia la ley. Enfatizaban la observancia estricta de la ley. Observaban las creencias y tradición pasadas. Se oponían a la ley oral como obligatoria o demandante. Creían en la absoluta libertad de la voluntad humana: que las personas podían hacer como quisieran sin que Dios les prestara atención. Negaban la providencia divina. Negaban el concepto de vida después de la muerte y la resurrección del cuerpo. Negaban el concepto de recompensa y castigo después de la muerte. Negaban la existencia de ángeles y demonios. Materialistas.	2 Sam. 8:17; 15:24 1 Rey. 1:34 1 Crón. 12:26-28 Ezeq. 40:45-46; 43:19; 44:15-16 Mat. 3:7-10; 16:1,6-12; 22:23-34 Mar. 12:18-27 Luc. 20:27-40 Juan 11:47 Hech. 4:1-2; 5:17-18; 23:6-10	A cargo del templo y sus servicios. Políticamente activos. Ejercían gran control político a través del Sanedrín, del cual muchos eran miembros. Apoyaban al poder gobernante y el status quo. Inclinados hacia el helenismo (la expansión de la influencia griega), y así eran despreciados por el populacho judío. Se oponían tanto a fariseos como a Jesús porque estos vivían conforme a un canon más grande (los fariseos y Jesús consideraban más que sólo Génesis a Deuteronomio como autoritativo). Se oponían a Jesús específicamente por temor a que su posición y riqueza se vieran amenazadas si ellos lo apoyaban.

FECHAS DE EXISTENCIA	NOMBRE	ORIGEN	SEGMENTOS DE SOCIEDAD	CREENCIAS	REF. BÍBLICAS SELECCIONADAS	ACTIVIDADES
ZELOTES						
Tres posibilidades para su comienzo: (1) durante el reinado de Herodes el Grande (cerca del 37 a.C.) (2) durante la revuelta contra Roma (6 d.C.) (3) se remontan a los hasidim o a los macabeos (cerca del 168 a.C.) Su desaparición cierta ocurrió alrededor del 70–73 d.C. con la conquista de Jerusalén por Roma.	Se refiere a su celo religioso. Josefo usó el término al referirse a aquellos que intervinieron en la revuelta judía contra Roma en el 6 d.C., liderada por Judas de Galilea.	(Según Josefo) Los zelotes comenzaron con Judas (el Galileo), hijo de Ezequías, quien lideró una revuelta en el 6 d.C., por causa de un censo hecho con fines impositivos	El ala extrema de los fariseos	Similar a los fariseos con esta excepción: creían fuertemente que solo Dios tenía el derecho de reinar sobre los judíos. Patriotismo y religión eran inseparables. Creían que la obediencia total (apoyada por medidas físicas drásticas) debía ser evidente antes de que Dios pudiera traer la Edad Mesiánica. Eran fanáticos en su fe judía y en su devoción a la ley, al punto del martirio.	Mat. 10:4 Mar. 3:18 Luc. 6:15 Hech. 1:13	Extremadamente opuestos al gobierno romano sobre Palestina. Extremadamente opuestos a la paz con Roma. Se rehusaban a pagar impuestos Se manifestaban contra el uso de la lengua griega en Palestina. Comprometidos en terrorismo contra Roma y otros con quienes discordaban políticamente (Los sicarios [o asesinos] era un grupo zelote extremista que llevaba a cabo actos de terrorismo contra Roma).
HERODIANOS						
Existieron durante el tiempo de la dinastía herodiana (que comenzó con Herodes el Grande en el 37 a.C.). Desaparición incierta.	Se basaban en su apoyo de los gobernantes herodianos (Herodes el Grande y su dinastía).	Origen exacto incierto	Ricos, influyentes políticamente. Judíos que apoyaban a Herodes Antipas (o cualquier descendiente de Herodes el Grande) como rey sobre Palestina. (Judea y Samaria estaban bajo gobernadores romanos en este tiempo.)	No eran un grupo religioso sino político. La membresía probablemente estaba compuesta de representantes de varias perspectivas teológicas.	Mat. 22:15-22 Mar. 3:6; 8:15; 12:13-17	Apoyaban a Herodes y a la dinastía herodiana. Aceptaban la helenización. Aceptaban el gobierno extranjero.
ESENIOS						
Probablemente comenzaron durante los tiempos macabeos (cerca del 168 a.C.), alrededor del mismo tiempo en que los fariseos y los saduceos comenzaron a formarse Desaparición incierta, posiblemente en el 68–70 d.C. con el colapso de Jerusalén.	Origen desconocido	Posiblemente se desarrollaron como una reacción al corrupto sacerdocio saduceo. Han sido identificados con varios grupos: hasidím, zelotes, influencia griega, o influencia iraní.	Esparcidos por las villas de Judea (posiblemente incluyendo la comunidad de Qumrán) (Según Filón y Josefo) Alrededor de 4000 en Palestina y Siria	Ascetas muy estrictos Monásticos: la mayoría hacía voto de celibato (adoptaban a niños varones para perpetuar el grupo), pero algunos se casaban (con el propósito de procreación). Se adherían rígidamente a la ley (incluyendo una versión estricta de las enseñanzas éticas). Consideraban a otra literatura como autoritativa (en adición a las Escrituras hebreas). Creían y vivían como pacifistas. Rechazaban la adoración del templo, y las ofrendas del templo las consideraban corruptas. Creían en la inmortalidad del alma sin resurrección corporal. Orientados apocalípticamente.	Ninguna	Dedicados a la copia y el estudio de los manuscritos de la ley. Vivían en comunidad con una propiedad comunitaria. Requerían de un largo período de prueba y ritual de bautismos por parte de aquellos que querían unírseles. Eran altamente virtuosos y justos. Eran extremadamente disciplinados Eran artesanos diligentes. Daban gran importancia a la adoración diaria. Sostenían rígidas leyes del sábado. Mantenían un sacerdocio no levítico. Rechazaban los placeres mundanos como malos. Rechazaban el matrimonio, pero no prohibían a otros casarse.

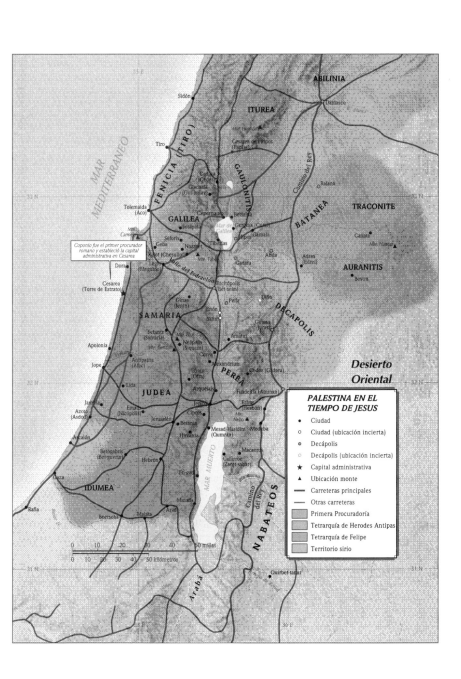

PALESTINA EN EL
TIEMPO DE JESUS

- • Ciudad
- ○ Ciudad (ubicación incierta)
- ◉ Decápolis
- ◎ Decápolis (ubicación incierta)
- ★ Capital administrativa
- ▲ Ubicación monte
- ▬ Carreteras principales
- ▬ Otras carreteras
- Primera Procuradoría
- Tetrarquía de Herodes Antipas
- Tetrarquía de Felipe
- Territorio sirio

Coponio fue el primer procurador romano y estableció la capital administrativa en Cesarea

MATEO

En un sentido estricto, el Evangelio de Mateo es anónimo. Los títulos de los Evangelios no fueron agregados hasta el siglo II d.C. Sin embargo, la tradición de la iglesia unánimemente atribuye este Evangelio a Mateo, también conocido como Leví, uno de los doce apóstoles de Jesús, y un recaudador de impuestos convertido (9:9-13; 10:3). Si bien los estudiosos modernos han cuestionado repetidamente esta identificación, no hay razones convincentes para rechazar de plano esta tradición.

Receptores. La tradición de la iglesia primitiva apoya el estilo y el contenido del Evangelio en cuanto a que Mateo escribió a un público judeocristiano. Tenemos pocas posibilidades de especificar más a los destinatarios. Algunas pocas fuentes antiguas favorecen a Palestina, quizás Jerusalén. Los eruditos modernos generalmente proponen Siria, particularmente Antioquía.

Fecha. La hostilidad entre judíos y seguidores de Jesús en las páginas del Evangelio ha sugerido a muchos que la iglesia judeocristiana de Mateo había roto relaciones de manera decisiva con la sinagoga judía (no cristiana). Esto frecuentemente lleva a fecharlo a mediados del año 80 d.C. o más tarde, después de cuando se supone que las sinagogas introdujeron una maldición sobre los herejes (incluidos los cristianos) en su liturgia de oraciones. Las citas de los padres apostólicos sugieren un límite posterior para el fechado en alrededor del 100 d.C. Las referencias a la destrucción del templo (notables en 22:7) han convencido a muchos de que Mateo escribió después de ese evento (que ocurrió en el 70 d.C.).

Pero ninguna de estas consideraciones prueba ser decisiva. Es dudoso en grado creciente si alguna vez ocurrió un rompimiento formal entre sinagoga e iglesia en un período específico, en gran parte del Imperio Romano. La manera en que uno entiende la relación literaria entre Mateo, Marcos y Lucas afectará también la fecha en que se escribieron. Mateo probablemente conocía bien los escritos de Marcos y tal vez usó extensas porciones de Marcos en sus escritos. Este puede ser fechado entre fines del 50 y principios del 70 d.C.

Lucas aparentemente también utilizó relatos de Marcos, y muchos han fechado Lucas-Hechos en el 62 d.C., dado que allí es cuando ocurrieron los eventos finales de Hechos. En consecuencia, Marcos tiene que haber sido escrito más temprano, lo que permitiría que Mateo haya sido escrito tan temprano como fines del 50 o principios del 60 d.C. Pero hay otras explicaciones para el final de Lucas. En Mateo, repetidas referencias a los rituales judíos, que ya no pudieron ser realizados después del 70 d.C., pueden sugerir una fecha en la década del 60, que podría sincronizar con una posible persecución saducea de cristianos entre el 58 y el 65. A la luz de todos los factores variables, podemos aceptar cualquier fecha entre el 40 y el 100 d.C., pero quizás un pequeño peso de evidencia favorece un tiempo antes de la caída de Jerusalén entre el 58 d.C. y el 69 d.C.

Forma literaria. A pesar de muchas contrapropuestas, podemos considerar a Mateo y los demás Evangelios como una biografía teológica. Pocos detalles en el libro se presentan con un mero interés histórico. Mateo trataba de que su audiencia tuviera su misma comprensión del cristianismo. Pero el motivo teológico no excluye la confiabilidad histórica. La historiografía de la antigüedad por lo general valoraba exactitud e ideología aun si no insistía en compartimentalizar estas

EL ORDEN DE LOS EVANGELIOS

La cuestión de la relación entre nuestros Evangelios es frecuentemente discutida, pero no es respondida con facilidad. Esto es específicamente así cuando la atención se enfoca sobre el Evangelio de Mateo, Marcos y Lucas, designados popularmente como "Evangelios sinópticos."

El término *sinóptico* significa *ver juntos o vistos desde una perspectiva común*. Los primeros tres Evangelios se identifican así porque presentan la vida y el ministerio de Jesús desde un punto de vista común diferente del Evangelio de Juan.

En general, los sinópticos siguen el mismo bosquejo y registran material similar. A veces sus relatos son casi idénticos. No obstante en otras ocasiones se observan importantes diferencias. Estos fenómenos han dado lugar, especialmente en la era moderna, a lo que se denomina "el problema sinóptico".

¿De qué manera debemos entender y explicar la relación literaria de estos tres Evangelios? El Evangelio de Juan se fecha más tarde que los sinópticos (80–95 d.C.), y no se discierne ninguna dependencia literaria extensa. Por lo tanto, notaremos las teorías más populares según se relacionan a los Evangelios sinópticos.

Teoría del Evangelio primitivo

Esta posición sugiere que nuestros tres Evangelios bíblicos o canónicos extrajeron su material de un Evangelio anterior o más primitivo, que no se ha preservado, probablemente escrito en arameo. Este concepto tiene poco respaldo histórico.

Teoría de la tradición oral

Este concepto cree que un "evangelio oral" es el que está detrás de nuestros Evangelios sinópticos. Esta teoría enfatiza que el material de los Evangelios fue transmitido oralmente o de boca en boca antes de ser puesto por escrito. Hay algo de verdad en esta teoría, pero es insuficiente para dar cuenta de (a) la existencia posible de relatos escritos temprano (ver Lucas 1:1-3), (b) el orden diferente de eventos descubierto en los sinópticos, y (c) las variaciones en forma, contenido, vocabulario, gramática y orden de palabras que son evidentes en nuestros Evangelios sinópticos.

La prioridad de Marcos

Esta teoría es más popular entre los estudiantes contemporáneos de la Biblia. No fue defendida hasta la era moderna y el surgimiento de la crítica histórica. Esta teoría inicialmente comenzó como una teoría de dos fuentes pero ahora es generalmente expandida a una teoría de cuatro fuentes.

Marcos es concebido como el primer Evangelio en ser escrito y es el fundamento de Mateo y de Lucas, quienes incorporaron casi la totalidad de Marcos. Mateo y Lucas también utilizaron otra fuente (generalmente se asume que fue escrita) llamada Q, de la palabra alemana *Quelle*, que significa *fuente*. Se dice que esta segunda fuente da cuenta de casi 250 versículos, en su mayoría de enseñanza de Jesús común a Mateo y Lucas pero que no está en Marcos.

Al expandir la teoría de las dos fuentes, se considera que una fuente M da cuenta del material único de Mateo, e hipotéticamente se establece una fuente L para dar cuenta del material peculiar de Lucas. Si bien es la teoría más popular, el modelo confronta las dificultades de (a) no tener un apoyo eclesiástico temprano y (b) pretender fuentes (Q, L, M) sin apoyo histórico alguno para su existencia.

La prioridad de Mateo

La prioridad de Mateo era la posición de la iglesia desde el primer siglo hasta el Iluminismo. Esta teoría ve a Mateo como el primer sinóptico, a Lucas (que utilizó a Mateo) como segundo, y a Marcos como tercero, y consideran a este como una combinación abreviada de Mateo y Lucas.

La predicación de Pedro es vista también como una influencia significativa en el Evangelio de Marcos. Los puntos fuertes de esta teoría son (a) era el concepto unánime de la iglesia primitiva, y (b) puede dar cuenta de la relación literaria que existe entre los Evangelios sinópticos sin asumir documentos hipotéticos con poco a ningún apoyo histórico.

Mientras que no sabemos con seguridad de qué manera los escritores de los Evangelios interactuaron unos con otros, ni qué fuentes pueden haber influido en su trabajo, tenemos confianza de que el resultado de su labor nos ha dado tres retratos inspirados, verdaderos y autoritativos de nuestro Señor Jesucristo.

---

dos en la manera en que los historiadores modernos lo hacen. Una vez que el texto de Mateo es interpretado a la luz de las convenciones literarias del día, que en su mayor parte no requieren de los patrones modernos de precisión en el informe,

podemos asumir sus relatos como históricamente confiables. Pero la razón para su inclusión es casi siempre teológica.

    I. Introducción al ministerio de Jesús
      (1:1–4:16)
    II. Desarrollo del ministerio de Jesús
      (4:17–16:20)
    III. Clímax del ministerio de Jesús
      (16:21–28:20)

Propósito y teología. Mateo probablemente escribió su Evangelio por varias razones. (1) Él quería convencer a los judíos no
cristianos de la verdad del cristianismo. (2) Él
buscaba explicar a los cristianos de qué manera su religión es el cumplimiento de las
promesas y los modelos de actividad de Dios
en el Antiguo Testamento. (3) Él quería dar a
los jóvenes creyentes instrucciones básicas
de vida cristiana. (4) Él quería alentar a su
iglesia en medio de la persecución por parte
de autoridades hostiles tanto en círculos judíos como romanos. (5) Él deseaba profundizar la fe cristiana al suplir más detalles sobre
las palabras y las obras de Jesús.

El énfasis teológico del Evangelio encaja
con estos propósitos. Mateo se esforzó por
demostrar que la obra de Dios en Jesús representaba el cumplimiento de sus promesas
a su pueblo escogido, los judíos. A través de
(o incluso a pesar de) la respuesta de ellos,
Mateo quería mostrar cómo Dios ofrece
idénticas bendiciones y juicios a toda la humanidad (ver 10:5-6 y 15:24 con 2:1-12 y
28:19). Él describió a Cristo como un maestro (a través de cinco sermones principales
en caps. 5–7; 10; 13; 18; 23–25). Pero lo
presentó como mucho más que un maestro:
el Hijo de David–Mesías y el Señor del universo y de los corazones.

Mateo presenta que la vida cristiana por
sobre todo es hacer la voluntad de Dios, definida como seguir a Jesús en discipulado y
obedecer sus mandamientos (7:21-27;
12:46-50; 28:19). Cristo no tenía la intención de abolir el Antiguo Testamento, pero la
ley puede ser aplicada correctamente en la

vida de un creyente sólo después que uno entiende cómo esta se cumple en Jesús (5:17).
Mateo es el único Evangelio que usa la palabra "iglesia" (16:18; 18:17). Jesús imaginó a
su comunidad de seguidores viviendo después de su muerte y su resurrección, y com-
pletando su ministerio de predicación del
reino de Dios de modo que hombres y mujeres pudieran entrar en una relación salvadora
con Dios.

EL ORIGEN DE JESÚS (1:1–2:23)

Mateo comenzó su relato haciendo una recapitulación y selección de eventos que rodeaban el nacimiento de Jesús (cerca del 4–6
a.C.). La genealogía establece los antepasados de Jesús por los cuales él era descendiente legítimo de David y candidato apropiado
para el trono mesiánico. El resto del "relato
de la infancia" de Jesús que hace Mateo se
compone de cinco citas del Antiguo Testamento y las historias que ilustran cómo esos
pasajes se cumplieron en Jesús.

Por un lado observamos el cumplimiento
más bien directo de un evento predicho, es
decir, el lugar de nacimiento del Mesías en
Belén. Por otro lado, encontramos que textos que no eran profecía en el Antiguo Testamento son reaplicados tipológicamente a
eventos que rodean el nacimiento de Cristo.
Tipología es la percepción de modelos de acción recurrentes en la historia de la salvación,
que son demasiado "coincidentes" como para ser atribuidos a cualquier otra causa que no
sea Dios. Por ejemplo, el Mesías fue llevado a
Egipto tal como los israelitas de la antigüedad; o bien, las madres de Belén nuevamente
lloraron la pérdida de sus hijos. En un caso
Mateo citó un "texto" que ni siquiera aparece
en el Antiguo Testamento, pero es probable
que haya tenido en vista un tema más general. El caso más conocido es cuando él citó la
profecía acerca de un niño que nacería de
una virgen. Esto probablemente combina
predicción-cumplimiento directo con tipología: Isaías originalmente tenía en vista a una

EL MINISTERIO DE JESÚS COMO CUMPLIMIENTO DE LA ESCRITURA EN MATEO

Aspectos de su ministerio	Pasaje de cumplimiento en Mateo	Profecía del Antiguo Testamento
Su nacimiento virginal y su labor como Dios con nosotros	Mat. 1:18, 22-23	Isa. 7:14
Su nacimiento en Belén y su rol como pastor	Mat. 2:4-6	Miq. 5:2
Sus años de refugiado en Egipto como Hijo de Dios	Mat. 2:14-15	Os. 11:1
Su crianza en Nazaret y su rol mesiánico (el término hebreo para vástago es *nezer*)	Mat. 2:23	Isa. 11:1
Su ministerio de predicación en Galilea y su labor como Luz a los gentiles	Mat. 4:12-16	Isa. 9:1-2
Su ministerio de sanidad y su labor como Siervo de Dios	Mat. 8:16-17	Isa. 53:4
Su negación a atraer la atención y su labor como escogido de Dios y Siervo amado	Mat. 12:16-21	Isa. 42:1-4
Su enseñanza por parábolas y su labor en proclamar el gobierno soberano de Dios	Mat. 13:34-35	Sal. 78:2
Su entrada humilde en Jerusalén y su rol como Rey	Mat. 21:1-5	Zac. 9:9
Su traición, arresto y muerte y su papel como Siervo Sufriente	Mat. 26:50,56	Los escritos proféticos como un todo

mujer joven de sus días, pero la profecía no fue cumplida exhaustivamente en ella o en su niño. Esto hizo que los judíos creyeran que todavía les aguardaba un cumplimiento más grande y más completo.

Otros dos temas surgen de los dos capítulos iniciales. Primero, Cristo sería para todas las naciones aun cuando Él excluyó a muchos de su propio pueblo que lo rechazaron. Incluso antes de que Él creciera, es claro que el Mesías no era tan solo otro judío nacionalista. Su genealogía incluye a cinco mujeres las cuales estaban, correcta o incorrectamente, bajo las sospechas de que habían dado a luz hijos ilegítimos. Es probable que los magos gentiles que llegaron a adorar al niño Jesús fueran astrólogos persas. Sin embargo, respondieron adecuadamente a la revelación de Dios a ellos, mientras que las autoridades políticas y religiosas de Jerusalén no lo hicieron. Segundo, Herodes figura, directa o indirectamente, en cada pasaje del capítulo 2. Mateo contrastó a aquel que verdaderamente es Rey de los judíos por nacimiento con uno que por el momento reinaba pero resultaba ser un intruso temporal.

PREPARACIÓN PARA EL MINISTERIO (3:1–4:16)

Mateo saltó abruptamente a la adultez de Jesús y mantuvo silencio respecto de los años intermedios de su vida. Los eventos de esta sección presentan el escenario para culminar en el bautismo y la tentación de Jesús. Ambos eventos lo prepararían para su ministerio de aproximadamente tres años (cerca de 27–30 d.C.). Juan, el primo de Jesús, lo precedió a vista de todos, cumpliendo así las profecías de que uno como Elías vendría a preparar el camino para el Cristo (ver 11:7-19, en especial v. 14). Llegó a ser conocido como "el Bautista" en razón de que llamó a los judíos al arrepentimiento de sus pecados y a demostrar la rededicación de sus vidas a Dios por medio de la inmersión en agua, un rito que mayormente estaba reservado a gentiles prosélitos del judaísmo. Juan enseñó en forma vívida la lección de que la fe es cuestión de compromiso personal y no confianza en el linaje ancestral.

Jesús y Juan se encontraron a orillas del Jordán, donde Jesús buscó el bautismo aun cuando Él no necesitaba arrepentirse de pecados. Después de las súplicas iniciales Juan accedió al reconocer que esto formaba parte de la voluntad del Señor. Dios utilizó la ocasión para testificar con voz celestial la verdadera identidad de Jesús. Este era el Hijo de Dios, aquel a quien Isaías llamó Emanuel ("Dios con nosotros", 1:23).

De inmediato el Espíritu preparó las circunstancias que permitirían al diablo probar cómo Jesús comprendía su condición de Hijo. ¿Él utilizaría su poder y su posición elevados para el engrandecimiento personal o para fines militares y políticos? ¿Resultaría ser otro potencial libertador de

los judíos ante el dominio de Roma? ¿O Él seguiría el camino del Siervo sufriente, el camino que lleva a la cruz? Las tres tentaciones ejemplifican los principales tipos de tentación, lo que el apóstol Juan más tarde llamaría "los malos deseos del cuerpo", "la codicia de los ojos", y "la arrogancia de la vida" (1 Juan 2:16). Allí donde Adán, la nación de Israel y toda la humanidad habían fallado previamente, Jesús permaneció fiel. Su ministerio procedió según un plan. Tal como ocurrió, Él continuaría cumpliendo con las Escrituras.

INTRODUCCIÓN (4:17-25)

"Desde entonces comenzó Jesús a predicar" marca el comienzo de su ministerio

PARÁBOLAS DE JESÚS

Quizás el estilo más distintivo de la enseñanza de Jesús fue el uso de parábolas. Desde el comienzo mismo de su ministerio público hasta los últimos días en Jerusalén, encontramos sus parábolas eternas. La palabra de Mateo es apropiada en todos los casos: "Y les dijo en parábolas muchas cosas como éstas" (Mat. 13:3). La parábola puede definirse como una comparación de la naturaleza o la vida diaria diseñada para enseñar una verdad espiritual.

Parábolas y enseñanza

Todos aman una buena historia. Jesús desarrolló historias a partir de imágenes e ideas familiares que revelan la verdad acerca de la naturaleza de Dios, la oración, los valores espirituales, la mayordomía, el juicio y el reino de Dios. Él utilizó parábolas como un recurso

didáctico con sus discípulos, con los líderes religiosos antagónicos y con el común de la gente. Los Evangelios sinópticos contienen entre 50 y 60 historias así. Además hay 10 historias breves que se encuentran en el Evangelio de Juan. Algunas son muy breves, tales como las parábolas de la perla de gran precio, la levadura, el tesoro escondido. Algunas son relatos completos como las parábolas del buen samaritano, los talentos, el sembrador y los suelos, el rico necio, el hijo pródigo y otras.

Parábolas y vida diaria

Jesús fue el más agudo de los observadores de la vida diaria. Él extrajo lecciones de los agricultores que siembran en los campos, de las costumbres de aldea en cuanto a bodas, de los pastores y las ovejas, y de los banquetes. Sus audiencias con frecuencia eran gente simple

y sin educación tales como pescadores, campesinos y aldeanos. Ellos podían captar sus lecciones fácilmente acerca de un juez injusto o un amigo que golpeaba la puerta a la medianoche. Jesús utilizó una buena narración para proyectar las verdades divinas sobre la redención, el reino de Dios y los valores éticos.

Hay una permanencia sobre estos relatos así como también una belleza asombrosa. Ellos presentan siempre alguna lección poderosa sobre Dios y su voluntad para la vida hoy.

Parábolas del reino

Muchas parábolas tratan sobre el reino de Dios, un mensaje importante que Jesús procuró presentar a Israel en su día. Mateo 13 es el gran capítulo sobre este tema. Allí Jesús usó una serie de parábolas para proclamar las acciones de Dios en su propio ministerio.

público principal, en especial llevado a cabo en Galilea. "Arrepiéntanse, porque el reino de los cielos está cerca" ejemplifica su mensaje en una oración. Con el ministerio, la muerte y la resurrección de Jesús el reino salvador de Dios sería inaugurado en los corazones y las vidas de aquellos que se hicieran sus discípulos. El reconocimiento universal de la soberanía de Dios en Jesús aguarda su segunda venida, pero el reino ha sido inaugurado. Él comenzó a llamar a sí mismo a aquellos que serían sus más íntimos compañeros y discípulos. Mateo entonces anticipó la esencia del ministerio de Cristo con términos claves "enseñando, anunciando y sanando", que caracterizaron su actividad por donde quiera que Él fuera.

SERMÓN DEL MONTE (5:1–7:29)

Quizás ninguna porción de las Escrituras es tan conocida como el gran sermón de Jesús. Comienza con las amadas Bienaventuranzas, que ejemplifican que los valores de Dios son inversos a los valores del mundo. En su reino o reinado, los afortunados son los pobres, los que lloran, los humildes, los justos, los compasivos, los puros, los pacificadores y los perseguidos. Precisamente, muchos de nosotros tendemos a despreciar o discriminar a este tipo de personas.

Estos valores contraculturales podrían sugerir que Jesús quería que sus seguidores se retiraran del mundo y formaran comunidades separadas. Mateo 5:13-16 de inmediato contradice cualquier idea similar. Los

Parábolas sobre la naturaleza de Dios

Algunas parábolas ilustran de manera inolvidable la naturaleza de Dios tal como Jesús la reveló. Al hablar del amor de Dios a los fariseos que estaban quejándose acerca de los cobradores de impuestos y los pecadores a su alrededor, Jesús produjo algunas parábolas memorables en Lucas 15. Estas parábolas de Jesús sobre la naturaleza de Dios son ejemplos excelentes de su comprensión sobre verdades simples de la vida diaria. Por ejemplo, él relacionó la preocupación del pastor por una oveja perdida, la pérdida que tuvo una campesina de una moneda de su dote, el alejamiento tan terrible del pródigo al punto que estaba alimentando cerdos cuando "recapacitó" (Lucas 15:17).

Temas de las parábolas

Si bien Jesús no siguió el mismo tema en sus enseñanzas a través de las parábolas, sí tocó algunos de los grandes temas de su ministerio a través de parábolas. Él se refirió a la relación del viejo pacto con el nuevo en las parábolas de la higuera estéril y de la gran fiesta. Sus lecciones sobre la oración fueron iluminadas por las parábolas del amigo que golpeó la puerta a la medianoche y el juez injusto. La mayordomía fue otro tema importante que presentó en los relatos del mayordomo infiel y del rico necio. Las solemnes enseñanzas de Jesús sobre el juicio las dio también a través de las parábolas de las vírgenes prudentes y necias y de los talentos. Las parábolas de Jesús hablan emotivamente de la muerte y la resurrección en sus parábolas del hombre rico y Lázaro y del mayordomo malvado.

Acercamiento en el estudio de las parábolas

Los estudios contemporáneos de la Biblia insisten fuertemente en que los estudiosos de la Biblia, que buscan el mensaje de Jesús a través de sus parábolas, deben entender el contexto del relato. Es también importante darse cuenta que la parábola por lo general tiene una lección principal para enseñar. Usar un acercamiento alegórico al estudio de las parábolas es inapropiado e inexacto. Los estudiosos de las Escrituras deberían buscar una lección primaria en cada parábola. La reputación perdurable de Jesús como Maestro tiene que ver con la sustancia y el contenido de sus lecciones inspiradas y auténticas. Cuando agregamos la forma singular de estas lecciones a través de las parábolas, rápidamente afirmamos la conclusión de los siglos en cuanto a la enseñanza de Jesús: "las multitudes se asombraron de su enseñanza, porque les enseñaba como quien tenía autoridad" (Mat. 7:28-29).

discípulos deben ser sal y luz para prevenir la corrupción e iluminar a un mundo perdido y moribundo.

Es comprensible que tales ideas radicales hayan revolucionado la relación entre la enseñanza de Jesús y el Antiguo Testamento. Jesús inmediatamente abordó este tema. Él no había venido a abolir la ley. No obstante, tampoco había venido a preservarla sino a "cumplirla"—llevar a su cumplimiento todo lo que ella originalmente señalaba. Algunos creen que Jesús demostró justamente lo opuesto con sus contrastes en los vv. 21-48. Sin embargo, estos versículos aclaran que Jesús establecía contrastes dramáticos entre su enseñanza y las interpretaciones típicas de la ley. En algunos casos, Él profundizó drásticamente los requerimientos. Jesús demandó una justicia mayor, como en su discusión del homicidio, el adulterio y el divorcio. Pero en otros casos, Él realmente puso a un lado ciertas provisiones del Antiguo Testamento a favor de regulaciones totalmente nuevas e internalizadas, como en el caso de los juramentos, la venganza y probablemente el amor a los enemigos.

A lo largo de estas ilustraciones Jesús utilizó numerosas hipérboles. Y aunque el propósito no era que fueran aplicadas literalmente, podemos entender por qué porciones de este material han sido tomadas como un manifiesto a favor de la no violencia en la iglesia y en el mundo.

Mateo 5:48 concluye la sección del sermón en donde Jesús establecía un ideal. Sus discípulos jamás podrían alcanzar estas pautas antes de su regreso, sin embargo, ello no es excusa para dejar de lado la búsqueda de esas metas.

Mateo 6:1-18 vuelve al tema de la piedad verdadera frente a la piedad hipócrita. En tres ejemplos paralelos, Jesús trató con las prácticas de la limosna, la oración y el ayuno. En cada caso la razón para una conducta religiosa correcta debe ser agradar a Dios antes que a los seres humanos. En la

mitad del segundo tema, el de la oración, Jesús pronunció la conocida oración de los discípulos, que comúnmente se la llama el Padrenuestro o la Oración del Señor. En ella, Jesús utiliza todos los elementos de la correcta oración en una secuencia apropiada. Él presentó elementos tales como alabanza y adoración; que la voluntad soberana de Dios domine la nuestra; que las prioridades del reino se manifiesten sobre la tierra; un pedido personal y un ruego por perdón que dependería de nuestra práctica de perdonar a otros; fortaleza para evitar al tentador y sus trampas.

Mateo 6:19-34 está unido por los temas de la riqueza y la preocupación. Aquí Jesús contrastó las riquezas pasajeras y terrenales con las riquezas permanentes y celestiales. Si nuestras prioridades residen correctamente en las últimas, Dios a través de su pueblo tendrá cuidado de las primeras. La implementación de 6:33 presupone comunidades cristianas que se preocupan por los necesitados en su propio medio como también por los de todo el mundo. Mateo 6:22-24 no anda con vueltas y directamente advierte que el dinero puede llegar a ser el mayor rival de Dios para ocupar el primer lugar en nuestras vidas, particularmente para aquellos que no están en las clases más pobres de la sociedad. Los individuos ricos que se llaman cristianos necesitan leer el v. 24 una y otra vez y preguntarse a quién están sirviendo realmente.

Mateo 7:1-12 redondea el cuerpo del sermón al discutir de qué manera tratar a otros. Primero, Jesús llamó a sus seguidores a no juzgar en sus relaciones con otros. Pero sus ilustraciones también subrayan que una vez que hemos tratado apropiadamente con nuestros propios pecados, tenemos el derecho y la responsabilidad de evaluar el comportamiento de otros y ayudarlos a tratar con sus desaciertos. Segundo, Él nos recuerda la generosidad de Dios y su deseo de darnos cosas buenas, si bien, según las Bienaventuranzas no debemos definir "buenas" en términos del mundo como salud o riqueza. La bien conocida Regla de Oro lleva al mensaje de Jesús a un clímax y ejemplifica su esencia —trata a otros como quisieras ser tratado.

Mateo 7:13-27 constituye la advertencia concluyente. Hay tan solo dos respuestas posibles a la predicación de Jesús: obediencia o rechazo. El camino angosto frente al espacioso, el buen fruto frente al fruto malo, y el constructor prudente frente el insensato ilustran esta advertencia de tres maneras paralelas. Las profesiones de fe sin cambios apropiados en el estilo de vida prueban ser vacías. Pero las meras obras por sí mismas no salvan; es necesaria una relación con Jesús. En el día del juicio muchos clamarán: "Señor, Señor" y apelarán a sus acciones. Cristo les responderá: "Jamás los conocí".

EL MINISTERIO DE SANIDAD DE JESÚS (8:1–9:34)

Los capítulos 8–9 presentan nueve relatos de milagros y todos excepto uno tratan con la sanidad física de los enfermos hecha por Jesús. Al igual que con su predicación, él asombró a la gente con su autoridad, esta vez al obrar milagros. Mateo interrumpió su narración en dos lugares para presentar la enseñanza de Jesús sobre el discipulado (8:18-22 y 9:9-17), de manera que formaron colecciones de tres relatos de milagros cada una. La primera subraya cómo Jesús sanó a los destituidos ritualmente. En forma deliberada tocó al leproso, arriesgando contaminación, para curar la impureza corporal. Luego recompensó la fe sin parangón del centurión gentil al curar a su siervo, y trascendió así los límites judíos de la impureza étnica. Tercero, sanó a la suegra de Pedro a pesar de los tabús convencionales basados en la impureza de género. Mateo insertó una cita de cumplimiento del Antiguo Testamento para demostrar cómo Jesús estaba cumpliendo la misión del Siervo sufriente de Isaías por medio de todo esto.

La primera interrupción en las sanidades ocurre cuando Jesús les responde a dos discípulos potenciales, cuando expresaron afirmaciones inadecuadas a sus demandas radicales. Un hombre estaba demasiado dispuesto; el otro, poco dispuesto. Ninguno de los dos había contado adecuadamente el costo de seguir a Cristo. El segundo grupo de milagros prueba ser aun más dramático que el primero. Jesús calmó una tormenta, exorcizó a un endemoniado gentil y sanó a un paralítico. Al hacerlo demostró su poder y su autoridad sobre desastres, demonios y discapacidades. El apaciguamiento de la tormenta es el único milagro en estos dos capítulos que no es sanidad. Pero la referencia de Mateo a la "represión" por parte de Jesús emplea el lenguaje característico de los exorcismos, de modo que quizás Mateo vio a este milagro como una especie de sanidad de la naturaleza.

Después de esta serie dramática de maravillas, Jesús regresó nuevamente a la cuestión del discipulado. Esta vez recibió una respuesta más adecuada de parte de Mateo mismo. Además disparó los pronunciamientos clave de Jesús sobre nuevas y radicales prioridades de su ministerio. Una apreciación correcta de quién es Cristo, manifestada en los milagros, tendría que llevar a las personas a servirle en discipulado.

La serie final de relatos de milagros incluye un pasaje con dos sanidades reales en el mismo relato. Camino a la casa de Jairo, Jesús detuvo el flujo de sangre de una mujer con hemorragia crónica. La demora resultó no ya en la curación de la hija de Jairo sino en la resucitación de ella de los muertos. Luego él les dio la vista a dos hombres ciegos. Y finalmente, restauró el habla a una persona muda.

A partir de aquí, las multitudes que observaron los milagros de Jesús comenzaron a tomar partido. En 9:26 Jesús recibió una amplia publicidad positiva. En 9:31 esto

PARÁBOLAS DE JESÚS

PARÁBOLA	OCASIÓN	LECCIÓN ENSEÑADA	REFERENCIAS
1. La astilla y la viga	Sermón del Monte (Mat.)	No atreverse a juzgar a los demás	Mat. 7:1-6; Luc. 6:37-42
2. Las dos casas	Sermón desde un llano (Luc.) Sermón del Monte, al final	Necesidad de construir la vida sobre las palabras de Jesús	Mat. 7:24-27; Luc. 6:47-49
3. Niños en la plaza	Rechazo del bautismo de Juan y del ministerio de Jesús	Maldad con disposición de encontrar faltas	Mat. 11:16-19; Luc. 7:31-35
4. Los dos deudores	Reflexiones pretendidamente justas de un fariseo	El amor hacia Cristo proporcional a la gracia recibida	Luc. 7:41-47
5. El espíritu maligno	Los escribas demandan un milagro en los cielos	El poder de la incredulidad para endurecer	Mat. 12:43-45; Luc. 11:24-26
6. El rico insensato	Disputa entre dos hermanos	La insensatez de depender de las riquezas	Luc. 12:16-21
7. La higuera estéril	Noticias sobre la ejecución de ciertos galileos	Todavía hay tiempo para arrepentirse	Luc. 13:6-9
8. El sembrador	Sermón en la playa	Los efectos de predicar la verdad religiosa	Mat. 13:3-8; Mar. 4:3-8; Luc. 8:5-8
9. La cizaña	La misma	Separar el bien del mal	Mat. 13:24-30
10. La semilla	La misma	El poder de la verdad	Mar. 4:26-29
11. El grano de mostaza	La misma	Los pequeños comienzos y el crecimiento del reino de Cristo	Mat. 13:31-32; Mar. 4:31-32; Luc. 13:19
12. La levadura	La misma	Diseminación del conocimiento de Cristo	Mat. 13:33; Luc. 13:21
13. La lámpara	Sermón del Monte (Mat.) Enseñando a una gran multitud (Mar., Luc.)	El efecto del buen ejemplo	Mat. 5:15; Mar. 4:21; Luc. 8:16; 11:33
14. La red	Sermón en la playa	El carácter mixto de la iglesia	Mat. 13:47-48
15. El tesoro escondido	Sermón en la playa	El valor del reino de Dios	Mat. 13:44
16. La perla de gran precio	Sermón en la playa	La misma	Mat. 13:45-46
17. El dueño de casa	Sermón en la playa	Métodos variados para enseñar la verdad	Mat. 13:52
18. El matrimonio	A los críticos que censuraban a los discípulos	Gozo en compañía de Jesús	Mat. 9:15; Mar. 2:19-20; Luc. 5:34-35
19. El vestido remendado	La misma	Lo nuevo de la obra de Dios en Cristo que no puede ser impedido por lo viejo	Mat. 9:16; Mar. 2:21; Luc. 5:36
20. Las botellas de vino	La misma	La misma	Mat. 9:17; Mar. 2:22; Luc. 5:37-38
21. La cosecha	Carencias espirituales de los judíos	Necesidad de testimonio y de oración	Mat. 9:37; Luc. 10:2
22. El adversario	Lentitud de la gente para creer	Necesidad de una pronta reconciliación	Mat. 5:25-26; Luc. 12:58-59
23. Dos deudores insolventes	Pregunta de Pedro	El deber de perdonar	Mat. 18:23-35
24. El buen samaritano	Pregunta del abogado	La regla de oro para todos	Luc. 10:30-37
25. El amigo persistente	Los discípulos piden enseñanza sobre la oración	El efecto de la oración insistente	Luc. 11:5-8
26. El buen pastor	Los fariseos rechazan testimonio de milagro	Cristo, el único camino hacia Dios	Juan 10:1-16

PARÁBOLAS DE JESÚS

PARÁBOLA	OCASIÓN	LECCIÓN ENSEÑADA	REFERENCIAS
27. La puerta estrecha, o cerrada	La pregunta: ¿son pocos los que van a salvarse?	Dificultad para entrar en el reino de Dios	Luc. 13:24
28. Los dos caminos	Sermón del Monte	Dificultades del discipulado	Mat. 7:13-14
29. Los invitados	El anhelo por ocupar lugares de honor	Los lugares principales no deben usurparse	Luc. 14:7-11
30. El banquete de bodas	La respuesta autosuficiente de unos invitados	Rechazo de los incrédulos	Mat. 22:2-9; Luc. 14:16-24
31. Las ropas de boda	Continuación del mismo discurso	Necesidad de pureza	Mat. 22:10-14
32. La torre	Multitudes que rodeaban a Cristo	Necesidad de tomar en cuenta el costo del discipulado	Luc. 14:28-30
33. El rey que va a la guerra	La misma	La misma	Luc. 14:31-32
34. La oveja perdida	La pregunta de los discípulos: ¿quién es el más importante? (Mat.) Los fariseos objetaron que Jesús recibía a los cobradores de impuestos y a los "pecadores"	El amor de Cristo por los pecadores, basado en el amor de Dios por ellos	Mat. 18:12-13; Luc. 15:4-7
35. La moneda perdida	La misma	La misma	Luc. 15:8-9
36. El hijo pródigo	La misma	La misma	Luc. 15:11-32
37. El administrador injusto	Para los discípulos	Prudencia y habilidad en la administración de bienes	Luc. 16:1-9
38. El rico y Lázaro	Burla de los fariseos	La salvación no conectada con la riqueza y la suficiencia de las Escrituras	Luc. 16:19-31
39. La viuda insistente	Enseñanza para los discípulos	La perseverancia en la oración	Luc. 18:2-5
40. El fariseo y el recaudador de impuestos	Enseñanza para los fariseos	La humildad en la oración	Luc. 18:10-14
41. El deber del siervo	Enseñanza para los discípulos	Obediencia humilde	Luc. 17:7-10
42. Los viñadores	La misma	El adecuado don de gracia por parte de Dios para los indignos	Mat. 20:1-16
43. Los talentos	En Jerusalén, en casa de Zaqueo	Condenación de los seguidores infieles	Mat. 25:14-30; Luc. 19:11-27
44. Los dos hijos	Los principales sacerdotes cuestionan la autoridad de Jesús	La obediencia es mejor que las palabras	Mat. 21:28-30
45. Los labradores malvados	La misma	Rechazo del pueblo judío	Mat. 21:33-43; Mar. 12:1-9; Luc. 20:9-15
46. La higuera	Al profetizar la destrucción de Jerusalén	El deber de velar por el retorno de Cristo	Mat. 24:32; Mar. 13:28; Luc. 21:29-30
47. El dueño de casa vigilante	La misma	La misma	Mat. 24:43; Luc. 12:39
48. El siervo vigilante	La misma	La misma	Mar. 13:34-36
49. El carácter de dos siervos	La misma	El peligro de la infidelidad	Mat. 24:45-51; Luc. 12:42-46
50. Las diez vírgenes	La misma	La necesidad de velar	Mat. 25:1-12
51. Los siervos que velan	La misma	La misma	Luc. 12:36-38
52. La vid y las ramas	En la última cena	La necesidad de permanecer en Cristo	Juan 15:1-6

continuó, sin embargo Jesús insinúa posibles peligros. En 9:33-34 el antagonismo se tornó explícito. Incluso a medida que su popularidad creció, los líderes judíos acusaron a Jesús de obrar sus maravillas por el poder del diablo. Esta acusación refleja la persistente hostilidad judía a través de los siglos subsiguientes. Es interesante notar que el judaísmo rabínico jamás trató de negar que Jesús obró milagros, pero sí desafió la fuente de su autoridad.

PREDICCIÓN DE LA OPOSICIÓN (9:35–10:42)

El segundo gran "sermón" de Jesús en Mateo aparece de inmediato. Se podría titular "El Sermón sobre la misión: a los judíos primero y también a los griegos". El sermón comienza después de notas introductorias que explican la necesidad de obreros para proclamar las buenas nuevas del reino y además incluye una lista de los doce que Jesús formalmente llamó para esta tarea. Luego, el sermón se divide en dos secciones bien diferentes. En 10:5-16 Jesús establece las estipulaciones que se aplicarían a la misión inmediata a la que él enviaba a sus seguidores para llevar a cabo de dos en dos. Ellos debían viajar livianos y sin peso, debían depender de la hospitalidad de otros para sus provisiones diarias y no debían quedarse mucho con aquellos que permanecieran sin responder a su mensaje. Debían limitar su misión a los territorios y comunidades judíos. Como pueblo escogido de Dios, los judíos tenían el derecho y el privilegio de escuchar y responder a esta última y más plena revelación de Dios antes de que lo hiciera el resto del mundo.

Según 10:17-42 Jesús amplió su alcance más allá de su vida terrenal y la misión inmediata en la que los discípulos estaban embarcados. Él anticipó la posible hostilidad futura tanto de parte de judíos como de gentiles, miembros frustrados de la familia y oficiales con autoridad legal para perseguir y potencialmente condenar a los seguidores de Cristo. Él explicó la reacción adecuada a tal hostilidad: temer a Dios más que a los seres humanos que sólo pueden quitar la vida física, pero Dios puede condenar a las personas eternamente.

De igual forma que al final del Sermón del Monte, Jesús cerró su discurso recordando a sus seguidores que tenían sólo dos opciones: o se comprometían con Dios de forma definitiva o no lo hacían. Para comprometerse debían reconocer que son seguidores de Jesús, debían poner a Dios por sobre la familia y debían recibir a aquellos que son emisarios de Cristo. Cualquier otra opción llevaría a su rechazo por parte de Jesús, lo cual resultaría en la pérdida de la vida eterna.

EXPERIENCIA DE LA OPOSICIÓN (11:1–12:50)

Las hostilidades que Jesús predijo que experimentarían más tarde los discípulos ahora comenzaría a sufrirlas Él. En el capítulo 11 la oposición es implícita; en el capítulo 12 se torna explícita. Juan el Bautista había sido arrestado y es comprensible que haya surgido la cuestión de si él después de todo había identificado correctamente al Mesías-Libertador. Luego de que enviara a sus discípulos para interrogar a Cristo, se le dijo que considerara las acciones poderosas de Jesús y entonces que definiera su parecer.

Ahora bien, si Juan dudaba de Jesús, algunos en la audiencia también pueden haber comenzado a dudar de Juan. Así es que Jesús discutió con la multitud sobre el Bautista. Juan también llegó en maneras algo inesperadas, pero de todos modos debía ser visto como el precursor, que cumplía la profecía del Antiguo Testamento sobre la preparación para el advenimiento del Mesías. En realidad, Juan fue el hombre más grande que vivió bajo el antiguo pacto. Pero él no viviría lo suficiente para ver que la muerte y la resurrección de Cristo establecerían el nuevo pacto, de modo que en ese sentido incluso el más insignificante cristiano era más grande que él. Las multitudes no debían rechazar la legitimidad de Jesús ni la de Juan. El tiempo vindicaría la sabiduría de Dios al enviar a cada uno de manera inesperada. Volviéndose a una tercera audiencia, Jesús comenzó a denunciar, a causa de su incredulidad, a las ciudades judías en las que Él llevó a cabo la mayor parte de sus milagros. Una respuesta adecuada debía provenir de sus discípulos, quienes generalmente representaban a los insignificantes y sin poder del mundo, pero quienes aceptaron el descanso espiritual disponible en Cristo.

En el capítulo 11 nadie se opone directamente a Jesús. En el capítulo 12 la oposición se torna explícita y horrible. Primero, las autoridades judías cuestionaron a Jesús por quebrantar las leyes del sábado. Si bien no se puede probar que Jesús fue más allá de la infracción de la "ley oral" para violar el Antiguo Testamento mismo, parte del argumento que usó Jesús a su favor apela al precedente en el Antiguo Testamento cuando las provisiones de la ley mosaica fueron violadas. Mateo razonó diciendo que Jesús, algo más grande que David y el templo (el culto del rey y el sacerdocio), está presente. La respuesta extrema por parte de los fariseos señaló que para ellos eran muy serias las infracciones de Jesús. Jesús se apartó de las hostilidades y al hacerlo nuevamente cumplió las Escrituras.

Pero el antagonismo rápidamente volvió y creció hasta un punto álgido. Otro exorcismo condujo a una idéntica acusación a la de 9:34. Esta vez Jesús respondió en forma amplia. Los judíos no se atrevían a acusarlo de recibir poder del diablo. Ellos también echaban fuera demonios, de modo

que su argumento fácilmente podía caer sobre ellos mismos. De hecho, es absurdo imaginar a Satanás peleando contra sí mismo de esta manera. Más que en cualquier clase de milagro, los exorcismos deberían hacer claro que el gobierno salvador de Dios había llegado.

El v. 28 es uno de los textos más cruciales de los Evangelios, al demostrar que el reino había venido con Jesús. Luego de defenderse, Jesús entonces lanza un ataque sobre sus acusadores. Más les valía a ellos "estar sin culpa" y mostrarse tal como eran, lo cual expondría las malas intenciones de sus corazones. En este contexto aparece en las Escrituras la advertencia problemática contra el pecado imperdonable: la blasfemia contra el Espíritu Santo. Probablemente debemos entender este pecado como el rechazo prolongado, hostil y sin arrepentimiento hacia Jesús como alguien lleno de poder por el Espíritu Santo, lo que finalmente obnubila o cauteriza las sensibilidades espirituales de una persona más allá de un punto de no retorno (ver Rom. 1:18-32). Pero jamás debiéramos atrevernos a querer ocupar el lugar de Dios y pretender que sabemos quiénes son estas personas. Inevitablemente nos equivocaríamos. Y todas las personas temerosas de haber cometido tal pecado, por esa misma preocupación demuestran que no lo han hecho.

Si los exorcismos prueban no ser concluyentes para los fariseos, ¿qué otra señal más indisputable podía haberles ofrecido Jesús? "Ninguna", respondió Jesús, salvo por su resurrección aunque si las otras señales no habían probado ser convincentes, probablemente esta no parecería ser más decisiva (Luc. 16:19-31). Al igual que al final del capítulo 11, Jesús concluyó con la alternativa positiva. No es suficiente ser exorcizado. El vacío creado por la ausencia de los demonios debe reemplazarse por lealtad a Cristo.

PARÁBOLAS DEL REINO (13:1-52)

Con el capítulo 13 llegamos a la mitad de la narración de Mateo y un punto bisagra en el ministerio de Jesús. La polarización de la respuesta a Jesús hizo necesario que él se concentrara en aquellos que permanecieron abiertos a su mensaje. En su tercer gran discurso, Él enseñó por medio de parábolas. Las parábolas son relatos cortos y metafóricos. Están diseñadas para enseñar verdades sobre realidades espirituales de manera que revelen discernimiento a aquellos que están abiertos a las declaraciones de Jesús sobre sí mismo, pero que también distancien a aquellos que no son receptivos. Incluso la estructura de este sermón refleja la creciente polarización. Primero Jesús se dirigió a las multitudes crecientemente escépticas, luego se volvió a sus discípulos más leales. Estos no siempre captaron mejor las cosas pero permanecieron fieles y finalmente alcanzaron una comprensión más profunda.

En la mitad más pública de su ministerio, Jesús narró e interpretó la parábola del sembrador, contó la historia del trigo y la mala hierba, y presentó los símiles del grano de mostaza y de la levadura. El "sembrador" describe cuatro tipos de semillas, que representan cuatro maneras en que las personas responden a la palabra de Dios. La única respuesta adecuada y salvadora es la que persevera hasta que lleva una cosecha de fruto abundante, y soporta los obstáculos que al principio puedan interponerse. El "trigo y la mala hierba" advierte contra los intentos humanos prematuros de usurpar el papel de Dios como Juez y Vengador. A pesar de los ataques del enemigo en la era presente, con cristianos profesantes superficiales indistinguibles de los verdaderos cristianos, los discípulos no deben usurpar el papel de Dios. El "grano de mostaza" y "de levadura" prometen grandes finales para el reino de Dios a pesar de comienzos desfavorables.

Cuando Jesús fue puertas adentro para terminar su discurso con sus discípulos, Él interpretó la parábola del "trigo y la mala hierba" para ellos. Entonces les contó una serie de parábolas cortas entre las cuales están las parábolas del tesoro escondido y la perla de gran precio, de la red, y del escriba instruido para el reino de los cielos. Las primeras dos describen el valor inestimable del reino y la necesidad de sacrificar lo que sea necesario para entrar en él. La parábola de la red se parece a la del trigo y la mala hierba pero con énfasis sobre el juicio final y los únicos dos destinos que la humanidad confronta. Los vv. 51-52 comparan al cristiano bien instruido con el dueño de una casa que encuentra tesoros valiosos en su depósito, tanto viejos como nuevos. Esto probablemente es una alusión al antiguo y al nuevo pacto.

DE JUDÍO A GENTIL (13:53–16:20)

En el medio de su enseñanza, Jesús se volvió de aquellos que se rehusaron a responder adecuadamente a su mensaje a aquellos que probaron ser más receptivos. De la misma manera Él luego se volvió de aquellos que rechazaron su ministerio de milagros, en su pueblo y tierra natal, a aquellos fuera de Israel que lo recibirían con más agrado. Mateo 13:53–14:12 comienza esta sección poniendo en paralelo el rechazo de Jesús en su propio pueblo de Nazaret con el rechazo y ejecución de Juan por su propio gobernador, Herodes. Ambos reflejan una comprensión inadecuada de quién es Jesús. Los nazarenos creyeron que Él era un mero un profeta. Herodes pensó que Jesús era Juan resucitado.

El panel principal de esta sección se extiende de 14:13–16:12. Aquí Jesús se reveló a sí mismo como el Pan de vida para los judíos y los gentiles por igual. Primero, Él se manifestó a Israel. De manera milagrosa alimentó a los 5000 a partir de unos pocos panes y peces, recordatorios del maná en el desierto en los días de Moisés y del éxodo. Jesús era un nuevo y más grande Moisés, que traía redención espiritual plena para su pueblo Israel si ellos lo aceptaban. Luego Él caminó sobre el agua, mostrándose igual a Yahvéh, Señor del viento y las olas. El simple saludo "Soy yo" reproduce exactamente las palabras de Dios a Moisés desde la zarza ardiente (Ex. 3:14). Más literalmente dice: "Yo soy"—el significado mismo del nombre de Dios. Apropiadamente los discípulos de Jesús alcanzaron un punto álgido temporario en su comprensión de la identidad de Jesús al aclamarlo "Hijo de Dios". Una seguidilla de sanidades sobre las costas de Galilea redondea esta sección.

A pesar de todas las demostraciones del origen divino de Jesús, los líderes judíos permanecieron hostiles. Así es que Mateo 15:1–16:12 describe el giro de Jesús de los judíos a los gentiles, entre quienes Él recibió una bienvenida mejor. En 15:1-20 Jesús no había dejado Israel geográficamente, pero en realidad su mente estaba en todo el mundo. Aquí Él desafió las "leyes kosher" judías. Del mismo modo que con el sábado, no se puede probar que Él fue más allá de quebrantar las leyes orales a transgredir la ley escrita de Moisés, pero el v. 11 ciertamente prepara el escenario para esta conclusión. La comida, como algo que entra a las personas desde afuera, ya no podía contaminarlos ritualmente. En 15:21-28 Jesús dejó Galilea, fue a Sirofenicia (las regiones de Tiro y Sidón) y encontró a una mujer, a la que Mateo deliberadamente se refiere como cananea—una descripción que trae a la memoria los horrores de los enemigos de Israel de la antigüedad. Esta mujer admitió su lugar secundario en la historia de la salvación (Jesús fue enviado primero a los judíos). Pero ella ejemplifica una "gran fe", recordatoria del centurión gentil (cuya fe Jesús dijo sobrepasaba la de todos los que Él había encontrado en Israel, 8:10). Así que Jesús le concedió su pedido por la sanidad de su hija. Luego, Él repitió el

milagro de los panes y los peces, esta vez para 4000 hombres gentiles y sus familias. Mientras que muchos judíos se habían burlado, estos gentiles "alababan al Dios de Israel", en particular al llevar a cabo Jesús numerosas sanidades.

Al regresar a Galilea, sus oponentes levantaron de inmediato sus horrendas cabezas. De nuevo Jesús confrontó un pedido de una señal con rechazo. Dios no obra milagros a pedido para satisfacer a los escépticos. Jesús tomó a sus discípulos y pronto regresó a las márgenes orientales del lago. En el camino les advirtió contra las insidiosas enseñanzas de los fariseos y los saduceos. Esta combinación de facciones judías rivales destaca su hostilidad contra Jesús. Ellos voluntariamente dejaron a un lado sus diferencias ante un enemigo común.

La porción concluyente de 13:53–16:20 contrasta con la sección introductoria. La inadecuada comprensión de ellos en cuanto a Jesús llevó a su rechazo. Aquí, todavía en territorio gentil, sus discípulos, y Pedro en particular, correctamente lo identifican como "el Cristo, el Hijo del Dios viviente". Mateo 16:13-20 forma así la famosa "confesión" en el camino a Cesarea de Filipo. En respuesta, y sólo en la versión de Mateo del episodio, Jesús alabó el discernimiento de Pedro como enviado del cielo, lo llamó la roca sobre la que Él construiría su iglesia, y prometió a Pedro las llaves del reino. Nada de las nociones romanas del papado o de la sucesión apostólica aparece aquí. Pero Jesús sí predijo el papel preeminente que Pedro jugaría como líder de la joven iglesia en la integración de nuevos grupos étnicos en la comunidad cristiana (ver Hech. 1–12).

El cuerpo principal del Evangelio de Mateo y la culminación del ministerio público de Jesús terminan con una extraña advertencia en contra de difundir la verdadera identidad de Jesús. El versículo siguiente, con el cual comienza la sección final, clarificará en forma drástica por qué.

CORRECCIÓN DE MALOS ENTENDIDOS (16:21–17:27)

Sobre los talones de su confesión triunfal de Jesús como Hijo de Dios, de inmediato Pedro cometió un desliz fatal en su comprensión de esa condición de Hijo. Él no estaba preparado para oír sobre el camino de la cruz, ni para aprender del sufrimiento que Jesús debía soportar. Pero un Mesías sin una muerte expiatoria no encaja con los planes de Dios sino con las metas de Satanás. De hecho, los discípulos también deben estar preparados para llevar su propia cruz, experimentando persecución e incluso la muerte por su Maestro si fuera necesario. Estos versículos preparan el escenario para el resto del Evangelio, que narra el drama de cómo Cristo fue crucificado pero también la realidad de su resurrección. La gloria está más adelante, pero la cruz debe preceder a la corona.

No obstante, Jesús da a sus tres discípulos más cercanos un anticipo de esa gloria. Él provee una visión de su majestad a

TÍTULOS DE CRISTO EN LOS EVANGELIOS

Los Evangelios contienen dos clases de títulos: aquellos que utiliza Jesús para sí mismo y aquellos que son aplicados a Él por otros. Hay una discusión erudita considerable acerca de la naturaleza exacta del primer grupo, pero debe permitirse que la evidencia de las Escrituras hable por sí misma. Jesús utilizó ciertos títulos para sí mismo y permitió que sus seguidores se refirieran a Él de ciertas maneras. De estas expresiones obtenemos discernimiento en la manera en que Él se definió a sí mismo y su misión.

Hijo del hombre

Esta fue la autodesignación favorita de Jesús. Se originó en el Antiguo Testamento (Dan. 7:13-14), fue usada durante el período intertestamentario, y fue escogida por Jesús para definir su misión mesiánica. Era útil porque tenía matices mesiánicos. También era lo suficientemente fluida como para permitir a Jesús inyectar su propio significado en ella. Él necesitaba hacer esto porque la idea corriente de mesianismo en su día era la de un héroe militar, mientras que Él vino a ser el Salvador del mundo.

Jesús utilizó el título de Hijo del hombre de cuatro maneras diferentes. Primero, como sinónimo de "yo." Jesús simplemente se estaba refiriendo a sí mismo (por ejemplo, ver Mat. 24:24). Segundo, el Hijo del hombre es el que ejerce autoridad divina (por ejemplo, ver Mat. 9:6). Tercero, el Hijo del hombre cumple su misión terrenal por medio de la muerte y la resurrección (por ejemplo, ver Mat. 12:40; 17:9,12,22-23). Cuarto, el Hijo del hombre regresará en gran gloria para establecer su reino (por ejemplo, ver Mat. 16:27-28; 19:28). De esta manera Jesús definió quién es Él, el Hijo del hombre mesiánico.

Hijo, Hijo de Dios, Hijo unigénito

El título "Hijo de Dios" o el más corto "Hijo" era también un título mesiánico derivado del Antiguo Testamento (2 Sam. 7:11-16). Sin embargo, adquiere una posición más exaltada cuando se usa en relación a Jesús. Significa que Jesús posee las cualidades de la naturaleza divina. Esto fue evidente cuando la voz celestial le dijo a Jesús en su bautismo que Él era amado y que estaba muy complacido con Él (Mat. 3:16-17), afirmación que se reitera en la transfiguración de Jesús (Mar. 9:7).

La comprensión de Jesús de su relación única con Dios como Hijo se refleja en Mateo 11:25-27 y Lucas 10:21-22. Jesús expresó la misma idea cuando desconcertó a los fariseos (Mat. 22:41-46). En el Evangelio de Juan, se habla de Jesús como el "Hijo unigénito" de Dios (Juan 3:16), un término que significa único en su tipo o único.

Señor

Este fue un título de honor que utilizó Jesús como equivalente a "Amo" o "Dueño." Sin embargo, podemos ver que se través de la milagrosa manifestación de sí mismo sobre un monte alto que hemos llegado a llamar el monte de la transfiguración. Mateo 16:28 probablemente predice este evento. Mateo 17:1-9 lo describe en más detalle. Junto a Jesús aparecieron Moisés y Elías, profetas clave del Antiguo Testamento y obradores de milagros, lo que naturalmente llevó a los discípulos a preguntar una vez más acerca de las profecías del retorno de Elías. En agudo contraste con el triunfo de la transfiguración aparece el fracaso de los otros nueve discípulos en obrar un milagro "simple" para el

cual hacía tiempo habían sido comisionados (recordar 10:8). Jesús reprendió su poca fe y les aseguró que incluso una confianza del tamaño de la proverbial pequeña semilla de mostaza habría sido suficiente.

Mateo 17:22-27 redondea esta sección tal como comenzó: Cristo una vez más predice su sufrimiento, su muerte y su resurrección. Una pregunta en cuanto a si Jesús pagó o no el impuesto del templo lo lleva a enseñar una notable lección acerca de la libertad del pueblo de Dios respecto de las leyes del Antiguo Testamento, unido con la necesidad de evitar una ofensa innecesaria al transgredirlas

escondía algo de mayor significado (Mat. 8:5-13; Mar. 2:23-27). En el judaísmo "Señor" había llegado a ser una palabra que se pronunciaba cuando aparecía el nombre personal Yahvéh en las Escrituras. Así es que, "Señor" significaba Dios. Más tarde, la iglesia, a la luz de la muerte y la resurrección de Jesús, utilizó este título para señalar nada menos que Jesús era Dios.

Cristo (Mesías)

Jesús fue renuente en reconocer este título por causa de los malos entendidos populares que abundaban en cuanto al Mesías, centrándose en un rey que gobernaría en el trono de David. Sin embargo, ante ciertas circunstancias Él estuvo dispuesto a confesar que era realmente el Ungido de Dios (Mat. 16:13-20; 26:62-64; Juan 4:25-26). Más adelante este título fue tan utilizado en la iglesia que se transformó en un nombre para Jesús. De modo que "Jesús el Cristo" se tornó simplemente en "Cristo." (Ver como ejemplo el uso indistinto de nombres y títulos en 2 Cor. 12.)

El Verbo

En los Evangelios este título se encuentra solo en Juan (1:1-14). La expresión "Verbo de Dios" es común tanto en el Antiguo como en el Nuevo Testamento para definir la manera en que Dios se expresó a sí mismo y cuál fue el contenido de esa comunicación. Cuando se refiere a Jesús, hace de esa autorevelación de Dios algo personal. Jesús como el Verbo de Dios revela de manera suprema quién es Dios. Si queremos conocer a Dios debemos mirar a Jesús, la expresión misma (Verbo) de Dios. "El que me ha visto a mí, ha visto al Padre" (Juan 14:9), dijo Jesús.

Salvador

Es evidente en el Antiguo Testamento que así como hay solo un Dios, de igual modo hay solo un Salvador (por ejemplo, ver Isa. 43:3,11; 45:21). Esto también es cierto en el Nuevo Testamento (1 Tim. 2:3; 4:10; Tito 1:3; 2:10). Es sumamente significativo, pues Jesús es anunciado como el Salvador de Israel (Luc. 2:11) y del mundo (Juan 4:42) en

los Evangelios. Jesús fue entendido como la redención divina encarnada y fue proclamado como tal por la iglesia primitiva (Hech. 5:31; 13:23; 1 Juan 4:14).

Santo de Dios

Es un término utilizado por el apóstol Pedro y específicamente por los seres malignos sobrenaturales respecto a Jesús como alguien puro y santo (Juan 6:69; Mar. 1:24; Luc. 4:34). Como tal, Él selló la condenación de estos en razón de que Él es totalmente justo y ellos totalmente malos. Este título identificaba a Jesús con el Dios santo (comparar con Isa. 6).

Hijo de David

Hijo de David es un título mesiánico usado con frecuencia para referirse a Jesús en los Evangelios (Mat. 1:1; 9:27; 15:22; 20:30-31; 21:9,15). El título expresa esperanza. El Hijo de David, que era más grande que David (22:41-45), traería liberación a aquellos que estaban en cautiverio y sin esperanza.

(un balance que Pablo repetiría en un contexto muy diferente en 1 Cor. 8:10).

HUMILDAD Y PERDÓN (18:1-35)

En su cuarto gran sermón en Mateo, Jesús comenzó a bosquejar regulaciones para la vida en la comunidad cristiana bajo el signo de la cruz. Este discurso se divide naturalmente en dos secciones. La primera se refiere a la humildad; la segunda, al perdón (vv. 15-35). En los vv. 1-9 Jesús llamó a sus discípulos a proceder humildemente. En forma positiva, esto significa adoptar una dependencia de Dios similar a la de un niño. Negativamente, esto significa quitar de la propia vida, de modo radical, cualquier cosa que pueda hacer que otro creyente peque. En los vv. 10-14 Jesús explicó por qué Él puede ordenar estas cosas a sus seguidores. Dios ya ha demostrado la humildad última al dejar su rebaño casi completo de 99 ovejas para ir en busca de la extraviada.

Ligado a la humildad está el perdón. Cuando los creyentes ofenden a otros creyentes, ellos deberían buscar la reconciliación casi a cualquier costo. Los vv. 15-20 describen los pasos apropiados, pero reconocen que en ciertas ocasiones una de las partes rehusará reconciliarse. Cuando todas las otras medidas fallen, el pecador no arrepentido debe ser "excomulgado" de la comunión. Sin embargo, la meta es la rehabilitación y no el castigo. Tratar a la gente como pagana o cobradores de impuestos sugiere antes que nada que ellos no son considerados miembros de la comunidad. Pero también indica que, así como Jesús trató con los paganos y cobradores de impuestos de su día, ellos deben ser continuamente animados a arrepentirse de modo que puedan retornar. Las decisiones hechas por la iglesia en consonancia con los procedimientos de los vv. 15-18 serán ratificadas en los cielos. Por otro lado, cuando los creyentes se arrepienten, el perdón

debería ser ilimitado. Porque a la luz del inmenso pecado que Dios nos ha perdonado a cada uno de nosotros, la negación de un cristiano profesante a perdonar a otro creyente que lo pide (y demuestra un cambio de corazón y de acción) prueba ser tan insensible que uno sólo puede concluir que tal persona jamás experimentó verdaderamente el perdón de Cristo en primer lugar.

VERDADERO DISCIPULADO (19:1–22:46)

En 19:1 Jesús dejó Galilea por última vez para comenzar su último viaje a Jerusalén, donde Él encontró su muerte. En el camino Él obró un solo milagro más, y se dedicó más bien a enseñar a los que estaban a su alrededor. Cada vez más enfatizó la naturaleza del discipulado de ellos, pero al entrar en la ciudad, Jesús subrayó el tema del inminente juicio de Israel.

En 19:1–20:34 Jesús estuvo literalmente "en el camino" viajando por Judea. Mateo 19:1–20:16 describe tres encuentros con personas que lo acosaron con varios tipos de preguntas o demandas. Primero, los fariseos trataron de atraparlo preguntándole por sus ideas sobre el divorcio. En su respuesta Jesús fue más allá de las dos escuelas de pensamiento fariseo que competían: los seguidores de Hillel, que concedían el divorcio "por cualquier motivo"; y los seguidores de Shammai, que lo limitaban al adulterio. En cambio, Jesús enfatizó la permanencia del matrimonio como creación original de Dios. Coincidía con Shammai al permitir el divorcio y un nuevo casamiento cuando el adulterio ya había roto la unión. Pero a diferencia de Shammai, Él no lo requería. Y muy lejos de guardar las simpatías judías convencionales, Él señaló que algunos son llamados por Dios para llevar un estilo de vida como solteros y célibes.

Segundo, trató con la impaciencia de sus discípulos frente a ciertos individuos que le pidieron a Él que bendijera a sus

TÍTULOS DE JESÚS EN LAS ESCRITURAS

TÍTULO	SIGNIFICADO	REFERENCIA
Alfa y Omega	El comienzo y el fin de todas las cosas	Apoc. 21:6
Pan de Vida	La comida esencial	Juan 6:35
Piedra Angular	Seguro fundamento para la vida	Ef. 2:20
Pastor Supremo	Ofrece guía y protección	1 Ped. 5:4
Cristo	El Ungido de Dios anticipado por los profetas del Antiguo Testamento	Mat. 16:16
Primogénito de los muertos	Nos lleva a la resurrección	Col. 1:18
Buen Pastor	Ofrece guía y protección	Juan 10:11
Sumo Sacerdote	El Mediador perfecto	Heb. 3:1
Santo de Dios	Perfecto y sin pecado	Mar. 1:24
Emanuel	Dios con nosotros	Mat. 1:23
Jesús	Su nombre personal que significa Yahvéh salva	Mat. 1:21
Rey de reyes, Señor de señores	El Todopoderoso soberano	Apoc. 19:16
Cordero de Dios	Ofreció su vida como sacrificio por los pecados	Juan 1:29
Luz del mundo	Alguien que trae esperanza y ofrece dirección	Juan 9:5
Señor	Creador y Redentor soberano	Rom. 10:9
Señor de la gloria	El poder del Dios viviente	1 Cor. 2:8
Mediador	Redentor que trae a los pecadores perdonados a la presencia de Dios	1 Tim. 2:5
Profeta	Alguien que habla por Dios	Luc. 13:33
Rabí/Maestro	Un título de respeto para alguien que enseñaba las Escrituras	Juan 3:2
Salvador	Alguien que libera del pecado	Juan 4:42
Hijo de David	Alguien que trae el reino	Mat. 9:27
Hijo de Dios	Un título divino que indica la intimidad única y especial de Jesús con el Padre	Juan 20:31
Hijo del hombre	Un título divino de sufrimiento y exaltación	Mat. 20:28
Verbo	Palabra eterna que revela definitivamente a Dios	Juan 1:1

hijos. Al igual que en 18:1-5, Jesús utilizó esta oportunidad para enseñar que es necesario ser como un niño cuando hablamos de dependencia de Dios. Tercero, respondió a la pregunta del joven rico sobre cómo recibir la vida eterna. El llamado de Jesús a este hombre demandaba vender sus posesiones, dar a los pobres y seguirlo en discipulado. Él llamó a otras personas a manejar su dinero de manera diferente (ver Luc. 19:1-27). Pero toda vez que algo se torna en obstáculo para hacer la voluntad de Dios, debe ser descartado. Este tercer encuentro llevó a Pedro, en nombre de los doce, a preguntar qué recompensa recibirían ellos en razón de que *habían* dejado atrás familias y posesiones en sus ministerios itinerantes. La respuesta de Jesús señala una recompensa eterna, pero también sugiere una compensación múltiple en esta vida, presuponiendo que otros discípulos comparten sus posesiones y funciones como una gran familia extendida (ver Mar. 10:30).

En 20:17-34 Jesús centró aun más su atención sobre su "pasión", y obtiene respuestas contrastantes de parte de sus audiencias. Los vv. 17-19 constituyen la tercera y última predicción de la pasión. Los vv. 20-28 ilustran una respuesta inapropiada de su audiencia. Los apóstoles Jacobo y Juan, por medio de un pedido de su madre, buscaban una posición en el reino de Jesús y fueron reprendidos. Los vv. 29-34 ilustran una respuesta adecuada. Dos hombres ciegos reconocieron a Jesús como Hijo de David, el legítimo Mesías judío y rogaron por misericordia. Cristo fue clemente, los sanó de su mal y los animó a seguirlo en discipulado.

En los capítulos 21–22 Jesús llega a Jerusalén. Allí enseñó sobre la destrucción inminente del templo, la capital y la nación si su pueblo como un todo y los líderes en particular no se arrepentían. Mateo 21:1-22 introduce esta cuestión por

medio de una serie de lecciones objetivas o parábolas actuadas. Comenzó lo que tradicionalmente fue denominado en forma inapropiada "la entrada triunfal". Seis días antes de la Pascua, en lo que ahora se llama domingo de ramos, Él entró con un burro a la ciudad. Fue aclamado por las multitudes como Mesías y fue acompañado adentro de la ciudad en una manera que recuerda a guerreros y reyes conquistadores de tiempos del Antiguo Testamento y del período intertestamentario. Pero las multitudes no reconocieron qué tipo de Mesías es Cristo. En sus planes no había lugar para que Él se presentara sobre un animal tan humilde ni mucho menos que fuese arrestado y sufriera. De aquí que, la vociferante multitud apenas cinco días más tarde clamara por su crucifixión. Cuando Jesús entró en el recinto del templo, él hizo algo totalmente inesperado. Dio vueltas las mesas de los cambistas, liberó a los animales para el sacrificio y acusó a los líderes judíos de haber corrompido el lugar de oración al tornarlo en un mercado explotador.

Luego de este juicio del templo por medio de la "purificación" sigue otro juicio a través de una amenaza de destrucción. El extraño milagro de la maldición de la higuera se interpreta mejor por medio de una parábola en la que Jesús utiliza una imagen idéntica (Luc. 13:6-9). Las higueras por lo general representaban a Israel en el Antiguo Testamento. Jesús estaba mostrando lo que ocurriría a la nación si no se arrepentía.

Mateo 21:23–22:46 presenta una serie de controversias con los líderes judíos. Varios individuos y grupos se acercaron a Jesús, cada uno con una pregunta relacionada con sus propios compromisos. Pero no buscaban iluminación. Más bien, una vez más estaban tratando de atrapar a Jesús de modo de poder arrestarlo y condenarlo. Es comprensible que las autoridades del templo preguntaran acerca de la autoridad de Jesús. ¿Cómo se atrevía a entrar y a interrumpir sus procedimientos de esa manera? Al reconocer la trampa, Él planteó una contra-pregunta. ¿Cómo evaluaban ellos el ministerio de Juan el Bautista? Ellos no podían responder sin admitir la autoridad divina de Jesús dado que su mensaje era similar al de Juan, o sin perder el favor de las multitudes que aplaudían al Bautista. Así que se rehusaron a responder, y Jesús hizo lo propio. Pero él presentó una serie de tres parábolas que claramente implican su autoridad dada por Dios (al igual que la de Juan), al tiempo que sucesivamente describen la acusación, la sentencia y la ejecución de Israel por parte de Dios.

La parábola de los dos hijos demuestra que la acción tiene prioridad sobre la promesa. La parábola de los labradores malvados predice que "el reino de Dios se les quitará (a los líderes judíos) y se le entregará a un pueblo que produzca los frutos del reino". La parábola del banquete de bodas profetiza la destrucción de Jerusalén en respuesta al rechazo hacia Jesús por parte de los judíos, pero también advierte juicio sobre cualquier pretendido cristiano que no quiere aceptar a Cristo siguiendo las condiciones que Él impone.

La serie de controversias continuó cuando los fariseos y los herodianos interrogaron a Jesús sobre el pago de impuestos al emperador romano. Los primeros no soportaban hacerlo; los segundos sí. Sin importar cuál fuera su respuesta, Jesús alejaría a uno de los dos grupos—¡pero Él encontró una manera de escapar! Tanto Dios como los gobiernos humanos merecen nuestro compromiso, cada uno en su esfera de influencia debida.

Luego, los saduceos ocuparon el escenario y ridiculizaron la resurrección por medio de un ejemplo extremo. Esta secta judía rehusaba creer en cualquier doctrina que no pudiera ser establecida en base a los cinco libros de Moisés. De modo que Jesús

respondió probando la resurrección a partir de Éxodo 3:6, y corrigió su presunción equivocada de que los seres humanos van a retener su sexualidad en los cielos.

Un experto en la ley se acercó a Cristo para preguntarle acerca del mandamiento más grande en la ley. Jesús lo sorprendió con dos respuestas, en donde combinó Deuteronomio 6:5 y Levítico 19:18. El experto no tuvo desacuerdo con la respuesta de Jesús. Las preguntas cesaron dado que las multitudes quedaron asombradas frente a las respuestas de Jesús. Él concluyó esta rueda de enseñanza en el templo al retrucar a sus interrogadores y desconcertarlos con una pregunta sobre el Salmo 110:1. ¿Cómo puede el hijo de David (el Mesías) ser simplemente humano si David (rey de todo Israel) también lo llama su Señor?

JUICIO (23:1–25:46)

El discurso final de Jesús tiene lugar en dos sitios. Primero, mientras todavía estaba en el templo, Él desató una serie de advertencias contra los escribas y los fariseos en vista del juicio divino de Israel. Luego con sus discípulos sobre el monte de los Olivos, Él predijo la destrucción del templo pero también el juicio final de todos los pueblos. La amonestación en el templo se divide en tres secciones. En 23:1-12 Jesús advirtió contra la imitación de varios tipos de conducta indeseable ejemplificada muy frecuentemente por los líderes judíos. En 23:13-36 siguen siete ayes que lamentan la hipocresía de ellos. Mateo 23:37-39 cambia el tono cuando Jesús lamenta en forma compasiva la caída de Israel y sugiere una restauración futura.

Los capítulos 24–25 comprenden las predicciones de Jesús de lo que iba a ocurrir después de su muerte. Su estructura e interpretación son notoriamente complejas. La siguiente es una de varias opciones posibles. Mateo 24:1-35 describe las señales y los tiempos de la destrucción del templo y del retorno de Cristo. Los discípulos preguntaron sobre ambos eventos, tal vez creyendo que ocurrirían simultáneamente.

Jesús aclaró en su respuesta que ocurrirían en tiempos diferentes. Primero, repasó una serie de señales que no anuncian el fin sino que caracterizarán la vida en la era cristiana. Segundo, describió el horror de la destrucción real del templo. Tercero, aludió a la subsiguiente "gran tribulación", que para Mateo por lo menos parece abarcar todo el período entre las dos venidas de Cristo (comparar "entonces" en v. 21 [RVR60] con "inmediatamente después" en v. 29). Cuarto, describió el regreso real de Cristo, como un evento inconfundible, universalmente visible. Y por último elaboró una serie de conclusiones o implicaciones sobre este escenario de eventos.

De todas estas cuestiones cruciales, hay dos que se destacan en vista de muchos falsos profetas, antiguos y modernos. Primero, nadie, ni siquiera Jesús, conoce o puede predecir cuándo Él regresará. Segundo, todas las señales preliminares que conducen al retorno de Cristo pero no lo incluyen fueron cumplidas en la generación inmediatamente posterior a la muerte de Cristo. Esta es la razón por la que desde entonces los cristianos han podido creer que Cristo podía regresar en sus días. Ningún evento moderno (tal como la restauración de la nación de Israel) puede

JUICIO DE JESÚS

Con el beso traidor de Judas Iscariote en el jardín de Getsemaní, Jesús fue arrestado y llevado ante los líderes judíos (Mat. 26:49-57; Mar. 14:43-53; Luc. 22:54; ver Juan 18:2-13). Subsiguientemente, Él fue juzgado por los líderes judíos y romanos.

El juicio judío

Juan registró una investigación preliminar por parte de Anás (sumo sacerdote del 6–15 d.C.), el suegro del sumo sacerdote Caifás (18–37 d.C.; ver Juan 18:13-15). Anás interrogó a Jesús acerca de sus discípulos y su enseñanza. Jesús no respondió su pregunta, entonces fue abusado y enviado como prisionero a Caifás (Juan 18:19-24).

En la casa de Caifás había una reunión de los principales sacerdotes, ancianos y escribas, la primera de las dos fases del juicio de Jesús ante el Sanedrín (Mat. 26:57-68; Mar. 14:53-65; Luc. 22:54,63-65).

Los principales sacerdotes buscaban a aquellos que testificaran falsamente contra Jesús para sentenciarlo a muerte. Finalmente, dos accedieron a testificar que Jesús había declarado que Él destruiría el templo y lo construiría en tres días. El sumo sacerdote interrogó a Jesús sobre esto, pero Él no respondió. Luego, el sumo sacerdote preguntó a Jesús si Él declaraba ser el Cristo, el Hijo de Dios. Jesús respondió diciendo que era el Cristo y se refirió a sí mismo como el "Hijo del hombre" y predijo su papel futuro a partir de Daniel 7:13 y Salmo 110:1, como alguien sentado a la diestra del Padre.

Caifás, rasgando su vestidura, interpretó la declaración de Jesús como de querer ponerse a la par con Dios cayendo así en una blasfemia digna de muerte. Los soldados se burlaron de Jesús y lo escupieron. Inmediatamente después se registra que Pedro negó tres veces que él era un discípulo de Jesús (Mat. 26:69-75; Mar. 14:66-72; Luc. 22:55-62).

Una segunda reunión del Sanedrín tuvo lugar a la mañana siguiente, a fin de encontrar alguna apariencia de legalidad al veredicto alcanzado en el juicio de la noche anterior. También redactaron un informe para el prefecto romano Poncio Pilato (Mat. 27:1-2; Mar. 15:1; Luc. 22:66–23:1).

De acuerdo al relato de Lucas, el juicio de la mañana repitió el juicio de la noche previa con la exclusión del llamado de testigos falsos. El único cargo que ellos tenían contra Jesús era el de blasfemia. Sin embargo, el Sanedrín carecía de poder para llevar a cabo la pena de muerte, que era la prerrogativa del prefecto romano (Juan 18:31). De aquí que llevaran a Jesús ante Pilato.

tener alguna significación especial en señalar el fin de los últimos días. Todo lo necesario para el regreso de Cristo fue completado para el año 70 d.C. Nosotros ahora debemos simplemente permanecer fieles y expectantes.

El v. 36 puede ser visto también como la primera de muchas implicaciones que forman la segunda mitad del discurso de los Olivos. Aquí Jesús reunió una serie de parábolas y metáforas para subrayar un tema central: los creyentes deben estar siempre preparados para el retorno de Cristo cuando quiera que éste pueda ocurrir. Mateo 24:37-44 describe la manera en que el retorno tomará a muchos por sorpresa. Mateo 24:45-51 advierte a los discípulos de no asumir que Cristo demorará más tiempo del que realmente

será. Mateo 25:1-13 también advierte contra aquellos que asumen que Él regresará más pronto de cuando realmente lo hará. Mateo 25:14-30 enseña cuál es la conducta apropiada: ser mayordomos fieles de cada recurso que nos ha sido confiado sin tener en cuenta el tiempo del regreso.

Cuando sea el momento en que Cristo retorne, Él juzgará a toda la humanidad, y separará a las personas en dos categorías: ovejas y cabras, discípulos que serán recompensados con vida eterna e incrédulos que serán separados de Dios eternamente. El criterio para determinar quién va a cada lugar es la manera en que una persona ha respondido al "más pequeño de mis (de Jesús) hermanos". Una interpretación popular y

El juicio romano

La muerte puede haber sido un castigo válido por la blasfemia en términos de la ley judía, pero esto habría sido de poco interés para Roma. Había que formular nuevos cargos para Pilato (Mat. 27:11-14; Mar. 15:2-5; Luc. 23:2-5; Juan 18:29-38).

Presentaron a Pilato tres acusaciones contra Jesús: pervertir a la nación, prohibir el pago de tributo a César y proclamar su condición de rey (Luc. 23:2). Sólo la última era preocupante para Pilato. Él interrogó a Jesús directamente sobre este punto, pero Jesús no respondió.

Con sospechas del motivo de los líderes judíos para sus acusaciones (Mat. 27:13,18; Mar. 15:4,10), Pilato encontró inocente a Jesús. Los líderes judíos insistieron que Jesús levantó al pueblo en Judea y Galilea. Cuando Pilato oyó que Jesús era un galileo, lo envió a Herodes Antipas,

quien estaba en Jerusalén por la Pascua (Luc. 23:5-7).

Si bien según la ley romana el acusado debía ser juzgado en la provincia de sus crímenes y no en la provincia donde vivía, Pilato de todos modos lo envió a Herodes Antipas, quien gobernaba sobre Galilea. La razón para esto fue que Herodes Antipas recientemente había informado a Tiberio que Pilato había causado un levantamiento innecesario en Jerusalén (Filón, Legatio ad Gaium, 299-305). Pilato no quería hacer otro movimiento equivocado, que Herodes Antipas pudiera informarlo al emperador.

Por otro lado, Herodes Antipas tampoco quería equivocarse, de modo que Pilato lo calumniara. De hecho, tanto Pilato como Herodes Antipas se dieron cuenta que cualquier informe hecho por cualquiera de ellos podía poner en peligro a alguno de los dos o a ambos. Así que hicieron las

paces y se hicieron amigos (Luc. 23:8-12). No es difícil entender por qué no hubo progreso en este juicio.

Jesús fue regresado a Pilato (Luc. 23:13-16). En razón de que los líderes judíos no se aplacaron con el envío de Jesús a Herodes Antipas, Pilato trató de librarse azotando y soltando a Jesús (Luc. 23:16,22). Finalmente, él intentó soltarlo como un acto de clemencia en ocasión de la Pascua (Mat. 27:15-23; Mar. 15:6-14; Luc. 23:16-23; Juan 18:39-40).

Si bien Pilato repetidamente confesó la inocencia de Jesús (Luc. 23:14-15,22), la multitud no estuvo satisfecha hasta que él soltó a Barrabás, flageló a Jesús y lo entregó para ser crucificado (Mat. 27:24-26; Mar. 15:15; Luc. 23:24-25; Juan 19:16).

La responsabilidad por el juicio o mal juicio de Jesús descansa totalmente tanto en las autoridades judías como en las romanas.

moderna es que Jesús estaba enseñando juicio sobre la base de la respuesta a los pobres y necesitados del mundo, quienes quiera que ellos sean. Pero el punto de vista más habitual a lo largo de la historia de la iglesia, que es apoyado por el uso uniforme que hace Mateo de las palabras "hermanos" y "pequeños" en otras partes, es que estos hermanos de Jesús son otros cristianos. Aquellos que reciben a misioneros cristianos itinerantes proveyendo para sus necesidades físicas (como en 10:11-14, 40-42) demuestran que ellos también han aceptado el mensaje cristiano.

CRUCIFIXIÓN (26:1–27:66)

A partir de aquí los eventos se mueven rápidamente al clímax del Evangelio: la muerte y la resurrección de Jesús. El capítulo 26 bosqueja los eventos que preparan el escenario para la condena y la ejecución de Jesús. En orden cronológico, los asuntos narrados en 26:1-16 preceden a la noche del jueves "santo", la noche de su arresto. Estos incluyen un recordatorio final de que Jesús sabía exactamente qué era lo que le iba a ocurrir. Cuando Él se sometió, lo hizo en forma voluntaria y consciente. Los líderes judíos se complotaron en su contra. María de Betania (ver Juan 12:1-8) ungió a Jesús con un perfume precioso, como símbolo, tal vez de manera inadvertida, de su muerte y su sepultura inminentes. Judas se preparó para traicionarlo.

Mateo 26:17-46 detalla las horas finales que compartieron Jesús y sus discípulos. Estaban celebrando la comida de la Pascua, el festival judío que conmemoraba la liberación de los israelitas de Egipto al costo del primogénito de los egipcios. Se mataban corderos, se celebraban comidas especiales y se llevaba a cabo una liturgia elaborada. Las familias extendidas comían juntas en esta ocasión gozosa. Jesús y los once (menos Judas) constituían una "familia" así, y Jesús mismo pronto se transformaría en el cordero

sacrificial para liberar espiritualmente a todas las personas de sus pecados. Durante esta "última cena" que Jesús comió con sus seguidores, Él tornó la comida pascual en la primera celebración de lo que los cristianos han llegado a llamar la Cena del Señor (o Santa Comunión o Eucaristía). Al partir el pan y beber el vino de las copas, que formaban parte de esta comida festiva, Él invistió a estos elementos con un significado nuevo y más profundo. Ellos simbolizaban su cuerpo que pronto sería partido y su sangre que sería derramada para el perdón de los pecados de toda la humanidad, inaugurando el nuevo pacto de Dios, que cumple con las profecías de Jeremías 31:31-34. Los cristianos deben repetir esta ceremonia para conmemorar la muerte expiatoria de Cristo, pero también para anticipar su glorioso retorno.

Después de celebrar esta comida en un "aposento alto" en algún lugar de Jerusalén, el pequeño grupo se despidió para ir al monte de los Olivos al este de la ciudad y al otro lado del valle del Cedrón. Sobre sus laderas occidentales estaba el jardín de Getsemaní, un bosquecito de olivares. Aquí Jesús llevó aparte a sus tres compañeros más cercanos y les pidió que se mantuvieran despiertos y oraran con Él. Tres veces ellos le fallaron, así como Él había predicho que Pedro en breve lo negaría tres veces.

Pero Cristo, que fue el único en permanecer despierto, nos enseña profundas lecciones a través de su oración. Como plenamente humano, Él no quería soportar la tortura que se aproximaba del mismo modo que ninguno de nosotros lo querría. Le pidió a Dios si había alguna manera posible en que Él pudiera ser eximido de esa aflicción. Pero dejó lugar para que la voluntad soberana de Dios controlara sus inclinaciones humanas naturales. A medida que oraba, se fue haciendo cada vez más claro que Dios le requería morir por amor al mundo, y así Jesús se sometió en forma sumisa. Aquí más que en ninguna otra parte hay una prueba de que todas las oraciones humanas deben incluir la condición "si es la voluntad de Dios" (recordar 6:10), y que Dios no siempre concede los deseos de aquellos que oran, incluso cuando esas oraciones son pronunciadas con completa fe y con motivos válidos.

Repentinamente arribó Judas con una combinación de guardianes judíos y romanos. Mateo 26:47-75 narra el procedimiento seguido por las autoridades judías contra Jesús. Él fue arrestado, pero antes Jesús dejó en claro que no aprobaría ningún tipo de pelea en su favor. Fue atado y llevado a la casa del sumo sacerdote Caifás, donde apresuradamente en la noche se había convocado a una reunión del Sanedrín, la "corte suprema" judía.

Los procedimientos que siguieron rompieron con muchas leyes judías de ese momento. Quizás no todas éstas estaban en vigencia; quizás hombres desesperados estaban dispuestos a poner a un lado las cuestiones legales de modo de no dejar escapar de sus manos a Jesús. A pesar de los varios procesos ilegales, hubo una simulación de un proceso debido, que en sí mismo casi frustra a las autoridades.

Finalmente, encontraron algún testimonio que llevó al sumo sacerdote a confrontar a Jesús directamente con la cuestión de su comprensión de sí mismo. ¿Pretendía él ser el Cristo, el Mesías? Él respondió con una afirmación calificada, que se puede parafrasear así: "Esa es tu manera de decir las cosas". Pero dado que el concilio estaba anticipando a un libertador humano, Él continuó clarificando. Él era un Hijo de hombre celestial que se sentaría a la diestra misma de Dios y regresaría sobre las nubes del cielo. *Hijo de hombre* para Jesús es un título celestial y cristológico basado en Daniel 7:13-14. Tales pretensiones hicieron que Jesús pareciera haber estado usurpando las prerrogativas reservadas sólo para Dios. Caifás rasgó sus vestidos en dolor y clamó: "¡Blasfemia!"

Poco sabía Caifás que era él y no Jesús quien estaba escandalosamente rechazando la verdadera revelación de Dios.

El concilio condenó a Jesús a sentencia de muerte. La blasfemia era una ofensa capital. Sin embargo, los romanos habían sacado a los judíos el derecho de ejecutar criminales, de modo que ellos tenían que apelar a las autoridades imperiales en la ciudad (Juan 18:31). Antes de que lo hicieran, Mateo volvió afuera, donde había dejado a Pedro, y narró el relato patético de la negación de Pedro, tal como Jesús lo había profetizado. Pedro ofreció un triste contraste con Jesús, que permaneció firme bajo una presión que ponía en juego su vida.

El capítulo 27 lleva rápidamente a la sentencia y la ejecución de Jesús, eventos que ocurrieron en el día que ahora llamamos Viernes Santo. Los vv. 1-31 muestran su sentencia. En los vv. 1-2, ahora más legalmente al haber despuntado el día, los judíos confirmaron su veredicto. Entonces enviaron a Jesús a Pilato, el gobernador romano. A Pilato no le importaba si Jesús había blasfemado a Dios según la ley judía, pero él tomaría nota cuidadosamente de si los judíos lo acusaban de traición en contra de Roma (como, por ejemplo, si Jesús pretendía ser rey, v. 11).

Mateo otra vez interrumpió la cronología para introducir un evento que ofrece un amargo contraste: el remordimiento y el suicidio de Judas. No sólo Judas y Jesús diferían dramáticamente, sino también Judas y Pedro proveyeron contrastes instructivos. Ambos negaron a su Maestro, si bien de maneras diferentes. Ambos estuvieron después con profunda congoja. Pero Pedro demostró un arrepentimiento verdadero, lo que le permitió ser restaurado (Juan 21:15-18), mientras que Judas buscó el remedio absolutamente equivocado al quitarse su propia vida.

Los vv. 11-26 continúan con la sentencia romana de nuestro Señor. Pilato parece haber estado convencido de que Jesús no había cometido crimen alguno contra el imperio, pero se encontraba en una posición delicada. Si los judíos se levantaban, él podía haber estado en problemas con el emperador por no preservar la paz. ¿Qué le importaba a él si el precio de la paz era la vida de un fanático religioso judío? A pesar de sus propios instintos y de las advertencias de su esposa, él accedió al pedido de los líderes judíos y de la muchedumbre a la que ellos habían hostigado a un frenesí irracional.

El v. 25 culmina este tramo con una aceptación resonante de la responsabilidad por la muerte de Jesús de parte de la multitud judía presente: "¡Que su sangre caiga sobre nosotros y sobre nuestros hijos!" Sin embargo, esta expresión no puede ser tomada como refiriéndose a los judíos de todos los tiempos. Mateo sin dudas tenía en miras a "nuestros hijos" como la generación siguiente, que realmente fue juzgada mediante la destrucción de Jerusalén en el año 70 d.C. Pero la sangre de Jesús también estaría sobre las cabezas de los judíos para bien si ellos se volvían a Cristo para la salvación que su sangre derramada hace viable. Mientras tanto Pilato entregó a Jesús a sus soldados, quienes se burlaron de Él y luego lo prepararon para llevarlo al lugar de su ejecución.

Mateo ofreció pocos detalles acerca de la naturaleza de la crucifixión en general o de la experiencia de Jesús sobre la cruz en particular. Él estaba más interesado en las reacciones de otras personas y de la naturaleza misma. Las multitudes y los líderes judíos se burlaron y no entendieron. Jesús soportaría la agonía al máximo y hasta el fin. Una muerte insoportable que por lo general duraba varios días hasta que la asfixia lenta se completaba terminó abruptamente. Jesús sintió el abandono de Dios en una manera que apenas podemos explicar o imaginar. No obstante, Él aparentemente pudo escoger el momento de dejar de luchar por la vida.

Aun más notable fue el testimonio de la naturaleza. Tinieblas acompañaron las tres horas finales de Jesús sobre la cruz (desde las 12:00 a las 3:00 p.m.). Después de su muerte la cortina del templo se partió en dos, lo que significaba un nuevo e íntimo acceso con el que los judíos y los gentiles por igual podían acercarse a Dios. Un terremoto desordenó los cementerios, y después de la propia resurrección de Jesús otros santos del Antiguo Testamento fueron resucitados, aparentemente como muestra de que la resurrección de Cristo es por cierto las primicias del destino de todos los creyentes (ver 1 Cor. 15:20).

El oficial comandante gentil que custodiaba la cruz culmina el relato de Mateo sobre la crucifixión al confesar lo que la mayoría de los judíos habían fracasado en aceptar: la condición de Jesús de Hijo divino. La escena del entierro enfatizó la realidad de la muerte de Jesús, mientras que la guardia en la tumba dio cuenta de la explicación judía común de la pretensión cristiana de la resurrección.

RESURRECCIÓN (28:1-20)

El Evangelio de Mateo concluye adecuadamente con el milagro más dramático y glorioso en las Escrituras: la resurrección de Jesucristo. Con este evento se mantiene en pie o cae la pretensión del cristianismo de ser el único camino verdadero a Dios (1 Cor. 15.12-19).

Los vv. 1-10 describen cómo las mujeres que habían observado dónde había sido enterrado Jesús (27:55-56,61) fueron a la tumba después que el Sabbath (sábado) había pasado para dar a su muerto un ungimiento más adecuado. Para su asombro, ellas encontraron un ángel junto a una entrada abierta, que mostraba una sepultura vacía. El ángel les ordenó que fueran a contarles a los discípulos de Jesús que Él había resucitado. En el camino se encontraron con Jesús mismo, quien repitió la orden. Los vv. 11-15 encierran el resultado de 27:62-66 y muestran cuán inevitablemente débiles probaron ser las alternativas para no creer en la resurrección.

Los vv. 16-20 resumen los temas principales del Evangelio: la soberanía y la autoridad divinas de Cristo, la naturaleza del discipulado, el alcance universal de la fe cristiana, la importancia de hacer la voluntad de Dios y la promesa de la presencia de Cristo con sus seguidores en todo lo que ellos puedan experimentar. El v. 19 ha llegado a ser conocido como la Gran Comisión. La tarea de los creyentes en la vida en esencia es duplicarse en otros, llevando a hombres y mujeres en todo el mundo a la fe, el bautismo y la obediencia a todos los mandamientos de Cristo. Pero la palabra final del libro reubica adecuadamente nuestra atención sobre Cristo en lugar de mantenerla sobre nosotros mismos. Aun cuando seamos infieles, Él permanece fiel.

Significado teológico. El Evangelio de Mateo muestra la unidad esencial entre el Antiguo y el Nuevo Testamento. El Mesías profetizado en el Antiguo Testamento ha venido en la persona de Jesús de Nazaret. Mateo presenta a Jesucristo como Aquel que cumple las promesas y predicciones del Antiguo Testamento (1:18-2:23; 5:17-18). Mientras que Jesús es presentado como el Rey prometido, Él es descrito como un Rey siervo, cuyo reino se establece sobre su obra redentora.

El reino es presentado tanto presente como futuro. El gobierno de Dios sobre la tierra es inaugurado en la persona y el ministerio de Jesús. Su manifestación presente se expresa a través de la transformación moral de sus ciudadanos. Los seguidores de Cristo reflejan una visión ética del reino según se presenta en el Sermón del Monte (5:17-29). Ellos son personas que primero buscan el reino de Dios y su justicia (6:33). El reino aguarda su consumación con el retorno de Cristo (24:1-51). En el tiempo presente, los ciudadanos del reino deben vivir su vocación como discípulos obedientes. Los discípulos expresan su alianza a Jesús obedeciendo su Palabra (28:19-20).

Preguntas para la reflexión

1. ¿Cuáles son los temas del Evangelio de Mateo?

2. ¿Cuál es el significado del título "Hijo de hombre"?

3. ¿Cuál es la importancia de la declaración de Jesús de que Él ha venido para cumplir la ley y no para abolirla?

4. ¿Qué aprendemos acerca del significado del discipulado en el Evangelio de Mateo?

5. ¿De qué manera podemos entender y aplicar mejor el Sermón del Monte para nuestras vidas?

MARCOS

A diferencia de las cartas de Pablo, el Evangelio de Marcos no identifica ni a su autor ni a su primera audiencia. Según la tradición de la iglesia, Juan Marcos escribió el segundo Evangelio desde Roma, y usó a Pedro como su fuente primaria. La madre de Juan Marcos hospedó a la iglesia en su casa en Jerusalén (Hech. 12:12), y él ministró junto a su primo Bernabé (Hech. 12:25; 15:37,39), Pablo (Col. 4:10; 2 Tim. 4:11; Filem. 24), y más tarde Pedro (1 Ped. 5:13). Probablemente para el año 45 d.C. ya había judíos cristianos en Roma cuando Claudio expulsó a los judíos por los disturbios de "Christos" (ver Hech. 18:2). Alrededor del 55 d.C. Pablo escribió a la iglesia romana compuesta de creyentes tanto gentiles como judíos (Rom. 11:17-24). Marcos muestra señales de que fue escrito a una iglesia en su mayoría gentil, ya que, por ejemplo, presenta explicaciones de expresiones arameas (5:41; 7:34; 14:36; 15:34) y de las tradiciones fariseicas (7:3-4). Si Marcos era conocido y fue usado como fuente tanto para Mateo como para Lucas, como parece probable, entonces el Evangelio tal vez fue escrito antes del 70 d.C. e incluso quizás una década más temprano.

Tema. El discipulado es el tema central del Evangelio de Marcos. De todos los Evangelios, Marcos es francamente el más realista en evaluar las dificultades del discipulado pero también el más esperanzador. El discipulado es costoso (8:34-37; 12:44; 14:3-5), y la persecución viene con recompensa (10:30; 13:9-13). Marcos no era ciego a los malos entendidos de los discípulos (4:40; 6:52; 8:17,33; 9:6; 10:38) y sus fracasos (10:13; 14:37,43,50,71). No obstante, él expresó esperanza de que más allá del fracaso, aquellos primeros discípulos —y los discípulos contemporáneos— experimentarían perdón (16:7) y el cumplimiento de las promesas de Jesús de que serían "pescadores de hombres" (1:17) y testigos inspirados por el Espíritu (13:11; ver 10:39). La esperanza de Marcos estaba fundada en Jesús, quien confiaba tanto en la bondad como en el amor de Dios por Él (1:11; 9:7; 10:18), y se sometió a sufrimiento y muerte como preludio de su resurrección.

Forma literaria. Antes de Marcos, los primeros cristianos habían transmitido oralmente la historia de Jesús como relatos aislados, colecciones de dichos breves y algunas narraciones más extensas, tales como la pasión. Marcos fue probablemente el primer cristiano en escribir un "Evangelio", no una biografía sino un tratamiento extenso de la importancia de la vida, la muerte y la resurrección de Jesús por los creyentes. La mayoría de los eruditos cree que Mateo y Lucas escribieron algunos años más tarde, y basaron sus Evangelios en el de Marcos. Mateo es un paralelo de aproximadamente el 90% de Marcos. La singularidad de Marcos es que incluye un estilo aventurero dinámico ("inmediatamente", aparece 30 veces), usa un lenguaje directo ("el cielo se abría", 1:10; "el Espíritu lo impulsó a ir al desierto", 1:12), aprecia la humanidad de Jesús (1:41; 3:5; 4:38; 6:6; 11:12; 14:33), y hace énfasis en la dificultad del discipulado.

I. Introducción (1:1-13)

II. La autoridad de Jesús revelada (1:14–3:6)

III. La autoridad de Jesús rechazada (3:7–6:6a)

IV. Reunión de una nueva comunidad (6:6b–8:21)

V. Equipamiento de la nueva comunidad (8:22–10:52)

VI. Juicio sobre Jerusalén (11:1–13:37)
VII. Juicio sobre Jesús: pasión y
resurrección (14:1–16:8)

Propósito y teología. Si bien es probable que Marcos haya escrito teniendo en mente las necesidades de su propia iglesia, su Evangelio no es un documento ocasional como las cartas de Pablo. Las cuestiones que Marcos abordó eran típicas de los cristianos de su generación y son pertinentes para nosotros. Marcos escribió para preservar la historia de Jesús después de la muerte de los cristianos de la primera generación, tales como Pedro. Sin embargo, Marcos no era un simple historiador, porque él utilizó la historia de Jesús con propósitos pastorales.

1. Marcos escribió para alentar a los cristianos a persistir en un discipulado fiel, particularmente en crisis de persecución. A veces Marcos alentó a la perseverancia a través de los dichos de Jesús (8:34-38; 13:11). Con frecuencia, él alentó a un discipulado fiel a través de los ejemplos de sus personajes: *Jesús*, que mediante sus exorcismos y sanidades triunfó sobre el mal, pero se comprometió con una vida humilde de servicio, sufrimiento y muerte. *Juan el Bautista*, que fue el precursor de Jesús en la proclamación y la muerte. *Aquellos primeros discípulos*, que dejaron todo para seguir a Jesús pero que frecuentemente carecían de fe y comprensión, y le fallaron a Jesús a través de su represión, su traición, su negación y su abandono. *Las mujeres,* que ungieron a Jesús para su muerte, y que observaron el sufrimiento y la muerte de Cristo sobre la cruz y la tumba. *Bartimeo,* que alguna vez fue ciego, pero luego a través de la misericordia del Hijo de David vio y siguió a Jesús en el camino de la cruz.

2. Marcos alentó a los cristianos a un testimonio valiente. El llamado de los primeros discípulos incluyó la promesa de Jesús de hacerlos "pescadores de hombres" (1:17; ver 6:6b-13). Marcos alentó el testimonio frente a la oposición judía a través de los trece "relatos de conflicto" que ilustran la autoridad de Jesús (2:1-3:6; 3:20-35; 7:1-23; 10:1-12; 11:27–12:37). Del mismo modo, Marcos alentó el testimonio a través del ejemplo de sus personajes: los amigos del paralítico que lo trajeron a Jesús; el que había sido endemoniado que proclamó cuánto había hecho Jesús por él; la mujer sirofenicia que imaginó un evangelio que alcanzaba a los gentiles; la gente de Betsaida que trajo a un hombre ciego a Jesús para que lo sanara; aquellos que trajeron a sus "pequeñitos" a Jesús; y, finalmente, Jesús delante del Sanedrín (14:62; ver 13:11). Los manuscritos más antiguos de Marcos terminan con el temor y el silencio de las mujeres 16:8. Este final intrigante recuerda a los discípulos contemporáneos que el relato de Jesús no está terminado hasta que compartamos con denuedo el mensaje a nuestra generación.

3. Marcos alentó a los cristianos a esperar en las promesas de Jesús. Marcos puede ser calificado como "el Evangelio de los finales abiertos". Marcos generalmente contempla las promesas que sólo se cumplieron más allá de los límites de su relato. Por ejemplo, Juan prometió a uno que "bautizará con el Espíritu Santo" (1:8); Jesús prometió que los discípulos serían "pescadores de hombres" (1:17), que el "grano de mostaza" del reino de Dios llegaría a ser "la más grande de las hortalizas" (4:30-32), y que se les daría gracia a los discípulos para compartir la copa de sufrimiento de Jesús y su bautismo de muerte (10:39). Jesús también prometió que el Espíritu capacitaría a los discípulos para soportar la persecución y testificar con denuedo (13:9-13), y que Él encontraría a sus discípulos en Galilea después de la resurrección (14:28; 16:7). Sin duda, Marcos conocía tradiciones tales como las que incorporó Lucas en Hechos, que relataban el cumplimiento de tales promesas. Que Marcos dejara estos "finales abiertos" sugiere que para él la "historia de Jesús" no está terminada hasta que culmine a través del testimonio valiente y el discipulado costoso de sus seguidores.

INTRODUCCIÓN (1:1-13)

Desde el comienzo (1:1) los títulos aplicados a Jesús señalan su sufrimiento y su muerte. El término griego "Cristo" corresponde al hebreo "Mesías", que significa *rey ungido*. Jesús sería ungido en preparación para su sepultura (14:3,8). "hijo de Dios" era usado como un título para los reyes descendientes de David (2 Sam. 7:14; Sal. 2:6-7). Sin embargo, Jesús es un rey diferente de otros reyes. Por alguna razón misteriosa, que Marcos no explica, Jesús es tanto "Hijo de David" como "Señor de David" (12:35-37). Si bien los demonios discernían la identidad misteriosa de Jesús desde el comienzo (1:24,34; 3:11), sólo la cruz abrió los ojos humanos al "Hijo de Dios" (15:39).

Para Marcos las "buenas nuevas de Jesucristo" comenzaron con Juan el Bautista. El ministerio de Juan, autorizado por Dios (ver 11:28-32), cumplió las Escrituras (Mal. 3:1; Isa. 40:3). Tanto la vestimenta de Juan (2 Rey. 1:8) como su predicación de arrepentimiento y perdón (Mal. 4:5-6) recuerdan al profeta Elías. El bautismo de Juan simbolizaba un compromiso interior de llevar una vida cambiada. La audiencia de Marcos sin dudas comprendió que Jesús era aquel "más poderoso" que venía, y que Juan había anticipado. Al recibir el bautismo de Juan, Jesús fue confirmando como el amado Hijo que complacía a Dios mediante su identificación con los pecadores.

La experiencia de la afirmación de Dios de inmediato dio lugar a la tentación por parte de Satanás. El Espíritu de Dios no está solamente para consolar. Aquí el Espíritu coloca a Jesús en situación de prueba. Si bien Marcos no indicó el triunfo de Jesús sobre Satanás, los exorcismos que siguieron demuestran que Jesús tenía atado al "hombre fuerte" satánico y estaba saqueando sus posesiones humanas (3:27).

LA AUTORIDAD DE JESÚS REVELADA (1:14-20)

Esta sección mayor de Marcos destaca el papel de Jesús como maestro, sanador y exorcista autoritativo. Jesús comenzó su ministerio a partir del arresto de Juan (ver 6:14-28). El "tiempo cumplido" era la era que los profetas anticiparon cuando el gobierno de Dios se haría realidad. La respuesta necesaria a la obra de Dios en Jesús era el arrepentimiento (un cambio en la dirección de la vida) y la confianza en las buenas nuevas del reino de Dios.

El llamado de Jesús a los primeros discípulos incluía tanto una demanda, "síganme", como una promesa, "los haré pescadores de hombres". En el Antiguo Testamento los pescadores "pescaban" a las personas para el juicio de Dios (Jer. 16:16-18). Aquí las personas son pescadas para salvación. La respuesta inmediata de dejar las redes y a su padre ilustra el compromiso sacrificial de aquellos primeros discípulos.

RESPUESTA A JESÚS (1:21-45)

Jesús, al igual que Pablo, con frecuencia enseñó en la sinagoga (1:21,39; 3:1). Allí Jesús sorprendió a las multitudes enseñando "como quien tiene autoridad", no como los escribas que enseñaban en base a los precedentes legales. Resulta irónico que sólo el "espíritu maligno" conocía la verdadera identidad y la autoridad de Jesús, y lo expuso tal como era. Este exorcismo dejó en evidencia el poder de las palabras de Jesús, que rompió con el poder del mal y cambió vidas.

El incidente en la casa de Simón deja en claro que el discipulado no necesariamente es un compromiso a romper con los lazos familiares y abandonar las posesiones. El servicio agradecido a Jesús por parte de la suegra de Simón representa a la primera de muchas mujeres que articularon respuestas adecuadas para con Jesús.

La respuesta de Jesús a su reciente popularidad fue la oración solitaria. Ya Simón

Pedro emergió como líder de los discípulos ("Simón y sus compañeros"). Por primera vez Jesús tuvo que aclarar su misión a sus discípulos. El "mensaje" que Jesús proclamó en "otras aldeas cercanas" fue las buenas nuevas bosquejadas en 1:15. Mediante su doble ministerio de predicación y exorcismo, Jesús estableció un patrón para la misión subsiguiente de los discípulos (6:12-13).

Marcos afirmó la humanidad plena de Jesús al describir el alcance de sus emociones. Según algunos pocos manuscritos antiguos, Jesús fue movido al enojo y no a la misericordia, por el pedido del leproso que expresaba dudas de que Jesús —y el Dios activo en su ministerio—deseara su sanidad. La respuesta de Jesús y la referencia a las leyes de purificación (Lev. 14) respaldaban la voluntad de Dios para sanar. La proclamación "sin reserva" de la autoridad de Jesús para sanar dificultó su misión en los pueblos vecinos y lo forzó a mantenerse en lugares solitarios.

TESTIMONIO VALIENTE (2:1-17)

La curación del paralítico es el primero de cinco relatos de "conflicto" en 2:1–3:6. Tal vez Marcos incluyó estos relatos y posteriormente una colección de cinco partes (11:27–12:37) como una "guía" para el testimonio valiente a la comunidad judía. Las personas que trajeron al paralítico a Jesús estaban cumpliendo su papel como pescadores de hombres. Más temprano las multitudes habían reconocido a Jesús como alguien que enseñaba con autoridad (1:22,27). Aquí Jesús demostró su autoridad al proclamar el perdón divino de los pecados. Los escribas eran expertos en tradiciones judías. Ellos objetaron a Jesús por jugar el papel de Dios. En contraste la multitud "comenzó a alabar a Dios", cuyo reinado se hizo evidente pues Jesús nos ofreció una relación de "hijos", nos ofreció perdón y sanidad.

En 2:10 Jesús se identificó por primera vez como "el Hijo del hombre", una designación ambigua que puede significar simplemente *yo* o *ser humano*. Pero también recuerda al Hijo del hombre "sobrenatural" a quien Dios confió dominio, gloria y reinado en Daniel 7:13. En Marcos, Jesús retuvo esta ambigüedad, a veces usando el título en conexión con su experiencia humana de sufrimiento y muerte, y a veces en conexión con su gloria futura.

Leví, el cobrador de impuestos, al igual que los primeros discípulos, abandonó su medio de vida para seguir a Jesús. "Pecadores" incluía no sólo a personas inmorales sino a aquellos cuyas ocupaciones les impedían guardar la interpretación estricta de la ley que hacían los fariseos. La relación de Jesús con tales personas recuerda su identificación con los pecadores en su bautismo (1:4,9). Esta comunión en la mesa ocasionó el segundo "conflicto" con los escribas y culminó en la defensa por parte de Jesús respecto a su misión y la de sus discípulos: "Yo no he venido a llamar a justos sino a pecadores". Sólo los pecadores podían responder al llamado de Jesús de "arrepiéntanse y crean las buenas nuevas" (1:15) del perdón y la aceptación de parte de Dios.

CONFLICTO (2:18–3:6)

El tercer "conflicto" en Marcos tiene que ver con el ayuno. Jesús señaló que el tiempo de su ministerio era un tiempo de gozo, como una fiesta de bodas, en donde el ayuno era inapropiado. Las imágenes de ropa nueva y vino nuevo ilustran el efecto "revolucionario" de la obra nueva de Dios en Jesús. Lo que temían los líderes judíos era cierto: Jesús estaba debilitando las viejas categorías del judaísmo.

El cuarto y el quinto "conflicto" en Marcos tienen que ver con la observancia del sábado. Los fariseos interpretaban que arrancar el grano era lo mismo que "cosechar", una actividad ilegal en el sábado (Ex. 34:21). La respuesta de Jesús fue doble. El objetivo de la observancia del sábado era el beneficio humano, y el título "Hijo del hombre" aplicado a Jesús significa yo tengo autoridad sobre el sábado. Del mismo modo, los fariseos tomaron la ley para prohibir sanidad a menos que estuviera en peligro la vida. Marcos nuevamente registró el enojo de Jesús, enojo por la insensibilidad hacia la necesidad humana y la ceguera voluntaria hacia los objetivos más profundos del sábado: hacer el bien y salvar la vida. Los cinco relatos de "conflicto" concluyen con una coalición improbable entre herodianos y fariseos (colaboradores políticos y religiosos ortodoxos) en donde rechazan la autoridad de Jesús y arman un complot para destruirlo.

JESÚS ES RECHAZADO (3:7-35)

El rechazo de Jesús por parte de los herodianos y de los fariseos contrasta con la aceptación de la gente común. La popularidad de Jesús excedía a la de Juan (ver 1:5), extendiéndose a las áreas gentiles del Líbano y Transjordania. Tal aclamación ocasionó algunos inconvenientes. Que haya acallado a los demonios sugiere que el tiempo todavía no era adecuado para la revelación de la condición de Jesús como Hijo divino (15:39; ver 9:9).

Los doce apóstoles tenían un rol fundamental en el nuevo pueblo de Dios. Su responsabilidad como discípulos era doble: estar con Jesús y ser enviados a predicar su mensaje y ejercer autoridad sobre los demonios.

Marcos 3:20-35 es el primero de los pasajes "sándwiches" en los que Marcos insertó un relato ("el fiambre") dentro de otro (el "pan") para destacar un énfasis común. Aquí ambos relatos tienen que ver con la legitimidad del ministerio de Jesús: la familia de Jesús pensaba que Él estaba "fuera de sí"; los escribas de Jerusalén suponían que Él estaba en alianza con el "príncipe de los demonios". Jesús era el "hombre fuerte" (RVR60) que había entrado en el mundo de Satanás y estaba "robando su casa" a través de sus exorcismos.

La blasfemia contra el Espíritu Santo implica un rechazo tenaz para reconocer que Dios obraba en Jesús y atribuir la obra a Satanás. El arrepentimiento y el perdón no son posibles para aquellos que *consistentemente* rechazan la obra salvadora de Dios en Cristo. En "la rebanada de pan superior" Jesús redefinió a su familia como la comunidad de aquellos que entran en una relación estudiante-Maestro con Él ("los que estaban sentados alrededor de él", 3:34; ver 4:10) y que obedecen la voluntad de Dios (ver 1:20; 10:29-31).

CUADROS DEL REINO (4:1-34)

La parábola del sembrador provee un marco de referencia para interpretar las respuestas al mensaje de Jesús. La predicación de Jesús evocaba (1) el seguimiento obediente de los discípulos (1:18,20; 2:14); (2) el asombro de la multitud; (3) la sospecha de su familia de que estaba loco (3:21); (4) la oposición de los líderes judíos (2:7,16,24; 3:6,22). A medida que se desarrolla el relato de Marcos, un hombre rico tiene la oportunidad de seguir a Jesús pero está "ahogado" por el amor a las riquezas (10:17-25; ver 4:18-19). Y las multitudes "que reciben con alegría" la palabra (4:16) se unen a los oponentes de Jesús en tiempos de persecución (14:43; 15:15). Más allá de la conclusión de Marcos, los discípulos como semilla sembrada en buen suelo, llegan a una madurez tal que soportan la persecución (ver 13:9-13) y llevan mucho fruto.

Jesús no era un "secreto" (Él predicó y sanó en público), sino un misterio a la espera de ser revelado por los discípulos. La enseñanza de Jesús en parábolas resultó en que muchos no percibieran lo que Él estaba haciendo ni respondieran con arrepentimiento (ver 1:15). Extrañamente, Jesús era un acertijo y al mismo tiempo una lámpara que brilla. Al discípulo que "tiene" alguna comprensión de Jesús y de su misión se le "dará más". "Los de afuera" que se rehúsan a ver entenderán cada vez menos de Jesús y finalmente lo rechazaran de manera completa.

La parábola de la semilla que crece enfatiza que Dios da el crecimiento del reino en maneras que están más allá de la comprensión humana. Luego de sembrar la semilla, los discípulos deben confiar en que Dios dará el crecimiento. La parábola del grano de mostaza enfatiza que el gobierno de Dios, que se hizo real de manera limitada en el pequeño círculo de seguidores de Jesús, está destinado a un fin glorioso.

FE EN DIOS (4:35-41)

Jesús demostró su confianza absoluta en Dios al dormir durante la tormenta en el lago de Galilea. Los discípulos malinterpretaron la confianza de Jesús como si fuese apatía: "¿No te importa?" Extrañamente, el temor de ellos no es mencionado hasta que Jesús hubo aquietado la tormenta. Aquí la fe es valor basado en la confianza del cuidado de Dios sin importar qué ocurra. La pregunta de los discípulos, "¿Quién es éste?" sugiere asombro, resultado de comprender que su Maestro de alguna manera hizo lo que sólo Dios podía hacer.

LA VIDA FUERA DE CONTROL (5:1-20)

El endemoniado gadareno ilustra el horror de una vida fuera de control: aislamiento, violencia, gritos desgarradores, conducta auto-destructiva y la impotencia de los vecinos para intervenir o sanar. Sólo Jesús pudo confrontar las fuerzas opresivas y dejarlo "sentado, vestido y en su sano juicio". Una legión romana consistía de entre cuatro a seis mil hombres. Nuevamente el temor de la multitud aparece al final (ver 4:40-41). Ellos temieron más al poder que obraba en Jesús que a las fuerzas demoníacas que habían obrado en su vecino. Ellos valoraron más a los cerdos que a otro ser humano.

Si bien Jesús denegó el pedido del hombre de ir con Él (ver 3:13), comisionó al gadareno a cumplir otra tarea como discípulo: decir cuánto el Señor había hecho por él.

FE Y TEMOR (5:21-43)

El relato de Marcos de una niña restaurada a la vida y una mujer sanada es un segundo ejemplo de su técnica del "sándwich". Él yuxtapone dos ejemplos de fe: por un lado un jefe de la sinagoga, un miembro de la comunidad altamente respetado, y por otro una mujer ahora empobrecida que vivía como un paria debido a su hemorragia. En este relato "interno" la mujer "oyó hablar de Jesús" y ejemplificó la fe al atreverse a tocar el borde de su manto.

Otra vez Marcos registró el temor al final de la historia de la mujer. Su temor por la enfermedad y la muerte fue superado por su asombro ante este hombre que sabía que la había sanado. Al igual que el gadareno ella relató su historia de la misericordia de Dios para con ella. La expresión que usó Jesús: "hija" la puso en relación con Él en base a la fe salvadora. Esta nueva relación hace posible irse en la paz de Dios. En el relato "externo" Jesús llamó a Jairo a una fe que ni siquiera temía a la muerte, sino que confiaba en que Dios estaba obrando en Jesús para restaurar la vida de su hija. La burlona multitud de lloronas veía como ridícula la fe que confiaba en Dios a pesar de todo. Sin embargo, los que confiaron en Dios fueron los que después rieron y se gozaron.

EL ESCÁNDALO DE LA FAMILIARIDAD (6:1-6a)

En Nazaret, Jesús experimentó el escándalo de la familiaridad: él no es más que un carpintero, tan sólo el hijo de María (¿quién sabe quién es su padre realmente?). Nosotros conocemos a sus hermanos y hermanas.

Pero los lectores de Marcos recordarán que la familia de Jesús es ahora la comunidad de aquellos que hacen la voluntad de Dios. El término griego traducido "asombrado" (v. 6) es el polo opuesto a "creer en" y generalmente es usado en relación con el rechazo judío de Jesús (Mat. 11:6; Rom. 9:33; 1 Cor. 1:23; Gál. 5:11). Jesús "se quedó asombrado por la incredulidad de ellos" (Mar. 6:6a) y "no pudo hacer allí ningún milagro" excepto sanar a unas pocas personas. Los milagros de Jesús fueron la respuesta de Dios a la necesidad y la fe humanas, no trucos mágicos llevados a cabo para impresionar a las multitudes. Juan 1:11-12 provee quizás el mejor comentario sobre esta cuestión: "Vino a lo que era suyo, pero los suyos no lo recibieron. Mas a cuantos lo recibieron, a los que creen en su nombre, les dio el derecho de ser hijos de Dios".

MISIÓN DE LOS DOCE (6:6b-44)

El rechazo de Jesús por parte de "los suyos" es una preparación para la reunión de su nuevo pueblo anticipada en 3:35. La misión de los doce se "inserta" en el relato del martirio de Juan para destacar el peligro de predicar el arrepentimiento. Jesús estableció la pauta para la misión de los doce mediante predicación, sanidad y exorcismos. Si bien la autoridad dada a los discípulos para sanar y echar fuera demonios era una señal del reino, Jesús sólo los comisionó para predicar el arrepentimiento, no las buenas nuevas del reino (ver 1:15). Las instrucciones de la misión evidencian una dependencia absoluta de Dios como apoyo y aluden al éxodo. Los discípulos, como Jesús antes que ellos, iban a experimentar tanto bienvenida como rechazo.

La cuestión de la identidad de Jesús introduce el relato de la muerte de Juan. El pleno significado de la vida de Juan se ve sólo más tarde en relación con Jesús, cuyo destino Él anticipa. Al igual que Jesús, Juan fue arrestado, fue reconocido como recto y santo, y no obstante ejecutado, y puesto en una tumba. Sin embargo, el final de Jesús lo distingue como aquel "más poderoso" que habría de venir y cuyas sandalias Juan consideraba no era digno de desatar.

La expresión "ovejas sin pastor" sirve como imagen para el pueblo de Dios sin liderazgo espiritual. La respuesta inicial de Jesús a la necesidad de la multitud fue enseñanza. Los detalles de la multitud sentada "sobre la hierba verde" y totalmente satisfecha parecen recordar al pastor del Salmo 23, que hizo que sus ovejas descansaran en verdes pastos (Sal. 23:2,5). La alimentación milagrosa de los 5000 señala a Jesús como el verdadero Pastor, pero también apunta al ministerio futuro de los discípulos. La participación que Jesús da a los doce para alimentar a la multitud sugiere un patrón para el ministerio futuro, en el que Jesús provee a los discípulos de los recursos para el ministerio.

ESPERANZA EN LAS TORMENTAS DE LA VIDA (6:45-56)

Jesús vio las dificultades de los discípulos al remar y llegó a ellos caminando sobre el agua. Jesús no metió a los discípulos en la tormenta para abandonarlos allí. Los discípulos fracasaron en "ver con claridad". Ellos creyeron que Jesús era un fantasma. "Soy yo" sugiere el nombre del Dios del pacto (Ex. 3:14; Isa. 43:10). La reafirmación "No tengan miedo" es común en las apariciones de Dios en el Antiguo Testamento (por ejemplo, Gén. 15:1; 21:17; 26:24). Marcos no clarificó qué fue lo que los discípulos no entendieron acerca de "lo de los panes". Quizás ellos pensaron que Jesús era el Pastor que tendría cuidado de sus necesidades y los conduciría a través de los peligros de la muerte o que Él era un nuevo Moisés que los guiaría a través del mar así como Él los había alimentado milagrosamente. El fracaso de los discípulos en reconocer a Jesús contrasta agudamente con la multitud de Genesaret que reconoció a Jesús "en seguida" y apelaron a Él por ayuda.

CONFLICTO CON LA TRADICIÓN (7:1-23)

El "conflicto" con los fariseos y escribas de Jerusalén que ocasionaron los discípulos al comer sin lavarse las manos (ritualmente inmundas), prepara el escenario para los siguientes tres relatos en los que Jesús y los discípulos vencen barreras para ministrar a los gentiles. Los vv. 3-4 son la explicación de Marcos para sus lectores gentiles. Este "conflicto" fue de importancia crucial para la misión posterior de la iglesia: ¿estarían los discípulos de Jesús obligados a seguir "la tradición de los ancianos"?

La respuesta de Jesús a los líderes judíos fue doble: los líderes invalidaban las leyes de Dios por guardar sus tradiciones humanas; y el pecado es una cuestión del corazón, no de una dieta. Marcos explicó un término arameo *corbán* para sus lectores gentiles. Aparentemente tal ofrenda a Dios podía ser retenida durante la vida del que la ofrecía, pero no podía ser utilizada para ningún otro propósito, algo así como un fondo vitalicio irrevocable. Al llamar a sus discípulos a prestar atención a los asuntos de más peso de la ley de Dios, Jesús afirmó la revelación de Dios del Antiguo Testamento como la herencia de la iglesia. El versículo 19b es el comentario de Marcos, que los discípulos no captaron inmediatamente (Hech. 10), en cuanto a la importancia para la misión gentil de la enseñanza de Jesús sobre lo que realmente contamina.

JESÚS Y LOS GENTILES (7:24-37)

La respuesta de Jesús a la mujer sirofenicia tiene una dureza que resulta incómoda: los judíos usaban "perros" como un término derogatorio para los gentiles a quienes consideraban tan inmundos como "perros callejeros" que recorren las calles buscando basura. Interpretar el diminutivo como "cachorrito" tampoco resuelve el dilema, porque una "mascota de la casa" no comparte la posición familiar de un hijo. La posición en la familia de Dios no es una cuestión de raza. Marcos 3:35 abrió el camino para una familia extendida con aquellos que hacen la voluntad de Dios. La palabra clave en la narración es "primero", y entonces deja abierto el ministerio posterior a los

gentiles. El papel de Jesús era primero el de Mesías judío y luego Salvador del mundo (comparar con Pablo que llevó primero el evangelio a los judíos y luego a los griegos, Hech. 13:46). Jesús alabó la fe persistente de esta mujer "inmunda" que supo que había un lugar para ella en la gracia de Dios. En 8:1-10 Jesús alimentaría a una multitud gentil con pan así como lo había hecho con los hijos de Dios judíos (6:30-44).

Como residente de la Decápolis, la liga de diez ciudades de habla griega, el sordomudo probablemente era un gentil. Al igual que con el paralítico judío, los amigos los trajeron a Jesús. Experimentar la gracia de Dios hace imposible guardar las buenas nuevas de Jesús en secreto. Irónicamente, la multitud gentil reconoció que Jesús satisfacía la expectativa del Mesías judío (ver Isa. 35:5).

LECTURA DE LAS SEÑALES (8:1-21)

La alimentación de los 4000 representaba la provisión milagrosa de Jesús para los gentiles, de la misma manera que la alimentación de los 5000 representaba su cuidado por los judíos (6:30-44). Los lectores romanos del Evangelio de Marcos sin duda notaron que aquellos que habían "venido de lejos" para estar con Jesús anticipaban la misión de la iglesia hasta el fin de la tierra.

La demanda de los fariseos de una señal del cielo recuerda a los israelitas cuando probaron a Dios en el desierto (Deut. 6:16; 33:8). Jesús quizás se rehusó a dar una señal porque ya les había dado una amplia oportunidad a aquellos con ojos para ver lo que Él estaba haciendo.

La levadura de los fariseos y de Herodes representa su mala influencia. Los discípulos nuevamente carecieron de entendimiento. Marcos no especificó con exactitud qué era lo que los discípulos debían haber "visto" en cuanto a Jesús. Quizás era que ellos no tenían porqué preocuparse por el pan si Jesús estaba allí para proveer para sus necesidades.

EL REINO DE DIOS EN LOS EVANGELIOS

El reino de Dios es el centro del mensaje del Nuevo Testamento. Fue anunciado por Juan el Bautista (Mat. 3:2). Constituyó la esencia de la enseñanza de Jesús: debemos buscarlo antes que nada (Mat. 6:33). Constituye la vida de la iglesia: "el reino de Dios no es cuestión de comidas o bebidas sino de justicia, paz y alegría en el Espíritu Santo" (Rom. 14:17). Fue el mensaje evangelizador de los primeros creyentes (Hech. 8:12; 14:22; 19:8; 20:25; 28:23,31). Algún día será todo en todo cuando el reino de este mundo se transforme en el reino de nuestro Señor Jesucristo, y Él reine por siempre y siempre (Apoc. 11:15; 1 Cor. 15:23-28).

El reino de Dios, también llamado el reino de los cielos por Mateo, no es definido geográficamente por Jesús ni por los escritores del Evangelio. Pero siguiendo las líneas proféticas del Antiguo Testamento, es visto como el reino donde se hace la voluntad de Dios. Es el gobierno soberano de Dios y, en principio, abraza a todo el orden creado. En algunos aspectos, es análogo del control providencial de Dios del mundo, pero esta idea no predomina en los Evangelios. El enfoque primario está sobre la obra redentora del Señor. El reino de Dios es el reino donde la voluntad salvadora de Dios es conocida y experimentada. Algunos son atraídos a Él, algunos están muy cerca y algunos están realmente en Él (Mat. 13:24-30,36-40,47-50). Sin embargo, no debemos decir quién está y quién no. Es el reino de Dios y no el nuestro. Debemos ser cuidadosos en no alejar a las personas si están tratando de encontrar su camino al reino. Aquellos que están en el reino de Dios son salvos, y Jesús es aquel que los introduce.

Es interesante notar que si bien el reino de Dios es el punto central de la enseñanza de Jesús y de los Evangelios, Dios no es llamado rey en ningún otro lugar. Está ligado a otro elemento prominente de lo que dijo Jesús: Dios es nuestro Padre celestial. Tomados juntos tenemos una descripción del gobierno soberano y salvador de Dios. Él es el gobernador que ejerce su soberanía como un Padre celestial benevolente, que abre la puerta de la salvación para todos los que quieran entrar.

El reino es tanto presente (Mat. 11:11-12; 12:28; 18:1-5; Luc. 17:21) como futuro (Mat. 6:10; 26:29; Luc. 19:11-27; 21:29-31). El poder salvador de la era venidera ha irrumpido en esta era, y nosotros podemos ser salvos ahora. Pero el reino todavía no ha venido plenamente. No ha llegado el fin, cuando Dios sea supremo, y nosotros seamos plenamente salvos.

Los Evangelios dicen mucho acerca de los requisitos de entrada al reino. Para entrar en el reino y ser salvos, debemos arrepentirnos y creer al evangelio (Mar. 1:15). La predicación del reino por parte de Jesús fue la predicación del evangelio (Mat. 4:23; 9:35). Nosotros debemos hacer la voluntad de nuestro Padre celestial para entrar (Mat. 7:21), y nuestra justicia debe exceder a la de los escribas y fariseos (Mat. 5:20). Debemos arrepentirnos y llegar a ser como niños pequeños para entrar (Mat. 18:3; Mar. 10:15; Luc. 18:17).

Aquellos que no tienen fe, incluso si son hijos del reino (esto es, judíos), no participarán en él (Mat. 8:10-13). Debemos vender todo lo que tenemos para comprar el reino, que es un tesoro más allá de toda comparación (Mat. 13:44-45). Si es necesario, debemos estar dispuestos a hacer sacrificios extraordinarios para entrar (Mat. 19:12; Mar. 9:42-48). Jesús ejemplifica todo lo dicho más arriba al decir que nosotros debemos nacer de nuevo (Juan 3:3-9).

En razón de que el reino de Dios no es de este mundo (Juan 18:36), la vida en el reino es un reverso total de los valores de este mundo. Las Bienaventuranzas definen sus principios fundamentales (Mat. 5:3-12). Además, debemos ser perdonadores (Mat. 18:23-35), humildes (Mat. 18:4), generosos (Mat. 20:1-16), abnegados (Mat. 20:20-28), y totalmente comprometidos (Luc. 9:57-62).

En síntesis, aquellos que por fe en el evangelio de Cristo han llegado a ser miembros del reino son hijos de Dios, y consecuentemente deben vivir como aquellos que han sido redimidos por Él y que finalmente heredarán la vida eterna.

DISCIPULADO SUFRIENTE (8:22-26)

La sección central de Marcos está "intercalada" entre dos relatos en los cuales Jesús da vista a personas ciegas (8:22-26; 10:46-52). El "fiambre" en el medio del sándwich en este caso es la enseñanza sobre el costo del discipulado y el sufrimiento/glorificación del Hijo del hombre.

La sanidad del ciego en Betsaida es diferente de otros milagros tradicionales del Evangelio porque es una sanidad en dos partes. El hombre al principio vio imágenes distorsionadas: gente que parecía árboles que caminaban. Sólo después de un "segundo toque" por parte de Jesús él pudo ver claramente. De manera similar los discípulos pronto verían que Jesús era el Mesías prometido, pero su comprensión del mesianismo sería muy distorsionada, incluso satánica. En esta sección más larga de Marcos, Jesús les recordaría en repetidas ocasiones que se necesitaba su sufrimiento y su muerte (8:31; 9:31; 10:32,45).

¿QUIÉN SOY YO? (8:27-38)

La primera pregunta de Jesús en Cesarea de Filipo es solo preparatoria; la pregunta crucial entonces, tal como ahora, es: "¿Quién dicen [ustedes] que soy yo?" Pedro, como siempre, habló por todos los discípulos y declaró: "Tú eres el Cristo". En el relato de Marcos, Pedro no recibió una "palmadita en la espalda" (ver también Mat. 16:17-19). Las traducciones castellanas oscurecen la dureza de la respuesta de Jesús, al usar el mismo verbo griego que se traduce como "reprendió" en Mar. 8:33. Jesús enseñó claramente que como Hijo del hombre Él debía sufrir rechazo y muerte (contrastar 4:11,33-34). No debía haber malas interpretaciones en cuanto a esta verdad central: era necesario el sufrimiento, la muerte y la resurrección del Mesías. La forma que tenían los discípulos de llamar a Jesús era "Señor" pero también le estaban indicando qué tipo de Señor debía ser. La reprensión que Pedro le hizo a Jesús sirve ahora como una advertencia a los discípulos de hoy: uno puede verbalizar los títulos correctos y aun así tener una comprensión falsa de quién es Cristo. Aceptar a Jesús como Señor es aceptar no sólo su gloria sino también su sufrimiento, su rechazo y su muerte. Cuando Pedro se dio cuenta de las implicaciones más profundas que tenía su propio discipulado le dijo "No, gracias" al sufrimiento mesiánico de Jesús. Él sabía que aquellos que sigan a este Cristo experimentarán más de lo mismo.

El discipulado fiel en la persecución depende de la gracia de ver las circunstancias desde la perspectiva de Dios, antes que en términos de costo humano. Sobre la cruz Jesús sería tentado a seguir el camino del mundo y salvarse a sí mismo (15:30). Si bien Él se sintió abandonado por Dios, no buscó un camino de salida fácil. Perdemos la vida verdadera si desviamos la mirada de Cristo en el camino de la cruz. Así como Jesús soportó la cruz al enfocar su mirada más allá del dolor (ver Heb. 12:2), los creyentes son llamados a soportar los sufrimientos presentes por el evangelio en la esperanza de una gloria futura (9:1; ver Rom. 8:18).

LA LLEGADA DEL REINO DE DIOS (9:1-13)

Jesús alentó a las multitudes (8:34) y a sus discípulos diciéndoles que algunos de aquellos que estaban oyendo su enseñanza sobre el discipulado costoso no morirían ("no sufrirán la muerte") hasta que vieran que el reino de Dios había venido en poder. Las dos interpretaciones más probables de este dicho dificultoso son que (1) el reino de Dios vino en poder con la resurrección y en Pentecostés (Rom. 1:4; Hech. 1:8), o (2) la transfiguración sirvió como un anticipo de la poderosa venida del reino de Dios en la segunda venida de Cristo.

La apariencia distinta de Jesús en la transfiguración ofreció a los discípulos un anticipo de la gloria de su resurrección. Pedro otra vez habló por los discípulos, diciendo que deseaban construir enramadas de modo de poder "envasar" la experiencia de la gloria. Que el sello de la aprobación de Dios siga inmediatamente al compromiso de Jesús con el camino de la cruz no es un accidente. Sólo después que Jesús hubiera resucitado de los muertos los discípulos serían capaces de compartir la vindicación de Dios del Siervo-Hijo sufriente.

La referencia de Jesús a la resurrección quizás encendió el interés de los discípulos en la venida de Elías. Jesús desplazó el foco de atención a la cuestión crucial de por qué el Hijo del hombre debía sufrir en lugar de por qué Elías debía venir primero. Las Escrituras demandan un siervo sufriente. Fuera de esto Marcos no respondió a esta pregunta así como no respondió a la pregunta de Jesús ("¿Por qué?") en 15:34. "Elías" (Juan el Bautista) encuentra su importancia como precursor del sufrimiento y la muerte de Jesús.

EL PRECIO POR NO ORAR (9:14-37)

Los discípulos aprendieron que su incapacidad para echar fuera a un demonio y cumplir su comisión (6:7), resultó de su fracaso en la oración. El padre del muchacho afectado expresó dudas acerca de la capacidad de Jesús para ayudarlo. Jesús respondió que "para el que cree, todo es posible". El ruego del padre capta el dilema de muchos creyentes vacilantes: "¡Sí creo! ¡Ayúdame en mi poca fe!" (9:24). Jesús respondió a la débil fe del hombre. La sanidad del muchacho que parecía un cadáver prepara el escenario para otra enseñanza en cuanto a la muerte y la resurrección de Jesús.

La discusión de los discípulos de quién era el más grande indica su mala comprensión del destino "del camino" de la cruz que estaban transitando con Jesús. La medida de la verdadera grandeza es el servicio. En esto Jesús estableció una pauta, al venir no "para que le sirvan, sino para servir" (10:45). El niño no es un modelo para el discipulado (ver 10:15), sino una ilustración de que nadie insignificante debiera ser dejado de lado en el servicio.

EL VALOR ABSOLUTO (9:38–10:16)

El concepto estrecho que tenían los doce en cuanto a discípulos "autorizados" llevó a Jesús a afirmar que todos los que ministran en su nombre serán recompensados. La intolerancia hacia la obra de otros creyentes puede resultar en piedra de tropiezo para los no creyentes, que miran para ver nuestro amor y unidad (Juan 13:35; 17:23). Es improbable que las advertencias que siguen tengan que ver con pecados comunes. Este pecado impide entrar a la vida eterna y resulta en el sufrimiento en la "Gehenna" (infierno). Anteriormente Marcos señaló que *todo* pecado puede ser perdonado excepto rechazar la obra salvadora de Dios en Jesús. La advertencia de Jesús alude a evitar ser causa de que alguien rechace a Cristo y a desechar todo lo que lleve a alguien a rechazar a Cristo. Mano, pie y ojo (así como posesiones, familia y vida física) no son valores absolutos. El reino futuro de Dios es el valor absoluto. Ser "salados con fuego" (RVR60) es sufrir persecución. La "salinidad" de los discípulos es su lealtad a Jesús y al evangelio, que resulta en testimonio efectivo.

La presencia de Cristo conduce a la paz en la comunidad más que a reñir por quién es el más grande. Jesús señaló que Moisés permitió el divorcio por causa de corazones duros que rehusaron reconciliarse. Sin embargo, el plan de Dios para el matrimonio en la creación fue un hombre y una mujer compartiendo sus vidas juntos para siempre.

Si bien Jesús prometió hacer de sus discípulos "pescadores de hombres" (1:17), cuando otros trajeron niños a Jesús aquellos interfirieron. Jesús no sólo permitió a los niños llegar a Él, sino que los usó como ejemplo de aquellos necesitados que recibirían el reino.

HERENCIA DE LA VIDA ETERNA (10:17-45)

La pregunta del hombre rico sigue naturalmente a la enseñanza de 10:15: "¿Qué debo hacer para heredar la vida eterna?" ¿Qué implica recibir "el reino de Dios como un niño"? Jesús desafió al hombre rico a confiar en que solo Dios era bueno. Jesús no discutió su pretensión de haber guardado los requisitos externos de la ley (ver Fil. 3:6). Uno puede guardar las reglas y no obstante perder lo más importante del asunto. Una cosa esencial faltaba en la vida del hombre rico: "Vende todo lo que tienes... luego ven y sígueme". El problema del hombre rico no era la riqueza en sí, sino el fracaso de su falta de confianza en que Dios y no la riqueza era el único bien, y que el llamado radical de Dios al discipulado era para su propio bien. Sólo una confianza radical en la bondad de Dios hace posible el abandono de la riqueza y el seguimiento de Jesús en el camino de la cruz. Tal confianza absoluta en la bondad de Dios, que es el prerrequisito para entrar en el reino, es imposible sin una obra de gracia en la vida personal. Y Dios hace lo humanamente imposible en la conversión, reordenando radicalmente los valores humanos. Jesús aseguró que habría persecuciones pero también una recompensa para aquellos que como Pedro dejaran todo para seguirlo.

En 10:33 Jesús especificó el destino de su camino, Jerusalén, donde Él enfrentaría condenación, tortura y muerte. Jerusalén ya ha sido descrita como la base de los oponentes de Jesús (3:22; 7:1). La aceptación de Jesús de su papel de Siervo sufriente está en agudo contraste con la demanda de Jacobo y Juan: "Maestro queremos que nos concedas lo que te vamos a pedir". Nuestros pedidos de oración dicen mucho acerca de nosotros. Más tarde Bartimeo pediría a Jesús la vista de modo de poder seguir a Jesús en el camino de la cruz. Aquí el pedido de Jacobo y Juan por lugares de honor en la gloria venidera de Jesús confirma que Pedro no era el único discípulo interesado en compartir solamente la gloria del Mesías (8:32) y que la lección de la "grandeza a través del servicio" (9:35) no fue captada fácilmente. Jesús prometió a Jacobo y a Juan que ellos cumplirían su llamado como discípulos compartiendo su copa de sufrimiento (ver Sal. 75:8; Isa. 51:17,22) y

su bautismo de muerte. Los líderes cristianos deben distinguirse de los líderes seculares que se "enseñorean" (RVR60). Jesús, que vino para servir y no para ser servido, establece el patrón para los líderes cristianos. Su costoso "rescate" nos libera para el servicio.

UN MODELO PARA LOS DISCÍPULOS (10:46-52)

La sección de Marcos sobre el discipulado concluye de la misma forma que comenzó, con la sanidad de un ciego (ver 8:22-26). Bartimeo ejemplifica el discipulado verdadero. Su ruego por ayuda, "Hijo de David, ten compasión de mí", es el clamor de un espíritu dependiente como el de un niño (ver 10:15). Él no le pidió a Jesús un "trono de gloria" (ver 10:37) sino ver, y todos los discípulos necesitan ojos para ver/percibir (ver 4:12). Cuando Bartimeo arrojó su capa puso en evidencia su disposición para la misión (ver 6:9). Bartimeo aceptó el camino de su Señor sufriente al seguir a Jesús en el camino a Jerusalén. Finalmente, Jesús tuvo un discípulo que podía ver.

EL MESÍAS SIERVO (11:1-33)

Jesús entró en Jerusalén como alguien que venía en nombre de, es decir, con la autoridad del Señor y una misión de salvación dada por Dios ("Hosanna" significa *salva ahora*). Al montar sobre un burrito, Jesús manifestó su propia comprensión del mesianismo: no es un héroe conquistador sino un siervo humilde (ver Zac. 9:9).

La maldición de la higuera fue un acto profético diseñado para ilustrar el juicio de Dios sobre el templo, que había probado ser estéril al no llevar a cabo su misión como un lugar de oración para todas las personas. Lo que se necesita para experimentar a Dios no es el templo (ver 13:1-2) sino la "fe en Dios". La fe hace obsoleto al templo. Aquel que cree puede tirar al mar el monte del templo (contrastar 1 Rey. 8:29-30). El perdón de pecados no se experimenta en el sacrificio

RELATOS DE CONTROVERSIAS EN MARCOS

Controversia	Referencia en Marcos
Sobre el derecho de Jesús a perdonar pecados	2:1-12
Sobre el compañerismo de Jesús con los publicanos y "pecadores"	2:13-17
Sobre la libertad de los discípulos respecto del ayuno	2:18-22
Sobre los discípulos que recogen espigas en el sábado	2:23-27
Sobre el derecho de Jesús de hacer el bien en el sábado	3:1-6
Sobre la naturaleza de la familia de Jesús	3:20-21,31-35
Sobre la fuente del poder de Jesús para exorcizar	3:22-30
Sobre los discípulos que comen con las manos sin lavar	7:1-5,14-23
Sobre los fariseos y los maestros de la ley que ponen a un lado los mandamientos de Dios para observar su tradición	7:6-13
Sobre la legitimidad del divorcio y el propósito de Dios para el matrimonio	10:1-12
Sobre la autoridad de Jesús para limpiar el templo y la autoridad de Juan para bautizar	11:27-33
Sobre el pago de impuestos a César y dar a Dios lo que le corresponde	12:13-17
Sobre el matrimonio en la resurrección, el poder de Dios y el testimonio de las Escrituras	12:18-27
Sobre el mandamiento más importante	12:28-34
Sobre la naturaleza del Mesías: ¿Hijo de David o Señor de David?	12:35-37

que se hace en el templo, sino en compartir la voluntad de Dios de perdonar. El "requisito del perdón" advierte a los creyentes a no hacer de su tiempo de oración un retiro de ladrones.

Es comprensible que los líderes religiosos cuestionaran la autoridad de Jesús, porque la limpieza del templo era responsabilidad del Mesías o del profeta de los últimos tiempos (Mal. 3:1-5; Zac. 14:20-21). Los líderes habían cuestionado antes la autoridad de Jesús para anunciar el perdón de Dios (2:1-12), celebrar la nueva obra de Dios (2:18-22), y hacer el bien el día sábado (3:1-6). La pregunta de Jesús sugiere que su autoridad era dada por Dios.

¿LA VIÑA? (12:1-17)

El liderazgo judío tomó la parábola de los labradores malvados como un ataque directo contra ellos. La parábola se elabora sobre varias imágenes comunes del Antiguo Testamento: la viña representa la posesión de Dios, Israel (Isa. 5:1-7); la cosecha, el tiempo de juicio (Jer. 51:33; Os. 6:11a; Joel 3:13); y los siervos, los líderes espirituales (Ex. 14:31; Jue. 2:8; 1 Sam. 3:9; 2 Sam. 3:18). Jesús continuaba con el ministerio de Juan y los profetas. No obstante, como "Hijo amado", Él representaba más que eso. Su relación singular con Dios merecía un respeto especial, y a través de Él, Dios hizo su apelación final a Israel (ver Heb. 1:1-14). Esta parábola, como las predicciones de la pasión (Mar. 8:31; 9:31; 10:32), testifica que Jesús era consciente de su papel especial que terminaría con su muerte en el plan de Dios. Los lectores gentiles de Marcos tal vez hayan visto la misión a los gentiles reflejada en la entrega de la viña a otros.

Irónicamente, el liderazgo judío reconoció las cualidades de Jesús como Maestro/Juez de Israel. Ellos lo vieron como alguien que tenía integridad, que no se dejaba influir por las personas (11:32; 12:12), y que verdaderamente enseñaba el camino de Dios. Al utilizar la moneda romana, los adversarios de Jesús dieron testimonio de su dependencia de ese gobierno. Los cristianos debieran cumplir con las responsabilidades legítimas hacia su gobierno (Rom. 13:6-7). Nosotros llevamos la imagen de Dios (Gén. 1:27) y debemos cumplir nuestras responsabilidades para con Dios.

PRIORIDAD DEL AMOR (12:18-44)

Los saduceos ilustran que uno puede conocer algo de la Escritura (la ley del levirato, Deut. 25:5-6), y aún así perder su mensaje central del amor redentor de Dios. Las relaciones de la resurrección son relaciones transformadas. Realmente los discípulos de Jesús ya experimentan relaciones transformadas como hijos de Dios (3:34-35; 10:29-30; 13:12-13). Dios es el Dios de los vivientes no porque los seres humanos sean inmortales por naturaleza, sino porque Dios en su amor no nos abandona en la muerte.

No todos los líderes judíos se opusieron a Jesús. Una autoridad en la ley judía le preguntó a Jesús cuál mandamiento tiene prioridad. Cuando Jesús respondió que el amor a Dios y al prójimo eran las prioridades de la ley, el líder coincidió en que esas obligaciones eran más importantes que todo el sistema sacrificial (ver 11:15-17). Jesús respondió que este escriba estaba cerca de permitir a Dios reinar en su vida; todo lo que le faltaba era seguir a Jesús como discípulo (10:21).

En Marcos 12:35-37 Jesús tomó la ofensiva al formular una pregunta a los líderes religiosos (ver 8:27). El acertijo del hijo de David que es el Señor de David expresa el misterio del Señor encarnado, "que según la naturaleza humana era descendiente de David, pero que según el Espíritu de santidad fue designado con poder Hijo de Dios por la resurrección" (Rom. 1:3-4).

Jesús advirtió a los escribas que usaban la religión para destacarse y tomar ventaja de los demás. Una viuda puso en evidencia las características del discipulado verdadero. Ella manifestó devoción a Dios en primer lugar, libertad del materialismo (10:21), y total confianza en el buen Dios que cuidaría de ella (10:18).

LA DESTRUCCIÓN VENIDERA (13:1-13)

La enseñanza de Jesús sobre la destrucción del templo/Jerusalén y la venida del Hijo del hombre en Marcos 13 es difícil de desenmarañar. A pesar de esta dificultad, dos énfasis pastorales primarios son claros en las advertencias a tener cuidado del engaño y a estar preparados para el retorno de Cristo. El asombro de los discípulos por la construcción compleja del templo demostró que ellos no apreciaron los actos proféticos de 11:12-21 y preparó la predicción de Jesús de la destrucción total del templo de Jerusalén. La aparición de falsos mesías se destaca entre los eventos que precederían a la destrucción del templo. Los creyentes son advertidos a no ser engañados por tales personas o a confundir "el comienzo de los dolores" de parto con el juicio de Dios sobre Jerusalén.

El libro de Hechos y las cartas de Pablo testifican que los eventos relacionados con la comunidad cristiana temprana en 13:9-13 se cumplieron antes de la destrucción del templo en el año 70 d.C. Pablo, por ejemplo, fue azotado en sinagogas cinco veces (2 Cor. 11:24), testificó ante gobernadores (Hech. 18:12-13; 24:1-2; 25:7-8) y reyes (Hech. 9:15; 26:1-2). Y fue acusado de esparcir el evangelio por todo el mundo conocido (Hech. 17:6; ver Rom. 15:19). Pedro y otros dieron testimonio inspirados por el Espíritu (Hech. 4:8-22).

UN EVENTO SIN IGUAL (13:14-37)

Los eventos de 13:14-23 tienen que ver con la campaña romana contra Judea. La expresión "como no la ha habido desde el principio" en v. 19 sugiere un evento dentro de la historia humana más que su conclusión. El "horrible sacrilegio" (la "abominación desoladora", RVR60) se refiere a la contaminación del templo. Al igual que antes, Jesús advierte a los creyentes acerca de falsos mesías y falsos profetas. En medio del juicio, Dios "ha acortado" los días de guerra por amor a los creyentes ("los que él ha elegido").

Los eventos que rodean la venida de Cristo pertenecen a un tiempo después de la destrucción de Jerusalén. La venida de Cristo en poder y gloria (ver 9:1) es un acontecimiento cuyas repercusiones cósmicas hacen eco de las descripciones del Antiguo Testamento de la venida de Dios para juicio (por ejemplo, Isa. 13:10; 34:4). Jesús aquí enfatizó su venida para salvar a los elegidos.

La lección de la higuera es probablemente una advertencia a estar preparados para la venida de Cristo, si bien "esta generación" sugiere que lo que estaba en vista era la destrucción de Jerusalén. "Aquél día" (RVR60), que era desconocido incluso para el Hijo, es el tiempo del retorno de Cristo. El deber de los cristianos entretanto es llevar a cabo las tareas asignadas antes que especular acerca del cronograma de Dios. La iglesia no debe repetir el fracaso de Israel y ser encontrada estéril cuando sea visitada por Cristo (ver 11:12-21).

SE ACERCA LA MUERTE (14:1-11)

La sección final de Marcos tiene que ver con sucesos que rodean al juicio humano contra Jesús (14:1–15:47) y con el resultado del juicio de Dios *por* Jesús (16:1-8). El complot del liderazgo judío para asegurarse la muerte de Jesús plantea el tono sombrío. Nuevamente una mujer es modelo de discipulado. Ungir a Jesús con un caro perfume fue una acción "hermosa" que demostró libertad de la riqueza (ver 10:21-25) y aceptación del sufrimiento y la muerte de Jesús (ver 8:31-33). Es irónico que Marcos registró los nombres de aquellos que buscaron asientos de honor

para sí mismos (10:37) y no el nombre de esta mujer que buscó sólo derramar amor sobre Jesús. La sección concluye contándole a los lectores que Judas acordó con los principales sacerdotes traicionar a Jesús por dinero.

LA CENA DEL SEÑOR (14:12-31)

El relato de Marcos sobre la Cena del Señor enfatiza en forma repetida su contexto pascual. Como "Hijo del hombre", Jesús iría a la muerte en conformidad con las Escrituras así como los corderos pascuales eran sacrificados. Al igual que en el relato de la entrada a Jerusalén (11:1-11), las instrucciones con respecto a la preparación subrayan la importancia del evento. Lo que Jesús quería significar al dar su vida está clarificado en sus comentarios sobre la copa. Su sangre establecería un nuevo pacto (ver Jer. 31:31) al ser "derramada por muchos". La Cena del Señor también mira más allá de la cruz. Jesús experimentaría la bendición del reino de Dios y sería reunido con sus discípulos en Galilea después de la resurrección.

La aceptación por parte de Jesús de su destino ordenado por Dios contrasta con la negación de los discípulos del destino de ellos. Angustiados al pensar en un traidor en medio de ellos, primero uno y luego otros negaron la posibilidad de su propia traición. Más tarde Pedro habló por el grupo: "Aunque todos te abandonen, yo no". La predicción de su negación señala la diferencia en las vidas de los testigos fieles bajo presión después de la resurrección del Señor (ver 13:9-13).

ORACIÓN EN TIEMPO DE CRISIS (14:32-53)

En Getsemaní, Jesús respondió a la crisis con oración. Getsemaní puso a prueba las creencias fundacionales de Jesús. Él se dirigía a Dios como "Abba", su "Papá", que lo amaba (1:11; ver 9:7). ¿Getsemaní cuestionó la fe en tal Padre? Jesús enseñó que todo era posible para alguien que creyera y orara

(9:23; 11:23-24). Getsemaní dio lugar a la posibilidad horrible de que algo no fuera posible para Dios: que pasara de Jesús su hora de sufrimiento y muerte. Marcos muestra a un Jesús francamente humano, que sintió "temor y tristeza", cayendo repetidas veces al suelo en oración angustiosa. A pesar de la prueba de fe, Jesús reafirmó su confianza en las posibilidades de Dios y se reconsagró a la voluntad de Dios. El fracaso repetido de los discípulos advierte a los creyentes de hoy a estar alertas y orar en tiempo de tentación.

Judas, uno de los doce, traicionó a Jesús. Esto nos advierte que no es suficiente estar cerca de Jesús, haber sido llamado al discipulado y haber recibido el amor de Jesús. El discipulado implica compromiso de vida con este Cristo sufriente. Otro discípulo respondió a la turba que venía a arrestar a Jesús con resistencia violenta. La respuesta era inapropiada. Jesús ya había aceptado la necesidad de su sufrimiento y su muerte (8:31; 9:31; 10:32,45). En cierto sentido, el traidor y la turba del arresto eran innecesarios. Jesús no huyó de su destino. Él moriría para cumplir las Escrituras más que por los planes humanos. Si bien los discípulos fueron llamados para estar con Jesús (3:14) y habían prometido morir con Él, todos ellos lo abandonaron.

TESTIGO HASTA LA MUERTE (14:54-72)

La escena cuando Pedro sigue "de lejos" y se calienta junto al fuego contrasta agudamente con la de Jesús bajo un juicio por su vida. La sombra de la cruz era pesada cuando Jesús reveló el misterio de su identidad al sumo sacerdote. Sí, Él era el Hijo de Dios ("el Hijo del Bendito") y el Hijo del hombre, a quien Dios había confiado el juicio (Dan. 7:13). El fiel testimonio de Jesús bajo el dolor de la muerte contrasta con la negación de Pedro de su discipulado. La acusación de la criada, "Tú también estabas... con Jesús", repite la comisión de Jesús de que los discípulos

"estuviesen con Él" (3:14, RVR60). La preocupación de Pedro por comodidad y seguridad lo llevó al final a quebrantamiento y llanto.

EL REY DE LOS JUDÍOS (15:1–16:8)

Sin dudas Jesús fue llevado ante Pilato con cargos de ser un revolucionario. La respuesta de Jesús a la pregunta de Pilato, "¿Eres tú el rey de los judíos?" fue cautelosa, "Tú lo dices" (RVR60). Jesús era un rey, pero no un rey del tipo al que Pilato estaba acostumbrado (ver 10:42-45). Irónicamente, Pilato soltó a Barrabás, un verdadero terrorista, y sentenció al inocente Jesús a la muerte.

Los soldados se burlaron de Jesús con un manto púrpura y una corona de espinas. Los símbolos son tanto horribles como hermosos. Jesús abrazó su papel como Mesías sufriente y moribundo con dignidad real. La inscripción arriba de la cruz definía la acusación: "EL REY DE LOS JUDÍOS". La cruz redefinió el significado del Mesías. Jesús enseñó a sus discípulos que "el que quiera salvar su vida, la perderá" (8:35). En la cruz, las multitudes se burlaban para que Jesús hiciera exactamente eso, que salvara su propia vida. Pero Jesús creía en lo que enseñó a sus discípulos. Aquellos que pierden su vida por amor de lo que Dios está haciendo en el mundo, la salvarán (8:35). Jesús pudo confrontar la cruz porque Él confió en Dios con su vida. En actitud irónica, los líderes judíos confesaron que Jesús había salvado a otros. Su insulto, "no puede salvarse a sí mismo", era una gran media verdad. Jesús no podía salvarse a sí mismo, porque su misión implicaba la necesidad de su muerte. El grito de Jesús, "Dios mío, Dios mío, ¿por qué me has desamparado?" señala el sentido de abandono que Jesús experimentó cuando Él llevó nuestros pecados. Sería un error pensar que Dios se alejó del evento de la cruz. El rompimiento de la cortina del templo "de arriba abajo" demuestra que "en Cristo, Dios estaba reconciliando al mundo consigo mismo" (2 Cor. 5:19). Resulta extraño que cuando Jesús sintió que Dios estaba más lejos de Él, un centurión vio claramente que Jesús era el Hijo de Dios. Sin dudas, Dios estaba satisfecho con Él (1:11; 9:7).

Las mujeres que habían seguido a Jesús desde Galilea observaron su sufrimiento y su muerte pero "desde lejos". José de Arimatea mostró audacia cuando lo más que podía hacer un discípulo era procurar un entierro adecuado para Jesús.

El deseo de las mujeres de ungir el cuerpo de Jesús, si bien apropiado en otro momento (14:3-9), no fue la respuesta adecuada de la mañana de la Pascua para los discípulos. El "joven" sentado a la entrada del sepulcro lo dijo todo: "Ustedes están buscando a Jesús en el lugar equivocado. Dios lo ha levantado de los muertos. ¡Él no está aquí!" (traducción del autor). Dios había exaltado a Jesús. El mensaje para los discípulos señala la restauración después que ellos habían negado y abandonado a Jesús.

Los manuscritos más antiguos de Marcos terminan en 16:8 con las mujeres en silencio y temerosas. Tal como se ha notado en la introducción, Marcos puede ser considerado como "el Evangelio de los finales abiertos", porque por lo general señalaba hacia adelante promesas que sólo se cumplen fuera de su relato. Que Dios levantara a Jesús de los muertos luego de su sufrimiento y su muerte, y que Jesús se encontrara después con sus discípulos en Galilea son dos de tales promesas. Sin dudas Marcos conocía tradiciones que relataban el cumplimiento de tales promesas. Él no habría tenido razones para escribir un Evangelio si Él hubiese dudado de estas promesas. El hecho de que haya dejado estos "finales abiertos" sugiere que para Marcos la "historia de Jesús" no está terminada hasta que se finalice en ti y en mí a través de nuestro testimonio valiente de la resurrección.

Significado teológico y ético. El Jesús que nos confronta en Marcos nos

pone incómodos. Él es difícil de entender e incluso más difícil de seguir. Este es el Jesús a quien se lo ve más claramente como Hijo de Dios sólo cuando Él ha sufrido y muerto en la cruz. Lo que aquellos primeros discípulos fueron tan lentos en entender, lo que el centurión y Marcos captaron, y lo que Pablo predicó es esto: "Cristo crucificado... el poder de Dios y la sabiduría de Dios" (1 Cor. 1:23-24).

Marcos desafía a sus lectores, a abrir los ojos y ver a Jesús como quien Él realmente es. Marcos desafía a seguir el ejemplo de este Siervo del Señor sufriente y moribundo. Nuestro discipulado será costoso. Puede demandar dejar familias, abandonar recursos, incluso renunciar a la vida misma. Frecuentemente nosotros, como aquellos primeros discípulos, le fallamos a Jesús. Nosotros también mal entendemos; nosotros también carecemos de fe; nosotros también nos retiramos bajo presión; nosotros también permanecemos en silencio y cómodos mientras otros esperan oír que hemos estado con Jesús. Nuestras historias de discipulado, como la historia de Marcos, son incompletas. Pero las promesas de Jesús siguen siendo seguras. Como a aquellos primeros discípulos, Jesús perdonará nuestros fracasos y hará de nosotros lo que Él desea: testigos y seguidores audaces en su camino de discipulado costoso.

Preguntas para la reflexión

1. ¿Qué es lo que Marcos nos enseña acerca del sufrimiento y el discipulado?

2. ¿Qué es lo que Marcos enseña sobre la plena humanidad de Jesús?

3. ¿Qué es lo que podemos aprender de los ejemplos positivos y negativos de Marcos en cuanto al discipulado?

4. ¿Qué papel juegan el sufrimiento y la muerte en el mesianismo de Jesús?

5. ¿Por qué a veces vivimos como si estuviésemos avergonzados del ejemplo y clara enseñanza de Jesús sobre el sufrimiento?

LUCAS

El Evangelio de Lucas, según la tradición de la iglesia, fue escrito por quien alguna vez fue compañero de Pablo, Lucas. (Esto es indicado por los pasajes en primera persona plural en Hech. 16:10-17; 20:5-15; 21:1-18; 27:1–28:16.) Es probable que fuera médico, posiblemente de Antioquia de Siria. Si bien no era judío, se desconoce si era nativo sirio o griego. Nadie sabe el lugar desde donde Lucas escribió su Evangelio.

La fecha en la que escribió el libro es discutida. Existen dos posibilidades: una fecha alrededor de una década después del año 70 d.C. y una fecha aproximada en el 60 d.C. Quienes están a favor de la primera sugieren que Lucas sabía de la destrucción de Jerusalén en el 70 d.C., pero esto no es seguro dado que no hay una referencia específica a este evento en ningún texto. Solo pueden verse posibles alusiones a esto en 19:41-44 y 21:5-24. La decisión está ligada a la fecha de

TEMAS EN LUCAS		
TEMAS	EJEMPLOS DE LUCAS	REFERENCIA
Teología	Palabra de Dios	5:1; 6:47; 8:11,13-15,21; 11:28
	Jesús como Salvador	1:69; 2:11; 19:9
	El presente reino de Dios	11:20
	El Espíritu Santo	1:35,41,67; 2:25-27; 3:22; 4:1,14; 11:13; 24:49
Preocupación por las mujeres	Elisabet	1:5-25,39-45,57-66
	María	1:26-56; 2:1-20,41-52
	Ana	2:36-38
	La viuda de Naín	7:11,12
	La "pecadora" que unge los pies de Jesús	7:36-50
	Discípulas mujeres	8:1-3
	La mujer que busca su moneda perdida	15:8-10
	La viuda persistente que peticiona ante el juez injusto	18:1-8
	Las mujeres que se lamentan junto al camino de la cruz	23:27
Preocupación por los pobres/ advertencias a los ricos	Bendiciones sobre los pobres	6:20-23
	Lamentos sobre los ricos	6:24-26
	El rico necio	12:16-20
	El hombre rico y el mendigo Lázaro	16:19-31
Preocupación por los excluidos sociales	Pastores	2:8-20
	Samaritanos	10:25-37; 17:11-19
	Publicanos y "pecadores"	15:1
	Gentiles/todo el pueblo	2:32; 24:47
La vida cristiana	Gratitud y gozo	1:46-55,68-79; 2:14; 15:7,10,24,32; 17:16,18; 24:53
	Oración	3:21; 6:12; 9:18; 11:1-13; 18:1-14
	Uso apropiado de posesiones materiales	6:32-36; 10:27-37; 12:32-34; 16:1-13
	Cambio de conducta social	9:3-5,16; 10:2-16,38-42; 12:41-48; 22:24-27
	Arrepentimiento/fe	3:7-14; 5:32; 10:13; 11:32; 13:3-5;15:7-10; 24:47

Hechos, que termina con eventos en el 62 d.C. Si estos libros fueron escritos más tarde, es curioso por qué no se narran explícitamente en Hechos eventos posteriores. También es curioso por qué las relaciones entre judíos y gentiles constituyen una porción de disputa tan central en Hechos. Esto fue un problema para la iglesia primitiva y fue un problema menor en la década del 80 d.C. Estos factores favorecen levemente una fecha para el Evangelio en la década del 60.

Receptores. Lucas estaba escribiendo explícitamente para Teófilo (1:1-4). Teófilo parece haber tenido algún grado de exposición a la fe, como deja en claro la introducción de Lucas. De hecho, es muy probable que él fuera un creyente gentil que luchaba por unirse con su asociación a un movimiento que tenía orígenes judíos. La explicación de Lucas de ciertas costumbres o nombres judíos reflejan que Teófilo era gentil (Hech. 1:19).

¿Planeaba Dios incluir a los gentiles entre su pueblo? ¿Por qué los judíos, a quienes originalmente fue dirigida la promesa de Dios, rechazaron el evangelio de forma tan contundente? Teófilo puede haberse preguntando si él no estaba en el lugar equivocado. Así que Lucas escribió para confirmarle a Teófilo el plan de Dios. Tal vez también haya escrito con un ojo puesto en aquellos que estaban levantando dudas en cuanto a Teófilo. Lucas mostró de qué manera Dios legitimó a Jesús y lo autenticó como aquel enviado para traer la promesa de Dios.

Fuentes. Lucas dijo que él tenía predecesores, pero no dio sus nombres (Luc. 1:1-4). Existen tres puntos de vista en cuanto a las fuentes:

1. Muchos eruditos consideran como posible que Lucas utilizó el Evangelio de Marcos, algún material especial como fuente que sólo él tenía, y la tradición (o, mejor, una colección de tradiciones) que él compartió con Mateo.

2. Otros prefieren sugerir que Lucas utilizó el libro de Mateo y tuvo su propio material como fuente. Esto significa que en términos de orden, Marcos es el último de los Evangelios Sinópticos y que Lucas no conoció ni utilizó el Evangelio de Marcos. En este concepto Marcos es visto como un Evangelio resumen de los otros Sinópticos.

3. Algunos pocos ven a Lucas como el último de los escritores sinópticos, con Mateo y Marcos precediéndolo.

Cualquiera de las opiniones es posible, pero es difícil explicar Lucas 1–2 si Lucas conocía el relato de la infancia que figura en Mateo. El arreglo de Lucas de las parábolas y los relatos de Mateo también son difíciles de explicar si se toma la segunda y tercera hipótesis. Si optamos por la segunda opción, cómo se explica que si Marcos es un Evangelio resumen omite tanta enseñanza y parábolas de Jesús. De modo que es levemente más probable que se imponga la primera opción.

Temas. Lucas destaca el plan de Dios. Explica de qué manera Jesús no sólo era el Mesías sino también el profeta como Moisés (ver Deut. 18:15), el Siervo sufriente, y aquel que es Señor. Lucas gradualmente revela esta visión de Jesús, y lleva al lector desde una comprensión mesiánica y profética de Jesús en Lucas 1–2 a un concepto que revela la autoridad total que tiene Jesús (Lucas 22:69). Con frecuencia se dice que Lucas presenta a Jesús como el "Hijo del hombre", pero este énfasis, estrictamente hablando, no es único del Evangelio de Lucas y se debe evitar cuando resumimos este Evangelio. Lucas está interesado en Jesús como Mesías-Siervo-Profeta-Señor. El interés mayor de la obra de Lucas es un cuadro completo de Jesús.

Lucas detalla de qué manera muchos en Israel se tornaron hostiles a Jesús y su enseñanza. El cuerpo de esta discusión se encuentra en los capítulos 9–13. Muchas parábolas singulares a Lucas tocan esta cuestión. La nación tiene un alto grado de culpa en el asesinato de Jesús como aclara Lucas 23. Pero siempre hay esperanza para la nación. Lucas jamás desechó a Israel, ya que incluso en

NACIMIENTO VIRGINAL

El ángel Gabriel declaró que "para Dios no hay nada imposible" (Luc. 1:37). Hacer que los ancianos Zacarías y Elisabet concibieran fue tan fácil para Dios como hacer que María de Nazaret concibiera a un niño sin un padre humano. El "nacimiento virginal" es la expresión teológica usada para referirse a María, una virgen, que quedó embarazada del niño Jesús a través del poder del Espíritu Santo. Lucas, el compilador cuidadoso y exacto de los eventos declarados por testigos oculares (1:1-4), incluyó varios detalles que describen el embarazo de María como ocurrido sin un padre humano.

1. María es descrita como una virgen (*parthenos*) comprometida a un hombre llamado José (1:27).

2. María dijo que no podía dar a luz un niño porque "soy virgen" (1:34).

3. El ángel dijo que el embarazo sucedería cuando el Espíritu Santo viniera sobre María y "el poder del Altísimo" la cubriera con su sombra (1:35).

4. Jesús es descrito como "hijo, según se creía, de José" (3:23).

Mateo además recuerda:

1. José, al descubrir que su prometida María estaba embarazada, intentó terminar con el compromiso de ellos (1:18-19).

2. El nacimiento virginal fue en cumplimiento de Isaías 7:14 (Mat. 1:22-23).

3. José no tuvo relaciones sexuales con María hasta después del nacimiento de Jesús (1:25).

4. El resto del Nuevo Testamento tiene varias posibles alusiones al nacimiento virginal. Los enemigos de Jesús cuestionaron a su padre (Juan 8:19,41). Algunos vecinos de Jesús en Nazaret lo describieron como "el hijo de María" (Mar. 6:3). Pablo describió a Jesús como "nacido de una mujer" (Gál. 4:4) y como el hombre "del cielo" (1 Cor. 15:45-48).

Generalmente *parthenos* se refiere a una mujer joven que no está casada y que en consecuencia no ha tenido relaciones sexuales. Por ejemplo, las cuatro hijas de Felipe son llamadas *parthenos* (Hech. 21:9). La palabra *parthenos* era también usada para describir a un hombre joven soltero, que no había tenido relaciones sexuales con una mujer. Pablo contrastó a una persona virgen con una casada (1 Cor. 7:25-28) y los 144.000 en Apocalipsis 14:4 son hombres vírgenes.

Mateo citó el embarazo de María y el nacimiento de Jesús como el cumplimiento de Isaías 7:14. Cuando el rey Acaz de Judá se rehusó a pedir una señal del Señor, Dios le dio una señal: "La joven concebirá y dará a luz un hijo, y lo llamará Emanuel." Antes que este niño llegase a la edad de ser responsable (¿doce años?), la tierra de los dos reyes que amenazaron a Acaz quedaría abandonada (Isa. 7:17).

Hechos 28 Pablo estaba hablando a los judíos acerca de la promesa.

Lucas también dedicó mucho tiempo a explicar la respuesta debida a Jesús. Su descripción favorita es el arrepentimiento. Este cuadro se encuentra en la declaración de la misión de 5:31-32, el cuadro del pródigo en 15:11-32, el cuadro del publicano en 18:9-14, y en el cuadro de Zaqueo en 19:1-10. El arrepentimiento refleja una recepción humilde de lo que ofrece Dios. Significa "coincidir con Dios" en cuanto al pecado y a Jesús, y esto provoca un genuino volverse del pecado hacia Dios. Esto es algo que Pablo denominó fe. Pero la oportunidad que Jesús trae requiere que los creyentes estén comprometidos en la búsqueda de los perdidos, incluso un cobrador de impuestos y pecador.

Lucas destacó cómo debe caminar el creyente. Él notó el peligro de un apego excesivo a la riqueza (12:13-21). Advirtió acerca del costo de seguir a Jesús (14:25-35). Llamó a los creyentes a amar a Dios y a otras personas, incluso a aquellos que los persiguen (6:20-49; 18:18-30). En realidad, el amor del discípulo por los enemigos y su cuidado por todo tipo de personas debe destacarse como algo diferente del amor que el mundo da. Los discípulos deben persistir ante el sufrimiento (9:23; 18:8; 21:19), velar por el retorno de Dios (12:35-48; 17:22-37; 21:5-38), alegrarse (1:14; 2:10; 10:17; 24:41,52), y orar (11:1-13; 18:1-8).

Forma literaria. Lucas es un Evangelio, una forma única de la Biblia. El relato opera como una narración. Es más que una biografía porque es selectivo y tiene un

Isaías y su esposa, la profetiza, muy pronto tuvieron un niño a quien llamaron Maher Salal Jasbaz (Pronto al saqueo, presto al botín) como una señal de que pronto Damasco y Samaria serían conquistadas por los asirios (Isa. 8:4,18). Tanto Damasco como Samaria cayeron dentro de los trece años de la profecía original (732–722 a.C.). Así la profecía en Isaías tiene al menos dos cumplimientos, uno en Maher Salal Jasbaz y uno en Jesús. Isaías puede haber esperado un cumplimiento futuro más perfecto, porque él y su esposa no llamaron a su hijo "Emanuel," si bien "Dios" había estado "con ellos" para proteger a Judá de sus adversarios.

El nacimiento virginal del hijo de María muy temprano se transformó en un aspecto importante de la doctrina cristiana, porque aseguró que Jesús era realmente "santo niño,… Hijo de Dios" (Luc. 1:35). Al tener una madre humana, Jesús fue totalmente humano. Al tener el Espíritu

Santo como causante de la concepción, Jesús era plenamente Dios. Por lo tanto, Jesús pudo ser verdaderamente el intermediario perfecto entre Dios y la humanidad, y el representante de Dios (Heb. 2:17; 4:15; 7:26-28).

El obispo Ignacio de Antioquía, que vivió durante el primer siglo d.C., mencionó el nacimiento virginal por lo menos cinco veces en sus ocho cartas, que se han preservado para nosotros. Por ejemplo, en su carta a los esmirnenses, escribió: el Señor Jesucristo "es en verdad de la familia de David conforme a la carne, Hijo de Dios por la voluntad y el poder de Dios, verdaderamente nacido de una virgen" (1.1; ver también *Efesios* 7.2; 18.2; 19.1 del obispo Ignacio; *Tralianos* 9.1).

Justino Mártir, vivió en el siglo II d.C., y explicó en su *Primera Apología* que Jesús "fue engendrado por Dios como la Palabra de Dios de una manera única más allá del nacimiento ordinario" (22). "Porque 'he

aquí, la virgen concebirá' significa que la virgen concebiría sin relación sexual… el poder de Dios… hizo que ella concibiera mientras todavía permanecía virgen" (33).

El Nuevo Testamento no presenta el nacimiento virginal de Jesús como algún evento extraordinario, sino simplemente como el cumplimiento de una promesa del Dios Todopoderoso hecha a una pobre pero devota mujer hebrea. Así como la *shekinah* o gloria de Dios llenó el tabernáculo y como un águila abriga a sus polluelos bajo sus alas (Ex. 40:35; 19:4; Sal. 91:4), el Espíritu de Dios "cubrió con su sombra" (*episkiadzo*) y llenó a María (Luc. 1:35). Si bien un judío consideraría como "la más grave impiedad" (Filón, *Embajada a Gayo* XVI) el hecho de que Dios se "hiciera humano" o un "humano se hiciera Dios," María creyó (aun cuando ella pudo no haber entendido plenamente), porque aceptó que "para Dios no hay nada imposible."

mensaje teológico para transmitir. Es historia pero sólo una historia selectiva. Nada se dice acerca de los detalles de la infancia de Jesús. Más bien, nos movemos desde el nacimiento de Jesús directamente a su ministerio, con sólo un incidente a la edad de doce años y la breve intervención del ministerio de Juan el Bautista. Un Evangelio es una explicación teológica y pastoral del significado y el impacto de la vida, la muerte y la resurrección de Jesús. De modo que personajes, contextos, movimientos de tiempo y lugar, estados de ánimo y arreglo de los eventos son todos parte del relato de la historia del ministerio de Jesús.

Los Evangelios cuentan los eventos que rodean a Jesús a su manera, a veces no los presentan en orden histórico o cronológico, sino conforme a intereses temáticos. Una

sinopsis revela fácilmente estos arreglos (comparar Mar. 6:1-6 y Luc. 4:16-30 o el orden de las tentaciones en Mat. 4:1-11 contra Luc. 4:1-13). En la narración de Lucas se distinguen dos situaciones: la reunión de los discípulos en Galilea (4:14–9:50) y el viaje a Jerusalén. Durante el viaje, el rechazo aumenta y Jesús prepara a sus discípulos para su partida (9:51–19:44). En estos relatos se encuentran los elementos centrales del Evangelio de Lucas.

Lucas también tiene muchos relatos de milagros y parábolas que enfatizan el poder y la enseñanza de Jesús. Lucas tiene más parábolas que el resto de los demás Evangelios. La mayoría de las parábolas tratan ya sea con el plan de Dios o con la vida del discípulo. La explicación de sus milagros y su significado se encuentra en Lucas 7:18-35 y 11:14-23.

Teología. Cuando miramos el retrato de Dios que hace Lucas, la característica sobresaliente es que Él es el Dios de designio y cuidado. Muchos textos aluden al plan de Dios o a lo que debe ser (1:14-17,31-35; 2:9-14; 4:16-30; 24:44-49). El esquema principal que Lucas aplica para demostrar su punto de vista es promesa y cumplimiento. El uso que hace Lucas del Antiguo Testamento por lo general incluye descripciones de Jesús (1:46-55,68-79; 3:21-22; 4:17-19; 7:22; 9:35; 13:31-35; 19:27; 20:41-44; 21:27; 22:69; 24:43-47). Otros textos enfatizan la inmediatez de que el plan se cristalice "hoy" (2:11; 4:21; 5:26; 13:32-33; 19:5,9,42; 23:42-43). Juan el Bautista es el puente en el plan (3:1-19; 7:18-35). De modo que la obra de Dios es central para Lucas. Nada que le ocurre a Jesús toma a Dios por sorpresa.

El énfasis sobre Jesús ya ha sido notado. Él tenía muchos roles: maestro, profeta, profeta como Moisés, Mesías, Siervo, Hijo del hombre y Señor. Lucas quería enfatizar la persona de Jesús. Dijo poco acerca de cómo Jesús salvó en la cruz. De hecho, sólo un texto aborda la cuestión de la cruz directamente (22:18-20), si bien figuran alusiones a Jesús como el Siervo, tal como muestra el bautismo de Jesús (3:21-22). Lucas quería que su lector apreciara quién lleva a cabo la salvación.

Para Lucas también es importante la llegada del reino. De hecho, el reino en Lucas tiene dos etapas. Ya ha llegado en la autoridad que muestra Jesús sobre las fuerzas del mal y en la esperanza de la venida del Espíritu o de la promesa de un nuevo pacto (10:9,18; 11:9; 17:20-21; 22:18-20; 24:49). No obstante, se acerca un tiempo cuando el reino llegará en un esplendor todavía mayor (17:22-37). Esta combinación es conocida como el reino ya pero todavía no. Jesús manifestará su gobierno en etapas. Lo que ahora viene es apenas un anticipo de lo que vendrá. Parte de lo que ahora trae Jesús es el

Espíritu (3:15-18). Si bien esto es más enfatizado en Hechos, la promesa es declarada en Lucas (24:49).

Cuando uno considera quién se beneficia con la venida de Jesús, la respuesta simple es decir todos los seres humanos. Sin embargo Lucas fija la atención en los pobres, los cobradores de impuestos, los pecadores y las mujeres, dado que estos grupos olvidados indican la naturaleza comprensiva de la salvación de Dios. La constitución de la nueva comunidad de Dios incluye a todos los que vienen a Cristo en fe y arrepentimiento.

Cuando Lucas trató las bendiciones de la salvación, utilizó términos como perdón, vida, paz, reino y Espíritu. Estas son varias maneras de afirmar que Dios bendice a quien Él salva, no con riqueza material, sino con riquezas espirituales. Cuando Lucas quiso darle certeza a Teófilo, se aseguró de que Teófilo supiera cuánto había recibido de Dios. La promesa de Dios es rica en beneficios.

El bosquejo de Lucas se organiza mayormente en divisiones geográficas para mostrar el progreso del ministerio de Jesús.

I. Juan el Bautista y Jesús (1:1–2:52)
II. Preparación para el ministerio (3:1–4:13)
III. El ministerio en Galilea (4:14–9:50)
IV. El viaje a Jerusalén (9:51–19:44)
V. Jerusalén (19:45–24:53)

Propósito. Lucas escribió su Evangelio por una amplia variedad de razones.

1. Lucas quería confirmar el mensaje de la promesa y la salvación de Dios a través de Jesús.

2. Deseaba describir la fidelidad de Dios hacia Israel y hacia todas las personas, mientras explicaba por qué tantos en Israel rechazaron trágicamente a Jesús.

3. Quería echar el fundamento en el Evangelio de Lucas para su defensa en Hechos de la plena membresía de los gentiles como parte del pueblo y de la promesa de Dios.

4. Deseaba ofrecer una palabra de conciliación y explicación a los judíos mostrando que la respuesta de ellos a Jesús era la extensión natural del judaísmo.

5. Deseaba mostrar que la promesa de Dios se extiende a todos los hombres y las mujeres, al mostrar la variedad de clases sociales y personas que respondieron a Jesús.

Lucas es un Evangelio extremadamente personal, que muestra cómo las personas pueden relacionarse con Dios y compartir la bendición plena de su promesa. También es un Evangelio cósmico, dado que revela y explica el plan de Dios. La cuestión del cumplimiento es abordada tanto a nivel racial (judío, gentil) como individual. El plan de Dios es presentado como sabio, pensado y actual. La muerte del Mesías siempre fue esperada, y así también fue su resurrección. Ahora el llamado del pueblo de Dios incluye la comisión de llevar el mensaje de arrepentimiento para el perdón de pecados a todas las naciones en el poder del Espíritu (24:43-49).

ELISABET Y MARÍA (1:1-80)

Después de un importante prefacio en el que Lucas explicó su tarea, el autor se lanzó a una comparación única de Juan y Jesús al mostrar de qué manera ambos representan el cumplimiento de las promesas hechas por Dios. Juan fue como Elías, pero Jesús tenía papeles davídicos que cumplir y poseía un origen sobrenatural único. Juan era un precursor, pero Jesús era el cumplimiento. En Lucas 12 se señala la superioridad de Jesús sobre Juan, quien obedientemente preparó el camino.

El himno de María alaba la fidelidad de Dios a su promesa y su bendición para aquellos que son humildes delante de Él, y establece uno de los temas principales de Lucas. Su alabanza es personal en su tono. Zacarías reiteró la esperanza en términos nacionales y davídicos, y estableció la relación superior de Jesús para con Juan. Al hacerlo así, Zacarías relacionó las promesas espirituales y las promesas nacionales a una esperanza davídica, otro tema que Lucas desarrollaría en el Evangelio. El objetivo de la salvación es liberar al pueblo de Dios para que lo sirva sin temor y capacitarlo para caminar en la senda divina de paz. En estos relatos, María describe a la persona que confía en Dios, Elizabet se regocija en Dios y Zacarías aprende a confiar en Dios.

EL NACIMIENTO DE JESÚS (2:1-52)

El nacimiento de Jesús tuvo lugar en circunstancias humildes, pero todas las figuras que rodean a su nacimiento eran piadosas y respondían a la esperanza de Dios. Jesús fue alabado por un sacerdote, por una humilde virgen, por los pastores, y por un profeta y una profetisa en el templo. Ellos reflejan una alta expectativa por parte de gente descrita como caminando con Dios. Sólo la palabra de Simeón a María ofrece una nota triste y sombría. El anciano notó que Jesús sería una "luz que ilumina a las naciones y gloria de tu pueblo Israel". De hecho, Jesús sería motivo de dolor para María y de división para Israel. Jesús es la "salvación" de Dios, pero en medio de la esperanza está la realidad de que el cumplimiento viene mezclado con dolor y sufrimiento.

La propia autoconciencia de Jesús concluye la introducción en el Evangelio. Aquí un jovencito declara que él debe estar ocupado en la obra de su padre en el templo. Jesús nota su relación singular con Dios y su asociación con la presencia y la enseñanza de Dios.

Esta sección, dominada por alusiones al Antiguo Testamento, da comienzo al Evangelio con notas de cumplimiento e indicaciones de la dirección de Dios. Estos énfasis continúan a través de todo el Evangelio. Juan y Jesús son colocados lado a lado en los relatos de Lucas1, y luego Jesús ocupa la escena en Lucas 2. La estructura imita a la teología de precursor-cumplimiento.

EL NUEVO TESTAMENTO Y LA HISTORIA

Hay al menos tres maneras de abordar la cuestión del Nuevo Testamento y la historia. La primera es examinar las perspectivas históricas en los mismos escritos del Nuevo Testamento. Jesús, por ejemplo, vivió y murió en el contexto histórico específico de Palestina en el primer siglo.

Sin embargo, los Evangelios muestran poco interés en relación al tiempo, excepto cuando ellos tienen que ver directamente con Jesús. Es en el relato de la muerte y la resurrección de Jesús que las referencias históricas son más evidentes, al mencionar la aparición de Jesús delante del procurador romano Pilato. En su mayor parte, los escritores del Evangelio estaban más interesados en Jesús mismo, sus enseñanzas y su ministerio, que en los movimientos sociales y políticos más amplios de ese tiempo, que son los intereses característicos de los historiadores.

Entre los escritores del Evangelio, Lucas fue la excepción. Él mostró una definida perspectiva de historiador. Fue cuidadoso en contextualizar a Jesús dentro del marco de la historia mundial, nombró al emperador romano y al gobernador sirio al tiempo del nacimiento de Jesús (Luc. 2:1-2). Presentó todos los gobernantes importantes cuando Juan el Bautista comenzó su ministerio: el emperador, el gobernador de Judea, los reyes judíos menores y los sumos sacerdotes judíos (Luc. 3:1-2).

Este punto de vista de historiador es quizás todavía más pronunciado en el segundo volumen de Lucas, Hechos. Relató la muerte del rey judío Herodes Agripa I (Hech. 12:20-23). Mostró a Pablo confrontando a los líderes políticos de su día: el procónsul romano de Chipre (Hech. 13:4-12), el procónsul de Acaya (Hech. 18:12-17), los gobernadores de Siria, Félix y Festo (Hech. 24:24-25:5) y el rey judío Agripa II (Hech. 25:13–26:32). Lucas quería dejar en claro que los eventos relacionados con el joven movimiento cristiano eran de importancia mundial. Ellos no sucedieron "en un rincón" (Hech. 26:26).

Un interés igualmente fuerte en la historia se encuentra en Apocalipsis. El tema del libro es que Dios tiene las llaves de toda la historia. Todas las cuestiones de las naciones y sus líderes están frente al juicio final de Dios. Él es el Alfa y la Omega. Todo tiempo, toda la historia, comienza con su creación y en su debido tiempo Él correrá la cortina final sobre ella.

Una segunda forma de abordar la cuestión del N.T. y la historia es: ¿qué tenían para decir acerca del cristianismo los historiadores no cristianos del primer siglo? En realidad, no hay muchas referencias de este tipo, pero las pocas que existen son importantes. El historiador romano Suetonio, en su biografía del emperador Claudio, relató que en el 49 d.C. Claudio expulsó a todos los judíos de Roma por causa de un levantamiento instigado por un tal "Chrestus". En Hechos encontramos una referencia a este evento (Hech. 18:2), pero la observación de Suetonio probablemente también es una buena evidencia de que el cristianismo había alcanzado a Roma para el año 49 d.C., porque "Chrestus" es posible que se refiera a Cristo (en latín, Christus). En sus escritos el historiador judío Josefo se refiere a tres figuras del Nuevo Testamento: Jesús, Juan el Bautista y Santiago el hermano de Jesús. Si bien la forma presente de la referencia de Josefo a Jesús ha sido reelaborada por escribas cristianos posteriores, los otros dos relatos son considerados confiables y confirman el impacto que el cristianismo temprano tuvo sobre la comunidad judía más amplia.

Un abordaje final trata con el marco histórico en el que surgió el Nuevo Testamento. Jesús fue una figura histórica cuyo nacimiento, ministerio y muerte ocurrieron en la Palestina del primer siglo bajo la ocupación romana. Pablo escribió a congregaciones reales en Asia Menor, Grecia y Roma. Apocalipsis fue escrito durante un período cuando los cristianos eran perseguidos por su renuencia a participar en la adoración al emperador romano. En síntesis, Dios envió a su Hijo a redimir al mundo en un tiempo definido de la historia humana. Todos los escritos del Nuevo Testamento son en un sentido "documentos históricos", porque reflejan la fe y la misión del movimiento cristiano temprano. Entender el Nuevo Testamento a la luz del telón de fondo más amplio de su propio mundo contemporáneo, ayuda a nuestra comprensión de su mensaje y a nuestra habilidad para comunicar ese mensaje efectivamente en nuestro propio día.

HIJO DIVINO (3:1-38)

Juan y Jesús permanecen lado a lado en esta sección inicial del ministerio de Jesús. Juan era aquel "que iría primero" (Isa. 40:3-5), mientras Jesús es "el que viene". Sólo Lucas entre los escritores de los Evangelios alarga esta cita de Isaías 40, para afirmar que la salvación es para todas las personas. Además, sólo Lucas contiene la sección en la que se hacen claras las dimensiones éticas del llamado de Juan al arrepentimiento con términos de respuestas compasivas hacia los demás. Juan también advierte sobre el juicio, llama al arrepentimiento y promete la venida de alguien que trae el Espíritu de Dios. Juan bautizó a Jesús, pero la característica principal del bautismo fue el testimonio dado por Dios acerca de Jesús (ver también 9:35).

Juan había prometido que Jesús traería el Espíritu, pero en 3:22 Jesús fue ungido con el Espíritu. La primera indicación de cumplimiento ocurre aquí. El testimonio celestial llama a Jesús "mi Hijo amado; estoy muy complacido contigo". Esta fusión de Isaías 42:1 ("en quien me deleito") y Salmo 2:7 ("mi hijo") destaca a Jesús como una figura real y profética, quien como un Siervo escogido de Dios trae la revelación y la salvación de Dios. El carácter universal de la relación de Jesús con la humanidad se destaca en la lista de sus antepasados. Él es "hijo de Adán, hijo de Dios". Jesús no sólo tiene conexiones con el cielo sino también con aquellos creados del polvo de la tierra.

FIEL EN LA TENTACIÓN (4:1-13)

Las primeras acciones de Jesús fueron vencer las tentaciones de Satanás, algo en lo que Adán había fracasado. De este modo, la sección muestra a Jesús como ungido por Dios, representativo de la humanidad y fiel a Dios. La promesa de Dios viene a través de un hombre que es capaz de entregar lo que Dios ofrece y puede tratar con el pecado al ser fiel a Dios.

¿QUIÉN ES JESÚS? (4:14-30)

La enseñanza y los milagros de Jesús sobresalen en esta sección. Los bloques principales de enseñanza incluyen su declaración del cumplimiento de la promesa de Dios en la sinagoga y el Sermón en el Llano (6:17-49). Ambos pasajes son únicos de Lucas en que el discurso de la sinagoga representa la autodescripción de Jesús sobre su misión, mientras que el sermón representa su ética fundamental presentada sin tomar en cuenta la tradición judía, lo mismo que hace el Sermón del Monte en Mateo.

La pregunta fundamental de la sección es ¿Quién es Jesús? Esta unidad describe el crecimiento de la fe que viene a aquellos a quienes Jesús reunió alrededor de Él. El descubrimiento de ellos es el vehículo que Lucas utilizó para responder a la pregunta sobre la identidad de Jesús. El lector debe identificarse con los discípulos y las multitudes que son testigos y discuten con Jesús. El lector debe participar en la reflexión que sus discusiones y sus reacciones provocan. Jesús continuó la respuesta en fe de los discípulos con las primeras discusiones del camino duro del discipulado. La sección muestra que seguir a Jesús está lleno de bendición, pero no es fácil.

En el discurso de la sinagoga, Jesús dio lugar al cumplimiento a través de la apelación a Isaías 61:1 y 58:6. Él dijo que la unción de Dios prometida en este pasaje se cumplió hoy. En el contexto de Lucas, la unción mira hacia atrás a la unción con el Espíritu en Lucas 3:21-22. Como tal, la apelación a Isaías no fue simplemente para describir a un profeta, como sugieren las alusiones a Elías y Eliseo en los vv. 24-28 sino también afirma el papel real de Jesús. Él traería salvación a todos los que están en necesidad: pobres, ciegos y cautivos. Su presencia significa liberación de la esclavitud, particularmente la esclavitud arraigada en la actividad de Satanás, como muestran sus milagros subsiguientes en 4:31-44. El rechazo, como el de

Nazaret, no será confrontado con fracaso sino con la comunicación del mensaje a otros, una alusión indirecta a la inclusión de los gentiles. Aquí se resume el alcance de la misión.

LA AUTORIDAD Y LA MISIÓN DE JESÚS (4:31–6:11)

La capacidad de Jesús para traer salvación se describe en una serie de milagros. Estos milagros muestran la autoridad de Jesús, incluso sobre los espíritus malignos que oprimen a la gente y causan sufrimientos. Las sanidades simbolizan los obstáculos espirituales que Jesús puede vencer. Jesús sanó, pero sus sanidades describen mucho más que la restauración física.

Más allá de la liberación también hay misión. Los discípulos son llamados a ser pescadores de hombres. A diferencia de los pescadores de peces, que los pescan para devorarlos, los discípulos pescan para arrebatar a la gente de las garras de la muerte y la condenación. Pero la oferta de esperanza resultará en una reacción negativa. Los primeros indicios de una oposición oficial llegaron con los milagros de una autoridad divina, cuando el Hijo del hombre reclamó ser capaz de perdonar pecados y sanar en el sábado. La curación del paralítico es significativa porque muestra la calidad "ilustrativa" de los milagros. Jesús sanó al paralítico, pero más importante fue que Él demostró su autoridad absoluta para perdonar el pecado.

En contraste con la reacción negativa llegaron las respuestas positivas. Leví, un odiado cobrador de impuestos, fue llamado. Y surgieron cuatro controversias, una de las cuales señaló el tipo de compañía que mantenía Jesús, mientras que las otras se centraron en torno al sábado. En medio de este debate, Jesús presentó algunas declaraciones de su misión: su tarea era llamar a los enfermos al arrepentimiento. Su autoridad era tal que hacer el bien en el sábado era lo que se requería.

AMA COMO CRISTO (6:12-49)

Es así que Jesús organizó a los discípulos que estaban respondiendo y lanzó un llamado. Los doce fueron elegidos. Luego Jesús ofreció una bendición a los humildes y los pobres mientras advirtió a los ricos y los opresores. Su Sermón del Llano es un llamado al amor a otros en el contexto de la responsabilidad hacia Dios. Tal amor debe ser más grande que el amor que manifiesta un pecador. No es amor condicional. Es amor que se muestra incluso al enemigo. La muerte de Jesús por los pecadores será el ejemplo por excelencia de este amor. Si el mundo debe distinguir a los discípulos de Dios, el amor de ellos tendrá que ser diferente. Tal amor reconoce primero el pecado propio antes de apresurarse a tratar con el pecado de otros. La verdadera sabiduría es respetar la autoridad de la enseñanza de Jesús y responder con obediencia. La misión y el mensaje de Jesús se introducen aquí, como también los elementos fundamentales de la ética de un discípulo.

EL MESÍAS PARA TODOS LOS PUEBLOS (7:1–8:3)

Lucas 7:1–8:3 se centra en quién es Jesús y la respuesta apropiada. Un centurión gentil comprendió mejor la fe que aquellos de la nación, al surgir el contraste entre Israel y las naciones. La multitud creía que Jesús era un profeta cuando levantó al hijo de la viuda de Naín, como lo habían hecho Elías y Eliseo. Juan el Bautista se preguntaba si Jesús era el que había de venir, probablemente porque el estilo del ministerio de Jesús no reflejaba al Mesías reinante y enjuiciador que Juan había anticipado. Jesús respondió que sus obras escatológicas de sanidad y predicación daban la respuesta afirmativa (Isa. 29:18; 35:5-6; 61:1). Él es Aquel que trae el tiempo del cumplimiento. La diferencia en las dos épocas es tan grande que Juan, como el mejor de los hombres nacidos hasta el día de Jesús, es menos que el menor de aquellos que comparten el reino de Dios.

DISCURSOS DE JESÚS

Lugar de presentación	Naturaleza o estilo	A quiénes fue dirigido	La lección a ser aprendida	Referencia
1. Jerusalén	Conversación	Nicodemo	Debemos "nacer del agua y del Espíritu" para entrar al reino	Juan 3:1-21
2. En el pozo de Jacob	Conversación	Mujer samaritana	"Dios es espíritu" y debe ser adorado en espíritu y en verdad	Juan 4:1-30
3. En el pozo de Jacob	Conversación	Los discípulos	Nuestra comida es hacer su voluntad	Juan 4:31-38
4. Nazaret	Sermón	Adoradores	Ningún profeta es bienvenido en su propia tierra	Luc. 4:16-30
5. Monte de Galilea	Sermón	Los discípulos y el pueblo	Las Bienaventuranzas: hacer que nuestra luz alumbre delante de los hombres; los cristianos son la luz del mundo; cómo orar; bondad y humildad; tesoros celestiales y terrenales contrastados; regla de oro	Mat. 5-7; Luc. 6:17-49
6. Betesda: un estanque	Conversación	Los judíos	Oírlo y creer en Él es tener vida eterna	Juan 5:1-47
7. Galilea	Conversación	Los fariseos	Las obras necesarias no están mal en el sábado	Mat. 12:1-14; Luc. 6:1-11
8. Galilea	Elogio y denuncia	El pueblo	La grandeza de los más pequeños en el cielo; juzgados según la luz que tenemos	Mat. 11:2-29; Luc. 7:18-35
9. Galilea	Conversación	Los fariseos	El pecado imperdonable es pecar contra el Espíritu Santo	Mar. 3:20-30; Mat. 12:22-45
10. Galilea	Conversación	Los discípulos	La providencia de Dios: cercanía de Cristo a los que le sirven	Mar. 6:6-13; Mat. 10:1-42
11. Galilea	Conversación	Un mensajero	Relación de los que hacen su voluntad	Mat. 12:46-50; Mar. 3:31-35
12. Capernaum	Sermón	La multitud	Cristo como el Pan de vida	Juan 6:22-71
13. Genesaret	Crítica y reprobación	Los escribas y los fariseos	Lo que contamina no son las condiciones exteriores sino lo que sale del corazón	Mat. 15:1-20; Mar. 7:1-23
14. Capernaum	Ejemplo	Los discípulos	Humildad es la marca de la grandeza: no ser una piedra de tropiezo	Mat. 18:1-14; Mar. 9:33-50
15. Templo-Jerusalén	Instrucción	Los judíos	No juzgar conforme a la apariencia exterior	Juan 7:11-40
16. Templo-Jerusalén	Instrucción	Los judíos	Seguir a Cristo es caminar en la luz	Juan 8:12-59
17. Jerusalén	Instrucción	Los judíos	Cristo la puerta; Él conoce a sus ovejas; Él da la vida por ellas	Juan 10:1-21
18. Capernaum	Encargo	Los setenta	Necesidad del servicio cristiano; no despreciar a los ministros de Cristo	Luc. 10:1-24
19. Desconocido	Instrucción	Los discípulos	La eficacia de la oración tenaz	Luc. 11:1-13
20. Desconocido	Conversación	El pueblo	Oír y guardar la voluntad de Dios; el estado del reincidente	Luc. 11:14-36
21. Casa de un fariseo	Reprobación	Los fariseos	El significado de la pureza interior	Luc. 11:37-54
22. Desconocido	Exhortación	La multitud	Cuidado con la hipocresía; codicia; blasfemia; velar	Luc. 12:1-21
23. Desconocido	Lección objetiva	Los discípulos	Vigilancia; el reino de Dios es primero en importancia	Luc. 12:22-34
24. Jerusalén	Exhortación	El pueblo	Muerte para vida; el camino de la vida eterna	Juan 12:20-50
25. Jerusalén	Denuncia	Los fariseos	Evitar la hipocresía y el fingimiento	Mat. 23:1-39
26. Monte de los Olivos	Profecía	Los discípulos	Señales de la venida del Hijo del hombre; cuidado con los falsos profetas	Mat. 24:1-51; Mar. 13:1-37
27. Jerusalén	Exhortación	Los discípulos	La lección de humildad y servicio	Juan 13:1-20
28. Jerusalén	Exhortación	Los discípulos	La prueba del discipulado; que Él vendrá otra vez	Juan 14-16

Se pone de manifiesto una fe ejemplar en el caso de la mujer que unge a Jesús y en aquellas mujeres que contribuyen a su ministerio. Aquí se enfatiza la amplitud del ministerio de Jesús cuando las mujeres, que eran tenidas en baja estima en el primer siglo, son levantadas como ejemplos de fe. Además, en dos escenas encontramos mujeres pobres, mujeres ricas y mujeres oprimidas por Satanás a las cuales Jesús ubica en un mismo lugar de honor.

SE PUEDE CONFIAR EN JESÚS (8:4-56)

Se puede confiar en Jesús. Con la parábola de la semilla y la imagen de la palabra como luz, se hace un llamado a confiar en Dios y en su palabra, tal como fue revelada por Jesús. Aquellos que dan fruto se aferran a la palabra pacientemente y con un buen corazón, mientras que los obstáculos de la falta de fruto incluyen riqueza, persecución y preocupaciones de la vida. Jesús entonces mostró su autoridad total al manifestar soberanía sobre la naturaleza, sobre los demonios, y sobre la enfermedad y la muerte. Todas las fuerzas de la vida se postran a sus pies.

EL CENTRO DE LA PROMESA (9:1-17)

En el contexto de tal autoridad, Jesús envía el mensaje de promesa. Él envía una misión de proclamación del reino, y ese mensaje llega tan lejos que hasta Herodes se entera de lo sucedido. El cuadro de la capacidad de Jesús para proveer se observa en la multiplicación de los panes. Jesús es la fuente de vida y reside en el centro de la promesa.

ESCUCHAR Y SEGUIR A JESÚS (9:18-50)

En este punto el relato se mueve de la enseñanza y la demostración de autoridad a la confesión y el llamado al discipulado. Pedro confesó que Jesús era el Cristo. Luego Jesús explicó qué tipo de Mesías sería Él; y cómo sufriría. Aquellos que lo siguen deben tener un compromiso total y diario en orden a

sobrevivir la senda del rechazo que se obtiene con seguir a Jesús. El segundo testimonio celestial acerca de Jesús se encuentra en la transfiguración. La voz divina repite el respaldo hecho en el bautismo con un agregado clave, el llamado a escucharlo (ver Deut. 18:15). Jesús era un segundo Moisés, que indicaba un camino nuevo.

La sección termina con el fracaso de los discípulos, al mostrar así su necesidad de que Jesús los instruyera. Jesús lanzó llamados a confiar y ser humildes, dos características básicas del discipulado. El que quiera aprender y crecer, debe escucharlo.

CONFIANZA EN EL CAMINO (9:51–12:48)

Más del 40% del material de esta sección aparece únicamente en Lucas. De las 17 parábolas que figuran en esta unidad, 15 se relatan solo en Lucas. El "viaje" no es cronológico y directo, dado que Jesús en 10:38-42 estaba cerca de Jerusalén, mientras que más adelante en la sección Él estaba de regreso en el norte. Más bien, es un viaje en el tiempo con el propósito de mostrar los planes de Dios.

Jerusalén y el destino que encontró Jesús allí se acercaban. La sección explica de qué manera se encuentran Jerusalén y la cruz. Las notas de viaje salpican la sección (9:51; 13:22; 17:11; 18:31; 19:28,41). Jesús viajó para encontrarse con su destino señalado en Jerusalén (13:31-35). El énfasis de la sección es que Jesús ofrece un camino nuevo para seguir a Dios, que no era el camino del liderazgo judío. El tema de Lucas era "escúchenlo". Así que esta sección discute de qué manera la enseñanza de Jesús se relacionaba con el judaísmo contemporáneo. Jesús cumplió la promesa y Él es el camino, pero este camino es diferente de aquel del liderazgo de Israel. La diferencia provoca gran oposición, tema que sobresale en Lucas 9–13. Todos son invitados, pero algunos se rehúsan. A medida que se revela el camino nuevo se hacen manifiestas las semillas del descontento que llevaron a Jesús a la muerte.

El viaje comienza cuando los discípulos aprenden lo básico del discipulado: misión, compromiso, amor por Dios, amor por el prójimo, devoción a Jesús y su enseñanza, y oración. En el ejemplo del buen samaritano encontramos el llamado a ser un prójimo. La elección del samaritano es una sorpresa, dado que ellos no eran respetados en Israel. Y aquí nuevamente Jesús mostró su amplitud racial. Luego, aparece el ejemplo de María y la enseñanza sobre la elección de "la mejor" cosa, que era sentarse y escuchar a Jesús. Él reveló devoción y sumisión a Dios al enseñar a los discípulos la oración del Señor, que en realidad debería ser la oración de la comunidad. También se destacan notas de desafío al liderazgo judío y una crítica mordaz hacia ellos por parte de Jesús. El camino de esos líderes no es el camino de Dios. El discipulado es por sobre todo confiar en Dios, no en la gente ni en las riquezas, y permanecer fiel al Señor. Si Dios es soberano y cuida de la creación, entonces debemos temerlo y confiar en Él.

EL CAMINO ESTRECHO (12:49–14:24)

Jesús llamó a la multitud a conocer la naturaleza de los tiempos de su ministerio. Israel se estaba apartando; y el tiempo para que ellos respondieran sin confrontarse a un juicio se estaba acortando. La única señal que Jesús daría sería la señal de Jonás, el mensaje de arrepentimiento.

El enfoque que hace Lucas sobre el arrepentimiento es único, porque en Mateo la "señal" era la resurrección. Lucas compara la predicación de Jonás y el mensaje de Jesús. Israel era como un árbol sin frutos que el dueño de la viña estaba dispuesto a remover. Pero la tragedia es el fin que tendrán todas las personas a menos que se arrepientan. La casa de Israel quedaría desolada hasta que reconocieran a Jesús como enviado de Dios. No obstante, todavía vendría bendición a la tierra sin tener en cuenta cómo respondería la nación. Jesús quería que el pueblo judío, se arrepintiera, pero conocía la negativa de ellos.

La renovada condena judía de las sanidades de Jesús en el sábado muestra que las advertencias y la autenticación divinas no fueron atendidas. Jesús dijo que la puerta se estaba cerrando, de modo que era necesario asegurarse la entrada por el camino estrecho. Él también advirtió que aquellos que estarán a la mesa no serían aquellos que se esperaba que estuvieran allí. Israel corría el riesgo de perder la bendición, no obstante la mesa estaría llena con los benditos de los rincones de la tierra.

BUSCAR A LOS PERDIDOS (14:25–15:32)

Una vez que Israel fue debidamente advertido, ahora entonces la mayor parte de este viaje tiene que ver con el discipulado. Frente al rechazo los discípulos necesitan un compromiso absoluto. La misión de ellos es buscar a los perdidos, así como lo hace Dios. Él se regocija cuando encuentra pecadores perdidos, de modo que Jesús nos llama a buscarlos como uno lo haría con una oveja perdida, una moneda perdida o un hijo extraviado. Cuando los perdidos se acercan, los brazos abiertos de Jesús los aguardan. La celebración y el gozo los saludan en los cielos.

SERVIR Y ESPERAR (16:1–18:30)

Más allá de la misión está el discipulado. Este se expresa en el servicio a otros, de modo que el discípulo es generoso en recursos. No es como el hombre rico que ignoró a Lázaro. Si bien la enseñanza falsa es una amenaza, debe ser vencida con perdón hacia el hermano, con una fe profunda y con servicio. Los discípulos deben verse a sí mismos como siervos que cumplen con su deber, algo que también Pablo reconoció (Rom. 1:1).

Los discípulos deben vivir buscando la esperanza del regreso del Rey, cuando la promesa del reino inaugurado sea consumada con juicio y total autoridad de Jesús. Esa venida será repentina, así que es necesario estar preparados. Será visible, por lo tanto nadie debe andar en su búsqueda. El regreso será un tiempo de juicio severo, pero también un tiempo de vindicación para los santos. De modo que, mientras tanto, los discípulos deberían vivir vidas de humildad, deberían dedicarse completamente a Dios, y deberían tener total confianza en el Padre.

AUTORIDAD MESIÁNICA (18:31–19:44)

Ahora Jesús se volvió a Jerusalén. Otra vez manifestó su autoridad cuando predijo su sufrimiento y sanó como el "Hijo de David". El último milagro antes de Jerusalén retorna al título davídico y real de Jesús, y vuelve al tema de Lucas 12 y la cuestión de sus juicios.

Zaqueo ilustra al hombre pecador y rico transformado. Él es una explicación de la misión de Jesús, el perdido que puede ser buscado y salvado. La parábola del dinero muestra la necesidad de ser fiel y la realidad de que el discípulo, así como la nación de Israel, es responsable ante el rey. Jesús entró en Jerusalén como un rey, pero el liderazgo rechazó tal pretensión. Jesús advirtió que la nación había fracasado en su respuesta a la promesa de Dios y ahora enfrentarían juicio. Su trágica caída estaba cerca. Si bien la oposición resultó en muerte para Jesús, también resultó en algo peor para la nación. Jesús predijo la terrible derrota de Israel por parte de Roma en el 70 d.C. De este modo la nación fue perdedora, mientras que el plan de Dios resultó victorioso.

LOS CONFLICTOS FINALES (19:45–21:4)

En esta sección final, Lucas explicó de qué manera murió Jesús y por qué una derrota aparente se tornó en victoria. Lucas mostró cómo Dios reveló quién era Jesús. Además, la tarea de los discípulos a la luz de los actos de Dios se hace clara. Lucas mezcla material nuevo con algunos sucesos que están presentes en otros Evangelios.

Las batallas finales en el ministerio terrenal de Jesús ocurren aquí, y recuerdan confrontaciones anteriores en Lucas 11–13. Jesús limpió el templo, y así mostró su disconformidad con el judaísmo oficial. Los líderes fracasaron en el intento de poner en aprietos a Jesús en varias controversias referentes a su autoridad para actuar como lo hacía, en cuanto a las responsabilidades político-económicas de un individuo, y en cuanto a la resurrección y el matrimonio. La fuente de autoridad de Jesús tal como es la de Juan el Bautista: viene de Dios. Aquello que debe ser rendido a Dios se debe dar a Dios y se debe separar de los derechos que Dios ha concedido al gobierno. La resurrección cambia a las personas, de modo que la vida en el mundo venidero es diferente y trasciende a la vida en este mundo.

En medio de estas controversias y hacia el final de ellas, Jesús contó una parábola y elaboró una pregunta, que ofrecen una vista panorámica del plan de Dios. Revelan el compromiso de Dios para con su Hijo a pesar del rechazo judío. Este rechazo les resultaría costoso. El reino iría a nuevos arrendatarios. La pregunta acerca del Salmo 110 da la razón. El Mesías no es solamente el Hijo de David; Él es el Señor de David, que se sentará a la diestra de Dios. Cuando miramos a Jesús, vemos más que a un rey: divisamos a quien Dios ha escogido para compartir su autoridad y su gobierno. La muerte de Jesús es una transición, no un final para el plan de Dios. Jesús revela cómo son las cosas cuando condena la hipocresía de los escribas, mientras que alaba la fe simple, generosa y sacrificial de la viuda. La bendición no es una cuestión de posición, sino una cuestión del corazón. La viuda puede haber sido pobre, pero en realidad ella era más rica que aquellos porque sus prioridades eran correctas.

LA MIRADA HACIA EL FINAL (21:5-38)

A la luz del rechazo de la nación, Jesús predijo la destrucción del templo y la caída de Jerusalén, eventos que en sí mismos son un anticipo del fin. La caída de Jerusalén sería un tiempo terrible para la nación, pero todavía no era el fin, sino cuando el Hijo del hombre regrese sobre las nubes con autoridad para redimir a su pueblo (Dan. 7:13-14). Este discurso sobre el fin es difícil de entender porque describe al mismo tiempo eventos que conducen a la caída en el 70 d.C. y eventos del fin. En Lucas los eventos de la caída de Jerusalén son considerados ampliamente en los vv. 5-24. Pero estos acontecimientos son como aquellos del fin. Los discípulos deben velar y ser fieles. Los eventos del 70 d.C. son una garantía de que el fin también se acerca, dado que una serie de sucesos ilustra a la otra.

LA EXALTACIÓN DE CRISTO (22:1–23:25)

Lucas 22–23 describe los momentos previos a la muerte de Jesús. Él indicó dónde debía llevarse a cabo la última cena y dijo a los discípulos que la prepararan. Si bien Jesús fue traicionado, era inocente, pero su muerte traería el nuevo pacto y un sacrificio a favor de otros. En su último discurso, Jesús anunció la traición, señaló que la grandeza está en el servicio, nombró a once en autoridad, predijo las negaciones de Pedro y advirtió sobre el rechazo de los ancianos del pueblo y de los jefes de los sacerdotes. Jesús estaba en control, aun cuando su muerte se acercaba.

En su oración, Jesús ejemplificó la confianza frente al rechazo, algo que Él había exhortado a sus discípulos a poseer. Los juicios se centraron en torno a quién es Jesús. La respuesta crucial se encuentra en 22:69. Jesús "de ahora en adelante" se manifestaría como el Señor exaltado, quien está sentado en autoridad al lado de Dios. La alusión a estar sentado a la diestra repite la mención del Salmo 110, un pasaje al que Lucas retornaría en Hechos 2:30-36. El mesianismo significa señorío, esto es, autoridad sobre el plan y la salvación de Dios. Ningún enjuiciamiento que puedan hacer los líderes podrá impedir que esto ocurra. De hecho, irónica e involuntariamente ellos ayudaron a que se diera esta autoridad. Jesús estuvo bajo juicio, pero en realidad Él era el Juez.

Pero el culpable no fue solamente el liderazgo. Mientras Pilato y Herodes debatían qué hacer con Jesús, la gente recibió la última oportunidad. A pesar de las repetidas declaraciones de inocencia que daba Pilato y la reacción similar de Herodes, el pueblo pidió que Jesús fuese ejecutado y Barrabás fuese liberado. La justicia estuvo ausente, tanto en el pedido del pueblo como en la actitud de los líderes para llevar a cabo su cometido. La responsabilidad por la muerte de Jesús se va ampliando y todo el mundo, ya sea activa o pasivamente comparte la responsabilidad por la muerte de Jesús (Hech. 4:24-28).

DIOS TRIUNFA (23:26-56)

Así es que el inocente murió, mientras un criminal fue liberado. Aquí encontramos el primer cuadro del significado de la muerte de Jesús, mientras Él se prepara para confrontar su partida. Luego sigue una segunda imagen del significado de su muerte. Jesús fue crucificado entre dos ladrones. Uno se burla, pero el otro cree y recibe la promesa de vida en el paraíso. Lucas nos presenta un cuadro de la división de opiniones y del destino eterno que trae Jesús. Un centurión confiesa la justicia de Jesús; palabras finales en la escena de la cruz. Lucas dejó en claro que Jesús murió injustamente. Así y todo, frente a la injusticia, Dios todavía sigue obrando. Lucas describe la muerte de Jesús con alusiones al Antiguo Testamento que lo presentan como un ser sufriente e inocente que confió en Dios (Sal. 19; 22:8-9; 31:6). En el plan de Dios la resurrección venidera trasciende la injusticia.

JERUSALÉN EN TIEMPOS DEL NUEVO TESTAMENTO

Jerusalén es mencionada frecuentemente en los cuatro Evangelios y Hechos. El nombre también aparece en Romanos, 1 Corintios, Gálatas, Hebreos y Apocalipsis. El nombre es la designación del Antiguo Testamento para la ciudad, como lo es la expresión "la ciudad santa" utilizada en Mat. 4:5; 27:53.

Ubicación y contexto

Jerusalén fue la ciudad más grande de Palestina y una de las más grandes en Siria. Durante el primer siglo, tenía una población de unos 20.000 dentro de los muros de la ciudad y de unos 10.000 fuera de los muros. La ciudad debía su tamaño y prosperidad al templo judío más que a su ubicación sobre una ruta comercial importante, la riqueza de recursos naturales o la productividad agrícola. El templo, con sus miles

de obreros, los sacrificios diarios de cientos de animales, el subsidio de todos los judíos a través del impuesto del templo (ver Mat. 17:24-27) y la multitud de visitantes (ver Luc. 2:41; Hech. 8:27), era la empresa que traía prosperidad a Jerusalén.

La ciudad, cuyos muros de unos 1.500 metros (1 milla) de largo por 800 metros (media milla) de ancho, estaba ubicada al final de una cadena con valles que la rodeaban a cada lado. El valle de Hinón estaba al sudoeste (Jos. 18:16) y el valle del Cedrón estaba al este (Juan 18:1). El valle del Cedrón era el lugar del surgente de Gihón, que desvió el rey Ezequías (2 Crón. 32:30) a través de un túnel que desembocaba en el estanque de Siloé (Juan 9:7), para suplementar la provisión de agua de lluvia almacenada en estanques y cisternas.

Edificios y lugares principales

La casa del sumo sacerdote

(Juan 18:15) estaba ubicada en la sección sudoeste de la ciudad. El "palacio" de Pilato (Juan 18:28) era la residencia lujosa de Herodes el Grande en la esquina noroeste de la ciudad superior o bien la vieja residencia del rey hasmoneo en el noreste. Herodes había convertido a la última en una fortaleza llamada Antonia. Esta fortaleza fue el lugar donde Pablo fue llevado cuando fue arrestado en Jerusalén (Hech. 22:23-29). El lugar de la crucifixión estaba fuera de los muros de la ciudad (Mar. 15:20; Heb. 13:12) hacia el norte, al igual que la tumba en la roca (Juan 19:41-42) donde Jesús fue sepultado.

El monte de los Olivos, que estaba al otro lado del valle del Cedrón directamente al este del templo, fue donde Jesús enseñó en una ocasión (Mar. 13:2), donde estaba el jardín de Getsemaní (Mat. 26:30-36) y donde Jesús ascendió (Hech. 1:9-12).

RESURRECCIÓN (24:1-12)

Lucas termina con tres escenas de resurrección y vindicación. Primero, 24:1-12 anuncia la tumba vacía, pero la noticia de las mujeres entusiasmadas es recibida con escepticismo. El anuncio angelical les dice a las mujeres que recordasen las predicciones de sufrimiento proclamadas durante el viaje a Jerusalén. Lucas 24 frecuentemente indica que tales eventos *deben ocurrir*. El plan de Dios surge al final del Evangelio, así como las contenciones de su presencia comenzaron el Evangelio en los varios himnos y anuncios que declararon su presencia.

VENCER LA DESESPERACIÓN (24:13-35)

Segundo, la experiencia de los discípulos

de Emaús ilustra el resultado inverso que la resurrección produjo en la desesperación de los discípulos. Estos dos discípulos lloraban la partida del profeta de Israel, que podría haber redimido a la nación. Pero la instrucción en la Escritura y la revelación de Jesús mismo muestran que Dios tenía un plan que incluía la muerte de Jesús. Dios había resucitado a Jesús, vindicando tanto a Jesús como al plan. La desesperación se torna en gozo al comprender la naturaleza del plan de Dios y del papel de Jesús en ese plan. Los sucesos que parecían devastadores para las pretensiones de Jesús, en realidad fueron fundamentales para lo que Dios estaba haciendo. La muerte de Jesús no debe causar desesperación porque ella

El templo

El templo estaba ubicado en la esquina noreste de la ciudad, directamente al oeste del monte de los Olivos. El área del templo, que era de aproximadamente 280 m (300 yardas) de ancho por 470 m (500 yardas) de largo, estaba totalmente amurallada con las puertas principales ubicadas en la pared sur.

Inmediatamente adentro de los muros del templo existía un pórtico con tres hileras de columnas sólidas de mármol sobre el norte, el este y el oeste, y cuatro en el sur. La columnata oriental era conocida como el "Pórtico de Salomón" (Juan 10:23; Hech. 3:11; 5:12). Todas las columnatas estaban totalmente comunicadas con el área grande y abierta, que estaba pavimentada con piedras de colores variados y que era conocida como el atrio de los gentiles. Allí se vendían animales y se cambiaba el dinero (Mar. 11:12-19).

Al abrirse camino a través del área de los gentiles hacia el edificio mismo del templo, uno pasaba a través de un cerco de piedra bajo (Ef. 2:14). Este cerco marcaba el límite para los gentiles, y a través de sus aberturas sólo podían pasar los judíos (Hech. 21:27-29).

El edificio del templo estaba dentro de un recinto amurallado con una gran abertura de entrada hacia el este, llamada puerta la Hermosa (Hech. 3:2). Hacia adentro de la puerta estaba un área llamada la corte de las mujeres, donde se recibían las ofrendas del templo (Mar. 12:41).

Sólo los varones israelitas podían proceder a la siguiente área próxima al templo mismo. El área inmediatamente adyacente hacia el frente del edificio donde estaba el gran altar estaba abierta sólo para los sacerdotes. La fachada del edificio era de aproximadamente unos 46 m (150 pies) de ancho y unos 55 (180 pies) de alto.

El templo mismo contenía dos salones principales. Uno era el lugar santo, donde se encontraba el candelabro de siete brazos y el altar del incienso (Heb. 9:2; Ex. 30:6), y donde sólo sacerdotes escogidos por suerte podían entrar (Luc. 1:9). El salón más interno, llamado el lugar santísimo, era visitado únicamente por el sumo sacerdote en la ceremonia de la expiación y solo una vez al año (Heb. 9:25).

Símbolo cristiano

El autor de Hebreos mediante la revelación del Espíritu Santo mostró qué significaban los objetos y rituales del templo, explicando cómo en Cristo vemos logrado el cumplimiento total y perfecto de esos símbolos. Jesús entró en el lugar santísimo para ganar nuestra redención (9:11-14) y ofrece a todos los cristianos el privilegio espiritual limitado al sumo sacerdote (10:19-22) en el ritual judío.

permitió que el cielo abriera sus puertas a la humanidad.

EL PLAN DE DIOS SE CUMPLE (24:36-53)

Tercero, Lucas informó acerca de la comisión, la instrucción y la ascensión final de Jesús. Así como en el capítulo 12 Lucas comenzó con la esperanza de la promesa del Antiguo Testamento cumplida, en 24:43-47 retorna al tema central de Jesús el Mesías como el cumplimiento del plan y la promesa de Dios. La aparición final de Jesús en el Evangelio presenta una comisión, un plan y una promesa. Se les recordó a los discípulos que la Escritura enseñaba el sufrimiento y la exaltación del Mesías. Jesús también les dijo que ellos eran llamados como testigos para predicar el arrepentimiento. El plan era ir a todas las naciones, comenzando en Jerusalén. La promesa era el don del Padre, el Espíritu Santo (24:49; 3:15-17). Tal como el Bautista prometió, así ocurrió. Poder capacitador del cielo vendría en la distribución del Espíritu sobre aquellos que habían respondido al mensaje de Jesús (Hech. 2:16-39).

La ascensión de Jesús describe la exaltación que Él predijo en su juicio (22:69). El plan de Dios no incluye a un Mesías muerto, sino a uno que se sienta al lado de Dios. Jesús es vindicado en exaltación, y el plan de alcanzar a todas las naciones y pueblos continúa.

RELATOS DE LA RESURRECCIÓN

La resurrección de Jesucristo es el evento central de la fe cristiana. Su importancia está declarada por el apóstol Pablo en 1 Corintios 15:17: "Si Cristo no ha resucitado, la fe de ustedes es ilusoria y todavía están en sus pecados".

La realidad y la naturaleza de la resurrección ha sido debatida desde el tiempo de Jesús hasta hoy. Diferentes teorías se han presentado para explicar exactamente qué ocurrió:

1. *La teoría del desvanecimiento.* Jesús realmente no murió. Él se desvaneció sobre la cruz y más tarde fue reanimado y se apareció a sus seguidores.

2. *La teoría del espíritu.* Jesús apareció a sus discípulos solamente en la forma de un espíritu. Su cuerpo permaneció en la tumba.

3. *La teoría de la alucinación.* Los discípulos experimentaron alucinaciones masivas y personales. Ellos pensaron que vieron a Jesús resucitado, pero estaban equivocados.

4. *La teoría de la leyenda o mito.* Este es el concepto más popular entre gente con prejuicios antisobrenaturales. En ella la idea de "resurrección" es considerada simplemente como una metáfora precientífica del primer siglo, que expresa que algo significativo estuvo presente en Jesús. La "resurrección" no debe ser entendida como un evento corporal literal de levantarse de los muertos.

5. *La teoría del cuerpo robado.* El cuerpo de Jesús fue ilegalmente removido de la tumba por los (a) judíos, (b) romanos o (c) discípulos de Jesús (ver Mat. 28:11-15).

6. *La teoría de la tumba equivocada.* Los seguidores de Jesús fueron a otra tumba por error, la encontraron vacía y erróneamente asumieron que Jesús había resucitado.

7. *La teoría del fraude.* La iglesia primitiva deliberadamente y a sabiendas fabricó la resurrección para beneficio propio.

8. *La teoría de la identidad equivocada.* Los discípulos erróneamente identificaron a algún otro como Jesús después de su crucifixión y su sepultura.

9. *La teoría de la resurrección literal o corporal.* Jesús de Nazaret fue sobrenaturalmente resucitado de los muertos de manera corporal. La tumba quedó realmente vacía, y Jesús apareció en numerosas ocasiones a sus seguidores hasta su ascensión (ver Luc. 24:50-53; Hech. 1:6-11).

Nadie realmente vio el evento de la resurrección dentro de la tumba. Sin embargo, la evidencia es abrumadora en señalar la teoría 9, una resurrección corporal literal, como la mejor explicación de la información bíblica e histórica. Las siguientes evidencias pueden destacarse:

1. Las teorías naturalistas son débiles y se ven forzadas a manipular la evidencia debido a su anticreacionismo.

2. El nacimiento de la iglesia durante este período de tiempo.

3. La transformación de los discípulos en testigos valientes dispuestos a morir por su fe.

4. El cambio en el día de adoración por parte de personas que fueron criadas como devotos judíos, del sábado al domingo.

5. El testimonio de las mujeres como las primeras en ver al Señor resucitado. (El testimonio de una mujer valía poco o nada oficial o legalmente en el primer siglo. Que ellas realmente vieran primero a Cristo es la mejor explicación para el testimonio de las Escrituras de la historicidad del evento.)

6. La tumba vacía y las prendas de vestir dejadas a un lado.

7. La naturaleza improbable de alucinaciones masivas.

8. El hecho de que las apariciones informadas duraron 40 días y luego repentina y completamente terminaran.

9. El intervalo de 50 días entre la resurrección y la proclamación en Pentecostés en Jerusalén (ver Hech. 2:1).

10. La naturaleza inesperada de la resurrección.

11. El carácter de Jesús y su declaración de que Él realmente resucitaría.

12. El hecho de que ni los líderes romanos ni los judíos pudieron desaprobar el evento de la resurrección mostrando el cuerpo de Jesús.

13. La conversión de un escéptico como Santiago (el medio hermano de Jesús) y la subsiguiente conversión de un antagonista como Saulo de Tarso (ver Hech. 9:1-31).

Es extremadamente difícil explicar estos 13 casos y otros tantos que podrían ser enumerados, sin tener en cuenta la resurrección de Jesucristo. Cuando toda la información es reunida y evaluada, se puede concluir que la resurrección corporal de Jesús es tanto una realidad histórica como también el fundamento de la fe cristiana.

Jesús, el Mesías, es Señor de todos, de modo que el mensaje puede ir a todos (Hech. 2:14-40; 10:34-43).

El Evangelio de Lucas finaliza cuando los discípulos se regocijan porque de las cenizas de una aparente derrota, surgió la victoria y la promesa. El camino nuevo estaba vivo, y el Señor resucitado mostraba el camino. Teófilo podía estar seguro (1:1-4), mientras la historia continúa en Hechos.

Significado teológico y ético. ¿De qué manera quiere Dios que la gente reciba el mensaje? El arrepentimiento como respuesta adecuada al mensaje de Dios es prominente a través del mensaje de Lucas. La dinámica fundamental de responder a Dios es coincidir con Él en cuanto a la seriedad del pecado, volverse a Él en arrepentimiento, y confiar en Dios para el perdón del pecado. En resumen, sabemos que Dios ha tratado con el problema del pecado, de modo que podemos caminar con Dios (1:77-79; 5:31-32).

A medida que los discípulos siguen a Cristo, ellos pueden estar seguros de que habrá rechazo del mundo. Pero deben permanecer firmes en la palabra, soportar (8:1-14) y velar por el retorno del Señor, con fidelidad hasta que Él vuelva (12:35-48; 18:1-88; 17:22-37; 21:5-38). El retorno de Jesús y la realidad de que traerá juicio debería poner en perspectiva el sufrimiento temporal soportado por sus discípulos. Si bien ahora existe algún tipo de rechazo, el futuro aguarda con una recepción en el cielo (23:42-43; Hech. 7:55-56). Esta verdad ha sido llamada la escatología individual de Lucas, en la que Lucas describe de qué manera el cielo recibe al individuo fiel a Jesús.

El Evangelio de Lucas es pastoral, teológico e histórico. La realidad del plan de Dios afecta la manera en que los individuos se ven a sí mismos y a la comunidad a la que pertenecen. Las viejas barreras raciales son removidas. Una nueva esperanza abunda. El mensaje de Jesús es de esperanza y transformación. Cualquiera, judío o gentil, puede pertenecer. Jesús, el Mesías-Señor prometido, está sentado a la diestra de Dios ejerciendo autoridad desde arriba. Él regresará un día, y todos son responsables ante Él. Su vida, su ministerio y su resurrección/ascensión muestran que se puede confiar en Él. Jesús dará cumplimiento a las promesas de Dios, así como Él las ha inaugurado. Mientras tanto no es fácil ser discípulo, pero está lleno de rica bendición que transciende cualquier otra cosa que la vida pueda ofrecer. Esta es la seguridad en cuanto a la salvación que Lucas ofreció a Teófilo y a otros como él.

Preguntas para la reflexión

1. ¿Cuáles son los temas de Lucas, y qué otros temas adicionales encontró usted en su propia lectura del Evangelio?

2. ¿Qué roles tiene Jesucristo según Lucas?

3. ¿Qué elementos son parte del camino del discípulo?

4. ¿Qué actitudes debería tener un discípulo en cuanto al dinero, el sufrimiento, los pobres, los rechazados y los perdidos?

5. ¿Qué papel juega la esperanza del retorno de Jesús en el camino del discípulo?

JUAN

El Evangelio de Juan es quizás el más intrigante de los cuatro relatos que se encuentran en las Escrituras sobre la vida y la enseñanza de Jesús. Es más un tratado teológico que una narración histórica. Juan plantea el desafío de la encarnación frente a sus lectores: Dios encarnado.

Autor y fecha. La autoría del Evangelio de Juan ha sido tradicionalmente atribuida al apóstol Juan, hijo de Zebedeo y hermano de Jacobo. Sin embargo, el Evangelio mismo no presenta el nombre del autor (lo que ha hecho de la autoría de Juan una cuestión muy debatida entre los intérpretes). La única referencia al autor es "el discípulo a quien Jesús amaba" (21:20,24). Por lo general el apóstol Juan es visto como el autor porque el Evangelio exhibe muchas marcas que insinúan que fue escrito por un testigo ocular de la vida y el ministerio de Jesús. Un ejemplo de esto es el aroma del frasco quebrado de perfume en la casa en Betania (12:3).

Además, individuos que eran anónimos en los sinópticos reciben nombres en el Evangelio de Juan (6:7-8; 12:3; 18:10). Otros aspectos del Evangelio también señalan al apóstol Juan. Ejemplos de esto son el conocimiento del autor sobre la geografía de Palestina, las costumbres judías y además la inclusión del autor dentro del círculo íntimo de discípulos (enumerado por los Evangelios sinópticos como Pedro, Jacobo y Juan). Los escritores de la historia cristiana en los períodos más tempranos, tales como Ireneo y Tertuliano, también atribuyen el Evangelio al apóstol Juan.

¿Quién era el apóstol Juan? Era "el discípulo a quien Jesús amaba" (13:23; 19:26; 20:2; 21:7,20,24). El hermano de Juan era Jacobo, y juntos fueron llamados por Jesús "hijos del trueno" (Mar. 3:17). La madre de Juan era Salomé, quien sirvió a Jesús en Galilea y más tarde fue testigo de su crucifixión (Mar. 15:40-41). Antes fue seguidor de Juan el Bautista, el apóstol Juan tenía quizás sólo 25 años de edad cuando fue llamado para seguir a Jesús.

Más allá de este Evangelio, tradicionalmente se ha entendido que Juan escribió las tres epístolas que llevan su nombre, y también el libro de Apocalipsis. Después de que Cristo ascendió al cielo, Juan se transformó en una de las figuras principales de la iglesia en Jerusalén, junto con Pedro y Jacobo (Hech. 3:1; 8:14; Gál. 2:9). Ocupa el segundo lugar en relación con Pablo en cuanto al número de libros escritos que están incluidos en el canon del Nuevo Testamento. Juan sirvió como pastor de la iglesia en Éfeso. El emperador Domiciano más tarde lo exilió en Patmos, donde escribió el libro de Apocalipsis (Apoc. 1:9). La mayoría de los intérpretes han concluido que Juan fue el último de los cuatro Evangelios, y probablemente se escribió entre el 60 y el 95 d.C.

Forma literaria. La forma literaria del Evangelio de Juan es simplemente esa: un evangelio. ¿Qué es un evangelio? La palabra misma viene del griego, que significa literalmente buenas nuevas. En referencia a los cuatro Evangelios en el Nuevo Testamento, lo que tenemos es una narración de las buenas nuevas de Jesucristo.

Juan hizo uso de variadas características de la poesía hebrea, la más notable es el paralelismo. El Evangelio de Juan no contiene parábolas, como Mateo, Marcos y Lucas, sino más bien presenta alegorías que aparecen en el ministerio de enseñanza de Jesús.

Propósito y teología. El tema del Evangelio de Juan es que Dios ha tomado

COMPARACIÓN DE LOS EVANGELIOS

Evento o punto de comparación	¿En los Evangelios sinópticos?	¿En el Evangelio de Juan?	Referencia en las Escrituras
La boda de Caná	No	Sí	Juan 2:1-11
Encuentro con Nicodemo	No	Sí	Juan 3:1-14
Encuentro con la mujer del pozo	No	Sí	Juan 4:1-45
Lavamiento de los pies de los discípulos	No	Sí	Juan 13:1-17
Última Cena	Sí	No	Lucas 22:7-23
Oración sacerdotal final de Jesús	No	Sí	Juan 17:1-26
Prólogo extenso al Evangelio	No	Sí	Juan 1:1-18
Epílogo de conclusión al Evangelio	No	Sí	Juan 21:1-25
Narraciones del nacimiento	Sí	No	Lucas 2:1-20
Uso de parábolas	Sí	No	Mateo 13:1-52
Expulsión de demonios	Sí	No	Marcos 1:21-28
Jesús con recaudadores de impuestos	Sí	No	Lucas 5:27-32
Jesús sana a leprosos	Sí	No	Lucas 17:11-17
Jesús con niños	Sí	No	Marcos 10:13-16
Sermón del Monte	Sí	No	Mateo 5:1–7:29
Discursos sobre los tiempos finales	Sí	No	Mateo 24:1-51
Énfasis sobre milagros	Sí	No	Mateo 8:1–9:8
Énfasis sobre interpretación de milagros/señales	No	Sí	Juan 5:1-47
Enseñanza de Jesús sobre el infierno	Sí	No	Mateo 23:1-39
Tentaciones de Jesús	Sí	No	Mateo 4:1-11
Dichos de "YO SOY"	No	Sí	Juan 14:6

forma humana en la persona de Jesucristo. Por esta razón, al Evangelio de Juan con frecuencia se lo considera como el más evangelizador de los cuatro Evangelios. El énfasis de Juan sobre la naturaleza de Cristo, en contraste con los relatos más cronológicos e históricos de la vida de Jesús en Mateo, Marcos y Lucas, ha inspirado la clasificación popular de Mateo, Marcos y Lucas como Evangelios "sinópticos". Esto significa que ellos presentan conceptos y énfasis similares, mientras que el Evangelio de Juan se ajusta a una clase completamente propia.

Por lo general todo lector de los cuatro Evangelios encuentra que el Evangelio de Juan es único en su acercamiento y su tratamiento de la vida de Jesús. Por ejemplo, notar las omisiones de Juan que sí relatan los sinópticos sobre la vida de Jesús: la genealogía de Jesús, su nacimiento, su infancia, su tentación, su transfiguración, el nombramiento de los discípulos, su ascensión y la Gran Comisión. No obstante, encontramos únicamente en Juan a Cristo llamado el Verbo, el Creador, el Cordero de Dios y el gran "Yo Soy". Los contrastes entre Juan y los sinópticos han sido descritos desde diversos ángulos por variados intérpretes. Quizás la declaración más sucinta de sus distinciones es que los sinópticos presentan la teología desde un punto de vista histórico, mientras que Juan presenta la historia desde un punto de vista teológico.

El propósito del Evangelio de Juan no es una cuestión de especulación. Contiene la declaración de propósito que se expresa con mayor claridad que en cualquier otro pasaje de las Escrituras: "para que ustedes crean que Jesús es el Cristo, el Hijo de Dios, y para que al creer en su nombre tengan vida" (20:31). La palabra clave aquí es "crean", que se encuentra cerca de 100 veces en Juan. Esto permite mostrar dos propósitos primarios. Primero, el Evangelio de Juan buscaba confrontar a los individuos con la vida y las demandas de Jesús para que ellos pudieran rendir sus vidas al gobierno de Cristo. Por lo tanto, el primer propósito del Evangelio de Juan es evangelizador. Segundo, es posible traducir "crean" en la declaración de propósito de Juan como "puedan continuar creyendo", lo cual daría a entender que el propósito no sólo es ganar individuos para la fe en Cristo, sino también fortalecer a la familia de la fe que ya está caminando con Cristo.

El tema teológico central de Juan es la naturaleza de Jesucristo. Este Evangelio nos enseña que el Verbo era Dios, y que el Verbo se hizo carne (1:1,14). El Evangelio de Juan presenta a Jesús como Dios mismo en forma humana. Esto quizás es presentado con mayor claridad en las siete declaraciones de "yo soy" que se encuentran en los capítulos 6–15, y describen a Cristo como el "pan de vida" (6:35,48), "la luz del mundo" (8:12; 9:5), "la puerta" (10:7,9), "el buen pastor" (10:11,14), "la resurrección y la vida" (11:25), "el camino, la verdad y la vida" (14:6), y "la vid verdadera" (15:1-5). Incluso hay momentos en el Evangelio de Juan en los que Jesús se iguala directamente con el nombre de Dios mismo en el Antiguo Testamento, "yo soy" (Yahvéh, ver Ex. 3:14), como por ejemplo en 8:58. Cuando alguien ha visto a Jesús, ha visto al Padre (caps. 12; 14).

Sin embargo, no encontramos en este relato de la vida de Jesús la antigua herejía del docetismo. El concepto docetista enfatizaba la divinidad de Cristo pero excluía su humanidad. El Evangelio de Juan proclama que Jesús era Dios en forma humana y que Jesús era plenamente humano (2:24; 4:6-7; 6:51; 11:35; 19:5,28,34-35). Otras características singulares en el Evangelio de Juan en relación con el propósito de mostrar que Jesús era Dios en forma humana incluyen, por un lado, a los "siete testigos" (Juan el Bautista, Natanael, Pedro, Marta, Tomás, Juan y Cristo mismo), quienes proclaman la divinidad de Jesús. Y por otro incluye a los "siete milagros" (volver el agua en vino, sanar al hijo de un noble, sanar al hombre de Betesda, alimentar a los 5000, caminar sobre el agua, sanar al hombre ciego, y resucitar a Lázaro), que demuestran la singular persona de Jesucristo como el Hijo de Dios.

Otros temas teológicos se presentan en este Evangelio, tales como la opción clara de aceptar o rechazar a Cristo. Esta decisión, colocada frente a cada individuo, impregna al Evangelio (1:11-13; 3:36; 5:24-29; 10:27-29). El pecado es tratado primariamente como incredulidad, el rechazo de Cristo, lo que lleva al juicio y a la muerte (cap. 8). El Evangelio de Juan contiene más enseñanza sobre el Espíritu que ningún otro Evangelio. La unidad y el testimonio de la iglesia también es un tema al que se le da una atención cuidadosa.

I. Introducción (1:1–2:11)
II. Ministerio público de Cristo (2:12–4:54)
III. Oposición a Cristo (5:1–12:50)
IV. Palabras y hechos finales de Cristo (13:1–21:25)

EL VERBO SE HIZO HOMBRE (1:1-18)

Ningún otro libro en la Biblia tiene un prólogo tan abiertamente teológico como el Evangelio de Juan. En primer lugar, Juan hizo una clara y decisiva declaración en cuanto a la naturaleza de Jesús: "el Verbo era Dios" y "el Verbo se hizo carne" (RVR60). Juan quería que se conociese que Jesucristo era plenamente Dios en forma humana. Este es el significado de "encarnación", del latín *incarnatus*, que significa *hecho carne*. Dios se ha dado a conocer a través de Cristo. Jesús es tanto "Verbo" como "carne", no una cosa con exclusión de la otra, y así era el Dios-hombre perfecto y único. Cristo hizo su morada ("habitó") entre nosotros, una palabra asociada con "tienda" o "tabernáculo", dando a entender el carácter literal de la venida de Dios a la humanidad. El lector no debiera pasar por alto este uso de la palabra, porque el tabernáculo del Antiguo Testamento era un edificio terrenal lleno de la gloria de Dios (Ex. 40:34-35).

Al usar el término "Verbo" (*logos*), Juan estaba utilizando una expresión familiar tanto para judíos como para griegos, si bien cada uno atribuía un significado diferente al vocablo. Para la mente griega el "Verbo" se refería al principio racional que supervisaba o gobernaba el universo. Para el judío, "Verbo" era una referencia a Dios. Así Juan quería igualar el "Verbo" con Dios al tiempo que notaba que el Verbo era distinto del Padre. Juan declaró que Jesús era con Dios "en el principio" y que a través de Cristo "todas las cosas fueron creadas". Jesús es por tanto visto como coeterno con Dios y como Creador.

Luego Juan trató el propósito del Verbo en hacerse carne, que Cristo trajo vida, una vida que sirve como "luz" para todas las personas. La vida que Cristo ofrece está más allá de la vida humana; es vida eterna con Dios. Por lo tanto Jesús trajo la luz de la verdad y la vida de la salvación. Las preguntas y las preocupaciones de este mundo que no encuentran respuesta definitiva son confrontadas por la Luz que penetra toda tiniebla con el resplandor de la verdad, y sin embargo esta Luz ha sido rechazada.

El lector no debe pasar por alto la amarga ironía de esa declaración. Juan dio énfasis a esa ironía al señalar que si bien Dios creó el mundo, el mundo no lo reconoció. Si bien Él vino a lo que era suyo, los suyos no lo recibieron. Aquellos que aceptan la Luz, que creen en el mensaje que Cristo proclamó de sí mismo, reciben el "derecho de ser hijos de Dios". Nacer en el reino de Dios no se logra en base a energía humana (ver Ef. 2:8-9), sino por medio de la gracia del Dios viviente a través de Cristo Jesús. Esto debe ser equilibrado con el énfasis sobre la necesidad de "recibir" a Cristo. Aunque no traemos nada a Dios y no contribuimos con nada para nuestra salvación, el don mismo depende de nuestra disposición a recibirla de manos de aquel que la ofrece.

EL PAPEL DE JUAN EL BAUTISTA (1:19-28)

El papel de Juan el Bautista se explica claramente en relación con Cristo. Juan el Bautista fue enviado por Dios (1:6). Juan no era la Luz (1:8). Él vino como un testigo de Cristo (1:7,15).

Juan el Bautista presentó las palabras del profeta Isaías referidas a la naturaleza de su identidad: "Yo soy la voz del que grita en el desierto: 'Enderecen el camino del Señor'" (ver Isa. 40:3). Algunos habían pensado que él podía ser Elías, el gran profeta que no había muerto, pero que había sido tomado para estar con Dios (2 Rey. 2:11). Muchos creían que Elías retornaría a la tierra para anunciar el inminente fin del mundo. Juan negó ser Elías. Sin embargo, debemos mencionar una palabra en cuanto a la referencia que Jesús hace de Juan como Elías en los sinópticos (Mat. 11:14; 17:10-13). Lo que estaba a mano en la mente de Jesús era de qué manera Juan era un cumplimiento de la profecía registrada en Malaquías 4:5 (ver Luc. 1:17).

¿Cuál era el propósito del testimonio de Juan? Primero, cumplir la profecía (Isa. 40:3). Segundo, llamar a las personas a arrepentirse. Tercero, llamar la atención de la gente hacia la venida del Mesías, Jesucristo. ¿Cuál era el propósito del bautismo de Juan? Es claro que éste no era el bautismo cristiano, porque el tal es la marca de la aceptación personal de Cristo como Señor y Salvador. El bautismo de Juan era un "bautismo de arrepentimiento para el perdón de pecados" (Luc. 3:3). Esperaba la venida del Mesías y servía para preparar al pueblo para el advenimiento del reino de Dios.

CORDERO DE DIOS (1:29-34)

La confesión de Juan el Bautista al ver a Cristo "¡el Cordero de Dios, que quita el pecado del mundo!" es de gran importancia. Los judíos usaban un cordero como sacrificio en la fiesta de la Pascua, que celebraba la liberación de Israel de la esclavitud en Egipto (Ex. 13:1-10; ver Juan 13:1). Isaías presentó la idea del Siervo sufriente en términos de un cordero sacrificial (Isa. 53). Juan estaba declarando que Jesús era el verdadero cordero sacrificial de la Pascua: su muerte ahora serviría como la liberación del pueblo de Dios de sus pecados. Como Pablo escribió en su carta a la iglesia en Corinto: "Cristo, nuestro Cordero pascual, ya ha sido sacrificado" (1 Cor. 5:7).

Juan el Bautista entonces dio testimonio que él vio "al Espíritu descender del cielo como una paloma y permanecer" sobre Jesús. Esto le confirmó a Juan que Jesús era el Mesías. Porque luego él declaró: "Yo lo he visto y por eso testifico que éste es el Hijo de Dios".

TESTIMONIO ACERCA DE JESÚS (1:35-42)

El llamado de Andrés, el hermano de Simón Pedro, fue resultado directo del testimonio de Juan el Bautista en cuanto a Jesús como el Cordero de Dios. No se identifica el nombre de la segunda persona mencionada en este relato, pero muchos suponen que era el autor de este Evangelio, el apóstol Juan. Andrés inmediatamente buscó a su hermano, Simón Pedro, y proclamó que había encontrado al Mesías. Cuando Jesús se encontró con Simón, declaró que él sería "llamado Cefas (es decir, Pedro)". Tanto "Cefas", que es arameo, como Pedro, que es griego, significan *roca*.

Que Pedro haya recibido este nombre es interesante a la luz de la realidad de que él era cualquier cosa menos "roca". Pedro era impulsivo e indisciplinado en espíritu, de perfil rudo y de pura emoción. No obstante, Cristo estaba llamando a aquellos a quienes Él desarrollaría, y Pedro en verdad llegaría a ser pilar de la iglesia, la roca sobre la cual la iglesia primitiva comenzaría (Mat. 16:18; Hech. 2).

HIJO DEL HOMBRE (1:43-51)

Jesús utilizó el término "Hijo del hombre" como la descripción favorita de sí mismo. Se ha sugerido que el título "Hijo de Dios" es el nombre divino de Jesús (Mat. 8:29); "Hijo de David", su nombre judío (Mat. 9:27); "Hijo del hombre", el nombre que liga a Jesús con su misión terrenal. El término mismo está basado en Daniel 7:13-14, donde se utilizó como una referencia para Dios.

PROVISIÓN DE VINO PURO (2:1-11)

El primer milagro de Jesús fue en una boda en Caná de Galilea, donde Él convirtió el agua en vino. Una fiesta de boda durante este período de la historia podía extenderse hasta una semana, y la hospitalidad pobre se consideraba una ofensa seria. En esta celebración se habían quedado sin vino. El simbolismo de este evento no debe ser descuidado por el lector, porque el agua usada para purificación fue reemplazada con vino, que luego simbolizaría la sangre de Cristo. La sangre de Cristo suplantó al sistema ceremonial judío en cuanto al conflicto del pecado a la luz de un Dios santo.

A través de este Evangelio se evidencia que Jesús era consciente de su "tiempo" y del progreso de su misión (7:6,8,30; 8:20). La cruz siempre estuvo frente a Jesús, y su actividad hacia ese momento inevitable iba a permanecer en el programa de Dios (12:23, 27; 13:1; 16:32; 17:1). Según el patrón de este Evangelio, los milagros son considerados como "señales" (semeion), al indicar que ellos sirvieron como autenticación para la naturaleza y la misión de Jesús. En los sinópticos la palabra más usada para milagros es *dunameis*, y se refiere a obras poderosas que demuestran el poder de Dios.

LAS PAUTAS DE DIOS (2:12-25)

En la limpieza del templo, Jesús planteó cuáles eran las pautas de Dios respecto a lo correcto y lo incorrecto. Al estar presente en la Pascua, un tiempo de recuerdo de la liberación de Israel de Egipto, Jesús encontró a individuos que estaban traficando con el festival religioso. Los judíos que habían viajado grandes distancias necesitaban comprar animales para el sacrificio, y cambiar su dinero por moneda local. Allí encontraron comerciantes que ofrecían ambos servicios. Al denunciar el legalismo, Jesús mantuvo la santidad. La cuestión entre manos no era el negocio en sí u obtener ganancias como tales, sino la burla del sistema sacrificial del templo y la explotación de hombres y mujeres devotos por parte de individuos avaros que lucraban con el sentimiento religioso.

Este espectáculo provocó la indignación de los judíos. La preocupación de ellos no era la cuestión moral de si los vendedores y los cambistas de dinero debían estar allí, sino sobre qué base Jesús se atribuyó poder para expulsarlos. Los judíos pidieron una "señal" y Jesús respondió: "Destruyan este templo, y lo levantaré de nuevo en tres días". Jesús se estaba refiriendo al templo de su cuerpo, pero sus antagonistas judíos

asociaron sus comentarios con el edificio del templo, y esto proveyó el fundamento para parte de la burla y el ridículo al que fue sometido Jesús mientras estaba colgado en la cruz (Mat. 27:40; Mar. 15:29).

EL AMOR SALVADOR DE DIOS (3:1-21)

Hay pocas dudas en cuanto a que esta sección del Evangelio de Juan sea la más famosa en todas las Escrituras y el v. 16 el más conocido en toda la Biblia. Hay una buena razón para esto: Juan 3:16 presenta la declaración más clara y simple de las buenas nuevas que Cristo vino a traer al mundo. ¿Cuál es esa buena noticia? Primero, que Dios nos ama. Segundo, que el amor de Dios fue tan grande que Él envió a su único Hijo para decirle al mundo acerca del amor de Dios. Tercero, que todo el que crea en el Hijo de Dios no morirá sino que vivirá por siempre con Dios. Creer, por supuesto, significa mucho más que un asentimiento intelectual. Más bien, significa colocar la vida y la confianza personal en rendición completa a aquel en quien uno cree.

La parte central del mensaje de Jesús a Nicodemo es que los hombres y las mujeres, para acercarse a Dios en fe, deben "nacer de nuevo". Esto no es opcional, según Jesús, sino una necesidad. Por esto, Jesús dio a entender "nacer del Espíritu". La referencia al "agua y Espíritu" tiene varias interpretaciones posibles, tales como (1) el agua se refiere a la purificación; (2) sinónimo de "nacido del Espíritu"; (3) bautismo, ya sea el de Juan o el de Cristo. Esta interpretación respecto a que el bautismo es necesario para la salvación es la comprensión menos aceptable (Ef. 2:8-9). También debe considerarse que el manuscrito griego no tiene artículo ("el") con la palabra "Espíritu". Por lo tanto, sería gramaticalmente incorrecto separar Espíritu de agua. Lo que debe sostenerse es que "nacer de nuevo" es un don de Dios a través del Espíritu Santo como resultado de la muerte, la sepultura y la resurrección de Cristo. Ser nacido de nuevo es ser transformado en miembro de la familia de Dios a través de la fe en Jesucristo, y por medio del arrepentimiento y el deseo de llevar una vida nueva para la honra y la gloria de Cristo (1 Ped. 1:23; 2 Cor. 5:17). El propósito de Jesús jamás fue condenar al mundo, pues nosotros mismos lo hacemos a través de nuestra elección voluntaria cuando rechazamos a Cristo. Más bien, el propósito de Jesús fue salvar al mundo.

JESÚS EL DISCIPULADOR (3:22-36)

Cuando los estudiosos de la vida de Cristo enumeran las prioridades de su ministerio, muchas cuestiones vienen a la mente: los milagros, la crucifixión, y por supuesto, la resurrección. Pero una de las cuestiones más significativas en cuanto al ministerio de Jesús se encuentra en esto: "Jesús fue con sus discípulos a la región de Judea. Allí pasó algún tiempo con ellos". Jesús escogió a doce hombres y derramó su vida en

Durante este tiempo se desarrolló una discusión entre algunos discípulos de Juan y un cierto judío sobre la limpieza ceremonial. El medio apropiado para alcanzar la purificación ceremonial era de gran interés en la comunidad judía. Al venir a Juan sobre este asunto, surgió la cuestión del ministerio de Jesús en relación con el ministerio de Juan. La lealtad de estos discípulos a su maestro Juan, se evidencia cuando ellos permitieron que la envidia entrara en sus pensamientos en cuanto a Jesús. La respuesta de Juan afirmó su testimonio previo respecto de Jesús, como así también proveyó un conocimiento más claro sobre el carácter de Juan.

Como Juan percibió que se había presentado un momento oportuno para la enseñanza entonces informó a sus estudiantes que uno "sólo puede recibir lo que le es dado desde el cielo". El punto central de esta afirmación es claro. Al saber que Dios lo ha dado todo, el que ama a Dios no envidiará los dones, las habilidades o los logros de otras personas. Juan enten-

SIETE SEÑALES EN JUAN		
SEÑAL	REFERENCIA	VERDAD CENTRAL
1. Cambio del agua en vino	2:1-11	Señala a Jesús como la Fuente de todas las bendiciones que dará Dios en el futuro (ver Isa. 25:6-8; Jer. 31:11-12; Amós 9:13-14)
2. Sanidad del hijo del oficial	4:43-54	Señala a Jesús como el Dador de vida
3. Sanidad del inválido en Betesda	5:1-15	Señala a Jesús como el Colaborador del Padre
4. Alimentación de cinco mil	6:1-15,25-59	Señala a Jesús como el Pan que da vida, que viene del cielo
5. Caminar sobre el agua	6:16-21	Señala a Jesús como el divino YO SOY
6. Sanidad del hombre que nació ciego	9:1-41	Señala a Jesús como el Dador de la vista espiritual
7. Resucitación de Lázaro	11:1-44	Señala a Jesús como la Resurrección y la Vida

ellos, los discipuló en pensamiento y acción para que ellos pudieran llegar a ser el fundamento de la iglesia que seguiría a su muerte, su sepultura y su resurrección.

dió que su papel en relación con Jesús era el de "padrino" del novio en una boda. Juan instruyó a aquellos que lo habían apoyado y habían seguido su ministerio en cuanto a que Jesús debía hacerse más grande, mientras él debía "menguar".

Juan sabía que él era "de la tierra", mientras que Jesús, como Hijo de Dios, era "del cielo". Juan enseñó a sus discípulos que la relación de ellos con Jesús determina la vida misma, porque el rechazo a Jesús trae el castigo de Dios. Por lo tanto, quien acepta a Jesús y la verdad de su mensaje evita el castigo de Dios, participa en la vida del Espíritu y tiene vida eterna. Esa vida no es como un don para el futuro sino vida eterna como una realidad presente, que comienza en el momento en que Jesús es aceptado en fe y se inicia una relación.

FUENTE DE VIDA (4:1-26)

Como Jesús no quería ser visto en competencia con el ministerio de Juan, entonces retornó a Galilea. En ese viaje Él "tenía que pasar por Samaria". Debe notarse que Samaria no era una necesidad geográfica para el viaje de Jesús sino una necesidad para su misión. La división entre judíos y samaritanos era legendaria, división que Jesús no reconoció ni reconocería. Los samaritanos eran rechazados por causa de su mezcla de sangre gentil y su estilo diferente de adoración, que se realizaba en el monte Gerizim. En este monte los samaritanos habían construido un templo que rivalizaba con el templo judío en Jerusalén.

La excursión de Jesús a Samaria resultó en uno de los diálogos más fascinantes registrados en las Escrituras. Cuando descansaba junto a un pozo, Jesús se encontró con una mujer samaritana que había estado viviendo una vida de inmoralidad habitual. La conversación de ellos procedió sobre dos niveles, el espiritual y el temporal, y la mujer en forma constante encontraba excusas cuando Jesús exploraba su mundo interior. Su primer golpe fue que Jesús le hablara, un acto impensado en ese día entre un hombre judío y una mujer samaritana. Jesús no respondió a las preguntas de

ella sino a sus necesidades, y le ofreció la oportunidad de recibir "agua que da vida".

Aquí podemos notar uno de los propósitos del ministerio de Jesús, de conducir a las personas a darse cuenta del estado de su vida y guiarlas al arrepentimiento y a una nueva vida en Él. Esta nueva vida honra y adora a Dios en espíritu y en verdad diariamente. La ubicación de la adoración no es importante, ¡pero el objeto de ella sí! La palabra "adoración" viene del latín *adorare*, que significa venir a la oración. La adoración es reconocer y honrar al Dios viviente.

LA MISIÓN DE CRISTO (4:27-38)

Cuando los discípulos se reunieron con Jesús no se atrevieron a preguntarle sobre su conversación con la mujer samaritana, sino más bien inquirieron acerca de su bienestar físico. Quizás ellos pensaron que el hambre lo había privado del sentido necesario para saber que era mejor no hablar con una mujer así. Jesús luego continuó la instrucción de los discípulos, enseñándoles que su "alimento" era "hacer la voluntad del que me envió y terminar su obra".

Es claro que Jesús estaba en una misión, una misión informada por Dios y dirigida por Dios (5:30; 6:38; 8:26; 9:4; 10:37-38; 12:49-50; 14:31; 15:10; 17:4). ¿Cuál era esa misión? Confrontar a todas las personas con su verdad, tal como lo demostró con la mujer samaritana. Jesús les dijo que los campos ya estaban maduros para la siega y que al entrar en ese campo para trabajar, no había diferencia entre plantar la semilla o levantar la cosecha. Esta verdad es importante porque jamás debiera existir competencia entre los cristianos en cuanto a los diferentes campos de servicio. Todos deben participar del gozo de ver el reino de Dios extenderse.

SALVADOR DEL MUNDO (4:39-42)

El encuentro de Jesús con la mujer en el pozo, y el subsiguiente testimonio de ella sobre esa conversación, resultó en que muchos samaritanos creyeran en Jesús. Después que ellos mismos se encontraron con Jesús, creyeron no por lo que la mujer dijo, sino porque habían llegado a creer por sí mismos "que verdaderamente éste es el Salvador del mundo". Esta confesión de los creyentes samaritanos que Jesús era el "Salvador del mundo", sólo se encuentra aquí en el Nuevo Testamento y en 1 Juan 4:14. Sólo a través de Jesús, el mundo puede ser salvado, y esa salvación es para todos en el mundo.

FE VERDADERA (4:43-54)

Después de un tiempo en Samaria, Jesús retornó a Galilea. Allí se encontró con un oficial real cuyo hijo estaba cerca de la muerte. Jesús comentó cómo la fe de los galileos estaba ligada a sus señales y sus maravillas

MILAGROS DE JESÚS			
MILAGROS	PASAJES BÍBLICOS		
Agua tornada en vino			Juan 2:1
Muchas sanidades	Mat. 4:23	Mar.1:32	
Sanidad de un leproso	Mat . 8:1	Mar.1:40	Luc.5:12
Sanidad del siervo de un centurión	Mat. 8:5		Luc. 7:1
Sanidad de la suegra de Pedro	Mat. 8.14	Mar.1:29	Luc. 4:38
Calma de la tormenta en el mar	Mat. 8:23	Mar.4:35	Luc. 8:22
Sanidad de los endemoniados de Gadara	Mat. 8:28	Mar. 5:1	Luc. 8:26
Sanidad del cojo	Mat. 9:1	Mar. 2:1	Luc. 5:18
Sanidad de la mujer con hemorragia	Mat. 9:20	Mar.5:25	Luc. 8:43
Resucitación de la hija de Jairo	Mat. 9:23	Mar.5:22	Luc. 8:41
Sanidad de dos ciegos	Mat. 9:27		
Sanidad de un hombre endemoniado	Mat. 9:32		
Sanidad de un hombre con mano seca	Mat. 12:10	Mar. 3:1	Luc. 6:6
Alimentación de los 5000	Mat.14:15	Mar. 6:35	Luc. 9.12	Juan 6:1
Camina sobre el mar	Mat.14:22	Mar. 6:47		Juan 6:16
Sanidad de la hija de la sirofenicia	Mat. 15:21	Mar.7:24	
Alimentación de los 4000	Mat.15:32	Mar. 8:1	
Sanidad de un muchacho epiléptico	Mat. 17:14	Mar. 9:14	Luc. 9:37
Sanidad de dos ciegos en Jericó	Mat. 20:30		
Sanidad de uno con espíritu inmundo		Mar. 1:23	Luc. 4:33
Sanidad de un sordomudo		Mar. 7:31	
Sanidad de un ciego en Betesda	Mar. 8:22		
Sanidad del ciego Bartimeo		Mar. 10:46	Luc. 18:35
Una pesca milagrosa			Luc. 5:4	Juan 21:1
Resucitación del hijo de la viuda			Luc. 7:11
Sanidad de una mujer encorvada			Luc. 13:11
Sanidad de un hombre con hidropesía			Luc. 14:1
Sanidad de diez leprosos			Luc. 17:11
Sanidad de la oreja de Malco			Luc. 22:50
Sanidad del hijo de un oficial romano			Juan 4:46
Sanidad de un cojo en Betesda			Juan 5:1
Sanidad de un ciego			Juan 9:1
Resucitación de Lázaro			Juan 11:38

milagrosas. Esto provee un interesante contraste, porque los samaritanos creyeron "por lo que él mismo decía", es decir, por sus palabras, mientras que los judíos creyeron por haber visto "señales y prodigios". Como más tarde le diría Jesús a Tomás después de su resurrección, "Dichosos los que no han visto y sin embargo creen" (20:29).

EN BUSCA DE BUENA SALUD (5:1-15)

Después de un tiempo no especificado, Jesús viajó a Jerusalén para una "fiesta de los judíos". No se menciona el nombre de esta fiesta, pero probablemente fue una de las tres fiestas de peregrinación a la que se esperaba que los judíos varones asistieran: Pascua, Pentecostés o Tabernáculos.

Allí Jesús pasó por el estanque de Betesda, donde se habían ubicado gran cantidad de inválidos. Cuando las aguas eran removidas, supuestamente tenían poderes milagrosos para sanar. Un hombre que había estado allí por 38 años recibió una interesante pregunta de parte de Jesús: "¿Quieres quedar sano?" Muchos dependían de su discapacidad para obtener de parte de gente sana el apoyo financiero que les daban por piedad. Otra posible razón para esta pregunta se relaciona con el espíritu del hombre. Muchos que han experimentado desgracia o dolor en forma prolongada han rendido incluso la voluntad de intentar vencer su situación en la vida. Cuando el inválido compartió con Jesús su dificultad para meterse en el estanque para sanidad, Jesús proclamó: "Levántate, recoge tu camilla y anda". El hombre fue sanado al instante.

Esta sanidad ocurrió en un sábado. La respuesta de los judíos no fue gozo por la sanidad, sino preocupación porque el hombre estaba violando el sábado al llevar su camilla. La ley de Moisés no prohibía esta práctica, sólo la prohibía la interpretación judía de la ley de Moisés. Jesús encontró al hombre que había sido sanado, y al igual que con la mujer samaritana, apuntó a la condición más profunda de la relación del hombre con Dios. Las palabras de Jesús son interesantes: "No vuelvas a pecar, no sea que te ocurra algo peor". Este mandato fácilmente puede ser interpretado mal, ya sea dentro de una perspectiva que iguala la salud con la obediencia espiritual o con la idea de que Dios manda calamidad sobre los desobedientes. Para Jesús las consecuencias del pecado son mucho más serias que cualquier forma de enfermedad física. Él no dijo que uno puede dejar de pecar sino, en conformidad con todo el testimonio bíblico, que los creyentes no deben vivir a propósito una vida de pecado.

HIJO DE DIOS (5:16-30)

Luego, Juan informa a sus lectores que debido a esta sanidad en el sábado, los judíos comenzaron a perseguir a Jesús. El legalismo es una distorsión atroz de la voluntad de Dios para aquellos a quienes Él ha creado para vivir en comunión con Él. Ninguna acción externa sino la actitud interna tiene importancia para Dios. Cuando el mundo interno está ordenado en base a los dictados de Dios, entonces el mundo externo exhibirá plena santidad, una santidad definida por la vida y el ministerio de Jesús. Frente a esta reprensión los judíos se enfurecieron, no porque Jesús estuviera equivocado (ellos no respondieron a su réplica respecto de sanar en el sábado), sino porque "llamaba a Dios su propio Padre, con lo que Él mismo se hacía igual a Dios". Los judíos no objetaban la idea de Dios como Padre, sino que Jesús de alguna manera estaba en una relación especial con Dios como su Padre, indicando así que Jesús era igual a Dios.

Después Jesús dio una respuesta claramente definida acerca de la relación entre el Padre (Dios) y el Hijo (Él mismo). Primero, el Hijo no puede hacer nada sin el Padre. Segundo, el Padre ama al Hijo y le revela todo. Tercero, el poder de dar la vida misma es compartido por el Padre y el Hijo. Cuarto, Dios ha dado todo el juicio al Hijo. Quinto, el Padre y el Hijo comparten igual honor. Sexto, creer en las palabras del Hijo resulta en vida eterna. Finalmente, la misma consumación del siglo será por y a través del Hijo.

La objeción de los judíos era a la luz de su monoteísmo acérrimo (la creencia en un solo Dios). Los cristianos también son monoteístas, y aun así mantienen que la naturaleza del único Dios verdadero es que Él es trino: tres personas, un Dios. Para la mente judía, la pretensión de Jesús de ser Dios era una blasfemia en vista de que sugería a dos Dioses. Por supuesto, nada por el estilo estaba en mente en la declaración personal de Jesús como el Hijo de Dios. Más bien Jesús estaba proclamando que Él era Dios en forma humana, la segunda persona de la Trinidad.

TESTIMONIO EN CUANTO A JESÚS (5:31-47)

El testimonio en cuanto a Jesús incluye a Juan el Bautista, las obras de Jesús, a Dios mismo, las Escrituras y a Moisés. En esto Jesús distinguió claramente el valor del testimonio humano del de Dios en cuanto a qué es de valor. También distinguió el valor de la alabanza humana comparada con la alabanza que fluye de Dios.

UN REY NO TERRENAL (6:1-15)

La alimentación de los 5000 es el único milagro, aparte de la resurrección, que ocurre en los cuatro Evangelios. El número fue mayor que 5000, porque esta cifra se refiere solo a los hombres, dado que las mujeres y los niños no fueron contados (Mat. 14:21). Este milagro llevó a la gente a tratar de hacer rey a Jesús por la fuerza. El plan de Dios no era que Jesús se manifestara como un rey terrenal, sino como el Siervo sufriente que daría su vida en rescate por muchos (Mar. 10:45).

LOS HECHOS DIVINOS DE JESÚS (6:16-24)

Esta "señal" evidenciaba la naturaleza divina de Jesús, demostrada por su poder y su autoridad sobre el mundo natural y creado. Las multitudes parecían más interesadas en las "señales" de Jesús que en la verdad de Jesús.

PAN DE VIDA (6:25-59)

Después de la alimentación de tantos miles, no es sorprendente que esta gente buscara otra vez a Jesús. Cuando lo encontraron, Jesús leyó sus corazones y los confrontó con su motivación: "Ustedes me buscan, no porque han visto señales sino porque comieron pan hasta llenarse". Jesús entonces los alentó a no trabajar por tales fines, sino más bien por la comida "que permanece para vida eterna".

Esta comida eterna es la enseñanza de Jesús. Cuando le preguntaron qué obras eran necesarias para complacer a Dios, Jesús respondió de una manera totalmente diferente de la que ellos anticipaban. En lugar de bosquejar una lista de cosas para hacer y no hacer, Jesús respondió: "Ésta es la obra de Dios: que crean en aquel a quien él envió". La salvación no se logra a través del esfuerzo humano, sino que es un don gratuito. La única "obra" necesaria es recibir el don de Dios para la vida eterna a través de su Hijo Jesucristo.

La multitud entonces pidió una señal (así como Moisés la dio con el maná) de que Jesús era realmente el enviado de Dios. Esto reveló que el interés fundamental de ellos era la comida pues intentaron incitar a Jesús para que les diera pan a cambio de su fe.

Este intercambio resultó en la primera de las siete declaraciones de "yo soy" que se encuentran en el Evangelio de Juan. Jesús respondió: "Yo soy el pan de vida". El idioma griego en este punto es muy enfático, recordatorio del propio "yo soy" de

Dios registrado en Éxodo 3:14. Jesús afirmó que todo el que viene a Él con fe salvadora jamás será rechazado y la voluntad de Dios es que todos vengan a Él. Tales declaraciones no agradaron a los judíos. Jesús pretendía haber venido del cielo, y para ellos era inaceptable atribuírselo a alguien de quien decían "¿No conocemos a su padre y a su madre?"

En respuesta a esas murmuraciones Jesús les dijo: primero, nadie puede venir al Padre sino por Cristo. Segundo, estar en relación con Dios es estar en relación con Jesús. Tercero, solo el Hijo, Jesús, ha visto al Padre. Cuarto, el pan de vida (Jesús) es el que viene del cielo, y sólo al comer de este pan, ofrecido al mundo, puede ganarse la vida eterna. Los judíos entendieron que esto se refería a que Jesús literalmente iba a entregar su propia carne para que ellos la comieran. Frente a la confusión de ellos Jesús también agregó que "si no comen la carne del Hijo del hombre ni beben su sangre, no tienen realmente vida".

Este versículo es pasible de malas interpretaciones, tales como pensar que se refiere a la Cena del Señor o Eucaristía. Sin embargo, en ninguna parte de la Escritura se enseña que tomar la Cena del Señor es el único requisito para la salvación. El requisito para la salvación no es participar de los elementos de la Cena del Señor, sino sólo la fe en Cristo. De modo

que, ¿qué es la carne y la sangre de la que habló Cristo? Claramente es la carne y la sangre que Él ofreció al mundo en el momento de su muerte, una ofrenda hecha al mundo para su aceptación, que resulta en vida eterna para aquellos que aceptan su muerte como una expiación en su favor por los pecados.

EL SANTO DE DIOS (6:60-71)

Jesús sabía desde el principio qué discípulo finalmente lo traicionaría. A partir de aquí muchos de los que habían seguido a Jesús dejaron de hacerlo. Cuando Jesús preguntó a los doce si ellos también querían irse, Pedro respondió por todos ellos: "Señor, ¿a quién iremos?… Nosotros hemos creído, y sabemos que tú eres el Santo de Dios".

EL TIEMPO DE DIOS (7:1-13)

Algunos se podrían preguntar por qué Jesús a propósito se mantuvo alejado de Judea, ya que los judíos allí estaban esperando para quitarle la vida, especialmente a la luz de que Jesús voluntariamente fue a su muerte en el momento de la crucifixión. Dicho en forma simple, no era el tiempo. Llegaría el tiempo de rendir su vida, pero no ahora. Había más cosas que Dios deseaba que se lograran a través de su vida. Todo ocurriría en el momento en que Dios lo había planeado.

DICHOS DE "YO SOY" EN EL EVANGELIO DE JUAN	
DICHO	REFERENCIA EN JUAN
Yo soy el pan de vida	6:35
Yo soy la luz del mundo	8:12
Yo soy la puerta de las ovejas	10:7
Yo soy el buen pastor	10:11,14
Yo soy la resurrección y la vida	11:25
Yo soy el camino, la verdad y la vida	14:6
Yo soy la vid verdadera	15:1,5
Yo soy rey	18:37

MAESTRO CON AUTORIDAD (7:14-24)

En el tiempo apropiado, a la mitad de la fiesta de los Tabernáculos, Jesús se reveló y comenzó a enseñar. Las multitudes se sorprendieron de que Jesús no hubiera estudiado con algún notable erudito judío. Jesús respondió al asombro de ellos. Su enseñanza no era "propia", sino que venía "del que me envió". Este intercambio no debería ser tomado como un desprecio de la educación o el aprendizaje. Jesús fue lleno de poder y dotado por Dios de manera singular para su misión, y sus palabras eran las palabras de Dios.

EL ESPÍRITU PROMETIDO (7:25-44)

Algunos creyeron falsamente que nadie conocería el origen o el lugar de nacimiento del Mesías, y en razón de que conocían los orígenes de Jesús, Él no podía ser el Mesías. Esto debe entenderse a la luz de la tradición judía, si bien no es una idea bíblica, que el Mesías sería un hombre misterioso. Así es que ellos trataron de atrapar a Jesús, pero aparentemente no pudieron echar mano de Él porque "aún no había llegado su hora". En el último día de la fiesta, Jesús prometió a todos los que creyesen en Él "ríos de agua viva", que el autor del Evangelio interpretó para nosotros como el Espíritu dado más tarde en Pentecostés.

¿UN PROFETA DE GALILEA? (7:45-52)

Los guardas del templo enviados para arrestar a Jesús exclamaron: "¡Nunca nadie ha hablado como ese hombre!" Los fariseos simplemente los despidieron como si hubiesen sido engañados, arguyendo que en razón de que ninguno de los fariseos había expresado fe en Jesús, entonces él no debía ser aceptado. Los fariseos elevaron su propio sentido de erudición y comprensión. Al hacerlo, exageraron la ignorancia de la persona promedio. Esto produjo un orgullo espiritual que los llevó a creer que la comprensión verdadera descansaba solamente en sus propias reflexiones. Entonces Nicodemo, quien había hablado con Jesús anteriormente, les recordó a todos ellos que nadie debía ser juzgado sin ser oído. La respuesta fue la declaración inflexible que ningún profeta podía salir de Galilea, lo cual era una clara falsedad dado que el profeta Jonás era de Galilea.

UN JUEZ SIN PECADO (7:53–8:11)

Esta historia por cierto sigue los lineamientos del carácter y la enseñanza de Jesús, pero no aparece en los manuscritos más antiguos y más confiables. Esto no niega la autenticidad de la historia, sólo que puede haber sido agregada en una fecha posterior. (Ver nota en NVI.)

Los maestros de la ley y los fariseos habían llevado a los pies de Jesús a la mujer que había sido sorprendida en adulterio para que Él pudiera pronunciar el juicio debido sobre ella. El propósito era atrapar a Jesús, porque si Él no sugería la lapidación, tal como lo requería la ley, podía ser acusado de ser transgresor de la ley. (La ley real prescribía la lapidación sólo si ella era una virgen comprometida; el hombre también debía ser lapidado, ver Lev. 20:10; Deut. 22:22-24.) Sin embargo, si Jesús abogaba por la lapidación, entonces provocaría sobre Él la ira del gobierno romano. ¿Cómo manejó Jesús el dilema? "Aquel de ustedes que esté libre de pecado, que tire la primera piedra". De manera brillante, Él no quebrantó la ley. Aun así, se aseguró de que la mujer no fuese lapidada. Cuando todos se hubieron ido, Jesús encaró las dos necesidades más grandes de la mujer: la autoestima y una nueva vida. Para su autoestima, le aseguró que Él, que era sin pecado, no la condenaba. Para la necesidad más profunda, que era una vida nueva, Jesús dijo: "Ahora vete, y no vuelvas a pecar".

LUZ DEL MUNDO (8:12-30)

La segunda de las siete declaraciones de "yo soy" de Jesús ocurre aquí: "Yo soy la luz del mundo". La relación entre Jesús y su Padre es de tal naturaleza que Jesús podía decir "Si supieran quién soy yo, sabrían también quién es mi Padre".

Al enseñar sobre su identidad y su naturaleza, Jesús reveló que Él es de arriba y no de este mundo. Es más, "si no creen que yo soy el que afirmo ser, en sus pecados morirán". Una declaración así solo podía provocar conmoción: "¿Quién eres tú?" Jesús respondió que Él era quien siempre había pretendido ser, el enviado del Padre, el Hijo del hombre.

Muchos se han preguntado cómo un Dios amoroso puede condenar a las personas al infierno. Nuestra respuesta debería ser que Él no hace nada por el estilo. Las personas en forma individual se condenan a sí mismas al escoger rechazar a Jesucristo y la verdad que Él vino a compartir con el mundo.

LA VERDAD QUE HACE LIBRE (8:31-41)

Jesús dejó en claro que guardar sus enseñanzas es esencial para quien pretende ser su discípulo. Es más, sus enseñanzas deberían ser aceptadas como verdad absoluta. Esta verdad y ninguna otra, tiene el poder de hacer libre a la persona. Muchas filosofías e ideologías reclaman ser la verdad, pero toda verdad es la verdad de Dios, y por lo tanto todas las pretensiones de ser verdad deben juzgarse a la luz de la verdad y el conocimiento revelados de Dios. Adherirse a un concepto falso de la realidad es quedar cautivo de la ignorancia. Vivir una vida apartada del gobierno de Dios es quedar cautivo del pecado. La verdad de Jesús libera al hombre de tal esclavitud. Los judíos se rehusaron a escuchar la verdad de Jesús, y por el contrario, insistieron en aferrarse a sus propias creencias. Quizás el versículo más elocuente es cuando Jesús declaró acerca de ellos, "no está en sus planes aceptar mi palabra".

¿QUIÉN ES TU PADRE? (8:42-47)

Si Dios en verdad era el Padre de ellos, entonces ellos lo amarían. Jesús dejó claro que su origen era divino. Su misión fue planeada por Dios, y su propósito fue lo que Dios quería. La gente no puede oír lo que Dios tiene para decir si no pertenece a Dios. Si las personas escogen escuchar al malo para determinar lo que se considera verdad, entonces acallan la voz de Dios. La disposición básica de Satanás es ser mentiroso, alguien que pervierte la verdad, uno que engaña a todos los que le permitan dirigir sus vidas y sus pensamientos.

EL ETERNO YO SOY (8:48-59)

Desesperados por desacreditar a Jesús, los judíos lo acusaron de ser samaritano y de estar poseído por un demonio. Jesús negó los cargos y de inmediato retomó su acusación de que ellos estaban viviendo apartados de Dios. Él agregó que si alguien guardaba su palabra, "nunca morirá". Al oír esto, los judíos se enfurecieron pues Jesús se colocaba incluso por encima de Abraham. A una voz preguntaron con indignación: "¿Quién te crees tú?" Jesús respondió que Dios lo glorificó, que Él conocía a Dios, y que Él guardaba la palabra de Dios. Es más, Abraham "se regocijó al pensar que vería mi día; y lo vio y se alegró". Esto produjo total incredulidad en la multitud. Ellos lo desafiaron porque Jesús, lejos todavía de la edad de 50 años, estaba pretendiendo haber visto a Abraham.

Jesús dio una de las respuestas más importantes de todo el Evangelio de Juan. "Ciertamente les aseguro que, antes de que Abraham naciera, ¡yo soy!" ¿Qué estaba diciendo Jesús? ¡Que Él era Dios mismo! La única oportunidad en que también se utilizó la frase "yo soy" para describir a alguien fue en Éxodo 3:14, donde Dios la usó como su nombre. Aquí Jesús reclamó ese nombre para sí mismo.

Ninguna afirmación de identidad podía ser más clara. Jesús declaró ser Dios mismo en forma humana. Los judíos no respondieron con palabras, pero tomaron piedras para matarlo por blasfemia (ver Lev. 24:16). Jesús se escondió y salió inadvertido de los recintos del templo.

PECADO Y ENFERMEDAD (9:1-12)

Jesús llevó a cabo más milagros relacionados con dar vista a los ciegos que cualquier otro milagro. Tal actividad fue anticipada en la profecía como un acto mesiánico (Isa. 29:18; 35:5; 42:7). Jesús vino a clarificar la vista de los seres humanos que habían quedado ciegos a las cosas de Dios.

Los discípulos de Jesús, unidos a una perspectiva común en ese tiempo, deseaban saber quién había pecado en cuanto a la aflicción de este hombre. Ellos entendían que tales cosas ocurrían ya sea como resultado del pecado personal de un individuo o por causa del pecado en la vida de sus padres. Los rabinos enseñaban que nadie moría a menos que haya habido pecado, y nadie sufría a menos que hubiera habido pecado. Ellos sugerían que incluso un niño podía pecar en el seno materno o también en el estado preexistente antes de la concepción. Refutando todo este sistema de pensamiento, Jesús proclamó que "ni él pecó, ni sus padres". Más bien, este hombre estaba allí para que Dios obrara en su vida con el propósito de glorificar a Jesús.

Jesús sugirió que vendría un tiempo cuando la obra del reino de Dios no podrá continuar. Ese tiempo no es el final de su vida, como sugiere el vocablo "tenemos" en el v. 4, sino cuando tenga lugar la consumación del siglo. Hasta ese día el pueblo de Dios debe hacer todo lo que pueda para combatir el mal y hacer el bien en el nombre de Cristo.

EL PODER DEL TESTIMONIO (9:13-34)

El hombre que había sido sanado testificó que su propia perspectiva era que Jesús era un profeta. Esta no fue la respuesta que los fariseos querían oír. Interrogaron nuevamente al hombre que había sido ciego, y él dijo: "Lo único que sé es que yo era ciego y ahora veo". Este testimonio simple ha sido la evidencia indiscutible a favor de la fe cristiana por siglos. Sus palabras finales contenían el aguijón más grande: "Si este hombre no viniera de parte de Dios, no podría hacer nada". Los fariseos se enfurecieron, acusaron al hombre de ser un pecador, y lo excomulgaron de la sinagoga.

LA VISTA SIGNIFICA CULPA (9:35-41)

La curación de este ciego tuvo lugar en dos niveles: en el nivel físico su vista fue restaurada. En el nivel espiritual él se había acercado a la fe en Cristo. Este hombre sirve como un modelo del ministerio total de Jesús. Los fariseos que fueron testigos de este evento respondieron solo con indignación cuando Jesús insinuó que ellos estaban ciegos. En forma magistral, Jesús respondió que si estuviesen verdaderamente ciegos, ellos serían sin culpa, pero dado que pretendían ver, su culpa permanecía.

EL BUEN PASTOR (10:1-21)

Una de las grandes imágenes de Jesús es la del "buen Pastor". Primero, Él es la puerta al redil de las ovejas, lo cual significa que nadie puede entrar al redil por cualquier otro medio que no sea Jesús mismo. Solo a través de Jesucristo uno puede ser reconciliado con Dios y llevado a la vida eterna. Segundo, Jesús conduce a sus ovejas. Ninguna otra voz es la verdadera voz de liderazgo. Tercero, como el buen Pastor, Jesús protege a su rebaño, incluso al punto de la muerte. A diferencia de alguien que como empleo cuida a las ovejas, Jesús es el Pastor motivado por el amor a sus ovejas.

Como el buen Pastor, Jesús mencionó que hay otras ovejas que escucharán su voz y un día serán traídas al redil. Es probable que se refiriera a los gentiles que llegarían a creer en Cristo. La idea no es muchos pastores con muchos rebaños, sino un Pastor con muchas ovejas reunidas en un solo rebaño (ver Ef. 2:14-16). Jesús no fue forzado a ser el buen Pastor. Él voluntariamente asumió el papel y por esto es amado por Dios.

UNO CON EL PADRE (10:22-42)

Esta fiesta era la celebración de la dedicación y subsiguiente reapertura del templo por Judas Macabeo en diciembre del 165 a.C., después que fue profanado por el gobernante sirio Antíoco Epífanes en el 168 a.C. (ver Dan. 11:31). Este evento es conocido como "Januká" o "la fiesta de las luces".

Jesús declaró que sus ovejas tienen vida eterna y que nadie puede "arrebatármelas de la mano". Cuando una persona llega a Cristo buscándolo como Salvador y Señor, nada puede remover a esa persona del estado de salvación contra su voluntad. Si uno es en verdad salvo, entonces puede descansar con la seguridad de que está guardado en la mano de Dios y protegido de cualquier asalto a su estado de redención.

Jesús también declaró que "el Padre y yo somos uno". Según la doctrina cristiana de la Trinidad, Jesús y Dios no son personas idénticas sino personas separadas de naturaleza idéntica.

Al oír esto los judíos tomaron piedras para matarlo, porque era blasfemia que un hombre pretendiera ser Dios (10:33). Jesús respondió al enojo de ellos señalando el Antiguo Testamento donde, en conformidad con la visión del mundo en el antiguo Cercano Oriente, a los gobernantes y los jueces, como emisarios del Rey celestial, se les podía otorgar el título honorífico de "dios" (Sal. 82). Si ellos podían sentirse cómodos culturalmente con ese título para aquellos a quienes vino la Palabra de Dios, ¿por qué se rebelaban contra la idea de que

el Mesías sería el Hijo de Dios? Y si esto no tenía sentido, argumentaba Jesús, entonces simplemente miren mi vida y los milagros realizados. Esto no persuadió a los judíos, y otra vez ellos trataron de arrestar a Jesús para ejecutarlo.

MORIR CON JESÚS (11:1-16)

Lázaro era el hermano de María y Marta. María fue la que luego derramó perfume sobre los pies de Jesús y los secó con su cabello (12:3). Jesús amaba a los tres. Su demora de dos días fue probablemente para asegurarse de que el milagro que iba a realizar sería claramente comprendido como una resurrección de los muertos, y no como una restauración de una enfermedad severa. Sus discípulos lo instaron a no ir, porque allí había individuos que querían atraparlo y matarlo. Tomás, más conocido como el que dudó, reveló aquí la profundidad de su compromiso personal con Jesús, cuando les dijo a los otros discípulos: "Vayamos también nosotros, para morir con él".

LAS EMOCIONES DE JESÚS (11:17-37)

Una escena conmovedora en la vida de Jesús fue la muerte de Lázaro. Aquí vemos no sólo el poder de Jesús para levantar a los muertos, sino las emociones de Jesús movidas por el dolor de aquellos a su alrededor. La fe de Marta es evidente al acercarse a Jesús, cuatro días después de la muerte de Lázaro, y profesar la fe de que Él salvaría a su hermano muerto. Cuando María también llegó y Jesús vio su dolor y el dolor de los que estaban con ella, "se turbó y se conmovió profundamente". Las Escrituras entonces nos dicen que Jesús lloró.

LA RESURRECCIÓN Y LA VIDA (11:38-44)

¿Qué podría testificar más de la naturaleza divina de Jesús que exhibir el poder necesario para levantar a alguien de los muertos?

SEÑALES Y MILAGROS DEL NUEVO TESTAMENTO

Desde una perspectiva bíblica, un milagro es una obra extraordinaria de Dios que puede trascender los poderes ordinarios de la naturaleza. A lo largo de las Escrituras, los milagros prevalecen más en los puntos de crisis en la historia de la salvación. Ellos autentican la presencia de Dios en los hechos históricos. La terminología básica que utiliza el Nuevo Testamento para describir estos eventos son: "señales" (Juan 2:11; 10:41), "milagros" (Mat. 7:22; 24:24; Mar. 13:22; Luc. 10:13) y "obras" (Luc. 24:19; Juan 5:20).

Jesús subrayó la relación entre su ministerio milagroso y el arribo del reino de Dios (Mat. 12:28). Su actividad sobrenatural significaba la venida de una nueva era en el programa de Dios (Luc. 4:18-21). A pesar de la naturaleza reveladora de los milagros de Cristo, el testimonio que estos representaban no siempre fue reconocido. Ellos tenían que ser interpretados por fe.

Los relatos de milagros en los Evangelios revelan diferentes temas teológicos. Marcos dio más énfasis a las acciones de Cristo que los otros escritores de los Evangelios. Por consiguiente, de los cuatro Evangelios, Marcos contiene la proporción más alta de milagros. En Marcos los milagros encierran tensión y confrontación, mientras Cristo interactuaba con sus oponentes y con sus propios discípulos. Mientras Mateo enfatizó los milagros de sanidad, Marcos se centró en los exorcismos. Cristo es aquel que "ata" a Satanás (3:27).

Sin embargo, a pesar del poder evidente en la actividad de Cristo, los milagros sólo pueden ser entendidos por la fe; ellos no producen fe. Los discípulos entendieron mal los elementos milagrosos del ministerio de Cristo (4:40; 6:52). Ellos necesitaron de Jesús mismo y de su enseñanza para comprender adecuadamente estos eventos (4:40; 5:34).

Mientras que Marcos enfatizó las acciones de Jesús, Mateo destacó la enseñanza de Jesús. Así los milagros fueron organizados en torno a secciones de instrucción con propósitos teológicos. En Mateo los milagros revelan el poder soberano de Jesús y su capacidad de perdonar pecados (caps. 8–9). Ellos también muestran su autoridad por sobre la ley y Satanás (cap. 12).

Además, Mateo utilizó los milagros para mostrar transición en el ministerio de Cristo. Los discípulos estaban comprometidos con la actividad de Cristo (caps. 14–15).

Al aprender de sus acciones, ellos se tornaron en el medio por el cual el ministerio de Jesús se extendió.

Los milagros no juegan un papel tan amplio en Lucas como lo hacen en Marcos. Básicamente expresan la autoridad de Jesús por sobre las fuerzas naturales y el reino demoníaco. En Lucas los milagros tienen más fuerza de convalidación que la que tienen en los otros Evangelios. Ellos autentican la fe en Jesús (7:16; 9:43). Cuando la gente fue testigo del poder de Dios que operaba en Jesús, ellos "vieron" (10:23-24; 19:37) y "temieron" (5:26; 8:35) la verdad divina en Él.

El Evangelio de Juan registra sólo siete milagros o "señales" del ministerio de Cristo. (Ver tabla "Siete señales en Juan".) Estos milagros sirven como símbolos del verdadero significado de Jesús. Sin embargo, si bien muchos se maravillaron frente a las proezas sobrenaturales de Cristo, sólo los verdaderos creyentes vieron en las señales las implicaciones espirituales. Las señales confrontaron a la audiencia de Jesús con la necesidad de una decisión. Mientras que algunos rechazaron el significado real de las señales (2:23-25), otros creyeron en su comprensión por causa de estos eventos (2:11; 11:45).

Jesús deseaba enseñar una verdad importante acerca de cómo Dios oye y responde a la oración de fe, entonces oró en voz alta. Notar que la resurrección de Lázaro sirve como una especie de anticipo del poder para resucitar a todos los creyentes algún día a la comunión y la vida eterna en Cristo. A diferencia de Lázaro, que sólo fue levantado para morir nuevamente, los cristianos serán levantados para vida eterna.

UN HOMBRE POR EL MUNDO (11:45-57)

La resurrección de Lázaro hizo que muchos pusiesen su fe en Jesús. También originó que se convocara a una reunión del Sanedrín. El Sanedrín era la corte suprema de los judíos. En el período del Nuevo Testamento, estaba compuesto por tres grupos: los sumos sacerdotes, los ancianos y los maestros de la ley. Su membresía llegaba a 71, que incluía al sumo sacerdote, quien servía como oficial presidente. Bajo la jurisdicción romana se le concedía gran poder al Sanedrín, pero éste no podía imponer la pena capital (18:31).

La preocupación de ellos era su auto-preservación. Si Jesús continuaba como lo había hecho, entonces la gente continuaría colocando su fe en Él como el Mesías. Si los romanos entonces oían que los judíos anunciaban a un Mesías, vendrían y destruirían esa amenaza, incluido el Sanedrín. Por lo tanto, mucha de la oposición a Jesús era de naturaleza sociopolítica.

La observación de Caifás acerca de su ignorancia fue descortés. Él comprendía la dimensión política más plenamente que los demás, que estaban pensando en términos de culpa o inocencia. Para Caifás no importaba si Jesús era culpable o inocente de alguna mala acción. Lo importante era que la muerte de un hombre valía la pena para la viabilidad de la nación judía bajo el gobierno romano. Históricamente, Caifás estaba equivocado, porque a pesar de la muerte de Jesús, la nación judía pereció en el año 70 d.C.

La profecía de Caifás fue más cierta de lo que él podía haber imaginado. Él profetizó la muerte de Jesús por la nación judía con el objeto de aliviar las tensiones políticas, sin saber que la muerte de Jesús sería para la salvación espiritual de la nación judía y del mundo.

DEVOCIÓN O MUERTE (12:1-11)

Esta porción del Evangelio de Juan contiene muchos elementos importantes. Primero, la devoción de María. El perfume utilizado era caro, un artículo lujoso para ella misma, y lo dio en forma abnegada en devoción a Jesús. Que ella lo derramara sobre los pies de Jesús era un acto de humildad, porque cuidar los pies de otra persona era tarea de un siervo. Secar el perfume con su

cabello también fue algo inusual, porque las mujeres respetables no soltaban su cabello en público. María exhibió un amor y una devoción sin límites a Jesús aun con el costo que ello le significaría.

Segundo, el engaño y la corrupción de Judas. Este es el único pasaje que revela el carácter perverso de Judas antes de su traición a Jesús. Si bien el autor de este Evangelio relata la deshonestidad de Judas en retrospectiva, en ese momento Judas debe de haber sido altamente estimado, porque a él se le confió el cuidado de la bolsa de dinero. Es frecuente que estos individuos sean capaces de engañar a otras personas en cuanto a su relación con Dios, pero jamás Dios mismo es engañado, porque Él ve el interior del corazón mismo de toda persona.

Tercero, el juicio de Jesús tanto sobre María como sobre los pobres. Jesús afirmó el acto de devoción de María y lo ligó a su propia sepultura. María no tenía la idea de que este fuese el significado de su acción, pero fue percibida por Jesús en esta manera, sabiendo de la creciente sombra de la cruz. Al discutir el uso del perfume costoso sobre Él, en lugar de venderlo para asistir a los pobres, Jesús dijo: "A los pobres siempre los tendrán con ustedes". Desafortunadamente, a lo largo de los siglos de la historia cristiana muchos han mal interpretado esta declaración de Jesús como una excusa para descuidar a los pobres. Esta idea estaba lejos del propósito de Jesús, que manifestó cuidado y preocupación por los pobres a lo largo de su ministerio. Lo que Jesús destacó es que el acto de devoción de María en ese momento y ese lugar en particular era digno del costo.

ALABANZA AL REY (12:12-19)

La entrada triunfal a Jerusalén coincidió con la fiesta de la Pascua. Las ramas de palma eran simbólicas y se usaban en celebración de la victoria. La respuesta de las multitudes a Jesús fue espectacular. El grito de "¡Hosanna!" es un término hebreo que significa "salva" y había llegado a ser una expresión de alabanza.

El Evangelio de Juan enfatiza la realeza de Jesús. Este es el único Evangelio que registra que el pueblo también gritó, "¡Bendito el Rey de Israel!" El júbilo de la multitud, y Jesús cabalgando sobre un burrito, no fue visto por los discípulos como el cumplimiento de la profecía hasta después de su muerte, su sepultura y su resurrección. Este momento, quizás más que ningún otro, era el punto máximo de popularidad e influencia de Jesús. Sin embargo, en solo una cuestión de días, el "¡Hosanna!" se transformaría en "¡Crucifícalo!" (19:15).

LA HORA HA LLEGADO (12:20-36)

El pedido de algunos griegos de entrevistar a Jesús ocasionó una extensa respuesta por parte de Jesús en cuanto al camino que tenía por delante. A través de todo el Evangelio, Jesús había evitado situaciones que aceleraran su muerte. Pero ahora la "hora" había llegado para que "el Hijo del hombre sea glorificado". La muerte de Jesús y la subsiguiente resurrección es lo que estaba en mente al usar el término "glorificado". Jesús se presentó como un modelo de rol para nuestra perspectiva sobre la vida. Esta no debería ser amada desde una perspectiva temporal, sino aborrecida (entregada) para el servicio de Dios nuestro Creador. Esto no es, tal como la vida de Jesús demostró, un ascetismo fanático sino una actitud que da más importancia al mundo venidero.

Jesús sabía que su muerte traería vida a muchos. No obstante, el corazón de Jesús estaba "angustiado", que es todo lo que Juan escribió en relación a los pasajes del Getsemaní sobre las horas finales de Jesús registradas en los sinópticos. El corazón angustiado de Jesús seguramente era mayor por la idea de llevar el peso del pecado del mundo como una persona sin pecado, que por la mera agonía física y emocional que le aguardaban. Mientras Jesús meditaba y oraba a Dios por liberación de aquello que le esperaba, permaneció en el curso de lo que Dios había querido para su vida.

La muerte de Jesús no solo ofrecería liberación a los hombres y mujeres de las ligaduras del pecado, sino que traería juicio sobre el mundo y echaría del medio al príncipe del mundo. La cruz logró salvación para aquellos que creyeran, trajo juicio sobre el mundo por el rechazo a creer y derrotó la rebelión de Satanás de una vez y para siempre. El levantamiento de Jesús sobre la cruz sería el rayo de luz que atraería a todas las personas a sí mismo para la liberación del pecado, sin considerar sexo, raza, posición social ni nacionalidad.

DIOS O EL MUNDO (12:37-50)

¿Cómo pudieron los judíos ser testigos de tantas acciones milagrosas y permanecer en incredulidad? La respuesta se encuentra en la profecía. Los judíos no querían ni podían creer. Ellos no creerían aun cuando debían hacerlo a la luz de lo que habían visto y oído. Ellos no podían creer, no porque se les hubiera quitado la libertad de escoger, sino porque deliberadamente habían rechazado a Dios y escogido el mal. De esta manera, Dios los entregó en forma decisiva a su propia elección. Aquellos que habían elegido creer estaban temerosos de hacer pública su decisión por temor a la excomunión. Incluso estos creyentes fueron acusados de preocuparse más por la aprobación de otros que por la aprobación de Dios.

¿Cuál es la relación de Jesús con aquellos que lo rechazan? Juan dejó en claro que no es juicio (12:47). Pero no significa que el juicio por la incredulidad no tendrá lugar (12:48), sino que la misión fundamental y el papel de Jesús no era ser Juez sino Salvador (12:47b). Otra vez, la estrecha relación entre Dios y Jesús se muestra claramente en cuanto a pensamiento y acción (12:44-45,49-50).

Debe darse una palabra en cuanto a la diferencia entre "el día final" y "los últimos días". Esto último se refiere al tiempo actual, y comenzó cuando Cristo entró al mundo (Hech. 2:17; Heb. 1:2; 1 Ped. 1:20; 1 Juan 2:18; Jud. 18). Sin embargo, "el día final" (singular) se refiere a la consumación del tiempo y de la historia cuando ocurrirá la gran resurrección y el juicio de todas las personas.

SIERVO HUMILDE (13:1-17)

El amor de Jesús por sus discípulos y por aquellos que llegarían a ser sus discípulos, se muestra en el lavamiento por parte de Jesús de los pies de los discípulos. El motivo del siervo, que dominaba el Evangelio de Marcos (Mar. 10:45), es revelado también en el Evangelio de Juan. La actitud de servicio es una extensión directa y una representación del amor (13:1). Lo que le permitió a Jesús llevar a cabo este acto de total humildad fue una comprensión aguda de quién era Él, de dónde había venido y a dónde iba (13:3). Esta es la clave para la humildad en todas las personas: una comprensión sana y equilibrada de quiénes son.

Si Jesús, el Señor y el Maestro, lava nuestros pies, cuánto más deberíamos nosotros lavar los pies de los demás (13:14). En realidad no se está hablando de la institución de una ordenanza de lavado de pies, según algunos han interpretado, sino del estilo de vida de un servicio humilde.

SATANÁS Y EL TRAIDOR (13:18-30)

En el momento en que Jesús identificó a Judas como su traidor, las Escrituras nos dicen que "Satanás entró en él"; y Jesús expresó: "Lo que vas a hacer, hazlo pronto" (13:27). Este es el único uso del nombre "Satanás" en el Evangelio de Juan, y no está claro si aquí se trata de una posesión

real o simplemente de la motivación de Satanás al mal. Sin embargo, los otros discípulos no se dieron cuenta a qué se estaba refiriendo Jesús, y pensaban que tenía algo que ver con las responsabilidades de Judas como el custodio de la bolsa de dinero (13:28-29). Jesús debía ser traicionado, pero Judas no tenía por qué ser el traidor aunque él quiso serlo. Con frecuencia se ha comentado que la diferencia entre Judas y Pedro (ambos traicionaron a Cristo) es que Pedro buscó perdón, Judas no.

LA MARCA DEL DISCIPULADO (13:31-38)

Después de la partida de Judas, Jesús dejó claro que su tiempo con los discípulos era breve (13:33). El punto central de este pasaje se encuentra en los vv. 34-35: "Este mandamiento nuevo les doy: que se amen los unos a los otros. Así como yo los he amado, también ustedes deben amarse los unos a los otros. De este modo todos sabrán que son mis discípulos, si se aman los unos a los otros". Jesús está diciendo que el amor entre los cristianos debe estar a la vanguardia de todo lo que somos. Es más, si fracasamos en esta empresa, el mundo tendrá el derecho de negar que somos discípulos de Cristo. Nuestro amor de unos por otros será la marca distintiva de que verdaderamente seguimos a Cristo.

REMEDIO PARA LA ANSIEDAD (14:1-4)

Las palabras de Jesús en cuanto a su partida inminente, sin mencionar el anticipo de la traición de Pedro, arrojaron un manto de depresión sobre la cena. Pero Jesús les llevó palabras de consuelo: "No se angustien. Confíen en Dios, y confíen también en mí" (14:1). La confianza en Dios es el único remedio verdadero para la ansiedad. Jesús completó el alivio de la preocupación de los discípulos al pintarles un hermoso cuadro de la vida que les aguarda después de su resurrección (14:2-4).

CAMINO, VERDAD Y VIDA (14:5-14)

Jesús añadió que una vida entregada en confianza y fe en Él abrirá el camino a la comunión eterna con Él (14:6). La declaración de Jesús de que Él es el camino, la verdad y la vida es de gran importancia. Jesús no es uno entre muchos otros caminos a Dios, sino el único camino a Dios. La iglesia primitiva fue denominada incluso como "el Camino" debido a su insistencia sobre este punto (Hech. 9:2; 19:9,23). A través de todo el Evangelio de Juan, Jesús representa y proclama la verdad. Jesús también ofrece la vida misma, la vida a través de Dios el Padre, el Creador y Dador de toda vida.

El último versículo de esta sección ha sido combustible para muchos debates en cuanto a su debida interpretación y aplicación. ¿Estaba diciendo Jesús que nosotros tenemos poder ilimitado sobre Dios para determinar lo que Él quiere o no quiere hacer por nosotros, si simplemente oramos en el nombre de Jesús? Es claro que no, porque estaría en desacuerdo con el resto del testimonio escriturario. Dios es soberano sobre todos y no está sujeto a nadie. Debemos orar en conformidad con la voluntad de Dios, según se manifiesta en la vida y la enseñanza de Jesús. Cuando oramos de esta manera, seguramente la oración será contestada. Orar en el nombre de Jesús es orar en conformidad con la voluntad y la misión de Jesús. Tal pedido de oración es diferente de la idea de orar como si fuera una especie de lista de compras que se entrega a Dios y que Él entonces está obligado a llevar a cabo. No obstante, el enorme poder espiritual que corre a través de las venas espirituales del creyente no debe ser subestimado a la luz de nuestro compromiso con el creciente reino de Dios. El Espíritu Santo llena de poder a los creyentes para hacer y ser todo lo que Cristo quiere que hagamos y seamos.

EL CONSOLADOR (14:15-31)

El Evangelio de Juan presta gran atención al Espíritu Santo. Este es el primero de varios pasajes que enseñan sobre la naturaleza y el papel del Espíritu Santo en la vida de la iglesia y del creyente (15:26; 16:7-15).

Aquí se menciona al Espíritu Santo como el "Consolador" que estará con los discípulos por siempre (14:16). Notar que Jesús llamó al Espíritu Santo "otro" Consolador, sugiriendo que la obra del Espíritu Santo tomaría su lugar en las vidas de sus discípulos. La palabra "Consolador" es un término jurídico que va más allá de la idea de asistencia legal, se refiere a cualquier ayuda ofrecida en tiempo de necesidad (1 Juan 2:1). La palabra griega es Paracleto, que sugiere ser consejero, animador, exhortador, consolador e intercesor. La idea es que el Espíritu siempre estará junto al pueblo de Dios. También se hace referencia al Espíritu Santo como el "Espíritu de verdad" (14:17). Esto significa que la verdad caracteriza a la naturaleza y la misión del Espíritu. El Espíritu testifica de la verdad de Dios en Cristo y atrae a las personas hacia esa verdad a través de la convicción que conduce al arrepentimiento y la fe. El Espíritu continuará trayendo la presencia de Cristo a las vidas de los discípulos (14:16-18,20).

Amar a Jesús es obedecer a Jesús (14:15,23). No obedecer a Jesús, es un acto de falta de amor (14:24). La obediencia y el amor no pueden separarse del creyente. El Espíritu Santo también servirá como un recordatorio a los discípulos de todo lo que Jesús ha enseñado (14:25), y será enviado tanto por Dios como por el Hijo (14:26). El papel del Espíritu Santo como aquel que "recuerda" a los discípulos lo que Jesús dijo y enseñó no debiera ser pasado por alto, en cuanto a su importancia en relación con la redacción del Nuevo Testamento y para la vida continuada de la iglesia. La intención de Jesús es consolar

mientras se prepara para dejar a sus discípulos por la agonía de la cruz. Aquí Satanás
estaría autorizado a inquietar los corazones
de la gente hacia el mal, pero jamás debe
entenderse esto como que Satanás tiene
poder sobre Jesús (14:30). Cristo voluntariamente se sometió a la cruz con el objeto
de cumplir con la voluntad de Dios (14:31).

LA VID VERDADERA (15:1-17)

Aquí Jesús plantea otra declaración de "yo
soy", esta vez afirma que Él es la "vid verdadera" y que Dios es el labrador (15:1). En el
Antiguo Testamento la "vid" con frecuencia es usada como un símbolo de Israel (Sal.
80:8-16; Isa. 5:1-7; Jer. 2:21). Este símbolo por lo general era usado cuando Israel
estaba de alguna manera en falta. Jesús, sin
embargo, es la vid verdadera.

Se presentan dos escenarios que deben ser vistos como representativos de la
vida cristiana: primero, el que está en la
vid y produce fruto (Mat. 3:8; 7:16-20), y
segundo, el que no está en la vid y no produce fruto. La rama productiva es podada
para una mayor producción, mientras
que la rama no productiva es cortada para
destrucción. La clave para producir fruto
es la relación personal con la vid: "permanecer en la vid" (15:4-5,7). Aparte de
Cristo nada se puede lograr (15:5). El versículo "pidan lo que quieran, y se les con-
cederá", al igual que 14:3, necesita ser
visto en el contexto de alguien que firmemente es parte de la vid (15:16). Cuando
alguien está en una relación estrecha y dinámica con Cristo, los pedidos coinciden
con su voluntad. En otras palabras, pedir
lo que se desea y tenerlo concedido depende de la primera cláusula del versículo: "Si permanecen en mí y mis palabras
permanecen en ustedes" (15:7).

PLANTADOS EN CRISTO (15:18–16:4)

¿Cuál es el resultado de una vida que permanece firmemente plantada en Cristo?

Aquí se sugiere que seremos aborrecidos
por el mundo (15:19). Cristo fue aborreci-
do y rechazado por causa de la convicción
que atravesó el corazón de cada persona
que Él encontró. En razón de la vida y la enseñanza de Cristo, las personas conocen la
verdad y por lo tanto no tienen excusa para
aquellas opciones que niegan el gobierno
de Dios (15:24).

Esta convicción no terminará con la
vida y el ministerio de Jesús, porque el
Consolador o el Espíritu Santo continuará testificando a los corazones y las mentes de las personas a través de la verdad
de Cristo y los reclamos de Cristo (15:26),
como también lo harán los discípulos
(15:27). ¿Por qué Jesús compartió esto
con los discípulos? "Para que no flaquee
su fe" (16:1). Jesús preparó a sus seguidores para la realidad de la cruz, esa que
ellos también llevarían por causa de su
nombre.

LA OBRA DEL ESPÍRITU (16:5-16)

Jesús reprendió a los discípulos por su
preocupación de la propia situación de
ellos en ocasión de su partida, en lugar de
preocuparse acerca de dónde iba a estar
Jesús (16:5). Una vez más vuelve a insistir
sobre el Espíritu Santo, y Jesús deja en claro que su partida valía la pena, porque
permitiría la venida del Consolador a quien
Jesús mismo enviaría (16:7).

En una declaración cuidadosamente
detallada, Jesús bosquejó la obra de convicción del Espíritu Santo, todo ello relacionado con la obra y la persona de Cristo.
Primero, el Espíritu Santo convencería al
mundo de su error en cuanto al pecado que
resulta de la falta de fe en Jesús (16:9). Segundo, el Espíritu Santo convencería al
mundo de su error en cuanto a la justicia a
la luz de la vida de Jesús (16:10). Tercero,
el Espíritu Santo convencería al mundo de
su error respecto del juicio porque Jesús
derrotó al príncipe del mundo que ahora

está condenado (16:11). Sólo a través del Espíritu Santo un individuo puede ser llevado al arrepentimiento que conduce a la fe. No son las buenas obras las que pueden cambiar nuestra posición delante de Dios, sino la obra de Cristo en la cruz. El Espíritu Santo capacita al seguidor de Cristo para vivir la vida de Cristo.

El Espíritu de la verdad guiará a los discípulos a toda verdad (16:13). Su propósito será revelar a Cristo (16:14). La marca de la obra del Espíritu Santo, entonces, es si Cristo es puesto en el centro y es glorificado.

HE VENCIDO (16:17-33)

Los discípulos experimentaban una ansiedad y una confusión comprensibles en cuanto a todo lo que Jesús había compartido con ellos. Jesús los consoló al proclamarles que sin importar cuán oscura podía llegar a ser la hora, seguiría el alba. Dos "albas" parecen estar en mente: la primera sería la resurrección y la segunda, el día en que ellos estarán con Jesús por siempre en el cielo.

Antes de la muerte de Jesús, los discípulos no tenían necesidad de orar en su nombre, porque Jesús estaba allí para pedirlo personalmente. Este elemento dinámico de conversación no debía perderse, sólo que ahora sería a través del Consolador que Jesús enviaría. La muerte, la sepultura y la resurrección de Jesús sirven como la intercesión a nuestro favor delante de Dios, y esto elimina por lo tanto la necesidad de la intercesión directa de Jesús (de esta manera no es una contradicción de Rom. 8:34; Heb. 7:25; 1 Juan 2:1). La persecución seguramente vendrá e incluirá aflicciones por vivir en un mundo caído, dificultades en la vida e incluso disciplina de parte de Dios. Pero las palabras de consuelo de Jesús son supremas con su ruego apasionado de "¡anímense! Yo he vencido al mundo" (16:33).

LA ORACIÓN DEL SUMO SACERDOTE (17:1-5)

Aquí tenemos el comienzo de la oración más larga de Jesús que se registra en los Evangelios (17:1-26). Muchos intérpretes la han llamado la oración "sacerdotal" de Jesús. En la primera sección de la oración, Jesús señaló que la cruz traería gloria para sí mismo, porque era la voluntad de Dios y el medio de salvación para todos los que creyeran.

ORACIÓN POR LOS DISCÍPULOS (17:6-19)

La mayor parte de esta sección de la oración de Jesús está dedicada al bienestar de los discípulos. Jesús oró específicamente por su protección en el área de la unidad (17:11), y enfatizó nuevamente la importancia de la unidad del cuerpo de Cristo, la iglesia. Esta no es una unidad organizacional sino interpersonal, una unidad relacional. Jesús también oró para que ellos fuesen protegidos del maligno o Satanás (17:15), quien está más que activo en el mundo y en total oposición a las cosas de Dios (1 Juan 5:19). Finalmente, Jesús pidió que Dios los santificara a través de la palabra de verdad (17:17). La santificación es el proceso divino por el cual Dios nos modela conforme a su santidad. El objeto es producir en nuestras vidas los absolutos morales del Dios viviente, de tal manera que ellos afecten la forma en que vivimos y pensamos. La santificación y la revelación están entrelazadas de forma inseparable, porque sin la palabra reveladora de Dios para nuestra vida el proceso de santificación no puede comenzar.

LA UNIDAD DE LA IGLESIA (17:20-26)

Aquí la oración de Jesús se refiere en especial a aquellos que llegarían a creer a través del mensaje y el testimonio de los discípulos (17:20). Una vez más el tema es la unidad (17:21-23). Los cristianos constituyen el cuerpo de Cristo (1 Cor. 12:13) y la familia de la fe (Ef. 2:19).

Hay divisiones y controversias necesarias e inevitables. La purificación de la iglesia es un tema tan reiterado como el de la unidad de la iglesia. Jesús mismo dijo que Él no vino a traer paz sino espada. Lo que Él quiso señalar era que la verdad de Dios jamás puede ser neutral, sino que separa la verdad de lo falso por su propia naturaleza. El ruego de Jesús por la unidad tiene que ver más con las controversias insignificantes y las divisiones amargas, que con frecuencia afectan las relaciones. El amor que liga a los cristianos debiera vencer todos estos agravios, y demostrar al mundo que el pueblo de Dios es único y sin parangón en su comunión, y de esa forma atraer al mundo incrédulo a la fe en Cristo.

EL ABRAZO DE LA COPA (18:1-11)

Juan es el único Evangelio que registra que el ataque contra Malco, el siervo del sumo sacerdote, fue perpetrado por Simón Pedro (18:10). Lucas registró la curación que hizo Jesús de la herida de este hombre (Luc. 22:51).

Su preocupación por los discípulos al momento de su propio arresto es evidente (18:8). El esfuerzo de Pedro por defender a Jesús fue reprendido por Jesús mismo, porque a pesar de las buenas intenciones de Pedro, la "copa" que estaba delante de Jesús tenía que ser abrazada. Debe notarse que la palabra "copa" con frecuencia fue usada como una referencia al sufrimiento (Sal. 75:8; Ezeq. 23:31-34), y como referencia a la ira de Dios (Isa. 51:17,22; Jer. 25:15; Apoc. 14:10; 16:19).

LA NEGACIÓN DE PEDRO (18:12-18)

Los dos interrogatorios pueden haber sido actuados para dar la apariencia de un juicio justo para Jesús, si bien estaba lejos de ser justo aun estirando al máximo la imaginación. La primera negación de Pedro, según

lo informan los cuatro Evangelios, se produjo como resultado del desafío de una joven portera. Ella le preguntó a Pedro si él era uno de los discípulos de Jesús, y Pedro rápidamente lo negó (18:17).

EL JUICIO JUDÍO (18:19-24)

Ante el interrogatorio a Jesús realizado por el sumo sacerdote Él señaló que lo que había enseñado, había sido enseñado públicamente, y que nada había sido enseñado en privado que no se hubiera dicho abiertamente a las multitudes. Esto le ocasionó un golpe en la cara, como si tal respuesta fuera inapropiada al responderle al sumo sacerdote (18:22). Este golpe era ilegal para un interrogatorio así. La respuesta de Jesús fue que Él había dicho simplemente la verdad y no debía ser rechazado ni tenían motivo para reaccionar con tal violencia. Notar que Juan trató el juicio judío en forma breve, y dedicó la mayor parte de su relato al juicio romano.

DRAMA DE TRAICIÓN (18:25-27)

La segunda y la tercera negación de Pedro, seguidas por el profetizado canto del gallo (13:38), son señaladas justo antes de que Juan registrara la interacción de Jesús con Pilato. Juan revela simultáneamente dos escenas: (1) las negaciones de Pedro y (2) el interrogatorio de Jesús y el juicio falso. Ambos hechos constituyen un drama de traición, uno por parte del pueblo que tendría que haber recibido a Cristo como Rey y uno por alguien que debería de haber permanecido leal a Cristo como Rey.

JESÚS EL REY (18:28-40)

El apóstol Juan hace una de las observaciones más irónicas en todas las Escrituras. Con el propósito de evitar la contaminación ceremonial, los judíos que se habían complotado para matar a un hombre inocente y estaban ahora ejecutando ese plan, no entraron al palacio del gobernador

PILATO

Poncio Pilato fue el procurador romano en Judea desde el 26–36 d.C. Procurador era el título para un gobernador de una provincia romana bajo el control imperial directo, más bien que el senatorial. Pilato era así responsable ante el emperador, Tiberio César, por las operaciones militares, financieras y judiciales en Judea.

El emperador supervisaba personalmente algunas provincias, tales como Judea y Egipto, en razón de su inestabilidad o importancia crucial para Roma. Judea estaba calificada en ambos aspectos. Era un puente de tierra a Egipto, la canasta de pan de Roma, y una población rebelde que anhelaba un gobierno judío independiente (ver Juan 8:31-33 y Mar. 15:7).

Un procurador tenía autoridad por delegación del emperador, llamada el *imperium*. El *imperium* era el poder de vida o muerte sobre las personas en una población sometida. Pilato reflejó esto con exactitud cuando le dijo a Jesús: "¿No te das cuenta de que tengo poder para ponerte en libertad o para mandar que te crucifiquen?" (Juan 19:10).

La responsabilidad de Pilato por mantener la paz y el orden fue la razón para su estadía en Jerusalén en el momento en que Jesús fue arrestado. La fiesta de la Pascua conmemoraba la liberación de los judíos de Egipto (Ex. 12:1-36), y era el tiempo del año cuando el patriotismo judío estaba en su apogeo.

Pilato, cuya residencia estaba en Cesarea sobre la costa del Mediterráneo, se encontraba en Jerusalén para asumir el comando personal de las fuerzas romanas residentes, en caso de cualquier levantamiento o acto de rebelión en la ciudad judía más grande de Judea. Él interrogó a Jesús personalmente antes que delegar esto a un juez regular (por ejemplo, ver Mat. 5:25 y Luc. 18:2-6), porque Jesús era acusado de pretender ser un rey. Esta acusación implicaba que Él estaba tratando de reclutar fuerzas revolucionarias para lanzar una rebelión contra la autoridad romana (ver Mat. 27:11-14; Mar. 15:2-5; Luc. 23:2-5 y Juan 18:33-38). Pilato sentenció a Jesús a muerte incluso cuando él sabía que la acusación era falaz (Mat. 27:18), pero los soldados claramente creían que tenían a un líder revolucionario en custodia y se burlaron de Jesús (Mat. 27:27-31; Mar. 15:16-20; Luc. 23:11; Juan 19:2-3).

Por cierto que Pilato no tuvo una noble actitud al tratar con Jesús. Reveló indiferencia hacia la vida humana como una disposición horrible a cooperar con los líderes judíos, en una ejecución sobre la base de una acusación falsa (Mat. 27:18). Ver el artículo "Juicio de Jesús".

La información adicional sobre Pilato de fuentes no cristianas respalda el cuadro del carácter de Pilato revelado en el Nuevo Testamento. Filón informó que Tiberio estaba enfurecido con Pilato por su insensibilidad en el gobierno y lo acusaba de tomar coimas así como de llevar a cabo numerosas ejecuciones sin ningún tipo de juicio (*Embajada a Gayo*, 302-4).

Josefo relató dos incidentes en los que Pilato mismo provocó demostraciones judías en Jerusalén. Uno fue por ostentar imágenes romanas del emperador en el equipo militar y el otro fue por intentar confiscar los fondos del templo para obras que él quería hacer relacionadas con el suministro de agua para Jerusalén (*Antigüedades*, 18.55-62).

El incidente que provocó que Tiberio lo hiciera regresar a Roma en el 36 d.C., fue su orden de ejecución sumaria de un número de campesinos samaritanos por una marcha religiosa al monte Gerizim (*Antigüedades*, 18.85-87). Nada se sabe de Pilato después de su retorno en 36 d.C., pero varios relatos ficticios de sus años posteriores aparecieron durante los siglos que siguieron. Algunos de estos relatos tienen a Pilato transformándose en cristiano, mientras otros enfatizan su abatimiento por la manera en que trató a Jesús.

romano (18:28). La decisión de llevar a Jesús ante Pilato fue para asegurarse de que Él sería ejecutado.

Este Evangelio registra tres conversaciones principales sostenidas entre Jesús y distintas personas que estaban siendo confrontadas con la verdad y los reclamos del evangelio. En Juan 3, Nicodemo, un hombre religioso, buscó a Jesús para presentarle sus preguntas espirituales. La mujer samaritana en Juan 4 no era ni religiosa ni escéptica, sino más bien alguien que representaba la mundanalidad en su forma más común. Ella era indiferente a las cosas espirituales, y vivía una vida de autoindulgencia moral. Y ahora, Pilato es indicativo del secularista moderno. Endurecido hacia aquello que podía hablar a su alma, él no estaba abierto ni era inquisitivo en cuanto al evangelio.

La primera pregunta de Pilato fue superficial, una pregunta para investigar la naturaleza de la queja judía. La respuesta de Jesús fue demoledora y produjo una contestación transparente por parte de Pilato en cuanto a las tensiones políticas que habían llevado a Jesús a sus pies. Jesús habló en términos que Pilato podía entender, y admitió ser un Rey, pero más que un Rey de un reino terrenal y temporal. Muchos individuos a lo largo de la historia cristiana han interpretado mal el reino de Dios en términos terrenales.

Tal como era su costumbre, Jesús volvió la discusión hacia su misión. Le informó a Pilato que su papel real estaba identificado con su testimonio "de la verdad. Todo el que está de parte de la verdad escucha mi voz" (18:37). La respuesta de Pilato se ha hecho legendaria: "¿Qué es la verdad?" (18:38). ¿Fue ésta una pregunta seria o sarcástica? Simplemente no lo sabemos. Lo que está claro es que una vez verbalizada la pregunta, Pilato salió a los judíos, quitó los cargos de ellos contra Jesús y ofreció liberarlo en celebración de la Pascua. Sin embargo, los judíos demandaron a Barrabás, un hombre que era tanto un insurrecto como un asesino (Luc. 23:19).

FUENTE DE PODER (19:1-16a)

El tormento físico y emocional que sufrió Jesús está más allá de toda descripción. Él no solo fue golpeado físicamente sino también ridiculizado y burlado. Quizás como un último esfuerzo por liberar a Jesús, Pilato lo

presentó ante la multitud después de su flagelación para ver si ahora ellos aceptaban su liberación (19:4). Sin embargo, los judíos insistieron en su muerte porque Cristo declaró ser Hijo de Dios (19:7).

La pretensión de Pilato de que él tenía el poder para liberar o crucificar a Jesús produjo la siguiente respuesta: "No tendrías ningún poder sobre mí si no se te hubiera dado de arriba. Por eso el que me puso en tus manos es culpable de un pecado más grande" (19:11). Lo que quizás debería notarse aquí es la insinuación de Jesús de que Pilato, si bien no fue el iniciador de la muerte de Jesús, no estaba sin pecado.

LA HORA (19:16b-27)

Cada palabra del Evangelio de Juan nos lleva a este momento, porque la "hora" finalmente había llegado. Como si fuese un último esfuerzo por limpiarse de culpa, Pilato hizo que se colocara sobre la cruz donde Jesús fue crucificado el título "Jesús de Nazaret, rey de los judíos" en latín, en arameo y en griego (19:19). Toda profecía en cuanto al Mesías, incluso el juego sobre sus vestiduras, se cumplió (19:24; ver Sal. 22:18).

La crucifixión era el medio romano de ejecución para los esclavos y los criminales. La víctima era clavada a una cruz con forma ya sea de *T*, *X*, *Y* o *I*. Los clavos traspasaban las muñecas y los huesos del talón. Junto a la cruz estaban presentes la madre de Jesús, la hermana de su madre, María la esposa de Cleofas y María Magdalena (19:25). También estaba presente el autor de este Evangelio, el apóstol Juan, a quien Jesús instruyó para que cuidara de su madre (19:27).

CONSUMADO ES (19:28-37)

La muerte misma de Jesús fue precedida con palabras adecuadas a la narración que Juan había escrito: "Todo se ha cumplido" (19:30). ¿Qué se había cumplido?

La misión de Jesús, el Hijo de Dios, de morir una muerte sustitutiva por las personas pecadoras. Como resultado de su muerte a nuestro favor, nuestros pecados fueron expiados, y la vida eterna a través de Jesús se tornó alcanzable por medio de la fe.

Con estas palabras finales, Jesús "inclinó la cabeza y entregó el espíritu" (19:30). Esta forma más bien inusual de describir la muerte de alguien sugiere que Jesús murió voluntariamente como un acto de su voluntad. Después de la muerte de Jesús, un soldado le atravesó su costado, "y al instante le brotó sangre y agua" (19:34). Desde un punto de vista médico, la mezcla de sangre y agua por la penetración de la lanza fue el resultado de la ruptura del saco que rodea al corazón (el pericardio) así como del corazón mismo. El autor del Evangelio, el apóstol Juan, entonces ofreció su testimonio de que él fue un testigo de este evento y que incluso hasta el momento final se cumplió cada detalle de las profecías en cuanto al Mesías (19:35-37; ver Ex. 12:46; Núm. 9:12; Sal. 34:20; Zac. 12:10).

LA SEPULTURA (19:38-42)

Después de la muerte de Jesús, no se podía encontrar por ninguna parte a la mayoría de los discípulos. No obstante, en ese momento dos individuos que previamente habían estado temerosos de dar a conocer su alianza con Jesús, dieron valientemente un paso hacia adelante para cuidar del cuerpo de Cristo. Ellos eran Nicodemo (Juan 3) y José de Arimatea, un miembro rico del Sanedrín que no había estado de acuerdo con la condena de Jesús (Mat. 27:57; Luc. 23:51). Jesús fue puesto en una tumba siguiendo una preparación judía tradicional.

LA RESURRECCIÓN (20:1-9)

La primera persona en llegar a la tumba de Jesús fue María Magdalena. Al ver la piedra removida de la tumba, ella corrió a Pedro y a Juan, exclamando que habían sacado a Jesús de la tumba. María no entendió que el cuerpo de Jesús no había sido robado, sino que Él había sido levantado de los muertos. Pedro y Juan corrieron a la tumba, y encontraron solo las vendas del sudario de Jesús. Pedro y Juan, al igual que María, fracasaron en entender que la resurrección había ocurrido (20:9).

PRIMER APARICIÓN (20:10-18)

Los comentaristas con frecuencia han sugerido que María Magdalena fue la primera en ver a Jesús después de su resurrección, porque ella fue la persona que más necesitaba verlo. Después que todos los demás hubieron dejado la tumba vacía, ella se quedó sola llorando a su lado. Dos ángeles se le aparecieron, y le preguntaron por qué ella estaba expresando tal dolor. Después de responder que alguien se había llevado a su Señor y que ella no sabía dónde estaba, se volvió y vio a Jesús.

La ternura del momento cuando Él dijo "María", el reconocimiento por parte de ella y su grito de "¡Raboni!" (maestro) es uno de los clímax emocionales de todo el Evangelio. La advertencia de Jesús de que lo "soltara" porque Él "todavía no había vuelto al Padre" es confusa al principio (20:17). Cuando Jesús habló de no haber retornado al Padre, lo que claramente está en vista es la ascensión. También se puede considerar la idea de que Jesús no debía ser retenido en el mismo sentido que antes de la resurrección, porque ahora la relación de María con Él sería a través del Espíritu Santo (16:5-16).

PERDÓN DE PECADOS (20:19-23)

Jesús encontró un grupo de discípulos atemorizados detrás de puertas cerradas y les dio lo que ellos más necesitaban: su misma persona. Él les mostró sus manos y su costado con el objeto de disipar cualquier duda de que ellos estuvieran viendo otra cosa que no fuera su Señor crucificado (20:20). Al igual que con la "Gran Comisión" registrada en Mateo 28, Jesús decisivamente les dio a sus seguidores el mandato de ir a todo el mundo y continuar su ministerio. Para capacitarlos para responder a esta tarea, ellos recibieron un anticipo de la venida plena del Espíritu Santo en Pentecostés —casi como un depósito por aquello que llegaría plenamente 50 días más tarde— cuando Jesús sopló sobre ellos (20:22).

Él declaró que si los discípulos perdonaban a alguien, ellos serían perdonados, y si ellos no les perdonaban sus pecados, ellos no serían perdonados. A primera vista es una declaración notable que parece estar fuera de ritmo con el papel y la autoridad de los discípulos. No fueron los discípulos los que podían perdonar pecados, sino Jesús. La lectura literal del griego es más clara, al decir: "Aquellos cuyos pecados ustedes perdonan ya han sido perdonados; aquellos cuyos pecados ustedes no perdonan no han sido perdonados". El perdón de Dios no depende del perdón humano, sino más bien el perdón es extendido por Dios como resultado de las respuestas individuales a la proclamación del evangelio por otros seres humanos.

¿CREES? (20:24-31)

La duda de Tomás fue como la de muchos en el mundo moderno. A menos que él pudiera ver, gustar, tocar y oír lo que se estaba presentando como realidad, él no lo aceptaría como verdad. Pero Jesús señaló, "dichosos los que no han visto y sin embargo creen" (20:29).

La declaración de propósito de Juan es incluida aquí, siguiendo a la resurrección, para que el lector pueda conocer la razón de esta narración cuidadosa en detalle de la vida y la enseñanza de Jesús. Este Evangelio fue "escrito para que ustedes crean que Jesús es el Cristo, el Hijo de Dios, y para que al creer en su nombre tengan vida" (20:31). El propósito del Evangelio de Juan es presentar a Jesús como Dios en forma humana, y que a través de la fe en Jesús, los individuos puedan abrazar la salvación para vida eterna.

LOS MILAGROS CONTINÚAN (21:1-14)

La pesca milagrosa, con la aparición y el compañerismo incidental que Cristo tuvo con los discípulos, constituyen la tercera aparición registrada de Jesús después de su resurrección. Aquí Jesús demostró nuevamente su poder por sobre el mundo natural.

¿ME AMAS? (21:15-25)

Después de su desayuno sobre las costas del mar de Tiberias, Jesús se volvió a Pedro y le formuló una serie de preguntas relacionadas con la devoción de Pedro. La palabra usada para "amor" en las dos primeras preguntas, se refiere a un amor que compromete la voluntad y la personalidad. El segundo tipo de amor, que se indica en la palabra "amor" que utiliza en la tercera pregunta, se refiere más a las emociones que a la voluntad.

Sin tomar en cuenta si se pueden sacar o no conclusiones de estas distinciones en las palabras, la cuestión clave es el amor por Cristo, y esto es lo que seguramente Pedro expresó. Aquí responde a sus tres negaciones anteriores con tres afirmaciones de amor y de servicio. Jesús claramente quería que el amor hacia Él incluyera tanto la voluntad como las emociones, y que además fuese demostrado en una vida de discipulado y devoción a la iglesia.

Entonces Jesús anticipó el tipo de muerte que sufriría Pedro para glorificar a Dios. La iglesia primitiva entendió que la expresión "extenderás las manos", mencionada aquí, significa crucifixión. La tradición entiende que la muerte de Pedro fue mediante una crucifixión cabeza abajo.

Las palabras finales del Evangelio de Juan cambian de un relato de primera mano a uno de perspectiva en plural. Parecería que el Evangelio del apóstol Juan fue preservado, y luego otro autor, igualmente inspirado por el Dios viviente, agregó su propio testimonio de parte de la comunidad de fe, como testigo de la verdad de todo lo que el apóstol había escrito. No se registró todo en cuanto a la vida de Cristo, sino solo aquellas cosas que el autor sentía que apoyaban la meta de conducir a los individuos a creer en Jesús como el Hijo de Dios, quien vino a quitar los pecados del mundo.

Significado teológico y ético. De este Evangelio aprendemos mucho acerca de Dios como Padre. Los creyentes contemporáneos están en deuda con Juan por su hábito de referirse a Dios simplemente como "el Padre". El Padre está activo (5:17), y trae bendición a aquellos que Él ha creado. Él es amor (3:16; ver 1 Juan 4:8-10). Conocemos el amor porque lo vemos en la cruz. Es una entrega sacrificial, no por personas que lo merecen sino por pecadores que no lo merecen. Él es un gran Dios cuya voluntad se cumple con nuestra salvación (6:44).

El Evangelio de principio a fin se enfoca en Jesucristo. Es claro que Dios en Cristo se ha revelado a sí mismo (1:1-18). Dios está activo en Cristo, el Salvador del mundo, produciendo la salvación que Él ha planeado (4:42).

El Evangelio de Juan nos dice más acerca del Espíritu Santo que el resto de los Evangelios. El Espíritu estaba activo desde el comienzo del ministerio de Jesús (1:32), pero la obra plena del Espíritu iba a comenzar con la consumación del propio ministerio de Jesús (7:37-39). El Espíritu trae vida (3:1-8), una vida de la calidad más alta (10:10), y conduce a los creyentes en el camino de la verdad (16:13). El Espíritu de este modo universaliza el ministerio de Jesús para los cristianos de todos los tiempos.

En respuesta a la obra de Dios en sus vidas, los cristianos deben caracterizarse por el amor (13:34-35). Ellos deben todo lo que tienen al amor de Dios, y es apropiado que respondan a ese amor amando a Dios y a otras personas.

Preguntas para la reflexión

1. Juan presentó una descripción de Jesús como plenamente Dios y plenamente hombre. ¿Cuáles son los peligros de enfatizar ya sea la humanidad de Cristo o su divinidad con exclusión del otro aspecto?

2. Juan presentó un llamado desafiante a creer en Cristo como Salvador y Señor. ¿Qué es lo que Juan quiso decir cuando señaló: cree en Cristo y serás salvo? ¿Es esto un mero asentimiento intelectual o algo que compromete la vida total de la persona?

3. En esencia, la última oración registrada de Jesús fue que los creyentes estuviesen unidos. ¿Qué significa que los creyentes estén unidos? ¿Qué dijo Jesús que le ocurre a nuestro testimonio al mundo con respecto a la verdad y pretensiones de Él si no estamos unidos?

4. ¿Cuál es la relación entre el Jesús resucitado y el Espíritu Santo? ¿De qué manera el Espíritu Santo hace presente a Jesús en nuestras vidas?

LOS HECHOS DE LOS APÓSTOLES

El libro de los Hechos de los Apóstoles es una descripción poderosa y emocionante de la historia de la iglesia cristiana primitiva. Desde el aposento alto hasta la capital romana, esta narración hace una crónica de la expansión del evangelio. Sin ella, sabríamos poco acerca de los apóstoles y de su misión al mundo judío y al gentil.

Hechos sigue las actividades de dos apóstoles en particular: Pedro y Pablo. Por esta razón ha sido llamado "Hechos de los Apóstoles". No obstante, el libro tal vez debiera llamarse "Hechos del Espíritu Santo", ya que el Espíritu es el que provee el poder y la motivación para la actividad misionera de los apóstoles. A través de Hechos seguimos sin obstáculos el movimiento del evangelio por las costas del Mediterráneo. Nos movemos desde Jerusalén hasta Samaria, desde Palestina hasta Asia, desde Grecia hasta Roma. Para el tiempo en que Hechos termina, el evangelio ha sido proclamado por todo el mundo romano con un éxito milagroso.

HECHOS DE LOS APÓSTOLES

John B. Polhill

Hechos es único entre los libros del Nuevo Testamento. Es el único libro que relata la historia de la iglesia más temprana, que fue creada inmediatamente después de la resurrección de Cristo. Es parte de una obra en dos volúmenes, escritos por el mismo autor, Lucas, quien en su Evangelio narró la historia de Cristo y en Hechos la historia del testimonio de Cristo dado por los apóstoles. Lucas es el escritor más prolífico en el Nuevo Testamento. El Evangelio de Lucas y Hechos abarcan cerca de un tercio de la extensión total del Nuevo Testamento.

Lucas el autor. Tanto el Evangelio de Lucas como Hechos son anónimos. Lucas no se identifica en ninguna de las dos obras, pero desde un período temprano, la tradición lo ha designado como el autor de ambos escritos. Uno de los testigos más antiguos de esta tradición fue Ireneo, obispo de Lyon en Galia (la Francia moderna). Éste escribió en el último tiempo del siglo II y señaló pasajes en Hechos, escritos en primera persona del plural. Estos pasajes ocurren en algunas porciones de Hechos que tienen que ver con el ministerio del apóstol Pablo. Se incluyen: 16:10-17 (el llamado de Pablo a Macedonia y la primera parte de su ministerio en Filipos); 20:5–21:18 (el viaje de Pablo de Filipos a Jerusalén) y 27:1–28:16 (el viaje de Pablo de Cesarea a Roma). Ireneo concluyó a partir de estos pasajes que

usan la primera persona plural, que el autor de Hechos era compañero de Pablo y fue con él en esas ocasiones. Identificó al compañero de viajes de Pablo como Lucas.

Lucas se menciona en tres ocasiones en otros libros del Nuevo Testamento, las tres veces en los "saludos" de las epístolas de Pablo. El apóstol lo identificó como un "compañero de trabajo" en Filemón 24 y como "el querido médico" en Colosenses 4:14. En 2 Timoteo 4:11 Pablo se lamentó de que "solo Lucas" estaba con él. Es probable que el apóstol estuviera enfrentando el martirio y puede haber tenido una necesidad especial de su amigo médico.

A pesar de que tenemos poca información directa sobre Lucas, podemos aprender mucho de su persona a través de sus escritos. Por ejemplo, escribió en un estilo griego natural y culto. El nombre *Lucas* es un nombre griego y casi seguro que era gentil. (Su preocupación por los gentiles tanto en Lucas como en Hechos así lo indica.) Lucas era educado. Conocía las convenciones literarias griegas. Por ejemplo, comenzó sus dos volúmenes con prefacios formales, que incluían dedicatorias a un cierto Teófilo (Luc. 1:1-4; Hech. 1:1-2). Tenía la preocupación de ligar al cristianismo con la historia mundial. De todos los autores de los Evangelios, sólo Lucas fue cuidadoso en fechar los eventos según los reinados de los reyes, los gobernadores y los sumos sacerdotes (Luc. 2:1-2; 3:1-2); y en

Hechos se refirió a los emperadores romanos en varias ocasiones (11:28; 25:10ss).

A Lucas le gustaba viajar. Con frecuencia mencionó lugares de hospedaje en su Evangelio: no había lugar para María y José en la posada (Luc. 2:7), pero el samaritano proveyó alojamiento para el judío herido (Luc. 10:34-35). En Hechos, Lucas se deleitó en gran manera al detallar los viajes de Pablo hasta en la última y más pequeña isla. También le debe de haber gustado comer. Incluyó en su Evangelio más ejemplos de Jesús cuando comía y más parábolas con un entorno de comida que ningún otro escritor de los Evangelios. Este interés también se manifiesta en Hechos, donde gran parte de la vida de la iglesia primitiva tiene como escenario el "partimiento del pan", y donde la comunión alrededor de la mesa era un tema importante para las congregaciones cristianas judías y gentiles.

Lucas tenía gran preocupación por la gente, particularmente por los oprimidos de sus días, es decir, los pobres (que eran blanco del prejuicio, al igual que los samaritanos y los eunucos), y por los de privilegios limitados como las mujeres. Era severo con los ricos. Su cultura y su profesión podrían indicar que él mismo tenía medios económicos. Tenía poca tolerancia con los que tenían recursos para ayudar a los necesitados y no lo hacían. Con respecto a las mujeres, en su Evangelio mostró cuánto le debe la fe cristiana a mujeres como María y Elisabet, y en Hechos resaltó a líderes como Lidia y Priscila.

El estilo "episódico" de Lucas. A Lucas le gustaba relatar una buena historia. Escribió con habilidad y brillo dramático. Hechos no es una historia aburrida. En lugar de hacer una crónica desprovista de eventos, Lucas eligió ilustrar la historia de la iglesia primitiva con incidentes o "episodios" clave. Un ejemplo de esto es el relato del trabajo de Pablo en Éfeso en el capítulo 19. El capítulo cubre el ministerio de tres años de Pablo en la ciudad. Sabemos a partir de las cartas de Pablo y de la historia cristiana subsiguiente que durante este período Pablo escribió una cantidad de epístolas y estableció muchas iglesias, no sólo en Éfeso sino en las ciudades de alrededor. Hechos 19 no menciona estas cosas. En cambio, narra cuatro incidentes de los tres años de ministerio que Pablo tuvo allí: su testimonio a algunos discípulos de Juan el Bautista, su predicación diaria en un lugar de conferencias, cuando llevó a los cristianos efesios a quemar sus libros de magia, y su encuentro con el grupo local de los que fabricaban ídolos. Ciertamente, ésta no es ninguna historia formal de la gran misión en Éfeso. *Sí* es una manera muy efectiva para darle a la persona un sentido de lo que realmente contaba en esa misión: el testimonio fiel de Pablo acerca de Jesús, la oposición que tal testimonio levantó y el triunfo último del evangelio sobre todos sus oponentes.

Hay excepciones al estilo anecdótico de Lucas. Algunas veces él eligió dar un resumen de lo que ocurrió durante un determinado período de la vida de la iglesia, en lugar de resaltar incidentes específicos. Hay cuatro "resúmenes", en total, arracimados en los primeros cinco capítulos. Primero, está el resumen que tiene que ver con la iglesia en oración mientras esperaba la promesa de Jesús de la venida del Espíritu Santo (1:12-14), luego el resumen de la comunión en la iglesia primitiva (2:42-47), el resumen de cómo compartían las bendiciones materiales (4:32-35), y finalmente, el resumen de su testimonio en el poder del Espíritu (5:12-16). Estos resúmenes nos dan un cuadro vívido de la vida de la iglesia más temprana y de las fuerzas que la impulsaban.

Otro tipo de pasaje "no episódico" en Hechos es el "discurso", en el cual los cristianos dan testimonio de Cristo. Estos discursos ocurren en varios escenarios: delante de multitudes en el templo judío o en las calles de las ciudades gentiles y delante de cortes judías y gentiles. Algunos sólo tienen unos pocos

LA ASCENSIÓN DE CRISTO

La ascensión de Cristo fue esa ocasión cuando al final de su ministerio terrenal el Cristo Jesús resucitado es llevado al cielo. Fue un momento de gozo para los discípulos, porque Él dijo que ellos debían ser sus testigos en medio de todos los pueblos de la tierra. Fue un momento de adoración, porque Él los bendijo con sus manos extendidas y les prometió su poder para la misión que les había encomendado (Luc. 24:47-51; Hech. 1:2-3,8-9).

Hay quienes tienen dificultad para imaginar a Jesús "yéndose" al cielo. Sin embargo, según el relato de Lucas, desde la perspectiva de los discípulos Jesús fue llevado al cielo en forma completamente natural. Jesús fue llevado, así como un padre toma a su hijo y se lo lleva. Lucas describió el evento de esta manera: "Habiendo dicho esto, mientras ellos lo miraban, fue llevado a las alturas hasta que una nube lo ocultó de su vista" (Hech. 1:9). La nube simbolizaba la misteriosa y majestuosa presencia de Dios con su pueblo (comparar Luc. 9:34-35 con Ex. 13:21-22).

Una lectura cuidadosa de Lucas y Hechos origina la pregunta acerca de cuándo ocurrió la ascensión. Lucas 24 parece implicar que Jesús fue llevado al cielo al anochecer del día en que resucitó. Pero el relato de Lucas en Hechos señala claramente que la ascensión ocurrió 40 días después de la resurrección (Hech. 1:3). Aunque se han elaborado muchas sugerencias para armonizar estos relatos, hay dos explicaciones que proveen la solución más plausible.

1. Jesús en realidad ascendió al cielo el domingo al anochecer como lo indica Lucas 24. No obstante, regresó a la tierra para apariciones especiales a lo largo de 40 días hasta que ocurrió una segunda ascensión pública tal como lo describe Hechos 1:3. El relato de Juan sobre la aparición en la resurrección le da peso a esta línea de razonamiento. En la mañana de la Pascua, Jesús le dijo a María Magdalena: "Suéltame porque todavía no he vuelto al Padre" (Juan 20:17). Una semana más tarde invitó a Tomás diciendo: "Pon tu dedo aquí y mira mis manos. Acerca tu mano y métela en mi costado" (Juan 20:27). Aparentemente había ascendido el domingo a la noche y había regresado para estar con los discípulos una semana después (Juan 20:26).

2. Otros sugieren que Jesús fue levantado y glorificado en una gran exaltación el domingo temprano a la mañana. Regresó para cada una de las apariciones a lo largo del día y a través de los 40 días como el resucitado y glorificado Hijo de Dios. Peter Toon llama a esto la ascensión "secreta e invisible" que fue seguida para beneficio de los discípulos, 40 días más tarde, por la "demostración visible y simbólica" de esa ascensión anterior.

La ascensión de Cristo significa que la humanidad de la creación de Dios en la cual Él se despojó a sí mismo en la encarnación (Fil. 2:7) ahora ha sido llevada a la gloria. Todas las cosas humanas pueden redimirse de los efectos del pecado, de modo que lo que Dios planeó desde el principio (ver Gén. 1:31, "era muy bueno") pueda ahora lograrse totalmente. La ascensión significa que los cristianos nunca están sin voz delante del Padre. Jesús, el gran Sumo Sacerdote, ahora vive en gloria para interceder por sus hermanos y hermanas (Rom. 8:34; Heb. 7:25).

La ascensión significa que el reino celestial de nuestro Señor ha comenzado y que un día, lo que ahora se ve oscuramente se realizará en forma completa, cuando Él sea todo en todos (ver Ef. 1:20-23; Apoc. 3:21). Significa que Dios el Padre está completamente satisfecho con su Hijo y lo ha sentado a su diestra, donde reina como nuestro gran Sumo Sacerdote (Heb. 1:3; 1 Ped. 3:22).

La ascensión es un recordatorio visible de que Jesús ha dejado la tarea de las misiones mundiales a sus discípulos, llenos del poder del Espíritu Santo, cuyo trabajo no comenzaría hasta que Jesús se fuera (Juan 16:7; Hech. 1:8). La ascensión es una señal de que Jesús vendrá otra vez para tomar a su pueblo consigo (Hech. 1:11). La descripción de la ascensión es la afirmación dramática de que Jesús fue llevado al cielo para estar con el Padre, con el cual reina entonces, ahora y para siempre.

EL ESPÍRITU SANTO Y HECHOS

Hechos de los Apóstoles podría haber sido llamado en forma igualmente exacta Hechos del Espíritu Santo. Mientras que los Evangelios describen el ministerio de Dios el Hijo, Hechos describe el ministerio de Dios el Espíritu Santo a través de la iglesia. No obstante, en lugar de mostrar un contraste estricto entre la obra del Hijo y del Espíritu, Hechos muestra la continuidad de la obra del Dios encarnado a través del Espíritu Santo. Cristo mismo está presente en su iglesia a través de su Espíritu.

El Espíritu Santo no es una cosa, sino la presencia misma de Dios en la vida de un cristiano. Pedro lo dio a entender claramente en el episodio de Ananías y Safira. Pedro los acusó de mentirle al Espíritu Santo (5:3), de mentirle a Dios (5:4) y de tentar al Espíritu de Dios (5:9). No se refería a tres cosas que ellos habían hecho. Habló de tres maneras sobre el Espíritu, pero se refería al único Espíritu que procede del Padre y del Hijo. Del mismo modo, "el Espíritu de Jesús" se usa para referirse al Espíritu Santo cuando a Pablo y Timoteo no se les permitió entrar en Bitinia (16:6-7).

El libro de Hechos comienza cuando el Señor ya ha resucitado y promete el don del Espíritu Santo a sus discípulos. Con el Espíritu vendría el poder para llevar a cabo la misión de ir por todo el mundo y predicar el evangelio (1:8). Jesús declaró la misión en una progresión geográfica que comenzaba en Jerusalén, se extendía a la región de Judea, cruzando la barrera cultural de Samaria y llegaba al resto del mundo. Tal como el libro lo despliega, el Espíritu Santo dio testimonio del avance de la iglesia en cada una de estas etapas cruciales.

En el día de Pentecostés, el Espíritu Santo cayó con poder sobre la iglesia (2:1-4). Como resultado de la predicación y el testimonio de toda la iglesia en ese día (2:4,6,14), alrededor de 3000 personas fueron agregadas a la iglesia (2:41). La iglesia primitiva entendió que el bautismo del Espíritu Santo (1:5) era el cumplimiento de la promesa de Dios dada por los profetas. Pedro predicó el primer sermón del evangelio basado en la profecía de Joel referida a la venida del Espíritu Santo (Joel 2:28-32; ver Hech. 2:16-21). Más aun, Pedro acentuó el don del Espíritu Santo como un elemento central de la salvación (2:38).

La conducta de los discípulos y de otros creyentes fue marcadamente diferente después de la resurrección de Jesús y de la venida del Espíritu Santo en Pentecostés. Antes de la crucifixión de Jesús, los discípulos eran temerosos y cobardes. Todos, excepto Juan, huyeron, y Pedro negó a Jesús.

Después de la venida del Espíritu, estos mismos discípulos demostraron que ya no tenían temor y sí tenían voluntad de arriesgarlo todo a favor del mismo pueblo que crucificó a Jesús. En Hechos 3, Pedro y Juan curaron a un mendigo paralítico en el complejo del templo. Este milagro permitió que Pedro predicara y explicara mediante qué poder el hombre paralítico había sido restaurado.

Este sermón enojó a los sacerdotes, a los guardias del templo y a los saduceos. Ellos arrestaron a Pedro y a Juan. Sin embargo, esta oposición de ninguna manera disminuyó la valentía de Pedro. Al contrario, fue más valiente que nunca. Lucas atribuye esta notable audacia de Pedro a que él estaba lleno del Espíritu Santo (Hech. 4:8).

Cuando Pedro y Juan fueron liberados, volvieron con los otros discípulos e informaron lo que las autoridades religiosas les habían dicho. Los creyentes oraron a Dios. A continuación de su oración fueron sacudidos. Hechos 4:31 dice: "todos fueron llenos del Espíritu Santo y proclamaban la palabra de Dios sin temor alguno".

Cuando los primeros creyentes eligieron hombres para mediar en el conflicto entre las viudas griegas y las hebreas de Jerusalén, el

versículos de largo, mientras que otros ocupan casi un capítulo (por ejemplo, 7:2-53). Casi la tercera parte del texto de Hechos contiene discursos, diez de los cuales son extensos.

Tres discursos son de Pedro: en Pentecostés (cap. 2), en el pórtico del templo (cap. 3) y en el hogar del gentil Cornelio (cap. 10). El discurso más extenso es el de Esteban, el mártir del capítulo 7. Seis discursos son de primer requisito era que estos hombres debían ser "llenos del Espíritu y de sabiduría" (Hech. 6:3). Uno de estos siete fue Esteban, un "hombre lleno de fe y del Espíritu Santo" (Hech. 6:5). Lucas señala que los opositores del movimiento cristiano no pudieron hacer frente a la sabiduría y al Espíritu por el cual Esteban habló.

Esteban llegó a ser el primer mártir cristiano, después de Pentecostés, para sellar con la muerte su discipulado. Lucas describe a Esteban como lleno del Espíritu Santo incluso en la hora de su muerte.

Cuando Felipe llevó el evangelio a Samaria, la iglesia de Jerusalén envió a Pedro y a Juan para orar para que los convertidos recibieran el Espíritu Santo (8:14-17). Un tal Simón, que practicaba la hechicería, fue uno de los hombres de Samaria que creyó y fue bautizado. Después de ver a Pedro y a Juan que imponían sus manos sobre los creyentes para que recibieran el Espíritu Santo, Simón ofreció dinero a Pedro para que le permitiera tener esa habilidad. Pedro reprendió a Simón en forma cortante: "¡Que tu dinero perezca contigo..., porque intentaste comprar el don de Dios con dinero! No tienes arte ni parte en este asunto, porque no eres íntegro delante de Dios. Por eso, arrepiéntete de tu maldad y ruega al Señor. Tal vez te perdone el haber tenido esa mala intención.

Veo que vas camino a la amargura y a la esclavitud del pecado" (Hech. 8:20-23).

Este evento y la muerte de Ananías y Safira demostraron el sobrecogimiento que los creyentes tenían en presencia del Espíritu Santo. Para ellos, el Espíritu era un Ser siempre presente, del cual dependían y quien les daba poder para la misión que Jesús les había encomendado.

Del mismo modo, la conversión de Pablo alcanzó su clímax cuando Ananías llegó a él para que recuperara su vista y fuera lleno del Espíritu Santo (9:17). Cuando el don del Espíritu Santo cayó sobre Cornelio y otros gentiles que oyeron el evangelio, Pedro y los otros apóstoles se convencieron de que Dios le había dado la salvación a los gentiles (10:44–11:18; 15:8).

Cuando Pablo se encontró en Éfeso con un grupo de discípulos de Juan el Bautista, les preguntó si habían recibido el Espíritu Santo. Que ellos nunca hubieran oído del Espíritu Santo demostró a Pablo la necesidad de predicarles el evangelio de Jesús. Luego bautizó a los que creyeron y, cuando les impuso las manos, recibieron el Espíritu Santo (19:1-6).

Hechos no contiene una secuencia fija relacionada con el bautismo, la imposición de manos y la recepción del Espíritu Santo. Algunos relatos de conversión no hacen referencia a

la imposición de manos. El principio rector parece ser que quienes tienen fe en Jesús reciben su Espíritu Santo para aplicar los beneficios de la salvación.

Así es que el bautismo y la imposición de manos no tienen significado sacramental para la salvación. En cambio declaran simbólicamente la fe en lo que Dios ha hecho.

El Espíritu Santo fue el iniciador del movimiento de las misiones mundiales lanzado desde la iglesia de Antioquía. Allí había una iglesia principalmente de gentiles. La iglesia de Jerusalén envió a Bernabé para ver qué pasaba en Antioquía. Bernabé, que se describe como un hombre de fe y lleno del Espíritu Santo, se sintió gratificado al ver la recepción del evangelio entre los gentiles. Bernabé se dio cuenta de que estos nuevos creyentes gentiles necesitarían ser discipulados tal vez de manera diferente que los creyentes judíos. Él conocía al hombre exacto: Saulo de Tarso. Llevó a Saulo, ahora Pablo, desde Tarso hasta Antioquía.

Bernabé y Saulo habían estado en Antioquía por algún tiempo, cuando el Espíritu Santo comunicó a la iglesia instrucciones claras y específicas: "Apártenme ahora a Bernabé y a Saulo para el trabajo al que los he llamado" (Hech. 13:2). Luego, Lucas dice que fueron enviados de camino por el Espíritu Santo.

Pablo. Tres ocurren en sus viajes misioneros: uno en cada viaje y cada uno a un tipo de audiencia diferente. Pablo se dirigió a los *judíos* en Antioquía de Pisidia en su primera misión (13:16-41), a los *gentiles* en el Areópago en

su segundo viaje (17:22-31), y a los *líderes cristianos* en su tercer viaje (20:17-35).

Lucas registró otros tres discursos de Pablo después de su arresto en Jerusalén: delante de una multitud judía en las gradas del

EL NACIMIENTO DE LA IGLESIA

¿Cuándo nació la iglesia? En un sentido podríamos remontarla al llamamiento de Dios a Abraham y a la historia de Israel como el pueblo de Dios. En un sentido más restringido de la iglesia como el nuevo pueblo de Dios, como el cuerpo de Cristo, sus raíces se encuentran con certeza en la mente y el ministerio de Jesús mismo. Su intención de establecer una comunidad de fe se refleja claramente en su respuesta a la confesión de Pedro (Mat. 16:13-19) y en sus palabras acerca de un nuevo pacto en la última cena (Luc. 22:20).

La intención de Jesús también se refleja en la selección de un círculo íntimo de doce discípulos, como continuación de las doce tribus de Israel, el pueblo original del pacto de Dios. No obstante, los doce no constituyeron una iglesia dado que la base para su nuevo pacto fue la propia muerte y resurrección de Jesús. El pueblo del nuevo pacto debía ser redimido y se le debía perdonar su pecado, un pueblo con la ley de Dios escrita en sus corazones (ver Jer. 31:31-34).

Ese acto de perdón y liberación tuvo lugar en la cruz. Sólo a través de la obra expiatoria de Dios en la muerte de Jesús, pudo surgir un nuevo pueblo del pacto. En última instancia, el Calvario hizo nacer a la iglesia.

Una comunidad necesita organización y dirección, y esto no fue menos cierto para ese grupo original de discípulos testigos de las apariciones de su Señor resucitado. Más que ninguna otra cosa, fue el Espíritu Santo quien les dio un sentido de dirección. La venida del Espíritu es anticipada por Jesús en sus palabras a los discípulos durante la última cena (Juan 13:31–17:26). Allí, Él prometió no dejarlos solos después de su partida de este mundo (14:18). En su lugar, prometió venir a ellos en la persona del Espíritu (Paráclito), quien les enseñaría, los guiaría y sería su propia presencia morando en sus vidas (14:6; 15:26; 16:7-15).

En el relato de Pentecostés de Hechos 2, la venida del Espíritu se describe vívidamente como el evento fundacional en la constitución de la nueva comunidad de creyentes cristianos. El Cristo resucitado estrictamente les encarga a los discípulos que esperen en Jerusalén la venida del Espíritu (Hech. 1:4). Antes de su ascensión les encomendó que fueran testigos ante el mundo, pero esto debía ocurrir sólo mediante el poder del Espíritu (1:8).

Así es que los apóstoles y un grupo más grande de discípulos se reunieron en el aposento alto. Eran unos 120 en total quienes esperaban este evento prometido (1:12-14). Sus mentes estaban sobre la comunidad, dado que el principal emprendimiento durante este período de espera fue elegir a un apóstol número doce, para llenar el vacío que dejó Judas y completar el liderazgo apostólico necesario para la joven comunidad cristiana (1:15-26).

Luego en Pentecostés, unos 50 días después de la resurrección de Jesús, vino el Espíritu Santo, aparentemente sobre todo el grupo que se había reunido en el aposento alto (2:1). La venida del Espíritu fue tanto audible, como el sonido del viento, como visible, en forma de lenguas de fuego que se posaron sobre las cabezas de cada uno de los presentes (2:2-3).

Como resultado "fueron todos llenos del Espíritu Santo" y "comenzaron a hablar en diferentes lenguas" mediante el liderazgo del Espíritu (2:4). Aquí los eruditos están rigurosamente divididos. Unos piensan que el fenómeno fue de *glosolalia* (hablar extático ininteligible), como el que Pablo describió en 1 Corintios 14. Otros piensan que fue un milagro único de Pentecostés por el

templo (22:1-21), delante del gobernador romano Félix (24:10-21), y delante del rey judío Agripa (26:1-29). Al leer Hechos, con frecuencia le damos poca atención a estos discursos. Si bien no son tan entretenidos como los episodios, un estudio cuidadoso de estos probaría ser provechoso. Los discursos presentan el evangelio en forma más directa que el resto del material de Hechos.

Temas en Hechos. Muchos temas recorren el libro de Hechos. Uno es la relación entre iglesias judías y gentiles. Lucas se preocupó por mostrar cómo comenzó la iglesia en Jerusalén, en el corazón del judaísmo, y cómo se expandió con un impacto aun mayor entre los gentiles. Lucas mostró cómo los cristianos judíos y gentiles, con sus enormes diferencias, aprendieron a tener comunión que hablaron en lenguas extranjeras.

Lo último parece ser más probable porque Lucas dio una lista de las muchas nacionalidades presentes en Jerusalén, que fueron testigos de este evento (2:5-13). Él enfatizó que cada uno de ellos oyó a los cristianos hablar "en su propio idioma" (vv. 6,8). Algunos hablan de un "milagro de audición" en el cual los cristianos habrían hablado en una lengua extática, que habría sido transformada milagrosamente en la lengua nativa de los extranjeros cuando éstos la oyeron. Pero esto requeriría una acción casi mayor del Espíritu sobre los no creyentes que sobre los cristianos, lo cual parece muy improbable.

Pentecostés fue testigo del nacimiento de la iglesia. Su misión comenzó allí. Los 3000 convertidos en ese día (v. 41) eran parte de toda la multitud de peregrinos de Pentecostés y concretamente anticiparon la misión mundial que detalla el resto de Hechos. En Pentecostés, todos los convertidos eran judíos (v. 5), pero como provenían de todas partes del mundo civilizado, sin duda regresaron a su tierra natal testificando de Cristo.

El factor clave en Pentecostés fue el don del Espíritu. En tiempos del A.T. el Espíritu de Dios con frecuencia actuaba en la vida de individuos inspirados como los profetas. Pero ahora la nueva manifestación era la naturaleza universal del don del Espíritu. El Espíritu se derramó sobre todo el grupo de cristianos reunidos en el aposento alto. El don fue para toda la iglesia. Ver el artículo "El Espíritu Santo y Hechos."

Pedro vio claramente esto. De modo que comenzó su sermón de Pentecostés citando la profecía de Joel sobre el fin de los tiempos en la actividad salvadora de Dios. En ese tiempo el Espíritu sería derramado sobre toda carne, y todos los que invocaran el nombre del Señor recibirían al Espíritu y serían salvos (2:17-21). A partir de aquí en el relato de Hechos, el Espíritu Santo es una parte vital en la experiencia de conversión y un don permanente en los que son salvos (Hech. 2:38; 8:17; 9:17; 10:44).

Si Pentecostés relata la fundación de la iglesia, entonces el resto de Hechos explica en detalle las implicaciones. En Hechos, el papel del Espíritu es, por sobre todo, darle poder a la iglesia para testificar.

El Espíritu le dio a Pedro valentía para dirigirse al Sanedrín judío (4:8) y a Esteban le dio valentía para debatir en las sinagogas judías de la diáspora en Jerusalén (6:10). En realidad, el Espíritu lideró todas las brechas significativas y críticas para la expansión de la misión cristiana: con Felipe cuando le testificó a un eunuco etíope (8:29,39), con la conversión de Cornelio por parte de Pedro (11:12) y con la iglesia de Antioquía cuando comisionó a Pablo y Bernabé para su viaje misionero (13:2).

El Espíritu impidió que Pablo trabajara en Asia y en Bitinia, y proveyó la visión del llamado macedonio que lo llevó a Filipos y a su primer trabajo en tierra europea (16:6-10). La valentía de Pablo para emprender el riesgoso viaje a Jerusalén y su resolución para testificar en la ciudad capital de Roma también son obra del Espíritu (19:21; 20:22). En realidad, algunos llaman a Hechos "los hechos del Espíritu Santo". Lucas probablemente no rechazaría un título así como inapropiado para el libro. Si uno le preguntara a Lucas qué fue lo que originó el nacimiento de la iglesia, indudablemente él señalaría Pentecostés y el don del Espíritu allí. También agregaría rápidamente que el mismo Espíritu constituye no sólo el nacimiento sino la vitalidad continuada de la iglesia.

unos con otros, una lección todavía relevante para la vida de la iglesia.

Tal vez el tema dominante en Hechos es el testimonio cristiano de Jesús y su triunfo sobre toda oposición. Hay muchos subtemas relacionados con este principal. Uno es la expansión geográfica y étnica del cristianismo. Al comienzo mismo de Hechos, Jesús comisionó a los discípulos a ser sus testigos en Jerusalén, en toda Judea, en Samaria y hasta lo último de la tierra. Hechos puede bosquejarse en términos generales, como correspondiendo geográficamente a la comisión de Jesús: Jerusalén (caps. 1–7), Judea y Samaria (caps. 8–12), hasta lo último de la tierra (caps. 13–28). Muchos consideran Hechos 1:8 como el "versículo temático" para todo Hechos.

En la comisión de Jesús dada en Hechos 1:8 encontramos algo más que el énfasis geográfico: la insistencia de Jesús de que su comisión sólo debe ser emprendida *después* que el Espíritu Santo haya venido sobre los discípulos. El Espíritu Santo es central en Hechos. Lucas dejó en claro que no habría misión cristiana alguna sin la guía del Espíritu Santo. El joven movimiento nunca emprendió la misión sin la guía expresa del Espíritu. Algunas veces esto se hizo con la considerable resistencia de los posibles testigos, como Pedro con el gentil Cornelio (cap. 10). El Espíritu no se menciona por nombre en 11 de los 28 capítulos de Hechos. No obstante, la presencia del Espíritu está implícita en todo Hechos. Él es la fuerza impulsora detrás de la misión cristiana.

Un tema estrechamente relacionado es la providencia divina. Dios está siempre cuidando de los testigos cristianos en la historia de Hechos. A veces esto fue evidente en visiones y sueños que en tiempos de amenaza le daban seguridad a los cristianos de que los propósitos de Dios se cumplirían a través de ellos y no debían temer. En realidad Dios está detrás del testimonio de la iglesia. Su palabra triunfa. Sus testigos con frecuencia sufren por llevar esa palabra, pero cuando son fieles en su testimonio, el evangelio triunfa.

Hechos presenta un evangelio integral. Es para judíos y griegos, para los de Judea y para los samaritanos, para los campesinos de Listra y para los filósofos de Atenas, para las Dorcas y para los Agripas, para Pablo el fariseo orgulloso y para el humilde eunuco de Etiopía que estaba a la búsqueda. El evangelio es para toda las personas. Estamos llamados a ser testigos ante todos.

Estructura de Hechos. El título *Hechos de los Apóstoles* es algo así como un nombre erróneo. El libro se refiere es especial a solo dos apóstoles: Pedro y Pablo. De los 28 capítulos de Hechos, Pedro es el centro en 9 capítulos, Pablo en 16, Esteban en 2 y Felipe en 1.

De acuerdo a esto, muchos bosquejan el libro bajo dos encabezamientos principales: Pedro y la iglesia de Jerusalén (caps. 1–12), y Pablo y la misión a los gentiles (caps. 13–28). Otros bosquejan el libro de acuerdo al esquema geográfico de 1:8, tal como se lo describió anteriormente. En este estudio, Hechos se presenta bajo la rúbrica del testimonio cristiano en el progreso de Jerusalén a Roma en un círculo de expansión cada vez más grande.

LA IGLESIA CON EL PODER DEL ESPÍRITU (1:1–2:47)

Los primeros dos capítulos de Hechos se corresponden a los dos primeros capítulos del Evangelio de Lucas. Lucas 1–2 se refieren al nacimiento del Salvador y Hechos 1–2 al nacimiento de la iglesia. Así como Jesús nació del Espíritu Santo (Luc. 1:35), el mismo Espíritu es la fuerza vital en la vida de la iglesia. Hechos 1 y 2 relatan la venida del Espíritu a la iglesia. Hechos 1 se refiere a eventos que conducen a la venida del Espíritu y el capítulo 2 relata esa venida en Pentecostés.

Prólogo literario (1:1-2). Los dos primeros versículos de Hechos ligan al libro con el Evangelio, el "primer libro" de Lucas, y dan un breve resumen del contenido del Evangelio: los hechos de Jesús y su enseñanza hasta el tiempo de su ascensión. Al igual que el Evangelio (Luc. 1:3), el libro está dedicado a "Teófilo", que pudo haber sido una persona real (tal vez un cristiano nuevo) o un nombre simbólico. (En griego significa "amante de Dios".)

Preparativos para Pentecostés (1:3-5). Después de su muerte y su resurrección Jesús apareció a sus discípulos por un período de 40 días. Durante este tiempo les dio "pruebas convincentes" de que estaba vivo. Éstas llegaron a ser importantes ya que dieron testimonio de su resurrección. También los instruyó acerca del reino de Dios. Probablemente les reveló las Escrituras del

Antiguo Testamento acerca del Mesías. Su interpretación escrituraria llegaría a ser importante para la predicación cristiana a los judíos. Finalmente, Jesús instruyó a sus discípulos para que esperaran al Espíritu en Jerusalén.

Llamado a testificar (1:6-8). Los discípulos se preguntaban si la resurrección de Jesús anunciaba la venida del reino de Dios. Le preguntaron a Él en términos estrechamente nacionalistas si Dios se estaba preparando para "restablecer el reino a Israel". Jesús rechazó tanto su preocupación por establecer la fecha como su exclusivismo judío. Reemplazó ambas preocupaciones por una misión mundial. *Cuándo* vendrá el reino no es preocupación nuestra. *Lo que* hagamos hasta que venga sí lo es: debemos ser testigos. El testimonio debe ser mundial. Hechos finaliza con el ministerio de Pablo en la ciudad de Roma, la capital del Imperio. Algunos considerarían "lo último de la tierra" como una referencia a Roma. Su significado en los profetas del Antiguo Testamento es "tierras lejanas", y es probablemente lo que Jesús quiso decir. Los discípulos todavía no debían comenzar a testificar. Solo debían hacerlo después que hubieran recibido el poder del Espíritu Santo.

Ascensión de Cristo (1:9-11). Solo Lucas relata la ascensión de Jesús, aquí y en su Evangelio (Luc. 24:51). Jesús fue llevado en una nube y quitado de la vista de los discípulos. En la Biblia, las nubes están frecuentemente asociadas con las apariciones de Dios, como en el monte Sinaí y en la transfiguración de Jesús (Luc. 9:28-36). Los dos hombres de blanco eran ángeles, mensajeros divinos. Ellos aseguraron a los discípulos que Jesús un día regresaría en las nubes así como lo habían visto partir. Para los discípulos, la ascensión significaba que su comunión de 40 días con el Cristo resucitado había terminado. Él no volvería a reunirse con ellos en el aposento alto. Para nosotros, la ascensión es un recordatorio que Cristo se ha elevado a la diestra de Dios y gobierna como Señor de nuestras vidas. También nos provee la certeza de su retorno sobre las nubes del cielo, de la misma manera en que partió de esta tierra.

El aposento alto (1:12-14). La ascensión tuvo lugar en el monte de los Olivos, "aproximadamente a un kilómetro" (alrededor de tres cuartos de milla) de Jerusalén. Los discípulos se reunieron en el aposento alto, cumpliendo con la instrucción de Jesús de esperar la venida del Espíritu. Era un gran grupo, 120 en número (v. 15). En los hogares palestinos, los pisos superiores con frecuencia no tenían divisiones. Solo el piso de arriba de una casa grande tendría lugar para una multitud así. Su preocupación principal era la oración. En realidad, la oración era un sello distintivo de la iglesia más temprana (1:24; 2:42; 3:1; 4:24; 6:6). Entre las mujeres que Lucas menciona estaban las que habían acompañado a Jesús desde Galilea y habían sido testigos de la crucifixión (Luc. 8:2; 23:55; 24:10).

Restauración del círculo apostólico (1:15-26). Había un tema administrativo que necesitaba la consideración de los apóstoles: el reemplazo de Judas. Esta sección tiene que ver con eso. Primero, los vv. 16-20 relatan los detalles sangrientos del suicidio de Judas. Él compró un terreno con su dinero mal habido. Allí cayó de cabeza y se reventó, de modo que se le salieron las vísceras. Mateo 27:3-10 presenta un relato más completo de la muerte de Judas, y señala que se colgó. Los dos relatos no son difíciles de armonizar.

Los vv. 21-26 narran cómo Matías fue elegido para reemplazar a Judas. La elección fue hecha en oración y echando suertes. Sintieron que Dios haría la elección, indicándola al controlar las suertes. ¿Por qué sintieron que era necesario reemplazar a Judas? Más tarde, cuando Jacobo fue decapitado, no hay indicación de que fuera reemplazado (12:2). Tal vez sintieron que en este tiempo crucial del "nacimiento" de la iglesia, el "nuevo Israel", era necesario tener el contingente completo de los doce apóstoles, que correspondían a las doce tribus de Israel. Es importante notar las calificaciones de un apóstol. Debía ser alguien que haya sido testigo de *todo* el ministerio de Jesús, desde el tiempo de ser bautizado por Juan hasta su ascensión.

Milagro en Pentecostés (2:1-13). El capítulo 2 de Hechos tiene que ver con el milagro de Pentecostés. Se divide en tres partes: 2:1-13 relata la manifestación milagrosa del Espíritu; 2:14-41 resume el discurso de Pedro en Pentecostés; y 2:42-47 describe la vida de la comunidad cristiana aumentada en gran manera después de Pentecostés. La primera parte a su vez puede dividirse en dos segmentos: la venida del Espíritu sobre los creyentes y el testimonio de ellos en el área del templo.

1. El don del Espíritu (2:1-4). Pentecostés era una fiesta de la cosecha en primavera, a la que se refiere el Antiguo Testamento como la fiesta de las Semanas, que se realizaba siete semanas (50 días) después de la Pascua. "Todos", los 120 cristianos, estaban reunidos juntos cuando descendió el Espíritu. Probablemente, todavía estaban reunidos en el aposento alto, el cual debe de haber estado cerca del predio del templo. Lucas describe que la experiencia fue tanto audible como visible. El sonido fue como de "una violenta ráfaga de viento". La visión fue de una llama de fuego gigante con lenguas que se posaron sobre cada uno de ellos. Todos fueron llenos del Espíritu y cada uno comenzó a "hablar en diferentes lenguas". La frase es ambigua. Podría referirse a un hablar extático, el fenómeno de *glosolalia* o el "hablar en lenguas" con el que Pablo tuvo que tratar en Corinto (1 Cor. 14:1-25). Pero también podría referirse a hablar en otros idiomas. En griego, la palabra *glosa* puede significar tanto "lengua" como "idioma". Dado que

la próxima sección señala que la gente del templo los oían hablar en sus propios idiomas nativos ("dialecto"), parece más probable que haya sido un milagro que consistió en hablar otros idiomas más que en una *glosolalia* irracional extática.

2. El testimonio del Espíritu (2:5-13). Es evidente que los cristianos salieron corriendo del aposento alto y se precipitaron dentro del patio del templo. Allí había multitudes reunidas para celebrar la fiesta. Era un lugar de testimonio natural. Los cristianos llenos del Espíritu se encontraron allí con "judíos piadosos procedentes de todas las naciones de la tierra". Se especifica que "estaban de visita" en Jerusalén. Evidentemente, estos eran judíos de fuera de Palestina que no residían en Jerusalén en forma permanente. Representaban a la mayor parte del mundo romano civilizado, incluyendo el Cercano Oriente, Asia, el norte de África, Roma, las islas (Creta) y el desierto (Arabia). Ellos oyeron el testimonio de los cristianos, cada uno en su lengua. Se describe a los cristianos como declarando las maravillas de Dios. Ellos *alababan* a Dios. La multitud estaba dividida. Algunos reconocieron el milagro y querían saber más. Otros eran escépticos y acusaron a los cristianos inspirados de estar ebrios. A través de Hechos, el evangelio causa división, incluso en el milagro más claro.

¿Cuál fue el significado de Pentecostés? ¡Todo! Sin Pentecostés no hubiera habido más historia que relatar en Hechos. La venida del Espíritu proveyó poder para la misión cristiana. Ese es el significado de "pasar lista a las naciones" en los vv. 9-11. Ya al principio mismo, la misión mundial fue simbolizada por el testimonio en estos idiomas que representaban todas las áreas del mundo civilizado. En ese momento todos eran judíos. La mayoría probablemente consistía de residentes de Jerusalén, que no regresarían a sus países. Pero, de todas maneras la misión había comenzado en forma simbólica.

Otro significado de Pentecostés fue el derramamiento *universal* del Espíritu Santo. En el Antiguo Testamento, el Espíritu de Dios sólo residía en individuos selectos como los profetas. Aquí en la iglesia, el nuevo pueblo de Dios, descendió el Espíritu sobre todos por igual, jóvenes y ancianos, varones y mujeres. Como Joel lo había profetizado mucho tiempo atrás, ésta era una señal del fin de los tiempos. Pedro hizo de la profecía de Joel el punto inicial de su sermón.

El sermón de Pedro (2:14-41). El sermón de Pedro en Pentecostés es el primero de los "discursos" principales de Hechos. Está construido alrededor de una cantidad de citas del Antiguo Testamento, a través de los cuales Pedro interpretó el significado del milagro de Pentecostés a la multitud judía. Probablemente él habló en arameo occidental, el idioma de Palestina en esos días. El sermón de Pedro se divide en tres partes.

1. Prueba escrituraria referida a la experiencia de Pentecostés (2:14-21). Pedro comenzó su sermón citando Joel 2:28-32, una profecía que hablaba del derramamiento del Espíritu de Dios sobre todo su pueblo. Joel lo describió como una señal de los últimos tiempos, cuando Dios visitaría a su pueblo de manera especial. Pedro declaró que la profecía de Joel se cumplió con la venida del Espíritu en Pentecostés. Los días del Mesías habían llegado.

2. Prueba escrituraria referida al mesianismo de Cristo (2:22-36). Pedro ahora necesitaba convencer a la multitud judía de que *Jesús* era el Mesías prometido por Dios. Trató de probar que Jesús era el Mesías. En razón de que el Mesías debía morir y levantarse otra vez, la resurrección era una señal de que Él era el Mesías. Comenzó presentándoles a Jesús, con énfasis en su muerte y su resurrección. Luego citó el Salmo 16:8-11 para probar que el Mesías, un

descendiente de David, conquistaría a la muerte, así como Jesús lo había hecho en su resurrección. Finalmente, cito el Salmo 110:1 como un texto del Antiguo Testamento, que también señala la resurrección y la exaltación del Mesías.

3. Invitación y respuesta (2:37-41). Luego de establecer a Jesús como el Mesías, Pedro ahora llamó a su audiencia judía a arrepentirse y bautizarse, y de esa forma ellos recibirían el mismo Espíritu del que habían sido testigos en forma poderosa. La respuesta también fue milagrosa. Tres mil fueron agregados a la comunidad cristiana en ese día.

La vida de la comunidad (2:42-47). Los versículos finales del capítulo 2 incluyen un resumen de la vida de la comunidad en la iglesia primitiva de Jerusalén. Enfatizan la notable unidad de los cristianos primitivos. Notemos las cualidades que caracterizaban su vida diaria. Le daban atención a la *enseñanza de los apóstoles*: estaban ansiosos por aprender todo lo que podían acerca de su Señor. Se entregaban unos a otros en *comunión* juntos. Compartían la mesa: el *partimiento del pan* incluía tanto una comida común como la Cena del Señor. *Oraban* juntos. Su testimonio estaba signado por *prodigios y señales*: continuaban experimentando el poder del Espíritu. *Compartían* también sus *posesiones*: tenían todas las cosas en común y las daban libremente a los necesitados. Se reunían regularmente con otros cristianos en *comunidades caseras* y continuaban adorando y testificando en el *templo* judío. Era un tiempo ideal. Dios bendijo su fidelidad. Crecieron en número día a día.

EL TESTIMONIO DE LOS APÓSTOLES (3:1–5:42)

Los capítulos 3–5 tienen como escenario Jerusalén. En este momento de la vida de la iglesia, su testimonio era solamente a los judíos de Jerusalén. Estos capítulos están estrechamente entrecruzados. La historia comienza con una curación en la puerta del templo. Esto atrajo a una multitud a la que Pedro le predicó. La multitud incomodó a las autoridades judías y arrestaron a Pedro y a Juan. Pedro y Juan fueron interrogados por el Sanedrín con respecto a la curación del hombre y fueron despedidos con la advertencia de abandonar la predicación de Cristo. Los cristianos no le prestaron atención a la advertencia del Sanedrín y continuaron testificando de Jesús. Ahora *todos* los apóstoles fueron arrestados y llevados a la fuerza delante del Sanedrín por no obedecer su prohibición.

Pedro sana (3:1-11). Esta sección relata uno de los "prodigios y señales" mencionados en 2:43. También ilustra el testimonio cristiano en el templo. Pedro y Juan fueron al templo durante la tarde a la hora de las oraciones y los sacrificios, hora en que había multitudes a quienes testificarles. Con frecuencia se encontraban personas discapacitadas, porque dependían en forma total de las limosnas que mendigaban. Un hombre lisiado estaba sentado junto a la puerta llamada "Hermosa". Ésta era probablemente la puerta de Nicanor, una puerta dentro del santuario, que separaba el atrio de las mujeres del atrio de los varones, desde donde se podían observar los sacrificios. Cuando el hombre fue sanado, probablemente dio un salto dentro del atrio de los varones, el santuario propiamente dicho, del que había estado excluido debido a su discapacidad física. En un sentido esto significó su aceptación completa por parte de Jesús.

De todas las historias de curaciones en Hechos, ésta es la más parecida a las curaciones de Jesús en los Evangelios. Sin embargo, hay una notable diferencia. Jesús sanaba por propia autoridad. Los apóstoles sanaban "en el nombre de Jesús".

El sermón de Pedro (3:12-26). La curación del hombre lisiado atrajo a una multitud. Pedro aprovechó la oportunidad para predicar. Es el segundo discurso de Pedro que se destaca en Hechos. En forma similar al sermón de Pentecostés, este se basa en versículos y conceptos del Antiguo Testamento, que señalan a Jesús como el Mesías. Al predicarle a una audiencia judía, Pedro comenzó señalando el rechazo de Jesús como Mesías por parte de ellos y su responsabilidad por su muerte. Luego señaló las evidencias de que Jesús es el Mesías, el "autor de la vida": su resurrección y su poder que sanó al hombre lisiado. Afirmó que el rechazo de Jesús por parte de ellos no tenía por qué ser final. Jesús viene otra vez, y ellos podían arrepentirse y estar listos para su segunda venida. Finalmente, apeló al Antiguo Testamento para buscar confirmación en "Moisés y los profetas", en cuanto a que Jesús ha introducido los tiempos finales.

Pedro y Juan (4:1-22).

1. Arrestados e interrogados (4:1-12). Los saduceos y el capitán de la guardia del templo interrumpieron el discurso de Pedro, pero no antes de que hubiera provocado una respuesta considerable. No es del todo claro por qué Pedro y Juan fueron arrestados. Los saduceos representaban a la aristocracia que había hecho las paces con los romanos. Quizás estaban preocupados porque el mensaje mesiánico de Pedro podía llevar a un movimiento popular en contra de los romanos, que trajera represalias. Ambos fueron detenidos durante toda la noche y a la mañana siguiente fueron llevados delante del sumo tribunal judío, el Sanedrín.

El Sanedrín consistía de 70 miembros. La mayoría de ellos eran saduceos, principalmente de familias de sumos sacerdotes. El sumo sacerdote mismo era el oficial que presidía. Una minoría de los miembros eran fariseos. Eran populares con la gente y sus opiniones tenían un peso considerable. El interrogatorio se centró en la cuestión de las credenciales. ¿Con qué autoridad ("en nombre de quién") Pedro había sanado al hombre lisiado? Pedro respondió con un sermón sobre el concepto de "nombre", el cual dio testimonio del nombre de Jesús, el Mesías, "la piedra que desecharon... los constructores." Inspirado por el Espíritu, Pedro incluso tuvo la valentía de acusar a los miembros del Sanedrín por su participación en la muerte de Jesús. Terminó con una apelación implícita para que el sumo tribunal se entregara a Jesús, el único "nombre" en quien se encuentra la salvación.

2. *Advertidos y liberados (4:13-22).* Los miembros del Sanedrín estaban en un aprieto. Los apóstoles eran populares con la gente por sanar al hombre y el Sanedrín no podía negar la clara evidencia de la curación. Por otro lado, querían que cesara la predicación mesiánica. La solución fue decretar una prohibición formal en cuanto al mensaje cristiano. Ahora se establecería una responsabilidad legal si los apóstoles continuaban predicando a Cristo. Pero Pedro les dijo qué haría: ¿cómo podía él no continuar testificando del poder de Dios que había visto en operación en Cristo?

La oración de la comunidad (4:23-31). Indudablemente, el resto de la comunidad había estado en oración por los dos apóstoles durante su juicio. Luego de su liberación y su regreso, ellos ofrecieron una oración de acción de gracias. Le agradecieron a Dios por liberar a los suyos en tiempos de prueba. Cuando los que mandaban se reunieron en contra de Cristo, Dios lo liberó. Ahora, dos apóstoles habían sido liberados de las mismas autoridades. No obstante, hicieron algo más que expresar agradecimiento. Oraron para que Dios los llenara con poder para continuar con su testimonio, incluso con más audacia a pesar de las amenazas de los gobernantes. Dios respondió de inmediato su oración. Recibieron un sentido renovado del poder del Espíritu, un nuevo denuedo para testificar.

La vida común (4:32-37). Este tercer resumen se enfoca en la práctica de la iglesia primitiva de compartir cosas materiales. Había dos dimensiones de esto. Primero, ellos "compartían" todas sus posesiones. No reclamaban derechos de propiedad. La actitud era: "lo que es mío es tuyo". Segundo, los que tenían medios vendían voluntariamente parte de su propiedad y llevaban el producto a los apóstoles, para ser distribuido entre los necesitados. La iglesia no practicó la propiedad en común, sino la caridad en base a la voluntad. Bernabé fue puesto como ejemplo de quien hizo un regalo particularmente generoso. Bernabé fue una figura importante en el ministerio de Pablo. Aparece con frecuencia en los relatos de Hechos 9–15. Su sobrenombre, "Consolador", es bien llevado por el papel que jugó en la narraciones posteriores (ver comentario sobre 9:23-31).

Amenaza seria (5:1-11). La comunidad de la iglesia que compartía no estuvo libre de abusos. Una pareja en particular trató de obtener más crédito del que se merecía por un regalo. Vendieron una propiedad y llevaron *parte* del dinero a los apóstoles. Mintieron acerca de su regalo, pues simularon dar todo, si bien conservaron una parte para ellos. Pedro habló con ellos por separado. Primero, confrontó a Ananías, el esposo. Cuando fue puesto en evidencia, Ananías cayó muerto a los pies de Pedro. Luego su esposa Safira fue confrontada. Del mismo modo ella mintió sobre su regalo. Y cuando fue puesta en evidencia, también cayó muerta a los pies de Pedro. Marido y mujer tenían la misma responsabilidad por su pecado al mentirle al Espíritu de Dios. También tuvieron el mismo juicio.

Este dictamen nos parece particularmente severo, pero debemos recordar que este era un tiempo de gran unidad en la iglesia, de notable crecimiento y experiencia en el poder del Espíritu. Ananías y Safira introdujeron un elemento de desconfianza que amenazaba la unidad y el testimonio de la iglesia. Fue como

PREDICACIÓN APOSTÓLICA

Mientras que todas las cartas en el Nuevo Testamento dan una descripción completa de la enseñanza de los apóstoles, sólo el libro de Hechos realmente registra la predicación apostólica. En su predicación pública, los apóstoles dirigieron el mensaje a los inconversos. Predicaron el evangelio de Jesucristo y lo hicieron para lograr conversiones. Los apóstoles reservaron la instrucción doctrinal y ética para la iglesia (Hech. 2:42).

Aunque sólo aparecen en Hechos largos registros de la predicación de Pedro, Pablo y Esteban, la predicación de ellos representa el concepto del evangelio comúnmente sostenido. El mismo mensaje básico del evangelio aparece en cada relato completo de predicación. Cuando aparece sólo un comentario sobre la predicación, este tiende a resaltar uno de los elementos del evangelio que es común a los mensajes completos.

Pedro predicó cinco sermones importantes en Hechos: afuera de la casa donde el Espíritu Santo cayó sobre la iglesia (2:14-40), en el Pórtico de Salomón (3:11-26), ante gobernantes y ancianos (4:8-12), ante el Sanedrín (5:29-32) y ante Cornelio y sus invitados (10:34-43).

Pablo predicó numerosos sermones en Hechos, pero sólo tres aparecen en forma sustancial: en Antioquía de Pisidia (13:16-41), en Atenas (17:22-31) y delante de Agripa (26:2-23). No obstante, además de estos, aparecen breves comentarios sobre otras predicaciones suyas: en Damasco (9:20), en Listra (14:15-17), en Tesalónica (17:2-3), en Corinto (18:5) y en Éfeso (19:13; 20:21).

Hechos también contiene la predicación de Esteban (7:1-56), de Felipe (8:5, 12,35) y de Apolos (18:28). Otras partes de Hechos sólo mencionan que los apóstoles predicaban la palabra. Debido a la consistencia del mensaje en cada pasaje, podemos asumir que cuando ellos predicaban la palabra, proclamaban el evangelio de Jesucristo.

El mensaje predicado por los apóstoles tenía en común varios elementos esenciales.

1. Proclamaban que las Escrituras se habían cumplido. En forma consistente probaron que Jesús era el Cristo de acuerdo a las Escrituras y nunca en contradicción con ellas. Su mensaje de salvación tuvo continuidad con todo lo que Dios había hecho desde la creación para salvar a la gente. No trajeron una nueva religión, sino que presentaron la culminación de todo lo que Dios había prometido.

2. El cumplimiento vino en la persona de Jesús, a quien ellos proclamaban como Mesías o Cristo: Hijo de David e Hijo de Dios.

3. La salvación se obtiene a través de la muerte, la sepultura y la resurrección de Jesús, quien ascendió a la diestra de Dios, de donde vendrá otra vez a juzgar al mundo.

4. La salvación consiste en el perdón de pecados y en el don del Espíritu Santo. Cuando el pecado es quitado y el Espíritu Santo entra, la persona ha recibido vida eterna.

5. La respuesta adecuada para este evangelio es volverse a Dios y tener fe en el Señor Jesús. Los creyentes hacían pública esta respuesta a través del bautismo.

Cuando los apóstoles llevaron el mensaje más allá de los judíos, tuvieron que establecer un fundamento que era innecesario cuando la gente compartía las mismas presuposiciones teológicas. En Listra y en Atenas, Pablo tuvo que comenzar su discurso declarando que Dios es el Creador (14:15-17; 17:22-31).

A los judíos en Jerusalén, Pedro pudo hablarles de Jesús como Señor, que era un título santo entre los judíos. Los gentiles usaban el término "señor" de manera muy liviana.

Para expresar el mismo título divino, Pablo habló de Cristo como el Hijo de Dios. Pedro no explicó la relación entre la muerte de Cristo y el perdón de pecados. La ley judía aclaraba que la expiación era a través de un sacrificio de sangre. Pedro no necesitó explicarlo. Sin embargo, en el caso de los gentiles, Pablo les explicó la relación, especialmente en sus cartas. Aclaró que Cristo murió por nuestros pecados (1 Cor. 15:3).

si Dios hubiera extirpado una raíz de recelo y desconfianza, para que no impidiera el progreso de la comunión. La experiencia de ellos es también un recordatorio de que el mismo Espíritu que concede la bendición de Dios también puede expresar su juicio.

Milagros de los apóstoles (5:12-16). El resumen final sobre la vida de la iglesia primitiva se enfoca en el poder de su testimonio. Los apóstoles eran conocidos por sus milagros y su testimonio de Cristo. Daban testimonio regularmente en el Pórtico de Salomón, una columnata ubicada a lo largo de la pared del templo. La respuesta de la gente era variada. Algunos mantenían distancia de la manifestación cristiana del poder del Espíritu. Otros se unían a ellos y la comunidad cristiana continuaba creciendo.

Los apóstoles delante del Sanedrín (5:17-42). El testimonio denodado de los apóstoles en el área del templo estaba destinado a llamar la atención de las autoridades, quienes estrictamente les habían prohibido dar testimonio de Cristo (4:18). Esta vez *todos* los apóstoles fueron arrestados y puestos en la cárcel durante la noche a la espera de una audiencia delante del Sanedrín.

1. Arresto, escape y nuevo arresto (5:17-26). Dios estaba con sus mensajeros y su ángel los liberó milagrosamente durante la noche. Los apóstoles no se escaparon. Permanecieron en el área y le dieron testimonio a la gente que se reunió en el templo al amanecer. Irónicamente, el Sanedrín no tenía a quien juzgar en la sesión de la mañana. Al final, los apóstoles fueron localizados en el mismo lugar del testimonio por el cual se suponía debían estar en juicio. Su milagrosa liberación fue innegable y entonces fueron llevados al Sanedrín "sin recurrir a la fuerza".

2. Comparecencia delante del Sanedrín (5:27-40). La mayoría de los miembros del Sanedrín estaban listos para ordenar la muerte de los apóstoles por continuar con su testimonio. Pero uno de los de la minoría farisea pidió moderación. Era Gamaliel, un destacado rabino, maestro de Pablo (22:3). Él citó a dos movimientos anteriores que se atribuyeron la guía de Dios, pero que cayeron en la ruina. Gamaliel aseguró al Sanedrín que el movimiento cristiano también fracasaría si carecía de la bendición de Dios. Por otro lado, ellos no podrían pararlo si Dios estaba detrás. El Sanedrín le prestó atención al consejo de Gamaliel y liberó a los apóstoles, pero no sin antes darles los azotes prescriptos por la ley judía (39 latigazos sobre la carne desnuda con un látigo de cuero).

3. Liberación y testimonio (5:41-42). Aunque una vez más el Sanedrín les prohibió testificar, los apóstoles continuaron con su denodado testimonio de Cristo. Para ese momento ya tenían la seguridad de que aunque pudieran sufrir desgracia y castigo corporal, la palabra de Dios prosperaría.

UN TESTIMONIO MÁS AMPLIO (6:1–8:40)

A partir del capítulo 6, el evangelio comienza a moverse más allá de Jerusalén en cumplimiento de la comisión de Jesús (1:8). Las figuras clave en esta misión de expansión fueron los "helenistas", judíos cristianos no palestinos que se habían establecido en Jerusalén, y cuya lengua y costumbres eran griegas. Son presentados en 6:1-7. Luego se relata el testimonio de dos de ellos: Esteban en 6:8–8:3 y Felipe en 8:4-40.

Los siete (6:1-7). En el programa de la iglesia surgió un problema para proveer a los necesitados, en particular a las viudas. Era un problema de comunicación. Estaban los palestinos nativos que hablaban arameo y también estaban los helenistas ("judíos de habla griega"), cuyo origen estaba fuera de Palestina, pero que ahora residían en Jerusalén. Todos eran judíos cristianos. El problema surgió porque los apóstoles, que hablaban arameo, eran responsables por la distribución de comida a *todas* las viudas cristianas. Las viudas de habla griega estaban siendo dejadas de lado debido a la barrera de la lengua.

Como solución, los apóstoles requirieron que los cristianos de habla griega seleccionaran siete de los suyos para proveer a las viudas de habla griega. Se realizó una selección y los siete fueron debidamente nombrados. Con frecuencia este episodio es visto como el establecimiento del diaconado, pero la palabra *diácono* no aparece en este pasaje. Los siete parecen haber sido elegidos para satisfacer una necesidad específica y no para cubrir una posición oficial en la iglesia. De todas maneras, el ministerio primario más prominente fue el evangelismo.

Arresto y juicio de Esteban (6:8–7:1). Uno de los siete era Esteban. "Lleno de la gracia y del poder de Dios", él hizo milagros y dio un poderoso testimonio de Cristo. En particular predicó en las sinagogas judías de habla griega, que incluían a judíos de varias partes del Imperio Romano, quienes habían llegado para vivir en Jerusalén. Esteban se encontró con una resistencia considerable en estas sinagogas, pero nadie pudo refutarle sus argumentos persuasivos. De modo que sus opositores recurrieron a la traición. Ellos le tendieron una trampa y trajeron acusaciones falsas contra él delante del Sanedrín. Se hicieron dos cargos falsos: habló en contra de la ley judía (Moisés), y habló en contra de Dios. El cargo de hablar en contra de Dios específicamente sostenía que había amenazado con destruir la casa de Dios, el templo. En el v. 15, Lucas nos prepara para el martirio de Esteban que figura a continuación. El rostro de Esteban brillaba con la refulgencia de la inspiración divina en su testimonio, un testimonio que lo conduciría a la muerte.

Discurso de Esteban (7:2-53). A simple vista, el discurso de Esteban, el más largo en Hechos, parece ser una sencilla recitación de eventos de la historia de Israel. No parece responder a los cargos contra él. En realidad, era un resumen cuidadosamente elegido de la historia de Israel, que sirve para hacer volver los cargos sobre los que acusaban a Esteban. Ellos, y no él, eran los que resistían a Dios. Ellos, y no él, habían blasfemado el templo de Dios. Su discurso puede dividirse en cinco partes principales.

1. Las promesas a Abraham (7:2-8). Esteban comenzó con el pacto de Dios con Abraham. Su punto principal fue que Abraham nunca poseyó ni un lugar "dónde plantar el pie" en la tierra santa. Las promesas a Abraham, fueron dadas fuera de la tierra santa. Esteban comenzó con una crítica del estrecho nacionalismo judío, que confinó a Dios a la tierra de Israel, particularmente al templo.

2. La liberación a través de José (7:9-16). Esteban continuó su crítica implícita de la teología de la "tierra santa" al señalar cómo Dios había liberado a Israel a través de José, una vez más *fuera* de la tierra santa. También comenzó con un segundo tema. Los hijos de Jacob *rechazaron* a José, a quien Dios había elegido. Israel *siempre* rechazó a sus líderes. Este tema se destaca en todo el discurso.

3. La liberación a través de Moisés (7:17-34). La referencia a Moisés es la parte más extensa del discurso. Se divide en tres secciones, cada una de las cuales comprende 40 años de la vida de Moisés. Los vv. 17-22 abarcan los primeros años de Moisés, su nacimiento y su educación en casa del faraón. Los vv. 23-29 comprenden los 40 años entre la huida de Moisés de Egipto y su visión de la zarza ardiente. Los vv. 30-34 comienzan con la parte final de la vida de Moisés: el Éxodo y la peregrinación por el desierto. Una vez más, los mismos temas son prominentes: Dios estaba con Israel de una manera especial *fuera* de la tierra prometida e Israel continuaba rechazando al líder que Dios había enviado.

4. La apostasía de Israel (7:35-50). En esta sección la polémica de Esteban se hizo más directa. Israel rechazó el liderazgo de Moisés. Le dieron la espalda a Dios y se volvieron a la idolatría. En los vv. 44-47 comienza una crítica del templo. Esteban implicó que Israel adoraba mejor a Dios en el desierto, cuando tenían una tienda de adoración que se podía mover de un lado a otro. Con Salomón, Dios fue limitado a un solo lugar santo, el templo. Así y todo, Dios no puede ser confinado a edificios hechos por manos de hombres. El cargo contra Esteban no era del todo erróneo. Él sí criticó la *adoración* de sus días en el templo. Se suponía que el templo era una casa de oración, pero había llegado a ser un lugar donde Israel confinaba a Dios, donde lo ligaba exclusivamente a su propia tierra y pueblo.

5. *El rechazo del Mesías (7:51-53).* Esteban lanzó un ataque frontal. Israel siempre había rechazado a sus líderes: José, Moisés y ahora a Jesús, el "Justo". Los acusadores de Esteban habían oído suficiente. Abruptamente, le pusieron fin a su discurso.

El discurso de Esteban es altamente significativo para la misión de la iglesia primitiva. Él criticó el nacionalismo judío con su teología exclusiva del templo y de la tierra. Esta crítica proveyó la razón de ser para una misión mundial integral. Su martirio *lanzó* esa misión.

El martirio de Esteban (7:54-8:1a). Los eruditos están divididos con respecto a si Esteban fue formalmente sentenciado a la lapidación, el método de ejecución acostumbrado de los judíos, o si murió por la violencia del populacho. Lo último parece más probable. Bajo la autoridad de los romanos, los judíos no podían llevar a cabo ejecuciones. Lo que comenzó como un juicio formal se deterioró hasta llegar a ser un linchamiento por parte de una turba. Así de furiosos estaban los líderes judíos por las palabras de Esteban. Saulo se introduce en la historia de Hechos como un espectador que sostenía las ropas de los que lo apedreaban. Así como Jesús había encomendado su espíritu a Dios al morir, también Esteban se encomendó a Jesús (Luc. 23:46). Y al igual que Jesús, él pidió perdón para sus

asesinos (Luc. 23:34). A Esteban lo llamamos el primer "mártir" cristiano. La palabra *mártir* viene de la palabra griega *martús* que significa "testigo". Al igual que todos los mártires, Esteban fue un testigo del Señor, incluso hasta la muerte.

Persecución y dispersión (8:1b-3). Dos cosas resultaron directamente del martirio de Esteban. Primero, los cristianos en Jerusalén fueron perseguidos y dispersados. Los apóstoles y el resto de la iglesia de habla aramea parecen haber permanecido en la ciudad. Los que tuvieron que huir fueron los helenistas, los cristianos que como Esteban eran de habla griega. Entre ellos estaba Felipe, procedente de Samaria. Segundo, Saulo hace su aparición como el principal perseguidor de los cristianos. Él también era un judío de habla griega. Su vida estaba por cambiar radicalmente (9:1-31).

El testimonio de Felipe (8:4-40). Al igual que Esteban, Felipe era uno de los siete elegidos para cuidar de las viudas de habla griega. Y también, del mismo modo que Esteban, su papel principal llegó a ser la proclamación del evangelio, primero a los samaritanos, luego a un eunuco etíope.

1. *La misión en Samaria (8:4-25).* Felipe alcanzó al pueblo samaritano, así como Jesús antes que él (Juan 4). El pueblo samaritano fue el primer grupo fuera del judaísmo que escuchó el evangelio. Ubicados entre Judea y Galilea, los samaritanos eran el remanente de las diez tribus del norte de Israel. Conservaban una forma de religión judía, que incluía los libros de la ley como escrituras, una expectativa mesiánica y un monte santo. Eran totalmente rechazados por los judíos. Felipe tuvo un éxito considerable entre los samaritanos y llamó la atención de un charlatán llamado Simón, quien por un tiempo había sorprendido a los samaritanos con sus trucos. El testimonio de Felipe a los samaritanos también atrajo la atención de la iglesia madre en Jerusalén, que envió a Pedro y a Juan para controlar.

Los dos apóstoles pronto determinaron la legitimidad de la palabra de Felipe y se unieron a ella imponiendo manos sobre los samaritanos, quienes por consiguiente recibieron al Espíritu.

Esto fue demasiado para Simón, el viejo mago. Él también quería el poder para dar el Espíritu y ofreció pagarle a Pedro para que le confiriera el Espíritu secretamente. Pedro replicó que Dios no podía ser comprado y le advirtió que sería excluido completamente del pueblo de Dios si no se arrepentía. La misión samaritana en general fue un gran éxito. Pedro y Juan evangelizaron otras poblaciones de allí.

2. El testimonio al tesorero etíope (8:26-40). Felipe había sido el primero en alcanzar a otros fuera del judaísmo, predicándoles a los "medios judíos" samaritanos. Ahora le dio testimonio a un gentil, un etíope que era un prosélito (converso) judío o bien un "temeroso de Dios" (adorador de Dios que no se había convertido formalmente al judaísmo). Se lo identifica como un eunuco, el tesorero de una reina etíope. Era un lugar extraño para testificar: en Gaza, en el desierto, camino a Egipto. Felipe no había ido allí por su cuenta. El Espíritu lo guió a ese lugar. En realidad, el Espíritu dirigió todos los pasos en el testimonio de Felipe al etíope. La historia está marcada por "coincidencias" sobrenaturales que hacen indudable la conducción del Señor.

El eunuco estaba leyendo la porción del siervo en Isaías, la cual señala la muerte expiatoria de Jesús tal vez con más claridad que ningún otro pasaje del Antiguo Testamento. Esta fue la preparación perfecta para el testimonio de Felipe. Cuando el tesorero profesó su fe y pidió el bautismo, inmediatamente llegaron a un raro oasis en el desierto. El Espíritu claramente había estado en todo lo que ocurrió. Tan pronto como el eunuco fue bautizado, el Espíritu tomó a Felipe y lo transportó a las ciudades de la costa.

En el primer siglo, la palabra *eunuco* se usaba con frecuencia para los tesoreros y podría referirse o no a alguien castrado. En la antigüedad, los eunucos eran castrados para hacerlos cuidadores confiables del tesoro y del harén del monarca. Uno tiene la inclinación a ver al tesorero etíope como un eunuco en el sentido antiguo. Él había ido Jerusalén a adorar. Igual que el lisiado en la puerta llamada la Hermosa (3:1-10), no habría sido admitido en el santuario debido a su condición física. No obstante, en Cristo encontró una aceptación completa. No hay cristianos de segunda clase.

PEDRO SE UNE AL TESTIMONIO (9:1–12:25)

Hechos 9–12 completa el relato del testimonio de la iglesia en Jerusalén y en toda Judea. La conversión de Pablo y el testimonio de la iglesia de Antioquía se ligan al trabajo de los helenistas y preparan la misión de Pablo a los gentiles. La ministración de Pedro a Cornelio resulta en que el apóstol principal refrenda el testimonio a los gentiles. El capítulo 12 da una visión final de la iglesia de Jerusalén antes que la narración se enfoque totalmente sobre Pablo y su misión a los gentiles.

El nuevo testimonio de Pablo (9:1-31).

1. Pablo el convertido (9:1-22). La conversión de Pablo se relata tres veces en Hechos. Se narra en estos versículos y en dos discursos de Pablo: delante de una multitud judía en el patio del templo (22:3-21) y en su discurso al rey Agripa (26:2-23). Hay diferencias menores entre los tres relatos y probablemente se deban a las distintas audiencias a las que se dirigía. Este relato se divide en tres partes y es el principal.

Los vv. *1-9* relatan la visión que Pablo, el perseguidor, tuvo de Cristo en el camino a Damasco. Fue una experiencia objetiva. Los compañeros de Pablo vieron una luz y oyeron un ruido, pero solo Pablo experimentó la visión. Al perseguir a la iglesia, Pablo estaba persiguiendo a Cristo mismo ("¿por qué *me* persigues?"). Ahora Pablo entendió que Cristo verdaderamente vivía, que era en realidad el Mesías resucitado. En sus cartas, Pablo se refirió a esta experiencia como a una aparición real del Señor resucitado (por ejemplo, 1 Cor. 15:8).

Los vv. *10-19a* relatan las visiones intercomunicadas del ciego Pablo y del cristiano Ananías en Damasco. Es comprensible que Ananías se negara a acercarse a este notorio perseguidor, quien había venido expresamente a Damasco para arrestar a cristianos como él. A Ananías le fue indicado que fuera a Pablo, le restaurara la vista, lo bautizara y le revelara su comisión. La comisión aparece en los vv. 15-16. Ahora Pablo sería un testigo de Cristo. El antes perseguidor de Cristo sería él mismo perseguido por su propio testimonio de Cristo.

Los vv. *19b-22* completan el relato de la conversión de Pablo. Él no perdió tiempo para testificar en las sinagogas de Damasco. Su celo como perseguidor fue superado por su celo por Cristo.

Ha habido intentos de "explicar" la conversión de Pablo y van desde ser un fariseo desilusionado hasta un epiléptico. La explicación más simple y aun así la más profunda es que Cristo lo tomó y le hizo dar media vuelta: de un fanático controlado por su propia voluntad lo transformó en un discípulo igualmente fanático pero dirigido por Cristo.

2. Pablo el perseguido (9:23-31). Después de un tiempo de testimonio en Damasco y en la región cercana de Arabia (Gál. 1:17), Pablo fue tan perseguido por los judíos y por las autoridades de Damasco, que tuvo que escaparse de la ciudad de un modo muy inusual. Pablo relató el incidente en sus propias palabras en 2 Corintios 11:32-33. En Gálatas 1:18-24 también habló de su primera visita a Jerusalén después de su conversión. Al principio, los apóstoles eran renuentes a recibir a su anterior archienemigo, pero Bernabé, siempre "el Consolador", intervino a favor de Pablo. No obstante, al igual que Esteban, Pablo provocó la oposición de las sinagogas no cristianas de habla griega en Jerusalén. Huyó a Tarso, su ciudad natal. Allí pasó alrededor de diez o más años antes que Bernabé lo buscara y lo trajera a Antioquía (11:25-26). Son los "años silenciosos" de Pablo. No tenemos ningún registro de su ministerio en Tarso.

Ciudades costeras (9:32-43). Con Pablo en Tarso, la escena vuelve a Judea y al ministerio de Pedro. Se relatan dos historias de curaciones, ambas con parecidos estrechos a las curaciones de Jesús. La historia de Eneas recuerda una de Jesús cuando le dijo al paralítico que se levantara, que tomara su camilla y que anduviera (Mar. 2:9). La historia de Tabita trae a la mente la resucitación de la hija de Jairo por parte de Jesús. Incluso las palabras son similares: *Talita* ("niña", Mar. 5:41) y *Tabita*. Esta vivía en Jope. Pedro se estableció allí por un tiempo en la casa de Simón el curtidor.

Un gentil temeroso de Dios (10:1–11:18). Sería difícil sobrestimar la importancia del encuentro de Pedro con Cornelio. Pedro era el apóstol principal. Este incidente lo convenció de que Dios estaba incluyendo a los gentiles en su reino. Como resultado, Pedro llegó a ser el defensor de la misión de Pablo a los gentiles (Hech. 15:7-11). Lucas enfatizó la trascendencia de este evento. Enfatizó el significado de las visiones de Pedro y de Cornelio, repitiéndolas no menos de tres veces en este pasaje. Presenta el incidente en su característico estilo dramático. Se puede bosquejar en siete escenas.

1. La visión de Cornelio (10:1-8). Cornelio se identifica como un soldado romano, residente en Cesarea y particularmente piadoso, "temeroso de Dios". Los gentiles que creían devotamente en Dios y concurrían a la sinagoga eran los temerosos de Dios, pero

no habían llegado a ser totalmente convertidos ("prosélitos") al judaísmo. Cornelio tuvo
una visión de un ángel que lo guió a traer a
Pedro desde Jope.

2. *La visión de Pedro (10:9-16).* La visión de Pedro fue más gráfica: una sábana
que descendía a la tierra llena de toda clase
de animales, tanto limpios como inmundos. Tres veces recibió la indicación que decía: "mata y come" de estos animales.
Hacer eso era quebrantar las leyes judías
sobre la comida. Eso iba en contra de todo
lo que le habían enseñado a Pedro desde su
infancia. ¿Cómo podía una voz celestial
decirle que quebrara las leyes de la comida?

3. *La visita de Pedro a Cornelio
(10:17-23).* La visión de Pedro coincidió
con la llegada de los mensajeros de parte de
Cornelio. Las indicaciones del Espíritu de
acompañarlos sirvieron para convencer a
Pedro de que Dios tenía algo especial reservado en casa de Cornelio. Al día siguiente,
Pedro fue con los mensajeros en un viaje de
casi 5 km (30 millas) a Cesarea.

4. *Visiones compartidas (10:24-33).*
Cuando Pedro llegó a casa de Cornelio,
tanto él como el centurión compartieron
las visiones en detalle el uno con el otro. La
narración es repetitiva, pero sirve para subrayar la importancia de los eventos.

5. *El testimonio de Pedro (10:34-43).*
Convencido por su visión de que para Dios
nadie era "impuro o inmundo", Pedro ahora procedió a compartir el evangelio con
Cornelio y con los otros gentiles. Es el tercer y último sermón importante de Pedro
en Hechos. El sermón era básicamente un
resumen del ministerio de Jesús, que enfatizaba el significado de su muerte y su resurrección. Lo sorprendente en el sermón fue
la declaración de apertura de Pedro, en
donde reconocía que Dios acepta a gente
de toda clase de razas y naciones.

6. *La imparcialidad del Espíritu
(10:44-48).* Pedro no terminó su sermón. El
Espíritu descendió sobre la reunión de

gentiles, y ellos en forma explícita demostraron la presencia del Espíritu por medio de su
hablar extático. Cuando Pedro reconoce que
poseían el Espíritu, entonces hace arreglos
para el bautismo de ellos. Ahora él entendió
la visión en forma completa. No tuvo problemas en aceptar la hospitalidad de sus hermanos y hermanas gentiles en Cristo, aun
cuando esto seguramente trajo aparejado un
cambio de las leyes de la comida kosher.

7. *Respaldo del testimonio a los gentiles (11:1-18).* La escena final tiene lugar
en Jerusalén, donde Pedro fue cuestionado
por algunos cristianos judíos más conservadores por haber comido con gentiles. Pedro les relató todo el incidente. Ambas
visiones se dan en detalle por tercera vez.
El lector no puede perder la magnitud del
evento. Quienes criticaron a Pedro no pudieron negar la obra del Espíritu, de modo
que estuvieron de acuerdo con Pedro en
que Dios incluía a los gentiles en Cristo. No
todos los detalles habían sido arreglados.
La cuestión se discutiría otra vez en el concilio de Jerusalén de Hechos 15. Pero se
habían puesto de acuerdo sobre el principio general de la misión a los gentiles. La
puerta ahora estaba abierta para la misión
de la iglesia de Antioquía.

**El testimonio de Antioquía
(11:19-30).** La iglesia de Antioquía en Siria fue establecida por algunos helenistas
como Esteban, quienes habían huido de la
persecución en Jerusalén. Antioquía era
una ciudad con cultura y lengua griega. Los
helenistas cristianos en primer lugar le dieron testimonio a los judíos de la ciudad,
pero luego se volvieron a los gentiles. Fueron la primera congregación cristiana en
emprender una misión a los gentiles. Probablemente esta es la razón por la que el
nombre *cristiano* se usó allí por primera
vez. La palabra "cristiano" proviene del latín e indudablemente fue usada primero
por los gentiles, quienes habían sido
atraídos por la expansión cristiana.

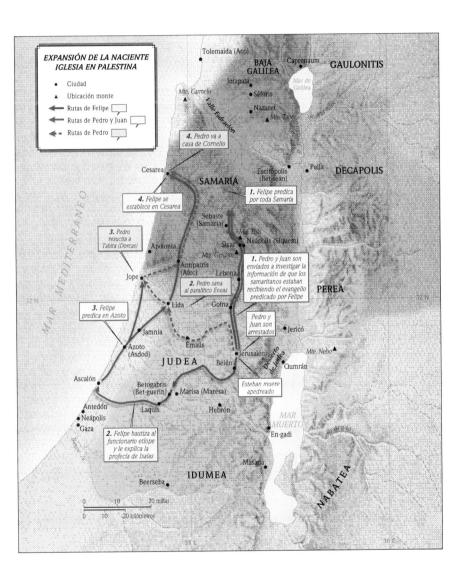

EXPANSIÓN DE LA NACIENTE
IGLESIA EN PALESTINA

• Ciudad
▲ Ubicación monte
← Rutas de Felipe
← Rutas de Pedro y Juan
← Rutas de Pedro

Tolemaida (Aco)
BAJA GALILEA
Capernaum
GAULONITIS
Jotapata
Mar de Galilea
Mte. Carmelo
Séforis
Valle Esdraelón
Nazaret
Mte. Tabor

4. Pedro va a casa de Cornelio

Cesarea
SAMARIA
Escitópolis (Betseán)
Pella
DECAPOLIS

1. Felipe predica por toda Samaria

4. Felipe se establece en Cesarea

Sebaste (Samaria)
Mte. Ebal
Neápolis (Siquem)

3. Pedro resucita a Tábita (Dorcas)

Apolonia
Sicar
Mte. Gerizim
Antípatris (Afec)
Lebona

1. Pedro y Juan son enviados a investigar la información de que los samaritanos estaban recibiendo el evangelio predicado por Felipe

Jope
2. Pedro sana al paralítico Eneas
Lida
Gofna
PEREA

Pedro y Juan son arrestados

3. Felipe predica en Azoto
Jamnia
Emaús
Jericó
Mte. Nebo ▲

Azoto (Asdod)
JUDEA
Jerusalén
Belén
Desierto de Judea
Qumrán

Ascalón
Betogabris (Bet-guvrin)
Marisa (Maresa)

Esteban muere apedreado

Antedón
Neápolis
Gaza
Laquis
Hebrón
MAR MUERTO

2. Felipe bautiza al funcionario etíope y le explica la profecía de Isaías
En-gadi

MAR MEDITERRÁNEO

Masada

IDUMEA
NABATEA

Beerseba

0   10   20 millas
0   10   20 kilómetros

La misión de Antioquía a los gentiles llamó la atención de la iglesia de Jerusalén, la cual envió a Bernabé para controlar. Este rápidamente determinó su autenticidad y él mismo se unió en alcanzar a los gentiles. Bernabé recordó que Pablo también era un judío de la dispersión de habla griega, y él sería particularmente adecuado para un ministerio a los gentiles. Entonces Bernabé fue a Tarso, encontró a Pablo y lo trajo a Antioquía. Allí los dos testificaron durante un año. La evangelización en Antioquía preparó a los dos para la próxima misión a los gentiles, la cual pronto emprenderían.

Los vv. *27-30* relatan un proyecto especial emprendido por la iglesia de Antioquía. Agabo, un profeta cristiano de Jerusalén, predijo que una severa hambruna pronto ocurriría en todo el Imperio Romano. En efecto, durante el reinado de Claudio sobrevino una gran hambruna. Los cristianos de Antioquía asistieron y salvaron a las iglesias de Judea cuando el hambre golpeó. Pablo y Bernabé administraron la ofrenda. Esto sirvió como un modelo para Pablo, quien luego emprendería una colecta mayor de parte de sus congregaciones gentiles para los cristianos de Judea.

Persecución en Jerusalén (12:1-25). El capítulo 12 es el último que relata sobre la congregación judeo-cristiana en Jerusalén sin referirse a Pablo. Este capítulo que relata Lucas presenta un estilo dramático. Se divide en cuatro segmentos.

1. Persecución de los apóstoles por parte de Herodes Agripa (12:1-5). Herodes Agripa I era el nieto de Herodes el Grande. Gobernó sobre Judea entre el 41 y 44 d.C. Criado en Roma, una de las mayores preocupaciones de su reinado era ganar el favor de los judíos. Debe de haber ordenado la ejecución de Jacobo en un intento de complacer a los líderes judíos que se oponían a los cristianos. Habría hecho lo mismo con Pedro si no hubiera interferido la ocasión de la Pascua, cuando las ejecuciones no se consideraban

apropiadas. Retuvo a Pedro en la cárcel hasta que pasaron los días de fiesta. Resulta claro que Herodes había llegado a ser el archienemigo de los cristianos.

2. La liberación milagrosa de Pedro de la prisión (12:6-19a). Los planes de Herodes para Pedro no se concretarían. Este fue liberado de la prisión por un ángel del Señor. Es emocionante la forma en que Lucas relata esta historia. Pedro debía ir a juicio a la mañana siguiente, pero estaba profundamente dormido, como si no tuviera ninguna preocupación. Su confianza estaba en Dios. Por cierto que Pedro no llevó a cabo el trabajo. El ángel tuvo que levantarlo, indicarle que se vistiera y conducirlo paso a paso en el camino hasta que estuvo a salvo afuera. Sólo entonces Pedro se despertó completamente.

La escena se desplaza a la casa de la madre de Juan Marcos, donde los cristianos estaban reunidos juntos para orar por Pedro. Rode ("Rosita"), la joven sierva, se entusiasmó tanto al ver a Pedro que no le abrió la puerta. Los cristianos que estaban adentro no podían creer sus buenas noticias. Les resultaba más fácil creer que Pedro había sido ejecutado y que su fantasma había regresado a la tierra, que aceptar que sus oraciones por la liberación de Pedro habían sido respondidas. Pedro les dio un mensaje para Jacobo, el hermano de Jesús, quien desde ese momento se transformó en el líder de la iglesia de Jerusalén. Mientras tanto Pedro se fue rápido a un lugar más seguro.

3. La arrogancia autodestructiva de Herodes (12:19b-23). Los soldados pagaron con sus vidas por la fuga de Pedro, pero Herodes también recibió lo suyo. En una ocasión formal en el teatro de Cesarea, Herodes apareció vestido con ropas especialmente finas. El historiador cristiano Josefo también registra el evento y señala que Herodes usó un atuendo con láminas de plata que brillaban bajo los rayos del sol. La gente lo aclamó como un dios. Josefo declaró que Herodes ni afirmó ni negó el saludo de ellos. Inmediatamente fue derribado, "comido de gusanos" según palabras de Lucas. Murió por su arrogancia blasfema.

4. *Paz para la iglesia (12:24-25)*. Se cierra el círculo con el capítulo 12. El asesino de Jacobo ahora yace en su propia tumba. La iglesia estaba en paz. Su testimonio continuaría. Pablo y Bernabé regresaron a Antioquía, y se estableció el escenario para el próximo paso en el avance de la misión cristiana.

LOS GENTILES (13:1–15:35)

La iglesia en Antioquía estaba lista para expandirse. El Espíritu la guió a hacerlo a través de una misión emprendida por Pablo y Bernabé. Ellos tuvieron gran éxito entre los gentiles. Esto provocó un gran debate sobre hasta qué punto los gentiles debían ser obligados a abrazar la ley judía. Para discutir este asunto se convocó a una reunión formal en Jerusalén.

Pablo y Bernabé (13:1-3). La iglesia de Antioquía ya había alcanzado a los gentiles de su propia ciudad. Mientras algunos líderes ayunaban y oraban por una guía mayor, el Espíritu les indicó que enviaran a Pablo y Bernabé en una misión. Los líderes entonces, "comisionaron" a Pablo y Bernabé para un nuevo ministerio; ayunaron, oraron y les impusieron las manos como una expresión de solidaridad y respaldo. La iglesia de Antioquía sería quien encomendaría a Pablo en sus tres viajes misioneros.

Sergio Paulo convertido (13:4-12). Bernabé y Pablo comenzaron su misión en Chipre, una isla en el mar Mediterráneo alrededor de 100 km (60 millas) al oeste del puerto de la ciudad de Antioquía (Seleucia). Bernabé era nativo de Chipre (4:36). Llevaron a Juan Marcos con ellos como ayudante. Viajaron hacia el oeste a lo largo de la isla hasta Pafos, su ciudad capital. Allí se encontraron con Sergio Paulo, el gobernador

romano de la isla. Paulo quería saber más acerca del mensaje, pero Pablo fue impedido por un charlatán llamado Elimas, quien había estado sacando provecho de su asociación con el gobernador. Pablo confrontó al mago, quien inmediatamente fue atacado de ceguera. Esta solo fue temporaria, pero sirvió para demostrar el poder del Señor que Pablo representaba. El gobernador creyó en Dios, y fue el primero de una larga lista de oficiales romanos a quienes Pablo daría testimonio.

El v. 9 señala que "Saulo" también se llamaba "Pablo". Antes de este relato, Lucas siempre se había referido a él como Saulo, su nombre hebreo. De ahora en adelante, lo llama por su nombre romano Pablo. Él estaría trabajando entre los gentiles y acababa de testificarle a alguien que compartía el nombre Paulo con él.

Discurso de Pablo (13:13-52).

1. El escenario (13:13-16a). Desde Chipre, los dos misioneros zarparon hacia la costa de Panfilia (hoy Turquía del sur). Juan Marcos los dejó y regresó a Jerusalén. No es claro por qué hizo esto. Fue un punto de fricción con Pablo (15:38). Pablo y Bernabé continuaron viaje, y atravesaron el difícil camino que llevaba desde la costa hasta Antioquía de Pisidia, la cual estaba ubicada a una altura de 1100 m (3600 pies) en las montañas sobre la frontera entre Frigia y Pisidia. Había una sinagoga judía en Antioquía de Pisidia, y la visitaron el día sábado. Pablo fue invitado a hablar. Predicó un largo sermón, su primer discurso importante señalado en Hechos.

2. El sermón (13:16b-41). Dado que estaba predicando a los judíos, el sermón de Pablo tuvo mucho en común con los sermones de Pedro en Hechos 2 y 3. En especial, este discurso fue construido alrededor de pasajes del Antiguo Testamento. Se podría bosquejar en tres secciones. Los vv. *16b-25* nos recuerdan al sermón de Esteban. Se resume la historia de Israel desde el Éxodo hasta David. Pablo remarcó eventos que enfatizaron las promesas de Dios y su misericordia para con su pueblo. En los vv. *26-37* les presentó a los judíos de Antioquía de Pisidia a Jesús, el Mesías prometido. Les habló de la muerte y la resurrección de Jesús, y citó textos del Antiguo Testamento que señalaban estos eventos. Finalmente, concluyó su sermón con una apelación para que ellos se arrepintieran y creyeran en Jesús. Enfatizó que la salvación es a través de la fe en Jesús y no por las obras de la ley. Este tema llegó a ser favorito en las epístolas que Pablo escribiría más tarde.

3. El resultado del sermón (13:42-52). La respuesta al sermón de Pablo fue tan favorable que lo invitaron a predicar otra vez el próximo sábado. Había muchos prosélitos (gentiles convertidos al judaísmo) que estaban especialmente impresionados. Esto terminaría en la expulsión de Pablo. Al sábado siguiente "casi toda la ciudad" se había reunido en la sinagoga para oír a Pablo. Los prosélitos habían invitado a sus vecinos gentiles. Los miembros de la sinagoga se pusieron celosos por esta gran respuesta gentil (v. 45). Se volvieron contra Pablo, pero él respondió volviéndose a los gentiles y señalando que primero, como era necesario, ya le había testificado a los judíos. Ahora, de acuerdo a la profecía de Isaías, él sería una "luz" para *todos* los pueblos de la tierra. Frente a esto hubo una abrumadora respuesta de fe de parte de los gentiles, pero un violento rechazo de parte de los judíos. Pablo se vio obligado a irse de la región.

A partir de este incidente, Pablo estableció un modelo que continuó repitiendo. Cada vez que llegaba a una nueva ciudad, siempre comenzaba su testimonio en la sinagoga. Solo cuando la sinagoga lo rechazaba, él se dedicaba a testificar exclusivamente a los gentiles.

Aceptación y rechazo (14:1-7). Pablo y Bernabé continuaron testificando en las regiones montañosas de la provincia romana de Galacia (sur de Turquía). Ellos viajaron desde Antioquía de Pisidia unos 150 km (90 millas) hacia el sudeste hasta Iconio. Lucas resumió el tiempo que pasaron allí. Fue un típico modelo del testimonio de Pablo, que comenzaba en la sinagoga y obtenía una respuesta dividida tanto de parte de los judíos como de los gentiles. Algunos creyeron; otros fueron agitados opositores de Pablo. Cuando estos planearon una estratagema para matar a Pablo y Bernabé, ellos se fueron a Listra, alrededor de 35 km (20 millas) al sur de Iconio.

Predicación a paganos (14:8-21a). Al parecer Listra no tenía comunidad judía. Entonces por primera vez, Pablo y Bernabé testificaron exclusivamente a gentiles. No fue fácil. Había enormes problemas de comunicación. El relato de su ministerio allí comienza con la curación por parte de Pablo de un hombre lisiado que estaba a las puertas del templo de Zeus, justo afuera de la ciudad. Frente a la palabra de Pablo, el lisiado dio un salto y caminó. Su reacción fue similar a la del lisiado curado por Pedro en la puerta la Hermosa (3:1-10).

No obstante, este milagro provocó gran confusión en la multitud pagana. Creyeron que los dioses los estaban visitando, entonces a Bernabé lo llamaron Júpiter o Zeus, y a Pablo, el orador principal, Mercurio o Hermes (el "vocero" de los dioses). Dado que la gente hablaba en un dialecto provincial, Pablo y Bernabé al principio no se dieron cuenta de lo que estaba pasando. Los de Listra tenían una tradición local que indicaba que Júpiter y Mercurio una vez habían venido a su región en forma humana y habían sido recibidos por una pareja mayor sin que esta se diera cuenta. Los de Listra estaban convencidos de que esto estaba ocurriendo otra vez. El sacerdote de Júpiter o Zeus no quería perderse la oportunidad de darle un homenaje personal a su dios y preparó sacrificios para los misioneros (vv. 11-13).

PROVINCIAS ROMANAS

La principal división administrativa de Roma para sus territorios extranjeros fueron las provincias. Aunque el uso del término *provincia* es raro en el Nuevo Testamento (sólo en Hech. 23:34; 25:1), hay muchas referencias por nombre a las provincias.

El sistema provincial romano se estableció sobre territorios en sujeción como medio de mantener la paz y de recaudar tributos. En el período del Nuevo Testamento (mediados del siglo I d.C.) había 32 provincias en total. Once eran designadas como provincias senatoriales bajo la jurisdicción de un procónsul, que usualmente servía en su oficio por el término de un año.

Las provincias senatoriales eran esos territorios donde la paz era segura y el procónsul generalmente tenía solo un pequeño apéndice militar bajo su comando. En contraste, las otras 21 provincias estaban bajo la jurisdicción de un legado imperial (o gobernador) que era nombrado por el emperador romano y servía en su oficio por un término abierto.

Se mantenían legiones romanas completas (600 soldados) en las provincias imperiales, dado que estas eran territorios a lo largo de las fronteras del Imperio o donde podían producirse levantamientos contra el gobierno de Roma.

Además de las provincias había territorios bajo el gobierno de un rey vasallo, quien era leal a Roma y le pagaba tributos al emperador. Muchas de las provincias del primer siglo se originaron como esos estados vasallos, los cuales finalmente fueron cedidos a

Roma por sus gobernantes. Así es que Bitinia llegó a ser una provincia en el 74 a.C. cuando su rey la entregó al gobierno directo de Roma.

De la misma manera, Panfilia llegó a ser una provincia en el 189 a.C., Galacia en el 25 a.C. y Capadocia en el 17 d.C. Otros territorios tales como Macedonia y Acaya, se organizaron en provincias después que Roma los conquistó mediante la guerra en el 148 a.C.

La posición oficial de Judea es poco clara. Era un estado vasallo bajo el mandato de Herodes y sus hijos, pero luego cayó bajo los procuradores romanos durante los ministerios de Jesús y de Pablo. Durante este período todavía puede haber conservado su posición de estado vasallo, con el procurador que compartía la jurisdicción con el sumo sacerdote judío y sujeto al gobernador de Siria (Ver el artículo "Pilato").

Después que los romanos reprimieron la revuelta judía en el 70 d.C., Judea fue definitivamente organizada como una provincia imperial romana.

Con frecuencia uno encuentra nombres provinciales en las cartas de Pablo y en la porción paulina de Hechos. Pablo mismo había nacido en Tarso, una ciudad de Cilicia, que en esos días era parte de la provincia de Siria. Del mismo modo, en Siria estaba Damasco donde Pablo se convirtió, y Antioquía, donde estaba ubicada la iglesia que lo patrocinaba en sus viajes misioneros.

En su primera misión, Pablo trabajó en la provincia senatorial de Creta y convirtió al procónsul romano de ese lugar (Hech. 13:12). Desde Creta, Pablo fue a Perge en la provincia imperial de

Panfilia y de allí a Listra, Antioquía de Pisidia e Iconio. Todas eran ciudades que pertenecían a la provincia imperial de Galacia.

En su segundo viaje misionero Pablo trabajó en las provincias senatoriales de habla griega llamadas Macedonia y Acaya. Filipos y Tesalónica están ubicadas en Macedonia; Atenas y Corinto están ubicadas en Acaya. El punto principal de su viaje fue Éfeso, capital de la provincia senatorial de Asia. Otras provincias que se mencionan brevemente en el relato de Hechos respecto a los viajes de Pablo son Bitinia, a lo largo del mar Negro, y Licia, justo al oeste de Panfilia y bajo una administración provincial compartida.

Pablo prefirió usar nombres provinciales para referirse a estas iglesias en lugar de nombrar las ciudades donde las iglesias estaban ubicadas. "Acaya" era el nombre para Corinto y "Asia" para Éfeso. Cuando hablaba de "Macedonia", no siempre era claro si tenía en mente a Filipos o Tesalónica.

Otros escritores del Nuevo Testamento se refirieron a las provincias romanas. Primero, Pedro se dirigió a los cristianos en las provincias de Asia Menor: anteriormente Bitinia, Galacia, Asia y Capadocia (1:1). Apocalipsis está dirigido a siete iglesias en la provincia de Asia (1:4). El término geográfico "Italia" también aparece en el Nuevo Testamento (Hech. 27:6; Heb. 13:24). Italia es el término usado para el territorio bajo jurisdicción romana directa a diferencia de sus territorios extranjeros. En el primer siglo, todos los italianos desde el norte de Florencia hasta el sur de Italia eran considerados ciudadanos de la ciudad de Roma.

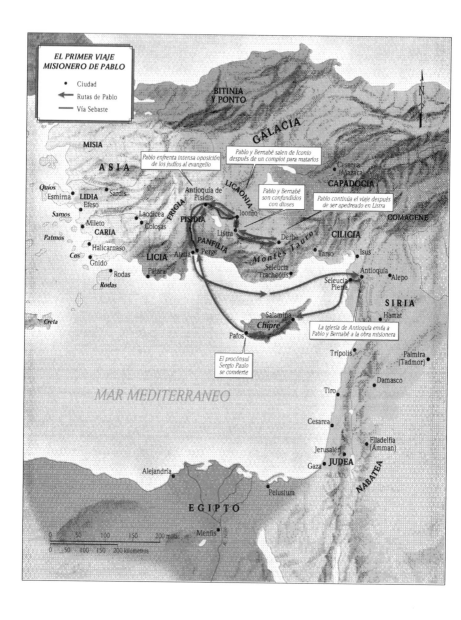

En ese momento Pablo y Bernabé se dieron cuenta de lo que estaba pasando. Trataron de parar los sacrificios, insistiendo que ellos eran solamente humanos. Pablo intentó corregir esa creencia y les compartió una palabra acerca de Dios. Habló de la misericordia y de la providencia de Dios. Ellos eran paganos que creían en muchos dioses y Pablo tenía que convencerlos de que había un solo y verdadero Dios antes de comenzar a compartir el evangelio del Hijo de Dios. Los de Listra no entendieron. La elocuencia de Pablo los convenció aun más de que este que hablaba era un dios (v. 18). Sin embargo, las multitudes son inestables. Muy pronto cuando llegaron los judíos de Antioquía y de Iconio pasaron de rendir sacrificio a apedrear. La multitud hostil apedreó a Pablo, pero Dios lo libró de la prueba. Y junto con Bernabé se fueron a Derbe para un ministerio breve pero exitoso.

Regreso a Antioquía (14:21b-28). Pablo y Bernabé podrían haber seguido viajando hacia el sudeste desde Derbe a lo largo de los 240 km (150 millas) por los pasos montañosos hasta Tarso, la tierra natal de Pablo. En su lugar, eligieron la alternativa más complicada de volver sobre sus pasos. Querían visitar de nuevo las iglesias que habían establecido, y asegurarse de su salud espiritual y de que tenían un buen liderazgo. El único lugar al que no volvieron fue Chipre. Zarparon directamente desde Atalia (la costa del sur de Turquía) hacia Antioquía, la iglesia que los había encomendado. Allí dieron el informe misionero, resaltando particularmente la gran respuesta de los gentiles.

Debate en Jerusalén (15:1-35).

1. La crítica del partido de la circuncisión (15:1-5). La misión de Pablo a los gentiles provocó una discusión considerable. Pablo no había requerido que sus convertidos gentiles se circuncidaran o que vivieran según la ley judía en asuntos como las regulaciones sobre la comida. No había demandado que los gentiles se hicieran judíos para ser cristianos. Pero algunos cristianos judíos disentían con él en esto. Ellos pensaban que los convertidos gentiles debían ser circuncidados y debían vivir siguiendo los parámetros de la ley judía. En resumen, consideraban que debían convertirse al judaísmo para ser seguidores de Jesús. Los que pensaban así eran principalmente de Judea.

Estos vinieron a Antioquía y provocaron un agudo debate con Pablo y Bernabé sobre el tema. Se decidió tener un encuentro formal en Jerusalén para resolver la cuestión. Pablo y Bernabé encabezaron la delegación de Antioquía.

2. El debate en Jerusalén (15:6-21). Las líneas estaban claramente trazadas. Una de las posiciones, representada principalmente por los cristianos judíos de trasfondo fariseo, insistía que los judíos siempre habían tenido un medio para aceptar a los gentiles: que se sometieran a la circuncisión y que abrazaran la letra de la ley mosaica. Pablo representaba el otro punto de vista. Él también había sido fariseo, pero comprendió que todo había cambiado con Cristo. Los cristianos eran el nuevo pueblo de Dios y para ser cristiano no era necesario hacerse primero judío.

No obstante, Pablo no defendió su posición en la reunión. En su lugar, dio testimonio de cómo Dios los bendecía a él y a Bernabé en la misión a los gentiles. La posición de Pablo fue defendida por dos figuras influyentes: Pedro, el apóstol principal, y Jacobo, hermano de Jesús y anciano que lideraba la congregación de Jerusalén. Pedro señaló cómo Dios le había mostrado a través de Cornelio que Él aceptaba a los gentiles. Los gentiles no tenían que vivir según las normas judías. En Cristo, la salvación es solo por gracia, tanto para el judío como para el gentil. Jacobo básicamente reforzó los argumentos de Pedro, al dar prueba escrituraria de la inclusión de los gentiles por parte de Dios.

Al igual que Pedro y Pablo, Jacobo no creía que los gentiles tuvieran que circuncidarse y tuvieran que vivir según la ley judía. Sin embargo, se dieron cuenta que además había un problema de comunión. Los cristianos judíos vivían según las leyes judías sobre la comida y los cristianos gentiles no. ¿Cómo podían sentarse juntos a la mesa? De ahí que Jacobo propuso una solución por la que pedía a los cristianos gentiles que se abstuvieran de ciertas comidas y que mantuvieran una pureza sexual. (La palabra "sangre" se refiere a carne que no había sido drenada de sangre, la cual estaba prohibida a los judíos.)

3. *La decisión en Jerusalén y su informe a Antioquía (15:22-35).* La solución de Jacobo fue aceptada por todo el concilio. Se escribió una carta que establecía cuatro reglas. Fue dirigida a la iglesia de Antioquía y a su campo misionero. Judas Barsabás y Silas fueron nombrados como delegados oficiales para entregar la carta.

EL MUNDO GRIEGO (15:36–18:22)

Esta porción de Hechos abarca la segunda misión de Pablo. Acompañado por Silas y Timoteo, Pablo dejó por primera vez el este y testificó en las ciudades de Grecia en el mundo occidental.

Separación de Bernabé (15:36-41). Pablo le pidió a Bernabé que los acompañara a visitar otra vez las iglesias establecidas en su primera misión. Bernabé quería llevar a Marcos para darle otra oportunidad, pero Pablo se opuso firmemente a llevar con ellos a un "miedoso". Entonces Bernabé se fue con Marcos en una misión a Chipre y Pablo tomó a Silas (Silvano en las cartas de Pablo). Bernabé "rescató" a Marcos. Luego Marcos sería uno de los compañeros de trabajo de Pablo (Col. 4:10). Esta vez Pablo fue por tierra a través de Siria, hacia el norte a su Cilicia natal y eventualmente a través de pasos montañosos llegó a las iglesias establecidas en su primer viaje.

Derbe, Listra e Iconio (16:1-5). Al visitar a su anterior campo misionero, Pablo se encontró con Timoteo en Listra. Este es descrito como un "discípulo", lo cual indica que tal vez era un convertido del trabajo anterior de Pablo en ese lugar. Pablo quería llevarlo en la misión. Timoteo tenía una madre judía, motivo que lo hacía legalmente judío, pero no había sido circuncidado. Pablo lo hizo circuncidar como para no ofender en las sinagogas donde él testificaba. Compartió la carta de Jerusalén con todas las iglesias de su primer viaje misionero.

Llamado a Macedonia (16:6-10). El grupo de Pablo dejó el área de la primera misión y partió hacia el norte (a través de Turquía central). Pablo habría ido hacia el oeste a la provincia de Asia hasta la costa donde estaba ubicada la populosa ciudad de Éfeso, pero el Espíritu lo impidió. Así que Pablo continuó hacia el norte y esta vez se dirigió a la provincia de Bitinia y sus ciudades en la costa del mar Negro. Una vez más el Espíritu le puso a Pablo un impedimento (v. 7). Finalmente, él terminó en Troas, en la costa egea, y allí descubrió hacia dónde estaba siendo guiado.

Pablo tuvo una visión en Troas, en donde un hombre macedonio le suplicaba que fuera a ministrar a Macedonia. Esta ciudad no estaba lejos geográficamente, sino a unos dos días por mar. Étnicamente, era un mundo diferente: la tierra de Alejandro Magno, el mundo griego. Aquí por primera vez, Lucas usó en el relato la primera persona del plural. Este uso de su parte tal vez indica que Lucas se unió a Pablo por primera vez en Troas.

Testimonio en Filipos (16:11-40). Pablo predicó primero en la ciudad de Filipos, en la región noreste de Macedonia. Era una ciudad colonial romana, con un núcleo de ciudadanos romanos, con gobierno romano y con una importante carretera romana que se extendía a través de ella. Durante su ministerio en Filipos nos enteramos de la

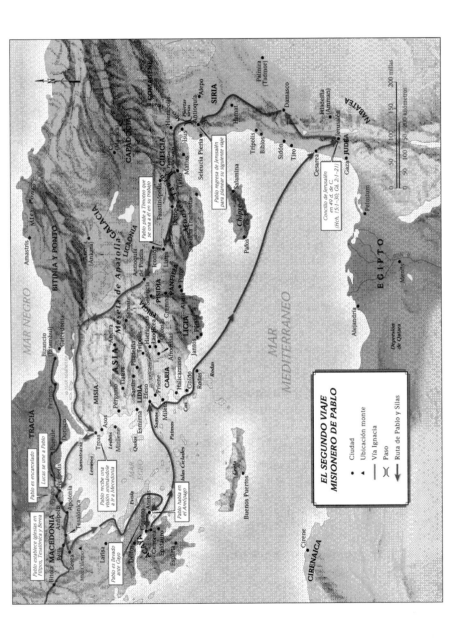

EL SEGUNDO VIAJE
MISIONERO DE PABLO

- • Ciudad
- ▲ Ubicación monte
- — Vía Ignacia
-)(Paso
- → Ruta de Pablo y Silas

CIUDADES GRECORROMANAS

El ministerio de Pablo fue primordialmente llevado a cabo en las grandes ciudades del Mediterráneo romano. Pablo provenía de un trasfondo urbano, al nacer en Tarso, la principal ciudad de Cilicia.

Tarso había estado bajo el gobierno romano desde el 67 a.C. y tenía la posición de ciudad libre, que le concedía una considerable autonomía local. Los ciudadanos principales de las ciudades libres tenían la ciudadanía romana y la familia de Pablo disfrutaba de esta prerrogativa (Hech. 22:28).

Al crecer en Tarso, Pablo debe de haber encontrado en ella todas las marcas características de una ciudad grecorromana: su templo, su teatro, su ágora bulliciosa (mercado) y su notable escuela de filosofía. A través de esta última, tal vez Pablo haya sido expuesto por primera vez al lenguaje filosófico y a los métodos argumentativos estoicos que él usó en forma extensiva en sus epístolas.

Pablo se convirtió en Damasco, otra gran ciudad del Imperio Romano. Damasco era una ciudad antigua del segundo milenio antes de Cristo. En el siglo IV a.C. cayó bajo el gobierno griego por medio de Alejandro y sus sucesores, y bajo el gobierno romano en el 64 a.C. Durante este período, la ciudad fue completamente reconstruida sobre el plan griego de ciudad con sistema de cuadrícula, y consistía en calles que se cruzaban en ángulo recto. Como todas las ciudades

grecorromanas, Damasco estaba rodeada por una muralla defensiva, tenía un templo prominente (dedicado al Júpiter romano) y un extenso mercado. El rey judío Herodes el Grande, construyó allí un gimnasio al estilo griego. La calle principal, "la calle llamada Derecha", fue donde Pablo estaba alojado cuando fue enviado Ananías (9:11) y todavía está vigente en la moderna Damasco. La muralla de la ciudad probó ser un instrumento en el bizarro escape de Pablo en un canasto (Hech. 9:25; 2 Cor. 11:33).

La iglesia que encomendó a Pablo en su trabajo misionero estaba ubicada en Antioquía en Siria. Esta iglesia había sido establecida por cristianos judíos de habla griega ("helenistas"), quienes habían comenzado a testificarles a los gentiles de la ciudad (Hech. 11:19-26; 13:1-3).

Antioquía era una ciudad grecorromana desde el principio mismo, ya que había sido establecida en el 300 a.C. por el rey de Siria, Seleuco I, como su ciudad capital. En los días de Pablo, era un centro comercial bullicioso, la tercera ciudad más grande del Imperio Romano. Al igual que muchas de las ciudades principales de esos días, era una ciudad con puerto, ubicada a 25 km (16 millas) río arriba sobre el Orontes, con el puerto de Seleucia en la entrada, donde el río desembocaba en el Mediterráneo.

La ciudad había estado bajo gobierno romano desde el 64 a.C. Fortificada por murallas tanto internas como externas, tenía un palacio, un foro con columnas (centro cívico), un teatro y

una espléndida calle principal con piedras pulidas y columnatas a ambos lados construidas por Herodes el Grande. Tenía un acueducto que llevaba agua de surgentes al sur de la ciudad, un gimnasio, baños públicos al estilo romano, un anfiteatro, un teatro y un templo impresionante. Aunque el último estaba dedicado a la diosa griega Artemisa, el antiguo culto de fertilidad de Dafne todavía florecía en Antioquía, cuya prostitución sagrada probablemente contribuyó a la reputación inmoral que tenía la ciudad.

El primer viaje misionero de Pablo fue principalmente llevado a cabo en la provincia romana de Galacia, donde él predicó en muchas ciudades grecorromanas (Hech. 13:13–14:28). Entre ellas estaba Antioquía de Pisidia, en donde todavía hoy son visibles las ruinas de su templo de estilo romano, el acueducto y el teatro.

Hacia el sudeste de Antioquía, se encontraba la ciudad de Iconio sobre la carretera principal que se extendía de este a oeste. Junto con Derbe, Listra está todavía sin excavar, pero inscripciones oficiales en griego que se encontraron en la vecindad de ambas dan testimonio de la cultura grecorromana que predominaba en esa área en los días de Pablo.

En el segundo viaje misionero, Pablo trabajó en las principales ciudades del mundo griego. Su primera parada en suelo griego fue Filipos (Hech. 16:11-40). Dado que Filipos estaba ubicada a unos 20 km (13 millas) de la costa del mar Egeo, su ciudad portuaria era Neápolis, donde Pablo tocó tierra.

Filipos había sido establecida en tiempos antiguos debido a la gran cantidad de minas de cobre y de oro en la región. Originalmente llamada Krenides, fue reconstruida en el siglo IV a.C. por el padre de Alejandro Magno, Felipe de Macedonia, de donde proviene su nombre. Otra vez fue reorganizada y reconstruida por los romanos en el 42 a.C. después de la exitosa derrota de los asesinos de César en manos de Antonio y Octavio en las planicies justo a las afueras de la ciudad.

En este tiempo, a Filipos le fue dado el estatus de una colonia romana, lo que significaba que tenía como población a un núcleo de ciudadanos romanos. Muchos de estos "colonos" habían llegado de las filas de los soldados que compartieron la victoria lograda allí. Una colonia disfrutaba de muchos privilegios, tales como estar bajo la ley romana, elegir sus propios oficiales y eximirse de los impuestos provinciales.

Esto explica por qué Pablo demandó la disculpa personal de los magistrados de Filipos por golpearlo y encarcelarlo sin una audiencia (Hech. 16:37-39). Era ilegal tratar a un ciudadano de esa manera, y de tal infracción podía resultar la pérdida de la posición de su colonia. Entre los convertidos por Pablo se encontraba Lidia, una mujer prominente "que vendía telas de púrpura" (Hech. 16:14). Una inscripción latina excavada en Filipos se refiere a los comerciantes de mercaderías de púrpura, un testimonio de lo prominente que era en Filipos esa ocupación.

Tesalónica era la segunda ciudad importante de Macedonia en la que Pablo trabajó (Hech. 17:1-9). A unos 145 km (90 millas) al sudoeste de Filipos, Tesalónica era capital de una de las cuatro principales divisiones políticas de Macedonia. Al igual que Tarso, tenía el estatus de ciudad libre. Como en el caso de Filipos, la vía Egnacia, la principal carretera romana con orientación de este a oeste, se extendía a través de ella. Ubicada sobre una entrada del Egeo, era una importante ciudad portuaria. Debido a la oposición de parte de los judíos de Tesalónica, Pablo tuvo que huir a Berea, una ciudad más pequeña, alrededor de 80 km (50 millas) al sudoeste.

Luego Pablo fue a Atenas, la ciudad que era el epítome de la cultura griega. Al igual que muchas ciudades griegas, Atenas estaba dominada por una colina conocida como acrópolis. Esta colina estaba por sobre la ciudad. (Había acrópolis similares en Filipos y en Corinto).

Sobre la acrópolis había varios templos, y el más notable era el Partenón, dedicado a Atenea, la diosa patrona de la ciudad. Al noroeste de la acrópolis estaba el ágora (mercado) donde Pablo puede haber observado el altar dedicado "A UN DIOS DESCONOCIDO" (Hech. 17:23). Fue aquí en el ágora que debatió con los curiosos filósofos atenienses (Hech. 17:16-21).

Sobre el lado oeste de la acrópolis estaba el Areópago ("monte de Marte" en latín), donde desde tiempos antiguos había un tribunal que dictaminaba sobre asuntos de religión y moral. El tribunal en sí mismo finalmente tomó el nombre de su lugar de encuentro original. De modo que no se sabe si la presentación de Pablo delante del Areópago fue en realidad sobre el monte en sí mismo o en algún otro lugar donde se reunía el tribunal.

Es evidente que Pablo no comenzó una comunidad cristiana importante en Atenas en ese momento, sino que fue a Corinto, donde trabajó por unos 18 meses (Hech. 18:1-18).

Corinto era probablemente el centro comercial más importante de Grecia en los días de Pablo y estaba ubicada en el Peloponeso, la porción sur de Grecia, conectada con el territorio principal del norte por un estrecho istmo, justo al norte de Corinto. Así es que Corinto tenía dos puertos, uno a cada lado del istmo. Lejaión al oeste le daba acceso al mar Adriático; y Cencrea al este, al Egeo.

Aunque esta región se estableció tan temprano como el 3000 a.C., la ciudad en los días de Pablo tenía menos de 100 años de edad. La ciudad antigua había sido arrasada en el 146 a.C. como resultado de una guerra con Roma. Fue restablecida por Julio César como una colonia romana en el 44 a.C. Corinto fue excavada en el siglo XIX y es un ejemplo excelente de una ciudad romana.

A la entrada principal de la ciudad está el templo de Apolo, el dios patrón de la ciudad. Sobre la acrópolis mirando sobre la ciudad está el templo de Afrodita, la diosa del amor. Sobre la muralla de la ciudad está el templo de Asclepio, dios de la curación. Se ha excavado una sinagoga judía y éste puede ser el mismo lugar en el que Pablo predicó. Un gran teatro con lugar para 18.000 personas sentadas tiene una plaza afuera dedicada a Erasto, el tesorero de la ciudad. Erasto puede haber sido la misma persona a quien Pablo le envió saludos desde Roma (Rom. 16:23).

Corinto tenía un ágora grande. En su lado sur fue descubierta una gran plataforma o trono de juicio, de mármol azul y blanco. Este puede ser el mismo trono desde el cual el procónsul Galión oyó la acusación de los judíos contra Pablo (Hech. 18:12-17). Como ciudad portuaria importante, Corinto era particularmente cosmopolita y es fácil entender por qué Pablo tuvo que ocuparse extensivamente de problemas tanto religiosos como morales, cuando les escribió a los cristianos de Corinto.

El tercer viaje misionero de Pablo fue llevado a cabo especialmente en Éfeso, donde pasó entre dos años y medio o tres. Éfeso era la capital de la provincia de Asia, y estuvo bajo el dominio romano desde el 133 a.C. El lugar fue ampliamente excavado en el siglo XIX. Entre las ruinas descubiertas se encuentra un estadio que Nerón construyó en los días de Pablo, un teatro con capacidad para 24.000 personas y una calle principal de 10 m (35 pies) de ancho con columnatas de 4,5 m (15 pies) de profundidad a ambos lados. Su edificio más impresionante era el templo de Artemisa (la Diana latina), con dimensiones de 55 m

(180 pies) por 110 m (360 pies). Tenía columnas de 18 m (60 pies) y estaba cubierto extensamente con oro en forma de hojas.

La adoración de Artemisa tenía sus raíces en los antiguos cultos de fertilidad asiáticos de la diosa madre. El templo en Éfeso era considerado una de las maravillas del mundo antiguo y atraía a muchos visitantes a su fiesta de la primavera. No es de extrañar que Pablo tuviera en contra a los mercaderes locales cuando él criticó la idolatría del culto (Hech. 19:23-41).

Éfeso era un centro comercial importante ubicado sobre un puerto natural y sobre la principal carretera romana. Para este momento debería ser evidente que Pablo llevó a cabo su trabajo principal en centros metropolitanos, en las principales ciudades grecorromanas.

Otras dos ciudades grecorromanas son prominentes en la carrera de Pablo: Cesarea y Roma. Él estuvo preso en Cesarea por más de dos años (Hech. 23:31; 26:32). En los días de Pablo los gobernadores romanos mantenían su residencia en esa ciudad. A pesar de que había habido asentamientos en la vecindad por lo menos tan temprano como en el siglo IV a.C., la ciudad de Cesarea fue principalmente la contribución de Herodes el Grande, quien deseaba un puerto importante en el área. Fue construida en su totalidad al estilo grecorromano. Tenía de todo: un teatro, un hipódromo para las carreras de carros y un anfiteatro para eventos atléticos y para combates de gladiadores.

Más impresionante era el puerto de Herodes, con sus dos enormes escolleras de piedra. También se construyó allí para él un palacio o pretorio, y éste subsiguientemente llegó a ser la residencia del gobernador y el lugar donde Pablo fue encarcelado (Hech. 23:35).

La ciudad más impresionante fue la última que visitó Pablo: Roma, la ciudad más grande del Imperio, la ciudad que gobernaba al mundo. Pablo era un prisionero que esperaba presentarse delante de César. Estaba bajo arresto domiciliario (Hech. 28:30-31), pero definitivamente tenía libertad para predicar y tal vez podía moverse de alguna manera dentro de la ciudad.

En términos generales el mundo antiguo estaba compuesto por ciudades estados. Con frecuencia, las más poderosas desarrollaron imperios por sí mismas: Nínive, Babilonia, Cartago. No importa lo extenso del imperio, la ciudad siempre permaneció como el poder gobernante central.

En los días de Pablo, el poder de Roma abarcaba todo el mundo del Mediterráneo. Al saber de la importancia de las ciudades, Pablo quería especialmente testificar en la ciudad principal. Le escribió una carta a los cristianos que lo precedieron allí para que le prepararan el camino (Rom. 15:14-29). Alcanzó su meta, aun cuando fue como prisionero. Así es que el trabajo misionero de Pablo puede ser caracterizado como evangelismo urbano, dado que él trabajó casi exclusivamente en los centros metropolitanos de sus días.

ciudadanía romana de Pablo. El relato de Lucas se divide en cuatro partes principales.

1. Fundación de una iglesia con Lidia (16:11-15). Filipos no tenía una comunidad judía lo suficientemente grande como para sostener una sinagoga. Pero había un lugar de oración judío fuera de la ciudad, al que concurrían principalmente mujeres. En el día sábado, Pablo se unió a ellas para la adoración. Una de ellas, Lidia, era una gentil temerosa de Dios, igual que Cornelio. Era una mujer con buena posición económica. Después de creer y ser bautizada, invitó a Pablo y a su séquito a su hogar. A partir de allí, los cristianos de Filipos tuvieron su iglesia en la casa de Lidia.

2. Curación de una joven esclava poseída (16:16-24). Mientras Pablo testificaba en Filipos, fue molestado por una joven esclava que estaba poseída por un espíritu con poderes de adivinación. El espíritu en forma incesante proclamaba la relación de Pablo con Dios y el poder salvador de su mensaje. Pablo se enoja con el demonio y siente compasión por la joven, quien estaba siendo explotada por sus amos, así es que exorcizó al espíritu. Al perder su fuente de ingreso, los amos arrastraron a Pablo delante de los magistrados de la ciudad. Los cargos contra él eran falsos, pero fueron lo suficientemente convincentes como para que las autoridades hicieran azotar a Pablo y a Silas, y los echaran en la cárcel.

3. Conversión del carcelero y su familia (16:25-34). Tal como los apóstoles antes que ellos (5:17-21), Pablo y Silas fueron liberados milagrosamente de su confinamiento, esta vez mediante un terremoto en la noche. Y del mismo modo que los apóstoles, ellos no se escaparon, sino que permanecieron en la escena para testificar. El carcelero pensó que perdería su vida por la fuga de los prisioneros. Sin embargo, ganó la vida, una vida verdadera en Cristo, a través del testimonio de Pablo y de Silas.

Ellos testificaron a toda la familia. Todos fueron bautizados. El gozo llenó su hogar.

4. Humillación de los magistrados de la ciudad (16:35-40). Al día siguiente, los magistrados se dieron cuenta de que Pablo y Silas no habían cometido ninguna ofensa real, entonces enviaron órdenes al carcelero para liberarlos. Pablo no se fue. Reveló su ciudadanía romana e hizo notar que tanto él como Silas habían sido azotados sin una audiencia, lo cual estaba estrictamente prohibido para los ciudadanos romanos. Demandó que los magistrados vinieran con una disculpa personal y los escoltaran fuera de la ciudad. Pablo se dio cuenta de que éste era un precedente importante. Predicar el evangelio no era una ofensa. No había quebrantado ninguna ley. Él quería que su prontuario estuviera limpio no solo en Filipos sino donde quiera que él testificara.

Establecimiento de iglesias (17:1-15).

1. Aceptación y rechazo en Tesalónica (17:1-9). Al irse de Filipos, el grupo de Pablo viajó a Tesalónica, la capital de Macedonia, que al igual que Filipos estaba ubicada sobre la principal carretera romana que se extendía de este a oeste. Pablo predicó en la sinagoga de Tesalónica durante las primeras tres semanas. Luego tuvo que salir de la sinagoga, pero es evidente que pasó más tiempo en la ciudad, ya que se sostenía con su oficio de hacer tiendas (1 Tes. 2:9). Finalmente, sus opositores judíos levantaron una turba del populacho que atacó la casa donde él se estaba hospedando. Acusaron falsamente a Pablo de sedición contra César. Jasón, el dueño de casa, evidentemente era cristiano. Le hicieron pagar una fianza que garantizara que Pablo no permanecería más en Tesalónica.

2. Testimonio en Berea (17:10-15). Pablo y Silas fueron a Berea, una ciudad considerable en Macedonia, alrededor de 80 km (50 millas) al sudoeste de Tesalónica. Lucas describió a los judíos de Berea como "más nobles" que los de Tesalónica.

Estudiaron el Antiguo Testamento junto con Pablo para ver si éste señalaba a Cristo. Desafortunadamente, la visita de Pablo se cortó cuando los judíos de Tesalónica llegaron a Berea y pusieron a las multitudes en su contra.

Testimonio en Atenas (17:16-34). Pablo fue escoltado por algunos hermanos de Berea hasta la costa y finalmente hasta Atenas. Silas y Timoteo se quedaron atrás. Pablo no se quedó mucho en Atenas. En especial fue una parada donde esperó a que llegaran Timoteo y Silas. Atenas llegó a ser el escenario de uno de los discursos más prominentes de Pablo, el discurso a los intelectuales atenienses en el Areópago (monte de Marte).

1. La curiosidad ateniense (17:16-21). Para el tiempo de Pablo, Atenas había perdido su poder político y económico. Pero todavía era un centro intelectual y cultural para toda Grecia. Los restos de su grandeza anterior estaban por todas partes, particularmente en sus muchas estatuas. Pablo se sintió ofendido por los ídolos de los dioses griegos que se veían por todas partes. Muy pronto serían el tema de su discurso. Pablo dio testimonio a los judíos el sábado en la sinagoga, pero todos los días discutía con los filósofos en el mercado, en especial con los epicúreos y con los estoicos, las dos escuelas más importantes del pensamiento ateniense.

El mensaje de Pablo resultó extraño. Ellos creían que Pablo proclamaba nuevos dioses: Jesús y la "diosa Resurrección". Lo llamaron "charlatán" (literalmente "picador de semillas", alguien que picotea cualquier idea nueva). En realidad, dijo Lucas, *ellos* eran los picadores de semillas, siempre buscando lo último. Llevaron a Pablo al Areópago. Esto podría referirse tanto al venerable tribunal ateniense con ese nombre o al monte al pie de la Acrópolis donde antes se había reunido ese tribunal. El monte había llegado a ser el equivalente ateniense del afamado Hyde Park en Londres.

Probablemente fue allí a donde llevaron a Pablo.

2. El testimonio de Pablo en el Areópago (17:22-31). El discurso de Pablo en el Areópago es una pieza magistral de predicación misionera. Pablo buscó establecer con los filósofos griegos tanta comunicación como le fue posible, sin comprometer al evangelio. Comenzó llamando la atención al mencionar un altar que él había visto en el mercado dedicado a "un dios desconocido". Los griegos lo erigieron por si tal vez hubieran dejado afuera a algún dios al que no querían ofender. De todos modos, el Dios que ellos no conocían era el único Dios real y Pablo ahora procedió a presentárselos. Lo describió como el Dios que hizo todas las cosas, el Dios providente que establece todos los límites de tiempo y espacio. Los filósofos podían seguir esto con facilidad, particularmente los estoicos. En especial podían estar de acuerdo con que "de él somos descendientes", expresión que Pablo realmente citó de un poeta estoico.

Pero en el v. 29 Pablo comenzó a atacar más directamente a la cultura griega. Si hemos nacido a la imagen de Dios, dijo, entonces estamos equivocados cuando hacemos ídolos. La idolatría da vuelta las cosas: hace a Dios a la imagen del hombre. Dios no tolerará más tal ignorancia, continuó diciendo Pablo. Él vendrá a juzgarnos por nuestra ignorancia e idolatría, y lo hará a través de una persona a quien Él levantó de los muertos (vv. 30-31). En este punto Pablo perdió a la mayoría de los intelectuales atenienses. La idea de un hombre que se levantó de los muertos era pura tontería para su manera de pensar.

3. Respuesta mezclada (17:32-34). Hubo tres respuestas al discurso de Pablo. Muchos se burlaron de él; otros querían seguir oyéndolo; unos pocos creyeron: el sermón no fue un fracaso. Pablo sabía que podía adaptar el evangelio hasta cierto punto. No podía evitar el centro mismo del evangelio, la locura de la cruz.

Una iglesia en Corinto (18:1-17). En los días de Pablo, Corinto era una ciudad más influyente que Atenas: más populosa, más poderosa política y económicamente. Era una ciudad nueva. Aparentemente, después de ser destruida por los romanos en el 146 a.C., Julio César la funda como una colonia romana en el 44 a.C. Era cosmopolita, una ciudad portuaria con salidas al Adriático por el oeste y al Egeo por el este. La estadía de Pablo en Corinto se puede fechar con alguna precisión. Galión fue procónsul de la provincia romana de Acaya durante un año, entre 51–53 d.C. (Acaya cubría la parte sur de Grecia, e incluía a Corinto, Delfos y Atenas.) Pablo pasó 18 meses o más en Corinto (vv. 11,18) durante este período de tiempo.

1. La misión en Corinto (18:1-11). La llegada de Pablo a Corinto se relata en los vv. 1-4. Allí encontró a Priscila y Aquila, otros judíos que hacían tiendas y que tal vez ya eran cristianos. Recientemente habían venido de Roma porque Claudio había expulsado a los judíos de la ciudad. (La expulsión está registrada por los historiadores romanos. Tuvo lugar en el 49 d.C. y parece haber sido provocada por revueltas en la población judía de Roma, relacionadas con el mensaje acerca de Cristo.) Pablo comenzó su testimonio en la sinagoga de Corinto, como lo hacía usualmente. Una vez más, la oposición judía se hizo tan fuerte que decidió abandonar la sinagoga y dedicarse exclusivamente a los gentiles (vv. 5-6). Pablo se fue a la casa de Justo, que vivía al lado de la sinagoga y era un gentil temeroso de Dios. Otros de la sinagoga se acercaron hasta la casa, incluso Crispo, uno de los ancianos jefes. (Pablo permaneció en Corinto al menos 18 meses debido a que Dios le había asegurado que su trabajo allí sería bendecido.)

2. Delante del procónsul (18:12-17). Hacia el final de su estadía fue arrastrado por los judíos delante del tribunal de Galión. Los judíos acusaron a Pablo de enseñar de manera contraria a la ley. Galión rápidamente se aseguró de que era una cuestión de la ley judía más que de la romana, entonces se rehusó a oír el caso. Es incierto por qué los judíos azotaron a Sóstenes frente al procónsul. Tal vez este jefe de la sinagoga se haya hecho cristiano. Pablo mencionó a su "hermano" Sóstenes en 1 Corintios 1:1.

Regreso a Antioquía (18:18-22). Esta sección redondea el segundo viaje misionero de Pablo, dando su itinerario desde Corinto hasta Antioquía. Zarpó desde Corinto hacia Éfeso, acompañado por Priscila y Aquila. La pareja permaneció en Éfeso para establecer un testimonio allí. Pablo no se quedó, pero prometió volver más tarde. Zarpó a Cesarea y luego "subió a Jerusalén a saludar a la iglesia". Jerusalén estaba sobre una colina. En lenguaje bíblico, uno siempre "sube" a Jerusalén. Que Pablo se rapara la cabeza en Cencrea pudo haber marcado el comienzo de un voto. El voto era nazareo. Al hacer tal voto, uno no podía cortarse el cabello hasta el término del voto. Usualmente esto ocurría en una ceremonia en el templo (ver 21:21-23,26). Después de su visita a Jerusalén, Pablo "bajó" a su iglesia encomendadora de Antioquía.

VENCER LA OPOSICIÓN (18:23–21:16)

El "tercer viaje misionero" de Pablo fue un viaje solo al comienzo y al final. En su mayor parte fue un extenso ministerio en Éfeso, que duró tres años. Lucas le dedicó un solo capítulo a ese ministerio, pero por las cartas de Pablo sabemos que fue un tiempo en el cual se establecieron muchas iglesias y fueron escritas muchas de sus cartas.

Apolos en Éfeso (18:23-28). Pablo comenzó su tercera misión al visitar por tercera vez a las iglesias establecidas en su primer viaje misionero. Su destino último fue Éfeso, donde había dejado a Priscila y Aquila. Antes del regreso de Pablo, estos dos se encontraron con Apolos, que vino a Éfeso desde Alejandría. Lucas describió a este último como un judío que sabía de Jesús y enseñaba con exactitud acerca de Él. Pero sólo conocía el bautismo de Juan (v. 25). Así que Priscila y Aquila pronto lo instruyeron más exactamente. Luego Apolos fue a Corinto. En la primera carta que escribió a los corintios Pablo se refirió muchas veces al ministerio de Apolos en Corinto.

Los discípulos de Juan (19:1-7). Cuando por primera vez Pablo llegó a Éfeso, se encontró con doce hombres que habían sido discípulos de Juan el Bautista. Ellos habían sido bautizados por Juan y conocían el mensaje de Juan sobre la venida del Mesías, pero no sabían que Jesús era el Mesías. Tampoco sabían del don del Espíritu. Pablo los convenció de que Jesús era el cumplimiento de la predicación de Juan. En consecuencia, fueron bautizados. Con la imposición de manos por parte de Pablo, recibieron una demostración externa del don del Espíritu, lo cual confirmó que Dios los había aceptado.

Predicación en Éfeso (19:8-12). Como siempre, Pablo comenzó su testimonio en la sinagoga. Allí testificó por tres meses hasta que la oposición lo forzó a retirarse a un salón de conferencias secular. Por dos meses continuó testificando allí tanto a judíos como a griegos. Realizó muchos milagros. Tanto es así, que la gente traía pedazos de tela para que él los tocara con la esperanza de que sus enfermos pudieran sanarse.

Religión falsa en Éfeso (19:13-20). Pablo encontró dos tipos de religión falsa en la ciudad. El primero estaba encarnado en siete supuestos exorcistas judíos que se atribuían ser hijos de un sumo sacerdote. (Nunca hubo un sumo sacerdote

llamado Esceva.) Ellos habían observado los exorcismos de Pablo en el nombre de Jesús y decidieron exorcizar a un endemoniado en el nombre de Jesús. El demonio no reconoció el poder de ellos, cayó sobre ellos y huyeron desnudos y humillados. Ellos aprendieron que no hay magia alguna en el nombre de Jesús. Cristo sólo obra a través de los que están comprometidos con Él. Una segunda clase de religión falsa eran los libros mágicos por los que Éfeso era famosa. Éstos contenían toda clase de palabras y trucos extraños. Pablo convenció a los efesios de la falta de valor que tenían esas cosas. Ellos trajeron sus libros de magia e hicieron una fogata pública masiva.

Determinación (19:21-22). Sabemos por las cartas de Pablo que él planeó llevar a los cristianos de Jerusalén una colecta de parte de las iglesias gentiles. Después de esto tuvo la intención de ir a Roma (Rom. 15:22).

Artesanos en Éfeso (19:23-41). El templo de Artemisa (Diana) en Éfeso era una de las maravillas arquitectónicas del mundo antiguo. La gente llegaba de todas partes del mundo para adorar a Artemisa. La diosa y su templo eran fuente de gran orgullo y beneficio para los efesios. La predicación de Pablo en contra de la idolatría y de la superstición lo pusieron en conflicto con los intereses económicos, debido a las ventajas que provocaba la adoración a Artemisa.

1. Instigación a una revuelta por parte de Demetrio (19:23-27). Un platero llamado Demetrio sacaba gran provecho de las réplicas del templo que él hacía. Al darse cuenta que la predicación de Pablo contra la idolatría perjudicaba su negocio, él reunió a los otros plateros. Les presentó la verdadera razón de su preocupación: la amenaza del negocio por parte de Pablo. Inmediatamente pasó a asuntos de orgullo público: Pablo ponía en peligro la reputación de Éfeso (v. 27b).

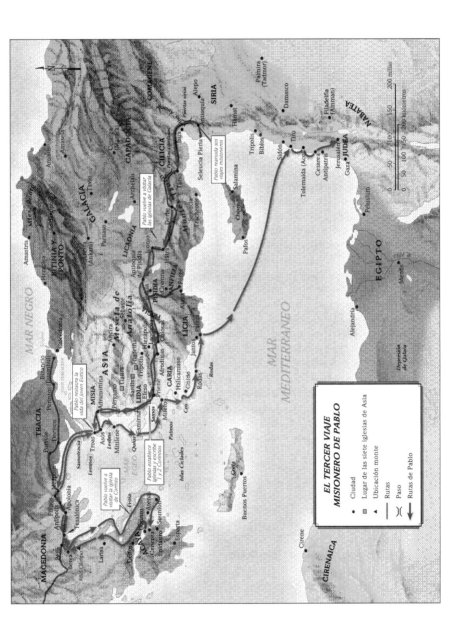

EL TERCER VIAJE
MISIONERO DE PABLO

• Ciudad
▣ Lugar de las siete iglesias de Asia
▲ Ubicación monte
／ Rutas
)(Paso
↓ Rutas de Pablo

Pablo vuelve a visitar
las iglesias de Galacia

Pablo restaura la
vida del joven Eutico

Pablo establece
iglesias y escribe
1 y 2 Corintios

Pablo vuelve a
visitar la iglesia
de Corinto

Pablo reanuda sus
viajes misioneros

2. Disturbio en el teatro (19:28-34).
Los artesanos llevaron su preocupación a las calles gritando "¡Grande es Artemisa de los efesios!" Muy pronto se juntó una turba, tomaron a dos de los compañeros de Pablo y rápidamente fueron al teatro al aire libre. Esta era la estructura más grande en la ciudad, con capacidad para 25.000 personas sentadas. Los cristianos y algunos oficiales amigos que estaban preocupados por su seguridad, le impidieron a Pablo ir al teatro. Alejandro debe de haber sido un vocero de los judíos. La multitud gentil puede haber identificado a toda la comunidad judía con Pablo, y tal vez Alejandro quería disociarlos.

3. Pacificación mediante un empleado de la ciudad (19:35-41). El teatro era el lugar de reunión para la *demos*, la asamblea de todos los ciudadanos votantes de Éfeso. El empleado de la ciudad era el secretario de la *demos* y el lazo entre ésta y los oficiales provinciales romanos. Cuando el secretario se dio cuenta de que la turba en el teatro podía verse como una reunión de la *demos* no prevista e ilegal, lo que podía crear verdaderos problemas con los oficiales romanos, él aquietó a la multitud con tres observaciones. Primero, la reputación de Éfeso estaba segura; no debían preocuparse. Segundo, los cristianos eran inocentes de todo crimen directo contra Artemisa o contra el templo. Tercero, debían recurrir a los tribunales regulares. Una asamblea ilegal sólo podía provocar problemas.

Viaje a Jerusalén (20:1–21:16).
Al final de este ministerio de tres años en Éfeso, Pablo volvió a visitar a las congregaciones de Grecia. Estaba recogiendo una colecta para Jerusalén. Además quería darles un saludo final. No iba a regresar, porque planeaba comenzar una nueva misión en el oeste, con Roma como su iglesia encomendadora (Rom. 15:28).

1. Ministerio final en Macedonia y en Acaya (20:1-6). Al irse de Éfeso, Pablo fue a Macedonia (Filipos y Tesalónica), y luego hacia el sur, a Grecia (Corinto). Pasó tres meses en Corinto. Hechos no menciona la colecta de Pablo, pero sus epístolas de este período sí lo hacen (2 Cor. 8; 9; Rom. 15:25-29). La estratagema judía puede haber incluido sabotear su gran fondo de ayuda. Los hombres mencionados en los vv. 4 y 5 eran los delegados oficiales de las iglesias, los que acompañaban a Pablo con la colecta. Otra vez aparece "nosotros". Lucas tal vez se unió a Pablo en Filipos y viajó con él a Troas (v. 6).

2. Restauración de Eutico (20:7-12). Esta historia es una de esas anécdotas de Lucas llena de detalles coloridos: una comida completa, una habitación llena de lámparas que consumían el oxígeno, un apóstol que no terminaba más, un joven sentado en la ventana. Con frecuencia se discute si Eutico estaba realmente muerto o fue sólo que el viento lo tiró. El texto parece indicar que estaba muerto. Era el tiempo de la Pascua, y que Eutico se levantara debió de haber sido un recordatorio de la resurrección.

3. Viaje a Mileto (20:13-16). Pablo no podía zarpar hacia Palestina sin despedirse de los efesios. No obstante, decidió no parar allí. Tal vez todavía no era seguro para él hacerlo. También estaba preocupado porque los cristianos de Éfeso pudieran convencerlo de quedarse más de lo que sus planes lo permitían. Así es que Pablo, entonces, paró en Mileto (alrededor de 50 km [30 millas]) y convocó a los líderes de la iglesia de Éfeso para encontrarse con él allí.

4. Discurso de despedida a los ancianos de Éfeso (20:17-35). El discurso de Pablo en Mileto es el único discurso importante de Pablo que Lucas registra para su tercer período misionero. Además es el único discurso en Hechos dirigido a una audiencia cristiana y como tal es el más parecido a las epístolas de Pablo, las que también fueron dirigidas a cristianos. Se puede bosquejar en cuatro partes.

DIEZ SERMONES IMPORTANTES EN HECHOS

Referencia en Hechos	Audiencia	Verdades centrales
Sermones de misión de Pedro		
1. Hechos 2:14-41	Un grupo internacional de judíos temerosos de Dios en Jerusalén para Pentecostés	El don del Espíritu Santo prueba que ahora es la era de la salvación. La resurrección de Jesús convalida su papel de Mesías.
2. Hechos 3:11-26	Una multitud judía en el templo de Jerusalén	El poder sanador del nombre de Jesús prueba que él está vivo y en acción. Los que rechazaron al Mesías en ignorancia todavía pueden arrepentirse.
3. Hechos 10:27-48	Cornelio el gentil y su casa	Dios acepta a personas de todas las razas que responden en fe al mensaje del evangelio.
El sermón de Esteban		
4. Hechos 7:1-60	El Sanedrín	Dios se reveló a sí mismo fuera de la Tierra Santa. El pueblo de Dios coronó una historia de rechazos de los líderes que Él les había enviado al matar al Mesías.
Sermones de misión de Pablo		
5. Hechos 13	Judíos en la sinagoga de Antioquía de Pisidia	Los sermones de la misión de Pablo ilustran los cambios de focos del trabajo misionero cristiano temprano: primero, evangelización de judíos; segundo, evangelización de gentiles; tercero, desarrollo de líderes cristianos.
6. Hechos 17	Griegos paganos en el Areópago de Atenas	
7. Hechos 20	Líderes cristianos de la iglesia de Éfeso	
Sermones de defensa de Pablo		
8. Hechos 22:1-21	Multitud en el templo de Jerusalén	Los sermones de defensa de Pablo acentuaban que él era inocente de cualquier quebrantamiento de la ley romana. Pablo estaba bajo juicio por su convicción de que Jesús había sido levantado de los muertos y había comisionado a Pablo como un misionero a los gentiles.
9. Hechos 24:10-21	Félix, el gobernador romano	
10. Hechos 26	Agripa II el rey judío	

Primero, Pablo señaló su ejemplo *pasado* durante su ministerio de tres años en Éfeso. Enfatizó su testimonio tanto a judíos como a gentiles frente a la oposición constante. Segundo, señaló sus perspectivas *presentes*. Estaba de camino a Jerusalén, guiado por el Espíritu, consciente de que enfrentaba un peligro real. Se estaba despidiendo de Éfeso; ya no regresaría. Tercero, Pablo miró al *futuro* más distante de la iglesia de Éfeso. Advirtió a la iglesia que "lobos feroces" vendrían para acabar con el rebaño. (Su predicción en realidad ocurrió, cuando en años posteriores falsos profetas constantemente sitiaron Éfeso, por ejemplo, Apoc. 2:6.) Finalmente, Pablo dio una bendición para la iglesia y un recordatorio de cómo él había evitado la codicia en su ministerio a ellos, urgiéndolos a seguir su ejemplo. Concluyó con las palabras de Jesús cuando dijo que hay más dicha en dar que en recibir. Esta expresión se encuentra solo aquí.

5. *Partida final (20:36-38).* Pablo se despidió. El recordatorio de que Pablo no volvería le da un tono sombrío al viaje de Pablo a Jerusalén.

6. *Viaje a Jerusalén (21:1-16).* El mismo Espíritu que llevaba a Pablo a Jerusalén también lo estaba preparando para las pruebas que allí experimentaría, y le daba advertencias del peligro a través de los cristianos en todos los puntos donde paró en el camino (20:22-23). Cuando Pablo llegó a Tiro, los cristianos del lugar compartieron con Pablo cómo el Espíritu les había revelado los peligros que él enfrentaría en Jerusalén. La próxima advertencia vino en Cesarea, donde Pablo se quedó en la casa de Felipe (ver 8:40). El apóstol se había encontrado una vez más con el profeta Agabo, cuando él predijo la hambruna (11:28). Ahora Agabo compartió un acto profético, atándose con el cinturón de Pablo para simbolizar que el apóstol sería atado en Jerusalén. Pablo aseguró a todos que él

entendía los peligros en Jerusalén, pero que estaba preparado en el Espíritu para enfrentar cualquiera que fuese su suerte allí, incluso la muerte si fuera necesario. Pablo y su comitiva partieron desde Cesarea hacia Jerusalén, un viaje de alrededor de 100 km (65 millas). Lucas estaba con Pablo (notar el "nosotros"), así como también los delegados que acompañaban su colecta.

PABLO TESTIFICA (21:17–26:32)

Las advertencias se hicieron realidad. Pablo fue arrestado en Jerusalén y permaneció prisionero hasta el final mismo de su historia en Hechos. Su encarcelamiento lo sometió a muchos juicios. Estos fueron oportunidades de testimonio que él no dejó pasar. Es extensa esta sección de Hechos y está llena de discursos de Pablo: delante de una multitud judía en el patio del templo, delante de un gobernador romano y delante del rey judío. Las palabras de Dios a Ananías, las cuales predijeron que Pablo llevaría el nombre de Jesús a los gentiles, a los reyes y al pueblo de Israel, se habían hecho realidad (9:15).

Testimonio delante de los judíos (21:17-23:35). El escenario en esta sección es Jerusalén. Allí Pablo fue recibido con algo de aprensión por los líderes cristianos judíos y también llegó a ser el blanco de una turba descontrolada en el patio del templo. Pablo fue tomado en custodia protectora por los soldados romanos y permaneció prisionero en Jerusalén, hasta que un complot de judíos fanáticos, obligaron al tribuno romano a enviar a Pablo al gobernador en Cesarea. La defensa de Pablo delante de los judíos es el centro de esta sección: primero delante de la turba en el templo; luego, delante del Sanedrín.

1. *La preocupación de los ancianos de Jerusalén (21:17-26).* Los cristianos de Jerusalén recibieron a Pablo "calurosamente", especialmente a la luz de la gran ofrenda que él les había traído. No obstante,

Jacobo expresó su preocupación acerca de rumores en el sentido de que Pablo estaba enseñando a sus convertidos judíos que abandonaran la circuncisión y las costumbres judías. Esto no era cierto. Pablo no les pedía a los cristianos gentiles que se hicieran judíos y tampoco les pedía a los cristianos judíos que abandonaran su herencia judía (ver 1 Cor. 9:19-23). A Jacobo le preocupaba que los rumores pudieran dañar el testimonio de la iglesia a los judíos. Entonces le sugirió a Pablo que probara su fidelidad a las costumbres judías y participara de un voto hecho por cuatro hermanos cristianos judíos. Se estaba acercando el tiempo en el que terminaba su voto con una ceremonia en el templo en donde le cortarían el cabello. Pablo estuvo de acuerdo en participar de la ceremonia y hacerse cargo de los gastos.

2. El alboroto en el área del templo (21:27-36). La presencia de Pablo en el área del templo fue advertida por algunos judíos asiáticos, quienes probablemente lo conocían de su ministerio en Éfeso. Falsamente acusaron a Pablo de quebrantar la ley judía y argumentaron que había llevado al templo a Trófimo, un gentil efesio. (A los gentiles les estaba prohibido entrar al santuario.) Muy pronto ellos atrajeron a una turba, la cual pudo haber matado a Pablo si los soldados romanos no hubieran intervenido.

Las tropas estaban acuarteladas en la torre de Antonia en la esquina del muro del templo. Había escaleras que llevaban de la torre al patio del templo. Los soldados tomaron a Pablo bajo custodia, lo ataron con cadenas hasta que pudieran confirmar las razones para tal alboroto. La presión de la turba era tan intensa que tuvieron que llevar a Pablo en vilo por las escaleras hasta el cuartel.

3. Pedido de Pablo para dirigirse a la multitud (21:37-40). Pablo tornó el alboroto en una ocasión para dar testimonio. Después de pedir permiso para hablar, Pablo sorprendió al comandante con su lengua griega nativa. Él era ciudadano de un centro respetable (Tarso) y no un insurrecto salvaje.

4. El discurso de Pablo frente a la turba del templo (22:1-21). El discurso de Pablo se puede dividir en cuatro partes. Primero, Pablo informó a la multitud judía sobre su herencia judía. Había sido criado como un judío estricto y había sido educado en la ley judía por uno de sus más grandes maestros, Gamaliel. Era celoso de Dios. Al ver a los cristianos como herejes peligrosos, los había perseguido, incluso hasta la muerte. Los vv. 6-11 presentan el relato de Pablo sobre su propia conversión. Es similar al relato de 9:1-9. Los vv. 12-16 describen el papel de Ananías en su conversión. Pablo se dirigía a una multitud judía, así que enfatizó que Ananías era un judío devoto. Finalmente, Pablo habló acerca de su visión en Jerusalén en ocasión de su primera visita allí después de su conversión. En ese momento el Señor lo guió a no dar más testimonio a los judíos en Jerusalén e ir a los gentiles.

5. El intento de examen por parte del tribuno (22:22-29). La mención del testimonio de Pablo entre los gentiles enfureció a la multitud judía. Los soldados rápidamente arrastraron a Pablo dentro del cuartel, donde se les ordenó que lo interrogaran con azotes. En ese momento Pablo reveló su ciudadanía romana. Estaba prohibido azotar a un ciudadano romano sin un juicio. Cuando le informan al comandante (un tribuno en rango) sobre la ciudadanía romana de Pablo, este fue a Pablo y le preguntó acerca de eso. Pablo lo impresionó por ser un ciudadano romano de nacimiento y no alguien que había comprado los derechos de ciudadano, como el tribuno. Al darse cuenta de que no podía examinar a Pablo por medio de azotes, el tribuno recurrió a otros medios en su intento de determinar los cargos contra él.

6. *Pablo delante del Sanedrín (22:30–23:11)*. Dado que las acusaciones de la turba contra Pablo parecían tener que ver principalmente con la religión judía, el tribuno decidió llevar a Pablo delante del mayor cuerpo judicial judío, el Sanedrín, para una audiencia y no para un juicio. La sesión comenzó con una declaración de Pablo en cuanto a que su conciencia estaba limpia delante de Dios. El sumo sacerdote respondió dando la orden de que lo golpearan en la boca por blasfemia. Si Pablo tenía una conciencia limpia, esto significaba que su mensaje acerca de Jesús era correcto y que la negación del mensaje por parte del sumo sacerdote era incorrecta. En la mente del sacerdote, Pablo *tenía* que estar blasfemando. Pablo respondió a esta acción llamando al sumo sacerdote "pared blanqueada" (RVR60), o sea, hipócrita. Se retractó de su afirmación cuando le recordaron que la ley judía prohibía hablar mal de un sumo sacerdote. No obstante, Pablo pudo haber sentido que el que no se comportaba como un sacerdote de Dios, no merecía ser tratado como tal.

Luego, Pablo se refirió a los cargos que le hacían, y afirmó que él era fariseo y estaba en juicio por proclamar la resurrección. Esto dividió al tribunal. La mayoría de los miembros del Sanedrín eran saduceos. No creían en la resurrección. Los fariseos sí. Entonces comenzaron a debatir la cuestión en forma agresiva. La situación se tornó tan violenta que el tribuno tuvo que sacar a Pablo de escena. La audiencia no arrojó ninguna información sustancial acerca de los cargos en contra de Pablo. No obstante, debe de haber sido perturbadora para Pablo. En una visión nocturna Dios le aseguró que estaría con él. El Señor tenía un propósito para Pablo: testificar en Roma con el mismo denuedo con que lo había hecho en Jerusalén (v. 11). A partir de este momento en Hechos, la historia de Pablo se mueve rápidamente hacia Roma.

7. *El complot para tenderle una emboscada a Pablo (23:12-22)*. Pablo no estaba seguro en Jerusalén; había muchos que lo querían muerto. Cuarenta hombres hicieron un voto solemne de no comer ni beber hasta que lo hubieran matado. Con su conspiración se aseguraron el respaldo del Sanedrín. El complot fue oído por el sobrino de Pablo, quien se lo informó. Pablo, a su vez, envió a su sobrino al tribuno con las noticias.

8. *Pablo es enviado a Cesarea (23:23-35)*. Cuando el tribuno Lisias se da cuenta del extremo peligro de Pablo en Jerusalén, decide enviarlo a Félix, el gobernador provincial, que residía en Cesarea. Lisias le escribió una carta formal a Félix en la que detallaba la situación. No se arriesgó con los zelotes y por la noche envió a Pablo a Cesarea con un enorme contingente de soldados.

Testimonio delante de gentiles y del rey judío (24:1–26:32). Pablo permaneció en prisión en Cesarea al menos dos años. Su caso fue oído por dos gobernadores romanos y por el rey judío. Cuando parecía que iba a ser enviado de vuelta a Jerusalén para ser juzgado, Pablo invocó sus derechos de ciudadano y apeló para ser juzgado delante del emperador. Esto no sólo lo rescataría de los zelotes de Jerusalén sino que también le proveería una oportunidad de testificar en Roma, a donde Dios lo estaba guiando (23:11).

1. *El juicio en Cesarea (24:1-23)*. Pablo se presentó por primera vez delante del gobernador Félix. Este era un esclavo liberto de la familia imperial. El historiador romano Tácito afirmó que él nunca pudo superar completamente su trasfondo; gobernaba como un rey pero con la mente de un esclavo. A una semana de la llegada de Pablo, fijó un juicio en Cesarea. Tres personas hablaron.

Primero llegaron los cargos del procesamiento judío contra Pablo a través de un abogado llamado Tértulo. Los cargos de Tértulo fueron vagos e insustanciales: (1) Pablo había causado disturbios contra los judíos por todo el mundo; (2) era líder de los nazarenos; y (3) había profanado el templo judío.

El segundo en hablar fue Pablo (24:10-21). Negó el primero y el tercer cargo. Él fue al templo a adorar y no a profanarlo, y tampoco había amotinado a la multitud. Admitió ser un nazareno, pero prefería llamarse seguidor del "Camino". Era un judío leal, que vivía conforme a la ley y compartía la esperanza de la resurrección (v. 15). (Pablo compartía la creencia en la resurrección con muchos judíos tales como los fariseos. En lo que difería con ellos era en creer que la resurrección ya había ocurrido en Jesús.) Pablo ahora trató el alboroto en sí, y señaló que los judíos asiáticos que habían comenzado el alboroto no habían ido a Cesarea para acusarlo. Esto era un quebrantamiento de la ley romana: los acusadores *debían* estar presentes.

Félix fue el tercer orador. Habló brevemente y despidió a la audiencia al afirmar que no seguiría adelante hasta que Lisias fuera a Jerusalén para clarificar las cosas. Félix tuvo una buena disposición para con Pablo, y le dio algo de libertad para moverse y recibir visitas de sus amigos.

2. Pablo y Félix en privado (24:24-27). Félix mantuvo a Pablo en prisión por dos años porque no quería ofender a los judíos si lo soltaba. Con frecuencia, conversaba con Pablo y esperaba recibir un soborno. Lucas mencionó a su esposa Drusila. Ella era una princesa judía, a quien se dice que Félix engañó para que se casara con él mediante la ayuda de un hechicero. Tal vez esto tenía relación con que él se ponía nervioso cuando Pablo predicaba sobre el dominio propio, la justicia y el juicio que se acercaba.

3. Festo es presionado por los judíos (25:1-5). Félix fue removido de sus funciones por manejar mal un incidente de conflicto entre los judíos y los gentiles de Cesarea. Fue sucedido por Porcio Festo. Cuando el nuevo gobernador visitó Jerusalén por primera vez, los líderes judíos se le acercaron para hacer reclamos referidos a Pablo. Como estaban planeando otra emboscada, le insistieron a Festo que lo trajera a Jerusalén para ser juzgado.

4. Pablo apela a César (25:6-12). Los acusadores de Pablo vinieron a Cesarea e hicieron contra él cargos insustanciales. Pablo negó todos esos cargos, pero Festo deseaba apaciguar a los judíos. Sin darse cuenta del peligro de Pablo en Jerusalén, él sugirió que hicieran el juicio allí. Pero Pablo, muy consciente del peligro en Jerusalén, recurrió a la única vía legal que tenía, que podía asegurarle que no fuera llevado a juicio en esa ciudad. Sacó el asunto de manos de Festo al ejercitar sus derechos como ciudadano romano y tener un juicio delante de César. Festo consultó con sus consejeros y estuvo de acuerdo en procesar la apelación.

5. La conversación de Festo con Agripa (25:13-22). Agripa II gobernaba solamente sobre varios territorios pequeños, pero tenía el título de "rey de los judíos", lo cual le daba varias prerrogativas, la más significativa era el nombramiento del sumo sacerdote. Vivía con su media hermana Berenice, lo que provocaba gran escándalo. Festo usó la oportunidad de una visita de Agripa para ver si el rey judío podía arrojar algo de luz sobre los cargos contra Pablo. Festo necesitaba hacer cargos formales contra el apóstol para llevar a cabo la apelación al emperador romano.

6. El discurso de Pablo frente a Agripa: el escenario (25:23-27). La audiencia delante de Agripa ocurrió con gran ceremonia debido a la presencia del rey. Festo abrió la audiencia con una breve referencia a las acusaciones de los judíos contra Pablo. Expresó su esperanza de que Agripa pudiera ayudarlo a hacer cargos formales.

También afirmó su propia opinión sobre la inocencia de Pablo de cualquier ofensa capital.

7. El discurso de Pablo frente a Agripa: la defensa (26:1-23). Agripa le pidió a Pablo que respondiera. El apóstol rápidamente fue al tema principal: la esperanza mesiánica judía, que fue cumplida en Cristo y confirmada por su resurrección. Luego continuó con su testimonio personal. Señaló su fanatismo anterior como perseguidor de los cristianos. Habló de su conversión en un relato similar al que usó frente a la multitud judía (22:6-16) y al relato inicial de Lucas (9:1-19). Dado que sus oyentes ahora eran principalmente gentiles, se dedicó especialmente a testificarles. Pablo concluyó con un resumen del evangelio por el cual él estaba siendo juzgado: de acuerdo a las Escrituras, Cristo murió y se levantó para llevar luz y vida a judíos y gentiles por igual.

8. Apelación de Pablo a Agripa (26:24-29). Al mencionar la resurrección, Festo interrumpió acusando a Pablo de locura. Al igual que para los intelectuales atenienses, la idea de la resurrección era una tontería para él. Pablo no se replegó sino que se volvió a Agripa y le preguntó al rey si a él no le constaba la realidad del cristianismo. Señaló que lo que había ocurrido en Cristo no estaba escondido, sino que había ocurrido en forma completamente abierta para que todos vieran. ¿No creía Agripa en los profetas? Si creía, también creería en Cristo, porque los profetas señalaron a Cristo. El rey respondió en forma drástica, preguntándole a Pablo si tenía intenciones de convertirlo a él a Cristo con su breve testimonio (v. 28). Audaz y persistente, Pablo insistió en que él deseaba que *todos* los presentes se hicieran seguidores de Cristo.

9. La inocencia de Pablo declarada por el gobernador y por el rey (26:30-32). Festo ya había declarado la inocencia de Pablo de cualquier cosa que mereciera la muerte (25:25). Agripa fue más allá: Pablo

ni siquiera merecía estar en prisión. Agregó que Pablo podía haber sido liberado si no hubiera hecho la apelación. Pero había una apelación y esto no podía deshacerse fácilmente. Más aún, todo lo que había acontecido estaba en los propósitos de Dios. Pablo estaba camino a Roma: era el designio de Dios para él (23:11).

JUDÍOS Y GENTILES (27:1–28:31)

Pablo estaba camino a Roma. Hechos 27:1–28:16 relata el difícil viaje y en particular, el naufragio que Pablo experimentó. Gran parte de la narración simplemente relata en detalle toda la experiencia que puso en riesgo la vida. A través de estos sucesos, brilló la providencia de Dios. Él estuvo con Pablo y con *todos* sus compañeros de viaje, de modo que Pablo pudo dar su testimonio en la ciudad capital, Roma.

Viaje a Roma (27:1–28:16). El viaje de Pablo a Roma es una de las historias más interesantes de Hechos. Los historiadores navales la consideran como una de las mejores fuentes para la técnica de navegación antigua. Lucas era un ávido viajero, y está ampliamente reflejado en esta sección de Hechos.

1. El viaje a Buenos Puertos (27:1-8). Un centurión llamado Julio era el responsable de Pablo. A Aristarco el macedonio y a Lucas les permitieron acompañar al apóstol. El centurión era amable con Pablo y le autorizó visitar a los cristianos de Sidón, cuando el barco hizo escala allí. En Mira (sur de Turquía) hicieron trasbordo a un barco que iba a Italia. Probablemente era un barco de granos. Mira era un punto común donde paraban los barcos de granos que iban de Egipto a Roma. Ya era bien entrado el otoño y los viajes por mar no eran fáciles. La ruta más usual y más directa hacia Italia era por el norte de Creta, pero el viento lo impidió. Navegaron alrededor de Creta hacia un pequeño puerto en la costa sur llamado Buenos Puertos.

2. La decisión de continuar viaje (27:9-12). Dado que Buenos Puertos no era apropiado para pasar el invierno, el centurión y los oficiales del barco decidieron seguir viaje. Sin duda bajo la influencia de Dios, Pablo les advirtió que el viaje estaba destinado a terminar en forma desastrosa.

3. El Nordeste (27:13-20). Iban rumbo a otro puerto de Creta llamado Fenice. Nunca llegaron. Una violenta tormenta mediterránea los venció. Tomaron todas las medidas posibles, amarrando el barco con sogas, echando el ancla y la mayor parte de la carga por la borda.

4. Las palabras de ánimo de Pablo (27:21-26). Mientras la tormenta atacaba sin piedad, Pablo tuvo una visión en la cual un ángel le aseguraba que Dios lo libraría a él y a todos los que estaban a bordo del barco. Dios tenía un propósito para Pablo: testificar en Roma delante de César. La presencia de Pablo garantizaba la seguridad de todos. Pablo los alentó a cobrar ánimo. No obstante, la severa prueba no había terminado. El ángel también le había informado que el barco encallaría en una isla.

5. La perspectiva de tocar tierra (27:27-32). Después de dos semanas de tormenta, los marineros sintieron que estaban cerca de la tierra, pero las costas eran rocosas. Como temieron que el barco se rompiera, los marineros bajaron el bote salvavidas en un intento de salvar sus propias cabezas. Cuando Pablo se dio cuenta de lo que estaban haciendo, le advirtió al centurión y cortaron las amarras del bote. La tripulación sería necesaria en la operación de rescate, cuando el barco encallara.

6. Más ánimo de parte de Pablo (27:33-38). Pablo continuó asegurándoles a las 276 personas a bordo del barco que todos sobrevivirían. Los alentó a alimentarse. La mayoría de ellos eran paganos.

Pablo les testificó al bendecir la comida con su oración de acción de gracias al Dios que los estaba rescatando.

7. La liberación de todos (27:39-44). A la mañana vieron una pequeña bahía donde planearon hacer encallar el barco. No lo lograron. Al dar contra un banco de arena, la popa se rompió por el oleaje. Conscientes de que perderían sus vidas si se fugaba alguien, los soldados a bordo estaban listos para matar a sus prisioneros. El centurión se los impidió con el deseo de salvar a Pablo. Finalmente todos fueron rescatados, tal como el ángel le había asegurado a Pablo.

8. Liberación de Pablo de la víbora (28:1-6). Habían tocado tierra en la isla de Malta. Los amigables malteses los ayudaron a hacer fuego para calentarse y secarse. Mientras Pablo ayudaba con el fuego, fue picado por una serpiente venenosa. La tradición romana relataba la historia de un fugitivo que se había escapado de un naufragio para ser matado poco después por una víbora. Los malteses probablemente tenían en mente alguna historia así cuando esperaron que Pablo muriera (v. 4). Como no se moría, entonces trataron de adorarlo como un dios.

9. La hospitalidad de Publio (28:7-10). Los viajeros invernaron en Malta. Los isleños proveyeron ampliamente para sus necesidades. Pablo curó a muchas personas enfermas en Malta, incluso al padre del principal administrador de la isla.

10. El paso final hacia Roma (28:11-16). Lucas continuó en detalle su relato del viaje. Los náufragos pudieron continuar en un barco de Alejandría que había invernado en Malta. Este barco los llevó al puerto de Puteoli, alrededor de 180 km (130 millas) al sur de Roma. Pablo siguió por tierra hasta Roma. A unos 65 km (40 millas), le salieron al encuentro algunos hermanos de la iglesia de Roma. Cuando llegaron a Roma, Pablo fue puesto bajo arresto domiciliario con un soldado romano que lo cuidaba, pero también con cierta libertad de movimiento.

Testimonio en Roma (28:17-31). En Roma, Pablo continuó con su modelo habitual de testimonio: comenzó con los judíos.

1. Primer encuentro con los judíos (28:17-22). Pablo no era libre para ir a las sinagogas, así que invitaba a los líderes judíos a ir a su casa. Les habló de su arresto en Jerusalén y de los eventos que lo llevaron a su apelación a César. Les aseguró que no tenía intención de hacer ningún cargo contra otros judíos como él. Su único deseo era compartir el mensaje de Cristo. El judaísmo palestino no tenía jurisdicción directa sobre las sinagogas de la dispersión judía. Eso parece reflejarse en la respuesta de ellos a Pablo en cuanto a que no habían recibido ninguna palabra acerca de él desde Judea. No obstante, ellos tenían conocimiento de los cristianos.

2. Separación de los judíos (28:23-28). Los líderes judíos arreglaron un día para oír largamente a Pablo. Llevaron a otros judíos con ellos. Pablo les dio testimonio durante todo el día. Hubo una respuesta dividida. Algunos creyeron, otros rechazaron el mensaje de Pablo. Luego él replicó que se volvería a los gentiles, citando Isaías 6:9-10 como una profecía de la negativa de los judíos para creer. Sus palabras parecieron finales, pero habían parecido así en muchas ocasiones anteriores. En todas las ciudades, el rechazo judío hizo que Pablo se fuera de las sinagogas y testificara a los gentiles. Sin embargo, regresaría a la sinagoga en la próxima ciudad. Pablo nunca se dio por vencido con su pueblo.

3. Testimonio audaz a todos (28:30-31). Hechos termina con Pablo bajo arresto domiciliario por un período de dos años, dando testimonio a todo el que fuera a verlo. Tuvo la libertad de continuar con su testimonio del reino de Dios y del Señor Jesús. ¿Por qué Hechos termina tan abruptamente? ¿Qué le pasó a Pablo? ¿Lucas tuvo la intención de escribir un tercer volumen que comenzara con el juicio de Pablo? No sabemos. Seguramente Lucas sí supo el resultado de la apelación de Pablo. La tradición posterior sostiene que Pablo fue liberado, que llevó a cabo un ministerio en occidente y que luego durante la persecución de los cristianos por parte de Nerón, fue martirizado y decapitado en Roma. Quizás Lucas dejó la historia de Pablo inconclusa para dejarla abierta como diciendo "el testimonio cristiano es una historia que continúa". El testimonio todavía debe continuar, "con denuedo y sin impedimentos".

Preguntas para la reflexión

1. Discutir los temas de Hechos. ¿Por qué estos temas eran importantes para los lectores de Lucas? ¿Por qué son importantes para usted?

2. ¿De qué manera Hechos conecta a los Evangelios con las epístolas? ¿Qué nos enseña esto acerca de la unidad del Nuevo Testamento?

3. ¿Cuáles son las características distintivas de la iglesia en Hechos? ¿Están presentes en su iglesia estos énfasis?

4. ¿Qué podemos aprender acerca de la comunicación del mensaje del evangelio a nuestro mundo moderno a partir de la predicación de los apóstoles, particularmente en Hechos 17?

LAS CARTAS PAULINAS

DAVID S. DOCKERY

Hay trece cartas en el Nuevo Testamento que llevan el nombre de Pablo. Estas nos informan sobre las creencias de Pablo, su ministerio y su actividad. Las cartas generalmente enfocan la atención en cuestiones dentro de la vida de la iglesia. A medida que fueron apareciendo problemas, con frecuencia se buscó ayuda de parte de los apóstoles. Algunas veces fueron mensajeros los que trajeron informes a Pablo sobre problemas en las iglesias. Sus cartas respondieron a estas preocupaciones. Como resultado, los escritos contienen instrucción, consejo, reprimenda y exhortación en temas teológicos, éticos, sociales, personales y litúrgicos.

Las cartas de Pablo fueron escritas durante un período menor a veinte años. El lugar que ocupa entre los apóstoles que escribieron se debe a su encuentro personal con el Cristo resucitado y a su íntima relación con Él, además de la instrucción que recibió del Señor. Estas experiencias especiales lo calificaron para ser considerado como uno de los apóstoles, igual en autoridad a los doce nombrados por Jesús.

El libro de los Hechos de los Apóstoles describe los eventos clave en la vida de Saulo de Tarso, el perseguidor que fue llamado Pablo, el apóstol a los gentiles. La historia comienza con su presencia de aprobación en el martirio de Esteban (Hech. 7:58-8:3).

Él había estudiado la ley judía con el gran rabino Gamaliel en Jerusalén (Hech. 22:3). Sobrepasó a sus pares con un tremendo celo por sostener las tradiciones de su pueblo (Hech. 26:5; ver Gál. 1:13-14; Fil. 3:5). Mientras viajaba a Damasco para perseguir a los creyentes allí, se encontró con el Cristo exaltado y su vida fue cambiada radicalmente (Hech. 9:1-31).

Luego pasó un tiempo a solas con Dios en Arabia (Gál. 1:17). Allí Pablo comprendió que el Cristo crucificado fue levantado de los muertos y Él es Señor de todo (Hech. 9:5). Las buenas nuevas de la salvación lograda por la muerte y la resurrección de Jesús eran el mensaje que debía proclamar a todos (Gál. 2:15-21). Sorprendentemente, Pablo aprendió que estas buenas nuevas se aplicaban por igual tanto a judíos como a gentiles (ver Gál. 3:28). La misión de Pablo estuvo específicamente enfocada sobre los gentiles, a quienes él había rechazado previamente (ver Hech. 9:15; Gál. 1:15-17). Pablo ministró en Antioquía desde donde comenzó su trabajo misionero con Bernabé (Hech. 11:25-26; 13:1-3). Tres viajes misioneros lo llevaron por las cuatro provincias romanas de Galacia, Asia, Acaya y Macedonia. Desde estos varios lugares él escribió sus cartas (ver la tabla que muestra las relaciones entre sus escritos y su trabajo misionero).

VIAJES MISIONEROS Y CARTAS DE PABLO

Libro de Hechos	Actividad	Fecha aproximada	Escrito
9:1-19	Conversión de Pablo	34-35	
9:26-29	Visita a Jerusalén	37-38	
11:27-30	Segunda visita a Jerusalén	48	
13-14	Primera misión (Chipre y Galacia)	48-50	Gálatas
15	Concilio de Jerusalén	50	
16:1-18:22	Segunda misión (Galacia, Macedonia, Grecia)	51-53	1, 2 Tesalonicenses
18:23-21:14	Tercera misión (Éfeso, Macedonia, Grecia)	54-57	1, 2 Corintios Romanos
21:15-26:32	Arresto en Jerusalén, juicios y encarcelamiento en Cesarea	58-60	
27-28	Travesía a Roma, encarcelamiento en Roma	60-63	Filemón Colosenses Efesios Filipenses
	Liberación, otras obras, encarcelamiento final y muerte		1 Timoteo Tito 2 Timoteo

ROMANOS

Romanos ha sido llamada la carta más importante jamás escrita. Pablo escribió su carta a los Romanos desde Corinto durante su tercer viaje misionero, alrededor del 56–57 d.C. (ver Hech. 20:2-3).

Contexto. Pablo nunca había estado en Roma, pero allí había cristianos desde hacía varios años. No sabemos cómo comenzó la iglesia en Roma. Lo más probable es haya comenzado en algún momento poco después de Pentecostés cuando los nuevos creyentes regresaron a sus hogares y comenzaron a expandir el evangelio (ver Hech. 2:10-11).

Pablo entendió la importancia y la influencia de una iglesia fuerte en Roma. Pablo quería fortalecer el trabajo existente en ese lugar, primero, a través de la carta y luego, visitándolos (1:8-15; 15:14-33). Por esta razón Pablo, metódica y sistemáticamente bosquejó el significado esencial de la salvación en Jesucristo, el fundamento del cristianismo. Describió la condición humana, el significado del evangelio, el plan de Dios para hombres y mujeres, el propósito de Dios para Israel, y las responsabilidades de la vida y el ministerio cristianos.

Febe llevó la carta a Roma. Ella era una "diaconisa" o ministro de la iglesia de Cencreas (16:1), un suburbio marítimo de Corinto.

Característica literaria. Romanos es tanto un tratado de teología sistemática sobre temas centrales como un documento misionero que aplica esos temas a asuntos prácticos en la iglesia de Roma.

La autenticidad e integridad de esta carta raramente han sido puestas en duda. Algunos se han preguntado si los capítulos 15–16 eran parte de la carta original. Se han sugerido cuatro razones para esta división.

1. Algunos manuscritos que terminaban en el capítulo 14 circulaban al final del siglo II y a principios del siglo III d.C.

2. La carta tiene tres doxologías que posiblemente podrían servir como finales (15:33; 16:24; 16:27).

3. El capítulo 14 incluye 16:25-27 en algunos manuscritos.

4. La así llamada falta de adecuación de los saludos personales en el capítulo 16.

La versión más corta que termina en el capítulo 14 indica una influencia de parte de Marción cuyo prejuicio contra el judaísmo y el Antiguo Testamento lo habrían llevado a encontrar que la discusión sobre el trabajo preparatorio del judaísmo (15:1-29) era ofensiva. Con respecto a los así llamados finales mal ubicados, no era poco común que Pablo introdujera un énfasis doxológico en cualquier punto en sus escritos (por ejemplo ver 11:33-36). Finalmente, las personas mencionadas en el capítulo 16 probablemente eran personas con las que él había trabajado antes y que ahora estaban radicadas en Roma.

Los 16 capítulos de esta gran epístola debieran ser vistos como un todo literario. La carta no es sólo un resumen del pensamiento del apóstol sobre la salvación en Jesucristo, sino también una expresión de su deseo de tener comunión con los cristianos de Roma y de encontrar en ellos un respaldo para su trabajo misionero en España.

Propósito y teología. A partir de los dos últimos capítulos de la carta es claro que Pablo planeaba llevar una contribución de las iglesias gentiles a los cristianos en Jerusalén (ver 1 Cor. 16:1; 2 Cor. 8–9; Rom. 15:25-29). Desde Jerusalén él planeaba zarpar hacia Roma (15:23-24). Un propósito importante de esta carta fue alertar a los romanos sobre su llegada, de modo que pudieran ayudarlo con su viaje a España (15:24,28). Pablo quería informarles sobre sus planes para que ellos oraran por su cumplimiento (15:30-32).

Además de este propósito misionero, Pablo presentó los medios por los cuales se había revelado la justicia de Dios (1:17). La afirmación temática de los capítulos 1–8 se encuentra en 1:16-17 (ver Hab. 2:4). El tema de la justicia de Dios se destaca a lo largo de todo el libro. Los primeros tres capítulos muestran que tanto judíos como gentiles están bajo el pecado y que la expiación de Cristo se aplica a ambos (3:21-31). El capítulo 4 muestra cómo las promesas del Antiguo Testamento hechas a Abraham y a David son significativas para ambos dado que Abraham es el padre espiritual de los gentiles y judíos creyentes.

En los capítulos 5–8 Pablo expone el significado de este don de justicia. Ya sean judíos o gentiles, los que confían en la obra redentora de Dios en Jesucristo tendrán "paz con Dios" (5:1) y vivirán libres de la ira de Dios. Serán liberados de la pena y el poder del pecado (cap. 6) pero seguirán luchando con la realidad del pecado y el poder de la ley (cap. 7). El capítulo 8 describe gloriosamente la libertad de los creyentes de la muerte.

Un tercer énfasis está relacionado con el posible conflicto entre las facciones judía y gentil en la iglesia de Roma. No sabemos si los judaizantes, quienes habían hostigado el ministerio de Pablo en otras partes (ver Gálatas), habían llegado a Roma. Pablo enfatizó la prioridad histórica y cronológica de los judíos (ver 1:16; 2:9-10). Él afirmó la "ventaja" de ser judío (ver 3:1-2; 9:4-5) y señaló que dado que "no hay más que un solo Dios", Él es el Dios de los gentiles y de los judíos (3:29-30). "Tanto los judíos como los gentiles están bajo el pecado" (3:9) y son redimidos mediante el sacrificio de Cristo (3:21-31).

En los capítulos 9–11 Pablo explicó el lugar de Israel en los propósitos futuros de Dios. Él creía que los gentiles habían sido alcanzados por la salvación de Dios, pero Dios no desechó a Israel (11:1,2). Dios los volvería a injertar al árbol del cual fueron temporalmente separados debido a su incredulidad. Dios haría esto si ellos confiaban en Jesús como el verdadero Mesías y Salvador (11:23). Dios continúa teniendo un "remanente" creyente (11:5) "hasta que haya entrado la totalidad de los gentiles" (11:25).

El tema teológico más importante avanza a través de toda la carta. Es una defensa y una vindicación de la naturaleza de Dios. Pablo refutó esas tendencias latentes que cuestionaban la bondad, la justicia y la sabiduría de Dios tal como se ven en su plan de salvación. Dios es justo y es quien justifica a los que creen en Jesús (3:26). Pablo se gozó en la profundidad de "las riquezas de la sabiduría y del conocimiento de Dios" (11:33). Desafió a los que cuestionaban diciendo que "Dios es siempre veraz, aunque el hombre sea mentiroso" (3:4).

INTRODUCCIÓN (1:1-15)

Pablo se identificó a sí mismo como un "siervo" de Dios, un "apóstol" que fue "apartado para anunciar el evangelio de Dios". Ofreció saludos a los cristianos en Roma. Pablo les habló de sus oraciones por ellos y de su anhelo por proclamar el evangelio allí.

ÉNFASIS DOCTRINALES EN LAS CARTAS DE PABLO

Cartas de Pablo	Propósito	Doctrina(s) principal(es)	Pasaje clave	Otras doctrinas importantes	Influencia de la carta
Romanos	Expresar la naturaleza del evangelio, su relación con el AT y con la ley judía y su poder transformador	Salvación	Rom. 3:21-26	Dios Humanidad Iglesia	Martín Lutero (1515), mientras preparaba conferencias sobre Romanos, se sintió "nacido de nuevo".
1 Corintios	Responder preguntas acerca del matrimonio, de la comida dedicada a los ídolos, de la adoración pública; desanimar facciones; instruir sobre la resurrección	La iglesia La resurrección	1 Cor. 12:12-31 1 Cor. 15:1-11	Dios Humanidad	El himno sobre el amor en el capítulo 13 está entre los capítulos más familiares y amados de los escritos de Pablo.
2 Corintios	Preparar a los lectores para la tercera visita de Pablo y defender a Pablo y al evangelio que él enseñó en contra de los falsos maestros	La iglesia Jesucristo Salvación	2 Cor. 5:11-6:2	Dios	Llamada por C.K. Barrett "el relato más completo y más apasionado de lo que Pablo entendía por apostolado".
Gálatas	Afirmar la libertad en Cristo en contra del legalismo judío mientras se evita la licencia moral	Salvación	Gálatas 2:15-21	Ética cristiana Iglesia Elección	Un sermón sobre el libro de Gálatas le trajo paz al corazón de Juan Wesley. "Sentí que de veras confiaba sólo en Cristo para salvación".
Efesios	Explicar la gracia y el propósito eterno de Dios y las metas que Dios tiene para la iglesia	Salvación La iglesia	Ef. 2:1-22 Ef. 3:14-21	Dios Jesucristo	Llamado por Samuel Taylor Coleridge, "una de las composiciones más divinas".
Filipenses	Encomendar a Epafrodito; afirmar la generosidad; animar a la unidad, a la humildad y a la fidelidad incluso hasta la muerte	Unidad cristiana Gozo en la salvación	Fil. 1:3-11	Ética cristiana La oración de la iglesia	Bengel (1850) la describió como: "Summa epistolae, gaudes gaudete". Esto significa: "El resumen de la epístola es 'Me regocijo; regocíjense'".
Colosenses	Oponerse a enseñanzas falsas relacionadas con el dualismo de materia y espíritu, y acentuar la completa suficiencia de Cristo	Jesucristo	Col. 1:15-23	Iglesia Oración Dios	Arrio de Alejandría (318) usó Col. 1:15, de un himno sobre la supremacía de Cristo, para socavar la deidad de Cristo. El arrianismo fue declarado herejía en los Concilios de Nicea (325) y de Constantinopla (381).

ÉNFASIS DOCTRINALES EN LAS CARTAS DE PABLO

Cartas de Pablo	Propósito	Doctrina(s) principal(es)	Pasaje clave	Otras doctrinas importantes	Influencia de la carta
1 Tesalonicenses	Animar a nuevos convertidos durante la persecución; instruirlos en la vida cristiana; y darles seguridad con respecto a la segunda venida	Últimas cosas	1 Tes. 4:13-18	Evangelización Oración Dios	Cada capítulo de 1 Tesalonicenses termina con una referencia a la segunda venida.
2 Tesalonicenses	Animar a nuevos convertidos en la persecución y corregir malos entendidos acerca del retorno del Señor	Últimas cosas	2 Tes. 1:3-12	Oración Iglesia El mal y el sufrimiento	Con sólo tres capítulos, es una de las cartas más cortas de Pablo y aun así, debido a 2:3-10 es una de las más ampliamente estudiadas.
1 Timoteo	Animar a Timoteo como ministro a refutar la falsa doctrina e instruir acerca de la organización y del liderazgo de la iglesia	Iglesia Líderes	1 Tim. 3:1-15	Dios Ética cristiana Salvación	Conocida como "epístola pastoral" desde la primera parte del siglo XVIII. Tomás de Aquino (m. 1274) describió 1 Timoteo como un "libro de texto pastoral".
2 Timoteo	Animar a los cristianos frente a la persecución y a la falsa doctrina	Educación	2 Tim. 2:14-19	El mal y el sufrimiento Jesucristo Oración	Usada por Agustín (m. 430) en el libro cuarto sobre *Doctrina cristiana* para respaldar la importancia de los maestros cristianos.
Tito	Instruir a los líderes de la iglesia, aconsejar acerca de los grupos en la iglesia y enseñar ética cristiana	Salvación	Tito 2:11-14	Dios Ética cristiana Iglesia Pecado	Llamada la "Carta Magna" de la libertad cristiana.
Filemón	Traer reconciliación entre un esclavo fugitivo y su amo cristiano	Ética cristiana	File. 8-16	Oración Iglesia Discipulado	Llamada por Emil Brunner (m. 1965) un testimonio clásico de lo que significa la justicia cristiana.

TEMA (1:16-17)

El tema se resume en estos dos versículos como la revelación de la justicia de Dios. La expresión: "El justo vivirá por la fe" es, como algunos han sugerido, un resumen de la teología paulina en su totalidad.

La forma negativa es un serio reflejo de la realidad de que el evangelio es algo por lo cual los cristianos continuamente se verán tentados a avergonzarse mientras estén en el mundo (ver Mar. 8:38; Luc. 9:26; 2 Tim. 1:8).

El evangelio es el poder omnipotente de Dios dirigido hacia la salvación de hombres y mujeres. La comprensión del evangelio por parte de Pablo hizo que no cediera a la tentación de avergonzarse del evangelio sino que viviera para proclamarlo.

Para Pablo, estaban en juego cuestiones eternas. Aquellos cuyas mentes estaban cegadas y fracasaban en creer y en obedecer al evangelio, se estaban perdiendo (2 Cor. 4:3). En última instancia, caerían bajo la ira divina (2 Tes. 1:9). Para todos los que creen, ya sean judíos o gentiles, el evangelio efectivamente llega a ser el poder de Dios para salvación.

Este evangelio revela "la justicia que proviene de Dios". La justicia denota la posición correcta que Dios le da a los creyentes. Los creyentes son justos (justificados) a través de la fe y por la fe pero nunca por causa de la fe. La fe no es en sí misma nuestra justicia, sino que es la mano vacía extendida, que recibe justicia al recibir a Cristo. Para Pablo el concepto de justicia o de justificación se refiere a una completa y total obra de Dios y no podemos hacer nada por ganarla. (Ver el artículo "Justificación por la fe".)

LA IRA DE DIOS (1:18-32)

Antes de presentar su mensaje sobre la justicia mediante la fe (3:21–8:39), Pablo mostró la necesidad de justicia. La raza humana está condenada, desvalida y sin esperanza lejos de Dios.

Aun cuando Dios ha dado revelación suficiente de su existencia y poder en el mundo a través de la creación, los hombres y las mujeres de todos modos se han hecho idólatras y politeístas y como resultado se han degradado moralmente. Pablo declaró que Dios los había entregado a sus lujurias, sus pasiones y sus conductas deshonestas y a toda clase de males. La renuencia en reconocer y glorificar a Dios resulta en un sendero descendente: pensamientos sin valor, insensibilidad moral y necedad religiosa.

TODOS ENFRENTAN JUICIO (2:1-16)

El punto principal de esta sección está en la afirmación de que Dios juzgará a toda nación. Obviamente, algunos gentiles tenían posturas éticas elevadas y estilos de vida morales. Ellos no se veían reflejados en el juicio general expresado en 1:18-32. Estos gentiles condenaban la idolatría y la corrupción generalizadas entre los que los rodeaban. Pero Pablo insistió en que el juicio también se aplicaba a ellos. Eran responsables porque ellos también eran culpables de las mismas clases de cosas. El juicio está basado en la revelación de Dios en la creación (1:18-32) y en las conciencias de ellos. El énfasis de Pablo está sobre el justo juicio de Dios.

LOS JUDÍOS SON CULPABLES (2:17-29)

Los judíos no estaban en mejor posición aun cuando habían recibido la revelación especial de Dios mediante la ley de Moisés. Si bien ellos conocían la voluntad de Dios expresada en la ley, no habían guardado la ley. La herencia de un judío no lo hace un verdadero judío en posición correcta delante de Dios. Más bien, los verdaderos judíos son solo los que han recibido la obra regeneradora del Espíritu en sus corazones.

EL JUICIO ES JUSTO (3:1-20)

Pablo describió las ventajas de los judíos: principalmente "se les confiaron las palabras mismas de Dios". Sugerir que Dios es injusto (como parecen hacerlo las preguntas en 3:5,7) es blasfemar contra Dios. Por lo tanto, los que cuestionan el juicio de Dios, ellos mismos están condenados. Pablo relaciona una serie de citas del Antiguo Testamento para mostrar que, tanto judíos como gentiles, todos han pecado y por lo tanto son considerados responsables delante de Dios.

JUSTIFICADOS MEDIANTE LA FE (3:21-31)

La gravedad de la situación se resume en 3:23: "Todos han pecado y están privados de la gloria de Dios". Así es que Dios ha provisto justicia para gente injusta a través de la expiación de Jesucristo. El camino al perdón y a la libertad ha sido ofrecido a todos, judíos y gentiles, mediante la muerte sacrificial de Cristo.

Cuatro palabras necesitan una explicación especial. En el v. 24 Pablo dijo que todos los que creen "son justificados". *Justificados* es un término legal que significa *declarar justos*. Sobre la base de lo que Cristo ha hecho en la cruz por los pecadores, ahora Dios tiene una visión de los que creen en Cristo desde una perspectiva escatológica. Es decir, Él los ve no como son sino como serán en Cristo. Los ve como ve a Cristo: perfectos, santos y sin pecado (ver 2 Cor. 5:21).

La justificación de Dios para los que creen es "por su gracia… gratuitamente". La palabra gracia apunta al favor de Dios gratuito e inmerecido, por el cual Él ha declarado a los creyentes en posición correcta delante de su vista, sin hacerles cargos.

Dios podía declarar a las personas justas sólo tratando con su pecado. Y lo hizo "mediante la redención que Cristo Jesús efectuó". El término *redención* significa que *fue pagado un precio*. La muerte de Cristo sobre la cruz fue el precio pagado por el pecado humano que aseguró la liberación del yugo del pecado, del yo y de Satanás.

En el v. 25 Pablo afirmó que Cristo Jesús fue presentado como "un sacrificio de expiación" (algunas veces se traduce como "propiciación"). Quizás la idea de satisfacción ilumina mejor este concepto paulino. En Jesucristo su Hijo, Dios por gracia ha satisfecho sus propias demandas santas y ha dirigido hacia sí mismo su propia ira justa que merece el pecador. Mediante el sacrificio de Cristo Dios ha satisfecho, o propiciado, su propia ira.

Como resultado, Dios "es justo y, a la vez, el que justifica" a los que tienen fe en Jesús. Por lo tanto, judíos y gentiles por igual son justificados no por sus obras sino por su fe en la obra de Cristo.

FE (4:1-25)

El apóstol había mostrado que Dios declara justos a judíos y gentiles por medio de su fe en Jesús. ¿De qué manera esto era diferente del trato de Dios con su pueblo en tiempos anteriores? Pablo demostró la unidad y la continuidad del plan de Dios mediante las ilustraciones de Abraham y de David. Pablo mostró que Dios declaró a Abraham justo, mediante la fe y no por obras ni por el ritual, y tampoco por la ley. Ni Abraham ni ninguna otra persona tenían algo de qué jactarse delante de Dios debido a lo que habían hecho, sino a través de su fe en la promesa de Dios (ver Gén. 15:6).

LA GRACIA ABUNDA (5:1-21)

Pablo señaló que mediante el impacto de este don de justicia, a los creyentes les es dada la salvación de la ira de Dios. Dios ha reconciliado con Él a los enemigos impíos e injustos. Así es que ellos tienen "paz por medio de nuestro Señor Jesucristo". Por medio de una tipología, Pablo demostró que el pecado y la muerte vinieron a los hombres y a las mujeres a través de Adán; la justicia y la vida, a través Jesucristo. El pecado había sido intensificado por la trasgresión de la ley. Así es que se necesitaba una gracia más grande. Pero donde abundó el pecado, la gracia abundó aún más.

JUSTIFICACIÓN POR LA FE

La justificación es un acto de Dios por el cual Él declara que una persona pecadora es justa, por su fe y la confianza en Jesucristo en lugar de las buenas obras de la propia persona. Es un cambio de estado de culpable a justo.

Panorama bíblico. El concepto de justificación tiene su trasfondo en el Antiguo Testamento. El término hebreo para *justificar* o *ser justo* indicaba que uno era declarado libre de culpa. La idea tenía connotaciones legales y puede notarse cuando la justificación se contrasta con la condenación (ver Deut. 25:1; Prov. 17:15; Isa. 5:23). También se puede encontrar en contextos que implican un proceso de juicio (ver Gén. 18:25; Sal. 143:2).

La justificación no era solo una cualidad ética del carácter. Más bien el énfasis estaba dado en ser justo, es decir, tener una relación correcta con cierto parámetro. Este parámetro era la misma naturaleza y persona de Dios. Como tal, sólo Él podía juzgar perfectamente si una persona había vivido conforme al criterio para la relación. Por lo tanto, la justificación en el Antiguo Testamento implicaba declarar que una persona había sido fiel a los requerimientos de la relación de acuerdo al parámetro dado por Dios.

El Nuevo Testamento avanza más en esta idea, principalmente en los escritos de Pablo. Su comprensión de la justificación es el punto de partida para desarrollar las implicaciones de la verdad central del evangelio, es decir, que Dios perdona a pecadores que creen.

De la justificación fluye la comprensión de que Dios da gracia y fe a todas las personas por igual (Rom. 1:16; Gál. 3:8-14). El concepto de gracia se define en concordancia con la justificación (Rom. 3:24). La explicación de Pablo sobre el significado salvador de la vida, la muerte y la resurrección de Cristo surge de la justificación (Rom. 3:24; 5:16).

La revelación del amor de Dios en la cruz de Jesús (Rom. 5:5-9), la liberación humana de la ligadura del pecado (Gál. 3:13; Ef. 1:7), la relación reconciliada con Dios (2 Cor. 5:18; Gál. 2:17), la adopción dentro de la familia de Dios (Gál. 4:6-8) y la seguridad en la vida cristiana (Rom. 5:1-11) también son examinadas a la luz de la justificación.

Consideraciones teológicas. La imputación es un acto de Dios por el cual Él otorga su justicia a pecadores que creen y aceptan su regalo. Luego son pronunciados justos por Dios.

Esto no significa que Dios considera a esos creyentes como si nunca hubieran pecado. Esto sólo indicaría que eran inocentes. La justificación va más allá de esta comprensión. Cristo ha pagado la pena por el pecado y por la culpa y ha cumplido con los justos requerimientos de la ley. Dios el Padre aplicó la obra perfecta de Cristo a la vida de los creyentes, de tal manera que ellos sean restaurados a una posición justa delante de Dios. De esta manera Dios declara *justa* a una persona.

La base para la justificación del creyente es la muerte de Jesucristo. Las personas no pueden justificarse a sí mismas por sus buenas obras (Rom. 3:28; Gál. 2:16). Cristo fue tratado "como pecador" (2 Cor. 5:21) en lugar de los pecadores, y murió como sustituto de ellos. La justicia de Dios fue demostrada al castigar el pecado a través de la muerte de Cristo (Rom. 3:21-26). En la muerte de Cristo, Dios se justificó a sí mismo (mediante el castigo del pecado), así como a los pecadores creyentes (al acreditarles a ellos la justicia de Cristo).

La manera en que una persona recibe la justificación de Dios es a través de la fe. Es una confianza absoluta en Jesucristo y en su obra para salvación. La fe no debería ser considerada una buena obra (Rom. 3:28), debido a que descansa sobre la gracia (Rom. 4:16) y excluye las obras (Ef. 2:8-9). La fe es una condición que no tiene ningún mérito en sí misma; más bien descansa sobre la persona y la obra de Jesucristo. La justificación es algo completamente inmerecido. No es un logro sino un don de Dios dado por gracia. No todos los pecadores son justificados, sino solamente los que creen en Jesucristo.

Las buenas obras no consiguen justificación. No obstante, las obras son una vía por la cual las personas demuestran que han sido justificadas por fe (Sant. 2:18).

Pablo es el único escritor en el Nuevo Testamento que usa el término "justificar" para el acto de Dios de aceptar a las personas cuando creen. Cuando Santiago habló de ser justificado, usó la palabra en un sentido general para probar una relación genuina y correcta delante de Dios y de la gente. Santiago quería negar el carácter de una fe superficial que no produce obras para el reino de Dios.

NUEVA VIDA EN CRISTO (6:1-14)

La justicia provista por Dios implica más que declarar justos a los creyentes sobre la base de la fe. Él declaró el deber de rechazar el pecado y hacer lo correcto debido a la nueva vida recibida en Cristo.

Pablo esgrimió que sería una perversión de la gracia argumentar que, dado que ésta resulta en libertad y aumenta donde el pecado aumenta, la gente debiera continuar en el pecado para que la gracia abunde. Pablo sostuvo que los que han sido justificados por Cristo han muerto al poder del pecado, el cual ya no tiene poder para esclavizar. Los creyentes han sido identificados ("bautizados") con la muerte y la resurrección de Cristo, la fuente de su vida espiritual. Dado que los creyentes están muertos al pecado y a su poder, deben darse cuenta que tienen nueva vida en Cristo y no pueden rendirse a la injusticia.

ESCLAVOS DE LA JUSTICIA (6:15-23)

Pablo declaró que el pecado resulta en muerte. Los creyentes han sido liberados del pecado y ya no son cautivos de él. Ahora son esclavos de la justicia y vivos para Dios. Ellos ahora deben rechazar el pecado y hacer lo correcto al servir a Dios.

El capítulo 6 al igual que los capítulos 3–5, afirma la importancia de la muerte de Cristo. Nuevamente la muerte de Cristo es reafirmada, pero no en forma aislada como la muerte del justo por los injustos. Aquí el creyente ha sido unido a Cristo. La muerte al pecado demanda una resuelta separación del pecado y la resurrección significa un nuevo tipo de vida en respuesta a Dios.

LA CONTRADICCIÓN HUMANA (7:1-13)

En el capítulo 7, Pablo se describió a sí mismo de manera representativa, como alguien que deseaba vivir justamente y cumplir con las demandas de la ley pero que se veía frustrado por el pecado que todavía moraba en él. En ninguna otra carta de Pablo ni en la literatura antigua hay una descripción tan profunda de la situación y la contradicción del ser humano como en 7:1-25. Hay un notable paralelismo entre lo que señala el capítulo 6 sobre el pecado y lo que declara el capítulo 7 sobre la ley.

Pablo encaró el tema del creyente y la ley mediante una analogía algo imperfecta con el esposo y la esposa. Estos versículos demuestran el carácter "santo, justo y bueno" de la ley. Pablo describió el papel de la ley en su experiencia de transición antes de su conversión.

LA LUCHA CRISTIANA (7:14-25)

La interpretación de estos versículos es tan difícil como la de cualquier otro del Nuevo Testamento. El pasaje está impregnado de tensión. Pablo pintó para los lectores un cuadro de la vida cristiana con toda su angustia y simultáneamente toda su esperanza. Esta es la lucha continua en la que los creyentes están envueltos a lo largo de sus vidas. Se promete liberación. La victoria es segura pero es una esperanza escatológica.

Pablo describió a alguien que odia el pecado y lo juzga en su propia vida. En esta lucha el creyente continúa constantemente bregando por el bien. Tanto la lucha del capítulo 7 como la liberación del capítulo 8 son verdaderas y reales en el peregrinaje del creyente. Si bien Pablo habló de la tensión de la vida tal como él lo experimentó en forma autobiográfica, es evidente que todos tienen lucha y necesitan que Dios los capacite y los bendiga.

NINGUNA CONDENACIÓN (8:1-17)

La exposición de Pablo se desplazó hacia el papel del Espíritu Santo, quien trae perdón y poder a los hijos de Dios. Los que han sido justificados han sido librados de la muerte. "Por lo tanto, ya no hay ninguna condenación para los que están unidos a Cristo Jesús". Dios dará vida a sus cuerpos mortales a través de su Espíritu, que mora en los creyentes. Quienes continúan viviendo de acuerdo a la maldad de este mundo, con sus vidas muestran la ausencia del Espíritu de Dios y la vida que Él produce como resultado. La vida en santidad es tanto el sendero como también la evidencia de la vida que viene de Dios.

En contraste con el control del pecado, que esclaviza al punto del miedo, los creyentes han recibido el Espíritu de adopción. Así que en lugar de replegarse en temor, los cristianos pueden acercarse a Dios de manera íntima, llamándolo "¡*Abba*! ¡Padre!" "*Abba*" es una transliteración del término arameo para padre, la cual implica una gran familiaridad e intimidad (ver Mar. 14:36; Gál. 4:6). El cuadro es de solidaridad y de relación a través del Espíritu.

El v. 17 concluye y es el clímax de una lista de condiciones (ver 8:9-11,13). Pablo eleva el tema del sufrimiento más allá de sus propias luchas morales internas, al plano de sufrir junto con Cristo como preludio para ser glorificados junto con Él.

SUFRIMIENTO REDENTOR (8:18-27)

La esperanza transforma al sufrimiento. Pablo señaló a la creación gimiendo por su redención y a los creyentes esperando con anhelo su adopción y su redención final. Aquí vemos el plan de Dios de sufrimiento redentor moviéndose hacia su cumplimiento al final de los tiempos.

El Espíritu mismo gime por los creyentes cuando estos oran y anticipan su glorificación. Aun cuando el Espíritu gime con palabras que no pueden expresarse, el Padre conoce lo que el Espíritu está pensando. Cuando los creyentes están inseguros y no saben qué orar, el Espíritu Santo comunica al Padre las preocupaciones de ellos.

MÁS QUE VENCEDORES (8:28-39)

La conclusión de Pablo para esta mitad del libro enfatizó la majestad y la gloria de Dios y señaló la certeza del plan redentor de

Dios. Todo lo que les ocurre a los creyentes descansa en la mano soberana de Dios quien en todas las cosas obra "para el bien de quienes lo aman". Ellos ganan seguridad porque saben que Dios está de su parte (8:31). En todas las pruebas y sufrimientos que los creyentes enfrentan, pueden estar confiados en que son más que vencedores a través de Cristo que los amó. Los creyentes pueden esperar dificultades en esta era. Aun así, pueden tener la certeza de que nada podrá separarlos "del amor que Dios... ha manifestado en Cristo Jesús".

EL LUGAR DE ISRAEL (9:1-5)

El apóstol no podía tratar el tema de los hombres y las mujeres que estaban en una postura correcta delante de Dios, ya fueran judíos o gentiles, sin mencionar el lugar de Israel en el plan de Dios. Pablo declaró con gran emoción su preocupación por los judíos, su propio pueblo. En el pasado ellos habían tenido un lugar especial en los propósitos de Dios. Habían sido los receptores de la adopción, la gloria, los pactos, la ley, las promesas, la adoración en el templo y los patriarcas.

DIOS ES FIEL (9:6-13)

Pablo aquí describió la elección soberana de su pueblo por parte de Dios. Todo lo que ha tenido lugar en la historia redentora ha sido debido a la fidelidad de Dios a la promesa que Él le hizo a Abraham y a sus descendientes. Con Jesús, Pablo pudo afirmar que "la salvación proviene de los judíos" (Juan 4:22). El problema para Pablo era: ¿cómo pudo Israel, como receptor de todas estas bendiciones, no recibir y ni reconocer al Mesías prometido?

Pablo respondió que Dios escogió a Abraham, pero no todos los descendientes de Abraham reciben sus promesas. La elección de Dios no tuvo nada que ver con el carácter de ellos ni con su valor; fue una cuestión del propósito de Dios.

DIOS ESCOGIÓ A ISRAEL (9:14-33)

Pablo sostuvo que no hay injusticia en Dios. Su elección demuestra su poder de modo que su nombre pueda ser proclamado en toda la tierra. Dios había escogido a Israel para servir a sus propósitos como Señor sobre todo. Solo por fe las personas son declaradas justas delante de Dios. Los que intentaron establecer su justicia sobre cualquier otra base, tropezaron con el Mesías.

CREER Y CONFESAR (10:1-21)

Pablo argumentó que solo un remanente de Israel había creído alguna vez (9:27-29). Al rechazar a Cristo, Israel seguía un precedente que ya había estado en operación en días anteriores. El celo de los judíos era encomiable pero aun así estaba mal orientado. La única forma de aceptación delante de Dios era por fe en Cristo y estaba (y está) al alcance de todos. Los que creen en su corazón y confiesan con su boca que "Jesús es el Señor" serán salvos. La gente no puede creer a menos que pueda oír y no puede oír si no hay un predicador. Si bien Israel oyó, aun así rechazó el mensaje de Dios.

LLAMADO A LA HUMILDAD (11:1-24)

Luego, Pablo afirmó que dado que un remanente de Israel había creído en el evangelio, esto era una clara indicación de que Israel como un todo todavía puede creer. Aunque Dios pudo haber rechazado a Israel temporalmente, no lo ha rechazado en forma irrevocable. Cuando Israel rechazó el mensaje de Dios, le fue dada la oportunidad a los gentiles, quienes fueron injertados en el árbol. No obstante, los gentiles fueron advertidos de no ser orgullosos en su aceptación, sino de descansar humildemente en la gracia de Dios.

ISRAEL EN LOS PROPÓSITOS DE DIOS (11:25-36)

La separación de Israel no es necesariamente final. Dios todavía tiene un futuro y un propósito para Israel. Los gentiles son salvos por un endurecimiento temporal de Israel, que continuará "hasta que haya entrado la totalidad de los gentiles". Aun así, dentro de los propósitos de Dios, "todo Israel será salvo". Pablo puso en cifras esta sección alabando la maravillosa sabiduría de Dios demostrada en sus propósitos tanto para judíos como para gentiles.

SEAN TRANSFORMADOS (12:1-2)

Pablo apeló por una dedicación de toda la vida a Cristo. La base de la apelación descansaba en la misericordia de Dios. A medida que los creyentes sean transformados en sus mentes y se conformen a la imagen de Cristo, tendrán la capacidad de discernir, de desear y de aprobar la voluntad de Dios. La voluntad de Dios es buena y santa; es suficiente para todas las necesidades. Es solo a través de la renovación espiritual que los creyentes pueden hacer la voluntad de Dios.

DONES ESPIRITUALES (12:3-21)

La dedicación de los creyentes a Dios y la transformación del estilo de vida que acompaña son vividas a través del ejercicio de los dones espirituales (ver 1 Cor. 12–14). Los cristianos deben vivir juntos en amor como miembros del cuerpo de Cristo, la iglesia. Deben servirse unos a otros con sus varios dones. El resto del capítulo consiste en una serie de exhortaciones cortas que se enfocan en la expresión del amor en todas las relaciones y bajo cualquier circunstancia.

LOS CRISTIANOS Y LOS GOBERNANTES (13:1-14)

Los cristianos debieran reconocer que el gobierno civil es ordenado por Dios. El que gobierna es un siervo de Dios para disciplinar a los desobedientes y para llevar a cabo su justa voluntad. El amor es la suma del deber cristiano. La conducta cristiana está vitalmente relacionada con la esperanza del regreso de Cristo y con la transformación final del creyente.

RELACIONES (14:1-23)

Las relaciones armoniosas son importantes. Los creyentes debieran vivir sin juzgar a los demás y sin influir en los demás si eso provoca una trasgresión en sus conciencias. Si bien los maduros no debieran estorbar a los débiles con su libertad, tampoco los débiles debieran restringir a los que han descubierto la libertad cristiana. El amor mutuo y el respeto son las marcas de los verdaderos discípulos de Cristo.

AGRADAR A OTROS (15:1-13)

El apóstol describió cómo la vida cristiana implica el deseo de agradar a otros y no a uno mismo. Existe la necesidad de dar la bienvenida a otros así como Cristo mismo ha recibido tanto a gentiles como a judíos para ser su pueblo.

CONCLUSIÓN (15:14–16:27)

Esta sección de cierre abarca los planes de viaje de Pablo y su labor como ministro a los gentiles. Él declaró que su propósito era proclamar el evangelio allí donde no había sido predicado. Quería ir a Roma para extender la misión cristiana hacia el oeste, hacia España. Pidió oración de parte de la iglesia para esta misión.

El capítulo 16 termina en forma típica, con saludos y recomendaciones en forma individual a varias personas. Se ofrecen saludos a 27 personas, incluyendo un número significativo de mujeres. Pablo apeló para que la iglesia evitara divisiones y desunión. Ofreció saludos de parte de sus colegas y cerró con una doxología apropiada: "¡… al único sabio Dios, sea la gloria para siempre por medio de Jesucristo! Amén."

Significado teológico. El mensaje de Pablo a los romanos significa que la iglesia debe proclamar que Dios es el dador de la salvación, el don de justicia, y que este don es para todos los que lo reciban por la fe. La iglesia no debe demandar una fe que pueda separarse de la fidelidad. La seguridad no debe afirmarse en la decisión humana sino en la obra expiatoria y justificadora de Jesucristo.

El énfasis temático de la justicia del creyente en Cristo significa que nuestra aceptación y valor delante de Dios no puede ganarse sino sólo recibirse. Cuando nos sentimos deprimidos, desanimados o derrotados, debemos recordarnos a nosotros mismos que Dios nos ha reconciliado, nos ha aceptado y nos ha dado valor e importancia a sus ojos debido a la obra de Jesucristo por nosotros.

Si estamos cargados de problemas, Pablo nos recuerda que Dios está de nuestra parte y nada nos puede separar del amor de Cristo (8:31-39). Cuando se producen divisiones en la iglesia, debemos volvernos a la exhortación de Pablo sobre el amor mutuo, la preocupación y el servicio de unos hacia otros. Nadie tiene un lugar superior en el cuerpo de Cristo debido a un valor inherente, una herencia, un logro, ni un trasfondo particular. Por lo tanto, no hay lugar para la jactancia humana ni para pretender un privilegio especial. Todas las naciones son invitadas a venir a Cristo y no hay condenación para los que están en Cristo Jesús.

Preguntas para la reflexión

1. ¿De qué manera expresó Pablo la idea de estar correctamente delante de Dios?

2. ¿Cómo deben entender los creyentes su relación con la ley?

3. ¿Cómo deben vivir los creyentes respecto a tensiones de la lucha, el sufrimiento y la victoria tal como están descritas en los capítulos 7–8?

4. ¿De qué manera se relaciona la incredulidad de Israel con el propósito redentor de Dios?

5. ¿Qué dijo Pablo acerca de las responsabilidades de los cristianos en su servicio en la iglesia y en las relaciones unos con otros (12:1–15:13)?

1 CORINTIOS

Tanto la carta como la tradición de la iglesia reconocen a Pablo como el autor de 1 Corintios (1:1-2; 16:21). Por lo general, esta afirmación no ha sido desafiada. La carta fue escrita alrededor del 55 d.C. cerca del final del ministerio de tres años de Pablo en Éfeso (ver 1 Cor. 16:5-9; Hech. 20:31).

La ciudad de Corinto. Corinto era una de las principales ciudades comerciales del Imperio Romano. Su ubicación permitía que fuera un centro natural de comercio y de transporte. Tenía dos puertos: Cencreas, 8 km (6 millas) al este de Corinto sobre el mar Egeo (ver Rom. 16:1), y Lejaión un puerto sobre el golfo de Corinto que se abría hacia el oeste al mar Adriático. Navegar en esos días era muy peligroso y volver por el extremo sur de Grecia era una travesía problemática. Para evitar este desvío, los barcos que iban hacia el este entre Roma y Asia usaban el istmo de Corinto como puerto, bajaban sus cargas y las llevaban por tierra para volver a cargarlas en el puerto opuesto. Así es que Corinto era llamada el puente de los mares. También era la puerta para las rutas que iban de norte a sur entre el Peloponeso y Grecia continental. Como centro comercial era famoso por sus artes y sus oficios.

La antigua Corinto fue completamente destruida en el 146 a.C. por el general romano Mumio ya que ésta había tomado la iniciativa en el intento de revuelta de los griegos contra el poder emergente del Imperio Romano. En ese tiempo se decía que sus tesoros de arte y sus riquezas eran iguales a los de Atenas. Por alrededor de 100 años la ciudad permaneció en ruinas. En el 44 a.C. Julio César envió a una colonia de soldados para reconstruirla, e hicieron de ella el asiento de la provincia romana de Acaya. Casi inmediatamente Corinto recuperó la prominencia anterior que había tenido como la ciudad más rica y poderosa de Grecia.

Corinto tenía dos deidades patronas. Poseidón, dios del mar, que se reflejaba en el poder naval y en la devoción hacia el mar. La otra deidad, Afrodita, diosa del amor sexual, se reflejaba en la reputación de inmoralidad que tenía la ciudad. El templo era el centro para la adoración de Afrodita. Se jactaba de tener 1000 prostitutas a disposición de la gente de la ciudad y de todos los visitantes. La mayoría de estas mujeres eran famosas por su gran belleza. La ganancia que el templo tenía con las prostitutas era una fuente importante de ingresos de la ciudad. Esta práctica, aparejada con la laxitud frecuentemente característica de una ciudad portuaria de población mezclada y transitoria, le daban a Corinto una reputación que trascendía a la de las ciudades de sus días.

Para demostrar este hecho, los griegos inventaron un término, *corintianizar*, que significaba *vivir una vida inmoral*. Llamar "corintia" a una mujer significaba que era una persona inmoral. En su carta a los Romanos, Pablo escribió lo que quizás fue un relato descriptivo de Corinto (ver Rom. 1:18-32).

La iglesia en Corinto. La iglesia era un cuadro de convertidos que habían salido de este trasfondo (ver 1 Cor. 6:11). La iglesia tenía varios problemas, entre ellos uno de liderazgo que producía divisiones en la iglesia (1:10-17). Las prácticas inmorales no se abordaban (5:1–6:20). Un grupo entusiasta en la iglesia hacía alarde de sus dones espirituales (12:1–14:40). Un grupo legalista se preocupaba por leyes dietéticas (8:1–10:32). Algunos abusaban de la Cena del Señor (11:17-34), y otros ofrecían enseñanzas falsas con respecto a la resurrección (15:1-58). Estos asuntos —agregados a la composición multiétnica de griegos, romanos y judíos y una mezcla de clases sociales incluidos ricos, pobres y esclavos— dieron razón de una congregación única y problemática.

Ocasión. Pablo había estado en Corinto y había permanecido por 18 meses (ver Hech. 18). Durante este tiempo él había establecido la iglesia. Posiblemente estuvo otra vez de visita por un corto tiempo entre las cartas a los Corintios y el tiempo en que estuvo en Corinto y escribió Romanos. Algunos han conjeturado cuatro visitas y han reacomodado mucho el orden.

El apóstol había recibido información de diferentes fuentes en relación a las condiciones en que se encontraba la iglesia de Corinto. Miembros de la familia de Cloé le habían informado sobre varios grupos en la iglesia (1:11). Estéfanas, Fortunato y Acaico fueron a Pablo en Éfeso para llevarle una contribución para su ministerio (16:17).

Propósito y teología. Pablo trató con varios problemas en esta carta. Se enteró de estos asuntos a través del informe de la familia de Cloé, de rumores comunes (5:1) y de información que recibió de la iglesia (7:1; 8:1; 12:1; 16:1). Pablo escribió para responder a las preguntas que los corintios le habían hecho, pero también tenía otras preocupaciones. Si bien la iglesia era muy dotada (1:4-7), era igualmente inmadura y poco espiritual (3:1-4). Pablo quería restaurar a la iglesia en sus áreas de debilidad. A través de la inspiración del Espíritu Santo, presentó la más clara explicación de la Biblia sobre la Cena del Señor (11:17-34), la resurrección (15:1-58) y los dones espirituales (12:1–14:40).

Así y todo el punto focal de 1 Corintios no está en la teología doctrinal sino en la teología pastoral. Esta carta trata sobre el problema de los que traen división al cuerpo de Cristo (1:11–3:4), sobre el trato hacia otros cristianos que pecan (5:1-13), sobre asuntos de sexualidad en el matrimonio y sobre el divorcio (7:1-40), sobre la adoración apropiada en la iglesia (11:2-34) y sobre disputas acerca de la comida (8:1–11:1).

INTRODUCCIÓN (1:1-9)

Pablo comenzó esta carta de la manera que acostumbraba, identificándose (con Sóstenes) como escritor. Los receptores eran principalmente "la iglesia de Dios que está en Corinto" (ver 2 Cor. 1:1). No obstante, en general la carta fue dirigida a "todos los que en todas partes invocan el nombre de nuestro Señor Jesucristo". El saludo está seguido de una salutación paulina típica (ver Gál. 1:3; Ef. 1:2) y de una larga expresión de acción de gracias. Aquí Pablo dio las gracias por la recepción del evangelio por parte de ellos, por sus dones y particularmente por la fidelidad de Dios.

LAS DIVISIONES (1:10-17)

El primer tema importante que trató Pablo fue el problema de las divisiones en la iglesia. Algunos pretendían seguir a Pablo, algunos a Apolos, otros a Cefas (Pedro) y aun otros a Cristo. Los líderes mismos no eran la causa de la división. Muy probablemente los super-espirituales que pretendían seguir a Cristo eran la principal fuente del problema.

Pablo se liberó de responsabilidad por la situación y mostró la pecaminosidad y la necedad de esa actitud. Dios no actúa de la manera en que la sabiduría humana podría esperar. Dios redimió a hombres y mujeres mediante la locura de la cruz, no mediante cualquier cosa que pudiera estimular el orgullo humano. El mensaje del evangelio no se originó en la profundidad del pensamiento humano sino en el Espíritu Santo mismo.

NIÑOS EN CRISTO (1:18–3:4)

La iglesia de Corinto mostró gran falta de comprensión de la verdad esencial del evangelio. Los corintios evidenciaron un concepto equivocado de la sabiduría, un concepto equivocado del evangelio y un concepto equivocado de la espiritualidad. Debe recordarse que la sabiduría de Dios es algo que "el que no tiene al Espíritu" no puede aceptar. Los corintios tenían una actitud impropia con respecto a los líderes de la iglesia. Demostraron ser "niños en Cristo".

COMPAÑEROS EN LA OBRA DE DIOS (3:5-9)

Pablo y Apolos no estaban en competencia uno con otro. Eran compañeros en la obra de Dios. Uno "sembró" mientras el otro "regó". Cada uno hizo su parte, pero Dios dio el crecimiento.

CRISTO EL FUNDAMENTO (3:10-23)

El fundamento de la iglesia no eran sus líderes sino Jesucristo. Cada persona construye sobre este fundamento. Lo que se construya puede ser algo de valor o algo sin valor. La evaluación final del valor de la obra de cada uno será revelada en el día del juicio. Pablo explicó la condición para las recompensas con las advertencias apropiadas para líderes y seguidores.

LÍDERES CRISTIANOS (4:1-21)

Las advertencias de Pablo no significan que los líderes humanos no tienen importancia. La gente se salva sólo mediante Cristo y no hay otra base para la salvación. Los líderes de la iglesia construyen sobre ese fundamento. A partir de este pensamiento Pablo apeló a los corintios para que actuaran conforme a lo que él había escrito. El apóstol enfatizó tanto la responsabilidad de los líderes como la importancia de su ejemplo. A ellos se les confió "administrar los misterios de Dios". Estos misterios conferidos a los líderes son cosas que la sabiduría humana no puede descubrir sino que solo pueden ser revelados por Dios a su pueblo.

LA INMORALIDAD (5:1-13)

El apóstol había oído informes sobre inmoralidad sexual entre ellos. Le recordó a la iglesia que el incesto era considerado un acto reprobable incluso por los paganos. No obstante, los corintios aparentemente no habían hecho nada para tratar con este mal detestable. Peor aún, estaban orgullosos de esta situación. Pablo los instó a disciplinar al hombre implicado entregándolo "a Satanás para destrucción de su naturaleza pecaminosa a fin de que su espíritu sea salvo en el día del Señor". Este abandono en manos de Satanás debía llevarse a cabo no mediante algún encanto mágico sino expulsando al hombre de la iglesia (ver 5:2,7,11,13). Expulsarlo significaba entregarlo al territorio del diablo, separado de cualquier conexión con el pueblo de Dios.

Pablo le ordenó a la iglesia que no comiera con un hombre así. Esto significa que la asociación íntima con una persona inmoral, especialmente estar juntos a la mesa del Señor, haría que el mundo no creyente piense que la iglesia aprueba esa impía forma de vida. La iglesia debe ejercitar la disciplina espiritual sobre sus miembros (ver Mat. 18:15-18).

LA CENA DEL SEÑOR

La Cena del Señor fue instituida por mandato de Cristo y también por su ejemplo. La noche anterior a su muerte, Cristo se reunió con sus discípulos para participar de la comida de la Pascua (ver Mat. 26:26-29; Mar. 14:22-25; Luc. 22:17-20).

Dado que la Cena fue celebrada en relación con la Pascua, podemos asumir que el pan era sin levadura. Jesús dio gracias (*eucharisteo*, de donde viene la idea de eucaristía) por la comida. Que la institución de la Cena del Señor estuvo relacionada con la Pascua es claro en la frase "después de cenar" (1 Cor. 11:25), que quiere decir: después de la comida de la Pascua. Es muy probable que 1 Corintios haya sido escrita antes de que se completaran los evangelios, lo cual significa que el relato de Pablo es el registro más temprano que tenemos sobre la institución de la Cena del Señor.

Los nombres de la Cena. La Cena se identifica de seis maneras diferentes en el Nuevo Testamento: (1) Cena del Señor (1 Cor. 11:20); (2) mesa del Señor (1 Cor. 10:21); (3) partimiento del pan (Hechos 2:42; 20:7); (4) comunión (1 Cor. 10:16); (5) eucaristía (1 Cor. 11:24); y (6) fiesta de amor (como se lee en algunos manuscritos de 2 Ped. 2:13; Jud. 12).

El significado de la Cena. El enfoque inicial de la Cena fue la camaradería en torno a una comida común alrededor de la mesa. Cuando se tomaran el pan y el vino, la presencia del Señor debía ser recordada en las palabras: "en memoria de mí" (1 Cor. 11:24). Recordar significa transportar una acción que está enterrada en el pasado de tal manera que su potencia y vitalidad originales no se pierdan sino que sean traídas al presente. Es un recordatorio de la vida y la muerte del Señor.

Así como la Pascua fue el medio que le permitió a Jesús revivir dinámicamente la experiencia pasada de sus antecesores en la tierra de Egipto, la Cena del Señor remonta a los creyentes a las escenas de la redención por parte del Señor, llevándolos otra vez a recibir las bendiciones de la pasión de Cristo.

El pan simboliza su vida sin pecado que lo calificó para ser un sacrificio perfecto por el pecado. Representa su cuerpo sobre el cual realmente llevó nuestro pecado en la cruz (1 Ped. 2:24). Su sangre derramada está representada por el vino. Los creyentes deben mirar a estos elementos como remontándose a las escenas de la muerte del Señor.

La participación de los creyentes en la Cena representa su respuesta al amor del Señor, que soportó la cruz.

La Cena es un anuncio básico del evangelio (1 Cor. 11:26), un sermón silencioso por parte de toda la iglesia. La Cena tiende a avivar la anticipación de la segunda venida (ver Mat. 26:29). Así es que más allá de sí misma señala una esperanza futura en el reino de Dios.

Al participar de la Cena, a los creyentes se les recuerda la unidad dentro del cuerpo de Cristo y la comunión que se comparte entre creyentes. La observancia es tan simple que un niño creyente puede participar con un sentido de comprensión. Aun así, también contiene tantas ramificaciones doctrinales que incluso el creyente más maduro no entenderá completamente su significado.

La práctica de la Cena. A la iglesia se le indica continuar con la ordenanza de la Cena del Señor (1 Cor. 11:24). La Cena provee el énfasis necesario sobre la muerte y la resurrección del Señor que estableció el nuevo pacto (1 Cor. 11:25; ver Jer. 31:31-34).

No hay ningún lineamiento específico acerca de cómo y cuándo debería observarse la Cena. Así y todo, las implicaciones del Nuevo Testamento nos enseñan que la Cena debiera ser regular, frecuente (1 Cor. 11:20), y normalmente el primer día de la semana (ver Hech. 20:7).

Conclusión. De esta manera, en la práctica y la enseñanza apostólica, el pasado, el presente y el futuro son reunidos en esta fiesta sagrada y gozosa de la Cena del Señor. En realidad, en esta ordenanza se expresa la totalidad de lo que significa el cristianismo. La suma y la médula de la observancia es un Señor, encarnado, expiatorio y triunfante.

Aquí se observa una interrelación dramática entre las relaciones humanas y la relación con Dios. La esencia de la experiencia es la comunión y la adoración al comer juntos, mientras que al mismo tiempo se recuerda la muerte del Señor Jesucristo a nuestro favor.

EL TEMPLO DEL ESPÍRITU (6:1-20)

Pablo luego los reprendió por su espíritu partidista. Su intervención activa en pleitos frente a jueces paganos evidenciaba tal carnalidad. Las relaciones sexuales fuera del vínculo del matrimonio son una perversión de la unión matrimonial divinamente establecida. Los creyentes han sido comprados por Cristo. El cuerpo es un templo del Espíritu Santo. Los cristianos deben glorificar a Dios en sus cuerpos.

EL MATRIMONIO (7:1-40)

Los corintios habían elevado una serie de preguntas para Pablo. Él respondió a sus preocupaciones abordando la cuestión y ofreció algunos principios para que ellos trataran el tema. Pablo apoyó el matrimonio como regla normal para la vida (ver Ef. 5:21-33). Dio principios generales para el matrimonio. Luego le dio un consejo a los solteros y otro a los casados. El apóstol señaló que las personas deberían llevar la clase de vida que Dios les asigna. Además remarcó el valor del celibato porque los célibes están libres para servir al Señor sin las preocupaciones que conlleva el matrimonio. En el v. 10 Pablo apeló a la enseñanza de Jesús con respecto a la permanencia del matrimonio. A la luz del mandato de Cristo, Pablo argumentó que si una mujer creyente se separa de su cónyuge, no debe volver a casarse. En su lugar, la pareja separada debiera reconciliarse. Los vv. 12-16 dan consejos respecto a la separación o el divorcio cuando un no creyente abandona a un creyente. En este caso el creyente abandonado no tiene ninguna obligación de permanecer casado con el no creyente.

Pablo ofreció más consejos referidos al contentamiento. Concluyó este tópico con consejos para vírgenes y viudas.

LA COMIDA OFRECIDA A LOS ÍDOLOS (8:1-13)

La mayor parte de la carne disponible en el mercado provenía de animales sacrificados en el templo. Para los más escrupulosos de la comunidad, toda esa carne era sospechosa. Algunos corintios se sentían más maduros porque estaban convencidos de que los ídolos eran irreales: "hay un solo Dios". Por lo tanto, cualquier comida ofrecida a los ídolos era apta para ser comida. Sin embargo, es el amor y no el conocimiento, la clave para la conducta cristiana. Sería mejor no comer carne, aun cuando la conciencia de uno lo permitiera, que llevar a otro creyente al pecado.

LA DISCIPLINA CRISTIANA (9:1-27)

Pablo practicaba los principios que describió. Como apóstol tenía ciertos derechos y privilegios. Uno de estos derechos era ser mantenido por aquellos a quienes les predicaba. Pero Pablo enfatizó que uno debería subordinar sus propios intereses a los de los demás, especialmente los de Cristo y su evangelio.

Lo que cuenta no necesariamente es quién comienza sino quién completa la vida cristiana. Así que lo importante es una vida de disciplina y no de licencia.

VÍA DE ESCAPE (10:1-13)

El apóstol mostró cómo los israelitas sufrieron en el desierto, a pesar de sus derechos y privilegios. A través del uso de una interpretación tipológica de eventos del Antiguo Testamento, Pablo advirtió a los corintios que no se metieran con la idolatría ni se dejaran salpicar por ella. No obstante, los cristianos no tienen que ser temerosos frente a la tentación, porque Dios ha provisto ayuda y una vía de escape para los que quieran tomarla.

LIBERTAD CRISTIANA (10:14–11:1)

La comunión espiritual en la mesa del Señor sirvió como un duro recordatorio de que los corintios no debían tener nada que ver con los ídolos. Uno no puede compartir simultáneamente en la mesa del Señor y en la mesa de los demonios.

LISTAS DE DONES ESPIRITUALES DADOS POR PABLO					
Don espiritual	Rom. 12:6-8	1 Cor. 12:8-10	1 Cor. 12:28	1 Cor. 12:29-30	Ef. 4:11
Apóstol			1	1	1
Profeta	1	5	2	2	2
Maestro	3		3	3	5
Pastor					4
Milagros		4	4	4	
Discernimiento de espíritus		6			
Palabra de sabiduría y de conocimiento		1			
Evangelista					3
Exhortación	4				
Fe		2			
Sanidad		3	5	5	
Lenguas		7	8	8	
Interpretación		8		7	
Ministerio/servicio	2				
Administración			7		
Liderazgo	6				
Ayudas			6		
Misericordia	7				
Liberalidad	5				

Un resumen de la discusión concluye con los capítulos 8–10. La comida no estaba contaminada incluso si previamente había sido ofrecida a los ídolos, dado que toda la comida en última instancia pertenece a Dios. No es que la carne se había contaminado. El problema eran los cristianos débiles cuya conciencia estaba manchada. Los creyentes firmes deberían abstenerse de la carne en razón de su preocupación por el bien de la congregación y de otros creyentes. Los cristianos siempre deben actuar con espíritu de amor y de autodisciplina, teniendo en mente el bien de la comunidad y sobre todo teniendo en mente la gloria de Dios.

ADORACIÓN ORDENADA (11:2-34)

El próximo asunto que Pablo trató tenía que ver con las diferentes maneras de cubrirse la cabeza que distinguen apropiadamente a varones y mujeres cuando oran o profetizan en la adoración. Pablo alabó a la iglesia en este punto porque no se habían apartado de modo significativo de la esencia de lo que él había enseñado anteriormente. Sin embargo, no los elogió en cuanto a lo que oyó sobre la conducta que tenían en la Cena del Señor. La acción de ellos causó más daño que beneficio. La Cena del Señor debía ser una celebración de unidad; en cambio, se intensificaban las divisiones en la iglesia.

Pablo repitió las palabras de la institución para señalar que están participando del cuerpo y de la sangre de Cristo (ver 10:16-17). Participar de manera indigna, con divisiones entre ellos, profana la Cena e invita al juicio de Dios. Pablo los exhortó a examinar sus motivaciones, sus métodos y sus maneras al reunirse para adorar al Señor (ver artículo "La Cena del Señor").

JESÚS ES SEÑOR (12:1-3)

El ejercicio de los dones espirituales en la iglesia era un tema sobre el cual los corintios habían pedido consejo. Muchos de ellos se sentían atraídos hacia los dones más espectaculares. Todos los dones espirituales son dados por el Espíritu. Nadie que hable por el poder del Espíritu usará palabras que lesionen la dignidad del nombre de Jesús. La confesión "Jesús es el Señor" es la genuina obra del Espíritu en la comunidad.

DONES DEL ESPÍRITU (12:4-31a)

Pablo nombró los nueve dones del Espíritu. Su uso se compara con el funcionamiento de varias partes del cuerpo humano para el bien del total. Todos los creyentes han sido "bautizados por un solo Espíritu para constituir un solo cuerpo". El mismo Espíritu trae renovación y unidad a todo el cuerpo. Pablo enfatizó que la unidad de la iglesia se expresa en la variedad. Así como el caos se apoderaría del cuerpo humano si cada parte tratara de hacer el trabajo de las otras partes, así estallarán los problemas en la iglesia a menos que cada miembro haga su propia contribución para el bien del conjunto.

LA GRACIA DEL AMOR CELESTIAL (12:31b–13:13)

Pablo también les explicó la manera correcta de ejercitar todos los dones espirituales. Más alto que todos los dones del Espíritu está la gracia del amor celestial. Pablo declaró que las manifestaciones más espectaculares de los dones, incluso las lenguas o la profecía, no tienen sentido a menos que estén motivadas por el amor. Los cristianos pueden ser talentosos, devotos, generosos en dar o dotados de una fe que mueve montañas; pero todo esto no tiene valor si el amor no está presente.

Los dones espirituales tienen lugar por un tiempo, pero el amor perdura para siempre. Sobre todo lo demás, el amor es lo único que se necesita. La fe, la esperanza y el amor forman una tríada celestial de gracia espiritual que perdura por siempre. Pero "la más excelente de ellas es el amor".

EL CAMINO DEL AMOR (14:1-25)

Pablo aplicó esta gran verdad a la iglesia de Corinto exhortándolos a "seguir el amor". Mientras que debieran desearse todos los dones, Pablo sostuvo que la profecía debería ser el don preferido cuando se reuniera la iglesia. Los corintios deseaban las lenguas más que otros dones. Pablo afirmó que las lenguas sin interpretación son de poco valor para los que escuchan. La meta en la práctica de cualquier don espiritual es la edificación de los demás. Cuando los que hablan en lenguas lo hacen solo para sí mismos, no edifican a nadie. La confusión parece locura para los de afuera de la iglesia.

Fuera de la iglesia hay quizás un papel para las lenguas, ya sea para la devoción privada o como un signo de juicio. Dentro de la iglesia las lenguas no debieran usarse a menos que un intérprete esté presente. No obstante, la profecía debiera ejercitarse tanto dentro como fuera de la iglesia porque edifica y también condena.

FORTALECER LA IGLESIA (14:26-40)

Todos los dones pueden funcionar teniendo en mente la meta de la edificación mutua y no como una demostración egoísta. Tanto los que hablan en lenguas como los profetas deben hacerlo por turno. Cada afirmación debiera ser evaluada en forma apropiada. Las mujeres debieran abstenerse de interrumpir con sus preguntas.

Dos principios permanecen válidos para la iglesia en cualquier lugar o período de tiempo: (1) todo "debe hacerse para la edificación de la iglesia", y (2) "todo debe hacerse de una manera apropiada y con orden".

LA RESURRECCIÓN (15:1-19)

Pablo sabía que en Corinto había dudas acerca de la resurrección. Él afirmó que la resurrección de Jesús es esencial para el mensaje del evangelio. El testimonio consistente de la iglesia es que Jesús murió por nuestros pecados, se levantó otra vez y se les apareció a numerosos testigos. Pablo señaló que si los corintios sostenían un argumento contra la resurrección en forma permanente, Cristo no podía haber sido levantado. Si Cristo no fue levantado, no hay esperanza y toda la proclamación del evangelio sería en vano.

RESURRECCIÓN PARA LOS CREYENTES (15:20-34)

La resurrección de Cristo lleva consigo la promesa de la resurrección de entre los muertos de todos los creyentes. Así como las primicias presentadas a Dios en el primer día de la semana a continuación de la Pascua garantizaba la cosecha que venía (Lev. 23:9-11), así también la resurrección de Cristo garantiza la resurrección de los creyentes.

La esperanza de la resurrección anima a hombres y mujeres a querer ser cristianos. La misma esperanza le proveyó a Pablo el denuedo para proclamar el evangelio y para soportar el sufrimiento que acompañó a su llamado.

EL CUERPO RESUCITADO (15:35-58)

El cuerpo resucitado estará adaptado a su nuevo ambiente espiritual. El cuerpo físico es débil, deshonroso y mortal. Será levantado en Cristo como espiritual, glorioso, poderoso e inmortal. La resurrección tendrá lugar cuando suene la última trompeta. Con genuino entusiasmo, el apóstol compartió su esperanza real: la transformación de los muertos que serán levantados. Los que estén vivos cuando Cristo venga también serán transformados "en un abrir y cerrar de ojos". Gracias a la victoria de Cristo, la muerte será finalmente abolida. Este es un gran aliento para que todos los creyentes perseveren fielmente en el servicio al Señor, sabiendo que "su trabajo en el Señor no es en vano".

COMENTARIOS FINALES (16:1-24)

Pablo les dijo que apartaran algo de dinero semana por semana de modo que estuviera listo para ser llevado a Jerusalén para las necesidades de ese lugar (ver 2 Cor. 8–9).

Pablo planeaba quedarse en Éfeso ya que se le habían presentado oportunidades para el ministerio allí. Mientras tanto los corintios podían esperar una visita de Timoteo. Una exhortación formal a la fe firme y al amor llevó a Pablo a concluir con sus saludos y su bendición de costumbre.

Significado teológico. Si Pablo tuviera que escribirle una carta a una iglesia promedio hoy, probablemente volvería a escribir gran parte de 1 Corintios. El mundo de los corintios era muy parecido a nuestro mundo moderno. La gente tenía la misma sed por el intelectualismo, la misma permisividad hacia los estándares morales y ciertamente la misma fascinación por lo espectacular. La iglesia se parecía a nuestras iglesias: extremadamente orgullosa, afluente y anhelante de aceptación por parte del mundo.

En doctrina existía una mezcla de ortodoxia y error. En ética la iglesia manifestaba una amplia inmoralidad y mundanalidad. Dos valiosas contribuciones vienen de esta carta. Primero, tenemos las exposiciones doctrinales y pastorales de los tópicos discutidos. Segundo, tenemos la mirada de Pablo sobre los problemas. El apóstol definió cuidadosamente cada asunto y luego ofreció principios útiles para tratar con ellos. Lo que aprendemos del método de Pablo es tan importante para la iglesia contemporánea como las soluciones que él articuló.

Preguntas para la reflexión

1. ¿Cuáles son los problemas que Pablo abordó en esta carta?

2. ¿Cuáles son los principios que Pablo desarrolló para tratar con el problema de la comida sacrificada a los ídolos?

3. Para los creyentes ¿cuál es el significado de la resurrección?

4. ¿Cuál es la meta de los dones espirituales?

5. ¿De qué manera se compara y se contrasta la sabiduría de Dios con la sabiduría humana?

2 CORINTIOS

Pablo es el autor de este libro (1:1; 10:1). Es la carta más personal y pastoral que escribió el apóstol. Si bien es diferente a Romanos e incluso a 1 Corintios, se caracteriza por el estilo de Pablo. Contiene más material autobiográfico que el resto de sus escritos.

La carta es difícil de fechar porque no sabemos el lapso de tiempo que transcurrió entre 1 y 2 Corintios. Ha sido fechada de forma variada entre el 55 y 57 d.C.

Destino y situación. Ver 1 Corintios.

Propósito y teología. El propósito primario de esta carta fue preparar a la iglesia de Corinto para otra visita de Pablo. La carta se escribió en un tiempo difícil entre Pablo y los corintios. El apóstol comunicó su alivio agradecido porque en alguna medida había menguado la crisis en Corinto. Por otra parte, Pablo les escribió con respecto a la colecta que él quería que ellos levantaran para la iglesia de Jerusalén.

Pablo demostró extraordinario vigor al declarar su papel y su autoridad como apóstol. Sus opositores, los así llamados "super apóstoles" (ver 2 Cor. 10–13), habían desafiado la condición y el liderazgo apostólico de Pablo. En retribución, Pablo autenticó su llamado y ministerio apostólicos.

El autorretrato de Pablo es una de las características más fascinantes de esta carta. La segunda carta a los Corintios da una información autobiográfica invalorable. Los temas dominantes incluyen la gratitud de Pablo a Dios y a Cristo (1:3; 5:14) y su ministerio como un triunfo continuo en Cristo (2:14). Pablo compartió la vida del Cristo resucitado (4:10-11). Simultáneamente se glorió en sus enfermedades y se contentó con la debilidad, con las persecuciones y con las calamidades por causa de Cristo (12:9). Su ministerio se caracterizó por la integridad y el sufrimiento (1:8-12; 6:3-13; 11:23-33), que son las marcas de un verdadero apóstol. Su mensaje como embajador de Cristo se centró en el mensaje de reconciliación (5:11-21) y en Jesucristo como Señor (4:5).

La colecta que hizo Pablo para la iglesia en Jerusalén tuvo un papel importante en sus esfuerzos misioneros. Le dedicó dos capítulos a este asunto (caps. 8–9). Y allí encontramos algunas de las enseñanzas más útiles sobre la mayordomía cristiana en el Nuevo Testamento.

Sucesos entre 1 y 2 Corintios. La reconstrucción de estos sucesos es útil para comprender los asuntos tratados en la carta. No obstante, no hay un acuerdo general sobre estos temas.

1. Los corintios probablemente rectificaron la mayoría de los abusos prácticos que Pablo trató en 1 Corintios.

2. Sin embargo, debido a la llegada de intrusos (opositores de Pablo), las condiciones en la iglesia se habían deteriorado y por lo tanto demandaban la dolorosa visita de Pablo (ver 2:1; 12:14; 13:1-2).

3. Tito fue enviado de Éfeso a Corinto con una severa carta en la que Pablo demandaba disciplina para los que obraban mal (2:3-9; 7:8-12). Pablo instruyó a Tito para organizar la colecta para Jerusalén (8:6). Tito debía encontrarse con Pablo en Troas o en Macedonia (2:12-13; 7:5-6).

4. Pablo se fue de Éfeso, luego sufrió aflicciones en Asia (1:8-11) y más tarde cruzó a Macedonia para organizar la colecta en las iglesias de allí (2:13; 8:1-4).

5. Tito llegó a Macedonia con el informe de la respuesta de los corintios a la severa carta (7:5-16).

6. Al regresar a Macedonia y oír sobre los nuevos problemas en Corinto, el apóstol escribió 2 Corintios.

7. Pablo pasó varios meses en Corinto (Hech. 20:2-3), tiempo en el que escribió Romanos.

Unidad de la carta. Algunos han sugerido que los capítulos 10–13 son la carta severa, escrita con anterioridad a los capítulos 1–9. Pero esta hipótesis no tiene una fuerte evidencia. Muy probablemente la carta severa no sobrevivió. La carta de 2 Corintios, tal como la tenemos ahora, forma un todo coherente como lo indican la estructura y el bosquejo. La historia de la iglesia ha sido casi unánime al afirmar la unidad de la carta. Ningún manuscrito griego presenta la carta de otra manera.

I. Introducción (1:1-2)
II. Experiencia apostólica (1:3-11)
III. Explicación apostólica (1:12–2:11)
IV. Ministerio apostólico (2:12–7:16)
V. Comunión apostólica (8:1–9:15)
VI. Defensa del apostolado (10:1–13:14)

INTRODUCCIÓN (1:1-2)

La carta comienza con un clásico saludo. La identificación de Pablo como apóstol especialmente comisionado por Cristo es significativa para la defensa de su llamado y su ministerio.

EXPERIENCIA APOSTÓLICA (1:3-11)

Pablo sabía lo que significaba sufrir, pero fue en el sufrimiento que el apóstol experimentó el consuelo de Dios. Pablo describió en forma única el valor de una experiencia de sufrimiento antes de relatar la experiencia de donde provino tal valor. Pablo alabó a Dios como la fuente de todo consuelo, y deseaba transmitirlo a los corintios. El apóstol pensaba que no sobreviviría a la difícil experiencia. La intervención de Dios pareció como una resurrección en su vida. Esto reforzó la convicción de Pablo que solo los recursos de Dios y no los esfuerzos humanos pueden proveer consuelo y refugio.

EXPLICACIÓN APOSTÓLICA (1:12–2:11)

Los opositores de Pablo sugerían que él en realidad no tenía deseos de visitarlos. La primera explicación de Pablo fue una apelación a su conciencia limpia delante de Dios. Declaró que él no era ambivalente acerca de sus intenciones. Verdaderamente él quería visitarlos. El propósito de Pablo era la vindicación y no la acusación. Esto quería decir que él deseaba el gozo de ellos y no su dolor. Así que el apóstol los llamó a redención y no a venganza.

MINISTERIO APOSTÓLICO (2:12–7:16)

Triunfo del ministerio (2:12-17). En este punto clave de transición en la carta, Pablo comienza a explicar la naturaleza del ministerio apostólico. Relata su viaje de Éfeso a Filipos, cuando él buscaba recibir noticias sobre la respuesta de los corintios a su severa carta. Esto además es seguido por más explicaciones sobre su ministerio y sus motivaciones.

El ministerio apostólico sigue al ministerio de Jesús, e incluye sufrimiento y gloria. Incluso en el sufrimiento hay triunfo en Cristo. Pablo tomó prestada una figura del ejército romano. La fragancia de un triunfo romano era gozo para los victoriosos triunfadores y muerte para los prisioneros derrotados. De manera similar el triunfo de Jesús es un dulce aroma de triunfo para los creyentes, pero un símbolo de muerte para los incrédulos.

Ministerio auténtico (3:1-18). Pablo recalcó que el verdadero ministro no necesita aprobación humana porque las vidas cambiadas son confirmación auténtica de un ministerio genuino. Pablo no podía convalidar su propio ministerio. La certeza de un ministerio válido viene sólo de Cristo.

Pablo no se jactaba de sí mismo sino del nuevo pacto en el Espíritu, el cual a diferencia del antiguo pacto, no desaparece. Pablo seguía la interpretación judía de Éxodo 34:29-35, la cual enseñaba que Moisés se puso un velo sobre su cara de modo que la gente no pudiera ver que la gloria se iba desvaneciendo. El nuevo pacto no vela la presencia de Dios. Este pacto es permanente y revela a Dios a través del Espíritu de Dios. Según la carta el antiguo pacto era un ministerio de muerte. El nuevo pacto da vida. El antiguo pacto era externo, grabado sobre piedras. El nuevo pacto es interno, grabado en corazones humanos.

Ministerio transparente (4:1–5:10). No había engaño en el ministerio de Pablo, dado que el ministerio fue recibido y no conseguido. El mensaje de Pablo no era sobre sí mismo sino sobre Jesús, quien es la Luz. El ministerio apostólico es una manifestación de luz. Pablo mismo era solo un débil receptor que contenía un tesoro sin precio: el mensaje que "Jesucristo es el Señor". El único poder en el evangelio es el poder de Dios. El contraste entre la debilidad y el poder fue tipificado por el ministerio del apóstol, modelado sobre los sufrimientos de Jesús que fluyeron hacia los demás.

Aun así, el ministerio fue una renovación continua. Incluso en medio del sufrimiento, Pablo fue ejemplo de valentía. Esto fue posible porque él miró más allá del desgaste de la persona exterior; fijó la vista en la renovación interior de la persona. Pablo orientó su vida a realidades no visibles. El apóstol hizo un gran esfuerzo por agradar a Cristo en todas las cosas debido a que el futuro incluye el juicio por parte de Cristo.

Servicio del ministerio (5:11–6:13). Pablo declaró que la motivación para el servicio es el amor a Cristo. Nadie debiera vivir para sí mismo sino para Cristo. La tarea de Pablo, al igual que la nuestra, era proclamar la reconciliación lograda por Cristo. Nosotros que somos los receptores de la reconciliación divina tenemos el privilegio, al igual que Pablo, de ser heraldos para ministrar el mensaje de Dios a todo el mundo. La reconciliación es la remoción de la enemistad humana hacia Dios. Esto fue logrado por Cristo, quien "no cometió pecado" pero fue tratado "como pecador, para que en él recibiéramos la justicia de Dios".

Pablo sigue con esta línea de pensamiento, y afirmó que de su parte él se había reconciliado con los corintios. Pablo no tenía nada contra los corintios. Si había algún impedimento en la relación con él, debe de haber sido del lado de ellos.

Separación del ministro (6:14–7:1). Pablo parecía sospechar que el impedimento en la relación tuvo lugar debido al amor que los corintios tenían por el mundo. Pablo señaló que la luz no puede ser parte de la oscuridad. Los cristianos no debían ligarse a los no creyentes de modo que se afectara su pureza moral.

Explicación final (7:2-16). Esta sección de la carta concluye con una apelación más a los corintios y con otra explicación de su ministerio y su motivación. Pablo no los criticaba sino que apelaba a ellos en amor. Así es que les pidió que hicieran "lugar para nosotros en su corazón".

COMUNIÓN APOSTÓLICA (8:1–9:15)

En el contexto de relaciones restauradas Pablo sacó el tema de la colecta para la iglesia de Jerusalén. Estos dos capítulos tratan exclusivamente sobre la necesidad de una mayordomía renovada en la iglesia. En 1 Corintios 16:1-4 Pablo había apelado por asistencia para el fondo de ayuda a Jerusalén. Jerusalén se había empobrecido debido a las hambrunas en Judea en la década del 40 d.C. La colecta era tanto un acto de caridad como un símbolo de unidad entre gentiles y judíos en la iglesia (ver Hech. 11:27-30; Gál. 2:10). Los corintios

habían prometido dar y no habían participado. Pablo ahora solicita a los corintios
que completaran lo que habían dicho que
harían.

Pablo enseñó que los creyentes debían
dar con sacrificio y espontáneamente, con
motivaciones espirituales. Les explicó que
ellos debían dar con liberalidad, porque
Dios valora el anhelo de dar y no necesariamente la suma de la dádiva.

El apóstol explicó que Tito y dos hombres de las iglesias macedonias manejarían
el dinero. Pablo mismo no tendría nada que
ver con el dinero. Manejar y administrar el
dinero es tan importante como darlo. Es relevante para la iglesia y para el mundo ver
la honestidad con la que ésta administra sus
finanzas.

Pablo luego les recordó el alcance de la
dádiva de Dios para con ellos. Más allá del
aprecio del don de Dios, los creyentes debieran dar gozosamente.

DEFENSA DEL APOSTOLADO (10:1–13:14)

***Acusaciones contra Pablo (10:1-
11).*** En este punto no sólo hay un cambio
de tema sino también un abrupto cambio
de tono. El apostolado de Pablo había
sido atacado. Fue acusado de tener dos
caras, es decir de actuar como el mundo.
Los opositores de Pablo pretendían tener
con Cristo una relación más estrecha que
la que Pablo tenía. Estos acusadores decían que la presencia de Pablo era desde-
ñable. Aquí él defendió vigorosamente su
apostolado.

***Encomio por parte de Dios
(10:12-18).*** Pablo no entraría en el juego
de compararse con esos ministros. El apóstol destacó que Dios lo había usado a él y no
a los entrometidos para plantar la iglesia de
Corinto. Cualquiera fuera el ministerio que
sus opositores pudieran haber tenido, dependía del trabajo de él. La preocupación
de Pablo no tuvo el elogio de los demás. Al

final lo único que cuenta es la aprobación
por parte de Dios.

Credenciales (11:1-33). La rebelión de los corintios fue lo suficientemente
seria como para forzar a Pablo a la autode-
fensa. El apóstol se sorprendió al ver qué
tan rápidamente se habían alejado de la enseñanza apostólica. La preocupación pastoral de Pablo se evidenció en su celo
devoto por la iglesia.

Pablo proclamó el evangelio en Corinto sin paga, aun cuando tenía el derecho a
recibir el sostén de ellos. Rechazó la paga
para evitar sospechas con respecto a sus
motivaciones. Los críticos juzgaron a Pablo
por rechazar la paga, dado que ellos la recibieron con rapidez. Pablo se sorprendió de
que los corintios no pudieran ver la
hipocresía de sus opositores.

La ironía es que su ternura y su cuidado
pastoral fueron usados en su contra como
una supuesta debilidad. Ellos adujeron que
Pablo era un falso apóstol y que además lo
sabía. Así es que no recibió el dinero de
ellos. Pablo dio vuelta el argumento y sugirió que la verdadera señal de un apóstol era
una forma de debilidad, porque los verdaderos apóstoles sufren. Luego hizo una crónica de sus experiencias de sufrimiento.
Esto era desagradable para él, así que relató una experiencia particular de debilidad.
No obstante, esa debilidad en realidad fue
su gloria.

Éxtasis y agonía (12:1-10). Las
críticas de sus opositores forzaron a Pablo a
decir lo que señala este capítulo. Ellos declararon que los verdaderos apóstoles tenían revelaciones especiales. Pablo sabía
que este alarde no tenía sentido, pero habló
sobre una ocasión alrededor del 42 d.C.
cuando él había experimentado entrar al
cielo. A Pablo no le gustaba compartir este
relato, porque sabía que la fortaleza de
Dios se ve más fácilmente en la debilidad
del apóstol. En realidad, Dios permitió que
Satanás afligiera a Pablo para mantenerlo

humilde y para demostrar el poder de Dios en su vida. Si la vulnerabilidad revelaba el poder de Dios, Pablo aceptaba la debilidad con alegría.

Preocupación (12:11-21). Pablo se encontró con que todo esto era desagradable. Su ministerio no debía ser validado mediante experiencias especiales sino mediante su preocupación por la iglesia. Pablo planeó ir a verlos otra vez. Y una vez más rechazaría el dinero de ellos. El ministerio de Pablo se caracterizó por una preocupación constante por la gente y por una firmeza en sus acciones y motivaciones.

Conclusión (13:1-14). Pablo afirmó que sin falta haría otro viaje para visitarlos. Les advirtió que en esta ocasión él tendría que abordar el pecado de ellos. Lo haría con firmeza y con el poder de Dios. Los amonestó para que examinaran su fe y restablecieran las relaciones con él y unos con otros. La carta termina sin los saludos habituales pero con una hermosa bendición. La bendición es trinitaria en su forma y ha trascendido en la adoración del pueblo de Dios a través de los siglos.

Significado teológico. En esta carta aprendemos sobre el valor de restaurar relaciones en el ministerio. Contiene una gran lección sobre el trato con los opositores y sobre apelar a Dios para la confirmación del ministerio propio. El aspecto más importante de esta carta son los inspirados discernimientos de Pablo con respecto a la naturaleza del ministerio. El ministerio implica sufrimiento, gozo, consuelo y trabajo duro. En especial, el ministerio es poder de Dios obrando en y a través de nosotros para cumplir los propósitos de Dios.

Aprendemos sobre el valor de dar con sacrificio y espontáneamente. Esos principios referentes a la mayordomía cristiana necesitan ser expuestos en toda congregación. Quienes siguen a Cristo deben dar con liberalidad, con gozo y con amor.

Finalmente, aprendemos sobre la relevancia de la obra reconciliadora de Cristo para restaurar nuestra quebrada relación con Dios. Debido a lo que Él ha hecho por nosotros, somos una nueva creación, participantes de un nuevo pacto y embajadores para proclamar el mensaje de reconciliación. Porque hemos sido reconciliados con Dios, debiéramos reconciliarnos con otros creyentes. La importancia de la unidad de la iglesia no puede dejarse de lado.

Preguntas para la reflexión

1. ¿Cuál es el valor espiritual de los tiempos de sufrimiento en nuestras vidas?

2. ¿Cuáles son las principales características de un ministerio auténtico?

3. ¿Qué significa reconciliarse con Dios?

4. ¿Qué principios referidos a la mayordomía cristiana pueden aplicarse a nuestras propias situaciones?

5. ¿Cómo se revela el poder de Dios en nuestra debilidad?

GÁLATAS

Casi no existen dudas de que el apóstol Pablo escribió la carta a los Gálatas. Pocas veces ha sido cuestionada
esta conclusión porque las circunstancias
descritas en la epístola, los detalles referidos
a la vida de Pablo que se encuentran en Gálatas y la teología del libro coinciden estrechamente con la información que se encuentra
en Hechos y en otras cartas de Pablo. La
epístola pudo haber sido escrita desde Antioquía de Siria en el 48–49 d.C., o desde
Antioquía, Corinto, Éfeso o Macedonia a
mediados de la década del 50 d.C.

Receptores y ubicación. Los gálatas étnicos de los días de Pablo eran descendientes de los celtas que habían migrado desde Galia hacia la parte centro-norte
de Asia Menor varios siglos antes. No obstante, para la época del Nuevo Testamento
la provincia romana de Galacia incluía territorios que estaban bien al sur del reino gála-
ta original. Es difícil determinar en cuál de
estas áreas estaban ubicadas "las iglesias de
Galacia" (1:2).

Si Pablo les estaba escribiendo a iglesias en Galacia del norte, las únicas ocasiones posibles en que él pudo haber llegado
tan lejos se encuentran en Hechos 16:6 y
18:23. Esos dos pasajes mencionan al pasar que Pablo había viajado a través de la
región de Frigia y Galacia, sin proveer información adicional sobre el ministerio. Es
muy posible que ese haya sido el momento
cuando Pablo plantó y volvió a visitar las
iglesias en Galacia del norte, cerca de lo
que hoy es Ankara, la moderna capital de
Turquía. No obstante, también es inusual
que Hechos no presente ningún trasfondo.

Por otro lado, si Pablo escribió a las
iglesias de Galacia del sur, el inicio de esas
congregaciones se despliega en forma

prominente en Hechos 13–14. Gran parte
del primer viaje misionero del apóstol se
centra en las ciudades de Antioquía de Pisidia, Listra, Derbe e Iconio en Galacia del
sur. Incluso se puede acceder a detalles sobre la evangelización, el discipulado, la enseñanza y el nombramiento de líderes en
las nuevas congregaciones (Hech. 14:21-
23).

Pero también se debe tener en cuenta
otra cuestión al tratar de determinar quiénes
fueron los receptores del libro de Gálatas. El
tema principal que se desarrolla en Gálatas
es "la verdad del evangelio" (RVR60, Gál.
2:5,14), que también fue el punto focal del
concilio de Jerusalén en Hechos 15. Por lo
tanto, debemos preguntar si la carta fue escrita antes o después que se reuniera el concilio. Abordar esta pregunta se hace aún más
necesario porque en Gálatas 1–2 Pablo hizo
mención de dos viajes anteriores que había
hecho a Jerusalén.

Si Pablo escribió algún tiempo después
del concilio de Jerusalén, la visita en Gálatas 2 se refiere al concilio, aunque no es totalmente claro al comparar los pasajes. De
igual modo, la falta de mención en Gálatas
de las conclusiones del concilio arroja dudas sobre una fecha tardía y sobre si los gálatas del norte han sido los receptores.

Ubicar a Gálatas antes del concilio de Jerusalén no responde todas las preguntas posibles. Pero es recomendable hacer un
paralelo entre Gálatas 2 y la visita anterior de
Pablo a Jerusalén en Hechos 11–12. Del
mismo modo, el tema y el propósito del
apóstol al escribir Gálatas se ajusta bien a la
situación previa cuando el concilio de Jerusalén tratara los temas referentes al evangelio.
Si esa conclusión es correcta, Gálatas es la
más temprana de las epístolas de Pablo.

Tema. El eje que mantiene unida toda la carta es el tratamiento del evangelio. Al igual que un científico cuando aborda datos desde todos los ángulos posibles, así también el apóstol Pablo consideró "la verdad del evangelio" (RVR60, 2:5,14): su origen, su contenido, la recepción a través de la justificación por la fe en Cristo, el respaldo escriturario y la obra práctica exterior. Si consideramos la extensión de esta carta y la comparamos con Romanos, Gálatas está proporcionalmente más saturada de la "verdad del evangelio". Tal vez el versículo clave de esta carta llena de poder sea Gálatas 2:16: "nadie es justificado por las obras que demanda la ley sino por la fe en Jesucristo."

Forma literaria. En muchos aspectos la carta a los Gálatas es similar a las otras cartas de Pablo, tanto como a las epístolas normales de sus días. Tiene una introducción bien definida (1:1-5), un cuerpo (1:6–6:10) y una conclusión (6:11-18). Sin embargo, no se encuentra la clásica sección de acción de gracias, como en la mayoría de las otras cartas de Pablo (ver Fil. 1:3-11). Probablemente Pablo no pudo encontrar nada por lo que estar agradecido en relación con el rápido abandono del verdadero evangelio por parte de los Gálatas (Gal. 1:6-9).

Desde el punto de vista literario hay dos asuntos que merecen ser destacados. Por un lado, el uso que hace Pablo de la alegoría acerca de los hijos de Abraham en Gálatas 4:22-31 ha sido debatido a través de la historia de la iglesia. El significado de la alegoría no está en cuestión sino que lo que se cuestiona es si Pablo estaba sancionando el uso de la interpretación alegórica de las Escrituras. En términos generales la conclusión ha sido que el apóstol, para llevar adelante la cuestión, les estaba devolviendo a los falsos maestros su propia manera de alegorizar y no que estaba recomendando utilizar enfoque alegórico.

El otro asunto tiene que ver con que si Gálatas está estructurada a propósito como una "carta apologética" formal de esos días. Por cierto, hay interesantes paralelos, especialmente relacionados con 1:6-9 y 2:15-21. Pero no hay suficiente evidencia en el presente como para sacar la firme conclusión de que Pablo elaboró Gálatas como una carta apologética. Además, el apuro con el que Pablo compuso la epístola argumenta en contra de una estructura de composición tan altamente estilística.

Propósito y teología. Pablo tenía en mente tres propósitos estrechamente relacionados al escribir Gálatas.

1. Estaba defendiendo su autoridad como apóstol en contra de los que pretendían lo contrario.

2. Estaba afirmando, explicando y probando el mensaje del evangelio.

3. Estaba aplicando el mensaje del evangelio al diario vivir de los cristianos en el poder del Espíritu Santo.

La teología básica de Gálatas se relaciona con la verdad del evangelio y con sus implicaciones. Sus ramificaciones últimas son tan claramente diagramadas como que darle la espalda al evangelio es lo mismo que apartarse de Dios y merecer la condición de caer "bajo maldición" (1:6-9). Por otro lado, la fe en Cristo es la única base para la justificación a los ojos de Dios y para la esperanza eterna (2:16; 5:5).

El falso "evangelio" (1:6-7) que los maestros judíos proclamaban en Galacia descansaba sobre "las obras que demanda la ley" (2:16; 3:2) y parece ser que enfatizaba características como la circuncisión (5:2-3). Pablo dejó en claro que la motivación detrás de tales "obras" está en "la carne" (3:3; 5:19-21), esa parte de la naturaleza humana que lucha contra el Señor (5:17). Pablo dejó en claro que no hay poder salvador en las obras de la carne (2:16; 5:21).

Gran parte del énfasis sobre el evangelio en Gálatas tiene que ver con su recepción y su aplicación apropiadas (2:16–6:10). Pero Pablo también presentó un fuerte fundamento histórico para su mensaje. Al comienzo mismo (1:1), el apóstol afirmó que él estaba allí por la resurrección de Jesucristo (1:1), la cual validó la obra redentora de Cristo y la liberación de los creyentes (1:4). Esta "buena nueva" de justificación por la fe a través de la muerte de Cristo (3:1-2) es el único medio de salvación. De igual modo, la fe en las promesas de Dios siempre ha sido el medio de perdón y de bendición por parte de Dios (3:6–4:31). Así es que el único aspecto del evangelio que es nuevo desde Abraham (3:6-9) fue Cristo que vino a vivir y morir "cuando se cumplió el plazo", en el tiempo perfecto de Dios (4:4).

Una transformación asombrosa tiene lugar cuando una persona confía en Cristo y es justificada por la eternidad (2:16; 5:5). Pablo llamó a este cambio "nueva creación" (6:15; ver 2 Cor. 5:17) y liberación "de este mundo malvado" (1:4). Esta increíble y nueva condición de salvación se produjo porque los cristianos han sido crucificados con Cristo (2:20), libertados de la esclavitud del pecado (3:22-25), adoptados como hijos y herederos de Dios (3:26–4:7) y se les ha dado el Espíritu Santo para que more dentro de ellos (3:2; 4:6).

A partir del momento en que uno cree en Cristo, la necesidad de la fe en Él no disminuye. Cuando el cristiano vive diariamente por fe, el poder de Cristo (2:20) y de su Espíritu (4:6) le permite tener la guía de Dios (5:18) y evitar la conducta pecaminosa impulsada por la carne (5:13,16, 19-21). Vivir por fe y con el poder del Espíritu Santo (5:5) permite tener una vida radiante de amor (5:6) que produce una "cosecha abundante" en el campo espiritual tanto a corto plazo (5:22-23) como durante toda la vida (6:8-9).

I. Salutación y anticipo de temas (1:1-5)
II. Error (1:6-9)
III. Autoridad apostólica (1:10–2:14)
IV. Mensaje del evangelio (2:15-21)
V. Significado y base escrituraria (3:1–4:31)
VI. Implicaciones para la vida cristiana (5:1–6:10)
VII. Firma, resumen, salutación (6:11-18)

SALUTACIÓN Y ANTICIPO DE TEMAS (1:1-5)

Al igual que la introducción de la mayoría de las cartas del Nuevo Testamento, se da el nombre del autor ("Pablo") y de los lectores ("las iglesias de Galacia"), así como también el saludo regular de Pablo ("les concedan gracia y paz"). También hay varios elementos distintivos que están ligados al desarrollo del pensamiento en el resto de la epístola. Por ejemplo, la resurrección de Cristo se menciona sólo aquí y luego se asume a lo largo de la carta. De igual modo el corto resumen del evangelio en términos de redención y de liberación de "este mundo malvado" está puesto en palabras únicas, aunque más tarde en Gálatas emergen similares patrones de pensamiento. El apostolado de Pablo divinamente conferido será el primer tema que desarrollará en detalle en el cuerpo de la carta (1:10–2:14).

ERROR (1:6-9)

Pablo estaba azorado debido a que tan pronto después de su ministerio entre los gálatas ellos habían abandonado el evangelio de gracia en Cristo. Alejarse del mensaje de Pablo era, en efecto, dejar a Dios y volverse a una perversión del verdadero evangelio. Éste último era transmitido por los falsos maestros como un evangelio alternativo, pero en realidad, era una falsificación que confundía. Pablo estaba tan preocupado por este desarrollo, que dos veces pronunció una maldición

LA LEY EN EL NUEVO TESTAMENTO

Cómo debía aplicarse la ley del Antiguo Testamento fue uno de los asuntos más debatidos durante el ministerio de Jesús y en la iglesia primitiva. Las autoridades judías constantemente se sentían ofendidas por las acciones y las enseñanzas de Jesús acerca de la ley (por ejemplo, ver Mat. 12:1-8).

La iglesia primitiva tuvo un desacuerdo importante sobre si debía requerirse la circuncisión de los cristianos gentiles (Hech. 15). Pablo incluso tuvo que advertir en contra de disputas inútiles acerca de la ley (Tito 3:9).

La ley en la enseñanza de Jesús. La noción popular de que Jesús dejó de lado la ley del Antiguo Testamento es errónea. En Mateo 5:17 Jesús explícitamente afirmó que no había venido para anular la ley sino para cumplirla.

Las discusiones sobre la ley en Mateo 5:20-48 muestran que obedecer la ley no se logra mediante algún acto externo. Antes bien, la obediencia a la ley de Dios incluye el "corazón", lo que la gente piensa en la médula de su ser.

Los maestros judíos entendían que lo principal de la ley era la observancia religiosa apropiada y apartarse de las comidas impuras y de las personas impuras. A Jesús le preocupaba poco esa pureza ritual. Él centró su atención en la misericordia y el amor para con todos (Mat. 9:9-13). Jesús resumió la ley con los dos grandes mandamientos de amar a Dios y al prójimo (Mat. 22:34-40).

La ley en la iglesia primitiva. Para la iglesia primitiva, la ley todavía era la palabra de Dios y una guía para la vida, pero ya no era el centro de atención. Jesús era ahora el centro del pensamiento cristiano. A la luz de la venida de

Jesús, los cristianos primitivos concluyeron que ciertas partes de la ley ya no estaban en vigencia. Aun así, los Diez Mandamientos son reafirmados en el Nuevo Testamento excepto el de mantener santo el sábado.

Tales decisiones acerca de cómo aplicar la ley tomaron tiempo y con frecuencia causaron desacuerdo, tal como lo muestra el libro de Hechos. Esteban quitó énfasis sobre el papel del templo de Jerusalén (Hech. 7:47-50). Pedro tuvo una visión sobre las comidas inmundas, y concluyó que ni la comida ni las personas debían llamarse inmundas (Hech. 10:9-16,28; ver Mar. 7:19).

El concilio de Jerusalén decidió que los gentiles no tenían que guardar la ley judía para ser cristianos (Hech. 15). Los gentiles no tenían que circuncidarse. Esta fue una decisión crucial que facilitó la actividad misionera y guardó al cristianismo de ser una secta del judaísmo.

La epístola a los Hebreos dejó de lado el ineficiente sacerdocio del Antiguo Testamento con sus sacrificios de animales (7:11-18). Jesús es visto como el Sacerdote eterno cuya muerte y cuya resurrección fueron efectivas de una vez para siempre. Los sacrificios mencionados en la ley son sólo sombras de lo que hoy es una realidad en Cristo (9:11-14).

La ley en las cartas de Pablo. El apóstol escribió la mayoría de las declaraciones explícitamente negativas sobre la ley en la Biblia. Él vio la ley como temporal en algún sentido (Gál. 3:19-25). Argumentó que ésta no conducía a la salvación o a una vida recta. En realidad, Pablo pensaba que la ley no tenía poder para traer vida (Rom. 8:3). Esa es la obra de Dios a través de Jesús y del Espíritu Santo.

Más bien, la ley creaba una oportunidad para el pecado y conducía a la muerte (Rom.

7:7-13; ver también 5:20).

No obstante, Pablo todavía valoraba la ley como santa, buena y espiritual, como una indicación de la voluntad de Dios para la vida (Rom. 7:12,14; 8:4,7). Aun al decir que los cristianos no están bajo la ley, Pablo también esperaba que los cristianos cumplieran la ley al amar a sus prójimos como a sí mismos (Gál. 5:14-18; Rom. 13:8-10).

Las declaraciones conflictivas de Pablo han creado frecuentes debates sobre cómo aplicar la ley. Por ejemplo, la afirmación de Pablo "Cristo es el fin de la ley" (Rom. 10:4) ¿significa "Cristo es la meta de la ley" o "Cristo es dejar de lado a la ley"? Probablemente su intención es "Cristo es la meta de la ley". (Comparar con el uso de la misma palabra traducida como "fin" en la RVR60 en Rom. 6:22).

Para Pablo el punto importante no era la ley en sí misma sino más bien si el Espíritu de Dios está en acción en la vida de una persona. Sin el Espíritu de Dios la ley es una ocasión para el pecado y la rebelión, y conduce a la muerte (Rom. 7:5-13). Con el Espíritu de Dios la ley es una ocasión para la obediencia y para mostrar amor al prójimo.

Relevancia para los cristianos modernos. La ley del Antiguo Testamento no puede ser ignorada por los cristianos modernos. La atención nunca puede estar sobre su ritual y sus prácticas ceremoniales o sobre la observancia legalista. Los cristianos debieran estudiar la ley a la luz de la vida, la muerte y la resurrección de Jesús, para aprender sobre las relaciones de Dios con las personas y su deseo de que vivan en amor. Entonces ellos podrán entender por qué Santiago 1:25 se refiere a "la ley perfecta que da libertad".

(RVR60, "anatema") sobre cualquier ser, incluido un ángel, que distorsionara el evangelio entre sus lectores.

AUTORIDAD APOSTÓLICA (1:10–2:14)

El apóstol era bien consciente que su fuerte crítica sería impopular entre sus lectores. No era su intención complacer a la gente sino agradar a Dios y servir a Cristo, de quien él había recibido su mensaje del evangelio por revelación directa en el camino a Damasco (Hech. 26:12-18).

Para respaldar su autoridad como apóstol (1:1) y para mostrar que antes él había luchado repetidamente con el tema del evangelio de gracia, Pablo presentó una visión general selectiva de su propia experiencia. Primero, recordó su fanatismo mal encaminado por la ley y las tradiciones judías y su intensa persecución a la iglesia. Por cierto que nadie en las iglesias de Galacia, ni siquiera los falsos maestros judíos, podía rivalizar con las obras de Pablo cuando era inconverso, si es que eso hubiera sido la verdadera cuestión del evangelio (Fil. 3:4-6).

En su gran cuidado por demostrar que su apostolado y su labor específica como apóstol a los gentiles provenían de Dios, Pablo entonces relató su conversión y lo que ocurrió con relación al evangelio durante los años siguientes. Recalcó que su llamado a la salvación no tenía intermediarios y que él no había consultado inmediatamente a los otros apóstoles en Jerusalén para verificar o incluso clarificar su llamado o mensaje. Después de tres años, Pablo sí viajó a Jerusalén para una breve conversación con Pedro. Pero permaneció mayormente desconocido entre los cristianos judíos, excepto por los informes de su ministerio en Tarso y en Antioquía de Siria (Hech. 11:25-26), que fueron recibidos gozosamente por las iglesias en Palestina.

Luego, Pablo describió lo que habría sido la oportunidad decisiva para el liderazgo de la iglesia judía en Jerusalén para corregir su evangelio de gracia, si es que necesitaba corrección. Bien pasada una década, Pablo volvió a visitar Jerusalén, acompañado de Bernabé y de Tito, este último un asociado en el ministerio que era gentil. Si la circuncisión era realmente parte de la "verdad del evangelio", el círculo íntimo de líderes —Pedro, Juan y Jacobo, el medio hermano de Jesús— necesariamente hubieran requerido que Tito se circuncidara, especialmente dada la presión ejercida por algunos a quienes Pablo llamaba "falsos hermanos". El resultado de esta importante reunión, aparentemente fue el completo reconocimiento del mensaje del evangelio de Pablo y su principal campo misionero entre los gentiles y un pedido al apóstol y a las iglesias con las que él trabajaba para que continuaran sosteniendo a los pobres.

En esta sección se presenta un incidente final para aclarar una aparente confusión entre los lectores de Pablo. Algún tiempo después del acuerdo cordial al que se llegó en Jerusalén, Pedro visitó la iglesia en Antioquía de Siria, que estaba bajo el liderazgo de Pablo y Bernabé (Hech. 11:26;13:1). Mientras estaba allí, la crítica de parte de otros judíos que habían llegado de la iglesia en Jerusalén, presionó a Pedro hacia una conducta hipócrita. Las acciones de Pedro implicaron la necesidad de que los gentiles observaran las características judías, a pesar de que Dios decisivamente le había enseñado mucho antes que esto no era cierto (Hech. 11:1-18). Como resultado, Pablo consideró necesario confrontar a Pedro debido a su hipocresía peligrosa.

MENSAJE DEL EVANGELIO (2:15-21)

Esta sección no sólo cristaliza la esencia del evangelio de gracia frente a los reclamos contrarios de los falsos maestros judíos, sino que también sirve como una bisagra importante en la carta. El argumento parece continuar o emerger directamente a partir del encontronazo entre Pablo y Pedro al final de la larga porción autobiográfica precedente. También prepara para la exposición siguiente sobre la justificación sólo por la fe, al presentar la tesis central.

La lógica de Pablo era ajustada, como para hacer que sus conclusiones fueran virtualmente innegables. Respondió a objeciones clave: los judíos no necesitan pecar de la misma manera escandalosa que los gentiles para ser pecadores (Rom. 1-3). Tampoco el mensaje de gracia permite más y más pecado (Rom. 6:1-14). Después de corregir esas malas interpretaciones tan comunes, el apóstol proclamó que nadie puede ser justificado por Dios mediante "las obras que demanda la ley", si bien la ley de Moisés sí juega un papel importante en la convicción de que el pecado trae muerte (Gál. 3:10-25; Rom. 7:7-12). Más bien, el único canal de justificación es la fe en Jesucristo y la vía de crecimiento en la vida cristiana es también la completa identificación con la muerte y la resurrección de Cristo mediante la fe (5:5).

BASE EN EL ANTIGUO TESTAMENTO (3:1–4:31)

En razón de que el "evangelio" distorsionado que propagaban los falsos maestros judíos estaba basado en una determinada comprensión de la ley de Moisés y en otras características distintivas judías, Pablo entonces con sabiduría expandió y respaldó su evangelio de justificación por la fe en Cristo a partir del Antiguo Testamento. A lo largo de esta extensa sección, Pablo se movió de un lado a otro, desde una apelación personal hacia un argumento más formal.

Al comienzo, el apóstol preguntó en forma punzante si los gálatas habían recibido el Espíritu Santo en el momento de la salvación, al hacer las obras de la ley o cuando creyeron en el mensaje del evangelio que habían oído de parte de Pablo. Luego, él planteó una pregunta de seguimiento: ¿progresan ustedes en la vida cristiana mediante tales obras o mediante la fe? Dado que ellos habían oído el mensaje de la cruz tan claramente descrito por Pablo, su "torpe" atracción hacia el falso evangelio de los maestros judíos no tenía excusa real.

Para contrarrestar cualquier posibilidad de otras respuestas a esas preguntas, Pablo se refirió al ejemplo de Abraham, padre de la nación judía, y a la relación de ese ejemplo con la ley. La fe de Abraham le fue acreditada como justicia a su favor y todos los que siguen su ejemplo son hijos espirituales de Abraham y son bendecidos de modo similar.

Por otra parte, los que tratan de lograr justicia observando la ley caen bajo maldición (1:8-9), de acuerdo a la ley misma. Afortunadamente, la muerte de Cristo en la cruz, donde él recibió maldición en nuestro lugar de acuerdo a la ley, proveyó la paga por la cual todos podrían recibir la bendición de Abraham y del Espíritu Santo mediante la fe. Claramente vemos que las promesas hechas a Abraham se cumplen en Cristo, su último descendiente, y no en la ley, lo cual no invalida el pacto anterior que Dios hizo con Abraham.

Eso no significa que la ley no tenía un propósito divino. La ley convencía de pecado a todas las personas, manteniéndolas en cautividad hasta que el mensaje de fe en Cristo fuera revelado. La ley jugó el papel tanto de un carcelero como de un guardián de los hijos menores de edad al preparar a los creyentes para ser hijos de Dios maduros. Estos estarían espiritualmente en pie de igualdad y serían coherederos de las promesas divinas sin importar su trasfondo étnico, social ni de género sexual.

Luego Pablo desarrolló una ilustración cultural para subrayar cuán sorprendente es que debido a que Cristo se hizo hombre en el punto justo de la historia, ahora cualquier persona puede, por fe, llegar a ser un hijo adulto adoptado por Dios. Cada creyente tiene derechos y privilegios plenos, incluido el Espíritu Santo que mora en su interior. Al ser liberado de la virtual esclavitud de "infancia" espiritual fuera de Cristo, entonces el apóstol irónicamente pregunta cómo los gálatas podían volver a la esclavitud, a principios tan débiles que no pueden proveer fuerza espiritual, tal como es el caso de la ley.

Pablo quería que supieran que él estaba preocupado por ellos en ese tiempo de debilidad espiritual, tal como ellos habían mostrado gran preocupación por Pablo en su tiempo anterior de enfermedad física. El apóstol les recordó cómo inicialmente, cuando recibieron el mensaje del evangelio de su parte, los gálatas lo habían honrado y lo habían cuidado para que recuperara su salud. Pablo quería que supieran que, al decirles la dura verdad, él estaba arriesgando una comunión que valoraba en gran manera, a diferencia de los falsos maestros, que cortejaban el favor de ellos con un propósito impropio. Les relató a sus amados hijos espirituales su profunda agonía y confusión sobre la mal orientada condición espiritual de ellos.

Como coronamiento de su argumento respecto a la justificación por la fe a partir del Antiguo Testamento, Pablo creó una alegoría referente a los dos hijos de Abraham: Ismael e Isaac. En este giro del método de los falsos maestros, Pablo comparó a Ismael, el hijo de una esclava, con el pacto de la ley hecho en el monte Sinaí y con la actual esclavitud espiritual del legalismo judío. Presentó a Isaac, el hijo de la libre Sara, en línea con la promesa a Abraham y con la Nueva Jerusalén, la futura esperanza judía. Al concluir señaló que debía esperarse que los esclavos espirituales persiguieran a aquellos que estaban a favor de la promesa. Pero eso no duraría porque los esclavos espirituales serían expulsados por el "padre". Pablo intentó no dejar dudas de que la condena de los falsos maestros y su mensaje es segura delante del Señor.

VIDA CRISTIANA (5:1–6:10)

Luego de asegurar el argumento a favor de la libertad en Cristo a través de la justificación sólo por fe, Pablo examinó la naturaleza de esa libertad. Mientras que otra vez reprendió la tendencia de volverse al legalismo, él también deploró el extremo opuesto de la licencia. En forma experta, Pablo demostró que la libertad en Cristo es un estilo de vida guiado por el Espíritu, dentro de los límites de la nueva "ley" dada por Cristo: la ley del amor.

En seguida, Pablo advirtió en contra de la circuncisión, la cual no tiene ningún valor espiritual en Cristo. Les recordó que no podían guardar parte de la ley e ignorar el resto. Intentar ser justificado por guardar la ley de Moisés es volverse por completo en contra de la gracia de Dios. El camino a la libertad espiritual en Cristo es la fe, la cual muestra amor y espera anhelante pero pacientemente la esperanza eterna del cristiano.

Luego el apóstol lamenta cómo los falsos profetas habían confundido a los gálatas, al impedirles su progreso en Cristo. Anhelaba un fin para la levadura de la enseñanza falsa que se difundía entre ellos y deseaba que los agitadores terminaran con ellos mismos. Aun así, mostró confianza en que las iglesias de Galacia regresarían a un punto de vista apropiado.

El peligro de entender mal la libertad en Cristo es una tendencia hacia la auto indulgencia, la cual se puede expresar en palabras y acciones destructivas hacia otros creyentes. La verdadera libertad espiritual se manifiesta en amor, tanto para con Dios como para con otros. Tal conducta amorosa está en contra de la esencia de la carne. Así es que es necesario vivir en el poder del Espíritu Santo y de ese modo ser guiado por el Espíritu en nuestras actitudes, nuestras decisiones y nuestras acciones. El cristiano que no sigue bajo la conducción del Espíritu manifiesta un estilo de vida pecaminoso e indigno del reino de Dios. Por otro lado, el cristiano controlado por el Espíritu muestra cualidades que reflejan una piedad sobrenatural, más allá de los requisitos de la ley.

No obstante, una vida de amor bajo la guía del Espíritu, no continúa automáticamente. Es necesario permanecer en sintonía con el Espíritu ya que es fácil obrar de otra manera. Aun cuando la carne, en un sentido real, fue crucificada con Cristo, la tendencia al orgullo, e incluso al pecado escandaloso, todavía existe. Los cristianos maduros, en el poder del Espíritu, deben restaurar a esos creyentes errantes. También deben estar disponibles para sostener a los cristianos sobrecargados con preocupaciones o responsabilidades. Es correcto que toda persona trabaje de acuerdo a sus capacidades, pero no debe ir más allá de ellas. Tampoco es apropiado que una persona se jacte porque algún otro ha caído bajo una carga que esa persona sí puede sostener.

La vida de amor incluye también el sostén de los maestros de la Biblia que tengan necesidades financieras. Este es el tipo de buenas obras que produce a largo plazo una cosecha de valor eterno. El camino opuesto es sembrar para la carne y sólo produce fruto corrupto. La diferencia entre los dos resultados finales está en si elegimos hacer lo correcto en todas las situaciones, especialmente en relación con otros creyentes, aquí y ahora.

CONCLUSIÓN (6:11-18)

A esta altura Pablo comenzó la conclusión de Gálatas tomando el manuscrito de manos de su escriba anónimo y escribiendo con letras bien grandes. Luego, él efectivamente resumió los temas de toda la carta, al afirmar el orgullo de los que presionaban por la circuncisión de los gálatas por sobre y en contra de la cruz de Cristo y la nueva creación que comienza cuando una persona se hace creyente. Luego el apóstol pronunció una bendición de paz y misericordia sobre todos los creyentes gentiles y judíos con una perspectiva apropiada. Pidió paz para sí mismo con relación a la persecución que había sufrido por causa del mensaje de la cruz y de la nueva creación. Así como comenzó y como también procedió a través de toda la carta, Pablo terminó con una nota de gracia (1:3; 2:21).

Preguntas para la reflexión

1. ¿Por qué Pablo dijo que apartarse del evangelio de salvación mediante la fe en Jesucristo era "dejar" a Dios y pronunciar una maldición sobre cada conducta?

2. ¿De qué manera el propio trasfondo personal de Pablo sirve como evidencia importante que respalda su mensaje de justificación por la fe en Cristo sin las obras?

3. ¿De qué manera el Antiguo Testamento, especialmente el ejemplo fundacional de Abraham, sostiene la verdad del evangelio, tal como es proclamado por Pablo?

4. ¿Cómo debieran relacionarse los cristianos con esas preciosas realidades invisibles, como estar crucificados con Cristo, ser hijos adoptivos de Dios y herederos con derecho y tener el Espíritu Santo morando adentro?

5. ¿Cómo puede el creyente aprovechar los recursos del Espíritu Santo para guía y victoria sobre la carne como también para una vida amorosa y fructífera, tanto a corto plazo como durante el largo trayecto?

6. ¿Cómo puede usted discernir la diferencia entre alguien que lleva sobre sus hombros una responsabilidad apropiada y el que está sobrecargado? ¿Cómo puede usted sostener a la persona aplastada por la sobrecarga?

EFESIOS

Pablo se refirió a sí mismo por nombre como el autor del libro de Efesios en dos lugares (1:1; 3:1). En la actualidad, algunos eruditos piensan que el libro contiene un estilo de escritura, vocabulario e incluso enseñanzas que no son típicas del apóstol. Así y todo otros consideran al libro como la corona de todos los escritos de Pablo. Si lo primero es cierto, entonces podríamos decir que un discípulo de Pablo lo ha sobrepasado en penetración teológica y en percepción espiritual. La iglesia primitiva no tiene registro de un discípulo tan erudito. Más aún, el uso de seudónimo (un autor que escribe con el nombre de otro) probablemente no era practicado por los cristianos primitivos. En línea con la indisputable aceptación de la autoría paulina en la iglesia primitiva, podemos concluir que no hay razón alguna para disputar la autoría paulina de Efesios.

Pablo escribió la carta mientras estaba en prisión (3:1; 4:1; 6:20). Existe desacuerdo con respecto a si Pablo estaba preso en Cesarea (Hech. 24:22) alrededor del 57–59 o en Roma (Hech. 28:30) alrededor del 60–62, cuando escribió la carta. Es probable que Pablo haya escrito Colosenses, Filemón y Filipenses durante el mismo encarcelamiento. La evidencia a favor del encarcelamiento en Roma parece más probable. La tradición confirma esta conclusión. Si fuera así, podemos sugerir que Pablo escribió la carta desde Roma alrededor del 60–61 d.C. Esto habría acontecido mientras estaba alojado bajo custodia en una casa alquilada (Hech. 28:30).

Destino. A pesar del encabezamiento tradicional (1:1), es poco lo que se sabe de los receptores de la carta llamada Efesios. Varios manuscritos importantes y tempranos no contienen las palabras "en Éfeso"

(1:1). La carta fue llevada a destino por Tíquico, que en Efesios 6:21 y en Colosenses 4:7 es identificado como emisario de Pablo. Las cartas a los de Éfeso y a los de Colosas probablemente fueron entregadas al mismo tiempo dado que en ambas cartas el apóstol destacó que Tíquico informaría a las iglesias con respecto a la situación de Pablo.

Podemos sugerir el posible escenario siguiente. Mientras Pablo estaba preso en Roma, surgió la necesidad de responder a nuevas filosofías religiosas que ejercían influencia en el área de Asia Menor. Pablo recibió de parte de Epafras la motivación para escribir las cartas, quien le informó sobre las amenazas al cristianismo en el valle del Lico. En respuesta Pablo escribió una carta a la iglesia en Colosas. Más o menos al mismo tiempo, ya sea poco antes o poco después, redactó una carta más extensa y general dirigida a las iglesias de Asia Menor, que incluía Laodicea (ver Col. 4:16) y Éfeso.

Pablo permaneció en Éfeso, la ciudad capital de la provincia de Asia, por casi tres años (ver Hech. 20:31). Lo que llamamos "Efesios" probablemente fue una carta circular, pero Éfeso era la principal iglesia a la que estaba dirigida. Estos factores ayudan a explicar la ausencia de nombres personales de creyentes efesios. Después que los efesios la hubieron leído, la carta habría sido enviada a Colosas, Laodicea y otras iglesias en el área.

Características literarias. La salutación y estructura de Efesios es similar a la de Colosenses. Hay muchos tópicos tratados en común en ambas cartas. El mensaje es marcadamente similar. De los 155 versículos de Efesios, más de la mitad contienen expresiones idénticas a las de Colosenses. No

LA ELECCIÓN EN EL NUEVO TESTAMENTO

La elección es el principio operativo de pacto de Dios con Israel. El trasfondo para la doctrina de la elección en el Nuevo Testamento es el Antiguo Testamento.

Trasfondo del Antiguo Testamento. En el Antiguo Testamento la "elección" se relaciona directamente con la comprensión por parte de Israel de sus propios orígenes. La elección es el significado y la expresión del destino de Israel: la entrega que hace Dios de sí mismo para ser su Dios y escogerlos a ellos para ser su pueblo. Con esta elección ellos conocerían la bendición de su presencia eterna.

En el uso bíblico no religioso, la elección indica "escoger" a una persona, lugar o cosa individual de entre una amplia variedad. En lo pertinente a las personas, la elección señala la selección o el nombramiento de ellas para un puesto (ver Gén. 13:11; Ex. 18:25; 1 Sam. 8:18). Así que también puede haber un uso pasivo de la palabra *elegidos*, lo cual con frecuencia indica el gran valor o utilidad de algo o de alguien.

Teológicamente, la elección significa la selección que Dios hace de un pueblo de entre las naciones para que sea santo e íntegro para Él. Ellos han sido escogidos para ser su herencia (ver Deut. 7:6; 10:15). Fuera de Deuteronomio, la palabra "escoger" es usada frecuentemente en Isaías: "Tú eres mi siervo. Yo te escogí; no te rechacé. Así que no temas..." (Isa. 41:9). El objeto de la elección de Dios, el Siervo de Dios, es llamado "Escogido." Pero la idea aquí es más bien que el Siervo de Dios es llamado a una tarea más que a ciertas condiciones personales.

Dentro de la comunidad elegida Dios escogió a individuos para obligaciones específicas, por ejemplo, los levitas (Deut. 18:5), Aarón (Sal. 105:26) y en un sentido por extensión Judá (Sal. 78:68) y Abraham (Neh. 9:7).

La elección del rey es especial en este respecto (Deut. 17:15). Por sobre todo, David fue elegido por el Señor (1 Sam. 10:24). De igual modo, de acuerdo a Deuteronomio y a otra literatura relacionada del Antiguo Testamento, Dios elige la ubicación del lugar santísimo (Deut. 12:18) —particularmente en Jerusalén (2 Crón. 6:6; Sof. 3:17).

Enseñanza del Nuevo Testamento. En el Nuevo Testamento la palabra elección tiene varios usos diferentes que se corresponden con los usos del Antiguo Testamento. Jesús eligió a los doce de entre el grupo de sus discípulos (Luc. 6:13) y les dijo que los había "escogido de entre el mundo" (Juan 15:19).

La elección es enteramente una obra de Dios. Él reclama a personas para sí mismo y para su propio propósito: esta es su gloria. En realidad, nuestro conocimiento de la elección siempre viene como un hecho ya consumado. "Dios nos escogió en él antes de la creación del mundo" (Ef. 1:4) y "los que él ha elegido" (Mar. 13:20) indican que la elección es una acción de Dios anterior e independiente de cualquier acción o condición humanas. A través de la elección por gracia de su parte, Dios en realidad confiere todas las bendiciones espirituales que acompañan a la salvación (ver Ef. 1:4-14).

No obstante, de modo característico, la enseñanza del Nuevo Testamento sobre la elección es siempre descriptiva y nunca revela el razonamiento de Dios detrás de esta acción. Hay un hecho que es inequívoco: el misterio de Dios rodea a esta expresión llena de gracia de su voluntad todopoderosa.

Donde el Nuevo Testamento indica una base para la elección, se mencionan la gracia y el amor excluyendo toda obra de justicia o valor superior de un individuo. La fe es el medio por el cual la obra de la elección por parte de Dios se hace conocida. Una muy seria consecuencia se conecta con el conocimiento de la elección: el renunciamiento a todo orgullo y la búsqueda de una vida justa y santa delante del Señor.

La fe madura en el conocimiento de la elección y florece toda virtud cristiana (Col. 3:12). Esta comprensión ciertamente le provee a los creyentes confianza en la promesa del poder santificador del Espíritu Santo (1 Ped. 1:2). La obediencia a los mandamientos de Cristo sirve para confirmar la elección (2 Ped. 1:10). Este conocimiento construye dentro del creyente la comprensión de una fe compartida dentro de la gran comunidad del pueblo espiritual de Dios.

La seguridad personal de la salvación es también un resultado. Pero está basado, en primer lugar, sobre la realidad de que Dios se asegura un pueblo para sí mismo que sea testigo viviente para todo el mundo de su gracia que escoge. Entonces la elección es esa voluntad y acción de Dios de llamar a personas que no lo merecen, para compartir su gloria.

Finalmente, deberíamos remarcar el caso más especial de elección, la de Jesús, el Hijo de Dios (Luc. 9:35). Esta designación de Cristo parece estar relacionada con la realidad de que los creyentes son elegidos a través de él; y al permanecer "en Cristo", ellos disfrutan de todas las bendiciones espirituales (Ef. 1:3).

obstante, la carta de Colosenses es abrupta, argumentativa y aparentemente está comprimida. Efesios presenta un cuadro más grande y terminado que es meditativo, instructivo y expansivo.

Aunque Colosenses y Efesios contienen muchas similitudes, es importante observar las características de Efesios. Cuando se remueve el contenido de Efesios que es común a Colosenses, permanecen unidades de material que son únicas de la primera carta.

1:3-14	una bendición extensiva
2:1-10	una afirmación confesional sobre la nueva vida
3:14-21	una oración para entender el misterio de Cristo
4:1-16	una exhortación extensa a la unidad cristiana
5:8-14	una sección sobre caminar en la luz
5:23-32	un desarrollo teológico sobre los roles familiares
6:10-17	un cuadro único de la guerra espiritual de los cristianos

Propósito y teología. El libro sugiere varios propósitos. El apóstol enseñó que los creyentes judíos y gentiles son uno en Cristo. Esta condición debía demostrarse mediante el amor de unos por otros. Pablo usó la forma sustantiva o verbal de amor (*ágape*) 19 veces (alrededor de un sexto de los usos totales en todas las cartas paulinas). Efesios comienza con amor (1:4-6) y termina con amor (6:23-24).

En forma implícita, Pablo abordó asuntos provocados por las religiones de misterio del valle del Lico. La carta tiene mucho que decir sobre el misterio de la redención (1:7) y sobre la intención divina para la raza humana (1:3-14). Entre otros temas adicionales tratados se incluyen la gracia (1:2), la

predestinación (1:4-5), la reconciliación y la unión con Cristo (2:1-21).

Una de las partes centrales del mensaje de Efesios es la re-creación de la familia humana de acuerdo a la intención original de Dios para ella. La nueva creación destruye la visión mal orientada que dice que Dios acepta a los judíos y rechaza a los gentiles. Pablo declaró que esta distinción fue abolida con la muerte sacrificial de Cristo. Así es que ya no queda impedimento para reunir a toda la humanidad como el pueblo de Dios, con Cristo como la cabeza (1:22-23). El nuevo cuerpo, la iglesia, ha sido dotado con el poder del Espíritu Santo que lo capacita para vivir su nueva vida (1:3–2:10) y para poner en práctica los nuevos criterios (4:1–6:9).

En suma, podemos decir que el énfasis general de Efesios está en la unidad de la iglesia en Cristo a través del poder del Espíritu.

    I. Introducción (1:1-2)
    II. Propósitos de Dios en Cristo (1:3–3:21)
    III. Propósitos de Dios en la iglesia (4:1–6:20)
    IV. Conclusión (6:21-24)

INTRODUCCIÓN (1:1-2)

Pablo se identificó a sí mismo por nombre y llamamiento. Dio saludos en la manera tradicional de las cartas paulinas. Está ausente la mención usual de los compañeros de Pablo.

PROPÓSITO DE DIOS (1:3-14)

Pablo ofreció alabanza a Dios por sus gloriosas bendiciones en Cristo. En el texto original, esta sección es una sola oración larga constituida por cláusulas cuidadosamente equilibradas. Esta bendición extensa examina la actividad redentora del trino Dios. Algunos han señalado que es un himno de tres estrofas de diferente longitud. Cada estrofa concluye con una referencia de alabanza a la gloriosa gracia de Dios. El tema de esta sección es el propósito eterno de Dios en la historia.

Pablo teologizó acerca de los propósitos de Dios. En Cristo "Dios nos escogió… antes de la creación del mundo, para que seamos santos y sin mancha delante de él." Las bendiciones espirituales concedidas a los creyentes son obra de la Trinidad: la elección del Padre, la obra redentora del Hijo y el sello del Espíritu. Ahora Dios ha dado a conocer sus propósitos, ha perdonado nuestros pecados y les ha concedido esperanza a los suyos.

Dios el Padre ama a su Hijo y los creyentes que han sido redimidos por el Hijo son también el objeto del amor de Dios.

EL PODER DE DIOS (1:15-23)

Toda la carta fue escrita dentro de un marco de oración. Esta sección es una oración extendida. Pablo oró para que sus lectores tuvieran el discernimiento espiritual para percibir la verdad que está escondida en Dios. Esta sólo puede ser descubierta en la experiencia de la vida y comunión con Él. La oración surge de la sección de apertura, y constituye un pedido para que los creyentes puedan apropiarse de todo el contenido de esa oración hermosamente rica.

La oración de Pablo comenzó con acción de gracias por la fe y el amor de ellos. En 1:17-23 él hizo cuatro pedidos a favor de ellos: (1) conocer y experimentar a Dios; (2) conocer la esperanza de su llamado; (3) conocer su herencia gloriosa; y (4) conocer su gran poder. Pablo declaró que este gran poder está a disposición de los creyentes y se exhibe en la resurrección, en la ascensión, en el gobierno y en el señorío de Cristo.

REDENCIÓN POR GRACIA (2:1-10)

El capítulo 2 continúa con el pensamiento de Pablo sobre los propósitos eternos de Dios en Cristo. En 2:1-10 el apóstol señaló cómo las personas pecadoras, que merecen la ira de Dios, pueden ser redimidas por su gracia.

Pablo describió la condición humana en 2:1-3. Explicó cómo los seres humanos estaban "muertos en sus trasgresiones y pecados", separados de Dios y controlados por sus propios deseos egoístas. Además ellos estaban atrapados por el poder de Satanás. Como resultado, los hombres y las mujeres separados de Cristo están sin vida, sin libertad y sin esperanza.

Por su gracia, Dios les ha concedido nueva vida a los creyentes. La base para la nueva vida es el gran amor y la misericordia de Dios. Los creyentes han sido reunidos con Cristo en su vida resucitada. En otro tiempo, las personas separadas de Cristo estaban muertas, esclavizadas y eran objeto de ira. En Cristo los creyentes ahora están vivos, entronizados y son objeto de gracia.

El propósito de Dios para los creyentes se explica en 2:7-10. Él nos ha restaurado, lo cual se expresa "en su bondad para con nosotros en Cristo Jesús" (RVR60). Las memorables palabras en los vv. 8-9 expresan una idea central en la teología de Pablo. Él declaró que la naturaleza de Dios es dar libremente debido a su propio amor. Dios no trata con las personas sobre el nivel de los logros humanos sino sobre el nivel de sus más profundas necesidades.

Él provee salvación como regalo para hombres y mujeres. Luego crea disposición de fe dentro de ellos, de modo que puedan recibir su don por gracia. La salvación es un completo logro de Dios, un regalo de Dios. La salvación es obra de Él. Somos salvos para vivir una vida totalmente diferente para hacer "buenas obras, las cuales Dios dispuso de antemano a fin de que las pongamos en práctica".

RECONCILIACIÓN (2:11-18)

En esta sección, Pablo explicó la misión de paz de Cristo. Los que estaban separados del pacto han sido reunidos, los que estaban alienados han sido reconciliados y los que estaban lejos han sido traídos cerca.

Los primeros diez versículos de este capítulo tratan sobre la reconciliación personal. El resto del capítulo se refiere a la reconciliación corporativa, particularmente la reconciliación de los gentiles. Por siglos los judíos ("de la circuncisión") miraron con desprecio a los gentiles ("incircuncisos"). Los judíos pensaban que ellos eran participantes del pacto de Dios por su herencia. Creían que los gentiles estaban distantes de este pacto. Así es que Pablo describió a los gentiles con el término "sin".

Estaban sin Cristo, sin ciudadanía, sin pactos, sin esperanza y sin Dios. Su condición no se debía a su herencia ni a Dios sino a su propia pecaminosidad y quiebra espiritual.

Pablo proclamó las buenas nuevas en los vv. 13-18. Separados de Cristo, los gentiles no tenían esperanza. "Pero ahora en Cristo Jesús" los gentiles y los judíos están reconciliados con Dios y unos con otros. La barrera de la enemistad ha sido derribada. Este es el significado de la reconciliación: unir otra vez. En Jesucristo, judíos y gentiles fueron hechos uno debido a su obra en la cruz. La ley y sus "requisitos" que la acompañaban crearon las barreras. Ahora han sido anuladas. No sólo que Cristo ha hecho la paz sino que "él es nuestra paz" (RVR60). Los judíos y los gentiles ya no son extraños; están llamados a una esperanza como un solo pueblo de Dios.

LA NUEVA SOCIEDAD (2:19-22)

Algunos teólogos modernos afirman que Dios ha actuado en Cristo para reconciliar con Él a todo el mundo. Como consecuencia, señalan que la principal preocupación de la iglesia no debe ser procurar hacer efectiva la reconciliación de toda persona con Cristo sino sólo proclamar que todos ya han sido reconciliados. Este tipo de universalismo no es lo que Pablo enseñó en este capítulo. En realidad, el apóstol se opuso a esa clase de pensamiento.

Es sólo en respuesta a la cruz de Cristo (llamada fe en 2:8) que existe la paz verticalmente entre los seres humanos y Dios y horizontalmente entre seres humanos. Esta nueva sociedad, llamada iglesia, se describe al final del capítulo 2.

La iglesia se describe como una nación ("conciudadanos"), como una familia ("miembros de la familia") y como un "edificio". Este nuevo edificio está construido "sobre el fundamento de los apóstoles y los profetas, siendo Cristo Jesús mismo la piedra angular". El propósito de la iglesia es que los creyentes sean "edificados juntamente para ser morada de Dios por su Espíritu".

EL MISTERIO DIVINO (3:1-13)

Después de enseñarles sobre la unidad de creyentes judíos y gentiles en la iglesia (2:11-22), Pablo comenzó a ofrecer una oración a favor de ellos. No obstante, se detuvo inesperadamente en el medio de la oración e hizo una digresión sobre el tema del misterio divino. Explicó el significado del misterio y retornó a su oración en 3:14.

Pablo tuvo la seguridad de que sus lectores entendían algo acerca de su ministerio único. Indicó esto al decir: "Sin duda se han enterado del plan (RVR60, "administración") de la gracia de Dios que él me encomendó para ustedes." Pablo describió los detalles de su único y privilegiado ministerio. La palabra "administración" que el apóstol usó para referirse a su ministerio tiene el sentido de mayordomía o de tarea para ser compartida (traducida "tarea" en 1 Cor. 9:17 y "plan" en Col. 1:25). Pablo debía administrar la gracia de Dios, la cual le había sido conferida, particularmente a los gentiles.

El apóstol identificó el aspecto único de su ministerio como "misterio" en 3:5. Un misterio es algo previamente ocultado pero ahora dado a conocer en el evangelio. En 1:9 "misterio" habla del propósito de Dios de reunir todas las cosas bajo el señorío de Cristo. En el capítulo 3 se refiere a un aspecto de esa última meta: la inclusión de los gentiles en las bendiciones del evangelio y los términos en los que esto se lleva a cabo.

Luego Pablo avanzó un paso más en los vv. 7-12 y declaró su papel único como ministro de las buenas nuevas de salvación a los gentiles. Su tarea fue llevada a cabo en la iglesia al servicio del evangelio. La iglesia es representante de la misión divina. Así es que la iglesia es central para la historia, para el evangelio y para la vida cristiana.

UNIDOS EN SU AMOR (3:14-21)

Ahora Pablo continúa la oración que comenzó en 3:1. Lo que describió en 2:11-22 es ahora el tema de su oración. Deseaba que la iglesia estuviera unida en la experiencia. Quería que ellos supieran del amor de Cristo y lo experimentaran y que lo compartieran unos con otros.

Pablo dirigió su oración al Padre. Expresó su deseo de que los santos fueran fortalecidos, afirmados y llenados. Pidió que comprendieran el amor de Cristo y fueran llenos de la plenitud de Dios. Su confianza en la oración no estaba cimentada en sus habilidades o en las de sus lectores sino únicamente en el poder abundante de Dios. De manera asombrosa él declaró que Dios puede hacer mucho más abundantemente de lo que podamos pedir o aun imaginar. Y luego de estas palabras majestuosas, el apóstol concluyó con una hermosa doxología.

LA IGLESIA (4:1-6)

Efesios es el equilibrio perfecto entre doctrina y deber. Los tres primeros capítulos tratan sobre la doctrina, las bendiciones espirituales en Cristo para los creyentes. Los tres últimos capítulos enfocan la atención en la responsabilidad de la iglesia de vivir en unidad, en diversidad, en madurez, en pureza y en victoria. De la perspectiva equilibrada de Pablo aprendemos sobre la necesidad tanto de la ortodoxia (creencia correcta) como de la ortopraxis (vivir correcto).

Los comentaristas han sugerido que el versículo central de toda la carta —en realidad, la clave que revela su estructura— es 4:1. Este reúne los temas de los capítulos 1-3 y en una apelación conmovedora anuncia el énfasis de Pablo en los capítulos 4-6. La posición y el llamado privilegiado de la iglesia acarrean consigo responsabilidades pesadas. Pablo exhortó a la iglesia a una vida digna. Enfatizó el carácter y el esfuerzo requeridos para esa vida ejemplar. Luego con el característico énfasis trinitario, el apóstol declaró que la iglesia podía vivir así porque está energizada por el Espíritu, establecida por el Señor y equipada con el poder del Padre.

LOS DONES DE LA IGLESIA (4:7-16)

Pablo describió los dones dados a la iglesia, y para ello toma prestada una ilustración de Salmos 68:18. Dios es soberano y generoso en la distribución de los dones.

Los dones en realidad son personas dotadas: apóstoles, profetas, evangelistas, pastores y maestros (o pastores-maestros). Los apóstoles y los profetas ya habían sido mencionados en 2:20 y 3:5 como los dones fundacionales para la iglesia. En un sentido estricto los apóstoles eran testigos de la resurrección de Cristo y habían sido comisionados por él para predicar. En términos más amplios, se incluían a los que estaban asociados a esos hombres, quienes también habían sido comisionados para el ministerio (por ejemplo, ver Hech. 14:4,14; 1 Tes. 2:7). Los profetas, bajo la inspiración directa de Dios llevaban a cabo un ministerio de predicación que incluía tanto predecir como anticipar.

Los evangelistas ministraban de manera itinerante y fuera de la iglesia. Eran misioneros a los inconversos, dotados de un discernimiento especial con respecto al significado del evangelio. Muy probablemente los pastores y los maestros constituían dos caras del mismo ministerio. Este ministerio se llevaba a cabo con personas propias de esa región y dentro de la iglesia. Las personas con este don pastoreaban al rebaño y lo instruían en la verdad divina.

Todas estas personas dotadas llevan a cabo ministerios de equipamiento de modo que los ministerios de servicio pudieran realizarse. O como Pablo lo dice, están para "capacitar al pueblo de Dios para la obra de servicio, para edificar el cuerpo de Cristo. De este modo, todos llegaremos a la unidad de la fe…"

Pablo afirmó la meta de la iglesia en 4:13-16. La iglesia debe crecer en Cristo de modo de evitar la inmadurez, la inestabilidad y la credulidad espirituales. La atmósfera de madurez espiritual se describe en términos de verdad y de amor. La madurez se define totalmente en relación con el cuerpo de cristianos en forma corporativa. Madurez es un proceso continuo de ser "sostenido y ajustado" en relación al cuerpo de Cristo.

VIDA SANTA (4:17–5:21)

En esta sección muy práctica y desafiante, Pablo dirigió su enfoque a la vida santa. Los creyentes deben andar en pureza y en unidad. El apóstol primero mostró cómo no debieran andar los creyentes. Luego proveyó aspectos positivos de la conducta cristiana.

Pablo distinguió entre los que se caracterizan por la rebelión, la obstinación y el entendimiento oscurecido y los que responden a Jesucristo como sujeto y maestro. El primer grupo se llama "vieja naturaleza" o naturaleza no regenerada. El segundo grupo se llama "nueva naturaleza". Pablo exhortó a los creyentes a vivir conforme a la realidad de su nueva situación con renuncia y restauración internas.

La conclusión del capítulo 4 incluye exhortaciones éticas fundamentadas en la verdad teológica. Los creyentes deben despojarse de vicios tales como "amargura", "ira" y "calumnias" y en su lugar deben imitar la compasión amorosa de Cristo.

Los creyentes deben andar en amor, agradar a Dios, evitar a los que obran mal y caminar en sabiduría. La iglesia está habilitada para hacer esto mediante el poder (llenura) del Espíritu Santo. Cuando esto ocurre, los creyentes pueden alabar juntos a Dios, dar gracias en todas las cosas en forma constante y someterse mutuamente unos a otros.

NUEVAS RELACIONES (5:22–6:9)

Pablo ahora aplica su enseñanza a relaciones particulares en la vida. Los creyentes sabios llenos del Espíritu que se someten mutuamente unos a otros deben vivir conforme a estas verdades en sus relaciones familiares. Se tratan tres relaciones: esposas y esposos, hijos y padres, siervos y amos. En cada una de estas relaciones el primero es exhortado a ser sumiso y obediente. La segunda persona en la relación muestra sumisión mediante un amor como el de Cristo y un cuidado responsable. Todos se relacionan unos con otros como un servicio al Señor. Todos los implicados experimentan sentido de importancia, valor, seguridad y significado personal cuando estas relaciones recíprocas se ejercitan bajo el señorío de Cristo.

LA LUCHA DE LAS NUEVAS PERSONAS (6:10-20)

Pablo se aseguró de que los nuevos creyentes reconocieran que como personas nuevas a quienes les había sido conferida nueva vida en una nueva familia con nuevas relaciones, todavía sufrirían guerra espiritual. La porción final de la carta de Pablo explica su relato del conflicto cristiano con las fuerzas del mal.

Los creyentes deben acicalarse con la armadura de Dios para oponerse a las estratagemas del diablo. Se identifican cinco armas defensivas: (1) la naturaleza capacitadora de la verdad que resiste la mentira y la falsa doctrina; (2) la cualidad de la justicia para cobijar, que resiste las acusaciones de la conciencia y el desaliento; (3) la cualidad estabilizadora de la paz que resiste la calumnia y el egoísmo; (4) la habilidad protectora de la fe que resiste la falta de oración y la duda; y (5) la naturaleza alentadora de la salvación que resiste el temor y la desilusión.

Se incluyen dos armas ofensivas en la armadura de Dios: (1) la espada del Espíritu, la cual es la Palabra de Dios; y (2) la oración. Es apropiado que esta carta de oración y meditación concluya con una exhortación a la oración y con un pedido de oración.

CONCLUSIÓN (6:21-24)

Sabemos que Tíquico fue el que llevó la carta. Pablo concluyó la carta con palabras de gracia y de paz. La inusual bendición es adecuada para esta majestuosa carta de Pablo.

Significado teológico. Esta carta nos eleva hasta un punto de ventaja desde el cual nos unimos al Cristo resucitado y ascendido. Los creyentes no deben tener una perspectiva limitada o meramente terrenal. Cuando tenemos una visión de la vida desde las esferas celestiales (1:3), podemos entender que la fuerza de la iglesia no está en los recursos humanos sino sólo en la gracia y en la fuerza de Dios. La lucha de la iglesia no es contra las personas sino contra poderes espirituales (6:10-17). La iglesia, el pueblo de Dios, no funciona sólo para llevar a cabo actividades rutinarias. Lo hace para revelar la sabiduría de Dios y para proclamar la rica redención provista por Jesucristo (1:3-11; 3:2-13). Este gran libro provee un recurso para vivir en línea con los propósitos de Dios en la historia (1:10). Esto se logra en la medida en que nos sometemos a Cristo, la cabeza de la iglesia, en realidad la cabeza de todas las cosas (1:22).

Preguntas para la reflexión

1. ¿Qué es importante para el concepto de nueva vida que tiene Pablo?

2. ¿Qué es lo que Pablo identificó como su especial ministerio? ¿De qué manera la iglesia de hoy lleva a cabo este ministerio?

3. ¿De qué manera los dones espirituales (personas dotadas) contribuyen a la unidad y a la madurez de la iglesia?

4. ¿Por qué los cristianos contemporáneos con frecuencia ignoran la fuerzas del mal que están en guerra contra la iglesia? ¿Cómo puede la iglesia aplicar la enseñanza de Pablo a la guerra espiritual?

FILIPENSES

La carta a los filipenses fue escrita mientras el apóstol Pablo estaba en prisión, probablemente desde Roma, alrededor del 62 d.C., aunque no podemos saberlo con seguridad. Otras ubicaciones posibles para la escritura de la carta podrían haber sido Éfeso o Cesarea (en algún momento entre el 54 y el 62 d.C.).

Los receptores. La iglesia de Filipos fue fundada alrededor del 50–51 d.C., aproximadamente una década antes de la escritura de la carta, durante el segundo viaje misionero de Pablo (Hech. 16:12-40). Pablo y Silas llegaron a Filipos y parece ser que no encontraron ninguna sinagoga judía. No obstante, había un lugar de oración junto al río donde algunas mujeres se encontraban para orar el día sábado. Una de esas mujeres, Lidia, creyó en el mensaje del evangelio que Pablo predicaba. Como resultado de su gratitud a Dios y a los misioneros, Lidia abrió su hogar a ellos.

Después que los misioneros se establecieron en Filipos, Pablo exorcizó el demonio de una joven esclava y fueron arrestados porque sus amos provocaron una oposición contra los predicadores. Fueron golpeados, arrojados en prisión y sujetados en un cepo. Aun así Pablo y Silas todavía podían alabar a Dios y cantar himnos. Mientras estaban en prisión, hubo un terremoto y todas las puertas se abrieron de inmediato. Los eventos de esa noche prepararon el escenario para la conversión del carcelero y de su familia. A través del ministerio de Pablo y de Silas, muchos en Filipos se hicieron cristianos y se estableció una iglesia (ver Hech. 16).

Cuando Pablo y Silas junto con Timoteo se fueron de Filipos, Lucas el médico permaneció allí. Aparentemente, Lucas hizo mucho para ayudar a estabilizar a la joven congregación y a mejorar su tarea de alcanzar a otros.

Filipos era una colonia romana ubicada sobre la gran carretera del norte que se extendía de este a oeste, conocida como vía Egnacia. Filipos tomó su nombre de Filipo II, el padre de Alejandro Magno. Justo al oeste de la ciudad, cerca del río Antiges, Antonio y Octavio derrotaron a Casio y a Bruto en el 42 a.C. En el 30 a.C., Octavio hizo de la ciudad una colonia romana para soldados retirados y les concedió a los filipenses todos los privilegios de la ciudadanía romana. Los filipenses se enorgullecían de estos privilegios como ciudadanos romanos y vivían como fieles ciudadanos de Roma, un punto al cual Pablo apeló con propósitos ilustrativos en 3:20.

Las mujeres en esta colonia, como en la mayor parte de la provincia de Macedonia, eran tratadas con respeto. Tal como se reflejaba en la iglesia (Fil. 4:2-3), en esta área las mujeres eran activas en la vida pública.

Tema. Una nota continua de gozo resuena a través de toda la carta. A pesar de las pruebas de Pablo y de las dificultades que enfrentaba la iglesia (Fil. 1:27-30), el tema del gozo en Cristo se menciona 18 veces en los 4 capítulos de esta carta. Un texto que ejemplifica el tema es Filipenses 4:4: "¡Alégrense siempre en el Señor. Insisto: ¡Alégrense!"

Forma literaria. En razón de la forma en que tenemos ahora la carta han surgido algunas preguntas con respecto a su unidad y su secuencia. Esto ha llevado a algunos eruditos a desarrollar la hipótesis de que Filipenses contiene dos o tres cartas reunidas por un coleccionista de las cartas de Pablo. Entre las dudas podemos mencionar la ubicación del comentario referido a Timoteo y Epafrodito (2:19-30), el cual se esperaría que estuviera al final de la carta más bien que en el medio. Igualmente, la bendición de despedida (4:4-9) parece apropiada para terminar la carta. Sin embargo, la conclusión no aparece hasta después de la sección referida a las dádivas generosas de los filipenses (4:10-20), la cual algunos esperarían que estuviera al comienzo de la carta. Además, hay un estallido emocional (3:2) que es sorprendente.

Mientras que algunos esperan que Pablo hubiera sido más lógico y ordenado, la estructura literaria del libro revela que la hipótesis, aunque interesante, no se puede probar. Que Filipenses sea una carta informal, producida probablemente a lo largo de un período de tiempo, ayuda a explicar la familiaridad del estilo y la cuestionable secuencia de la carta.

Gran parte de la discusión se ha centrado en torno al origen e interpretación de 2:5-11. Se sostiene ampliamente que esta sección ejemplifica un himno cristiano primitivo o una confesión que Pablo usó en respaldo a su apelación a la humildad. Sea este el caso o no, no hay razón para dudar de que Filipenses 2:5-11 formaba parte de la epístola tal como estuvo compuesta originalmente por Pablo.

Propósito y teología. Pablo escribió esta carta por varias razones:

1. Quería explicar por qué les estaba enviando de vuelta a Epafrodito (2:25-30).

2. Quería que conocieran sobre su plan de enviarles a Timoteo (2:19-24).

3. Quería agradecerle a la iglesia de Filipos su preocupación por él y por los regalos generosos para él (4:10-20).

4. Deseaba informarles sobre sus propias circunstancias y sobre el avance del evangelio (1:12-26).

5. Quería exhortar a la iglesia a vivir en humildad, en comunión y en unidad (1:27–2:11; 4:2-3).

6. También necesitaba advertirles respecto de los falsos maestros, del legalismo, del perfeccionismo y de una vida centrada en sus propios deseos (3:1–4:1).

La carta es intensamente práctica, pero las guías y advertencias tienen base teológica: el gozo de Pablo estaba fundado en Cristo, así como toda su vida. En este sentido la carta está por completo centrada en Cristo. La preexistencia, la encarnación y la exaltación de Cristo se presentan en 2:5-11. La encarnación de Cristo se ofrece como un ejemplo de la apelación de Pablo a una vida humilde y a la unidad cristiana (2:1-4).

Pablo explicó su doctrina de la justificación por la fe en contraste con el falso legalismo (3:1-9). Abrogó por una vida santa a través de la identificación con Cristo, y el compartir sus sufrimientos, su muerte y el poder de su resurrección (3:10-11). Pablo exhortó a la iglesia a poner su mente en las cosas celestiales más que en las terrenales porque los cristianos están destinados a la vida eterna (3:17–4:1).

SALUDOS (1:1-2)

La carta estaba dirigida a la iglesia en Filipos. Pablo y Timoteo, siervos de Cristo Jesús, le escribieron a los santos. La palabra "santos" se refiere a todos los creyentes apartados para el servicio de Dios. La mención de obispos y de diáconos indica una madurez en vías de desarrollo en la organización de la joven iglesia.

EL GOZO DE PABLO (1:3-11)

La preocupación y el amor de Pablo por la iglesia se evidenció en su acción de gracias y en su oración por ellos. Su oración está llena de gozo debido a la comunión de ellos con el evangelio, a la confianza en la obra continua de Dios en sus vidas y también debido a que ellos compartían la gracia de Dios junto con Pablo. El apóstol deseaba que ellos abundaran en una comprensión espiritual más rica y más profunda de modo que ellos estuvieran sin culpa hasta el día de Cristo. El día de Cristo será un tiempo de juicio para las obras de los creyentes cuando el Señor aparezca y la fe de ellos sea recompensada.

CIRCUNSTANCIAS DIFÍCILES (1:12-26)

Pablo demostró un gozo confiado en medio de su situación. Si Pablo estaba escribiendo desde Roma, sus tribulaciones incluían violencia de turbas, prisión, naufragio, estrés personal y una larga detención bajo los guardias del palacio (2 Cor. 11:23-33). Pablo se regocijó en que a pesar de sus circunstancias, el evangelio podía ser predicado, incluso por los que se oponían a él.

Pablo informó sobre su situación pasada y presente y pesó conscientemente las alternativas para su futuro. El gozo de la vida de Pablo estaba fundamentado en su vida centrada en Cristo. Afirmó: "Porque para mí el vivir es Cristo y el morir es ganancia". Morir era ganancia porque significaba estar con Cristo, y sabía que era lo mejor. Pero también sabía que la voluntad del Señor era que Pablo permaneciera en esta vida porque era de más ayuda para el progreso y el gozo en la fe de los filipenses.

UNIDAD CRISTIANA (1:27–2:18)

En esta misma significativa sección de la carta, Pablo instó a los miembros de la iglesia a dejar de lado su orgullo y a vivir y servir juntos en unidad. La verdadera unidad se logrará mediante la mansedumbre y la

abnegación auténticas, ejemplificadas también en la vida terrenal de Jesús. La actitud que la iglesia debía exhibir era la que Jesús había mantenido.

La actitud de Jesús de despojarse a sí mismo sirvió de base para la exhortación de Pablo. Filipenses 2:5-11, posiblemente una cita de un himno primitivo de alabanza a Cristo, enseña que esa actitud de Jesús llevó a su exaltación por parte de su Padre. Jesús existía en la misma naturaleza de Dios y se despojó a sí mismo pero sin renunciar a su deidad, sino sólo a su gloria y sus privilegios celestiales. Vivió una vida de humilde obediencia y se humilló a sí mismo hasta el punto de morir en la cruz por los pecadores. Luego fue exaltado gloriosamente en su resurrección y su ascensión.

La exhortación de Pablo a la unidad implicaba que los cristianos vivieran su salvación con temor y temblor. Esta acción trae aparejada una comunidad espiritual libre de queja y de fricción. Pablo los anima a vivir como luces en el mundo, entregando así la palabra de vida a otros y proveyendo gozo para el apóstol en el día de Cristo.

HUMILDAD (2:19-30)

Pablo estaba dispuesto a sacrificarse a sí mismo en servicio a la iglesia de Filipos y también ponderó afectuosamente a sus compañeros de trabajo Timoteo y Epafrodito, por su servicio humilde y sacrificado. Habló de su plan de enviarles a Timoteo cuando tuviera más noticias para darles. Del mismo modo, él ofreció una explicación para el regreso de Epafrodito. Pablo quería asegurarse de que los filipenses no pensaran que Epafrodito había fracasado en su tarea de servir al apóstol.

JUSTICIA PROPIA (3:1-11)

Pablo advirtió sobre los peligros de volver a depender de modelos legalistas en lugar de depender de la gracia de Dios en Cristo.

Pablo caratuló a estos falsos maestros como "perros... que hacen mal... que mutilan el cuerpo". La iglesia debe de haber estado al tanto de estos falsos maestros, de los judaizantes, que seguían a Pablo a todas partes, insistiendo que los creyentes gentiles debían circuncidarse y guardar la ley ceremonial para ser salvos. En su lugar, Pablo enseñó que la verdadera circuncisión implicaba la fe en Cristo. Se ofreció a sí mismo como un ejemplo de alguien que en el pasado había confiado en los logros humanos en lugar de la gracia justificadora de Dios y en la total suficiencia de Cristo. (Ver el artículo "Justificación por la fe".)

El objeto del gozo, en realidad, el objeto de toda la vida es Cristo. El propósito de Pablo en la vida era conocer a Cristo en la experiencia, llegando a ser como él en su muerte y alcanzando la resurrección de los muertos.

MADUREZ CRISTIANA (3:12–4:1)

Igual que un atleta que no desperdicia el tiempo mirando a su alrededor o hacia atrás, Pablo hizo su mayor esfuerzo para alcanzar la meta final de la madurez cristiana. No presumía haber alcanzado la perfección y por lo tanto proseguía al blanco del supremo llamamiento de Dios en Cristo Jesús. Del mismo modo, llamó a los filipenses a seguir adelante en sus vidas cristianas.

De manera simultánea, en esta exhortación él denunció fuertemente, por un lado, las falsas enseñanzas de una vida descuidada y, por el otro, las del perfeccionismo espiritual. Apeló a la unidad y a la madurez al recordarles que ellos eran ciudadanos del cielo. Debido a que los filipenses estaban extremadamente orgullosos de su ciudadanía romana, ellos deben de haber captado de inmediato todo lo que Pablo quiso decirles. Finalmente, les recordó que ellos serían transformados cuando el Señor Jesucristo viniera otra vez.

GOZO Y PAZ (4:2-9)

Había alguna insinuación de división en la iglesia. Pablo solicitó a Evodia y a Síntique que se pusieran de acuerdo la una con la otra y que la iglesia entera permaneciera firme en el Señor. El apóstol les ofreció una receta para recibir la paz de Dios, para alegrarse en el Señor y para dejar que sus pensamientos fueran llenos de lo que es bueno, amable y verdadero.

ACCIÓN DE GRACIAS (4:10-20)

Pablo se alegró y dio gracias por el cuidado generoso de los filipenses hacia él. Había aprendido a estar satisfecho en cualquier situación en la que se encontrara al servicio del Señor. Esta palabra de contentamiento y de acción de gracias provenía de un hombre que estaba en prisión y enfrentaba la muerte, que había sido golpeado, apedreado y perseguido por sus enemigos. La base para tal contentamiento se encontraba sólo en su confianza de que podía hacer todo a través de Cristo que le daba fortaleza (4:13). Pablo los ensalzó por su generosidad. Desde el principio, incluso a un gran costo para ellos, habían compartido con el apóstol. En todo esto, Pablo había mostrado su actitud hacia las cosas materiales y los había animado a darse cuenta de que Dios respondería a todas las necesidades de ellos conforme a sus gloriosas riquezas en Cristo Jesús.

CONCLUSIÓN (4:21-23)

Pablo concluyó su carta con una bendición y con saludos personales. También envió saludos de parte de la casa de César, que incluía a miembros cristianos del personal del emperador.

Significado teológico. En esta carta aprendemos sobre la importancia de la unidad de la iglesia (1:27-30) y de la humildad cristiana (2:1-4). La humildad de Cristo sirve de base para la humildad cristiana, y es la clave para la unidad cristiana genuina. El sufrimiento de Pablo durante su encarcelamiento también sirve como fundamento para enseñar sobre el renunciamiento y la humildad (1:12-18; 4:10-13). Junto con el renunciamiento y el sufrimiento está el gozo, el gran tema de la carta. En todas las circunstancias de la vida los creyentes pueden experimentar gozo, pues en el sufrimiento y en el sacrificio se encuentra el verdadero gozo. La exhortación de Pablo a alegrarse es una palabra necesaria y práctica para los creyentes en todos los tiempos y situaciones.

Preguntas para la reflexión

1. ¿Qué nos enseña esta carta acerca de las penurias y del sufrimiento?

2. ¿Cuál debiera ser nuestra actitud con respecto a las cosas materiales?

3. ¿Qué podemos aprender acerca de lo que Jesús ha hecho por nosotros al proveer nuestra salvación y ofrecernos un ejemplo de vida abnegada?

4. ¿Cómo podemos demostrar unidad en nuestras iglesias de modo de evitar el conflicto y las disputas?

5. ¿Qué podemos aprender a través de los ejemplos de Timoteo y de Epafrodito?

COLOSENSES

a tradición sostiene que, tal como señala la carta, Pablo fue el autor (Col. 1:1). Pablo nunca había estado en Colosas, pero les escribió para tratar asuntos comentados por Epafras (1:7). La carta había sido escrita alrededor del mismo tiempo que Efesios y Filemón (alrededor del 60–61). (Ver comentario sobre fechas en Efesios y Filipenses.)

Hay quienes dudan de la autoría paulina sobre la base de la teología y el estilo del libro. Pero algunas diferencias obvias en la perspectiva teológica no fuerzan a concluir que fue otro y no Pablo quien escribió Colosenses.

Destinatarios. Colosas era una importante ciudad en Frigia en la parte superior del río Lico en lo que hoy es el sur de Turquía central. Servía como centro del comercio en un cruce de caminos sobre la principal carretera desde Éfeso hacia el este. En tiempos romanos la reubicación de la ruta que conducía hacia Pérgamo en el norte, trajo aparejado el crecimiento de Laodicea, una ciudad a 16 km (10 millas) y la gradual declinación de Colosas.

En tiempos del Nuevo Testamento, Colosas era una pequeña ciudad y su población una mezcla de frigios, griegos y judíos. Pablo puede haber instruido a algunos de Colosas durante su estadía en Éfeso (ver Hech. 19:10). Epafras, un líder en la iglesia de Colosas, visitó a Pablo en la prisión en Roma y le habló acerca de la situación de la iglesia (Col. 1:7; 4:12). Epafras fue luego encarcelado con Pablo (File. 23). El apóstol escribió a los colosenses para abordar las preocupaciones declaradas por Epafras, y al mismo tiempo, le escribió a la iglesia sobre Onésimo (File. 16).

Propósito. El propósito de Pablo era abordar la falsa enseñanza en la iglesia. Ahora bien, identificar cuál fue esa enseñanza falsa ha sido un problema que ha causado perplejidad a los estudiosos de las cartas de Pablo. Algunos creen que el problema era básicamente una forma de gnosticismo. Otros sostienen que era un ascetismo místico judío. Aun otros sugieren un tipo de separatismo legalista. Hay quienes piensan que era un movimiento sincretista (formas combinadas) con aspectos de cada una de estas ideologías. Lo que sí sabemos es que la falsa enseñanza

- atacaba la centralidad de Cristo (1:15-19; 2:9-10);
- enfocaba la atención en tradiciones filosóficas especulativas (2:8);
- observaba prescripciones y prohibiciones sobre la dieta (2:16,21);
- observaba ciertos ritos religiosos de naturaleza judía (2:16);
- veneraba a los ángeles (2:18);
- tendía hacia el ascetismo (2:20).

Los lectores fueron amonestados así: "Cuídense de que nadie los cautive con la vana y engañosa filosofía que sigue tradiciones humanas, la que va de acuerdo con los principios de este mundo y no conforme a Cristo" (2:8). Pablo contrarrestó esta falsa enseñanza con la enseñanza correcta, centrándose en la supremacía de Cristo (1:15-23), en el ministerio de la iglesia (1:24–2:7) y en otras exhortaciones (3:1–4:6).

Teología. La principal enseñanza de Pablo se centró alrededor de la pregunta: ¿quién es Jesucristo? El apóstol insistió en que no había ningún abismo de separación entre el Dios trascendente y su creación

EL GNOSTICISMO

El gnosticismo es difícil de definir porque la palabra se usa para una cantidad de movimientos divergentes. El término deriva de la palabra griega para conocimiento (*gnosis*). Usualmente la palabra se usa para referirse a una herejía cristiana del siglo II, que era una amenaza mayor para la iglesia. Las principales ideas en los sistemas gnósticos incluyen las siguientes:

1. Dualismo en el universo entre Dios y un ser más inferior y malo, por lo general llamado el demiurgo.

2. Dios no puede conocerse ni está preocupado por el mundo ni tiene nada que ver con él.

3. Varios seres surgen de Dios y se unen en pares masculinos y femeninos para formar barreras concéntricas alrededor de Dios.

4. El ser femenino en la última barrera, sin su compañero masculino, dio a luz al demiurgo.

5. El demiurgo creó al mundo y por lo tanto, cualquier cosa material (incluido el cuerpo) es mala.

6. Pero una chispa de divinidad fue colocada en los seres humanos (o por lo menos en algunos de ellos) la cual necesita despertarse y ser llamada de vuelta a lo divino.

7. Un revelador llama a los humanos y les muestra el camino a través de las barreras. Cristo era visto como el revelador, pero no era verdaderamente humano. Él sólo tomó el cuerpo de Jesús en el bautismo y lo dejó después de su muerte.

8. El conocimiento del propio ser y de las características del universo es el camino a la salvación. La salvación se alcanza cuando al morir o al final del mundo una persona pasa a través de las barreras y se reintegra a Dios.

Con estas ideas medulares se desarrolló una variedad de sistemas gnósticos con diferentes énfasis. Algunos de ellos tenían reglas muy estrictas, mientras que otros no tenían regla.

Orígenes del gnosticismo. Se sabe poco acerca de los orígenes del gnosticismo. No tuvo ningún fundador, aun cuando en las tradiciones de la iglesia, el nombre de Simón el mago (ver Hech. 8, RVR60) con frecuencia se asoció al surgimiento del gnosticismo. No tuvo ningún texto fundacional ni tampoco se puede identificar un tiempo específico para el comienzo del movimiento. Algunas de las ideas del gnosticismo ya eran corrientes en tiempos del Nuevo Testamento. Pero aunque esto es debatido, no hay evidencia de que el gnosticismo existiera antes del cristianismo.

Algunos hechos acerca del origen del gnosticismo son claros. Esta religión surgió debido a una necesidad espiritual profundamente sentida. Una de las preocupaciones principales era el problema del mal. La comprensión gnóstica del universo era una manera de proteger a Dios de cualquier responsabilidad por el mal en el mundo. Se reunieron ideas de varias religiones, especialmente del judaísmo. La atención sobre el conocimiento y la luz está presente en casi todas las religiones.

Hasta hace poco la mayor parte de lo que se sabía acerca del gnosticismo se obtenía de citas de los padres de la iglesia. En 1945 el descubrimiento de la biblioteca gnóstica en Nag Hammadi, Egipto, proveyó una evidencia de primera mano sobre las creencias gnósticas.

Relevancia del gnosticismo. El gnosticismo es importante para entender la historia de la iglesia. También es importante teológicamente. Nosotros también tenemos que tratar con el problema del mal. Muchos de los errores del gnosticismo son todavía peligros. Con frecuencia hay una tendencia a rechazar el mundo creado por Dios y a ver el cuerpo como malo o a ver a Cristo como no completamente humano. O, al igual que el famoso gnóstico Marción, muchas personas se ven tentadas a rechazar la autoridad del Antiguo Testamento.

El gnosticismo es también importante para leer el Nuevo Testamento. Las ideas del gnosticismo ya estaban emergiendo. El libro de 1 Juan 4:2 acentúa la necesidad de reconocer que Jesucristo ha venido *en carne* (RVR60). Timoteo fue advertido contra la "falsamente llamada ciencia" (1 Tim. 6:20, RVR60). Las tendencias gnósticas algunas veces se identifican como los problemas en 1 Corintios y en Colosenses, pero otras explicaciones para las dificultades en estas iglesias son más probables.

De igual modo, tener conciencia del gnosticismo nos recuerda que en el cristianismo no salva el conocimiento sino una relación de fe con Cristo.

material. Cristo es tanto el Creador como el Reconciliador (1:15-23). Él es la expresión exacta de Dios y es el que une el cielo con la tierra. No se necesita una jerarquía de poderes angélicos porque Cristo es completamente divino y completamente humano. En realidad, "toda la plenitud de la divinidad habita en forma corporal en Cristo; y en él, que es la cabeza de todo poder y autoridad, ustedes han recibido esa plenitud" (2:9-10).

Segundo, Pablo desarrolló el tema de la espiritualidad y la adoración genuinas y refutó la espiritualidad falsa que animaba a un orgullo no espiritual (2:6-23). Los exhortó a abandonar los pecados de la vieja vida y cultivar las virtudes de la nueva vida (3:5–4:6).

I. Introducción (1:1-14)
II. La supremacía de Cristo (1:15-23)
III. El ministerio por la iglesia (1:24–2:5)
IV. Amenazas contra la falsa espiritualidad (2:6–3:4)
V. Exhortaciones para una vida ética (3:5–4:6)
VI. Conclusión (4:7-18)

Tema. El tema de esta carta se centra en la supremacía de Cristo sobre todas las cosas.

INTRODUCCIÓN (1:1-14)

En la primera parte de la carta Pablo siguió una forma común de salutación, de acción de gracias y de oración. Tal vez es más larga que otras cartas del apóstol porque no estaba especialmente familiarizado con la gente de Colosas. Esta parte presenta saludos tanto de Pablo como de Timoteo. A continuación siguen palabras de alabanza y de acción de gracias por el bienestar y por la salud espiritual de la comunidad cristiana en Colosas.

Estas palabras de apertura están seguidas por la oración de Pablo a favor del conocimiento y de una conducta piadosa por parte de ellos. La oración se centró en las bendiciones espirituales y no en cosas físicas o materiales. Oró por el discernimiento espiritual, por una obediencia genuina y por la excelencia moral. La oración fue directamente al centro de la enseñanza falsa que invadía la iglesia.

Los falsos maestros prometían un discernimiento especial y una espiritualidad superior. Términos como conocimiento, sabiduría y comprensión espiritual eran parte del vocabulario de los falsos maestros. De modo que Pablo empleó este tipo de palabras en su oración. La oración pedía que Dios les hiciera ser "llenos del conocimiento de su voluntad" (RVR60). El término para "llenos" es una palabra clave en Colosenses. Del mismo modo era un término importante para los falsos maestros. Pablo lo usó aquí y en 1:19,25; 2:2,9-10; 4:12,17. Lleva la idea de *ser equipado o controlado completamente*. Entonces la oración de Pablo era que los Colosenses fueran controlados por el conocimiento pleno de la voluntad de Dios, la cual conduciría a la obediencia y a la excelencia moral.

LA SUPREMACÍA DE CRISTO (1:15-23)

Los falsos maestros desafiaban la verdadera naturaleza y deidad de Jesucristo. Su enseñanza posiblemente incluía la adoración de ángeles o de algunos otros seres (2:15,18,20) lo cual negaba o minimizaba la supremacía de Cristo. Los falsos maestros declaraban que la salvación se lograba mediante el conocimiento más bien que por la fe. La respuesta de Pablo a estos asuntos comienza en esta importante sección.

Muchos piensan que 1:15-20 era un himno pre-paulino que Pablo usó y aplicó a la situación de los colosenses. A pesar de todo, ya sea un himno reelaborado u original, Pablo presentó a Cristo como preeminente en relación con la creación entera y en relación con la humanidad y la iglesia,

LA SALVACIÓN EN EL PENSAMIENTO DE PABLO

El mensaje de salvación fue central en el pensamiento de Pablo. Él abordó el asunto desde la perspectiva de la obra de Cristo en la cruz por nosotros. Temas comunes incluyen la justificación por la fe, la nueva vida en Cristo, la libertad, la gracia y la seguridad. Examinaremos el pensamiento de Pablo con una mirada en la doctrina de la justificación por la fe.

La justificación por la fe resume la enseñanza de Pablo en que la fe en Cristo ahora asegura la vindicación del creyente en el juicio final. Representa la comprensión del evangelio por parte de Pablo. El apóstol enfatizó que la entrega que hizo Cristo de sí mismo sobre la cruz a nuestro favor y por nuestros pecados fue necesaria y suficiente para la salvación de todos los que creen, tanto judíos como gentiles.

Los pronunciamientos de Pablo sobre este asunto siempre aparecen en contextos en los cuales las relaciones entre judíos y gentiles creyentes están en discusión. En Gálatas la cuestión entre manos era si los creyentes gentiles debían circuncidarse y adherir a la ley de Moisés para estar seguros de la salvación. Pablo atacó vigorosamente esta sugerencia y a quienes la imponían sobre las iglesias de Galacia (Gál. 5:1-12, ver Fil. 3:1-11).

En Romanos, Pablo se dirigió a una iglesia predominantemente gentil con una minoría judía, que estaba en peligro de rechazo mutuo. Aquí el propósito de Pablo al hablar de su comprensión de la justificación por la fe fue asegurar la alianza a su evangelio. Esto proveería una base para la aceptación mutua por parte de los grupos en oposición (Rom. 15:7-13). En todos estos ejemplos la declaración de Pablo de que la justicia era dada mediante la fe se oponía a la idea de que se daba mediante la ley (Rom. 3:21; Gál. 3:11), las obras (Rom. 4:2,6) o las obras de la ley (Rom. 3:20,28; Gál. 3:2).

Variaciones sobre el tema de la justificación aparecen en la correspondencia a los corintios. En estas cartas, Pablo enfatizó que es Cristo y la vergüenza y el sufrimiento de su crucifixión lo que hace efectiva nuestra justicia (ver 1 Cor. 1:22-25,30).

En Efesios, Pablo desarrolló el tema aun más. El apóstol enseñó que la gracia era lo fundamental y la fe era el camino mediador para la salvación (Ef. 2:8-9). De manera similar, en las cartas pastorales encontramos la fórmula "justificación (o salvación) por gracia" (2 Tim. 1:9; Tito 3:7). Todas estas afirmaciones elaboran el tema de la justificación por la fe para los lectores gentiles. Pablo también hizo esto en Romanos, donde al hablar a los lectores gentiles les explicó que ser justificados por fe significa tener paz con Dios y la seguridad de la salvación (Rom. 5:1-11).

Es importante tener en mente que la justificación por la fe era sólo un aspecto del evangelio de Pablo. Para el apóstol, la participación en Cristo implicaba más. También significaba ser hecho nuevo en Cristo, ser habitado por el Espíritu Santo y tener su poder en obediencia a Dios (Rom. 6; 8:1-17).

De acuerdo a Pablo, es imposible compartir un aspecto de la salvación sin participar de todos ellos. Los justificados por la fe manifiestan el fruto del Espíritu en sus vidas (Gál. 5:16-26). La libertad que trae el evangelio no es una libertad para uno mismo o para los deseos pecaminosos personales sino una libertad para servir a Dios y para amar al prójimo (Gál. 5:13-14). Pablo no esperaba que los creyentes no tuvieran pecado, pero sí esperaba ver progreso y evidencia de la presencia de Cristo en la vida del creyente (ver 2 Cor. 13:5).

La base de la exhortación de Pablo a los creyentes está en lo que Dios ha hecho por ellos en Cristo, incluida la justificación. Ellos no obedecen para llegar a ser nuevas personas, sino porque Cristo ya los ha hecho nuevas personas (ver Gál. 5:25; 1 Cor. 5:7).

Los cristianos deben una y otra vez apropiarse de las promesas salvadoras de Dios hechas en el evangelio (Gál. 3:3; 5:5-6). Nuestra apropiación de esta enseñanza siempre debe estar guiada por los propósitos para los cuales se elaboraron los argumentos de Pablo. No tenían la intención de proveer una excusa para la conducta pecaminosa o para una vida espiritual laxa. En cambio, fueron dados para hacer añicos cualquier pretensión humana de justicia delante de Dios, y dejar expuesta la enfermedad y la depravación de la naturaleza humana y aplicar la cura salvadora de Cristo y de su cruz.

debido a su resurrección. Este himno o credo temprano celebraba a Cristo como el Creador y el Redentor soberano de todas las cosas.

Pablo describió a Jesús como Señor de la creación, como el "primogénito". El término "primogénito" acentúa su carácter único y soberano más que la anterioridad en el tiempo. Jesús es el "primogénito" porque Él es el agente de la creación y el heredero de la creación.

Pablo desarrolló una metáfora fisiológica para establecer la relación de la cabeza por sobre el cuerpo. Como cabeza, Cristo da vida a todo el cuerpo. La iglesia responde en adoración humilde, reconociendo que Cristo es cabeza por sobre todo. Dios estaba satisfecho de que su plenitud morara en Cristo y que a través de Él pudiera reconciliar todas las cosas consigo mismo. La reconciliación de la que se habla en los vv. 19-20 se discute con referencia al género humano. A través de la muerte física de Cristo, ellos se habían reconciliado con Dios. El propósito de la reconciliación por parte de Cristo es lograr una nueva creación en la que las personas que han estado separadas puedan conocer y acercarse a Dios.

EL MINISTERIO POR LA IGLESIA (1:24–2:5)

La segunda parte importante de la carta describe el ministerio apostólico de Pablo por la iglesia. La tarea ministerial de Pablo incluía hacer conocer el misterio de Dios respecto a Cristo a los gentiles en general y a las iglesias de Colosas en particular. El servicio de Pablo debía hacer conocer a los gentiles el "misterio" que Dios había mantenido oculto para el mundo y que ahora lo había revelado a gente como Pablo. El apóstol trabajó para lograr la inclusión de los gentiles dentro de la iglesia de modo de poder "presentarlos a todos perfectos en (Cristo)".

Los esfuerzos de Pablo a favor de los gentiles tuvieron el propósito de ayudarlos a conocer el significado del "misterio" de Dios acerca de Cristo. Por misterio, Pablo quería decir que Dios ahora había revelado algo que anteriormente había estado oculto. El misterio es que los gentiles ahora son hechos miembros junto con los cristianos judíos.

CRISTO ES DIVINO (2:6-15)

Pablo quería asegurarse de que los colosenses no siguieran a aquellos que presentaban a Cristo sólo como un visionario o un líder religioso importante. Cristo es divino y preeminente en forma única. Este es el fundamento para la verdadera espiritualidad. La exhortación a vivir en Él (Cristo) está rodeada de temas que son claramente una respuesta a los falsos maestros que los amenazaban. El contexto enfatiza dos ideas: "de la manera que recibieron a Cristo Jesús" y "como se les enseñó". Pablo obviamente consideraba que los falsos maestros eran una amenaza real para la iglesia. Advirtió: "cuídense de que nadie los cautive con la vana y engañosa filosofía".

El antídoto apropiado para la enseñanza falsa es la enseñanza correcta acerca de Cristo, ya que "toda la plenitud de la divinidad habita en forma corporal en Cristo". En Él los creyentes han recibido todo lo que necesitan. Los cristianos no están sujetos a ninguna forma de legalismo, ni tampoco el legalismo les hace ningún bien espiritual. Sólo Jesucristo es suficiente para todas nuestras necesidades espirituales, debido a que la plenitud de Dios está en Él. La relación de pacto de los creyentes, sus vidas, la libertad y la victoria, todo está en Él.

CAUTIVOS DE CRISTO (2:16–3:4)

La vida espiritual tiene sus peligros y sus advertencias. Pablo advirtió a la iglesia en contra de los que hacían de la vida cristiana una serie de reglas. La base para resistir al legalismo consiste en mantener la relación del creyente con Cristo. Los cristianos ya no son cautivos de la tradición religiosa o de ligaduras humanas. En cambio, son cautivos de Cristo. En vista de esta identificación privilegiada con Cristo, la iglesia debe hacer realidad su gran responsabilidad de buscar "las cosas de arriba".

La vida en Cristo es una realidad profunda (ver Gál. 2:20). Es una vida que deriva su existencia del centro mismo de toda realidad, Jesucristo mismo. Las admoniciones que siguen están controladas por el pensamiento de la vida plena que pertenece a todos los que están en Cristo (ver Rom. 6:4-5).

HACER MORIR EL PECADO (3:5-11)

Pablo exhortó a los colosenses a hacer morir cualquier cosa que perteneciera a su "naturaleza terrenal" (3:5). Esto sugiere que ellos no estaban viviendo en forma consistente con el principio de una muerte y una resurrección espiritual en la conversión. Algunos piensan que es sólo una coincidencia que Pablo hiciera una lista de cinco vicios en 3:5 y de otros cinco más en 3:8 y luego de cinco virtudes en 3:12. Muy probablemente Pablo estaba respondiendo a las listas heréticas de vicios y virtudes. La lista inicialmente se enfocó en los pecados sexuales. Los que cometen tales pecados traen sobre ellos la ira de Dios. En su anterior manera de vivir los colosenses practicaban esta clase de pecado. Ahora se les ordenaba diferenciarse de tal conducta.

VESTIRSE DE AMOR (3:12-17)

Esta sección completa la exhortación de Pablo a los colosenses a mantener un estilo de vida santo. Pablo los amonestó diciendo: "revístanse de afecto entrañable y de bondad, humildad, amabilidad y paciencia". Por sobre todas estas cosas ellos

debían vestirse de "amor, que es el vínculo perfecto".

Los herejes obviamente estaban causando divisiones en la iglesia. El camino a la unidad incluía permitir que la paz de Cristo y la palabra de Cristo gobernaran en sus corazones. Esto requería aplicación obediente. Así es que Pablo dijo: "Y todo lo que hagan, de palabra o de obra, háganlo en el nombre del Señor Jesús, dando gracias a Dios el Padre por medio de él".

VIDA FAMILIAR (3:8–4:1)

Pablo se centró en el tema de las relaciones en el hogar. Se dirigió a los esposos y esposas, a los padres e hijos y a los esclavos y amos. Como en Efesios 5:21–6:9, Pablo organizó su discusión para tratar primero a la persona subordinada (esposa, hijo o esclavo). Pero inmediatamente siguió cada afirmación con un recordatorio de la responsabilidad del segundo miembro de cada par. La contribución cristiana distintiva al orden de la vida familiar fue el énfasis sobre las responsabilidades recíprocas. Incluso en una cultura en la que a las relaciones familiares se les daba una importancia y una significación no común en la antigüedad. Por lo general se asumía que los esposos y los padres tenían derechos para ejercer pero pocas obligaciones. Las esposas y los hijos asumían que tenían obligaciones pero poco o ningún derecho. Pablo enfatizó que los miembros del hogar tenían derechos y obligaciones. Aquí el apóstol presentó un cuadro de la vida familiar implícito en la enseñanza de Jesús respecto al matrimonio (ver Mar. 10:2-16).

CONDUCTA Y CONVERSACIÓN (4:2-6)

Esta sección concluye con instrucciones adicionales a continuar en oración y a conducirse de manera digna para con los demás. La conducta y la conversación de los creyentes debían ser cuidadosamente controladas y usadas con sabiduría y amor.

CONCLUSIÓN (4:7-18)

La larga conclusión de Pablo incluyó noticias personales, saludos e instrucciones finales. La conclusión le da a la carta, la cual es estratégicamente polémica en algunas partes, un toque realmente personal. El apóstol y sus compañeros se refirieron a Tíquico, que llevó esta carta, además de la carta de Efesios y de Filemón, y también a Onésimo, el esclavo que se escapó y que ahora acompañaba a Tíquico. Ellos debían dar a la iglesia un reporte referido a Pablo y a Epafras y también la información pertinente con respecto a la situación de Onésimo.

Pablo con frecuencia enviaba saludos de parte de los que estaban con él. Mencionó a Aristarco, a Marcos, a Jesús (el Justo), a Epafras, a Lucas y a Demas. Marcos era el primo de Bernabé y compañero de Pablo y de Bernabé en el primer viaje (ver Hech. 12:12,25; 13:4). Pero Marcos se había vuelto antes del fin del viaje y Pablo no había querido llevarlo en viajes futuros (ver Hech. 13:4,13; 15:37). Es evidente que Marcos se había reconciliado con Pablo.

La referencia a una carta a Laodicea en 4:16 ha planteado numerosas sugerencias. Algunos han identificado esta carta con la de Pablo a los Efesios. Otros han sugerido que era Filemón la carta a la que Pablo se refería. Aun otros han identificado esta mención como una referencia a una carta perdida dirigida a los de Laodicea. No podemos saberlo con seguridad. Arquipo fue animado a cumplir con el ministerio temporal que había recibido. Con propiedad, Pablo pidió ser recordado en oración. El apóstol terminó con una breve bendición escrita de puño y letra. Esto probablemente implica que Pablo le dictó la carta a un secretario y que luego él mismo la firmó (ver Rom. 16:22).

Significado teológico. En Colosas apareció una filosofía religiosa que amenazaba la esencia de la enseñanza cristiana. Contenía elementos judíos (2:16), tenía un aspecto referido a la adoración de ángeles (2:18) y un fuerte énfasis ascético (2:20-23). Esta filosofía trajo divisiones a la iglesia. Tenía algunas similitudes con el cristianismo, pero su enseñanza con respecto a Cristo estaba mal orientada. Hoy existen movimientos similares que confrontan la teología de la iglesia acerca de Cristo y su espiritualidad. La respuesta apropiada que necesitaba la iglesia entonces es la misma que la de hoy. Estas enseñanzas contemporáneas de la Nueva Era deben reconocerse por lo que son. La iglesia debe prontamente afirmar que "toda la plenitud de la divinidad habita en forma corporal en Cristo" (2:9). Cualquier esfuerzo por acercarse a Dios a través de intermediarios angélicos o humanos no está tan solo mal orientado sino que es una negación de Cristo y de la enseñanza cristiana auténtica.

Preguntas para la reflexión

1. ¿De qué manera está amenazado el evangelio al combinar porciones de verdad y porciones de mentira de parte de varias tradiciones teológicas?

2. ¿De qué manera la iglesia trata con los falsos movimientos ascéticos o con los movimientos legalistas?

3. ¿Qué está incluido en una comprensión distintivamente cristiana de Jesucristo?

4. ¿Cuáles son las implicaciones de las enseñanzas de Pablo en Colosenses para la respuesta de la iglesia contemporánea a los movimientos de la Nueva Era?

1 TESALONICENSES

Es probable que Gálatas haya sido la primera de las cartas que Pablo escribió y 1 Tesalonicenses, la segunda. Pablo viajó a Tesalónica, la ciudad capital de Macedonia, en su segundo viaje misionero alrededor del 51 d.C. Lucas reportó la breve visita, el ministerio de predicación de Pablo allí junto con Silas y la persecución subsiguiente que los echó de la ciudad (ver Hech. 17:1-9). Muchas personas creyeron en Jesucristo antes de que fueran obligados a irse. Desde Tesalónica, Pablo fue a Berea, Atenas y luego a Corinto. Timoteo y Silas, quienes habían estado con Pablo en Tesalónica, se volvieron a reunir con él en Corinto (ver Hech. 18:5; 1 Tes. 3:6). Pablo escribió 1 Tesalonicenses en respuesta al informe de Timoteo poco después de su llegada.

Propósito de la carta. Pablo recibió el informe de que los tesalonicenses estaban fuertes en la fe y tenían un progreso favorable. Escribió esta carta para defenderse de enemigos que estaban difundiendo falsos rumores y para responder a las preguntas de los tesalonicenses. La experiencia de Pablo con la oposición de los judíos en Corinto, que terminó en su expulsión de la sinagoga, puede muy bien haber sido la razón para la fuerte condenación de su parte en 1 Tesalonicenses 2:14-16. La controversia sobre la ley había plagado a las iglesias de Macedonia. Los judíos adversarios de Pablo lo habían acusado de ser un hereje, un engañador y un aventurero religioso que se ganaba la vida embaucando a un público ignorante. La carta a los de Tesalónica fue la respuesta de Pablo a estas cuestiones.

Teología de la carta. La teología básica de Pablo acerca de la salvación, de Cristo y de su retorno constituye la esencia de la carta. Aquí aprendemos que hay un solo Dios vivo y verdadero (1 Tes. 1:9) quien ha amado a hombres y a mujeres (1 Tes. 1:4) y se ha revelado a ellos (1 Tes. 2:13). Esta revelación fue respecto de su Hijo el Señor Jesucristo (1 Tes. 1:3,8,10) quien murió y se levantó otra vez (1 Tes. 4:14) para nuestra salvación (1 Tes. 5:9). El Espíritu Santo imparte gozo, verdad autoritativa y sabiduría profética (1 Tes. 1:6; 4:8; 5:19). El apóstol enseñó que la santidad de vida se requiere de todos los cristianos (1 Tes. 4:3; 5:23).

Con frecuencia Pablo mencionó el evangelio (1 Tes. 1:5; 2:2-4, 8; 3:2) aunque no dentro del marco de la justificación por la fe. Afirmó que la muerte y la resurrección de Jesús son la médula del evangelio, pero el mayor y único énfasis doctrinal de esta carta es el retorno de Cristo (1 Tes. 1:10; 2:19; 3:13; 4:13-18; 5:23). Esta enseñanza indica que la expectación con respecto al retorno de Cristo fue la esperanza para la iglesia más temprana. La motivación para la vida cristiana estaba basada sobre esa esperanza. La desesperanza de la muerte fue revertida y abandonada debido a esta esperanza confiada.

I. Salutación (1:1)
II. Relaciones personales (1:2–3:13)
III. Problemas de la iglesia (4:1–5:11)
IV. Exhortaciones finales (5:12-28)

SALUTACIÓN (1:1)

La salutación incluye la identificación del escritor, de los receptores y un saludo cristiano. Pablo, Silas y Timoteo fueron los autores, aunque obviamente Pablo fue el escritor principal. La carta está dirigida "a la iglesia de los tesalonicenses, que está en Dios el Padre y en el Señor Jesucristo". Esta palabra de apertura describe la unión de la iglesia con la Deidad, lo cual significaba una nueva esfera de vida sobre un plano infinitamente más alto.

FE, ESPERANZA Y AMOR (1:2-10)

La primera parte de la carta trata primariamente con la respuesta de la iglesia y con la naturaleza del ministerio de Pablo.

Pablo dio gracias por la fe de los tesalonicenses. A partir de esta carta Pablo comenzó sus escritos dando gracias a Dios por sus lectores (todas sus cartas excepto Gálatas, la primera, contienen una declaración así). Las palabras de Pablo no eran una adulación retórica. Él estaba dando crédito al que había provocado el progreso espiritual de ellos.

La trilogía del apóstol de fe, esperanza y amor es introducida en esta primera parte de la carta. Pablo describió el servicio de la iglesia como "la obra realizada por su fe, el trabajo motivado por su amor, y la constancia sostenida por su esperanza en nuestro Señor Jesucristo". Él exaltó el valiente servicio de ellos que excluía la compasión de sí mismos. La iglesia primitiva asociaba la fe con las obras (ver Gál. 5:6; Sant. 2:18), el amor con el trabajo (ver Apoc. 2:2,4), y la esperanza con la perseverancia (ver Rom. 5:2-4; 8:24).

Pablo encontró en sus vidas fructíferas una prueba adecuada de que Dios los amaba. Pablo sabía que Dios los había escogido y eso fue la raíz de la acción de gracias de Pablo. El centro de la elección divina es la decisión soberana de Dios de escoger a un pueblo para sí mismo, haciéndolo peculiarmente suyo.

El poder que tiene el evangelio para dar convicción y transformar vidas animó al apóstol. Él sabía que el Espíritu Santo era la fuente de ese poder. Los tesalonicenses aceptaron el mensaje y se convirtieron. A pesar de las circunstancias difíciles y del sufrimiento severo, ellos tenían un gozo que sólo podía ser provisto por el Espíritu. Rápidamente, ellos llegaron a ser imitadores de Pablo y del Señor y así se transformaron en un modelo para todos los creyentes de Macedonia y Acaya.

El apóstol afirmó que estos nuevos convertidos jugaron un papel sustancial en el alcance cada vez más expandido del testimonio cristiano. El testimonio de ellos fue un eco de la predicación que había apuntalado la misión a Tesalónica. Ellos se habían vuelto (convertido) de la adoración a los ídolos a la adoración a Dios. Se volvieron para servir al Dios viviente y esperar a su Hijo desde el cielo. El cristianismo primitivo sostuvo universalmente que el Cristo resucitado y ascendido regresaría. La expectativa de este evento implicaba que era inminente. En última instancia, la fe, la esperanza y el compromiso de todos los creyentes debieran estar centrados en la persona de Jesús, en quien el favor clemente de Dios encontró su expresión más precisa.

MINISTERIO APROBADO POR DIOS (2:1-9)

El capítulo 2 es un material nuevo, pero está estrechamente relacionado con el capítulo 1 tal como lo muestra la tabla siguiente:

2:1-6	Expande	1:4-10
2:7-12	expone otra vez	1:5,9
2:13-16	Repite	1:6-8,10

El capítulo 2 es una defensa contra insinuaciones acerca de supuestas motivaciones ulteriores. El apóstol estuvo sometido a una constante descarga de acusaciones. Los tesalonicenses mismos pueden haber comenzado a cuestionar la sinceridad de Pablo. No existe ninguna evidencia de una oposición organizada a gran escala. Se podría haber desarrollado una desavenencia si esto no se trataba inmediatamente. Así es que Pablo se dirigió a sus lectores muy afectuosamente.

Pablo declaró que el ministerio de ellos (el de Pablo así como el de Timoteo y el de Silas) estaba fuera de sospechas. Este era denodado y poderoso porque Dios había aprobado el ministerio de ellos de predicar el evangelio. El éxito de la misión de ellos, a pesar de la oposición sostenida, se debió en buena medida a la valentía inspirada por Dios. Para Pablo y su equipo la aprobación de Dios fue más significativa que el éxito de la misión. Así y todo el éxito de la obra ofreció una validación importante de sus motivaciones y su mensaje. Los vv. 7-8 describen a Pablo como alguien que había encontrado una razón suficiente para soportar el sufrimiento y los cuestionamientos alrededor de su persona. Él negó que la adulación fuera el medio de su ministerio. De igual modo la codicia y la alabanza humana no fueron las motivaciones para su ministerio.

DIGNO DE DIOS (2:10-16)

Pablo apeló a la naturaleza sensible del ministerio de ellos para silenciar a quienes lo atacaban. A los dubitativos les ofreció exhortación; a los cansados les ofreció aliento; a los débiles les ofreció fuerza y dirección. Su motivación era ayudar a cada convertido a ver qué significaba "llevar una vida digna de Dios, que los llama a su reino y a su gloria".

Se espera que los ministros cristianos den una guía práctica a otros cristianos, pero no como dictadores. Los líderes cristianos no pueden gobernar por decreto. Si van a ser fieles al Espíritu de Cristo, entonces deben liderar con el ejemplo. Y este debe estar modelado siguiendo al Señor Jesucristo (ver 2 Cor. 1:12; Fil. 2:7).

Pablo volvió al tema de la acción de gracias en el v. 13. Su acción de gracias por ellos fue un aspecto de su vindicación y sirvió para demostrar su sincero interés por ellos. Ellos lo habían escuchado y habían recibido su mensaje como "palabra de Dios, la cual actúa en… los creyentes". La manera de hablar era propia de Pablo. Al mismo tiempo, Dios estaba pronunciando su propia palabra poderosa y creativa a través de él. La palabra había evidenciado su poder en la experiencia diaria de los tesalonicenses.

Las palabras de los vv. 15-16 han sido la fuente de un escrutinio cuidadoso. Algunos piensan que Pablo habló erróneamente sobre los judíos. Otros rechazan la autoría paulina de estos versículos. Estas opciones son casi indignas de las Santas Escrituras. Ciertamente las palabras aquí revelan la profunda preocupación y exasperación de Pablo respecto a sus conciudadanos. Así y todo, leer esto como una vindicación personal es entender mal lo que Pablo quiso decir. Es el rechazo del evangelio lo que movió a Pablo a la amarga denuncia recordatoria de los profetas de Dios.

MI ORGULLO Y MI ALEGRÍA (2:17–3:5)

Pablo otra vez expresó su profundo sentimiento por los tesalonicenses. Se describió a sí mismo en agudo contraste con los perseguidores recién mencionados en 2:14-16. Declaró que los tesalonicenses eran su orgullo y su alegría, no sólo cuando Cristo regresara sino incluso en aquel mismo tiempo.

En 3:1-5 Pablo nos abre el corazón. Las más profundas preocupaciones por la iglesia se expresan aquí. Él necesitaba saber cómo estaban los tesalonicenses en medio de la persecución. La misión de Pablo fue fortalecerlos y animarlos en su fe (ver Rom. 1:11; 16:25; 1 Tes. 3:13). Él sabía que la dependencia de Dios en fe era el único recurso en la adversidad.

ÁNIMO (3:6-13)

El informe de Timoteo sobre los sentimientos favorables de los tesalonicenses hacia él le aseguró a Pablo que la iglesia no lo había desechado como alguien que los explotaba. El informe alentador reanimó a Pablo (como ocurrió otras veces, ver Rom. 1:12; 2 Cor. 7:4; File. 7). Además de regocijarse, Pablo oraba continuamente por los creyentes en Tesalónica para que Dios supliera lo que la fe de ellos necesitaba.

La oración refleja en Pablo una transición de angustia a alborozo. La oración sirvió para concluir lo que había dicho en esta sección (1:2–3:13) y preparó a los lectores para lo que Pablo tenía para decirles en la segunda mitad de la carta. Oró para que

Dios le permitiera visitar a sus amigos. Luego le pidió al Señor que perfeccionara y aumentara el amor que los tesalonicenses ya habían demostrado unos por otros.

El amor hacia Dios y hacia los demás nos aleja de preocupaciones egoístas y abre el camino hacia la perfección moral que es la condición de la santidad. Esta transformación radical del carácter es lo que Pablo deseaba para la iglesia entonces y es lo que Dios desea para los creyentes hoy, de modo que puedan enfrentar el retorno de Cristo sin temor ni vergüenza. En forma arriesgada, Pablo se puso como ejemplo de amor para ser emulado, un paso que pudo dar sólo debido a su imitación de Jesús (ver 1 Tes. 1:5-7).

MORALIDAD SEXUAL (4:1-12)

La segunda sección de la carta se refiere a temas éticos y doctrinales. Hasta este punto la carta ha sido intensamente personal. Ahora se mueve hacia la instrucción y la exhortación.

Pablo animó a sus lectores a la pureza de vida, al amor y al trabajo fiel. La expresión "por lo demás" fue usada para indicar una transición en el pensamiento de Pablo. Él abordó temas de irregularidades morales y de amor fraternal.

La cultura pagana consideraba la inmoralidad sexual como algo favorable o en última instancia eran indiferentes a la inmoralidad. Si los miembros de la iglesia hubieran caído en inmoralidad, probablemente no habrían pensado que era algo extraño. Pablo dio lineamientos generales para agradar a Dios y otros específicos respecto a la moralidad sexual. Agradar a Dios es hacer su voluntad y su voluntad es la santificación del creyente.

Los vv. 6-8 proveen razones teológicas para esas exhortaciones éticas: El juicio de Dios y el llamado de Dios en las vidas de ellos. Rechazar estas palabras es rechazar a Dios.

Pablo pasó de mandamientos sobre pensamientos y actitudes negativas en los vv. 1-8 a preocupaciones positivas en los vv. 9-12. La manera de vivir del creyente debiera caracterizarse por la mutua edificación. La voluntad de Dios incluye la necesidad de pureza moral y de una relación de amor con las personas, y esto demanda apertura y sacrificio personal de parte de los creyentes.

ESPERANZA EN EL DOLOR (4:13-18)

Este valioso párrafo ofrece esperanza a los creyentes durante tiempos de dolor. La comunidad de creyentes no debiera afligirse por los que han muerto en Jesús porque Dios los traerá con Jesús cuando regrese el Señor. Pablo deseaba que estos creyentes no se lamentaran como los que no tienen esperanza.

"Lo dicho por el Señor" confirmó aun más que los cristianos muertos no experimentarán ninguna desventaja cuando Él regrese. Pablo dijo que el creyente que esté vivo no tendrá ninguna ventaja cuando el Señor aparezca. En realidad, los cristianos ya muertos se levantarán primero. Después de ellos "los que hayamos quedado seremos arrebatados junto con ellos en las nubes para encontrarnos con el Señor en el aire". Estas palabras de aliento proveyeron gran consuelo para aquellos cuyos familiares ya habían muerto. Y también sirvió de base para una apelación evangelizadora a los que no tenían esperanza. Pablo exhortó a los creyentes a consolarse unos a otros con estas palabras.

EL DÍA DEL SEÑOR (5:1-11)

En esta sección Pablo continuó su discurso acerca del retorno del Señor con un énfasis particular sobre el significado del día del Señor. Dado que el día del Señor vendrá de repente y en forma inesperada, trayendo destrucción sobre los que están espiritualmente insensibles, los creyentes debieran permanecer alertas. La buena noticia para los tesalonicenses y para todos los creyentes es que el destino de ellos no es la ira divina sino la liberación escatológica a través de Jesucristo. Otra vez Pablo exhortó a los creyentes a consolarse unos a otros.

Los creyentes debieran alentarse y edificarse unos a otros en la fe porque un día viviremos con Cristo. Las verdades simultáneas referidas al regreso de Cristo y a la resurrección de los creyentes ofrecen esperanza y significado para vivir. La contrapartida de esto es que en el día del Señor, la ira de Dios será revelada. No hay universalismo en este texto. La gente necesita ser salvada de la ira venidera poniendo su fe y su esperanza en el Señor.

EXHORTACIONES FINALES (5:12-28)

La sección final acentúa las responsabilidades hacia las diferentes personas en la comunidad cristiana. Pablo les dijo que ellos debían ser considerados con los líderes de la iglesia. Pero los líderes debían guardarse contra el abuso de autoridad.

Los vv. 14-15 se refieren a las responsabilidades para con otros. Debían advertir cuando era necesario, alentar a los tímidos y mostrar amor unos con otros. Las responsabilidades para con uno mismo y para la relación personal con Dios pueden verse en 1 Tesalonicenses 5:16-18. Cumplir con otros mandamientos y exhortaciones del libro es imposible sin una comunión personal con Dios. El consejo del apóstol "estén siempre alegres, oren sin cesar, den gracias a Dios en toda situación" es posible cumplirlo incluso en medio de la persecución cuando uno reconoce la superintendencia de Dios sobre todas las cosas (ver Rom. 8:28).

En 1 Tesalonicenses 5:19-22 Pablo desplazó la atención de la persecución a la comunidad. Aquí Pablo reflexionó sobre las responsabilidades de los creyentes en la adoración cristiana. No debían subestimar la importancia de la profecía mientras que debían aferrarse "a lo bueno". Finalmente

debían liberarse de toda clase de mal que intentara pavonearse como una genuina representación del Espíritu.

Pablo ofreció palabras edificadoras de bendición para la iglesia. Estos comentarios subrayan la importancia de la oración al llevar a cabo los propósitos de Dios. Pablo concluye y firma esta carta pastoral y de aliento con: "la gracia de nuestro Señor Jesucristo".

Significado teológico. La carta es más práctica que teológica. Está centrada en Dios en toda su extensión. Dios los eligió para la salvación (1 Tes. 1:4). Su voluntad es la guía para todos los creyentes (1 Tes. 4:3). Él llama a su pueblo a una vida santa (1 Tes. 4:7) y les imparte santificación de modo que puedan vivir obedientemente. Él levantó a Jesús de los muertos (1 Tes. 4:14) y levantará a los creyentes para estar con Él cuando el Señor regrese (1 Tes. 4:13–5:11).

La carta fue escrita específicamente para dar seguridad a los que estaban preocupados por los creyentes que ya habían muerto. Las palabras de consuelo y de esperanza de Pablo sobre la resurrección de los creyentes, igualmente proveen buenas nuevas para la iglesia de todos los tiempos en todos los lugares. Esta buena nueva sirve de base para la práctica de una vida piadosa.

Preguntas para la reflexión

1. ¿De qué manera lo que Pablo dice acerca de la naturaleza del ministerio le habla a los líderes y a los miembros de la iglesia de hoy?

2. ¿Cuál es la relación entre la promesa del retorno del Señor y una vida santa?

3. ¿De qué manera se puede comunicar el verdadero carácter del amor cristiano en un mundo secular que ha degradado la idea del amor?

4. ¿En qué forma la enseñanza de Pablo sobre la vida cristiana en 1 Tesalonicenses 4:1-12 es obligatoria para los cristianos hoy?

2 TESALONICENSES

La autoría de 2 Tesalonicenses por parte de Pablo últimamente ha sido cuestionada a pesar de haber tenido un fuerte respaldo a lo largo de la historia de la iglesia. Las objeciones a la autoría paulina son tres: (1) se indica que 2 Tesalonicenses es más formal que 1 Tesalonicenses; (2) el vocabulario es diferente en el resto de los escritos de Pablo (diez palabras en 2 Tesalonicenses no son usadas por Pablo en ningún otro escrito); (3) la aproximación a la escatología en 2 Tesalonicenses es única ("el hombre de maldad" no se menciona en otro lugar). No obstante, estos argumentos no son convincentes a la luz de la similitud del contenido de 1 y 2 Tesalonicenses.

El intervalo entre 1 y 2 Tesalonicenses debe de haber sido bastante corto, dado que la segunda epístola no presupone cambios importantes en la constitución interna de la iglesia de Tesalónica o en las condiciones bajo las cuales Pablo estaba escribiendo (ver la introducción a 1 Tesalonicenses).

Ocasión de la carta. La segunda carta aparentemente fue elaborada debido a la alarma de parte de los tesalonicenses porque habían sido informados que el día del Señor ya había llegado.

Los agitadores que habían confundido a los tesalonicenses, aparentemente apelaban como autoridad a los dichos de los profetas inspirados dentro de la iglesia como también a algunas frases de los escritos de Pablo, o posiblemente a una epístola fraguada (2 Tes. 2:1-2). Algunos de los que anticipaban el pronto regreso del Señor habían dejado de trabajar y dependían de otros para que les suplieran las necesidades diarias (3:11).

Los miembros de la iglesia tenían una postura incierta debido a su inexperiencia. Necesitaban afirmación para poder enfrentar la oposición de la cultura pagana y sus propias dudas provocadas por sus propios malos entendidos (2:15). Se necesitaba disciplina para evitar que los haraganes desorganizaran la vida de la comunidad (3:13-15).

Propósito y teología. El propósito de Pablo al escribir 2 Tesalonicenses fue equivalente al de su primera carta a ellos.

1. Escribió para animar a la iglesia perseguida (1:4-10).

2. Intentó corregir el malentendido sobre el retorno del Señor. (Una gran parte de la carta, 18 de 47 versículos tratan este tema.)

3. Exhortó a la iglesia a permanecer firme en todas las cosas (2:13–3:15).

4. El énfasis de Pablo estuvo sobre el retorno de Cristo cuando la iglesia será reunida con Él (2:1) y los malvados serán juzgados (1:6-9; 2:8).

5. Pablo instruyó a la iglesia respecto del hombre de maldad (2:1-12).

El hombre de maldad no tiene un paralelo exacto en la historia. El misterio de la maldad ya estaba en operación pero estaba restringido por algún poder secreto (2:7), de modo que podía explotar en cualquier momento con furia incontrolable. El hombre de maldad es un ser humano poseído por un poder demoníaco quien se atribuye las prerrogativas de la deidad. El fin de los tiempos va a estar acompañado por el surgimiento del mal organizado. Un intento blasfemo de suplantar la adoración a Dios por la adoración a un hombre quien será la manifestación final del poder satánico y será la culminación de la apostasía final. La fuerza que detiene (2:6) la manifestación del misterio de la maldad ha sido interpretada de manera variada como (1) el gobierno imperial romano, (2) la nación judía, (3) la iglesia, o (4) el Espíritu Santo.

I. Salvación (1:1-2)
II. Aliento para la iglesia (1:3-12)
III. Instrucciones para corregir malos entendidos (2:1-12)
IV. Mandatos para la perseverancia (2:13–3:18)

SALVACIÓN (1:1-2)

La carta comenzó identificando a Pablo, a Silas y a Timoteo como los que la enviaron. No hay dudas de que Pablo fue el autor principal. El comienzo de la carta siguió el patrón de la mayoría de las cartas paulinas (ver 1 Tesalonicenses).

ALIENTO (1:3-12)

Los tesalonicenses fueron ensalzados por su fe creciente y por la maduración de su amor y su paciencia. Pablo ofreció alabanza y agradecimiento a Dios por el estilo de vida de ellos.

Pablo les dio esperanza a sus lectores haciéndoles notar que en el juicio de Dios habría una reversión en los papeles presentes de perseguidos y perseguidores. Mientras que los tesalonicenses estaban en ese momento enfrentando persecución, los perseguidores tendrían que enfrentar persecución con la venida del Señor Jesucristo. Los que rechacen las buenas nuevas del evangelio "sufrirán el castigo de la destrucción eterna, lejos de la presencia del Señor". El pueblo de Dios puede sentirse alentado al saber que ellos serán vindicados en la venida del Señor y se darán cuenta que no han creído ni han sufrido en vano.

El primer capítulo concluye con una oración de Pablo en la que desea que los propósitos de Dios para la iglesia se cumplan en ellos. Pablo expresó su deseo de que se atribuya la gloria a Cristo por lo que Él hará en la vida de los creyentes.

MALOS ENTENDIDOS (2:1-12)

Algunos estaban enseñando en forma errónea que el día del Señor ya había ocurrido.

Pablo se opuso a estos falsos maestros haciéndoles notar las cosas que deben preceder a la segunda venida de Cristo. Antes de la venida del Señor el "hombre de maldad" debe ser revelado. Pablo habló de alguien que detenía el misterio de la maldad. La identificación de esta persona o poder permanece oscura. Desde el siglo II muchos han entendido que la fuerza que detenía era el Imperio Romano. Otros han sugerido un poder sobrenatural tal como un ángel. Otros han identificado este poder con el mensaje del evangelio, la iglesia o incluso el Espíritu Santo. No podemos estar seguros sobre tal identificación, pero podemos saber que la venida de Cristo significará la derrota del mal y de los que se oponen al evangelio y se complacen en la injusticia.

Debido al rechazo deliberado de la verdad, Dios permitirá que "por el poder del engaño, crean en la mentira". La "mentira" no es simplemente cualquier mentira sino la gran mentira que señala que el hombre de maldad es Dios.

PERMANECER FIELES (2:13-17)

Antes de tomar la discusión del poder del mal en las vidas de las personas, Pablo dio gracias por la obra del Espíritu Santo en la vida de la iglesia. También los animó a permanecer fieles a todo lo que había enseñado. En un estilo típicamente paulino, el apóstol oró para que Dios animara sus corazones y los fortaleciera en toda buena palabra y acción.

OREN POR MÍ (3:1-5)

Pablo a su vez pidió que oraran por él. Quería que Dios bendijera y prosperara la palabra proclamada. También expresó su preocupación por ser liberado de hombres perversos y malignos.

Pablo resaltó que estos hombres malignos no tenían fe. En agudo contraste con la infidelidad de ellos, Dios es fiel (3:2-3; ver 1 Cor. 1:9; 2 Cor. 1:18). El apóstol expresó confianza en que Dios continuaría dirigiendo los pasos de ellos. Antes de reprender a los vagos, Pablo oró para que Dios dirigiera sus corazones hacia el amor de Dios. No deberían existir sentimientos duros entre los que están completamente entregados al amor de Dios.

¿POR QUÉ DEJAR DE TRABAJAR? (3:6-15)

Algunos en Tesalónica habían cesado de trabajar a la luz del inminente retorno del Señor. Mientras Pablo mantenía su confianza en el retorno del Señor, él reprendió la haraganería de los que esperaban pasivamente. En cambio los animó a ser ejemplos en la comunidad, a ganarse la vida y a no cansarse de hacer el bien.

El problema fue mencionado en la primera carta (1 Tes. 4:11-12; 5:14) pero aparentemente se había empeorado. Pablo respondió en un estilo serio, dando más atención a esta cuestión que a ninguna otra en el libro a excepción del retorno de Cristo. Los cristianos no deben ser ociosos ni entremetidos. Incluso peor que ser haraganes, algunos estaban interfiriendo en la vida de otras personas. Pablo instó fuertemente a los creyentes fieles a no asociarse con los que rechazaban su enseñanza. Sin embargo, no debían tratarlos como enemigos sino amonestarlos como hermanos.

CONCLUSIÓN (3:16-18)

Pablo concluyó la carta con palabras de gracia y de paz y con su firma personal. Por lo general el apóstol dictaba sus cartas (ver Rom. 16:22). Es probable que Silas haya escrito la carta, pero Pablo agregó algo de su propio puño y letra (ver 1 Cor. 16:21; Gál. 6:11; Col. 4:18). El libro incluye aliento, instrucción, reprensión y amonestación. Pero es una palabra de gracia de principio a fin, y concluye con "la gracia de nuestro Señor Jesucristo sea con todos ustedes".

Significado teológico. El énfasis en la segunda venida de Cristo nos recuerda que debemos estar preparados para su regreso en cualquier momento. Debemos estar preparados porque él vendrá tan repente como un ladrón en la noche. Los que hayan muerto y los que todavía estén vivos serán reunidos con Cristo a su regreso. Estas palabras proveen esperanza y aliento para la iglesia de todos los tiempos.

Del mismo modo, debemos estar alertas a los planes malvados del hombre de maldad. La iglesia cobra fuerza a partir de la instrucción sobre la actividad malvada de Satanás con todo su poder y sus pretendidas señales y maravillas. Los creyentes reciben poder a partir de la verdad que el hombre de maldad será finalmente destruido por el Señor Jesús en su venida (2:12). Mientras tanto la iglesia debe permanecer fiel y firme en la buena voluntad y en los propósitos providenciales de Dios.

Preguntas para la reflexión

1. ¿Cuál debería ser nuestra actitud respecto al regreso del Señor?

2. Comparar y contrastar los diferentes aspectos en la enseñanza de Pablo con respecto a la segunda venida en 1 y 2 Tesalonicenses.

3. ¿Por qué los creyentes deben evitar la haraganería al esperar la venida del Señor?

4. ¿De qué manera la enseñanza de Pablo sobre el retorno de Cristo es relevante para el ministerio pastoral y evangelizador de hoy?

EL RETORNO DE CRISTO

El Señor Jesús, que fue levantado de los muertos y ascendió al Padre, regresará. Esta convicción se expresa repetidamente en el Nuevo Testamento.

La iglesia usó varios términos para referirse al retorno de Cristo. *Parousia*, que quiere decir ya sea *venida* o *presencia*, con frecuencia describía el regreso del Señor (ver Mat. 24:3; 1 Cor. 15:23; 1 Tes. 2:19). *Epifaneia* en el uso religioso describía la *aparición* de un dios invisible. La revelación (*apocalipsis*) del poder y la gloria del Señor fue anticipada con anhelo por la iglesia (por ejemplo, ver Luc. 17:30; Rom. 8:18).

Las frase "el día del Señor" (un tema del Antiguo Testamento) es también común en el Nuevo Testamento. "Aquel día", "el día de Cristo", y frases similares fueron usadas como sinónimos.

Con frecuencia el escritor dejaba implícito que él estaba viviendo en los últimos días (Hech. 2:17; 1 Juan 2:18). No obstante, la referencia al tiempo en muchos de los pasajes enumerados arriba es ambigua (ver 1 Cor. 1:8; 5:5; Fil. 1:6,10; 1 Tes. 5:2; 2 Tes. 1:10). El carácter de ese "día" es más claro que su tiempo. Es un día de juicio.

Los Evangelios. Jesús enseñó a sus discípulos a esperar una conclusión catastrófica de la historia. En ese tiempo Dios haría efectiva una resurrección general y un juicio final con recompensas apropiadas para los justos y los injustos (Mat. 7:21-27; 24:1-51; Mar. 12:24-27; 13:1-37; Luc. 11:31-32; 21:5-36).

Si bien las señales del fin reciben una atención considerable en los Evangelios (Mat. 24; Mar. 13; Luc. 21), el tiempo del fin permanece en la oscuridad. Algunos dichos implican que el fin está cerca (Mat. 10:23; Mar. 9:1; 13:30). Otros implican una demora (Mat. 25:5; Mar. 13:7,10). Las declaraciones más claras indican que el tiempo no puede conocerse (Mat. 24:36,42,44; Mar. 13:32-37; Luc. 12:35-40).

Hechos 1:6-8 expresa la misma convicción: el tiempo no puede conocerse. De acuerdo a Jesús, la tarea de los discípulos era dar testimonio del evangelio. El tiempo fue dejado en las manos del Padre.

Las epístolas. A medida que la iglesia crecía, con los años surgieron preguntas. ¿Qué pasa con los que mueren antes del retorno de Jesús (1 Tes. 4:13-18)? ¿Cómo será su regreso y cuando ocurrirá (1 Tes. 5:1-11; 2 Tes. 2:1-12)? ¿Qué ocurrirá con nosotros y con nuestro mundo (1 Cor. 15:12-13,23-28)? ¿Su demora hace que su regreso prometido sea una mentira (2 Ped. 3:3-10)?

El Nuevo Testamento responde a estas preguntas con una fuerte afirmación respecto al regreso de Cristo. El Nuevo Testamento no es claro con respecto al tiempo de su aparición. Aun así las epístolas revelan claramente una fe persistente en el retorno de Cristo (Rom. 8:19-39; 2 Tim. 4:1). Su señorío es real. Su victoria está asegurada. Su pueblo compartirá la gloria a su regreso (Apoc. 19:6-22:17). Así es que la responsabilidad de la iglesia es paciencia, fidelidad y testimonio (ver Hech. 1:7-8; 1 Cor. 15:58; 1 Tes. 4:18).

1 TIMOTEO

Las cartas de Pablo a Timoteo y a Tito son llamadas *Cartas pastorales*. Fueron escritas cerca del final de la vida de Pablo con el objeto de guiar a sus dos asociados más jóvenes.

Algunos han sugerido que Pablo no escribió estas cartas. Los argumentos en contra de la autoría paulina son básicamente tres: (1) estas cartas no pueden ubicarse dentro del marco de la cronología de Hechos y entonces se asume que fueron escritas después de la muerte de Pablo; (2) se dice que el contenido de estas cartas es diferente de las enseñanzas de Pablo en otros escritos; (3) las diferencias en vocabulario son tan grandes que el mismo autor no pudo haber escrito estas tres cartas y las obras anteriores de Pablo.

Como respuesta debiera notarse que Hechos 28 y Filipenses 1:25-26 implican que Pablo fue liberado de su primer encarcelamiento en Roma. Varios escritores en la iglesia primitiva señalan una liberación, otro período de actividad (durante el cual fueron escritos 1 Timoteo y Tito) y un nuevo encarcelamiento (en ocasión de 2 Timoteo). De igual modo, los diferentes temas abordados y las necesidades de los receptores dan razón de las diferencias en estilo, vocabulario y doctrina. Las características del discurso no son las del segundo siglo y los contenidos de las cartas son continuaciones apropiadas de las preocupaciones anteriores de Pablo. Si Lucas fue quien escribió los pensamientos de Pablo, y por cierto era posible, entonces la contribución de Lucas puede explicar algo del vocabulario único. No hay ninguna razón que obligue a negar la autoría por parte de Pablo de estas cartas escritas en algún momento entre el 64 y el 67 d.C.

Ocasión. Las cartas fueron escritas para tratar con la enseñanza falsa que estaba impactando en forma negativa a las iglesias jóvenes. Aparentemente las iglesias tenían más peligro debido a amenazas internas que debido a la persecución externa. Pablo instó a sus asociados apostólicos a contrarrestar el peligro interno con una enseñanza sana, proveyendo un ejemplo de vida piadosa y ofreciendo organización y entrenamiento de líderes para las congregaciones.

La primera carta a Timoteo sugiere que este estaba en Éfeso mientras Pablo escribía desde Macedonia (1 Tim. 1:3). Es probable que Timoteo todavía estuviera en Éfeso cuando recibió 2 Timoteo (2 Tim. 1:18). Esta segunda carta fue escrita desde una prisión romana. Tito recibió su carta en Creta (1:5,12). Los paraderos de Pablo entre Macedonia (1 Tim.) y Roma (2 Tim.) no pueden conocerse con certeza. El orden de las cartas fue así: 1 Timoteo, Tito y 2 Timoteo.

Propósito y teología. Las cartas a Timoteo y a Tito comparten características similares. A diferencia de las otras cartas de Pablo, las cartas a Timoteo y a Tito son palabras personales a sus ayudantes apostólicos. Estas cartas abordan la necesidad de supervisión pastoral en las iglesias (de ahí el nombre de cartas pastorales, nombre dado a estas tres cartas en el siglo XVIII). Enfocan la atención en la organización de la iglesia, en la importancia de la doctrina apostólica y en la refutación de la falsa doctrina. La primera carta a Timoteo y Tito describen cuidadosamente las características de los líderes cristianos.

No sólo hay énfasis sobre la doctrina ortodoxa (1 Tim. 1:8-11; 2 Tim. 1:13-14; Tito 2:1) y sobre el liderazgo cristiano (1 Tim. 3:1-15; 2 Tim. 2:22-26; Tito 1:5-9), sino también sobre otros asuntos importantes que son abordados por igual. Pablo escribió para darles guía a Timoteo y a Tito en sus ministerios (1 Tim. 1:18-2:7; 2 Tim. 2:1-7; Tito 2:7-8,15; 3:9). Las cartas también se caracterizan por el énfasis dado a la vida piadosa (1 Tim. 1:3-7; 2:8-10; 2 Tim. 1:3-12; 2:14-19; Tito 3:1-11).

INTRODUCCIÓN (1:1-2)

La carta comienza como otras cartas paulinas. El apóstol Pablo es nombrado como el autor, Timoteo es mencionado como el receptor y luego sigue un saludo. Timoteo es afectuosamente llamado "mi verdadero hijo en la fe" (1:2). La frase indica la relación espiritual entre Pablo y Timoteo. No podemos asegurar que Timoteo haya sido un convertido de Pablo, pero Timoteo ciertamente tuvo un papel especial en el equipo misionero paulino (ver 1 Tim. 1:18; comparar con 1 Cor. 4:17; Fil. 2:19-24; 2 Tim. 1:2; 2:1).

FALSOS MAESTROS (1:3-20)

1:3-11. Con cierta ternura, Pablo le advirtió a Timoteo acerca del peligro de la falsa doctrina. Timoteo fue instado a permanecer en Éfeso, tal vez porque en algún momento tuvo deseos de irse de Éfeso para reunirse con Pablo. La tarea de Timoteo fue reprimir a los que estaban enseñando falsa doctrina en la congregación.

Estos falsos maestros probablemente eran antecesores de los gnósticos del siglo II. En esta carta Pablo caracteriza a esos falsos maestros como: (1) maestros de mitos judíos y de historias ficticias basadas en genealogías oscuras; (2) engreídos; (3) argumentativos; (4) deseosos de enseñar la ley del Antiguo Testamento y aun así no sabían lo que enseñaban; (5) llenos de palabras sin sentido; (6) enseñaban prácticas ascéticas falsas; y (7) usaban sus posiciones de liderazgo religioso para ganancia financiera personal.

1:12-20. La vara de Pablo para medir y evaluar lo que es y lo que no es enseñanza falsa era el mensaje de la gracia de Dios en Cristo que le había sido confiado. En este punto, el inventario que hizo Pablo de pecadores, de los cuáles él era el principal, inició un poderoso sentido de gratitud. La acción de gracias de Pablo se desarrolló a partir de que Dios en su gracia le había provisto un lugar de servicio privilegiado. Pablo expuso la doctrina de la gracia de Dios como una experiencia en su vida que se manifestaba en el ministerio de Timoteo.

ADORACIÓN EN LA IGLESIA (2:1-15)

De la preocupación por los falsos maestros Pablo se trasladó a asuntos relacionados con la adoración en la iglesia. El apóstol comenzó con instrucciones referidas a la oración y luego se dirigió a asuntos relacionados con los roles del hombre y la mujer.

2:1-7. Pablo instó a que "se hagan plegarias, oraciones, súplicas y acciones de gracias por todos". La oración es una parte extremadamente importante de la adoración de la iglesia. El apóstol acentúa la importancia de la oración especial por personas que ocupan cargos de autoridad en el gobierno.

La oración está dirigida a Dios quien "quiere que todos sean salvos". Pablo aquí citó tres verdades básicas del evangelio: (1) hay un solo Dios; (2) uno se puede acercar a Dios sólo a través del Hombre que fue Dios en la carne, Jesucristo hombre; (3) este hombre se dio a sí mismo en rescate por la raza humana. Pablo no estaba enseñando el universalismo dado que la salvación es posible sólo para los que conocen la verdad a través de una relación con Jesucristo.

2:8-15. Los hombres y las mujeres cristianos debieran orar a Dios. Las mujeres debieran adornarse en forma modesta y sensata. Algunos sostienen que aquí la enseñanza de Pablo sobre las mujeres está condicionada históricamente. Otros ven estos versículos como enseñanza normativa para toda época. Lo que sí podemos afirmar es que había un tipo de prohibición. Algunos creen que Pablo prohibía la enseñanza por parte de mujeres que no hubieran recibido una instrucción apropiada. Tales mujeres tendían a dominar a los hombres. Otros sugieren que Pablo no permitía que las mujeres fueran maestras oficiales en la comunidad cristiana, es decir que no podían oficiar de obispos (ver 3:1). Las iglesias cristianas difieren acerca del papel de las mujeres en la iglesia, pero no debe descartarse la eterna autoridad de las Escrituras en medio de la discusión.

LIDERAZGO DE LA IGLESIA (3:1-13)

3:1-7. Pablo continuó con sus instrucciones sobre cómo debe conducirse la iglesia, y ahora se concentró en el tema del liderazgo. Dijo que el liderazgo de la iglesia es una tarea noble. Aquí Pablo describió las características de los que aspiran a tal liderazgo.

El "obispo", uno de los varios términos referidos a los líderes de la iglesia, fue usado para referirse a los oficiales que presidían organizaciones cívicas o religiosas. Aquí se refiere a los que lideraban congregaciones locales, más que a líderes sobre grupos de iglesias, tal como se desarrolló el oficio de obispo episcopal en el siglo II. Los términos "anciano" y "obispo" se usan en forma indistinta en Hechos 20:17,28; Tito 1:5-7 y 1 Pedro 5:1-5. Estos líderes deben enseñar las Escrituras (1 Tim. 3:2; 5:17) y proveer dirección y administración para la iglesia (3:5; 5:17), deben pastorear el rebaño de Dios (Hech. 20:28) y guardar la iglesia de error (Hech. 20:28-31).

Un obispo debe ser una persona de carácter noble. Estos líderes debieran de ser respetados por otros miembros de la iglesia y por los de afuera de la iglesia. El obispo debe estar libre de reproche, debe vivir conforme a un alto concepto de moralidad sexual, debe poder disciplinar a la familia, no debe ser un cristiano nuevo y no debe estar bajo el dominio de bebidas fuertes. Sólo una persona de excelente carácter debe servir como obispo (1 Tim. 3:1-7).

3:8-13. Luego Pablo pasa a enumerar las características de los diáconos. Estas son prácticamente las mismas que las de los ancianos. Por lo general el servicio de los diáconos (la palabra significa uno que sirve) tenía el propósito de liberar a los obispos para dedicarse por completo a la oración y al ministerio de la palabra (ver Hech. 6:2-4). Los dos oficios eclesiásticos mencionados en el Nuevo Testamento son: obispo y diácono (ver Fil. 1:1). Antes de ser elegidos como diáconos debieran tener experiencia en el trabajo de la iglesia (1 Tim. 3:8-10, 12-13).

La primera carta a Timoteo (3:11) aplica las mismas calificaciones para las mujeres. El griego para la expresión "esposas" simplemente significa "las mujeres" y por lo tanto podría referirse a las esposas de los diáconos o tal vez a diaconisas (ver Rom. 16:1).

GUARDAR LA VERDAD (3:14–4:16)

3:14-16. Pablo informó a Timoteo sobre su esperanza de ir a verlo a él y a la iglesia en Éfeso. En forma majestuosa describió a Cristo con palabras que muchos eruditos creen que adoptó de un himno antiguo de adoración a Cristo.

4:1-10. Como depositaria y guardiana de la verdad, la iglesia debe estar continuamente alerta sobre las estrategias de los enemigos de la verdad. Pablo enfatizó que las obligaciones pastorales de Timoteo implicaban guardar la verdad y refutar a los herejes. La iglesia fue alertada para confrontar la enseñanza falsa exponiendo una doctrina correcta y una vida piadosa.

Los falsos maestros enseñaban un falso ascetismo, prohibiendo el matrimonio y algunos alimentos. Pero Pablo sostenía que Dios ha dado estas cosas para ser apreciadas y usadas para la gloria de Dios.

4:11-16. El apóstol pasó de las preocupaciones generales de la iglesia a exhortaciones personales específicas para Timoteo. Pablo reconocía que Timoteo era joven y que algunos de los creyentes mayores podrían estar tentados a menospreciar su juventud. Timoteo debía ser ejemplo para la iglesia "en la manera de hablar, en la conducta, y en amor, fe y pureza". Debía entregarse a la proclamación pública de las Escrituras mediante el uso del don que le había sido dado. Como Dios había llamado a Timoteo y la iglesia había confirmado su ministerio mediante la imposición de manos, Timoteo entonces debía luchar para vivir conforme a estas altas responsabilidades.

INSTRUCCIONES MISCELÁNEAS (5:1–6:10)

5:1-16. Desde las instrucciones sobre cómo Timoteo debía vivir su llamamiento al ministerio pastoral, Pablo desplazó su atención a los distintos grupos que conforman la iglesia. El principio general que Pablo transmitió es tratar a las diferentes personas como uno trataría a los miembros de su propia familia.

Primero, Pablo abordó el cuidado de las viudas. Específicamente presentó lineamientos para ayudar a las viudas en necesidad, para habilitar a las viudas en el trabajo en la iglesia y además presentó sugerencias para las viudas más jóvenes. Éstas últimas debían ser alentadas a volver a casarse y sus nuevos esposos debían sostenerlas. Entonces la iglesia tendría la responsabilidad de cuidar solamente de las viudas mayores que no tienen una familia que se ocupe de ellas.

5:17-25. Los obispos/ancianos no sólo debían enseñar sino también proveer supervisión para la iglesia. Estos líderes que hacen una doble tarea son dignos de "doble honor". Ese honor incluía sostén financiero y está indicado en las dos ilustraciones que figuran en el v. 18.

Los líderes de la iglesia primitiva, al igual que los modernos, no eran perfectos. Es necesario tratar con sus imperfecciones. Las críticas a los líderes debieran ser rechazadas a menos que pueda probarse que son concluyentemente ciertas. La disciplina formal debería aplicarse con cuidado y cautela cuando fuere necesario. Estos líderes deben ser examinados en forma minuciosa. No debieran ser elegidos u ordenados demasiado rápido.

6:1-10. Esta sección da consejo para esclavos y amos y para los ricos y pobres en la congregación. Pablo reconocía que el dinero podía transformarse en un dios falso y ocasionar toda clase de males a los que tienen amor por él. No obstante, el dinero usado correctamente puede hacer avanzar la obra de Dios y puede transformarse en un tesoro celestial.

ENCARGO A TIMOTEO (6:11-21)

Para concluir, Pablo instó a Timoteo a hacer lo mejor que un hombre de Dios podía hacer. Timoteo había sido participante de la vida eterna desde el primer momento en que había creído en el evangelio. Pero Pablo lo instó a reclamar los beneficios del evangelio de manera más completa. Timoteo debía pelear una buena batalla como soldado de Dios en procura de la santidad, en su persistencia en el servicio y en la protección del evangelio. Para hacer esto Timoteo, al igual que todos los creyentes, debía centrar su adoración en el Cristo glorioso.

La carta concluye con una breve bendición: "Que la gracia sea con ustedes".

Significado teológico. La carta a Timoteo desarrolla una teología de la iglesia. La iglesia necesita organización para hacer su trabajo efectivamente. Los líderes de la iglesia son guía y capacitan a la comunidad cristiana para llevar a cabo su servicio. La iglesia debe ser un pilar y un baluarte, una custodia de la verdad. La iglesia siempre debe luchar para evitar la herejía y para enseñar las verdades del evangelio a las generaciones siguientes.

Preguntas para la reflexión

1. ¿Cuáles son las maneras prácticas para que la iglesia guarde el evangelio?

2. ¿Cuáles son las responsabilidades de los obispos de la iglesia?

3. ¿Cómo puede reconocerse la falsa doctrina? ¿Cómo debiera refutarse?

4. ¿Cuál es la responsabilidad de la iglesia en el cuidado de las viudas?

2 TIMOTEO

INTRODUCCIÓN (1:1-7)

Pablo comenzó esta carta de una manera similar a 1 Timoteo. En la primera carta Pablo saludó a Timoteo como "mi verdadero hijo en la fe". Aquí dice: "mi querido hijo".

Pablo dio gracias por la herencia de Timoteo y por el don de Dios para con él. El apóstol apeló a reminiscencias útiles e instó a Timoteo a avivar su don. Los dones no se entregan completamente desarrollados; necesitan ser fortalecidos y madurados mediante el uso.

GUARDAR LA FE (1:8-18)

A la luz del don que le había sido dado divinamente a Timoteo, Pablo lo instó a no avergonzarse de "dar testimonio de nuestro Señor". Pablo también instó a Timoteo a no avergonzarse de "mí... prisionero". El anciano apóstol quería fortalecer la valentía de su joven colega.

Pablo le dio a Timoteo una fuerte admonición a guardar la fe en medio del sufrimiento. La apelación del apóstol estaba basada en su testimonio de la gracia de Dios en su propia experiencia. Timoteo debía guardar el evangelio que Pablo le había confiado. Esto sólo era posible a través del "poder del Espíritu Santo que vive en nosotros", que lo permitía.

Durante este tiempo el apóstol había sido abandonado por Figelo y por Hermógenes. Esto quizás tuvo lugar cuando Pablo fue arrestado y llevado a Roma para su encarcelamiento final. En contraste con las acciones de la mayoría, algunos, tales como Onesíforo, se hicieron amigos de Pablo y lo ayudaron. Deben de haber sido días difíciles para Pablo al ser abandonado por sus amigos y saber que se enfrentaba a una muerte inminente. Es duro entender por qué los siervos de Dios sufren así, pero para Pablo era un privilegio no sólo creer en Cristo "sino también sufrir por él" (Fil. 1:29).

FORTALÉCETE (2:1-13)

En esta sección Pablo proveyó un consejo especial para Timoteo. Después de exhortarlo a fortalecerse "por la gracia que tenemos en Cristo Jesús", Pablo declaró una vez más su constante mensaje sobre la necesidad de transmitir y preservar la verdad.

Pablo le dio a Timoteo tres ejemplos para seguir: (1) un soldado que quiere complacer a su comandante, (2) un atleta que sigue las reglas del juego, y (3) un labrador que trabaja fielmente. Las tres figuras utilizadas aquí se encuentran en 1 Corintios 9:7,24-27. Pablo animó a Timoteo a una devoción fiel y a una autodisciplina en su servicio al Señor. Otra vez las exhortaciones del apóstol estaban fundamentadas en su propia experiencia de sufrimiento.

FALSOS MAESTROS (2:14-26)

Pablo luego ofreció consejo con respecto a los falsos maestros en la iglesia. En forma positiva, él instó a Timoteo a ser un obrero sin nada de qué avergonzarse. En forma negativa, Timoteo debía evitar las discusiones inútiles. Pablo contrastó a los maestros verdaderos con los falsos, a los vasos nobles con los que no lo son y a los amables con los propensos a irritarse.

Timoteo no sólo debía refutar a los maestros herejes sino que también debía practicar y alentar una conducta y una actitud piadosa. Pablo concluyó esta sección señalando que un buen ministro debe instruir amablemente "a los adversarios" de modo que Dios pueda concederles un cambio en sus corazones.

ÚLTIMOS DÍAS (3:1-9)

Al igual que sus comentarios en su primera carta (ver 1 Tim. 4:1), Pablo predijo la declinación moral que vendría en los últimos días. Esto de ninguna manera niega que estas condiciones han estado y estarán presentes a lo largo de la era de la iglesia. Lo que sí podemos afirmar es que las características enumeradas aquí serán más intensas y extensas a medida que se acerque el fin.

En los vv. 2-4 Pablo hizo una lista de casi 20 vicios diferentes que caracterizarán a las personas de los últimos días. Por lo general todos describen a las personas que se ponen a sí mismas como centro de sus afectos en lugar de dejar ese lugar a Dios. Estas personas deben evitarse, a pesar de que "aparentarán ser piadosos".

Pablo comenzó el capítulo con las características de los que aman el dinero y el placer. Luego enfocó la atención sobre sus vidas y sus pensamientos depravados. Estos falsos maestros hacían presa de las "mujeres débiles". Tales mujeres aparentemente eran presa fácil porque pretendían ser personas entendidas. "Ellas siempre están aprendiendo pero nunca logran conocer la verdad". Pablo comparó a los falsos maestros con "Janes y Jambres". Ninguno de estos hombres se menciona en el Antiguo Testamento, pero de acuerdo a la tradición judía eran los magos egipcios de la corte que se opusieron a Moisés (ver Ex. 7:11).

ESCRITURAS (3:10-17)

Pablo otra vez apeló a su propia experiencia y exhortó a Timoteo a continuar la obra. El apóstol instó a Timoteo a no dejarse llevar por estos impostores. En cambio, debía continuar en lo que había aprendido y de lo cual estaba convencido. Timoteo podía estar convencido de la verdad enseñada en las Escrituras porque (1) lo había hecho sabio "para la salvación en Cristo Jesús", y (2) toda Escritura "es inspirada por Dios". Pablo afirmó el compromiso activo de Dios en la redacción de las Escrituras. El trabajo de supervisión del Señor es tan poderoso y completo que lo que está escrito es la palabra verdadera y autoritativa de Dios.

PREDICA LA PALABRA (4:1-18)

El encargo final de Pablo acentuó la necesidad de predicar la palabra (4:1-5). Al igual que Timoteo, todos los creyentes deben estar preparados en cualquier situación para decir una palabra necesaria, ya sea de corrección, de reprensión o de aliento. Los obreros cristianos deben estar listos para soportar penurias tal como Pablo lo hizo.

El apóstol veía su inminente muerte como el derramamiento de una "ofrenda de libación" (LBLA). Esta libación se refería al vino derramado alrededor de la base del altar durante los sacrificios del Antiguo Testamento (ver Núm. 15:1-12; 28:7; Fil. 2:17).

La súplica de Pablo a Timoteo terminó con pedidos personales y con una referencia a su "primera defensa". Aquí se puede aprender una importante lección sobre el sostén divino en medio de la oposición humana.

SALUDOS FINALES (4:19-22)

La carta concluye con saludos para Priscila y Aquila y para la familia de Onesíforo. Esta familia fue mencionada con gran aprecio en 1:16-18. Pero sabemos poco acerca de este devoto creyente.

Pablo luego envió saludos de parte de cuatro miembros de la iglesia de Roma y de todos los hermanos. Pablo pronunció una bendición especial sobre Timoteo ("tu espíritu" en 4:22a es singular) antes de concluir con una bendición general: "Que la gracia sea con ustedes" ("ustedes", plural).

Significado teológico. La segunda carta a Timoteo nos enseña sobre la importancia de nuestra herencia teológica (1:14). Pablo tenía mucho para decir acerca de lo que Dios ha hecho en Cristo, nuestro Salvador. Jesucristo ha sido revelado, destruyó la muerte y nos ha dado vida e inmortalidad (1:8-10). El fundamento de la vida cristiana es lo que Dios ya ha hecho por nosotros en Cristo. Deberíamos vivir con audacia ya que hemos recibido un espíritu "de poder, de amor y de dominio propio" (1:7). Estas verdades sobre el evangelio y la vida cristiana están a nuestro alcance en las Escrituras inspiradas por Dios (3:15-17). Ahora nosotros, al igual que Timoteo, debiéramos transmitir estas verdades a hombres y mujeres fieles que también puedan enseñar a otros (2:2).

Preguntas para la reflexión

1. ¿Qué significa guardar la fe?

2. ¿Cuál es la relevancia de los tres ejemplos de vida cristiana presentados en el capítulo 2?

3. ¿Qué consejo ofreció Pablo con respecto a los falsos maestros?

4. ¿Qué podemos aprender acerca de la naturaleza de las Escrituras a partir de esta carta?

5. ¿Por qué es importante predicar la palabra?

TITO

INTRODUCCIÓN (1:1-4)

Pablo había sido liberado en Roma. Probablemente luego fue a la isla de Creta, así como a Éfeso y a Macedonia. Tito, colega de Pablo en el ministerio, se quedó para trabajar. La carta a Tito fue escrita más tarde para ofrecerle consejo y aliento.

Pablo comenzó la carta identificándose a sí mismo como "siervo de Dios". Pablo usó esta frase sólo aquí. En otras partes usó "siervo de Cristo Jesús" (ver Rom. 1:1; Fil. 1:1). La salutación de Pablo es muy larga para una carta tan corta. En este saludo Pablo enfatizó el propósito de su carta.

Tito es identificado como "mi verdadero hijo en esta fe". La designación señala una relación íntima y cariñosa entre el escritor y el lector. Esta relación especial aseguró que en Creta, Tito representara correctamente al anciano apóstol.

ANCIANOS (1:5-9)

El primer tema de esta carta le proveyó a Tito instrucciones respecto de los líderes de la iglesia. El v. 5 establece la tarea de Tito y los versículos siguientes del párrafo identifican las características personales necesarias en los nuevos líderes.

Tito debía nombrar líderes en todos los lugares donde hubiera un grupo de creyentes. Probablemente la congregación entera seleccionó a estos líderes con el aliento de Tito. Él tenía la responsabilidad oficial, como representante de Pablo, de nombrarlos para sus cargos.

Las características personales identificadas aquí se corresponden estrechamente con 1 Timoteo 3:1-7. Aun así debieran notarse diferencias. Estas diferencias nos ayudan a ver cómo Pablo aplicó las verdades generales a situaciones particulares. A diferencia de 1 Timoteo, aquí no se menciona ningún diácono, y esto sugiere que la estructura organizativa no estaba tan avanzada en Creta. El carácter de los líderes debía ser intachable y sus compromisos doctrinales debían ser fieles al mensaje bíblico.

FALSOS MAESTROS (1:10-16)

Los ancianos eran necesarios para defender la verdad que estaba siendo atacada por los falsos maestros. Pablo describió a los falsos maestros en 1:10-13. Ellos eran (1) "rebeldes" porque rechazaban las demandas del mensaje del evangelio; (2) "charlatanes" porque trataban de hablar para impresionar, aunque no lograban nada; y (3) "engañadores" porque estaban desviando a los miembros de la iglesia. A estos falsos maestros no se les podía y ni se les debía tener confianza porque eran "mentirosos". Las propias observaciones de Pablo sobre esta gente confirmaban la evaluación negativa por parte de uno de los profetas de Creta. Así como Pablo dio principios con los cuales nombrar a los líderes de la iglesia, también le proveyó a Tito lineamientos para tratar con los falsos maestros.

El error se describe en términos de "leyendas judías" o de "lo que exigen esos que rechazan la verdad". Estos falsos maestros debían ser reprendidos desde las perspectivas presentadas en 1:15-16.

Los creyentes que han sido purificados por la obra de Cristo pueden percibir todas las cosas como puras. Los no creyentes, especialmente los legalistas ascéticos, no disfrutan de la verdadera libertad en Cristo. Estos falsos maestros trataban de establecer patrones humanos por los que pudieran juzgarse los asuntos de la pureza y la impureza. Pero Pablo identificó estos patrones como corruptos.

SANA DOCTRINA (2:1-15)

Pablo volvió su atención a los distintos grupos en la congregación. Dio instrucciones para los hombres mayores, para las mujeres mayores y para las más jóvenes, también para jóvenes como Tito y para los esclavos. Con todos los grupos enfatizó la importancia de edificar la vida espiritual de los creyentes como la mejor defensa contra el error.

El v. 1 sirve de base para las instrucciones de Pablo. El apóstol le dijo a Tito que predicara "lo que va de acuerdo con la sana doctrina". La sana doctrina debe conducir a una conducta ética en la vida de las personas de la iglesia.

La gracia de Dios provee el fundamento para las instrucciones y las exhortaciones de Pablo. La gracia de Dios nos ha salvado, nos enseña lo que debemos hacer y nos provee de la capacidad para vivir en forma apropiada. La gracia de Dios fluye a partir de la obra de Jesucristo quien "se entregó por nosotros para rescatarnos de toda maldad y purificar para sí un pueblo elegido, dedicado a hacer el bien". La gracia de Dios nos capacita para vivir rectamente en el presente mientras que también nos da una perspectiva futura. Esperamos anhelantes la aparición de Jesucristo, quien es nuestro Salvador y nuestro gran Dios. Estas son las verdades que Tito debía enseñar para alentar a la iglesia y reprender a los herejes.

VIDA CRISTIANA (3:1-11)

Pablo ahora enfocó la atención en las obligaciones de todos los creyentes, en especial con relación al gobierno y al mundo no cristiano. Los vv. 1-2 les recuerdan a los cristianos sobre su obligación hacia los líderes y las autoridades del gobierno. Es importante notar que la enseñanza cristiana primitiva no estaba limitada al camino de la salvación, sino que incluía exhortaciones referidas a la vida diaria (ver Rom. 13:1-7; 1 Ped. 2:13-17).

Algunos podrían sugerir que una respuesta así a líderes impíos era inapropiada. Pablo enfrentó esta objeción recordándoles su propia condición precristiana. Es sólo por la "misericordia" de Dios que somos salvos. Dios trajo la salvación y cambió nuestras vidas mediante la obra del Espíritu Santo que fue "derramado... sobre nosotros". Mediante el don de la justicia de Cristo por gracia de Dios, Él ahora nos declara justificados ante sus ojos y herederos de la vida eterna. (Ver el artículo "La salvación en el pensamiento de Pablo".)

Pablo concluyó esta carta con más instrucciones sobre los falsos maestros. La negación de ellos en cuanto a escuchar la corrección reveló su corrupción interior.

PEDIDOS FINALES (3:12-15)

Pablo anunció sus planes para el futuro. Otro obrero, Artemas o Tíquico, sería enviado para reemplazar a Tito en Creta. No era necesario que Tito llevara la carga solo. Esta situación de transición le ofreció a Pablo una oportunidad más para acentuar la idea de que los creyentes necesitan caracterizarse por obras nobles. Todos los obreros junto con Pablo se unieron para enviar saludos. Las bendiciones finales típicas de Pablo son dirigidas a todos aquellos con quienes Tito debía compartir los saludos del apóstol.

Significado teológico. Al igual que las otras cartas pastorales, el eje de la carta de Pablo a Tito es guardar la fe y refutar la herejía. En especial, debido a la naturaleza de la herejía cretense, son significativos los énfasis repetidos sobre la fidelidad doctrinal (2:11-14; 3:4-7) y sobre la vida fiel (1:16; 2:7,14; 3:1,8,14). La carta deja en claro que la vida cristiana está fundada en la gracia de Dios (2:11-14). Los creyentes deben reconocer esta verdad, reprender la herejía y evitar el legalismo (1:10-16). Esto se puede hacer sólo por gracia: la gracia que salva, la gracia que enseña, la gracia que fortalece y la gracia que capacita. Al hacerlo podemos ver la relación entre doctrina y práctica.

Preguntas para la reflexión

1. ¿Cuáles son las calificaciones principales para un líder de iglesia?

2. ¿Cómo podemos evitar la trampa del cristianismo legalista?

3. ¿Cuál es la relación entre la doctrina cristiana y la vida cristiana?

4. ¿Qué obligaciones tienen los cristianos como ciudadanos? ¿Por qué los creyentes debieran estar sujetos a los gobernantes y a las autoridades?

5. ¿De qué manera afecta la vida cristiana enfocar la atención en la gloriosa aparición de Cristo?

FILEMÓN

La autoría de esta carta por parte de Pablo tiene un respaldo fuerte en todas las esferas de la iglesia. Está estrechamente ligada a la epístola a los Colosenses. La carta fue llevada a Filemón por Onésimo junto con Tíquico (Col. 4:7-9; Ef. 6:21-22). La carta fue escrita cerca del final del primer encarcelamiento de Pablo en Roma, al mismo tiempo que Efesios y Colosenses, alrededor del 60–61 d.C.

Destino. El receptor de la carta fue Filemón, un rico residente de Colosas. Los miembros de la iglesia de Colosas que se reunían en casa de Filemón estuvieron entre los primeros lectores (File. 2). Arquipo posiblemente tenía alguna capacidad oficial en la iglesia (ver Col. 4:17).

Propósito. Filemón tenía un esclavo, Onésimo, que se había escapado de su amo y que quizás le había robado dinero al irse (File. 18). De alguna manera cuando Pablo estaba en prisión, se encontró con Onésimo. Este se hizo creyente en Cristo y se arrepintió de sus acciones pasadas. Onésimo era responsable de regresar a Filemón. Pablo le escribió a Filemón para interceder por Onésimo, pidiéndole a Filemón que le permitiera regresar. También le pidió no sólo que lo recibiera sino que lo recibiera como a un hermano.

Teología. Esta corta epístola enseña sobre el sentido de hermandad que existía en la iglesia primitiva. Vemos la tensión entre el sentido de igualdad en Cristo (ver Gál. 3:28) y las diferencias sociales. Pablo no respaldaba la esclavitud, ni tampoco quería que los esclavos se rebelaran contra sus amos. La enseñanza de esta carta ha servido como motivación para la abolición de la esclavitud.

INTRODUCCIÓN (vv. 1-3)

Pablo se identificó a sí mismo como "prisionero de Cristo Jesús". Esta introducción también identificó a Pablo con Onésimo. Aunque la carta está obviamente dirigida a una persona, también se mencionan a Apia, Arquipo y la iglesia de Colosas. Apia probablemente era parienta de Filemón, quizás su esposa. Arquipo puede haber sido el pastor de la iglesia. El v. 3 sigue el patrón de las bendiciones usuales de Pablo (ver Col. 1:2).

FILEMÓN (vv. 4-7)

La situación que se había desarrollado entre Filemón y Onésimo requería la intervención de un mediador. Pablo tenía que hablar en forma efectiva por Onésimo y con respeto por Filemón. Pablo ofreció buenas palabras de alabanza y de aprecio sobre Filemón. Lo que no podemos saber es si esto tenía o no el propósito de ayudar a Pablo a ser escuchado mediante el efecto psicológico de la ponderación. Los vv. 6-7 incluyen una oración por Filemón.

ONÉSIMO (vv. 8-22)

Ocurre una transición en el v. 8. Pablo hizo cinco apelaciones por Onésimo. Comenzó con la reputación de Filemón como persona que traía bendición a otros. Pablo podía haber apelado a Filemón más duramente, pero en su lugar apeló a él en amor. La tercera base de su argumento se basó en la conversión de Onésimo. Pablo luego explicó lo valioso que Onésimo había sido para

LA ESCLAVITUD EN EL PRIMER SIGLO

La esclavitud, la posesión legal de un individuo por parte de otro, era la principal "fuente de energía" para el mundo grecorromano. Los esclavos se empleaban en empresas agrícolas y de manufactura, en la construcción, en la minería, en puestos gubernamentales, en la educación de los niños, en actividades culturales y de entretenimiento, así como en muchas obligaciones rutinarias de la casa.

En el Imperio Romano la esclavitud no estaba relacionada con la raza. Probablemente comenzó cuando los generales eligieron esclavizar a los enemigos conquistados en lugar de liquidarlos. También era una forma de castigo para delitos o un medio para tratar con deudores incapacitados para pagar sus préstamos. Los hijos no deseados y abandonados frecuentemente eran rescatados, criados y vendidos como esclavos. Los hijos de esclavos también eran esclavos. Algunas víctimas de secuestros eran vendidas para ser esclavas. Algunos se hacían esclavos voluntariamente por razones religiosas y elegían la seguridad de una cautividad benévola por sobre la inseguridad en libertad y en pobreza.

Para el primer siglo había miles de esclavos en todas partes del Imperio. Su condición y su trato diferían en gran manera. Los esclavos no carecían completamente de derechos legales. Estaban libres de impuestos y del servicio militar, tenían derecho al matrimonio de la ley común y podían unirse a grupos sociales o asociaciones.

Así y todo, su suerte estaba determinada por la voluntad de sus amos. Esencialmente, ellos no eran personas, eran una "propiedad", "herramientas humanas" (Aristóteles). El abuso, la dureza y la brutalidad eran frecuentes. Los esclavos que se escapaban podían ser sometidos a la tortura y a la muerte. En ese entonces, el trato amable y considerado estaba difundido, si bien no sobre bases humanitarias sino porque era prudente cuidar de la "propiedad" de uno. Los esclavos eran una propiedad valiosa. En tiempos del Nuevo Testamento el precio de un esclavo era de alrededor de nueve veces el salario pagado a un trabajador durante un año. Un esclavo podía ser vendido en forma privada o en un remate público según la voluntad del propietario.

Los esclavos tenían la esperanza de libertad. Algunos compraban su libertad. Más frecuentemente les era dada, ya sea formalmente en el testamento del dueño, mediante el pronunciamiento de un oficial, o informalmente. En el último caso los que habían sido esclavos no tenían prueba legal de su nueva situación. Los esclavos podían ganar su libertad al ser vendidos a un dios. Las paredes de algunos templos antiguos contienen cientos de nombres de individuos así. Como "liberto", el otrora esclavo tenía derechos legales básicos y la posibilidad de lograr la ciudadanía, pero retenía algunas obligaciones para con su anterior dueño.

El Nuevo Testamento da cuenta de que los esclavos eran miembros de la iglesia primitiva. Tanto a los esclavos cristianos como a los amos se les dice que sus relaciones deben estar controladas por la relación común en Cristo. Filemón fue instado a recibir al esclavo Onésimo, quien se había escapado, "como a un hermano querido" (v. 16), elevando así al que no era persona a un estatus de igualdad. En el Nuevo Testamento, la esclavitud sirve como ilustración para la condición del pecador bajo el pecado y del cristiano frente a Dios. En su encarnación, Cristo aceptó el papel del esclavo (Fil. 2:7). Términos tales como "rescate" y "redimir" les recordaban a los lectores del Nuevo Testamento los paralelos entre la compra de su libertad espiritual y la de la libertad física del esclavo.

él. La apelación final se relacionó con la providencia de Dios sobre toda la situación.

Legalmente, Filemón podía haber castigado a Onésimo. Algunos dueños de esclavos eran crueles; otros, más misericordiosos en estas situaciones. Con cuidado Pablo convenció a Filemón de que debía recibir a su esclavo desobediente y perdonarlo. Esta situación era muy difícil para Filemón. ¿Cómo debía responder? Si era demasiado blando con Onésimo, sus otros esclavos podían rebelarse o tratar de "hacerse cristianos" para recibir un trato especial. Si era demasiado duro, esto podía trastornar a la iglesia. Pablo reconoció este dilema y ofreció una sugerencia útil.

Pablo se ofreció como voluntario para asociarse en este negocio con Filemón y ayudarlo a tratar con la situación de Onésimo. Siguen dos sugerencias: (1) "recíbelo como a mí mismo" y (2) "si te ha perjudicado o te debe algo, cárgalo a mi cuenta". Filemón entonces pudo recibir a Onésimo como si estuviera recibiendo a Pablo. Pablo no sugirió que Filemón ignorara los delitos del esclavo y se olvidara de la deuda que Onésimo tenía. En su lugar, Pablo se ofreció a manejar él mismo la deuda. El apóstol le aseguró a Filemón que sus deudas serían pagadas.

Aquí podemos observar muchas cosas que nos recuerdan nuestra relación con Jesucristo. El pueblo de Dios está tan identificado con Jesucristo que Dios lo recibe como si recibiera a su Hijo (ver Ef. 1:6).

Pablo insinuó que Onésimo debía ser tratado como una persona libre. Le pidió a Filemón que recibiera a Onésimo "como a un hermano querido". A Filemón le fue implorado que hiciera "aún más" de lo que Pablo pedía.

CONCLUSIÓN (vv. 22-25)

Pablo concluyó la carta con sus usuales saludos de parte de los que estaban con él, incluido Epafras, un líder de la iglesia de Colosas. La carta termina con un pedido final y con una bendición.

Significado teológico. Los cristianos primitivos no montaron una cruzada abierta contra la esclavitud. Enfocaron la atención en el mensaje del evangelio pero no ignoraron sus implicaciones sociales. En otros lugares Pablo pareció aceptar la esclavitud como una realidad en el Imperio Romano (ver 1 Cor. 7:20-24; Ef. 6:5-9; Col. 3:22–4:1), pero no la respaldó. No hay indicaciones de que Pablo tuviera algún pensamiento sobre abolir la esclavitud. No podemos imponer sobre el Nuevo Testamento cuestiones del siglo XIX o XX, pero la importancia de Filemón como documento social no puede negarse. La expresión del amor cristiano derritió las cadenas de la esclavitud y consideró al amo y al esclavo por igual como *hermanos* y *hermanas* en la familia de Dios. El mensaje del evangelio está hermosamente ilustrado en Filemón.

Preguntas para la reflexión

1. ¿Cuál es la relación entre el ministerio evangelizador de la iglesia y el social?

2. ¿Qué podemos aprender de Pablo acerca de la manera de tratar con situaciones de conflicto?

LAS CARTAS GENERALES

THOMAS D. LEA

L as "Cartas Generales" son aquellos escritos en los que el autor designó a los destinatarios en términos generales, sin una ubicación específica. Excepciones a esto son 2 y 3 Juan, que están dirigidas a individuos específicos. Algunos eruditos del Nuevo Testamento no consideran a Hebreos como una Carta General, y señalan que el autor habló a un grupo específico de creyentes (Heb. 5:1–6:12). La mayor parte de las Cartas Generales toman el nombre del escritor como título. En contraste, la mayoría de las Cartas Paulinas toman el nombre del receptor como título. Claramente podemos observar la diferencia entre la dirección específica de las Cartas Paulinas ("A todos los santos en Cristo Jesús que están en Filipos", Fil. 1:1) y la dirección amplia de las Cartas Generales ("A las doce tribus que están dispersas por el mundo", Sant. 1:1).

La carta a los Hebreos dirige una advertencia a los creyentes judeo-cristianos que estaban considerando abandonar las riquezas de Cristo y volver a los rituales vacíos del judaísmo (5:1–6:6). Santiago escribió una advertencia a los judíos cristianos que estaban descuidando la obediencia de los mandamientos prácticos de la Biblia (2:1-13). Pedro escribió su primera carta para tranquilizar tanto a judíos como gentiles contra la dolorosa persecución que amenazaba con consumirlos (4:12-19). Los lectores de 2 Pedro y Judas confrontaban desafíos de parte de enseñanza herética que amenazaba con debilitar su vitalidad espiritual (2 Ped. 2:1-3; Judas 3-4).

Juan escribió su primera carta para instar a sus lectores en una dirección correcta (2:6), una actitud correcta (4:11) y una creencia correcta (4:1). En su segunda carta, él advirtió contra los falsos maestros (vv. 7-11), y en su tercera carta trató con una disputa en la iglesia (vv. 9-10).

En los antiguos manuscritos griegos del Nuevo Testamento, las Cartas Generales aparecen casi siempre antes de los escritos paulinos. En las listas modernas de los libros del Nuevo Testamento ese orden está invertido. Las fechas de las Cartas Generales, que son posteriores a la mayoría de las Cartas Paulinas, hacen que este arreglo sea el mejor.

Con la posible excepción de Santiago, todas las Cartas Generales aparecieron cerca del final de la vida de Pablo o después de su muerte. Ellas discutían problemas que la iglesia confrontó en su crecimiento y expansión posterior. Escritos tales como 2 Pedro, Judas y 1 y 2 Juan dan instrucciones sobre la falsa enseñanza. Era un problema normal en una iglesia en crecimiento que se encontraba con ideas y conceptos extraños. Hebreos, Santiago, 1 Pedro y 3 Juan proveen aliento a los cristianos que confrontaban acoso y persecución.

Todos los escritores presentaron el cuadro de un Salvador cuya fuerza podía sostenerlos (Heb. 4:14-16). Llamaron a una demostración de nueva energía y constancia (Sant. 1:2-4; 1 Ped. 4:19). Algunos de los escritores llamaron a sus lectores a mostrar compasión unos por otros (1 Juan 3:16-20) y a las prácticas básicas de la honestidad y la integridad (Sant. 5:1-6). En razón de que los cristianos modernos también confrontan estos problemas, las palabras de las Cartas Generales pueden proveernos fortaleza y ayuda en nuestras batallas espirituales de hoy.

HEBREOS

El libro de Hebreos es anónimo en razón de que el nombre del autor no se menciona en el libro. Los lectores originales conocían quién era el autor, pero él permanece desconocido para nosotros. A pesar de las dificultades en determinar el autor de Hebreos, su cuadro majestuoso de Cristo recomendó su contenido a la iglesia primitiva.

El escritor de Hebreos presentó a Cristo como superior a los profetas, los ángeles, Moisés, Josué y Aarón del Antiguo Testamento. Él entrelazó discusiones magníficas de la persona y la obra de Cristo con pasajes

USO DEL ANTIGUO TESTAMENTO EN EL NUEVO TESTAMENTO

Un estudio del uso del Antiguo Testamento en el Nuevo Testamento debe incluir no sólo una evaluación de las citas del Antiguo Testamento según se encuentran en el Nuevo Testamento. También debe incluir cuestiones de mayor alcance, tales como la relación de los dos Testamentos, la naturaleza y el significado de la profecía y su cumplimiento, los métodos de interpretación del Antiguo Testamento utilizados por los escritores del Nuevo Testamento, y su desarrollo de los temas bíblicos. Estos aspectos de un estudio tan importante sólo pueden ser tocados en un artículo de estudio de esta naturaleza.

La relación de los dos Testamentos es fundamental para nuestra comprensión del uso del Antiguo Testamento en el Nuevo Testamento. Sin duda, los autores del Nuevo Testamento atribuyeron plena autoridad a las Escrituras del Antiguo Testamento. El Nuevo Testamento jamás es concebido en conflicto con el Antiguo Testamento sino que más bien se lo ve como el cumplimiento de lo que Dios había comenzado a revelar en el Antiguo Testamento (ver Heb. 1:1-2). Los escritores del Nuevo Testamento vieron al Antiguo como investido con autoridad divina, y cuando utilizaron citas del Antiguo Testamento lo trataron como la misma Palabra de Dios.

Nos sorprendemos al descubrir que en el Nuevo Testamento hay 250 citas del Antiguo Testamento. Además, hay un número de alusiones al Antiguo Testamento que no son citas específicas pero donde es obvio que el autor estaba empleando fraseología del Antiguo Testamento. Sin tener en cuenta todas las alusiones que no son directas en su naturaleza, hay por lo menos 278 diferentes versículos del Antiguo Testamento citados en el Nuevo Testamento: 94 del Pentateuco, 99 de los Profetas y 85 de los Históricos.

Parte de la autoridad con la que los autores del Nuevo Testamento citaron al Antiguo Testamento se puede ver en el uso de fórmulas de citación. A veces los autores del Nuevo Testamento utilizaron fórmulas para citar tales como "escrito está" o "la Escritura dice". La primera enfatiza la naturaleza permanente así como el carácter obligatorio de lo que ha sido escrito. Jesús resistió la tentación de Satanás en el desierto al introducir tres veces citas del Antiguo Testamento con la frase "escrito está". La segunda enfatiza que las Escrituras nos "hablan" (tiempo presente) a nosotros hoy. El deseo del autor de Hebreos de enfatizar la continuidad del viejo pacto y del nuevo se ve en que 18 de las 25 fórmulas para citar el Antiguo Testamento aparecen en tiempo presente.

Muchas veces se menciona a Dios como el autor de las Escrituras, enfatizando su origen divino. La naturaleza conjunta del origen de las Escrituras es atestiguada en el uso de los nombres de los autores humanos así como del Autor divino. Por ejemplo, Mateo 1:22 dice: "lo que el Señor había dicho por medio del profeta". En Hechos 1:16 leemos de "la Escritura que, por boca de David, había predicho el Espíritu Santo".

atemorizantes que advierten contra la apostasía (1:1–2:4). La superioridad de Cristo llevó al escritor a apelar por fe (cap. 11), ánimo (12:3-11) y buenas obras (13:16).

Autoría. El historiador de la iglesia primitiva Eusebio citó al erudito bíblico Orígenes cuando dijo: "Quién fue el que escribió realmente la Epístola (Hebreos), sólo Dios lo sabe" (*Historia eclesiástica* 6.25). A pesar de este veredicto, han surgido muchas opiniones variadas acerca de la autoría.

Los cristianos en el Imperio Romano Oriental consideraban a Pablo como el autor. Hebreos contiene declaraciones similares a los conceptos de Pablo de la preexistencia y carácter creador de Cristo (comparar Heb. 1:1-4 con Col. 1:15-17). Tanto Hebreos 8:6 como 2 Corintios 3:4-11 discuten el nuevo pacto. Estos factores llevaron a algunos observadores a considerar a Pablo como el autor.

Los cristianos en el Imperio Romano Occidental originalmente cuestionaron la autoría paulina de Hebreos. Ellos observaron

---

En los Evangelios hay aproximadamente 39 citas del Antiguo Testamento atribuidas a Jesús. Muchas veces el uso que Jesús hace del Antiguo Testamento refleja una interpretación literal. En otras ocasiones Él utilizó el Antiguo Testamento con un tipo de interpretación al estilo de "esto es eso" o de cumplimiento. Por ejemplo, en Lucas 4:16-21 el tema del cumplimiento es prominente en el uso que hace Jesús del Antiguo Testamento. Jesús trató al Antiguo Testamento como la Palabra de Dios misma, asignándole la autoridad más alta cuando dijo de él que "ni una letra ni una tilde de la ley desaparecerán hasta que todo se haya cumplido" (Mat. 5:18).

En Hechos hay 27 citas del Antiguo Testamento que se atribuyen a varios líderes cristianos. El uso que hacen del Antiguo Testamento revela que lo entendieron desde una perspectiva cristocéntrica. En las epístolas paulinas hay no menos de 83 citas (excluyendo alusiones). Al igual que en Hechos, la comprensión y el uso del Antiguo Testamento

por parte de Pablo tuvo también un contexto cristológico. Con frecuencia las citas de Pablo referidas al Antiguo Testamento pueden encontrarse en grupos en los casos en que él buscaba fortalecer un argumento con citas de muchas partes del Antiguo Testamento (ver por ejemplo, Rom. 3:10-18 y 9:12-29).

Los escritores del Nuevo Testamento interpretaron muchos eventos referidos a Cristo y la iglesia como profetizados en el Antiguo Testamento. Además, bajo la inspiración del Espíritu Santo, los escritores del Nuevo Testamento han tomado muchos pasajes del Antiguo y los han interpretado y aplicado en una perspectiva amplia, más allá de su contexto original. Por ejemplo, Habacuc 2:4, "el justo vivirá por su fe", es citado tres veces en el Nuevo Testamento: Romanos 1:17; Gálatas 3:11; y Hebreos 10:38.

A veces surgen preguntas cuando uno compara la cita del Nuevo Testamento con el original del Antiguo Testamento. En estos casos, parecería que los escritores del Nuevo

Testamento se manejaron con cierta libertad en sus citas, tanto con respecto a la forma como al significado. Varios factores deben ser tenidos en cuenta. Primero, las reglas modernas de precisión en la cita no se aplicaban a los escritores bíblicos. Segundo, como resultado de eso, las citas del Antiguo Testamento con frecuencia fueron parafraseadas por los escritores del Nuevo Testamento. Tercero, las citas tenían que ser traducidas del hebreo al griego. Cuarto, los escritores del Nuevo Testamento a menudo simplemente aludieron a un pasaje del Antiguo Testamento sin intención de citarlo palabra por palabra. Estas y otras razones dan cuenta de que algunas citas no son "exactas".

En conclusión, los escritores del Nuevo Testamento creían que el Antiguo Testamento era directamente relevante para ellos, y lo usaron conforme a eso. Sus declaraciones indican que el Antiguo Testamento en su totalidad fue significativo y relevante para la iglesia del primer siglo así como lo es para nosotros hoy.

que la declaración de 2:3 sugeriría que el autor no era un apóstol. También las citas del Antiguo Testamento en Hebreos vienen de la Septuaginta, pero Pablo utilizó tanto el texto hebreo como la Septuaginta. Además, ninguno de los otros escritos de Pablo son anónimos; y el pulido estilo griego de Hebreos no se parece al estilo explosivo y dinámico de la mayor parte de los escritos de Pablo. Poco antes del 400 d.C., líderes cristianos en occidente extendieron su aceptación al libro de Hebreos y lo absorbieron a la colección paulina de escritos sin distinguirlo del resto.

Tertuliano propuso a Bernabé como el autor de Hebreos. El trasfondo de Bernabé como levita lo calificaría para escribir el libro, pero el apoyo para su autoría está ausente en la iglesia primitiva. Martín Lutero sugirió a Apolos como el autor. A favor de Apolos está su reputación por la elocuencia (Hech. 18:24), pero en su contra está la ausencia en la iglesia primitiva de una tradición que lo acepte como el autor. Algunos han sugerido a Lucas como el autor. Su conocimiento del griego lo favorecería, pero Lucas era gentil. La perspectiva de Hebreos es definitivamente judía. El historiador eclesiástico del siglo XIX Adolfo Harnack mencionó a Priscila, la esposa de Aquila, como la autora. Ella y su esposo habrían conocido la teología paulina y la práctica judía, pero la iglesia primitiva guardó silencio en cuanto a nombrarla a ella como autora.

Los textos griegos modernos de Hebreos llevan el título "A los hebreos". Es mejor aceptar este título y reconocer que no podemos conocer con seguridad quién escribió Hebreos. A pesar de nuestra ignorancia del autor, podemos usar y entender lo que él escribió.

Fecha. La fecha de redacción de Hebreos es difícil de determinar. Debemos datar al libro antes del 95 d.C., cuando Clemente se refirió al mismo. El escritor usó verbos en tiempo presente en 10:11 ("celebra" y "ofreciendo") para describir el ministerio de los sacerdotes en el templo de Jerusalén. Esto indica que los sacrificios todavía se estaban ofreciendo en los días del escritor.

El ejército romano destruyó el templo en el 70 d.C. La persecución se intensificó a medida que ese día se acercaba (ver 10:32-34). Timoteo todavía estaba vivo (13:23). La mejor opción para una fecha es entre mediados y fines de la década del 60, antes de que los romanos destruyeran el templo.

Receptores. El título de la Carta a los Hebreos refleja la convicción de que los lectores originales del escrito fueron judeo-cristianos. La apelación frecuente al Antiguo Testamento, el amplio conocimiento del ritual judío, y la advertencia a no volver al ritual judío apoyan esta convicción.

Uno puede sentir que los judeo-cristianos que leyeron Hebreos vivían en Palestina. Sin embargo, según 2:3 los lectores pueden no haber visto u oído a Jesús durante su ministerio terrenal. El versículo sugiere que los lectores habían dependido de los primeros oyentes del mensaje cristiano para que estos lo compartieran con ellos. Sin duda la mayoría de los cristianos palestinos habían oído la predicación y la enseñanza de Jesús. Según 6:10 los lectores de Hebreos tenían recursos suficientes como para asistir a otros creyentes. Los cristianos palestinos eran pobres y necesitaban de ayuda (Hech. 11:27-30; Rom. 15:26). Estos hechos indican que los lectores no eran de Palestina.

La declaración en 13:24: "Los de Italia les mandan saludos", suena como si los italianos, lejos de su hogar, les estaban devolviendo saludos a amigos en Roma. Si esto es cierto, Roma es el destino probable del escrito. Un segundo hecho que favorece este concepto es que un conocimiento de Hebreos aparece por primera vez en la Primera Epístola de Clemente, que fue escrita en Roma.

Propósito. Donde quiera que vivieran los receptores, ellos eran bien conocidos por el autor. Él los describe como generosos (6:10) pero inmaduros (5:11-14). Era consciente de su persecución (10:32-34; 12:4) y planeaba visitarlos pronto (13:19,23).

El escritor reprendió a los lectores por no reunirse con frecuencia suficiente (10:24-25). Estaban en peligro de caer en pecado (3:12-14). Quizás los lectores eran un grupo judeo-cristiano que había roto con el cuerpo principal de los cristianos en el área. Estaban considerando retornar al judaísmo para evitar la persecución. El autor escribió para advertirles contra tal apostasía (6:4-9; 10:26-31) y para ayudarlos a retornar a la corriente principal de la comunión cristiana.

Tema. El escritor de Hebreos presentó a Jesucristo como el Sumo sacerdote que se ofreció a sí mismo como el sacrificio perfecto por los pecados (8:1-2; 10:11-18). Cristo tenía superioridad sobre cualquier aspecto de la religión del Antiguo Testamento. La comprensión de este principio podía prevenir a sus lectores de abandonar a Cristo y volverse al judaísmo (10:26-29).

Forma literaria. El lenguaje de Hebreos es elegante y cuidadosamente construido. Su griego excelente no se muestra claramente en las traducciones castellanas que pugnan por facilitar la lectura.

¿Estaba el autor escribiendo para un grupo específico de cristianos, o era la carta el resumen de un sermón disponible para varias congregaciones cristianas? La referencia a "me faltaría tiempo para hablar" en 11:32 parece indicar un sermón. Sin embargo, el escritor conocía detalles específicos en cuanto a la congregación (5:11-12; 6:9-10; 10:32-34; 12:4; 13:7). Esto sugiere una carta escrita a una localidad específica. La declaración en 13:22 también requiere que veamos el escrito como una carta redactada en el estilo de una advertencia fuerte a una congregación específica.

Teología. La carta a los Hebreos enfatiza la persona de Cristo. Presenta a Jesús como verdaderamente humano (2:18), tentado realmente (4:15) y obediente hasta la muerte (3:2; 13:12). El sufrimiento de Jesús le enseñó el valor de la obediencia (5:8).

Hebreos enfatiza también la finalidad de la obra de Cristo. Los sacrificios ofrecidos por los sacerdotes judíos en el templo recordaban el pecado cometido, pero el sacrificio de Cristo removió el pecado (10:1-4). Los sacerdotes del judaísmo repetidamente ofrecían sacrificios que no quitaban el pecado (10:11). El ofrecimiento único de Cristo de sí mismo quitó para siempre el pecado que impedía la comunión con Dios (10:12-14).

I. Dios ha hablado (1:1-3)
II. Ángeles (1:4–2:18)
III. Moisés (3:1-19)
IV. Josué (4:1-13)
V. Aarón (4:14–10:18)
VI. Perseverancia espiritual (10:19–12:29)
VII. Exhortaciones finales (13:1-25)

DIOS HA HABLADO (1:1-3)

El autor enfatizó que Dios había hablado en el pasado a través de los profetas en muchos tiempos diferentes y en formas variadas. Declaró que la revelación que Dios había dado a través de Jesús era superior a la que fue dada a través de los profetas. Esto era verdad porque Jesús era el Heredero, el Creador, el Reflejo divino, la Imagen de Dios y el Sustentador del mundo. Jesús había lavado nuestros pecados y había tomado su lugar a la diestra de Dios como prenda de su obra terminada.

ÁNGELES (1:4–2:18)

Nuestro escritor presentó a los ángeles como siervos de Dios creados para ministrar a los creyentes. Retrató a Cristo como el Hijo de Dios, que recibía la adoración de los ángeles y tenía una existencia eterna. La grandeza sin igual de Cristo hizo que el no creer en Él fuese una experiencia temible. El autor llegó a la conclusión de que la encarnación y la crucifixión de Cristo hicieron majestuosa su superioridad y le permitieron convertirse en un pionero espiritual para los creyentes. Esto era cierto porque los sufrimientos de Cristo lo equiparon mejor para ayudarnos cuando sufrimos.

MOISÉS (3:1-19)

Cristo fue el Hijo de Dios que reinó sobre la casa del pueblo de Dios. Él era superior a Moisés, quien meramente fue un siervo dentro de la casa de Dios. La superioridad de Jesús respecto de Moisés hizo del rechazo a Jesús una cuestión más seria que el rechazo a Moisés. Nuestro escritor se refirió a la experiencia de Israel en Números 14:1-35 como una ilustración de la seriedad de la incredulidad.

JOSUÉ (4:1-13)

El escritor mostró que Josué fracasó en conducir al pueblo de Dios al reposo por causa de la incredulidad de ellos. Jesús prometió reposo para su pueblo si ellos creían y seguían las promesas del evangelio. Este reposo no está plenamente disponible en esta vida, pero por fe podemos experimentar una porción de sus bendiciones ahora (ver cap. 11).

AARÓN (4:14–10:18)

Nuestro sumo sacerdote (4:14–5:10). El escritor comenzó con un resumen de la obra de Cristo como sumo sacerdote. Cristo es nuestro gran sumo sacerdote que nos representa en la presencia misma de Dios. Dios puso a Aarón como sumo sacerdote para representar al pueblo delante de Dios. En razón de que Aarón estuvo rodeado de debilidad, él fue capaz de tener compasión de otras personas débiles y pecadoras. Cristo también confrontó dificultades, y él aprendió el valor de la obediencia mediante su compromiso con la voluntad divina. Dios llamó a Cristo a servir como sumo sacerdote según el orden de Melquisedec. Nuestro autor

explicó esta idea más plenamente en el capítulo 7.

Advertencia contra la apostasía (5:11–6:20). La inmadurez de los lectores impidió que fueran útiles y hábiles para Dios. El escritor advirtió a sus lectores que nadie podía jamás repetir la experiencia de arrepentimiento y conversión si cometió apostasía.

Algunos ven esta advertencia como la enseñanza de que un verdadero cristiano puede perder su salvación. Esa posición estaría en contradicción con la enseñanza de pasajes del Nuevo Testamento como Juan 10:27-29; Romanos 11:29 y Filipenses 1:6. Otros ven la advertencia como una posibilidad hipotética y real. La repetición de la advertencia aquí y también en 10:26-31 hace que esta interpretación sea menos posible. Otros ven la advertencia como dirigida a aquellos que son casi cristianos pero no cristianos genuinos. En oposición a este concepto está el hecho de que un pasaje como "han tenido parte en el Espíritu Santo" no podría ser usado en relación con alguien que no fuese un cristiano. La interpretación preferida es ver a este pasaje como dirigido a cristianos profesantes. El escritor los instó a mostrar la realidad de su fe al permanecer en su compromiso con Cristo sin desertar. El escritor habló a sus lectores en conformidad con la profesión de ellos, pero los urgió a mostrar su verdadera fe produciendo obras reales.

La obra y el amor que los lectores mostraron convencieron al escritor de que ninguno de ellos era apóstata. Sin embargo, él quería que todos ellos procuraran lograr una madurez plena obedeciendo las promesas de Dios.

Melquisedec (7:1-28). El autor volvió a la historia de Melquisedec (Gén. 14:17-20) para explicar la naturaleza del sacerdocio de Jesús. El nombre y el lugar de Melquisedec sugieren que era el "rey de justicia" y el "rey de paz". La Biblia no registró ningún comienzo ni final para su

APOSTASÍA

Apostasía: deserción, rebelión. El término griego clásico apostasia traía a la mente un contexto militar o político y se refería a la rebelión contra la autoridad establecida. En las traducciones castellanas más importantes la propia palabra apostasía aparece pocas veces, sin embargo la idea está bien difundida como una referencia a la rebelión contra el Señor. En el Antiguo Testamento es el pecado más grande de Israel, la idolatría, o el olvido de la adoración al Señor (Ex. 20:3; Deut. 6:5,14; 29:14-28).

El término griego apostasia aparece dos veces en el Nuevo Testamento. En Hechos 21:21 se refiere a la acusación contra Pablo de que él había instigado a los judíos a "apartarse" de Moisés. En 2 Tesalonicenses 2:3 se refiere a la gran deserción o alejamiento de la fe que precederá al retorno de Cristo.

Otros contextos del Nuevo Testamento señalan la deserción religiosa, y sus causas varían: aflicción o persecución (Mat. 13:21; 24:9-13), maestros falsos (Mat. 24:11; 2 Tim. 4:10), conceptos erróneos en cuanto a Cristo (1 Juan 2:18-23; 2 Juan 7-9), e incredulidad (Heb. 3:12-14).

El debate teológico levantado por la cuestión de la apostasía es de enorme importancia. Sin embargo, las doctrinas históricas de la confianza cristiana y la seguridad del creyente no son anuladas porque estén aquellos que hacen profesiones de fe cristianas y/o asisten a la adoración cristiana y que más tarde abandonan su confesión anterior.

La doctrina paulina del Espíritu es una afirmación escrituraria inequívoca de la seguridad del creyente. Las referencias de Pablo al Espíritu como "primicias" (Rom. 8:23) y "garantía" (2 Cor. 1:22; Ef. 1:14) indican que los cristianos ya habían comenzado a experimentar el don de la vida eterna.

Para Pablo, todos los que oyen y creen el evangelio reciben el don del Espíritu, que es la garantía de Dios (promesa, compromiso, adelanto) de la resurrección (Ef. 1:13-14; Rom. 8:11,23,38-39). En conexión con esto el verbo paulino "predestinar" (Rom. 8:28-30; Ef. 1:5,11) no es tanto una referencia a lo que Dios decidió antes que el mundo comenzara (si bien Pablo ciertamente afirmó la muerte de Cristo y el misterio del evangelio como parte del propósito eterno predestinado de Dios; ver 1 Cor. 2:7-8; Hech. 4:27-28). Más bien es una referencia a la promesa inalterable de Dios de resucitar a la gloria a aquel que cree en Jesús. Los cristianos están predestinados a ser levantados como Cristo. Así, habiendo "sido justificados mediante la fe" (Rom. 5:1), habiendo recibido el Espíritu como la garantía de amor de Dios (Rom. 5:5; 8:35,39), podemos saber que "por medio de él, seremos salvados del castigo de Dios" (Rom. 5:9; comparar 5:10).

Hebreos 6:1-8 (esp. v. 6) es interpretado por algunos como refiriéndose a la posibilidad real de perder la salvación propia, pero el argumento es hipotético. Así como es imposible que Cristo sea crucificado dos veces (ver 9:25-10:18), así también la fe es una experiencia de una vez para siempre (ver 6:4). Además, Hebreos 6:13-20 es una de las afirmaciones más fuertes en el Nuevo Testamento sobre la certeza de nuestra esperanza futura fundada en la fidelidad de Dios.

Por cierto que el pecado es una tragedia cristiana, pero incluso los extremos del pecado no pueden anular la promesa de Dios (notar que incluso el hombre incestuoso de 1 Cor. 5:1-5, quien debe ser "entregado a Satanás", será "salvo en el día del Señor"). En cuanto a aquellos que hacen confesiones cristianas para sólo renunciar más tarde a ellas y alejarse de la fe, quizás podamos decir con Juan: "Aunque salieron de entre nosotros, en realidad no eran de los nuestros" (1 Juan 2:19).

vida. Su sacerdocio eterno de justicia fue como el de Cristo. La acción de Abraham de dar los diezmos a Melquisedec mostró que el sacerdote fue un gran hombre.

En razón de que el sacerdocio de Aarón no llevó a las personas a obedecer a Dios, Él cambió el sacerdocio. Instaló a Cristo como el sacerdote según un nuevo orden, el de Melquisedec. Nuestro escritor sintió que el sacerdocio de Cristo era superior al de Aarón por tres razones. Primero, Dios inició este sacerdocio con un juramento, no solo por

SEGURIDAD, ADVERTENCIA Y PERSEVERANCIA

Para aquellos cristianos que luchan por entender su fe y el significado de la salvación, la cuestión de la seguridad cobra mucha importancia. Textos como Juan 10:27-29 afirman que nadie los arrancará de la mano del Señor. Estos pasajes parecen proveer confianza en cuanto a la seguridad.

Sin embargo, textos como Hebreos 6:4-6 y 10:26-27 con las advertencias de la imposibilidad de ser renovados, parecen ofrecer inseguridad. En razón de que esta cuestión de la seguridad llega a los cristianos en un nivel profundo, unos pocos quisieran reformular los textos de Hebreos 6:4-6 o sacar el libro de su canon autoritativo.

Esta manera de tratar con el Nuevo Testamento no resultaría porque tales pasajes perturbadores se pueden encontrar en otras partes de la Biblia (ver 1 Cor. 10:6-22). En lugar de esto, deberíamos darnos cuenta que hay una aparente tensión interna en los textos bíblicos. Hay que recordar que Dios conoce cómo son las personas y que Jesús no se confundió con la "fe" de ellos (Juan 2:23-25). Hay que recordar también que en Hebreos 6 no hay solo un "imposible" sino dos (6:4,18): uno es una advertencia y otro una afirmación.

Esta tensión interna en la Biblia nos recuerda que cuando Dios envió a Jesús, Él no estaba jugando un juego. La cruz fue el momento más serio en la historia del mundo. Dios espera que nosotros tratemos esto con absoluta seriedad. Creer no es simplemente una cuestión de palabras; implica la manera en que vivimos (ver Sant. 2:14-26). Por lo tanto, toda la Biblia está entrelazada con advertencias acerca de la manera en que vivimos.

No obstante, también debemos entender que nosotros no nos salvamos a nosotros mismos, ya sea en el punto inicial de la justificación (Rom. 3:21-31) ni a través de nuestra vida hasta el momento de nuestra muerte y nuestra glorificación (Rom. 6:22-23). Es por la obra misericordiosa de Dios que somos renovados diariamente (2 Cor. 4:16). La seguridad entonces no está arraigada en nuestra habilidad para salvarnos o sostenernos sino en el poder de Dios para salvarnos y para perdonarnos repetidamente dado que todos nosotros continuamos pecando (1 Juan 1:8-10).

Esta vida, por lo tanto, es un peregrinaje con Dios. Es un peregrinaje que toma seriamente la seguridad y la advertencia. En este peregrinaje tenemos un sentido de seguridad bosquejado en la clásica definición de la "perseverancia de los santos". Esto significa que los que continúan creyendo en Cristo *alcanzarán* su descanso celestial (Heb. 4:9-13; 2 Tes. 2:13-15).

Sin embargo, la contemporánea declaración que se ha popularizado: "una vez salvo, siempre salvo" puede crear un problema porque es una simplificación desafortunada de esta doctrina clásica. Hace del obrar misericordioso de Dios para con nosotros una acción momentánea y estática que pierde el énfasis de un peregrinaje y la gran lucha de la vida cristiana que se refleja a través del Nuevo Testamento, sin contar con los mensajes similares del Antiguo Testamento en cuanto a Dios y su pueblo.

El propósito de la Biblia es doble. (1) Se hace todo lo posible en medio de un mundo hostil para llamar a los cristianos a una vida fiel. (2) Se hace todo lo posible para recordar a los cristianos la seguridad de Dios, que los llama a acercarse al trono de la gracia (Heb. 4:16).

Esta tensión entre seguridad y advertencia es el contexto para la vida cristiana. La tensión está presente a través de la Biblia porque la Biblia trata con la intersección de la debilidad humana y la fortaleza divina. Los cristianos auténticos toman seriamente las advertencias de la Biblia y descansan firmemente sobre sus afirmaciones misericordiosas.

medio de algunas reglas. Segundo, el sacerdocio de Cristo era permanente. Cristo jamás dejaría su oficio a alguien no calificado para manejarlo. Tercero, el carácter de Cristo era superior al de los sacerdotes aarónicos.

Cristo era exactamente el tipo de sumo sacerdote que necesitaban los creyentes débiles.

Un nuevo pacto (8:1–9:28). El autor indicó que con motivo del comienzo de un nuevo orden de sacerdocio, Cristo inauguró un nuevo pacto. Jeremías 31:31-34 predijo este nuevo pacto. Este proveía tres beneficios para aquellos que vivieran bajo el pacto. Primero, proveyó un nuevo conocimiento de las leyes de Dios y una nueva naturaleza por la cual obedecer a Dios. Segundo, ofreció un nuevo conocimiento personal de Dios que inspiraba lealtad y compromiso con Él. Tercero, ofreció un completo perdón de pecados. Los cristianos hoy han heredado los beneficios de este nuevo pacto en su relación con Dios.

El viejo pacto hacía provisión para remover la polución externa mediante el uso de sacrificios de animales y rituales domésticos. Bajo el nuevo pacto Jesús rindió su vida a Dios en sacrificio por el pecado. El sacrificio de Cristo es efectivo para nosotros de tres maneras. Primero, no se limitó a la mera remoción de la polución ceremonial. Limpió la conciencia de culpa y así inspiró una vida santa. Segundo, resultó en la remoción del pecado por el derramamiento de la sangre de Cristo. Tercero, al entrar en la presencia de Dios, Cristo mostró que Él había ofrecido un sacrificio perfecto. En razón de que Cristo había removido completamente todos los pecados, los cristianos tienen la esperanza de que Él retornará algún día para completar la salvación de ellos al tomarlos para que estén con el Padre.

Una vez para siempre (10:1-18). El autor explicó la permanencia del sacrificio de Cristo. La repetición de los sacrificios ofrecidos por los judíos en su día de la expiación (Lev. 16) no podían jamás hacer perfectos a los adoradores. Los sacrificios de ellos servían como un recordatorio anual de los pecados del pueblo. Lo que Dios quería verdaderamente no era tan sólo la ofrenda de un animal irracional sino una elección consciente y voluntaria de seguirlo a Él. Esto es lo que Jesús ofreció cuando vino a hacer la voluntad de Dios. La elección de Jesús de ofrecerse como un sacrificio por nuestro pecado ganó para los cristianos aceptación a los ojos de Dios. La oferta constante de sacrificios levíticos testificaba que los pecados todavía permanecían. La muerte de Cristo una vez para siempre quitó todos los pecados. Cuando estos pecados fueron removidos, ya no hubo necesidad de sacrificio.

LA PRÁCTICA DE LA PERSEVERANCIA ESPIRITUAL (10:19–12:29)

Perseverancia en la obediencia (10:19-39). El escritor de Hebreos encontró a los lectores tentados a alejarse de Cristo por lo que en el escrito intenta llamarlos a acercarse a Dios y los insta a la comunión unos con otros. Describe una cortina por la cual todos los creyentes podían entrar a la presencia de Dios. Esta cortina simbolizaba la vida de Jesús presentada a Dios cuando Él sufrió por nuestros pecados (1 Ped. 3:18). En razón de que los cristianos tenían un acceso completo a Dios, podían acercarse a Él con limpieza interior y exterior. Ellos también necesitaban considerar cómo estimularse mutuamente a las buenas obras reuniéndose unos con otros.

Bajo ninguna circunstancia los cristianos debían caer en una actitud de descuidar la comunión unos con otros. El autor advirtió a sus lectores que alejarse de Cristo los expondría al juicio divino. Él insistió a sus lectores a que mostraran una fe genuina mediante el compromiso continuo con Cristo. Ellos ya habían sufrido por su fe, pero necesitaban demostrar perseverancia en obedecer a Dios.

Héroes de la fe (11:1-40). Como un incentivo para la perseverancia delante de Dios, el escritor presentó una galería de héroes de la fe del Antiguo Testamento. La fe hace reales las cosas que no se pueden ver. Por medio de la fe los creyentes del Antiguo Testamento recibieron un testimonio positivo de parte de

Dios. En las generaciones anteriores al diluvio, Abel, Enoc y Noé todos respondieron por fe para demostrar obediencia a Dios. La fe de ellos agradó a Dios. Abraham demostró su fe cuando dejó de lado las comodidades de Ur y Harán para seguir a Dios a la tierra prometida. Por la fe Abraham y Sara engendraron a Isaac como hijo en su edad anciana. Moisés mostró su fe cuando dejó la riqueza del palacio egipcio para sufrir penurias con el pueblo hebreo. El escritor presentó a Gedeón, Sansón, David, Samuel y muchos otros héroes como ejemplos cuya fe deberían seguir los cristianos. Las promesas que los creyentes del Antiguo Testamento habían esperado se estaban haciendo realidad en los eventos que experimentaban los creyentes del Nuevo Testamento.

Perseverancia (12:1-29). El escritor también encontró aliento para la perseverancia en el ejemplo de Jesús. Jesús ya había corrido la carrera de la fe, y Dios lo había colocado en el trono. Cuando los cristianos consideran las penurias que Jesús enfrentó, pueden encontrar

VIEJO Y NUEVO PACTO

Como definición, un pacto era un acuerdo entre dos partes, sean iguales o no, que significaba una relación por la cual las dos partes se comprometían la una con la otra, sea de manera condicional o incondicional.

Teológicamente, el término era utilizado para describir la relación que Dios inició por su gracia entre Él mismo y la humanidad, con aquellos que estaban dispuestos a ligarse a través de un compromiso personal de fe. Esto se refleja en la recurrente frase del Antiguo Testamento "yo seré su Dios y ellos serán mi pueblo".

Un pacto se hacía mediante un sacrificio. De aquí que la expresión hebrea para su establecimiento era "partir un pacto" (Gén. 15:7-21). Desde la perspectiva de Dios su pacto es incondicional y unilateral en su establecimiento, pero desde la perspectiva de la humanidad es condicional y de dos caras. Dios ordena a su pueblo guardar su pacto a través de la obediencia y alternativamente los juzga y bendice según la respuesta de ellos.

La palabra *pacto* en el Nuevo Testamento es *diazeke*, y funciona como equivalente de *berit* en el Antiguo Testamento. Aparece 33 veces, y cerca de la mitad son o bien citas del Antiguo Testamento o referencias a los pactos del Antiguo Testamento. Pero el concepto de "nuevo pacto" no se originó en el Nuevo Testamento, ya que Jeremías 31:31-34 habla de la intención de Dios de establecer un nuevo pacto.

La frase "nuevo pacto" se encuentra seis veces en el Nuevo Testamento: Lucas 22:20; 1 Corintios 11:25; 2 Corintios 3:6; Hebreos 8:8; 9:15; 12:24. El nuevo pacto es el cumplimiento del antiguo porque se identifica con la muerte de Jesús y la era cristiana. Es superior al viejo pacto según Hebreos 7:20-22; 8:6 y lo desplaza según Hebreos 8:13; 10:9.

El nuevo pacto fue establecido por el derramamiento de la sangre de Jesús sobre la cruz. En los registros del Evangelio de la última cena, fue Jesús mismo quien relacionó su muerte venidera con el establecimiento del nuevo pacto. Él es, en virtud de su muerte, el Mediador de un nuevo pacto (Heb. 9:15; 12:24). La ofrenda sacrificial de Jesús sobre la cruz constituyó el comienzo de un nuevo pacto que es completo e irrepetible. La entrada a la relación de pacto es por fe en Cristo.

Hebreos es el libro del Nuevo Testamento que hace más referencia a la relación entre el viejo pacto y el nuevo. La intención del escritor era mostrar tanto la continuidad como la discontinuidad entre los dos pactos.

La continuidad se puede ver en que Dios es el iniciador de ambos pactos, y ambos están basados sobre el sacrificio. La discontinuidad se puede ver en que el nuevo pacto supera al viejo debido a la naturaleza final de la muerte de Cristo.

El viejo pacto fue promulgado basándose en promesas inferiores, le faltaba un carácter definitorio y le faltaba eficacia ya que no proveía poder para guardar sus condiciones. En contraste, el nuevo pacto es incondicional, irrevocable y espiritualmente eficaz.

fortaleza y nuevo valor. Dios permite que cada cristiano experimente dificultades de modo que pueda desarrollarse la santidad. Si bien el castigo de Dios parece duro ahora, finalmente producirá justicia en aquellos que lo siguen.

El carácter de Dios proveyó otro incentivo para la perseverancia. Dios desea que todas las personas procuren santidad. Dios no va a tolerar un estilo de vida de desobediencia y egoísmo. La presencia de Dios en el Sinaí provocó truenos, rayos y temor entre el pueblo que lo vio a Él. Si cuando Dios habló sobre la tierra en el Sinaí produjo temor, ¡cuánto más temor provocarían sus palabras pronunciadas desde el cielo a través de Jesús! El escritor mostró que el reino de Dios era inconmovible. Esto da a los cristianos la gracia para servirlo con perseverancia y reverencia.

EXHORTACIONES FINALES (13:1-25)

Los cristianos tienen deberes prácticos los unos para con los otros. Deben mostrar compasión hacia aquellos que están en prisión, y deben evitar toda inmoralidad. Dios ha prometido que jamás dejará a los cristianos y esa promesa debe ayudarlos a poner fin a la codicia.

Los cristianos deben seguir la fe de sus líderes. Cuando los cristianos se someten a aquellos que cuidan sus necesidades espirituales, esto permite a los líderes hacer su tarea con gozo y no con dificultad ni frustración.

Dios se complace con los sacrificios espirituales que ofrecen los cristianos. Estos sacrificios son compromiso, alabanza y el abnegado compartir de bienes.

En la última sección de Hebreos el autor instó a la oración por su persona e informó sobre la liberación de Timoteo de la prisión. Compartió una doxología en 13:20-21 y una expresión de saludo en 13:24-25.

Significado teológico. El autor de Hebreos nos señala la superioridad de Jesucristo. Él es superior a los profetas (1:1-3), superior a los ángeles (1:4–2:18), y a Moisés (3:1–4:13). Él provee un sacerdocio superior sobre la base de un pacto superior (4:14–10:31). Jesús no sólo es superior en los aspectos fundacionales del judaísmo, sino que también es superior en cualquier aspecto de la religión contemporánea. Esto significa que Jesús no es tan sólo una buena opción entre muchos caminos para acercarse a Dios. Él es el único camino. En razón de la superioridad de Jesús no debemos tener en poco la salvación tan grande que Él ha provisto con su muerte sacrificial (2:3; 10:1-18).

Jesús, el salvador superior, es también el sacerdote superior. Podemos venir a Él en tiempo de dificultad, sufrimiento y lucha. En Él encontraremos un sacerdote compasivo (4:14-16) que ofrece gracia en tiempo de necesidad. De esta manera podemos y debiéramos acercarnos a Él en adoración (10:19-25), vivir por la fe (11:1-40), perseverar hasta el fin (12:1-29), y vivir una vida de amor (13:1-25).

Preguntas para la reflexión

1. ¿De qué manera Cristo es superior a los ángeles (1:5-14)?

2. ¿Cuál es la importancia de sugerir que Cristo es un sacerdote según el orden de Melquisedec (7:1-10)?

3. ¿Por qué el sacrificio de Cristo fue más efectivo que el de los sacerdotes del Antiguo Testamento (10:1-18)?

4. ¿Cuáles fueron algunas de las acciones específicas de la fe que llevaron a cabo los héroes del Antiguo Testamento en Hebreos 11?

5. ¿De qué manera el autor de Hebreos explica el propósito de Dios en castigar (12:4-11)?

6. ¿Cuáles son algunos de los sacrificios que agradan a Dios (13:9-16)?

SANTIAGO

Martín Lutero, cuya voz vigorosa llevó al nacimiento del protestantismo durante la Reforma, describió al libro de Santiago como un escrito de ínfima importancia. El énfasis de la epístola de que el creyente era justificado por las obras (2:24) chocaba con la convicción de Lutero de que el creyente llega a ser justo por la fe.

La mayoría de los cristianos sentiría que Lutero se equivocó en su evaluación. Las exigencias firmes del libro de Santiago llaman a cristianos extraviados para que regresen a la obediencia a la Palabra de Dios. Este libro es especialmente útil en señalar la aplicación ética del evangelio de la gracia. Santiago habló a sus lectores con la preocupación de un pastor, y los exhortó a confrontar las pruebas con constancia (1:2-18). Él también habló con la firmeza de un profeta y los instó a que mostraran evidencia de su fe genuina (2:14-26).

Autoría. El libro de Santiago lentamente alcanzó una circulación amplia en la iglesia primitiva. Muchos factores contribuyeron a esto. Su brevedad y su naturaleza práctica lo hicieron parecer de poca importancia en comparación con un libro como Romanos. Los cristianos en la iglesia primitiva también discordaban en cuanto a la identidad de Santiago, el autor de la epístola. Santiago es la contracción de "San" y "Yacob", la forma hebrea de Jacobo. Aquellos que identificaban al autor con el hermano del Señor tendían a ver al libro como Escritura genuina. Aquellos que rechazaban la relación entre Santiago y Jesús tendían a ignorar el libro de Santiago. Concilios de la iglesia que se reunieron en Roma (382 d.C.) y Cartago (397 d.C.) aceptaron a Santiago como Escritura. Esta aceptación dio apoyo al concepto de que Santiago, el hermano del Señor, fue el autor.

El texto de Santiago facilita poca información acerca del autor más allá de su nombre. Pero la mención del nombre provee una clave importante para su identidad. Pocas personas con el nombre de Santiago podían tener éxito en identificarse sólo por su primer nombre. El escritor debe de haber sido un Santiago de importancia.

Cuatro personas en el Nuevo Testamento tienen el nombre de Santiago (o Jacobo). En Lucas 6:16 y Hechos 1:13 se menciona a Jacobo, el padre de Judas (no el Iscariote). Jacobo, el hijo de Alfeo, aparece además en Mateo 10:3 y Hechos 1:13. Ambos son figuras poco mencionadas que no fueron reconocidos por la mera designación de "Jacobo" (o Santiago). Jacobo el apóstol fue martirizado bajo Herodes Agripa I en el 44 d.C. (ver Hech. 12:2). Él murió antes del tiempo en que se cree apareció el libro de Santiago. El hermano del Señor era incrédulo durante el ministerio terrenal de Jesús (Juan 7:2-5), pero una aparición a él solo del Cristo resucitado parece ser que lo condujo a hacerse creyente (1 Cor. 15:7; Hech. 1:14). Rápidamente se transformó en un líder en la iglesia primitiva (Gál. 2:6-9). El Nuevo Testamento lo describe como un judío comprometido que reconocía a Jesús como Mesías y Señor y mostraba sensibilidad espiritual al obrar de Dios. Santiago el hermano del Señor sería lo suficientemente importante en la iglesia primitiva como para identificarse claramente con la designación de "Santiago".

Otras características de la epístola de Santiago también confirman la posibilidad de identificar al autor con el hermano de Jesús. Santiago 1:22 y 5:12 contienen ecos de la enseñanza de Jesús en Mateo 7:20-24 y 5:34-37 respectivamente. El hermano del Señor podría haber escuchado esta enseñanza. Santiago 5:14-18 retrata al autor como un hombre de oración, y esto concuerda con el retrato extrabíblico de Santiago, el hermano del Señor. La tradición dice que el hermano del Señor pasaba tanto tiempo en oración que sus rodillas se endurecieron como las de un camello (Eusebio, *Historia eclesiástica* 2.23). No es posible probar claramente que el hermano del Señor es el autor de esta epístola, pero él es el candidato más probable de entre los Santiagos (o Jacobos) en el Nuevo Testamento.

Fecha de redacción. Muchos eruditos piensan que el libro de Santiago es uno de los primeros escritos del Nuevo Testamento. Tres características sugieren una fecha temprana. Primero, Santiago describió una gran brecha entre los ricos y los pobres (5:1-6). Cuando estalló la guerra contra Roma en el 66 d.C., los ricos sufrieron grandes pérdidas, y cesaron los conflictos entre ricos y pobres. El impacto de esta observación remonta la redacción a un tiempo más temprano antes que tardío. Segundo, la organización de la iglesia que se menciona en Santiago pareciera que todavía no se ha desarrollado como se deduce de la mención de ancianos únicamente como líderes de la iglesia (5:14). Tercero, los cristianos estaban esperando fervientemente el retorno de Cristo (5:7-9). Se percibe que tal fervor sería más manifiesto en las primeras generaciones de cristianos. Todas estas características apoyan la aceptación de una fecha más temprana.

Receptores. La presentación de la epístola de Santiago "a las doce tribus que se hallan dispersas por el mundo" (Sant. 1:1) sugiere que los lectores eran judeo-cristianos que vivían fuera de Palestina. Varias características confirman la verdad de esta sugerencia. Primero, el término para "el lugar donde se reúnen" (2:2) es la palabra griega para "sinagoga". La palabra no sugiere que los lectores se reunían en una sinagoga judía, pero indica que los judeo-cristianos usaban este nombre para describir su lugar de reunión.

Segundo, las declaraciones de 5:1-6 presentan el cuadro de creyentes pobres que son intimidados por los ricos. Estas personas ricas pueden haber asistido a reuniones de la iglesia (2:1-3), pero su presencia no indicaba conversión. Tercero, el término "que se hallan dispersas por el mundo" (1:1) refleja una sola palabra griega que se refiere a los judíos que vivían fuera de su tierra natal. Todos estos hechos sugieren que el hermano del Señor dirigió un mensaje a los creyentes judíos que habían dejado su Palestina natal.

Tema. La epístola de Santiago hace una contribución única en el Nuevo Testamento con su fuerte énfasis ético. Su enseñanza ética está esparcida a través de todo el escrito. Santiago enseñó en forma clara que si la fe carecía de obras estaba vacía, era vana e inútil. El uso frecuente que hace Santiago del modo imperativo indica su sentimiento apasionado acerca de las cuestiones que él confrontaba. Sus palabras fuertes se parecen a las de un profeta del Antiguo Testamento. Él compartió mandamientos éticos que tenían que ver tanto con la moralidad personal como con la justicia social.

Forma literaria. El escrito de Santiago es similar a la literatura de sabiduría del Antiguo Testamento como Proverbios y Salmos. Ambas fuentes tratan cuestiones tales como el uso de la lengua, los peligros de la riqueza y la necesidad del dominio propio. Algunos estudiosos de Santiago han señalado también una similitud con las homilías o sermones de la sinagoga.

El escrito de Santiago refleja una imaginación vívida. Podemos ver su uso de figuras vigorosas de lenguaje en su comparación del hombre dubitante con "las olas del mar, agitadas y llevadas de un lado a otro por el viento" (1:6). Él también era un observador cuidadoso de la naturaleza. Podemos notarlo en su descripción de los efectos del calor del sol (1:11), la horticultura (3:12) y la lluvia (5:7,18).

I. Salutación (1:1)
II. Pruebas (1:2-18)

III. Oír y hacer (1:19-27)
IV. No sean parciales (2:1-13)
V. Muestren misericordia (2:14-26)
VI. Controlen la lengua (3:1-18)
VII. Eviten la mundanalidad (4:1-17)
VIII. Sean justos (5:1-6)
IX. Perseveren (5:7-12)
XI. Oren (5:13-18)
XII. Levanten al caído (5:19-20)

Propósito y teología. Santiago escribió a judíos cristianos que enfrentaban pruebas y persecución. Bajo la amenaza de persecución los lectores consideraban la idea de abandonar su compromiso cristiano y acomodarse a la mundanalidad. Santiago habló como un pastor para instar a sus amigos a desarrollar la constancia espiritual al enfrentar la persecución. Él también habló como un profeta al instar a aquellos que estaban considerando la posibilidad de ceder, a que dieran evidencia de su fe.

Algunos estudiosos de Santiago sugieren que el libro carece de énfasis doctrinal. Es cierto que Santiago supuso que había cierta similitud doctrinal entre él y sus lectores, por eso no entró en detalle sobre los diferentes aspectos de su fe. Por otro lado, sí afirmó la unidad de Dios (2:19; 4:12) junto con un énfasis sobre la bondad (1:17), la gracia (4:6-8) y el juicio (2:13) divino. Él enfatizó fuertemente el retorno de Cristo (5:7-11). En 1:12-15 presentó un análisis de la tentación y el pecado, y sugirió que el deseo humano era la fuente del pecado. Gran parte del contenido de Santiago representaba un esfuerzo por llamar a los individuos y a la iglesia a volver a un compromiso total con Dios y a una preocupación completa unos por otros.

SALUTACIÓN (1:1)

Es significativo que Santiago escogió no mencionar su relación con Jesús. Su declaración de que él era un siervo de Jesús indicaba su humildad. La expresión "doce tribus" representaba a los hijos de Israel (Hech. 26:7). Que ellos estuvieran "dispersos" sugería que eran judíos que vivían fuera de su Palestina natal. Santiago habló a sus lectores como cristianos, porque sólo los creyentes verían a Jesús como el "Señor Jesucristo".

PRUEBAS (1:2-18)

Santiago instó a sus lectores a mirar la prueba desde la actitud de Dios. La prueba misma no era una ocasión de gozo, pero podía promover el gozo al transformarse en una ocasión para producir constancia en la vida de un creyente comprometido.

En la prueba el creyente debe pedir por una comprensión del propósito detrás del permiso divino de la dificultad. Un incentivo para hacerlo es que Dios dará generosamente a aquellos que pidan y no los humillará por pedir. Aquellos que enfrentan la prueba con perseverancia reciben una corona de vida de parte de Dios como recompensa por su constancia.

Luego del discurso sobre la prueba Santiago se refirió a la tentación interior del pecado en 1:13-18. Primero, advirtió a los creyentes de no culpar a Dios por la tentación en sus vidas. Dios no bambolea el pecado delante de la gente para tentarla a pecar. Segundo, Santiago declaró que los deseos de sus lectores eran los responsables de seducirlos a la desobediencia. Tercero, enseñó que Dios sólo da dones buenos y perfectos a los creyentes y no varía ese principio.

OÍR Y HACER (1:19-27)

En razón de que sus lectores podían ceder bajo la prueba, Santiago les advierte de la urgencia de demostrar su fe con obras. Sus apelaciones pueden ser resumidas bajo el mandamiento: "Sean hacedores de la Palabra de Dios y no sólo oidores".

En 1:19-25 Santiago presentó tres figuras de lenguaje que explicaban de qué manera la Palabra de Dios podía ayudar a los creyentes. Primero, comparó la Palabra de Dios a una semilla que podía ser plantada dentro de cada cristiano para crecer para salvación. Segundo, describió la Palabra de

Dios como un espejo que claramente reflejaba la condición de aquel que miraba a través
de él. Tercero, describió la Palabra de Dios
como una ley que provee libertad. Oír la Palabra de Dios puede proveer fortaleza para
producir una vida obediente.

En 1:26-27 Santiago indicó que una verdadera respuesta a la Palabra de Dios implicaba tanto una actividad externa como un
control interno. El ministerio a los huérfanos
y las viudas era la actividad externa. La separación del mundo era una evidencia de control interno.

NO SEAN PARCIALES (2:1-13)

En 2:1-4 Santiago reprendió a sus lectores
por demostrar favoritismo hacia los ricos que
asistían a sus cultos mientras ignoraban a los
pobres. La muestra de parcialidad por los ricos no tenía razón de ser porque los ricos
eran realmente sus opresores. Y tal parcialidad era contraria a la ley de Dios. Santiago le
recordó a su audiencia que ellos serían juzgados por su frivolidad.

MUESTREN MISERICORDIA (2:14-26)

Santiago advirtió que una fe que sólo hablara
palabras buenas a los pobres sin ofrecerles
ayuda no era una fe salvadora. Así como
Abraham y Rahab demostraron su obediencia a Dios por obras, Santiago instó a sus
amigos a mostrar su fe con obras. Santiago
explicó que una fe que sólo afirmara una
creencia correcta sin producir una vida cambiada carecía de vida.

CONTROLEN LA LENGUA (3:1-18)

Santiago insistió que los cristianos debían
mostrar su obediencia a Dios al controlar su
lengua y todos sus deseos. Explicó que la lengua tenía gran poder tanto para el bien como
para el mal. También señaló la dureza e in-
constancia de la lengua. Instó a sus lectores a
demostrar sabiduría celestial antes que sabiduría terrenal. La sabiduría terrenal produce
envidia y ambición egoísta. La sabiduría

celestial produce pacificadores misericordiosos y considerados unos con otros.

EVITEN LA MUNDANALIDAD (4:1-17)

Santiago vio una vida mundana epidémica
entre sus lectores. En 4:1-10 advirtió contra
la mundanalidad y mostró sus efectos negativos sobre la vida de oración de sus receptores. En 4:11-12 y en los vv. 13-18 mostró,
respectivamente, que la mundanalidad produce espíritu crítico y auto-confianza impía.

Al describir el efecto de la mundanalidad
sobre la vida de oración, Santiago mostró que
sus amigos recurrían a intriga, peleas y luchas
para obtener sus deseos. Fallaban en recibir lo
que verdaderamente necesitaban porque no
pedían. Toda vez que pedían, no recibían porque su pedido estaba teñido de egoísmo. La
descripción que Santiago hace de Dios en 4:5
demostraba que el Señor no tolera rivales y
quiere el compromiso completo de sus seguidores. Dios podía hacer demandas pesadas
sobre sus seguidores, pero Él también podía
proveer gracia para satisfacer esas demandas.
En 4:7-10 Santiago pronunció de una manera rápida diez apelaciones imperativas para
someterse a Dios y evitar la mundanalidad.

Una evidencia de mundanalidad que
Santiago citó era la presencia de un espíritu
crítico. Él observó que los cristianos se estaban difamando unos a otros de la misma
manera en que los impíos difamaban a los
cristianos. Santiago advirtió que aquellos
que despreciaban a sus hermanos cristianos se habían constituido como jueces y habían asumido una posición que justamente
sólo pertenecía a Dios.

Es probable que la arrogancia que Santiago denunció en 4:13-17 provenía de
hombres de negocios judíos confiados en sí
mismos que planearon sus vidas sin referencia a la voluntad de Dios. Santiago advirtió a
sus lectores que la vida se parecía al vapor
transitorio y que la totalidad de la vida debe
ser planeada con referencia a la voluntad de
Dios. El pecado que Santiago describió en

este párrafo es un ejemplo de pecado de omisión.

SEAN JUSTOS (5:1-6)

Santiago disparó advertencias severas contra los terratenientes ricos que valoraban la acumulación deshonesta de bienes materiales por sobre la demostración de justicia. Él acusó a los ricos de los pecados de deshonestidad, de una vida frívola y de injusticia. Y señaló que Dios había oído el clamor de los oprimidos y castigaría el tratamiento injusto impuesto por los ricos.

PERSEVEREN (5:7-12)

Santiago utilizó tres ilustraciones para alentar un estilo de vida de devoción persistente en el servicio al Señor. Primero, señaló al agricultor que planta y luego espera por las lluvias para producir una cosecha. Segundo, mencionó a los profetas del Antiguo Testamento quienes hablaron con denuedo de parte de Dios a pesar del sufrimiento. Tercero, elogió a Job, quien confrontó la tragedia, la incomprensión familiar y el sufrimiento físico por obedecer al Señor.

En tiempos de angustia los cristianos usaban con liviandad el nombre de Dios de manera descuidada e irreverente. Santiago advirtió contra invocar el nombre de Dios para garantizar la verdad y en su lugar llamó a declarar una verdad tan consistente que ningún juramento fuera necesario.

OREN (5:13-18)

Santiago instó a los creyentes a usar la oración en todas las circunstancias de la vida. En tiempo de aflicción los cristianos deben orar a Dios por ayuda y fortaleza. En tiempo de bendición los creyentes deben alabar a Dios en lugar de congratularse a sí mismos (5:13b). En tiempo de enfermedad crítica la persona enferma debe llamar a los líderes de la iglesia para que oren. La oración por el enfermo puede resultar ya sea en sanidad física o en bendición espiritual. En tiempo de pecado y

lucha la intercesión mutua puede lograr una victoria espiritual. Elías oró con tal fuerza que Dios retuvo la lluvia de la tierra por tres años y medio y la volvió a dar a pedido de él.

LEVANTEN AL CAIDO (5:19-20)

Santiago habló con realismo en cuanto a la vida espiritual. Insistió que aquellos que continuaran en pecado mostrarían su condición de perdidos a pesar de su manifestación de fe. Él prometió que el creyente que hiciera volver a un extraviado salvaría al pecador de la muerte eterna y ganaría bendiciones para sí mismo.

Significado teológico. Santiago nos recuerda de manera franca que la fe implica hacer. No es suficiente ser oidores de la palabra; también debemos ser hacedores. No podemos decir simplemente que somos creyentes; debemos demostrarlo en nuestra vida. Y debe ser evidente en la manera en que controlamos nuestra lengua y en la manera en que nos relacionamos con otros. Los ricos deben compartir con los pobres. La comunidad cristiana debe vivir su fe demostrando amor y esa fe operativa debe ejercerse tanto dentro como fuera del cuerpo de Cristo.

Preguntas para la reflexión

1. ¿Qué enseña Santiago 1:2-8 en cuanto a una respuesta correcta a las pruebas y aflicciones?

2. Referirse a Santiago 2:14-26 para una discusión de la cuestión: ¿puede una fe sin obras producir salvación?

3. Explicar la idea de Santiago en cuanto a poder, tozudez e inconsistencia de la lengua.

4. Explicar de qué manera una vida mundana afecta la vida de oración del cristiano.

5. ¿De qué manera la certeza del retorno de Cristo provee perseverancia para enfrentar el sufrimiento?

6. ¿Promete Santiago que la oración por la recuperación del enfermo producirá siempre sanidad? Usar pasajes tales como 2 Corintios 12:7-10 y 2 Timoteo 4:20 para llegar a una respuesta.

1 PEDRO

La epístola de 1 Pedro fue escrita a creyentes judíos y cristianos que vivían en la parte norte de Asia Menor. Ellos enfrentaban persecución en razón de su compromiso con Cristo. Pedro escribió para animarlos a mostrar perseverancia y compromiso. Pedro también quería que sus lectores mostraran un estilo de vida cristiano que convirtiera los desprecios y las acusaciones en aprecio y respeto. Para lograr esto, él instó a todos los cristianos a obedecer a sus líderes, a los siervos a estar sujetos a sus amos, y a los esposos y las esposas a demostrar honor y sumisión unos a otros. Las descripciones vívidas del sufrimiento y la muerte de Cristo (2:21-25; 3:18) podían servir como un estímulo para los cristianos para derrotar el mal y perseverar hasta el fin.

Autoría. Los líderes de la iglesia primitiva hicieron referencia frecuente a 1 Pedro, y no hay evidencia de disputa alguna acerca de la autoría en ese tiempo. En el siglo XX algunos estudiosos de 1 Pedro han cuestionado si el apóstol escribió el libro.

Algunos han señalado que el griego pulido de 1 Pedro difícilmente podía venir de un hombre considerado como "sin estudios" ni "preparación" (Hech. 4:13). Sin embargo, es ciertamente posible que Pedro pudiera haber desarrollado su habilidad en el griego durante los años después de la muerte de Jesús. También Silas (5:12) puede haber servido como secretario o amanuense para asistir a Pedro en la expresión de algunas de sus ideas. Otros estudiosos de 1 Pedro han sentido que el tipo de persecución mencionado en 4:14 se refiere a un tiempo cuando era un delito ser cristiano. Ellos por lo general ubican a este tiempo en la década del 90 o en el siglo II d.C.

Pedro ya estaría muerto para esa fecha. Sin embargo, la expresión "si los insultan por causa del nombre de Cristo" puede significar sólo que los creyentes eran insultados por causa de su lealtad a Cristo, y no que fuera un delito ser cristiano.

Es mejor aceptar la evidencia de autoría por parte de Pedro en 1:1. Un apoyo adicional para esta aceptación proviene del reconocimiento de la similitud entre declaraciones en 1 Pedro y los discursos de Pedro en Hechos (ver Hech. 10:42 y 1 Ped. 4:5). Las declaraciones como las de 1 Pedro 2:13-17 suenan como si Pedro las pudiera haber aprendido por escuchar las palabras de Jesús en Mateo 17:24-27. La similitud de la enseñanza de Jesús provee apoyo adicional a la autoría de Pedro.

Fecha. Cada capítulo de 1 Pedro contiene una referencia al sufrimiento de alguien (1:6-7; 2:21-25; 3:13-17; 4:12-19; 5:10). Se sabe que Nerón trajo persecución sobre los cristianos en Roma temprano en la década del 60 d.C. Muchos creen que las persecuciones de Nerón causaron un efecto de rebote sobre las provincias vecinas tales como aquellas en el norte de Asia Menor.

Las persecuciones de Nerón probablemente no alcanzaron una intensidad tal como para que los cristianos se vieran forzados a escoger entre la obediencia a Dios y la obediencia al estado. Pedro había articulado la posición cristiana en cuanto a esta opción en Hechos 5:29. La enseñanza de la actitud cristiana hacia el estado en 2:13-17 refleja más la respuesta al gobierno que esperaríamos durante el tiempo de Nerón. Cuando la persecución se intensificó a fines de los años 90 y principios del siglo II d.C., la respuesta cristiana sería llamar a un compromiso con Dios antes que con el estado.

Receptores. El área en la que vivían los lectores de Pedro, mencionada en 1:1, estaba bien lejos de la senda transitada para viajes y comercio. La Biblia no presenta registro alguno de cómo el evangelio alcanzó este lugar. Si bien el área contenía colonias de judíos, los gentiles eran predominantes numéricamente. El orden en el que las provincias son mencionadas podría sugerir la ruta seguida por el portador de la carta. Él pudo haber llegado a Ponto, haber seguido un circuito a través de las provincias y luego haberse ido del área en Bitinia.

Las referencias de Pedro a los pecados de idolatría anteriores a la conversión (4:3) y a los malos deseos que ellos tenían cuando vivían en la ignorancia (1:14) sugieren una forma de vida más común a los gentiles que a los judíos. La declaración en 2:10 que ellos "ni siquiera eran pueblo" no pudo haber sido hecha a judíos. Si bien el término "extranjeros" es el término judío para aquellos dispersos de la tierra madre de Palestina (1:1), es posible que Pedro lo usara para referirse a la iglesia. Pedro vio a los creyentes como un pueblo peregrino sobre la tierra, que había sido apartado por Dios para hacer su voluntad.

Tema. Pedro reflexionó sobre el tema del sufrimiento a través de toda la epístola. Ofreció palabras de esperanza a sus lectores para enfrentar el sufrimiento (1:4-5; 5:4). Describió el sufrimiento como un propósito (3:14; 4:14). Los cristianos debían soportarlo pacientemente (2:21; 3:9), y debían demostrar gozo a pesar de las penurias (4:13). Ellos podían encontrar aliento al seguir el ejemplo de Cristo en el sufrimiento (2:21-25). Con frecuencia, la voluntad de Dios demandaba que los creyentes soportaran el sufrimiento (4:19).

Forma literaria. Los estudiosos de 1 Pedro han discutido ampliamente las formas literarias dentro del libro. Muchos

encuentran amplia evidencia de la presencia de himnos, credos o fragmentos de sermones en pasajes tales como 2:4-8 y 2:21-25. Algunos ven todo el escrito como un sermón predicado en el bautismo de un grupo de cristianos. Ellos ven la sección de apertura hasta 4:11 como un mensaje pronunciado a candidatos para el bautismo. Ubican la realización del bautismo en 1:21-22 y piensan que el "Amén" en 4:11 concluye el discurso a los candidatos.

La sección de conclusión que comienza en 4:12 es considerada como un discurso a toda la iglesia reunida para el rito del bautismo. Si bien estas discusiones son iluminadoras y enriquecedoras, generalmente no son concluyentes ni convincentes. Pedro puede haber utilizado material de diferentes fuentes al escribir este libro, pero es mejor observar que él hizo de esto su material propio bajo el liderazgo del Espíritu Santo.

Pedro hizo referencia frecuente al Antiguo Testamento, a veces mediante una cita (2:6-8) y a veces mediante una alusión (3:6,20). Este uso frecuente sugiere que al menos había lectores judíos que estaban entre los receptores de la carta. Algunos énfasis de Pedro se parecen a los de Pablo. Por ejemplo, hay similitud entre las palabras de Pedro sobre las relaciones entre esposas y esposos en 3:1-7 y el discurso de Pablo en Efesios 5:22-33.

 I. Saludos (1:1-2)
 II. Salvación (1:3-12)
 III. Una demanda de santidad
  (1:13–2:3)
 IV. El pueblo de Dios (2:4-10)
 V. El testimonio cristiano (2:11–3:12)
 VI. Sufrir como Cristo (3:13–4:19)
 VII. Certezas (5:1-9)
 VIII. Alabanzas a Dios (5:10-14)

Propósito y teología. Pedro instó a sus lectores a vivir conforme con la esperanza que ellos habían recibido en Cristo (1:3). Él les ofreció guía para utilizar en sus relaciones unos con otros (3:1-12), y los instó a soportar el sufrimiento con gozo por amor a Jesús (4:19). Su propósito principal al escribir era proveerles aliento en la vida cristiana.

Con frecuencia, Pedro utilizó ideas teológicas para aplicar sus demandas éticas. Presentó la muerte de Cristo como un estímulo para que los cristianos soportaran el sufrimiento (2:21-25). También afirmó la resurrección como una fuente principal de la esperanza y la confianza cristiana (1:3). Presentó el retorno de Cristo como un incentivo para una vida de santidad (1:13). Describió la naturaleza del llamado cristiano (2:9-10) como base para que los cristianos obedezcan a Cristo en el hogar (3:1-7), obedezcan a Cristo siendo siervos (2:18-20) y sigan a Cristo como ciudadanos (2:13-17).

SALUDOS (1:1-2)

Pedro se dirigió a sus lectores como "los elegidos" y "extranjeros" que estaban "dispersos". Si bien términos tales como "escogido" a veces eran usados en referencia al pueblo judío (Isa. 43:20), Pedro designó a la iglesia como un pueblo especial temporalmente fuera de su hogar celestial. La elección comenzó con el preconocimiento de Dios el Padre, incluía la obra santificadora del Espíritu Santo, y estaba sellada por la obra redentora de Jesucristo.

SALVACIÓN (1:3-12)

La primera epístola de Pedro alterna entre enseñanza y predicación, entre proclamación y aplicación. En esta sección inicial Pedro describió la salvación basada en la esperanza inspirada por la resurrección de Jesús. Esta salvación produjo una herencia inmarcesible e imperecedera dada a ellos por Dios. A los creyentes se les prometió protección con el poder de Dios a través de la fe.

La fe de los lectores de Pedro fue profundizada por su prueba. Estas pruebas aparecieron por causa de su compromiso con Jesús, eran una parte necesaria de su experiencia y podían profundizar su fe. La fe de los creyentes los llenó de gozo y los puso en un contacto viviente con Jesús.

En 1:10-12 Pedro indicó que los profetas habían informado de la gracia y la gloria de la salvación. Pedro declaró que los profetas entendieron que el Mesías debía sufrir, pero ellos trataron de saber el tiempo y las circunstancias cuando esto ocurriría.

UNA DEMANDA DE SANTIDAD (1:13–2:3)

Pedro explicó que el carácter de Dios y el alto costo de la redención eran incentivos para producir santidad en sus lectores. Él también demandó que esa santidad se mostrara en un amor sincero por otros creyentes y en el abandono de toda actitud maliciosa.

Las palabras de Pedro en 1:13 son equivalentes a decir: "Arremánguense y vayan a trabajar". Mencionó que el retorno de Jesucristo fue para darles esperanza y estabilidad frente a la persecución. Los cristianos mostrarían su respuesta a la santidad de Dios dejando los "malos deseos" de su ignorancia pasada y adoptando la conducta de Dios como su norma.

En 1:17-21 Pedro indicó que una adecuada reverencia a Dios y un aprecio por el alto costo de la redención demandaban una vida de santidad. Los lectores entenderían la redención como la liberación de un esclavo por el pago de un precio. El pago que liberó a los cristianos de una "vida absurda" fue la "sangre de Cristo". Pedro notó que Dios había determinado la realización de la obra de Cristo antes del comienzo del tiempo. Él había hecho evidente su plan sólo recientemente en la encarnación, la pasión y la resurrección de Jesús.

Instó a sus lectores a expresar santidad mediante un amor genuino unos por otros.

IGLESIA Y ESTADO

A través de la historia del cristianismo la comunidad cristiana ha percibido una relación un tanto ambigua con el gobierno civil. Esta relación tiende a seguir una variante de tres modelos básicos. La primera se caracteriza por un lazo estrecho entre los dos reinos casi al punto de fusión, en la que el estado a veces usa a la iglesia para sus propios propósitos.

En el segundo modelo, la situación es al revés, la iglesia busca el poder civil para su propio beneficio. En el tercer modelo la iglesia y el estado existen lado a lado, cada uno ejerciendo autoridad en su propia esfera y sin interferir con la otra parte. Defensores de cada modelo pretenden el apoyo de la Biblia y de la herencia cristiana.

Al igual que otras naciones antiguas, la comunidad hebrea no vio división alguna entre las esferas civil y religiosa. En un sentido Israel era una teocracia, porque Yahvéh debía ser el único soberano de la nación. Yahvéh ejercía gobierno a través de varios representantes, como jueces, profetas y reyes, quienes por esta razón ejercían una autoridad tanto política como religiosa. No obstante, estos dos aspectos de la vida nacional no estaban completamente fundidos, como era el caso entre los vecinos de Israel. Y esto se evidencia, por ejemplo, por el movimiento profético,

que proveyó una crítica religiosa de la monarquía.

El Nuevo Testamento fue escrito en un contexto muy diferente. La iglesia cristiana, en contraste con Israel, era una entidad muy separada del Imperio. Como respuesta a esta situación, los escritores del Nuevo Testamento ofrecieron dos principios básicos, uno positivo y otro negativo, para la relación adecuada del cristiano con el estado.

Las epístolas paulinas y 1 Pedro exhortan a los creyentes a ser buenos ciudadanos. Esto incluye someterse y honrar a quienes están en autoridad (1 Ped. 2:13-17), pagar los impuestos (Rom. 13:7) y orar por los líderes (1 Tim. 2:2). Para esto ellos apelan a la función del gobierno de actuar como agente de Dios para castigar a las personas que hacen lo malo. Sin embargo, la motivación subyacente parece ser el interés de los autores en la buena reputación de la comunidad cristiana, y esto por amor a la proclamación del evangelio.

Al mismo tiempo, los creyentes siempre deben seguir una alianza superior con Dios. Pedro y Juan articularon esto durante su conflicto con las autoridades de Jerusalén (Hech. 4:19-20). Del mismo modo, este principio es el que está detrás del conflicto que se presenta en Apocalipsis, cuando los mártires desafiaron las demandas del orden civil influido

satánicamente (ver Hech. 6:9; 13:7-8).

Ambos principios surgen de la respuesta de Jesús a la pregunta tramposa de los fariseos referida al pago de los impuestos (Mat. 22:15-21). En cuestiones externas (impuestos y quizás convenciones sociales) los discípulos debían honrar las leyes civiles porque estas cuestiones caían bajo la jurisdicción de la autoridad civil (la moneda llevaba la imagen de César). Pero el énfasis en la respuesta de Jesús descansaba en la cuestión de la alianza personal. Aquí Dios es el único que tiene derecho al señorío, según está indicado por la verdad paralela, implícita pero no declarada: la persona lleva la imagen del Creador.

En conformidad con estos principios y como resultado de la experiencia histórica, ciertos grupos protestantes (tales como los bautistas) generalmente han abogado por el tercer modelo, la separación de la iglesia y el estado. Este parecer plantea restricciones a ambas esferas. Niega al gobierno civil la prerrogativa de buscar conformar las creencias religiosas de sus ciudadanos, de entremeterse en las cuestiones internas de la iglesia, o de determinar la naturaleza del mensaje de la iglesia. Sin embargo, el modelo de la separación no tiene la intención de eliminar la religión de la vida nacional o silenciar la voz de la iglesia en cuestiones de interés civil.

La cita de Isaías 40:6-8 (vv. 24-25) mostró que la experiencia de este amor proviene de la actividad creativa de Dios. Pedro dirigió a sus lectores a abandonar la malicia y la hipocresía en su respuesta a la santidad de Dios. También los alentó a crecer como creyentes mediante la apropiación de la nutrición inherente al mensaje del evangelio.

EL PUEBLO DE DIOS (2:4-10)

En esta sección Pedro utilizó tres imágenes para describir a la iglesia. Primero, retrató a la iglesia como un cuerpo viviente que ofrecía un servicio sacrificial a Dios. Cristo era una piedra vivificadora que capacitaba a sus seguidores a producir sacrificios espirituales tales como la obediencia (Rom. 12:1), la alabanza y el ministerio práctico (Heb. 13:15-16). Segundo, describió a la iglesia como un edificio o estructura fundada sobre Cristo como la piedra angular. Citó pasajes del Antiguo Testamento como Isaías 8:14; 28:16 y Salmos 118:22 para mostrar que Cristo era una piedra fundacional para los creyentes y una roca que hizo tropezar a los incrédulos. Tercero, utilizó el lenguaje de Éxodo 19:5-6 y Oseas 2:23 para describir a los creyentes como una nación selecta que reflejaba la gloria divina. Dios había hecho receptores especiales de su misericordia a aquellos que antes ni siquiera pertenecían a alguien.

EL TESTIMONIO CRISTIANO (2:11–3:12)

Pedro estaba ansioso porque el pueblo de Dios demostrara una conducta distintiva y obediente para convencer a los críticos por la fe de ellos. Los instó a aplicar esta conducta en relación con sus gobernantes, sus amos terrenales, sus familias y los unos para con los otros.

En 2:11-12 Pedro sugirió tres razones por las que los cristianos deben disciplinar sus vidas. Primero, los cristianos eran extranjeros en su contexto pagano y no eran parte de este. Segundo, si los cristianos daban lugar a la carne, no podrían vivir con gozo. Tercero, la autodisciplina y la obediencia tendrían una influencia total sobre los no creyentes.

En relación con el gobierno Pedro instó a la sumisión voluntaria con el propósito de exaltar el señorío de Jesús. En relación a sus amos los esclavos debían estar sujetos.

Un incentivo para mostrar esta sujeción incluso cuando hubiera provocación era el conmovedor ejemplo de la obediencia de Cristo. En el hogar las mujeres debían ganar al cristianismo a sus esposos inconversos sirviéndolos y mostrándoles respeto. Los esposos a su vez debían vivir de una manera comprensible con sus esposas y tratarlas como herederas plenas de la gracia de Dios. Pedro concluyó esta sección instando a todos los cristianos a practicar la compasión y el perdón. Ellos debían tratar a otros no como ellos habían sido tratados por sus acusadores sino como Dios misericordiosamente los había tratado a ellos.

SUFRIR COMO CRISTO (3:13–4:19)

En esta sección Pedro confrontó directamente algunos de los sufrimientos difíciles de sus lectores. Los alentó a responder correctamente a aquellos que les habían causado sufrimiento y a reflexionar sobre la vindicación de Cristo. Los instó a un compromiso pleno a la voluntad de Dios, y presentó el retorno de Cristo como un incentivo para una acción vigilante. Demostró que un conocimiento de la gloria futura otorgaba aliento adicional a la obediencia.

Pedro instruyó a sus receptores enseñándoles que si ellos sufrían por una vida correcta Dios los bendeciría (Mat. 5:10). Los instó a servir al Señor incluso frente a un tratamiento injusto, porque ese tratamiento injusto podía ser parte de un plan divino para glorificarse.

En 3:18 Pedro presentó el sufrimiento de Cristo como mediador dado que a través de este, Cristo mismo llevó a los creyentes hacia Dios. La muerte de Cristo tuvo lugar en el reino de la carne, pero su resurrección ocurrió en el reino del Espíritu.

La experiencia de Cristo en 3:19-20 tuvo lugar un tiempo después de que Él fuera resucitado en el reino del Espíritu. Los "espíritus encarcelados" podrían referirse a seres sobrenaturales o ángeles malvados que se opusieron a la obra de Dios (ver Gén. 6:1-4; 2 Ped. 2:4-5; Judas 6). Al predicarles a ellos no les hizo una oferta de una oportunidad adicional para arrepentirse sino que les anunció su condenación.

No se especifica la ubicación exacta de estos espíritus desobedientes. Algunos eruditos han interpretado esto como una descripción del descenso de Jesús al "infierno". Pedro declaró que Jesús fue al lugar donde estos espíritus estaban confinados, una ubicación de la que no se indica el nombre. Si igualamos a los espíritus en prisión con los ángeles que pecaron en 2 Pedro 2:4, entonces su ubicación es el abismo ("los arrojó al abismo", 2 Ped. 2:4). En el pensamiento griego este lugar de castigo estaba más abajo que el Hades. Los lectores de Pedro entendían que los espíritus malos eran responsables de la persecución. La derrota y la condenación venideras de estos espíritus sería una fuente de aliento a los lectores. El conocimiento de su vindicación final daría a los creyentes un incentivo adicional para obedecer. El juicio del diluvio sirvió como una advertencia del juicio venidero de Dios sobre el mundo (3:20). El arca que salvó a unos pocos del agua ilustra la salvación que hay en Cristo.

En el v. 21 Pedro presentó el bautismo como una copia de la liberación del juicio del Antiguo Testamento. La convicción de pecado demanda una respuesta de fe en Cristo. El acto del bautismo describe esta respuesta. La salvación viene a los creyentes porque Cristo ha resucitado de los muertos. No solamente que Él ha resucitado de los muertos, sino que Él también ha sido instalado en un lugar de poder y autoridad sobre todos sus enemigos.

En 4:1-6 Pedro lanzó un nuevo llamado a una vida de santidad. Llamó a sus lectores a armarse mediante una co-crucifixión con Cristo de modo que el pecado ya no fuera

más una opción para ellos. Algunos que habían recibido el mensaje del evangelio anteriormente ya habían muerto. Su muerte mostró que había sido posible el juicio de Dios que el pecado trae a toda persona. A pesar de su muerte ellos habían entrado a la vida eterna.

En 4:7-11 Pedro presentó el retorno de Cristo como un incentivo para una conducta disciplinada y vigilante. El hecho del retorno de Cristo debería promover amor, hospitalidad y el uso adecuado de los dones espirituales.

Pedro instó a sus amigos a prepararse para un juicio venidero mediante el compromiso y la perseverancia. En lugar de ofrecer quejas, ellos debían regocijarse de que su sufrimiento les permitía compartir la gloria de Cristo. Pedro advirtió a sus lectores para que no deshonren el cristianismo por medio de acciones vergonzosas o imprudentes. El apóstol argumentó en 4:17-18 que incluso si los creyentes deben enfrentar dificultad en esta tierra, el destino de los incrédulos será absolutamente aterrador.

CERTEZAS (5:1-9)

En 5:1-4 Pedro bosquejó los deberes de los ancianos y les aseguró recompensas divinas por un servicio fiel. Pedro instó a los ancianos a asumir sus tareas debido a una correcta razón, y no porque ellos se sentían obligados sino porque libremente escogían hacerlo. En el retorno de Cristo se les prometió una corona imperecedera de gloria a los líderes fieles.

En 5:5-9 Pedro instó a los cristianos a practicar la humildad y la perseverancia. Los cristianos debían mostrar esta humildad los unos para con los otros. Ellos también debían demostrar humildad frente a las circunstancias que Dios permitía. Los cristianos necesitaban evitar el descuido porque su adversario Satanás podía derrotarlos.

ALABANZAS A DIOS (5:10-14)

Pedro expresó alabanzas por la gracia de Dios, que permitió a los cristianos crecer incluso después del sufrimiento. Es probable que Silas sea el mismo que ayudaba a Pablo en Hechos 15:40. "La que está en Babilonia" es una referencia a la iglesia en Roma.

Significado teológico. La primera carta de Pedro llama a la iglesia contemporánea a la fidelidad en la vida cristiana y en el deber cristiano. Pedro proveyó una guía para la iglesia en tiempos de persecución y sufrimiento, y ofreció esperanza para situaciones difíciles. Esta esperanza está arraigada en la muerte y la resurrección de Jesús. Los sufrimientos y el sacrificio de Cristo sobre la cruz fueron centrales en la teología y la ética de Pedro. Él llamó a la iglesia a ser santa dado que Cristo nos ha redimido de una forma de vida vacía (1:18). La iglesia debe responder a la persecución y la opresión con paciencia y perseverancia "porque Cristo sufrió por ustedes, dándoles ejemplo para que sigan sus pasos" (2:21). La iglesia debe hacer el bien y vivir para Dios en todas las situaciones dado que "si es la voluntad de Dios, es preferible sufrir por hacer el bien que por hacer el mal. Porque Cristo murió por los pecados una vez por todas, el justo por los injustos, a fin de llevarlos a ustedes a Dios" (3:17-18). La iglesia puede animarse y obtener valor de esta carta motivadora que nos alienta al testificar acerca de "la verdadera gracia de Dios" (5:12).

Preguntas para la reflexión

1. Explicar de qué manera las pruebas desarrollan una fe genuina. ¿Se desarrolla automáticamente la autenticidad a través de la prueba? ¿Qué respuesta de nuestra parte promueve el desarrollo de la fe a través de la prueba?

2. Leer 1:13–2:3 y luego enumerar algunos resultados que un compromiso con la santidad podría producir en la vida de un cristiano.

3. Escribir una definición de los varios términos utilizados en referencia a los cristianos en 1 Pedro 2:9. ¿De qué manera una comprensión de estos términos contribuiría al crecimiento en nuestra vida cristiana?

4. Armonizar la conducta mencionada en 1 Pedro 2:13-17 con el principio del que se habla en Hechos 5:29.

5. Usando las palabras de Pedro en 1 Pedro 3:1-7, explicar las respuestas de un esposo y una esposa dentro del hogar. La descripción de Pedro ¿sugiere que las esposas y esposos son cristianos o no cristianos?

6. ¿Qué instrucción acerca de los dones espirituales provee Pedro en 1 Pedro 4:10-11?

7. Enumerar los motivos e incentivos para un ministerio efectivo que Pedro ofreció en 1 Pedro 5:2-3.

2 PEDRO

Pedro escribió su segunda epístola para contrarrestar la influencia de la herejía dentro de la iglesia (2 Ped. 2:1). Él apeló al crecimiento espiritual como antídoto para derrotar la herejía e instó a sus lectores a vivir vidas santas en anticipación al retorno de Jesús (2 Ped. 3:11-12).

La brevedad de la carta resultó en que fuera ignorada por la iglesia durante siglos. Pocos cristianos hicieron uso de ella hasta el tiempo de Orígenes (250 d.C.), y en la actualidad hay quienes creen que el nombre de Pedro es un seudónimo.

Autoría. El autor señaló ser Pedro en 1:1 y afirmó que él fue testigo ocular de la transfiguración de Jesús (1:16-18). Su declaración de ser un apóstol y el reconocimiento de amistad con Pablo (3:15) claramente indican que el escritor intentó ser visto como Pedro.

Varias características han contribuido al cuestionamiento de la autenticidad de la autoría de Pedro. La epístola fue poco usada en la iglesia primitiva. No aparece un claro uso del libro durante el siglo II. Es poco usada en el siglo III, y recién en el siglo IV ganó aceptación general. El uso que hace Orígenes del libro indicaba que él lo conocía, pero lo clasificó entre los libros disputados del Nuevo Testamento. A pesar de estas dificultades la iglesia finalmente lo aceptó como genuino y como digno de inclusión en el canon.

Algunos han cuestionado la relación de 2 Pedro con Judas. El capítulo 2 de la segunda carta de Pedro y Judas tienen secciones casi idénticas. ¿Se copió el uno del otro o copiaron ambos una fuente común? Muchos creen que Pedro copió a Judas, y esto llevaría a fechar el libro más allá del tiempo de vida de Pedro. Existe alguna evidencia de que los maestros falsos son vistos como algo futuro en 2 Pedro (2:1) pero como ya presentes en Judas 4. Esta cuestión señalaría una fecha más temprana para 2 Pedro.

Todavía otros han encontrado que el lenguaje ampuloso de 2 Pedro es diferente del de 1 Pedro. Algunas palabras utilizadas en 2 Pedro son difíciles y poco familiares que un pescador galileo no conocería. Es posible que un ayudante haya asistido a Pedro con la redacción y que además él mismo haya aprendido más griego con el correr del tiempo.

La referencia de Pedro a Pablo en 3:15-16 es interpretada por algunos como una sugerencia de que las epístolas de Pablo habían sido escritas, coleccionadas y distribuidas. Esto obviamente habría ocurrido en un tiempo bastante después de la muerte de Pedro. Las declaraciones de Pedro en 3:15-16 demandan por lo menos que Pedro hubiera leído aquellos escritos de Pablo accesibles al tiempo de la propia redacción de Pedro. Este podría haber encontrado estos escritos a través de sus múltiples viajes.

Aquellos que niegan la autoría de Pedro para esta segunda carta no han tenido éxito en demostrar de qué manera un autor seudoepigráfico podía evitar ser considerado deshonesto. A pesar de algunas dificultades es mejor aceptar la autoría de Pedro para esta epístola.

Fecha. Pedro anticipó que su muerte sería pronto (1:14-15). Si asumimos que Pedro escribió tanto 1 como 2 Pedro, podemos observar que él se refirió en este segundo escrito a los mismos lectores (3:1). Hay poca información específica por la cual arribar a una fecha exacta, pero parece posible que 2 Pedro fue escrita poco después de 1 Pedro. Parece aceptable un tiempo de mediados a fines de la década del 60 d.C., poco antes de la muerte de Pedro.

Receptores. Esta carta no está dirigida en forma específica como sí lo está 1 Pedro. Si asumimos que Pedro escribió la carta, la expresión "la segunda carta" (2 Ped. 3:1) indicaría que él estaba escribiendo al mismo grupo que recibió la primera carta. La declaración en 1:16 sugiere que Pedro había hablado o predicado a este grupo, pero no tenemos conocimiento de cuándo o cómo ocurrió esto. Parece mejor sugerir que Pedro escribió a iglesias ubicadas en la parte norte de Asia Menor.

La carta contiene poca indicación de dónde estaba Pedro cuando escribió. Podemos dejar esto como una cuestión abierta, porque una decisión sobre este asunto no afecta nuestra interpretación del libro.

Tema. El énfasis de la carta podemos observarlo en la exposición de la obra de maliciosos falsos maestros (2 Ped. 2). Mientras que la primera carta de Pedro trató con la oposición externa a los lectores, esta carta enfoca la atención en la oposición interna dentro de la iglesia.

En el capítulo 1, Pedro instó a sus lectores a crecer en la fe, la virtud, el entendimiento, el dominio propio, la constancia, la devoción a Dios, el afecto fraternal y el amor (2 Ped. 1:5-9). Los cristianos que crecían no serían susceptibles a la influencia herética.

En 2 Pedro 2 él describió los errores morales de los herejes, y en 2 Pedro 3 expuso el error doctrinal de estos en la negación del retorno de Jesús. Concluyó con una apelación al crecimiento como antídoto a la herejía perniciosa.

Forma literaria. Varios pasajes en 2 Pedro indican que el apóstol escribió a una congregación específica (2 Ped. 1:16; 2:1; 3:1). Toda la carta es una dura advertencia contra los falsos maestros y una solicitud a crecer y madurar. Pedro hizo poco uso del Antiguo Testamento en sus citas (ver 2 Ped. 2:22), pero hay alusión frecuente a personajes y eventos del Antiguo Testamento (2 Ped. 2:4-8).

I. Saludos (1:1-2)
II. Provisiones de Dios (1:3-21)
III. Peligro (2:1-22)
IV. Esperanza (3:1-13)
V. Mandamientos finales (3:14-18)

Propósito y teología. Pedro sentía fuertemente que su muerte estaba cerca (2 Ped. 1:14-15). Quería dejar un testamento espiritual que proveyera una instrucción útil después de su partida. Les advirtió contra el carácter y la enseñanza falsa de los herejes que se infiltrarían en la iglesia (2:1-19; 3:1-4). Para protegerlos contra esos errores, los instó a desarrollar virtudes cristianas apropiadas (1:3-11) y a crecer en forma constante en la gracia de Dios (3:17-18).

Pedro tenía un alto concepto de las Escrituras (1:19-21) y consideraba los escritos de Pablo como "Escrituras" (3:16). Designó a Jesucristo como "Salvador" y "Señor" (1:1-2), y bosquejó lo que él observó en la transfiguración de Jesús (1:16-18). Afirmó el retorno de Cristo (3:1-4) y declaró el control soberano de Dios sobre los eventos de la historia (3:13). Utilizó la certeza del retorno de Cristo como un incentivo para apelar a una vida piadosa (3:14).

SALUDOS (1:1-2)

Pedro se identificó como siervo y apóstol de Jesucristo. Dirigió sus palabras a aquellos que habían recibido la fe en Cristo. Sus referencias en 1:16; 2:1 y 3:1 sugieren que tenía una congregación específica en mente. Pedro deseaba que sus lectores experimentaran el favor amoroso de Dios y la integridad espiritual en razón de su claro y personal conocimiento de Jesús.

LAS PROVISIONES DE DIOS (1:3-21)

Pedro presentó cuatro fuentes de poder para el desarrollo espiritual de sus lectores.

Él quería que el compromiso de sus lectores fuese una experiencia palpitante y pulsante que madurara en su comprensión.

Primero, señaló el llamado y la elección de sus lectores. La posición especial de ellos en el plan de Dios había provisto una unión con Cristo que les permitía vencer la corrupción moral del mundo. El nuevo nacimiento de estos lectores y su recepción de las bendiciones de Dios proveían un incentivo para nutrir sus vidas con ocho cualidades del carácter cristiano. Si los lectores de Pedro desarrollaban estas virtudes cristianas, ellos no caerían en la ruina espiritual, y tendrían una entrada gloriosa a la presencia de Dios.

Segundo, Pedro mencionó su propio testimonio como un incentivo para el crecimiento espiritual. El uso que hace Pedro del tiempo futuro puede sugerir que él estaba considerando la posibilidad de escribir un documento en el futuro para recordar toda su enseñanza a los lectores. Pedro sentía que su muerte próxima hacía necesaria la redacción de este testamento. Él tenía la intención, en tanto que estuviera vivo, de estimular a sus amigos a un compromiso devoto mediante repetidos recordatorios.

Como una tercera fuente de poder Pedro mencionó la majestuosa gloria de Cristo. Los receptores de 2 Pedro posiblemente habían encontrado a aquellos que se burlaban de la idea de un Cristo poderoso y celestial que podía fortalecerlos para una vida piadosa. Pedro había sido testigo ocular de la majestad de Cristo en la transfiguración. Él podía testificar que la gloria de Jesús era una realidad que ellos podían experimentar.

Una última fuente de poder para los lectores era el mensaje profético de las Escrituras. Pedro sintió que la transfiguración y otros eventos en la vida de Jesús hacían más seguro y cierto el cuadro escriturario de Jesús. Los cristianos pueden encontrar guía en esta palabra hasta que Cristo retorne en persona. Pedro declaró que las Escrituras son confiables porque ellas tienen un origen divino antes que humano.

PELIGRO (2:1-22)

Pedro utilizó palabras pictóricas para advertir a sus lectores del peligro que confrontaban por parte de maestros falsos. En 2:1-3 describió la inmoralidad y la avaricia de los falsos maestros. En 2:4-9 utilizó ejemplos de juicio sobre el pecado en el Antiguo Testamento con el objeto de mostrar la certeza del castigo de los seguidores de los falsos maestros. Describió la condena divina de los ángeles que pecaron (v. 4), el juicio del mundo en la época de Noé (v. 5), y la destrucción de las ciudades de Sodoma y Gomorra. Prometió liberación para los piadosos al referirse a la preservación de Noé y Lot. Denunció el orgullo, la lujuria y la avaricia de los herejes. Indicó que aquellos que seguían las enseñanzas vacías de los herejes estaban engañados por promesas huecas.

En 2:20-22 Pedro advirtió que aquellos que habían hecho un compromiso superficial con Cristo y habían vuelto al pecado estaban en un estado más culpable que antes de su respuesta. Los maestros falsos habían experimentado algún conocimiento de la verdad cristiana, lo que les había dado una victoria breve sobre la corrupción del mundo. Un conocimiento verdadero de Jesús los habría afectado de manera permanente. Ellos estaban en una condición peor porque se habían vuelto de la verdad de Cristo que alguna vez habían recibido. Esa condición de rechazo voluntario hizo de su desobediencia una experiencia mucho más digna de culpa. Los dos proverbios en el v. 22 muestran la necedad de retornar a un estilo de vida de desobediencia después de una respuesta inicial a favor de Cristo. Pedro apenas usaría los términos "perro" y "puerca" en relación a creyentes. El paso del tiempo había demostrado que los falsos maestros habían fingido fe en Cristo, pero ésta no era genuina.

Esperanza (3:1-13)

Pedro se refirió a un error doctrinal de los falsos maestros: su negación del retorno de Jesús. En 3:1-4 él recordó a sus lectores el incentivo a la obediencia provisto por la promesa del retorno de Jesús. Los falsos maestros miraban con escepticismo tales promesas porque la estabilidad del universo no indicaba que Dios iba a irrumpir nuevamente en la historia.

Pedro respondió a las negativas de los herejes al sugerir que la regularidad presente del mundo no era un argumento para la continuación permanente en la misma forma. El Dios que mantenía al universo integrado por su palabra podía alterarlo con la misma palabra. A favor de una creencia en el retorno de Jesús, Pedro también señaló que Dios concebía al tiempo de manera diferente de los seres humanos. La verdadera explicación para la demora del retorno de Cristo era permitir una oportunidad a los pecadores para responder en fe a Jesús. Pedro creyó que la promesa de Cristo de regresar podía ser cumplida con poder destructivo en un tiempo cuando los pecadores menos lo esperaban.

Que Jesús prometiera regresar podía proveer fortaleza para una nueva actitud de santidad y compromiso. Pedro sugirió que los cristianos podían "acelerar" el retorno de Jesús por medio de un renovado vigor en la evangelización y en una vida devota.

Mandamientos finales (3:14-18)

Pedro recordó a sus lectores que una anticipación del futuro retorno de Cristo llevaba consigo el incentivo de llamar a una vida santa. Se refirió a los escritos de Pablo como un apoyo para la creencia de Pedro de que la paciencia divina era un factor en la demora del retorno de Jesús. Muchos ven una referencia de Pedro a Romanos, pero Pedro dejó sin mencionar su fuente paulina. Pedro reconoció la dificultad de

algunas enseñanzas de Pablo, pero sugirió su autoridad al calificarlas como "Escrituras". Pedro valientemente declaró que sus receptores podían protegerse espiritualmente mediante un crecimiento cristiano maduro. El "conocimiento" que ellos necesitaban era un desarrollo en la relación personal con Cristo.

Significado teológico. El énfasis permanente de 2 Pedro respecto a su llamado al crecimiento espiritual (cap. 1), su advertencia contra la enseñanza falsa (cap. 2), y su llamado a una vida santa en vista del seguro retorno del Señor (cap. 3) son tan relevantes para nuestra generación como lo fueron para la de Pedro. Cuestiones tales como éstas han recomendado a la carta para que la iglesia la reconociera como un escrito inspirado. Las dos cartas de Pedro ayudan a la iglesia a enfocar su respuesta tanto a la oposición externa (1 Pedro) como a los impíos que han entrado en la iglesia (2 Pedro).

Preguntas para la reflexión

1. ¿Estaba Pedro sugiriendo que las obras ganan salvación de parte Dios, o estaba él sugiriendo que ellas son prueba de la posesión de la salvación? ¿Cuál es la diferencia entre estas opciones (1:5-11)?

2. ¿Qué hizo Dios en relación a liberar a Noé y Lot de un compromiso con la tentación? ¿Te ha ayudado Dios de una manera similar?

3. ¿Enseñan los proverbios de 2:22 que las acciones demuestran la naturaleza de un individuo o que las acciones cambian la naturaleza de un individuo?

4. En 3:1-7 Pedro arguyó que tanto él como los falsos maestros observaron que había regularidad en la naturaleza. ¿Qué conclusiones opuestas extrajeron cada uno de esa regularidad?

5. Según 3:10-13, ¿qué podría producir la esperanza del retorno de Cristo en la vida de un cristiano?

1 JUAN

Los líderes en la iglesia primitiva asumieron que el apóstol Juan escribió esta carta, si bien el autor jamás se identifica por nombre. Policarpo, Ireneo y Tertuliano, todos ellos arguyeron a favor de la autoridad apostólica de esta epístola.

La evidencia que apoya una autoría apostólica es el vocabulario similar entre el Evangelio y la epístola. Términos tales como "luz" y "vida eterna" aparecen en ambos escritos. El autor declaró que él acompañó a Cristo durante su ministerio terrenal (1:1-4). La descripción que hace de sus lectores como "queridos hijos" (2:1) indica a una persona de suficiente autoridad como para dirigirse a su audiencia de esta manera. Todas estas características apuntan a una autoría apostólica. Algunos que cuestionan la autoría apostólica están a favor de la autoría de "Juan el anciano" mencionado por Eusebio (*Historia eclesiástica* 3.39). Algunos piensan que la expresión "Juan el anciano" es sólo una forma alternativa de referirse al apóstol Juan.

Fecha. Hay poco material específico disponible para una fecha precisa de 1 Juan. La tradición indica que Juan cumplió un ministerio importante en Éfeso. Por lo general la epístola es fechada durante ese ministerio. El nexo estrecho con el cuarto Evangelio demanda una fecha durante el mismo período que la redacción de ese Evangelio. La mayoría de quienes asumen una autoría común para el Evangelio y la epístola fechan la epístola a mediados de la década del 90.

Receptores. La carta no menciona ningún destinatario por nombre. La identificación de los lectores como "queridos hijos" (2:1) y "queridos hermanos" (2:7) sugiere que ellos eran un grupo bien conocido por Juan. Es mejor ver la carta como dirigida a un grupo de personas quizás en más de una comunidad asiática. Juan los conocía personalmente y escribió para advertirles sobre la infiltración de enseñanza falsa (4:1-2).

Tema. La epístola de Juan presenta tres criterios para probar la profesión cristiana de los maestros y también de los cristianos. Primero, los cristianos profesantes necesitaban presentar una conducta correcta actuando con rectitud (2:3-4). Segundo, debían demostrar amor como la actitud correcta de la vida cristiana (4:8). Tercero, necesitaban sostener el concepto correcto de Cristo como creencia apropiada (4:3). Aquellos que demuestran estas tres características tienen vida eterna. Juan repetiría estos tres temas varias veces en su epístola como prueba para determinar la presencia de la vida eterna.

Forma literaria. La carta carece de introducción y salutación por parte del autor. No expresa acción de gracias y carece de salutación al final. El autor jamás mencionó el nombre de otro cristiano en el escrito. Jamás citó el Antiguo Testamento. La epístola se parece a un sermón, pero en algunas secciones hay indicaciones claras de que Juan escribió a personas específicas con problemas específicos (2:1,26).

El estilo de redacción presenta mucha repetición, a veces con una fraseología simple en extremo. Juan alternó énfasis sobre la necesidad de una actitud correcta, una conducta correcta y una creencia correcta. Juan pensaba que la práctica de estos patrones demostraba la posesión de la vida eterna y distinguía a los creyentes de los no creyentes.

Propósito y teología. Juan escribió para fortalecer la alegría (1:4) de sus lectores y para darles seguridad de su relación con Jesucristo (5:13). Él también quería prepararlos para tratar con los falsos maestros (4:1-3).

Juan defendió la autenticidad de la humanidad de Cristo (1:1-2), y llamó "anticristos" a aquellos que cuestionaban la realidad de la encarnación (4:1-3). Él presentó la muerte de Cristo como un sacrificio expiatorio por los pecados (2:2), y enseñó sobre el retorno de Cristo (2:28). Negó la idea de que los cristianos podían hacer del pecado una práctica (3:8-9) y llamó a una demostración de la realidad de la fe mediante el ministerio (3:16-18).

Juan se opuso tanto a la laxitud moral como a los errores teológicos y se centró en torno a la persona y la obra de Cristo. Se opuso al docetismo, la negación de la realidad del cuerpo de Cristo, enseñando que él había oído, visto y tocado a Cristo (1:1). Él también enfatizó que el mismo Jesucristo era el Hijo de Dios tanto en el bautismo como en la crucifixión (5:6).

COMUNIÓN CON DIOS (1:1–2:6)

Juan comenzó la epístola con una proclamación del mensaje apostólico. Proclamó la preexistencia y la humanidad genuina de Cristo. Declaró que era un testigo confiable del mensaje de Jesús. En el v. 4 él expresó que producir alegría en sus lectores era uno de los propósitos de su carta. Juan enfatizó que una experiencia plena de alegría dependía de una genuina comunión con Cristo.

En 1:5–2:6 Juan enfatizó la importancia de la acción correcta en la vida cristiana. Comenzó con una declaración del carácter divino en 1:5-7. Juan declaró que Dios se había revelado como un Dios de pureza perfecta. Cualquiera que desea comunión con Él debe caminar en obediencia a su voluntad revelada. Juan explicó que quienes negaban la práctica del pecado estaban engañados, pero aquellos que admitían su pecado experimentaban perdón y limpieza.

Juan escribió estas palabras con el objeto de prevenir a sus lectores de cometer pecado. Él sentía que toda vez que nosotros cometemos pecado, Cristo actúa como un abogado en la presencia del Padre y asegura nuestra posición delante de Él (2:1). Cristo trabaja a favor de los creyentes tanto como un defensor y como un sacrificio expiatorio. Que Jesús fuera sin pecado lo califica para ser nuestro defensor y abogado.

Cristo se ofreció voluntariamente para servir como nuestro sacrificio para el perdón de pecados. La expresión "sacrificio por el perdón" a veces es traducida como "propiciación". El término sugiere que nuestro pecado contra Dios demanda que sea ofrecida alguna forma de sacrificio para satisfacer la santidad de Dios ofendida. La naturaleza de Dios demandaba esta propiciación, pero esa misma naturaleza fue movida con amor para proveerla. El amor del Padre lo llevó a proveer el sacrificio de su Hijo.

La revelación de la pureza y la santidad de Dios llevó a Juan a enfatizar esa obediencia a los mandamientos de Dios que provee comunión con Dios. Aquellos que gozan de comunión con Dios deben seguir en el amor, la santidad y el servicio que caracterizó a Cristo.

NUEVO MANDAMIENTO (2:7-17)

Juan enfatizó la importancia de una actitud correcta como evidencia del cristianismo

EXPIACIÓN

La palabra *expiar* significa *obrar reconciliación*. Generalmente la palabra expiar se refiere a la condición de "reconciliación". Específicamente la palabra es usada para referirse al proceso por el cual son removidos los obstáculos para tal reconciliación. La Biblia entera demuestra que fuera de alguna acción de expiación, la humanidad está separada de Dios. Este alejamiento, producido por el pecado, debe ser remediado.

En el Antiguo Testamento *expiar* y *expiación* están basadas en el hebreo *kpr*, que significa *cubrir* o, como algunos han sugerido, *limpiar*. Las palabras basadas en *kpr* se encuentran básicamente en el Pentateuco con unas pocas referencias en otras partes. La Septuaginta tradujo *kpr* y sus derivados básicamente con la familia de palabras que contiene a *exilaskomai*, *exilasmos* y *hilasterion*.

La palabra *expiación* no se encuentra en la mayoría de las traducciones castellanas del Nuevo Testamento. (No obstante, en la NVI aparece "expiar", "sacrificio de expiación", "lugar de expiación", y "sacrificio expiatorio". Notar también que *katallage* en Romanos 5:11 es traducido por la NVI como "reconciliación", como se ve en todas las traducciones modernas.)

El concepto de expiación penetra la trama del pensamiento del Nuevo Testamento. Aquí la expiación está centrada en la encarnación de Cristo y especialmente en su obra en la cruz. El Nuevo Testamento presenta a los seres humanos en su condición natural como totalmente separados de Dios. Ellos "por su actitud y sus malas acciones, estaban alejados de Dios y eran sus enemigos" (Col. 1:21). Este alejamiento de Cristo y su hostilidad hacia Él es la presuposición básica que presenta la antropología del Nuevo Testamento. Presenta gráficamente la necesidad de expiación de la humanidad. La causa del alejamiento humano es la rebelión persistente a la voluntad de Dios. La santidad y la justicia de Dios dejan en claro que el pecado no puede ser ignorado; el pecado tiene su retribución. "La paga del pecado es muerte" (Rom. 6:23). Fuera de la intervención y la provisión de Dios, la humanidad es totalmente impotente para remediar la situación (Rom. 5:6,8). Los pecadores están "muertos en sus transgresiones y pecados" (Ef. 2:1).

Dios provee la liberación de aquello que mantiene a la humanidad alejada de Él. En su compasión y su amor infinitos, Él provee expiación en la persona de Jesucristo. El propósito declarado en la encarnación era que Jesús venía "a buscar y a salvar lo que se había perdido" (Luc. 19:10). La obra expiatoria de Cristo está conectada particularmente con su muerte en la cruz. "Fuimos reconciliados con él (Dios) mediante la muerte de su Hijo" (Rom. 5:10). Esta muerte proveyó "expiación que se recibe por la fe en su sangre" (Rom. 3:25).

---

genuino. Un creyente amará a los hermanos cristianos y no al mundo.

Juan indicó que el mandamiento de amar a otros era un mandamiento nuevo. Es nuevo en el sentido de que el propio ejemplo de amor de Cristo llenó el mandamiento con nuevo significado y aplicación. La respuesta al mandamiento de amar indica si hay un cristianismo genuino. Alguien que habitualmente fracasa en amar a otros muestra que vive en la oscuridad del pecado y no en la luz de la presencia de Dios.

En 2:12-14 Juan aseguró a sus lectores que ellos recibían fuerza y ayuda de la Palabra de Dios para guiarlos en sus luchas

espirituales. En 2:15-17 Juan instó a sus lectores a no amar el estilo de vida pagano y egoísta que los rodeaba. Tal amor mundano excluía el amor hacia Dios y llevaba a los cristianos a enfocarse en un estilo de vida que no iba a permanecer.

ENSEÑANZA FALSA (2:18-28)

Juan enfatizó la importancia de una creencia correcta como indicador de un cristianismo genuino. El término "anticristo" describía a aquellos que quebrantaban la comunión en las iglesias al sostener una doctrina equivocada en cuanto a Cristo. Las creencias distintivas de estos falsos maestros se encuentran en los vv. 22-23.

Dios es la fuente de la expiación. En el Antiguo Testamento Dios había provisto el sistema sacrificial para efectuar la reconciliación, pero en el Nuevo Testamento Dios no sólo inicia la expiación sino que Él también la completa. El Hijo misericordioso no está abogando por los derechos de la humanidad en contra del Padre severo que da perdón sólo a regañadientes. "En Cristo, Dios estaba reconciliando al mundo consigo mismo" (2 Cor. 5:19).

El resultado de la expiación es que la brecha entre Dios y la humanidad ha sido salvada. La comunión con Dios es restaurada porque aquello que la interrumpido esa relación ha sido removido. A través del sacrificio de Cristo no solo es removido el pecado de la humanidad, sino nosotros también somos liberados de nuestra anterior "vida absurda" (1 Ped. 1:18). Otra consecuencia de la expiación es que en Cristo el individuo es liberado del egoísmo y capacitado para vivir con Cristo

como Señor (Rom. 14:9; 2 Cor. 5:15).

El Nuevo Testamento presenta un tesoro rico y variado de expresiones en cuanto a la expiación. Las palabras *hilasterion, hilaskomai* y *hilasmos* vienen de una raíz que significa *aplacar* o *propiciar.* En Romanos 3:25 la palabra *hilasterion* es traducida como "propiciación" en la RVR60 y BJ. Es traducida como "sacrificio de expiación" por la NVI. En Hebreos 9:5 la misma palabra es traducida como "propiciatorio" por la RVR60 y LBLA y "lugar de la expiación" por la NVI. En Hebreos 2:17 la palabra *hilaskomai* es traducida como "propiciación" por la LBLA y "expiar" por NVI y BJ. La misma palabra en Lucas 18:13 es traducida como "ten compasión" en NVI y BJ, "sé propicio" en RVR60, y "ten piedad" en LBLA.

Tanto en 1 Juan 2:2 como en 4:10 la palabra *hilasmos* es traducida como "sacrificio por el perdón de" en NVI y "propiciación" en RVR60, LBLA y BJ.

Hay una segunda familia de palabras que contiene *lytron, lytroo, apolytrosis* y *antilytron* y que debe ser explorada. La primera de estas palabras es bien entendida como "rescate" por la RVR60; la segunda es traducida como "redimir" o "redimido"; la tercera y la cuarta como "rescate". El estudiante de la Biblia debe considerar también la terminología sacrificial aplicada a Cristo.

El pecado efectivamente mantiene alejadas a las personas de Dios. En su obra expiatoria Dios ha asegurado la reconciliación a través de la obra de Jesucristo. "Porque Cristo es nuestra paz:... derribando mediante su sacrificio el muro de enemistad que nos separaba,... al hacer la paz, para reconciliar con Dios a ambos en un solo cuerpo mediante la cruz, por la que dio muerte a la enemistad" (Ef. 2:14-16). En Cristo la expiación por el creyente ha sido completada.

Los creyentes tenían seguridad contra la enseñanza falsa de los anticristos en razón de tres fuentes de fortaleza. Primero, tenían la unción del Espíritu Santo. Esta proveía la capacidad de entender las cosas espirituales. Segundo, habían hecho un compromiso personal con el mensaje cristiano. Tercero, estaban viviendo en unión con Jesucristo.

VIVIR CON RECTITUD (2:29–3:10)

Juan enfatizó nuevamente la importancia de la acción correcta como una demostración del compromiso cristiano. Los creyentes en Cristo que habían sido engendrados divinamente tenían el privilegio de

experimentar el amor de Dios y de vivir como miembros de su familia. Ellos debían demostrar su membresía familiar mediante una vida recta. Juan indicó que Cristo había venido a quitar nuestros pecados (3:5). Jesús había muerto con el propósito de hacer que nosotros dejáramos de pecar.

Juan señaló que la persona que hacía del pecado una práctica jamás había conocido a Cristo. En el v. 9 indicó que la experiencia de un creyente en la conversión hacía de la práctica del pecado una imposibilidad moral. Juan no estaba sugiriendo que un cristiano jamás cometería un acto de pecado. Pero sí indicó que un creyente no podía vivir en la práctica del pecado.

EL VALOR DE LA VIDA HUMANA

¿Qué significa ser humano? ¿Qué quiere decir la condición de persona? ¿Es moralmente justificable en algún caso quitar la vida humana? Estas y otras preguntas cargadas emocionalmente, ya que giran en torno a la cuestión permanente del valor de la vida humana, son destacadas de nuevo en los debates corrientes en cuanto a una hueste de complejas cuestiones éticas.

La Biblia claramente plantea un alto concepto del valor de la vida humana. Sin embargo, en contraste con muchas perspectivas contemporáneas, las Escrituras no fundamentan esta evaluación en la sociedad ni siquiera en la persona humana, por importante que esta sea, sino directamente en la actividad creadora de Dios. Esta actividad da a los seres humanos un lugar especial en la creación, tan especial como que llevan la imagen de Dios.

Estos temas resuenan en los primeros capítulos de la Biblia. El primer relato de la creación informa el propósito de Dios según está expresado en el sexto día de la semana de la creación: "Hagamos al humano a nuestra imagen" (Gén. 1:26). El propósito de Dios alcanza su plenitud en la creación de los seres humanos (varón y mujer), como resultado, les hizo participar de la imagen divina. Génesis 1 y 2 indican que la imagen de Dios en el hombre es un concepto multifacético. Se refiere a la responsabilidad de actuar como mayordomos sobre la creación. Incluye también la naturaleza relacional de los seres humanos: somos creados para vivir juntos en comunidad unos con otros y con Dios. Como resultado, la vida humana tiene valor porque Dios ha entrado en un pacto con los hombres, asignándoles un propósito especial, un papel específico en el plan divino de la creación.

La creación a la imagen de Dios subsiguientemente se transformó en una parte integral del concepto hebreo. Ella constituye una base para las demandas bíblicas de un tratamiento justo de los demás. El pacto de Dios con Noé después del diluvio, por ejemplo, incluye un castigo serio para el asesinato, basado en una apelación a la creación de cada persona a la imagen divina (Gén. 9:6). La idea estaba tan insertada que Santiago podía declarar naturalmente a sus lectores hebreo-cristianos originales: "Con la lengua bendecimos a nuestro Señor y Padre, y con ella maldecimos a las personas, creadas a imagen de Dios" (3:9). Él apeló a la creación humana a la imagen divina como base para respetar a otros humanos incluso en nuestra forma de hablar los unos acerca de los otros.

No obstante, la creación a la imagen de Dios y el resultante valor de la vida humana como consecuencia de la caída es incompleto sin la orientación futura que da a la vida el Nuevo Testamento. Para Pablo, Jesucristo es preeminentemente la imagen de Dios (2 Cor. 4:4; Col. 1:15).

Los creyentes participan verdaderamente de la imagen en la que ellos son transformados a la semejanza de Cristo (2 Cor. 3:18), un proceso dirigido hacia la venida del reino de Dios con el retorno de Cristo (1 Juan 3:2). Como resultado, el valor de la vida humana está basado en el propósito de salvación de Dios, dirigido al total cumplimiento futuro de todas las actividades de Dios. En ese punto los propósitos de Dios en la creación del hombre encontrarán su plena realización.

Sobre la base de estas consideraciones, el valor de la vida puede y debería ser visto como concedido por Dios a todos los humanos como un don de Dios. La vida humana es valiosa en razón de que todas las personas son objeto del amor de Dios en Cristo y son potenciales participantes del reino de Dios. Dios llama a todos los hombres y a la sociedad a reconocer el valor que Él y solo Él ha colocado en cada ser humano.

La conclusión del v. 10 señala la importancia de una conducta recta y también subraya la importancia de amar a otros creyentes. Este versículo hace una buena transición entre la enseñanza sobre la acción correcta y la presentación de la actitud apropiada, una actitud de amor.

PRIORIDAD DEL AMOR (3:11-24)

Juan mencionó la importancia de demostrar

una actitud apropiada, el amor, como evidencia de una fe genuina. Juan presentó al amor como la prueba de que hemos pasado de muerte a vida. Él ubicó la principal revelación del amor en la muerte sacrificial de Jesucristo. La manera principal en la que nosotros como creyentes demostramos nuestro amor es mediante la bondad y la misericordia en el ministerio a otros.

En los vv. 19-24 Juan indicó que nuestro amor lleva consigo seguridad en nuestra posición para con Dios. Si demostramos este amor, somos capaces de hacer descansar nuestro corazón en la presencia de Dios. Ese amor llevará consigo una experiencia de confianza delante de Dios y también una segura efectividad en la práctica de la oración.

ENSEÑANZA FALSA (4:1-6)

Juan expresó la importancia de una creencia correcta como una evidencia de un cristianismo genuino. Juan estaba hablando a personas que pretendían ser cristianas pero que hablaban como oponentes mortales al cristianismo. Él también se estaba refiriendo a servicios en la iglesia mucho más informales que los nuestros. En estos cultos tempranos los visitantes se podían parar y pretender hablar por el Espíritu de Dios. Juan quería proveer de dirección para distinguir entre los verdaderos y los falsos.

Juan dirigió a sus lectores a probar las palabras de aquellos que pretendían hablar por Dios en razón de la posibilidad de la presencia de profetas falsos (v. 1). La prueba por la cual las declaraciones debían ser juzgadas era la aceptación de Jesucristo como el Hijo encarnado de Dios. Al tiempo que sus lectores luchaban con la presencia de enseñanza falsa, Juan les aseguró que la victoria finalmente les pertenecía. Él también indicó que el mensaje de los falsos profetas atraería a una audiencia que era voraz en su aceptación de la falsedad.

AMOR DE DIOS (4:7-21)

En esta sección Juan nuevamente subrayó la importancia de una demostración del amor. Él presentó al amor como una disposición que se originaba en la naturaleza divina.

Juan apeló a que los creyentes amaran por dos razones. Primero, tal amor tiene su fuente y dinámica en Dios. Segundo, Dios se caracteriza por el amor. Ambas razones se mezclan de modo que una se mete dentro de la otra. La grandeza del amor divino por nosotros nos deja un incentivo para amarnos unos a otros. Nuestra práctica del amor unos por otros es una evidencia de que el amor de Dios por nosotros ha alcanzado su meta.

En los vv. 13-16 el apóstol se refiere a la relación entre el amor y la presencia de Dios. Sugirió que no sólo es suficiente saber que Dios es amor. Los creyentes deben vivir diariamente en la esfera del amor divino. Al hacerlo ellos viven en forma genuina en la presencia de Dios y tienen a Dios viviendo en ellos.

En los vv. 17-21 Juan mencionó dos evidencias de la presencia de un fruto maduro de amor en la vida del cristiano. Primero, tal amor provee confianza para el día del juicio venidero. Segundo, este amor conduce a un interés genuino por los hermanos cristianos.

VICTORIA DE LA FE (5:1-12)

Juan comenzó esta sección declarando la principal confesión de fe que debería caracterizar a los cristianos como aquellos que creen que Jesús es el Mesías, el Hijo de Dios. Los cristianos genuinos demuestran esto mediante su amor por Dios y la obediencia a sus mandamientos. La fe que provee fortaleza para la victoria espiritual es la fe en Jesús como el Hijo encarnado de Dios.

En el v. 6, Juan bosquejó más específicamente quién es Jesús como el Hijo de

Dios. Los oponentes de Juan sostenían que Jesús era sólo un hombre a quien vino el Espíritu del Cristo divino en el bautismo y de quien este Espíritu se apartó antes de la crucifixión. Juan enseñó que Jesús era el divino Hijo de Dios tanto en el bautismo como en la crucifixión, y a lo largo de todo el curso de su vida.

En los vv. 7-12 Juan mostró que nuestra fe en Jesucristo tiene buen fundamento. El texto de la RVR60 hace una referencia a la Trinidad en el v. 7 que la mayor parte de las traducciones modernas (como la NVI) omite. Las mejores traducciones de los vv. 7-8 sugieren que el Espíritu, el agua y la sangre todos ellos se unen en su testimonio de Cristo. El Espíritu presentó su testimonio en el bautismo de Jesús y a lo largo de todo el ministerio de Jesús. Los términos "agua" y "sangre" son una referencia, respectivamente, al bautismo y la muerte de Cristo. Juan también se refirió al testimonio del Padre y al testimonio de la experiencia personal. La verdad de la que todos los testimonios precedentes testifican es que la vida eterna está disponible sólo a través del Hijo de Dios, Jesús.

VIDA ETERNA (5:13-21)

En 5:13 Juan indicó que él había escrito esta epístola para llevar a los creyentes a la seguridad de que ellos poseían vida eterna. Juan sugirió que la seguridad de ser aceptados por Dios provee seguridad en cuanto a recibir respuestas a la oración. Él instó a los cristianos a que practicaran la oración intercesora, en especial por otros creyentes atrapados en los engaños del pecado. Juan concluyó con la declaración de que la muerte de Jesús había hecho posible la santidad en la vida de cada cristiano, el nuevo nacimiento y un conocimiento genuino de Dios.

Significado teológico. Esta carta habla de manera significativa a los cristianos contemporáneos. Hay muchas personas que profesan conocer a Dios y tienen comunión con Él pero no demuestran esta fe en absoluto. Las pruebas de Juan en cuanto a la obediencia, el amor y la creencia proveen advertencias para los infieles y seguridad para los creyentes genuinos. Para estar seguro de que conocemos a Dios, debemos guardar sus mandamientos. Si carecemos de amor por otros, esto indica que no conocemos el amor de Dios en nuestros corazones. Básicamente debemos creer lo correcto acerca de Jesucristo. Él es el Cristo, el Hijo de Dios, quien ha venido en la carne. Esta tríada importante llama a la iglesia contemporánea a una fe fuerte y equilibrada. Debemos crecer más y más fuertes en todas las áreas de nuestra vida cristiana.

Preguntas para la reflexión

1. Enumerar las tres evidencias de la vida eterna que Juan destacó en esta epístola.

2. ¿Quiénes eran los "anticristos"? ¿Qué verdad doctrinal especial negaban ellos?

3. Enumerar los propósitos para la redacción de 1 Juan según las declaraciones de 1:3-4 y 5:13.

4. Cuando Juan instó a sus lectores a mostrar amor por un hermano cristiano (3:17-18), ¿qué tipo de demostración de amor estaba procurando él?

2 JUAN

La brevedad y falta de un destinatario específico para 2 Juan llevaron a su olvido en la iglesia primitiva. Pocos líderes cristianos tempranos hicieron referencia a ella, pero algunos sabían de la epístola. Eusebio la colocó junto a 3 Juan entre los libros disputados del Nuevo Testamento, pero después de un tiempo ambos escritos por lo general fueron recibidos con poco cuestionamiento.

El escritor se describe a sí mismo como "el anciano" y muchos han visto esto como un título afectuoso para el anciano apóstol Juan. Esta epístola tiene similitud de estilo y vocabulario con 1 Juan y con el Evangelio de Juan. La enseñanza falsa de 2 Juan 7 es similar a la de 1 Juan 4:1-3. Algunos han pensado que un desconocido "Juan el anciano" redactó este escrito, pero este anciano es una figura oscura cuya existencia es incierta. Es mejor ver al apóstol Juan como el anciano que escribió estas palabras.

Fecha. El intervalo entre la redacción de 1 Juan y 2 Juan no fue grande. La enseñanza falsa que Juan había mencionado en 1 Juan 4:1-3 todavía era un problema para los lectores de 2 Juan. Una fecha a mediados de la década del 90 parece probable.

Receptores. Juan escribió a "la señora elegida y a sus hijos" (RVR60). Puede ser una referencia a una amiga personal de Juan. Algunos han señalado que el uso de "señora" en los vv. 1,5 y la descripción de sus hijos en los vv. 1,4 son evidencia para tomar el término en referencia a una persona. Algunos incluso han nombrado a la mujer como "Kyria" (la palabra griega para "señora") o "Electa" (la palabra griega para "elegida").

Otra interpretación probable es ver a "señora" como una personificación de una iglesia local y sus miembros. La palabra griega para "iglesia" está en el género femenino.

Este género es usado normalmente al hablar de la iglesia. Incluso es más probable que una iglesia tuviera reputación por la verdad y no una sola familia (2 Juan 4).

Tema. Juan mencionó temas gemelos al escribir 2 Juan. Primero, instó a sus lectores a practicar el amor unos con otros (2 Juan 5). Segundo, los llamó a practicar la verdad al afirmar la doctrina correcta en cuanto a Jesús (2 Juan 7-11).

Forma literaria. El escrito es más claramente una carta que el de 1 Juan. El autor mencionó receptores específicos y también incluyó una salutación final. Escribió a una comunidad específica con un problema doctrinal. La epístola no contiene referencia o alusión alguna al Antiguo Testamento.

    I. Saludos (vv. 1-3)
    II. Aliento (vv. 4-6)
    III. Advertencia (vv. 7-11)
    IV. Conclusión (vv. 12-13)

Propósito y teología. Los maestros falsos a quienes Juan denunció negaban la humanidad verdadera de Jesucristo. Su error específico era posiblemente el docetismo, una negación de la realidad del cuerpo humano de Jesús. Los maestros falsos viajaban entre las iglesias y tomaban ventaja de la hospitalidad cristiana. Juan esperaba que sus lectores ofrecieran hospitalidad a los cristianos que viajaban, pero instó a sus lectores a rehusar tal hospitalidad a los herejes itinerantes (vv. 10-11).

Juan también instó a sus lectores a practicar el amor unos por otros. Este amor los llevaría a caminar en obediencia a los mandamientos de Dios (vv. 5-6).

SALUDOS (vv. 1-3)

Juan se describió a sí mismo como un "anciano". El término puede referirse a un título oficial (1 Ped. 5.1) o puede describir a Juan afectivamente como un hombre viejo.

Juan designó a sus destinatarios como "la señora elegida y a sus hijos" (RVR60). Algunos han pensado que su nombre era "Kyria" y otros han escogido "Electa". Si el nombre de ella era "Electa", tendríamos que decir que ella también tenía una hermana del mismo nombre. Si se trataba de una persona, ella posiblemente sería anónima. La frase es más probablemente una referencia a alguna iglesia local sobre la cual el anciano tenía autoridad. Los "hijos" eran los miembros de esa iglesia. La declaración de Juan de amor y el mandamiento a amar serían más adecuados para una iglesia que para una persona. El mandamiento de no alojar a maestros falsos es también más adecuado para una iglesia local que para un solo hogar.

La cuestión que unía a Juan con sus lectores era su amor común por la verdad (vv. 1b-2). La gracia indicaba la provisión de salvación por parte de Dios, y el don de Dios de misericordia demostraba la profunda necesidad humana de misericordia. La paz es una descripción del carácter de la salvación.

ALIENTO (vv. 4-6)

Juan había encontrado a algunos hijos de la señora, quizás miembros de la iglesia, en su viaje. La conducta de ellos lo había impresionado. La reunión llevó a un solo pedido: amarse los unos a los otros. Ese pedido llevó a Juan a considerar la relación entre amor y obediencia. Si amamos a Dios, lo obedeceremos. Nuestro amor por Él se expresa en nuestra obediencia.

ADVERTENCIA (vv. 7-11)

Juan advirtió contra engañadores que alejaban a otros. La doctrina que ellos enfatizaban implicaba una negación de la encarnación. Los cristianos afirmaban la humanidad genuina de Jesús cuando decían: "Jesucristo ha venido en cuerpo humano". Jesús no llegó a ser Cristo con el bautismo o cesó de ser Cristo antes de su muerte. Él fue Cristo encarnado.

Juan advirtió a sus lectores contra perder su recompensa por el servicio fiel, al caer en error doctrinal (v. 8). Él afirmó que alguien que erraba en este punto importante no tenía a Dios.

Juan incluyó una advertencia adicional en los vv. 10-11. Advirtió contra proveer cualquier tipo de bienvenida oficial a aquellos que erraban en su doctrina de Cristo. Juan no promovió la intolerancia ni violó su apelación anterior de amarse los unos a los otros. Él estaba advirtiendo contra extender cualquier forma de apoyo a aquellos que erraban en la cuestión de la genuina humanidad de Cristo. No deberíamos aplicar las palabras de Juan para hacer que nos separemos de aquellos cuyas opiniones no nos agradan.

CONCLUSIÓN (vv. 12-13)

Si bien Juan tenía mucho para comunicar a sus lectores, él no quiso usar otra hoja de papiro para escribir. Prefirió hablar cara a cara de modo que no pudiese ser mal entendido. Anticipó un tiempo de una próxima visita de modo que ellos pudieran experimentar una alegría completa en el futuro.

La palabra de cierre de Juan en el v. 13 suena más como un mensaje de saludo de parte de los miembros de una iglesia a los destinatarios a quienes escribió.

Preguntas para la reflexión

1. ¿Cuál es la relación entre nuestro amor a Dios y nuestra desobediencia a Él (ver Juan 14:15)?

2. Muchos cristianos hoy usan el término "anticristo" para referirse a un líder poderoso del fin de los tiempos. ¿De qué manera el uso que hace Juan del término contrasta con esto?

3. ¿Sugirió Juan que debemos ser descorteses con aquellos con quienes no estamos de acuerdo doctrinalmente?

3 JUAN

Hay poca evidencia del uso de 3 Juan antes del siglo III. La brevedad y la falta de un destinatario específico para la carta habrían contribuido a su olvido. Eusebio clasificó la carta entre los escritos disputados del Nuevo Testamento, pero la iglesia llegó a aceptarla como un producto del apóstol Juan.

El uso del término "anciano" en común con 2 Juan hace posible que ambos escritos vinieran del mismo escritor. Las dos cartas hacen también referencia a la práctica de caminar en la verdad (2 Juan 4; 3 Juan 3). Estas prácticas similares junto con la opinión de los líderes cristianos tempranos hacen que la aceptación de la autoría apostólica sea la opción más sabia.

Fecha. Las similitudes ya mencionadas hacen posible que tanto 2 Juan como 3 Juan fueran escritas cerca del mismo tiempo. Es posible que el escritor se refiriera a 2 Juan en su declaración de escribir a la iglesia en 3 Juan 9. Sin embargo, no existe una evidencia escrituraria clara del orden de redacción de las dos cartas. Una fecha a mediados de los 90 parece más probable.

Receptores. Juan nombró al destinatario de 3 Juan (v. 1) pero no tenemos idea de la localidad específica a la que escribió. La tradición de la iglesia ha ubicado a Juan en Éfeso durante los últimos años de su vida. Parece razonable que esta sea una carta a algunas iglesias en Asia por las que Juan tenía responsabilidades pastorales. A partir de 3 Juan no es seguro que tanto Gayo como Diótrefes pertenecieran a la misma iglesia, pero ambos hombres probablemente vivían cerca el uno del otro.

Tema. Esta carta presenta un contraste entre la verdad y el servicio demostrados por Gayo y la arrogancia demostrada por Diótrefes. Juan enfatizó que la "verdad" era el tipo de conducta que concordaba con la doctrina que los cristianos profesaban (3 Juan 8). El comportamiento autocrático de Diótrefes violaba su conducta. Juan quería ponerle fin a sus prácticas de dominación.

Forma literaria. Este escrito tiene la forma de una carta típica. Tanto el autor como el receptor son identificados. Al final aparece una conclusión con una colección de salutaciones cristianas. La mala conducta de Diótrefes proveyó una ocasión específica para la redacción de la carta.

I. Saludo (v. 1)
II. La hospitalidad de Gayo (vv. 2-8)
III. Diótrefes (vv. 9-11)
IV. Una visita futura (vv. 12-14)

Propósito y teología. Juan escribió tanto para elogiar como para reprender. Él elogió a Gayo por su comportamiento abnegado y su hospitalidad cristiana. Él reprendió al dominante Diótrefes por sus prácticas dictatoriales. Él también alabó a Demetrio (v. 12), quien probablemente llevó la carta. La extensión de la carta ofrece poca oportunidad para la expresión teológica.

SALUDO (v. 1)

El uso que hace Juan del término "anciano" es igual al de 2 Juan. Es imposible determinar si Gayo era el mismo que otros mencionados por ese nombre en el Nuevo Testamento (ver Hech. 19:29; 20:4). Era uno de los nombres más comunes en el Imperio Romano.

LA HOSPITALIDAD DE GAYO (vv. 2-8)

Juan reconoció que el crecimiento espiritual de Gayo estaba progresando bien y deseaba que su salud pudiera estar en la misma condición. Algunos misioneros itinerantes ("hermanos"), probablemente enviados por Juan, habían elogiado a Gayo por su lealtad a la verdad del evangelio y su demostración de amor. Juan consideraba a Gayo como su hijo espiritual e indicó que el informe de su crecimiento espiritual lo llenaba de alegría.

Juan estaba temeroso de que la oposición agresiva de Diótrefes pudiera llevar a Gayo a abstenerse de mostrar hospitalidad a los creyentes que viajaban. Le pidió a Gayo que continuara con lo que había estado haciendo.

En razón de que no podemos saber si Gayo y Diótrefes asistían a la misma iglesia, no tenemos certeza en cuanto a la naturaleza de la advertencia de Juan respecto de Diótrefes. Si ambos hombres estaban en la misma iglesia, Juan puede haber elogiado a Gayo por no doblarse bajo Diótrefes. Si ellos estaban en iglesias vecinas, Juan pudo haber advertido a Gayo acerca de las acciones autoritarias de Diótrefes.

DIÓTREFES (vv. 9-11)

Juan denunció a Diótrefes por su orgullo, sus palabras perversas y su falta de hospitalidad en el trato de los misioneros cristianos itinerantes. Los motivos para las acciones de Diótrefes no parecen haber sido teológicos sino personales y morales. Diótrefes estaba dominado por la ambición personal.

Juan puede haber temido que Gayo siguiera descuidadamente el mal ejemplo de Diótrefes. Esto lo llevó a advertir a Gayo para escoger sus ejemplos cuidadosamente. Gayo debía seguir a los que practicaban el bien y no el mal.

UNA VISITA FUTURA (vv. 12-14)

Juan encomendó a Demetrio al cuidado de Gayo. Él elogió a Demetrio con la declaración de que "todos" hablaban bien de él.

El corazón de Juan estaba lleno de pensamientos e ideas para transmitir a sus lectores, pero él los retuvo en anticipo de una visita futura. Tenía mucho más que decir de lo que él podía incluir en una sola hoja del material para escribir que se conocía como papiro.

Preguntas para la reflexión

1. ¿Por cuáles acciones elogió Juan a Gayo? ¿De qué manera podemos imitar sus acciones hoy?

2. ¿Por cuáles acciones reprendió Juan a Diótrefes? ¿Qué formas tomarían hoy sus acciones de desobediencia?

JUDAS

El autor se identifica como "siervo de Jesucristo y hermano de Jacobo". Al presentarse como un hermano del medio hermano del Señor (Sant. 1:1), modestamente deja de mencionar su propia relación con Jesús (Mat. 13:55; Mar. 6:3). Algunos han identificado a Judas como "Judas hijo de Jacobo" (Luc. 6:16), pero el autor no mencionó ser apóstol. Al principio fue un incrédulo (Juan 7:3-5), pero aquí manifestó una fe vigorosa.

El uso frecuente del libro en la iglesia primitiva, especialmente en referencias de Tertuliano y Orígenes, lo hacen menos controvertido que 2 Pedro. Algunos encuentran su referencia a libros apócrifos como una causa para cuestionar su autenticidad.

Fecha. Las sugerencias para fechar esta carta varían ampliamente. Hay poca evidencia para tomar una posición concluyente.

Algunos señalan que la referencia a "la salvación que tenemos en común" (v. 3) implicaba un tiempo en el que los cristianos habían coincidido en cuanto a un cuerpo de doctrina ampliamente aceptado. Esto sería posterior al posible tiempo de vida de Judas. La referencia a esta fe común puede significar simplemente las creencias comunes sostenidas por todos los cristianos.

Otros han sugerido que la maldad de los falsos maestros descrita en los vv. 5-13 representaba un punto de vista gnóstico que recién apareció durante el siglo II. La descripción que hace Judas se aplicaría a cualquier herejía en la que la inmoralidad era prominente. Es posible ligar las referencias de Judas con una secta específica.

Receptores. En Judas no figuran destinatarios. Los lectores pueden haber sido judíos o gentiles que vivían en cualquier parte. Judas tenía una situación concreta en mente, pero es imposible localizarla en forma precisa. Las declaraciones de los vv. 17-18 han llevado a algunos a sugerir que los lectores conocían a apóstoles dentro de la región de Palestina. Esta es una hipótesis posible pero no demostrada.

Tema. Judas comenzó con la intención de disertar sobre el tema de la "salvación". El reconocimiento de la infiltración de falsos maestros llevó a Judas a enfatizar dos cuestiones. Primero, advirtió en contra y condenó a los falsos maestros que estaban influyendo fuertemente su área. Segundo, instó a sus lectores a una firmeza y un compromiso mayor.

Forma literaria. A pesar de la falta de un destinatario preciso, la carta de Judas está dirigida a una situación específica. Es más impersonal que las epístolas de Juan. Judas era afecto a mencionar cuestiones en tríadas (v. 2: "misericordia, paz y amor"; v. 11: Caín, Balaam y Coré). La doxología majestuosa provee una conclusión conmovedora de las palabras de Judas (vv. 24-25).

    I. Saludos (vv. 1-2)
    II. Ocasión para escribir (vv. 3-4)
    III. Estén alertas (vv. 5-16)
    IV. Resistan (vv. 17-23)
    V. Doxología (vv. 24-25)

Propósito y teología. Judas quería producir un mensaje sobre la salvación común que él compartía con sus lectores (v. 3). Su conocimiento de la aparición de la herejía lo llevó a cambiar su énfasis a una denuncia de la herejía que lo rodeaba. En los vv. 17-23 Judas ofreció dirección para detener el avance de la herejía entre sus lectores.

La epístola contiene poco contenido teológico porque el propósito era mayormente práctico. Una característica controversial de este libro son las referencias a los libros apócrifos de 1 Enoc (v. 14) y la Asunción de Moisés (v. 9). Algunos han visto estas referencias como un obstáculo para aceptar la autoridad de Judas, pero Pablo cito a un poeta pagano en Hechos 17:28. Él también se refirió a un escrito no canónico en 2 Timoteo 3:8. Judas parece haber visto estas referencias a la Apócrifa como autoritativas, y aparentemente aceptó la historicidad del incidente en la Asunción de Moisés. Él utilizó esas referencias como una ilustración más para substanciar sus puntos.

SALUTACIÓN (vv. 1-2)

Judas se identificó como un seguidor de Jesucristo y como "hermano de Jacobo". Judas es nombrado entre los hermanos de Jesús (Mar. 6:3). Su hermano Jacobo es el probable autor de la epístola de Santiago. Judas no ofreció el lugar geográfico de sus lectores, pero los presentó como aquellos que fueron "llamados", "amados por Dios", y "guardados por Jesucristo". Judas deseó a sus lectores una experiencia de la misericordia que les permitiera conocer los beneficios de la paz y el amor.

OCASIÓN PARA ESCRIBIR (vv. 3-4)

Judas se había preparado para escribir una carta sobre el tema de la "salvación" cuando supo de la entrada de falsos maestros. Instó a sus lectores a contender por la fe viviendo vidas piadosas y obedientes. Describió a los falsos maestros como hombres "impíos", que estaban condenados delante de Dios por causa de su negación del señorío de Jesús.

ESTÉN ALERTAS (vv. 5-16)

Judas describió a los herejes como merecedores del juicios de Dios así como lo habían

merecido los judíos incrédulos, los ángeles que pecaron y las ciudades de Sodoma y Gomorra.

Mostró que los falsos maestros estaban desafiando a Dios de manera arrogante por su conducta moral perversa. Ellos menospreciaban a las criaturas angélicas a quienes fracasaron en entender. Judas elogió el ejemplo del arcángel Miguel, quien no se metió con la protesta del diablo basándose en su propia autoridad. Judas utilizó este relato del libro apócrifo de la Asunción de Moisés para demostrar una actitud apropiada hacia lo sobrenatural.

En los vv. 10-13 utilizó ejemplos históricos del Antiguo Testamento para caracterizar a los falsos maestros como materialistas e inmorales. Ellos eran tan codiciosos como Balaam y tan rebeldes como Coré.

En los vv. 14-15 Judas citó una declaración de 1 Enoc para probar la realidad del juicio divino sobre los impíos. Judas no necesariamente estaba considerando a 1 Enoc como inspirado, pero él se estaba refiriendo a un libro que sus lectores conocían y respetaban.

RESISTAN (vv. 17-23)

Judas recordó a sus lectores que los apóstoles habían advertido contra la división y el vacío espiritual de los falsos maestros venideros. Los receptores debían edificarse con oración y obediencia. Ellos también debían ofrecer ayuda a los creyentes extraviados que necesitaban tanto una experiencia de la misericordia divina como sabiduría para evitar la corrupción.

DOXOLOGÍA (vv. 24-25)

Judas enfocó su atención sobre el poder del Dios todopoderoso que es el único que puede proveer la fortaleza necesaria para una obediencia plena. En el v. 24 él alabó a Dios por su poder sustentador hacia los creyentes. En el v. 25 él atribuyó nuestro conocimiento de "la gloria, la majestad, el dominio y la autoridad" de Dios por causa de la obra de Jesucristo.

Significado teológico. Las advertencias de Judas en cuanto a los falsos maestros necesitan ser escuchadas otra vez en las iglesias de hoy. El pueblo de Dios debe contender por la fe que les ha sido confiada. Judas nos recuerda la seriedad de la fe y la enseñanza cristianas. Los falsos maestros que se oponen a la verdad deben estar preparados para confrontar el juicio de Dios. Los verdaderos creyentes deben mantener fielmente la verdad y guardarse en el amor de Dios. Las exhortaciones a tener cuidado, a orar, a convencer a los que dudan y a guiar a otros en el camino de la salvación deben ser oídas y obedecidas.

Preguntas para la reflexión

1. ¿Cuál es la mejor manera de "luchar vigorosamente" por la fe cristiana? Ver las palabras de Jesús en Juan 13:34-35; 14:21.

2. Enumerar algunas características de los maestros falsos que mencionó Judas en los vv. 5-16. ¿Cuán comunes son estas características hoy?

3. Enumerar algunas verdades acerca de Dios que Judas mencionó en los vv. 24-25.

EL APOCALIPSIS

ROBERT B. SLOAN

El libro de Apocalipsis es una obra intensa. Forjado en la llama de la tribulación personal del autor, éste emplea un lenguaje de alusión bíblica y simbolismo apocalíptico para expresar las alturas y las profundidades de su experiencia visionaria. El resultado es una obra de magnitud escrituraria y profética.

Para animar a la fidelidad cristiana, Apocalipsis señala el mundo glorioso por venir (un mundo sin "llanto, ni lamento ni dolor" 21:4; comparar con 7:16), y la reaparición del Jesús crucificado y resucitado. Este Señor ahora entronizado regresará para concluir la historia del mundo (y las tribulaciones de los lectores), con la destrucción de los enemigos de Dios, la salvación final de su propio pueblo, y la creación de un cielo nuevo y una tierra nueva.

La intensidad de la experiencia del profeta sólo puede compararse con la riqueza del simbolismo apocalíptico que él emplea para advertir a sus lectores sobre el inminente desastre, y con las tentaciones que requerirán de la alianza perseverante con el Señor resucitado por parte de ellos. Seguramente, el Señor vendrá en poder y majestad, pero no antes de que sus enemigos hayan llevado a cabo un ataque terrible (aunque limitado por la misericordia divina) sobre los que se mantengan "fieles en su testimonio" (6:9; 12:17; 20:4).

La situación del autor era de sufrimiento. Él era "compañero en el sufrimiento" es decir, "en unión con Jesús", y debido a su testimonio sobre Jesús ahora estaba exiliado en la isla de Patmos (1:9). La situación de los receptores, es decir, "las siete iglesias que están en la provincia de Asia" (1:4) no parecía ser todavía tan calamitosa. Seguramente, un cristiano fiel en Pérgamo había sufrido la muerte (2:13), y la iglesia en Esmirna fue advertida de un tiempo de inminente persecución (2:10). Pero las persecuciones descritas en Apocalipsis, si bien eran una perspectiva muy real y amenazadora para las iglesias de la provincia romana de Asia, todavía eran una anticipación en el tiempo en que escribió Juan.

Los lectores de Juan podían haberse sentido seguros, pero Juan sabía que tal seguridad tendría una vida corta. Él los llamó a la fe en el Cristo que viene y a la obediencia leal a Él durante el tiempo de persecución y de tribulación que vendría. "Al que salga vencedor le daré el derecho de sentarse conmigo en el trono... el que tenga oídos, que oiga lo que el Espíritu dice a las iglesias" (3:21-22).

LA LITERATURA APOCALÍPTICA

La palabra griega *apokalypsis* ("revelación"), que aparece en Apocalipsis 1:1, provee el título para el libro final y cumbre de la Biblia. En el estudio literario moderno Apocalipsis, Daniel y varios otros libros bíblicos (en menor grado), y una amplia gama de escritos judíos extrabíblicos han sido caracterizados como ejemplos de literatura apocalíptica relacionada con la Biblia. Se han observado similitudes en pensamiento y forma con ciertos escritos apocalípticos de Persia y de otros lugares.

La era de la literatura apocalíptica. Hay acuerdo casi universal que el primer ejemplo acabado de literatura apocalíptica es el libro de Daniel. En el Antiguo Testamento pueden verse otras inclusiones limitadas de material apocalíptico, como en Ezequiel y Zacarías. Ciertos eruditos colocan a Daniel durante el período macabeo de la historia judía, específicamente alrededor del 165 a.C. Pero no hay una evidencia forzosa en contra de fecharlo en su contexto declarado del siglo VI a.C., junto con Ezequiel o de ver a Zacarías con un punto de origen en el siglo V a.C.

Las diferencias en las características literarias y en los patrones de pensamiento entre material apocalíptico bíblico temprano y el del período intertestamentario se deben considerar como un desarrollo posterior, pero sólo parcialmente relacionado con la literatura. Esa conclusión se torna más clara cuando nos damos cuenta que Daniel,

Ezequiel y Zacarías todos ellos contienen numerosas características de profecía bíblica y de apocalíptica. Estos libros pueden ser considerados como "literatura apocalíptica profética", o quizás híbridos de los dos tipos de literatura y no tanto como una forma de transición, especialmente considerando que el Apocalipsis del Nuevo Testamento también se describe como profecía (ver Apoc. 1:3; 22:18-19).

Hay una idea en el que el período entre principios del siglo II a.C. y fines del siglo II d.C. representó el "florecimiento" de los círculos apocalípticos judíos. Esto es cierto aunque más no sea en razón de que tantos libros o porciones apocalípticos, la mayoría extrabíblicos, fueron escritos durante ese tiempo. Un número de tales obras ha sido identificado con grupos separatistas como la comunidad de Qumran, famosa por la mayoría de los Rollos del Mar Muerto.

También es exacto referirse a la última parte de ese período como el punto álgido y el clímax de la apocalíptica bíblica. El surgimiento del libro de Apocalipsis así como el discurso de Cristo en los Olivos, frecuentemente llamado "un pequeño apocalipsis", representan el final de la literatura apocalíptica canónica. La apocalíptica judía de un estilo algo diferente continuó en vigencia todavía por alrededor de un siglo más antes de dar lugar a un judaísmo troncal más formal.

En general, parece adecuado decir que la apocalíptica floreció durante períodos de dominación

extranjera, comenzando con el exilio babilónico. La era de los macabeos y la persecución de la iglesia bajo el Imperio Romano durante fines del siglo I d.C. fueron contextos históricos similares. Después de la revuelta judía del siglo II contra Roma en el 135 d.C., la apocalíptica comenzó a declinar y eventualmente cesó después del siglo IV d.C.

Características y teología de la apocalíptica. Hay varias características literarias comunes a la apocalíptica, así como un patrón de pensamiento teológico relativamente consistente. Eso no significa que no pueda haber diferencias importantes entre varios libros apocalípticos. Pero las características y la teología notablemente similares los marcan como ejemplos legítimos de la forma apocalíptica.

Una característica común es que todas las obras apocalípticas declaran haber sido escritas por personajes bíblicos importantes. Libros como Daniel y Apocalipsis casi seguramente fueron escritos por figuras históricas, según es respaldado por una fuerte evidencia interna y externa. Sin embargo, la mayor parte de otras obras apocalípticas sólo afirman que fueron escritas por figuras importantes del Antiguo Testamento y algunas del Nuevo Testamento (por ejemplo, Enoc, Esdras, Salomón) para ganar una audiencia. Esta característica se conoce como seudonimia. De este modo, se desconocen a los escritores reales del conjunto de las obras apocalípticas. La literatura apocalíptica es conocida también por su uso de visiones y simbolismo. Las revelaciones, los sueños y las visiones frecuentemente fueron narrados o interpretados por una figura angélica. A veces el escritor incluso es trasladado al reino celestial. El marcado simbolismo de las visiones de Daniel tiene el propósito de describir de antemano y con exactitud el devenir de la historia mediante sus secciones interpretativas y cumplimientos posteriores. Pero tal simbolismo fue llevado a extremos bizarros por buena parte de la apocalíptica posterior. También muchos de los apocalipsis seudonímicos son poco más que historia que ha sido rehecha para parecer ser como profecía futurística, con la incertidumbre real en cuanto a lo que todavía era un futuro enmascarado por un vago simbolismo.

Además, la apocalíptica se enfocó lado a lado en el movimiento de la historia del mundo, especialmente en tanto estaba relacionada con el pueblo judío y la venida del Mesías. Los escritores apocalípticos no solo estaban prediciendo el futuro sino encajando su desarrollo en un marco teológico, frecuentemente con un clímax de intervención mesiánica a favor del pueblo de Dios. Por ejemplo, Daniel 7 se basa en la visión temprana en Daniel 2. Pero clarifica la progresión más amplia de imperios mundiales semejantes a bestias (7:3-8) y muestra que la figura mesiánica, el "Hijo del hombre", ganará una victoria eterna a través del poder de Dios (7:9-14), liberando y vindicando a "los santos", el pueblo de Dios (7:21,25-28).

Las consistentes características literarias indicadas arriba son equiparadas con un patrón teológico más amplio. Varios énfasis teológicos relacionados aparecen una y otra vez en estos escritos, haciendo un uso vívido del estilo literario de la apocalíptica. Nuevamente los Apocalipsis bíblicos y extrabíblicos son comparables en varios puntos pero también bien diferentes en otros.

Los estudios de la apocalíptica frecuentemente notan que ésta es "dualista" (Dios contra Satanás) y "determinista" (la historia está definida de antemano y se mueve hacia la victoria final de Dios). Estos conceptos han sido utilizados para comparar la apocalíptica relacionada con la Biblia a otros tipos, tales como la forma persa. Sin embargo, el énfasis mucho más específico sobre lo que podría llamarse guerra espiritual en su nivel más alto y la soberanía amorosa pero justa de Dios sobre la historia marca a la apocalíptica judía y cristiana como verdaderamente distintivas. Por ejemplo, el conflicto angélico invisible en Daniel 10 lleva al movimiento que culmina en la resurrección y el juicio divino en Daniel 11-12.

También las estratagemas del diablo, su guerra continua contra Dios, se terminan con la aparición de Cristo en Apocalipsis 19:11-20:3.

Hay otras dos perspectivas teológicas relacionadas que pueden ser denominadas como "realismo escatológico" y una "expectativa inminente" (de posible ocurrencia cercana) de los eventos finales. Algunos eruditos describen la conclusión de que los tiempos finales serán un tiempo de "gran tribulación" (Dan. 12:1; Mat. 24:21; Apoc. 7:14), sufrimiento y eventos catastróficos como pesimismo. Sin embargo, en razón de que esta es la conclusión directa de lo que las obras apocalípticas plantean, y debido a que hay una conclusión irrebatible y optimista (la victoria de Dios), es mejor ver este patrón general en términos de realismo bíblico.

Con muchos de los apocalipsis extrabíblicos ocurre que, esta combinación de sufrimiento anticipado y de posible intervención divina en el corto plazo, produce una actitud pasiva en lo ético. Aparentemente a tales apocalipticistas les parecía que no había nada que se podía hacer excepto esperar hasta que el Señor interviniera. No obstante, la apocalíptica bíblica está marcada por numerosos desafíos a una vida piadosa a la luz del posible arribo inmediato de los eventos culminantes de la historia (Dan. 12:2-3; Apoc. 1:3; 21:7-8).

APOCALIPSIS

egún tradiciones cristianas antiguas, el Evangelio de Juan, las tres epístolas de Juan y Apocalipsis fueron todos escritos por el apóstol Juan. Apocalipsis es el único de estos libros que realmente declara haber sido escrito por alguien llamado Juan.

El autor no declara ser el *apóstol* Juan. Pero dada la autoridad y el prestigio de los doce, ningún otro líder cristiano del primer siglo estuvo asociado tan estrechamente con las iglesias de Asia Menor como para haber hablado tan autoritativamente y haberse referido a sí mismo simplemente como Juan, a menos que él fuera, en realidad, el apóstol. Por cierto que hay diferencias de estilo y lenguaje entre el cuarto Evangelio y Apocalipsis, así como también algunas similitudes notables de pensamiento y terminología. Sin embargo, sin tomar en cuenta los problemas relacionados con la autoría del cuarto Evangelio, es recomendable asumir que el Juan de Apocalipsis fue, en realidad, el apóstol Juan, el hijo de Zebedeo.

Fecha. Los eruditos han sugerido tradicionalmente dos fechas posibles para la redacción de Apocalipsis. Estas fechas están basadas sobre las repetidas referencias a la persecución (1:9; 2:2-3,10,13; 3:9-10; 6:10-11; 7:14-17; 11:7; 12:13–13:17; 14:12-13; 19:2; 21:4). Es bien sabido que el emperador romano Nerón (54–68 d.C.) persiguió a los cristianos, y muchos piensan que también ocurrió una persecución bajo Domiciano (81–96 d.C.).

Desde mediados del siglo II d.C., los autores cristianos por lo general se refirieron al reino de Domiciano como el tiempo en que Juan escribió, pero no hay consenso histórico que apoye una persecución de cristianos bajo Domiciano, si bien existe fuerte evidencia de una persecución bajo Nerón. En este siglo la mayoría de los eruditos del Nuevo Testamento han optado por la fecha tardía bajo Domiciano (alrededor del 95 d.C.), si bien ha habido un resurgimiento de la opinión que argumenta a favor de un contexto justo después del reinado de Nerón (alrededor del 68 d.C.). La referencia en 17:10 a "siete reyes" de los cuales "cinco han caído, uno está gobernando, el otro no ha llegado todavía" encaja bien con este último fechado. Nerón fue quinto en la línea de los emperadores romanos comenzando con Augusto (luego Tiberio, Calígula, Claudio y Nerón). El perverso Nerón, quien persiguió a los cristianos, murió de una herida mortal (13:3,14; 17:11). Su nombre resulta en el número 666 cuando se lo pasa al hebreo desde el griego (13:18). De este modo, para Juan esto representaría el ejemplo y prototipo por excelencia del anticristo venidero.

Sin embargo, cualquiera sea la fecha que se escoja, el contexto debe estar claramente relacionado a un tiempo de persecución para el autor y a una expansión anticipada de persecución para la audiencia original.

Formas literarias. Apocalipsis ha sido considerado tradicionalmente como una revelación ("Apocalipsis"). Si bien este tipo de literatura no era conocido en el primer siglo, lo que los eruditos modernos llaman ahora "literatura apocalíptica" ciertamente existía. De todos modos, Juan se llamó a sí mismo "profeta" y a su obra "profecía" (1:3; 22:10,19). Pero también le dio algunas características de una carta o epístola, incluyendo una "salutación" epistolar, una "conclusión" epistolar (22:21), y el tono general de una carta cristiana de "instrucción" destinada a ser leída en voz alta en la adoración (1:3,11; 2:7,11,17, 29; 3:6,13,22).

Dentro de Apocalipsis también encontramos otras formas de literatura, especialmente himnos. Quizás más que en cualquier otro libro en el Nuevo Testamento, el libro de Apocalipsis puede ser llamado un libro de adoración cristiana. Visión, símbolo, profecía, exhortación sermonística, citas de las Escrituras, narración, oración y diálogo están frecuentemente mezclados con coros celestiales (y a veces terrenales) de alabanza y adoración. El Padre es adorado con alabanzas en forma de himnos por su poder creativo y sus propósitos soberanos (4:8-11). El Cordero (Cristo) es adorado en su entronización por su fidelidad hasta la muerte, un sacrificio de gran poder para la redención de su pueblo (5:8-14). Y, nuevamente, el Señor Dios, el Todopoderoso, es adorado en su triunfo sobre el mal a través de Cristo (11:15-18). El cielo se regocija tanto por la expulsión de Satanás al momento de la entronización de Cristo (12:10-12) como por el juicio de la gran ramera al momento de la venida de Cristo (19:1-7). Los santos también se regocijan con un "himno nuevo" de salvación (14:1-5) y al ser redimidos de la bestia (15:2-4). Entonces, como ahora, Dios es digno de toda adoración y devoción, porque Él ha logrado misericordiosamente salvación para todos los que se acercan a Él a través de Cristo.

I. Introducción (1:1-8)
II. La visión de Juan (1:9-20)
III. Las siete iglesias (2:1–3:22)
IV. La soberanía de Dios (4:1–5:14)
V. Los siete sellos (6:1–8:5)
VI. Las siete trompetas (8:6–11:19)
VII. La persecución del dragón (12:1–13:18)
VIII. Resumen (14:1-20)
IX. Las siete copas (15:1–16:21)
X. La caída de Babilonia (17:1–18:24)
XI. Revelación del Cordero (19:1–22:5)
XII. Conclusión (22:6-21)

Teología. Con frecuencia el libro de Apocalipsis es tratado como si constituyera un mundo propio dentro del canon del Nuevo Testamento. Por cierto que su posición como literatura apocalíptica con sus imágenes simbólicas extraordinariamente extrañas, sus guías angelicales, su experiencia visionaria y sus catástrofes tanto cósmicas como terrenales, justifican la percepción de "extraño" e "inusual". Pero las imágenes, los símbolos y las experiencias extraordinarias reflejadas en Apocalipsis no deberían desviarnos para aislar al libro del mundo de la teología del Nuevo Testamento.

El libro de Apocalipsis, a pesar de su lenguaje inusual y tradiciones simbólicas, tiene la teología apostólica básica en su médula. El resto del Nuevo Testamento habla profundamente acerca del mismo Jesús crucificado, resucitado y exaltado quien es diversamente retratado en el libro de Apocalipsis. Algunos de estos retratos incluyen: al apocalíptico Hijo de hombre extrañamente vestido del capítulo 1; al Señor de las iglesias de los capítulos 2–3; al Cordero/León de Judá del capítulo 5; al Señor del juicio que derrama ayes sobre la tierra por medio de sellos, trompetas y copas de los capítulos 6–19; al Niño que gobernará las naciones y que está exaltado a la diestra de Dios del capítulo 12; al Cordero e Hijo del hombre del capítulo 14; a la Palabra de Dios y al Rey de reyes y Señor de señores que viene a la batalla cabalgando un caballo blanco y con un manto bañado en sangre del capítulo 19; y a Aquel que reina sobre el trono de Dios y es del mismo modo el templo celestial de los capítulos 20–22.

El punto focal de Apocalipsis claramente cae sobre la venida futura de Cristo. Su venida derrotará a los poderes de

Satanás, aquellas fuerzas de maldad que oprimen al pueblo de Dios. Aquel que vendrá no es otro que el mismo Jesús crucificado y resucitado. En el tiempo de aflicción, las iglesias y aquellos dentro de ellas que han aceptado al señorío de Jesucristo son exhortados a permanecer fieles a Cristo, el Señor crucificado y resucitado. Tales exhortaciones a la perseverancia están esparcidas en el Nuevo Testamento (Ver Mat. 10:22; Juan 15; Hech. 14:22.) y son necesarias para una vida cristiana auténtica.

El libro de Apocalipsis refleja de este modo la teología apostólica básica que puede ser verificada a través del Nuevo Testamento. Esta "teología apostólica" puede ser sintetizada como sigue:

1. Los eventos logrados por Dios, particularmente los que hacen a la persona de Jesucristo, han sido todos llevados a cabo en cumplimiento de las Escrituras (Mat. 1:22-23).

2. Dios ha actuado poderosamente para nuestra salvación, en especial a través de la muerte y la resurrección de Jesús (Hech. 2:23-32).

3. Este mismo Jesús es ahora el Señor exaltado. Al ascender a la diestra de Dios y tomar su lugar en el trono de Dios, Él ahora ejecuta los propósitos de Dios como el Señor viviente del cosmos (Hech. 2:32-36).

4. Todos los que creen y confiesan la persona de Jesucristo experimentarán la salvación de Dios (Hech. 2:38).

5. El Espíritu de Dios ha sido derramado sobre todos aquellos que invocan el nombre de Cristo (Hech. 2:38; Rom. 5:5; 8:9).

6. El compromiso con Dios a través de Cristo significa la participación en una comunión de adoración e instrucción (Hech. 2:41-42; Rom. 9:24-26).

7. Este mismo Jesús vendrá nuevamente a rescatar a aquellos que lo han confesado en fidelidad (ver Mar. 13:24-27).

INTRODUCCIÓN (1:1-8)

Escrita a "las siete iglesias" de la provincia romana de Asia, la obra de Juan es una "revelación" de "lo que sin demora tiene que suceder". Esta revelación dada a Juan por Jesucristo, es un mensaje dado por Dios al Señor para que lo mostrara a sus "siervos". Juan escribió esta profecía en forma de carta, y comenzó con una salutación de gracia y paz de parte de cada persona del Dios trino. El tema de la obra de Juan es claro: el Señor Dios, el Todopoderoso mismo, ha garantizado la vindicación final del Jesús crucificado delante de toda la tierra. La victoria de Cristo está asegurada. Su pueblo se regocijará en su liberación final, pero los que lo han rechazado lamentarán su venida, porque ella significará juicio para ellos.

LA VISIÓN DE JUAN (1:9-20)

Mientras estaba en el exilio en la isla de Patmos, Juan vio al Señor resucitado. Esto ocurrió mientras él estaba en el Espíritu en el día del Señor. De repente oyó detrás de él una voz fuerte como el sonido de una trompeta. La voz declaró que Juan debía escribir lo que él viera y enviar esto a las siete iglesias: a Éfeso, Esmirna, Pérgamo, Tiatira, Sardis, Filadelfia y Laodicea. Juan se volvió para ver la fuente de la gran voz. Es interesante que antes de mencionar a Cristo, él dijo que lo primero que vio fueron "siete candelabros de oro". Más adelante leemos que los siete candelabros de oro son "las siete iglesias".

De este modo, vemos la importancia de las visiones de Juan: el mensaje para las siete iglesias, no debiera ser pasado por alto. En realidad, no es solamente en los capítulos 2–3 que encontramos las siete cartas dirigidas a las iglesias, sino en todo el libro de Apocalipsis (1:3; 22:10,16-19). Ciertamente no hay evidencia textual de que las cartas, ya sea en forma individual o como una colección, circularan aparte del resto de la obra literaria de Juan. Es un

HIMNOS Y CREDOS EN EL NUEVO TESTAMENTO

El Nuevo Testamento es virtualmente un himnario que presenta las canciones de alabanza y los credos de la iglesia primitiva. Para los eruditos modernos el problema mayor después de Cristo tiene que ver con el criterio que uno puede utilizar para detectar un himno en el texto bíblico. Los eruditos contemporáneos han establecido ciertos criterios estilísticos y contextuales.

Criterios para los himnos. Bajo las características estilísticas encontramos un uso definido del verbo *ser* en la segunda y tercera persona: *tú eres* y *él es.* Los versículos están cuidadosamente construidos con numerosos paralelismos y cláusulas relativas que afirman la alabanza a Dios. El vocabulario de los himnos incluye también palabras que no se encuentran en ningún otro lugar en el Nuevo Testamento. Los himnos también tienden a hacer uso del término "todos".

Cierto criterio contextual incluye el uso de fórmulas introductorias tales como verbos relacionados con hablar (*lego*). El contenido de los himnos incluye elementos cristológicos y afirmaciones de las acciones salvadoras de Dios o ruegos por la ayuda de Dios. Muchos de estos himnos terminan con la frase "por siempre y siempre".

El himno de Filipenses. Uno de los himnos mejor conocidos del Nuevo Testamento se encuentra en Filipenses 2:6-11. Este himno está escrito en la tercera persona y la alabanza de la comunidad de creyentes permanece como trasfondo. No se usa ningún título cristológico excepto el del Señor Jesucristo en el v. 11. Otros encuentran un breve bosquejo de los hechos cristológicos básicos: él se humilla a sí mismo, toma forma de siervo, se hace un ser humano, se humilla a sí mismo, muere, es elevado y le es dado un nombre sobre todo nombre. En el texto griego uno puede cantar este himno con la tonada moderna de "Levantado fue Jesús" (*Himnario Bautista* El Paso, Texas: Casa Bautista de Publicaciones, 1978.)

Algunos eruditos dividen este himno en seis estrofas con tres líneas cada una. Otros, en contraste, ven tres estrofas. La primera habla de la preexistencia (vv. 6-7a), la segunda de la encarnación (vv. 7b-8), y la tercera de la exaltación (vv. 9-11). Muchos eruditos concluyen que Pablo tomó un himno de la iglesia primitiva como una unidad e hizo uso de éste en su carta a los Filipenses.

Himnos en Apocalipsis. El libro de Apocalipsis también está lleno de himnos. Los 24 ancianos sirven de coro que canta muchos himnos de alabanza a Dios. Sólo en los capítulos 4–5 encontramos cinco himnos. Los cuatro seres vivientes comienzan la música cantando en forma suave: "Santo, santo, santo", en 4:8. Luego siguen tres himnos que comienzan con la palabra "digno".

En 4:11 los 24 ancianos se unen a los seres vivientes en la alabanza a Dios como el Dios creador. En 5:9-10 ellos cantan un himno de alabanza a Cristo como un Cordero que aparece en escena. El coro crece hasta tener miles de ángeles y ellos se unen para cantar en 5:12, otro himno de exaltación. Finalmente, todos en el universo se unen para cantar en 5:13 un himno de alabanza a Dios y al Cordero.

Himno en 1 Timoteo. La iglesia primitiva con frecuencia utilizó estos himnos para enseñar y entrenar a los nuevos miembros. En 1 Timoteo 3:16 encontramos un himno que contiene la enseñanza cristológica primitiva de la iglesia. A partir de tales himnos la iglesia desarrolló sus credos más tempranos.

Él se manifestó como hombre;
fue vindicado por el Espíritu,
visto por los ángeles,
proclamado entre las naciones,
creído en el mundo,
recibido en la gloria.
(esto puede cantarse en griego con la música de "Roca de la eternidad").

Así es que en un sencillo himno la iglesia podía enseñar algunos de los aspectos más importantes de su fe en Cristo. Los pasajes reflejan himnos de la fe que eran usados para entrenar y enseñar.

Himnos en griego. La dimensión musical del Nuevo Testamento necesita ser redescubierta. Las melodías usadas hace 2000 años permanecen desconocidas. Aun así, uno podría adaptarlas a las melodías de la iglesia moderna y redescubrir la emoción de cantar palabras usadas por los cristianos primitivos.

error serio pensar que ciertas porciones del Apocalipsis no fueron importantes o relevantes para las audiencias originales. La totalidad de Apocalipsis es relevante para las iglesias (entonces y ahora), porque ellas son copartícipes con Juan en el "sufrimiento, en el reino y en la perseverancia que tenemos en unión con Jesús" (1:9). Cada iglesia debe prestar atención no sólo a su propia carta, sino a todas las cartas, y realmente a todo el Apocalipsis (22:18-19), dado que éste advierte del juicio venidero y pronuncia una bendición sobre todos aquellos que perseveran en la hora de la aflicción y mueren en fidelidad al Señor (14:13). El autoritativo libro de Juan no es un misterio literario para aquellos que luchan por vivir en un tiempo difícil de persecución y sufrimiento. El libro de Juan es una exhortación a las iglesias a permanecer fieles a Jesucristo, a perseverar en la hora de la aflicción sabiendo que Cristo, el Señor de las iglesias, Aquel que camina entre los siete candelabros de oro (1:13; 2:1), retornará a rescatar y vindicar a su pueblo.

Luego de ver los siete candelabros de oro, Juan entonces vio en el medio de los candelabros una figura humana gloriosa. Él vio nada menos que al mismo Hijo del hombre celestial, vestido con una túnica que le llegaba hasta los pies, y con una banda de oro ceñida alrededor del pecho (en contraste con el obrero que llevaba su cinto en una posición más baja alrededor de la cintura, de modo que pudiera sujetar su túnica mientras trabajaba). Al igual que el Anciano de días en Daniel 7:9-10, esta figura gloriosa tenía el cabello "blanco como la lana, como la nieve" (Apoc. 1:14). Sus ojos, que eran penetrantemente poderosos para juzgar y discernir, eran como llama de fuego. Sus pies, aludiendo probablemente a Daniel 10:6, eran como bronce bruñido. Su voz, que Juan especialmente había comparado con el sonido de una trompeta, era también como el sonido de una poderosa

catarata, similar a la descripción de la voz de Dios en Ezequiel 43:2.

En su mano derecha Él sostenía siete estrellas, que son los ángeles de las siete iglesias. Saliendo de la boca del glorioso había una aguda espada de dos filos con la que heriría a las naciones (19:15), pero que también estaba como un recordatorio incluso a las iglesias de que Él es el Señor del juicio (2:12). Abrumado con esta visión del glorioso Hijo del hombre, Juan cayó como muerto. Pero el glorioso puso su mano derecha sobre Juan y dijo: "No tengas miedo. Yo soy el Primero y el Último, y el que vive". Esta descripción es virtualmente sinónimo del título de Alfa y Omega dado al Señor Dios en 1:8. Combina el nombre sagrado revelado en la zarza ardiente de Éxodo 3:14 con la descripción del Señor, el Rey de Israel, fuera de quien no hay otro Dios, dada en Isaías 44:6.

Este Viviente, este Ser que posee la vida absoluta de Dios, estuvo Él mismo muerto pero ahora vive para siempre (Apoc. 1:18). Este es, por supuesto, nada menos que el Señor Jesucristo crucificado y resucitado. Si bien "nacido de una mujer, nacido bajo la ley" (Gál. 4:4) y Él mismo susceptible y vulnerable a la muerte, este Jesús, que soportó los dolores de la muerte, ahora ha sido resucitado a la vida absoluta y jamás podrá morir otra vez (Rom. 6:9; Heb. 7:16-25).

En la descripción que hace Juan del Jesús resucitado, cada característica sugiere la presencia de poder y majestad. El Viviente entonces instruyó a Juan a escribir un relato de las cosas que él había visto y vería, esto es, un relato de "lo que sucederá después".

LAS SIETE IGLESIAS (2:1–3:22)

Las cartas a las iglesias de Éfeso, Esmirna, Pérgamo, Tiatira, Sardis, Filadelfia y Laodicea tienen un formato bastante uniforme. Primero, se designa el destinatario, luego

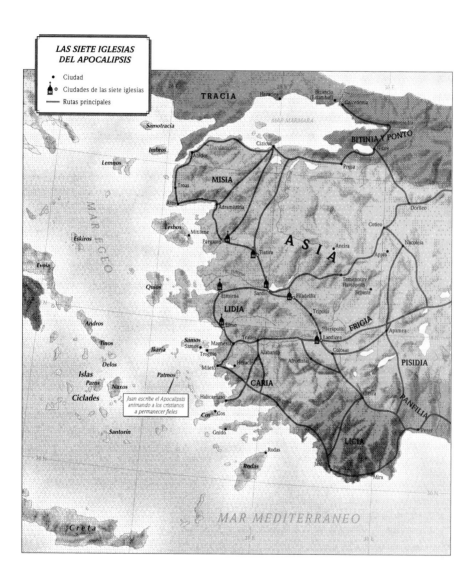

LAS SIETE IGLESIAS
DEL APOCALIPSIS

habla el remitente, el Señor resucitado, y se utiliza una porción de la descripción visionaria del glorioso Hijo del hombre que se encuentra en 1:9-20. Sigue una sección de "conozco" ya sea de alabanza o de crítica. Luego aparece típicamente alguna forma de exhortación. Para aquellos que recibieron crítica, la exhortación usual es al arrepentimiento. Sin embargo, a las iglesias de Esmirna y Filadelfia, para quienes el Señor sólo tuvo alabanza, la exhortación es una afirmación (2:10; 3:10-11). Si bien el orden puede variar, cada carta concluye con una exhortación a oír "lo que el Espíritu dice a las iglesias" y con una promesa de recompensa para el que "venciere", esto es, aquel que conquista al perseverar en la causa de Cristo.

A la iglesia de Éfeso (2:1-7) se le dijo que regresara a su primer amor, caso contrario su candelabro sería quitado de su lugar, un juicio que implica la muerte de la iglesia, aunque no la pérdida individual de la salvación final. La iglesia de Esmirna fue alentada tiernamente a ser fiel hasta la muerte, mientras que las iglesias de Pérgamo y Tiatira fueron advertidas duramente a cuidarse de la enseñanza falsa y de las acciones inmorales que con tanta frecuencia acompañan a una teología errónea.

A la iglesia de Sardis se le dijo que despertara y completara sus obras de obediencia. A la iglesia de Filadelfia se le prometió, frente a la persecución por parte de la sinagoga local, que la fe en Jesús aseguraría acceso al reino eterno. Sólo Cristo tiene la llave de David y ha abierto la puerta celestial que nadie puede cerrar. Y a la iglesia de Laodicea se le dijo que se volviese de su autoengaño y se arrepintiera de su tibieza.

Estas palabras de advertencia y aliento fueron enviadas a siete iglesias reales. No hay duda de que la referencia a "siete" tiene algún significado simbólico y bien puede significar que las siete iglesias representaban a muchas comunidades cristianas en

Asia Menor. De todos modos, por más representativas que puedan haber sido las siete iglesias, ellas eran siete iglesias muy reales para las cuales Juan era conocido y a las cuales él fue instruido por el Señor resucitado para escribir estas palabras de advertencia y esperanza.

Algunos comentaristas se refieren a las siete iglesias como siete épocas de la historia mundial, pero no hay ni una mínima indicación en el texto de que las siete iglesias deben ser entendidas de esta manera. De hecho, esto es sólo una lectura muy forzada y errónea de la historia de la iglesia en la que se toman las cartas a las siete iglesias como profecías en cuanto a siete épocas de la historia del mundo.

No hay indicación alguna en absoluto en el texto de que Juan tuviera la intención de que nosotros entendiéramos estas siete cartas de esta manera. Por el contrario, es muy claro que las cartas fueron escritas a congregaciones reales, implicadas en los bien reales conflictos de la fe y la perseverancia en medio de la persecución inminente y a veces real. La palabra de Dios para una situación, claramente tenía relevancia para otras situaciones en el primer siglo. Por lo tanto no es sorprendente que nosotros también podamos leer estas cartas y la totalidad del Apocalipsis y oír la voz de Dios en ellas. Así, pues, leemos Apocalipsis en la misma forma general en que leemos las cartas de Pablo a los Corintios. Esto es, después de procurar entender la situación histórica y el mensaje inspirado para la audiencia original del primer siglo, buscamos entonces, como un pueblo que continúa bajo la autoridad de la Palabra de Dios, aplicar el mensaje antiguo a nuestra vida y nuestra situación hoy.

LA SOBERANÍA DE DIOS (4:1–5:14)

Los capítulos 4–5 representan el punto bisagra del libro. Ellos ligan las exhortaciones iniciales del Señor resucitado a las iglesias

PERSPECTIVAS MILENIALES SOBRE APOCALIPSIS

PUNTO DE INTERPRETACIÓN	AMILENIAL	HISTÓRICO-PREMILENIAL	DISPENSACIONAL PREMILENIAL	POSMILENIAL
Descripción del concepto	Punto de vista en donde la presente era del gobierno de Cristo en la iglesia es el milenio; sostiene una resurrección y un juicio que marcan el fin de la historia tal como la conocemos y el comienzo de la vida eterna.	Punto de vista en donde Cristo reinará en la tierra por 1000 años a continuación de su segunda venida; los santos serán resucitados al comienzo del milenio, los no creyentes al final, y a continuación el juicio.	Punto de vista en donde después de la batalla de Armagedón, Cristo gobernará a través de los judíos por 1000 años literales. Habrá dos resurrecciones y por lo menos tres juicios.	Punto de vista en donde Cristo regresará después de un largo período de expansión y de prosperidad espiritual para la iglesia producido por la predicación del evangelio, la bendición del Espíritu, y la obra de la iglesia por la rectitud, la justicia y la paz. El período no es de 1000 años literales sino de un tiempo extendido de prosperidad espiritual.
Libro de Apocalipsis	Historia del momento escrita en código para confundir a los enemigos y animar a los cristianos en Asia; el mensaje se aplica a todos los cristianos.	De aplicación inmediata para los cristianos en Asia; se aplica a todos los cristianos a través de las edades, pero las visiones también se aplican a un gran evento futuro	"Revelación" del tema de Cristo entre las iglesias en la dispensación presente, también como Juez y Rey en las dispensaciones por venir	Escrito para animar a los cristianos de todas las épocas, pero las visiones también se aplican a un gran evento futuro.
Siete candelabros (1:13)	Iglesias		Iglesias, más aplicación para el final de los tiempos.	Iglesias
Iglesias a las que se dirige (caps. 2–3)	Situaciones históricas específicas, las verdades se aplican a las iglesias a través de las edades; no representan períodos de la historia de la iglesia.		Situaciones históricas específicas y todas las iglesias a través de las edades; muestran el progreso del estado espiritual de las iglesias hasta el fin de la era de la iglesia.	Situaciones históricas específicas, las verdades se aplican a las iglesias a través de las edades; no representan necesariamente períodos de la historia de la iglesia.
Veinticuatro ancianos (4:4,10; 5:8,14)	Doce patriarcas y doce apóstoles; juntos simbolizan a todos los redimidos.	Compañía de ángeles que ayudan a ejecutar el gobierno de Dios (o los ancianos representan las 24 órdenes sacerdotales levíticas).	La iglesia recompensada; también representan a doce patriarcas y doce apóstoles.	Simbolizan a todos los redimidos.
Libro sellado (5:1-9)	Rollo de la historia; muestra a Dios cuando lleva a cabo su propósito redentor en la historia.	Contiene profecía sobre eventos del fin en los capítulos 7–22.	Título de propiedad para el mundo.	Retrata a Dios cuando lleva a cabo su propósito redentor en la historia.
144.000 (7:4-8)	Redimidos sobre la tierra que serán protegidos contra la ira de Dios.	La iglesia en el umbral de la gran tribulación.	Judíos convertidos del período de la tribulación que dan testimonio a los gentiles (igual que en 14:1).	Pueblo redimido de Dios.
Gran tribulación (primera referencia en 7:14)	Persecución enfrentada por cristianos de Asia en tiempos de Juan; simbólica de la tribulación que ocurre a través de la historia.	Período al final de los tiempos de conflicto inexplicable, antes del regreso de Cristo; la iglesia lo atravesará; comienza con el séptimo sello (18:1), el cual incluye las trompetas 1-6 (8:2-14:20).	Período al final de los tiempos de conflicto inexplicable, al que se refiere 7:14 y descrito en los capítulos 11–18; los últimos tres años y medio, la última mitad del período de siete años entre el rapto y el milenio.	Simbólica de la tribulación que ocurre a través de la historia.
Cuarenta y dos meses (11:2); 1260 días (11:3)	Duración indefinida de la desolación pagana.	Un número simbólico que representa un período de maldad con referencia a los últimos días de los tiempos.	Mitad del período de tribulación de siete años.	Un número simbólico que representa un tiempo indefinido y una influencia de maldad.
La mujer (12:1-6)			Indica a Israel, no a la iglesia; la clave es la comparación con Gén. 37:9.	Verdadero pueblo de Dios bajo el viejo y el nuevo pacto.

PERSPECTIVAS MILENIALES SOBRE APOCALIPSIS

PUNTO DE INTERPRETACIÓN	AMILENIAL	HISTÓRICO-PREMILENIAL	DISPENSACIONAL PREMILENIAL	POSMILENIAL
Gran dragón rojo (12:3)	Todos los puntos de vista lo identifican como Satanás.			
Hijo varón (12:4-5)	Cristo a su nacimiento, eventos de su vida, crucifixión, a quien Satanás procuró matar.	Cristo, cuya obra Satanás procura destruir.	Cristo pero también la iglesia (cabeza y cuerpo); arrebatado sobre el trono indica el rapto de la iglesia.	Cristo en su nacimiento, eventos de su vida, y crucifixión, a quien Satanás procuró destruir.
1260 días (12:6)	Tiempo indefinido.	Número simbólico que representa un período de maldad con especial referencia a los últimos días de los tiempos.	Primera mitad de la gran tribulación después del rapto de la iglesia.	Tiempo indefinido.
Bestia del mar (13:1)	El emperador Domiciano, personificación del Imperio Romano (igual que en el cap. 17).	Anticristo, aquí mostrado como la encarnación de las cuatro bestias en Dan. 7.	Una nueva Roma, federación satánica de naciones que proviene del antiguo Imperio Romano.	Imperio Romano.
Siete cabezas (13:1)	Emperadores romanos.	Gran poder, muestra parentesco con el dragón.	Siete etapas del Imperio Romano; la sexta fue la Roma imperial (los días de Juan); la última será la federación de naciones.	Emperadores romanos.
Diez cuernos (13:1)	Simbolizan poder.	Reyes, representan coronas limitadas (10) en contraposición a las muchas de Cristo.	Diez poderes que se combinarán para formar la federación de naciones de la nueva Roma.	Símbolo de poder.
666 (13:18)	Imperfección, maldad; personificado en Domiciano.	Símbolo de maldad, menos que 777; si significa un personaje, este es desconocido pero será conocido en el tiempo apropiado.	No conocido pero se conocerá cuando llegue el tiempo.	Símbolo de maldad.
144.000 sobre el monte Sión (14:1)	Cuerpo total de los redimidos en el cielo.		Redimidos judíos reunidos en la Jerusalén terrenal durante el reino del milenio.	Pueblo de Dios redimido.
Río de sangre (14:20)	Símbolo del castigo infinito de los malvados.	Significa que el juicio radical de Dios aplasta completamente al mal.	Escena de ira y matanza que ocurrirá en Palestina.	Símbolo del juicio sobre los malvados.
Babilonia (mujer-17:5)	Roma histórica.	Ciudad capital del futuro Anticristo.	Iglesia apóstata del futuro.	Símbolo de maldad.
Siete colinas (17:9)	La Roma pagana, la cual estaba construida sobre siete colinas.	Indican poder, de modo que aquí significan una sucesión de imperios, el último de los cuales es la Babilonia del fin de los tiempos.	Roma reavivada al final de los tiempos.	La Roma pagana.
Siete cabezas (17:7) y siete reyes (17:10)	Emperadores romanos desde Augusto hasta Tito, excluyendo tres gobiernos breves.	Cinco reinados impíos pasados; el sexto fue Roma, el séptimo emergería al final de los tiempos.	Cinco formas distintas del gobierno romano anteriores a Juan; la sexta fue la Roma imperial; la séptima será el Imperio Romano reavivado.	Emperadores romanos.
Diez cuernos (17:7) y diez reyes (17:12)	Reyes vasallos que gobernaron con el permiso de Roma.	Simbólicos de poderes terrenales que estarán al servicio del Anticristo.	Diez reinados que emergerán en el futuro a partir del reavivado Imperio Romano.	Simbólicos de poderes terrenales.
Novia, esposa (19:7)	El total de todos los redimidos.		La iglesia; no incluye a los santos del Antiguo Testamento o a los santos de la tribulación.	El total de todos los redimidos.

PERSPECTIVAS MILENIALES SOBRE APOCALIPSIS

PUNTO DE INTERPRETACIÓN	AMILENIAL	HISTÓRICO-PREMILENIAL	DISPENSACIONAL PREMILENIAL	POSMILENIAL
Cena de las bodas (19:9)	Clímax de la era; simboliza la unión completa de Cristo con su pueblo.	Unión de Cristo con su pueblo a su venida.	Unión de Cristo con su iglesia acompañada por los santos del Antiguo Testamento y los santos de la tribulación.	Unión de Cristo con su pueblo.
Jinete del caballo blanco (19:11-16)	Visión de la victoria de Cristo sobre la Roma pagana; el retorno de Cristo ocurre en conexión con los eventos de 20:7-10.	Segunda venida de Cristo.		Visión de la victoria de Cristo.
Batalla de Armagedón (19:19-21; ver 16:16)	No literalmente al final de los tiempos pero simboliza el poder de la Palabra de Dios derrotando al mal; el principio se aplica a todas las edades.	Evento literal de algún tipo al final de los tiempos pero no batalla literal con armamentos militares; ocurre al regreso de Cristo cuando comienza el milenio.	Batalla sangrienta literal en Armagedón (valle de Megido) al final de la gran tribulación entre reyes del este y la federación de naciones de la nueva Roma; todos ellos son derrotados con el estocada que sale de la boca de Cristo y entonces comienza el milenio.	Simboliza el poder de la Palabra de Dios que derrota a las fuerzas del mal.
Gran cena (19:17)	Contrasta con la cena de las bodas.		Concluye una serie de juicios y abre el camino para ser establecido el reino.	Contrasta con la cena de las bodas.
Encadenamiento de Satanás (20:2)	Simbólico de la victoria de la resurrección de Cristo sobre Satanás.	Restricción del poder de Satanás durante el milenio.		Simbólico de la victoria de Cristo sobre Satanás.
Milenio (20:2-6)	Referencia simbólica al período desde la primera venida de Cristo hasta su segunda.	Un evento histórico, si bien la extensión de 1000 años puede ser simbólica, después del Armagedón durante el cual Cristo reina con su pueblo.	Un período literal de 1000 años después de la edad de la iglesia durante el cual Cristo reina con su pueblo pero especialmente a través de los judíos.	Un período extendido de expansión y prosperidad espiritual producido por la predicación del evangelio.
Los que están sentados sobre tronos (20:4, RVR60)	Mártires en el cielo; su presencia con Dios es un juicio sobre quienes los mataron.	Santos y mártires que reinan con Cristo en el milenio.	Los redimidos reinando con Cristo, apareciendo y desapareciendo de la tierra a voluntad para supervisar la vida sobre la tierra.	Santos y mártires que reinan con Cristo.
Primera resurrección (20:5-6)	La presencia espiritual con Cristo de los redimidos que ocurre después de la muerte física.	Resurrección de los santos al comienzo del milenio cuando Cristo regresa.	Incluye tres grupos: (1) los que fueron arrebatados con la iglesia (4:1); (2) los santos judíos durante la tribulación (11:11); (3) otros creyentes judíos al comienzo del milenio (20:5-6).	La presencia espiritual de los redimidos con Cristo.
Segunda muerte (20:6)	Muerte espiritual, separación eterna de Dios.			
Nuevos cielos y nueva tierra (21:1)	Un nuevo orden; tierra redimida.			
Nueva Jerusalén (21:2-5)	Dios morando con sus santos en la nueva era después de todos los otros eventos del fin de los tiempos.			

(caps. 2–3) con los juicios y el triunfo final del Cordero (caps. 6–22). Vistas de esta manera las exhortaciones a las iglesias son en realidad advertencias tanto de las aflicciones venideras como del triunfo final de Dios, y este último puede servir como un estímulo de esperanza para ayudar a los receptores de la profecía a soportar las aflicciones. Estos capítulos también proveen base histórica y teológica de la autoridad del Señor resucitado sobre la iglesia y el mundo al describir su entronización y unción de poder para llevar a cabo los propósitos de Dios de juicio y salvación.

El capítulo 4 afirma la autoridad soberana del Dios creador. Rodeado por las adoradoras y poderosas 4 criaturas y los 24 ancianos, el Señor Dios Todopoderoso es santo, soberano y digno de toda adoración. Porque Él ha creado todas las cosas, y todas las cosas existen en razón de su voluntad misericordiosa y soberana. La visión que Juan tuvo de Dios sobre su trono es recordatoria de Daniel 7 y Ezequiel 1, cada una de las cuales está calculada para impresionar al lector con el Dios de poder y gloria.

El capítulo 5 describe la delegación de la autoridad divina al Señor resucitado al introducir una secuencia de eventos que recuerdan nuevamente a Daniel 7. En Daniel 7 el pueblo de Dios estaba oprimido por cuatro bestias terribles, simbólicas de imperios y reyes malvados. De igual manera, Apocalipsis está escrito a personas que, o bien estaban o pronto estarían experimentando persecución de parte de poderes de maldad. En Daniel 7 los tronos celestiales de juicio son establecidos, los libros de juicio son abiertos y la autoridad para llevar a cabo el juicio de Dios y así rescatar al pueblo de Dios de las naciones malvadas es encomendada a una figura humana. Esta figura humana, un glorioso "hijo del hombre" (RVR60) aparece misteriosamente delante del trono de Dios en las nubes del cielo.

De manera similar, en Apocalipsis 5 vemos tanto un libro de juicio (en esta instancia con siete sellos sostenidos en la diestra de Dios) como un glorioso y redentor agente de Dios. Pero ahora, en lugar de una figura humana no identificada, vemos que el agente exaltado de Dios es nada menos que el Jesús crucificado, el Cordero y León de Dios. Este Jesús, en razón de su obediencia conquistadora a la voluntad de Dios, está ahora (siendo) entronizado y por lo tanto es digno de tomar el libro y romper los sellos.

Los eventos aquí descritos son altamente simbólicos, sin embargo eso no es razón para considerarlos como simple mito. La escena sugiere un momento histórico y por otro lado uno teológico bien conocido y de importancia dentro de la historia bíblica, es decir, la ascensión y entronización de Jesús. Además de explicar la ausencia visible de Jesús y/o el final de las apariciones de la resurrección, la ascensión de Jesús es su entronización como Señor celestial (ver Hech. 2:33-36; Ef. 1:20-23; Col. 1:18), su unción de poder ahora para ejecutar los juicios de Dios. Él es digno de tomar el libro, *porque él fue sacrificado*. Su muerte redentora, esto es, su obediencia a la voluntad de Dios, lo ha revelado como calificado para el papel de Señor celestial. Él ha "vencido", una palabra que para Juan se refiere al sufrimiento triunfal de Jesús y la subsiguiente entronización (ver 3:21) y por lo tanto ahora como el Señor celestial puede asumir el papel de Agente y Ejecutor divino. Todo poder en el cielo y en la tierra ha sido dado a Él (Mat. 28:18). Jesús puede tomar el libro y romper los sellos del juicio y por ello mismo ejecutar los propósitos del soberano Dios creador. Los cielos se regocijan con su entronización (5:8-14; 12:5-12), porque Él verdaderamente es digno, y el pueblo de Dios ahora tiene a su Salvador reinante.

LOS SIETE SELLOS (6:1–8:5)

La ruptura de los primeros cuatro sellos hace aparecer a cuatro jinetes de diferentes colores. Estos jinetes, parangonando el caos predicho en Marcos 13, representan los juicios de Dios a través de los disturbios de la guerra y sus devastadoras consecuencias sociales: violencia, hambre, pestilencia y muerte. El quinto sello es el ruego de los santos martirizados por justicia divina sobre sus opresores. A ellos se les dice que por ahora deben esperar, porque el número de los martirizados del pueblo de Dios todavía no está completo.

Una mirada cuidadosa al sexto sello es importante para entender la estructura literaria y la secuencia episódica de Apocalipsis. Cuando el sexto sello es roto produce las señales típicas del fin: un gran terremoto, el oscurecimiento del sol, el enrojecimiento ("como la sangre") de la luna, y la caída de las estrellas del cielo (Mat. 24:29-31; Mar. 13:24-27). Si bien Apocalipsis apenas ha comenzado unos capítulos atrás, somos llevados al fin de la historia del mundo. El cielo se abre como un rollo; las montañas y las islas son movidas. Y los poderosos así como los pobres de la tierra se dan cuenta de que el gran día de la ira de Dios (y del Cordero) ha llegado, y nada puede salvarlos.

En Apocalipsis el terremoto es una señal consistente para la destrucción que inmediatamente precede al fin (ver 8:5; 11:13,19; 16:18-19) de la historia y la aparición del Señor. Las repetidas referencias al terremoto en lugares estratégicos no significan que la historia misma termina repetidamente sino que Juan empleó la bien conocida técnica literaria de la "recapitulación" (ver Gén. 2), es decir, volver a contar la misma historia desde un "ángulo" diferente de modo de enfocarse sobre otras dimensiones y características en la misma historia.

De este modo, en Apocalipsis se nos trae repetidamente al fin de la historia y al tiempo del retorno de Cristo. Pero Juan mantuvo su descripción última (y más plena) de este fin del mundo hasta el final de su documento (19:1-22:5). Mientras tanto, él usó la técnica literaria (entre otras) de repetir la historia para preparar a sus lectores tanto para el trauma como para la esperanza de la historia humana. Él quería preparar a sus lectores para el juicio venidero en manos del Cordero de Dios entronizado (6:1-17), ya sea para la protección de su pueblo por parte de Él (7:1-17; 11:1) como para la responsabilidad de ellos de llevar testimonio a la tierra en cuanto a Él (10:1–11:13). También los quería preparar para los propósitos redentores del juicio (8:6–9:21), para la persecución venidera (11:7; 12:1–13:18), y para la finalidad de los juicios de Dios (15:1–18:24). Juan tenía mucho que explicar en cuanto al sufrimiento de los santos de Dios y el aparente triunfo del mal, hechos que parecían negar la confesión cristiana de que Cristo ha sido resucitado y entronizado como Señor. ¿Protege Él a su pueblo? ¿Verdaderamente vendrá otra vez? ¿Por qué debemos sufrir y "hasta cuándo, soberano Señor" debemos esperar? El trato misericordioso pero misterioso de Dios para con la humanidad requiere, para ser completo, que se vuelva a contar el relato de la historia humana desde varios puntos de referencia, con abundancia de certezas tanto de juicio como de salvación a través de Cristo.

La descripción de los juicios iniciada con la ruptura de los primeros seis sellos sin duda tendería a abrumar a la audiencia de Juan, pero la ira final no es la suerte del pueblo de Dios (ver Rom. 8:35,39; 1 Tes. 5:9). Por lo tanto, Juan interrumpió la secuencia de los juicios que llevan al séptimo sello para recordarnos que el pueblo de Dios no necesita desesperarse, porque "los siervos de nuestro Dios" (7:3) tienen la promesa del cielo.

El capítulo 7 describe 2 visiones, y la segunda es una interpretación como una conclusión de la primera. El sello de los

144.000 emplea fuertes símbolos judíos para describir a aquellos que conocen a Dios a través de Jesucristo. Claramente Juan estaba refiriéndose a los cristianos como los 144.000, porque 7:3 se refiere a los "siervos" de Dios, un término consistentemente usado a través de Apocalipsis para referirse ya sea a los cristianos en general o al profeta cristiano, pero nunca al judío (o gentil) no cristiano. El lenguaje empleado en el Antiguo Testamento para referirse a los judíos es característicamente utilizado en el Nuevo Testamento para referirse a aquellos que conocen a Dios a través de Jesucristo (por ejemplo, 2 Cor. 6:16-18; Gal. 3:29). Aquellos que están en Cristo son los beneficiarios de las promesas hechas a Israel (Rom. 4:13-17; Gál. 3:8-9,15-29).

El número 144.000 es una intensificación (12 x 12 x 10 x 10 x 10) del número original 12 (una alusión obvia a las doce tribus). Esto indica que los 144.000 abarcan el número total del pueblo de Dios, pueblo de Dios que ahora comprende a todos (judíos y gentiles) los que son seguidores de Jesús. (Notar 12:1-17; la mujer que tiene una corona de *doce* estrellas y da a luz a Cristo es *Israel*. Su verdadera descendencia es primero Jesús —el cumplimiento de la historia de Israel— y sus seguidores, esto es, judíos y gentiles que "obedecen los mandamientos de Dios y se mantienen fieles al testimonio de Jesús" (v. 17).

En la segunda visión los 144.000 se han transformado en una "multitud... tan grande que nadie podía contarla". ¿Quiénes son? Si utilizamos sus descripciones favoritas del cielo (ver 21:3-4,23; 22:1-5), Juan dijo que ellos son aquellos que "están saliendo de la gran tribulación", para experimentar ahora los goces del cielo y descansar de las tribulaciones que han soportado. Comparar 7:14-17 con 21:1-6; 22:1-5. La innumerable multitud de 7:9 no es una referencia a los judíos (o gentiles) no cristianos; más bien se refiere a todos los que han confiado en

Cristo. Es la esposa del Cordero, la ciudad santa, la nueva Jerusalén (21:2). Que estén "saliendo de la gran tribulación" *no* significa que ellos han salido de la tierra *antes* de la hora de la tribulación. Por el contrario, ellos sí experimentaron realmente las tribulaciones de esta edad malvada; pero ahora en el cielo gozan de la presencia de Dios, donde *ya no* tendrán más hambre ni sed. Al no estar más sujetos a la muerte (21:4) ellos beberán del agua de la vida, no experimentarán más el calor opresivo del sol, y las lágrimas de sus ojos serán secadas. Como el verdadero Israel de Dios, los cristianos ("los siervos de nuestro Dios") tienen el sello de Dios. Como han rechazado la marca de la bestia (13:16-17) ellos están firmes en el testimonio de Jesús a pesar de la persecución y por lo tanto tienen la promesa de la liberación celestial final de esta edad malvada de gran tribulación.

Apocalipsis 8:1-5 describe el séptimo sello y nuevamente las señales tradicionales del fin, que incluyen "truenos, estruendos, relámpagos y un terremoto". Estas señales representan el fin mismo de la historia humana y la venida del Señor, pero el profeta todavía no estaba listo para describir el retorno del Señor. Él todavía tenía mucho para decir (basado en lo que había visto) acerca de la naturaleza del juicio, la misión de la iglesia y las persecuciones de la bestia como para terminar su profecía. Por lo tanto, antes de describir plenamente el fin, Juan tuvo que comenzar de nuevo. Utilizó el vehículo simbólico de las siete trompetas y declaró que los juicios de Dios también tienen un propósito redentor porque ellos son señales, expresiones parciales del juicio final venidero.

LAS SIETE TROMPETAS (8:6–11:19)

Los siete sellos estaban divididos entre cuatro jinetes y los tres sellos que quedaban, tienen un paréntesis narrativo entre el sexto y el séptimo sello para recordar al pueblo de Dios la promesa del Señor de protección final y la esperanza de ellos de gloria eterna. Un patrón similar ocurre con las siete trompetas.

Las primeras cuatro trompetas describen juicios parciales ("la tercera parte") sobre la vegetación de la tierra, los océanos, las aguas frescas y las lumbreras celestiales. Las últimas tres trompetas están agrupadas juntas y también son descritas como tres "ayes" sobre la tierra, y enfatizan el juicio de Dios sobre la humanidad. La quinta trompeta (y el primer ay) suelta langostas infernales que picarán a aquellos que no tengan el sello de Dios. La sexta trompeta (y segundo ay) trae un poderoso ejército de jinetes infernales que matan a un tercio de la humanidad. Pero todos estos juicios no tienen efecto redentor, porque el resto de la humanidad que no es muerto por estas plagas se rehúsa a arrepentirse de su inmoralidad. Las advertencias han caído en oídos sordos.

Así como el interludio entre el sexto y el séptimo sello aseguró a los receptores de Apocalipsis que el pueblo de Dios está seguro de los efectos eternamente destructivos de la ira de Dios, así también entre la sexta y la séptima trompeta se nos recuerda que la mano protectora de Dios está sobre su pueblo. Pero en el interludio de la trompeta también aprendemos que la protección de Dios durante estos días de tribulación no significa aislamiento, porque el pueblo de Dios debe llevar un testimonio profético al mundo.

En 10:1-11 el llamamiento de Juan (siguiendo el patrón de Ezeq. 2:1–3:11) es reafirmado. Se le dice que coma un libro de páginas amargas y que profetice "acerca de muchos pueblos, naciones, lenguas y reyes". La nota de protección y testimonio es nuevamente marcada en 11:1-13, donde la medida del templo de Dios alude a la mano protectora de Dios sobre su pueblo durante la hora de conflicto. Estas persecuciones durarán por 42 meses, pero su pueblo, la "ciudad santa", no será destruido ni silenciado. Puesto que los "dos testigos" darán testimonio durante este tiempo, también llamado "mil doscientos sesenta días", de la misericordia y juicio de Dios. Notar bien: los "cuarenta y dos meses" y los "mil doscientos sesenta días" se refieren al mismo período de tiempo visto desde perspectivas diferentes, porque los días de testimonio son también días de oposición (11:2-7; 12:6,13-17). Las referencias negativas a la persecución y a la actividad de Satanás y las bestias son siempre llamadas "cuarenta y dos meses" (11:2; 13:5), mientras que las referencias positivas a la mano sustentadora de Dios o el testimonio profético de sus dos testigos son llamadas "un tiempo y tiempos y medio tiempo" (12:14) o "mil doscientos sesenta días" (11:3; 12:6).

Parece improbable que los "dos testigos" ("dos" sugiere un testimonio legal confirmado) sean dos personas solamente, porque también son llamados "dos candelabros", terminología ya interpretada en 1:20 como refiriéndose a la iglesia. También debemos notar que los "mil doscientos sesenta días" de la huida de la mujer y su protección de Satanás en 12:6 es a su vez una referencia a la protección del pueblo de Dios, si bien bajo una imagen o símbolo diferente. Notar también que la bestia del abismo que en 11:7 ataca a los dos testigos y los vence, es la misma de quien se dice en 13:5-7 que va a "hacer la guerra a los *santos* y vencerlos".

Aun cuando está involucrada en una gran guerra espiritual, la iglesia, al igual que Moisés y Elías en la antigüedad, debe mantener fielmente un testimonio valiente y profético al mundo, un testimonio incluso hasta la muerte. Si bien la tierra se regocijará porque el testimonio de la iglesia al final estará aparentemente extinguido, el triunfo temporal del mal ("tres días y medio") se tornará en la vindicación celestial cuando sean levantados de los muertos los dos testigos (el pueblo de Dios). Si bien Juan todavía no estaba listo para describir más plenamente la resurrección de los seguidores de Cristo y la bendición del cielo, tenemos en la resurrección de los dos testigos la descripción de la gran esperanza de la iglesia: la resurrección de todos aquellos que mantienen firme el testimonio de Jesús (comparar 11:7-11 con 13:15; 20:4-6).

La séptima trompeta (y tercer ay) introduce nuevamente el terremoto, los relámpagos y los truenos. El final de la historia ha llegado, el tiempo para que los muertos sean juzgados y los santos sean recompensados. Claramente el fin mismo ha llegado, porque el coro celestial ahora trata la venida del reino de Dios (y de Cristo), así como el día del juicio, como *eventos pasados*. El coro canta: "El reino del mundo *ha pasado* a ser de nuestro Señor y de su Cristo, y él reinará por los siglos de los siglos".

Una vez más Juan nos ha traído al punto del retorno de nuestro Señor y, realmente, ha comenzado a describir el regocijo que acompañará su regreso (19:1-10). Pero él todavía no está listo para describir la real venida del Rey de reyes y Señor de señores. Hay (tristemente) más para relatar respecto a "la bestia que sube del abismo" para hacer la guerra con los dos testigos, el pueblo de Dios. Son esos horribles 42 meses, el período de persecución (y de protección/ testimonio), los que Juan ahora debe desplegar.

LA PERSECUCIÓN DEL DRAGÓN (12:1–13:18)

El capítulo 12 es crucial para entender el concepto de Juan respecto de la secuencia de la historia. El número tres y medio era asociado por los cristianos y los judíos con tiempos de maldad y de juicio (ver Luc. 4:25). Juan se refirió de diversas maneras a los tres años y medio, ya sea como "cuarenta y dos meses" (11:2; 13:5) o "mil doscientos sesenta días" (11:3; 12:6) o como "un tiempo y tiempos y medio tiempo". Para Juan, este era el período de tiempo cuando los poderes del mal harán su obra opresiva. Pero durante este tiempo, Dios protegerá a su pueblo mientras ellos dan testimonio de su fe (11:3) y simultáneamente sufren en las manos de estos poderes malignos (11:2,7; 12:13-17; 13:5-7).

Todos los comentaristas concuerdan en que este período terrible de tribulación se terminará con la venida del Señor. Sin embargo, la pregunta crítica es cuándo *comienza* el período de los tres años y medio de persecución y testimonio. Si bien algunos eruditos han relegado los tres años y medio a algún momento todavía por comenzar en el futuro, el capítulo 12 inequívocamente identifica con precisión su comienzo con la ascensión y entronización de Cristo. Cuando la simiente de la mujer (o de Israel) es "arrebatada y llevada hasta Dios, *que está en su trono*", hay guerra en el cielo, y el dragón es echado a la tierra.

El cielo se regocija porque ha sido rescatado de Satanás, pero la tierra ahora debe lamentarse porque el diablo ha sido arrojado a la tierra, y su enojo es grande. Él sabe que ha sido derrotado por la entronización de Cristo y que sólo tiene un tiempo corto. La mujer, quien (como Israel) ha dado a luz al Cristo y también a otra simiente (los que se aferran al testimonio de Jesús), ahora recibe el impacto de la ira del dragón frustrado. Cuando el airado dragón procura aventar su ira sobre la mujer, ella es sustentada y protegida por "mil doscientos sesenta días", es decir, por "un tiempo y tiempos y medio tiempo".

Por cierto que la breve descripción de Juan de la vida de Cristo (sólo su nacimiento y entronización son referidos aquí específicamente) no deberían desviar al lector a pensar que es el hijo *infante* el que es "arrebatado y llevado hasta Dios, que está en su trono". Este pasaje no tiene como propósito principal la narración de la vida de Cristo, porque Juan sabía que sus lectores estaban familiarizados con los eventos decisivos de la historia de Cristo. Más bien, el pasaje procura mostrar la *continuidad de la persecución* inaugurada por Satanás contra la mujer (Israel) y su hijo (Cristo) y seguida contra la mujer y el resto de su descendencia (los cristianos).

Por supuesto, es el Señor crucificado y resucitado quien está entronizado y cuya ascensión al trono produce la derrota de los poderes de las tinieblas (ver Ef. 1:19-23; 1 Ped. 3:22; ver Rom. 1:4; Col. 1:15-20; 1 Tim. 3:16). El relato de la derrota del dragón en el cielo y su expulsión claramente comienza y es causado por la *entronización* de la simiente de la mujer. Del mismo modo, *notar* que el relato de 12:6, donde la mujer huye al desierto y es protegida por Dios durante "mil doscientos sesenta días", tiene dos inconfundibles "eslabones" de argumentación en el desarrollo de la trama del relato del capítulo 12. Primero, la huida de la mujer y los "mil doscientos sesenta días" de protección en 12:6 claramente comienzan con la entronización de 12:5. Pero en 12:14-17 es la *persecución del dragón*, que ahora ha sido expulsado del cielo a la tierra, el que motiva la huida de la mujer al desierto. De este modo lo que tenemos en 12:14-17 es la reanudación y ampliación de la historia de la mujer que comenzó en 12:6.

Notar en 12:6 y 12:14 las referencias paralelas al "desierto", sustento y "un tiempo y tiempos y medio tiempo", o su equivalente, "mil doscientos sesenta días". Esta doble conexión de trama —donde dos eventos son vistos en conexión con la huida de la mujer— entre la *entronización* de la simiente de la mujer (Cristo) y la *persecución del dragón* a la mujer no es inusual ni sorprendente. Es la entronización la que (virtualmente de manera simultánea) produce la guerra en el cielo, que

resulta en la expulsión del dragón y que inmediatamente causa que el ahora airado dragón persiga a la mujer y al "resto de sus descendientes". No sólo es claro que los "mil doscientos sesenta días" de 12:6 es el equivalente del "tiempo y tiempos y medio tiempo" de 12:14 sino que el único período particular de persecución/protección en cuestión comienza tanto con la entronización de Cristo como con la subsiguiente —y, desde todo punto de vista práctico, simultánea— expulsión del cielo del dragón.

Luego, el dragón produce dos secuaces (cap. 13) para ayudarlo en su persecución a aquellos que creen en Jesús. Satanás es así encarnado en un líder político, la bestia del mar (13:1), que hablará blasfemias por "cuarenta y dos meses" y hará "la guerra a los santos", mientras que la segunda bestia (o "falso profeta", 19:20), que surge de la tierra, procura engañar a la tierra de modo que sus habitantes adoren a la primera bestia.

De este modo, en los capítulos 12–13 cada una de las varias maneras de referirse a los tres años y medio es una referencia a un solo período de tiempo que comenzó con la entronización de Cristo y concluirá con su retorno. El período de tiempo no es de tres años y medio literales sino *todo el tiempo entre la ascensión y el retorno de Cristo*, que le permitirá al dragón ejecutar su obra de maldad sobre la tierra (ver Gál. 1:4; Ef. 2:2). Casi 2000 años han pasado desde que nuestro Señor ascendió a la diestra de Dios, pero el período de maldad conocido como los tres años y medio continúa. Satanás todavía ruge, pero su tiempo es corto, y su mal cesará con el retorno de Cristo.

RESUMEN (14:1-20)

Después de las deprimentes noticias de las persecuciones en curso del pueblo de Dios por parte de la trinidad impía, los lectores de Juan necesitan otra palabra de aliento y advertencia. El capítulo 14 por lo tanto emplea siete "voces" para relatar nuevamente las advertencias y promesas del cielo. Primero encontramos otra visión de los 144.000. Estos 144.000, como antes, son el número total del pueblo de Dios. Por cierto que es una referencia a los cristianos, porque fueron "rescatados como los primeros frutos de la humanidad para Dios y el Cordero".

Utilizando un conjunto de imágenes bíblicas de inmoralidad sexual como una referencia a la idolatría, Juan llamó "puros" a estos seguidores del Cordero. Esto es, ellos no se "contaminaron" con la bestia. Son los hombres y mujeres que han sido fieles en su adoración al único Dios verdadero a través de Jesucristo y no han sido seducidos por los engaños satánicos de la primera bestia y su aliado, el falso profeta. Ellos serán rescatados y llevados al trono del cielo, donde a una voz cantarán un himno nuevo de salvación.

Se oye otra voz, la de un ángel que anuncia el evangelio eterno y advierte a la tierra del juicio venidero. Las otras "voces" (u oráculos) siguen en rápida sucesión. Se anuncia la caída de "la gran Babilonia", un símbolo del Antiguo Testamento para una nación opuesta al pueblo de Dios. Luego el pueblo de Dios es advertido a no seguir a la bestia, y aquellos que la siguen son advertidos de los tormentos venideros de su separación de Dios. Después de esto se pronuncia una bendición sobre los que permanecen fieles. Finalmente, dos voces llaman a la cosecha. Una llama al Hijo del hombre a cosechar la tierra como una siega gigante de trigo, mientras que la última voz compara la cosecha de la tierra con una recolección de uvas, porque la venida del Señor significará el aplastamiento en el lagar de la feroz ira de Dios el Todopoderoso.

LAS SIETE COPAS (15:1–16:21)

Así como los siete sellos y las siete trompetas describen diferentes aspectos de los juicios de Dios a través de Cristo, ahora otra dimensión de su juicio debe ser revelada. Las siete copas de la ira son similares a las siete trompetas y los siete sellos, pero también son diferentes; porque viene un tiempo cuando la ira de Dios ya no es más parcial o temporal sino completa y eterna. El derramamiento de las siete copas de la ira significa que el juicio de Dios es también final e irrevocable. El juicio parcial ("la tercera parte") de las trompetas sugiere que Dios utiliza los sufrimientos y males de esta vida como una advertencia para atraer a la humanidad al arrepentimiento y la fe. Pero tales tribulaciones también anticipan la hora final de juicio, cuando la ira de Dios se complete y ya no haya más demora.

Las siete copas de la ira representan los juicios del Cordero sobre la tierra, especialmente sobre los que han recibido la marca de la bestia. Entre el sexto y séptimo sello y la sexta y séptima trompeta se nos habló de la protección de Dios para su pueblo y su misión para ellos. Sin embargo, con las siete copas no hay interrupción entre el sexto y séptimo derramamiento de juicio. Ahora sólo queda la ira; ya no hay más demora. Babilonia la grande, el símbolo de todos los que se han jactado contra el Dios Altísimo, caerá. Con el derramamiento de la séptima copa de la ira, otra vez hay un gran terremoto acompañado por "relámpagos, estruendos, truenos", porque el fin ha llegado.

La noción de la ira de Dios no siempre es un tema bienvenido para el lector de la Biblia, pero su realidad es ineludible como una enseñanza precisa tanto del Antiguo como del Nuevo Testamento. La realidad del mal, la realidad de la libertad humana, la justicia de Dios, y el anhelo de Dios de tener criaturas, que si bien diferentes a Él no obstante como criaturas reales se relacionan libremente con Él en confianza y amor, hacen inevitable la noción y la realidad de la ira de Dios. Un Dios justo responde a los que persisten en su renuencia malvada a reconocer a su Señor justo.

Dios anhela ver a sus hijos rebeldes deponer sus armas y volver a Él. Dios ha actuado misericordiosamente por todos los medios posibles —incluso al punto de tomar sobre sí mismo, a través de su Hijo unigénito, la pena misma que Él ha prescrito para el pecado— para hacer volver a Él a sus hijos alejados. La ira trae dolor incluso al corazón de Dios, pero Dios no forzará nuestro amor a Él. El Señor ha dado libertad a sus hijos, y Él no destruirá la humanidad de ellos quitando esa libertad, aun cuando sus hijos persistan tozudamente en usar esa libertad en rebelión contra Él. Aunque parezca increíble, a pesar de las asombrosas misericordias de Dios reveladas a través de Jesucristo, existirán quienes las rechazarán. En tales casos, el Dios fiel de la creación y de la redención, fielmente responderá en consonancia con su propia naturaleza y palabra dando a sus hijos e hijas rebeldes lo que ellos tercamente han insistido en tener, es decir, la separación eterna de Él. Seguramente, como ira de Dios, esto es lo máximo del tormento y la miseria: estar separado de Aquel que es la verdadera fuente de la vida, estar alejado del Creador misericordioso. Esto significa experimentar por siempre la muerte eterna que proviene del rechazo de Aquel que es la fuente de la vida eterna. Pero no debemos negar ni siquiera lamentar la sabiduría de Dios por sus afirmaciones pasadas o futuras de ira. Nuestro Dios sin duda ama la rectitud, la justicia y la misericordia de tal manera que Él no quebrantará nuestra tolerancia cobarde del mal. No debemos descartar ligeramente que el cielo no esté en silencio ni perturbado cuando el mal es castigado. El cielo se regocija frente a la justicia y el juicio de Dios (19:1-6).

LA CAÍDA DE BABILONIA (17:1–18:24)

El capítulo 17 vuelve a hablar de la sexta copa, la caída de la gran Babilonia, y el capítulo 18 ofrece un lamento conmovedor por la gran ciudad. Ella no ha cumplido con los propósitos de Dios para ella. Todas sus obras poderosas, industria, artesanía, poder político y pericia artística son transformados en nada, porque ella ha jugado el papel de una ramera y ha adorado a la bestia antes que dedicar sus pericias y energías a Dios y al Cordero.

REVELACIÓN DEL CORDERO (19:1–22:5)

El cielo ahora comienza a regocijarse porque la gran Babilonia ha caído y es tiempo para la aparición de la esposa del Cordero. La gran cena de bodas de la salvación está lista para comenzar. Si bien Él ha retenido una descripción de la venida del Señor en por lo menos tres ocasiones anteriores, Juan está ahora preparado para describir las glorias de la aparición del Señor.

Todos los cielos se regocijan por el justo juicio de Dios sobre el mal. La esposa del Cordero, el pueblo de Dios, se ha preparado por su fidelidad a su Señor a través de la hora del sufrimiento. Por lo tanto, "se le ha concedido" (la salvación es siempre un don de Dios) vestirse de lino fino, porque "las bodas del Cordero" han llegado.

El cielo está abierto y Aquel cuya venida ha sido solicitada fielmente desde antes, el Verbo de Dios, el Rey de reyes y Señor de señores, aparece para batallar a los enemigos de Dios en un conflicto cuyo resultado no está en duda. Cuando el Cordero viene con sus ejércitos celestiales, la primera bestia y la segunda bestia son arrojadas al lago de fuego del que no hay retorno. El dragón, que es la serpiente antigua, el diablo y Satanás, es arrojado a un abismo infernal que está cerrado y sellado por 1000 años. Dado que los poderes del mal reinaron por "tres años y medio" (el período de tiempo entre la ascensión y el retorno de nuestro Señor), Cristo reinará por "mil años". Los muertos en Cristo son resucitados para gobernar con Él, y el justo gobierno de Dios sobre la tierra es vindicado.

Este reinado de 1000 años es llamado el milenio. El término *milenio* deriva del latín (*mille*, 1000, *annum*, año) y significa *un período de 1000 años*. Las palabras bíblicas para 1000 son *elef* en hebreo y *chilioi* en griego. En múltiples instancias del Antiguo Testamento el término es usado para contar, incluso como lo es en el Nuevo Testamento (ver Gén. 24:60; Luc. 14:31). Ocasionalmente, el término es usado para significar un gran número sin que se quiera significar una unidad específica (ver Miq. 5:2; 6:7; Apoc. 5:11). Las referencias particulares usadas para establecer una doctrina de 1000 años asociada con la venida final de Cristo se encuentran en Apoc. 20:2-7.

Los materiales bíblicos no presentan una escatología sistemática en la cual las referencias diversas acerca del fin de los tiempos son reunidas en una enseñanza. Por lo tanto en la historia cristiana han surgido diferentes líneas de interpretación. Los intérpretes cristianos que buscan una doctrina sistemática coherente de las últimas cosas relacionan los elementos apocalípticos de la profecía del Antiguo Testamento (especialmente el libro de Daniel); los elementos apocalípticos en el Nuevo Testamento (especialmente Mat. 24–25; Mar. 13; 2 Pedro; Judas; y el libro de Apocalipsis); los escritos de Pablo sobre la venida final (especialmente 1 Tes. 4:13-18 y 2 Tes. 2:1-11—el hombre de maldad); los conceptos de Pablo acerca de la relación de los judíos y los gentiles (Rom. 9–11); y las referencias al (los) anticristo(s) en 1 Juan.

Nuestra preocupación con cuestiones mileniales, esto es, si el retorno de Cristo es anterior al milenio (premilenialismo) o posterior al milenio (como en el posmilenialismo o el amilenialismo), es una preocupación cuya importancia es exagerada con respecto a la interpretación del libro de Apocalipsis. En definitiva lo que importaba para Juan era que los seguidores de Cristo, aquellos que han sufrido las aflicciones y las persecuciones de este siglo malo presente, un día serán rescatados y vindicados por la aparición de Cristo, cuya venida destruirá a los poderes del mal. Es muy claro en el Nuevo Testamento que la forma y la promesa de la esperanza futura debiera ejercer influencia sobre nuestra conducta presente y nuestra devoción moral a Cristo (ver Rom. 8:18-25). En realidad, el punto central de Apocalipsis es alentar la perseverancia cristiana en el presente a la luz del triunfo venidero de Dios a través de Jesucristo.

La interpretación de la relación del reino de 1000 años con el retorno de Cristo dada en el comentario más arriba puede ser denominada como una forma de premilenialismo. Cada uno de los conceptos tiene algo de bueno. El posmilenialismo está equivocado al ubicar el retorno de Cristo al concluir el reino de los 1000 años. No obstante, el posmilenialismo ha captado correctamente un motivo significativo en la profecía bíblica tanto del Antiguo como del Nuevo Testamento. Es decir, debemos vivir y predicar en esperanza. Debemos predicar el evangelio no con la expectativa de que nadie va a creer, sino que debemos proclamar el evangelio hasta los confines de la tierra, creyendo que Dios de alguna manera utilizará nuestro testimonio para su gloriosa salvación a través de la persona de Jesucristo, para producir un poderoso triunfo para el reino de Dios. Si bien no podemos traer el reino de Dios a la tierra a través de medios humanos, la predicación del evangelio ofrece realmente esperanza para la transformación de la vida.

El amilenialismo debe ser estimado por su énfasis sobre el presente reinado de Cristo Jesús. Realmente, el libro de Apocalipsis aclara abundantemente (ver la exposición arriba de los caps. 5 y 12) que Cristo ha vencido y como tal ha resucitado y ha sido exaltado a la diestra de Dios. Él ahora es Señor de las iglesias. Él es realmente Señor del cosmos. Él es aquel en cuyas manos ha sido entregado todo poder en el cielo y en la tierra. Él ha sido elevado por arriba de todo gobierno y autoridad y poder y todo nombre que se nombra (Ef. 1:19-21).

No obstante, sólo el premilenialismo puede explicar apropiadamente la secuencia episódica de Apocalipsis 19–20.

Al concluir los "mil años", el dragón debe ser liberado. Se le permite otro breve tiempo de engaño, pero su tiempo es corto. Siguiendo a este episodio final de engaño al término de los 1000 años, el dragón es capturado y esta vez es echado en el lago de fuego y azufre, "donde también habrán sido arrojados la bestia y el falso profeta". El destino dado a la bestia y al falso profeta al retorno de Cristo es también equiparado finalmente con el del dragón al cierre del reino de Cristo. Entonces tiene lugar el juicio final, en el que todos los que no están incluidos en el libro de la vida son arrojados en el lago de fuego.

Con frecuencia se considera que el capítulo 21 se refiere al período que sigue al reino de 1000 años, aunque más probablemente sea otro relato del retorno de Cristo pero enfocado sobre la esposa. Aquí tenemos pistas precisas sobre el relato literario que es narrado otra vez. Así como el capítulo 17 fue una recapitulación de la séptima copa y la caída de la ramera, la gran Babilonia (comparar el lenguaje de 17:1-3, que claramente introduce la repetición de la narración con el lenguaje de 18:9-10), del mismo modo el capítulo 21 recapitula la glorificación de la esposa del Cordero. Ahora se relata la historia con la atención sobre la esposa. Ser la esposa es ser la ciudad santa, la nueva Jerusalén, es vivir en la presencia de Dios y del Cordero, y experimentar protección, gozo y luz eterna y vivificadora de Dios. El árbol de la vida crece allí, y allí fluye el río del agua de vida. Ya no

habrá más noche; ya no habrá más maldición, porque allí está el trono de Dios y del Cordero. Y allí sus siervos lo servirán y reinarán con Él por siempre y siempre.

CONCLUSIÓN (22:6-21)

Juan concluyó su profecía declarando la total fidelidad de sus palabras. Aquellos que reciben su profecía recibirán las bendiciones de Dios. Aquellos que ignoren las advertencias serán dejados afuera de las puertas de la presencia de Dios. Juan cierra su libro orando solemne y esperanzadamente para que el Señor regrese. Las iglesias deben tener oídos para oír lo que el Espíritu ha dicho. Bajo la amenaza de una maldición eterna, los oyentes son advertidos de proteger el texto sagrado de Juan: no deben ni agregar ni quitar palabras de su profecía. El pueblo de Dios debe, por su gracia, perseverar en la hora de la tribulación, sabiendo que su Señor entronizado regresará pronto en triunfo.

Significado teológico. Es de gran ayuda recordar lo que el primer versículo del libro dice acerca de este libro. Es una revelación que Dios da a su iglesia, una revelación de Jesucristo. El propósito más grande del libro es mostrarnos a Jesucristo. Una iglesia sufriente no necesita de una predicción detallada de los eventos futuros. Ella necesita una visión del Cristo exaltado para alentar a los creyentes fatigados y perseguidos. Vemos a Jesucristo de pie en el medio de las iglesias. Lo vemos retratado como el Cordero de Dios que murió por los pecados del mundo. Lo vemos como aquel que gobierna y reina. Él es aquel que toma a su iglesia para estar con Él en los cielos nuevos y la nueva tierra, donde lo adoraremos por siempre y siempre. Amén.

Preguntas para la reflexión

1. ¿De qué manera Apocalipsis difiere de otros libros del Nuevo Testamento?

2. ¿De qué manera Apocalipsis es como otros libros del Nuevo Testamento en términos de doctrina cristiana básica?

3. ¿Cuál es el tema central de Apocalipsis?

4. ¿Cuál es la exhortación central de Apocalipsis para los cristianos?

5. ¿Qué eventos en la experiencia de Jesús son mencionados en Apocalipsis 12, y de qué manera los "mil doscientos sesenta días" y los "cuarenta y dos meses" se relacionan con esos eventos?

6. ¿De qué manera el mensaje de Apocalipsis se relaciona con nuestra situación presente?

7. ¿De qué manera los "cuarenta y dos meses" o los "mil doscientos sesenta días" y los "mil años" se relacionan con el retorno de Cristo?